ZHEJIANG SHENG

WEN-TAI GAOSU GONGLU QIAOLIANG JI SUIDAO

JIANZAO JISHU ZONGJIE

浙江省
文泰高速公路桥梁及隧道
建造技术总结

张仲勇　吴小军　｜　主编

人民交通出版社股份有限公司

北 京

内 容 提 要

本书从设计、施工、科学研究、建设管理方面阐述了浙江省文泰高速公路桥梁及隧道建造情况。全书共 6 篇:第 1 篇工程综述,第 2 篇典型桥梁设计,第 3 篇典型桥梁施工,第 4 篇典型隧道设计,第 5 篇典型隧道施工,第 6 篇科研及技术创新。

本书可为桥梁及隧道设计、施工、科研提供有益借鉴,可供从事桥梁及隧道建设人员参考,也可作为相关专业工程技术人员参考用书。

图书在版编目(CIP)数据

浙江省文泰高速公路桥梁及隧道建造技术总结 / 张仲勇,吴小军主编. — 北京:人民交通出版社股份有限公司, 2022.6

ISBN 978-7-114-17947-1

Ⅰ.①浙… Ⅱ.①张… ②吴… Ⅲ.①高速公路—公路桥—桥梁施工—浙江②高速公路—公路隧道—隧道施工—浙江 Ⅳ.①U448.14②U459.2

中国版本图书馆 CIP 数据核字(2022)第 076150 号

书 名:	浙江省文泰高速公路桥梁及隧道建造技术总结
著 作 者:	张仲勇 吴小军
责任编辑:	赵瑞琴
责任校对:	席少楠
责任印制:	刘高彤
出版发行:	人民交通出版社股份有限公司
地 址:	(100011)北京市朝阳区安定门外外馆斜街 3 号
网 址:	http://www.ccpcl.com.cn
销售电话:	(010)59757973
总 经 销:	人民交通出版社股份有限公司发行部
经 销:	各地新华书店
印 刷:	北京印匠彩色印刷有限公司
开 本:	889×1194 1/16
印 张:	41
插 页:	8
字 数:	1270 千
版 次:	2022 年 6 月 第 1 版
印 次:	2022 年 6 月 第 1 次印刷
书 号:	ISBN 978-7-114-17947-1
定 价:	180.00 元

(有印刷、装订质量问题的图书由本公司负责调换)

重大工程
时间轴

**2018年
3月8日**

◆ 开始桩基爆破与水磨钻结合施工

**2018年
7月4日**

◆ 首个承台浇筑完成

**2018年
8月20日**

◆ 首节塔柱浇筑

◆ 首个 0 号块浇筑完成

2019 年
4 月 **28** 日

◆ 开始挂篮施工

2019 年
7 月 **1** 日

◆ 首个主塔封顶

2019 年
12 月 **28** 日

**2020年
3月3日**

◆ 开始边跨现浇段施工

**2020年
7月6日**

◆ 首个边跨合龙

**2020年
7月20日**

◆ 首个中跨合龙

2020 年
7 月 28 日

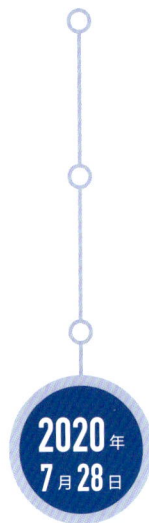

◆ 全线双幅贯通

**2018年
5月7日**

◆ 拱座扩大基础开挖

**2018年
8月21日**

◆ 拱座扩大基础首次浇筑

**2018年
10月22日**

◆ 临时货运架空索道塔架安装

◆ 临时货运架空索道安装完成并进行试吊作业

2019年 **3**月**19**日

◆ 主拱肋首次吊装

2019年 **4**月**4**日

◆ 主拱合龙

2019年 **7**月**5**日

2019年 11月3日

◆ 钢立柱首次吊装

2019年 11月5日

◆ 钢盖梁首次吊装

2019年 12月28日

◆ 钢立柱及立柱钢盖梁吊装完成

◆ 工字形梁首次吊装

◆ 桥面预制板首次吊装

◆ 工字形梁吊装完成

2020年
1月10日

2020年
3月20日

2020年
5月27日

2020年 6月1日

◆ 南浦溪特大桥全桥合龙

编委会

主　　编：张仲勇　　吴小军

副 主 编：曹强凤　　金晓东　　杨　健　　陈乐平

编写委员：陈　飞　　邱贞土　　彭旭民　　范远林　　孙明明

参编人员：张　芳　　廖炎华　　叶　伟　　王　伟　　骆钦东　　方华兵

　　　　　邹　力　　李志磊　　李　政　　刘　军　　云　俊　　刘德取

　　　　　陈杨凯　　郑俊峰　　彭通洲　　周　彬　　王晓祎　　温李彬

　　　　　薛保国　　周志强　　叶青山　　郝　伟　　彭吉雄　　李　海

　　　　　王　雄　　周　辉　　翁　杨　　谢兰夫　　叶建彬　　姚正权

　　　　　凌环宇　　徐祖恩　　高　宝　　田　伟　　朱乐成　　徐文城

　　　　　李煦阳　　张　鹏　　任虹昌　　王　栋　　王立军　　蔡　荟

完成单位：浙江交投高速公路建设管理有限公司

　　　　　温州市文泰高速公路有限公司

　　　　　浙江数智交院科技股份有限公司

　　　　　中铁大桥科学研究院有限公司

　　　　　中交公路规划设计院有限公司

　　　　　四川公路桥梁建设集团有限公司

　　　　　中交第三公路工程局有限公司

　　　　　中铁二局集团有限公司

　　　　　浙江交工集团股份有限公司

　　　　　浙江公路水运工程监理有限公司

　　　　　温州筑诚交通工程监理有限公司

　　2020 年 12 月 22 日，历经 3 年建设的浙江省文成至泰顺（浙闽界）公路正式开通运营，顺利实现了"十三五"前浙江省陆域"县县通高速"的目标。

　　文泰高速公路是福建通往浙江的新通道，是连接长江经济带和海峡西岸经济区的又一条高速公路。项目的建设完成对于完善国家及区域高速公路网络、增加浙闽出省通道、加强国防等均具有十分重要的作用。

　　文泰高速公路路线全长 57.445km，桥隧比达 72%。针对山区高速公路桥隧比高、工程交叉多、施工安全风险高、施工组织难度大等特点，浙江省交通投资集团有限公司（简称"浙江省交通集团"）建设者通过加强科技创新、优化施工工艺、加大人员设备投入等举措，开展"五个先行"，即先行用地报批、先行启动施工便道建设、先行开展施工用电架设、先行开展政策处理工作、先行开展总体实施方案征集，为项目建设赢得了宝贵时间，顺利实现了 2020 年通车目标。

　　洪溪特大桥是亚洲跨径最大的双塔双索面矮塔混凝土斜拉桥，桥梁两岸地势陡峭、施工工序复杂、技术难度大、安全风险高。为确保高质量完成斜拉桥施工，项目建设团队采用索鞍刚体化整体安装定位施工技术，有效解决了山区云雾天气对索塔施工的影响问题，缩短了高空作业时长，提高了索塔施工效率，索鞍安装定位最大偏差控制在 1.5mm 以内，实现了精准对位。有索区采用斜拉索滞后张拉技术，节约工期约 45d，确保了文泰高速公路控制性工程洪溪特大桥 2020 年 7 月 28 日顺利合龙。南浦溪特大桥采用主跨 258m 上承式钢管混凝土拱桥，桥梁横跨飞云江水库，环保要求高；两侧边坡陡峭，大里程侧拱座下有县级公路穿越，其 6 级边坡采用"Z"字形展线逐级开挖方式，大大降低了施工风险。章后隧道长 4263m，为全线最长隧道，隧道进出洞口均在悬崖峭壁上，采取横导洞进洞，配备多臂凿岩台车、湿喷机械手等隧道"九台套"装备，确保了施工安全和施工进度，隧道于 2019 年 12 月 22 日实现双向贯通。

《浙江省文泰高速公路桥梁及隧道建造技术总结》对设计、施工技术、科研创新、管理等方面进行了全面阐述，系统总结了山区高速公路建设过程中取得的成功经验，是全体文泰建设者智慧的结晶。该书对山区高速公路建设者具有较高的参考价值。

2021 年 10 月于北京

浙江省文成至泰顺（浙闽界）公路（简称"文泰高速公路"）是江苏溧阳至福建宁德（G4012）公路连接浙闽交界的最后一段。项目起点位于文成樟台，通过枢纽衔接国家高速公路网（简称"国高网"）景宁至文成段以及省级高速公路网（简称"省高网"）龙丽温高速公路文成至瑞安段，终点连接福建省福安至寿宁高速公路。项目的建设完成为温州西部山区加快城乡统筹发展、实现乡村振兴注入了新动力。

本书从设计、施工、科研、管理等角度全方位总结了文泰高速公路建设过程中的建造技术和科研成果，提出了相应的经验体会和问题探讨；详细介绍了洪溪特大桥、南浦溪特大桥等典型桥梁的设计情况及施工方法，并针对相应技术展开深入的创新研究。在设计方面创新研究包括波形钢腹板组合梁整体预制分片架设技术、过渡墩扣塔扣挂技术等。在施工方面创新技术包括矮塔斜拉桥斜拉索滞后张拉施工技术、平行钢绞线斜拉索等值张拉技术、液压爬模高空"半落地式"体系转换施工技术、索鞍刚体化整体安装定位技术、钢管拱肋斜拉扣挂悬拼过程中拱脚临时约束技术、超大跨度盖梁钢筋笼整体吊装施工技术、波形钢腹板刚构桥可变幅异步挂篮施工技术、机制砂高性能混凝土应用等。

洪溪特大桥是本项目的控制性节点工程，采用主跨 265m 矮塔斜拉桥。桥址处于峡谷地带，两侧地势陡峭，峡谷切割较深，呈 V 字形，切割深度达 340m，施工技术难度大、安全风险高。南浦溪特大桥采用主跨 258m 上承式钢管混凝土拱桥，桥面系采用 20m 跨工字形钢－混凝土组合梁，拱座采用扩大基础，桥址区跨越"V"形深切峡谷，横跨飞云江，两侧山壁陡立。拱肋采用等截面钢管混凝土桁架结构，共划分为 13 个节段，最大节段吊装质量约 106t。

本书包含了浙江省文泰高速公路各参建单位多年的施工经验总结，在编写过程中，许多同行专家给予了大力支持，并提出很多宝贵建议，在此表示感谢。

由于编者的认知水平及经验的局限性，书中难免存在一些不足和欠缺，恳请同行和专家给予批评指正。

张仲勇

2021 年 10 月于杭州

CONTENTS

目录

第1篇 工 程 综 述

第2篇 典型桥梁设计

第3篇　典型桥梁施工

第4篇 典型隧道设计

第5篇 典型隧道施工

第6篇 科研及技术创新

工程综述

第1章

概述

1.1 项目建设的目的和意义

浙江省文成至泰顺(浙闽界)公路位于浙闽交界的温州市境内,是《国家公路网规划(2013 年—2030 年)》江苏溧阳至福建宁德(G4012)公路的组成部分,也是浙江省规划的"两纵两横十八连三绕三通道"高速公路网中的"一连"龙(游)丽(水)温(州)高速公路的组成路段,在国家及区域公路网中占有重要的地位。本项目是江苏溧阳至福建宁德(G4012)公路连接浙闽交界的最后一段,项目起点设置在文成樟台,通过枢纽衔接国高网景宁至文成段以及省高网龙丽温高速公路文成至瑞安段,终点连接福建省福安至寿宁高速公路。

2011 年 2 月国务院批复的《浙江海洋经济发展示范区规划》提出,将着力构建"一核两翼三圈九区多岛"的总体布局方案,温州市作为总体布局中"两翼"的南翼,以及三大都市圈之一,要加强与海峡西岸经济区接轨,扩大海洋经济发展战略的辐射范围,努力建设成为中国东部沿海区域中心城市。本项目将连接福建福寿高速公路与龙丽温高速公路文成至瑞安段,增加福建通往浙江的新通道,成为连接长江经济带和海峡西岸经济区的又一条高速公路,已列入国家"一带一路"倡议和"长江经济带"战略发展的重点项目规划。项目的建设对于完善国家及区域高速公路网络、增加浙闽出省通道、加强国防等均具有十分重要的作用。

1.2 项目建设程序和决策

2004 年 4 月,龙丽温高速公路景宁至瑞安段(含泰顺支线)项目前期工作正式启动,浙江省交通规划设计研究院有限公司负责该项目设计工作。

2011 年 6 月,龙丽温高速公路景宁至瑞安段(含泰顺支线)项目预可行性研究报告通过浙江省交通运输厅评审,同年 12 月 27 日在专家组和咨询意见的基础上,完成了项目建议书编制工作,并上报浙江省发改委审批。

2012 年 4 月 16 日浙江省发改委下发了《关于龙丽温高速公路景宁至瑞安段(含泰顺支线)项目建议书批复的函》(浙发改函〔2012〕107 号),明确了该项目的建设规模、技术标准及资金来源,并确定该项目为政府还贷性高速公路。

2013 年 5 月国家发改委下发了《国家公路网规划(2013 年—2030 年)》的通知,龙丽温高速公路景宁—文成—泰顺段列入国家高速公路网江苏溧阳至福建宁德(G4012)中的一段,其中的文成至瑞安段仍为省高网中的一段,其余纳入国高网中。

2013 年 9 月 6 日，受李强省长委托，浙江省政府顾问王建满主持召开专题会议，就加快推进龙丽温（泰）高速公路项目前期工作有关事宜与温州市及沿线地方政府、省发改委、省交通运输厅、省交通集团主要领导进行了研究与讨论。专题会上议定了项目推进原则，审批、资金等问题，以及融资、建设、运营、管理等内容，并对项目推进进度提出了相关要求。

2016 年 6 月 12 日，国家发改委下发了《关于浙江省文成至泰顺（浙闽界）公路可行性研究报告的批复》，其中明确了项目法人为温州市文泰高速公路有限公司，项目估算总投资的 65% 为项目资本金，其余 35% 由国内银行贷款解决。

2016 年 8 月 3 日，温州市人民政府、瑞安市人民政府、文成县人民政府、泰顺县人民政府、浙江省交通投资集团有限公司共同签署了《龙丽温高速公路温州段项目建设运营框架协议书》，明确了国高网文成至泰顺段各方出资比例及主要职责等事宜，并计划 2020 年建成。据此，温州市人民政府与浙江省交通投资集团有限公司于 2016 年 9 月 29 日联合发文《关于成立龙丽温高速公路温州段工程建设协调小组及指挥部的通知》。

2016 年 9 月 20 日，浙江省交通运输厅会同浙江省发改委及省、市、县（市、区）各相关行业主管部门和沿线地方政府组织召开了浙江省文成至泰顺（浙闽界）公路初步设计预审查会。

2016 年 10 月 31 日，浙江省交通运输厅向交通运输部公路局报送了《关于要求对溧阳至宁德国家高速公路浙江省文成至泰顺（浙闽界）段等三条高速公路进行初步设计审查的函》。

2017 年 4 月 1 日，交通运输部下发了《关于浙江省文成至泰顺（浙闽界）公路初步设计的批复》。

2017 年 7 月 17 日，浙江省交通运输厅党组副书记、副厅长陈利幸主持召开加快推进龙丽温高速公路建设协调会。省交通运输厅任忠副厅长，省交通集团，温州市人民政府、交通运输局，丽水市人民政府、交通运输局，瑞安、文成、泰顺、景宁四县（市）人民政府，浙江金丽温高速公路有限公司（简称：金丽温公司），龙丽温高速公路工程建设指挥部，省交通设计院以及省交通运输厅规划处、建管处、省公路局等单位（处室）有关负责人参加会议。会议明确了文成至泰顺段 2020 建成通车，并对沿线地方政府和行业审查单位及部门在征地拆迁、项目审批及沟通协调等方面提出了相关要求。

2017 年 8 月 16 日，浙江省国土资源厅向国土资源部上报了《关于浙江省文成至泰顺（浙闽界）公路控制工期单体工程先行用地的请示》。

2017 年 9 月 8 日，国土资源部办公厅下发了《关于文成至泰顺（浙闽界）公路控制性工程先行用地的复函》，其中涉及 8 座大桥，15 座隧道，总计 22.17hm²。作为文泰指挥部"五个先行"举措之一的先行用地，其取得批复为项目尽早开工奠定了基础。

2017 年 9 月 11 日，浙江省交通运输厅下发了《关于浙江省文成至泰顺（浙闽界）公路土建施工图设计批复的函》。

2017 年 10 月，浙江省文成至泰顺（浙闽界）公路完成土建工程招标，同年 11 月完成合同谈判、签订等工作。

2017 年 12 月 18 日，为了更好地适应龙丽温高速公路建设的需要，浙江省交通投资集团有限公司、浙江金丽温高速公路有限公司及龙丽温高速公路温州段工程建设指挥部分别下发了《关于调整龙丽温高速公路工程建设指挥部组织机构的批复》《关于调整龙丽温高速公路工程建设指挥部组织机构的通知》《关于调整龙丽温高速公路工程建设指挥部组织机构的通知》，成立了龙丽温高速公路工程建设指挥部文泰指挥部，作为龙丽温高速公路温州段工程建设指挥部的下属独立运行机构，负责浙江省文成至泰顺（浙闽界）公路的日常建设管理工作。

2018 年 1 月 18 日，浙江省文成至泰顺（浙闽界）公路第 WTJL-1 监理办公室、第 WTJL-2 监理办公室分别向土建 4 个标段下发开工令。

　　2018 年 4 月 13 日,浙江省国土资源厅向自然资源部报送了《关于浙江省文成至泰顺(浙闽界)公路建设项目用地的审查报告》。

　　2018 年 4 月 24 日,浙江省人民政府向国务院报送了《浙江省人民政府关于文成至泰顺(浙闽界)公路建设项目用地的请示》。

　　2018 年 11 月 16 日,自然资源部下发了《关于文成至泰顺(浙闽界)公路工程建设用地的批复》。

第 2 章

项目总体概况

2.1 工 程 概 况

2.1.1 地理位置

浙江省文成至泰顺(浙闽界)公路位于浙闽交界的温州市境内,是《国家公路网规划(2013 年—2030 年)》江苏溧阳至福建宁德(G4012)公路的组成部分,也是浙江省规划的"两纵两横十八连三绕三通道"高速公路网中的"一连"龙(游)丽(水)温(州)高速公路的组成路段,在国家及区域公路网中占有重要地位。江苏溧阳至福建宁德(G4012)公路浙江境内长深线自建德、龙游、遂昌、松阳至莲都与丽龙高速公路(G25)相接,丽水至云和段与 G25 共线,经云和、景宁至文成、泰顺,终点与福建的福寿高速公路相顺接。本项目为浙江文成至泰顺段,是江苏溧阳至福建宁德(G4012)公路连接浙闽交界的最后一段,项目起点设置在文成樟台,通过枢纽衔接国高网景宁至文成段以及省高网龙丽温高速公路文成至瑞安段,终点连接福建省福安至寿宁高速公路。项目建成后,将连接长江经济带和福建海峡西岸经济区,对于完善国家及区域高速公路网络具有重要意义。

路线总体为北南走向,起点为文成县樟台的文成枢纽互通,与在建的龙丽温高速公路瑞文段和规划建设的文景段实现交通转换,沿线途经文成县大峃镇、巨屿镇、珊溪镇、仰山乡、泰顺县筱村镇、罗阳镇,终点与已建成通车的福建省福寿高速公路相接。路线全长 57.445km,其中文成段长 23.740km,泰顺段长 33.705km。

2.1.2 总体规划

该项目主线共设置桥梁约 8976.69m/31.5 座(含互通区主线桥、主线上跨分离式立交桥),其中特大桥 1016.96m/2 座、大桥 7720.33m/26.5 座、中桥 239.4m/3 座;隧道约 31455.02m/19 座,其中特长隧道 13891.52m/4 座、长隧道 13067.50m/7 座、中短隧道 4496m/8 座;互通式立交 5 处,其中枢纽互通 1处、一般互通 4 处;收费站 5 处,其中主线收费站 1 处、匝道收费站 4 处;服务区 1 处(与南浦溪互通合建),管理分中心 1 处,隧道管理站 2 处,养护工区 1 处,以及必要的交通安全、服务等设施。新建互通连接线约 3655m,其中,珊溪连接线约 564m,南浦溪连接线约 1843m。

项目主线采用《公路工程技术标准》(JTG B01—2014)高速公路标准,双向四车道,设计速度 80km/h,整体式路基宽度 25.5m(分离式路基宽度 2×12.75m)。珊溪连接线采用二级公路标准,设计速度 60km/h,路基宽度 12m;南浦溪连接线采用二级公路标准,设计速度 40km/h,路基宽度 8.5m;泰顺连接线采用一级公路标准,设计速度 60km/h,路基宽度 23m。

2.2　标段基本情况

第1标段(四川公路桥梁建设集团有限公司):桩号为 YK0 +911.5 ~ YK11 +300(ZK0 +651.981 ~ ZK11 +317)段,路线长约 10.39km,主要工程内容为路基、路面、桥涵、隧道、绿化工程等施工,缺陷责任期缺陷修复及保修期保修等,主要结构物包括桥梁 1230.8m/5 座;飞云江大桥上部采用波形钢腹板工字形钢 – 混凝土组合梁,下部为花瓶墩和 U 形台,基础为桩基础和扩大基础;其他桥梁上部为预应力混凝土 T 梁,下部为柱式墩、空心薄壁墩、座板台和 U 形台,基础为桩基础和扩大基础,隧道 6770m/4.5 座。主要工程量:路基挖方约 124 万 m^3,隧道洞渣约 122 万 m^3,路基填方约 125 万 m^3,防护工程约 7.2592 万 m^3,路面沥青混凝土约 38.404 万 m^3。

第2标段(中交第三公路工程局有限公司):桩号为 YK11 +300 ~ YK23 +300(ZK11 +317 ~ ZK23 +355.7)段,路线长约 12km,主要工程内容为路基、桥涵、隧道工程等施工,缺陷责任期缺陷修复及保修期保修等,主要结构物包括桥梁 2515.01m/6 座;珊溪大桥上部采用主跨 100m 波形钢腹板预应力混凝土刚构 – 连续组合体系和预应力混凝土 T 梁,下部为薄壁墩、柱式墩和 U 形台,基础为桩基础和扩大基础;其他桥梁上部为预应力混凝土 T 梁,下部为薄壁墩、柱式墩、座板台和 U 形台,基础为桩基础和扩大基础,隧道 6618.5m/4.5 座、珊溪互通及连接线等。主要工程量:路基挖方约 71 万 m^3,隧道洞渣约 118 万 m^3,路基填方约 133 万 m^3,防护工程约 9.8916 万 m^3。

第3标段(中铁二局集团有限公司):桩号为 YK23 +300 ~ YK38 +000(短链 27.65m)(ZK23 +355.7 ~ ZK38 +030)段,路线长约 14.672km,主要工程内容为路基、桥涵、隧道工程等施工,缺陷责任期缺陷修复及保修期保修等,主要结构物包括桥梁 2077.41m/9 座;南浦溪特大桥上部采用主跨 258m 上承式钢管混凝土拱桥和钢 – 混凝土组合梁,下部为柱式墩、空心薄壁墩和 U 形台,基础为桩基础;其他桥梁上部为预应力混凝土 T 梁,下部为薄壁墩、柱式墩、座板台和 U 形台,基础为桩基础和扩大基础,隧道 7894m/6.5 座、南浦溪互通及连接线、筱村互通等。主要工程量:路基挖方约 272 万 m^3,隧道洞渣约 138 万 m^3,路基填方约 402 万 m^3,防护工程约 35.9515 万 m^3。

第4标段(浙江交工集团股份有限公司):桩号为 YK38 +000/ZK38 +030 ~ K56 +905.5(短链 3.154m)段,路线长度 18.902km,主要工程内容为路基、路面(K23 +300 ~ K56 +905.5 段)、桥涵、隧道、绿化(K23 +300 ~ K56 +905.5 段中央分隔带绿化)工程等施工,缺陷责任期缺陷修复及保修期保修等,主要结构物包括桥梁 1900.52m/6 座;洪溪特大桥上部采用主跨 265m 的预应力混凝土矮塔斜拉桥,Y 形索塔和 U 形台,基础为桩基础和扩大基础;葛溪大桥主桥上部采用主跨 100m 波形钢腹板预应力混凝土连续刚构,引桥采用 30m 跨波形钢腹板组合箱梁,下部为双肢薄壁墩、柱式墩、座板台和 U 形台,基础为桩基础和扩大基础;南山大桥上部采用主跨 120m 波形钢腹板预应力混凝土连续刚构,下部为双肢薄壁 + 空心薄壁组合式桥墩,U 形台;其他桥梁上部为预应力混凝土 T 梁,下部为薄壁墩、柱式墩、座板台和 U 形台,基础为桩基础和扩大基础,隧道 10479.5m/4.5 座、泰顺互通、主线收费站等。主要工程量:路基挖方约 399 万 m^3,隧道洞渣约 183 万 m^3,路基填方约 242 万 m^3,防护工程约 23.5188 万 m^3,路面沥青混凝土约 52.941 万 m^3。

2.3　桥　梁　概　况

2.3.1　全线桥梁概况

文泰高速公路项目沿线设特大桥 2 座,大桥 26.5 座,中桥 3 座,互通式立交 5 处。

　　本项目桥梁桥型结构丰富,采用的桥梁结构形式有预应力混凝土矮塔斜拉桥、钢管混凝土上承式拱桥、波形钢腹板连续刚构桥、波形钢腹板工字形钢–混凝土组合梁桥、预应力混凝土T梁桥、预应力混凝土空心板桥、预应力混凝土斜腿刚构桥等,堪称一座"桥型博物馆"。其中洪溪特大桥采用主跨265m的矮塔斜拉桥,是亚洲目前跨径最大的双塔双索面预应力混凝土矮塔斜拉桥;南浦溪特大桥采用主跨258m的钢管混凝土上承式拱桥,是当前浙江省高速公路上同类型桥梁跨径之最;飞云江大桥采用40m跨波形钢腹板工字形钢–混凝土组合梁,这是国内首座采用该种结构形式的桥梁。

　　除了上述提及的特殊结构桥梁,对于一般路段常规的中小跨径桥梁,上部结构形式应力求标准化、可装配化、系列化,以简化设计和施工。设计阶段,在对空心板、矮T梁、组合箱梁、T形梁、现浇连续箱梁等高速公路上常见的混凝土梁结构进行比选后,由于T梁具有经济性适中,施工方便,施工工期短,且结构受力性能较好,后期养护费用较低,且T梁断面为敞口截面,出现病害易检查、易发现、易到达,加固检修方便,结构耐久性强等优点,本项目常规桥梁上部结构均采用预应力混凝土T梁结构。

　　文泰高速公路桥梁统计见表1.2.3-1。

文泰高速公路桥梁统计表　　　　表1.2.3-1

序号	桥梁名称	结构形式	桥梁类型	跨径组成(m)	备注	标段号
1	文成枢纽	简支变连续T梁	大桥	30、3×30	主线2号桥	第1标段
				3×30、4×30.5	MY主线桥	
				30、4×30、4×28	MZ主线桥	
				30、3×30、4×30	F匝道	
				30、3×30.5、4×30.5、4×30	H匝道	
2	染布店大桥	简支变连续T梁	大桥	3×30、4×30	—	
3	渡渎口大桥	简支变连续T梁	大桥	2×30、2×40+30、30+3×40+30	—	
4	飞云江大桥	钢–混凝土组合梁桥	大桥	4×40、2×40+30	—	
5	巨屿大桥	简支变连续T梁	大桥	3×30、4×30、5×30	—	
6	正湾大桥	简支变连续T梁	大桥	4×30	—	
7	珊溪互通	简支变连续T梁	大桥	25、30、3×28、3×30、4×25	主线桥	第2标段
				4×30	A匝道	
				16	B匝道	
				22	C匝道	
				3×28、16	D匝道	
				16	E匝道	
8	联新大桥	简支变连续T梁	大桥	5×30	—	
9	珊溪大桥	简支变连续T梁	大桥	2×30、3×30、4×30	引桥	
		波形钢腹板刚构桥		55+4×100+55	主桥	
10	西山大桥	简支变连续T梁	大桥	4×30	—	
11	岩田大桥	简支变连续T梁	大桥	3×30、4×30	—	
12	项坑大桥	简支变连续T梁	大桥	3×30、4×30	—	
13	白岩根大桥	简支变连续T梁	大桥	3×40、4×40	—	
14	锦绣谷1号大桥	简支变连续T梁	大桥	5×30、4×30	—	第3标段
15	锦绣谷2号大桥	简支变连续T梁	大桥	2×30、3×30、4×30、3×40	—	
16	库存大桥	简支变连续T梁	大桥	3×30、4×30	—	
17	玉凤大桥	简支变连续T梁	大桥	4×30	—	
18	玉溪大桥	简支变连续T梁	大桥	40、2×40+35、3×40	—	

序号	桥 梁 名 称	结 构 形 式	桥梁类型	跨径组成(m)	备注	标段号
19	库存中桥	简支变连续 T 梁	中桥	3×30	—	
20	坡头 1 号桥	简支变连续 T 梁	中桥	3×30	—	
21	坡头 2 号桥	简支变连续 T 梁	中桥	3×30	—	
22	南浦溪特大桥	钢管混凝土拱桥	特大桥	258	主桥	第 3 标段
		钢－混凝土组合梁桥		4×20	引桥	
23	南浦溪互通	简支变连续 T 梁	大桥	4×30	主线 1 号桥	
				25、30	主线 2 号桥	
				4×30	Y 匝道	
				4×30	Z 匝道	
24	筱村互通	简支变连续 T 梁	大桥	25	主线桥	
				25、20.5	C 匝道	
25	葛溪大桥	简支变连续 T 梁	大桥	4×30	引桥	第 4 标段
		波形钢腹板刚构桥		55+100+55	主桥	
26	洪溪特大桥	矮塔斜拉桥	特大桥	150+265+150	—	
27	南山大桥	波形钢腹板刚构桥	大桥	65+120+65	—	
28	省道分离式立交	简支变连续 T 梁	大桥	3×30、4×30	—	
29	月山下大桥	简支变连续 T 梁	大桥	4×30	—	
30	坑底大桥	简支变连续 T 梁	大桥	4×30	—	
31	泰顺互通	简支变连续 T 梁	大桥	30	连接线桥	
		简支变连续 T 梁		30	A 匝道	
		简支变连续 T 梁		30	F 匝道	

2.3.2 典型桥梁结构概况

1)典型桥梁结构类型

浙江省文成至泰顺(浙闽界)公路典型桥梁结构包括波形钢腹板工字形钢组合梁(第 WTTJ-1 标段飞云江特大桥)、波形钢腹板连续刚构桥(第 WTTJ-2 标段珊溪大桥、第 WTTJ-4 标段葛溪大桥、南山大桥)、钢管混凝土下承式拱桥(第 WTTJ-3 标段南浦溪特大桥)、预应力混凝土矮塔斜拉桥(第 WTTJ-4 标段洪溪特大桥)。

2)主要技术标准

(1)公路等级:双向四车道高速公路。

(2)设计行车速度:80km/h。

(3)汽车荷载等级:公路—Ⅰ级。

(4)行车道宽度:2×2×3.75m。

(5)风作用。

设计基准风速:成桥状态,桥址处基座以上高度 10m 处的 100 年一遇设计风速 $V_{10} = 30.6\text{m/s}$;与活载组合时,桥面基准风速按 25m/s 考虑。施工阶段,按 20 年一遇设计风速,$V_{sd} = 23.9\text{m/s}$。

(6)地震基本烈度:Ⅵ度。

(7)桥梁结构的设计安全等级:一级。

(8)设计基准期:100 年。

2.4 隧道概况

2.4.1 总体概况

浙江省文成至泰顺(浙闽界)公路隧道约31455.02m/19座,其中特长隧道13891.52m/4座、长隧道13067.50m/7座、中短隧道4496m/8座。隧道设置见表1.2.4-1。

隧道设置汇总表 表 1.2.4-1

合 同 号	隧道名称	隧道类型	起讫桩号	隧道长度(m)	净宽/净高(m)	洞门形式	
						进口	出口
第一合同	金垟隧道	分离式	YK1+297～YK4+715	3418	10.25/5.0	偏压端墙式	半明洞式
			ZK1+320～ZK4+760	3440	10.25/5.0	端墙式	半明洞式
	花前隧道	分离式	YK4+912～YK6+495	1586	10.25/5.0	端墙式	半明洞式
			ZK4+952～ZK6+505	1553	10.25/5.0	偏压端墙式	半明洞式
	巨屿隧道	分离式	YK8+404～YK9+374	970	10.25/5.0	端墙式	半明洞式
			ZK8+415～ZK9+398	983	10.25/5.0	端墙式	半明洞式
	孔龙隧道	分离式	YK10+359～YK10+757	398	10.25/5.0	半明洞式	半明洞式
			ZK10+377～ZK10+774	397	10.25/5.0	半明洞式	半明洞式
	徐岙隧道	分离式	YK10+890～YK11+300	410(759)	10.25/5.0	偏压端墙式	—
			ZK10+947～ZK11+317	370(723)	10.25/5.0	偏压端墙式	—
第二合同	徐岙隧道	分离式	YK11+300～YK11+649	349(759)	10.25/5.0	—	鱼骨式
			ZK11+317～ZK11+670	353(723)	10.25/5.0	—	鱼骨式
	珊溪隧道	分离式	YK13+770～YK15+372	1602	10.25/5.0	偏压端墙式	偏压端墙式
			ZK13+820～ZK15+309	1489	10.25/5.0	端墙式	端墙式
	下山垟隧道	分离式	YK16+707～YK17+479	772	10.25/5.0	端墙式	鱼骨式
			ZK16+733～ZK17+531	758	10.25/5.0	端墙式	鱼骨式
	下朱坑隧道	分离式	YK18+449～YK19+347	898	10.25/5.0	削竹式	削竹式
			ZK18+500～ZK19+455	955	10.25/5.0	削竹式	削竹式
	仰山隧道	分离式	YK19+779～YK22+807	3028	10.25/5.0	端墙式	端墙式
			ZK19+820～ZK22+853	3033	10.25/5.0	端墙式	端墙式
第三合同	朝头垟隧道	分离式	YK23+488～YK26+644	3156	10.25/5.0	偏压端墙式	端墙式
			ZK23+538～ZK26+726	3188	10.25/5.0	端墙式	偏压端墙式
	南浦溪1号隧道	分离式	YK27+990～YK28+295	305	10.25/5.0	偏压端墙式	偏压端墙式
			ZK28+018～ZK28+314	296	10.25/5.0	偏压端墙式	端墙式
	南浦溪2号隧道	单洞(右幅)	YK28+326～YK28+455	129	10.25/5.0	偏压端墙式	偏压端墙式
	坡头1号隧道	连拱式	K31+370～K31+630	260	10.25/5.0	端墙式	偏压端墙式
	坡头2号隧道	分离式	YK32+835～YK34+895	2060	10.25/5.0	偏压端墙式	端墙式
			ZK32+805～ZK34+885	2080	10.25/5.0	偏压端墙式	端墙式
	筱村隧道	分离式	YK36+350～YK38+000	1650(2633)	10.25/5.0	端墙式	—
			ZK36+368～ZK38+030	1662(2644)	10.25/5.0	端墙式	—

续上表

合同号	隧道名称	隧道类型	起讫桩号	隧道长度（m）	净宽/净高（m）	洞门形式 进口	洞门形式 出口
第四合同	筱村隧道	分离式	YK37+800~YK38+983	1283（2633）	10.25/5.0	—	端墙式
			ZK38+030~ZK39+012	1282.6（2644）	10.25/5.0	—	端墙式
	大岭尖隧道	分离式	YK39+266~YK40+348	1082	10.25/5.0	偏压端墙式	偏压端墙式
			ZK39+315~ZK40+400	1085	10.25/5.0	偏压端墙式	端墙式
	雁岭隧道	分离式	YK40+985~YK43+265	2280	10.25/5.0	偏压端墙式	偏压端墙式
			ZK40+980~ZK43+350	2370	10.25/5.0	端墙式	偏压端墙式
	章后隧道	分离式	YK43+966~YK48+229	4263	10.25/5.0	偏压端墙式	端墙式
			ZK43+993~ZK48+245	4252	10.25/5.0	偏压端墙式	端墙式
	早基山隧道	分离式	YK49+324~YK51+170	1846	10.25/5.0	端墙式	端墙式
			ZK49+349~ZK51+170	1821	10.25/5.0	端墙式	端墙式

注：隧道长度所在列的括号中数字为该隧道总长度。

2.4.2 隧道地质

2.4.2.1 地形、地貌

金垟隧道位于文成县金垟乡所属区域,位于文成中低山－丘陵区,属于南雁荡山分支的一部分,沿线山峦起伏,沟谷狭窄,山势险要,谷坡陡峻,坡度一般为35°~50°。沿线山体高程多在100~310m之间,最高山峰高程为346m,也是本工程路线附近最高的山峰。路线中间丘陵地段多为丘顶,较为平缓,分布田地。

花前隧道位于文成县巨屿镇所属区域,位于文成中低山－丘陵区,属于南雁荡山分支的一部分,沿线山峦起伏,沟谷狭窄,山势险要,谷坡陡峻,坡度一般为35°~50°。沿线山体高程多在73.3~280.7m之间,最高山峰高程为280.9m。路线中间丘陵地段多为丘顶,侵蚀剥蚀较强,较为平缓,分布有田地和村庄。

巨屿隧道位于文成县巨屿镇所属区域,位于文成中低山－丘陵区,属于南雁荡山分支的一部分,沿线山峦起伏,沟谷狭窄,山势险要,谷坡陡峻,坡度一般为35°~50°。沿线山体高程多在204.5~220.7m之间,最高处高程为262.9m。路线中间丘陵地段多为丘顶,较为平缓,分布有田地和林地。

孔龙隧道位于文成县龙前乡所属区域,位于文成中低山－丘陵区,属于南雁荡山分支的一部分,沿线山峦起伏,沟谷狭窄,山势险要,谷坡陡峻,坡度一般为35°~50°。沿线山体高程多在127~157m之间,最高山峰高程为174.4m。路线中间丘陵地段多为丘顶,较为平缓,分布有荒地。

徐岙隧道位于巨屿镇和珊溪镇交界山脉所属区域,位于文成中低山－丘陵区,属于南雁荡山分支的一部分,沿线山峦起伏,沟谷狭窄,山势险要,谷坡陡峻,坡度一般为35°~50°。沿线山体高程多在157~215m之间,最高山峰高程为216.4m。路线中间丘陵地段多为丘顶,较为平缓,分布有田地和村庄。

珊溪隧道位于文成县珊溪镇所属区域,位于文成中低山－丘陵区,属于南雁荡山分支的一部分,沿线山峦起伏,沟谷狭窄,山势险要,谷坡陡峻,坡度一般为35°~50°。沿线山体高程多在117~319.0m之间,最高山峰高程为319.0m。

下山垟隧道位于文成县珊溪镇所属区域,位于文成中低山－丘陵区,属于南雁荡山分支的一部分,沿线山峦起伏,沟谷狭窄,山势险要,谷坡陡峻,坡度一般为35°~40°。沿线山体高程多在170~256m之间,最高山峰高程为256.2m。路线中间丘陵地段多为丘顶,较为平缓,分布有田地和村庄。

下朱坑隧道位于文成县中低山－丘陵区,属于南雁荡山分支的一部分,沿线山峦起伏,沟谷狭窄,山势险要,谷坡陡峻,坡度一般为35°~50°。沿线山体高程多在220~380m之间,洞身顶部较为平缓,分布有林地。

仰山隧道位于文成县仰山乡所属区域,位于文成中低山-丘陵区,属于南雁荡山分支的一部分,沿线山峦起伏,沟谷狭窄,山势险要,谷坡陡峻,坡度一般为35°~50°。沿线山体高程多在235~480m之间,路线中间丘陵地段多为丘顶,较为平缓,分布有田地、杨梅地和村庄。

朝头垟隧道位于泰顺县和文成县交界处,位于浙南侵蚀中低山区,沿线山峦起伏,沟谷狭窄,山势险要,谷坡陡峻,悬崖发育,坡度一般为40°~60°。进洞口右侧有一大型冲沟,路线与地面线斜交,地形左高右低,存在偏压,山坡自然坡度35°~45°,表部残坡积覆盖层为含碎石粉质黏土层,厚度约1.50m,下伏基岩为全~中风化凝灰岩,局部强风化较厚。

南浦溪1号隧道位于新浦乡县城东北侧,位于浙南低山丘陵区,沿线山峦起伏,地形坡度一般为25°~45°。进洞口右侧有一大型冲沟,路线与地面线斜交,地形左高右低,存在偏压,山坡自然坡度35°~45°,表部残坡积覆盖层为含黏性土碎石层,厚度1.80~5.80m,下伏基岩为强~中风化凝灰质粉砂岩。

南浦溪2号隧道位于新浦乡县城东北侧,位于浙南低山丘陵区斜坡上,横向地形变化较大。进出洞口处为冲沟,洞口轴线与坡面斜交,地形左低右高,偏压明显,山坡自然坡度35°~45°,表部残坡积覆盖层为含黏性土碎石层,厚度2.0~3.0m,下伏基岩为强~中风化凝灰质粉砂岩。

坡头1号隧道位于浙南低山丘陵区斜坡上,横向地形变化较大。洞口轴线与坡面斜交,地形左高右低,偏压明显,山坡自然坡度35°~45°,表部残坡积覆盖层为含碎石粉质黏土层,厚度2.0~3.0m,下伏基岩为强~中风化凝灰质粉砂岩。

坡头2号隧道位于浙南侵蚀剥蚀低山区,地形坡度20°~60°,山体植被较发育,隧址区地面最高点高程约为652.8m,属于越岭隧道。进洞口处为山间冲沟出口位置,常年流水,地形起伏较大,洞口轴线与坡面斜交,地形左高右低,存在偏压,山坡自然坡度20°~35°,表部残坡积覆盖层为含黏性土碎石层,厚1.0m左右,下伏基岩为强~中风化层状凝灰岩。

筱村隧道位于浙南侵蚀中低山区,沿线山峦起伏,沟谷狭窄,山势险要,谷坡陡峻,悬崖发育,坡度一般为40°~60°。进洞口山坡自然坡度20°~25°,表部残坡积覆盖层为含碎石粉质黏土层,厚度1~1.5m,下伏基岩为全~中风化凝灰岩,局部强风化较厚。进洞口为水田,左线进洞口位于冲沟内,需进行改渠。

大岭尖隧道位于浙南侵蚀中低山区,沿线山峦起伏,沟谷狭窄,山势险要,谷坡陡峻,悬崖发育,坡度一般为40°~60°。进洞口正前方有一大型深切冲沟,常年流水,山坡自然坡度40°~50°,强~中风化基岩大面积出露地表,局部可见残坡积含黏性土碎石层,厚度较薄,下伏基岩为强~中风化凝灰岩。

雁岭隧道位于浙南侵蚀中低山区,沿线山峦起伏,沟谷狭窄,山势险要,谷坡陡峻,悬崖发育,坡度一般为40°~60°,洞口轴线与坡面斜交,横向坡度大,洞口偏压作用明显。进洞口前方可见一山间溪流,常年流水,山坡自然坡度40°~50°,表部残坡积覆盖层为含黏性土碎石层,厚度约1.50m,下伏基岩为强~中风化凝灰岩。

章后隧道位于浙南侵蚀中低山区,沿线山峦起伏,沟谷狭窄,山势险要,谷坡陡峻,悬崖发育,坡度一般为40°~60°。进洞口山坡自然坡度40°~50°,表部基岩大面积出露地表,局部地表可见残坡积含黏性土碎石,厚度较薄,下伏基岩为强~中风化凝灰岩。

早基山隧道位于浙南侵蚀中低山区,沿线山峦起伏,沟谷狭窄,山势险要,谷坡陡峻,悬崖发育,坡度一般为40°~60°。进洞口山坡自然坡度40°~50°,表部基岩大面积出露地表,局部地表可见残坡积含黏性土碎石,厚度1.0~2.90m,下伏基岩为强~中风化凝灰岩。隧道出洞口位于自然陡崖处,陡崖为中风化凝灰岩岩壁,坡陡,在陡崖坡脚分布块石。洞身段侵蚀剥蚀较强烈,沟谷发育,地形变化较大,分布有田地和村庄。

2.4.2.2 地层岩性

1)第1标段:隧址区内出露前第四纪地层主要为下白垩统(K_1)火成岩、陆相碎屑沉积岩及侵入岩。

(1)西山头组(K_1x):上部为流纹质晶屑玻屑熔结凝灰岩,局部含角砾;中部为含砾凝灰质砂岩、石英长石砂岩等;下部为流纹质含角砾晶屑玻屑熔结凝灰岩,夹流纹质玻屑凝灰岩、岩屑晶屑熔结凝灰岩。

(2)馆头组(K_1gt):岩性为一套青灰、黄绿色砂岩、粉砂岩,泥质粉砂岩、含砾砂岩夹硅质岩,凝灰质砂岩、晶屑凝灰岩等。

沿线侵入岩有花岗斑岩、辉绿岩侵入,其中花岗斑岩呈脉状分布,辉绿岩分布范围较大,局部呈岩株、岩墙状分布,局部差异风化明显。

第四系地层主要为残坡积含黏性土角砾或含黏性土碎石,厚度较小,一般1m左右,陡坡处覆盖层厚度较小,缓坡处厚度变大,越接近坡麓,厚度越大。

2)第2标段:隧址区内出露前第四纪地层主要为下白垩统(K_1)火山碎屑岩、陆相碎屑沉积岩及侵入岩。

(1)九里坪组(K_1j):紫灰色、流纹岩、流纹质晶屑熔结凝灰岩及玻屑晶屑凝灰岩,偶夹粉砂岩、熔结凝灰岩。

(2)西山头组(K_1x):上部为流纹质晶屑玻屑熔结凝灰岩,局部含角砾;中部为含砾凝灰质砂岩、石英长石砂岩等;下部为流纹质含角砾晶屑玻屑熔结凝灰岩,夹流纹质玻屑凝灰岩、岩屑晶屑熔结凝灰岩。

沿线侵入岩有辉绿岩侵入,多呈脉状分布。

第四系地层主要为残坡积含碎石粉质黏土,含黏性土碎石和坡洪积粉质黏土,残坡积厚度较小,一般0.5~5.8m,陡坡处覆盖层厚度较小,缓坡处厚度变大,越接近坡麓,厚度越大。

3)第3标段:前第四系地层隧址区内出露前第四纪地层主要为下白垩统(K_1)中酸性火山碎屑岩、陆相碎屑沉积岩及侵入岩。

(1)九里坪组(K_1j):紫灰色、流纹岩、流纹质晶屑熔结凝灰岩及玻屑晶屑凝灰岩,偶夹粉砂岩、熔结凝灰岩。

(2)祝村组(K_1z):岩性为暗紫色流纹质晶屑熔凝灰岩、流纹质玻屑凝灰岩,局部含砾,偶夹紫红色粉砂岩。

(3)馆头组(K_1gt):岩性为一套青灰、黄绿色砂岩、粉砂岩,泥质粉砂岩、含砾砂岩夹硅质岩,凝灰质砂岩、晶屑凝灰岩等。

第四系地层主要为残坡积含黏性土碎石和含碎石粉质黏土,残坡积厚度较小,一般1~2m,陡坡处覆盖层厚度较小,缓坡处厚度变大,越接近坡麓,厚度越大。

4)第4标段:隧址区内出露前第四纪地层主要为下白垩统(K_1)中酸性火山碎屑岩、陆相碎屑沉积岩及侵入岩。

(1)九里坪组(K_1j):紫灰色、流纹岩、流纹质晶屑熔结凝灰岩及玻屑晶屑凝灰岩,偶夹粉砂岩、熔结凝灰岩。

(2)祝村组(K_1z):岩性为暗紫色流纹质晶屑熔凝灰岩、流纹质玻屑凝灰岩,局部含砾,偶夹紫红色粉砂岩。

(3)馆头组(K_1gt):岩性为一套青灰、黄绿色砂岩、粉砂岩,泥质粉砂岩、含砾砂岩夹硅质岩,凝灰质砂岩、晶屑凝灰岩等。

第四系地层主要为残坡积含黏性土碎石和含碎石粉质黏土,残坡积厚度较小,一般1~2m,陡坡处覆盖层厚度较小,缓坡处厚度变大,越接近坡麓,厚度越大。

大岭尖隧道隧址区侵入岩有英安玢岩岩脉,岩石风化强烈,风化厚度较大,呈脉状分布。

雁岭隧址区有花岗斑岩侵入岩,呈脉状分布,分布范围较小。

旱基山隧址区侵入岩有辉绿岩岩脉,与围岩风化差异较大,呈脉状分布。

2.4.2.3　地质构造

根据工程地质调绘,本隧址区地质露头多、地质断面清晰,通过地质调绘基本能反映隧址区构造发育情况。结合工程物探勘察资料,勘察隧址区未发现明显构造迹象。岩体总体完整性较好,金垟隧道有侵入岩发育;花前隧道、孔龙隧道地质构造不发育;徐岙隧道辉绿岩脉及花岗斑岩岩脉大规模发育。

巨屿隧道在进洞口处发现断层 Fc3-1(产状 195°∠73°),为压扭性断层,宽约 18m,与线路大角度相交,断层带内岩体挤压呈砂土-角砾状。徐岙隧道勘察隧址区未发现明显断裂构造迹象,辉绿岩脉及花岗斑岩岩脉大规模发育;珊溪隧道勘察隧址区未发现明显构造迹象,岩体总体完整性较好;下山垟隧道勘察隧址区未发现明显构造迹象,岩体总体完整性一般,大里程方向有大面积辉绿岩侵入;下朱坑隧道勘察隧址区未发现明显构造迹象,岩体总体完整性较好,大里程方向有辉绿岩脉侵入,分布范围小;仰山隧道勘察隧址区未发现明显构造迹象,洞身段主要岩体完整性较好,局部有辉绿岩脉侵入,分布范围较小。

朝头垟隧道隧址区揭露 1 条断层。该段有 Fc11 断层发育,为张性断层,延伸长,断层产状 30°∠85°,沿断层带有多组辉绿岩脉侵入,断层破碎带宽约 90m。破碎带内岩体极破碎,呈碎块状、砂土状,局部土状,附近岩体受构造挤压作用影响,岩体节理裂隙极发育,岩体呈碎块状。

南浦溪 1 号隧道、南浦溪 2 号隧道隧址区地质构造不发育,但受区域构造影响,岩体完整性一般,呈现较完整~较破碎状。馆头组沉积岩地层进洞口段、洞身段层理产状 5°∠4°,出洞口段层理产状 15°∠3°,为中薄层。

坡头 1 号隧道、坡头 2 号隧道隧址区地质构造不发育,岩体完整性一般~较好,仅表部呈破碎状。进洞段馆头组沉积岩地层层理产状 125°∠11°,中厚层;洞身段地层层理产状 272°∠10°,中厚层。

筱村隧道隧址区地质露头多、地质断面清晰,通过地质调绘基本能反映隧址区构造发育情况。勘察隧址区未发现明显构造迹象,岩体总体完整性较好。

大岭尖隧道隧址区揭露 1 条英安玢岩岩脉,岩脉宽约 50m,走向北西,地貌上为冲沟,与线路呈 45°斜交,岩脉与两侧凝灰岩差异风化较明显,冲沟处风化较深,覆盖层、全~强风化厚达 14m。与隧道大角度相交,洞身段岩脉呈块状,岩质坚硬新鲜,发育少量陡倾节理,水文地质条件较复杂,稳定性一般。

雁岭隧道隧址区地质构造不发育,岩体完整性一般~较好,仅表层部位呈破碎状。

章后隧道隧址区揭露 2 条断层,具体情况见表 1.2.4-2。

章后隧道隧址区断层 表 1.2.4-2

断裂编号	里程位置	构造产状及地质特征
Fc13	K45+600~760	为张性断层,断层产状 300°∠70°,受构造作用,岩体节理密集发育,风化作用强烈,呈砂土~碎块状。断层破碎带宽约 35m
Fc15	K47+530~570	为压扭性断层,断层产状 38°∠76°,受构造作用,岩体节理密集发育,挤压破碎,呈碎裂~碎石土状。断层破碎带宽约 40m

旱基山隧道隧址区出洞口揭露 2 条断层,Fc16 断层与线路正交,在隧道范围之外,本身对隧道影响较小,但受其影响,次级构造发育。在洞口处 Fc16-1 断层发育,与线路小角度斜交,岩体破碎,风化较强,对隧道稳定性不利,旁边 ZKS311 钻孔中也揭露到多条窄的构造破碎带。

在洞身段揭露 1 条辉绿岩岩脉,岩脉宽约 40m,产状 345°∠83°,地貌上为冲沟,与线路小角度斜交,地表露头结构面上有构造擦痕,产状与侵入岩脉一致。围岩为凝灰岩,辉绿岩与其为侵入接触,接触带附近岩体较破碎,具体情况见表 1.2.4-3。

旱基山隧道隧址区断层 表 1.2.4-3

断裂编号	里程位置	构造产状及地质特征
Fc16	K51+200~K51+210	为压性断层,延伸长,断层产状 215°∠68°,构造面发育,两侧岩体呈碎块状。上下盘错动较大,上盘为馆头组紫红色泥质粉砂岩,下盘为祝村组晶屑凝灰岩,断层破碎带宽约 10m
Fc16-1	ZK51+100~ZK51+110	产状 170°∠75°,宽度较窄,但与线路交角较小,在 ZKS311 钻孔中构造反映较强,揭露多处构造破碎带,岩体破碎

2.4.2.4　地震

据《中国地震动参数区划图》(GB 18306—2015),本地区地震动峰值加速度为 0.05g,地震基本烈度为Ⅵ度,属于震级小、烈度低的稳定区域,适宜工程建设。

隧道位于丘陵区,上部覆盖层厚度 2～4m,土层等效剪切波速 250m/s < V_{se} ≤ 500m/s,根据《公路工程地质勘察规范》(JTG C20—2011)判定,属于Ⅰ₁类场地,属于抗震一般场地。

2.4.2.5　水文地质条件

隧址区内的地下水根据其不同的赋存形式、埋藏条件、分布情况及不同的水动力性质,可分为两大类:松散岩类孔隙水、基岩裂隙水。

金垟隧道日均涌水量计算结果取 Q = 1307m³。

花前隧道日均涌水量计算结果取 Q = 526.5m³。

巨屿隧道日均涌水量计算结果取 Q = 583m³。

孔龙隧道日均涌水量计算结果取 Q = 227.9m³。

徐岙隧道日均涌水量计算结果取 Q = 362m³。

珊溪隧道日均涌水量计算结果取 Q = 768m³。

下山垟隧道日均涌水量计算结果取 Q = 328m³。

下朱坑隧道日均涌水量计算结果取 Q = 290m³。

仰山隧道日均涌水量计算结果取 Q = 1067m³。

朝头垟隧道日均涌水量计算结果取 Q = 1397m³。

南浦溪 1 号隧道日均涌水量计算结果取 Q = 123m³。

南浦溪 2 号隧道日均涌水量计算结果取 Q = 55.5m³。

坡头 1 号隧道日均涌水量计算结果取 Q = 89.4m³。

坡头 2 号隧道日均涌水量计算结果取 Q = 727.2m³。

筱村隧道日均涌水量计算结果取 Q = 678m³。

大岭尖隧道日均涌水量计算结果取 Q = 230m³。

雁岭隧道日均涌水量计算结果取 Q = 609.7m³。

章后隧道日均涌水量计算结果取 Q = 1295m³。

旱基山隧道日均涌水量计算结果取 Q = 569.1m³。

第 3 章

建设管理

3.1 建设管理方式

3.1.1 建设、经营、管理模式

2016 年 8 月 3 日,浙江省交通投资集团有限公司(甲方)与温州市人民政府(乙方)、瑞安市人民政府(丙方)、文成县人民政府(丙方)、泰顺县人民政府(丙方)共同签署建设运营框架协议。协议明确了本项目由甲、乙、丙三方共同出资建设,以甲方为主组建项目公司,并实质性参与项目管理,具体开展项目融资、建设、营运和管理;乙、丙方负责项目总体推进、征迁等政策处理、安全维稳等工作。

3.1.2 项目建设管理组织机构

根据浙江省交通投资集团有限公司与温州市、丽水市政府签订的框架协议及项目投资建设合作协议精神,分别成立龙丽温高速公路温州段工程建设指挥部和龙丽温高速公路丽水段工程建设指挥部;两个指挥部实行合署办公(简称总指挥部),内设综合处、财务处、纪检监察审计室和总工程师办公室 4 个处室;总指挥部下设 3 个分指挥部,分别为文瑞(文成至瑞安)项目分指挥部、文泰(文成至泰顺)项目分指挥部、景文(景宁至文成)项目分指挥部;分指挥部内设办公室、工程合同处、征迁处、安全处 4 个处室。

总指挥部统筹和监管文瑞、文泰、景文三个项目建设的安全、质量、进度、投资、廉洁等工作。具体负责对外协调沟通、合同签订、合同变更审核、工程招投标、工程技术管理等工作,统一负责计划财务、人力资源、党建纪检、阳光工程等日常管理工作及项目竣工验收等工作。

分指挥部主要负责从项目施工和监理招标后至交工验收完成期间的现场管理工作。具体负责项目大纲编制、施工建设、安全生产、工程质量、设计变更、立功竞赛、政策处理以及与项目沿线地方的协调和项目的日常管理等工作,配合总指挥部做好上级单位、地方政府以及省市交通行业主管部门的检查与监督。

龙丽温高速公路建设指挥部组织框架如图 1.3.1-1 所示。

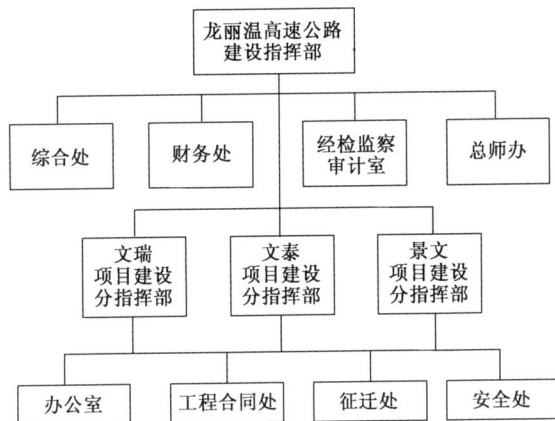

图 1.3.1-1 龙丽温高速公路建设指挥部组织框架图

3.2 管理基本情况

3.2.1 基本制度的贯彻

浙江省文成至泰顺(浙闽界)公路工程建设过程中一直贯彻执行国家规定的基本建设程序,实行工程项目招投标制、业主责任制、工程项目社会监理制及项目经理负责制。

3.2.2 施工进度

2018年1月18日下发开工令,组织施工、监理、技术第三方等单位进场,2020年11月25日完成土建、交安(即交通安全,包含设施、机电等)工程验收和备案,2020年12月22日通车。

3.2.3 工程管理主要措施

1)工程质量管理

将"百年大计、质量第一"的准则贯穿于项目设计、建设、管理全过程,从细处着手,用匠心铸品质,打造山区高速公路样板工程。

(1)扎实做好常规工作,强化工程质量控制。一是严格执行首件制。制定《首件工程管理办法》,规范项目首件管理标准和流程,落实首件工程的准备、记录分析、总结等各项工作,对效果良好的施工成果在全线推广应用,对三次首件制作不合格的班组予以清退。二是严把原材料进口关。在全线全面推行出厂合格认可制,建立完善的材料标准化管理制度,原材料进场使用前必须经施工单位自检、监理抽检合格,再由指挥部对原材料进行全标段全覆盖常态化抽检,杜绝不合格材料进场。采用大宗材料统一招标集中采购方式,既确保原材料质量过关,又降低造价。三是防治山区高速公路质量通病。结合项目实际,重点研究波形钢腹板易出现的质量通病防治办法,积极开展技能比武、设计回头看、质量回头望等专项活动,总结和宣传在解决设计和施工质量通病方面的成果,大力推进工程建设管理精细化、工序管理流程化,持续提升实体工程质量。四是加强隐蔽工程管理。隐蔽工程实行影像资料管理制度,采取拍照、摄像等方式全方位直观记录施工现场的真实情况,各施工单位安排专人负责整理资料、分类存档,以周为单位及时汇总。

(2)采用"引进来"方式,积极借助外力破解难题。一是引入第三方技术服务,建立质量管理长效机制,提高质量管理水平。其中包括桥梁施工监控、隧道监控量测、高边坡稳定检测、交竣工检测、第三方技术咨询等第三方服务单位。二是针对现场出现的棘手质量问题,邀请有丰富山区高速公路从业经验的专家组到现场出谋划策,开展技术咨询、安全管控评估等。三是邀请专家到现场召开隧道施工关键技术、波形钢腹板组合桥梁等专项培训会,增强参建人员对施工关键技术的理解,优化施工工艺,预防质量通病。

(3)多措并举,加强现场质量管理。一是安排专人在各标段全天候驻点跟踪管控,对实体工程施工环节随机进行无死角抽检;二是广泛、深入开展劳动立功竞赛活动,出台《立功竞赛管理办法》,每季度对各标段、监理办公室进行全方位检查,对优胜单位给予相应奖励,充分调动各参建单位的积极性;三是不定期开展专项检查,指挥部分别开展隧道施工及桥涵结构物施工等专项检查,通报检查发现的问题,对存在问题的单位,依据项目建设有关质量管理办法进行处罚。

(4)打造山区高速公路特色标准化场站建设。根据山区高速公路建设管理实际情况,因地制宜,打破专业限制、打破标段限制,全线统筹开展"三集中"管理,即构件集中预制、混凝土集中拌和、钢筋集中加工。通过"三集中"管理,既节约用地,提高施工组织效率,又让场地功能清晰,布局科学合理。

2)安全生产

通过建立健全安全管理体系,举办安全活动,强化安全管理,加强创新应用,实现安全生产"零事故、零死亡、零伤害"的目标。

(1)健全安全管理体系,强化安全生产保障。结合项目实际特点,完善制度建设,落实全员责任,严格执行国家安全生产法律、法规,建立具有山区高速公路建设特征的安全管理体系,编制《安全管理大纲》《施工安全标准化手册》《后续施工标段交通组织方案》,全员签订《安全生产目标管理责任书》,层层落实安全生产"党政同责、一岗双责"责任,推动"管生产必须管安全、管业务必须管安全"理念的实施。

(2)强化安全教育培训,提升人员安全意识。一是定期梳理安全隐患跟踪落实清单,从责任落实、风险管理、教育培训、班组管理、档案管理、临建、隧道桥梁施工管理等环节,推进安全生产标准化的对标对表管理。二是设置班前讲台,形成班前宣讲常态化,将班前会视频推送到"文泰安全随手拍"微信群中,有力促进从业人员对安全生产基本知识的掌握,增强安全生产和自我保护意识。三是创新采用"多媒体工具箱"培训方式,解决项目因工点多、分布广、召集难导致的一线建设者不能及时完成培训的难题,让一线建设人员随时随地可以学到安全知识,掌握安全技能。

(3)强化典型示范引领,提升现场管理水平。通过组织各类应急救援演练,开展"安全生产月"等活动,提高全员特别是一线作业人员安全意识,提高作业人员应急处置水平,从而使施工现场的安全生产能力得到有效提升;通过承办浙江省交通建设工程高处作业施工安全专项整治观摩活动和温州市焊工安全操作技能竞赛,为全省交通建设工程项目提供了宝贵的交流机会和探讨平台,也为行业高质量建设、安全发展营造了"学技术、练本领"的良好氛围。

(4)强化科技兴安创新,提升安全硬实力。以"三微改、小创新、QC❶小组"为核心,着力解决施工安全难题,推广安全生产工作中好的经验、做法、成果,以科技手段提升安全生产硬实力。一是重视科技保安全。在隧道内增设移动信号基站,实现了长隧道手机信号的全覆盖,提升应急救援能力;应用梯笼门禁锁装置,方便施工人员上下作业,避免外来人员进入高墩柱作业面;推进"一机一码",特种设备清单化管理,降低指挥部、监理办管理难度,提高工作效率;推行盲区可视辅助系统,避免装载机和运输车辆因施工环境复杂及视野不良而导致伤人事故。二是创建BIM❷体系、PLC❸系统项目模板。制定标准库,在施工阶段的三维建模、工程量统计、施工模拟等项目进行了BIM应用,以数字化的管控进行施工全过程安全控制;在南浦溪特大桥建设中,引入了PLC智能集成控制系统,通过编程实现索道运输手

---

❶ QC 是 Quality Control 英文词组首字母组合,表示质量控制。

❷ BIM 是 Building Information Modeling 英文词组首字母组合,表示建筑信息模型。

❸ PLC 是 Programmable Logic Controller 英文词组首字母组合,表示可编程逻辑控制器。

动、自动控制,并实行远程监控,提高了工作效率,减少了工人操作的事故率,同时也进一步增加了项目的经济效益。

(5)实行清单化管理,强化安全隐患整改跟踪落实。及时梳理安全隐患跟踪落实清单,明确指挥部、监理、项目部三方责任人和经办人、整改要求、整改期限,做到凡事有人负责、凡事有章可循、凡事有据可查、凡事有人跟踪。通过清单化管理,有效提高了安全隐患整改率和实效性,及时消除了安全隐患。

3)进度管理

在工程项目建设组织实施过程中,始终以"在确保质量的前提下抢进度,在科学调度、交叉运作中争高效"为指导思想,通过统筹规划、合理安排,确保工程建设顺利实施,提前完成建设任务。

(1)严格工期目标,加强计划管理。根据项目总体工期要求,指挥部、监理单位、施工单位结合全线各合同段情况,均编制总体进度计划、年度进度计划、季度进度计划和月度进度计划,并根据施工进度计划相应制订了资金使用计划、材料供应计划和设备调配计划。施工单位对照形象进度和剩余工程量,按单位、分部工程和月、旬、周将各类计划分解细化到工区、班组,在时间和空间上做到连班作业和合理交叉。指挥部采取关键控制性工程周报制度,对下达的计划按周进行巡查,按月进行调整,按季进行总结部署,使工程计划始终保持严肃性和合理性,最终圆满完成。

(2)严控重点工程,加强生产调度。一是加强组织调度,确保施工力量。建设期间,要求各施工、监理单位主要负责人不变,管理人员不减,并根据不同阶段,适时调动补强相应专业化施工队伍,使其满足工程所需。二是加强设备调度,确保施工手段。工程开工之日起,要求施工单位的机械设备和检测试验仪器根据合同规定按期保量到场,并组织进场验收。施工期间坚持设备的动态管理,对架桥设备、路基"挖、运、填、压"设备、路面拌和、摊铺、碾压设备等确定选型和数量标准,同时留有储备余地,使工程建设具备较强的机械作业能力。三是加强材料调度,确保施工资源。指挥部按月收集各合同段的材料报表和供货计划,组织监督供需双方供货、进货情况,及时发布材料质量、价格、供货能力及服务措施信息,协调供需双方合作关系,监督材料结算支付情况,保证材料及时足量供应。四是加强会议调度,确保施工部署。通过按季召开生产调度会,按月召开监理例会、工地会议,定期举办现场办公会等形式,按期部署生产任务,及时发现施工问题,认真制定相应措施,现场检查,监督落实,保证生产调度的超前性、及时性、针对性、科学性和时效性。

(3)严守工序环节,加强现场管理。根据工程的不同施工特点,针对各个工艺工序环节,按照施工技术规范,加大现场管理力度。优先安排通道、涵洞、小型构造物施工,广开作业面,为路基尽早贯通创造了条件;在桥梁施工中,抢抓基础施工,及时组织模板和吊装设备进场到位,确保由下而上的工序转换和上部结构体系转换,实行平行转换工序,同步交叉作业,节段阶梯推进;对路面工程,提前抢抓备料,实行拌和、运输、摊铺、压实一条龙作业,基层、面层分幅分层顺序推进,全面展开施工;对于交安工程,路面上基层完成后迅速进行防护立柱插打,护栏、隔离栅、标志标牌随后顺序施工。对于关键性工程、滞后性工程、季节性工程和辅助性工程,采取引进外部协助、强行约束、指令分割、增大投入等措施,促使其加快进度,确保工程建设连续不断、紧张有序向前推进。

4)工程造价控制

本项目工程建设里程长,工程投资规模大,受到社会各界关注。为加强专项资金管理,指挥部坚持以概算为基础,以合同为依据,以资金管理为主线,做好建设资金的筹集、控制、监督和核算工作,依法、合理、及时筹集和使用建设资金,严格控制建设成本。

(1)从设计入手,控制投资总额。在开工之前就组织专家组对设计进行审核,并在工程实施阶段,根据工程现场地形、地貌,不断优化工程设计,对不同方案进行质量论证和经济比较,力求在技术先进条件下的经济合理,把成本控制观念渗透到各项优化设计和施工技术措施之中,尽量降低工程造价。

(2)加强合同管理,避免合同条款缺陷。一是合同措辞严密,不留"活口"。二是合同条款详细,特别是一些牵涉投资增减的条款,诸如设计变更的确认及其计价依据、某些特殊材料的调价方法等都要详细而明确,特别对于施工过程中发生的现场签证与设计变更的管理,要建立完善的变更审查、审批制度。

三是严格执行工程承发包合同,合同价即为中标价。在合同履行过程中,通过有关合同条件,将合同各方的投资工作密切联系起来,促进投资工作的开展和投资控制目标的实现。

(3)严格按合同约定及实际完成的工作量支付工程进度款。一是严格审核工程量,根据施工承包合同要求,对施工过程中出现的设计变更、现场签证等进行审核,不能多算或不按规则计算,要求审核人员对施工图纸、现场情况、现行预算定额中的说明、规定、计算规则都很清楚,而且要有一本明账,做到客观、公正、合理,准确进行计量审核。二是审核项目单价,有些模棱两可的项目,要求不得任意就取高单价,应符合实际情况,对定额缺项的不得任意高估,要结合现场的实际情况分析计算。三是审核分项正确性,不得重复列项,要求审核人员对图纸内容、定额项目的划分及定额项目所包含的内容要很熟悉,且要有说服力。

(4)加强工程各阶段跟踪审计。一是委托社会审计机构进行建设全过程咨询审计,借助其擅长工程造价审计的特点,突出工程造价审计,以实现节约投资,减少损失浪费,促进提高投资效益的目的。二是针对土地征用及征迁补偿资金"专款专用"、政策性强的特点,组织专班,开展征迁资金使用内部审计,堵塞漏洞,杜绝各种违法违纪行为,确保征迁资金及时足额到位。三是积极配合国家审计机关开展的项目建设跟踪审计。通过发挥三大审计主体的不同的优势,实现项目建设审计监督的全面覆盖。同时,对投资额大、关系人民群众切身利益的项目有重点进行审计,为竣工决算审计做好准备。

3.2.4 工程管理亮点工作

通过加强科技创新、优化施工工艺、加大人员设备投入等举措,全力加快项目建设、打造山区高速公路品质工程样板。

1)开展"五个先行",为项目建设赢得宝贵时间

为加快项目推进,首次提出"五个先行"举措,确保3年内项目建成通车。一是提前启动先行用地报批。提前10个月启动项目先行用地报批工作,其中涉及8座大桥,15座隧道,总计22.17hm²,在施工招标前即2017年9月8日获得国土资源部批复,为项目施工合法用地赢得了时间。二是先行启动施工便道建设。文泰项目主线长56km,便道长度超过130km,是主线长度的2倍多。为缩短建设周期,提前一年时间建设了45km最艰难的9条施工便道,为主线施工节约了10个月时间。三是先行开展施工用电架设。为确保供电满足施工需要,指挥部提前9个月实施全长63km的永临结合供电线路,解决了施工单位进场用电的问题。四是先行开展政策处理工作。本着"征迁先行,能快则快"的原则,提前启动土地报批和征收工作,提前启动坟墓迁移、房屋征迁、杆线迁改等工作,真正做到施工单位进场时已经完成土地征用交付、房屋拆迁和坟墓迁移,为施工创造非常有利的条件。五是先行开展总体实施方案征集。指挥部邀请全国具有公路特级资质、隧道一级资质的多家单位,对建设实施方案提出合理科学的意见建议。全线最主要控制性工程洪溪特大桥按原设计和施工组织方案倒排工期需45个月,为了实现2020年通车的目标,在专家建议指导下,通过优化主梁节段划分、优化索塔施工工艺等举措将工期缩短6个月,同时在主塔施工中加大设备投入,加长索塔节段长度,采用液压爬模法,有效加快施工进度。

2)加大环保举措,开展机制砂推广应用

随着国家"节能环保"的深入推进,天然砂被限制开采,导致天然砂资源紧张,料源不稳定,供货不及时,品质越来越差,严重影响工程质量和施工进度。为切实践行"两山"理论,减少施工对自然生态破坏,降低施工成本,指挥部结合实际,进行全面统筹,整体谋划,做好布局,联合全线4个土建标段,通过机制砂生产应用,消耗大量弃方,从根本上解决了河沙质量不稳定、运输困难、成本居高不下等难题,在保证工程品质的前提下,既减少土地占用、降低工程投资,又缩短施工周期,有力保障了浙江省"十三五"实现陆域"县县通高速"目标,同时避免了天然砂开采、运输以及隧道弃渣导致的能源消耗、河道水体污染和生态环境破坏等问题,从根本上解决了因大肆开采天然砂而污染河道所造成的一系列生态问题。

此外,在机制砂推广应用方面,通过大量试验,已选出最佳混凝土配合比,充分利用机制砂中石粉作

用,提升了混凝土性能,且成功应用在 C50 和 C60 等高性能混凝土中,填补了浙江省机制砂在高性能混凝土中应用的空白,为浙江省推广机制砂在高性能混凝土中应用提供了参考和实践借鉴,树立了典范。

3)做好新冠肺炎疫情防控,加快人员返岗复工

2020 年,面对新冠肺炎疫情突发情况以及温州地区严峻的疫情防控形势,坚持疫情防控和项目建设"两手抓、两战赢",积极发挥与沿线乡镇和相关部门党建联盟优势,共同打赢疫情防控阻击战。一是织密"排查网",组织各参建单位开展全覆盖、零死角的摸底排查,做深做细做实防控工作,积极与沿线地方政府做好联防联控,共计排查班组员工 2526 人,建立"一人一表",并按照红、黄、蓝三色进行分类管控,提高人员管控的有效性和针对性。二是筑牢"防护网",对 4 个项目部、2 个监理办驻地及 63 个主要施工工点实施封闭化管理,设立体温监测点,严格人员进出管控,加强隔离点管理,安排专职人员做好隔离人员日常监督、检测。三是建立"物资网",加强物资采购,累计采购口罩 4 万多只,消毒液 1750kg,泰顺县调拨口罩 4300 只,文成县调拨口罩 500 只以及测温枪和电子体温表等,有力保障了疫情防控和复工复查。四是构筑"防疫网",落实防疫体检,累计完成血常规、CT 检查 1400 余人次,核酸检查 1650 余人次,通过织密"四张网",筑牢文泰高速公路项目疫情防控线,为项目顺利复工提供坚强保障。五是创新返岗举措。通过提前谋划、主动作为,对急需复工的人员实施精准接送,利用指挥部自有接送车辆 8 车次从河南商丘、温州机场接回工人 100 多人,同时与泰顺县地方政府共同组成 6 人专班,派出 4 辆大巴前往湖南接人,在两天内完成一百多位工人的核酸检测和健康体检工作,实现工人到岗后不需要再隔离即可进场施工的目标,3 月 10 日,文泰高速公路项目人员到岗率达 100%,全面实现复工。

3.3　工　程　咨　询

3.3.1　工程咨询方式

(1)独立的施工审查:采用国内外最新的技术经验对施工技术方案进行独立的分析、计算,以此为基础对施工技术方案进行审查。

(2)独立的现场质量和安全督查:采用国内外最新的技术经验对现场施工质量和安全进行督查,定期编制咨询意见报告,提交业主协助管理。

(3)专家组定期到施工现场进行指导咨询,对专项施工方案提出咨询意见,为解决项目建设所遇到的重大问题提供咨询和顾问服务。

3.3.2　工程咨询内容

本项目咨询服务主要工作内容为:

(1)项目管理大纲的编制与评审、山区高速公路品质工程实施方案的编制与评审、参与工程变更和围岩确认、方案(监理规划及实施细则、总体实施性施工组织设计、全线大体积混凝土、全线高墩、全线人工挖孔桩、全线波形钢腹板悬臂浇筑、飞云江大桥钢 – 混凝土组合梁安装架设、南浦溪特大桥拱座、南浦溪特大桥自密实混凝土、南浦溪特大桥缆索吊装、洪溪特大桥承台、洪溪特大桥主塔、洪溪特大桥拉索安装、主梁悬臂浇筑、全线隧道光面爆破等专项方案)的咨询并参与评审、重要设计变更的咨询并参与评审、施工全过程现场咨询、编制施工期间咨询报告、相关技术标准咨询、相关咨询成果的总结、出版、协助完成课题或奖项申报等。

(2)其他服务:《山区高速公路建设管理指南》的编制与评审、相关成果的总结与出版。

(3)参加与施工咨询有关的会议。

(4)承发包双方提出与施工相关的重大事项,为业主提供咨询意见。

（5）与施工全过程咨询有关的其他服务。

作为咨询管理方，通过审查施工单位编制的施工技术方案，能明确施工单位的管理规划和管理目标，能对整个实施过程有一定的预知性，并通过咨询意见，表达需要调整和修改的内容，以期达到与建设单位的总体规划目标相对统一。

3.3.3 主要咨询成果

1）咨询意见书

提出咨询意见书74份。选取有代表性意见如下：

（1）针对南浦溪特大桥吊装施工方案：

①关于临时铰封铰时机的选择。原施工图设计要求，在拱肋合龙，调整主拱肋线形后浇筑拱座预留槽混凝土，拱肋体系转换，由铰接变成固结。

修改意见：设置临时铰的目的是在初始安装的几个节段预留悬臂结构转角，避免首节段安装定位的精度偏差对拱肋线形产生不利影响，使得拱肋成桥内力更加接近设计状态。经计算分析，铰接和提前固结状态下进行拱肋吊装，结构受力均满足规范要求，各有利弊，从施工过程稳定性、施工安全角度及便于拱肋线形控制考虑，建议根据拱脚预埋段的实际施工精度及现场施工控制情况，在安装2~3个节段后封铰或对拱脚进行临时固结。实际施工对拱脚进行了临时固结。

②关于施工节段间焊接及栓接。南浦溪大桥两阶段施工图设计拱肋吊装过程中，节段之间采用螺栓栓接，但不拧紧，拱肋合龙后拧紧各接头处螺栓并焊接各接头全部焊缝。

修改意见：根据以往钢管混凝土拱桥施工经验，以及从施工过程结构安全角度考虑，建议节段之间螺栓拧紧后挂索才能松吊，并完成接头焊接。拱肋合龙后焊接各接头全部焊缝，因节段间已相互约束，此时焊接残余应力较大，对结构受力不利。实际施工节段之间螺栓拧紧后松吊，并完成接头焊接。

③南浦溪特大桥两阶段施工图设计要求：扣索及锚索保留10%的索力，直到拱肋钢管混凝土灌注完成并达到设计强度后，彻底放松扣索并拆卸。

修改意见：拱肋合龙后扣索和锚索彻底松扣，再进行混凝土灌注。若混凝土灌注过程中扣索和锚索不松扣，混凝土自重作用拱肋下挠受阻，待混凝土达到设计强度后彻底拆卸，拱肋一次性下挠过大对混凝土受力不利（混凝土下缘受拉）。若混凝土灌注过程中扣索和锚索彻底松扣，在混凝土分次灌注的过程中，拱肋完全变形，混凝土下缘不会出现拉应力，对结构受力有利。实际施工拱肋合龙后扣索和锚索彻底松扣，再进行混凝土灌注。

（2）针对洪溪特大桥主梁施工：

洪溪特大桥为主跨265m的预应力混凝土矮塔斜拉桥，是文泰高速公路项目关键节点工程。该桥上部结构按照传统挂篮悬臂浇筑施工工艺施工，由于2020年疫情的影响，造成该桥合龙工期较计划工期落后45d。为缩短工期，提出有索区"斜拉索滞后张拉"施工方法，即在当前节段纵向预应力束张拉完成后即前移挂篮进行下一节段钢筋绑扎，同步进行当前节段斜拉索张拉，将传统流水施工调整为部分平行施工。针对该桥顶板纵向预应力束隔段设置张拉端的设计特点，提出临时体外索的措施。

矮塔斜拉桥斜拉索"滞后张拉"工艺关键技术在于：利用矮塔斜拉桥主梁自身刚度大、已张拉斜拉索能承受悬臂施工过程中的部分荷载（主梁自重、施工荷载等）的结构特点，采用临时体外预应力工艺，即在有索区每两个节段采用临时体外预应力进行预张，以给予顶板预应力不连续节段足够的压应力储备，用以抵消顶板预应力不连续节段挂篮前移（先于斜拉索施工）施工产生的拉应力，避免顶板出现拉应力以及斜拉索索力出现较大偏差。体外预应力自身具备力值随时可调整的特点，结合体内预埋应力元件使用，使得整个体外预应力体系更可控。

洪溪特大桥有索区梁段采用"斜拉索滞后张拉"施工技术，每个节段工期由15d缩短为12d，上部结构于2020年7月15日顺利合龙，比原计划合龙时间提前了45d。此工艺与传统挂篮悬浇工艺相比，仅需多投入一套可循环使用的体外束系统，在节省工期的同时，为施工单位节省人力、机械的投入成本近

400多万元。

2）咨询月报

编写咨询月报23份。每月或每两个月出具咨询报告(月报)，咨询报告内容包括咨询成果、工程变更、巡查存在的问题、改进措施等。

3）现场巡查意见

提交现场咨询意见46份。

(1)定期巡视工地，巡查施工方案落实情况，检查工程质量，检查施工安全措施是否到位，出具巡查报告。

(2)对典型桥梁施工过程出现的病害和技术问题，提出现场咨询意见，对影响桥梁结构受力和安全的施工工艺、方案进行验算复核等。

(3)参与业主组织每季度立功竞赛检查或定期检查。

4）专家咨询意见

开展专家现场咨询3次，提出代表性意见如下。

①矮塔斜拉桥的斜拉索二次调索意见：一般情况不需要，矮塔斜拉桥采用等值张拉法，二次调索操作过程麻烦，索力对线形的影响很小，采用大千斤顶整体调索不存在操作空间。采用过程控制法，保证索力、线形的精度满足设计和规范的要求。

②连续梁桥或刚构桥合龙段劲性骨架的设置问题。采用内置式的劲性骨架会抵消预应力的预压作用，预压力没有作用到混凝土本身，后期容易开裂。建议采用外置式劲性骨架，张拉部分合龙束预应力后拆除外置式的劲性骨架，让预应力作用到混凝土上。

③飞云江大桥墩顶负弯矩区开裂，采取顶落梁措施增加顶板预压应力，减少墩顶开裂风险问题。组合梁墩顶负弯矩区开裂，常规采用顶落梁法，利用自重下沉增加梁顶压应力储备，顶升量要根据具体的计算确定。在墩顶负弯矩区梁顶面采用超高性能混凝土(UHPC)贴面，增加抗拉能力。

④钢管混凝土与管壁脱粘、拱顶混凝土出现空洞的处理。钢管混凝土脱粘是由于钢材和混凝土材料热膨胀系数不一致导致，是钢管混凝土的通病，一般采用后期压浆减少脱粘。拱顶段混凝土可以适当振捣，并通过排浆孔灌注适量混凝土。

5）文件编写

编写《项目管理大纲》《品质工程实施方案》《山区高速公路建设管理指南》。

6）其他成果

在文泰高速公路施工过程技术咨询过程中，对新的工艺工法、技术进行整理研究，申报国家发明专利3项、实用新型3项；撰写年度总结报告3份、施工过程技术咨询工作总结报告2份、验算报告6份；发表论文3篇。

3.4　施 工 监 理

3.4.1　监理制度

1）监理机构

文泰高速公路分为四个土建标段，两个监理办。第一监理办由温州市筑城交通工程监理有限公司承监，第二监理办由浙江公路水运工程监理有限公司承监，分别负责第1、2施工合同段和第3、4施工合同段范围内的路基、路面、桥梁、隧道、交安、绿化等工程的监理工作。

2）监理制度

监理办成立伊始，即确定了创建品质工程、打造山区高速公路样板工程的管理目标，建立健全了监理办各项管理体系,并建立了安全监理工作制度、内部培训制度、内部学习制度、巡视检查制度、旁站管理制度、往来文件管理制度、公章使用制度、档案资料管理制度、重大事件报告制度、廉政管理制度、交底及图纸会审制度、人员考核制度等28项工作制度,根据本项目山区高速公路交通组织困难、结构物形式复杂等的特点,细化了监理办车辆管理、施工便道监理巡查、人员内部考勤、监理用表及资料填写标准化等管理制度和办法,安排专人定期核查制度执行情况并接受参建各方的共同监督。通过各项制度强有力的执行和落实,以制度化、规范化、标准化促进工程精细化施工,保障项目建设顺利实施。

3）监理工作保障措施

结合工程建设特点,集中监理公司优势力量,推行网格化及清单化管理,严把材料进口关,强化隐蔽工程监理,加强日常旁站、巡视、检查等工作,提高工程实体及外观质量控制,深化平安工地建设,以高空作业、特种设备、特殊工种、隧道施工、交叉施工等安全控制为重点,充分利用"智监云"、指挥部阳光系统等信息化管理手段开展各项监理工作,主要通过以下10项保障措施保障监理工作的开展。

（1）组织保障

根据工程进展实际情况,监理办在重要工程部位、关键节点施工时,适时调配监理人员,以点带线、以线带面,做好监理人员日常教育培训和交底,切实加强施工现场监管。

（2）安全保障

实行一岗双责,增大现场巡检频率,做到及时发现问题、及时汇报反馈、及时整改。

（3）资源保障

根据项目交通不便的情况,监理办增加车辆配置（合同文件要求5台,实际到场10台）,同时加强试验仪器设备、测量仪器的日常维护保养,易损部件留好备用,确保各项工程顺利进行。

（4）信息保障

充分利用"智慧监理"系统,使监理工作有迹可查;参建各方共同参与,各工点建立微信群,及时传达相关信息,确保信息畅通,使问题能快速发现、快速决策、快速处理。

（5）协调保障

本项目施工标段多、工期紧,后期土建、路面、交安、房建、绿化、机电等单位部分工作同步开展,交叉施工多,监理办配合参建各方积极做好各项协调工作,提前谋划,协调好各方关系,及时通过召开专题会、分段交接等办法,尽量消除交叉施工造成的影响,确保工程安全的同时保质保量按期完工。

（6）措施保障

监理办根据公司奖惩办法,调整奖金分配机制,对平时工作主动性强、表现良好的人员加大奖励力度,对不能胜任的监理人员及时采取措施。同时根据合同文件及建设单位相关规定,对不按规定施工的项目部进行从严处罚,提高所有人员对工程质量、安全的敬畏意识及紧迫感。

（7）程序保障

严格按照报检及验收程序控制施工,重视事前监理,把好源头控制,使问题尽早消除,尽量避免由于返工、停工造成的不利影响。

（8）服务保障

加强对全体监理人员的教育培训,提升服务意识,做到报检随叫随到。加班加点,缩短质保资料、计量支付、资金使用审核流程,为工程施工提供服务和资金保障。

（9）人文保障

适时举办一系列业余活动,劳逸结合,丰富员工生活,采取一系列关怀措施（如趣味竞赛、集体生日宴、家属感谢信等）,提高监理人员集体凝聚力、归属感及工作积极性。

（10）后勤保障

由办公室统筹安排,确保后勤物资供应及时。

3.4.2 现场监理工作的实施

1）主要监理方法

（1）检查核实、签认与审批

在施工的全过程,定期对施工单位所报送的各类方案、工程分包、测量放样成果、原材料及混合料、施工组织、人员配备、施工机械设备、构配件和设备、工程量、报表和数据等进行检查核算或进行现场核实,并及时予以签认。

（2）抽检

施工过程中按要求对施工单位的各项试验、工序检测项目、工程实体、外观质量等按规定的频率进行抽检。对材料或工程的质量有怀疑时进行进一步的抽检、判定。

（3）测量

施工前对施工放线及高程控制进行检查,严格控制,不合格不得同意施工;在施工过程中随时注意控制,发现偏差,及时纠正;中间验收时,对于不符合要求的,及时要求施工单位处理。

（4）旁站

按照监理规范等规定对重要隐蔽工程、重要工程部位、重要工序、工艺、危险性较大工程施工及有关试验实施旁站。在施工过程中现场观察、监督与检查施工过程,注意并及时发现质量、安全事故的苗头和影响因素的不利发展变化、潜在的隐患以及出现的问题等,及时进行控制。旁站监理对发现的问题及时责令立即整改;当发现可能危及工程质量、安全问题时,予以制止并及时向专业监理工程师(简称"专监")及总监理工程师(简称"总监")报告并按照规定的格式如实、准确、详细地做好旁站记录。

（5）巡视

各级监理人员,包括总监、专监,根据施工的不同阶段,有目的、有重点地对重要的施工工艺进行巡视检查,了解工程进展的情况,解决可能发生的问题。专监、现场监理人员巡查工地,每天不少于一次,总监理工程师每周巡查不少于4次,并详细做好巡视记录。

（6）签发指令文件

对施工过程中存在的质量、安全、环保、进度方面的隐患或问题,以书面文件形式,包括监理指令、暂时停工指令、工程安全隐患整改监理通知单、工地会议纪要、现场办公纪要、专题会议纪要等,要求施工单位进行预防和整改。

（7）利用支付控制手段

充分利用计量支付手段,加强对已完工程的验收和核查,验收程序不到位、验收达不到标准、资料不齐全不予计量。

（8）工地例会及专题会议

定期召开由建设单位、设计单位、施工单位、监理单位等参建各方参加的工地例会,讨论解决施工中的各种问题。结合具体施工状况,及时召开专题会议,及时制定措施,将问题消灭在萌芽状态。

（9）专家会议

对于复杂的技术问题,邀请有关专家与参建各方一起召开会议,进行专题研讨。根据专家意见和合同条件,再由参建各方做出结论,减少监理工程师处理复杂技术问题的片面性,避免失误。

（10）检查

组织定期、不定期或专项检查,对工程施工质量、安全、环保、合同、进度、内业资料等方面进行全面监控,及时消除或纠正施工中的不利因素,规范施工行为。

2）其他监理方法

除以上主要监理方法外,根据本项目规模及特点,监理办采取如下措施对监理工作及施工行为进行规范,确保工程建设总体目标的实现。

（1）严格执行首件工程认可制

每个分项工程首件施工之前项目部编制施工方案进行报批，并进行技术、安全、环保交底，明确首件工程的具体目标和要求，做好充分的施工准备，针对易发、频发的质量通病预见性地提出治理要求、工艺措施、技术措施、管理措施和注意事宜，督促落实工艺精细化的控制措施，防范质量、安全问题的出现。监理办对首件施工过程进行全过程旁站、巡视和检查，及时纠偏。首件工程完成后，认真进行总结及评定，总结经验，树立符合要求的工艺和实体质量标准，从而指导后续工程施工。本项目明确：首件工程必须达到优良工程的标准方可后续工程施工。

（2）推行工作标准化、监理资料模块化、审批意见规范化

监理办建立健全各项责任制，完善各项管理规章制度，并按照省市交通主管部门、业主、监理公司的相关规定严格落实。推行集约化、工厂化管理，深入贯彻"机器换人、自动减人"的理念，强制使用智能数控钢筋加工设备、智能张拉压浆设备等智能化、自动化设备，引入四新技术、小微改等工艺，淘汰落后施工工艺和材料。监理资料方面，监理办在监理统一用表的基础上进行细化，明确资料填写的内容和注意事项，真正做到资料及时、准确、完整、真实。对施工单位上报各类表格的审批意见进行统一，进一步规范审批用语及审批程序。

（3）认真开展监理程序"三同步"制度

即"同步验收、同步评定、同步交工"，实行"带资料报检"制度。每道施工工序完成后，施工单位应在自检合格的基础上及时向监理人员进行报检，报检时必须提供该道工序或该分项工程的相关质保资料，提高资料收集、整理、签认的及时性、真实性、准确性。验收与评定工作同步进行，验收评定合格，同意该分项工程或工序交工，立即进入下道工序，缩短验收时间流程，提高工作效率，为后续计量支付、交工验收、资料验收等工作提供基础的保障。

（4）建立健全隐蔽工程验收制度

隐蔽工程施工前，施工单位必须提前向监理办进行报检，施工时监理人员必须全过程旁站，进行拍照或摄像并上传"智慧监理"系统，记录好旁站记录，对工程数量进行严格把关、核实。总监、专监巡视时，以隐蔽工程施工作为巡视重点，层层把关。

（5）完善信息化管理系统

以业主单位阳光系统为依托，充分利用"智慧监理"信息化动态管理、物联网、视频监控、BIM技术、隧道人员定位及门禁系统平台，为监理服务水平提质增效，规范监理管理行为，最终实现提升工程品质的目的。

（6）规范审核时限，提高工作效率，加快工作流程

对于施工单位上报的一般方案、计量支付等，监理办审核时限为3日；对于重大方案、变更等，监理办审核时限为7日。通过加班加点，加快工作流程，使资金、措施等得到保障，保证现场施工及时、顺利进行。

（7）落实"一岗双责"，坚持"管生产必须管安全"

现场监理人员在做好质量管理工作的同时，必须对安全生产情况进行监管，及时指出施工中存在的安全问题、隐患，督促整改并形成记录，做到全员管安全，安全管理"横向到边、纵向到底"。

3.5 大 事 记

2015年5月7日，温州市文泰高速公路有限公司注册成立。

2017年9月8日，文泰高速公路项目建设先行用地获国土资源部审批。

2017年9月11日，文泰高速公路项目主体土建施工图获浙江省交通运输厅批复。

2017年10月24日，文泰高速公路项目合同签订仪式暨建设动员会在温州举行。

2017 年 12 月 15 日,文泰高速公路项目章后隧道进洞口顺利完成首次爆破,打响了文泰高速公路项目控制性工程开工的第一炮。

2017 年 12 月 26 日,文泰高速公路项目先行施工许可获批。

2018 年 1 月 9 日,浙江省国土资源厅批复了文泰高速公路项目使用省统筹补充耕地指标,共计597.72 亩。

2018 年 1 月 18 日,文泰高速公路项目开工令发布,在泰顺召开第一次工地会议,标志着文泰高速公路项目进入实质性施工阶段。

2018 年 4 月 11 日,文泰高速公路项目工程建设管理大纲通过专家审查。

2018 年 7 月 13 日,温州市市长姚高员督查龙丽温文泰高速公路项目。

2018 年 11 月 16 日,文泰高速公路项目建设用地获国土资源部审批。

2018 年 11 月 21 日,浙江省交通集团党委书记、董事长俞志宏调研文泰项目。

2018 年 12 月 7 日,浙江省交通运输厅厅长陈利幸视察龙丽温文泰项目。

2019 年 1 月 14 日,珊溪隧道左洞成功打通,标志着文泰高速公路项目第一条隧道顺利贯通。

2019 年 3 月 26 日,文泰高速公路项目先行通车段机电、交安、房建、环境保护及景观绿化工程施工图设计取得浙江省交通运输厅批复。

2019 年 3 月 28 日,文泰高速公路项目珊溪隧道右洞顺利贯通,成为文泰高速公路项目首个实现双洞贯通的隧道。

2019 年 6 月 11 日,文泰高速公路项目被省总工会列入 2019—2020 年建设"两美"浙江重点工程立功竞赛项目。

2019 年 6 月 26—27 日,温州市水泥试验检测技能竞赛在文泰高速公路项目举行。

2019 年 7 月 4 日,文泰高速公路项目控制性工程南浦溪大桥主拱实现合龙。

2019 年 7 月 16 日,温州市焊工安全操作技能竞赛活动在文泰高速公路项目举行

2019 年 7 月 18—19 日,温州市级立功竞赛推进会在文泰高速公路项目举行。

2019 年 9 月 17 日,全省交通建设工程高处作业施工安全专项整治观摩活动在文泰高速公路项目举行。

2019 年 9 月 28 日,文泰高速公路项目先行段主线路面施工完成。

2019 年 11 月 21—22 日,全省交通建设行业建管处长会议在文泰高速公路项目举行。

2019 年 12 月 3 日,文泰高速公路先行通车段顺利通过交工验收,标志着文泰高速公路先行通车段已具备通车条件。

2019 年 12 月 22 日,文泰高速公路项目最长隧道——章后特长隧道实现双向贯通。

2020 年 1 月 1 日,文泰高速公路先行段举行通车仪式。

2020 年 5 月 21 日,文泰高速公路项目控制性工程南浦溪特大桥实现双幅贯通。

2020 年 6 月 16 日,文泰高速公路项目全线 20 座隧道全部实现双向贯通。

2020 年 7 月 28 日,文泰高速公路项目洪溪特大桥实现合龙,全线双幅贯通。

2020 年 10 月 30 日,文泰高速公路项目全线路面施工完成。

2020 年 11 月 24 日,文泰高速公路项目土建工程通过交工验收,标志着文泰高速公路全线已具备通车条件。

2020 年 12 月 22 日,文泰高速公路顺利通车。

第2篇

典型桥梁设计

第1章

洪溪特大桥设计

1.1 桥址及桥址区自然、地质条件

1.1.1 桥址选择

洪溪特大桥位于泰顺县筱村镇岩漈头村西北侧,跨越洪溪,场地处于峡谷地带,两侧地势陡峭,峡谷切割较深,呈 V 形,切割深度可达 340m,丘陵顶部高程 510m,沟底高程 170m,桥梁两端分别与雁岭隧道($L=2280$m)和章后隧道($L=4263$m)衔接。

1.1.2 桥址区域自然条件

桥位地貌类型为侵蚀剥蚀丘陵区和山间沟谷。两侧斜坡平均自然坡度约 45°,坡表基岩裸露,植被较为发育,以松树为主。桥址区属于亚热带季风区,温暖湿润,雨量充沛,四季分明,但冬夏长,春秋短。年平均气温 16~17℃。区内气温变化显著,一年中 6、7、8 月气温最高,12、1、2 月气温最低。全年极端最高气温出现在 6、7 月,全年极端最低气温出现在 1、12 月。桥址区降水充沛,全年各月都有降水出现。降水的季节变化明显,区域内平均年降水日数为 197.4d。年平均降雨量为 1589mm。

工程所在区域受季风气候影响,风向和风速变化比较明显。冬季盛行西北风,夏季多为东南风。平均每年在温州登陆的台风有 2~3 次,多时曾达 7 次,此阶段各地雨量在 258~426mm 之间,占全年降水总量 17%~23%。场地溪流顺山谷向西南方流入洪溪水库,河宽约 30.0m,平时水量较小,河床浅部堆积松散卵石层,卵石以凝灰岩、砂岩为主,松散,次圆状,粒径一般 5~20cm,局部可见漂石,直径 2~3m,水量随雨量变化大,易暴涨暴落,河流冲刷、侵蚀强烈。

地表水样水质类型为 HCO_3^-(K^+Na)型,水样对混凝土结构具有微腐蚀性,对钢筋混凝土中的钢筋在长期浸水时具有微腐蚀性。

1.1.3 地质、地震

1)地质

桥址区地层岩性简单,两侧山壁陡立,可见中风化基岩直接出露,岩性为祝村组凝灰岩,岩质坚硬,节理裂隙较发育,岩石完整性一般。

小里程左线桥台位于陡崖上,陡崖高约 25m,出露完整中风化基岩,右线桥台位于陡坡上,陡坡自然坡度约 50°,坡向与线位一致,坡顶地势平缓,坡表残坡积碎石厚约 1m,陡坡坡表中风化基岩直接出露。大里程桥台位于丘陵陡坡上,坡度约 56°,坡向与线位一致,坡表残坡积厚度小于 1m,岩体整体完整性

较好。

小里程主墩处中风化基岩直接出露,左线主墩上方有少量崩坡积体,大里程主墩位于斜坡相对平缓处,坡表分布崩落碎石,上下均见中风化基岩出露。

2)地震及场地稳定性、适宜性评价

据1:400万《中国地震动参数区划图》(GB 18306—2015),路线地震动峰值加速度为0.05g,相应地震基本烈度值Ⅵ度。建议按照《公路工程抗震规范》(JTG B02—2013)及《公路桥梁抗震设计细则》(JTG/T B02-01—2008)的有关规定设防。

公路场地浅部覆盖层厚度薄,基岩埋深浅,根据《公路工程地质勘察规范》(JTG C20—2011)判定覆盖层厚度2.0~4.0m,属于Ⅰ₁类场地,属于抗震一般地段。

1.2 总 体 设 计

1.2.1 总体布置

桥位位于分离式路基路段,左右线设计线间距约20m,桥梁按左右分线分幅布设,左右线桥梁平面均位于直线段上,左、右线纵坡为1.9%,桥面横坡为-2.0%。

桥址场地处于峡谷地带,两侧地势陡峭,峡谷切割较深,呈V形,切割深度可达340m,丘陵顶部高程510m,沟底高程170m。桥面距离谷底230~240m,两侧斜坡平均自然坡度约45°。根据初步设计批复,桥梁为主跨265m预应力混凝土矮塔斜拉桥,梁底以下最大墩高126.012m。

1.2.2 主桥桥型方案比较和选定

根据本桥建设条件,对悬索桥、拱桥、连续刚构桥、斜拉桥、矮塔斜拉桥方案的适应性进行分析和比选。

1)悬索桥方案

根据洪溪特大桥的地形条件,悬索桥主跨跨径以500m左右为宜,桥跨布置拟为(30+510+30)m,结合桥位处通行条件,主桥单跨510m悬索桥加劲梁采用钢桁梁,桁架杆件运至现场后现场组拼,引桥采用30m跨简支T梁。经初步分析,采用悬索桥方案主要存在以下弊端:

①对于主跨510m的悬索桥,跨径偏小,锚碇、索塔及主缆等所占比重较大,工程造价高。

②大桩号侧桥台距章后隧道进洞口55m,大桩号侧锚碇布设困难,若采用隧道锚,则隧道锚施工与章后隧道施工存在干扰,安全隐患较大;采用重力式锚碇,锚碇基础开挖或者隧道开挖爆破,互相也存在影响。

③由于受桥梁两端长(特长)隧道的限制,桥位处采用左右分线设计,加劲梁采用整幅断面,则主桥范围内加劲梁宽度为32~41.5m,加劲梁布设困难,若桥位处采用整体式路基断面,则两侧隧道均需采用连拱隧道进洞,隧道工程造价和施工难度大幅增加,且大桩号侧章后隧道进洞口地形起伏较大(左低右高,按分离式路基设计,该左右线隧道进洞口纵向距离差31m),隧道进洞口右侧挖方边坡大幅加高。

综合上述分析,结合桥位处地形条件、线位平面布设、施工风险和工程造价等因素,悬索桥方案不适用于洪溪特大桥。

2)拱桥方案

桥位位于直线段上,左右线分线布设,桥位处于V形峡谷地形,拱桥方案是合适的,经过初步配跨,考虑到拱桥建筑高度,拱桥采用主跨380m上承式拱桥,拱座位置墩高约85m,桥跨布置为(3×40+380+

$2×40+30$)m。对于类似跨径的上承式拱桥,借鉴以往已建桥梁的经验,适宜采用钢管混凝土拱桥或劲性骨架箱形拱桥。

对于钢管混凝土拱桥,主要存在以下弊端:

①节段运输困难:由于工程所在区域没有航道,不具备水运条件,节段运输均需依赖陆路运输,而本项目沿线运输条件较差,进场道路为山区低等级公路,线形指标较低,而到达桥位的道路等级更低。对于一般的钢管节段运输,沿线道路均需拓宽改造或截弯取直,而采用小节段散拼,则现场焊接的工作量大幅增加,焊缝质量不易保证。

②钢管焊接质量难保证:如前分析,由于运输条件差,节段运输只能"化整为零",杆件或小节段运至现场后进行散拼,现场工作量大,且钢管拱弦杆与主钢管均为相贯焊,焊接质量很难控制,焊缝位置容易出现疲劳裂缝。

③后期养护费用高:为了确保使用年限,钢管外需做防腐涂装,防腐涂装有一定的使用年限,需补涂或重新做涂装,而本项目几座高墩桥梁墩高均较高,今后维修防护均为高空作业,涂装质量不易保证且作业安全风险较高。

④景观效果不理想:对于大跨径钢管混凝土拱桥,拱圈由多根主钢管和弦杆组成,杆件数量较多,视觉上比较凌乱,景观效果没有箱拱显得简洁、流畅。

对于劲性骨架箱形拱桥,存在的主要问题同样是劲性骨架节段的运输。由于桥位位于崇山峻岭中,桥位处距现有 S331 省道(58 省道)约 9.7km,且将近 6km 的道路为以前修建洪溪二级水库时的施工便道,便道宽 3m,根据山体等高线修建,线形指标极低,若运输劲性骨架节段,大部分曲线段需改造,施工临时费用较高。同时,对于主跨 380m 的上承式箱形拱桥,经济性相比连续刚构桥已不具备优势,因此本桥对拱桥方案不再做进一步比选。

3)连续刚构桥方案

预应力混凝土连续刚构是目前山区高墩大跨度桥梁最常用的桥型方案,目前国内山区高速公路连续刚构桥最大墩高已达到 183m(陕西三水河特大桥)。该种桥型方案跨越能力大,且对左右分线桥梁以及大半径平曲线上的桥梁具有很好的适应性,因此选择该桥型方案作为本项目跨峡谷区高墩大跨径桥梁主要的比选桥型。

本方案跨径布置为(110+200+110)m,总长 420m,边中跨比 0.55。主梁采用上下行左右分线布置,桥型总体布置图见图 2.1.2-1。

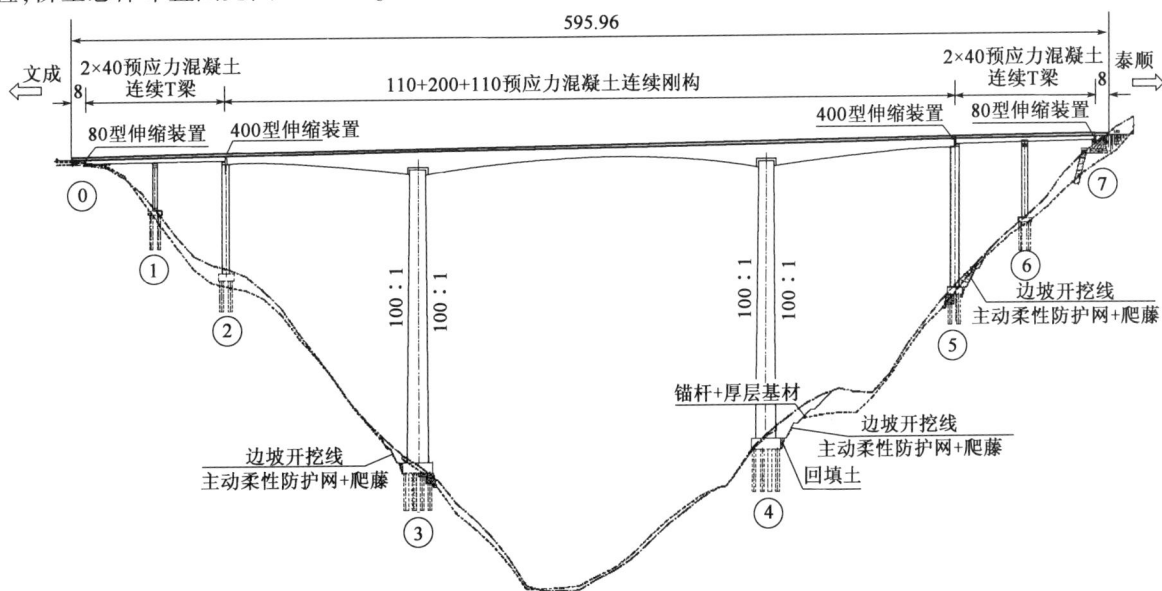

图 2.1.2-1 主跨 200m 连续刚构方案桥型总体布置图(尺寸单位:m)

结构体系采用连续刚构体系，主墩墩身与主梁固结，过渡墩与主梁之间设置支座。

全桥共4个悬浇T构，每个T构共划分为24个梁段，从悬臂根部至跨中梁段数及梁段长度分别为7×3.0m、6×3.5m、11×4.5m（乘号前为梁段数，乘号后为梁段长度），节段悬浇总长度为91.5m；边跨现浇段长度为8.75m，边跨合龙段及中跨合龙段长度均为2.0m，挂篮悬浇最大节段质量258.6t。

主梁采用单箱单室变梁高预应力混凝土箱梁，箱梁根部梁高12.5m，高跨比1/16，跨中梁高4.5m，高跨比1/44.4，梁底曲线为1.6次抛物线。

中支点位置断面与跨中位置断面如图2.1.2-2所示。

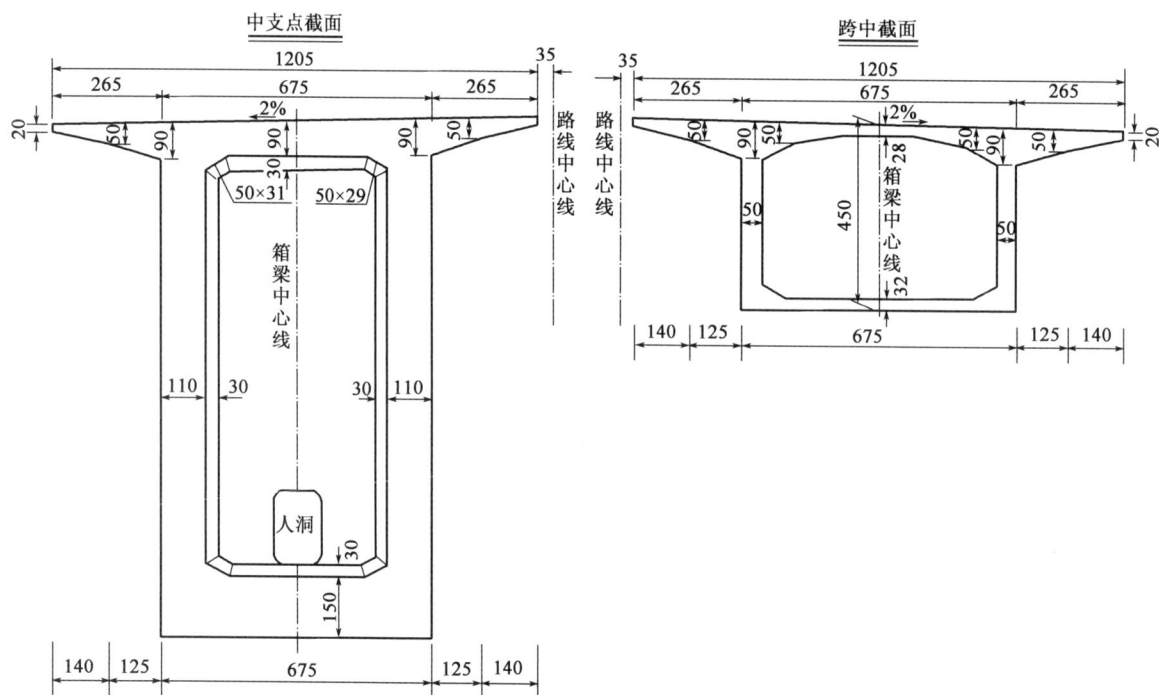

图2.1.2-2 主梁横断面（尺寸单位：cm）

四个主墩分别高161.0m、152.2m、159.0m、155.0m。主墩墩身采用单箱空心薄壁墩，墩顶外轮廓尺寸为9.0m（纵桥向）×8.5m（横桥向），主墩纵横向宽度沿竖向渐变，其中纵向宽度从墩顶沿竖向按100:1渐变，横向宽度从墩顶沿竖向按75:1渐变。单箱空心薄壁墩横桥向壁厚为90cm，纵桥向壁厚为110cm。

主墩基础单幅采用16根直接2.2m桩基，承台尺寸（长×宽×高）为17.1m×17.1m×6.0m，桩基均按端承桩设计。

4）斜拉桥方案

对于常规斜拉桥，结合地形条件，若按0.4边中跨比，则斜拉桥主跨跨径为320m，桥面以下最大墩高135m，若按0.35边中跨比，斜拉桥主跨跨径为340m，桥面以下最大墩高约112.5m。由于本桥桥位两侧均为特长、长隧道，按左右线分线布设，梁梁内侧边缘净距从6.4m变化至16.3m，索塔布置及主梁设置均是非对称结构，主梁对称悬浇需配重，线形控制困难，因此为简化斜拉桥施工，对于该方案路线平面线位需做局部调整，调整后左右线在桥梁范围内平行，左右线间距10.0m，桥梁大桩号侧章后隧道采用小净距隧道渐变至分离式隧道。由于主跨340m斜拉桥方案能有效降低主墩高度且引桥取消，因此作为比选方案之一与连续刚构方案进行同等深度比选。

采用双塔单索面预应力混凝土斜拉桥，跨径布置为（120＋340＋120）m，总长580m，边中跨比0.352，主梁采用整幅断面布设。为适应桥梁主梁布设，本方案桥梁右线需做局部调整，梁梁范围内左右线平行布设，左右线设计线间距10.0m，整幅桥面宽度为35.0m。斜拉桥桥型总体布置图见图2.1.2-3。

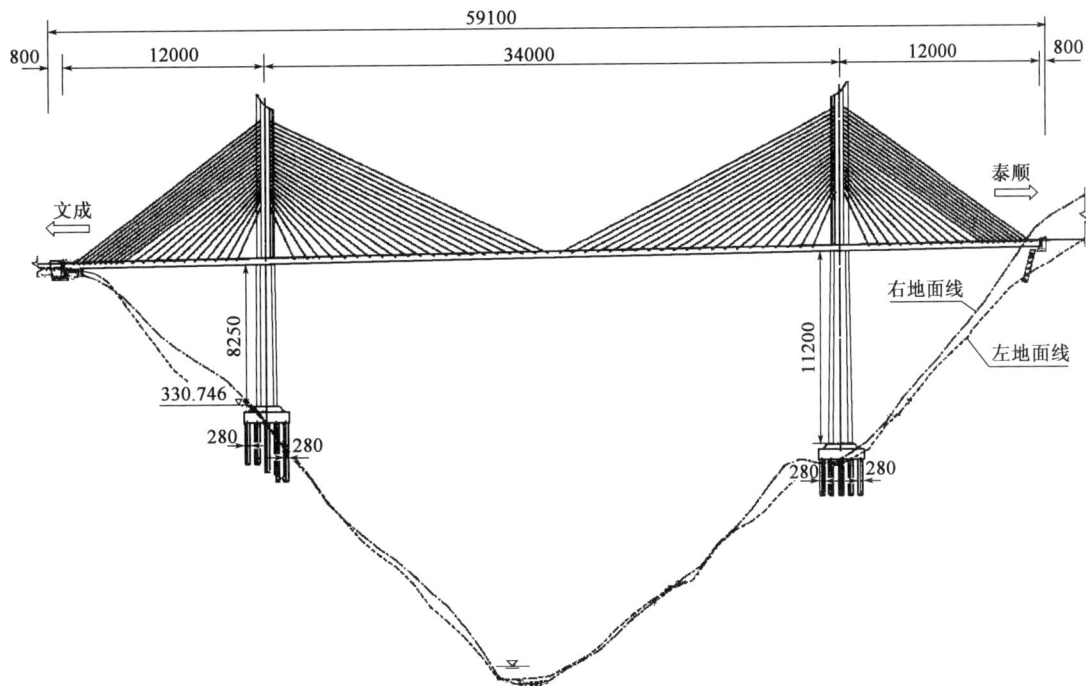

图2.1.2-3　斜拉桥桥型总体布置图(尺寸单位:cm;高程单位:m)

本方案采用塔、墩、梁固结的结构体系。

主梁采用单箱多室断面,斜拉索锚固于箱梁中分带内箱室。主梁全宽35.0m,宽跨比为1/9.714,主梁中心梁高3.5m,高跨比为1/91.43。由于本桥边中跨较小,为考虑边跨压重,边跨箱梁顶、底板、腹板厚度适当加厚,具体如下。中跨:顶板厚25cm,底板厚30cm,腹板厚40cm;边跨:合龙段至索塔区段顶板厚30cm,底板厚40cm,腹板厚50cm;边跨现浇段顶板厚30cm,底板厚60cm,腹板厚70cm。标准梁段长7.5m。主梁采用C55混凝土。预应力混凝土箱梁断面见图2.1.2-4。

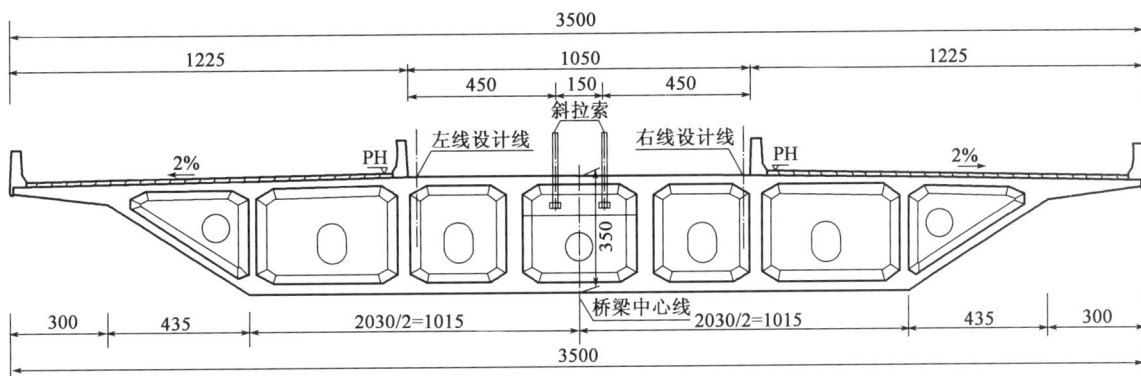

图2.1.2-4　预应力混凝土箱梁断面(尺寸单位:cm)

本方案索塔采用独柱式穿心混凝土塔,由下塔柱和上塔柱组成,采用C50混凝土。1号、2号索塔塔柱总高分别为180.5m、210.0m,其中上塔柱高94.5m,下塔柱1号索塔高为84.5m,2号索塔高为112.0m。

索塔基础采用25根直径280cm桩基础,按端承桩设计,承台高6.0m,平面尺寸(长×宽)为26.9m×26.9m。

5)矮塔斜拉桥方案

桥梁底以下最大墩高126m。桥梁按左右线分线布设,左右线桥梁平面均位于直线段上,纵坡为1.9%,桥面横坡-2.0%。墩台径向布置。单幅桥梁采用(150+265+150)m双塔双索面预应力混凝土矮塔斜拉桥,边中跨比为0.566,采用塔梁墩固结体系,桥梁全长571m(图2.1.2-5)。

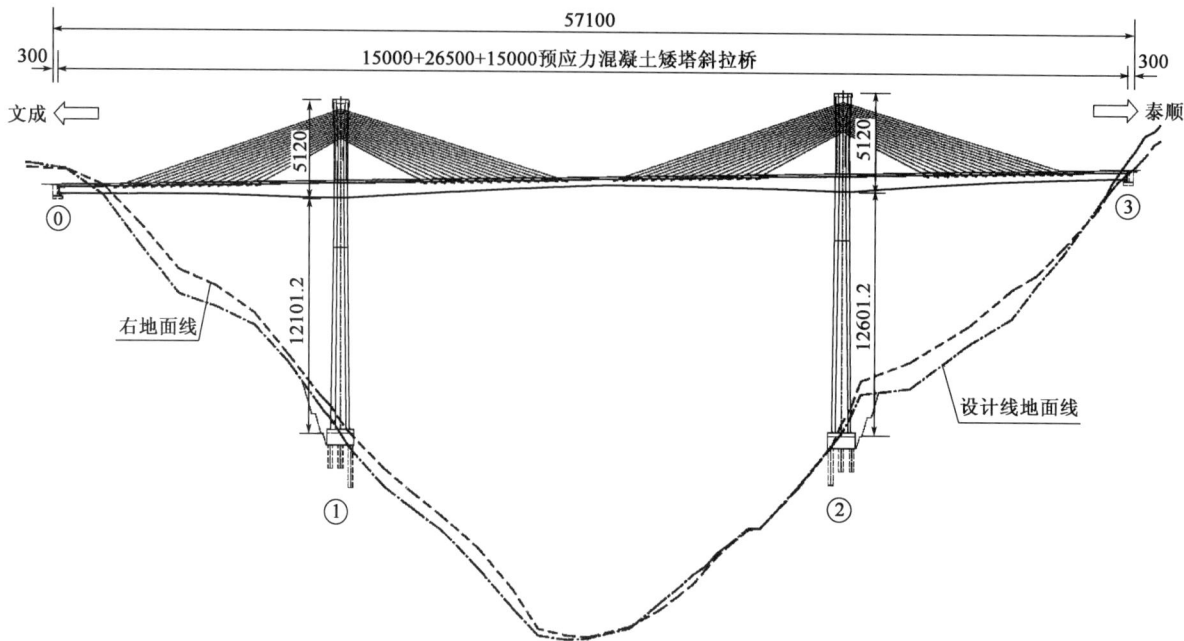

图 2.1.2-5　矮塔斜拉桥桥型布置(尺寸单位:cm)

　　箱梁采用单箱双室斜腹板断面,跨中及边跨现浇段主梁梁高 4.5m(高跨比 1/58.9),桥塔处根部梁高 9.2m(高跨比 1/28.8),梁高按 1.8 次抛物线变化。箱梁顶面宽 15.25m(图 2.1.2-6),两侧悬臂翼缘板宽 2.0m。

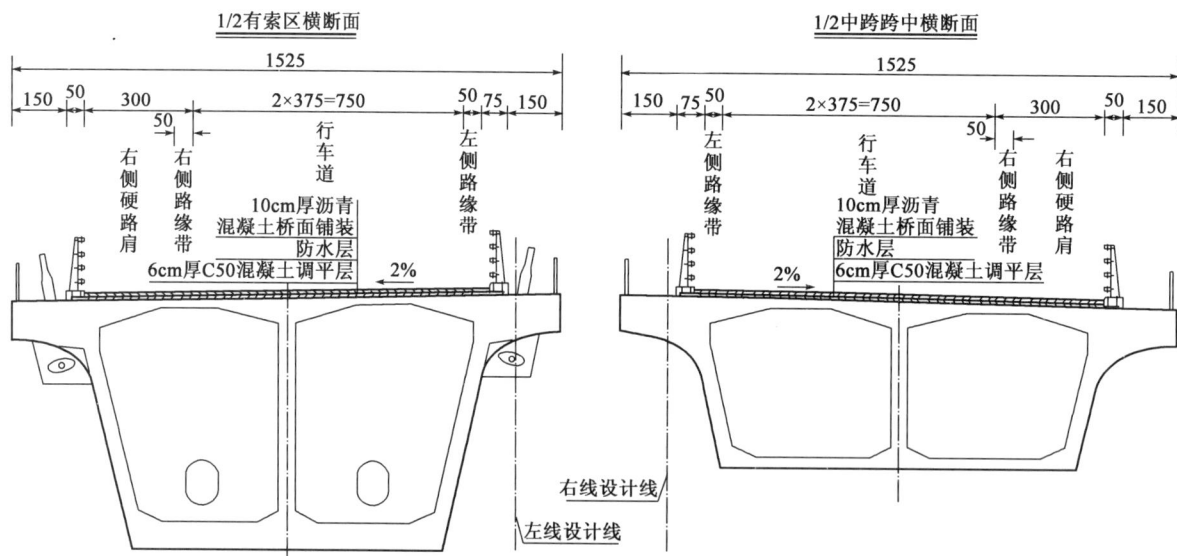

图 2.1.2-6　主梁横断面(尺寸单位:cm)

　　索塔采用 Y 形塔,由上塔柱、中塔柱和下塔柱组成,索塔采用 C50 混凝土。桥面以上上塔柱为双柱塔,上塔柱高 42.0m,由桥面向上向外倾斜。桥面以下至索塔分叉位置为中塔柱,分叉位置以下为下塔柱,塔梁固结。上、中、下塔柱均采用带倒角的八边形截面,上塔柱锚固区为实心截面,其余均为空心截面。

　　6)方案比选

　　对预应力混凝土连续刚构桥方案、预应力混凝土斜拉桥方案、预应力混凝土矮塔斜拉桥方案进行了同等深度分析、研究,各方案的综合比选见表 2.1.2-1。推荐矮塔斜拉桥方案。

洪溪大桥主桥方案综合比较表 表2.1.2-1

桥型方案	方案一:预应力混凝土连续刚构桥	方案二:预应力混凝土矮塔斜拉桥	方案三:预应力混凝土斜拉桥
主桥桥跨布置	110 + 200 + 110 = 420(m)	150 + 265 + 150 = 565(m)	120 + 340 + 120 = 580(m)
全桥桥跨布置	2 × 40 + 110 + 200 + 110 + 2 × 40 = 580(m)	左线:150 + 265 + 150 = 565(m);右线:50 + 265 + 150 + 30 = 595(m)	120 + 340 + 120 = 580(m)
结构体系	连续刚构体系,主墩墩梁固结	塔墩梁固结体系	塔墩梁固结体系
受力特点	结构整体刚度大,施工和运营期结构抗风性能好	结构整体刚度大,施工和运营期抗风性能与方案一相近	结构整体刚度大,施工和运营期抗风性能比方案一略差
施工难度	上、下部结构均采用成熟施工方案,最大墩高达到161m,有一定施工难度	上部结构施工工艺相对复杂,主梁线形控制相对方案一要求更高,梁底以下最大塔高135m,塔柱施工风险及精度控制难度要略好于方案一	上部结构施工工艺相对复杂,主梁线形控制相对方案一、方案二要求更高、难度更大,需大型挂篮,梁底以下塔柱高112m,下塔施工风险及精度控制难度要略好于方案一,但钢锚梁施工安装精度要求较高
景观效果	桥面视野开阔,构造线形流畅,高墩外形简洁、挺拔	构造线形流畅,景观效果较好	桥型结构简洁、美观,桥塔挺拔,大跨径跨越深谷,无引桥,整体视觉效果较好
后期维护	上下部均为混凝土结构,后期维护工作量小	斜拉索需定期进行维护和更换	钢锚梁和斜拉索需定期进行维护
施工工期	34 个月	38 个月	32 个月
主桥建安费	1.8277 亿元	2.6159 亿元	2.5837 亿元
全桥建安费	1.9907 亿元	2.6347 亿元	2.5837 亿元
对章后隧道的影响	无影响	无影响	桥梁范围内左右线平行需局部调整,章后隧道进口段约450m范围内需采用小净距隧道,进洞口需特殊处理,隧道需增加造价约1850万元
比较结论	比较方案	推荐方案	比较方案

注:总体比选工作为初步设计阶段工作,后续施工图方案采用的矮塔斜拉桥方案中优化掉了引桥部分。

1.2.3 总体设计

桥梁按左右线分线布设,左右线桥梁平面均位于直线段上,桥面纵坡为 1.9%,桥面横坡为 −2.0%。墩台径向布置。单幅桥梁采用(150 + 265 + 150)m 双塔双索面预应力混凝土矮塔斜拉桥,边中跨比为 0.566,采用塔梁墩固结体系,桥梁全长 571m。桥梁底以下最大墩高 126m。

1.3 索塔及基础设计

1.3.1 概述

桥梁索塔采用 Y 形塔,塔底设塔座,矩形承台,群桩基础。全桥共有 4 个主塔。

1.3.2 基础

索塔基础均采用 15 根直径 2.5m 端承桩基础,要求全截面进入中风化岩层不小于 12m。索塔承台尺寸(长×宽×高)为 27.6m×14.6m×6.0m。承台顶设塔座,塔座高 2.0m,纵桥向与承台同宽 14.6m,横桥向顶宽 18.0m,并按 45°角扩散至承台顶面,底宽 22.0m。

承台及塔座采用 C45 混凝土,桩基采用 C35 混凝土。

主墩基础结构如图 2.1.3-1 所示。

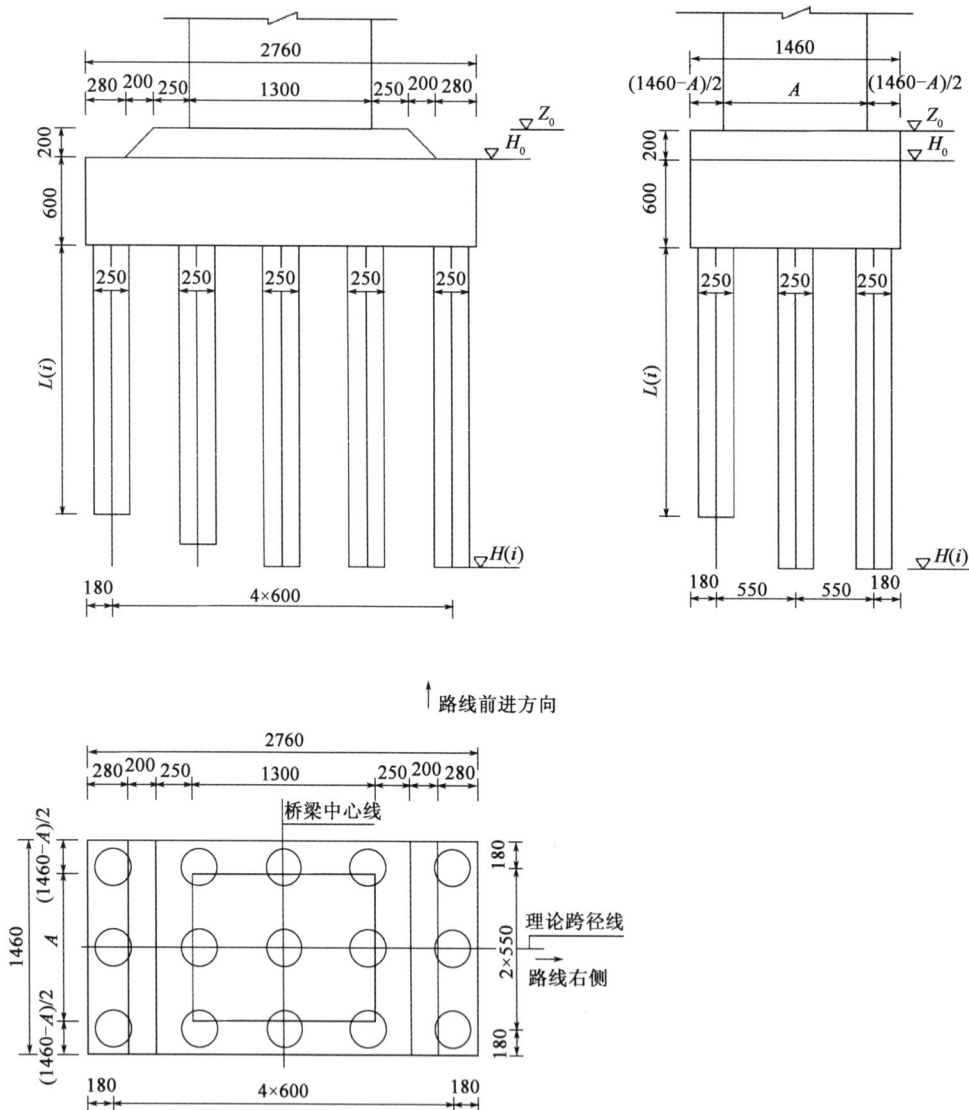

图 2.1.3-1　主墩基础结构图(尺寸单位:cm)

1.3.3 塔身

索塔采用 Y 形塔,由上塔柱、中塔柱和下塔柱组成,索塔采用 C50 混凝土。桥面以上上塔柱为双柱塔,上塔柱高 42.0m,由桥面向上向外倾斜;桥面以下至索塔分叉位置为中塔柱,分叉位置以下为下塔柱,塔梁固结。上、中、下塔柱均采用带倒角的八边形截面,上塔柱锚固区为实心截面,其余均为空心截面。

因斜拉索为倾斜索面,在箱梁拉索锚固区设置横隔板,横隔板布置预应力钢束,承担索面在箱梁上的横桥向水平分力。

斜拉索按体外成品索设计,采用钢绞线斜拉索。斜拉索为双索面、扇形布置,每个塔上设有32根斜拉索,全桥(双幅)共128根。斜拉索在主梁上纵向间距为5.0m,塔上竖向间距为1.0m。斜拉索在塔上连续通过鞍座,两侧对称锚于主梁翼缘。

采用分丝管索鞍,与双套管索鞍相比,拉索在主塔上的应力集中问题大幅改善,提高了索股的耐久性和换索的施工便利性。

索塔构造如图2.1.3-2所示。

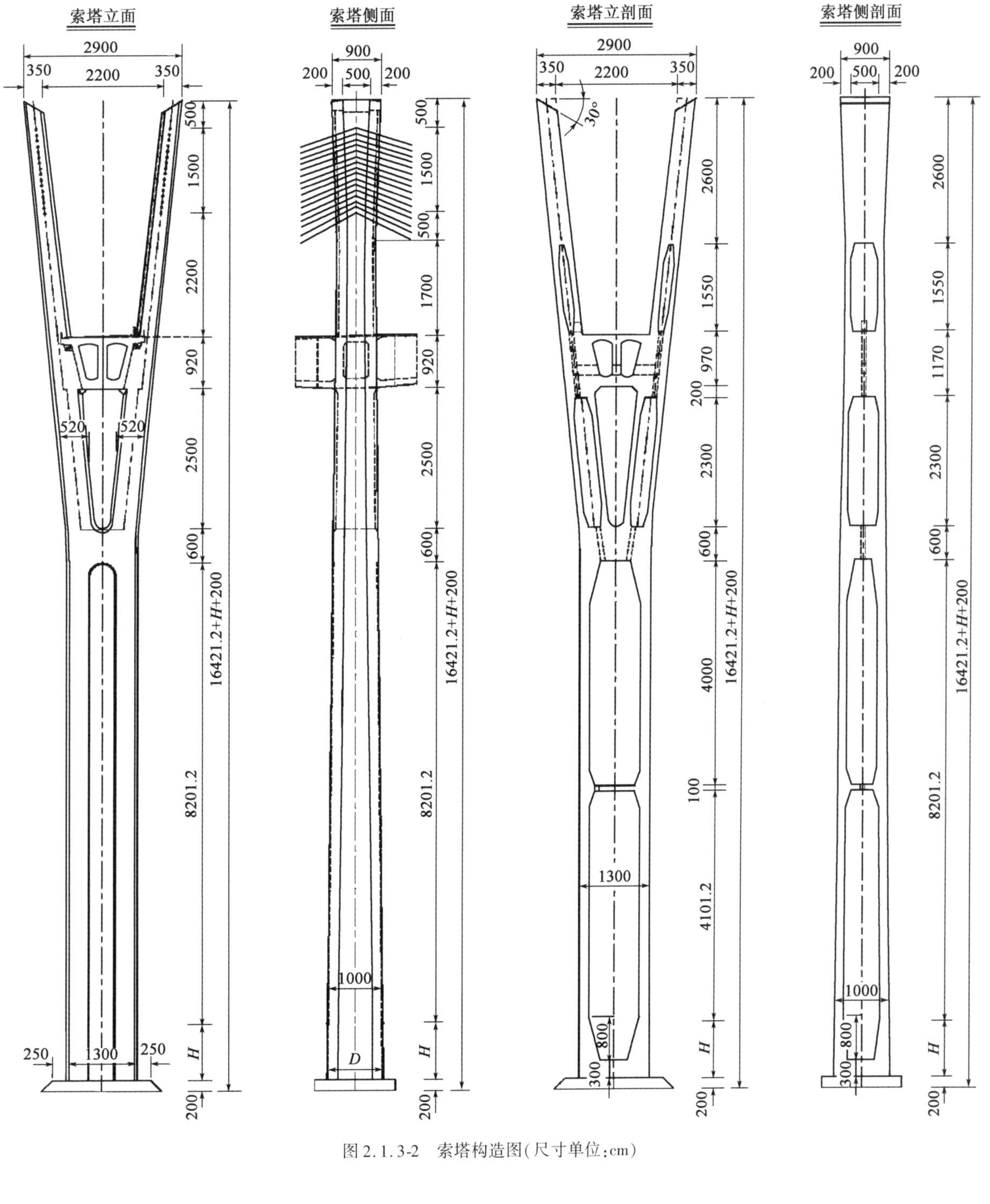

图2.1.3-2 索塔构造图(尺寸单位:cm)

1.4 主梁和斜拉索设计

1.4.1 预应力混凝土梁结构设计

主梁为预应力混凝土结构,混凝土强度等级为 C60。

(1)箱梁横断面主要尺寸

箱梁采用单箱双室斜腹板断面,跨中及边跨现浇段主梁梁高 4.5m(高跨比 1/58.89),桥塔处根部梁高 9.2m(高跨比 1/28.8),梁高按 1.8 次抛物线变化。箱梁顶面宽 15.25m,两侧悬臂翼缘板宽 2.0m,端部厚 100cm,根部厚 130cm,设 $R=150cm$ 圆倒角,为斜拉索锚固区;底板宽 9.75~7.637m,腹板斜度为 1:4.1、1:4.4;箱梁顶板厚 25cm,根部塔梁固结段顶板厚 100cm,边跨端部 3m 范围内厚度从 25cm 渐变至 50cm;箱梁跨中底板厚 30cm,根部厚 120cm,区间内各梁段底板上、下缘按 1.8 次抛物线变化,边跨现浇段底板厚从 30cm 渐变至 90cm,根部塔梁固结段底板厚 170cm;箱梁 4~26 号梁段、合龙段及边跨现浇段腹板厚 45cm,3~2 号梁段腹板厚度从 45cm 渐变至 65cm,1 号梁段至箱梁根部腹板厚 65cm,根部塔梁固结段中腹板厚 165cm。

箱梁 9~24 号梁段设斜拉索,斜拉索锚固点布置在箱梁悬臂两侧,对应锚固点位置箱室内均设一道横隔板,横隔板厚 35cm,同时在跨中两侧各设一道横隔板,板厚 35cm,0 号块设两道横隔板,板厚 1.5m,边跨端部端横隔板厚 2.0m。

(2)箱梁纵向节段划分

单幅桥梁各设两个 T 构,全桥共划分为 4 个 T 构,用托架浇筑墩顶 0 号梁段,用挂篮分段对称浇筑悬臂梁段、吊架上浇筑合龙梁段及在落地支架上浇筑边跨现浇段。墩顶 0 号节段长 14.0m,单个 T 构共划分为 26 个悬臂节段,1~3 号节段长 3×4.0m,4~8 号节段长 5×4.5m,9~26 号节段长 18×5.0m,最大悬臂长度 127.8m,悬臂浇筑节段最大控制重力为 3577kN。边跨现浇段长 16.2m,跨中及边跨合龙段长 2.0m。

1.4.2 斜拉索结构与布置

斜拉索为双索面、扇形布置,每个塔上设有 32 根斜拉索,全桥(双幅)共 128 根。斜拉索在主梁上纵向间距为 5.0m,塔上竖向间距为 1.0m。斜拉索在塔上连续通过鞍座,两侧对称锚于主梁悬臂两侧。

斜拉索按体外成品索设计,采用钢绞线斜拉索,抗拉强度标准值 $f_{pk}=1860MPa$,根据索力不同,C1~C3 由 37 根 $\phi^s15.2$ 钢绞线组成,C4~C8 由 43 根 $\phi^s15.2$ 钢绞线组成,C9~C16 由 55 根 $\phi^s15.2$ 钢绞线组成,拉索最长 253.394m。斜拉索张拉端设在梁上,锚具采用和斜拉索配套的可换索式锚具,塔上斜拉索通过鞍座(分丝管)贯通,分丝管为多组钢管组焊而成,塔端需设置有效的抗滑装置,抗滑力应均匀可靠,能有效克服桥梁运营期间拉索两侧的不平衡力。

整束斜拉索外包彩色高密度聚乙烯(HDPE)护套,护套内填充油脂;在拉索与主梁、拉索与索塔的锚固段设置高阻尼减振器;同时,斜拉索表面设置防风雨振双螺旋线,供应商必须提供试验数据证明产品的有效性,并确保斜拉索在设计风速下的风阻系数 $C_d≤0.8$。为了防止斜拉索 HDPE 护套受到人为损伤,斜拉索下端距梁面 2.5m 高范围外包不锈钢管。

拉索体系参照 OVMAT 矮塔斜拉桥拉索体系进行设计,但不作为指定产品,亦可采用其他成熟的体系,但均需满足相关国家标准。要求斜拉索可换、可监测索力,具有优良可靠的防腐体系和防水措施,以保证斜拉索设计使用寿命不小于30年。

1.4.3　主要设计特点

1)塔高梁长

洪溪特大桥桥梁主跨265m,桥梁全长571m,是目前亚洲最大跨径的双塔双索面矮塔斜拉桥。右线1号塔总高172.2m(含2m塔座,下同),右线2号塔总高177.2m,左线1号塔总高175.7m,左线2号塔总高177.2m。梁底以下塔高为121.0~126.0m。

2)倾斜索面

与多数矮塔斜拉桥垂直索面不同,洪溪特大桥上塔柱、中塔柱及索面向外倾斜6°,横向呈现胜利的V形手势,索塔整体造型轻盈独特。

3)塔梁固结

洪溪特大桥箱梁和索塔采用隐横梁的形式固结,细长的塔柱能够较好适应变形需求,塔梁固结后,箱梁与塔柱变形协调。塔梁固结能够减少支座的安装和更换,加快施工进度,提高桥梁耐久性。

4)索塔造型独特

洪溪特大桥索塔造型别具一格,顺桥向从塔底向上收缩,到上塔柱的拉索锚固区附近开始扩张,直到塔顶尺寸达到最大值,顺桥向形成一个"两头大中间小"的独特造型。横向为Y形塔柱,最大的特点是塔梁固结,隐形横梁下方采用镂空设计,使得中塔柱横向尺寸从18.2m的大尺寸优化成两个5.2m的细长中柱,从而使得索塔整体结构轻巧独特,简洁优雅。

1.4.4　主要技术关键点及创新点

1)采用高墩矮塔斜拉桥方案与山区V形峡谷地形完美匹配

桥梁跨越V形峡谷,峡谷深度约340m,桥面距离谷底230~240m,受地形限制,桥梁小桩号侧接2.3km长隧道,大桩号侧接4.3km特长隧道,隧道左、右线分幅布设,故桥梁按左、右分线分幅设计,左、右两座高墩矮塔斜拉桥并排布设,峡谷、隧道、桥梁三者和谐统一,气势宏伟。

2)轻盈独特的索塔美学造型与力学的完美结合

采用Y形高墩索塔,塔高从170.2~175.2m,其中桥面以上塔柱高42.0m,Y形塔柱的分叉点位于桥面以下34.2m,桥面以下左右两塔柱之间采用镂空设计,有效提升视觉上的通透感和挺拔感,达到桥梁结构受力和桥梁美学的完美融合。

3)斜腹板主梁与外倾的上塔柱和拉索的协调布设

主梁采用斜腹板设计,腹板斜率与Y形索塔的外倾斜率,斜拉索外倾斜率基本保持一致,形成主梁、塔柱、拉索三者视觉上的统一协调,提升桥梁的美学效果。

4)采用塔墩梁固结体系,显著提高了桥梁整体刚度

桥梁所在地区台风多发,峡谷风环境复杂,对桥梁抗风要求高,且桥梁主墩高度超过120m,桥墩受力不受温度效应控制,设计中塔墩梁固结体系,有效提高桥梁整体刚度,改善桥梁抗风性能,减小梁端和塔顶水平位移。

5)合龙前顶推合龙口改善桥梁受力

为了降低混凝土长期收缩徐变给索塔受力带来的不利影响,在中跨主梁合龙前,在合龙口悬臂端施加一对反向的水平顶推力,方向指向边跨方向,合龙后释放,以此优化索塔受力。

1.5 结 构 计 算

1.5.1 计算原则

（1）主桥纵向按全预应力构件设计，横向按部分预应力 A 类构件设计。

（2）钢筋混凝土构件裂缝宽度按不大于 0.15mm 控制。

1.5.2 作用及作用组合

1）永久作用

（1）一期恒载：钢材重度为 78.5kN/m³，钢筋混凝土重度为 26kN/m³，沥青混凝土重度为 24kN/m³。

（2）二期恒载：桥面铺装按 10cm 沥青混凝土 +6cm 混凝土调平层厚度计算重量。防撞护栏按实际重量计算。

（3）预应力：按实际预应力布置输入，钢束弹性模量取值 195000MPa，孔道摩擦系数取 0.17，孔道偏差系数取 0.0015。

（4）混凝土收缩及徐变作用：按照《公路钢筋混凝土及预应力混凝土桥涵设计规范》（JTG 3362—2018）计算，平均相对湿度为 80%。

（5）基础变位作用：主塔沉降 2.0cm，桥台沉降 1cm。

2）可变作用

（1）汽车荷载

车道荷载为公路—Ⅰ级，桥面净宽 11.25m，根据规范按三车道取值，考虑主梁偏载放大系数 1.15，考虑纵向折减系数，车道数实际取值 $1.15 \times 3 \times 0.78 \times 0.97 = 2.61$。

（2）汽车冲击力

按《公路桥涵设计通用规范》（JTG D60—2015）规定的方法计算。

（3）汽车制动力

按《公路桥涵设计通用规范》（JTG D60—2015）规定的方法计算。

（4）温度（均匀温度和梯度温度）作用

体系温度：主梁合龙温度为 15~20℃，体系升温 25℃，体系降温 -25.5℃。

混凝土梁截面温差效应按《公路桥涵设计通用规范》（JTG D60—2015）第 4.3.12 条计算，考虑 10cm 桥面铺装厚度，$T_1 = 14℃$，$T_2 = 5.5℃$，负温差按正温差 -0.5 倍考虑。

下部桥墩墩身左右侧面温差取 ±5℃。

（5）风荷载

运营阶段设计重现期为 100 年；施工阶段设计重现期为 20 年。

依据龙丽温气象专题报告，100 年一遇风速取值为 30.6m/s，20 年一遇风速取值为 23.9m/s。

成桥状态，桥址处基座以上高度 10m 处 100 年一遇设计风速 $V_{10} = 30.6$m/s；与活载组合时，桥面基准风速按 25m/s 考虑。

施工状态，根据气象报告采用 20 年一遇设计风速 $V_{sd} = 23.9$m/s。

静阵风系数 G_v 均按照《公路桥梁抗风设计规范》（JTG/T D60-01—2004）取值。桥梁基本构件的阻力系数根据《公路桥梁抗风设计规范》（JTG/T D60-01—2004）取值。

（6）施工荷载

挂篮移动产生的竖向临时荷载，按使用同种挂篮的梁段最大自重的 0.45 倍取值，取 1495kN。合龙段吊架单侧按400kN考虑。中跨合龙段安装合龙段劲性骨架前,在箱梁悬臂端施加一对反向的水平顶推力,顶推力大小为2000kN,方向指向边跨方向。

3)作用组合

(1)上部结构作用组合

组合1:恒载+活载(恒载包括结构重力、沉降、预加力、收缩徐变等沉降,下同)。

组合2:恒载+活载+温度组合(温度组合=体系升温、降温+梁截面温差+主墩左右侧温差,以上组合均取包络值,下同)。

组合3:恒载+活载+温度组合+汽车制动力+运营纵向风力。

组合4:恒载+活载+温度组合+汽车制动力+运营横向风力。

组合5:恒载+温度组合+百年纵向风力。

组合6:恒载+温度组合+百年一遇横向风力。

(2)下部结构作用组合

组合1:恒载+活载。

组合2:恒载+活载+温度组合。

组合3:恒载+活载+温度组合+汽车制动力+运营纵向风力。

组合4:恒载+活载+温度组合+汽车制动力+运营横向风力。

组合5:恒载+温度组合+百年一遇纵向风力。

组合6:恒载+温度组合+百年一遇横向风力。

组合7:恒载+地震作用(纵向+竖向)。

组合8:恒载+地震作用(横向+竖向)。

1.5.3　全桥总体静力计算

主梁结构按照全预应力构件设计并验算。计算采用midas Civil有限元软件,总体静力计算应用有限位移理论,采用空间杆系模型。对应于施工过程及构造需要,主梁共离散划分为513个单元。全桥分析模型见图2.1.5-1。

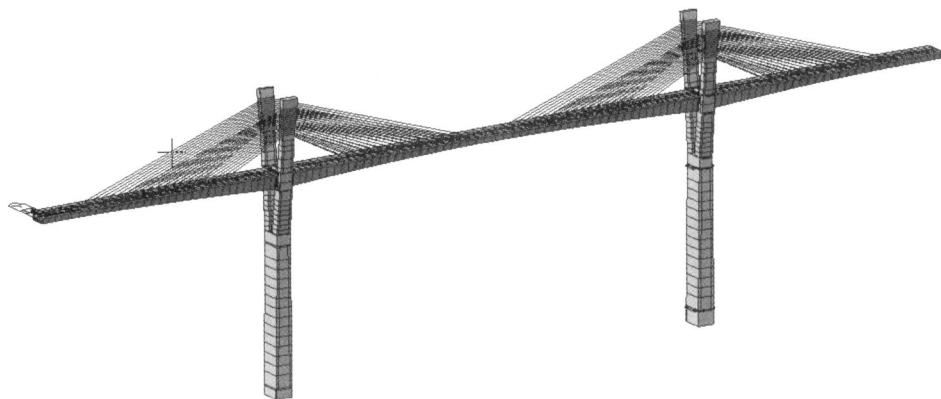

图2.1.5-1　全桥分析模型

边界条件如下:索塔与主梁固结,纵梁在该处横向伸出一个虚拟的横梁,主梁的三道腹板采用三个刚性连接(主从约束)将虚拟横梁与索塔横梁连接。墩梁固结;主梁梁端纵向活动,竖向、横向约束;承台底固结。

1.5.3.1　主梁计算

1)持久状况承载能力极限状态验算

(1)正截面抗弯承载能力验算

按规范要求应进行持久状况承载能力极限状态验算,主梁正截面抗弯承载力包络图见图2.1.5-2。

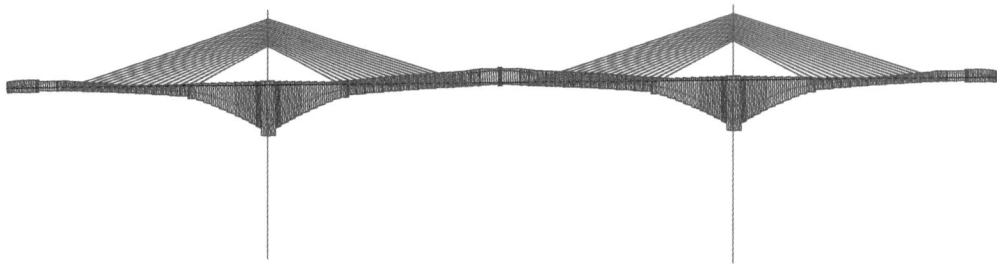

图2.1.5-2　主梁正截面抗弯承载力包络图(单位:kN·m)

计算表明:持久状况承载能力极限状态下,主梁抗弯承载力满足规范要求。

(2)斜截面抗剪承载能力验算

最不利组合下主梁斜截面抗剪承载力如图2.1.5-3所示。

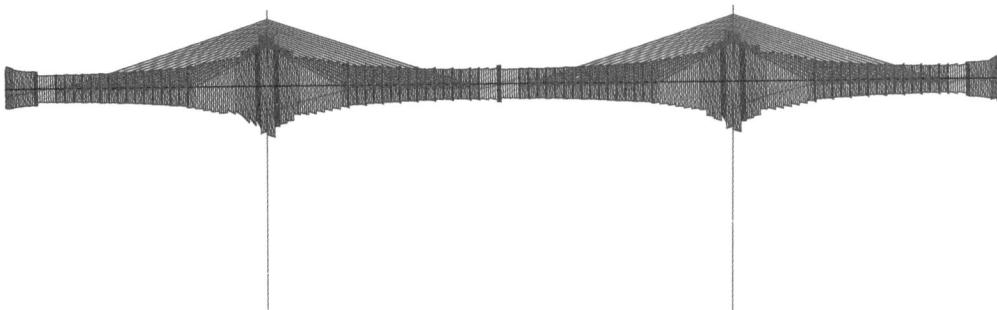

图2.1.5-3　最不利组合下主梁斜截面抗剪承载力(单位:kN)

计算表明:持久状况承载能力极限状态下,主梁斜截面抗剪承载力满足规范要求。

2)持久状况正常使用状态验算

(1)正截面抗裂验算

按规范规定,结构在持久状况正常使用极限状态下,对于全预应力混凝土构件,正截面抗裂验算时,截面正应力应满足 $\sigma_{st} - 0.80\sigma_{pc} \leqslant 0$,在最不利频遇组合下,主梁截面上下缘除边跨端部由于支点位置失真出现0.1MPa拉应力外,其余截面均未出现拉应力,满足规范要求。在主要组合恒载(含沉降)+汽车活载组合下(组合1),箱梁支点上缘最小压应力为 - 4.56MPa(Midas Civil计算文件中压应力为负,拉应力为正,下同),跨中下缘最小压应力为 - 3.75MPa,如图2.1.5-4 ~ 图2.1.5-7所示。

图2.1.5-4　频遇组合1(恒载 + 活载)正截面抗裂验算主梁上缘应力图(单位:MPa)

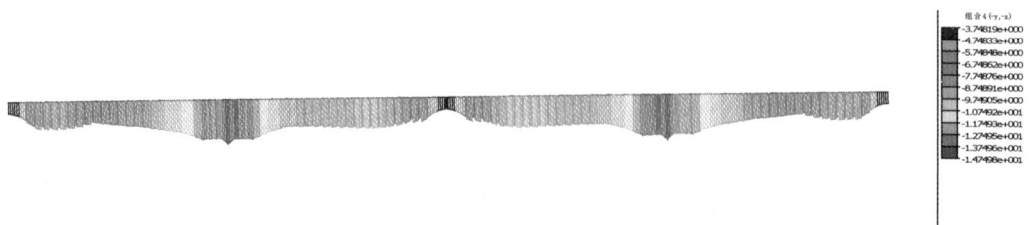

图2.1.5-5　频遇组合1(恒载 + 活载)正截面抗裂验算主梁下缘应力图(单位:MPa)

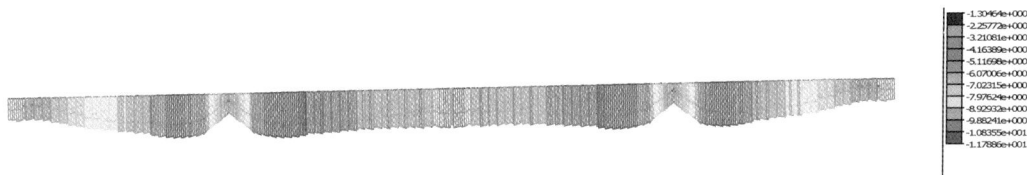

图 2.1.5-6 最不利频遇组合正截面抗裂验算主梁上缘应力包络图(单位:MPa)

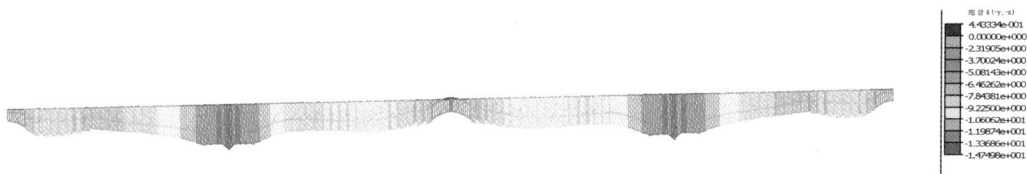

图 2.1.5-7 最不利频遇组合正截面抗裂验算主梁下缘应力包络图(单位:MPa)

（2）斜截面主拉应力验算

按规范规定,全预应力混凝土构件在作用频遇组合下,现场浇筑构件主拉应力应满足 $\sigma_{tp} \leqslant 0.4f_{tk} = 1.14$MPa。经验算,主梁最大主拉应力除去墩梁固结处失真为 1.20MPa,其余均满足规范要求。最不利频遇组合主梁斜截面主拉应力包络图见图 2.1.5-8。

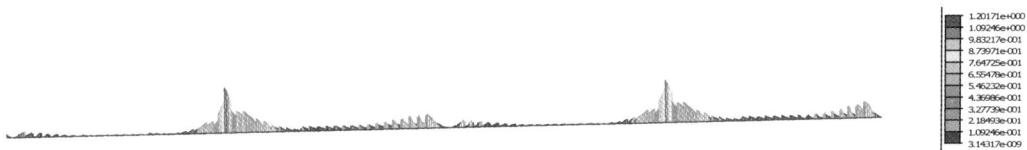

图 2.1.5-8 最不利频遇组合主梁斜截面主拉应力包络图(单位:MPa)

（3）主梁挠度

考虑频遇组合系数 0.7,C60 混凝土的长期增长系数 1.4,得到的主梁计算挠度值及验算结果见表 2.1.5-1。从表中可知,主梁刚度满足规范要求。

刚 度 验 算 表   表 2.1.5-1

位置	最大正挠度（mm）	最小负挠度（mm）	考虑长期增长系数计算挠度（mm）	挠 跨 比	是否满足规范	活载作用下塔顶位移（mm）
中跨	8.8	−62.0	69.4	$L_{中}/3818$	<$L/600$,满足规范要求	10.9
边跨	7.7	−25.2	32.2	$L_{边}/4658$		

3）持久状况应力验算

（1）持久状况混凝土正截面压应力验算

对使用阶段预应力混凝土主梁进行正截面混凝土压应力验算,弹性阶段计算各作用荷载取其标准值,且考虑了预应力效应,主要计算结果如图 2.1.5-9、图 2.1.5-10。由计算结果可见,主梁正截面上缘最大压应力 $\sigma_{kc} + \sigma_{pt} = -14.2$MPa,主梁下缘最大压应力 -14.8MPa,最大压应力均小于允许值 $0.5f_{ck} = -19.25$MPa(两者绝对值比较),满足规范要求。

图 2.1.5-9 持久状况最不利组合主梁正截面主梁上缘应力包络图(单位:MPa)

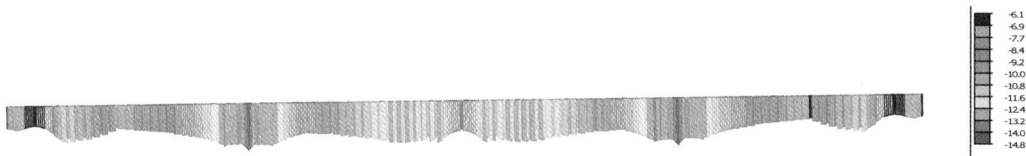

图 2.1.5-10　持久状况最不利组合主梁正截面主梁下缘应力包络图(单位:MPa)

成桥状态下,主梁上缘最小压应力为 -0.1MPa,最大压应力为 -14.0MPa,主梁下缘最小压应力为 -3.8MPa,最大压应力为 -13.9MPa,主梁上、下缘应力分别如图 2.1.5-11、图 2.1.5-12。

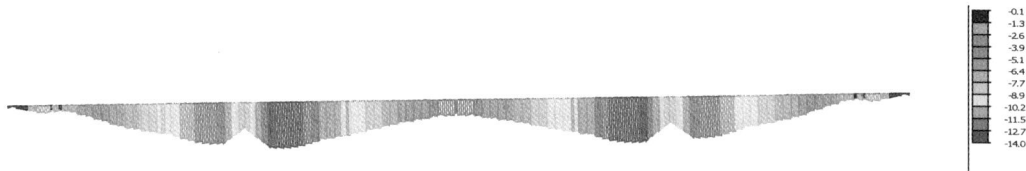

图 2.1.5-11　成桥状态下(恒载)主梁正截面主梁上缘应力包络图(单位:MPa)

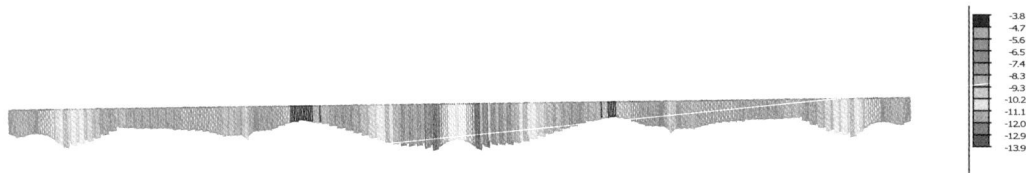

图 2.1.5-12　成桥状态下(恒载)主梁正截面主梁下缘应力包络图(单位:MPa)

(2)持久状况混凝土主压应力验算

对使用阶段预应力混凝土主梁斜截面主压应力进行验算,在弹性阶段分析各作用荷载取其标准值,且考虑预应力效应,主要计算结果如图 2.1.5-13 所示。由计算结果可见,混凝土箱梁最大主压应力 -15.2MPa,满足规范 $\sigma_{cp} \leqslant 0.6f_{ck} = -23.1$MPa 的要求。

图 2.1.5-13　持久状况最不利组合正截面主梁斜截面主压应力包络图(单位:MPa)

1.5.3.2　斜拉索计算

斜拉索共有三种规格,分别为 15.2-37、15.2-43 及 15.2-55。最不利工况下,拉索的拉力安全系数最小值为 2.52。拉索最大应力幅值为 48MPa。斜拉索规格参数见表 2.1.5-2。

斜拉索规格参数　　　　　　　　　　　表 2.1.5-2

墩号	索号	应力幅(MPa)	索力最大值(kN)	索规格	安全系数	墩号	索号	应力幅(MPa)	索力最大值(kN)	索规格	安全系数
1 号塔	BCW1	36	3759	15.2-37	2.55	1 号塔	BCW6	38	4323	15.2-43	2.57
1 号塔	BCW2	37	3754	15.2-37	2.55	1 号塔	BCW7	38	4359	15.2-43	2.55
1 号塔	BCW3	37	3770	15.2-37	2.54	1 号塔	BCW8	38	4363	15.2-43	2.55
1 号塔	BCW4	38	4273	15.2-43	2.60	1 号塔	BCW9	38	5172	15.2-55	2.75
1 号塔	BCW5	38	4314	15.2-43	2.58	1 号塔	BCW10	38	5231	15.2-55	2.72

续上表

墩号	索号	应力幅（MPa）	索力最大值（kN）	索规格	安全系数	墩号	索号	应力幅（MPa）	索力最大值（kN）	索规格	安全系数
1 号塔	BCW11	38	5330	15.2-55	2.67	2 号塔	ZCW12	45	5446	15.2-55	2.61
1 号塔	BCW12	38	5392	15.2-55	2.64	2 号塔	ZCW13	46	5562	15.2-55	2.56
1 号塔	BCW13	38	5491	15.2-55	2.59	2 号塔	ZCW14	47	5640	15.2-55	2.52
1 号塔	BCW14	37	5555	15.2-55	2.56	2 号塔	ZCW15	48	5637	15.2-55	2.52
1 号塔	BCW15	37	5547	15.2-55	2.56	2 号塔	ZCW16	48	5621	15.2-55	2.53
1 号塔	BCW16	37	5530	15.2-55	2.57	2 号塔	BCW1	37	3692	15.2 – 37	2.59
1 号塔	ZCW1	26	3621	15.2-37	2.64	2 号塔	BCW2	38	3693	15.2-37	2.59
1 号塔	ZCW2	28	3627	15.2-37	2.64	2 号塔	BCW3	38	3713	15.2-37	2.58
1 号塔	ZCW3	29	3653	15.2-37	2.62	2 号塔	BCW4	39	4212	15.2-43	2.64
1 号塔	ZCW4	31	4149	15.2-43	2.68	2 号塔	BCW5	39	4258	15.2-43	2.61
1 号塔	ZCW5	33	4204	15.2-43	2.64	2 号塔	BCW6	39	4271	15.2-43	2.60
1 号塔	ZCW6	35	4225	15.2-43	2.63	2 号塔	BCW7	39	4312	15.2-43	2.58
1 号塔	ZCW7	37	4277	15.2-43	2.60	2 号塔	BCW8	39	4319	15.2-43	2.57
1 号塔	ZCW8	39	4296	15.2-43	2.59	2 号塔	BCW9	39	5122	15.2-55	2.78
1 号塔	ZCW9	40	5111	15.2-55	2.78	2 号塔	BCW10	39	5186	15.2-55	2.74
1 号塔	ZCW10	42	5196	15.2-55	2.74	2 号塔	BCW11	39	5290	15.2-55	2.69
1 号塔	ZCW11	43	5321	15.2-55	2.67	2 号塔	BCW12	38	5358	15.2-55	2.65
1 号塔	ZCW12	44	5408	15.2-55	2.63	2 号塔	BCW13	38	5462	15.2-55	2.60
1 号塔	ZCW13	45	5529	15.2-55	2.57	2 号塔	BCW14	38	5532	15.2-55	2.57
1 号塔	ZCW14	46	5611	15.2-55	2.53	2 号塔	BCW15	38	5529	15.2-55	2.57
1 号塔	ZCW15	47	5614	15.2-55	2.53	2 号塔	BCW16	38	5519	15.2-55	2.58
1 号塔	ZCW16	48	5603	15.2-55	2.54	1 号塔	BCN1	32	3760	15.2-37	2.54
2 号塔	ZCW1	25	3690	15.2-37	2.59	1 号塔	BCN2	32	3756	15.2-37	2.55
2 号塔	ZCW2	28	3691	15.2-37	2.59	1 号塔	BCN3	32	3773	15.2-37	2.54
2 号塔	ZCW3	30	3713	15.2-37	2.58	1 号塔	BCN4	32	4277	15.2-43	2.60
2 号塔	ZCW4	32	4213	15.2-43	2.64	1 号塔	BCN5	32	4319	15.2-43	2.57
2 号塔	ZCW5	34	4263	15.2-43	2.61	1 号塔	BCN6	32	4328	15.2-43	2.57
2 号塔	ZCW6	36	4280	15.2-43	2.60	1 号塔	BCN7	32	4365	15.2-43	2.55
2 号塔	ZCW7	38	4327	15.2-43	2.57	1 号塔	BCN8	32	4369	15.2-43	2.54
2 号塔	ZCW8	39	4343	15.2-43	2.56	1 号塔	BCN9	32	5181	15.2-55	2.74
2 号塔	ZCW9	41	5165	15.2-55	2.75	1 号塔	BCN10	32	5240	15.2-55	2.71
2 号塔	ZCW10	42	5245	15.2-55	2.71	1 号塔	BCN11	31	5340	15.2-55	2.66
2 号塔	ZCW11	44	5364	15.2-55	2.65	1 号塔	BCN12	31	5402	15.2-55	2.63

墩号	索号	应力幅（MPa）	索力最大值（kN）	索规格	安全系数	墩号	索号	应力幅（MPa）	索力最大值（kN）	索规格	安全系数
1号塔	BCN13	30	5501	15.2-55	2.58	2号塔	ZCN7	31	4330	15.2-43	2.57
1号塔	BCN14	30	5566	15.2-55	2.55	2号塔	ZCN8	32	4345	15.2-43	2.56
1号塔	BCN15	30	5557	15.2-55	2.56	2号塔	ZCN9	33	5169	15.2-55	2.75
1号塔	BCN16	30	5540	15.2-55	2.57	2号塔	ZCN10	33	5249	15.2-55	2.71
1号塔	ZCN1	26	3622	15.2-37	2.64	2号塔	ZCN11	34	5370	15.2-55	2.65
1号塔	ZCN2	28	3628	15.2-37	2.64	2号塔	ZCN12	35	5453	15.2-55	2.61
1号塔	ZCN3	30	3654	15.2-37	2.62	2号塔	ZCN13	36	5571	15.2-55	2.55
1号塔	ZCN4	31	4151	15.2-43	2.68	2号塔	ZCN14	36	5650	15.2-55	2.52
1号塔	ZCN5	32	4206	15.2-43	2.64	2号塔	ZCN15	37	5649	15.2-55	2.52
1号塔	ZCN6	33	4227	15.2-43	2.63	2号塔	ZCN16	37	5635	15.2-55	2.52
1号塔	ZCN7	34	4279	15.2-43	2.60	2号塔	BCN1	37	3695	15.2-37	2.59
1号塔	ZCN8	35	4299	15.2-43	2.59	2号塔	BCN2	37	3696	15.2-37	2.59
1号塔	ZCN9	36	5115	15.2-55	2.78	2号塔	BCN3	37	3717	15.2-37	2.57
1号塔	ZCN10	37	5201	15.2-55	2.73	2号塔	BCN4	36	4218	15.2-43	2.64
1号塔	ZCN11	38	5326	15.2-55	2.67	2号塔	BCN5	36	4266	15.2-43	2.61
1号塔	ZCN12	39	5413	15.2-55	2.63	2号塔	BCN6	36	4279	15.2-43	2.60
1号塔	ZCN13	39	5535	15.2-55	2.57	2号塔	BCN7	36	4320	15.2-43	2.57
1号塔	ZCN14	40	5619	15.2-55	2.53	2号塔	BCN8	36	4327	15.2-43	2.57
1号塔	ZCN15	41	5623	15.2-55	2.53	2号塔	BCN9	35	5133	15.2-55	2.77
1号塔	ZCN16	41	5614	15.2-55	2.53	2号塔	BCN10	35	5199	15.2-55	2.74
2号塔	ZCN1	21	3691	15.2-37	2.59	2号塔	BCN11	35	5303	15.2-55	2.68
2号塔	ZCN2	23	3692	15.2-37	2.59	2号塔	BCN12	34	5371	15.2-55	2.65
2号塔	ZCN3	25	3714	15.2-37	2.58	2号塔	BCN13	34	5475	15.2-55	2.60
2号塔	ZCN4	27	4215	15.2-43	2.64	2号塔	BCN14	34	5545	15.2-55	2.56
2号塔	ZCN5	28	4265	15.2-43	2.61	2号塔	BCN15	34	5542	15.2-55	2.57
2号塔	ZCN6	29	4282	15.2-43	2.60	2号塔	BCN16	34	5531	15.2-55	2.57

1.5.3.3 索塔计算

1）计算工况

（1）裸塔阶段

组合1：恒载+极限横向风。

组合2：恒载+极限纵向风。

（2）最大双悬臂阶段

组合1：恒载+极限横向风。

组合2：恒载+极限不平衡横向风（边中跨不平衡）。

组合3:恒载+极限纵向风。

组合4:恒载+不平衡升举风。

组合5:恒载+不平衡施工荷载(半个节段重)。

(3)成桥阶段

组合1:恒载+汽车荷载。

组合2:恒载+汽车荷载+整体温度。

组合3:恒载+汽车荷载+整体温度+梯度温度。

组合4:恒载+汽车荷载+整体温度+梯度温度+有车横向风。

组合5:恒载+汽车荷载+整体温度+梯度温度+有车纵向风。

组合6:恒载+极限横向风。

组合7:恒载+极限纵向风。

2)计算结果

(1)塔柱承载能力极限状态验算及裂缝宽度验算

塔柱按钢筋混凝土构件配筋检算。为了考查不同位置主塔的受力情况,针对几个关键断面进行验算,分别为上塔柱底截面、中塔柱顶截面、中塔柱底截面、下塔柱顶截面、下塔柱底截面,这几处截面的受力包含主塔最不利的情况(图2.1.5-14)。

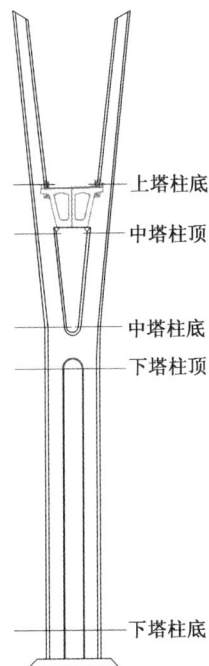

根据《公路钢筋混凝土及预应力混凝土桥涵设计规范》(JTG 3362—2018)进行承载能力验算和裂缝宽度验算,以下仅给出几个关键断面的验算结果。

图2.1.5-14 主塔最不利截面

(2)承载能力验算结果(表2.1.5-3)

承载能力验算结果   表2.1.5-3

阶段	承载能力验算					
	验算位置	控制工况	$\gamma_0 N_{\rm d}({\rm kN})$	$M({\rm kN \cdot m})$	$N_{承}({\rm kN})$	$N_{承}/(\gamma_0 N_{\rm d})$
裸塔阶段	上塔柱底	恒+极横	29069	68291	69408	2.39
	中塔柱顶	恒+极横	66381	4460	384771	5.80
	中塔柱底	恒+极横	83010	108004	367214	4.42
	下塔柱顶	恒+极横	155510	355062	837797	5.39
	下塔柱底	恒+极横	291576	1001897	544184	1.87
最大双悬臂	上塔柱底	恒+升举	88819	28958	225492	2.63
	中塔柱顶	恒+极横	165585	2688	376331	2.25
	中塔柱底	恒+极横	196783	176286	418620	2.28
	下塔柱顶	恒+极横	343432	577016	824647	2.39
	下塔柱底	恒+极横	479358	1656309	646364	1.34
成桥阶段	上塔柱底	恒+极横	87783	85981	180093	2.05
	中塔柱顶	恒+极横	182823	7654	380289	2.08
	中塔柱底	恒+极横	199226	229928	387640	1.95
	下塔柱顶	恒+极横	361966	758745	829916	2.29
	下塔柱底	恒+极横	498031	2184875	627606	1.26

注:1."恒+极横"代表"恒载+极限横向风"。

2."恒+升举"代表"恒载+不平衡升举风"。

（3）成桥阶段裂缝验算结果（表2.1.5-4）

成桥阶段裂缝验算结果

表2.1.5-4

阶段	裂缝宽度验算				
	验算位置	控制工况	σ_{ss}（MPa）	W_{fk}（mm）	W_{ac}（mm）
成桥阶段	上塔柱底	恒+极横	68.5	0.0843	0.2
	中塔柱顶	恒+极横	−43.2	0	0.2
	中塔柱底	恒+极横	−13.4	0	0.2
	下塔柱顶	恒+极横	−45.6	0	0.2
	下塔柱底	恒+极横	42.0	0.0625	0.2

1.5.3.4 索塔基础结构计算

1）群桩基础验算

本次计算选取左幅1号塔基础进行验算，采用PILE程序对群桩基础进行内力分析，基桩直径、长度和露出地面段长度均按实际建模。上部结构作用承台底面中心处的内力合力由上部结构计算模型提供。

（1）承载能力极限状态验算

基桩按照直径2.5m桩基设计，验算采用"桥梁通软件"。基桩混凝土采用C30，沿桩周布置40根ϕ36mm HRB400主筋，截面内力采用PILE程序计算得到桩身最不利内力。经验算，桩身截面极限承载能力满足规范要求。

（2）正常使用极限状态验算

基桩按照直径2.5m桩基设计，验算采用"桥梁通软件"。基桩混凝土采用C30，沿桩周布置40根ϕ36mm HRB400主筋，截面内力采用PILE程序计算得到桩身最不利内力。经验算，桩身最大裂缝宽度0.05mm，满足规范要求。

（3）桩基竖向承载力验算

基桩按照嵌岩桩设计，嵌岩深度超过12m，桩顶竖向力采用PILE程序计算得到最不利内力。经验算，桩基竖向承载力满足规范要求。

2）承台验算

承台验算包括撑杆与系杆承载力验算和冲切验算，两者均由顺桥向3根边桩共同作用控制。设计内力由PILE程序计算得到桩顶内力组合得到。承台验算结果满足规范要求（表2.1.5-5）。

承 台 验 算 结 果

表2.1.5-5

承台验算	基本组合内力（kN）	承载能力（kN）	安 全 系 数
撑杆	207544	457917	2.21
系杆	99752	111966	1.12
冲切	154000	182813	1.19

1.5.3.5 抗震分析

采用midas Civil有限元程序，建立动力空间计算模型。模型以顺桥向为 X 轴，横桥向为 Y 轴，竖向为 Z 轴。通过集中质量矩阵将结构自重转化为质量，上部结构二期恒载等效为线质量均匀加在主梁单元上，同时转化成荷载质量。在底部采用固结的边界条件。

线性模型边界条件见表2.1.5-6。

线性模型边界及连接条件 表 2.1.5-6

位　置	自　由　度					
	X	Y	Z	θ_x	θ_y	θ_z
主塔底部	1	1	1	1	1	1
主梁	0	1	1	1	0	1

注:0 表示自由,1 表示固结。

根据建立的动力计算模型,进行结构动力特性分析,列出前 10 阶振型周期、频率和振型特征,见表 2.1.5-7。

前 10 阶振型 表 2.1.5-7

振 型 阶 数	周期(s)	频率(Hz)	振 型 特 性
1	4.539	0.220	主梁对称横弯
2	3.748	0.266	主梁纵向漂移
3	3.212	0.311	主梁反对称横弯
4	1.837	0.544	主梁对称竖弯
5	1.682	0.594	主梁对称横弯
6	1.141	0.876	主梁反对称竖弯
7	1.086	0.921	主梁对称竖弯
8	1.062	0.941	主塔反对称横弯
9	0.943	1.060	主塔对称横弯
10	0.876	1.142	主梁反对称横弯

结构地震响应分析采用反应谱方法进行。模态参与质量需超过整体结构质量的90%。经计算,取结构的前 150 阶振型进行组合,振型组合方法采用完全二次项组合方法(即 CQC 法)。地震响应分析分别计算了如下两种工况。

工况 1:顺桥向地震输入 + 竖向地震输入。

工况 2:横桥向地震输入 + 竖向地震输入。

上述两个地震分析工况中,竖向地震输入的加速度峰值取水平向地震加速度峰值的2/3倍,不同地震动输入方向的组合方法采用均方根法(即 SRSS 法)。

1.5.3.6 结论

计算结果表明:

(1)主梁纵向承载能力极限状态及正常使用极限状态满足规范要求,主梁横向承载能力极限状态及正常使用极限状态满足规范要求。

(2)拉索的索力安全系数满足规范要求。

(3)索塔成桥状态满足有车风和百年极限风工况承载能力验算和抗裂验算,施工阶段满足 20 年一遇极限风工况承载能力验算要求。

(4)桩基承载能力极限状态验算、正常使用极限状态验算及桩基竖向承载力验算满足规范要求。

(5)承台撑杆系杆承载力验算和冲切验算满足规范要求。

(6)地震作用下主塔塔底承载能力极限状态验算满足规范要求。

1.6 设计优化及变更

1)洪溪特大桥 1、2 号主墩桩基桩长调整

根据地质详细勘察(详勘)报告,洪溪特大桥桥址区岩性简单,两侧山壁陡立,岩质较硬,节理裂隙

较发育,岩石完整性一般。1号主墩处中风化基岩直接出露,左线主墩上方有少量崩坡积体,2号主墩位于斜坡相对平缓处,坡表分布崩落碎石,上下均见中风化基岩出露。

基于地质详勘报告揭示的地质情况,1号、2号主墩基础采用15根直径2.5m端承桩基础,要求全截面进入中风化岩层深度不小于12m。左幅1号主墩桩基桩长为12~19m,右幅1号主墩桩基桩长为12~19m,左幅2号主墩桩基桩长为12~28m,右幅2号主墩桩基桩长为12~19m。

但在1号、2号主墩桩基现场实际开挖过程中发现,主墩承台底中风化岩层较为破碎,节理裂隙发育,局部有夹泥现象。为了确保结构安全和桩基整体稳定,经过参建各方对现场进行踏勘后,决定对1号、2号主墩基础位置进行地质补充勘察。

在地质补充勘察成果的基础上,对洪溪特大桥1号、2号主墩桩基桩长进行动态调整,即主墩桩基需穿过基础下方较破碎中风化凝灰岩层,选择较完整中风化凝灰岩作为桩端持力层。左幅1号主墩桩基调整后的桩长为22~30m,右幅1号主墩桩基调整后的桩长为18~24.5m,左幅2号主墩桩基调整后的桩长为15~37.5m,右幅2号主墩桩基调整后的桩长为15~24m。

2)洪溪特大桥检修通道及检修门设置

洪溪特大桥主梁0号块内腔共有4个腔室,各腔室之间通过人孔连接,原设计人孔布置位置距箱梁底板距离较远,使桥梁检修时行走较为不便。因此考虑到后续运营阶段的桥梁检修需要,在主梁4个0号块内腔人孔处增设两侧检修爬梯。

考虑到后续运营检修需要,设计阶段在索塔上塔柱内侧设置人孔,使检修人员可以通过索塔处人孔直接从桥面处进入主梁箱室中。但是由于该处索塔人孔位于桥面处,为避免后续运营阶段雨水进入,防止无关人员误入,出于安全管养需要,在索塔上塔柱人孔处设置检修门。

第2章

南浦溪特大桥设计

2.1 桥址及桥址区自然、地质条件

2.1.1 桥址选择

南浦溪特大桥位于泰顺县南浦溪镇岭头村附近,桥位上游为泰顺县南浦溪风景区和库村古村落遗址保护区,下游为飞云湖水库(珊溪水库)。桥位穿越"V"形沟谷,两侧山壁陡立,沟谷切割较深,呈 V 形,山顶高程 271m,沟底高程 115m,相对高差 156m。

2.1.2 桥址区域自然条件

1)地形地貌

桥梁跨越飞云江,地势陡峭,沟谷切割较深,呈 V 形。地貌类型为侵蚀剥蚀丘陵区和溪流冲洪积平原亚区。两侧桥台位于丘陵坡顶,地形平缓,小里程岸坡整体坡度约 40°,坡向 214°,与线位一致;大里程方向岸坡线位右侧有小型凹沟发育,坡向 356°,与线位小角度斜交。两侧岸坡均有自然陡壁分布,大致位于斜坡中部,桥梁拱座基础位置。桥址区植被主要为松树,其中小里程桥台处树木稀疏,桥台至陡崖上方为蕨类植被,厚达 1m。

桥址区两侧丘陵海拔高度为 280m、300m,江面高程约 130m。本段位于飞云江水库库区,水位较高。

2)气象

桥址区属于亚热带季风区,温暖湿润,雨量充沛,四季分明,但冬夏长,春秋短。年平均气温 17.5 ~ 17.6℃。区内气温变化显著,一年中 6、7、8 月气温最高,12、1、2 月气温最低。全年极端最高气温出现在 6、7 月,全年极端最低气温出现在 1、12 月。桥址区降水充沛,全年每月都有降水出现。降水的季节变化明显,区域内平均年降水日数为 197.4d。年平均降雨量为 1589mm。

工程所在区域受季风气候影响,风向和风速变化比较明显。冬季盛行西北风,夏季多为东南风。平均每年在温州登陆的台风有 2 ~ 3 次,多时曾达 7 次,此阶段各地雨量在 258 ~ 426mm 之间,占全年降水总量 17% ~ 23%。

3)水文

场地溪流为飞云江,发源于浙江省景宁畲族自治县洞宫山白云尖,自西向东流经泰顺县、文成县,在瑞安市城关镇东南上望镇新村入东海。干流长 193km,落差 1200m,平均坡降 5.7‰。流域面积

$3719km^2$。干流中上游坡降较大,滩多水急,水力资源丰富。下游流经冲积平原,左岸温瑞塘河(瑞安部分)和右岸瑞平塘河的雨洪亦排入飞云江。上游河流从高山峡谷而下,河床岩石裸露,沿河两岸分布大块石、卵石和粗砂。

飞云江主要支流有洪口溪、岩作口溪、泗溪、玉泉溪等,均为山溪性河流,落差大,坡降陡,有的坡降大于20‰。

地表水样水质类型为HCO_3^-(K^+Na)型,水样对混凝土结构具有微腐蚀性,钢筋混凝土中的钢筋在长期浸水时具有微腐蚀性。

2.1.3 地质、地震

1)地层岩性

桥址区跨越"V"形深切峡谷,横跨飞云江,两侧山壁陡立,可见中风化基岩直接出露,岩性为祝村组凝灰岩,岩质坚硬,沿江方向长大节理发育,岩石完整性一般。

两侧桥台位于缓丘坡顶,地势平缓,坡表残坡积及全~强风化厚度较大,其中小里程桥台位于残坡积厚1.8m,全~强风化层厚13.8m。大里程桥台表部残坡积厚度1.8m,全~强风化层厚16.2m。下部岩体除沿竖向节理方向较发育之外总体比较完整。

小里程拱座顶部位于陡崖底部,顶部有厚1~2m残坡积层和最大厚度9.1m的凝灰岩风化层,下部岩体除沿竖向节理方向较发育之外总体比较完整,拱座及陡崖下部有宽约5.5m的发育辉绿岩脉,岩脉内岩体破碎,强风化厚度大,沿裂隙面有石英岩脉充填。

大里程拱座顶部位于陡崖中部,顶部有厚2~3m残坡积层和最大厚度22m的凝灰岩全~强风化层,下部岩体除沿竖向节理方向较破碎之外总体比较完整。

2)地质构造

项目区所处的大地构造单元为华南褶皱系浙东南褶皱带温州—临海拗陷,区域范围内NNE和NE向构造发育,NW方向次之,它控制了区内地层的分布和侵入岩的活动。对工作区有影响的深大断裂有松阳—平阳大断裂、泰顺—黄岩大断裂等。

受构造作用影响,场地内长大节理较发育,祝村组凝灰岩内节理以NW、NE、近EW向节理为主,性质多为光滑平直,延伸稳定的剪节理为主。

场地内节理、断裂及侵入活动均发生于早白垩世之前,全新地质时期内(1万年)以来没有发生过活动,现状稳定。

场地小里程拱座基础位置陡崖下方有沿节理(产状10°∠80°)发育多条辉绿岩脉,脉体宽0.2~0.5m,分布范围宽度约5m,岩脉内岩体强风化层厚度大,垂向节理发育,沿节理方向有后期石英脉存在。拱座上方有由张节理(产状220°∠87°)形成的危岩。

场地小里程和大里程拱座基础位置上方均有节理导致的差异风化。

3)水文地质条件

勘察区地下水根据含水组地层岩性、地下水的赋存条件、地下水动力性质,可分为松散岩类孔隙水和基岩裂隙水。

孔隙水主要赋存于丘陵坡表的残坡积碎石及沟底河床的卵砾石层中,颗粒较粗,含水性和透水性均较好,主要接受大气降水和地表径流的补给,季节性与时段性明显,飞云江底卵石层水量丰富,主要接受飞云江垂直补给。

基岩裂隙水主要赋存于基岩节理裂隙中,桥址区岩体节理裂隙发育程度一般,且多为闭合裂隙,岩体富水性弱,主要接受大气降水补给,无统一的排泄基准面,地形陡峻,利于地下水的排泄,水量贫乏。

桥址区地下水水质良好,水质类型为 HCO_3^-(K^+Na)型,水样对混凝土结构具有微腐蚀性。

4)不良地质及特殊性岩土

桥址区主要不良地质为崩坡积体3处、危岩1处,节理导致的差异风化2处,特殊性岩土不发育。

①小里程拱座下方崩坡积体:位于小里程拱座基础下方,崩坡积体宽度约240m,长度85m,厚度较大。崩积物以块石为主,含少量黏性土,块石块径一般为1~2m,个别大于5m。崩坡积体处松树植被茂密,现状稳定。崩坡积体位于拱座下方,对线位影响小。

岢院线以下崩坡积体:位于大里程拱座基础下方,崩落方向与线位平行,崩坡积体宽度约160m,长度110m,厚度较小(2~4m)。崩积物由陡崖崩落堆积而成,为块石混黏性土,块石块径0.5~1m。崩坡积体处松树植被茂密,现状稳定。崩坡积体位于拱座下方,对线位影响小。

大里程陡拱座上方崖顶处崩坡积体:位于大里程拱座上方崖顶相对平缓处,崩落方向与线位平行,崩坡积体宽度约20m,顺桥方向延伸约10m,厚度较小,主要分布于表层。块石块径0.6~3m。崩坡积体处松树植被茂密,现状稳定。崩坡积体位于拱座上方,建议施工时对其平整清理。

②危岩:位于小里程拱座上方,宽度约8m,高约25m,由张节理形成,节理产状220°∠87°,表面张开约30cm。危岩位于拱座上方,建议施工时清除。

③小里程拱座上方差异风化:由钻孔揭示中风化凝灰岩(高程228m左右)夹有厚0.6m的全风化层,由于节理形成,节理产状115°∠20°,差异风化位于小里程拱座高程225m上方,局部发育,对线位影响小。

大里程拱座上方差异风化:由钻孔揭示中风化凝灰岩中夹有厚3.6~7.3m的全风化层,由于竖向节理形成,差异风化位于大里程拱座上方,局部发育,对线位影响小。

5)地震及场地稳定性、适宜性评价

据1:400万《中国地震动参数区划图》(GB 18306—2015),路线地震动峰值加速度0.05g,相应地震基本烈度值Ⅵ度。建议按《公路工程抗震规范》(JTG B02—2013)及《公路桥梁抗震设计细则》(JTG/T B02-01—2008)的有关规定设防。

公路场地浅部覆盖层厚度薄,基岩埋深浅,根据《公路工程地质勘察规范》(JTG C20—2011)判定覆盖层厚度1.0~4.0m,属于Ⅰ₁类场地,属于抗震一般地段。公路工程按《公路工程抗震规范》(JTG B02—2013)及《公路桥梁抗震设计细则》(JTG/T B02-01—2008)采取抗震措施。

2.2　总　体　设　计

2.2.1　总体布置

桥梁位于整体式路基段,初步设计批复同意该桥采用主跨270m上承式钢管混凝土拱桥方案。根据施工图地质详勘情况,原初步设计桥位大桩号侧拱座位置基岩埋深较深,且根据物探揭示,基岩起伏较大且岩石破碎,因此桥位局部调整。结合地质调查和地质钻孔,桥位向东移约70m。结合桥位调整及地质详勘成果,经优化比选后,主桥理论计算跨径由初步设计批复的270m调整为258m,矢跨比1/4.6,调整后桥梁中心桩号为K30+998,桥梁全长445m,主桥采用1×258m上承式钢管混凝土拱桥。

南浦溪特大桥总体布置如图2.2.2-1所示。

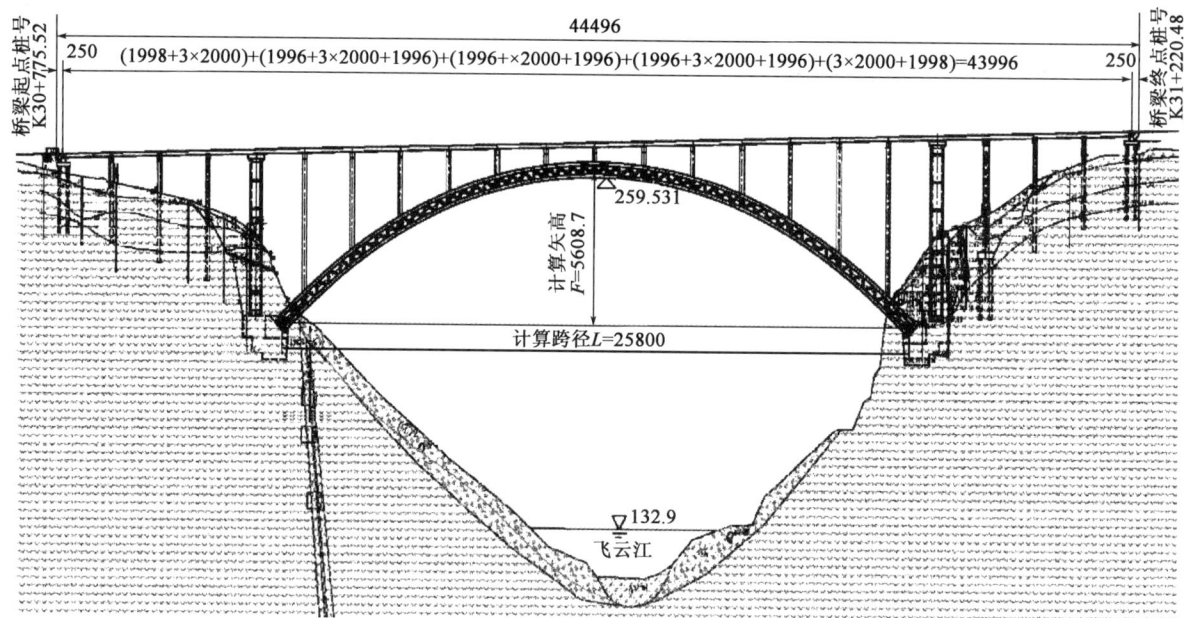

图 2.2.2-1　南浦溪特大桥总体布置图(尺寸单位:cm;高程单位:m)

2.2.2　主桥桥型方案构思及比选

根据场地地形地貌等自然条件,初步设计阶段重点拟定了拱桥(钢管拱、混凝土拱)和梁桥(刚构)等桥型方案进行比选:①上承式钢管混凝土拱桥;②上承式混凝土箱形拱桥方案(挂篮悬臂浇筑施工);③(85 + 150 + 85)m 预应力混凝土连续刚构。

拱桥由于其造型优美、跨越能力大,是山区高公路桥梁跨深沟谷的常用桥型,而此处为跨珊溪水库区域,两岸山清水秀,环境优美,地形、地物、地质条件、周围环境等因素,均有利于采用拱桥方案。大跨高墩连续刚构方案桥墩身高度接近100m,高墩施工风险高,大跨高墩梁桥运营期耐久性差,箱梁开裂及长期下挠的缺陷比较普遍。混凝土箱形拱桥虽然具有整体受力好、耐久性好、承压能力强、使用寿命长、后期养护简单等优点,但国内采用挂篮悬浇施工、结合斜拉扣挂体系施工的桥梁施工经验积累较少,相对施工风险稍高。

上承式钢管拱桥方案能很好适应地形、地质等周边环境。该桥位地形呈 V 形,两侧地质情况良好,能够满足大跨拱桥对地基承载力要求较高的要求。桥面与地形高差较大,修建拱桥可以一跨跨过沟谷,避免修建高大桥墩,减少下部构造工程量,降低施工难度。上承式钢管拱桥方案造价适中,综合经济指标合理。拱桥施工技术成熟,施工工期较短,施工费用相对适中:该方案采用成型钢管成拱,后向其中灌注微膨胀混凝土。主拱采用分段预制、缆索吊装的施工技术,吊装重量较小,无须大型吊装设备。主梁采用叠合梁,工字形钢主梁和预制行车道板均可采用预制装配化施工。整座桥施工速度较快,工期较短,施工技术成熟。

结合初步设计审查专家组意见,进一步响应交通运输部 2016 年 7 月 11 日发布的《关于推进公路钢结构桥梁建设的指导意见》文件精神,最终在南浦溪特大桥推荐选择钢结构运输和安装条件相对适宜的上承式钢管混凝土拱桥方案。

2.2.3　总体设计

南浦溪特大桥位于泰顺县南浦溪镇西南侧,跨越珊溪水库和岜院线。桥梁位于整体式路基段,桥梁按整幅布设,桥梁平面均位于直线段上,桥梁纵坡为2.5%,左右幅桥面横坡为−2.0%,墩台径向布置。整幅桥面宽25.0m,桥台与路基同宽(25.5m)。

主桥采用跨径258m上承式钢管混凝土拱桥,计算矢高56.087m,计算矢跨比1/4.6,主拱轴线为悬链线,拱轴系数 $m=1.6$,拱肋为等截面钢管混凝土桁架结构。引桥采用20m钢−混凝土组合梁,桥梁中心桩号YK30+998.0,桥梁配跨为(4×20+258+4×20)m,共3联,桥长444.96m,右偏角90°。

主桥在布置桥跨时,首先根据两岸地质情况确定拱座位置:小桩号侧有松动变形岩体,距离崖侧深度在12m左右,拱座布置在松动变形岩体后面的完整岩体上;大桩号侧强风化岩层覆盖深度较大,通过调整跨径、主拱矢高,将拱座布置在完整的中风化岩层内,主桥方案最终确定为跨径258m。在拱座顶面设置过渡墩,该过渡墩在施工时同时作为扣塔使用。

考虑拱上力作用的均匀性,结合国内拱桥设计经验,拱上跨径采用20m,同时为了减轻拱上结构自重和施工的方便性,拱上立柱、盖梁均采用钢箱形式,上部结构采用工字形钢−混凝土组合梁结构形式,两侧引桥配跨均为4×20m。为了全桥整体结构的一致性,引桥上部采用与主桥上部相同的钢−混凝土组合梁结构形式。整座桥采用预制构件的方式,简化了现场施工工序,加快了施工进度,保证了施工质量。

2.3 拱座及基础设计

2.3.1 概述

根据桥位处两侧地形地质条件,主拱拱座设计为扩大基础。基底落在完整中风化凝灰岩上,基底基本承载力按1500kPa设计。拱座内预埋钢管与主拱钢管焊成整体,以利于传递拱脚截面内力。

2.3.2 基础

拱座基础采用扩大基础设计,扩大基础采用台阶形设计,以增强拱座基础在强大水平推力下的抗滑移稳定性,且便于与基岩紧密结合。

基础采用C30钢筋混凝土,单个拱座基础底部横桥向宽9m,顺桥向长17.9m,底部沿纵向采用两级台阶,每级台阶宽4m,高4m。

2.3.3 拱座

由于拱座直接承受来自主拱肋的强大轴力、弯矩和剪力,并将其传递给地基,为主桥中受力最大的部位,故拱座的设计显得十分重要。两岸的拱座设计为分离式的钢筋混凝土拱座,中间采用系梁连接。拱座采用C40混凝土,预留槽采用C50混凝土,拱座预留槽内预埋钢管与主拱钢管焊成整体。单个拱座横向宽度为9m,高15.8m,拱座系梁宽5m,高3m,连接左右两侧拱座。由于拱座为大体积混凝土,为了保证施工过程中的拱座质量,减少大体积混凝土浇筑过程中产生的大量的水化热,在拱座内部布设分层冷却管。拱座的立面布置图和侧面图分别如图2.2.3-1、图2.2.3-2所示。

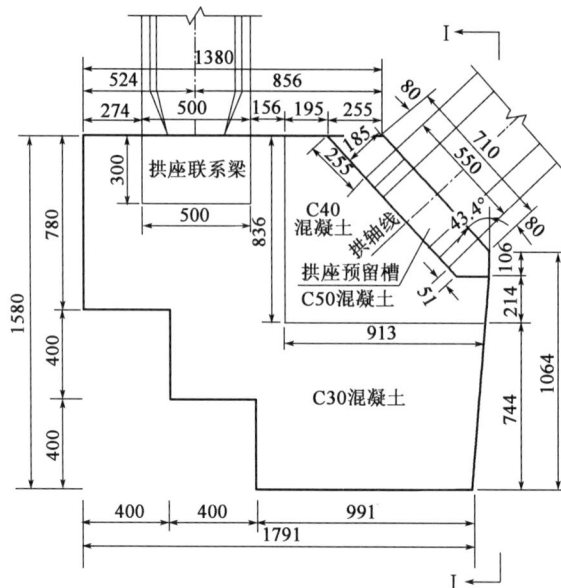

图 2.2.3-1 拱座立面布置图(尺寸单位:cm)

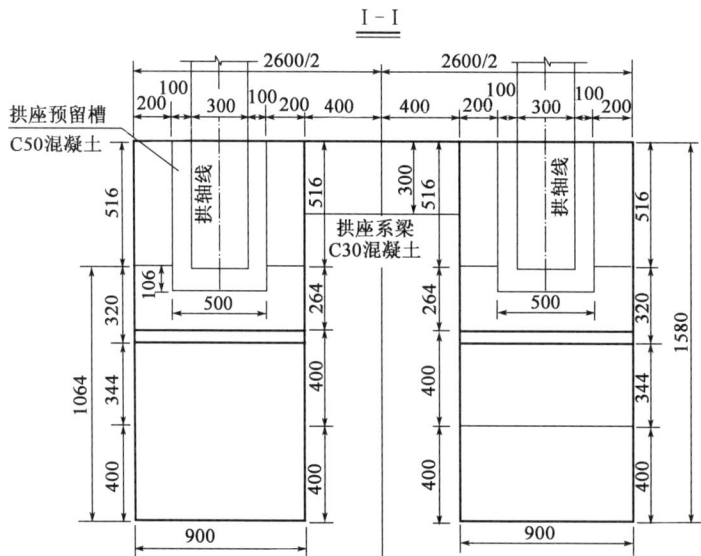

图 2.2.3-2 拱座侧面图(尺寸单位:cm)

2.4 主拱肋设计

2.4.1 结构设计

1)拱肋结构设计

主桥采用计算跨径 258m 钢管混凝土桁架上承式拱桥,计算矢高 56.087m,计算矢跨比为 1/4.6,主拱轴线为悬链线,拱轴系数 $m = 1.6$,拱肋为等截面钢管混凝土桁架结构,上下弦杆采用哑铃形截面形式。全桥由两榀桁架组成,两榀桁架中到中间距 17m,每片拱肋由 4 根 $\phi 1200$mm 钢管组成高 5.5m、宽 3.0m 的钢管桁架,水平向由 $\delta = 12$mm 缀板横向连接两根主钢管。腹杆采用 $\phi 600$mm $\times 16$mm❶ 钢管作

---

❶ $\phi a \times b$ 表示管时,a 为管直径(mm),b 为管壁厚度(mm),a 的单位不做特别说明皆为 mm,余同。

竖向连接。

主拱肋钢管材质采用 Q345D,采用 ϕ1200mm × 22mm 钢管,主拱肋钢管和缀板内都灌注自密实微膨胀 C50 混凝土。

为加快施工进度,减少高空焊接工作量,确保施工质量,拱肋共划分为 13 个节段,节段长度 18.576 ~ 25.332m,最大节段吊装质量约 85.6t。

拱肋制作放样时,考虑拱顶设置 26cm 预拱度,1/4 跨设置 13cm 预拱度,计入预拱度的拱轴线用六次抛物线拟合。

两道拱肋之间设有 13 道横撑以保证拱肋横向稳定。其中拱顶设一道钢桁架 H 形横撑,其余均为钢桁架 K 撑。横撑上下主钢管采用 ϕ600mm × 16mm,横联、竖联钢管均采用 ϕ402mm × 12mm。

主拱钢管内 C50 微膨胀高强混凝土采用抽真空辅助灌注工艺完成。

2)主拱肋节段安装吊扣系统

主拱钢管在工厂加工完成后运至工地,采用斜拉扣挂法安装合龙成拱,安装体系由扣索体系和吊装体系组成。其中主拱肋起吊系统由吊塔、扣塔、承重系统、移动牵引系统、后锚索等组成;扣索体系由后锚点、锚梁、张拉系统及扣索等组成。锚梁设置于过渡墩后面山体上,用来锚固扣索;张拉系统用于调整扣索索力;扣索由多束 ϕ^s15.2 高强低松弛钢绞线组成,在扣索外缠绕玻璃丝布对扣索进行防护,当完成主拱圈钢管安装并灌注管内混凝土后,即可将扣索拆除。

2.4.2 主要设计特点

本桥主拱肋设计采用等截面钢管混凝土桁架结构,采用四肢哑铃形截面形式,主要有以下特点:

(1)主拱肋采用钢管混凝土桁架结构,受力性能好

由于主拱肋采用钢管混凝土桁架结构,使得单根钢管混凝土结构主要承受轴压力,对于混凝土来说,处于三向受压状态,强度大幅度提高;对于钢管,内灌混凝土可确保其局部稳定性,大大减少了钢结构的加劲肋;相对于其他类型的结构,钢管混凝土结构截面尺寸较小,且结构延性较好,抗震性能优良。

(2)施工方便快捷,工期短

主拱肋采用钢管混凝土结构,由于钢管本身充当了支架和模板的作用,节省了大量模板和支架;钢管内混凝土采用泵送混凝土,施工方便快捷。由于主拱肋灌注混凝土之前,拱肋结构完全为钢结构,可以在工厂大节段制造,汽车运输至现场安装,在保证质量的前提下,大大简化了施工工序;除了主拱肋之外,本桥拱上立柱及盖梁、桥面行车道板等主要受力构件也均采用预制安装的施工方式,减少了现场施工作业量,降低了施工的安全风险,加快了施工进度,缩短了工期。

同时全桥主要受力构件均可采用一套缆索吊装系统安装,大大提高效率,节约了成本。

(3)经济性好,造价低

在获得同等结构强度、刚度和稳定性的条件下,由于拱肋截面的减小,减少了结构材料用量,从而降低了桥梁造价,使得结构更经济更有竞争力。

(4)抗风抗震性能优异

由于和钢结构相比,在获得同等结构强度、刚度和稳定性的条件下,钢管混凝土结构截面尺寸更小,使得拱肋变得通透,阻风面积小,所受风荷载更小,从而大大改善横向抗风稳定性能;和钢筋混凝土结构相比,由于拱肋截面的减小,结构质量和自重有所减小,从而减小了地震作用下地震响应和结构内力,再加上钢管混凝土截面良好的延性,增强了整体结构的抗震性能。

(5)充分考虑后续检修需要,设置完善的检修通道及设施

根据建管养一体化要求,全桥主要受力构件主拱肋、拱上立柱、盖梁、拱座等均设置完善的检修通道及检修设施,方便后期运营阶段的养护检修。

2.4.3　主要技术关键点及创新点

本桥主拱肋的设计有以下技术关键点及创新点：

（1）技术关键点一

合理选择主拱肋矢跨比及拱轴线形是主拱肋设计技术关键之一。

由于主拱肋矢跨比及主拱轴线形直接关系到主拱肋的结构受力，故选择多大的矢跨比以及什么类型的主拱轴线十分重要。

主拱矢跨比的合理选择不仅要考虑结构的受力特性，还要考虑其经济性，如果计算跨径/计算矢高（f/l）过小，则拱弧长较短，拱肋材料用量较小，但拱的水平推力大，且拱本身所受弯矩加大，主拱肋动力稳定系数也有所降低，难以充分发挥钢管混凝土材料的优势；若 f/l 过大，弧长太长，导致拱肋用料增加，拱肋上的弯矩也将一定程度加大，也不能充分发挥材料优势。而主拱轴线在合理矢跨比确定后可以调整拱肋在恒载作用下内力，其原则应该是在恒载作用下拱肋的弯矩尽量小，且尽量使拱顶最大正弯矩与拱脚最大负弯矩均衡为宜。

桥梁矢跨比结合周边地形地质条件，并参考已建成类似上承式钢管混凝土桥的经验，确定矢跨比为1/4.6，主拱轴线线形采用悬链线，拱轴系数采用 $m = 1.6$，同时考虑主拱肋后期受力变形，拱顶设置了26cm的预拱度，1/4跨设置了13cm的预拱度，使得主拱肋最终受力线形符合计算采用的线形。

（2）技术关键点二

主拱肋的横截面形式的选择也是主拱肋技术关键之一。

在主拱肋矢跨比及拱轴线形基本确定下来之后，较为关键的即是合理选择主拱肋的横截面形式。目前适用于此跨度的钢管混凝土拱桥的截面形式主要有四肢格构式、四肢梯形单哑铃形及四肢双哑铃形桁架式断面等形式。这几种截面形式常用于跨度在 100～500m 的拱桥。图 2.2.4-1 所示为常见的截面形式。

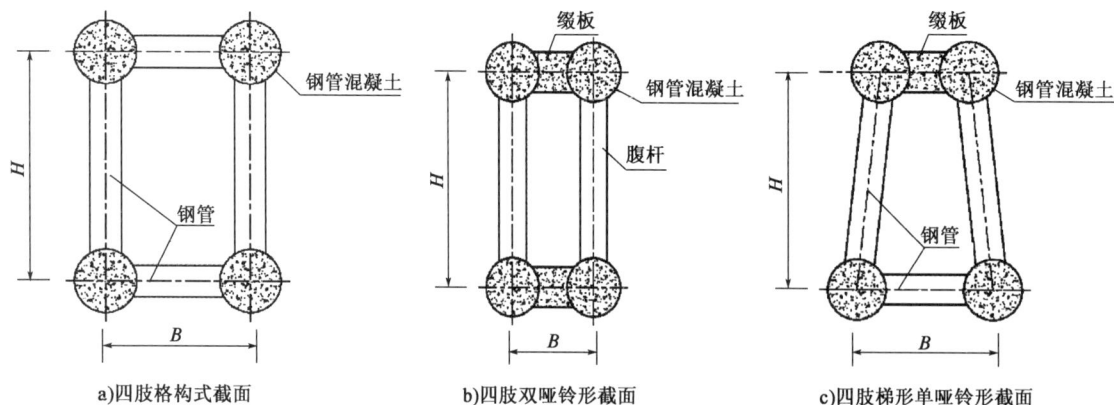

a)四肢格构式截面　　　　b)四肢双哑铃形截面　　　　c)四肢梯形单哑铃形截面

图 2.2.4-1　常见的截面形式

本桥主拱肋截面形式采用四肢双哑铃形截面，钢管与缀板中均灌注 C50 自密实微膨胀混凝土。这种截面的优点在于减少了桁架水平向连接钢管的数量，降低了节点焊接难度，同时钢管混凝土之间的钢管用缀板代替，缀板中灌注混凝土后也可形成组合截面，而此部分在计算时混凝土自重作为外荷载考虑，不计入截面共同受力，增加了结构的安全储备。

（3）技术关键点三

如何保证钢管内混凝土与钢管的紧密结合，使其共同受力，也是主拱肋设计中的技术关键之一。由于钢管内灌注混凝土后，随着时间的推移混凝土会发生收缩和徐变变形，另外温度作用也容易导致其与钢管脱空，不能共同受力，从而大大降低结构的受力性能。

本桥设计中，为了尽量减少混凝土收缩徐变的影响，钢管内混凝土采用了自密实微膨胀 C50 混凝土，以抵消由于混凝土收缩徐变产生的脱空现象，使得混凝土与钢管间能紧密结合，共同受力。

2.5　桥面板设计

2.5.1　结构设计

拱上桥面行车道板结构采用工字形钢－混凝土组合梁,跨径20m,采用连续结构,组合梁总高度133cm,其中工字梁高100cm,混凝土板高33cm。

1)工字钢部分

组合梁工字钢梁高100cm,跨中部分上翼板厚12mm,下翼板厚32mm,支座处上翼板厚20mm,下翼板厚40mm。每隔1m设一道竖向加劲肋,每隔5m设一道钢横梁。

2)钢筋混凝土桥面板部分

钢筋混凝土桥面板采用分块预制,主梁位置厚33cm,中间厚23cm;吊装就位后,通过湿接头和10cm厚现浇桥面板形成整体,钢梁和钢筋混凝土桥面板通过布置在湿接头处的栓钉剪力键形成组合梁。

钢筋混凝土预制桥面板根据中梁、边梁以及纵向位置的不同,共分为三种类型,分别为A类板、B类板、C类板。

2.5.2　主要设计特点

拱桥桥面行车道板设计采用工字形钢－混凝土组合梁,连续结构,主要具有以下特点:

(1)充分发挥了材料特性,具有良好的结构受力性能

由于钢材具有较高的抗拉强度,混凝土具有较高的抗压强度,故采用上部为混凝土,下部为工字形钢的组合梁能充分发挥材料的特性,与相同跨径的钢筋混凝土或预应力混凝土梁相比,能大大减轻自重,且具有更好的受力性能。由于组合梁的翼缘板宽较大,提高了钢梁的侧向刚度,相对钢梁来说侧向具有更好的稳定性,而受压区为钢筋混凝土结构,改善了钢梁受压区的受力状态,增强了钢材的抗疲劳性能。对于主拱肋来说,由于自重的减轻,也显著优化了主拱肋的受力性能,从而降低了对地基的要求。

(2)施工简便,施工速度快

由于钢－混凝土组合梁的钢梁部分可以作为施工的辅助构件,可利用钢梁的刚度和承载力承担悬挂模板、混凝土板及临时施工荷载,无需设置支撑,大大加快施工速度,缩短工期。

(3)自重轻,节约材料,降低造价

与相同跨径、承载能力相同的混凝土梁相比,自重大大减轻;相对钢梁来说,可节约材料15% ~ 25%,从而降低工程造价。

(4)抗震性能较好

由于工字形钢－混凝土组合梁中的混凝土板部分采用了预制与现浇相结合的方式,结构整体性好,不仅桥面板的施工质量得到保证,而且表现出良好的抗震性能。

2.5.3　主要技术关键点及创新点

1)主要技术关键点一

混凝土板与钢梁之间的连接问题是桥面板设计的主要技术关键点之一。

由于混凝土桥面板与钢梁为两种不同材料,作为一种组合结构,它们之间的抗剪连接件是使其共同工作的关键部件。

抗剪连接件的主要作用为:①抵抗和限制钢梁与混凝土板之间的相对滑移,使结构受力后,整个组

合截面仍符合平截面假定,这样才能充分发挥混凝土的抗压能力和钢材的抗拉能力,使整个截面共同受力;②承受并传递钢梁与混凝土翼板界面的水平剪力。

目前抗剪连接件按连接形式划分,比较常用类型有钢筋连接件、型钢连接件、高强度螺栓连接件、圆柱头焊栓钉连接件、开孔钢板连接件等。

本桥设计中桥面板抗剪连接件采用类型为圆柱头焊栓钉连接件,其受力特性为刚性连接件,该类型连接件主要有以下几个优点:

(1)受力性能较好。圆柱头焊栓钉连接件沿各个方向受力同性,沿各个方向的强度和刚度相同。

(2)工艺简单,便于施工。栓钉制作无需大型机械设备,且抗剪栓钉对混凝土中钢筋布置影响小,且与钢筋结合紧密,施工方便,可靠性高。

(3)圆柱头可有效限制混凝土板与钢梁之间相对位移。

正是由于这些优点,栓钉连接是目前国内外应用最为广泛的抗剪连接件形式。

2)主要技术关键点二

连续端负弯矩区的混凝土抗裂问题也是桥面板设计的主要技术关键点。

由于本桥桥面板设计为连续结构,在连续端梁体分布有负弯矩,从而导致翼板上缘混凝土会产生较大拉应力。目前改善负弯矩区域的抗裂性能,主要有以下方法:

(1)优化桥面板施工顺序,桥面板负弯矩区域采用后浇筑

通过先浇筑跨中区域的桥面板,使得钢梁提前变形,同时尽可能消除跨中区域混凝土桥面板与钢梁结合部的收缩徐变效应,最后再浇筑连续支点附近的混凝土板,从而降低其开裂的风险,此方法可以较为方便应用于预制桥面板。

(2)在连续支点附近施加预应力

与其他混凝土预制结构相似,在负弯矩区域施加预应力,用以抵消恒载和活载产生的拉应力,并具有一定的压应力储备。该方法需要增加预应力锚固或转向的构造,且应充分考虑后期的预应力损失,以保证混凝土桥面板抗裂性能。

(3)调整中支点高度

此方法一般先在钢梁架设完成后,将中支点通过千斤顶抬升一定高度,然后架设桥面板,浇筑混凝土,待混凝土桥面板达到设计强度后,将中支点下降至设计高度,从而使负弯矩区域桥面板产生一定的预压应力。后期桥梁在二期恒载及活载作用下,还需验算桥面板中的最大裂缝宽度,使其满足规范要求。此种方法工序比较复杂,尤其对于纵横向梁片数较多的时候,显得不太适合。

本桥桥面板实际采用的是第一种方式(即优化桥面板施工顺序),并采用预制桥面板与现浇湿接缝相结合的方式,以尽量减小连续支点处负弯矩;另外在该区域也增加了普通钢筋配置,以尽可能减小混凝土桥面板的裂缝宽度,改善结构的耐久性能。

2.6 结构计算

2.6.1 计算模式

本节主要介绍主桥计算的相关内容,引桥部分在此处不赘述。

主桥拱肋在未灌注混凝土前为完全的钢结构,按钢结构的要求进行检算;在灌注混凝土后以及在大桥的长期运营阶段,为钢-混凝土组合结构。全桥静力和动力计算均根据实际施工过程进行建模,分析桥梁各阶段的内力和位移响应情况。采用桥梁空间静、动力分析软件 midas Civil,用 midas Civil 程序中联合截面功能,使截面顺序生效,来模拟结构中钢-混凝土构件的截面形成过程,进行结构施工控制阶

段及运营阶段的动力特性及稳定性计算分析,并完成地震影响内力计算。主桥结构计算模型简图如图 2.2.6-1 所示。

图 2.2.6-1　主桥结构计算模型简图

2.6.2　作用

1)永久作用

一期恒载:混凝土重度为 $26kN/m^3$,钢材重度为 $78.5kN/m^3$。

二期恒载:桥面铺装按 10cm 沥青混凝土($24kN/m^3$) + 10cm C50 混凝土($25kN/m^3$)计,护栏重量根据设计图纸计算。

收缩徐变作用:钢管内混凝土按相对湿度 70% 计算,缀板内混凝土只计自重,不参与受力。

基础变位:按拱脚基础水平位移 2cm,竖向位移 2cm 计。

2)可变作用

(1)汽车荷载

采用公路—Ⅰ级作用布载,主要技术指标、排列及其折减系数按照《公路工程技术标准》(JTG B01—2014)进行。主桥横向按 6 车道加载,分为对称加载及不对称加载两种方式,冲击系数按照《公路桥涵设计通用规范》(JTG D60—2015)的规定计算。

(2)汽车制动力作用

汽车制动力作用按照《公路桥涵设计通用规范》(JTG D60—2015)的规定计算。

(3)风荷载

有车风:与汽车荷载组合时,桥面风速按 $V_{10} = 25m/s$ 考虑。

成桥状态,只与恒载作用效应组合,按 1% 频率取值,其基本风速 $V_{10} = 30.6m/s$。

施工阶段,按 20 年一遇设计风速,$V_{sd} = 23.9m/s$。

地表粗糙度系数 $\alpha = 0.135$,静阵风系数 G_V 按《公路桥梁抗风设计规范》(JTG/T D60-01—2004)表 4.2.1 中地表类别 D 类取值 1.56。桥梁基本构件的阻力系数根据《公路桥梁抗风设计规范》(JTG/T D60-01—2004)取值。

(4)温度作用

整体升降温取值为:升温 25℃,降温 25℃。

上部结构按《公路桥涵设计通用规范》(JTG D60—2015)中的规定考虑温度梯度。

拱肋温差考虑上弦杆升温 5℃。

（5）偶然作用

地震作用根据《工程场地地震安全性评价报告》给出的详细地震动参数确定。

3）作用组合

组合1：恒载+活载（恒载包括结构重力、沉降、预加力、收缩徐变等沉降，下同）。

组合2：恒载+活载+温度组合（温度组合＝体系升温、降温+梁截面温差+主墩左右侧温差，以上组合均取包络值，下同）。

组合3：恒载+活载+温度组合+汽车制动力+运营纵向风力。

组合4：恒载+活载+温度组合+汽车制动力+运营横向风力。

组合5：恒载+温度组合+百年纵向风力。

组合6：恒载+温度组合+百年横向风力。

2.6.3 施工阶段模拟

根据桥梁施工工序，对施工阶段进行细化，并分步骤进行了模拟，全桥共分26个工况，其中对吊装拱肋的过程给予了细化，分成多个步骤分别计算，主要目的是了解吊装过程中拱肋等的变形情况。具体施工过程模拟见表2.2.6-1。

施 工 过 程 模 拟   表2.2.6-1

施工阶段	施 工 内 容	备　　注
1	施工拱座、交界墩、安装扣塔	
2	吊装第一节拱肋并安装相应的扣索、背索、K撑	
3	吊装第二节拱肋并安装相应的扣索、背索、K撑	
4	吊装第三节拱肋并安装相应的扣索、背索、K撑	两侧对称逐节段安装
5	吊装第四节拱肋并安装相应的扣索、背索、K撑	
6	吊装第五节拱肋并安装相应的扣索、背索、K撑	
7	吊装第六节拱肋并安装相应的扣索、背索、K撑	
8	吊装第七节（合龙段）拱肋并安装相应的H形横撑	
9	拱肋合龙后拆除扣索、浇筑拱脚混凝土封铰	
10	灌注拱肋下弦的第一根钢管内的混凝土（混凝土不受力，作用在钢管上）	
11	待下弦第一根钢管内的混凝土到强度后，灌注上弦第一根钢管内的混凝土	
12	待上弦第一根钢管内的混凝土达到强度后，灌注下弦第二根钢管内的混凝土	左右对称浇筑
13	待下弦第二根钢管内的混凝土达到强度后，灌注上弦第二根钢管内的混凝土	
14	上弦第二根钢管内的混凝土达到强度，参加受力	
15	浇筑缀板内混凝土（混凝土不受力，作用在钢管上）	对称向跨中浇筑
16	缀板混凝土达到强度后，安装1/4跨径3号、4号及10号、11号立柱，参加受力	对称向跨中浇筑
17	安装跨中5~9号立柱，参加受力	对称向跨中浇筑
18	安装拱脚1号、2号立柱及12号、13号立柱，参加受力	
19	安装3号、4号及10号、11号立柱上盖梁	
20	安装5~9号立柱上盖梁	
21	安装1号、2号立柱及12号、13号立柱上盖梁	对称向跨中吊装
22	安装2~4号及10~12号立柱上行车道板	
23	安装4~10号立柱上行车道板	对称向跨中吊装
24	安装0号交界墩~2号、12~14号交界墩上行车道板	
25	二期恒载（护栏及桥面铺装荷载）	
26	竣工后3年收缩徐变	

2.6.4 主要计算结论

1)施工阶段结构受力状态计算结果

主要对各关键施工阶段主拱肋受力情况进行验算。

(1)最大悬臂状态时主拱肋受力状况计算结果

经过计算,主拱肋弦杆钢管在最大悬臂状态时,钢管应力在 -24.88 ~ 0.37MPa(负值为压应力,正值为拉应力,下同),主拱肋腹杆在最大悬臂状态时,钢管应力在 -13.99 ~ 36.11MPa,满足 Q345D 容许应力 210MPa 要求。

(2)拱肋合龙状态时主拱肋受力状况计算结果

经过计算,拱圈合龙时,主拱肋弦杆钢管应力在 -33.33 ~ 0.21MPa,主拱肋腹杆应力在 -12.71 ~ 8.43MPa,满足 Q345D 容许应力 210MPa 要求。

(3)灌注混凝土完成状态时主拱肋受力状况计算结果

主拱肋钢管混凝土灌注完成时,主拱肋弦杆钢管应力在 -93.66 ~ -0.39MPa,腹杆应力在 -32.11 ~ 23.77MPa,满足 Q345D 容许应力 210MPa 要求。

(4)成桥状态时主拱肋受力状况计算结果

成桥状态时,主拱肋弦杆钢管应力在 -158.62 ~ -1.42MPa,腹杆应力在 -77.61 ~ 39.83MPa,满足 Q345D 容许应力 210MPa 要求。

2)持久状况承载能力极限状态计算结果

(1)主拱肋单管偏心受压构件承载力计算

钢管混凝土偏心受压构件的承载力应按下式验算:

$$\gamma N \leqslant \varphi_l \varphi_e K_p K_d f_{sc} A_{sc}$$

从 midas Civil 软件中输出主拱肋验算截面的内力,验算结果见表 2.2.6-2。

主拱肋钢管混凝土截面承载力按单管验算时结果   表 2.2.6-2

单元	位置	最大轴力设计值 × γ（kN）	最大轴力时的承载力（kN）	最大弯矩对应的轴力 × γ（kN）	最大弯矩时的承载力（kN）
46	拱顶上缘	26758.699	51209.43	20383.913	38885.51
139	拱顶下缘	16510.868	48720.33	7322.975	27240.85
25	1/4 上缘	23289.178	48774.74	15474.217	42834.55
118	1/4 下缘	22619.102	48004.77	14188.108	44178.29
3	拱脚上缘	30539.773	50527.07	22246.037	40367.67
97	拱脚下缘	30611.801	46649.19	24735.601	43323.56

由表 2.2.6-2 计算结果得知,验算构件的轴力值均小于偏心受压承载力,所以主拱肋弦杆单管在持久状况下承载能力满足规范要求。

(2)主拱肋组合偏心受压构件承载力验算

等截面哑铃形主拱或桁式主拱,当按组合受压构件验算时,其偏心受压承载力按下式验算:

$$\gamma N \leqslant \varphi'_l \varphi'_e \sum (K_p^i K_d f_{sc} A_{sc})$$

主拱肋钢管混凝土截面按组合构件验算时结果见表 2.2.6-3。

主拱肋钢管混凝土截面按组合构件验算时结果   表 2.2.6-3

截面位置	组合轴力（kN）	组合弯矩 M_y（kN·m）	组合弯矩 M_x（kN·m）	组合轴力 × γ（kN）	对 y-y 轴构件承载力（kN）	对 x-x 轴构件承载力（kN）
拱顶截面	56372.08	110122.79	2238.23	62009.288	85456.82	190371.50

截面位置	组合轴力（kN）	组合弯矩 M_y（kN·m）	组合弯矩 M_x（kN·m）	组合轴力×γ（kN）	对 y-y 轴构件承载力（kN）	对 x-x 轴构件承载力（kN）
1/4 截面	58923.39	61332.71	1746.67	64815.729	154525.76	192105.47
拱脚截面	74194.98	99216.25	864.79	81614.478	123024.13	195285.42

经计算可知,组合构件各个验算截面对 y-y 轴的偏心受压承载力和对 x-x 轴的偏心受压承载力均大于构件的最大内力,故组合构件在持久状况下承载能力满足规范要求。

3）持久状况正常使用极限状态计算结果

（1）主拱肋应力验算

根据规范要求,采用应力叠加法验算钢管混凝土构件的控制截面强度。钢管混凝土构件作为钢管和混凝土两种材料单元,构件满足平截面假定。应采用叠加法计算各阶段累计的截面应力,并符合下式的要求。

$$\sigma_s \leqslant 0.8 f_y \quad \text{与} \quad \sigma_c \leqslant \frac{K_1}{K_2} f_{ck}$$

经计算钢管和混凝土应力需满足 $\sigma_s \leqslant 276.00\text{MPa}$ 和 $\sigma_c \leqslant 33.00\text{MPa}$。

在持久状况下短期组合和长期组合下主拱肋钢管和内部混凝土应力包络图如图 2.2.6-2、图 2.2.6-3 所示。

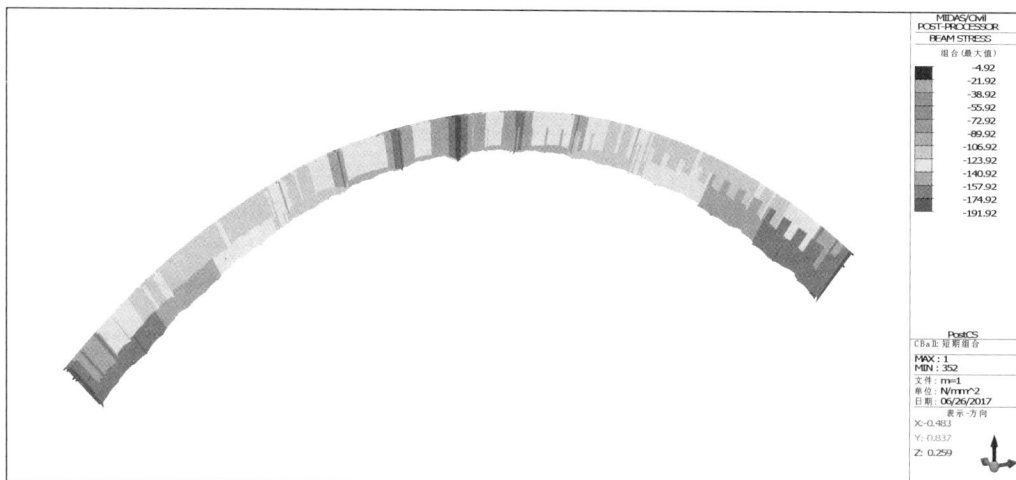

图 2.2.6-2　持久状况短期效应组合拱肋钢管组合应力包络图（单位：MPa）

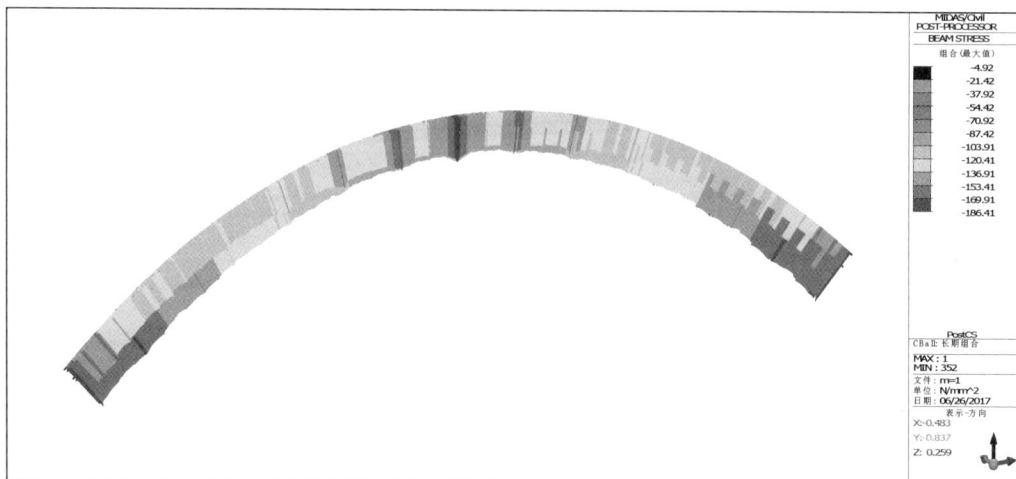

图 2.2.6-3　持久状况长期效应组合拱肋钢管组合应力包络图（单位：MPa）

主拱肋钢管在短期效应组合下应力范围是 $-191.92 \sim -4.92\mathrm{MPa}$,在长期效应组合下应力范围是 $-186.41 \sim -4.92\mathrm{MPa}$,应力(取绝对值,余同)均小于构件容许应力 276MPa,满足规范要求。

(2)主拱肋挠度验算

主拱肋挠度验算见表 2.2.6-4。

主拱肋挠度验算   表 2.2.6-4

位置	公路—Ⅰ级(mm)	增大系数	最终效应(mm)	容许值 $L/800$(mm)	是否满足规范要求
主拱肋	49.47	1.4475	71.61	322.5	满足

注:L—跨径。

计算结果表明:主拱肋的挠度满足规范要求。

4)稳定计算结果

采用大型空间有限元程序 midas Civil 进行该桥一类稳定的空间有限元分析,验算了钢管混凝土拱桥在以下几种工况下的稳定。

工况 1:结构自重。

工况 2:结构自重 + 全桥满布活载。

工况 3:结构自重 + 全桥横向布半载,纵桥向布满载。

工况 4:结构自重 + 全桥纵向布半载。

分别对每种工况的前三阶模态进行求解分析,各种工况下,全桥的前三阶失稳稳定系数和失稳形态见表 2.2.6-5。

各种工况下稳定系数   表 2.2.6-5

工　况	失稳阶数	稳定系数	失　稳　形　态
工况 1	1	16.586	面内纵桥向反对称
	2	16.709	面外对称
	3	18.674	面外反对称
工况 2	1	14.885	面内纵桥向反对称
	2	14.963	面外对称
	3	16.772	面外反对称
工况 3	1	15.643	面内纵桥向反对称
	2	15.774	面外对称
	3	17.6773	面外反对称
工况 4	1	15.498	面内纵桥向反对称
	2	15.582	面外对称
	3	17.493	面外反对称

从上表可知:稳定安全系数满足规范要求。

5)动力特性计算

结构动力特性采用 midas Civil 通用桥梁空间有限元动力分析程序计算,计算考虑了几何刚度的影响,采用 lanczos 向量空间迭代求解结构的自振模态,表 2.2.6-6 列出结构前 5 阶振型特点及其相应的频率。

成桥状态结构固有动力特性   表 2.2.6-6

模 态 号	频率(Hz)	周期(s)	振 型 特 点
1	0.302839	3.302087	主梁对称扭转
2	0.415969	2.404024	主梁反对称扭转

模 态 号	频率（Hz）	周期（s）	振 型 特 点
3	0.463427	2.157838	主梁反对称竖弯
4	0.565572	1.768122	主梁对称扭转
5	0.704899	1.418642	主梁反对称竖弯

2.7 设计优化及变更

1）南浦溪特大桥大里程拱座处地基处理

根据地质详细勘察报告，南浦溪特大桥大里程拱座顶部位于陡崖中部，顶部有厚 2～3m 残坡积层和最大厚度约 22m 的凝灰岩全～强风化层，下部岩体除沿竖向节理方向之外总体比较完整。拱座上方由钻孔揭示，中风化凝灰岩中夹有厚 3.6～7.3m 的全风化层，存在差异风化，局部发育，对线位影响小。设计阶段，主桥在布置桥跨时，根据两岸的地质情况确定拱座位置，保证将拱座布置在完整的中风化岩层内。

但在大里程拱座基础基坑实际开挖过程中遇到岩层夹泥、岩石破碎等问题，为了保证结构安全，在参建各方对南浦溪特大桥大里程拱座基坑地基进行现场踏勘后，召开了南浦溪特大桥大里程拱座地基处理的专项研讨会，最终形成了如下处理意见：

（1）对拱座基坑夹泥带进行清理开挖，开挖深度不小于 3m，对夹泥带进行钻孔注浆，注浆深度 6～7m，然后在岩壁植入 $\phi25mm$ 钢筋，间距 30～50cm，岩壁凿毛，并将开挖区域浇筑 C30 膨胀混凝土进行填充。

（2）对基坑内所有岩石裂隙布孔注浆进行封闭，注浆孔孔深 10m，孔间距按裂隙分布合理布设。

（3）基坑底松散岩层及土层清理干净并整平后，增设两层 15cm×15cm（层间距 10cm）的 $\phi25mm$ 钢筋（HRB400），与基础进行整体浇筑，注意必须充分保证钢筋保护层厚度满足要求。

（4）拱背岩面打设 $\phi25mm$ 锚杆，长度 8m，锚杆伸入拱座混凝土长度需大于 1m，使锚杆与基础锚固成整体。

（5）对拱座基坑表面采用挂网锚喷临时安全防护。

（6）左侧基坑夹泥带前台阶整体清除，采用与拱座基础同强度等级的 C30 混凝土进行回填处理。

2）南浦溪特大桥主桥检修梯道优化

为便于后续运营阶段的检修和养护，原设计在主拱桁双肋间的横联上缘设置了左右两道养护检修梯道贯通全桥，通道宽 80cm，高 56cm，为钢结构扶梯，扶梯杆件与主拱肋及缀板通过焊接连接，每道检修梯道均能满足左右两条主拱肋的检查维护工作需要。

由于桥位处跨越深切沟谷，相对高差较大，风速较高，在施工阶段，根据现场施工单位反映，检修梯道栏杆高度偏低，施工人员行走时缺乏安全感。基于现场的反馈意见，对检修梯道栏杆设计进行变更，变更后的梯道栏杆全高为 109cm，有效保障了施工过程及运营期检修相关人员的安全。

第3章

飞云江大桥设计

3.1 桥址及桥址区自然、地质条件

3.1.1 桥址选择

飞云江大桥位于文成县巨屿镇巨屿污水处理厂附近,跨越飞云江,飞云江为二级饮用水源保护区。桥梁按左右分线布设,桥位平面分别位于缓和曲线和 $R=1550\mathrm{m}$ 右偏圆曲线上,纵断面纵坡 -0.7%。桥梁上跨飞云江,并于 AYK7 +419.8 处上跨岙院线,道路与主线夹角约为 $100°$,桥位处岙院线为文成县至珊溪镇的主要通道,路宽约 12m,双向两车道,沥青路面,桥梁一跨跨越岙院线。桥位南岸文成县巨屿污水处理厂建设时已对桥位进行预留,桥梁建设对污水处理厂影响不大。

3.1.2 桥址区域自然条件

桥位位于飞云江珊溪水库下游,河道拐弯处。飞云江河床宽度约 330m,北侧河水较深,南侧为河漫滩,有农田分布。两侧为丘陵凸出岬角,地形高差约 35m,坡度约 $45°$,植被以松树为主。南岸丘陵坡脚为岙院线。

3.1.3 地质、地震

3.1.3.1 地质

桥址区地层岩性简单,小里程段丘陵斜坡表层残坡积粉质黏土小于1m,局部强风化基岩直接出露,下伏基岩为凝灰岩,强风化呈碎块状,厚约3.5m。飞云江河底分布漂石、卵石层,中密状,厚15~25m,北侧主河道卵石层厚度大,下伏强风化基岩;南侧河漫滩表部位分布冲积粉质黏土,厚1~2m,卵石厚10~15m,下伏基岩全风化层厚度约10m。南岸桥台位于飞云江右岸丘陵岬角上,坡表分布1.7m残坡积含砾粉质黏土,下方斜坡为岙院线人工切坡,强风化基岩直接出露。桥址区凝灰岩为西山头组,风化厚度不大,中风化呈灰白色,灰绿色,岩质坚硬,节理裂隙较发育,完整性一般。桥址区受区域构造影响不大,地质调绘及钻孔均未见明显的断裂构造迹象。

3.1.3.2 地震

据1:400万《中国地震动参数区划图》(GB 18306—2015),路线地震动峰值加速度为 $0.05g$,相应地震基本烈度值Ⅵ度。建议按《公路工程抗震规范》(JTG B02—2013)及《公路桥梁抗震设计细则》(JTG/T B02-01—2008)的有关规定设防。

公路场地浅部覆盖层厚度薄,基岩埋深浅,根据《公路工程地质勘察规范》(JTG C20—2011)判定覆盖层厚度2.0～4.0m,属于I_1类场地,属于抗震一般地段。

3.2 总 体 设 计

3.2.1 总体布置

飞云江大桥桥梁全长440.96m(图2.3.2-1),桥梁宽度12.25m(分离式路基),桥梁跨径组合为(4×40m)+(4×40m)+(2×40m+30m),上部结构采用波形钢腹板组合梁,下部结构桥台采用U台、座板台,桥墩采用板式墩,墩台采用桩基础。桥位位于分离式路段,桥梁按左右分线布设,左、右线桥平面均位于直线段、缓和曲线段和$R=1500$m右偏圆曲线上,右线纵坡为1.4%,桥面横坡为-2.0%,左线纵坡为1.5%,桥面横坡从-2.0%超高渐变至+2.0%,单幅桥标准桥面宽12.25m,桥台与路基同宽(12.75m)。上部结构采用40m(最后一跨30m与40m跨构造相同)跨径波形钢腹板工字形钢-混凝土组合梁,结构连续。右线桥梁中心桩号YK7+119.0,桥梁配跨为(4×40m)+(4×40m)+(2×40m+30m),共3联,桥长440.96m,右偏角90°;左线桥梁中心桩号为ZK7+118.0,桥梁配跨为(4×40m)+(4×40m)+(2×40m+30m),共3联,桥长440.96m,右偏角90°。

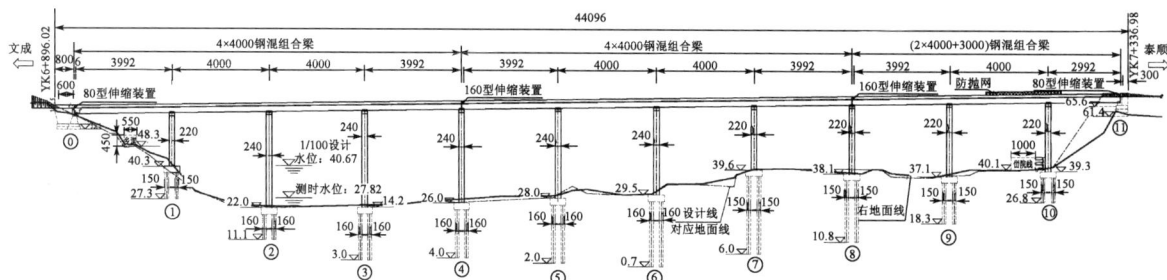

图2.3.2-1 飞云江大桥桥型布置图(尺寸单位:cm)

3.2.2 主桥桥型方案比较和选定

初步设计阶段,综合考虑本桥桥位处建设条件,为积极响应《关于推进公路钢结构桥梁建设的指导意见》文件精神,经技术经济比选,飞云江大桥推荐采用40m跨工字形钢-混凝土组合梁,并得到交通运输部的批复。同时,本项目"科研规划"于2016年12月通过专家组审查,对课题组提出的本项目飞云江大桥为依托工程的"35～50m最大装配化施工波纹钢腹板工字组合梁桥建设技术"课题,专家组原则赞同施工图阶段对该课题进行研究。本桥上部结构施工图引用该课题研究成果,即本桥上部结构采用40m跨波纹钢腹板工字形钢-混凝土组合梁。

3.2.2.1 主梁断面形式的选择

飞云江大桥在初步设计阶段采用双主梁形式的桥梁断面,在施工图阶段对桥梁的主梁断面布置等进行了更深入的分析和研究,从结构的安全性、经济性、施工过程等多个方面进行比较,方案对比表见表2.3.2-1。

2片主梁与4片主梁断面布置方案对比表   表2.3.2-1

比 较 内 容	2片主梁断面布置	4片主梁断面布置
用钢量	主梁用钢量约155kg/m²	主梁用钢量约182kg/m²
主梁高度	梁高相对较高($H=2400$mm)	梁高相对较低($H=2220$mm)
钢结构施工方式	钢主梁在工厂分节段制作,现场进行焊接吊装	钢主梁在工厂分节段制作,在预制场进行整体拼接

续上表

比 较 内 容	2 片主梁断面布置	4 片主梁断面布置
桥面板设计	桥面板横向跨径大,受力不利,横向配筋多,需加横向预应力(桥面板厚 250~400mm)	桥面板横向跨径小,对桥面板结构受力有利,采用钢筋混凝土桥面板(桥面板厚 250~350mm)
架设要求	因吊装高度较高,吊装施工难度较大	可利用本项目的运架梁机具完成梁体架设
施工场地	占地面积较大	占地面积较小
运输难易度	对运输便道条件要求较高	可通过运架梁机具进行运输
总体评价	主梁造价较低,但对吊装设备要求较高,梁段的运输困难,施工临时费用大大增加	造价稍高,可利用现有的运架梁机具完成梁体的架设安装,施工简单,桥面板受力合理,后期维护工作量较小

经综合比较,因本桥桥下高度较高,采用节段吊装的难度较大,且本项目需要保证运架梁机具过孔要求,采用 2 片主梁方案时,因桥面板的吊装安装工程量较大、难度较高、施工相对滞后,对整个项目的施工工期及进度均要求较长,易形成制约因素;采用 4 片主梁方案能够较好地与本桥施工特点相结合,且具有可利用现有的施工装备完成施工,施工便捷迅速,桥面板受力更为合理且后期维护工作量较小的特点,因此推荐 4 片主梁的断面布置方案进行施工图阶段的设计。

3.2.2.2 钢－混凝土组合梁结构体系的选择

飞云江大桥在施工图阶段,根据初步设计批复文件的要求,对桥梁采用简支梁结构的钢－混凝土组合梁和连续结构的钢－混凝土组合梁从受力性能、材料用量及造价、施工工艺、结构全寿命周期中的维修养护等方面进行了相应的分析对比。

1)受力性能

简支结构可充分发挥钢－混凝土组合梁的优势,下缘钢结构受拉、混凝土受压;结构简单,受力明确;对温度、支座沉降的适应性好。连续结构属于超静定结构,在荷载作用下产生的支点负弯矩对跨中正弯矩有卸载作用,使内力状态比较均匀合理;但钢－混凝土组合结构中支点处负弯矩会使中支点处的上缘混凝土桥面板受到拉力,需设法控制混凝土桥面板受力,控制裂缝,以保证结构耐久性。

2)材料用量及造价

经估算,连续结构比简支结构用钢量节省 5%~8% 的钢材。但从钢筋用量上相比,连续结构多于简支结构,这是因为连续结构中支点负弯矩区需要配置足够多的粗钢筋来控制墩顶裂缝。连续结构用钢量略少于简支结构,钢筋用量略多于简支结构,桥梁支座的数量比简支结构也可以减少,同时施工图阶段中所采用连续梁结构支点外拼接,可省去临时支座的设置等。综合上述比较及查阅相关文献研究成果,发现连续结构与简支结构的钢结构造价基本一致。

3)施工工艺

在施工工艺上,简支结构的钢梁与混凝土板预制拼装后,只需要现浇墩顶桥面连续段。而连续结构需进行钢主梁结构的拼接,施工相对复杂,且墩顶负弯矩段现浇桥面板长度相对较长,浇筑工程量大。从施工工艺上讲,简支梁桥面连续施工简便,连续梁施工工艺较烦琐。

4)全寿命周期的维修养护

从结构全寿命周期中的维修养护角度进行分析,因本桥采用钢－混凝土组合梁结构形式,结构本身的刚度比混凝土结构刚度小;若采用简支桥面连续结构形式,则跨中下挠相对较大,将导致支点处梁端转角较大,桥面连续结构的受力较混凝土结构更不利,更易出现桥面铺装开裂、渗水侵蚀钢主梁等病害,而渗水侵蚀为钢结构的最大隐患病害之一,需要在全寿命周期的设计阶段尽量避免,以减少后期运营阶段的维修养护工作,保证桥梁结构的安全耐久性。采用连续结构同样易出现支点处负弯矩区混凝土桥面板的开裂问题,但可通过加强负弯矩区的抗裂设计及对桥面防水层进行专项设计,尽可能减少负弯矩区桥面板开裂的裂缝宽度,减少或避免因桥面板开裂而引起的主梁渗水侵蚀的产生和发展。

综上所述,简支梁与连续梁各有优缺点,在工程中均有大量的应用,且技术均成熟可靠。但基于本桥的建设条件,采用连续梁结构具有可以提高行车舒适性,在运营期间维护工作量小等优点,因此推荐采用钢-混凝土组合连续梁方案作为最终的施工图设计方案。

3.3 波形钢腹板组合梁设计

3.3.1 结构设计

1)钢主梁线形设计

平面线形:桥梁平面设计采用墩台径向布置、跨内钢主梁直线布置,跨间折线布置的方式进行设计,钢主梁加工及施工时,应注意钢主梁的弯折加工及钢主梁顶底板、中支点横梁的加工前放样,钢梁平面线形按设计道路中心线拟定。

竖曲线:考虑到为了消除钢梁自重作用和部分活载作用引起的梁体下挠,钢梁加工制造时需设置预拱度,钢梁立面线形包括设计曲线和预拱度曲线两部分,因此工厂制造时应按两部分的叠加曲线进行加工制作,在成桥状态下钢梁呈现向上微拱。

2)钢主梁及桥面板设计

(1)桥面板采用普通钢筋混凝土板,与波形钢腹板纵梁整体预制,纵向为一块整板,单幅桥设4块预制板,纵向湿接缝宽50cm。除了湿接缝和墩顶后浇带之外的混凝土顶板均和波形钢腹板共同预制形成单片组合T梁后,运至现场采用架桥机架设。为了减少一期荷载产生的负弯矩拉应力,支点处设置长6m的后浇带,后浇带采用C50微膨胀聚丙烯纤维混凝土。

(2)桥面板单幅顶板宽12.25m(图2.3.3-1),钢主梁支点处桥面板厚35cm,跨中处桥面板厚25cm,桥面板湿接缝宽度50cm。

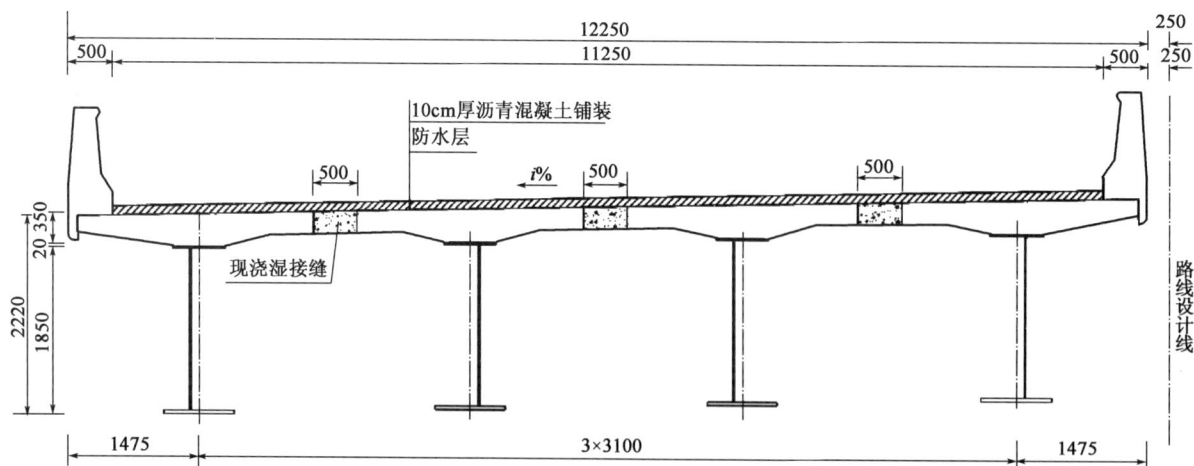

图2.3.3-1 跨中横断面图(尺寸单位:mm)

(3)钢主梁顶板、底板、腹板、中横梁及横隔梁均采用Q345D钢。单幅桥设4片波形钢主梁,钢主梁高1850mm,波形钢纵梁间距3.1m。

(4)主梁上翼缘板厚16~30mm,下翼缘板厚20~40mm。

(5)波形钢腹板钢材为Q345D,腹板为1200型,波长1200mm,波高200mm,水平面板宽330mm(图2.3.3-2),水平折叠角度为30.7°,弯折内径$R \geqslant 15t$(t为波形钢腹板厚度),全桥采用两种厚度,分别为12mm和16mm。

3) 横向连接

为了提高梁的抗扭刚度和横向整体刚度,在支点处设置端横梁和中横梁,跨间设置 K 撑,如图 2.3.3-3、图 2.3.3-4 所示。

4) 剪力连接件

钢主梁与混凝土顶板的连接应保证在运营寿命期内的耐久性,同时应考虑构造合理性、施工可行性、耐久性等因素来选择钢主梁与混凝土顶板连接构造。为了确保施工的便捷性,飞云江大桥钢主梁与混凝土顶板的连接采用施工及实践均成熟可靠的剪力钉连接方式。为了保证负弯矩区混凝土与钢主梁顶板连接的可靠性,控制负弯矩区混凝土桥面板的开裂,负弯矩区的连接采用 PBL 剪力键❶连接方式。施工中应注意保证这些抗剪部件的施工质量,以确保组合波形钢腹板梁桥的整体性。

剪力钉连接件、PBL 剪力键连接件分别如图 2.3.3-5、图 2.3.3-6 所示。

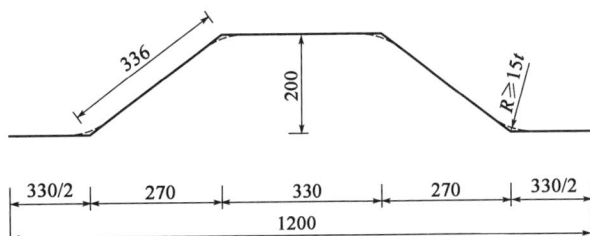

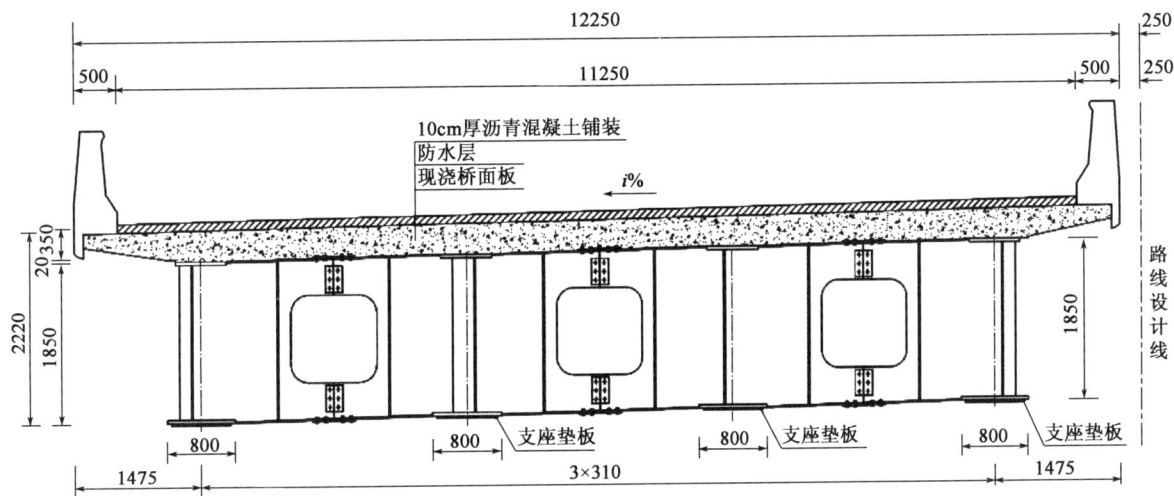

图 2.3.3-2 1200 型波形钢腹板构造示意图(尺寸单位:mm)

图 2.3.3-3 中横梁构造示意图(尺寸单位:mm)

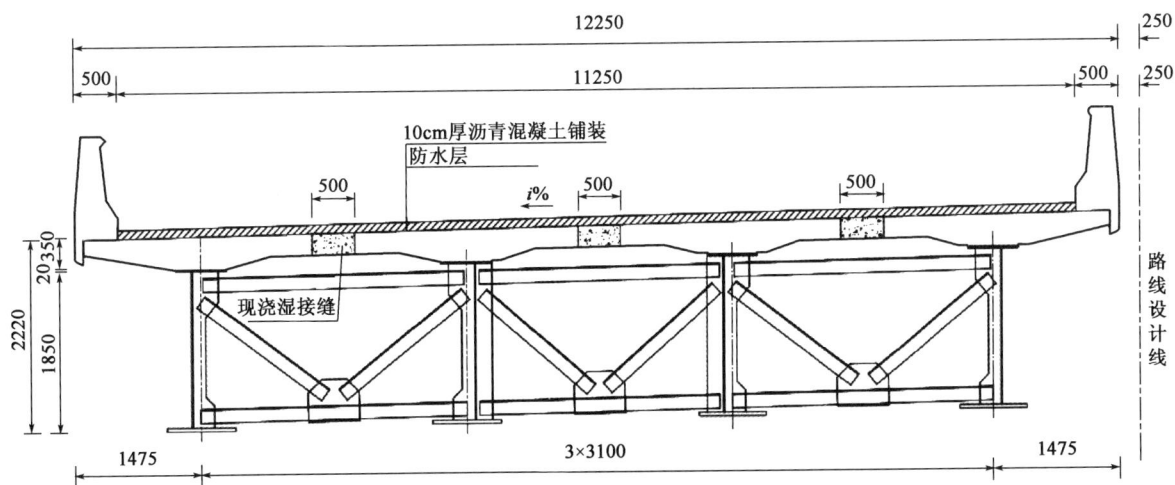

图 2.3.3-4 跨间 K 撑构造示意图(尺寸单位:mm)

---

❶ PBL 剪力键:用于钢混组合结构中的一种剪力连接件,也称为开孔钢板连接件。

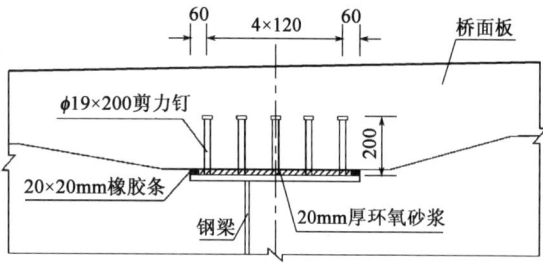

图 2.3.3-5　剪力钉连接件(尺寸单位:mm)

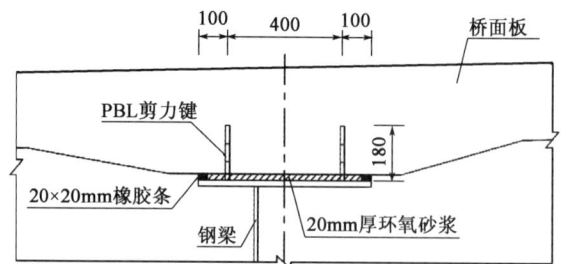

图 2.3.3-6　PBL剪力键连接件(尺寸单位:mm)

3.3.2　主要设计特点

(1)采用4片波形腹板钢板组合梁,每联按连续结构设计。

(2)中支点负弯矩区采用6m长现浇桥面板,采用C50微膨胀聚丙烯纤维混凝土,以降低桥面板混凝土的裂缝宽度。

(3)整体施工工艺采用组合梁片整体架设,采用支点外节段拼接,避免临时支座和体系转换。

(4)钢主梁现场采用高强度螺栓拼接,提高梁段架设效率与连接质量。

(5)钢主梁与桥面板中支点负弯矩段采用双PBL剪力键进行连接,此区域外的连接采用剪力钉进行连接。

3.3.3　主要技术关键点及创新点

(1)结合飞云江大桥初步设计桥跨布置,对40m跨径波形钢腹板工字组合连续梁桥进行研究和设计,使其在相同荷载标准下,梁高、材料指标及吊装重量不高于既有装配式混凝土T梁和钢结构桥梁,其梁高2.22m,钢材用量182kg/m²,最大吊装质量108.6t。

(2)通过对飞云江大桥上部结构波形钢腹板工字组合连续梁的合理构造(截面构造、横向连接构造、负弯矩区构造等)的研究设计,实现了钢主梁主体结构的工厂化、标准化、装配化,施工便捷程度高于既有钢结构桥梁;同时实现大部分混凝土桥面板的工厂标准化预制生产,提高了混凝土构件的质量和精度。

3.4　结　构　计　算

3.4.1　计算模型

采用midas Civil建立飞云江大桥4×40m和30m+2×40m两种跨径上部结构的有限元模型,上部结构中采用梁格法建模,主梁和混凝土板离散为不同梁单元,两者之间对应节点采用刚性连接。钢梁的波折腹板采用直腹板模拟,考虑到波折腹板组合梁的腹板不承担弯矩的受力特点,对腹板厚度进行折减,经对比计算统一取1mm处理可以满足精度要求;顶板混凝土设置混凝土板虚拟横梁。支座按照对应位置的支座类型采用一般支撑模拟。有限元模型如图2.3.4-1所示。

3.4.2　作用及作用组合

上部结构静力计算主要考虑恒载、活载和温度荷载,具体荷载如下:

(1)恒载

一期恒载:包括主梁、混凝土板的重量,软件均按构件截面自动计入。

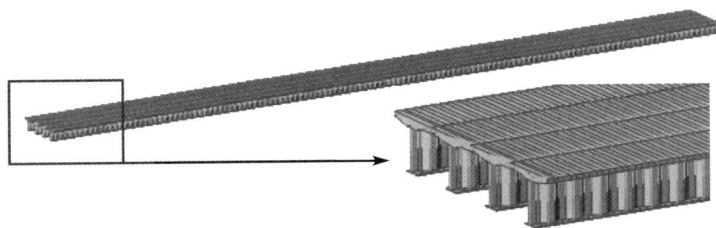

图 2.3.4-1 有限元模型

二期恒载：车道内的桥面铺装、护栏按照实际位置施加，沥青铺装按照 6.75kN/m 施加到单片主梁上，护栏按照单侧 11.46kN/m 施加到边梁上。

（2）基础变位

各墩不均匀沉降均按 1cm 计算。

（3）汽车荷载

汽车荷载采用公路—Ⅰ级汽车荷载，横向按 3 车道考虑，考虑多车道横向折减以及汽车冲击力。

（4）温度荷载

整体升降温按照 39℃ 计算，整体降温按照 $-6℃$ 计算。

组合梁温度梯度按照《公路桥涵设计通用规范》（JTG D60—2015）第 4.3.12 条规定计算，梯度升温时，$T_1 = 14℃$，$T_2 = 5.5℃$；梯度降温时，$T_1 = -7℃$，$T_2 = -2.75℃$。

按照《公路桥涵设计通用规范》（JTG D60—2015）规定，考虑荷载组合工况，见表 2.3.4-1。

荷 载 组 合 工 况   表 2.3.4-1

荷载组合工况	组 合 类 型	组 合 内 容
组合工况一	永久荷载组合	1.0 恒载 +1.0 沉降 +1.0 收缩徐变
组合工况二	承载能力极限组合	1.2 恒载 +0.5 沉降 +1.0 收缩徐变 +1.4 汽车荷载 +1.05 温度荷载
组合工况三	作用频遇组合	1.0（恒载 + 沉降 + 收缩徐变）+0.7 汽车荷载 +0.8 温度梯度 +1.0 整体温度
组合工况四	作用准永久组合	1.0（恒载 + 沉降 + 收缩徐变）+0.4 汽车荷载 +0.8 温度梯度 +1.0 整体温度
组合工况五	作用标准组合	1.0 恒载 +1.0 沉降 +1.0 收缩徐变 +1.0 汽车荷载 +1.0 温度荷载

3.4.3 计算结果

3.4.3.1 4×40m 跨径计算结果

1）钢主梁强度验算

钢主梁翼缘板在不同阶段下的应力状态见表 2.3.4-2。

主梁翼缘正应力（单位：MPa）   表 2.3.4-2

荷载组合工况	上翼缘（边梁/中梁）		下翼缘（边梁/中梁）	
	最大值	最小值	最大值	最小值
施工阶段：单梁吊装	58.4/56.5	−15.0/−13.8	83.5/83.9	−35.4/−33.3
施工阶段：墩顶现浇段浇筑完成	61.4/59.4	−15.0/−13.8	83.6/84.0	−37.2/−35.0
汽车荷载	25.1/20.8	−21.2/−17.7	66.4/63.2	−41.3/−35.1
温度荷载	11.8/11.3	−19.9/−18.9	13.8/13.7	−22.4/−20.5
组合工况一（永久荷载组合）	102.5/99.7	−56.8/−55.2	110.2/110.1	−101.3/−99.2
组合工况二（承载能力极限组合）	150.8/142.7	−84.6/−82.5	226.2/220.4	−182.3/−173.8

主梁在不同施工阶段不同荷载组合下，钢梁上翼缘拉应力最大为 150.8MPa，小于 Q345 钢强度设计值 270MPa；钢梁下翼缘拉应力最大为 226.2MPa，小于 Q345 钢的强度设计值 270MPa，因此，主梁翼缘

的强度符合要求。

由于组合梁截面的剪应力应全部由钢梁腹板承担,不考虑混凝土板的抗剪作用,承载能力组合下组合梁截面的最大剪力设计值(绝对值)如图2.3.4-2所示为1485.1kN。

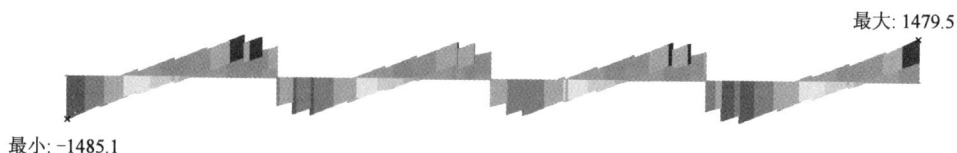

最大:1479.5

最小:-1485.1

图2.3.4-2　荷载工况二(承载能力极限组合)主梁腹板剪力包络图(单位:kN)

$\gamma_0 V_{vd} = 1485.1$ kN $< V_{vu} = f_{vd} A_w = 3417.6$ kN,因此主梁的抗剪承载力满足规范要求。

2)主梁变形验算和预拱度设置

主梁在不同阶段下的最大挠度见表2.3.4-3。

主梁各阶段最大挠度(单位:mm)　　　　　　　　　　　表2.3.4-3

荷载组合工况	边跨(边梁/中梁)	中跨(边梁/中梁)
施工阶段:单梁吊装	46.0/46.0	41.7/41.7
施工阶段:墩顶现浇段浇筑完成	46.6/46.6	42.5/42.5
施工阶段:二期铺装完毕	60.8/60.5	49.6/49.3
组合工况一(永久荷载组合)	75.4/75.0	56.2/55.9
汽车荷载(不计冲击)	25.3/23.1	22.0/19.9

《公路钢结构桥梁设计规范》(JTG D64—2015)第4.2.3条规定,不计冲击力的汽车车道荷载挠度计算值需不超过$L/500$(L为计算跨径)。由表2.3.4-3可知,在活载作用下,边跨最大竖向挠度为25.3mm,小于$L/500 = 80$mm,因此主梁的挠度符合规范要求。

《公路钢结构桥梁设计规范》(JTG D64—2015)第4.2.4条规定:钢桥预拱度宜为结构自重标准值加1/2车道荷载频遇值产生的挠度值。综合计算结果与施工情况,按照二次抛物线设置,边跨最大值位于距离梁端面0.47L处,中跨挠度最大值位于跨中位置,按照计算线形反向设置;边跨最大预拱度值按照88mm设置,中跨最大预拱度值按照68mm设置,跨中到支点段按照抛物线内插。

3)混凝土桥面板验算

现行《公路钢结构桥梁设计规范》(JTG D64)第11.3.3条规定:混凝土板的最大裂缝宽度应按照《公路钢筋混凝土及预应力混凝土桥涵设计规范》(JTG 3362—2018)的相关规定进行计算,并应满足相应的限值要求。

本桥在中支点负弯矩区采用6m长现浇桥面板,采用C50微膨胀聚丙烯纤维混凝土,以降低桥面板混凝土的裂缝宽度,纵向配置ϕ25mm的HRB400钢筋,横向钢筋间距为12cm。正常使用极限状态下,混凝土板纵向裂缝宽度最大为0.127mm,小于Ⅰ类环境裂缝宽度的限值0.20mm,裂缝宽度满足要求;钢筋最大应力为196.5MPa,小于HRB400钢筋的强度设计值330MPa,满足规范要求。混凝土桥面板横向荷载作用下最大裂缝宽度为0.042mm,小于Ⅰ类环境裂缝宽度的限值0.20mm,裂缝宽度满足要求;钢筋最大应力为68.3MPa,小于HRB400钢筋的强度设计值330MPa,满足规范要求。

4)疲劳强度验算

根据《公路钢结构桥梁设计规范》(JTG D64—2015)第5.5条:承受汽车荷载的结构构件与连接,应按疲劳细节类别进行疲劳验算。疲劳荷载计算模型Ⅰ采用等效的车道荷载,集中荷载为$0.7P_k$,均布荷载为$0.3q_k$,P_k和q_k按《公路桥涵设计通用规范》(JTG D60—2015)的相关规定选用,并考虑多车道的影响。在疲劳荷载计算模型 I 作用下的下翼缘正应力包络图如图 2.3.4-3 所示,腹板剪力包络图如图 2.3.4-4 所示。

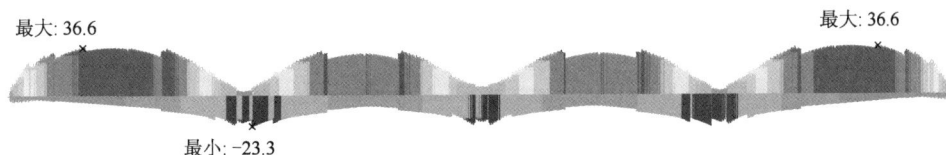

图 2.3.4-3 疲劳荷载模型 I 作用下的下翼缘正应力包络图(单位:MPa)

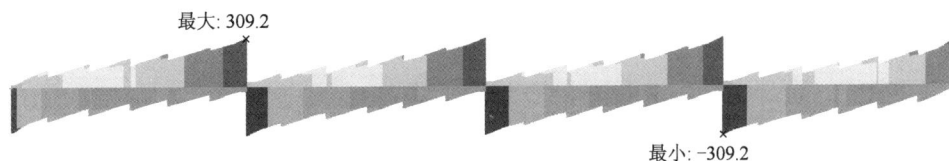

图 2.3.4-4 疲劳荷载模型 I 作用下的腹板剪力包络图(单位:kN)

采用疲劳荷载计算模型 I 时应按下列公式验算:

正应力验算:
$$\gamma_{Ff}\Delta\sigma_p \leqslant \frac{k_s\Delta\sigma_D}{\gamma_{Mf}} \quad\quad (2.3.4\text{-}1)$$

剪应力验算:
$$\gamma_{Ff}\Delta\tau_p \leqslant \frac{\Delta\tau_L}{\gamma_{Mf}} \quad\quad (2.3.4\text{-}2)$$

式中:γ_{Ff}——疲劳荷载分项系数,取 1.0;

γ_{Mf}——疲劳抗力分项系数,对重要构件取 1.35,对次要构件取 1.15;

k_s——尺寸效应折减系数,取 1.0;

$\Delta\sigma_p$、$\Delta\tau_p$——按疲劳荷载计算模型 I 计算得到的正应力幅与剪应力幅。

$$\Delta\sigma_p = (1 + \Delta\phi)(\sigma_{pmax} - \sigma_{pmin})$$

$$\Delta\tau_p = (1 + \Delta\phi)(\tau_{pmax} - \tau_{pmin})$$

$\Delta\phi$——放大系数,取 0;

$\Delta\sigma_D$——正应力常幅疲劳极限,底板基材为轧制钢板疲劳细节为 160,焊接截面的连续纵向焊缝疲劳细节为 125,取疲劳细节类别 125,即 2×10^6 次循环疲劳强度值 $\Delta\sigma_C = 125$ MPa。

$$\Delta\sigma_D = \left(\frac{2}{5}\right)^{\frac{1}{3}}\Delta\sigma_C = 0.737 \times 125 = 92.1(MPa)$$

$\Delta\tau_L$——剪应力幅疲劳截止限,剪应力的疲劳细节类别取 100。

$$\Delta\tau_L = \left(\frac{2}{100}\right)^{0.2}\Delta\tau_C = 0.457 \times 100 = 45.7(MPa)$$

$\gamma_{Ff}\Delta\sigma_p = 40.5$ MPa $< \dfrac{k_s\Delta\sigma_D}{\gamma_{Mf}} = 68.2$ MPa,正应力疲劳强度满足规范要求;

$\gamma_{Ff}\Delta\tau_p = 10.7$ MPa $< \dfrac{\Delta\tau_L}{\gamma_{Mf}} = 33.9$ MPa,剪应力疲劳强度满足规范要求。

5)支承反力计算

表 2.3.4-4 给出了各支座在不同荷载工况下的竖向反力,图 2.3.4-5 所示为支座编号,以便为支座型号的选用提供依据。

支座支承反力表(单位:kN)   表2.3.4-4

桥墩编号	支座编号	恒 载	汽车荷载	温度荷载	恒载+活载+温度 (承载能力极限组合)
m 号	1	704.3	443.6	42.0	1189.9
	2	655.0	516.0	126.3	1297.3
	3	655.0	562.9	126.3	1344.2
	4	703.3	552.3	41.9	1297.5
m +1 号	1	1753.6	704.9	42.0	2500.5
	2	1565.0	761.4	267.9	2594.3
	3	1564.8	827.6	267.9	2660.3
	4	1750.9	845.1	42.0	2638.0
m +2 号	1	1606.1	671.5	47.3	2324.9
	2	1414.0	744.1	216.3	2374.4
	3	1413.8	809.5	216.3	2439.6
	4	1603.4	813.7	47.3	2464.4
m +3 号	1	1760.6	704.9	42.0	2507.5
	2	1573.6	761.4	267.9	2602.9
	3	1574.0	87.6	267.9	1929.5
	4	1761.5	845.1	420	3026.6
m +4 号	1	695.6	443.6	42.0	1181.2
	2	648.9	516.1	126.3	1291.3
	3	649.2	562.9	126.3	1338.4
	4	699.2	552.3	42.0	1293.5

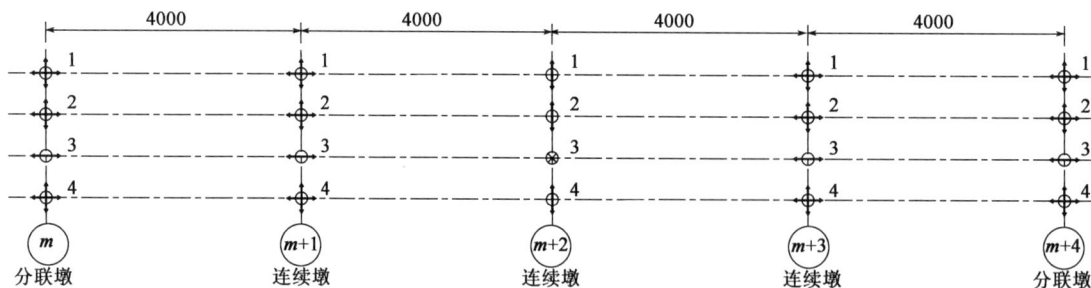

图2.3.4-5　支座编号(尺寸单位:cm)

6)稳定性验算

参考《公路波形钢腹板预应力混凝土箱梁桥设计规范》(DB41/T 643—2010)中对于腹板的稳定性验算要求,验算腹板的整体及局部稳定性。

(1)局部屈曲验算

①弹性局部屈曲临界应力验算

$$\tau_{cr,l} = k \frac{E\pi^2}{12(1-\nu^2)} \left(\frac{t_w}{h_w}\right)^2 \tag{2.3.4-3}$$

式中:$\tau_{cr,l}$——弹性局部屈曲临界应力(MPa);

　　　k——剪切屈曲系数,$k = 4.0 + 5.34\left(\frac{h_w}{a_w}\right)^2$;

　　　a_w——波形钢腹板直板段长度(mm);

E——钢材的弹性模量(MPa);

ν——钢材的泊松比;

h_w——波形钢腹板高度(mm);

t_w——波形钢腹板厚度(mm)。

$$\tau_{cr,l} \geqslant \tau_y/0.36$$

弹性局部屈曲临界应力验算如表 2.3.4-5 所示,从表中可以看出,波形腹板局部稳定性满足规范要求。

弹性局部屈曲临界应力验算
表 2.3.4-5

验算位置	1A	1B	1C	1D	1E	1F
h_w(mm)	1814	1809	1804	1809	1798	1780
t_w(mm)	16	16	12	12	16	16
a_w(mm)	330	330	330	330	330	330
k	165.36	164.47	163.58	164.47	162.52	159.37
$\tau_{cr,l}$(MPa)	2323.0	2323.3	1307.1	1306.9	2324.0	2325.2
限值 $\tau_y/0.36$(MPa)	444.4	444.4	430.6	430.6	444.4	444.4
验算结果	通过	通过	通过	通过	通过	通过

②波形钢腹板波幅宽度验算

为了防止波形钢腹板的局部屈服强度破坏先于剪切强度破坏,必须对波形钢腹板的波幅宽度进行限制。

当 $h_w/t_w \leqslant 36.7$ 时　　　$a_w \leqslant h_w$

当 $h_w/t_w > 36.7$ 时　　　$a_w \leqslant \dfrac{t_w}{0.865\sqrt{1/36.7^2 - (t_w/h_w)^2}}$

本桥中,h_w/t_w 均大于 36.7,则 $a_w = 330$mm 小于验算位置的 820.0mm、820.4mm、525.0mm、524.9mm、821.1mm、822.4mm,波幅宽度满足要求。

(2)整体屈曲验算

①弹性整体屈曲临界应力验算

$$\tau_{cr,g} = 36\beta \frac{(EI_y)^{1/4}(EI_x)^{3/4}}{h_w^2 t_w} \qquad (2.3.4-4)$$

$$I_x = \frac{t_w^3(\delta^2+1)}{6\eta}$$

$$I_y = \frac{t_w^3}{12(1-\nu^2)}$$

式中:$\tau_{cr,g}$——弹性整体屈曲临界应力(MPa);

β——波形钢腹板整体嵌固系数,可偏安全按简支取 1.0;

I_x——单位长度绕波形钢腹板顺桥向中性轴的惯性矩(mm^4);

δ——波形钢腹板波高与钢板板厚比,$\delta = d_w/t_w$;

η——形状系数,$\eta = (a_w + b_w)/(a_w + c_w)$;

I_y——单位长度对波形钢腹板高度方向的惯性矩(mm^4);

ν——钢材的泊松比。

弹性整体屈曲临界应力验算如表 2.3.4-6 所示,从表中可以看出,整体屈曲临界应力满足规范要求。

弹性整体屈曲临界应力验算 表 2.3.4-6

验算位置	1A	1B	1C	1D	1E	1F
h_w(mm)	1814	1809	1804	1809	1798	1780
t_w(mm)	16	16	12	12	16	16
δ	12.50	12.50	16.67	16.67	12.50	12.50
η	0.90	0.90	0.90	0.90	0.90	0.90
I_x(mm⁴)	119157.76	119157.76	89119.68	89119.68	119157.76	119157.76
I_y(mm⁴)	375.09	375.09	158.24	158.24	375.09	375.09
$\tau_{cr,g}$(MPa)	3859.8	3881.2	3372.8	3354.2	3928.8	4008.7
$\tau_y/0.36$(MPa)	444.4	444.4	430.6	430.6	444.4	444.4
验算结果	通过	通过	通过	通过	通过	通过

②波形钢腹板波高验算

在波形钢腹板横向波幅宽度与斜方向波幅宽度相等的情况下,为了防止波形钢腹板发生整体屈服强度破坏先于剪切强度破坏,需对波高进行限制。

$$d_w \geq t_w \sqrt{1/\sqrt[3]{(60.5t_w/h_w)^8-1}} \qquad (2.3.4-5)$$

飞云江大桥波高 $d_w=200$mm,大于验算位置的 30.6mm、30.5mm、38.6mm、30.2mm、29.6mm。

(3)合成屈曲验算

合成屈曲临界应力计算:

$$\frac{1}{\tau_{cr}^4}=\frac{1}{\tau_{cr,l}^4}+\frac{1}{\tau_{cr,g}^4} \qquad (2.3.4-6)$$

合成屈曲临界应力验算如表 2.3.4-7 所示,从中可以看出,合成屈曲临界应力满足规范要求。

合成屈曲临界应力验算 表 2.3.4-7

验算位置	1A	1B	1C	1D	1E	1F
$\tau_{cr,l}$(MPa)	2323.0	2323.3	1307.1	1306.9	2324.0	2325.2
$\tau_{cr,g}$(MPa)	3859.8	3881.2	3372.8	3354.2	3928.8	4008.7
τ_{cr}(MPa)	2252.5	2254.2	1299.8	1299.5	2257.9	2263.7
$\tau_y/0.43$(MPa)	372.1	372.1	360.5	360.5	372.1	372.1
验算结果	通过	通过	通过	通过	通过	通过

3.4.3.2 30m+2×40m 跨径计算结果

1)钢主梁强度验算

主梁翼缘正应力见表 2.3.4-8。由表 2.3.4-8 可知,主梁在不同施工阶段不同荷载组合下,钢梁上翼缘拉应力最大为 166.7MPa,小于 Q345 钢强度设计值 270MPa;钢梁下翼缘拉应力最大为 233.0MPa,小于 Q345 钢的强度设计值 270MPa。因此,主梁翼缘的强度符合要求。

主梁翼缘正应力(单位:MPa) 表 2.3.4-8

荷载组合工况	上翼缘(边梁/中梁)		下翼缘(边梁/中梁)	
	最大值	最小值	最大值	最小值
施工阶段:单梁吊装	58.7/57.3	−10.7/−11.2	81.1/81.3	−35.2/−33.8
施工阶段:墩顶现浇段浇筑完成	61.7/60.4	−10.7/−11.3	81.1/81.3	−37.0/−35.7
汽车荷载	34.7/32.7	−24.7/−28.7	80.7/71.9	−42.8/−40.1
温度荷载	12.0/11.4	−21.7/−19.5	11.8/11.7	−19.9/−18.7
组合工况一(永久荷载组合)	103.3/98.7	−56.5/−53.5	108.5/106.2	−96.8/−93.2
组合工况二(承载能力极限组合)	166.7/158.3	−99.4/−102.6	233.0/227.0	−177.1/−173.1

由于组合梁截面的剪应力应全部由钢梁腹板承担,不考虑混凝土板的抗剪作用,承载能力组合下组合梁截面的最大剪力设计值(绝对值)如图2.3.4-6所示为1656.9kN。

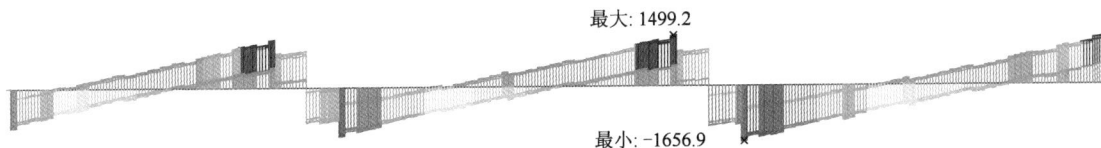

最大:1499.2

最小:-1656.9

图2.3.4-6　荷载工况二(承载能力极限组合)主梁腹板剪力包络图(单位:MPa)

$\gamma_0 V_{vd} = 1656.9\text{kN} < V_{vu} = f_{vd}A_w = 3417.6\text{kN}$,因此主梁的抗剪承载力满足规范要求。

2)主梁变形验算和预拱度设置

《公路钢结构桥梁设计规范》(JTG D64—2015)第4.2.3条规定,不计冲击力的汽车车道荷载挠度计算值需不超过$L/500$(L为计算跨径)。由表2.3.4-9可知,在活载作用下,30m边跨最大挠度为11.0mm,小于$L/500 = 60$mm;40m边跨最大竖向挠度为24.6mm,小于$L/500 = 80$mm。因此,主梁的挠度符合规范要求。

主梁各阶段最大挠度(单位:mm)　　　　　　　　　　　表2.3.4-9

荷载组合工况	30m边跨(边梁/中梁)	40m中跨(边梁/中梁)	40m边跨(边梁/中梁)
施工阶段:单梁吊装	14.0/14.0	39.0/39.0	43.0/43.0
施工阶段:墩顶现浇段浇筑完成	14.5/14.5	40.1/40.1	43.9/43.9
施工阶段:二期铺装完毕	17.9/17.6	44.7/44.4	56.0/55.6
组合工况一(永久荷载组合)	24.5/24.2	44.6/44.3	70.1/69.7
汽车荷载(不计冲击)	11.0/10.1	18.9/17.5	24.6/22.6

《公路钢结构桥梁设计规范》(JTG D64—2015)第4.2.4条规定:钢桥预拱度宜为结构自重标准值加1/2车道荷载频遇值产生的挠度值。综合计算结果与施工情况,按照二次抛物线设置,边跨最大值位于距离梁端面0.47L处,中跨挠度最大值位于跨中位置,按照计算线形反向设置;30m边跨最大预拱度值按照30mm设置,40m中跨最大预拱度值按照54mm设置,40m边跨最大预拱度值按照82mm设置,跨中到支点段按照抛物线内插。

3)混凝土板验算

现行《公路钢结构桥梁设计规范》(JTG D64)第11.3.3条规定:混凝土板的最大裂缝宽度应按《公路钢筋混凝土及预应力混凝土桥涵设计规范》(JTG 3362—2018)的相关规定进行计算,并满足相应的限值要求。

飞云江大桥在中支点负弯矩区采用6m长现浇桥面板,采用C50微膨胀聚丙烯纤维混凝土,以降低桥面板混凝土的裂缝宽度,纵向配置ϕ25mm的HRB400钢筋,横向钢筋间距为12cm。正常使用极限状态下,混凝土板纵向裂缝宽度最大为0.127mm,小于浙江省对于Ⅰ类环境裂缝宽度的限值0.15mm,裂缝宽度满足要求;钢筋最大应力为196.5MPa,小于HRB400钢筋的强度设计值330MPa,满足规范要求。

混凝土桥面板横向荷载作用下最大裂缝宽度为0.042mm,小于浙江省对于Ⅰ类环境裂缝宽度的限值0.15mm,裂缝宽度满足要求;钢筋最大应力为68.3MPa,小于HRB400钢筋的强度设计值330MPa,满足规范要求。

疲劳验算、支承反力计算、稳定性验算计算方法同"3.4.3.1"节相关内容。

3.4.3.3　计算小结

结合有限元计算结果分析可知,飞云江大桥4×40m和30m+2×40m两种跨径上部结构波形钢腹板组合梁的强度、稳定性、疲劳、裂缝和变形等方面性能均满足规范要求。

3.5　设计优化及变更

1）飞云江大桥 11 号桥台下边坡安全隐患

飞云江大桥 11 号桥台位于地方峃院线边坡上方，左幅桥台在爆破开挖后发现襟边宽度不足 2m，且桥台下原有路基边坡受到峃院线道路施工破坏，造成桥台下方边坡形成破碎陡立危岩体。由于边坡存在多组顺坡节理和不利结构面组合，岩体受扰动后表层易发生顺坡滑动和局部块体崩落，对峃院线的正常运营、飞云江大桥左右线 10 号桥墩的施工作业及后期运营均存在安全隐患。

2）边坡处理意见

在参建各方对该处边坡进行现场踏勘后，对边坡处理形成如下意见：

（1）先对坡面危岩进行清理，清理后采用锚杆挡墙对坡面进行加固防护。

（2）在左侧挖方边坡与左侧桥台之间、左右幅桥台之间增设重力式护脚墙。

（3）为避免路面水汇集后影响到桥下峃院线，顺地形设置一道跌水，将路面汇水引排至峃院线边坡坡脚。

第4章

波形钢腹板连续刚构桥设计

4.1 桥址及桥址区自然、地质条件

本项目全线共有三座波纹钢腹板连续刚构体系桥梁,根据路线前进方向分别是珊溪大桥、葛溪大桥和南山大桥。

4.1.1 桥址选择

1)珊溪大桥桥址选择

珊溪大桥位于文成县珊溪镇城区南侧,跨越西坑,桥梁终点附近跨越岩院线。桥梁场地处于山间沟谷地貌区,大桥两端均为丘陵斜坡地段,地势起伏较大,沟谷平原地势平坦,河床宽度较大,两侧为农田及民房建筑,地面高程58.8~141.4m,相对高差约82.6m。

2)葛溪大桥桥址选择

葛溪大桥位于泰顺县筱村镇岩头皮村西侧,两次跨越葛溪深切沟谷,地势陡峭,沟谷切割较深,呈V形。地面高程300~370m,地形高差较大。桥址区基本中风化基岩直接出露,局部少量残坡积碎石,岩质坚硬,岩石完整性一般~较好。

3)南山大桥桥址选择

南山大桥位于泰顺县罗阳镇南山水库西北侧,桥梁跨越南山水库泄洪道,宽约25.0m,两侧地势陡峭,沟谷切割较深,呈V形,相对高差达160m。地貌类型为侵蚀剥蚀丘陵区和山间沟谷。

4.1.2 桥址区域自然条件

1)地形地貌

珊溪大桥桥梁场地处于山间沟谷地貌区,大桥两端均为丘陵斜坡地段,地势起伏较大,小里程桥台位于坡顶平台,地形平缓,斜坡坡向与线位斜交,下部陡坡坡度约33°,大里程桥台线位走向与坡向斜交,自然坡度约15°,场地两侧以杨梅树、橘子、柚子等果树为主。沟谷平原地势平坦,河床宽度较大,两侧为农田及民房建筑,地面高程58.8~141.4m,相对高差约82.6m。

葛溪大桥跨越葛溪,地势陡峭,沟谷切割较深,呈V形。地貌类型为侵蚀剥蚀丘陵区和山间沟谷。小里程桥台处坡向206°,与线位一致,自然坡度35°~45°,右线桥台切过丘陵岬角,横向地形有起伏。桥梁跨越葛溪后沿陡坡延伸,自然边坡坡向0°,与线位正交,坡度33°,横向地形变化大。地面高程300~370m,地形高程较大。

南山大桥跨越南山水库支流,宽约25.0m,两侧地势陡峭,沟谷切割较深,呈V形,相对高差达160m。地貌类型为侵蚀剥蚀丘陵区和山间沟谷。小里程斜坡坡度45°~60°,大里程斜坡自然坡度

45°~60°。陡壁基岩裸露,裂隙间有小型灌木及蕨类植被。

2)气象

桥址区属于亚热带季风区,温暖湿润,雨量充沛,四季分明,但冬夏长,春秋短。年平均气温16~17℃。区内气温变化显著,一年中6、7、8月气温最高,12、1、2月气温最低。全年极端最高气温出现在6、7月,全年极端最低气温出现在1、12月。桥址区降水充沛,全年各月都有降水出现。降水的季节变化明显,区域内平均年降水日数为197.4d。年平均降雨量为1589mm。

工程所在区域受季风气候影响,风向和风速变化比较明显。冬季盛行西北风,夏季多为东南风。平均每年在温州登陆的台风有2~3次,多时曾达7次,此阶段各地雨量在258~426mm之间,占全年降水总量17%~23%。

3)水文

珊溪场地有溪流经过,属于山间小河,场地处于小河流下游,飞云江上游支流,河床两岸地形起伏较大,小河宽约43m,勘察期间正值春夏季,雨量充沛,水流湍急,清澈见底,水深约1m,流量受大气降水影响极大。

葛溪大桥场地溪流为葛溪,主要为数条山间冲沟地表水汇聚形成的山涧溪流水,常年流水,水量主要由大气降水和地下水补给,源短流急,水量随雨量变化大,易暴涨暴落。

南山大桥场地溪流为南山水库支流,宽约25.0m,平时基本无水,受南山水库控制,雨季泄洪时河水水量变化大,易暴涨暴落。

地表水样水质类型为HCO_3^-(Cl^-·Ca·Mg)型,水样对混凝土结构具有微弱腐蚀性,对钢筋混凝土中的钢筋在长期浸水时具微腐蚀性。

4.1.3 地质、地震

1)地层岩性

桥址区基本中风化基岩直接出露,局部少量残坡积碎石,厚度一般小于1m。岩性为祝村组凝灰岩,岩质坚硬,岩石完整性一般~较好。

2)地质构造

项目区所处的大地构造单元为华南褶皱系浙东南褶皱带温州—临海拗陷,区域范围内NNE和NE向构造发育,NW方向次之,它控制了区内地层的分布和侵入岩的活动。对工作区有影响的深大断裂有松阳—平阳大断裂、泰顺—黄岩大断裂等。根据调查,桥址区未发现有断裂构造发育,场地稳定性良好。

3)地震及场地稳定性、适宜性评价

据1:400万《中国地震动参数区划图》(GB 18306—2015),地震动峰值加速度为0.05g,相应地震基本烈度值为Ⅵ度。桥址区浅部覆盖层厚度薄,基岩埋深浅,根据《公路工程抗震规范》(JTG B02—2013)4.1.3条判定沟谷内覆盖层厚度≥5m,土层等效剪切波速$250 < V_{se} \leq 500$m/s,属于Ⅱ类场地;两侧丘陵段覆盖层厚度小于5m,属于I_1类场地。按《公路工程抗震规范》(JTG B02—2013)及《公路桥梁抗震设计细则》(JTG/T B02-01—2008)采取抗震措施。

4.2 总 体 设 计

4.2.1 总体布置

1)珊溪大桥总体布置

根据初步设计批复,主桥上部结构采用(55❶+4×100+55)m预应力混凝土波形钢腹板刚构-连

---

❶ 边跨55m为主桥边跨长度四舍五入后所得。余类同。

续组合体系,引桥采用30m跨预应力混凝土(后张)T梁,先简支后连续,左线终点接下山垟隧道,由于桥台与隧道口距离较近,台后搭板直接接在隧道口处,搭板长度为4.62m,起点设置6m搭板;右线起点设置8m搭板,终点设置6m搭板。

珊溪大桥右线主桥布置如图2.4.2-1所示。

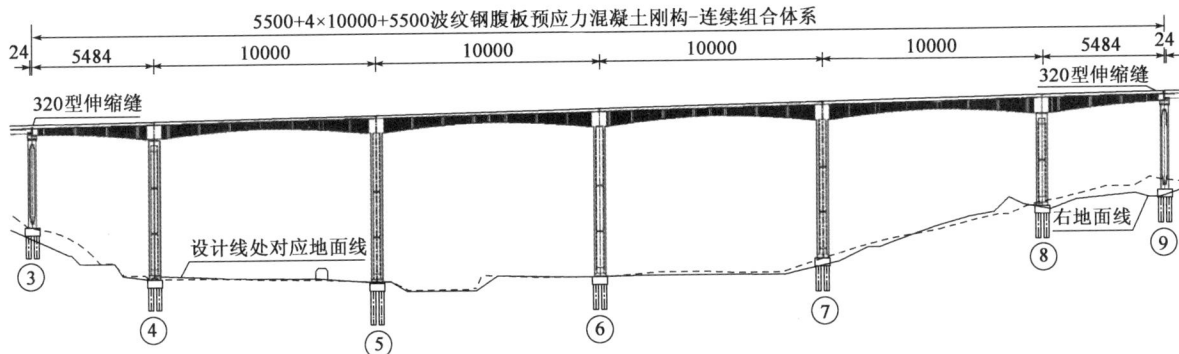

图2.4.2-1　珊溪大桥右线主桥布置(尺寸单位:cm)

2)葛溪大桥总体布置

根据初步设计批复,主桥上部结构采用(55+100+55)m预应力混凝土波形钢腹板连续刚构。右线桥梁中心桩号YK40+672,桥梁配跨为(55+100+55+3×30+55+100+55+3×30)m,共4联,桥长619.0m,右偏角90°;左线分为2座桥,中间设30m路基段,左线1号桥桥梁中心桩号为ZK40+510,桥梁配跨为(55+100+55)m,共1联,桥长216.48m;左线2号桥桥梁中心桩号ZK40+810,桥梁配跨为(4×30+55+100+55)m,共2联,桥长335.72m,右偏角90°。左线1号桥起点接大岭尖隧道,左线2号桥终点接雁岭隧道,由于桥台与隧道口距离较近,台后搭板直接接在隧道口处,搭板长度为4.56m,另一端设3m搭板。右幅桥台设置6m搭板。

葛溪大桥左线1号桥布置如图2.4.2-2所示。

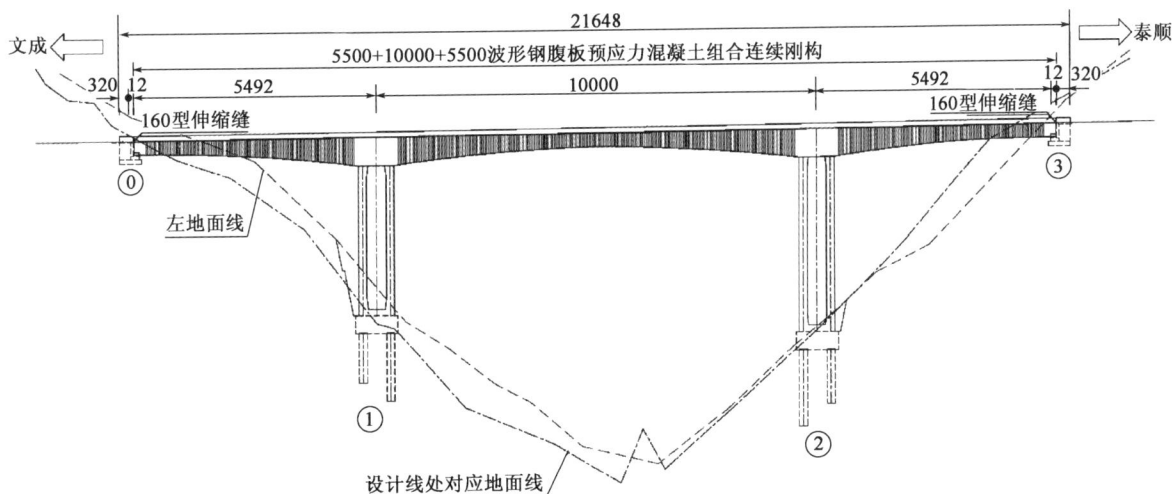

图2.4.2-2　葛溪大桥左线1号桥布置(尺寸单位:cm)

3)南山大桥总体布置

根据初步设计批复,上部采用(65+120+65)m预应力混凝土波形钢腹板连续刚构,无引桥。右线桥梁中心桩号YK48+361.0,右偏角90°,左线桥梁中心桩号为ZK48+379.0,右偏角90°,桥长258.28m。主桥桥墩采用矩形空心墩+双肢薄壁墩的组合形式,单肢薄壁墩身断面尺寸(长×宽)为6.9m×2.0m,双肢之间净距为4.0m,主墩基础采用端承桩群桩基础。

南山大桥右线桥桥跨布置如图2.4.2-3所示。

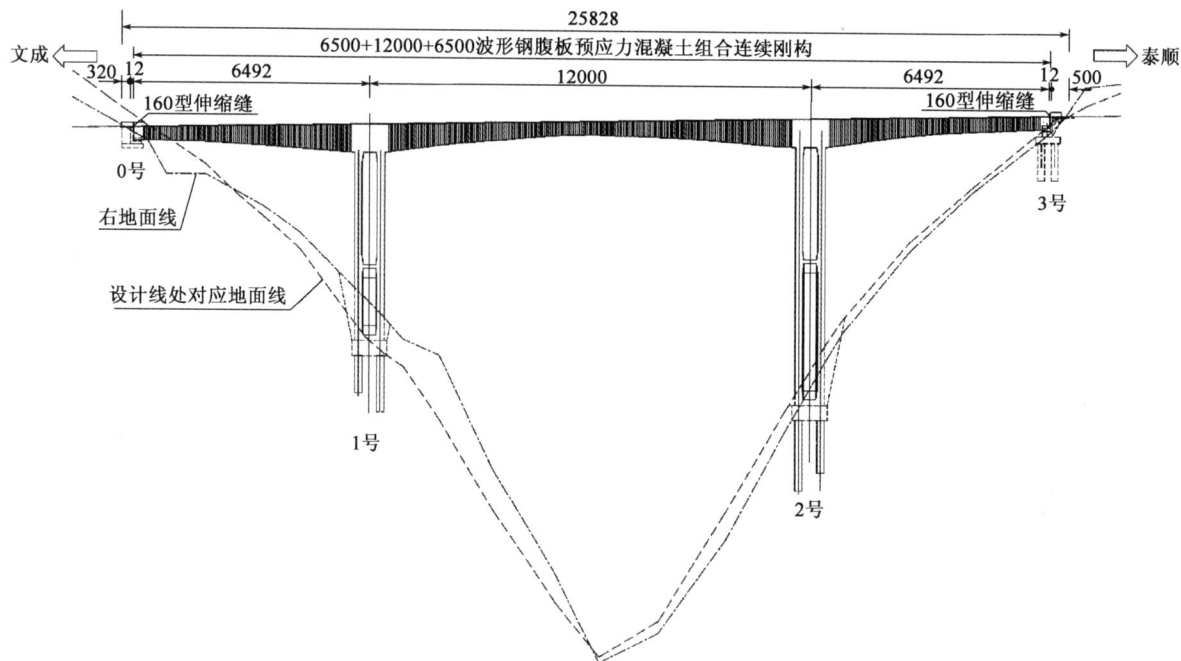

图 2.4.2-3 南山大桥右线桥布置(尺寸单位:cm)

4.2.2 主桥桥型方案比较和选定

由于珊溪大桥、葛溪大桥、南山大桥主桥均采用波形钢腹板连续刚构结构形式,本节仅以珊溪大桥为例介绍主桥桥型方案的选择和选定。

在初步设计阶段,基于珊溪大桥的桥位特点,对预应力混凝土刚构 - 连续组合体系(方案一)、预应力混凝土连续 T 梁(方案二)、钢 - 混凝土组合梁(方案三)三种桥型方案的适应性进行分析和比选。在项目部审阶段,由于专家组针对特殊结构桥梁优先采用钢结构的意见,补充波形钢腹板预应力混凝土刚构 - 连续组合体系(方案四)。

1)方案一:预应力混凝土刚构 - 连续组合体系

方案一主桥桥跨布置为$(55 + 4 \times 100 + 55)$m,总长 510m,边中跨比 0.55。主梁采用上下行左右分线布置,右线桥总体布置如图 2.4.2-4 所示。

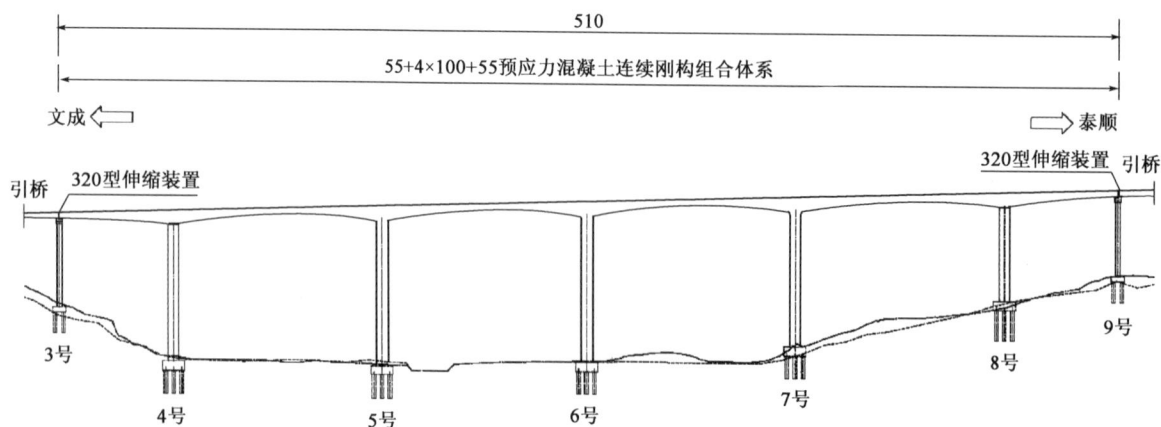

图 2.4.2-4 珊溪大桥方案一右线桥总体布置(尺寸单位:m)

结构体系采用刚构 - 连续组合体系,右线桥 N4 和 N8 号主墩(左线桥 N3 号和 N7 号主墩)为连续墩,连续墩与主梁之间设置支座;右线桥 N5、N6、N7 号主墩(左线桥 N4、N5、N6 号主墩)为固结墩,主墩墩身与主梁固结。过渡墩与主梁之间设置支座。

全桥共 10 个悬浇 T 构,每个 T 构共划分 11 个梁段,从悬臂根部至跨中梁段数×梁段长度分别为 6×3.5m、5×4.5m,节段悬浇总长度为 43.5m;边跨现浇段长度为 3.8m,边跨合龙段及中跨合龙段长度均为 2.0m,挂篮悬浇最大节段质量 153.5t。

主梁采用单箱单室变梁高预应力混凝土箱梁,箱梁根部梁高 6.0m,高跨比 1/16.7,跨中梁高 2.5m,高跨比 1/40,梁底曲线为 1.8 次抛物线。单幅箱梁宽度为 12.05m,底板宽 6.75m,悬臂长度为 2.65m(未含护栏 10cm 挂檐)。箱梁根部顶板厚度 50cm,跨中 28cm;底板根部厚度 80cm,跨中 30cm,厚度按 1.8 次抛物线变化;箱梁腹板厚度从根部到跨中渐变,分别为 80cm、65cm、45cm。

主梁中支点位置断面与跨中位置断面如图 2.4.2-5 所示。

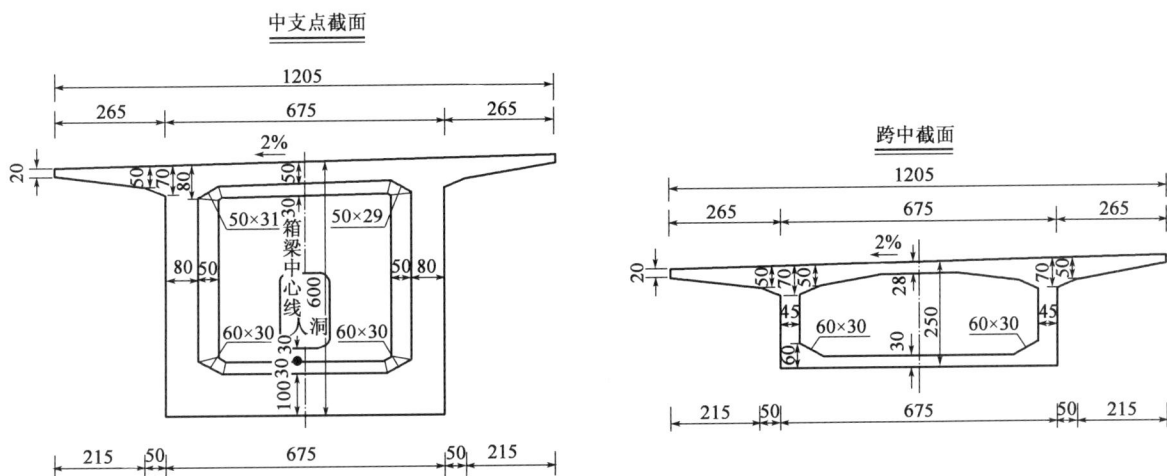

图 2.4.2-5 珊溪大桥方案一主梁横断面(尺寸单位:cm)

主梁采用纵、横、竖向三向预应力体系。体内预应力包括顶板束、腹板束、边跨顶板合龙束、边跨底板合龙束、中跨顶板合龙束、中跨底板合龙束,钢束型号分别有 15-17、15-19、15-22、15-25 等类型。箱梁顶板横向预应力采用体内预应力,在全桥范围内布置,标准间距 100cm,钢束型号为 15-3。竖向预应力在全桥范围内布置,标准间距 50cm,单侧腹板内均布置 2 束 15-2 钢束。

2)方案二:预应力混凝土连续 T 梁

方案二桥跨布置为右线(12×50+9×30)m、左线(11×50+9×30)m,主梁采用上下行左右分线布置。结构体系采用先简支后连续体系,3×50m 或 4×50m 一联,一联设 2 个固定支座。

50m T 梁横断面如图 2.4.2-6 所示。

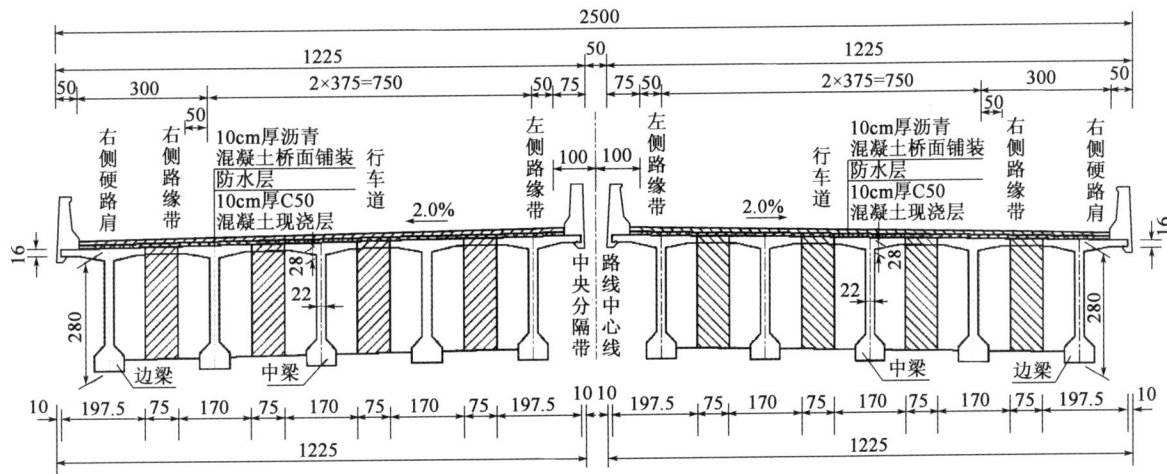

图 2.4.2-6 珊溪大桥方案二 50m T 梁横断面(尺寸单位:cm)

主梁采用先简支后连续预制拼装T梁,纵向按全预应力构件设计。半幅桥桥宽12.25m,横向采用5片T梁,中心间距2.45m,横向湿接缝宽75cm。梁高2.8m,顶板厚16cm,腹板厚20~60cm。预应力采用ϕ^s15.2钢绞线,预制梁体内钢束型号为15-5、15-7、15-8,负弯矩区域钢束为15-7、15-9。

3)方案三:钢–混凝土组合梁

方案三桥梁布跨同方案二,主梁同样采用上下行左右分线布置。结构体系采用顶推施工的连续结构体系,3×50m或4×50m一联,一联设2个固定支座。

主梁采用钢–混凝土组合梁,连续结构体系。单幅桥梁桥面宽度12.25m,横向设2片工字梁,工字梁中心间距6.75m。工字梁高2.5m,腹板厚20~30mm,上翼缘宽850mm,厚25~50mm,下翼缘一般梁段宽960mm,在连续墩顶附近加宽至1200mm,厚度30~60mm。纵向每隔2.5m设置一道腹板加劲肋或者一道小横梁,在连续墩顶设置一道中横梁,联端设置一道端横梁。混凝土桥面板横向宽12.05m,悬臂端厚22cm,至钢梁处加厚至40cm,钢梁间跨中段厚25cm。桥面板设置横向预应力,采用ϕ^s15.2钢绞线,钢束型号为15-4。

50m钢–混凝土组合梁横断面如图2.4.2-7所示。

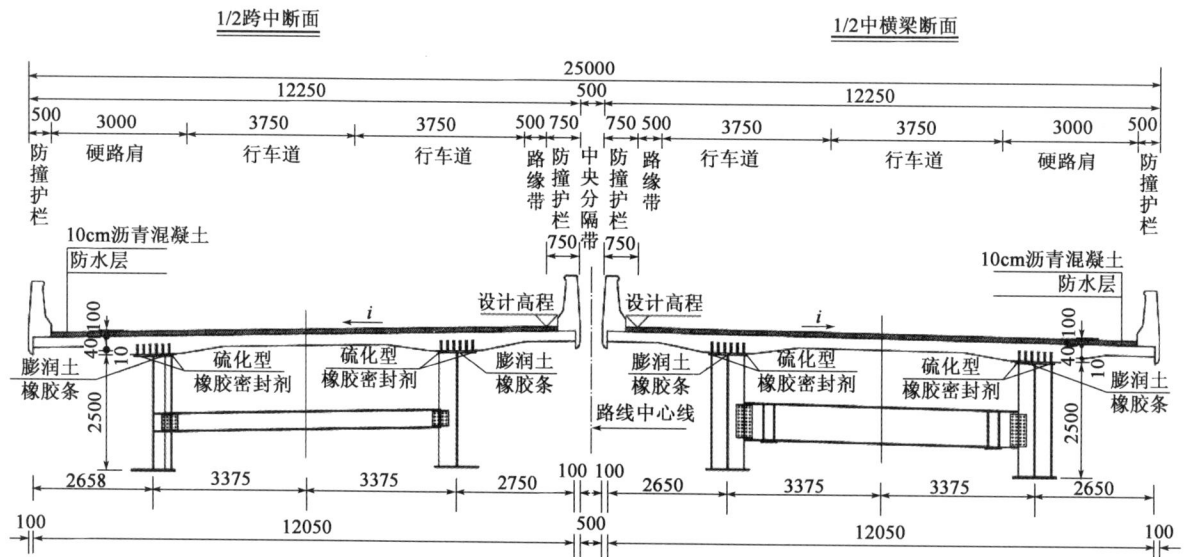

图2.4.2-7 珊溪大桥方案三50m钢–混凝土组合梁横断面(尺寸单位:mm)

4)方案四:波形钢腹板预应力混凝土刚构–连续组合体系

方案四为根据部审阶段专家组意见补充,方案的桥梁跨径布置同方案一,主桥桥跨布置为(55+4×100+55)m,总长510m,边中跨比0.55。结构体系采用波形钢腹板预应力混凝土刚构–连续组合体系,右线桥N4和N8号主墩(左线桥N3号和N7号主墩)为连续墩,连续墩与主梁之间设置支座;右线桥N5、N6、N7号主墩(左线桥N4、N5、N6号主墩)为固结墩,主墩墩身与主梁固结。过渡墩与主梁之间设置支座。

主梁按上下行分幅布置,桥宽2×12.05m(未含护栏10cm挂檐)。主梁根部梁高6.2m,跨中梁高3.2m,梁高及底板厚度采用1.8次抛物线变化。主梁采用单箱单室直腹板断面,顶宽12.05m,底宽6.9m,悬臂长2.575m(未含护栏10cm挂檐)。箱梁顶、底板采用C55混凝土,顶板厚30cm,底板厚32~70cm。腹板采用1600型波形钢板,钢板厚14~22mm。主梁横断面如图2.4.2-8所示。

5)方案比选

初步设计阶段对预应力混凝土刚构–连续组合体系、预应力混凝土连续T梁、钢–混凝土组合梁方案进行了同等深度分析、研究的基础上,经过综合比选后,推荐采用预应力混凝土刚构–连续组合体系方案。各方案的综合比选见表2.4.2-1。

支点附近断面　　　　　　　　　跨中断面

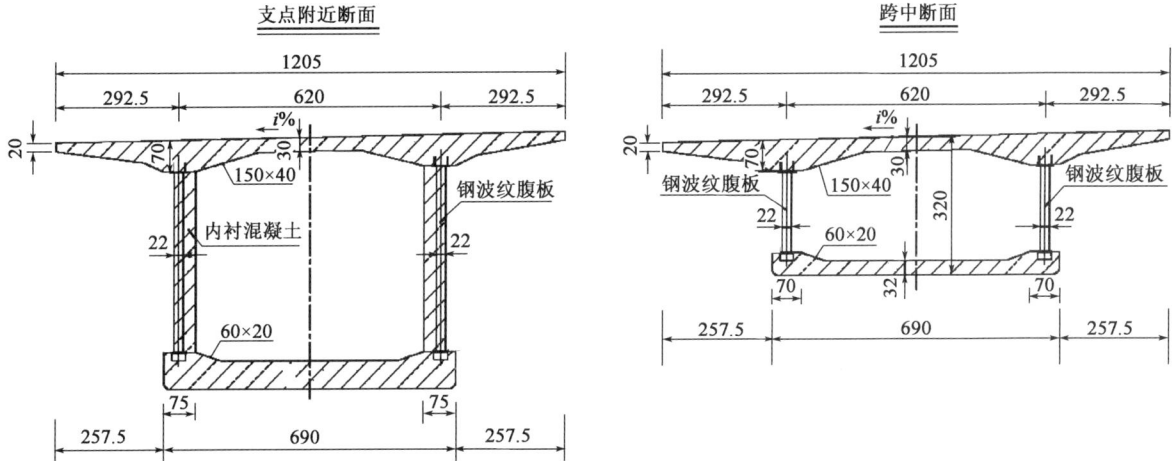

图 2.4.2-8　珊溪大桥方案四主梁横断面(尺寸单位:cm)

珊溪大桥方案综合比选表　　　　　　　　　　　　表 2.4.2-1

桥型方案	方案一:预应力混凝土刚构－连续组合体系	方案二:预应力混凝土连续T梁	方案三:钢－混凝土组合梁
主桥桥跨布置	55＋4×100＋55＝510(m)	左线:11×50＝550(m) 右线:12×50＝600(m)	左线:11×50＝550(m) 右线:12×50＝600(m)
全桥桥跨布置	左线:2×30＋55＋4×100＋55＋9×30＝840(m) 右线:3×30＋55＋4×100＋55＋9×30＝870(m)	左线:11×50＋9×30＝820(m) 右线:12×50＋9×30＝870(m)	左线:11×50＋9×30＝820(m) 右线:12×50＋9×30＝870(m)
结构体系	刚构－连续组合体系	先简支后连续	结构连续
受力特点	结构整体刚度大,结构受力性能好	结构整体刚度大,结构受力性能好	钢－混凝土组合梁能充分发挥钢材和混凝土两种不同材料的受力性能,但混凝土桥面板与钢梁连接,结构受力相对复杂;自重轻,抗震性能好
施工难度	上、下部结构均采用成熟施工工艺	上下部结构均采用成熟施工工艺,但50m T梁对架桥机要求较高,且架桥机高空作业,且吊装重量较大,相比挂篮施工风险要大	钢梁工厂加工,现场拼接,然后吊装或顶推施工,施工技术及精度要求高,工艺要求高
景观效果	桥面视野开阔,构造线形流畅,高墩外形简洁、挺拔,高跨比接近黄金分割比例	墩高达到70.4m,相对50m跨径略显偏小,且桥下墩柱较多,景观效果一般	墩高达到70.4m,相对50m跨径略显偏小,且桥下墩柱较多,景观效果一般
后期维护	上下部均为混凝土结构,后期维护工作量小	上下部均为混凝土结构,后期维护工作量小	钢结构涂装需定期养护和补涂
对地方道路及河道的影响	主跨远大于西坑河道宽度,对河道没有影响,地方道路无需改移	主跨接近河道宽度,主墩承台开挖影响到河道护岸,需先开挖再回填重砌,地方道路需局部改移	主跨接近河道宽度,主墩承台开挖影响到河道护岸,需先开挖再回填重砌,地方道路需局部改移
施工工期	30个月	26个月	24个月
全桥建安费	1.1789亿元	1.1708亿元	1.4702亿元
比较结论	推荐方案	比较方案	比较方案

在"部审"阶段,由于专家组倾向特殊结构桥梁优先采用钢结构,执行《交通运输部关于推进公路钢结构桥梁建设的指导意见》(交公路发〔2016〕115号)等,补充波形钢腹板预应力混凝土刚构－连续组合体系(方案四)。经过比较分析后,虽然方案四造价较之方案一略高,但波形钢腹板预应力混凝土刚构－连续组合体系具有结构自重轻、结构抗震性能好,且能避免方案一连续刚构桥梁腹板易开裂的质量通病等优点,最终选定采用波形钢腹板预应力混凝土刚构－连续组合体系。

4.2.3　总体设计

1)珊溪大桥总体设计

本桥位于分离式路段,桥梁按左右分线布设,右线桥平面均位于 $R=1500m$ 右偏圆曲线、缓和曲线和直线段上,右线纵坡为2.0%,桥面横坡为 -2.0% ,左线桥平面位于 $R=1400m$ 右偏圆曲线、缓和曲线和直线段上,左线纵坡为2.0%,桥面横坡从 $+2.0\%$ 超高渐变至 -2.0% ,墩台径向布置。单幅桥标准桥面宽12.25m,桥台与路基同宽(12.75m)。主桥第3跨跨越西坑河道,引桥桥梁第17孔跨越岱院线,净空5.0m。

本桥按左右线分幅布设,右线桥梁中心桩号YK16+252,桥跨布置为(3×30+55+4×100+55+3×3×30)m,共5联,桥长885.96m,右偏角90°;左线桥梁中心桩号为ZK16+333,桥跨布置为(2×30+55+4×100+55+3×30+4×30+3×30)m,共5联,桥长880.46m,右偏角90°。左右线桥梁上部结构第二联均采用预应力混凝土波形钢腹板刚构－连续组合体系,其余联均采用30m预应力混凝土T梁,先简支后连续。主桥桥墩最大墩高66.3m,断面形式采用箱型,断面尺寸为6.9m(横桥向)×5.0m(纵桥向),壁厚80cm;中间3个主墩为固结,外侧两个主墩放置QZ支座;承台采用矩形承台,平面尺寸为10.5m(横桥向)×6.9m(纵桥向),承台高4.0m;基础采用6根直径1.8m灌注桩,桩基础均为端承桩。

2)葛溪大桥总体设计

本桥位于分离式路基段,桥梁按左右分线布设,左、右线桥位均处于 $R=4000m$ 右偏圆曲线和直线段上,右线纵坡为0.8%/1.9%,桥面横坡均为单向 -2.0% ,左线纵坡为0.8%/1.9%,桥面横坡均为单向 -2.0% ,墩台径向布置。桥梁单幅桥标准桥面宽12.25m,桥台与路基同宽(12.75m)。根据桥位处地形,左线桥梁分成2座,中间设30m路基段。

主桥采用(55+100+55)m预应力混凝土波形钢腹板连续刚构,引桥采用30m跨预应力混凝土T梁,先简支后连续。主墩采用矩形双肢薄壁墩,最大墩高48.3m,承台厚4m,基础采用直径1.8m钻孔灌注桩,桩基础均为端承桩。过渡墩采用空心薄壁墩,群桩基础。引桥桥墩采用桩柱式墩,根据墩柱高度采用不同的柱径,从1.4~2.0m不等,横向设置两个墩柱,柱间距6.8m,桥墩采用钻孔灌注桩基础,在基桩顶设系梁。桥台采用重力式U台和简化U台,扩大基础。

3)南山大桥总体设计

本桥位于分离式路基路段,左右线桥梁平面均位于直线段和缓和曲线段上,左右线桥梁纵坡为1.9%,右线桥面横坡为 -2.0% ,左线桥面横坡从 -2.0% 超高渐变至0.38%。墩台径向布置。单幅桥标准桥面宽12.25m,桥台与路基同宽(12.75m)。

上部结构采用(65+120+65)m预应力混凝土波形钢腹板连续刚构,无引桥。主桥桥墩最大墩高72.8m,采用矩形空心墩＋双肢薄壁墩的组合形式,单肢薄壁墩身断面尺寸(长×宽)为6.9m×2.0m,双肢之间净距为4.0m,主墩基础采用端承桩群桩基础,桥台采用重力式U台和简化U台,扩大基础。

4.3 波形钢腹板组合梁设计

4.3.1 结构设计

1）葛溪大桥、珊溪大桥主桥结构设计

（1）波形钢腹板组合箱梁构造

葛溪大桥主桥上部结构为三跨预应力混凝土波形钢腹板连续刚构,跨径布置(55+100+55)m;珊溪大桥主桥上部结构为六跨预应力混凝土波形钢腹板刚构-连续组合体系,跨径布置(55+4×100+55)m。主梁采用单箱单室截面,顶、底板随桥面横坡旋转,保持平行。

单幅桥箱梁宽度为12.05m,采用外包式护栏,护栏两侧挂檐各10cm,箱梁底板宽度为6.9m。梁高和底板厚度均以2次抛物线的形式由跨中向根部变化,跨中梁高300cm,底板厚度28cm,根部梁高625cm,底板厚度70cm,墩顶底板厚度140cm,箱梁顶板厚度30cm,箱梁翼缘悬臂宽257.5cm,悬臂端厚度20cm,悬臂端根部厚度70cm。桥面铺装:10cm厚沥青混凝土+防水层。

箱梁边跨设置了2道横隔板,在中跨设置4道横隔板,隔板厚40cm。箱梁在支点横梁附近1号、2号节段波纹腹板内侧设置内衬混凝土。箱梁采用悬臂浇注的施工方法。

（2）波形钢腹板构造

主桥上部结构波形钢腹板波长1.60m,波高0.22m,水平面板宽0.43m;水平折叠角度为30.7°,弯折半径为15t(t为波形钢腹板厚度)。波形钢腹板跨中至中墩墩顶厚度依次采用16mm、18mm、20mm、22mm四种型号。

葛溪大桥、珊溪大桥主桥主梁横断面如图2.4.3-1所示。

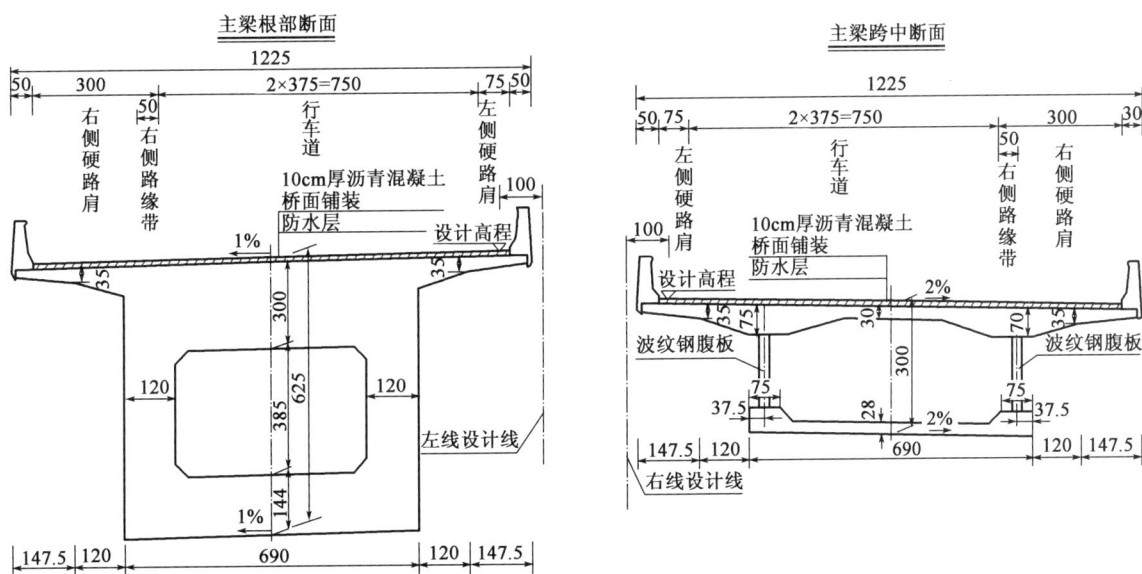

图2.4.3-1 葛溪大桥、珊溪大桥主桥主梁横断面(尺寸单位:cm)

2）南山大桥主桥结构设计

（1）波形钢腹板组合箱梁构造

南山大桥上部结构为三跨波形钢腹板预应力混凝土连续刚构,跨径布置(65+120+65)m。主梁采用单箱单室截面,顶、底板随桥面横坡旋转,保持平行。

单幅桥箱梁宽度为12.05m,采用外包式护栏,护栏两侧挂檐各10cm,箱梁底板宽度为6.9m。梁高和底板厚度均以2次抛物线的形式由跨中向根部变化,跨中梁高350cm,底板厚度28cm,根部梁高

750cm,底板厚度80cm,墩顶底板厚度150cm,箱梁顶板厚度30cm,箱梁翼缘悬臂宽257.5cm,悬臂端厚度20cm,悬臂端根部厚度70cm。桥面铺装:10cm厚沥青混凝土+防水层。

箱梁边跨设置了2道横隔板,在中跨设置4道横隔板,隔板厚40cm。箱梁在支点横梁附近1号、2号节段波纹腹板内侧设置内衬混凝土。箱梁采用悬臂浇注的施工方法。

(2)波形钢腹板构造

主桥上部结构波形钢腹板波长1.60m,波高0.22m,水平面板宽0.43m,水平折叠角度为30.7°,弯折半径为15t(t为波形钢腹板厚度)。波形钢腹板跨中至中墩墩顶厚度依次采用16mm、18mm、20mm、22mm四种型号。

南山大桥主桥主梁横断面如图2.4.3-2所示。

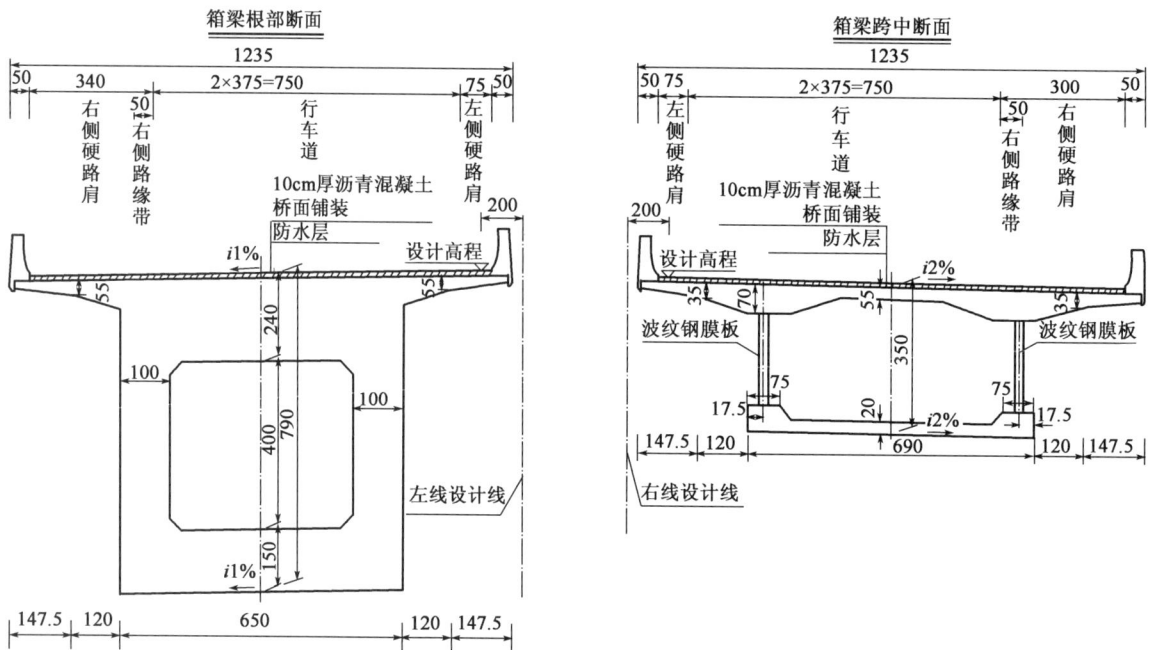

图2.4.3-2 南山大桥主桥主梁横断面(尺寸单位:cm)

4.3.2 主要设计特点

采用波形钢腹板预应力混凝土箱梁结构是这三座大桥设计中共同的一大特点,该种结构形式的优势是可以合理地将钢、混凝土两种不同的材料结合起来,降低自重,同时改善结构性能,提高材料的使用效率,减少现场施工作业量,加快施工进程。此外,上部结构中采用了体外预应力,此预应力可以更换,便于桥梁的维修和补强。

4.3.3 主要技术关键点及创新点

1)波形钢腹板与顶底板混凝土的连接

波形钢腹板与顶底板的连接,主要作用在于传递桥轴方向的剪力,抵抗由车轮荷载产生的横向顶板角隅弯矩,是确保波形钢腹板与预应力混凝土顶底板共同受力的关键构造。波形钢腹板与混凝土顶底板的连接应保证在运营寿命期内的耐久性,故必须能防腐蚀且具有较好的对抗因活荷载导致的耐疲劳性,本设计为确保连接的可靠性,参照国内外波形钢腹板桥最新设计经验,波形钢腹板与混凝土顶板的连接采用波形钢腹板顶端焊有翼缘板与穿孔板的Twin-PBL剪力键❶连接方式,与底板的连接则采用埋

---

❶ Twin-PBL剪力键:由两排开孔钢板和上翼缘钢板焊接而成。

入式角钢连接方式。

为了确保顶底板连接位置混凝土振捣密实且连接部位粗集料能均匀分布,要求混凝土粗集料粒径不得大于25mm(方筛)。

2)波形钢腹板间的组件焊接

本设计采用1600型波形钢腹板《组合结构桥梁用波形钢腹板》(JT/T 784—2010),悬拼节段长度除2号节段采用3.2m外,其余悬拼节段长度均为4.8m。节段内波形钢腹板纵向对接可在工厂完成,节段与节段之间的波形钢腹板在施工现场先采用高强度螺栓临时固定,定位后采用双面贴角焊接。焊接时应采取有效的工艺措施,以确保钢板焊缝质量。

3)波形钢腹板与内衬混凝土、转向块、横隔板的连接

波形钢腹板与横隔板及转向块连接,其连接方式类似于波形钢腹板与混凝土顶底板连接,本设计采用Twin-PBL剪力键连接。波形钢腹板在边墩、中墩位置腹板的纵向连接采用开孔钢板 + 连接钢筋方式。波形钢腹板与内衬混凝土采用焊接栓钉方式连接。

4)波形钢腹板临时支架的设置

为便于波形钢腹板的现场定位,提高悬臂口的抗扭转性能,施工时可在悬臂设置波形钢腹板临时支架。

5)预应力体系

箱梁采用纵、横双向预应力体系,在0号块布置有竖向预应力筋。

①箱梁悬臂施工和箱梁合龙时的预应力全部采用体内预应力,以抵抗一期恒载和施工临时荷载,并为合龙后的二期恒载与活载提供储备;箱梁在连续状态下的体外预应力用于抵抗二期恒载和活载。

②纵向预应力采用两端整体张拉;横向预应力采用单端张拉,两侧交替进行;竖向预应力采用单端张拉,张拉端设在箱梁腹板顶部,锚固端设在箱梁底部。预应力钢束采用张拉力与伸长量双控,图纸上给出的伸长量为理论计算值,实际值需根据钢绞线检测结果与管道摩阻系数测试后进行相应修正。

③所有纵向、横向、竖向体内预应力管道均采用圆形和扁形塑料波纹管,并采用真空辅助压浆工艺。

④纵向体内合龙预应力钢束按顺序(先合龙边跨后合龙中跨)对称张拉,先长束后短束;横向预应力钢束在挂篮前移且挂篮后锚点移出梁段后进行张拉。体外预应力钢束在全桥合龙后、桥面二期铺装及护栏等附属设施施工之前完成张拉(先张拉边跨再张拉中跨)。体外预应力采用在中跨交叉锚固于墩顶横隔板的方式,张拉时应在横向、纵向对称张拉。

⑤采用的体外预应力体系是以"易安装、可检查、可维护、可更换"为出发点进行设计,要求采用的体外预应力体系具备有效的防腐措施,能够方便进行单根换束,能够对钢束进行多次张拉、补张拉等操作。

⑥体外预应力转向器需确保钢束在转向过程中钢绞线间位置平行,使得钢绞线能均匀受力,减小钢绞线磨损,并且能够方便有效进行单根换束。

腹板采用波形钢腹板,有效解决了传统预应力混凝土(PC)箱梁腹板开裂这一常见病害,提高预应力效率;用波形钢腹板代替普通混凝土腹板,箱梁自重减轻20%左右。同时,波形钢腹板由于其折叠效应,不承受轴向力和弯矩,且具有很高的抗剪屈曲性能。在施工方面,由于不需要腹板模板等施工,大大减少了现场工程量。

4.4　结　构　计　算

4.4.1　计算模式

主桥采用悬浇法施工,全断面一次加载。全桥静力和动力计算均根据实际施工过程进行建模,分析桥梁各阶段的内力和位移响应情况。采用桥梁空间静、动力分析软件midas Civil进行结构施工控制阶

段及运营阶段的动力特性及稳定性计算分析,并完成地震影响内力计算。用 midas Civil 程序中设计截面钢腹板箱梁计算波型钢腹板受力,用普通箱形截面模拟计算顶底板受力。

结构有限元模型见图 2.4.4-1。

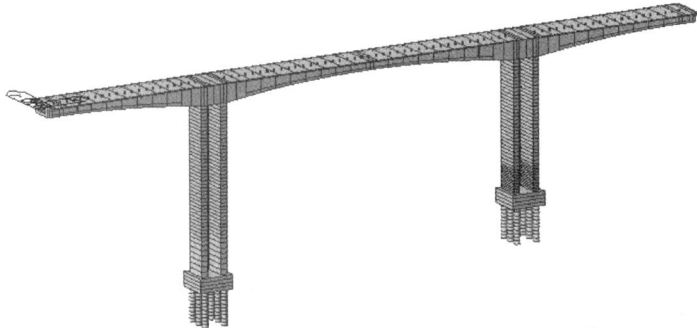

图 2.4.4-1　葛溪大桥有限元模型示意图

4.4.2　作用及作用组合

1)永久作用

一期恒载:混凝土重度为 $26kN/m^3$、钢材重度为 $78.5kN/m^3$。

二期恒载:桥面铺装按 10cm 沥青混凝土($24kN/m^3$),护栏重量根据设计图纸计算。

收缩徐变作用:按照《公路钢筋混凝土及预应力混凝土桥涵设计规范》(JTG 3362—2018)计算,平均相对湿度为 80%。

基础变位:按基础竖向位移 1cm 计。

孔道摩阻系数 μ 取值 0.17,管道偏差系数取 0.0015。

2)可变作用

汽车荷载:采用公路—Ⅰ级作用布载,主要技术指标、排列及其折减系数按照《公路工程技术标准》(JTG B01—2014)进行。主桥横向考虑按 3 车道加载,冲击系数按照《公路桥涵设计通用规范》(JTG D60—2015)的规定计算。

汽车制动力作用:汽车制动力作用按照《公路桥涵设计通用规范》(JTG D60—2015)的规定计算。

风荷载:有车风,与汽车荷载组合时,桥面风速按 $V_{10}=25m/s$ 考虑;成桥状态,只与恒载作用效应组合,按 1% 频率取值,其基本风速 $V_{10}=30.6m/s$;施工阶段,按 20 年一遇设计风速,$V_{sd}=23.9m/s$。

地表粗糙度系数 $\alpha=0.135$,静阵风系数 G_v 均按照《公路桥梁抗风设计规范》(JTG/T D60-01—2004)取值。桥梁基本构件的阻力系数根据《公路桥梁抗风设计规范》(JTG/T D60-01—2004)取值。

温度作用:体系温度:主梁合龙温度为 15~20℃,体系升温 25℃;体系降温 −25℃;混凝土梁梁截面温差效应按《公路桥涵设计通用规范》(JTG D60—2015)第 4.3.12 条计算,考虑 10cm 桥面铺装厚度,$T_1=14℃$,$T_2=5.5℃$,负温差按正温差 −0.5 倍考虑。

施工荷载:挂篮自重按 400kN 计,合龙段吊架每侧按 200kN 计。

3)上部结构作用组合

组合 1:恒载 + 活载(恒载包括结构重力、沉降、预加力、收缩徐变等沉降,下同)。

组合 2:恒载 + 活载 + 温度组合(温度组合 = 体系升温、降温 + 梁截面温差 + 主墩左右侧温差,以上组合均取包络值,下同)。

组合 3:恒载 + 活载 + 温度组合 + 汽车制动力 + 运营纵向风。

组合 4:恒载 + 活载 + 温度组合 + 汽车制动力 + 运营横向风。

组合 5:恒载 + 温度组合 + 百年纵向风。

组合 6:恒载 + 温度组合 + 百年横向风。

4.4.3　结构验算

以葛溪大桥为例说明。

1）主梁整体结构验算

（1）施工阶段应力

根据《公路钢筋混凝土及预应力混凝土桥涵设计规范》（JTG 3362—2018）第7.2.8条规定,预应力混凝土受弯构件,在预应力和构件自重等施工荷载作用下截面边缘混凝土的法向应力应满足:压应力 $\sigma_{cc}^{t} \leqslant 0.7f_{ck}' = -24.85\text{MPa}$,拉应力 $\sigma_{ct}^{t} \leqslant 0.7f_{tk}' = 1.99\text{MPa}$。

各施工阶段拉应力、压应力最大值分别如图2.4.4-2、图2.4.4-3所示。

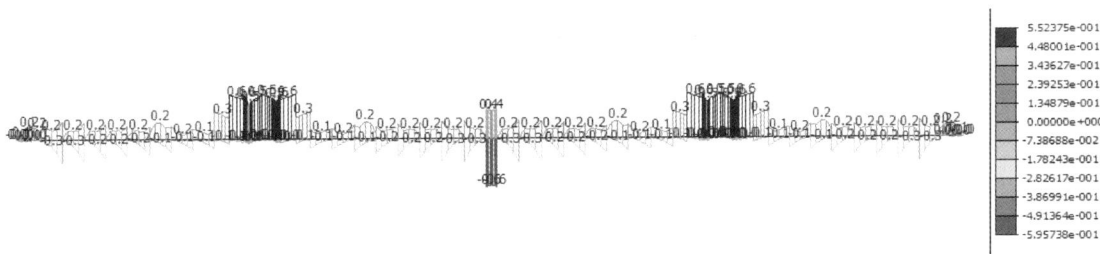

图2.4.4-2　各施工阶段拉应力最大值（单位:MPa）

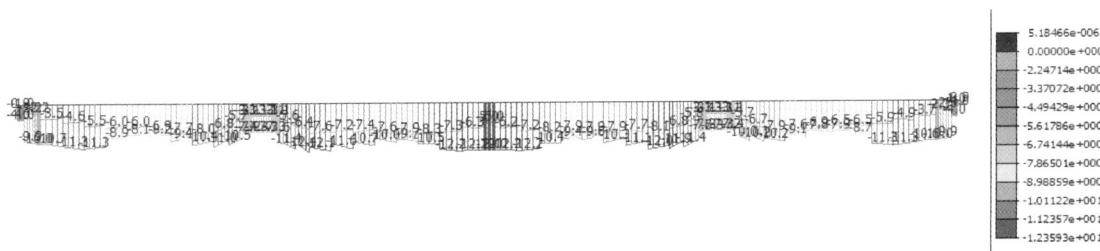

图2.4.4-3　各施工阶段压应力最大值（单位:MPa）

由图2.4.4-2、图2.4.4-3中可知:施工阶段最大压应力为12.359MPa,最大拉应力为0.552MPa,各施工阶段的箱梁顶底板应力均满足要求。

（2）使用荷载作用下主梁受力验算

①使用阶段正截面抗弯验算

按照《公路钢筋混凝土及预应力混凝土桥涵设计规范》（JTG 3362—2018）第5.1.5条,桥梁构件的承载能力极限状态计算,结构的重要性系数乘以作用效应的组合设计值均小于或等于构件承载力设计值,满足规范要求。

②使用阶段正截面抗裂验算

对于全预应力混凝土构件,在作用（荷载）短期效应组合下,应符合下列条件:

预制构件:$\sigma_{st} - 0.85\sigma_{pc} \leqslant 0$

分段浇筑或砂浆接缝的纵向分块构件:$\sigma_{st} - 0.80\sigma_{pc} \leqslant 0$

按照《公路钢筋混凝土及预应力混凝土桥涵设计规范》（JTG 3362—2018）第6.3.1-1条验算:$\sigma_{st} - 0.85\sigma_{pc} \leqslant 0$,满足规范要求。

③使用阶段正截面压应力验算

按《公路钢筋混凝土及预应力混凝土桥涵设计规范》（JTG 3362—2018）第7.1.5-1条,受压区混凝土的最大压应力:

未开裂构件:$\sigma_{kc} + \sigma_{pt} \leqslant 0.5f_{ck}$

允许开裂构件:$\sigma_{cc} \leqslant 0.5f_{ck}$

荷载取其标准值,汽车荷载考虑冲击系数。

按照《公路钢筋混凝土及预应力混凝土桥涵设计规范》(JTG 3362—2018)第 7.1.5 条验算未开裂构件受压区混凝土的最大压应力:$\sigma_{kc} + \sigma_{pt} = 16.07\text{MPa} \leqslant 0.5f_{ck} = 17.75\text{MPa}$,满足规范要求。

2)波形钢腹板验算

(1)波形钢腹板设计验算流程

波形钢腹板应按照图 2.4.4-4 所示步骤进行剪切力验算。其中,以《公路钢筋混凝土及预应力混凝土桥涵设计规范》(JTG 3362—2018)中持久状况和短暂状况构件的应力计算所用荷载标准值组合作为波形钢腹板 PC 箱梁桥的设计荷载,以《公路钢筋混凝土及预应力混凝土桥涵设计规范》(JTG 3362—2018)中持久状况承载力极限状态的荷载组合作为极限荷载。

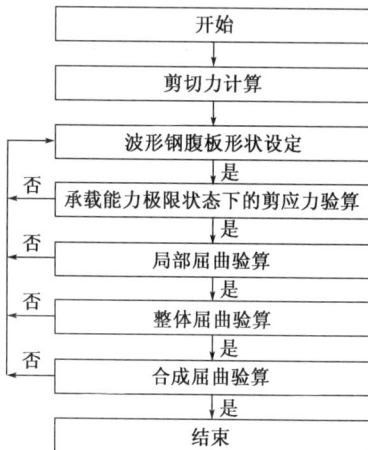

图 2.4.4-4 波形钢腹板剪切力验算流程

按照上述验算极限荷载作用下,波形钢腹板的剪应力控制在容许剪应力(屈服应力)以下,但按照波形钢腹板的形状,剪应力在容许剪应力之下仍可能发生屈曲,按照其破坏形态可分为局部屈曲、整体屈曲和合成屈曲。因此,还要进行波形钢腹板的局部屈曲、整体屈曲和合成屈曲的验算。

(2)承载能力极限状态下的剪应力验算

由于作用于主梁的剪力一部分由顶底板承担,但大部分由钢腹板承担,故计算中假定全部剪力均由波形钢腹板承担。承载能力极限状态下的波形钢腹板剪应力分布与验算结果如图 2.4.4-5 所示,从图中可以看出,在承载能力极限状态下,各截面波形钢腹板的剪应力均在容许范围,满足要求。

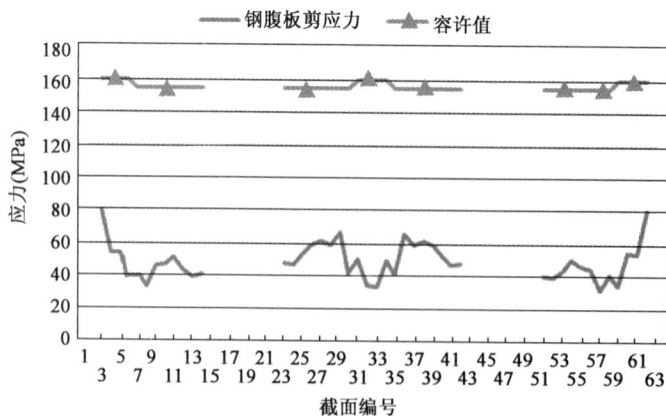

图 2.4.4-5 承载能力极限状态下波形钢腹板剪应力分布与验算结果

(3)局部屈曲验算

①局部屈曲临界应力

波形钢腹板弹性局部屈曲临界应力可按下式计算。

$$\tau_{\mathrm{cr},l} = k \frac{E\pi^2}{12(1-\nu^2)} \left(\frac{t_{\mathrm{w}}}{h_{\mathrm{w}}}\right)^2$$

式中：$\tau_{\mathrm{cr},l}$——弹性局部屈曲临界应力（MPa）；

      k——剪切屈曲系数，$k = 4.0 + 5.34(h_{\mathrm{w}}/a_{\mathrm{w}})^2$；

      a_{w}——波形钢腹板直板段长度（mm），$a_{\mathrm{w}} = 430$；

      E——钢材的弹性模量（MPa），$E = 2.06 \times 10^5$MPa；

      ν——钢材的泊松比，$\nu = 0.3$；

      t_{w}——波形钢腹板厚度（mm）。

主梁截面的波形钢腹板局部屈曲验算结果如图2.4.4-6所示。从图中可以看出，波形钢腹板的局部屈曲安全系数均大于1，满足要求。

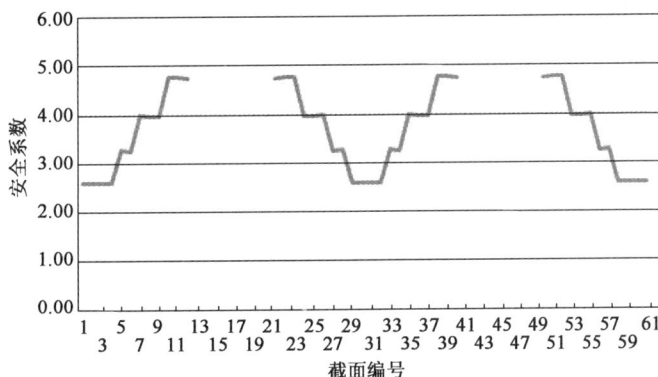

图2.4.4-6　主梁截面的波形钢腹板局部屈曲验算结果

②局部屈曲构造要求

为了防止波形钢腹板的局部屈服强度破坏先于剪切强度破坏，波形钢腹板的波幅宽度应符合下式的规定。

$$\begin{cases} a_{\mathrm{w}} \leqslant h_{\mathrm{w}} & (h_{\mathrm{w}}/t_{\mathrm{w}} \leqslant k_l) \\ a_{\mathrm{w}} \leqslant \dfrac{t_{\mathrm{w}}}{0.865\sqrt{1/k_l^2 - (t_{\mathrm{w}}/h_{\mathrm{w}})^2}} & (h_{\mathrm{w}}/t_{\mathrm{w}} > k_l) \end{cases}$$

式中：k_l——波形钢腹板局部屈曲系数，$k_l = 36.7$。

因为$h_{\mathrm{w}}/t_{\mathrm{w}}$的最小值为138.75大于$k_l$，$\dfrac{t_{\mathrm{w}}}{0.865\sqrt{1/k_l^2 - (t_{\mathrm{w}}/h_{\mathrm{w}})^2}}$的最小值为701.52，大于$a_{\mathrm{w}} = 430$，所以满足局部屈曲构造要求。

（4）整体屈曲验算

①整体屈曲临界应力

波形钢腹板弹性整体屈曲临界应力可按下式计算。

$$\tau_{\mathrm{cr},\mathrm{g}} = 36\beta \frac{(EI_y)^{1/4}(EI_x)^{3/4}}{h_{\mathrm{w}}^2 t_{\mathrm{w}}}$$

$$I_x = \frac{t_{\mathrm{w}}^3 \cdot (\delta^2 + 1)}{6\eta}$$

$$I_y = \frac{t_{\mathrm{w}}^3}{12(1-\nu^2)}$$

式中：$\tau_{\mathrm{cr},\mathrm{g}}$——弹性整体屈曲临界应力（MPa）；

      β——波形钢腹板整体嵌固系数，可偏安全按简支取$\beta = 1.0$；

      I_x——单位长度绕波形钢腹板顺桥向中性轴的惯性矩（mm⁴）；

δ——波形钢腹板波高与钢板板厚比,$\delta = d_w/t_w$;

η——形状系数,波形钢腹板沿桥轴向长度与展开长度之比,$\eta = 0.93$;

I_y——单位长度对波形钢腹板高度方向的惯性矩(mm^4);

ν——钢材的泊松比,$\nu = 0.3$。

主梁截面的波形钢腹板整体屈曲验算结果如图 2.4.4-7 所示,从图中可以看出,波形钢腹板的整体屈曲安全系数均大于 1,满足要求。

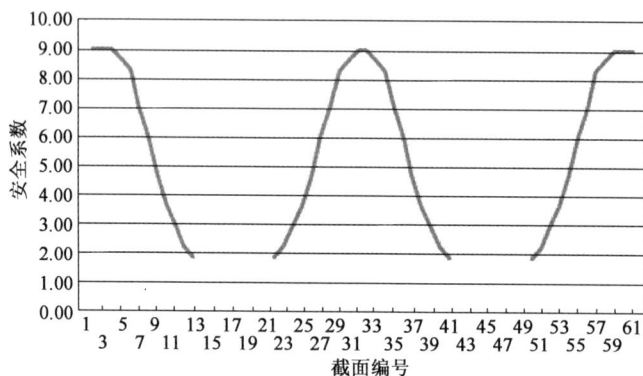

图 2.4.4-7　主梁截面的波形钢腹板整体屈曲验算结果

②整体屈曲构造要求

在波形钢腹板横向波幅宽度与斜方向波幅宽度相等的情况下,为了防止波形钢腹板发生整体屈服强度破坏先于剪切强度破坏,波形钢腹板的波高应符合下式的规定。

$$d_w \geq t_w \sqrt{1/\sqrt[3]{(k_g t_w/h_w)^8} - 1}$$

式中:d_w——波形钢腹板的波高,$d_w = 220$;

k_g——波形钢腹板整体屈曲系数,$k_g = 60.5$。

$t_w \sqrt{1/\sqrt[3]{(k_g t_w/h_w)^8} - 1}$ 的最大值为 134.62,小于 $d_w = 220$,所以满足整体屈曲构造要求。

(5)合成屈曲验算

波形钢腹板的合成屈曲临界应力可按下式计算。

$$\frac{1}{\tau_{cr}^4} = \frac{1}{\tau_{cr,l}^4} + \frac{1}{\tau_{cr,g}^4}$$

主梁截面的波形钢腹板合成屈曲验算结果如图 2.4.4-8 所示,从图中可以看出,波形钢腹板的合成屈曲安全系数均大于 1,满足要求。

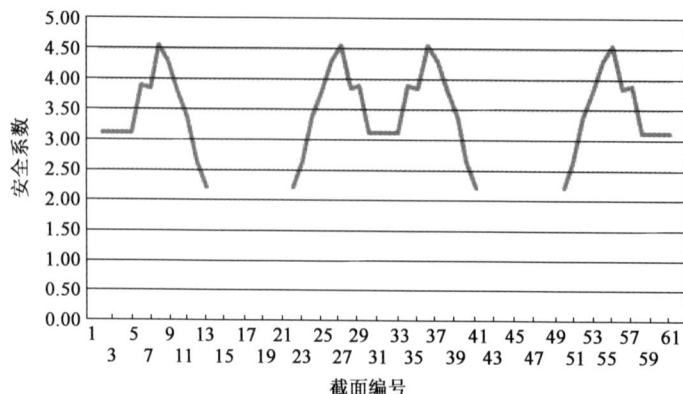

图 2.4.4-8　主梁截面的波形钢腹板合成屈曲验算结果

（6）波形钢腹板验算小结

①强度验算：各截面波形钢腹板的剪应力均小于抗剪强度设计值，满足要求。

②稳定验算：各截面波形钢腹板的局部屈曲、整体屈曲和合成屈曲的安全系数均大于1，满足要求。

4.5　设计优化及变更

1）珊溪大桥主墩承台高程动态调整

珊溪大桥场地位于山间沟谷地貌区，大桥两端均为丘陵斜坡地段，地势起伏较大，两侧为农田及民房建筑。桥址区沟底卵石层下部中风化直接出露，中风化岩质坚硬，岩石较为新鲜完整，大里程沟侧坡脚可见强风化基岩出露。

在现场主墩承台位置平整和开挖过程中发现，部分主墩承台设计高程较低，埋入原地面以下，由于桥址区岩层坚硬，开挖困难，且按原设计高程开挖将产生较高的主墩边坡。因此为减少开挖工程量，在经参建各方对现场进行踏勘后，结合现场实际地形情况，对珊溪大桥左线3号墩、左线5号墩、左线6号墩、左线7号墩、右线4号墩、右线9号墩的承台高程进行动态调整，同时相应调整桩基长度及墩柱高度。要求调整后的承台待承台混凝土浇筑以及相关检测均完成后，承台周边应填筑至承台顶面，避免承台周边积水，影响美观。

2）珊溪大桥箱梁横隔板增设检修爬梯

由于珊溪大桥主桥箱梁横隔板处人孔与箱梁底板存在较大高差，导致后续桥梁检修时行走不便，因此考虑到后续运营阶段的桥梁检修需要，在主梁箱梁各个横隔板人孔处增设两侧检修爬梯，在检修爬梯进行相关焊接、防锈处理等需满足图纸及相关规范的要求。

3）葛溪大桥引桥结构形式变更

葛溪大桥起终点均与长隧道相接，前接大岭尖隧道（$L=1082$m），后接雁岭隧道（$L=2280$m），且桥位两次跨越葛溪深切沟谷，地势陡峭，沟谷切割较深，呈V形，场地极为狭窄，无合适的可供T梁预制的场地，且T梁运输困难，同时由于主桥上部结构采用波形钢腹板预应力混凝土组合连续刚构结构，因此引桥上部结构原施工图中采用30m跨预应力混凝土波形钢腹板连续箱梁结构。

在实际施工中，通过施工单位重新合理优化施工组织方案后，葛溪大桥前接的筱村隧道及大岭尖隧道双洞均可提前贯通，具备T梁运输条件（图2.4.5-1）。在经参建各方对现场进行踏勘后，考虑到引桥原设计采用的波形钢腹板预应力混凝土组合连续箱梁形式需采用搭设支架现浇的方式进行施工，而在陡峭山体上搭设支架施工风险较大，另外预制T梁方案在造价上比现浇箱梁方案更经济，因此在综合造价、施工风险及工期进度等因素后，决定将葛溪大桥引桥上部结构由30m跨预应力混凝土波形钢腹板连续箱梁变更为30m跨预制T梁，引桥的桥跨布置不做调整。

2019年12月16日，由温州市文泰高速公路有限公司在杭州组织召开《浙江省文成至泰顺（浙闽界）公路工程三项较大设计变更审查会》审查会议，与会专家和代表经认真审阅设计变更有关资料及讨论后，专家组均赞同将葛溪大桥引桥上部结构形式由30m跨预应力混凝土波形钢腹板连续箱梁变更为30m跨预应力混凝土T梁方案。

4）南山大桥左线桥整体向小桩号方向平移1m

南山大桥跨越南山水库泄洪道，两侧地势陡峭，沟谷切割较深，呈V形，相对高差达到160m。本桥上部采用（$65+120+65$）m预应力混凝土波形钢腹板连续刚构，1、2号主墩均位于两侧陡崖处，下伏完整中风化凝灰岩。

由于受场地影响，大型机械无法下至承台，采用人工开挖方式对承台位置进行开挖。在现场开挖后发现原始岩面非常陡峭，倾斜角约成70°，若按原设计施工，则左线1号主墩部分桩基及承台存在脱空且直接外露的情况；在经参建各方多次对现场实地踏勘后，同时结合南山大桥左线2号主墩承台开挖平面位置测量结果,发现左线2号主墩承台设计位置距离山体边线尚有一定距离。为了保证桥墩各主墩桩基的襟边宽度,增强结构的稳定性,同时降低施工难度,加快施工进度,将南山大桥左线桥梁整体向小桩号方向平移1m,左线桥中心桩号由 ZK48+379 调整为 ZK48+378,桥梁配跨不变。

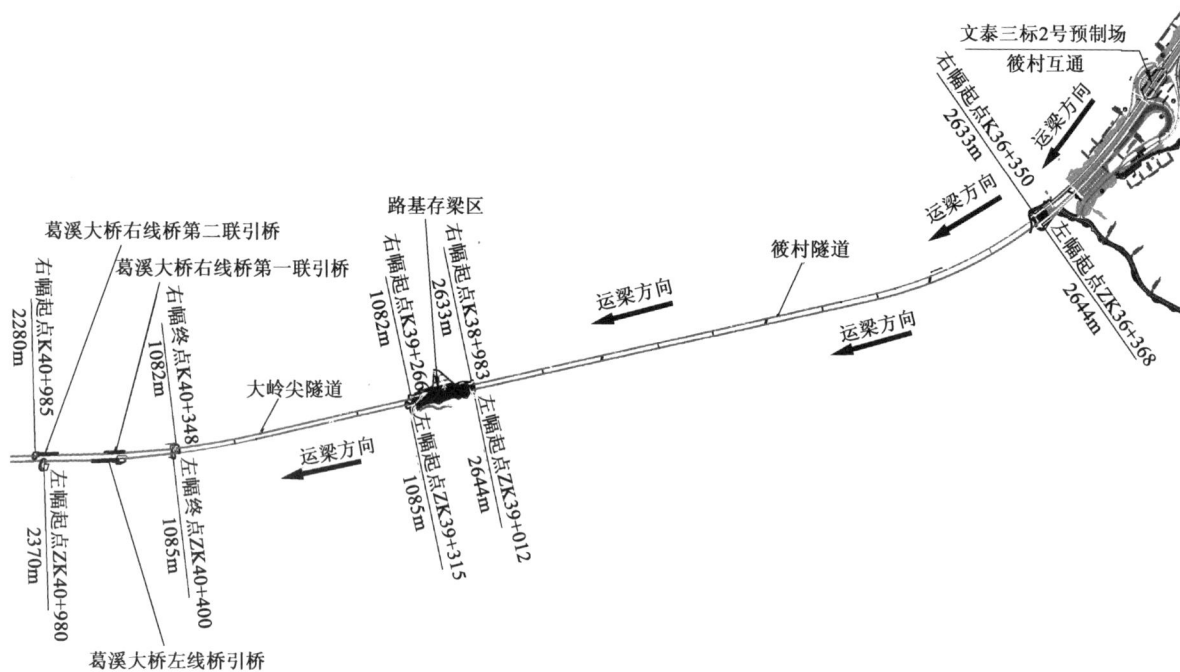

图 2.4.5-1　葛溪大桥引桥 T 梁预制及运输安装路线图

第3篇

典型桥梁施工

第 1 章

洪溪特大桥施工

1.1 斜拉桥主塔基础施工

1.1.1 人工挖孔桩施工

洪溪特大桥每个主墩承台桩基有 15 根,桩径 2.5m,桩间最小间距为 3m,桩长最短为 15m,最长为 37.5m。由于工期紧、任务重,15 根桩基同时施工。2 号墩钻进采用小直径浅孔微差爆破方式施工。1 号墩受岩质影响不能进行高强度爆破,采用的水磨钻辅以浅孔微差爆破进行施工。

1.1.1.1 钻爆法人工挖孔桩施工工艺流程
钻爆法人工挖孔桩施工工艺流程如图 3.1.1-1 所示。

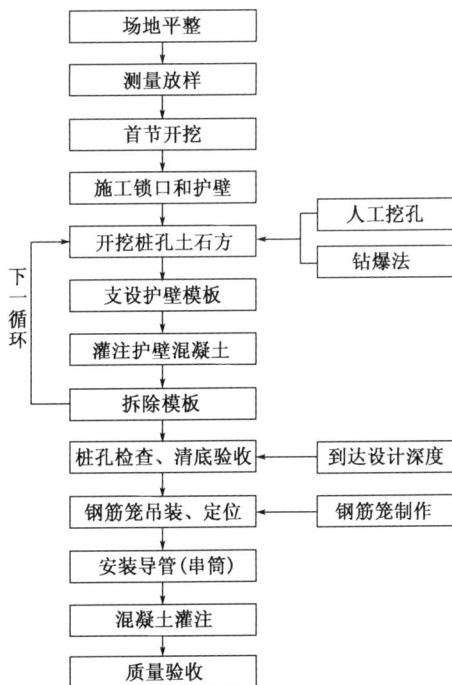

图 3.1.1-1 钻爆法人工挖孔桩施工工艺流程图

1.1.1.2 钻爆法人工挖孔桩施工工艺
弱风化层、微风化层采用人工钻孔松动爆破开挖。

1）炮眼布置

爆破循环进尺按1m设计。挖孔钻爆参数见表3.1.1-1。

挖 孔 钻 爆 参 数　　　　　　　　　　　　　　表3.1.1-1

桩径(cm)	开挖直径(cm)	每茬炮进尺(cm)	周边眼数量	辅助眼数量	掏槽眼数量
250	270	100	12	8	9

2）装药量确定

单孔装药量P：

$$P = 0.33eq\omega^3 \tag{3.1.1-1}$$

式中：e——炸药修正系数；

$\quad q$——单位用药量系数；

$\quad \omega$——最小抵抗线。

每循环进尺所需用药量Q：

$$Q = K\pi R^2 L \tag{3.1.1-2}$$

式中：Q——每循环进尺用药量(kg)；

$\quad K$——单位用药量系数(kg/m^3)；

$\quad R$——孔桩掘进直径(m)；

$\quad L$——炮眼的平均深度(m)。

炮眼数目N：

$$N = \frac{Q}{p} \tag{3.1.1-3}$$

式中：p——单孔理论装药量(kg)；

$\quad Q$——每循环进尺用药量(kg)；

$\quad N$——工作面炮眼数量(个)。

炮孔间距的确定：

施工过程中,取炮孔间距为$a = (12 \sim 16)D$,D为炮眼直径。工作面按掏槽孔、周边眼均匀布置,掏槽眼比周边眼深0.2m。

装药量的分配一般情况下,掏槽眼及辅助眼的药量p_t比周边眼药量p_b多装20%左右。

由于工作面有水,选用乳化炸药,炸药药卷直径32mm。根据岩层特性和试爆经验,炸药量Q一般取$0.2 \sim 0.3kg$。

3）装药结构与堵塞

掏槽眼和周边眼均采用连续正向装药结构;用黄泥土掺和成团进行堵塞,且必须封至孔口。

4）起爆网路

起爆网路示意图见图3.1.1-2。

（1）引爆方式和连线方式

为安全起见,采用电雷管孔内引爆,孔内所有非电雷管用簇联方式连线,用雷管引爆导爆管。

（2）起爆顺序

起爆顺序按掏槽眼→辅助眼→周边眼顺序进行,用非电毫秒雷管分段控制。

1.1.1.3　水磨钻辅助弱爆破的施工方法

提出该方案的目的：

（1）减少水磨钻钻孔数量,缩短工序时间。

（2）利用岩石硬脆的特点,仅需极少量的炸药就可以解碎桩芯岩体(一个炮眼装1/3支药,16个炮眼,一支药0.3kg,一共1.6kg),减少爆破对孔壁的冲击。

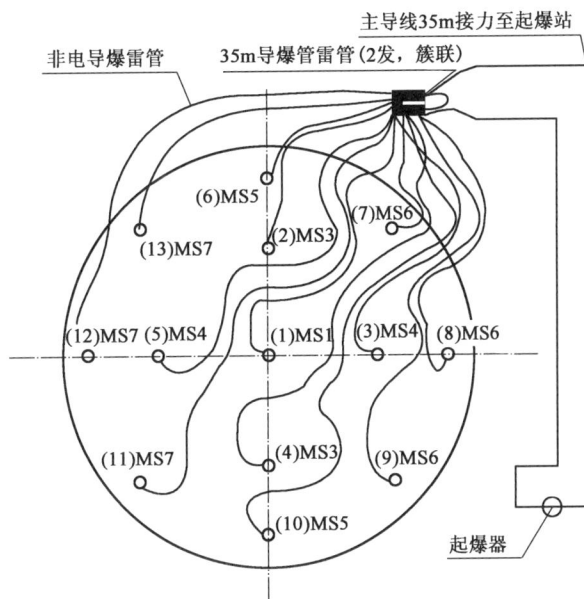

图 3.1.1-2　起爆网路示意图

注:(1)~(13)为炮孔编号;MS1~MS7为非电导爆雷管编号

(3)炮眼布置不再需要掏槽眼,不再需要微差爆破,以利于工人施工。

水磨钻与弱爆破结合施工过程:钻取四周岩石形成一个环形的临空面(图 3.1.1-3)→钻炮孔→装药爆破(图 3.1.1-4、图 3.1.1-5)→出渣。

图 3.1.1-3　水磨钻取临空面

图 3.1.1-4　弱爆破破碎桩芯岩体

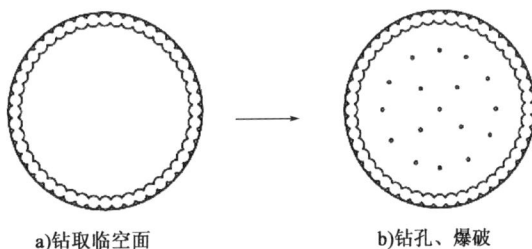

a)钻取临空面　　　　　　　　b)钻孔、爆破

图 3.1.1-5　水磨钻与弱爆破结合部分施工过程

水磨钻辅助弱爆破技术原理如图 3.1.1-6 所示。

最终实践证明,两种成熟工艺的结合是成功的,完美解决了质量、安全、进度之间的矛盾。而且施工采用孔顶全覆盖、增加出渣铲车等方式,实现白班夜班不间断施工的管理模式。

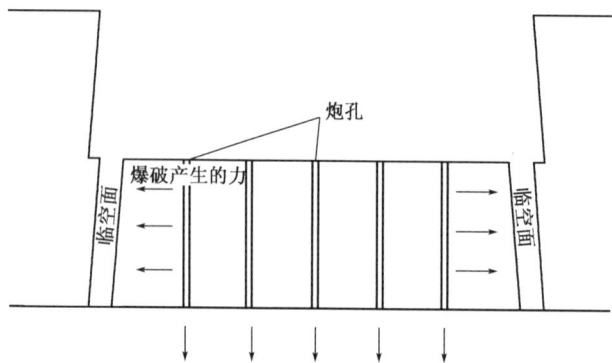

图3.1.1-6　水磨钻辅助弱爆破技术原理图

注:1.临空面的形成使爆破的最小抵抗线减小,用很少的炸药,就可爆破出理想的效果。

　　2.同时临空面阻隔了爆破产生的力,使爆破对桩壁的力急剧减小,极大减轻了对桩壁的破坏

1.1.1.4　钢筋笼制作、运输及安装

采用滚焊机制作钢筋笼,直螺纹套筒连接,既提高钢筋笼成形质量,加快施工进度,又降低施工成本。

整节钢筋笼制作完成后,经过自检合格后报监理工程师检查认可,然后用长板车分段运送至工地。钢筋笼安装前应清除黏附的泥土和油渍,保证钢筋与混凝土紧密黏结。

洪溪特大桥由于场地限制,2号墩钢筋笼吊装下放采用80t履带式起重机进行,1号墩采用塔式起重机进行,少量吊距远、吊重不足的桩位钢筋笼采用分节吊装,下放架下放。

1.1.1.5　外排桩基施工

洪溪特大桥外排桩基开挖面低于承台底平面2～8m,为了便于桩基及承台施工,1号墩左右幅外排桩基、2号墩右幅脱空2～5m的外排桩基采用提前浇筑垫层(图3.1.1-7)至承台底平面,既可保证桩基正常安全施工,又避免承台施工搭设支架。

2号墩左幅9根桩基脱空多数达到8m,垫层浇筑方量将达到3000m³,且桩位处存在6～8m的堆积体,承载力不足,所以采用平整场地直接开挖,后期进行接桩及搭设支架进行承台施工,施工现场图片如图3.1.1-8所示。

图3.1.1-7　外排桩基垫层浇筑

图3.1.1-8　洪溪2号墩左幅桩基施工

1.1.2　承台施工

1.1.2.1　主要施工技术方案

洪溪特大桥1号墩、2号墩左右幅均位于深V形峡谷半山腰,承台部分嵌在山体内,部分悬空。为

了保证承台的施工进度,在边坡刷完、接桩完成后,搭设以承台桩基为支撑的少支架,优先施工承台。承台高度6m、塔座高度2m,承台分两次浇筑,第一次浇筑高度2.5m,第二次浇筑3.5m,塔座一次性浇筑,待塔座施工完毕拆除支架后分层浇筑垫层。承台横断面示意图见图3.1.1-9,施工流程见图3.1.1-10。

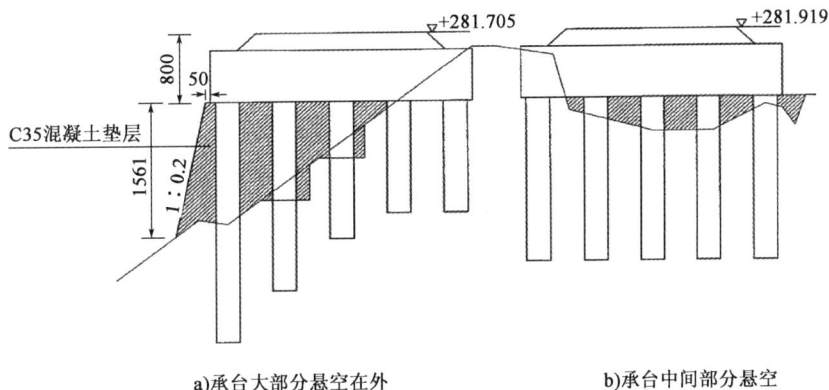

a)承台大部分悬空在外　　　　　　　　　　b)承台中间部分悬空

图3.1.1-9　洪溪特大桥2号墩承台横断面图(尺寸单位:cm;高程单位:m)

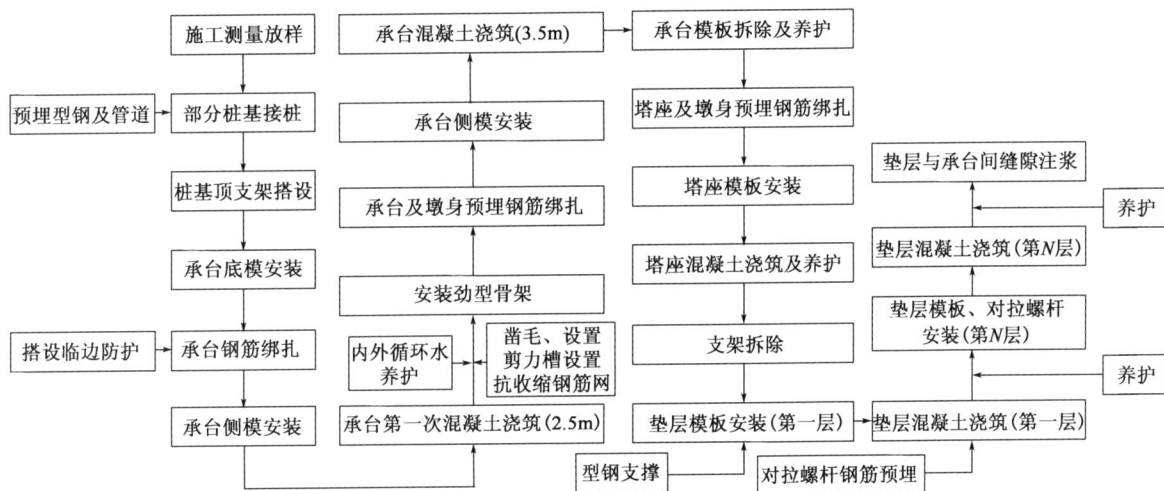

图3.1.1-10　洪溪特大桥承台施工工艺图

1.1.2.2　主要施工方法

1)常规承台施工方法

常规承台施工方法区别于少支架施工方法在于常规承台施工不用搭设支架,直接进行施工,在此不做赘述。

2)承台少支架施工方法

(1)承台开挖

洪溪特大桥承台底到便道有6m高差,边缘石头不齐平且由于放坡及承台工作空间需要,便道宽度只有6m,后期进行挡墙浇筑稳固承台上边坡,扩宽便道作业面达到8m,有效防止临边岩石坍塌风险。

洪溪特大桥承台开挖如图3.1.1-11所示。

(2)支架施工

承台以桩基中预埋的型钢HN900mm×300mm作为基础搭设少支架施工,整个支架材料从下至上分别为HN900mm×300mm承重梁、卸荷砂箱、HN800mm×300mm纵梁、I25纵向分配梁、10cm×10cm方木、1.2cm厚竹胶板,其中纵梁为便于安装需接长,分配梁为便于拆除需接长,接头置于承重梁上且接头交错布置,采取方木搭接。为了便于支架及纵梁、分配梁拆除,型钢端头均提前开孔。承台临空三边均搭设1m宽操作平台及临边防护。承台少支架结构示意图如图3.1.1-12所示。

图3.1.1-11 洪溪特大桥承台开挖

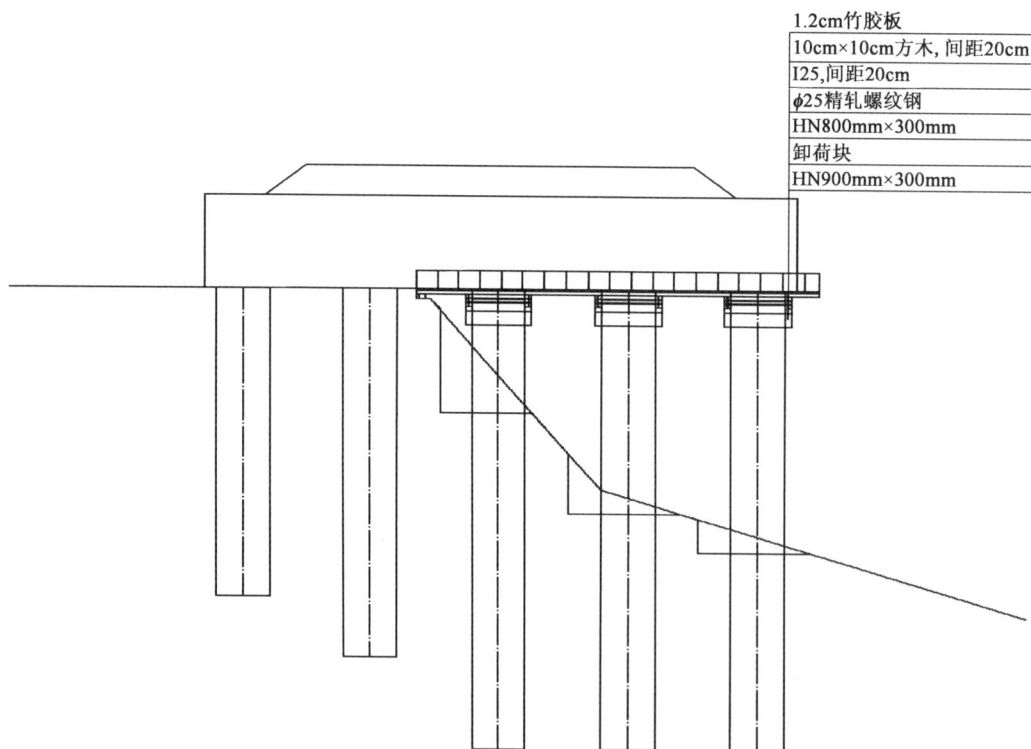

| 1.2cm竹胶板 |
| 10cm×10cm方木,间距20cm |
| I25,间距20cm |
| φ25精轧螺纹钢 |
| HN800mm×300mm |
| 卸荷块 |
| HN900mm×300mm |

图3.1.1-12 承台少支架结构示意图

（3）劲性骨架施工

洪溪特大桥承台钢筋绑扎采用的一次绑扎成形,钢筋笼高度达到6m,所以设置角钢劲性骨架进行钢筋绑扎。

劲性骨架安装（图3.1.1-13）:先进行竖向角钢的安装,角钢间距为2m。由于竖向力不大,经计算,竖向角钢选取∠75mm×5mm,斜撑取∠75mm×5mm,顶部平联受弯,取∠100mm×10mm,先立四个角上的竖向角钢,临时用2根φ28mm×1.2m的钢筋焊斜撑支撑,用线锤检测确保角钢垂直,再拉线依次竖立剩余角钢。立完竖向角钢后再立斜撑,外围角钢斜撑呈米字形,内部横桥向角钢斜撑呈Z形,纵桥向呈米字形,米字形斜撑隔孔布置。

图 3.1.1-13　劲性骨架安装

电梯预埋件在反压预埋件之前预埋,焊接固定在顶面钢筋网上(图 3.1.1-14)。

7527 塔式起重机基础在承台第一次浇筑前绑扎钢筋及支立模板,在厂家的指导下安装好预埋件,并对预埋件进行防雷接地处理,用不锈扁钢将塔式起重机预埋件和承台防雷接地系统连接起来,预埋件安装偏差控制在 5mm 以内。

图 3.1.1-14　电梯预埋件安装

(4)模板施工

洪溪特大桥承台高度为 6m,分两次浇筑,由于索塔预埋钢筋伸入承台 3.5m,所以第一层浇筑高度为 2.5m,第二层浇筑高度为 3.5m。根据进度计划,配备承台模板两套,周转一次。模板高度为 3.7m,宽度 2.2m。以承台第一层混凝土最上层的对拉螺杆作为基础,翻模施工第二层混凝土,翻模后模板与第一层混凝土搭接长度为 10cm。

塔座斜面铺贴透水模板布来消除气泡,如图 3.1.1-15 所示。

图 3.1.1-15　透水模板布铺贴

（5）混凝土施工

混凝土浇筑前在承台塔座钢筋顶面适当挪动钢筋做出布料口及人员上下通道，待混凝土浇筑到顶面时按原样恢复钢筋，在承台塔座第二次浇筑前通过提前焊好的定位钢筋做好高程控制带。

混凝土浇筑准备工作做充分后，经现场监理认可后，开始浇筑混凝土。浇筑报检如图 3.1.1-16 所示。

图 3.1.1-16　浇筑报检

左幅承台 0～2.5m 混凝土浇筑开始时间为 2018 年 7 月 1 日 20:00。浇筑为分层浇筑，浇筑方量 1063m³，开始时用一台汽车泵及一个溜槽进行浇筑，到 1:00 采用 2 台汽车泵浇筑，浇筑时间持续到 2018 年 7 月 3 日 1:00 完成，耗时 29h。

左幅承台塔座 2.5～8m 混凝土浇筑开始时间为 2018 年 7 月 23 日 8:00。浇筑为分层浇筑，浇筑方量 2003m³，用 2 台汽车泵进行浇筑，浇筑时间持续到 2018 年 7 月 24 日 21:20 完成，耗时 37h20min。

①浇筑施工

混凝土在出场时检测混凝土坍落度，合格后运输到现场，入模前再次检测，坍落度要求 180～220mm，由于是泵送混凝土，试验人员在浇筑过程中全程监控混凝土和易性及坍落度。

在构造钢筋上铺 5cm 厚木板作为工人行走及浇筑平台，混凝土采用分层浇筑、分层振捣，沿横桥向进行，先四周再中间。分层厚度控制在 30～40cm；在下层混凝土初凝或重塑前浇筑完上层混凝土。

混凝土在浇筑至距承台顶面 30cm 高时，减小混凝土坍落度，同时控制布料方向，从两边向中间赶，最后将浮浆集中在一起，割孔舀出浮浆。

承台混凝土浇筑时配备 12 台 70 型插入式振捣器，均匀布置，能够满足振捣需求。混凝土浇筑时，由工（班）长统一指挥振捣，安排 17 个工人进行浇筑施工，专门划分 4 人进行承台周边的振捣，其余人员进行内部振捣。

现场混凝土浇筑施工如图 3.1.1-17 所示。

图 3.1.1-17　现场混凝土浇筑施工

②支架沉降观测

左幅承台 0 ~ 2.5m 承台混凝土浇筑设置 3 个支架沉降观测点,在浇筑过程中进行沉降观测,如图 3.1.1-18 所示。整个浇筑过程支架沉降没有异常状况,且沉降量比较小,符合要求。

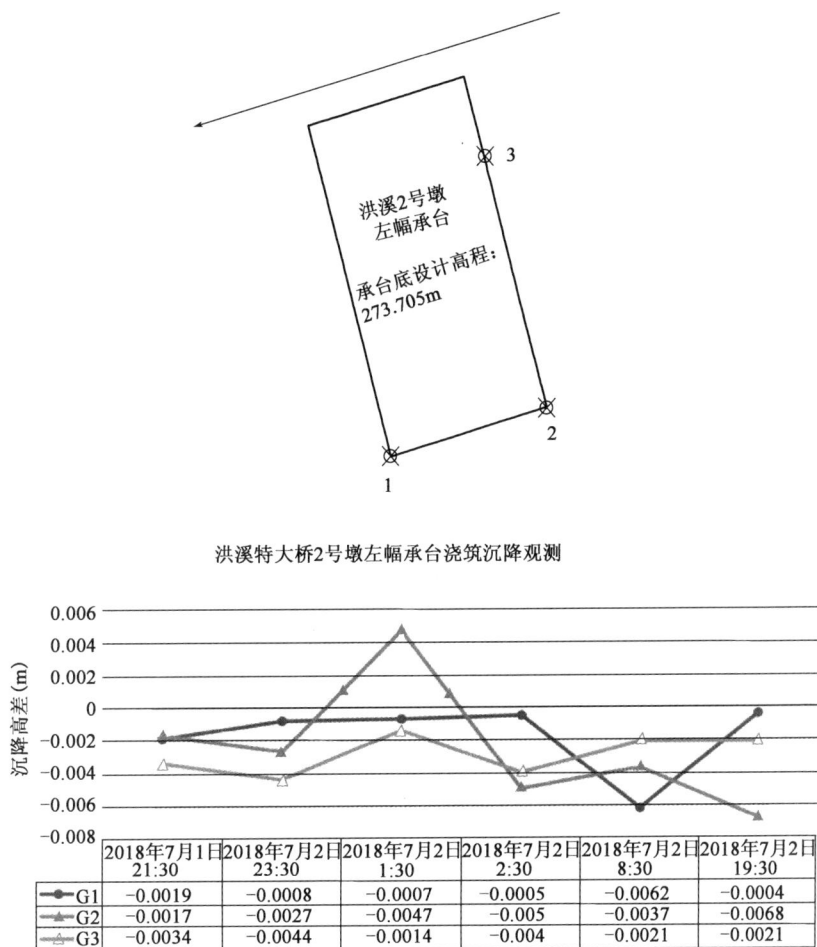

洪溪特大桥2号墩左幅承台浇筑沉降观测

	2018年7月1日 21:30	2018年7月2日 23:30	2018年7月2日 1:30	2018年7月2日 2:30	2018年7月2日 8:30	2018年7月2日 19:30
G1	-0.0019	-0.0008	-0.0007	-0.0005	-0.0062	-0.0004
G2	-0.0017	-0.0027	-0.0047	-0.005	-0.0037	-0.0068
G3	-0.0034	-0.0044	-0.0014	-0.004	-0.0021	-0.0021

图 3.1.1-18 沉降观测点位布置图及观测结果

(6)承台大体积混凝土温度控制

洪溪特大桥承台塔座(长×宽×高)为 14.6m×27.6m×8m,混凝土设计方量 3000m³,采用 C45 混凝土,为大体积混凝土。承台塔座分两次浇筑,第一次浇筑 0 ~ 2.5m 高,共计混凝土 1000m³;第二次浇筑 2.5 ~ 8m 高,共计混凝土 2000m³。

产生裂缝的原因主要有两方面:一是由于大体积承台混凝土在硬化期间水泥会释放出大量水化热,前期温控不到位温度上升过快,使混凝土内部到表面温度梯度过大产生较大拉应力,而混凝土早期抗拉强度很低,出现裂缝;二是由于后期温控冷却措施不规范导致内部温度下降过快,温度梯度导致内外温度应力不一致而开裂。

现场温度控制原则包括:

①控制混凝土浇筑入模温度;

②优化混凝土配合比;

③控制混凝土浇筑质量;

④尽量降低混凝土的温升,延缓最高温度出现时间;

⑤控制温峰过后混凝土的降温速率;

⑥降低混凝土中心和表面之间、混凝土表面和气温之间温度的差值。

温度控制的方法和标准需根据气温、混凝土配合比、结构尺寸、约束情况等具体条件确定。根据本工程的实际情况,对承台塔座施工制定如表3.1.1-2所示温度控制标准。

温 度 控 制 标 准　　　　　　　　　　　　　　　　　表3.1.1-2

混凝土入模温度(℃)	内表温差(℃)	表面环境温差(℃)	冷却水进出水温差(℃)	降温速率(℃/d)
≥5 且≤28	≤20	≤20	≤10	≤2

(7)防开裂现场实施方法

①控制混凝土入模温度

大体积混凝土浇筑适宜入模温度在5~28℃之间,且在温度范围内入模温度越低越好。洪溪特大桥承台塔座施工处于夏季,夜晚最凉爽时气温均在25℃以上,经过提前测试,混凝土运输至现场入模温度在28~31℃,无法达到良好的施工要求。

混凝土入模温度直接由拌和原材料水泥、粉煤灰、砂石料及拌和水决定。拌和站从以下几个方面进行控制:

a. 水泥及粉煤灰使用前提前做好检查,严禁使用温度过高的水泥。

b. 料仓砂石料提前用低温溪流水喷洒闷料降温,且浇筑选择傍晚开始。

c. 采用拌和水加冰块的方式对拌和水进行降温(图3.1.1-19)。

图3.1.1-19　对拌和水加入冰块降温

采取以上控制措施,混凝土现场实际入模温度控制在24~26℃,达到了预期目标。

②优化混凝土配合比

混凝土配合比按照大体积混凝土浇筑后90d达到设计强度要求进行设计,通过大体积混凝土温度-强度试验曲线,既能满足设计强度要求,又能最大限度降低水化热,降低大体积混凝土温度裂缝风险。在胶凝材料总量不变的情况下,由水泥∶矿粉∶粉煤灰为5∶3∶2优化为4∶2∶4,并采用了高效外加剂,减小水泥用量,提高优质粉煤灰的用量,水泥用量的减少有效降低硬化过程中水化热的产生,降低混凝土温升,延缓最高温度出现时间,达到了降本增效的目的,配合比优化对比见表3.1.1-3。

配合比优化对比(单位:kg/m³)　　　　　　　　　　　　表3.1.1-3

名称	水泥	矿粉	粉煤灰	天然砂	机制砂	碎石	减水剂	水
理论配合比	225	135	90	—	774	986	4.95	170
施工配合比	180	90	180	—	820	996	4.95	114
初始配合比	225	135	90	772	—	1048	4.95	110

③控制混凝土浇筑质量

浇筑过程中采用的2台汽车泵进行布料,单个汽车泵浇筑速度在30m³/h。为了确保下层混凝土初凝前进行上层混凝土的覆盖,混凝土分层布料厚度控制在40cm。配备了8个振捣小组通过分区责任制进行振捣,做到责任到人,确保混凝土振捣密实,提高早期强度,拆模后未出现冷缝。

混凝土收面采用三次收面工艺,多次压抹,有效避免表皮收缩裂纹,并及时铺设土工布进行蓄水养护。

④管冷系统及监测元件预埋

a. 管冷预埋

现场通过布置冷却水管,待混凝土初凝后逐层通冷却水带走部分内部水化热量,使内部温度降低。第一次浇筑承台0~2.5m,第一层冷却水管布置在底部四层钢筋网表面0.8m高处;第二层冷却水管布置在1.85m高处,一层冷却水管设置为2进2出。由于大体积混凝土核心温度最高,所以将冷却水管进口布置在承台长边及短边中间位置,层内间距为1.2m。冷却水管布置如图3.1.1-20所示。

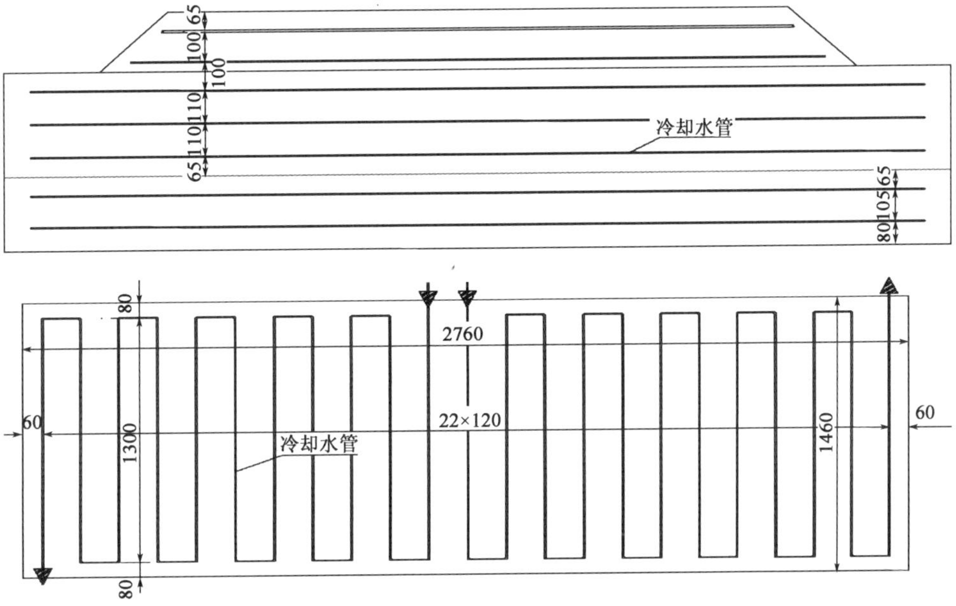

图3.1.1-20 冷却水管布置示意图(尺寸单位:cm)

第二次浇筑承台2.5~6m,共布置3层冷却水管,第一层冷却水管布置在底层高65cm处,层间距110cm,2m高塔座布置2层冷却水管,每层冷却水管设置为2进2出。冷却水管现场布置图如图3.1.1-21所示。

图3.1.1-21 冷却水管现场布置图

b. 监测元件的埋设

内部温度采用智能化HC-TW无线测温仪进行监测,温度传感器为热敏电子传感器。外表面温度及冷却水进出前后温度采用温度计及测温枪进行监测。测温仪如图3.1.1-22所示。

参照《混凝土坝安全监测技术规范》(SL 601—2013),并根据桥梁大体积混凝土的特点加以改进,由现场技术员根据既定方案进行埋设。为了保护导线和测点不受混凝土振捣的影响,采用扎带对每个点进行固定。温度传感器安装如图 3.1.1-23 所示。

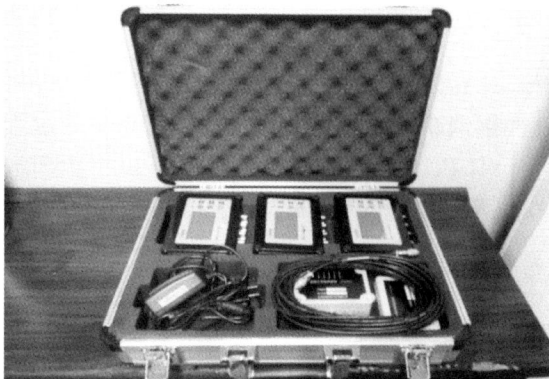

图 3.1.1-22　测温仪

图 3.1.1-23　现场温度传感器安装

温度测点布置原则:

a)承台为对称结构,选取构件的中心线 1/4 块布置测点,测温点平面布置图如图 3.1.1-24 所示。

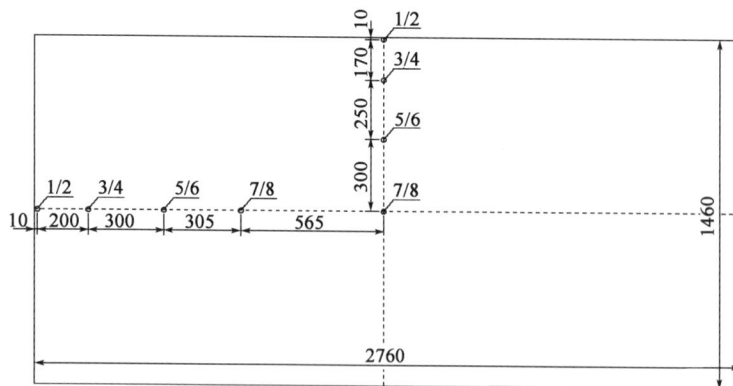

图 3.1.1-24　测温点平面布置图(尺寸单位:cm)

b)根据温度场的分布规律,对测点层间距做适当调整。

c)充分考虑温度控制指标的测评。温度测点布设包括表面温度测点(在构件中心部位短边长边中心线表面以下 10cm 布置)、内部温度测点(布置在构件中心处),同时用标签纸记录布设点编号,用于后期研究承台内部各处温度状况。测温点立面布置图如图 3.1.1-25 所示。

⑤混凝土浇筑后温度控制

冷却水管直径、层数、层间距及层内间距通过理论计算分析并结合实际经验确定。直径会影响通水时能达到的最大流量,层数及间距会影响温度场温差,若布置不合理将会影响大体积混凝土温度的均匀性,理论上要做到整个混凝土是一个等温体。

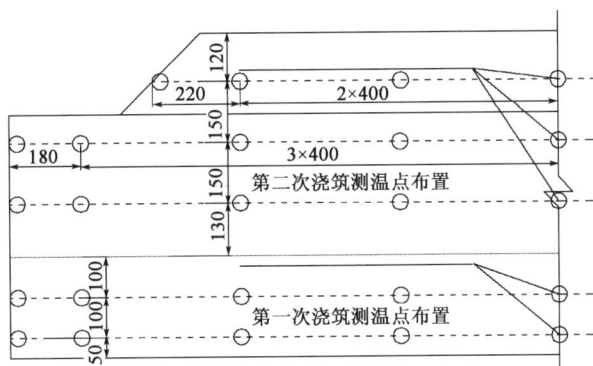

图 3.1.1-25 测温点立面布置图(尺寸单位:cm)

温度控制降温采用在每个通水管上安装阀门进行冷却水流量大小控制,当同一层冷却水管出水或上下层冷却水管出水温度差异大时,将水温过高的管道阀门开大增强内部降温效果,将水温过低的管道阀门关小控制内部降温效果,从而达到整体降温效果统一。同时还需要通过测温仪对大体积混凝土的监测数据进行分析研判,从而有针对性地解决异常问题。

混凝土浇筑后的温控体现在降低内部温度的同时进行表面保温,以达到承台塔座内外温差及外表与环境温度温差小于 20℃。

"内降"采用待混凝土初凝后通入冷却水,由于混凝土浇筑体量太大,混凝土上层还在浇筑,下层就已经开始初凝,温度开始上升。通过下层测温点进行温度监测,当下层混凝土温度达到 35℃ 时,就表示已经初凝产生水化热,所以在每层冷却水管周围温度达到 35℃ 后逐层通入冷却水,直到全部冷却水管都处于通水状态。

单根水管通水流量在 5m³/h 的情况下,冷却水进出水温差在 5℃ 以内,降温能力较强。前期温升过程中进行最大通水量通水,尽量削弱温峰,延缓温峰;待温峰达到以后减小通水量,控制降温速率在 2℃/d 左右,避免降温过快导致温差应力集中。待承台内部最高温度降低至 40℃ 时停止通水,通水持续时间在 10~14d。

"外保"为顶部采用冷却水出水进行蓄水养护,并铺设土工布保温,侧壁用土工布进行包裹。

⑥防开裂实施成果

由于控制混凝土入模温度及采取相应的外降内保措施,承台塔座内部最大温峰为 T_5 测点65.6℃,温峰基本出现在混凝土浇筑后40h左右,满足内部最高温度小于 75℃ 的要求。承台塔座表面埋设的 T_1 及 T_2 测温点受环境温度影响大,测点温度呈波动下降。根据夏天气温情况,混凝土内部最高温度与表面温差小于 20℃,混凝土表面温度与环境温差小于 20℃,满足温度控制要求。冷却水进出水温差小于 10℃,降温阶段承台塔座内部降温速率基本在 2℃/d,满足温度控制要求。温度监测记录表及温度曲线分别如图 3.1.1-26、图 3.1.1-27 所示。

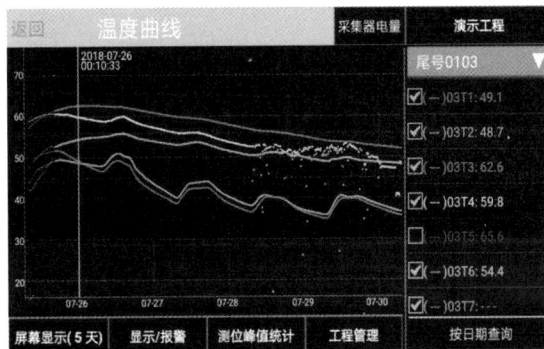

图 3.1.1-26 温度监测记录表

图 3.1.1-27 温度曲线

理论温度曲线与实际温度曲线相比,理论温度温峰在59.8℃左右,大概在浇筑后45h达到温峰,实际温度峰值65.6℃,出现在浇筑后40h左右,且实际温度曲线表面温度受环境温度影响波动下降。理论温度曲线如图3.1.1-28所示。

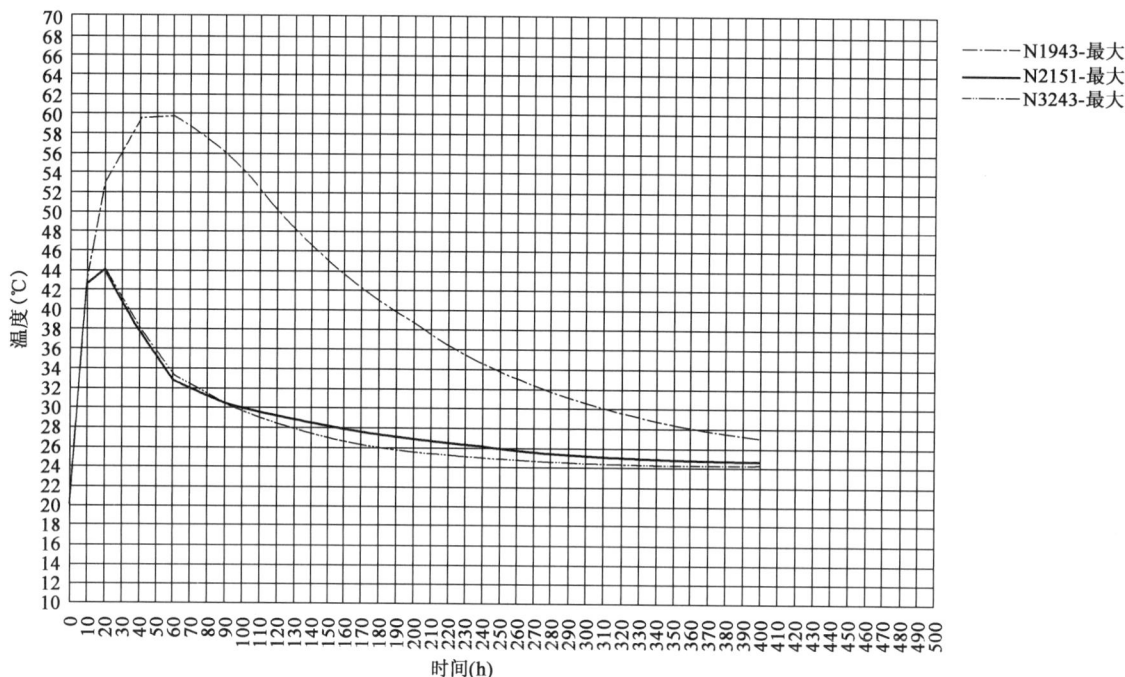

图3.1.1-28 理论温度曲线

拆模后进行外观观察,在长边中心位置处发现一条收缩裂纹,裂缝宽度在0.12~0.18mm之间,深度为1.8cm,未超出规范要求。经过分析,养护过程中冷却水进出水温差在5℃以内,冷却水流量符合要求,出现收缩裂纹存在以下几个方面的原因:

a.长边膨胀程度最大,中心位置产生的温度应力也是最大的。

b.承台直接坐落在岩石地基上对承台底部进行约束导致膨胀不均匀而开裂。

c.冷却水管间距过大导致降温效果不是很理想,产生明显温度梯度而导致温度应力差异大而开裂。

d.后期降温速率过快,大于2℃/d,温度梯度导致内外应力不一致而开裂。

e.养护过程中出现水泵故障导致冷却水断供。

在后续承台塔座施工过程中对冷却水管布置进行加密及缩小层内间距,增加一层冷却水管,并加强冷却水供应管理,拆模后基本未产生温度裂缝。再次进行管冷设计时可考虑缩小冷却水管管径,同时加密冷却水管布置,以达到经济高效的目的。

1.2 斜拉桥主塔施工

1.2.1 总体施工工艺

1)索塔节段划分

索塔高度分别为右幅1号塔塔高170.212m、右幅2号塔塔高175.212m、左幅1号塔塔高173.712m、左幅2号塔塔高175.212m,单节浇筑高度6m。索塔节段划分见表3.1.2-1。

表3.1.2-1

索 塔 节 段 划 分

序号	部　位	塔高(m)	下塔柱(m)	中塔柱(m)	塔梁固结(m)	上塔柱(m)
1	右幅1号塔	170.212	94.012	25	9.2	42
		节段划分	6.1+6×14+3.912	6×12+4.2		
2	右幅2号塔	175.212	94.012	25	9.2	42
		节段划分	6.1+6×15+2.912	6×12+4.2		
3	左幅1号塔	173.712	97.512	25	9.2	42
		节段划分	6.1+6×15+1.412	6×12+4.2		
4	左幅2号塔	175.212	99.012	25	9.2	42
		节段划分	6.1+6×15+2.912	6×12+4.2		

以最高塔高175.212m为例,索塔共划分为30个节段,其中下塔柱17个节段,中塔柱4个节段,塔梁固结2个节段,上塔柱7个节段。索塔节段划分思路如下。

(1)下塔柱:共17个节段,其中首节6.1m+15×6m标准节段+1×2.912m调节段。首节段考虑6.1m,模板高度6m+砂浆调平层0.1m;为了降低17号节段底模支架的高度,将调整段设置在16号节段。

(2)中塔柱:共4个节段,均为6m标准节段,21号节段顶口正好在塔梁固结倒角根部,便于塔梁固结支架搭设。

(3)塔梁固结:共2个节段,均为6m标准节段。塔肢与横梁同步浇筑,但23号节段塔肢会超过横梁顶1.845~2.149m,如果塔肢与横梁浇筑高度相同,则会增加1个节段,且增加的节段浇筑高度仅为0.045~0.349m,根据液压爬模锚锥埋设的特性,该增加的节段只能位于塔冠,施工难度大。

(4)上塔柱:共7个节段,6×6m标准节段+1×4.2m。上塔柱节段划分主要考虑索鞍的预埋,避免索鞍口出现半埋半露的情况。

索塔节段划分示意图见图3.1.2-1。

2)总体施工思路

索塔外模板施工采取液压爬模,外模板采用WISA模板;钢筋绑扎采用劲性骨架辅助,劲性骨架单节高度6m;混凝土浇筑采用高压混凝土拖泵;吊装均由塔式起重机进行。

(1)绑扎钢筋、冷却水管安装、模板安装(安装型钢斜撑)、安装劲性骨架、预埋液压爬模锚锥、预埋电梯护墙、预埋泵管孔、搭设环向脚手管操作平台(步距、层距均为1.2m,搭设高度6m)、索塔外侧安装登笼梯(3节,总高度12m),然后浇筑首节混凝土。首节施工示意图见图3.1.2-2。

(2)拆除环向脚手管操作平台,以首节混凝土为基础,拼装液压爬模1~4层,浇筑2号节段。2号节段施工示意图见图3.1.2-3。

(3)施工至4号节段时开始拼装电梯,塔式起重机、电梯随着液压爬模一起顶升。下塔柱循环施工完毕(下塔柱共17个节段)。4~17号节段施工示意图见图3.1.2-4。

(4)转入中塔柱施工,中塔柱共4个节段。因中塔柱两塔柱之间净空不具备两套爬模同时施工条件,如采用爬模则有一侧塔柱将滞后2个节段施工。中塔柱内侧面采取翻模施工(翻模采用悬臂模板与液压爬模配套进场),另外三侧面仍然采取爬模施工,由于中、下塔柱角度不同,爬模轨道无法自行调整角度,顺桥向液压爬模采取手动葫芦辅助调整轨道角度,横桥向液压爬模需拆除后重新拼装。18号节段施工示意图见图3.1.2-5。

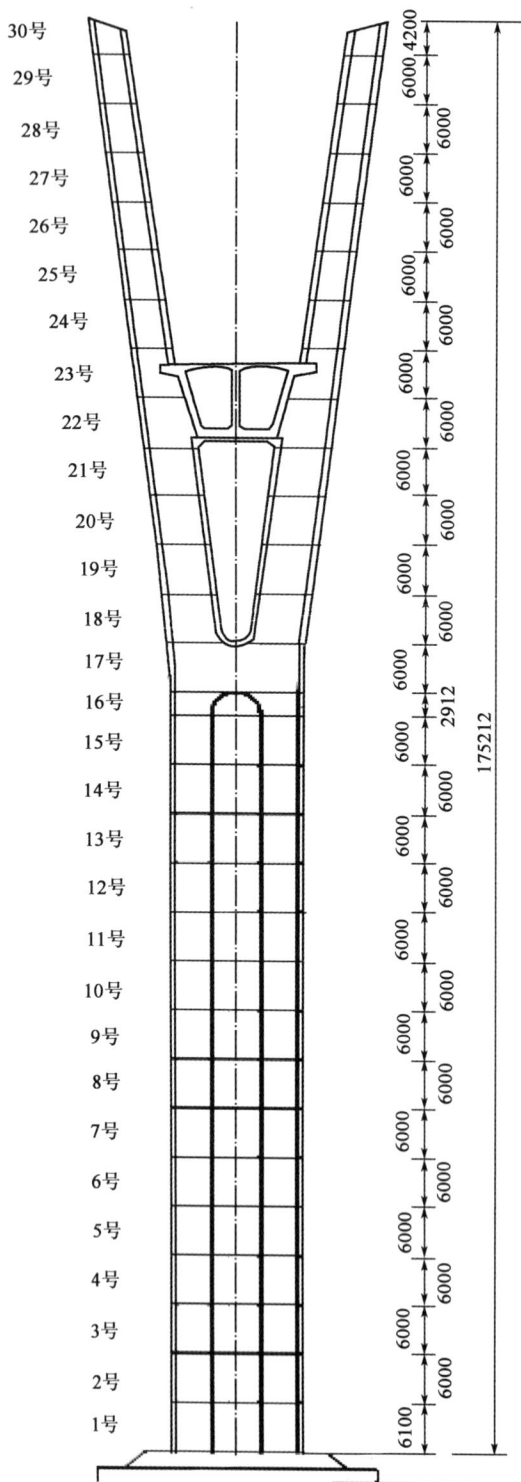

图3.1.2-1　索塔节段划分示意图(尺寸单位:mm)

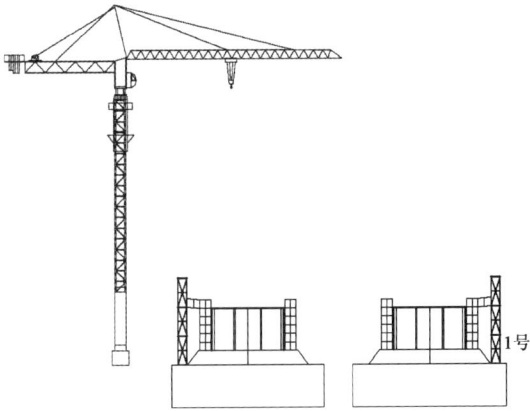

图 3.1.2-2 首节施工示意图

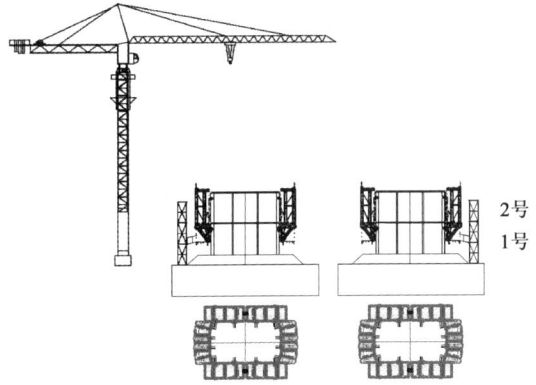

图 3.1.2-3 2 号节段施工示意图

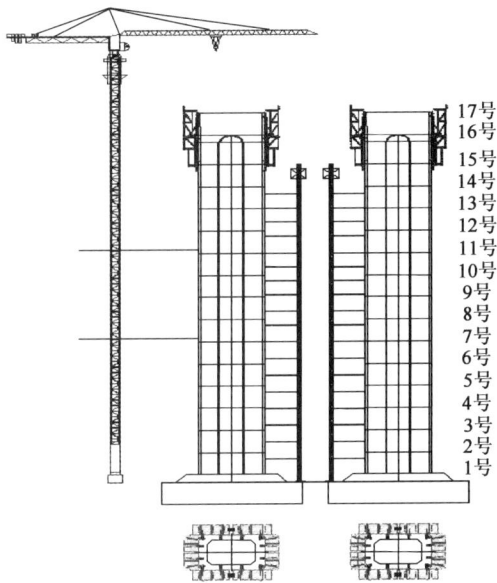

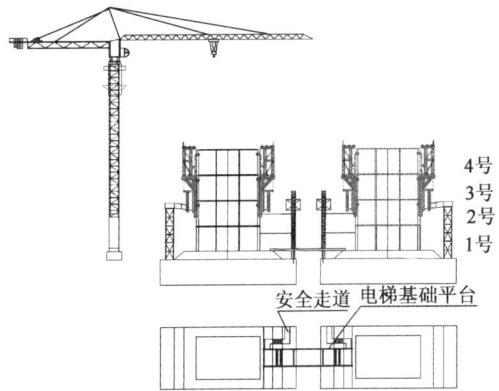

图 3.1.2-4 4~17 号节段施工示意图

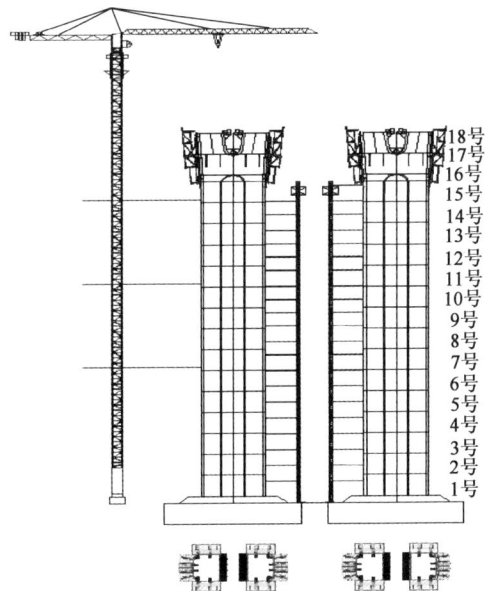

图 3.1.2-5 18 号节段施工示意图

（5）中塔柱循环施工完毕(共4个节段,至第21号节段),拆除内侧翻模、横桥向液压爬模,单面爬模分两次拆除,第一次拆除1~3层,第二次拆除4、5层,最大吊重为第二次6t,翻模一次拆除完毕。三面爬模拆除完毕安装支架转入塔梁固结施工。

（6）塔梁固结高9.2m,分两次浇筑,两次浇筑高度分别为6m、3.2m。支架承重三角架提前加工完成,爬模拆除完成后立即现场焊接安装,梁底采用预制桁架片,现场安装,翼缘板底采用脚手管满堂支架。

（7）外侧爬模爬升至23号节段,浇筑塔梁固结第二层混凝土。23号节段电梯侧小里程侧需埋设电梯平台预埋件(电梯最终顶升高度只达到塔梁固结顶面即桥面),并埋设24号节段操作平台预埋件。

（8）外侧爬模爬升至24号节段,24号节段外侧采用爬模,另外三侧均为翻模,翻模以23号节段埋设的预埋件作为操作平台进行施工。24号节段施工示意图见图3.1.2-6。

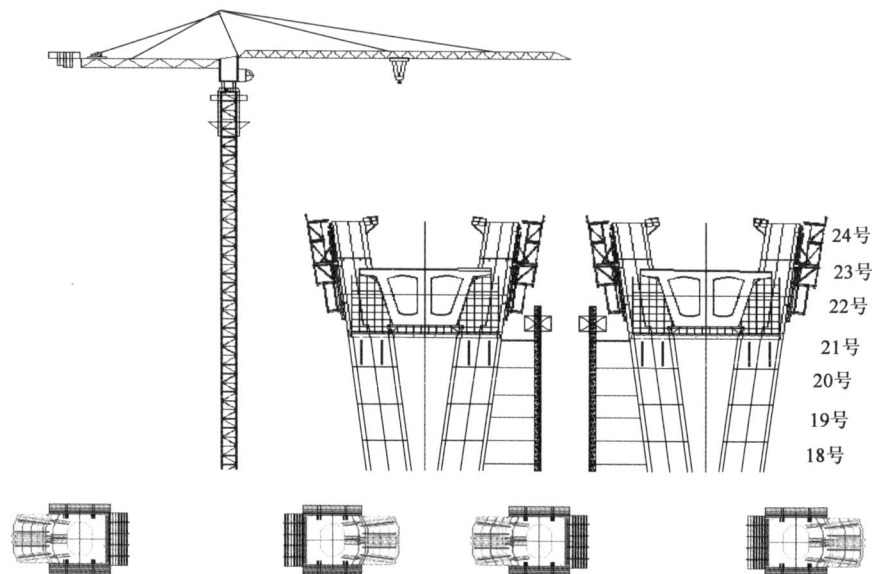

图3.1.2-6　24号节段施工示意图

（9）外侧爬模爬升至25号节段,以24号节段为基础拼装,另外三侧爬模,拼装1~4层,需吊装两次,1~3层为整体一次吊装,4层吊装一次。以21号节段埋设的预埋件拼装张拉操作平台,进行塔梁固结第一层混凝土横向预应力张拉。25号节段施工示意图见图3.1.2-7。

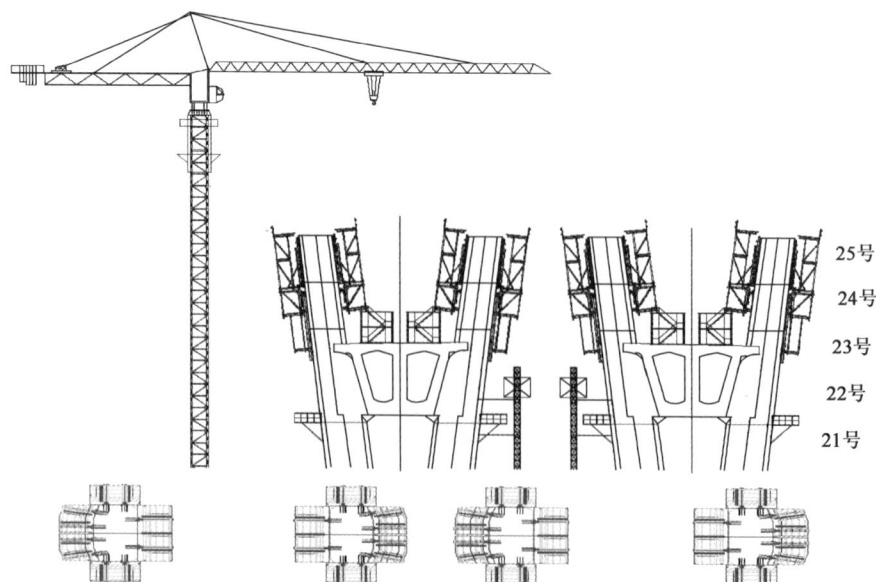

图3.1.2-7　25号节段施工示意图

（10）爬模爬升至 26 号节段，拼装 －1 层、－2 层，一次吊装。在张拉平台上搭设脚手管支架作为塔梁固结第二层混凝土横向预应力张拉操作平台，注意脚手管支架平联与 22 号节段预埋件焊接。受索塔 Y 形限制，电梯只能顶升至桥面，上塔柱施工上下爬模采用登笼梯。26 号节段施工示意图见图 3.1.2-8。

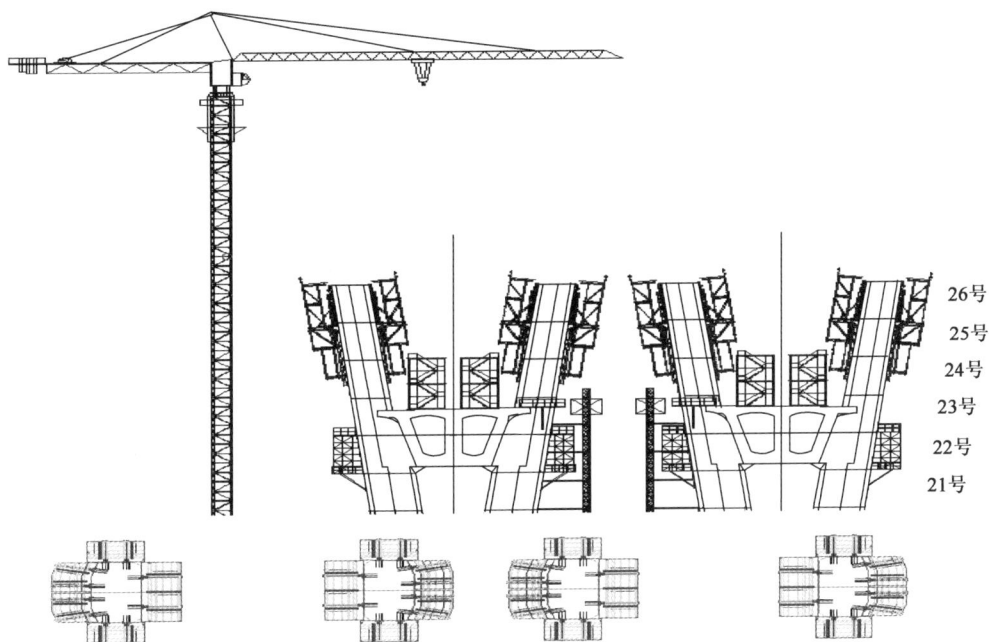

图 3.1.2-8　26 号节段施工示意图

（11）循环施工至 28 号节段。27～28 号节段施工示意图见图 3.1.2-9。

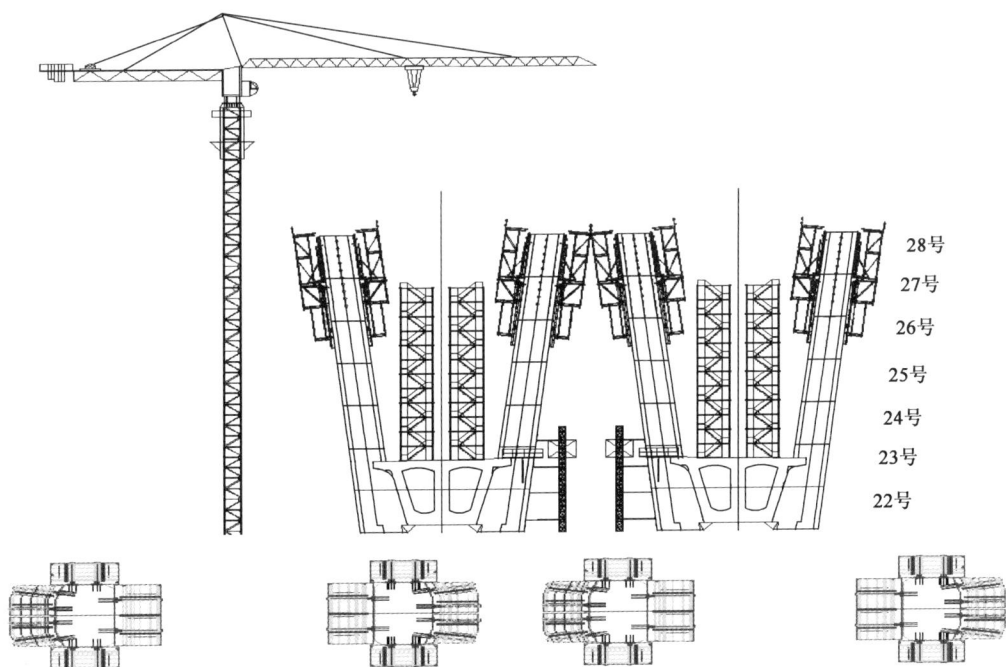

图 3.1.2-9　27～28 号节段施工示意图

（12）由于左右幅索塔距离较近，施工至 29 号节段时，将有一幅索塔的内侧塔柱需滞后两个节段。29 号节段施工示意图见图 3.1.2-10。

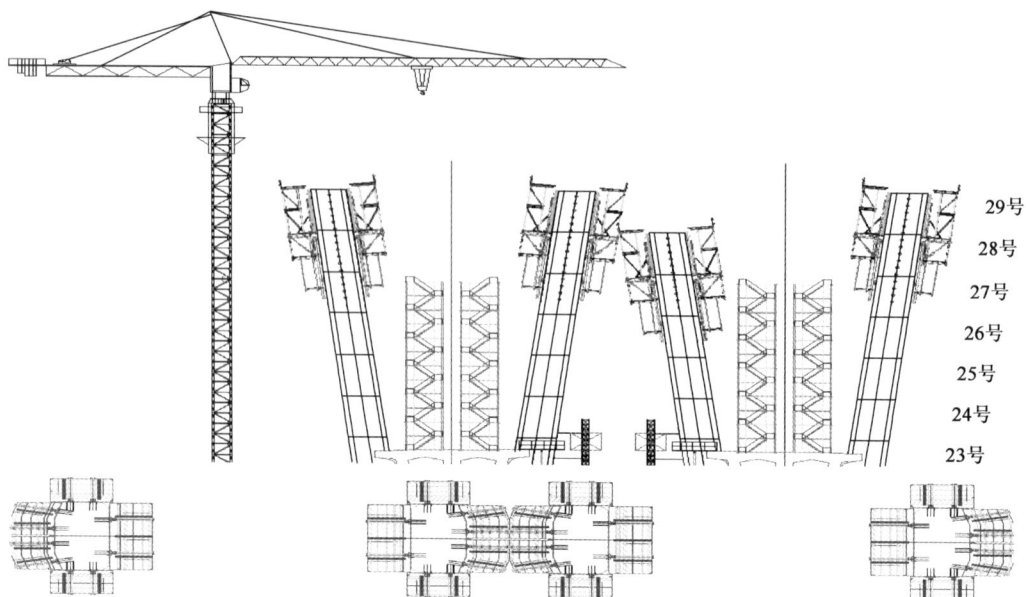

图 3.1.2-10　29 号节段施工示意图

（13）3 个塔柱爬模爬升至 30 号节段,滞后 1 个节段塔柱停留在 29 号节段,滞后节段爬模拆除上架体,登笼梯随着爬模爬升后一次安装。30 号节段施工示意图见图 3.1.2-11。

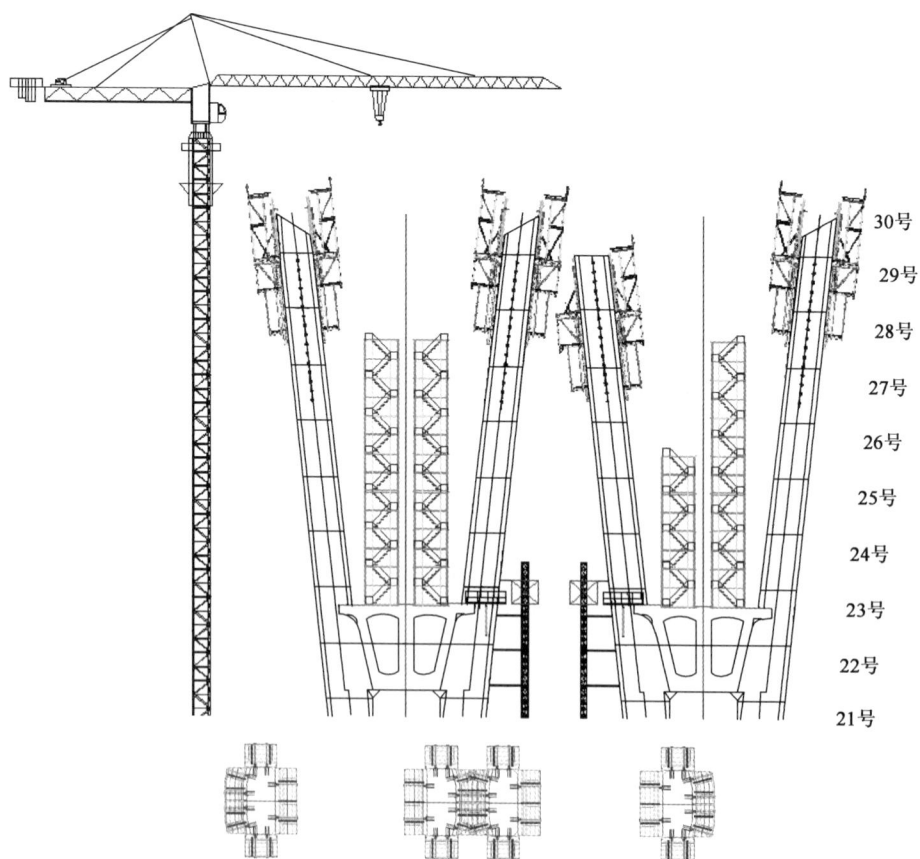

图 3.1.2-11　30 号节段施工示意图

（14）0 号节段施工完成后,拆除爬模,优先拆除内侧爬模,以便于滞后塔柱施工。滞后塔柱独自爬升完成 29 号、30 号节段施工,索塔施工完毕。塔顶安装预埋件,用于安装卷扬机挂索。滞后索塔 29 ～ 30 号节段施工示意图见图 3.1.2-12。

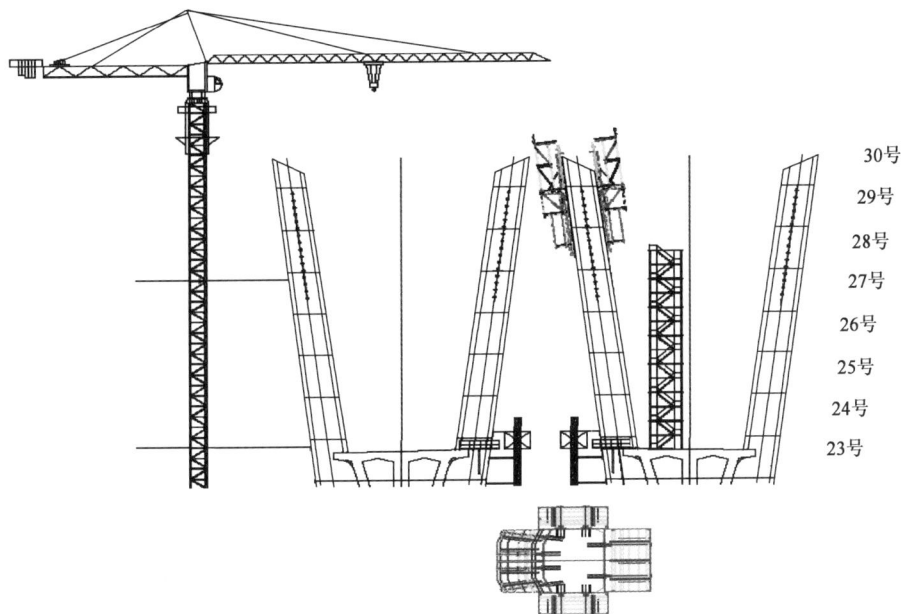

图 3.1.2-12 滞后索塔 29～30 号节段施工示意图

1.2.2 主要施工工艺

1.2.2.1 中、下塔柱施工

1) 首节施工

(1) 钢筋施工

索塔施工时预埋索塔预埋钢筋,预埋长度 5.5m(索塔 3.5m + 塔座 2m),考虑同一断面内钢筋接头≤50% 且错头长度≥35d(主筋为 φ32 螺纹钢),预埋钢筋长度分别为 9m、7.8m。索塔,塔座施工完毕后实际外漏长度为 3.5m、2.3m,1 号节段浇筑高度 6.1m,需接长主筋。预埋钢筋安装示意图见图 3.1.2-13。

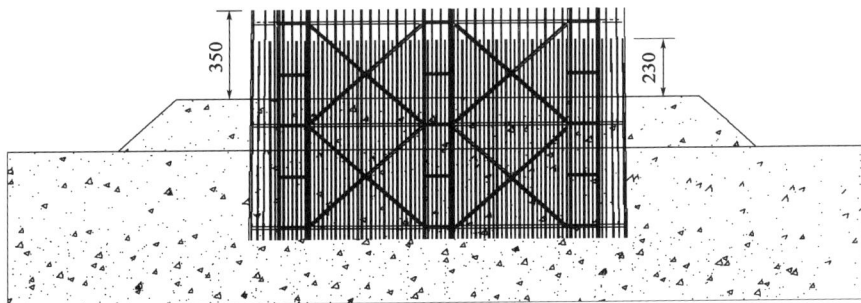

图 3.1.2-13 预埋钢筋安装示意图(尺寸单位:cm)

索塔 φ32 主筋采用 12m 钢筋原材加工,接长主筋前先接长劲性骨架。下塔柱横桥向定尺为 13m,顺桥向随索塔高度而变化,劲性骨架主要用于辅助塔柱钢筋精确定位及绑扎。劲性骨架桁架采用∟100 × 10❶。立杆、∟100 × 6 平联后场整体预制成形,现场吊装固定后焊制环向三层三排∟100 × 6 平联。索塔塔柱劲性骨架平面布置图、正视图见图 3.1.2-14。

劲性骨架安装完毕后开始绑扎钢筋,绑扎顺序为 φ32 主筋→φ20 水平箍筋→φ16 拉钩筋,φ32 主筋采用直螺纹连接。

---

❶ ∟100 × 10 表示角钢的边宽为 100mm,厚度为 10mm。余类同。

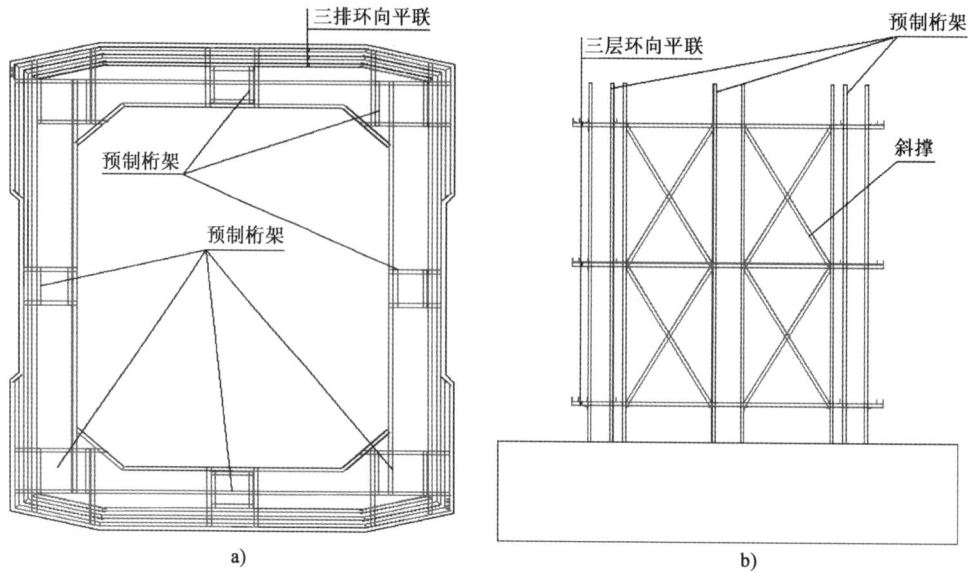

图 3.1.2-14   索塔塔柱劲性骨架示意图

（2）模板施工

首节施工高度为 6.1m（6m 标准节段 +0.1m 调平砂浆带），模板采用爬模模板（2.1cm 厚 WISA 模板）。锚锥定位示意图见图 3.1.2-15。

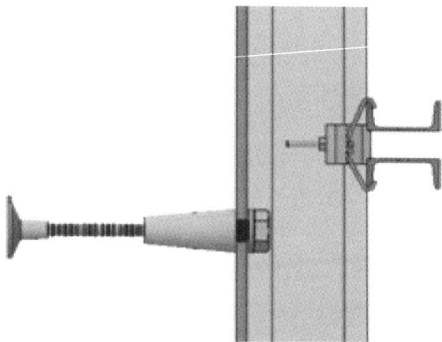

图 3.1.2-15   锚锥定位示意图

考虑经济、便于施工，对拉系统设置原则为：

①壁厚小于 3.5m 采用 $\phi20$ 圆钢外套 $\phi32$PVC 管（即聚氯乙烯管），对拉螺杆循环周转施工。

②壁厚大于 3.5m 采用 $\phi20$ 圆钢（长度为 60cm，为一次性投入）+ $\phi20$ 螺纹钢（结构钢筋），圆钢与螺纹钢搭接长度为 0.22m，焊缝高度 6mm。

空心段对拉螺杆、实心段对拉螺杆分别如图 3.1.2-16、图 3.1.2-17 所示。

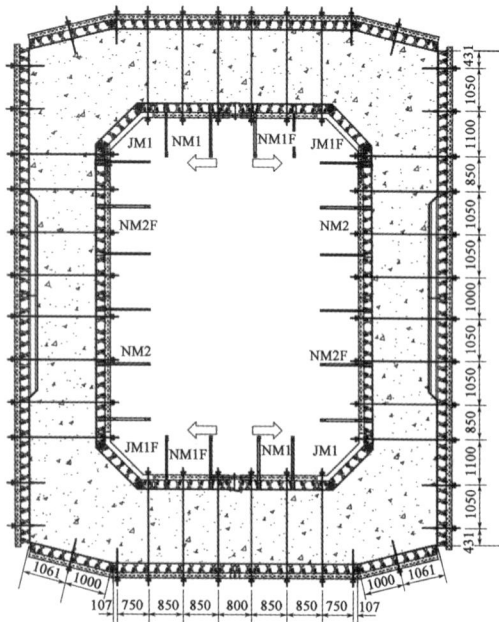

图 3.1.2-16   空心段对拉螺杆示意图（尺寸单位：mm）

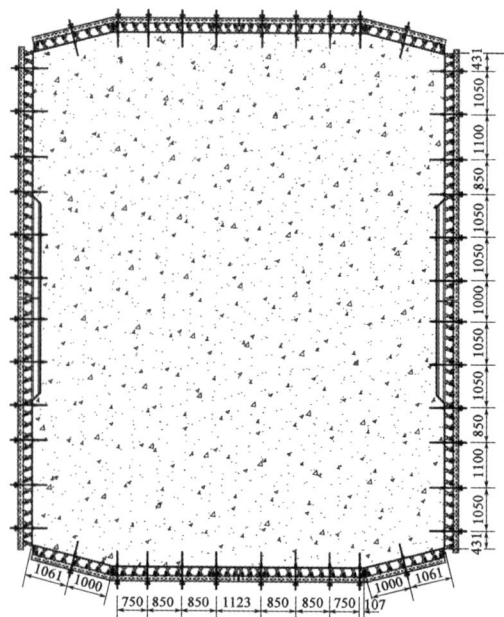

图 3.1.2-17   实心段对拉螺杆示意图（尺寸单位：mm）

2）下塔柱标准节段施工

以 1 号节段为基础安装液压爬模,液压爬模在堆场预拼后转至现场安装,从 2 号节段开始采用液压爬模施工。下塔柱标准节段循环施工至 17 号段,下塔柱施工完毕。下塔柱标准节段施工流程见图 3.1.2-18。

3）中塔柱首节施工

（1）首节模板

中塔柱首节(18 号节段)为分肢后的首个节段,横桥向液压爬模需拆除,调整轨道角度再次拼装,顺桥向内侧液压爬模均需拆除,改用悬臂模板,顺桥向外侧沿用液压爬模。内侧悬臂模板沿用爬模模板,在木工字梁上安装操作平,悬臂模板侧预埋锚锥需重新开孔,18 号节段施工完毕后封堵。中塔柱首节段模板示意图见图 3.1.2-19。

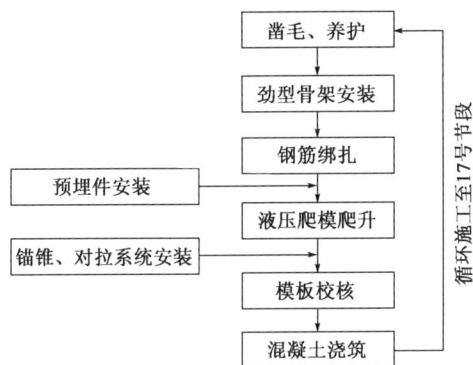

图 3.1.2-18　下塔柱标准节段施工流程图

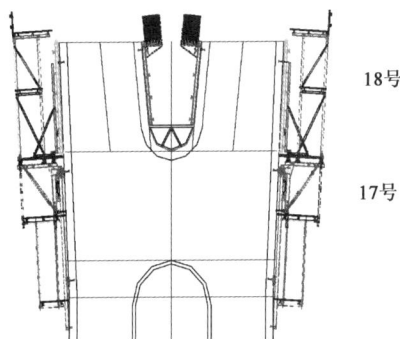

图 3.1.2-19　中塔柱首节段模板示意图

（2）圆弧段模板

分肢根部设置有圆弧过渡段,圆弧段半径为 1.444m,弧长 4.233m。为了确保圆弧模板质量,圆弧段侧模采用工厂加工定型钢模板,圆弧段模板示意图见图 3.1.2-20。

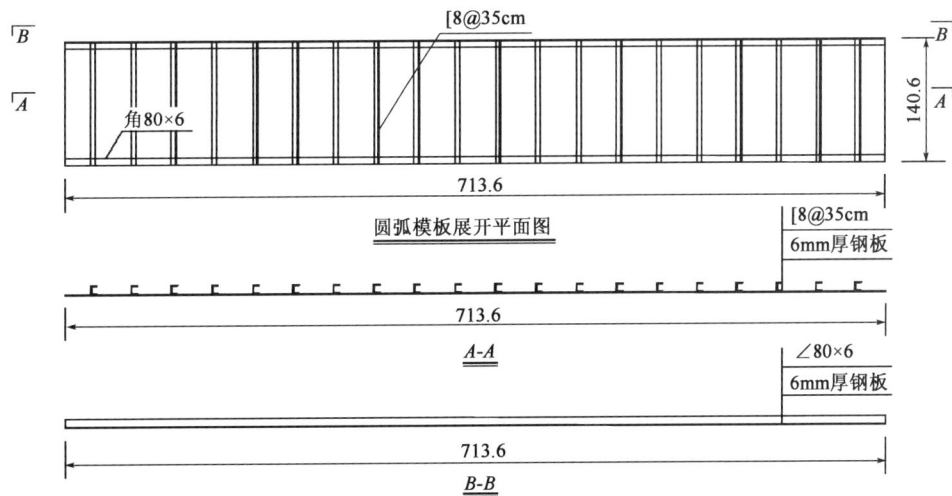

图 3.1.2-20　圆弧段模板示意图(尺寸单位:cm)

为了便于圆弧段模板的安装及定位,防止因左右幅塔肢不平衡浇筑导致圆弧段模板偏移,在 17 号节段顶部埋设预埋件,并在圆弧段模板拱内设置反压型钢架,型钢架支腿与预埋件焊接,且型钢架作为悬臂模板拼装的基础。型钢架由 I12 主梁 + I8 支撑梁 + I12 支腿组成,反压型钢架示意图见图 3.1.2-21。

4）中塔柱标准节段施工

中塔柱共 4 个节段（18 ~ 21 号节段），三侧液压爬模、顺桥向内侧悬臂循环施工至 21 号节段。中塔柱标准节段施工流程见图 3.1.2-22。

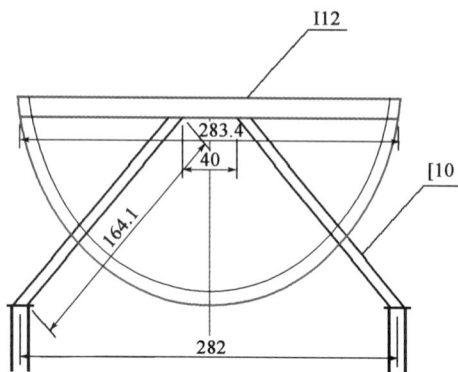

图 3.1.2.21　反压型钢架示意图（尺寸单位:cm）

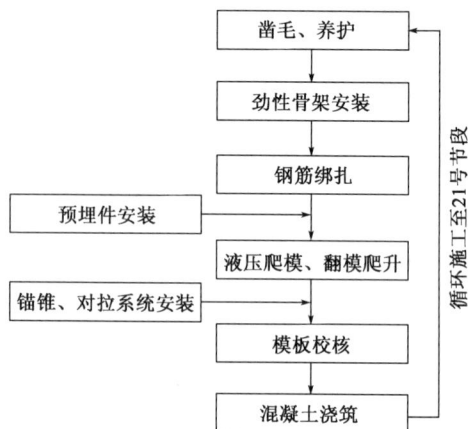

图 3.1.2-22　中塔柱标准节段施工流程图

1.2.2.2　上塔柱施工

1）上塔柱首节施工

上塔柱首节（24 号节段）横桥向、顺桥向内侧采用悬臂模板，顺桥向外侧沿用液压爬模。在 23 号节段顶预埋的预埋件焊接 I12 型钢支撑，以 I12 作为基础拼装悬臂模板，注意 I12 上翼缘顶的高程距 23 号节段顶 10cm。上塔柱首节施工示意图见图 3.1.2-23。

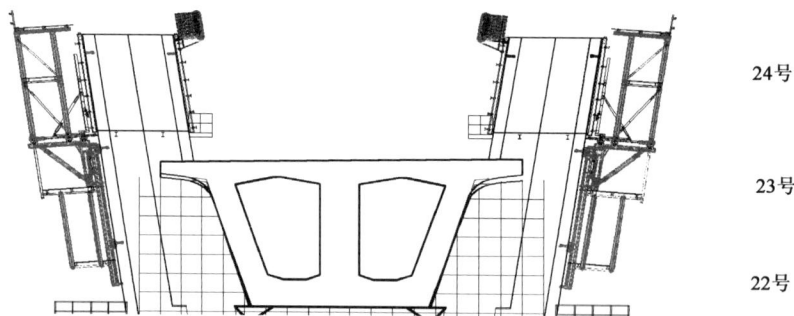

图 3.1.2-23　上塔柱首节施工示意图

2）上塔柱标准节段施工

上塔柱标准节段共 2 个节段（25 号、26 号节段），以 24 号为基础拼装三侧液压爬模，循环施工至 26 号节段，27 号节段进入有索区施工。上塔柱标准节段施工流程见图 3.1.2-24。

3）上塔柱有索区节段施工

上塔柱有索区共 3 个节段 27 号、28 号、29 号节段，对应斜拉索数量分别为 4 束、6 束、6 束。上塔柱有索区节段施工流程见图 3.1.2-25。

4）索鞍刚体化整体安装定位施工

（1）预制平台建设

①预制平台选址

预制平台选址有两个原则:一是便于施工，便于平台建设所需材料混凝土、型材及索鞍的转运，靠近便道;二是结合索鞍刚体化后重量考虑塔式起重机的吊装能力，宜靠近索塔。如图 3.1.2-26 所示。

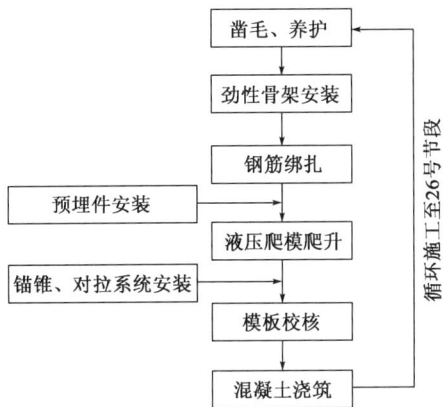

图 3.1.2-24 上塔柱标准节段施工流程图

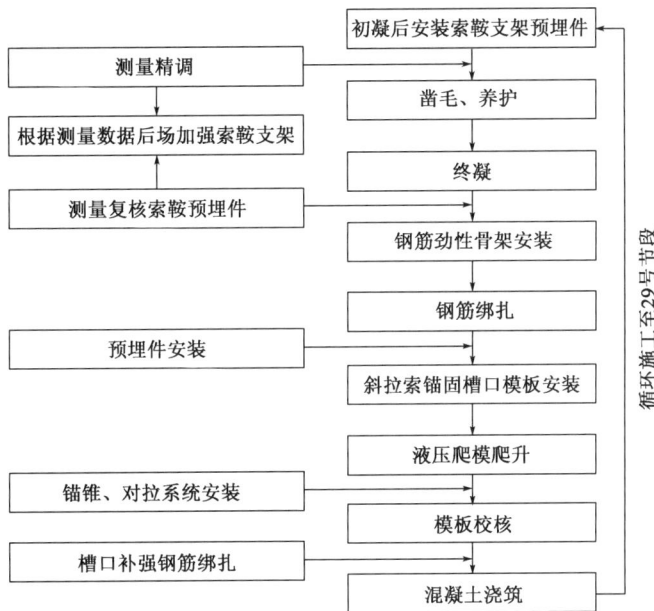

图 3.1.2-25 上塔柱有索区节段施工流程图

图 3.1.2-26 索鞍刚体化施工平台选址

②预制平台施工

a.结合索鞍及架体尺寸,基础尺寸(长×宽)为 3m×8m。基础采用 C30 混凝土,顶面埋设 2 排、3 列共计 6 个预埋件用于限位角钢的焊制,预埋件尺寸(长×宽)为 40cm×40cm,横向间距 2.9m,竖向间距1.6m。基础混凝土的顶面高程、平整度不作为重点管控点,重点管控预埋件的平整度,以保证限位角钢的竖直度。

b. 在预埋件顶部焊制1.2m高限位角钢,用以保证架体立杆垂直度。重点管控限位角钢的垂直度及焊接质量。

c. 在平台两侧搭设尺寸(长×宽)为120cm×60cm盘扣操作平台(图3.1.2-27),用于辅助操作安装及测量校核。

图3.1.2-27 操作平台示意图

(2)塔端预埋件施工

结合索鞍及架体尺寸进行塔端的预埋件施工。n节段混凝土浇筑前进行预埋件埋设,设置有4个预埋件,横桥向间距1.6m,顺桥向间距5.8m(图3.1.2-28)。钢板尺寸以大于外圈架体根部(即立杆)20cm控制,以避免出现预埋平面位置偏差时,架体无法与预埋件对接焊接固定。高程控制以降低2cm为准,以避免高程过高对架体进行修正,不足则可以塞垫钢板。

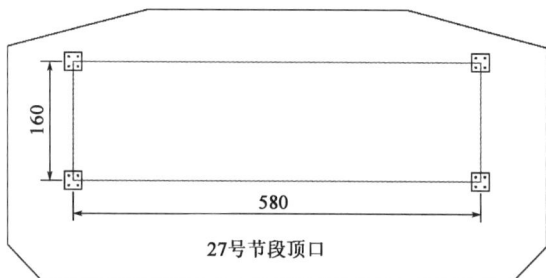

图3.1.2-28 塔端预埋件安装示意图(尺寸单位:cm)

(3)索鞍刚体化施工

由于洪溪特大桥塔式起重机设置位置的不同、现场地形导致预制平台选址的不同,最后演变出两种不同的刚体化预制方法,即塔式起重机吊装能力足够的将6组索鞍整体预制,塔式起重机吊装能力不足的将3组索鞍整体预制,但刚体化预制的工艺及原理均相同。

①坐标换算。索鞍定位采用的左中右三点定位,定位框架为角钢制作的定型框架,尺寸(长×宽)为5.8m×1.6m,定位工作开展前将大小里程左右侧的每道索鞍高程及平面位置进行换算。

②定位时采用尺量的方式确定索鞍3点定位位置,先测定定位点高度位置,在对应高度处焊接平杆角钢,在平杆上测量水平横向位置确定定位点。量出3个定位点后进行索鞍吊装固定,形成初定位(图3.1.2-29)。

③在索鞍管口中心贴反光贴,用全站仪以相对坐标对索鞍进行精调(图3.1.2-30),完成桥下索鞍预定位。精调完后固定索鞍并吊装到平整地带进行存放。

④精调后焊制限位钢筋将索鞍与架体固结(图3.1.2-31),完成索鞍刚体化施工。

⑤索鞍刚体化后吊出平台至临时存放点(图3.1.2-32)。

图3.1.2-29 索鞍初定位示意图

图3.1.2-30 索鞍精调定位示意图

图3.1.2-31 索鞍固结示意图

(4)塔上整体安装定位

①索鞍整体吊装前进行预埋件高程的复核,按理论高程进行塞垫,塞垫采用薄钢板,并在预埋件上放样出架体角点(图3.1.2-33)。

②利用塔式起重机将刚体化的索鞍架体整体吊装至塔上,对准角点放置并与索塔钢筋临时连接,采用绝对坐标对索鞍进行复核,复核无误后将架体根部与预埋件焊接固定,最后解除与索塔钢筋的临时连接。整体吊装示意图如图3.1.2-34所示。

③吊装到位后用全站仪复核索鞍有无偏位(图3.1.2-35),并进行整体精调,精调完成后焊接固定,塔式起重机松钩完成索鞍整体定位安装。

图 3.1.2-32　索鞍刚体化后临时存放示意图

图 3.1.2-33　吊装前架体角点放样示意图

图 3.1.2-34　整体吊装示意图

图 3.1.2-35　索鞍测量复核示意图

1.2.2.3　索塔内腔支架

空心段转实心段时需在索塔内腔搭设支架,单塔内共有 4 个节段需搭设内腔支架,分别为 9 号、17号、22 号、26 号节段,根据节段划分,明确各节段支架顶浇筑厚度分别为 1m、6m、0.97m、3.7m,搭设内腔支架节段,见图 3.1.2-36。

1)下塔柱隔板支架

下塔柱隔板位于 9 号节段,距离 8 号节段顶 3.9m,隔板板厚为 1m。8 号节段施工时在距混凝土顶20cm 及 220cm 处埋设预埋件,拆除模板后焊接 I22a 主梁以及 I18 斜撑,主梁间距 1.5m。I22a 主梁上分配梁采用的 I12,间距 80cm;I12 上立脚手管架,脚手管架立杆间距 0.8m×0.8m;脚手管架顶部分配梁为 I12,上铺 10cm×10cm 方木,间距 20cm,顶面面板为 1.2cm 厚竹胶板。下塔柱隔板支架如图 3.1.2-37 所示。

2)17 号节段内腔支架

17 号节段为 6m 实腹段,内腔凌空部分长 5.4m,宽 3.033m。支撑采用支架依托预埋件。

支架采用 I32a 作为主梁,I20a 作为斜撑,间距 1.5m;端头与预埋件钢板焊接。I32a 主梁上为 I18 分配梁,间距 0.5m,上方满铺方木,面板为 1.2cm 厚竹胶板。上方预埋件中心比 17 号节段底面低 0.462m,斜撑长度为 2.386m。17 号节段内腔支架示意图如图 3.1.2-38 所示。

3)21 号节段内腔支架

洪溪特大桥索塔 21 号节段内腔节段划分厚 1m,隔板凌空部分长 4.2m,宽 2.2m。支撑采用支架依托预埋件。

支架采用 I22a 作为主梁,间距 1.5m;端头与预埋件钢板焊接。I22a 主梁上分配梁采用的 I12,间距 0.9m,上立脚手管架,脚手管立杆间距 0.9m×0.9m,脚手管架顶部分配梁为 I12,上铺 10cm×10cm 方木,方木间距 20cm,顶面面板为 1.2cm 厚竹胶板。索塔 21 号节段内腔支架如图 3.1.2-39 所示。

4)26 号节段内腔支架

洪溪特大桥索塔 26 号节段内腔节段划分厚 3.8m,隔板凌空部分长 0.754m,宽 3.022m。支撑采用支架依托预埋件。

支架采用 I22a 作为主梁,间距 1.5m;端头与预埋件钢板焊接。I22a 主梁上分配梁采用的 I18,I18 间距 90cm,上立脚手管架,脚手管架立杆间距 0.5m×0.5m,脚手管架顶部分配梁为 I12,I12 间距为 0.5m,上铺 10cm×10cm 方木,间距 0.2m,顶面面板为 1.2cm 厚竹胶板。

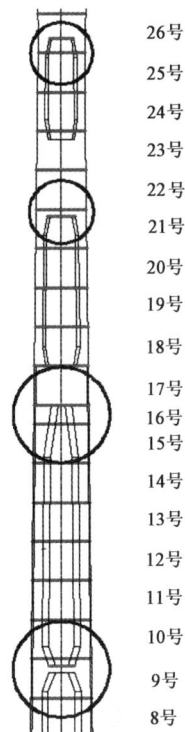

图 3.1.2-36 搭设内腔支架节段示意图

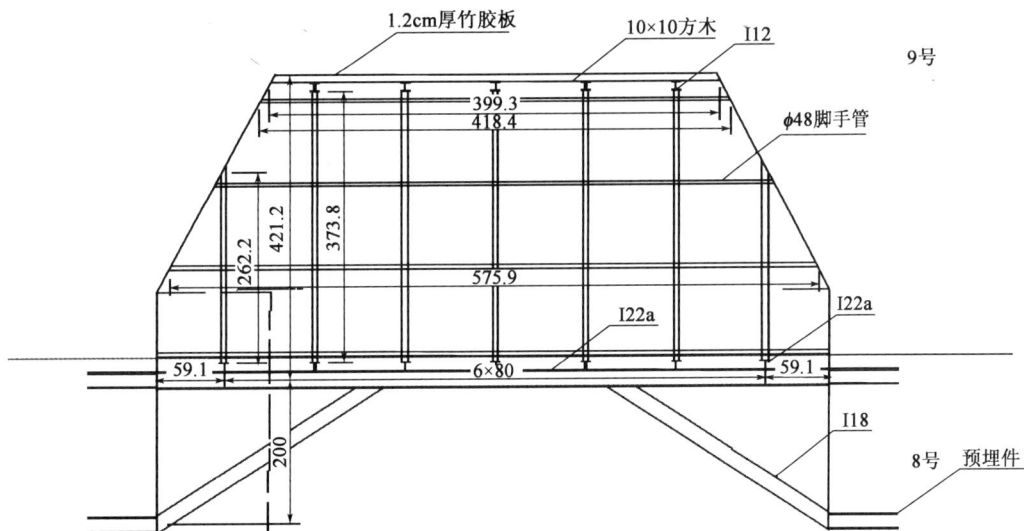

图 3.1.2-37 下塔柱隔板支架(尺寸单位:cm)

1.2.2.4 钢筋工程

1)钢筋节段划分

钢筋节段划分的原则:

(1)与节段划分匹配,避免出现在节段顶接长钢筋的情况,节段顶接长钢筋不利于施工,亦不安全。

(2)与塔式起重机附墙匹配,塔式起重机附墙上自由高度为 24m,如出现需在节段顶接长钢筋的情况,则吊钩高度 + 钢筋长度 12m + 外露钢筋长度有可能大于塔式起重机自由高度,无法施工。

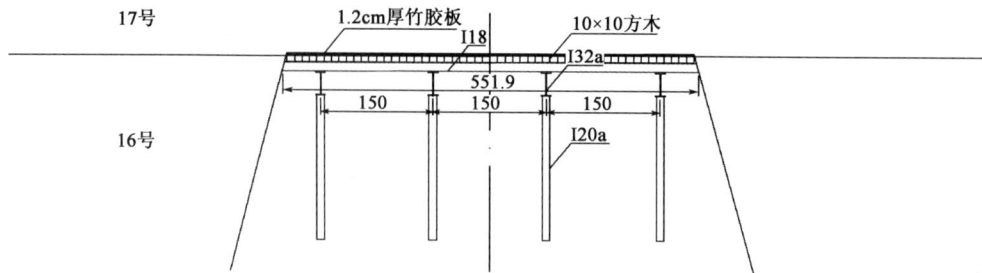

图 3.1.2-38　17 号节段内腔支架示意图(尺寸单位:cm)

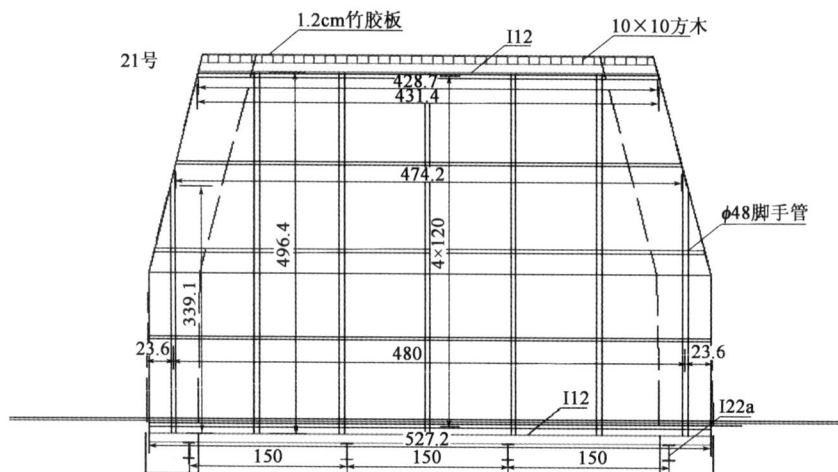

图 3.1.2-39　索塔 21 号节段内腔支架(尺寸单位:cm)

(3)便于施工,节段浇筑后外露钢筋不宜过高或过矮。

(4)尽量减少废料,节约、经济。

(5)同一断面接头数量不能超过 50%,错头长度不得低于 1.12m(即 $35d$,d 为钢筋直径)。

2)钢筋安装

塔柱钢筋绑扎流程如图 3.1.2-40 所示。

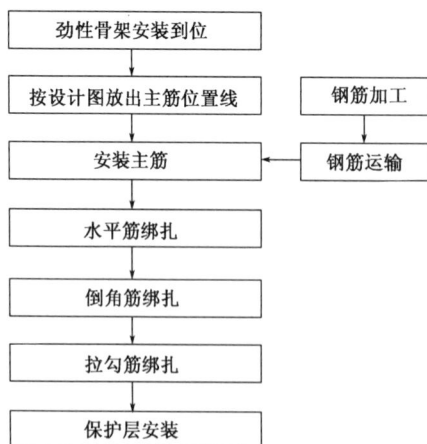

图 3.1.2-40　塔柱钢筋绑扎流程图

3)索塔劲性骨架

为了满足塔柱高空、倾斜状况下钢筋施工的精确定位,方便测量放线,塔柱施工时设置劲性骨架。为了方便安装,劲性骨架采用矩形小断面桁架结构,在后场分榀分节段加工,路运至现场塔式起重机吊装。下塔柱竖向主筋外侧三层、内侧一层,中上塔柱竖向主筋外层为 2 层,内层为一层,直径均为 32mm,

间距15cm。

(1)劲性骨架设计

劲性骨架设计中考虑以下几点:

①主筋接长时稳定的需要。

②劲性骨架在倾斜工况条件下自身稳定性以及刚度要求。

③在规范允许范围内精确定位钢筋需要。

④方便劲性骨架加工施工。

⑤方便运输以及现场吊装。

⑥考虑上塔柱的索鞍安装定位。

塔柱劲性骨架是由后场加工的若干格构式立柱与现场连接件构成。小断面桁架截面大小是根据塔柱各段截面形式以及满足钢筋准确定位而设计的。

下塔柱劲性骨架由8个格构柱组成,格构柱采用∟100×10立杆、∟100×6平联后场整体预制成形,现场吊装固定后焊制环向外侧三层三排∟100×6平联(图3.1.2-41)。

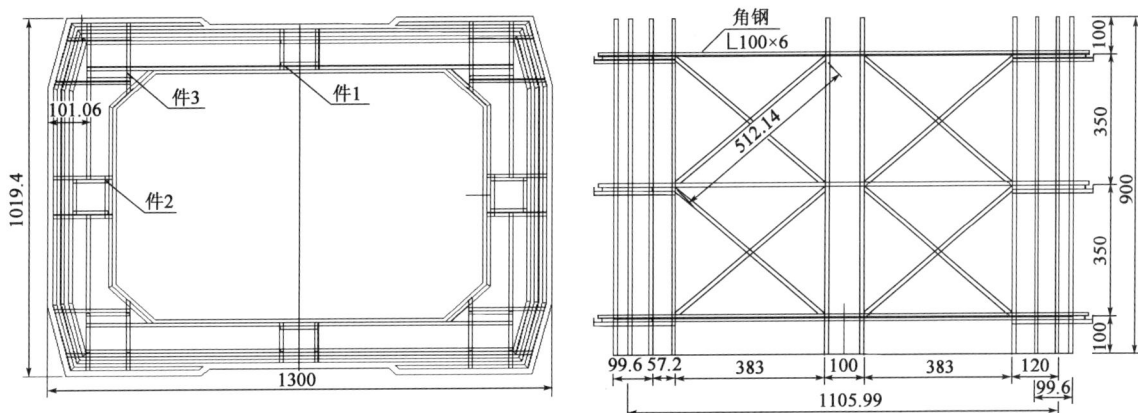

图3.1.2-41 下塔柱劲性骨架布置图(尺寸单位:cm)

中上塔柱劲性骨架由4个标准桁架片组成,桁架片采用∟100×10立杆、∟100×12平联后场整体预制成形,现场吊装固定后焊制环向外侧二层二排∟100×12平联(图3.1.2-42)。

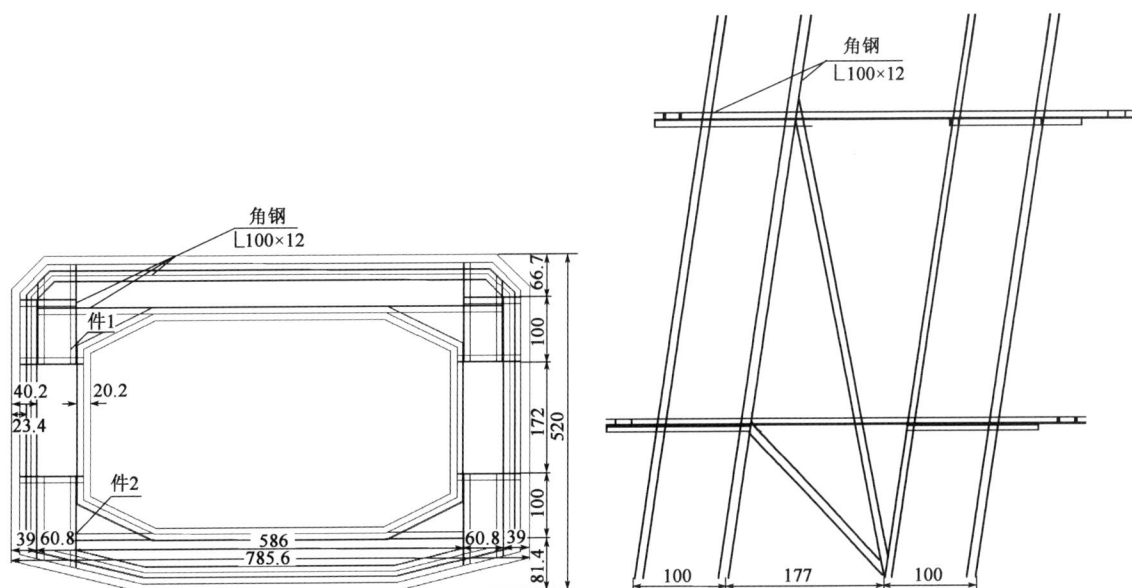

图3.1.2-42 中、上塔柱劲性骨架布置图(尺寸单位:cm)

（2）劲性骨架施工

劲性骨架加工在堆场钢结构加工区进行，为了保证加工的小断面桁架的平面尺寸以及倾斜角度符合要求，在堆场钢结构加工区使用型钢、钢板搭设一个水平度满足要求的小断面桁架加工的施工平台。劲性骨架标准节段加工高度为12m，部分节段加工高度根据施工节段高度进行适当调整。塔柱劲性骨架施工工艺流程见图3.1.2-43。

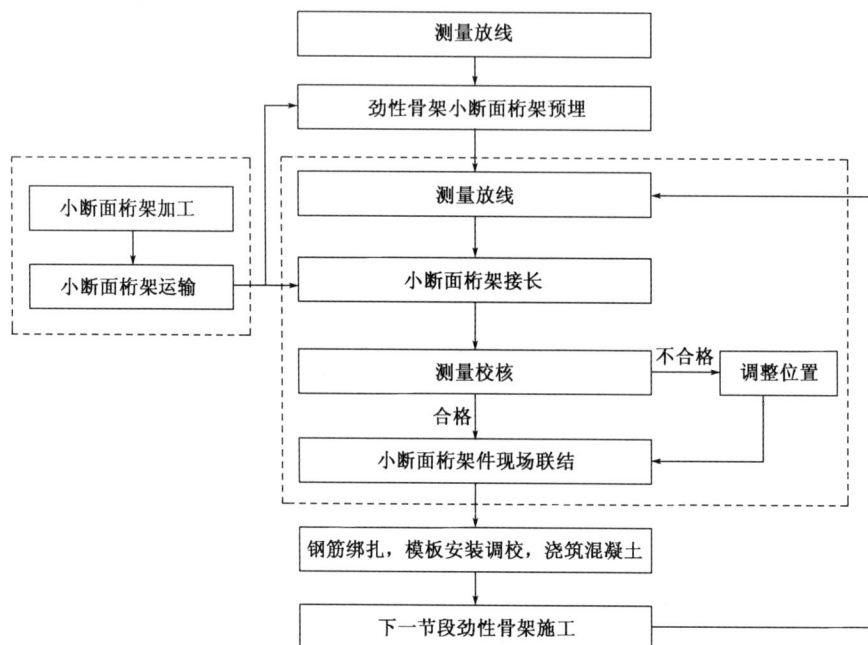

图3.1.2-43　塔柱劲性骨架施工工艺流程图

1.2.2.5　预应力工程

下横梁共56束钢绞线，钢束型号均为15-15，预应力采用15ϕ^s15.2钢绞线，标准强度为1860MPa，张拉控制应力1395MPa，张拉采用张拉力、伸长量双控，锚固预埋套筒采用壁厚6mm的直缝电焊钢管。预应力张拉顺序：从腹板中部开始上下对称张拉腹板钢束，然后从顶底板中部开始左右对称张拉顶底板束。预应力施工流程见图3.1.2-44。

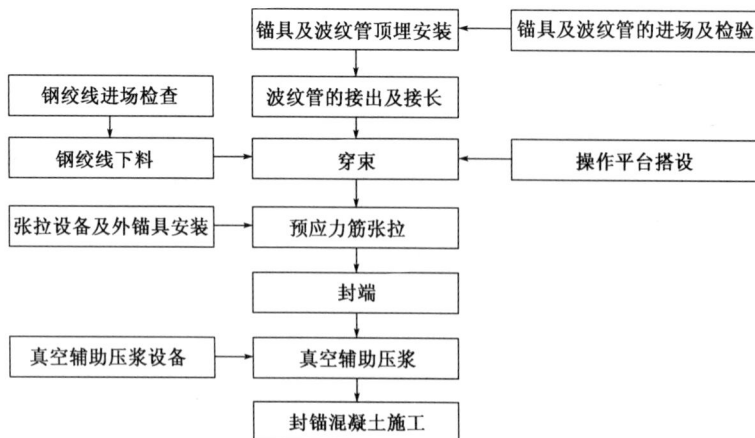

图3.1.2-44　预应力施工流程图

横梁预应力采用深埋锚工艺，无需设置齿块，有效避免主筋、劲性骨架的切断，且便于封锚施工。

为了避免液压爬模模板进行大面积开孔，钢绞线采取后穿方式，钢绞线较短，最长束仅为20.7m，采取塔式起重机配合人工单根穿束。由于横梁预应力与液压爬模承重三脚架位置冲突且无法调整，横梁预应力需滞后张拉,待液压爬模爬升至25号节段进行第一层32束预应力张拉,液压爬模爬升至26号节段进行第二层24束预应力张拉。

1)第一层预应力施工

当液压爬模爬升至25号节段时,安装预制的三脚架(间距1m),铺设10cm×10cm方木(间距10cm),铺设竹胶板,安装1.2m高护栏,形成第一层预应力施工平台,考虑第二层预应力操作平台,第一层平台较宽,安装宽度为3m。制作延长桶,用以深埋锚的张拉作业。第一层操作平台示意图见图3.1.2-45。

2)第二层预应力施工

当液压爬模爬升至26号节段时,拆除第一层平台方木、竹胶板搭设脚手管,横、纵向步距均为1m,平联层距为1.5m,并搭设横、纵方向剪刀撑,平联与塔柱上预埋件焊接固定,第一层平台方木、竹胶板周转安装至第二层平台,安装护栏,形成第二层预应力施工平台,第二层安装宽度为2.2m。第二层操作平台示意图见图3.1.2-46。

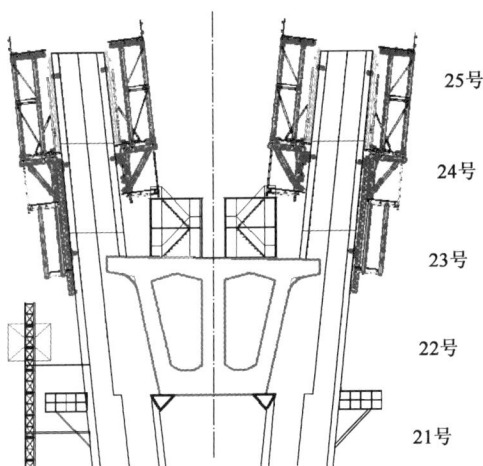

图3.1.2-45　第一层操作平台示意图

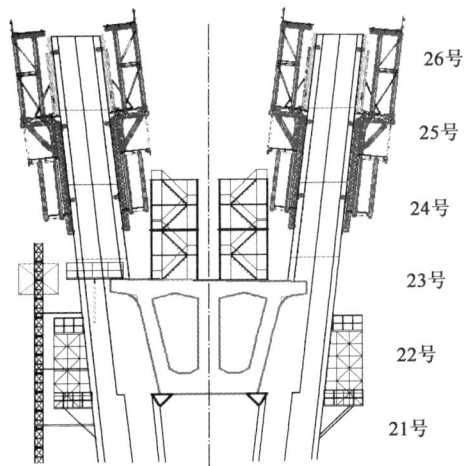

图3.1.2-46　第二层操作平台示意图

1.2.2.6　索塔支撑、对拉系统

斜拉桥Y形索塔中、上塔肢由于外倾,当施工到一定高度后,中、上塔肢内侧混凝土将产生拉应力,两塔肢间需要对拉以消除塔肢内侧根部拉应力。如果只设计对拉,则每一道对拉系统对塔肢根部都可能造成叠加效应,另外设计刚性支撑系统,缩短塔肢的悬臂端,使其悬臂状态的塔柱构成框格,减少上一道对拉系统对下一道对拉系统的影响。

1)中塔柱支撑、对拉系统

中塔肢由于外倾,塔肢重力(含自重及施工模板等其他荷载)沿垂直于塔身方向的分力(分力方向横桥向)将产生附加弯矩,沿着塔身方向的分力将产生压应力。随着塔肢浇筑高度的不断增加,附加弯矩值将逐步增大,当附加弯矩值增加到某一临界值后,弯矩在塔肢内侧面产生的拉应力正好等于沿着塔身方向的分力产生的压应力。此后,塔肢内侧混凝土将由受压状态转变为受拉状态,当拉应力超过塔肢混凝土自身抗拉强度后,混凝土将出现受拉破坏裂缝。中、上塔肢为空心薄壁结构,在空心与实心段交接处截面突变,该处应力最为集中,若破坏时该处将首先破坏。因此,在下塔肢内侧混凝土出现有害拉应力以前,必须施加主动预应力,使塔肢内侧混凝土呈现受压状态。

塔梁虽然同步施工,但横梁预应力滞后张拉,横梁第一层张拉前,18～25号节段处于悬臂状态,特别是在浇筑横梁第一层混凝土前应给予中塔肢内侧混凝土一定的压应力储备,防止中塔肢在横梁重力作用下出现拉应力,甚至有害裂缝。

因此中塔柱设置了道支撑、对拉系统,设置在21号节段,用以抵消22～25号节段、横梁自重分力对19号节段中部的拉应力。

2）上塔柱支撑、对拉系统

图3.1.2-47　临时支撑及对拉系统

上塔柱24～30号节段先于悬臂浇筑有索节段(9号)施工完成，在斜拉索未张拉前处于悬臂状态，斜拉索张拉后会产生沿着塔身方向的分力、垂直于塔身方向的分力(分力方向顺桥向)，由于斜拉索对称张拉，垂直于塔身方向的分力会被抵消，沿着塔身方向的分力将产生压应力，当压应力大于上塔柱自重产生的拉应力，则塔肢内侧受拉状态转变为受压状态。因此上塔柱设置两道支撑、对拉系统，第三道设置在24号节段顶部，用以抵消23～27号节段自重分力(中部)对塔肢(横梁顶面处)的拉应力；第四道设置在27号节段中部，用以抵消27(中部)～30号节段自重分力对24号节段顶部的拉应力。

临时支撑及对拉系统如图3.1.2-47所示。

3）支撑、对拉系统设计

共设计三道支撑及对拉系统，第一道位于21号节段顶，焊接钢管桩及张拉临时预应力；第二道位于24号节段，焊接钢管桩及张拉临时预应力；第三道位于27号节段，焊接钢管桩及张拉临时预应力。空心薄壁段钢绞线至实腹穿出，钢管支撑亦是安装在实腹，对拉、支撑系统严禁安装在薄壁处。临时支撑及对拉系统布置如图3.1.2-48所示。

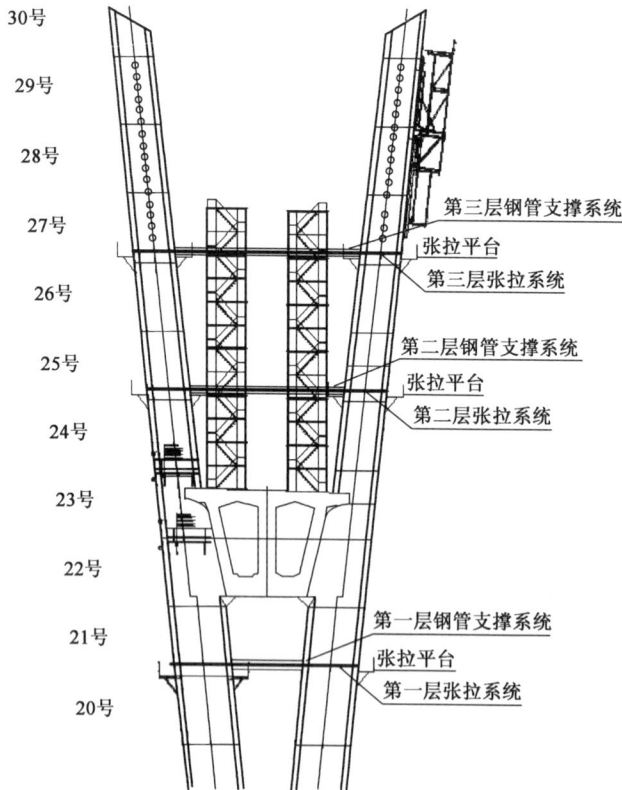

图3.1.2-48　临时支撑及对拉系统布置示意图

4）支撑、对拉系统施工及解除

（1）解除条件

第一道支撑、对拉系统可在横梁张拉结束后解除，张拉数量待计算后确定；第二、三道支撑、对拉系统在斜拉索张拉后可解除，张拉数量需待计算并由第三方监控单位复核。

（2）安装及解除

在需安装支撑、对拉系统的节段，埋设预埋件用于搭设施工平台，安装及拆除均在平台上进行。

对应节段埋设 PVC 管作为对拉系统穿束通道,两塔肢埋设的管道必须顺直,严禁存在折线,并固定好,混凝土浇筑时注意对管道的保护。对拉钢绞线采用后穿法,预留足够的工作长度并严禁割除,由塔式起重机配合安装,张拉工艺参照预应力工程本篇 1.4.2.2 挂篮施工"5)预应力施工";拆除采取预应力放张的工艺。

对应节段埋设预埋件用于焊接支撑系统,拆除时塔式起重机配合割除即可。

1.2.2.7　索塔预埋件

索塔预埋件种类繁多,措施用预埋件居多,结构用预埋件只有避雷针。

下塔柱:塔式起重机附墙预埋件、电梯附墙预埋件、泵管预埋件、防坠平台预埋件、隔板支架预埋件、内腔交叉处支架预埋件、劲性骨架预埋件、液压爬模预埋锚锥。

中塔柱:塔式起重机附墙预埋件、电梯附墙预埋件、泵管预埋件、横梁支架预埋件、支撑对拉系统预埋件、张拉平台预埋件(含附墙)、电梯平台预埋件、劲性骨架预埋件、液压爬模预埋锚锥。

上塔柱:塔式起重机附墙预埋件、泵管预埋件、登笼梯预埋件(含附墙)、劲性骨架预埋件、有索区实心段内腔支架预埋件、斜拉索穿束预埋件、塔冠斜拉索导向预埋件、支撑对拉系统预埋件、防坠平台预埋件、避雷针预埋件、上塔柱首节平台预埋件、液压爬模预埋锚锥。

1.2.2.8　索塔防雷接地

为了避免直击雷的损害,在每座索塔顶端布置有 4 根接闪杆,采用 ϕ12mm 圆钢沿塔顶外沿明敷一周,接闪杆和明敷接闪带下端与索塔内的引下线采用 50mm×50mm(宽×厚)扁钢可靠焊接。每座索塔设置 4 根主筋作为接地引下线,对称分布在 4 个倒角处,引下线上端与索塔顶部接闪器和接闪带等电位连接,中部与桥面等电位连接带连接,下端与承台下层钢筋、桩基内主筋连接,并在索塔根部距离塔座顶1.5m 处预埋防雷测试点,接地电阻不大于 10Ω。箱梁内同一截面内利用顶板、底板、翼缘板、腹板钢筋做等电位连接,并于箱内预留接地端子,顶板钢筋与护栏预埋钢板等电位连接。

塔柱与承台接地钢筋均采用 ϕ12mm 圆钢跨线连接,圆钢双面施焊,焊接长度不得短于 60mm(5d),焊缝饱满不得出现夹渣、裂纹、虚焊、气孔等缺陷,并清理焊渣。扁钢与圆钢搭接长度不得短于 72mm(6d),双面施焊;扁钢与扁钢搭接长度不得低于扁钢宽度的 2 倍(100mm),三面施焊。

1.2.2.9　液压爬模高空半落地式体系转换

1)施工工艺流程(图 3.1.2-49)

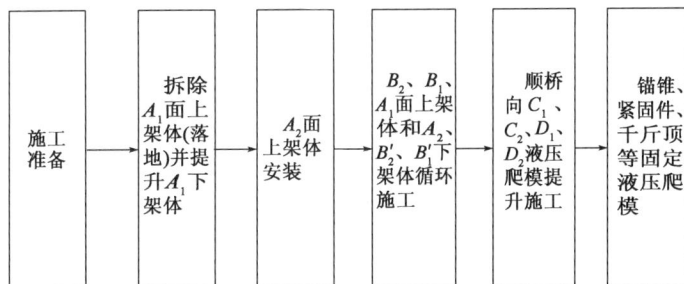

图 3.1.2-49　液压爬模高空半落地式体系转换施工工艺流程

2)操作要点

(1)施工准备

①液压爬模通用性配备及编号

a. 根据墩塔断面尺寸配备墩塔每侧边通用的液压爬模上、下架体。

b. 对墩塔四个面的液压爬模进行编号,横桥向液压爬模上、下架体编号为 $A_1(A_1')$、$A_2(A_2')$ 和 B_1 (B_1')、$B_2(B_2')$,顺桥向编号为 C_1、C_2 和 D_1、D_2,见图 3.1.2-50。

②液压爬模体系转换前相关准备

a. 锚锥预埋：下塔柱垂直向上，同排锚锥预埋保持水平。中塔柱为倾斜84°，同排锚锥对应倾斜角度进行预埋不再保持水平。锚锥预埋示意图如图3.1.2-51所示。

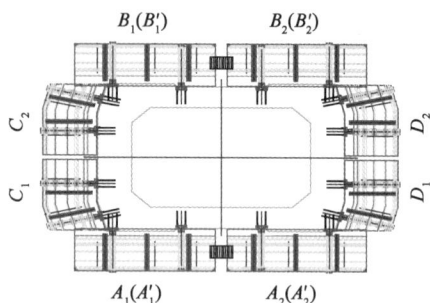

图3.1.2-50 液压爬模编号图

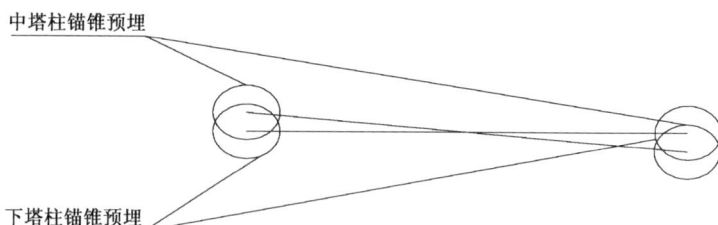

图3.1.2-51 锚锥预埋示意图

注：液压爬模行走路径通过轨道来控制，轨道的路径通过上下两层锚锥来控制，锚锥两两一组，单根导轨通过同排两组、上下两层来控制路径。

b. 基础节段混凝土浇筑：液压爬模的重新拼装或转换均需要在一个基础节段进行，下塔柱转中塔柱以中塔柱第一节段作为转换基础节段，中塔柱转上塔柱以上塔柱第一节段作为转换基础节段。转换基础节段示意图如图3.1.2-52所示。

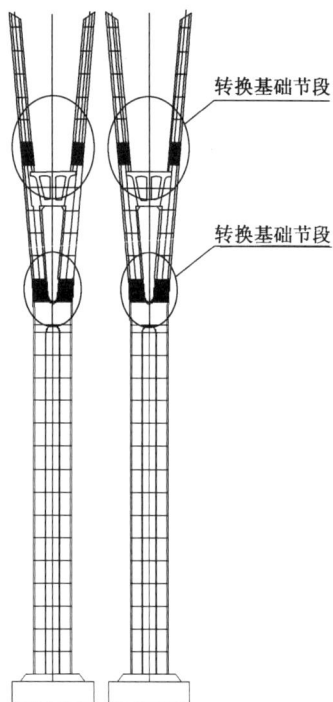

c. 爬模平台清理。

将液压爬模平台上所有材料、设备清除并将爬模模板背肋上杂物清理掉，以避免转换时坠物。平台清理示意图如图3.1.2-53所示。

d. 锚靴安装、轨道抽离。

利用锚锥安装挂板及锚靴，并将轨道抽离。锚靴安装如图3.1.2-54所示。

（2）拆除A_1面上架体（落地）并提升A_1'面下架体

①A_1面上架体拆除落地

采用人工配合塔式起重机四点吊装法拆装上架体，在塔式起重机略微受力后，将上、下架体层间连接销子拆掉，直接吊装落地。因为上架体杆件均为柔性杆件，落地时需注意两点：落地前地面用方木找平；落地时确保四根杆件同时落地，避免因个别杆件受力集中而发生变形。A_1面上架体拆除落地见图3.1.2-55。

图3.1.2-52 转换基础节段示意图

图3.1.2-53 平台清理示意图

图 3.1.2-54　锚靴安装示意图

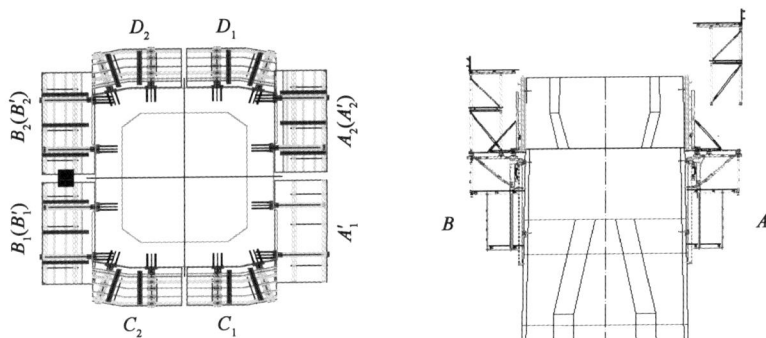

图 3.1.2-55　A_1 面上架体拆除落地示意图

②提升 A_1' 面下架体

a. 利用塔式起重机将 A_1' 面下架体整体提升,下架体与横梁层间连接采用销(插)接,整个下架体在平面上可以错动,两组承重三角架构成长方形面,在自重的作用下下架体顺着中塔柱线形将由矩形变为平行四边形。下架体与横梁销接、横桥向架体的自适应性分别见图 3.1.2-56、图 3.1.2-57。

b. 利用塔式起重机四点吊装承重三角架慢慢提升,使三角架慢慢脱离锚靴,再慢慢上挂至中塔柱已安装的锚靴上,上挂时确保两组三脚架的四个挂钩均已对应锚靴的承重销后慢慢下放,下架体在自重的作用下慢慢地自行调整角度,下架体安装完毕后立即安装保险销。A_1' 面下架体提升见图 3.1.2-58。

(3)A_2 面上架体安装

利用塔式起重机将 A_2 面上架体安装在 A_1' 面下架体上。

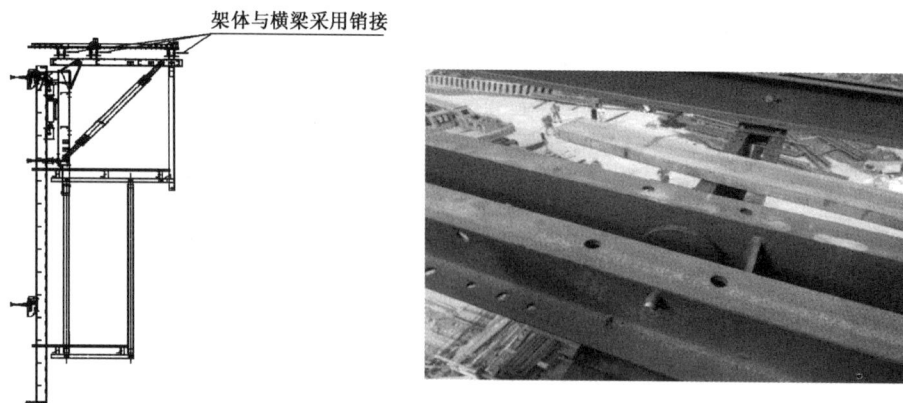

图 3.1.2-56　下架体与横梁销接示意图

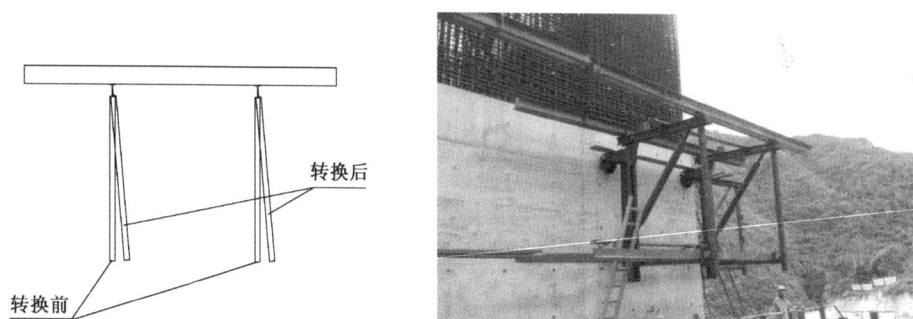

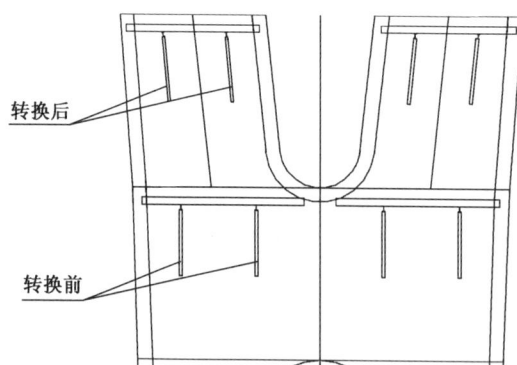

图 3.1.2-57　横桥向架体的自适应性

注:架体与横梁层间连接采用销子,销子安装方向为顺桥向,使下架体在横桥向可进行角度调整

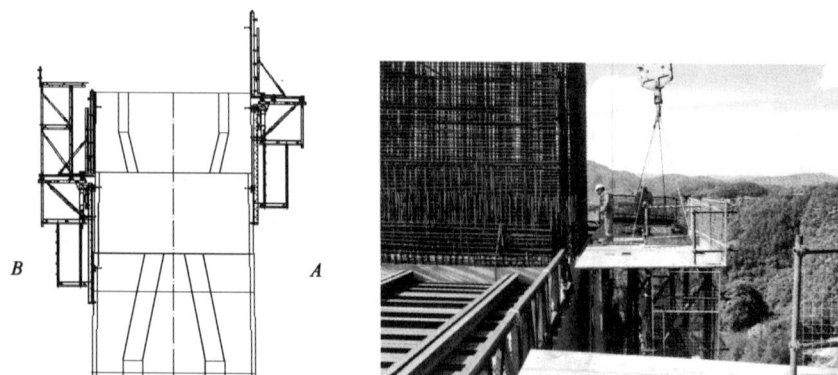

图 3.1.2-58　A_1' 面下架体提升示意图

上架体在换装的过程中,特别是 A、B 面换装时,注意起吊高度一定要足够,架体要完整地超过外露的钢筋、其他的架体,在塔式起重机附墙规划时应充分考虑。整个吊装过程中塔式起重机应保持低速旋转,在上架体稳定不再晃动后再缓慢下放,下放过程保持平稳,四根吊杆应保持水平,在四根吊杆销孔与下架体销孔一一对应并安装销子后,塔式起重机脱钩。上架体换拆、上架体与横梁层间连接分别见图 3.1.2-59、图 3.1.2-60。

(4)B_2、B_1、A_1 面上架体和 A'_2、B'_2、B'_1 下架体循环施工

①利用塔式起重机将 A'_2 面下架体提升,将 B_2 面上架体安装至 A'_2 面下架体上,见图 3.1.2-61。

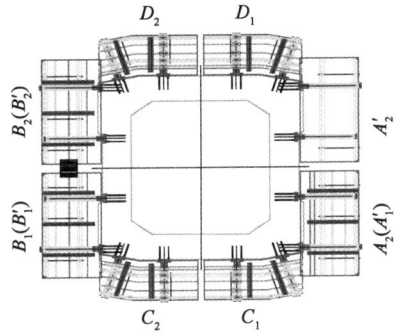

图 3.1.2-59 上架体换拆示意图

图 3.1.2-60 上架体与横梁层间连接

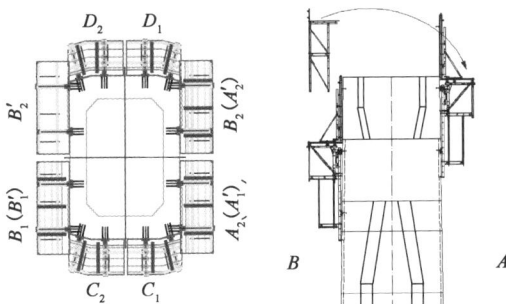

图 3.1.2-61 拆除 B_2 面上架体并提升安装在 A'_2 面下架体上示意图

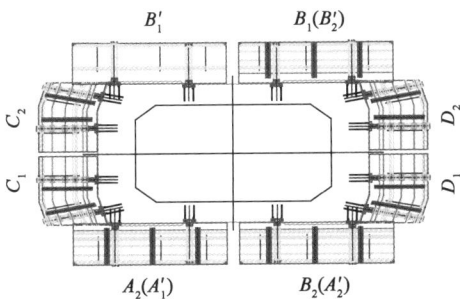

图 3.1.2-62 拆除 B_1 面上架体并提升安装在 B'_2 面下架体上

②如此循环转换,完成 B_1、A_1(落地)面上架体和 B'_2、B'_1 面下架体液压爬模的转换,分别见图 3.1.2-62、图 3.1.2-63。

(5)顺桥向 C_1、C_2、D_1、D_2 面液压爬模爬升施工

①顺桥向 C_1、C_2、D_1、D_2 面液压爬模正常爬升并安装 E_1 面悬臂模板完成整个液压爬模体系转换,见图 3.1.2-64。

②顺桥向液压爬模因索塔角度不大且爬模的自适应性无需换拆,见图 3.1.2-65。

③用锚锥、紧固件、千斤顶等固定液压爬模,完成整个液压爬模施工。

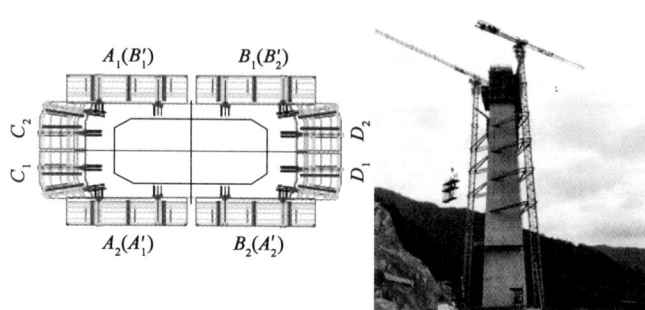

图 3.1.2-63 提升 A_1 面(落地)上架体并安装在 B_1' 面下架体上示意图

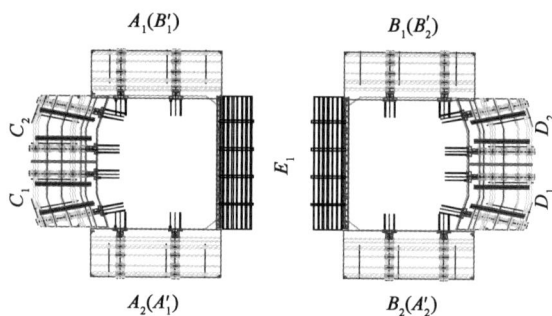

图 3.1.2-64 整个液压爬模完成体系转换示意图

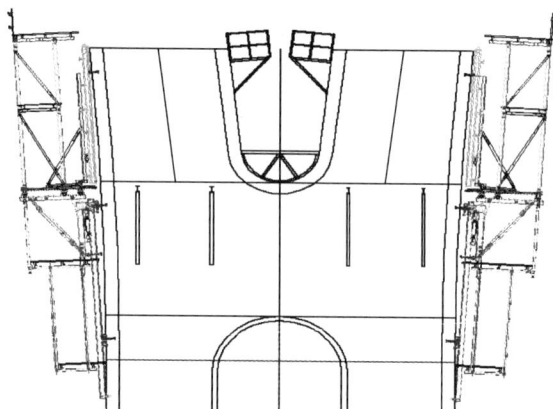

图 3.1.2-65 顺桥向架体角度变化自适性示意图

注:上架体与横梁层间连接采用销子,销子安装方向为横桥向,使上架体在顺桥向可进行角度调整

1.3 斜拉索制造与安装

1.3.1 斜拉索制造

斜拉索下料时,应对钢绞线索盘出厂编号、质量保证书编号及单个索盘钢绞线重量进行记录。

1)下料长度

按下列公式列表计算出无应力状态下的自由长度。

(1)下料长度计算公式为:

$$L = L_0 + 2(L_1 + A_1 + A_2 + L_3 + L_4) \tag{3.1.3-1}$$

式中:L_0——两侧梁端垫板底面之间的中心线或弧长(mm),该数据由设计院提供;

A_1——锚板外露长度(mm);

A_2——锚固螺母厚度(mm);

L_1——张拉端工作长度(mm),一般取 1400mm;

L_3——有圆管限制的垂直影响长度(mm);

L_4——塔梁施工误差的影响长度(mm),一般取 5~10mm。

通过以上计算公式,可计算出该桥无应力状态下无黏结钢绞线下料长度。

(2)钢绞线 HDPE 剥除长度:

$$张拉端 \quad L_张 = L_1 + A_3 + A_4 - L_5 \tag{3.1.3-2}$$

式中:A_3——锚板外露长度(mm);

A_4——密封筒长度(mm);

L_5——HDPE护套进入锚具内的长度(mm)。

说明:由于钢绞线的热挤PE(聚乙烯)护套与钢绞线之间敷有无黏结预应力筋专用防护油脂,两者之间是黏结力是很小的。在钢绞线张拉过程中PE层不会随钢绞线的伸长而伸长,因此钢绞线张拉端HDPE剥除长度可不考虑伸长值的影响。

通过以上计算公式,可计算出该桥无应力状态下无黏结钢绞线PE剥除长度。

2)下料

下料时注意:

(1)发现PE护套有破损之处,应立即修补,若损坏严重难以修补,则应弃用此段钢绞线。为了尽量减少人为损坏PE护套,下料人员应严禁穿硬底鞋,同时下料场应进行封闭,以避免非下料人员进入现场损坏PE护套层。

(2)为了保证钢绞线下料长度准确,除保证钢绞线行走路线直线外,还应遵守分组进行长度丈量、标识和复核的下料原则。

(3)断料应用砂轮切割机,严禁用气割等易产生高温的设备进行断料。

(4)钢绞线PE层为易燃材料,下料场地应完善防火措施。

3)剥皮及清洗

将钢绞线两端的PE剥掉一部分作为工作和锚固长度。剥皮时应注意刀具不能损伤钢绞线,清洗时应将钢绞线端头打散后并用清洗剂清洗干净。同时清洗后的光面钢绞线要进行防污保护。

4)切丝及镦头

钢绞线清洗完成后,在钢绞线两端打散后在端头约12cm长度范围内平齐切掉外圈6丝,保留中心丝,然后将钢绞线复原。复原后用LD10镦头器将两端的中心丝镦成半圆形镦头,供挂索牵引用。

5)抗滑键挤压

根据每个索号的分丝管位置参数及锚固点位置计算出抗滑键挤压位置。抗滑键挤压在工厂内进行。在抗滑键挤压前需对抗滑键位置计算进行复核,在挤压前技术人员需对工人进行交底,对抗滑键位置参考点进行明确,避免因抗滑键位置参考点不明确导致挤压位置错误。

1.3.2 斜拉索安装

1.3.2.1 斜拉索滞后挂索施工

1)滞后施工工艺流程(图3.1.3-1)

2)施工工艺

由于设计的优化致使体内纵向预应力的不连续性,这导致如不采取措施进行斜拉索的滞后施工,纵向预应力不连续的节段顶板将出现较大的拉应力,对结构产生较大的影响。先采用体外预应力给予纵向预应力不连续的节段以较大的压应力储备,以保证斜拉索滞后施工。

纵向预应力如图3.1.3-2所示,由图可知,设计对体内纵向预应力进行了优化,无索区均设置有纵向预应力,进入有索区后,顶板纵向预应力为不连续预应力,间隔一个节段张拉一次。即n号节段设置有纵向预应力,$n+1$号节段无纵向预应力,$n+2$号节段设置有纵向预应力,以此类推,$n+$奇数号节段无纵向预应力,$n+$偶数号节段有纵向预应力。

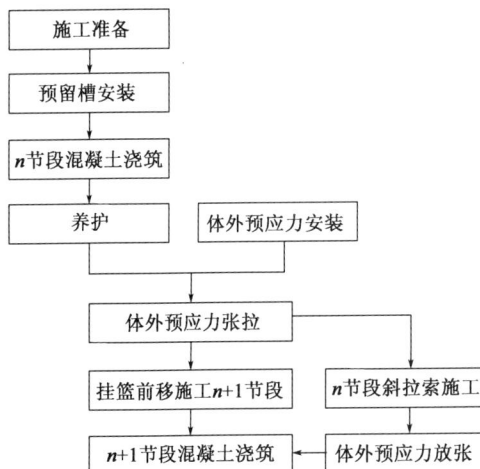

图3.1.3-1 滞后施工工艺流程图

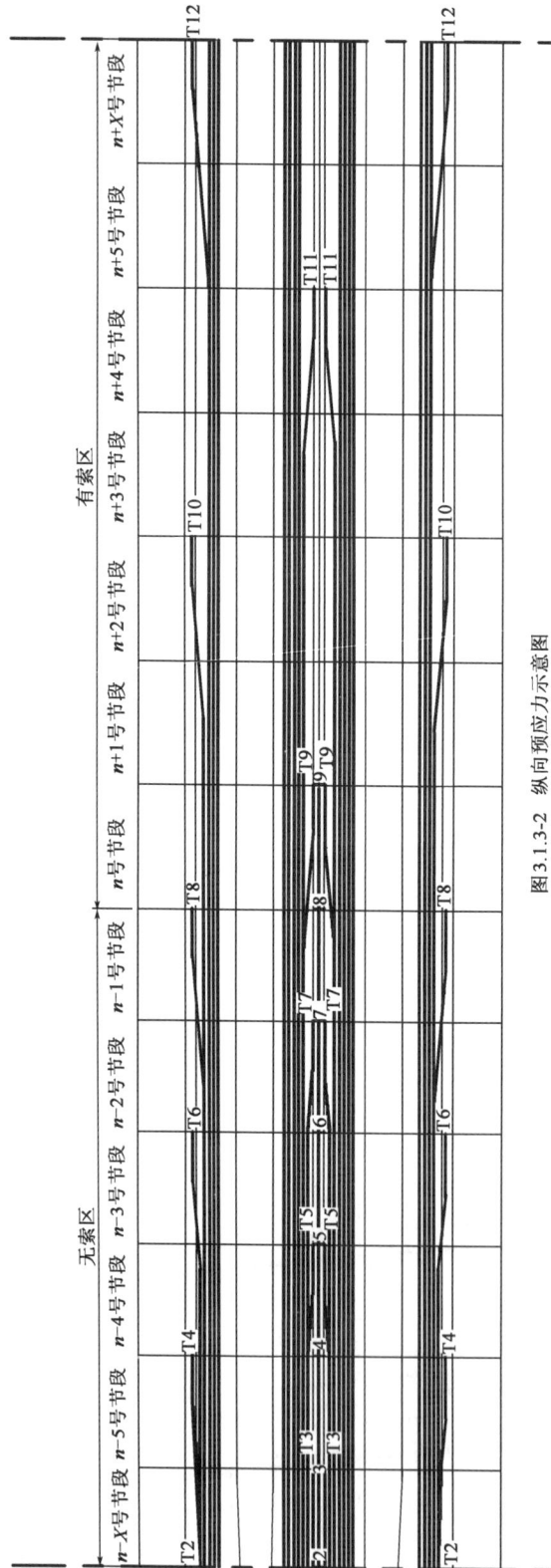

图 3.1.3-2 纵向预应力示意图

（1）施工准备

①反力架加工

反力架采用 2cm 厚钢板制作。底板尺寸（长×宽）为 27cm×46cm，开 4 个直径 4cm 预留孔用于精轧螺纹钢与顶板混凝土锚固。反力架结构如图 3.1.3-3 所示。

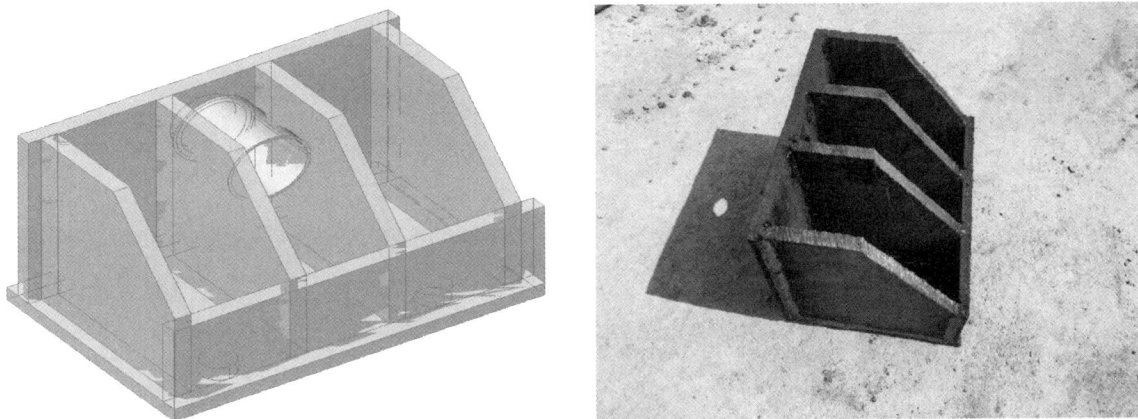

图 3.1.3-3　反力架结构示意图

②预留槽加工

预留槽使用竹胶板制作，依据反力架底面尺寸进行设计，为便于反力架的安拆做大 2cm，尺寸（长×宽×高）为 35cm×50cm×10cm，对应位置开 $\phi50$[❶]的孔，用于后续安装 $\phi32$ 精轧螺纹钢竖向约束。加工时注意预留槽的平面尺寸，应充分考虑竹胶板的板厚并具备一定的刚度，预留孔的平面尺寸及相对位置。预留槽加工示意图如图 3.1.3-4 所示。

图 3.1.3-4　预留槽加工示意图

（2）预留槽的选位及安装

①预留槽的选位

因顶板厚度较薄，体外预应力锚固点宜选择在靠近腹板、横隔板处，此两处混凝土较厚，便于应力的传递。

预留槽布置如图 3.1.3-5 ～ 图 3.1.3-7 所示。

---

❶ ϕa 后的单位未标注的皆为 mm，余同。

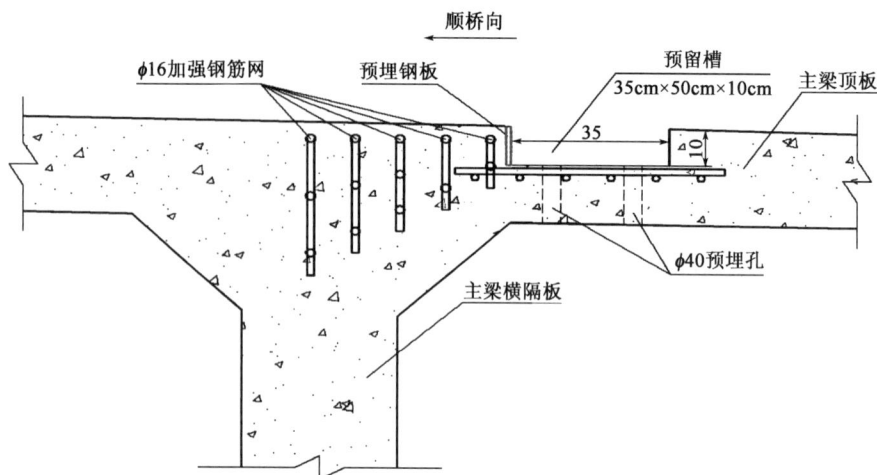

图 3.1.3-5 预留槽顺桥向布置示意图

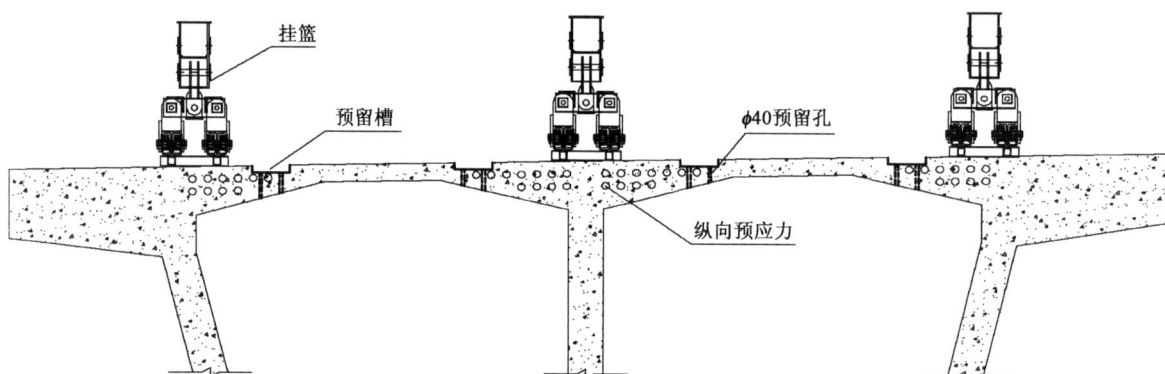

图 3.1.3-6 预留槽横桥向布置示意图

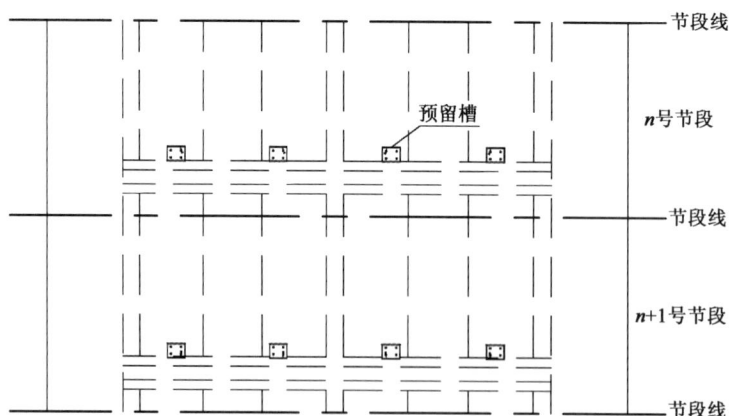

图 3.1.3-7 预留槽俯视图

②预留槽安装

控制预留槽、预埋管的预埋精度,预留槽底部应浇筑平整,预埋管应预埋竖直,确保反力架与顶板的竖向锁定。预留槽端部承压面设置传力钢板,以避免端部混凝土不平整导致混凝土局部受力破碎,并在预留槽底板、端部设置加强钢筋网。

预留槽预埋照片如图 3.1.3-8 所示。

③应力元件的埋设

每个节段将于顶、底板各预埋 3 组应力元件,配合监控单位实时对梁体应力进行采集,对临时体外预应力进行实时调整。

（3）混凝土浇筑

顶板混凝土浇筑时应控制浮浆厚度以避免强度不够,在体外预应力施加时破碎开裂,底部及端部混凝土应平整。

（4）体外预应力安装（图3.1.3-9）

在混凝土等待龄期期间,在预埋位置依次安装反力架、调平块（图3.1.3-10、图3.1.3-11）、ϕ32 精轧螺纹钢竖向约束、纵向 ϕ40 精轧螺纹钢、波纹管保护套;精轧螺纹钢螺母安装时逐个检查螺纹的配合情况,保证在张拉和锚固过程中能顺利旋合拧紧。

图3.1.3-8 预留槽预埋照片

图3.1.3-9 体外预应力安装示意图

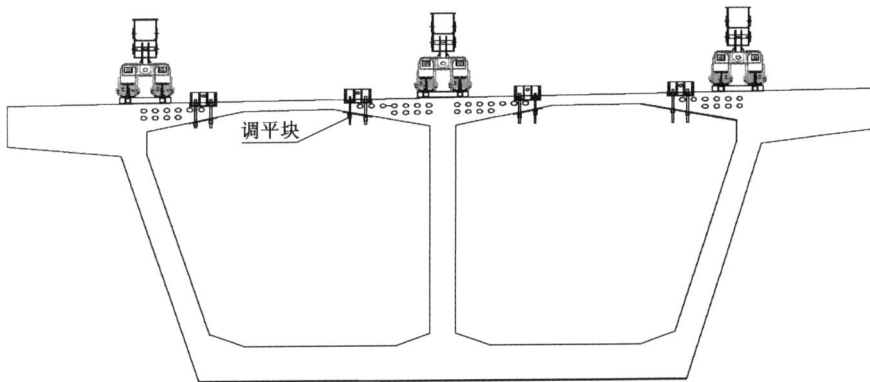

图3.1.3-10 调平块安装示意图

图3.1.3-11 调平块现场安装示意图

（5）预应力张拉

利用 midas Civil 分别计算出挂篮前移施工需要的压应力储备,施加的体外预应力张拉力见表3.1.3-1。

体外预应力张拉力控制表　　　　　　　　　　　　　　　　表 3.1.3-1

节 段 号	临时体外束张拉力（kN）	单个锚块张拉力（kN）
10 号	3200	800
12 号	3800	950
14 号	3800	950
16 号	3800	950
18 号	3800	950
20 号	3800	950
22 号	4400	1100

节段强度、弹性模量及龄期达到设计要求后，进行体外预应力张拉，对称张拉纵向 φ40 精轧螺纹钢，张拉要求同预应力粗钢筋张拉工艺。体外预应力张拉时应注意因纵向 φ40 精轧螺纹钢与节段长度匹配较短，且粗钢筋回缩率较大，预应力损失较大应超张拉，且应随时根据应力元件实测的梁体内应力值进行补张或放张。体外索张拉如图 3.1.3-12 所示。

（6）挂篮施工与斜拉索施工

挂篮前移至下一节段，同步进行钢筋绑扎及斜拉索挂索；挂篮前移前后对顶板应力情况进行采集比对，并根据实测情况随时对体外预应力进行调整。应注意施加的体外预应力值未考虑 n + 偶数节段的混凝土自重，斜拉索施工必须在混凝土浇筑前完成；斜拉索索力根据该工法的工况需重新计算，并与监控、设计单位沟通后实施，且根据计算工况，体外预应力在斜拉索施工完毕后、混凝土浇筑前需解除。

相关施工图片如图 3.1.3-13 ~ 图 3.1.3-15 所示。

图 3.1.3-12　体外索张拉示意图

图 3.1.3-13　斜拉索滞后挂索示意图

图 3.1.3-14　斜拉索与主梁其他工序同步施工示意图

图 3.1.3-15　预应力元件检测图

1.3.2.2　斜拉索挂索施工

1）工艺流程

挂索具体施工工艺流程如图 3.1.3-16 所示。

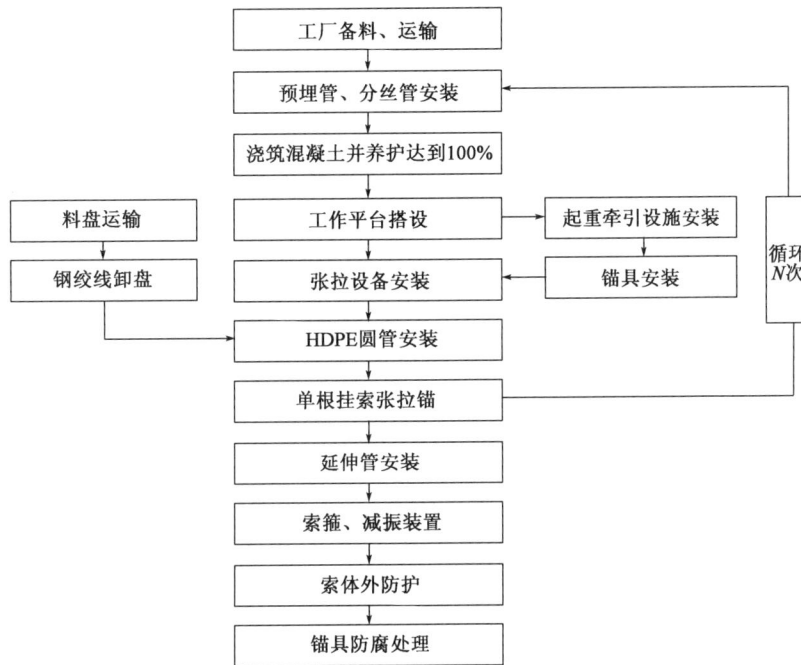

图 3.1.3-16　挂索施工工艺流程图

2）施工工艺

（1）塔上平台搭设

在借助上塔柱施工时安装的登笼梯,爬升到塔柱 27 号节段根部,通过 27 号节段内侧平台绕行到挂索面平台上。登笼梯于塔柱 25 号节段与 27 号节段根部横撑对拉处设置型钢附墙。塔上登笼梯安装如图 3.1.3-17 所示。

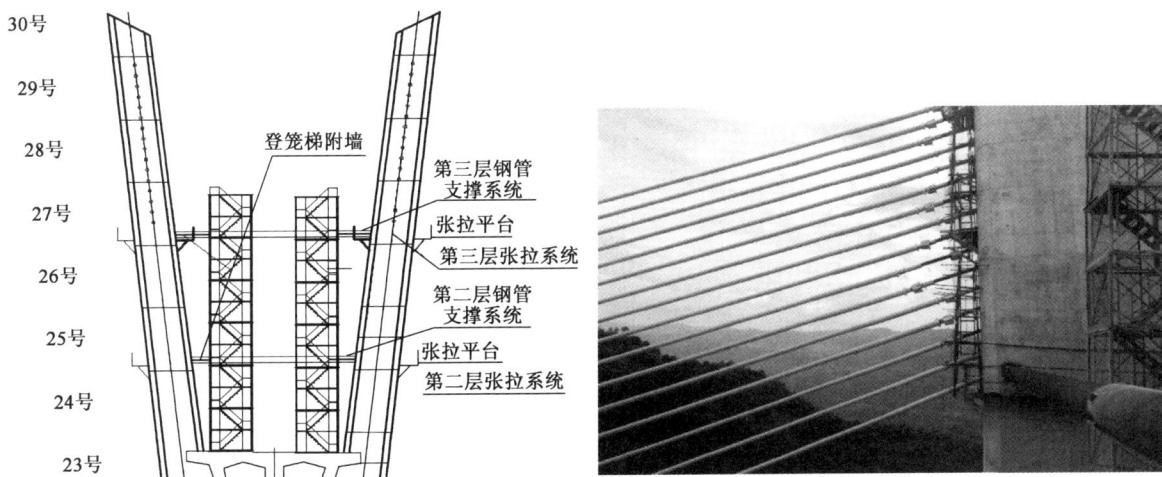

图 3.1.3-17　塔上登笼梯安装示意图

塔上将采用在索鞍口预埋爬锥,单个面单层预埋 2 个爬锥,用于平台制作,主平台采用挂设 2 个三角架,三角架采用槽 10 的槽钢制作,上布分配槽 10,铺设花纹钢板。塔上平台如图 3.1.3-18 所示。

（2）梁下平台搭设

斜拉索挂索是采用同步挂索，所以挂索梁下平台在挂篮侧模桁架上用槽钢及花纹钢板搭设，平台承重大于500kg。

（3）单根挂索

①单根挂索施工工艺流程如图3.1.3-19所示。

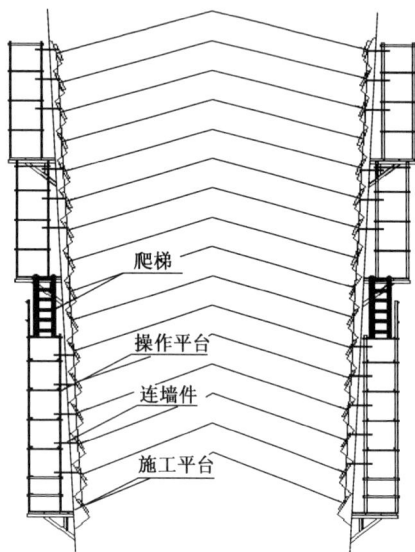

图3.1.3-18　塔上平台示意图

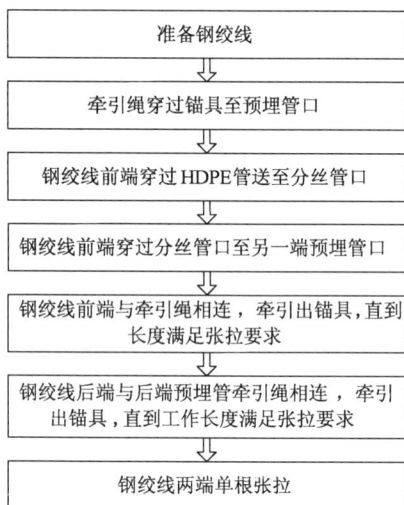

图3.1.3-19　单根挂索施工工艺流程图

②单根挂索工艺。

用事先准备好的牵引绳分别连接已经牵引至塔柱工作面位置的钢绞线，并按顺序先后穿过后端防松装置、后端抗滑锚具、分丝管、前端抗滑锚具及前端防松装置，继续利用前段循环系统将钢绞线穿出前端的HDPE管到达前端预埋管口，待前端钢绞线与牵引绳的穿束器连接好后，在牵引绳的引导下将钢绞线穿过前端锚具，直至单根张拉所需的工作长度；前端钢绞线及抗滑键到位，随即将后端钢绞线与牵引绳连接，同样在牵引绳的引导下将钢绞线穿过后端锚具直至单根张拉所需的工作长度；前后两端调整好钢绞线后，单根挂索完毕；在单根挂索时，应注意钢绞线的HDPE护套的保护和打绞现象。

连接引棒和工作钢绞线如图3.1.3-20所示，挂索各工装布置如图3.1.3-21所示。

图3.1.3-20　连接引棒和工作钢绞线

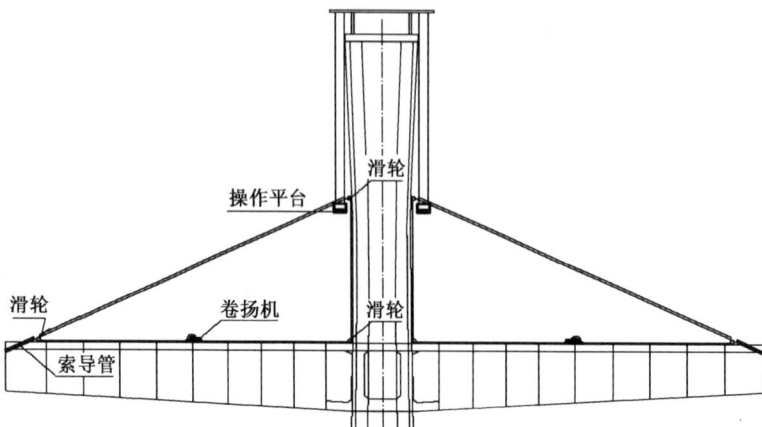

图3.1.3-21　挂索各工装布置示意图

（4）斜拉索张拉及调索

每根索的钢绞线均逐根挂索后，即用YDCS160千斤顶进行张拉。单根张拉时，要对张拉油压、张拉力、传感器读数、初值油压、测量初值、测量终值及回缩值等进行记录。

单根张拉顺序：先张拉不带抗滑键的一端，让抗滑键紧贴锚垫板；再根据张拉力以及索伸长量，同时张拉钢绞线两端。

单根张拉现场如图3.1.3-22所示。

①索力均匀性控制

为了使每根索中各钢绞线索力均匀，采用等值张拉法进行张拉，即每根钢绞线的拉力以控制压力表读数为准，传感器读数进行监测。挂索前，将监测传感器安装在一根不受外界影响的钢绞线上，安装顺序：支座垫板→传感器→单孔工作锚。随后张拉时每根钢绞线的拉力是按当时传感器的显示变化值进行控制的。

通过以上索力控制，索力均匀性可控制在每根斜拉索的各股钢绞线的离散误差不大于理论值的±2%。

单根斜拉索初张拉采用YDCS160-150型千斤顶两端同步进行。挂索前，将监测传感器安装在第1根不受外界影响的钢绞线上，随后张拉时每根绞线拉力均按当时传感器显示变化值进行控制，使所有钢绞线单根张拉力都与第1根保持一致。单根初始张拉力按设计给定张拉力的15%计算，分级加载并测量伸长值；用压力表读数控制最后一级张拉力，严格控制工作夹片的跟进平整度，使之与传感器显示变化值相同时，测终止伸长值，装上工作夹片，适度打紧。在单根斜拉索张拉过程中，两端应同时均衡加载，防止索体向某一端偏移，力求使两端伸长值的不均匀差值控制3%之内。单根斜拉索张拉示意图见图3.1.3-23。

图3.1.3-22 单根张拉现场

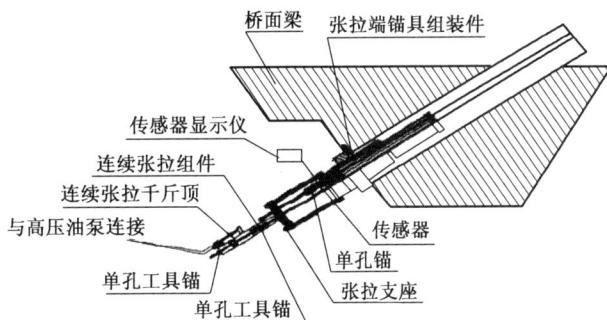

图3.1.3-23 单根斜拉索张拉示意图

②单根钢绞线张拉力及张拉方式

洪溪特大桥斜拉索施工采用钢绞线单根穿索张拉工艺。每根穿索完毕后，需立刻进行预张拉，使其临时固定。在第二排第一根张拉的绞线上安装单孔传感器，在张拉其他钢绞线时，通过检测传感器上的索力示数变化量，来检验单根绞线的索力及索力离散度。

张拉步骤：

a.接通油泵和千斤顶的油管，检查精密压力表是否与千斤顶相符，在未张拉之前，可以在空载的情况下活动两个行程，确保千斤顶在张拉时无任何问题；

b.将整体反力架穿过钢绞线并安装在锚具上；

c.启动油泵，按照设计索力分级进行张拉；

d.当张拉力达到设计张拉力时，稳住油压停止张拉，观察钢直尺测量活塞行程，并在表格上记录该数值；

e.观察传感器上的索力值是否与张拉力相符,以确保整束索力误差在±1%范围内、单根钢绞线索力离散度在±2%范围内;

f.拆除单孔锚板及传感器,安装工作夹片,用单孔千斤顶重新张拉,其张拉锚固力与最后一根钢绞线显示读数一致。

相关施工图如图3.1.3-24~图3.1.3-26所示。

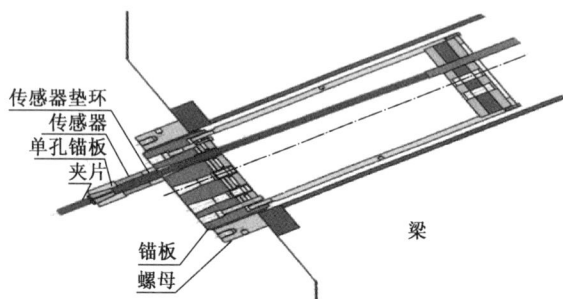

图3.1.3-24 安装单孔传感器

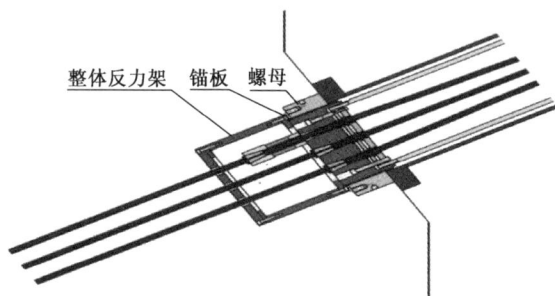

图3.1.3-25 安装多孔反力架

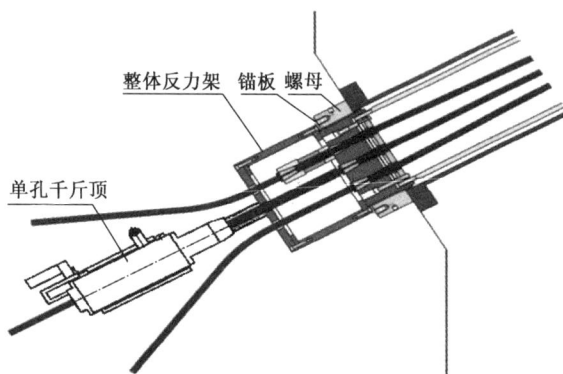

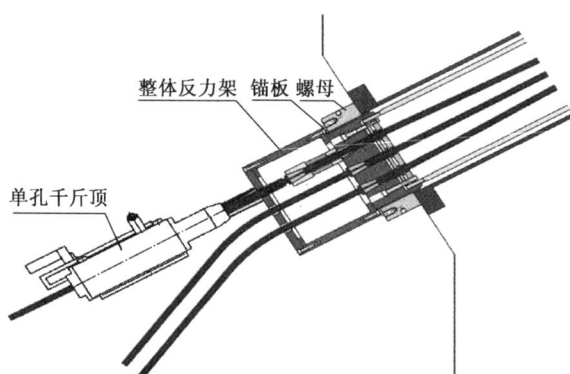

图3.1.3-26 单根钢绞线张拉示意图

1.4 斜拉桥主梁施工

1.4.1 0号块施工

1.4.1.1 塔梁固结施工工艺

0号块高9.2m,分两次浇筑,两次浇筑高度分别为5m、4.2m,采取托架法施工。支架施工前需将横桥向两个面液压爬模、内侧面悬臂模板拆除,横桥向两个面液压爬模拆除掉上面三层平台后,将下两层平台下挂至20号节段,利用外侧液压爬模、下挂至20号节段液压爬模、内侧对拉系统平台形成一个绕塔平台,便于支架施工。

施工至2节段工况示意图如图3.1.4-1所示。

绕塔平台形成及对拉系统张拉后进行托架安装,托架分为悬臂端支架及梁底支架,均采用桁架片预制安装作为承重体系。支架搭设完毕预压结束后利用底模、外侧液压爬模搭设全封闭绕塔施工平台。支架搭设完毕示意图如图3.1.4-2所示。

绕塔平台搭设完毕进行钢筋、预应力、内模施工,外侧液压爬模爬升、侧模安装,横桥向模板利用爬模模板再拼接竹胶板,利用爬模模板背肋木工字梁安装挑架并安装平台,再次形成液压爬模、挑架平台、侧模桁架的绕塔施工平台。

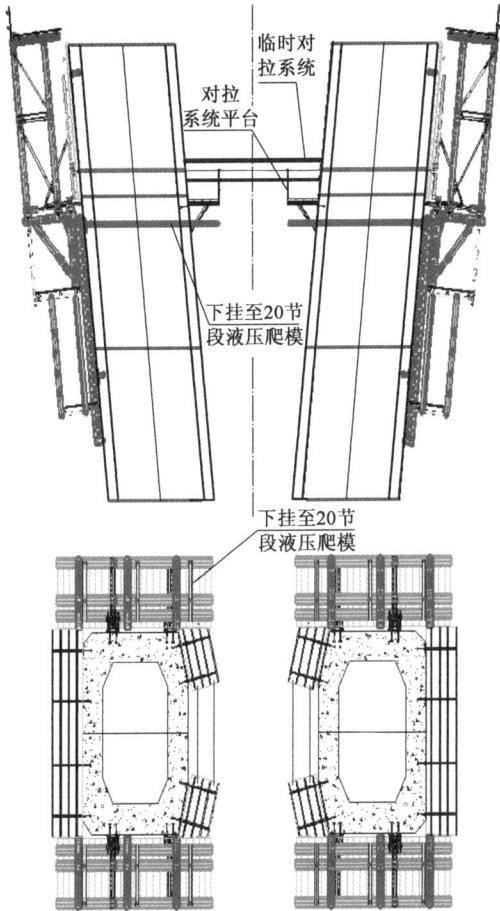

图 3.1.4-1 施工至 2 节段工况示意图

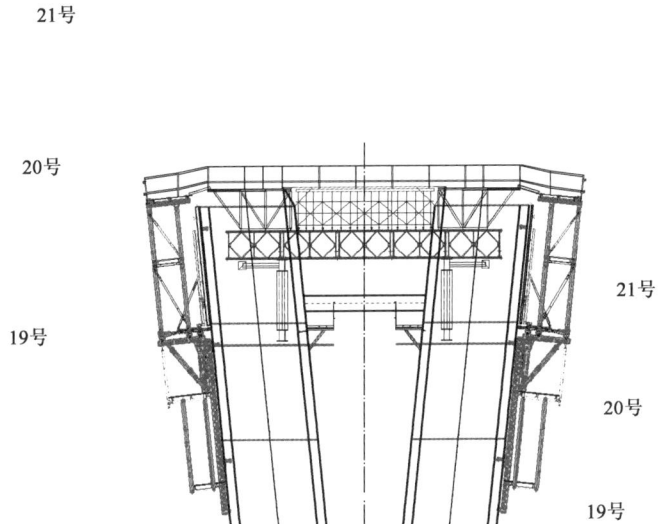

图 3.1.4-2 支架搭设完毕示意图

浇筑 0 号块第一层混凝土,凿毛进行第二层钢筋、预应力、内模施工,外侧液压爬模爬升、侧模安装,利用侧模桁架、液压爬模形成闭合的绕塔施工平台;最后浇筑 0 号块第二层混凝土,待龄期及强度达到要求后张拉纵向预应力。0 号块第一层施工、0 号块第二层施工分别如图 3.1.4-3、图 3.1.4-4 所示。

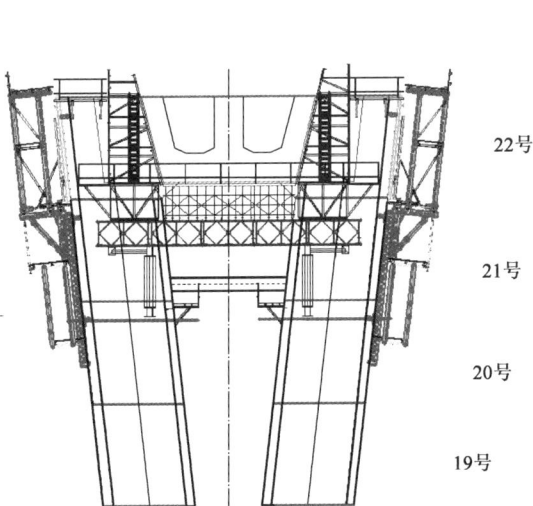

图 3.1.4-3 0 号块第一层施工示意图

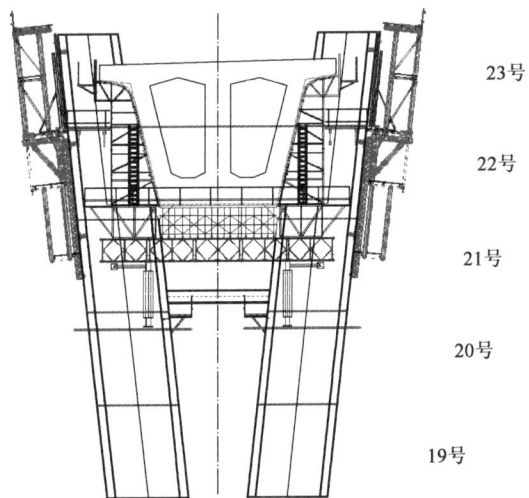

图 3.1.4-4 0 号块第二层施工示意图

由于横梁横向预应力与液压爬模架体冲突需滞后张拉,继续索塔爬模施工至 25 号、26 号节段,分别张拉上下端横梁横向预应力。

0 号块高 9.2m,分两次浇筑,两次浇筑高度分别为 5m、4.2m。施工过程主要包括支架搭设、模板安装、支架预压、钢筋绑扎、管道安装、混凝土浇筑、脱模养护、预应力施工。0 号块施工流程如图 3.1.4-5 所示。

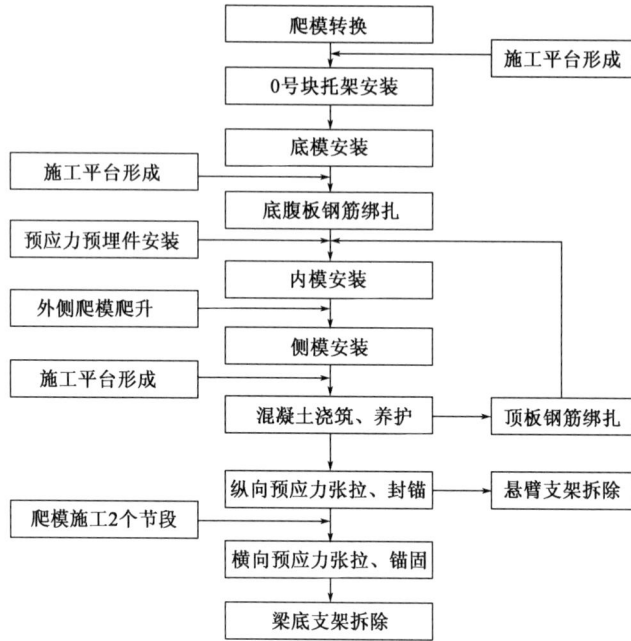

图 3.1.4-5　0 号块施工流程图

1.4.1.2　0 号块支架施工

1）0 号块底部支架（图 3.1.4-6）施工

0 号块底部支架从上到下依次为 1cm 钢板、[10 分配梁、上桁架片、I25a 分配梁、下桁架、预埋件。[10 分配梁间距为 20cm，中腹板处加密满铺，下倒角处加密间距为 12cm。

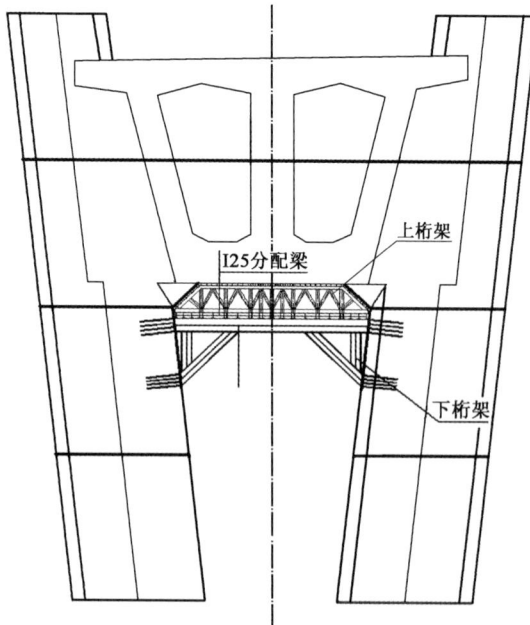

图 3.1.4-6　0 号块底部支架（尺寸单位：cm）

上桁架采用 I12 及 [10 后场预制为桁架片，共 9 片桁架，沿横桥向轴线布置间距为 129.5cm + 125cm + 2×50cm。

上桁架结构、布置分别如图 3.1.4-7、图 3.1.4-8 所示。

下桁架采用 I56c 及 I40b 预制而成，边梁采用双组合，中梁为单组合。

分配梁及下桁架布置如图 3.1.4-9 所示。

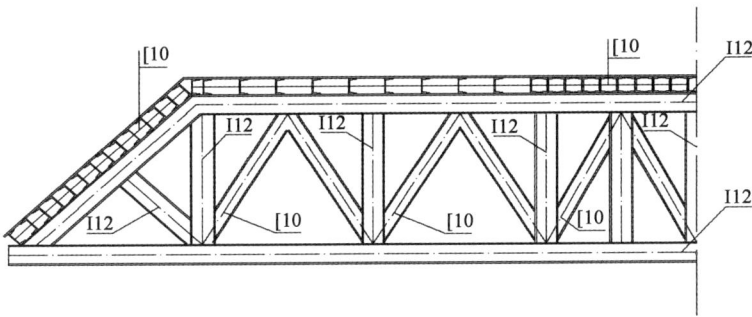

图 3.1.4-7　上桁架结构示意图

图 3.1.4-8　上桁架布置示意图

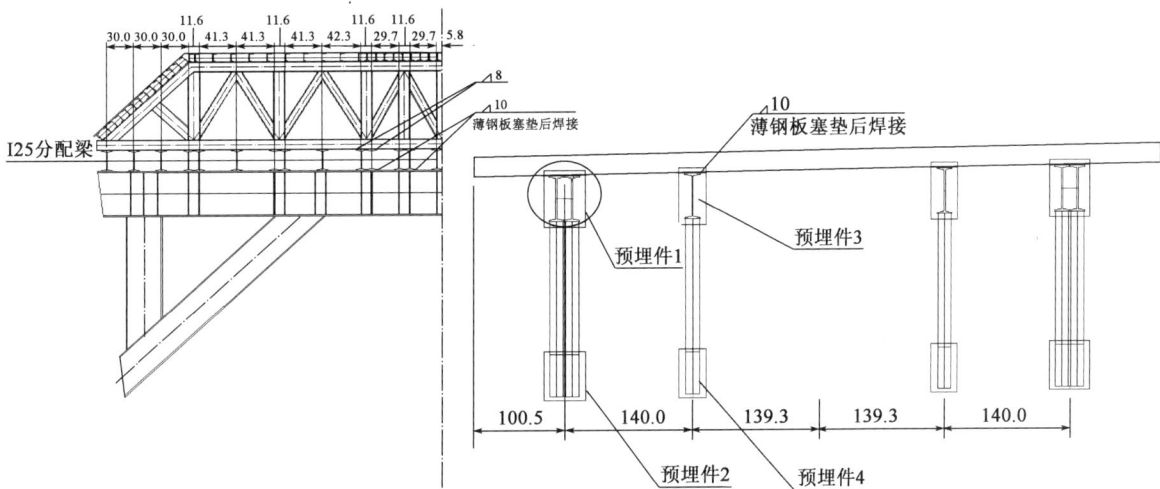

图 3.1.4-9　分配梁及下桁架布置示意图

注:1.本图尺寸均以 cm 计。

2.桁架加工顺序为:单片下桁架安装→I25 分配梁安装(薄钢板支垫并焊接)→安装上桁架→上桁架[10 分配梁纵向连接→安装预留钢板。

3.因梁底存在纵坡 I25 与下桁架间会存在 6mm 缝隙,采用 1mm 钢板支垫,要求支垫饱满,支垫后单片 I25 与下桁架两个接触部位要求满焊。

4.上桁架安装就位后,接线处纵向分配梁[10 与上桁架 I12.6 满焊。

5.铺设预留面板、吊装孔,点焊。

梁底支架搭设顺序:安装下桁架→安装 I25 分配梁→安装上桁架→安装[10 槽钢→安装 1cm 厚钢板。

待中塔柱最后一节段施工完成,拆除内侧模板后支架安装,安装平台借助第一层施工平台。待内侧模板拆除后,将对应每个片架的高程及水平位置在预埋铁板上放样出来,并做好标记。

2)悬挑支架施工

悬挑部分支架由上到下依次为 1.2cm 竹胶板、满铺方木、I12 分配梁、满堂支架、I12 分配梁、贝雷梁、三脚架主梁及双拼[20斜撑。I12分配梁、满堂架立杆间距为50cm,斜腹板、中腹板下局部加密至40cm;贝雷梁为单层5组共10片,每两片采用45个连接片连接;三角架间距9m,三角架上端安装采用预埋盒子精轧螺纹锁定,下端采用剪力键。

悬臂段支架如图3.1.4-10所示。

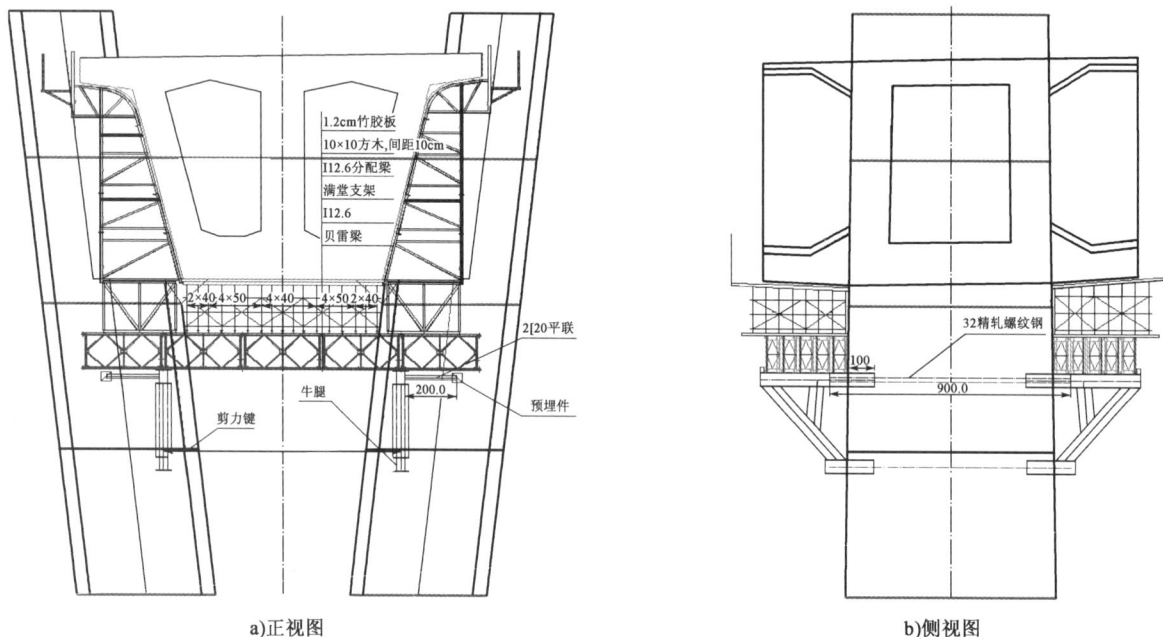

| a)正视图 | b)侧视图 |

图3.1.4-10 悬臂段支架示意图(尺寸单位:cm)

3)翼缘板支架施工

翼缘板支架(图3.1.4-11)为落地式桁架片,由挂篮桁架片及下部型钢框架组成。桁架片由双[16立杆及双[8平联斜撑组成,单片桁架片至下到上4片骨架组成,桁架片间距1m;型钢框架采用I12立、横杆及[10斜撑组成。

图3.1.4-11 翼缘板支架示意图(尺寸单位:cm)

4)0号块支架预压

(1)预压流程

支架反压采取的张拉钢绞线进行的反压,一个悬挑段借助承台上预埋的10束4孔的钢绞线进行反压,梁底区借助索塔17节段预埋的15束5孔的钢绞线进行反压。反压是为了消除非弹性变形,测出弹性变形量,为后期立模确定高程,同时检验支架承载力是否足够。

将整个0号块荷载根据支架分成两块进行预压,一是梁底部分,二是悬臂部分。梁底部分荷载又分为两大块:一是荷载作用在支架上的,二是荷载作用在塔柱上的。预压主要是针对作用在支架上的荷载。加载预压均采用预应力反压的形式,预应力预压结束后放张。

反压开始前检查钢绞线有无触碰到其他结构,保证钢绞线顺直(图3.1.4-12),对有遮挡的进行调整。

图3.1.4-12 钢绞线顺直调整及检查

(2)支架预压

①悬臂部分预压

悬臂部分分为斜腹板+翼缘板、中腹板、空仓3个区域进行加载预压。根据2排钢绞线位置,将悬挑段分为标准段和靠近塔柱的变截面段。悬臂部分分区见图3.1.4-13。

各张拉区块分级张拉实际质量见表3.1.4-1、表3.1.4-2。

变截面段各张拉区块参数   表3.1.4-1

部 位	方量 (m³)	质量 (t)	分级张拉(kN)			
			30%	60%	80%	100%
红色	9.9	25.7	77.1	154.2	205.6	257
黄色	5.7	14.8	44.4	88.8	118.4	148
绿色	9.2	23.9	71.7	143.4	191.2	239
黄色	5.7	14.8	44.4	88.8	118.4	148
蓝色	10	26	78	156	208	260

标准断面段各张拉区块参数   表3.1.4-2

部 位	方量 (m³)	质量 (t)	分级张拉(kN)			
			30%	60%	80%	100%
红色	7.6	19.8	59.4	118.8	158.4	198
黄色	3.6	9.4	28.2	56.4	75.2	94
绿色	7	18.3	54.9	109.8	146.4	183
黄色	3.6	9.4	28.2	56.4	75.2	94
蓝色	7.7	20	60	120	160	200

根据各钢束区对应质量换算成油压进行加载。

根据100%最大张拉力260kN,单个区域采用15-4钢绞线,张拉力94~260kN。张拉端施工时,将已下料5根钢绞线采用工作锚固定,由塔式起重机吊装至已搭设好的支架上,并与预埋的锚固端钢绞线通过连接器连接,然后按规定进行分级加载。

②梁底部分预压

梁底部分分为塔柱顶实心段、支架上实心段、空心段、中部实心段4个区域,塔柱顶实心段荷载作用在已浇筑混凝土上无需加载预压,加载预压主要针对作用在支架上的荷载,根据张拉钢束实际作用范围划分成2个边梁区、1个中梁区。梁底部分分区见图3.1.4-14。

图3.1.4-13 悬臂部分分区示意图   图3.1.4-14 梁底部分分区示意图

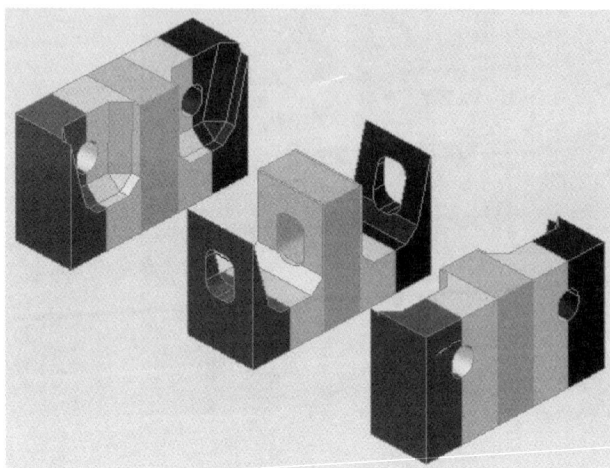

各张拉区块分级张拉力见表3.1.4-3、表3.1.4-4。

边梁区各张拉区块参数   表3.1.4-3

部 位	方量 (m³)	质量 (t)	分级张拉力(kN)			
			30%	60%	80%	100%
红色	15.1	39.2	117.6	235.2	313.6	392
黄色	13.8	35.9	107.7	215.4	287.2	359
绿色	17.8	46.3	138.9	277.8	370.4	463
黄色	13.8	35.9	107.7	215.4	287.2	359
蓝色	15.2	39.5	118.5	237	316	395

中梁区各张拉区块参数   表3.1.4-4

部 位	方量 (m³)	质量 (t)	分级张拉力(kN)			
			30%	60%	80%	100%
红色	10.3	26.8	80	161	214	268
黄色	9	23.4	70	140	187	234
绿色	16	41.6	125	250	333	416
黄色	9	23.4	70	140	187	234
蓝色	10.5	27.3	82	164	218	273

根据各钢束区对应重量进行加载。

单个区域采用15-5钢绞线,张拉力234~463kN。钢绞线的一端在塔柱施工时预埋锚固,预埋深度1.5m,外露长度1m,由于外露时间较长,采用PVC管外套防锈。张拉端施工时,将已下料5根钢绞线采用工作锚固定,由塔式起重机吊装至已搭设好的支架上,并与预埋的锚固端钢绞线通过连接器连接,然后按规定进行分级加载。

一套支架系统单个悬挑系统有 10 个 4 孔张拉布置点,梁底有 15 个 5 孔张拉控制点,支架反压张拉平面布置图如图 3.1.4-15 所示。

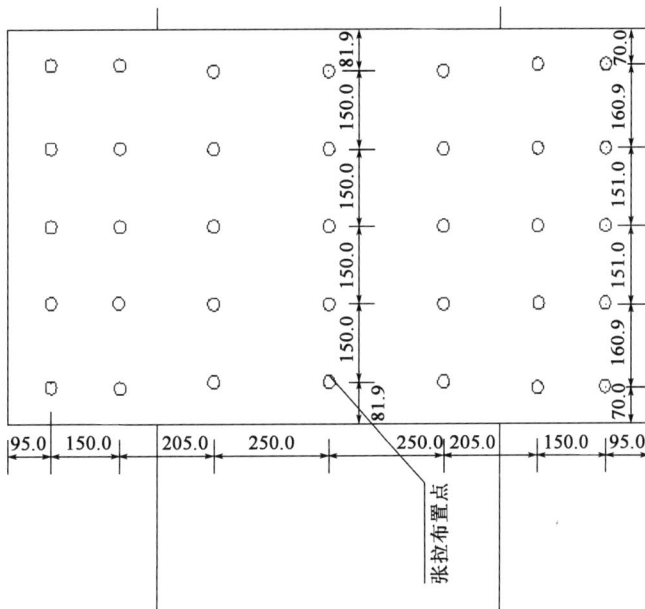

图 3.1.4-15　支架反压张拉布置点(尺寸单位:cm)

支架预压卸载顺序按照后压载部分先卸载的原则逐级进行卸载,支架预压完毕后对支架进行详细检查。

支架预压时支架变形最大处位于支架跨中,所以沉降观测点主要布置在跨中位置,具体位置如图 3.1.4-16所示。

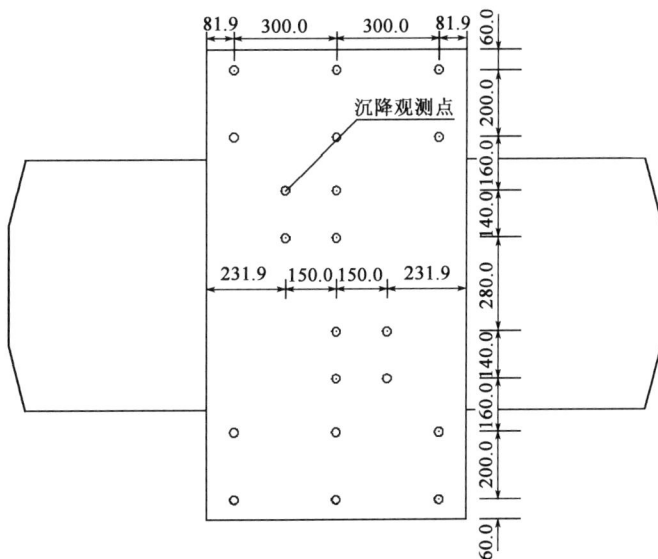

图 3.1.4-16　支架预压沉降观测点(尺寸单位:cm)

支架预压时提前在左右塔肢上各做了一个水准点,支架预压全过程对各沉降观测点(图 3.1.4-17)进行沉降观测,记录初始数据并整理,剔除个别异常数据,得出支架预压结果:

梁底支架预压最大变形为 7mm,最大弹性变形为 4mm,最大非弹性变形为 3mm。

悬挑支架预压最大变形为 18mm,最大弹性变形为 7mm,最大非弹性变形为 11mm。

图 3.1.4-17　沉降观测点的布设

预压和支架搭设存在如下问题:

a. 刚开始安装钢绞线连接器时未套上约束圈,张拉过程中存在滑脱的风险。

b. 梁底区反压前双拼扁担梁安放位置不准确,进行了调整。

c. 钢绞线安装时对支架安拆平台及通道平台局部有干扰,进行了割洞及调位。

d. 前期梁底支架未满铺方木,存在安全风险。

1.4.1.3　模板工程

0 号块模板由爬模模板、钢模板、散拼模板组成,外侧采用爬模模板,悬臂段外侧模采用挂篮模板,横桥向第一层模板采用爬模模板 + 散拼模板,横桥向第二层模板全部采用散拼模板,模板对拉系统均采用 $\phi25$ 精轧螺纹钢。模板分布如图 3.1.4-18、图 3.1.4-19 所示。

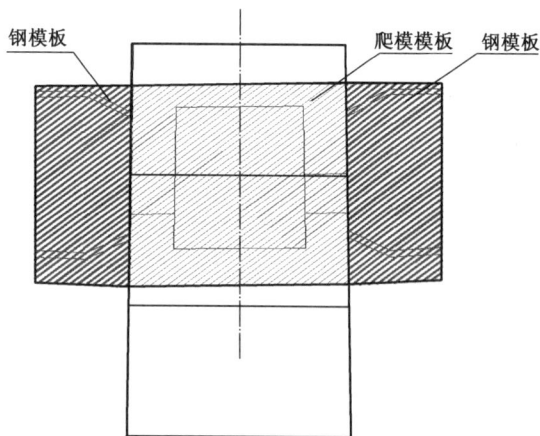

图 3.1.4-18　模板分布侧视图

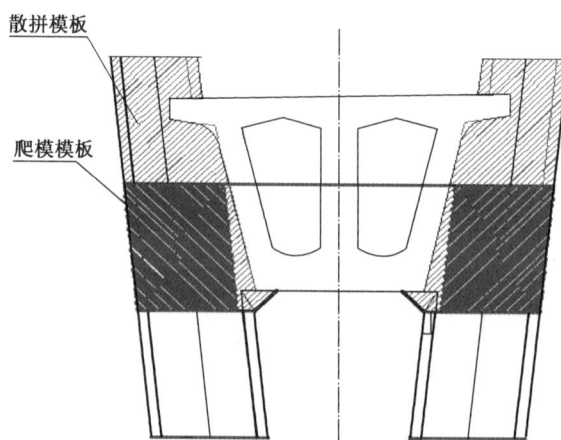

图 3.1.4-19　模板分布正视图

1.4.1.4　0 号块预埋件

(1)防雷接地采用 50mm × 5mm(宽 × 厚)不锈镀锌扁钢做接地系统,镀锌扁钢在索塔左右分肢分别环抱,与竖向主筋焊接在一起,主梁横断面大小里程与纵向钢筋环抱焊接。扁钢搭接的焊接长度不小于 3 倍宽度,用 $\phi12$ 圆钢将选取的 2 根主筋与扁钢连接,连接采用单面焊,焊缝长度不小于 $10d$(d 为主筋直径)。主梁与索塔镀锌扁钢用 2 道短边扁钢焊接并联,焊接长度不小于 3 倍宽度。

(2)挂篮反压采用双拼工 56、双拼工 40 和双拼工 25 型钢,提前在 0 号块端部预埋铁板,预埋铁板制作采用塞焊,即先将 2cm 厚钢板依据锚筋直径割孔,再将 $\phi25$ 锚筋穿到钢板面塞焊。

相关图片如图 3.1.4-20 ~ 图 3.1.4-24 所示。

图 3.1.4-20 防雷接地

图 3.1.4-21 塔式起重机预埋件

图 3.1.4-22 支架拆除及泄水管预埋管道

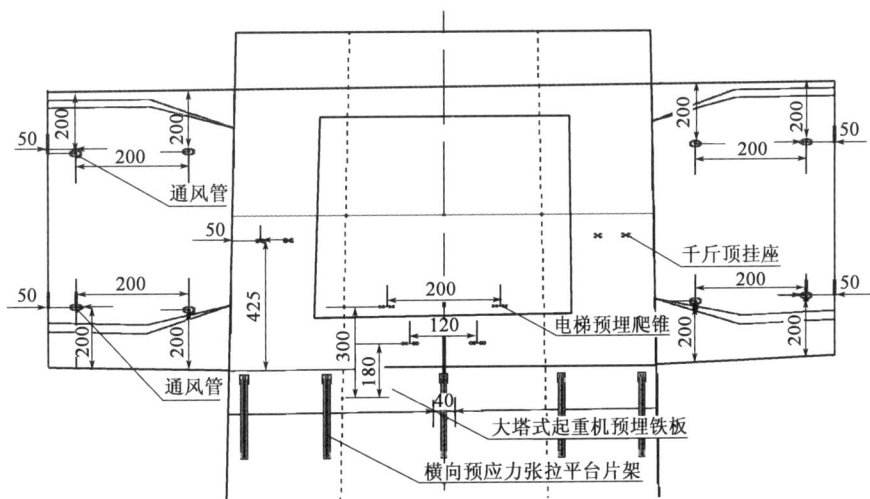

图 3.1.4-23 横向预应力张拉平台、通风孔、电梯预埋及千斤顶挂座(尺寸单位:cm)

预埋存在问题:

(1)反压预埋件预埋滞后,导致预埋过程烦琐。

(2)防雷接地连接扁钢被塔柱穿拉杆破坏。

(3)检修护栏平整度控制不理想。

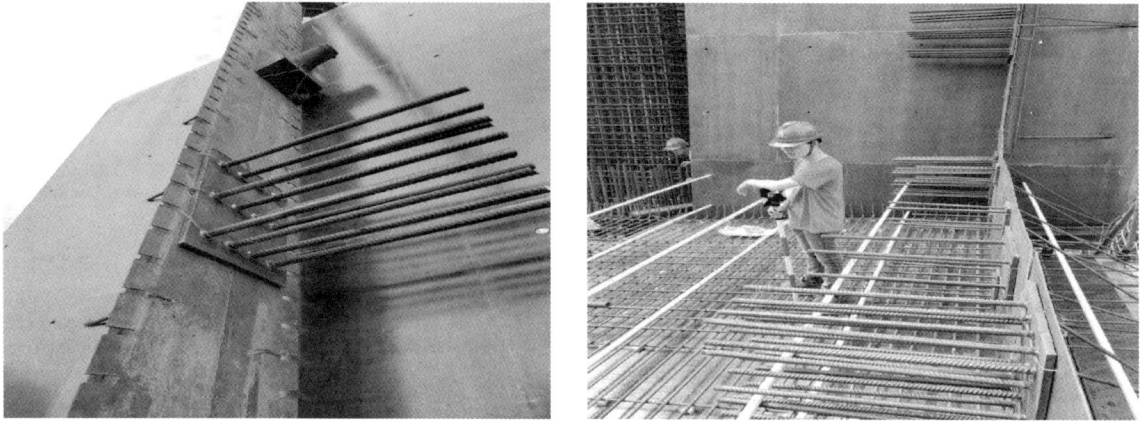

图3.1.4-24 节段施工平台预埋、卷扬机预埋及挂篮反压预埋

1.4.2 主梁悬浇施工

1.4.2.1 悬臂浇筑总体施工流程

待0号块施工完成后安装挂篮并进行预压,消除非弹性变形,观测弹性变形,再进行1号块的施工。待1号块预应力张拉施工后挂篮前移循环施工至8号块。9号块预应力施工完后对称张拉施工1号斜拉索,斜拉索施工完成后挂篮前移,直至施工完有索区9~24号梁段。挂篮施工无索区25号、26号节段,在边跨合龙段施工前7d左右完成边跨现浇段的浇筑(边跨现浇段由于洪溪特大桥左右线0号、3号桥台地形条件极复杂,支架根据对应边跨现浇段地形进行设计),安装吊架及配重,焊制劲性骨架施工边跨合龙段,最后进行中跨合龙段施工,待中跨合龙后进行拆除挂篮作业。挂篮悬臂浇筑箱梁总体施工流程见表3.1.4-5。

挂篮悬臂浇筑箱梁总体施工流程 表3.1.4-5

步骤1		搭设托架,施工墩顶的0号块,张拉压浆完后安装挂篮
步骤2		施工1号块,待张拉压浆后空挂篮前移就位
步骤3		施工2号块,待张拉压浆后空挂篮前移,重复步骤3施工3~8号块,张拉i-3号竖向预应力
步骤4		施工各墩顶的9号块,待预应力施工完后张拉1号斜拉索,挂篮前移

步骤5		重复上一步骤浇筑 10~24 号块
步骤6		依次浇筑 25 号、26 号块,同时搭支架浇筑边跨现浇段
步骤7		挂篮后退 3m,安装边跨吊架,浇筑边跨合龙段
步骤8		在顶板施加 2000kN 顶推力,焊制劲性骨架后浇筑中跨合龙段
步骤9		拆除挂篮、上塔架,桥面铺装及附属工程

挂篮施工流程如图 3.1.4-25 所示。

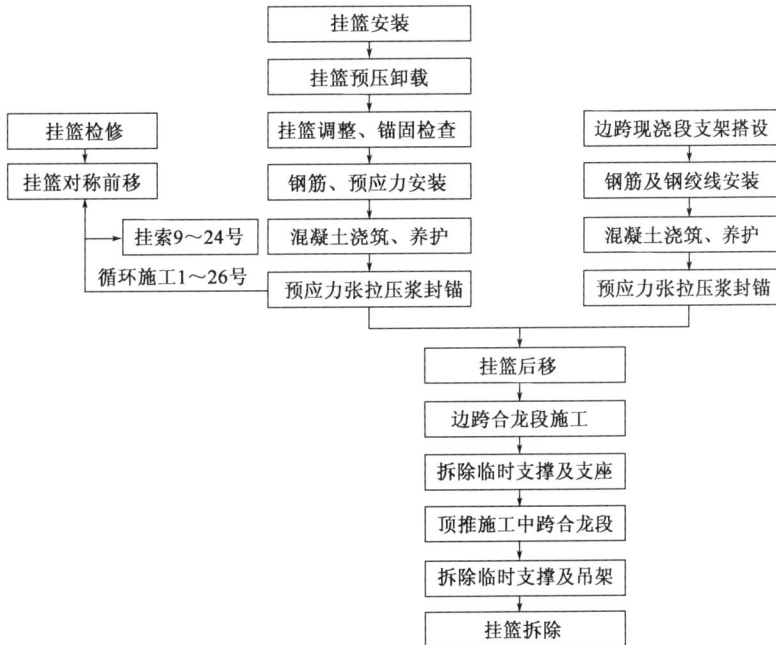

图 3.1.4-25　挂篮施工流程图

1.4.2.2 挂篮施工

单个节段无索区挂篮施工流程主要包括挂篮前移、挂篮调整及锚固、钢筋及孔道安装、内模安装、混凝土灌注及养护、预应力施加、孔道压浆及封锚等工序,无索区节段为 1~8 号节段、25 号、26 号节段。挂篮悬浇无索区施工工艺流程见图3.1.4-26。

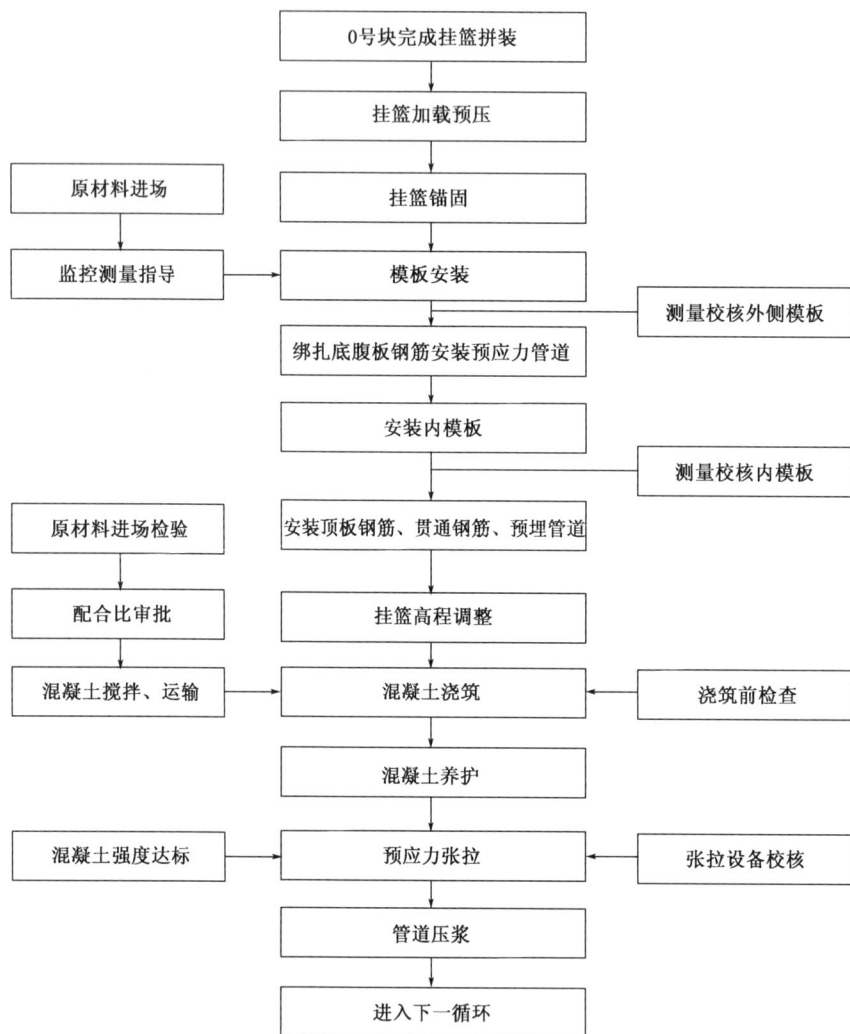

图 3.1.4-26　挂篮悬浇无索区施工工艺流程图

有索区挂篮施工区别于无索区:9~24 号节段待混凝土浇筑完成达到龄期后进行预应力施工,预应力施工完成后进行挂索施工,挂索施工完成后才能前移挂篮;同时有索区节段内有横隔板,挂篮标准内模无法使用,采用满堂支架散拼模板进行施工。

1)挂篮施工工艺

(1)挂篮安装

①挂篮形式的选取

洪溪特大桥连续箱梁悬臂施工选用菱形挂篮。

②挂篮设计与制作

洪溪特大桥挂篮悬浇最大节段质量为 1 号节段,质量357.7t,根据施工图设计要求挂篮的设计质量不得大于150t。行走时、施工时的抗倾覆安全系数大于2,自锚固安全系数大于2。

挂篮由主桁系统、底篮系统、行走及锚固系统、模板系统、悬吊系统和操作平台防护系统组成。洪溪特大桥挂篮主桁系统为 3 菱形架结构,由菱形主桁架和横向平联及前上横梁组成。挂篮布置图如图 3.1.4-27 ~ 图 3.1.4-29 所示。

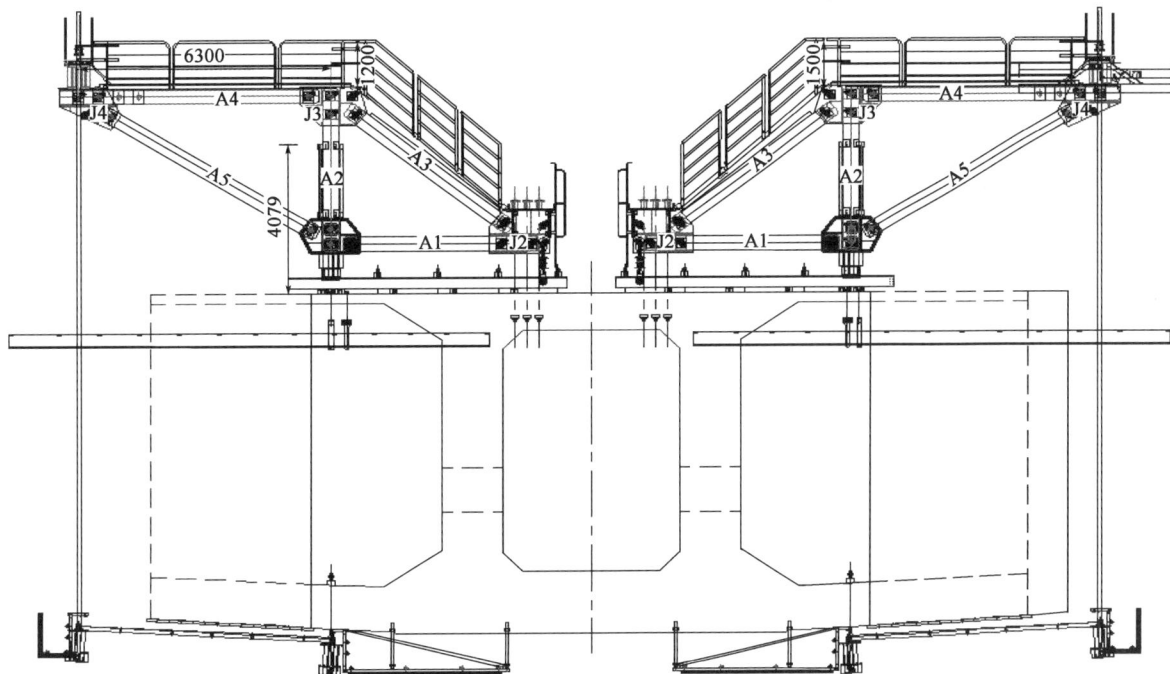

图 3.1.4-27　挂篮侧面布置图(尺寸单位:mm)

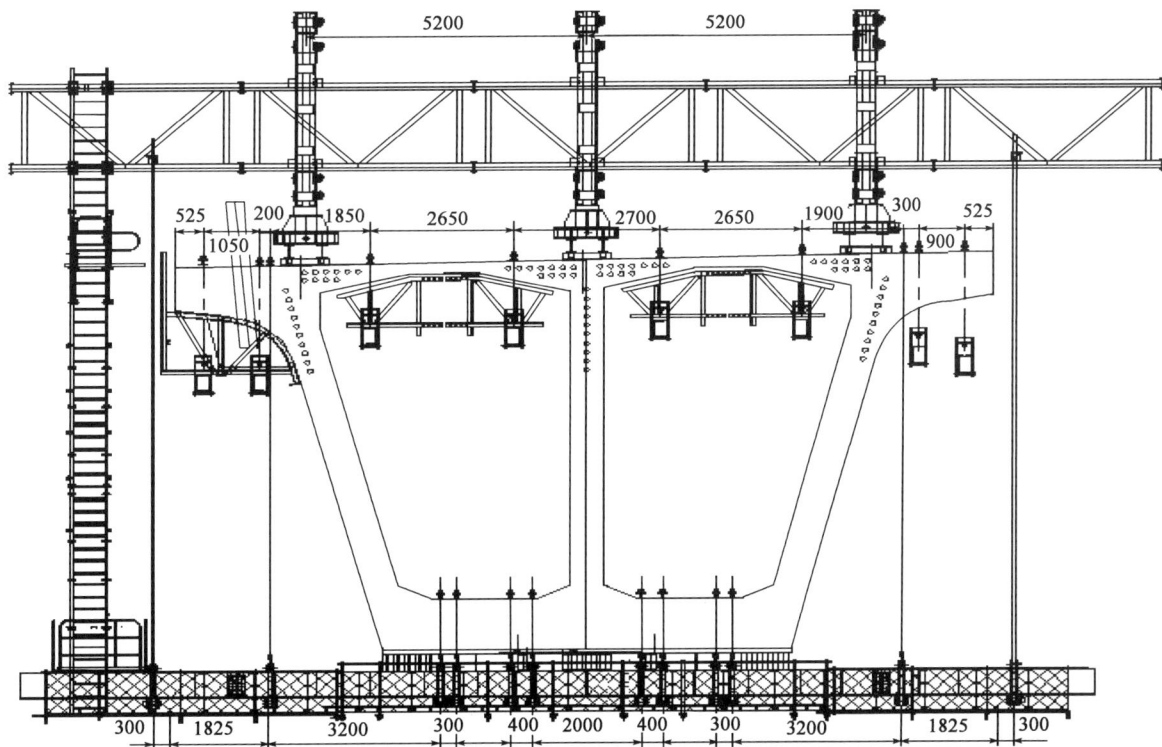

图 3.1.4-28　挂篮后断面布置图(尺寸单位:mm)

③挂篮安装

挂篮安装工艺流程见图 3.1.4-30。

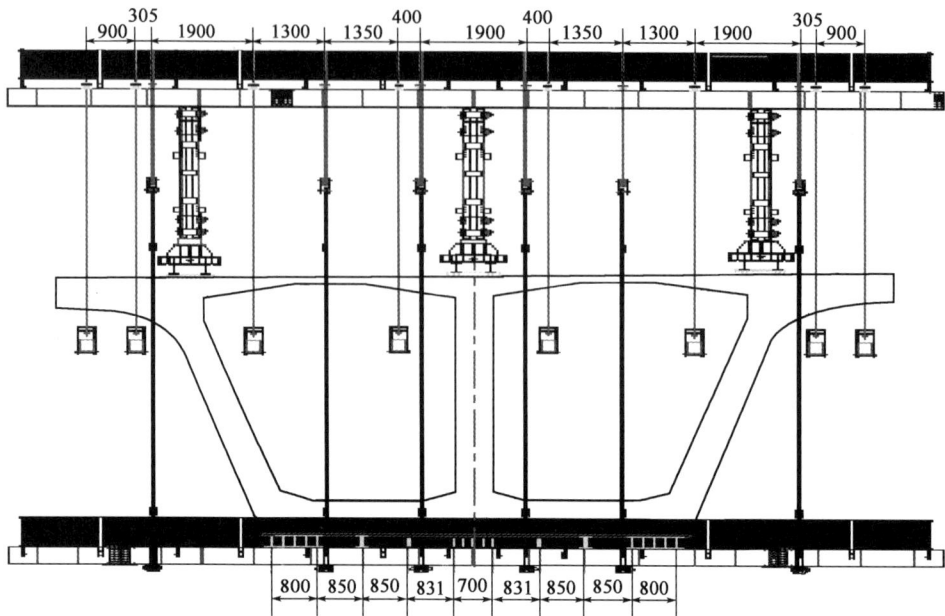

图 3.1.4-29 挂篮前断面布置图(尺寸单位:mm)

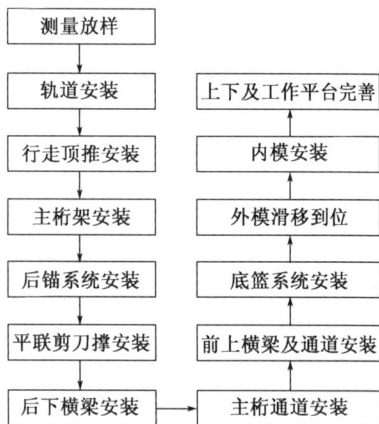

图 3.1.4-30 挂篮安装工艺流程图

④挂篮使用要求

悬灌严格执行两端平衡施工、对称灌注、对称移动的原则,两端的不平衡重不大于此梁段底板的重量。

施工时为有效控制线形,减少挂篮在灌注混凝土过程中的变形调整,挂篮就位时挂篮前端应预留沉降量(初次沉降量根据挂篮预压成果确定),并根据挂篮现场施工前 1~2 个梁段灌注过程中的变形观测结果来修正挂篮预留沉降量,具体办法如下:

首次使用挂篮前按照预压试验数据对挂篮前端预留沉降值;灌注混凝土前于挂篮前横梁上设定观测点;根据混凝土的灌注过程,分级对观测点的高程进行观测,当观测结果与预留沉落值相差超过施工规范要求的 5mm 时,对挂篮前吊带进行调整;对观测结果进行分析,确定挂篮的底模板和主桁架的变形,为下一梁段的施工反馈数据,做到信息化施工。

⑤挂篮荷载试验

挂篮安装完成并经验收合格后即可开始挂篮静载试验。挂篮预压目的是对挂篮设计、加工、安装质量的一次全面检验,是消除挂篮非弹性变形和观测弹性变形量的关键工序;针对挂篮施工时前端挠度主要是由于主桁件的变形引起的,试验时测出力与位移的关系曲线,作为施工时调整底模板的依据,为连续箱梁的线形控制提供依据。

挂篮预压采用 3 道腹板位置预埋预埋铁板,焊制三角架,张拉千斤顶进行挂篮反压。预埋铁板采用 2cm 厚钢板及 ϕ28 螺纹钢制作,中腹板三角架由双拼 I56 主梁及双拼 I40 斜撑组成;边腹板三角架由双拼 I56 主梁、双拼 I40 斜撑及工 25 水平撑组成挂篮反压。三角架布置如图 3.1.4-31、图 3.1.4-32 所示。

a.挂篮预压前的检验

a)挂篮所有的零部件及模板安装完成,底模牢固的固定在挂篮的底板上,所有吊杆上下均采用双螺母固定。

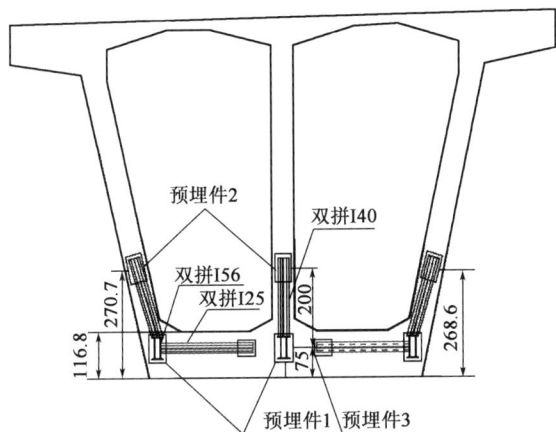

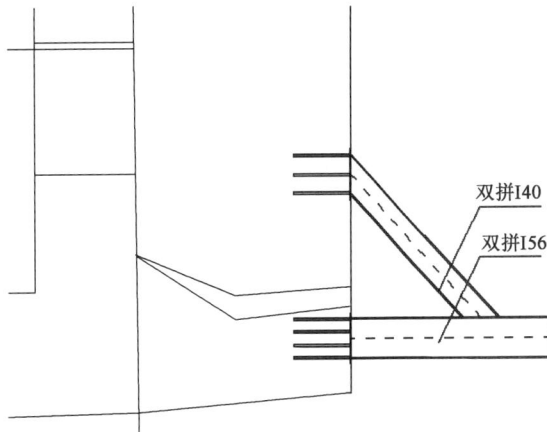

图 3.1.4-31　挂篮反压三角架布置图(尺寸单位:cm)　　图 3.1.4-32　挂篮反压三角架侧视图

b)挂篮后锚固定牢固,后锚螺纹钢、钢垫板、扁担梁等不能有任何的缺陷和破损,扁担梁吊点位置采用加劲板加强。

c)对所有连接部位进行常规检查,对受力较大的部位(参照挂篮检算书的内容,主要有支腿、轨道、轨枕、后锚体系、吊带、立柱、上前横梁等)进行详细的检查,特别是底篮部位容易忽视的位置。对检查出来的薄弱环节、焊缝不符合要求等问题及时整改和加强后方能预压,严禁预压或施工过程中进行焊接补强。后锚精轧螺纹钢连接器处的拧丝长度,均采用油漆做了标志,确保进丝长度一致。

d)在挂篮各构件的锚点、前支点、吊点位置,均安装加劲板,增强型钢的抗剪和抗扭性能。

挂篮检查完成验收合格后即可开始挂篮静载试验。结合现场实际情况,本挂篮取制作三角架千斤顶反压的方式进行观测。本工程悬臂最大荷载在 1 号块,最大节段质量为 357.7t。

b.预压过程

a)首先布置测点,测点布置首先考虑预压过程中能否正常测量。主要布置的观测点有:前吊点、翼缘板吊点、后锚点、前支点、上下横梁。测点布置时注意防止观测点位移、脱落,影响测量数据的真实性。

b)检查各锚固点、构件连接等是否符合要求。

c)最后逐级加载预压并测量相应的数据,记录、整理测量数据。

c.加载预压

预压前在距离 0 号块梁端 1m、3m 的地方布置 2 条双拼 I40 作为反压梁,预压横桥向又分为斜腹板、中腹板、斜腹板 3 个区域(图 3.1.4-33)进行加载预压,所以预压点为 6 个。由于分区最大预压力为 708kN,加载预压采用 6 个 100t 的千斤顶进行分级预压,预压分级为 0—30%—60%—80%—100%—120%,总共 5 级。

图 3.1.4-33　分区示意图

各张拉区块分级张拉实际质量见表3.1.4-6、表3.1.4-7。

靠塔柱各张拉区块参数　　　　　　　　　　　　　　　　　　表3.1.4-6

部位	方量 (m³)	质量 (t)	分级张拉质量(t)				
			30%	60%	80%	100%	120%
黄色	22.4	58.2	17.5	34.9	46.6	58.2	69.8
绿色	22.6	58.8	17.6	35.3	47.0	58.8	70.6
蓝色	22.7	59	17.7	35.4	47.2	59.0	70.8

远离塔柱段各张拉区块参数　　　　　　　　　　　　　　　　表3.1.4-7

部位	方量 (m³)	质量 (t)	分级张拉质量(t)				
			30%	60%	80%	100%	120%
黄色	22.2	57.7	17.3	34.6	46.2	57.7	69.2
绿色	22.2	57.7	17.3	34.6	46.2	57.7	69.2
蓝色	22.5	58.5	17.6	35.1	46.8	58.5	70.5

根据各区对应质量进行千斤顶反压加载。

d. 挂篮预压沉降观测点(挂篮变形观测点)布置

观测点布置在挂篮的主要受力位置和能准确反映挂篮预压过程中杆件变形的位置。底板前端和后端各布置4个观测点,左、右翼缘板前段和后端各布置2个观测点,上横梁上布置6个观测点,主桁架后锚扁担梁上各布置2个观测点(靠近后锚精轧螺纹杆的位置),挂篮预压沉降观测点如图3.1.4-34、图3.1.4-35所示。

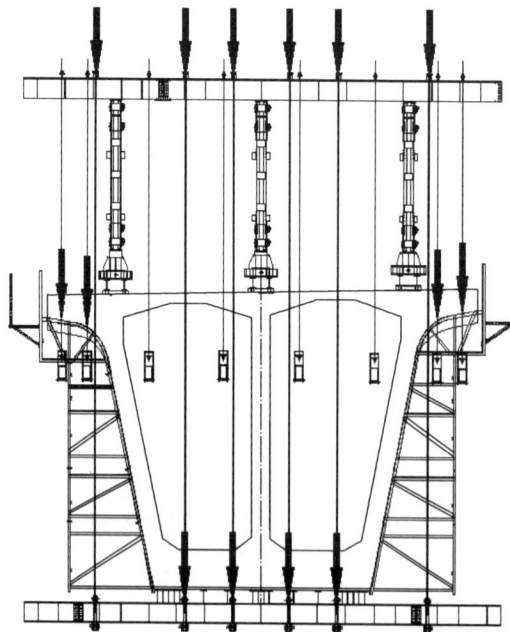

图3.1.4-34　挂篮预压沉降观测点布置示意图

(2)挂篮行走

挂篮行走施工工艺流程如图3.1.4-36所示。

2)挂篮模板施工

挂篮模板主要包括底模板、侧模板、内模及有索区横隔板模板。主梁外侧斜腹板坡度固定为1:4.1、1:4.4,随着挂篮前移,每个节段底板依次抬升,外侧模相对位置固定不变,底模越来越宽,腹板厚度在4号节段以后固定为45cm。4号节段断面结构图如图3.1.4-37所示。

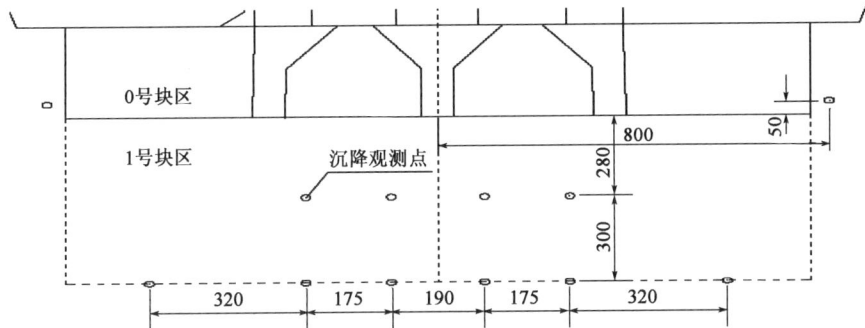

图 3.1.4-35　沉降观测点平面布置图(尺寸单位:cm)

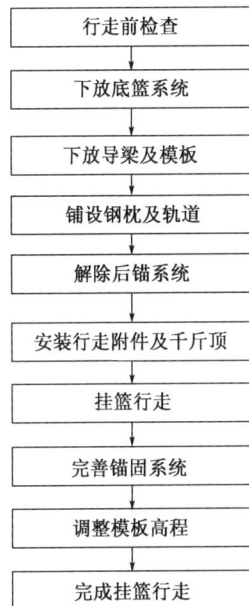

图 3.1.4-36　挂篮行走施工工艺
流程图

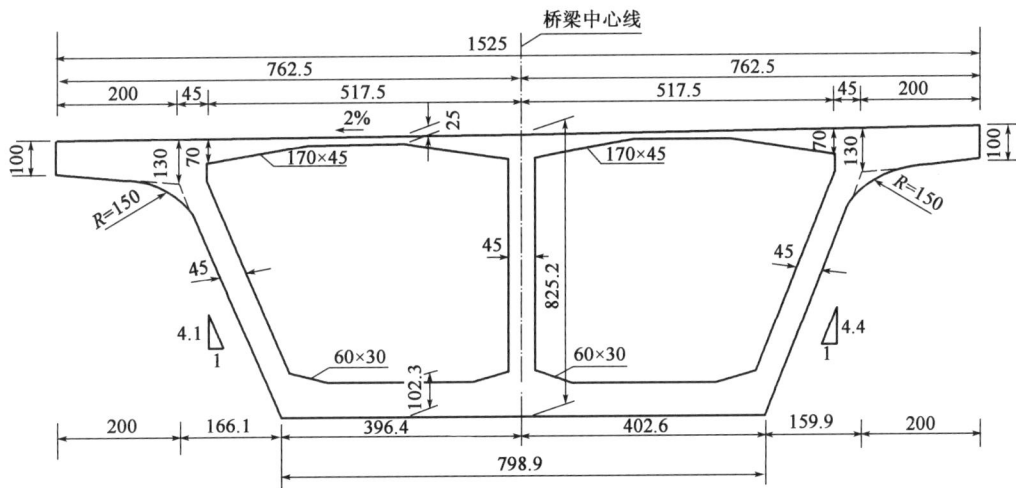

图 3.1.4-37　4 号节段断面结构图(尺寸单位:cm)

(1)侧模系统

有索区要预埋索导管,所以翼缘板区侧模需要改制,斜拉索锚固齿块尺寸及角度不同,因此模板采用木模板,翼缘板骨架采用异型骨架。有索区模板如图 3.1.4-38 所示。

(2)底模系统

挂篮底板随着位置抬高而变宽,底板宽度由 1 号节段前端 775.7cm、后端 763.7cm 渐变到 27 号节段前端 975cm、后端 975cm,挂篮拼宽区域共计前端宽 199.3cm、后端宽 211.3cm,所以在底模中央设置宽度为 253cm 的拼宽区。

底模系统前下横梁及后下横梁采用的双拼 H600,拼宽区纵梁采用的加强型 I35,非加宽区采用的加强型 I40 及普通 I40,底模标准模板面板为 6mm 厚钢板,纵肋为[8,法兰板为 12mm 厚钢带制作,由于每次底板抬升底模宽度越来越大,中央拼宽区采用横向满铺尺寸(宽度×厚度)30mm×3mm 的口字钢,上铺 5cm×7cm(宽×高)的方木加 1.5cm 厚的竹胶板,加宽时在空隙里依次纵向铺上方木及竹胶板,底模板如图 3.1.4-39、图 3.1.4-40 所示。

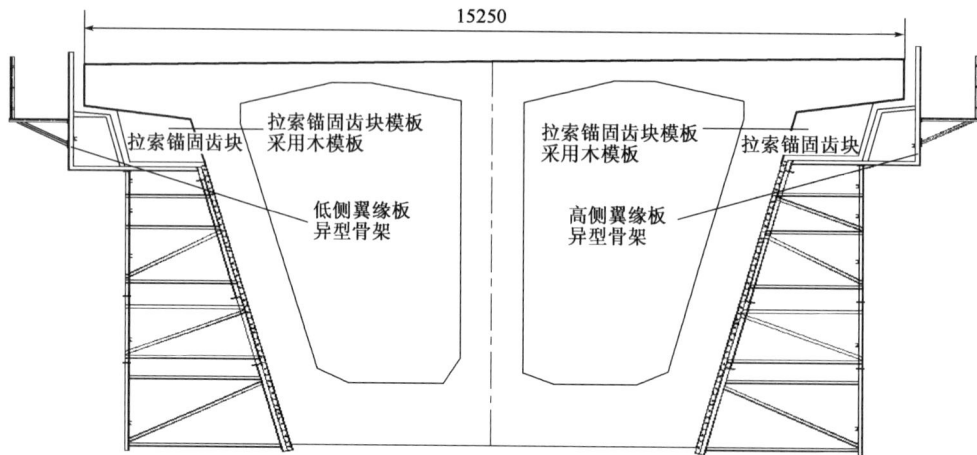

图 3.1.4-38　有索区模板(尺寸单位:mm)

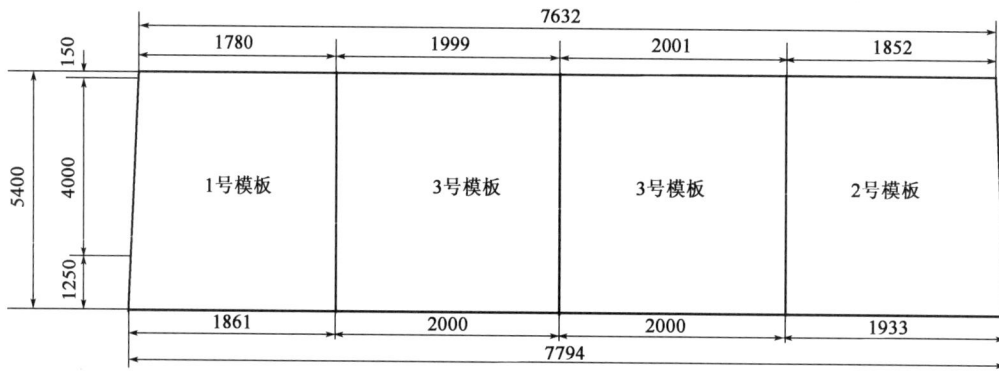

图 3.1.4-39　底模板初始标准尺寸(尺寸单位:mm)

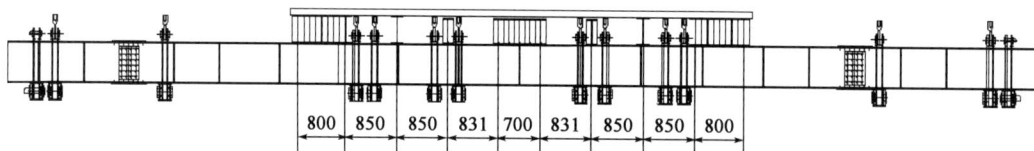

图 3.1.4-40　底篮板初始结构间距(尺寸单位:mm)

(3)内模系统

无索区内模采用钢木结合形式,钢模按最小标准断面设计,木模板按最大断面设计然后逐步收分。竖向内模根据 8 号节段面为标准制作标准钢模板,下方采用方木竹胶板组合散拼,25～26 号节段采用 4.5m 梁高标准断面内模加散拼模板制作。挂篮内模示意图如图 3.1.4-41 所示。

(4)有索区内模及横隔板

有索区每一节段均设计有全封闭横隔板,仅预留有 1.2m×0.8m(高×宽)人孔,所以采用散拼模板加内滑梁进行施工,根据浇筑的外观质量及时进行破旧模板的更换。有索区横隔板如图 3.1.4-42 所示。

由于顶板厚度只有 25cm,倒角处厚度为 70cm,搭设满堂支架进行施工,支架从上到下依次为1.2cm 厚竹胶板、10cm×10cm 方木(间距 35cm)、[10 分配梁间距 80cm、满堂支架 80cm×90cm(长×宽间距)。有索区内模满堂支架如图 3.1.4-43 所示。

横隔板及内腹板模板采用竹胶板方木及双拼[10 散拼,拉杆采用 φ25mm 的精轧螺纹钢。

3)钢筋绑扎

底腹板钢筋绑扎完成后安装内模,安装完成进行顶板钢筋绑扎。

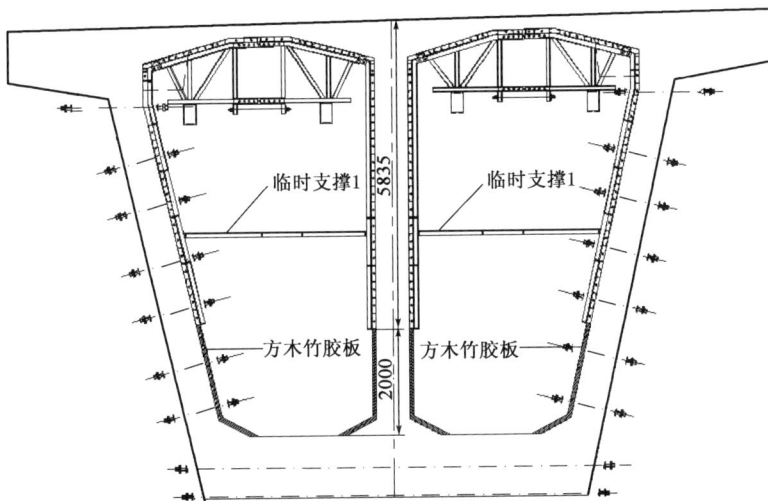

图 3.1.4-41 挂篮内模示意图

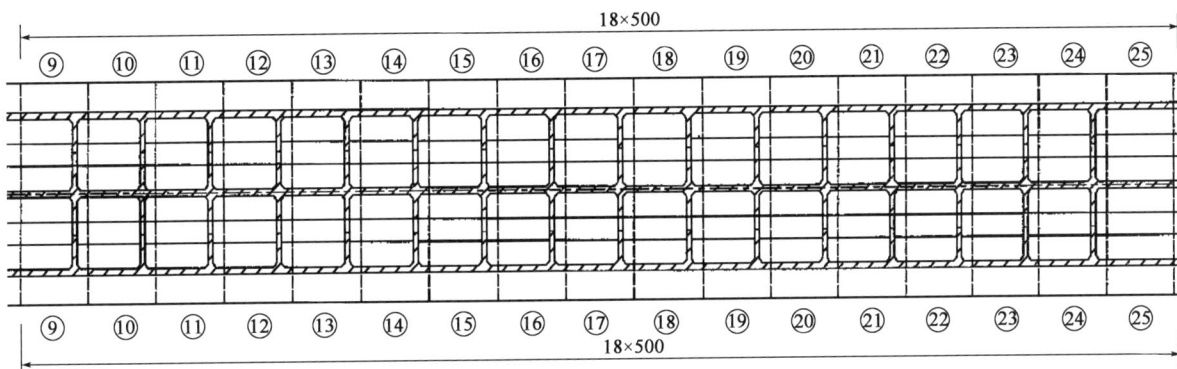

图 3.1.4-42 有索区横隔板(尺寸单位:cm)

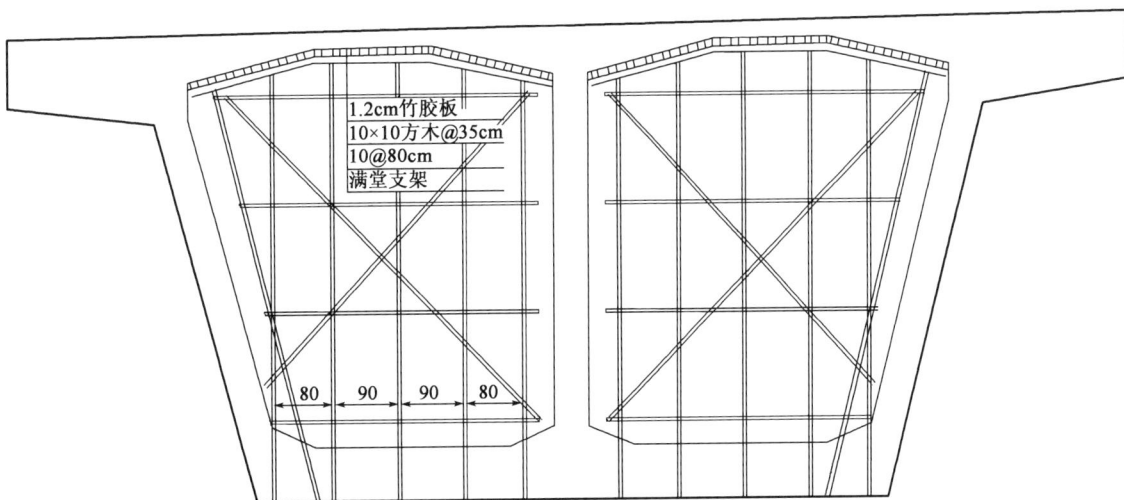

图 3.1.4-43 有索区内模满堂支架(尺寸单位:cm)

锚下加强钢筋及齿块钢筋在适当时机进行绑扎,有索区横隔板钢筋于腹板钢筋绑扎时同时进行。自检人员再检查钢筋种类、根数、间距及保护层控制是否满足要求。

4)混凝土浇筑施工

洪溪特大桥主梁挂篮浇筑混凝土最大方量在 1 号节段,节段总方量 269m³,浇筑持续时间在 14h 左右,根据悬灌梁段混凝土的数量,结合混凝土浇筑速度,悬灌梁段混凝土的初凝时间为 8h,将坍落度控制在 20cm 左右。浇筑时采用对称浇筑,施工中应随时观测挠度及应力情况,发现异常应及时调整、分析后再继续施工。

混凝土浇筑施工时,从悬臂端向箱梁根部施工进行,以防止由于挂篮前端下挠而引起已浇筑混凝土的开裂;混凝土施工时划分施工责任区,防止出现振捣不合格。

主梁在 0 号块处设置泵送接力,泵送高度大、距离远,所以混凝土要满足高压泵送,常压下无泌水现象,具有良好的和易性、流动性及抗裂性,具备非常好的泵送性能。

由于悬臂浇筑施工持续时间达 1 年,夏季施工时加强混凝土状态控制。尤其要满足 1h 后混凝土坍落度损失不大于 2cm。

为了保证悬臂灌注梁段的施工质量,减少施工接缝,所有悬臂灌注梁段要求一次灌筑成形。为了达到设计要求,拟采取如下方法浇筑:采用 2 套高压泵管,一套作为备用,从塔底处直接接上 0 号梁段桥面,采用三通接头分别通向两个悬臂端,平衡对称泵送浇筑。为了防止浇筑过程中爆管,需备用一定数量的高压泵管及三通接头。

混凝土灌注顺序:先腹板,后底板,再腹板及隔板,最后顶板;顶板从翼板与腹板相交处向翼板边缘、顶板中部浇筑。灌注时同一挂篮的左右两侧基本对称进行。混凝土由挂篮底板的前端开始浇筑,同一悬臂上两套挂篮内的悬浇混凝土在任何时候须基本相等。浇筑时在 3 道腹板区中间布置导管及布料口,控制混凝土悬空在 2m 以内。标准节段布料口示意图如图 3.1.4-44 所示。

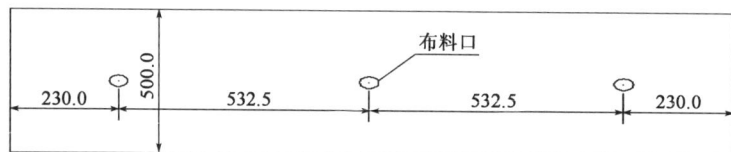

图 3.1.4-44 标准节段布料口示意图(尺寸单位:cm)

5)预应力施工

主梁预应力按纵、横、竖三向布置。纵向预应力钢束设置顶板束、腹板束、中跨底板束、边跨顶板束及边跨底板束五种,采用 19-ϕ^s15.2、17-ϕ^s15.2、15-ϕ^s15.2 三种类型钢绞线。横向预应力钢束布置在斜拉索锚固位置横隔板和 0 号块固结位置,采用 5-ϕ^s15.2、12-ϕ^s15.2 两种类型钢绞线。竖向预应力布置在腹板内,采用的 3-ϕ^s15.2 钢绞线,工艺为低回缩 2 次张拉工艺,纵向间距 50cm。

1.4.3 边跨现浇段施工

边跨现浇段长度为 16.2m,单箱双室截面,截面高度均为 4.5m,梁底纵坡 1.9%。因现场地形地貌较为复杂,所有边跨现浇段根据现场实际情况一跨一设计。边跨现浇段结构示意图如图 3.1.4-45 所示。

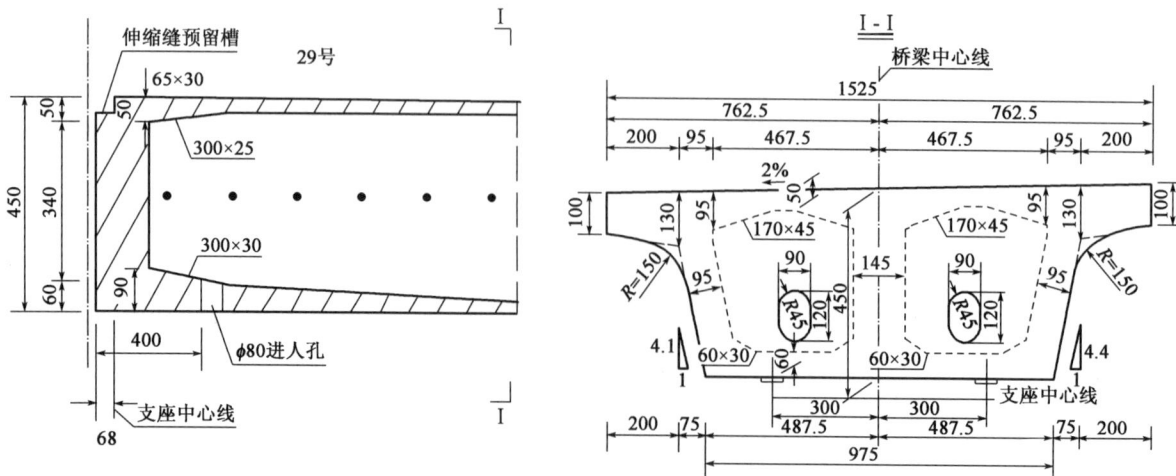

图 3.1.4-45 边跨现浇段结构示意图(尺寸单位:cm)

1.4.3.1 边跨现浇段支架施工

洪溪特大桥 0 号台左幅、3 号台左右幅地处悬崖,采用搭设支架施工边跨现浇段,边跨现浇段施工工艺如图 3.1.4-46 所示。

1)边跨现浇段支架设计

洪溪特大桥边跨现浇段长度为 16.2m,混凝土方量 454.2m³,钢筋质量 43.75t,边跨现浇段距现状地面 1.6~22m,现浇段支架采用少支架法施工,共计 3 排支撑。

（1）洪溪特大桥 0 号台左幅钢管支架

边跨现浇段支架从上到下依次为 1.5cm 厚竹胶板、宽×高为 5cm×10cm(间距 20cm)方木、[8 分配梁、工 12 分配梁、贝雷梁、工 56 主梁、φ800mm×10mm 钢管柱、平联及斜撑、支撑基础,0 号台左幅钢管支架示意图如图 3.1.4-47所示。

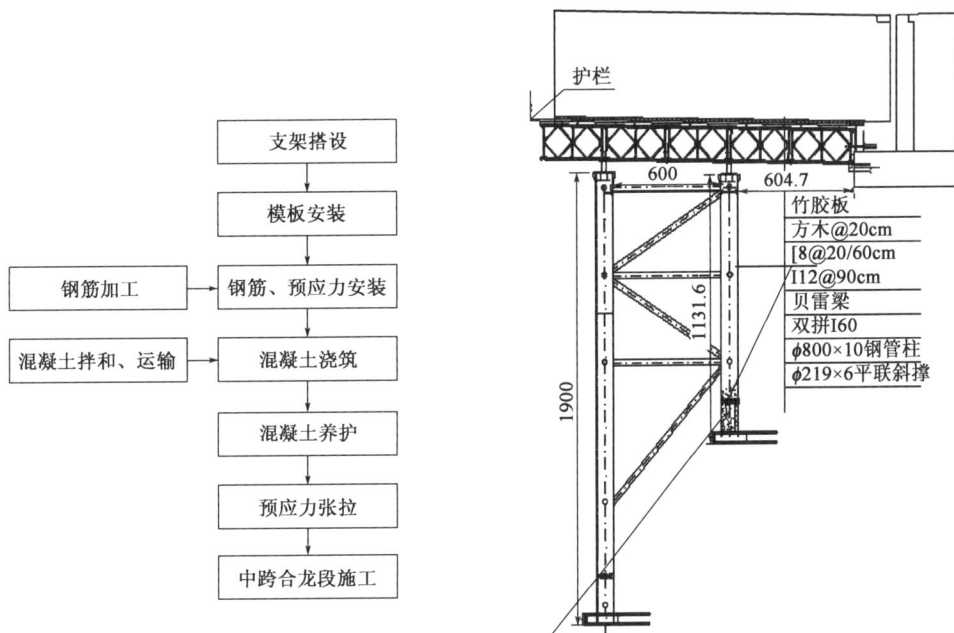

图 3.1.4-46 边跨现浇段施工工艺

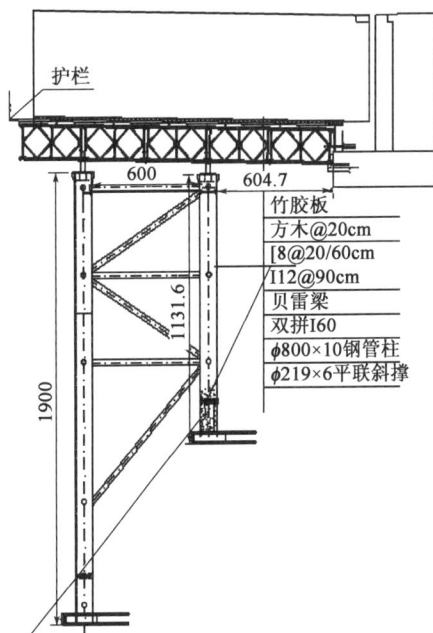

图 3.1.4-47 0 号台左幅钢管支架示意图(尺寸单位:cm)

（2）洪溪特大桥 3 号台左幅钢管支架

边跨现浇段支架从上到下依次为 1.5cm 厚竹胶板、方木 5cm×10cm(宽×高)方木满铺、工 25 分配梁、贝雷梁、双拼工 56 主梁、φ800mm×10mm 钢管柱、平联及斜撑、支撑基础。最左侧钢管桩由于地形限制,采用往小里程挪动 1.5m,钢管桩顶增设双拼 H600 型钢悬挑并加设工 56 斜撑,3 号台左幅钢管支架如图 3.1.4-48 所示。

图 3.1.4-48 3 号台左幅钢管支架(尺寸单位:cm;高程单位:m)

（3）洪溪特大桥 3 号台右幅钢管支架

边跨现浇段支架从上到下依次为 1.5cm 厚竹胶板、5cm×10cm（宽×高）方木满铺、工 25 分配梁、贝雷梁、双拼工 56 主梁、φ800mm×10mm 钢管柱、平联及斜撑、支撑基础。由于外排钢管较独立，采用在悬崖上制作锚碇用于外排钢管桩斜撑及平联安装。外排钢管桩采用灌砂超过斜撑，并用混凝土封顶，增强根部刚性，3 号台右幅钢管支架如图 3.1.4-49 所示。

图 3.1.4-49　3 号台右幅钢管支架（尺寸单位：cm；高程单位：m）

翼缘板区支架采用 I12 分配梁、盘扣支架、I12 分配梁、桁架片及圆弧模板。圆弧钢模板不足的采用 1.2cm 厚竹胶板、7.5cm×7.5cm 方木（间距 20cm）作散模。支架上部结构如图 3.1.4-50 所示。

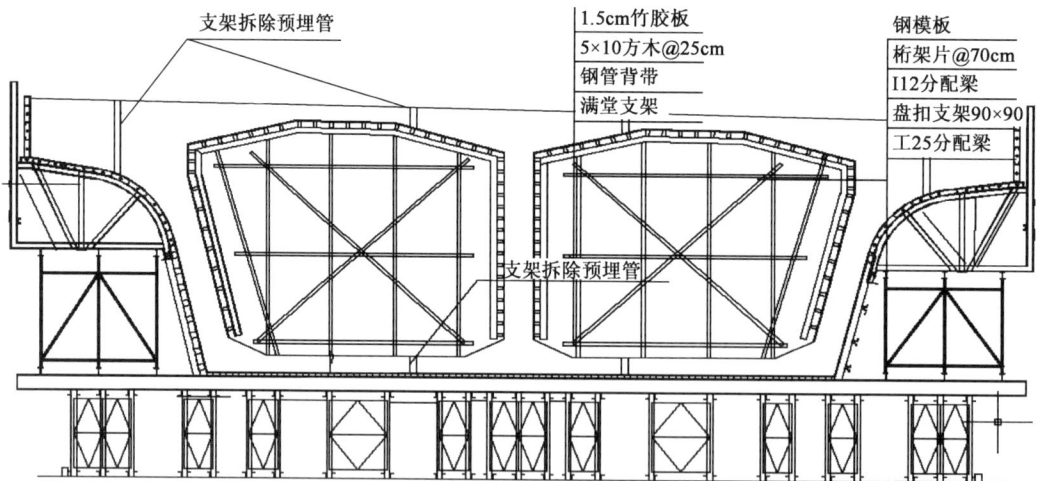

图 3.1.4-50　支架上部结构

2）支架预压

边跨现浇段支架预压加载分 4 级，按 0→30%→60%→80%→110% 分级预压，每级加载完成后，每间隔 12h 对支架沉降量进行监测，当支架测点连续 2 次沉降差平均值均小于 2mm 时方可继续加载。每级压载均做好沉降观测记录，预压完成后应持续观测 24h，每次间隔 2h，当 24h 沉降变形量小于 1mm 时停止预压，进行卸载。

钢管桩支架承载区域为边跨现浇段空心段，根据计算钢管桩支架承载混凝土方量为 295.2m³，质量 767.5t。根据支架承载分区特点进行分割（图 3.1.4-51），分割成以下

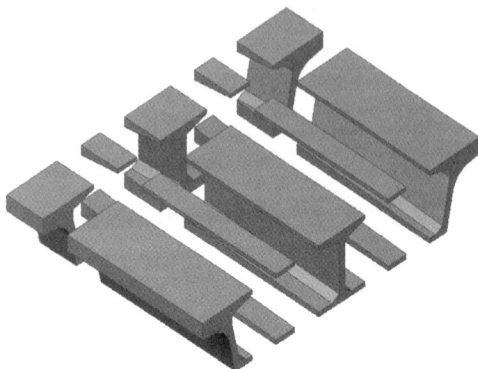

图 3.1.4-51　现浇段三维分割图

10个区块,得到分区单元压重分布图(图3.1.4-52)。

预压拟采用砂袋装碎石进行预压,加载时根据分区单元压重从中间到两侧对称均匀逐层加载。堆载预压见图3.1.4-53所示。

图3.1.4-52 分区单元压重分布图(尺寸单位:cm)

图3.1.4-53 堆载预压

3)支架拆除

(1)支架拆除作业

待合龙段施工完毕且预应力施工完成后进行边跨现浇段支架拆除作业。先拆除翼缘板区支架及模板(图3.1.4-54)。

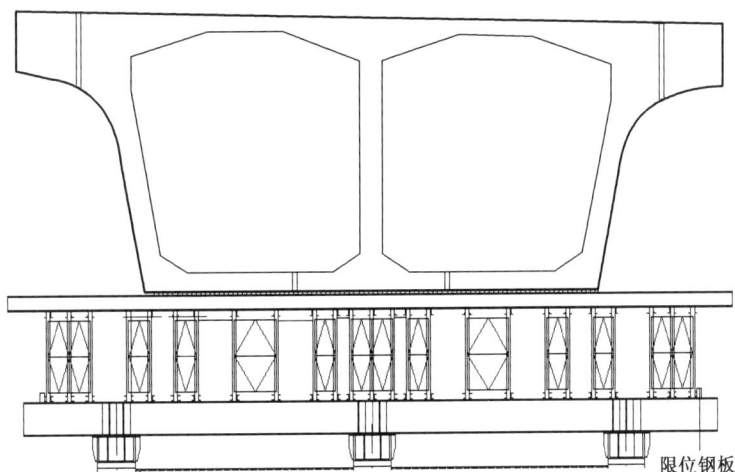

图3.1.4-54 翼缘支架及模板拆除

在I56承重梁预埋孔位置安装ϕ32mm精钢吊杆,并紧固到位,将桩头割除15cm,同时割除桥台牛腿,解除桥台处对贝雷梁的锁定,再采用千斤顶整体缓慢下落支架(图3.1.4-55)至钢管桩上。

将承重I56梁与钢管桩焊接牢靠后拆除吊杆,再借助卷扬机及导向轮抽出竹胶板、方木、分配梁。底板部分拆除示意图如图3.1.4-56所示。

借助预埋铁板焊制导向轮,用5t卷扬机2个为1组外抽贝雷梁,外抽时反向用手拉葫芦固定缓慢抽出,每片贝雷梁质量为270kg。贝雷梁拆除示意图如图3.1.4-57所示。

采用扁担梁及钢丝绳从外侧提升I56,汽车起重机起吊挪移至桥台处,再下落至桥台地面,解体抽出。I56拆除示意图如图3.1.4-58所示。

借助卷扬机及拆支架预埋孔将钢管柱平联及斜撑逐根割除下放,再逐节切割拆除钢管柱。钢管柱拆除示意图如图3.1.4-59所示。

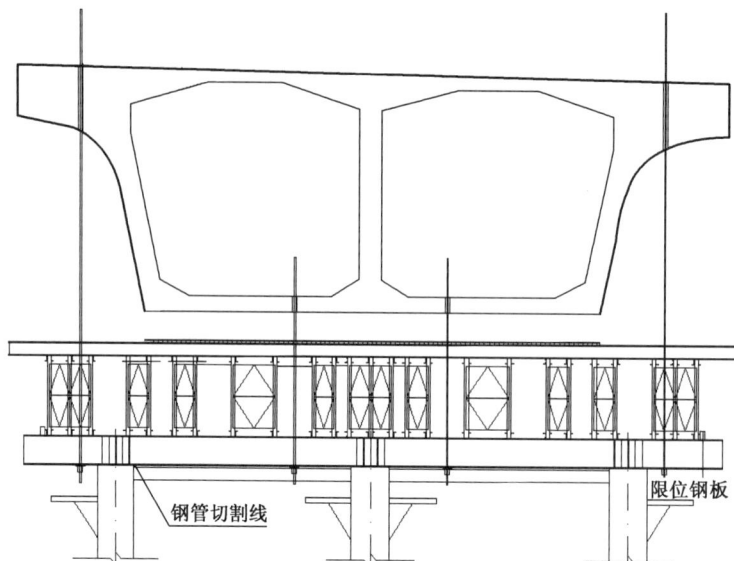

图 3.1.4-55　支架下落

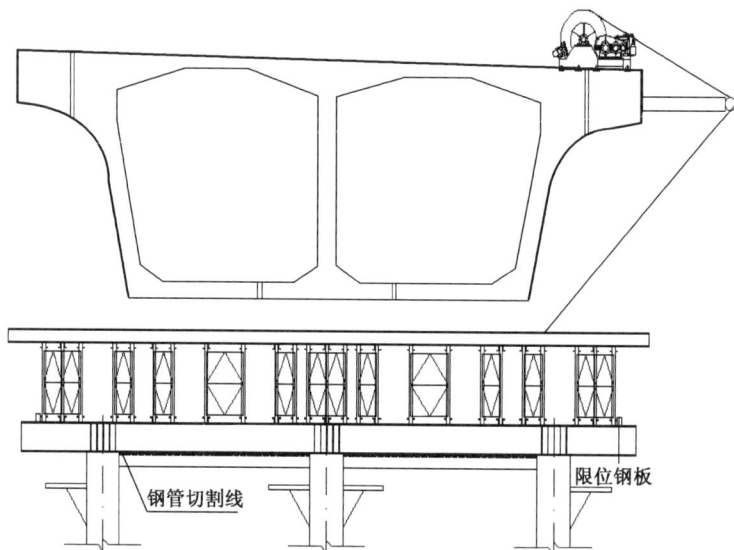

图 3.1.4-56　底板部分拆除示意图

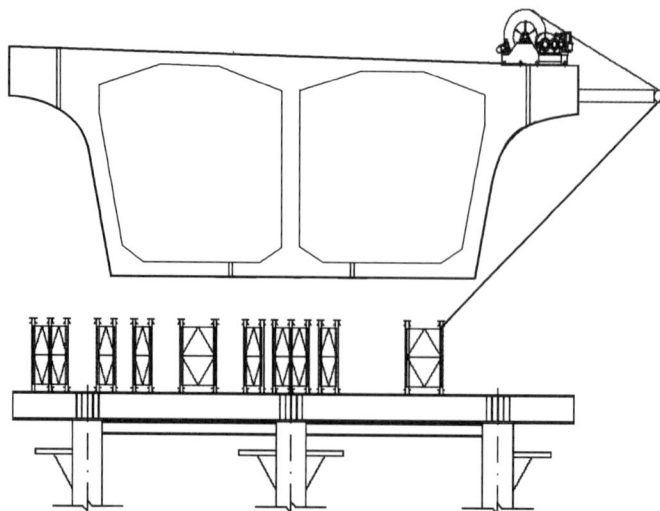

图 3.1.4-57　贝雷梁拆除示意图

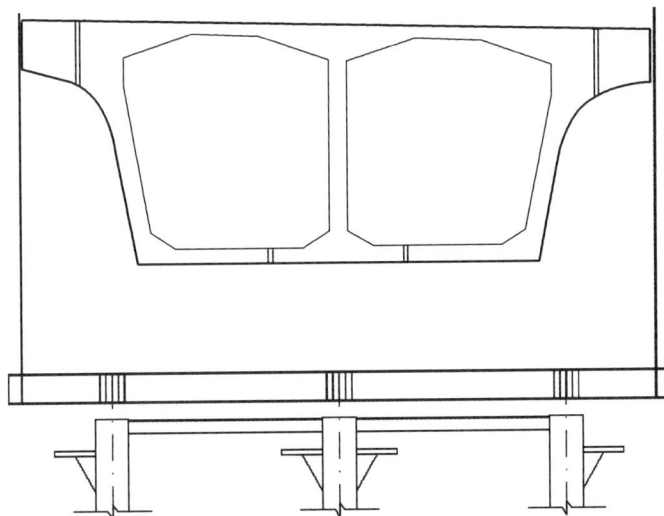

图 3.1.4-58　I56 拆除示意图

1.4.3.2　0 号台右幅边跨现浇段施工

小里程右幅边跨现浇段、边跨合龙段、悬浇 25 号、26 号节段均深埋在山体中,最大埋深近 14m,施工流程见图 3.1.4-60。

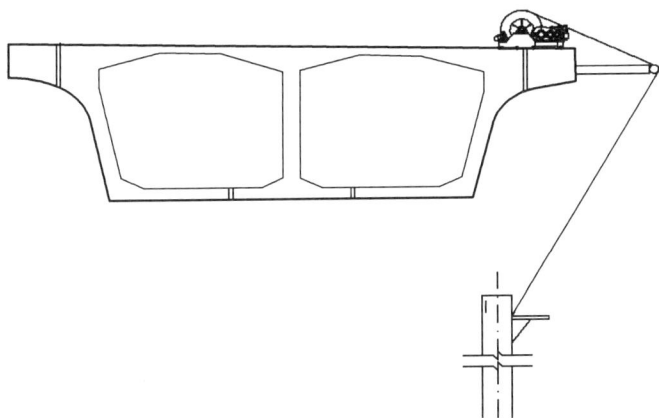

图 3.1.4-59　钢管柱拆除示意图

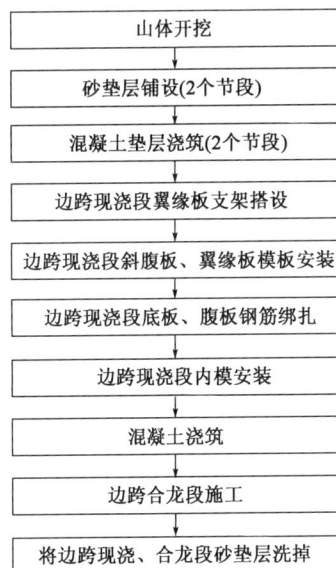

图 3.1.4-60　边跨现浇段、边跨合龙段施工流程图

1)山体开挖

边跨现浇段、边跨合龙段开挖原则:开挖底高程比梁底高程低 20cm,箱梁范围内开挖宽度左右侧各加宽 1m,开挖总宽度为 17.25m,箱梁以上部分按 1:0.75 坡度进行放坡开挖。

25 号、26 号悬浇段开挖原则:因挂篮底篮悬吊系统至梁底约 1.326m,开挖底高程比梁底高程低 2m,其余要求同上。

开挖前对坡顶孤石进行锚杆 + 喷浆临时加固,岩体以凝灰岩为主,为避免爆破产生飞石对索塔成品混凝土造成损坏,开挖采用机械开挖。

相关图片如图 3.1.4-61 ~ 图 3.1.4-63 所示。

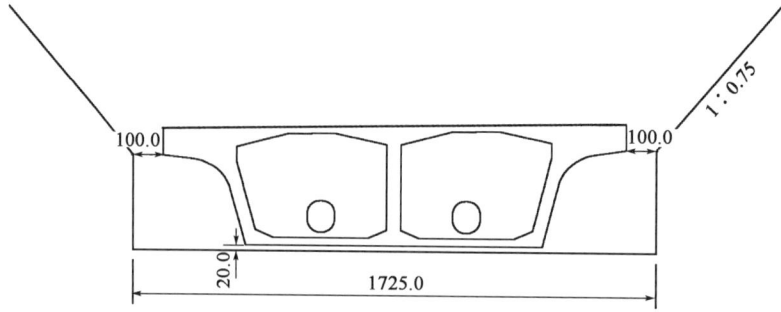

图 3.1.4-61 边跨现浇段、合龙段开挖示意图(尺寸单位:cm)

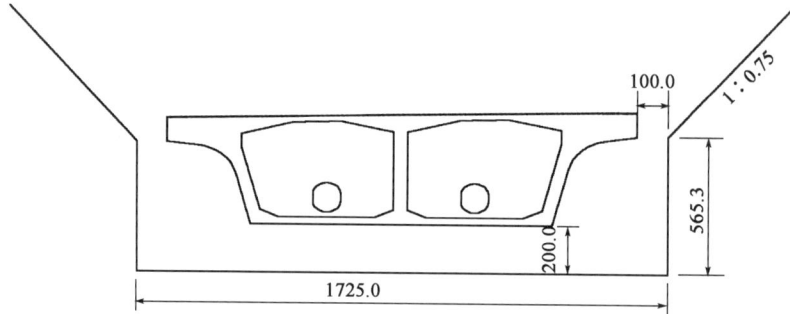

图 3.1.4-62 25 号、26 号节段开挖示意图(尺寸单位:cm)

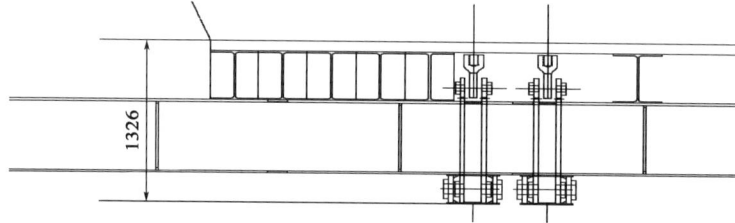

图 3.1.4-63 挂篮底篮悬吊系统距离梁底高度示意图(尺寸单位:mm)

2)0 号台右幅边跨现浇段施工

(1)施工准备

①根据山区地形,进行前期勘探,根据地形编制桥梁边跨现浇段支架施工方案;测量在现场放出边跨现浇段开挖边线,挖掘机对边跨现浇段原山体进行开挖及清表。

边跨现浇段砂垫层无支架断面示意图如图 3.1.4-64、图 3.1.4-65 所示。

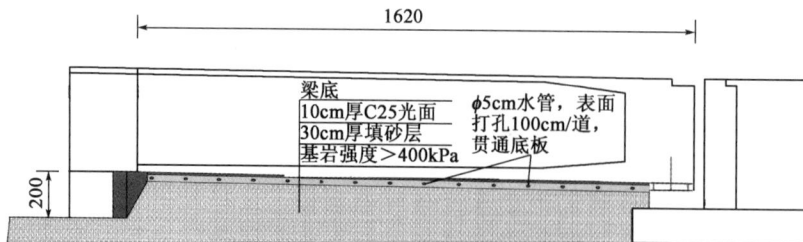

图 3.1.4-64 边跨现浇段砂垫层无支架纵断面示意图(尺寸单位:cm)

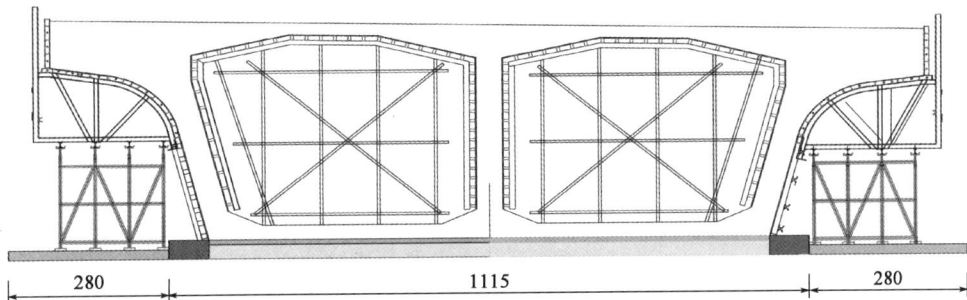

图3.1.4-65 边跨现浇段砂垫层无支架横断面示意图(尺寸单位:cm)

②对照边跨现浇段平面示意图,计算出边跨现浇段砂垫层四角平面位置及高程数据,测量员现场采用水准仪及全站仪测量放样。

边跨现浇段位置测量放样如图3.1.4-66所示。

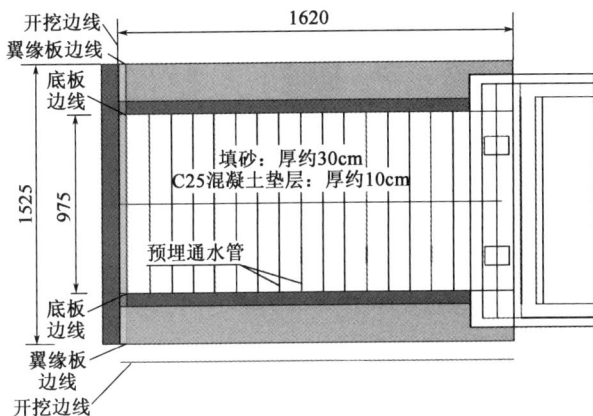

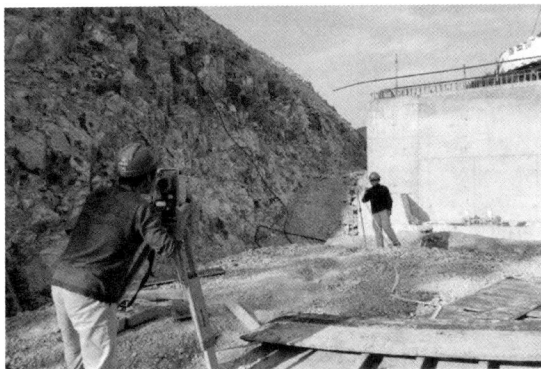

图3.1.4-66 边跨现浇段位置测量放样(尺寸单位:cm)

(2)垫层施工

垫层施工:垫层分为砂垫层及C25混凝土垫层,各厚10cm,共计厚20cm。砂垫层预埋时在底板两侧预埋φ50水管,布置间距1m/道,以便于后期砂垫层清理。

砂垫层铺设平整、夯实即可,梁底纵坡通过10cm厚C20混凝土垫层调整,重点控制C20混凝土纵坡及平整度,收面按光面控制。

(3)边跨现浇段施工

①砂垫层铺设完毕后,进行侧模及翼缘板支架模板安装(图3.1.4-67)。

图3.1.4-67 现浇段侧模及翼缘板支架模板安装施工

②边跨现浇段模板安装完毕后,进行底模边线及翼缘板盘扣支架验收(图3.1.4-68)。

③边跨现浇段模板验收完毕,进行钢筋施工(图3.1.4-69)。

④边跨现浇段模板验收完毕,进行内模支架施工(图3.1.4-70)。

图3.1.4-68　现浇段底模边线及翼缘板盘扣支架验收

图3.1.4-69　现浇段钢筋施工

图3.1.4-70　现浇段内模支架施工

⑤边跨现浇段钢筋工程、模板工程施工完成,浇筑桥梁边跨现浇段并进行养护(图3.1.4-71)。

图3.1.4-71　现浇段混凝土浇筑、养护

3)支架拆除

边跨合龙段浇筑后进行支架拆除,拆除顺序为先将翼缘板支架自上而下逐步拆除,利用高压水枪通过预埋水管将10cm砂垫层清洗掉,确保桥梁处于自由状态。

1.4.3.3 边跨现浇段施工注意事项

边跨现浇段施工时注意如下几点:

(1)边跨现浇段与悬臂浇筑的最后1个节段尽量做到同时浇筑,防止混凝土龄期偏差太大。

(2)边跨现浇段支架搭设时,注意控制钢管桩支架的垂直度、平面位置、入土钢管桩入土深度及焊缝质量。

(3)边跨现浇段支架设置卸荷块,卸荷块采用卸荷砂筒。

(4)边跨现浇段支架搭设时注意与合龙段结合,不能影响合龙段吊架施工。

1.4.4 边跨合龙段施工

1.4.4.1 合龙段施工流程

洪溪特大桥合龙段施工时先合龙边跨,再合龙中跨。边跨合龙段及中跨合龙段均借助挂篮进行施工。合龙段两端悬臂高程边跨及中跨合龙段长度均为2m,合龙段混凝土为36m³。

边跨合龙施工流程:挂篮及模板就位→设平衡重→普通钢筋及预应力管道安装→合龙锁定→对称张拉临时预应力→浇筑合龙段混凝土→预应力施工→孔道压浆→封锚→拆除模板及支架。

1.4.4.2 合龙段施工

边跨24号节段挂篮后锚预埋、25号节段后下横梁预埋及滑梁预埋孔后移10cm,避免施工26号节段时前下横梁与贝雷梁冲突。同时在25号节段与26号节段交界处做好挂篮拆除导向轮预埋件。边跨合龙悬臂端预埋如图3.1.4-72所示。

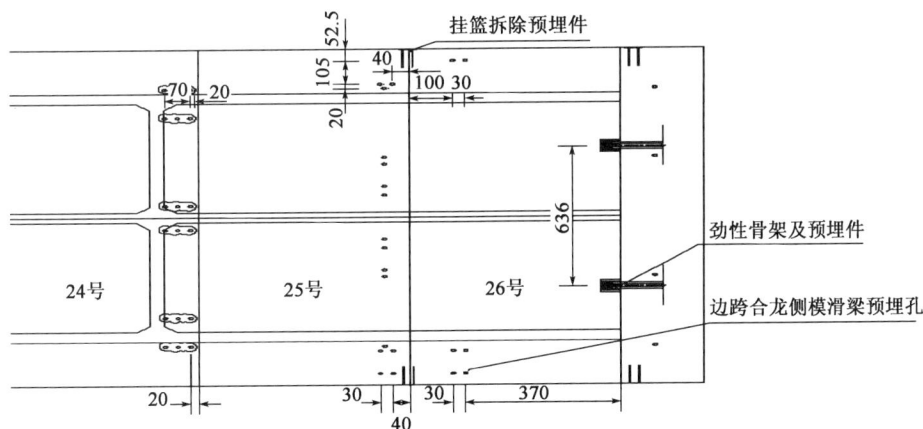

图3.1.4-72 边跨合龙悬臂端预埋(尺寸单位:cm)

1)挂篮及模板就位

26号节段浇筑完成后待强度达到设计强度80%时借助滑梁预埋孔将侧模锁定在翼缘板上,再将滑梁前移至边跨现浇段端头预埋孔处,安装承重吊架及锁定吊杆。外滑梁就位如图3.1.4-73所示。

2)设平衡重

在边、中跨合龙段两侧安装相当于合龙段质量一半的配重水箱及水袋(图3.1.4-74),合计46.8t,待浇筑过程中逐步卸荷。

3)合龙锁定

为防止各连接件之间出现温差应力,合龙锁定时间选择在当天温度最低时进行,同时确保混凝土浇筑时间与锁定时间在同一时间段。在两预埋剪力件之间焊接纵向连接槽钢[32,并用双拼[22 焊制剪力撑,焊缝高度不小于10mm。预埋件与[32 焊接以及剪刀撑焊接时要保证对称同时进行,边跨合龙段劲性骨架布置如图3.1.4-75 所示。

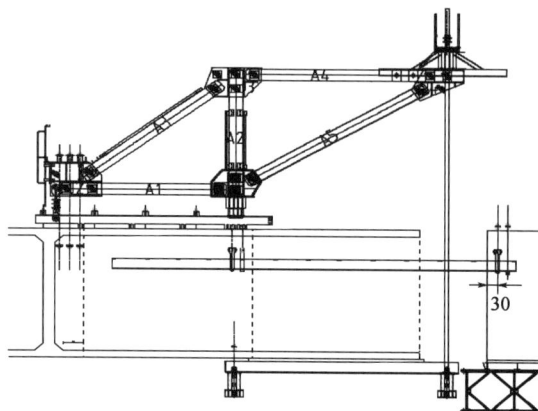

图 3.1.4-73 外滑梁就位(尺寸单位:cm)

图 3.1.4-74 配重

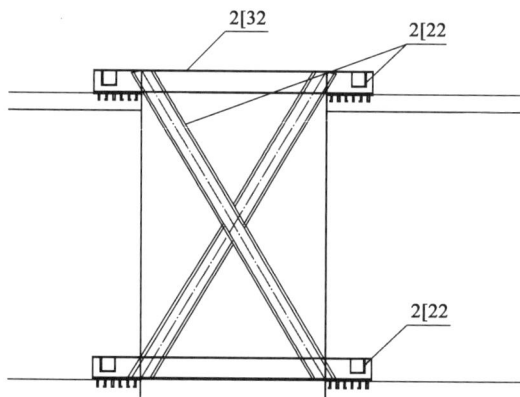

图 3.1.4-75 边跨合龙段劲性骨架布置

4)对称张拉临时预应力

临时劲性骨架安装完成后立即进行底板 D1 钢绞线和顶板 Tb1 钢绞线张拉,张拉力为总张拉力的50%。张拉前复核劲性骨架受力是否能抵抗张拉力。

5)浇注合龙段混凝土

张拉完成后趁环境温度还处于一天中的最低温度区间,立即进行混凝土浇筑作业,混凝土宜采用无收缩微膨胀混凝土,浇筑过程对称均匀进行,并同步进行配重卸荷,维持配重重量与浇筑混凝土重量之和等于合龙段重量。浇筑完成后及时进行覆盖洒水养护,防止开裂。

1.4.5 中跨合龙段施工

1.4.5.1 合龙流程

中跨合龙施工流程:边跨现浇段脱模和临时固结系统解除→挂篮及模板调整就位→钢筋绑扎及模板安装→施加中跨合龙顶推→合龙锁定→对称张拉临时预应力→混凝土浇筑→逐级卸除水箱配重→合龙段预应力张拉、锚固、压浆完毕→拆除合龙吊架。轴线偏差应符合设计或规范要求。

1.4.5.2 合龙段施工

中跨合龙施工需提前进行相关预埋,为确保 1 号墩及 2 号墩中跨处 26 号节段能同时进行施工,1 号墩及 2 号墩中跨处挂篮均同时后移50cm,预埋在 24 号节段后锚、预埋在 25 号节段的后下横梁及滑梁孔均后移50cm,26 号节段合龙时挂篮示意图如图3.1.4-76 所示。

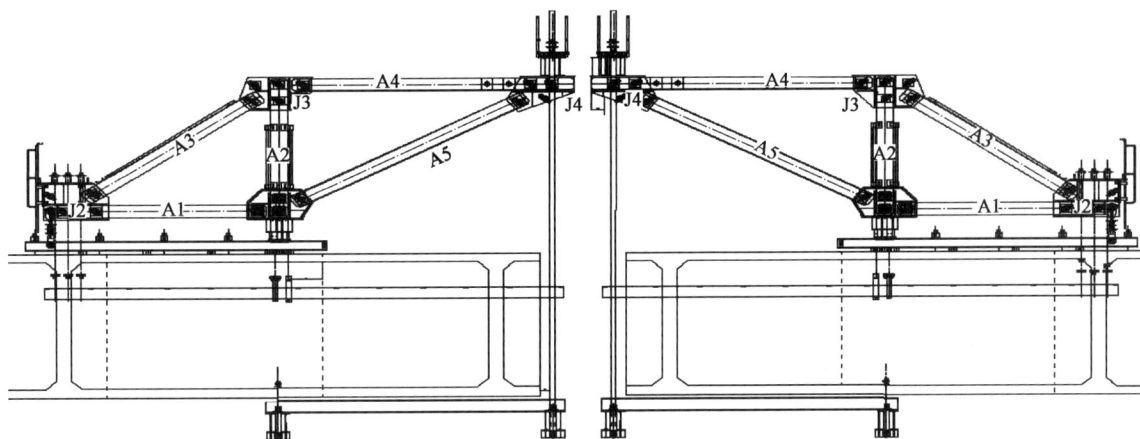

图 3.1.4-76　26 号节段合龙时挂篮示意图

1）边跨现浇段脱模和临时固结系统解除

待 26 号节段张拉压浆完成后,进行边跨现浇段底模落模及支座临时固结系统的解除。

2）挂篮及模板调整就位

中跨合龙采用挂篮合龙,合龙时挂篮布置如图 3.1.4-77 所示。

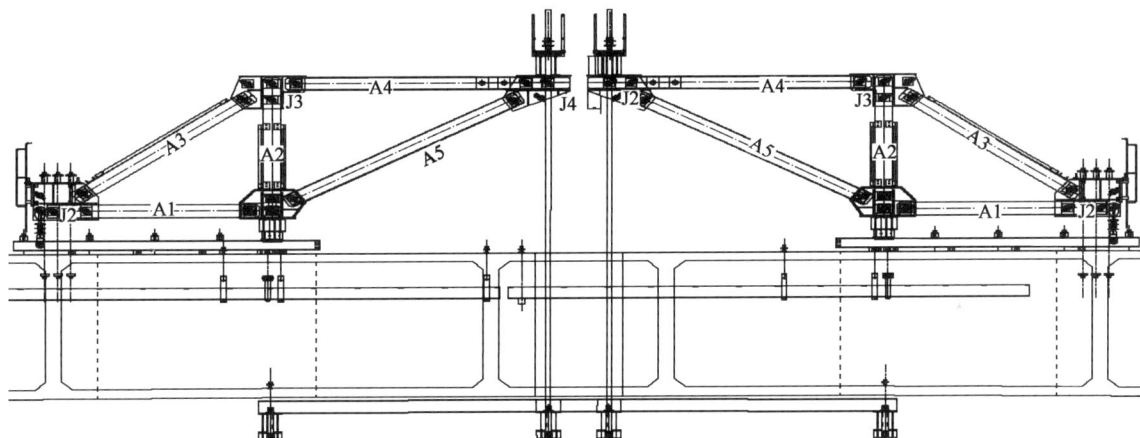

图 3.1.4-77 合龙段挂篮及模板示意图

3）施加中跨合龙顶推

顶推反力架采用预埋铁板在顶板端头上,焊接双拼 I40,同时焊制尺寸(长 × 宽 × 宽)为 18cm × 25cm × 1cm 加劲板,在双拼 I40 端头焊一块 2cm 厚钢板封端。安装时注意保证千斤顶能恰好安装到位,富余 2cm 空隙,确保千斤顶行程满足顶升要求。同时注意两端反力架焊制必须轴心对齐,预埋铁板预埋时就必须定位准确,顶推施工如图 3.1.4-78 所示。

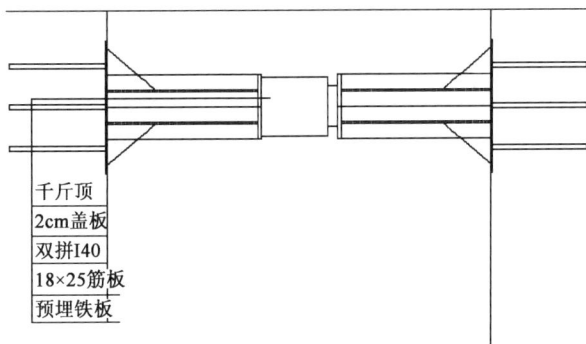

图 3.1.4-78 顶推施工示意图

在千斤顶安装位置安置简易千斤顶悬吊架,将千斤顶悬吊安装到位,待中跨合龙当天温度达到一天中低温区时用 2 个千斤顶对称缓慢施加 2000kN 水平顶推力直到稳定。顶推过程中标记观察边跨伸缩缝处是否缩小 3.8cm,移动量若偏大,须及时停止查找原因。

4)合龙锁定

在水平顶推稳定后以最快速度焊制劲性骨架,先进行纵向双拼槽钢[32 的焊制,再进行剪刀撑的焊制。焊缝饱满无夹渣,劲性骨架构造如图 3.1.4-79 所示。

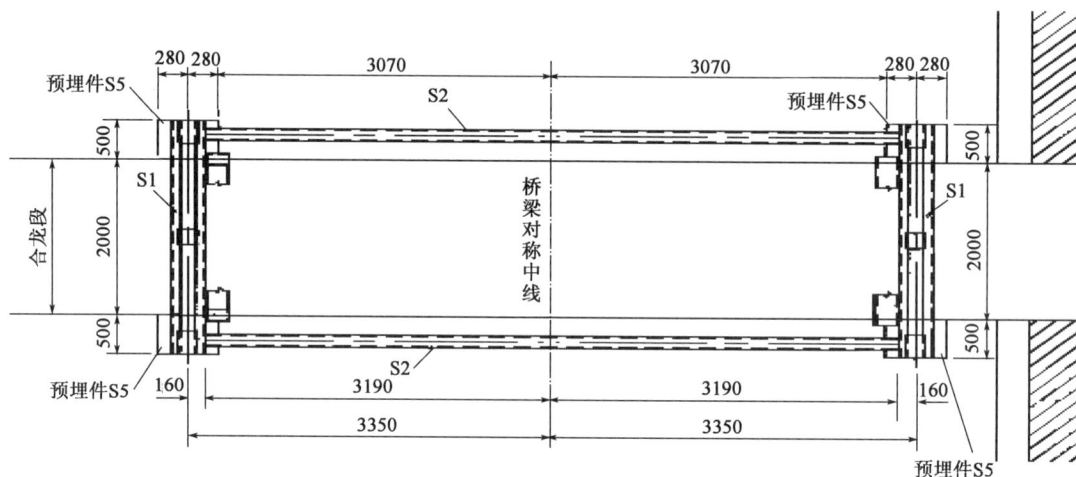

图 3.1.4-79 劲性骨架构造图(尺寸单位:mm)

5)对称张拉临时预应力

劲性骨架检查合格后进行底板 C1 束钢绞线临时锁定张拉,张拉力为设计张拉力的 50%,张拉施工过程中注意劲性骨架有无异常,发现问题及时停止张拉进行排除。

6)混凝土浇筑→逐级卸除水箱配重

临时预应力张拉完成后趁环境温度还处于一天中的最低温度区间,立即进行混凝土浇筑作业,混凝土宜采用无收缩微膨胀混凝土,浇筑过程对称均匀进行,并同步进行配重卸荷,维持配重重量与浇筑混凝土重量之和等于合龙段重量。浇筑完成后及时进行覆盖洒水养护,防止开裂。

7)预应力施工

待混凝土强度达到设计强度的 90%,弹性模量达到 28d 弹性模量的 80%,且混凝土龄期不小于 7d后,补充张拉前 2 束底板 C1 钢绞线,使其达到设计张拉力,需要复核劲性骨架承载能力。继续张拉其余边跨合龙束,张拉时先长束后短束进行。张拉完成的预应力在 48h 以内完成压浆作业,严控压浆密实度及浆液稠度。

1.5 施 工 测 量

1.5.1 施工测量控制

1.5.1.1 平面控制网

根据现场地形地势,布设 ZH02、ZH 桩、HX02、HX03、ST01、DXG、SG 等 7 个控制点,对洪溪特大桥控制网进行加密,导线长度、密度满足施工要求。其中,ST01、SG、ZH02 为主控制点,用于施工放样,HX03、ZH 桩作为后视点。首先用全球定位系统(GPS)静态联测全标,初步得出这些点的三维坐标,然后用徕卡 TS11 全站仪进行闭合导线测量,单独平差。经复核控制点的精度满足施工要求。做好控制网的复测、加密、联测、平差等工作,以确保控制网的精度。

1.5.1.2 高程控制测量及施工测量

高程控制采用天宝DINI03电子水准仪测量控制点高程,承台浇筑后,将水准点引至承台上,用于控制下塔柱及主梁0号块高程,主梁0号块完成后,将水准点引至0号块梁面,控制梁面及以上塔柱高程。洪溪特大桥控制网示意图如图3.1.5-1所示。

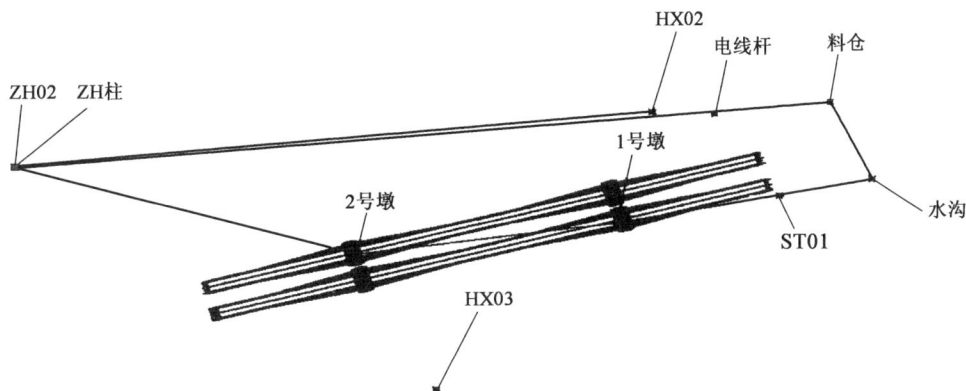

图 3.1.5-1 洪溪特大桥控制网示意图

1.5.2 主塔施工测量

1.5.2.1 塔柱的测量控制

塔柱的测量控制主要是对模板、劲性骨架、索鞍的测量控制。重点是保证塔柱各部位的垂直度、倾斜度、断面尺寸和塔柱内部结构的空间位置。

在现场用全站仪测定特殊点的三维坐标,利用塔柱计算程序,输入高程可以立即计算它的理论桩号、支距和平面坐标,再考虑预偏量,与实测坐标相比较,即可发现模板或劲性骨架的偏差。

塔柱施工过程中,要充分考虑模板的刚度、斜塔柱混凝土浇筑产生的横向弹性变形、混凝土的收缩徐变、基础的沉降以及塔身的竖向弹性压缩变形对模板的影响,通过理论计算和现场观测获得上述数据,在模板定位过程中预留上述影响的预偏量。

1.5.2.2 索鞍的测量控制

索鞍的定位是斜拉桥施工测量的难点和重点,索鞍的测量定位精度也是影响斜拉桥成桥质量的重要因素。

1)索鞍放样坐标的推算

三维坐标的推算,拟采用两种方法。一种是利用常规的空间几何知识,根据图纸所给参数,推算放样点三维坐标,并编制程序。只要输出索鞍编号,即可显示放样点三维坐标。另外一种是利用CAD,做出斜拉桥索道管、索鞍在三维坐标系下的设计图,在放样点上捕捉三维坐标。两种方法互相复核。在实际施工放样时,还必须考虑塔柱变形对索鞍定位精度的影响。

洪溪特大桥索鞍定位示意图如图3.1.5-2所示。

2)索鞍施工测量定位方法

首先在精确测量出索鞍骨架预埋件的坐标、高程,在后场以预埋件的坐标、高程作为相对参数进行劲性骨架的精加工,劲性骨架加工成形后进行索鞍的精确定位,利用葫芦、门式起重机等不断调整索鞍的纵横轴线位置、高程等,当索鞍的三维位置误差小于5mm内时,将索鞍与劲性骨架临时固结并安装填充钢板,再次复测无误后,将索鞍与劲性骨架整体固结。

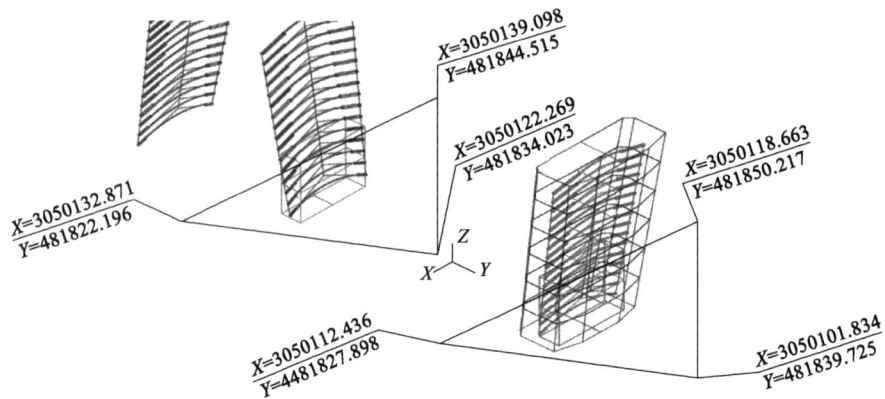

图 3.1.5-2　洪溪特大桥索鞍定位示意图

然后进行索鞍塔端安装,将索鞍与劲性骨架整体吊进塔端,利用全站仪校核三维位置,无误后将劲性骨架与预埋件固结。

1.5.3　上部结构施工测量

1.5.3.1　主梁的测量控制

0 号块是整个主梁上部悬臂施工的基础,它的高程和线形走向直接影响整个主梁的高程和线形。中塔柱施工完后,搭设 0 号块支架,铺设 0 号块底模然后进行支架预压,预压过程中进行连续的高程测量,根据测得数据确定出支架的弹性变形值,根据支架的弹性变形值重新调整支架的高度,并且利用全站仪对 0 号块进行精确定位。

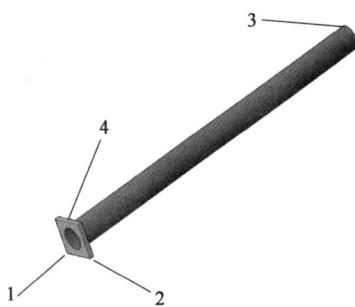

图 3.1.5-3　洪溪特大桥索导管定位示意图
注:1～4 为测量控制调整点

当主梁悬浇段的挂篮初步就位后,根据洪溪特大桥控制网,在主梁大小桩号两侧控制点上设站,依次放样主梁节点立模具体位置,对主梁挂篮底模进行调模,直至调整误差在 ±5mm 之内,加固底模后进行复测,复测结果符合规范要求后对侧模进行调模,至调整误差在 ±5mm 之内,加固侧模后进行复测。

1.5.3.2　索导管的测量控制

主梁 9～24 号块为有索节段,在主梁挂篮调整完成后还需对索导管进行定位安装。首先在齿块模板上固定底托,对索导管锚垫板进行测量和调整,即测量 1 号、2 号点,调整到位后对 3 号点进行测量调整,加固后对 3 号、4 号点进行复测以控制索导管轴心偏位。

洪溪特大桥索导管定位示意图如图 3.1.5-3 所示。

1.6　施工控制技术

1.6.1　概述

洪溪特大桥采用(150＋265＋150)m 双塔双索面预应力混凝土矮塔斜拉桥,塔墩梁固结体系,受力复杂,施工过程中塔、梁、索相互影响,同时温度因素、施工临时荷载等也会对大桥受力状态产生影响,因此有必要对桥梁进行全过程施工控制,从而使得桥梁成桥状态满足设计要求。

1.6.2 施工监控的必要性、目的和方法

1.6.2.1 施工监控的必要性

按照《公路斜拉桥设计细则》(JTG/T D65-01—2007)第8章规定,斜拉桥施工中必须进行施工控制。斜拉桥是高次超静定的力学体系。在施工过程中其塔、梁、索力与变形相互影响,同时又受到温度和众多施工随机因素影响,整个施工过程是一个力学体系复杂的演变过程。在此过程中,温度、施工过程中的自重、计算的数学模型和结构的差异,以及线形、索力的测量误差等诸多因素,使得每个施工工序实际的线形和索力如不加以控制的话,有可能偏离成桥状态,严重时甚至超出规定的允许范围,造成质量或安全事故。只有通过监控在斜拉桥的施工过程中温度、应力、线形、索力、节段尺寸和质量,并对结构体系计算所采用的参数进行识别、计算和修正,才能消除或减少实际线形和索力与设计目标值的偏差,以确保成桥梁线形、索力和应力满足设计要求。因此实施监控是大跨度斜拉桥施工过程中非常重要,也是必不可少的。

1.6.2.2 施工监控的目的

施工监控的目的首先在于以施工图设计内容为基础,进行复核和对施工过程的细化;其次在于对施工过程中控制数据进行监测,对参数进行识别与修正并进行分析,适时掌握施工过程中结构的真实状态,消除或减少偏差量的积累,确保施工过程中结构安全;最终确保成桥后,主体结构的线形达到设计理想的线形,并且使结构的内力分布与设计理想的内力状态相一致。

1.6.2.3 施工监控方法

随着桥梁结构形式、施工特点及控制内容的不同,施工控制方法也不相同。总的来讲,施工控制可分为开环控制法、闭环控制法、自适应控制法、最大宽容度法等。

开环控制法适用于跨径不大,结构简单的桥梁。这种桥梁能够按照结构的设计荷载精确计算出成桥阶段的结构理想状态,并根据各个施工阶段的施工荷载准确估计出结构的预拱度,施工中只要严格按照这个预拱度进行施工,施工完成后的结构状态基本上能够达到结构理想状态的几何线形和内力。

对于结构和施工工艺复杂的桥梁体系,尽管可以在设计计算中得出成桥状态和各个施工阶段的理想状态,但是由于施工中结构状态误差和测量系统误差的存在,随着施工过程的进展误差就会积累起来,以致施工完毕时,代表实际状态的几何线形和内力状况远远偏离了结构理想状态。虽然结构理想状态无法实现,但是可以按某种性能最优原则,使得误差已经发生的结构状态达到结构最优状态。这就是闭环控制法。

自适应控制法是在分析模型中不断修正计算参数与实际参数的偏差,经历若干个施工阶段循环计算后,使计算输出与实际施工状态相符,从而实现对目标系统的控制。

最大宽容度法是在设计时给予主梁高程和内力最大的宽容度,即误差的容许值。

综合对比,洪溪特大桥施工监控采用自适应控制法。

1.6.3 施工监控的重点和难点分析

1.6.3.1 总体分析

1)测量和测试精度的保证

监测数据是确定和调整监控参数的依据。由于本项目桥梁跨度大,控制点与测点距离远,使得测量精度难度较大。主要的对策是制定合理的测量方案、加密测量频次;采用全站仪、精密水准仪等先进手段相互配合和补充;综合利用天顶距、坐标法、水准测量法进行测量,保证测量结果的精度。

对于应力、温度监测,由于受到交叉施工的影响,经常导致测点损坏、数据缺失,另外传感器的温飘、时飘效应也会导致数据精度降低,故监控中需建立自动化测试无线传输系统,提高测试频率,选用性能

稳定的高精度测试元件和传感器,采用可靠的安装和埋设工艺等。

采用频谱法对索力进行监测,由于吊索的弯曲刚度、吊索的锚固边界条件及有效长度的测定、外包防护材料的重量估算都将对索力的测试精度造成一定的影响。

2)基础的不均匀沉降

基础的不均匀沉降对桥梁而言是无法避免的。而结构超静定次数较高,基础的不均匀沉降将严重改变主塔的受力,甚至出现偏心受压、受扭的情况,施工过程中,一般是基础沉降较为强的阶段。

为了消除基础的不均匀沉降对结构的不利影响,采取的方法是:首先在前期计算过程中根据地质等资料对基础沉降进行预测,并按最不利情况对结构进行验算;然后现场施工时,加强对基础沉降的监测,同时根据实测数据对计算进行调整并采取相应对策。

3)温度场效应

温度是一个复杂的随机变量,它与桥梁所处的地理位置、方向、自然条件、组成构件的材料等因素密切相关,它的计算准确与否在确定结构应力和变形中起着重要作用,同时结构的温度分布是瞬时变化的,在结构中的温度应力也是瞬时变化的,具有明显的时间性。

大型桥梁温度场分布情况是比较复杂的,包括主塔两侧温差、主塔内外壁温差、主塔上下部分温差、斜拉索两侧温差、斜拉索外表面与中心温差、斜拉索上下部分温差、主梁顶底板温差、主梁上下游温差、主梁顶板顶底面温差、索与梁温差、索与塔温差、梁与塔温差等。对于斜拉桥而言,主要有索与梁温差、塔与梁温差、主梁顶底板温差及主塔两侧温差4个方面。

针对本桥温度效应明显的特点,可采取的措施有:①现场连续实时监测结构气温、温度场;②根据实测温度场,理论分析计算结构的温度场效应;③尽量选择在夜间温度稳定时段进行索套管定位、挂篮模板精确调整、斜拉索张拉调整等关键工序施工,避免日照不均匀温度场的影响。

4)施工参数的影响

预应力混凝土连续梁桥悬臂施工过程中,随着跨径的进一步增大,新的问题就会接踵而至。如何保证合龙前两悬臂竖向挠度的偏差和主梁轴线的横向偏移不超过容许范围;如何保证合龙后的桥面线形良好;如何避免施工中主梁截面出现过大的应力等,都是施工控制中要注意的问题。

(1)混凝土弹性模量

混凝土弹性模量是结构计算中的一个非常重要的参数,实际的弹性模量与假定值总是存在一定的差距,需要通过试验得出实际的混凝土弹性模量,由施工单位材料试验室负责落实。混凝土弹性模量变化对桥梁线形的影响分析由监控单位结合实测进行计算分析。

(2)混凝土重度及配合比

混凝土重度大小与混凝土配比、所用石料密度等有关,实际重度与计算取值有一定差异。在主梁施工前几个节段,要求按规范制作试块,测定实际混凝土重度。混凝土重度由混凝土搅拌站根据材料用量确定。

(3)截面特性参数

任何施工都可能存在截面尺寸误差,验收规范中也允许出现不超过限值的误差,但这种误差将直接导致截面特性误差,从而直接影响结构内力及变形的分析结果。因此在施工过程中,从立模开始至混凝土浇筑成形后,都应进行截面特性参数的控制,一方面及时纠正施工偏差,另一方面及时发生成形后的截面特性偏差,在计算分析中予以适当考虑。截面特性参数由施工单位负责组织,由现场质检员进行监测。

(4)挂篮弹性变形

预拱度的设置应考虑挂篮弹性变形的影响,挂篮弹性变形通过挂篮加载试验获取。挂篮弹性变形试验由监控单位指导和协助,由施工单位负责在挂篮预拼装完成后组织实施。

(5)钢材的力学性能

预应力混凝土梁体所使用的普通钢筋及预应力钢筋的弹性模量及强度指标、延伸率指标一般由材料供应商、施工单位材料试验室提供。

（6）混凝土材料的收缩徐变参数

由于混凝土材料的收缩徐变,会导致施工过程中及成桥后梁体线形及内力发生较大变化,因此在施工前及施工过程中的监控计算必须了解混凝土材料的收缩徐变特性。

（7）预应力施工控制参数

预应力是预应力混凝土结构内力及变形控制考虑的重要结构参数,预应力的大小受很多因素的影响,须根据现场实际进行测定。

（8）温度场测量

施工过程中的温度场测量包括大气环境温度场测量、主梁梁体温度场测量、承台温度场测量及温度对线形、内力的影响测量分析。

（9）施工线形控制测量

施工过程中的线形测量包括桥梁施工控制测量网定期复核测量、主墩墩顶沉降测量、各节段施工立模高程测量、施工荷载对线形影响测量、温度对线形影响测量等。施工线形控制测量由施工单位进行测量及监控单位进行复核测量。

（10）施工应力测量

在施工控制截面布置应力测点,以监控施工过程中应力变化及分布情况并与理论计算值对比,在计入误差及变量调整后分析以后每阶段及竣工后结构的实际工作状态。

5）台风期桥梁施工控制

文泰高速公路地处浙江温州台风高发地,每年6～9月份为台风高发季,桥梁在大悬臂状态的抗风稳定性及结构安全是施工监控的重点和难点。

随着桥梁跨度的增大,风对桥梁的作用愈加显著。大跨径桥梁不同于普通桥梁,它具有跨径大、质量轻、阻尼小、结构体系较为轻柔的特点,因此对于中小跨径桥梁影响不大的风荷载效应此时就变得非常重要了。在施工阶段的最长悬臂状态下,紊流风会诱发桥梁结构抖振响应,过大的响应势必对施工及结构安全造成影响,风荷载可能成为控制荷载,在桥梁施工过程中应予以充分考虑。

台风期的施工控制应做到事前控制,根据台风预报,提前协助施工单位做好大临设施的加强工作,确保其稳定性。一般事前控制的工作如下:

①根据台风预报,计算风荷载最不利工况下对于结构的影响,通过设置临时支撑和施加边界约束的形式,确保其安全性。

②根据台风最不利工况,计算最不利荷载作用下最大悬臂长度,尽量用结构的自身的刚度满足稳定性的要求,通过事前控制来避开台风的影响。

③根据台风高发季的时间,事先计划安排工期和进度,通过合理优化施工工序,加快施工进度,尽量台风高发季节来临之前形成稳定的结构系统。

1.6.3.2　重难点分析

1）非线性影响

洪溪特大桥大跨度预应力混凝土箱梁斜拉桥,主梁刚度相对较大,梁和塔的轴力相对较小,在计算分析中主要考虑斜拉索垂度、混凝土收缩徐变等非线性因素的影响。

2）温度效应的影响

温度是一个复杂的随机变量,它与桥梁所处的地理位置、方向、自然条件、组成构件的材料等因素密切相关,它的计算准确与否在确定结构应力和变形中起着重要的作用,同时结构的温度分布是瞬时变化的,在结构中的温度应力也是瞬时变化的,具有明显的时间性。

斜拉桥温度场分布情况是相当复杂的,主要有索与梁温差、塔与梁温差、主梁顶底板温差及主塔两侧温差4个方面。

3）边、中跨索力的协调与控制

洪溪特大桥为矮塔斜拉桥,斜拉索在塔顶连续通过鞍座,两侧对称锚于主梁。边跨斜拉索和中跨斜拉索的索力相互直接影响。在施工监控计算和斜拉索实际张拉时,需充分考虑该结构体系的受力特点,采用科学合理的索力调整方法,确保索力和主梁线形的控制精度。

4)合龙后索力调整控制

主梁合龙后要进行铺装,铺装前的重点是通过索力调整施工过程中误差,使结构受力合理的同时,使桥梁线形达到理想状态,该阶段控制应以索力及结构内力控制为主,线形为辅。

一般来说,此阶段调索量较大,采用传统的用索力控制来调整索力的方法,需要对调索顺序和过程进行严格规定,同时各斜拉索在调整时相互影响,往往效果不是很好。根据多座斜拉桥的实践经验,采用拔出量来控制调索,调索过程相对灵活,而且拔出量容易准确控制,效果较好。是否需要调索要根据成桥初期的实测索力来确定。

1.6.4 施工监控的组织体系及机构

1.6.4.1 监控组织体系

桥梁施工监控是一项较为复杂的系统工作,涉及业主、设计、施工、监理和监控等多个部门和单位,而且各个部门和单位在施工控制过程中发挥着不同的作用。而施工控制工作是靠建桥各方密切合作、团结协调、共同努力来实现的,因此,为确保监控过程中各项工作有序、协调、有效开展,必须事先建立完善的施工监控组织体系,施工监控组织体系如图3.1.6-1所示。

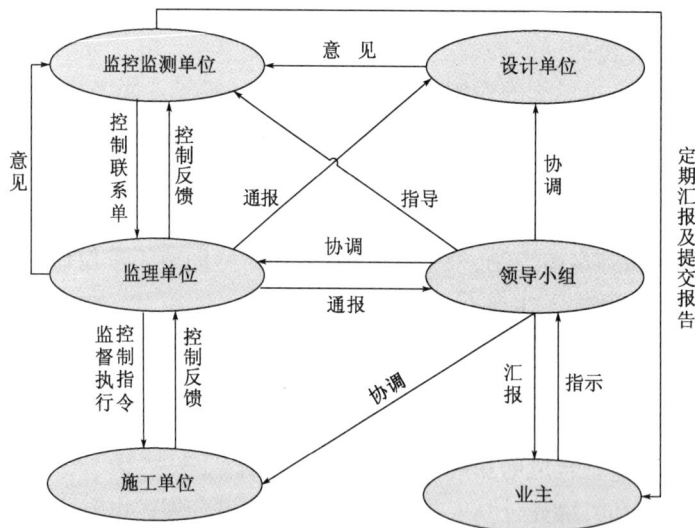

图3.1.6-1 施工监控组织体系

1.6.4.2 监控组织机构

施工监控组织机构包括四个专业小组:专家组、结构分析组、测量组、结构测试组。专家组主要负责桥梁监控工作的技术指导咨询工作;结构分析组负责监控计算、测量数据分析整理、编制施工监控指令及阶段性报告等工作;测量组负责几何测量,包括主塔线形、主梁线形、基础沉降等;结构测试组负责除几何测量以外的其他测试工作,包括温度测试、应力测试、索力测试、风环境监测等。

每个专业小组均由一位经验丰富的工程师担任小组长,负责管理和组织本小组工作,整理测量或计算成果并向监控项目负责人汇报。项目负责人全面负责洪溪特大桥监控工作的管理、复核、对外协调、提交监控联系单和阶段性报告等工作。

1.6.5 施工控制计算

采用midas Civil软件进行空间结构计算,计算模型中主塔及主梁均采用梁单元模拟,斜拉索采用考虑恩斯特公式修正的等效桁架单元模拟,不考虑普通钢筋参与结构受力,有限元模型如图3.1.6-2所示。

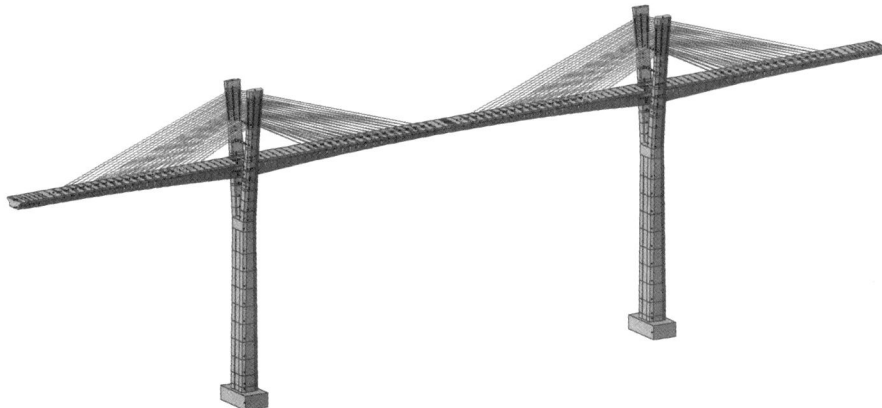

图3.1.6-2 洪溪特大桥有限元模型

1.6.5.1 主塔计算结果

经计算分析施工阶段恒载、二期恒载、10年收缩徐变的影响,且考虑到施工定位的可操作性,索鞍预偏量 ΔZ 均取 0.040m,对应的 ΔY 均取 0.004m,洪溪特大桥左线索导管安装定位高程见表3.1.6-1。

洪溪特大桥左线索导管安装定位高程　　　　　　　　　　　　表3.1.6-1

索塔编号	拉索编号	索鞍IP点(理论交点)			预偏量		安装坐标	
		XT(m)	YT(m)	ZT(m)	ΔY(m)	ΔZ(m)	Y(m)	Z(m)
1号索塔	BCW1	K43+573.000	10.553	431.875	0.004	0.040	10.557	431.915
	BCW2	K43+573.000	10.662	432.875	0.004	0.040	10.666	432.915
	BCW3	K43+573.000	10.772	433.875	0.004	0.040	10.776	433.915
	BCW4	K43+573.000	10.882	434.875	0.004	0.040	10.886	434.915
	BCW5	K43+573.000	10.992	435.875	0.004	0.040	10.996	435.915
	BCW6	K43+573.000	11.102	436.875	0.004	0.040	11.106	436.915
	BCW7	K43+573.000	11.212	437.875	0.004	0.040	11.216	437.915
	BCW8	K43+573.000	11.322	438.875	0.004	0.040	11.326	438.915
	BCW9	K43+573.000	11.432	439.875	0.004	0.040	11.436	439.915
	BCW10	K43+573.000	11.541	440.875	0.004	0.040	11.545	440.915
	BCW11	K43+573.000	11.651	441.875	0.004	0.040	11.655	441.915
	BCW12	K43+573.000	11.761	442.875	0.004	0.040	11.765	442.915
	BCW13	K43+573.000	11.871	443.875	0.004	0.040	11.875	443.915
	BCW14	K43+573.000	11.981	444.875	0.004	0.040	11.985	444.915
	BCW15	K43+573.000	12.091	445.875	0.004	0.040	12.095	445.915
	BCW16	K43+573.000	12.201	446.875	0.004	0.040	12.205	446.915
	BCN1	K43+573.000	-10.553	431.875	-0.004	0.040	-10.557	431.915
	BCN2	K43+573.000	-10.662	432.875	-0.004	0.040	-10.666	432.915
	BCN3	K43+573.000	-10.772	433.875	-0.004	0.040	-10.776	433.915
	BCN4	K43+573.000	-10.882	434.875	-0.004	0.040	-10.886	434.915
	BCN5	K43+573.000	-10.992	435.875	-0.004	0.040	-10.996	435.915
	BCN6	K43+573.000	-11.102	436.875	-0.004	0.040	-11.106	436.915

续上表

索塔编号	拉索编号	索鞍IP点(理论交点)			预 偏 量		安 装 坐 标	
		XT(m)	YT(m)	ZT(m)	ΔY(m)	ΔZ(m)	Y(m)	Z(m)
	BCN7	K43 + 573.000	− 11.212	437.875	− 0.004	0.040	− 11.216	437.915
	BCN8	K43 + 573.000	− 11.322	438.875	− 0.004	0.040	− 11.326	438.915
	BCN9	K43 + 573.000	− 11.432	439.875	− 0.004	0.040	− 11.436	439.915
	BCN10	K43 + 573.000	− 11.541	440.875	− 0.004	0.040	− 11.545	440.915
	BCN11	K43 + 573.000	− 11.651	441.875	− 0.004	0.040	− 11.655	441.915
	BCN12	K43 + 573.000	− 11.761	442.875	− 0.004	0.040	− 11.765	442.915
	BCN13	K43 + 573.000	− 11.871	443.875	− 0.004	0.040	− 11.875	443.915
	BCN14	K43 + 573.000	− 11.981	444.875	− 0.004	0.040	− 11.985	444.915
	BCN15	K43 + 573.000	− 12.091	445.875	− 0.004	0.040	− 12.095	445.915
	BCN16	K43 + 573.000	− 12.201	446.875	− 0.004	0.040	− 12.205	446.915
	ZCW1	K43 + 573.000	10.553	431.875	0.004	0.040	10.557	431.915
	ZCW2	K43 + 573.000	10.662	432.875	0.004	0.040	10.666	432.915
	ZCW3	K43 + 573.000	10.772	433.875	0.004	0.040	10.776	433.915
	ZCW4	K43 + 573.000	10.882	434.875	0.004	0.040	10.886	434.915
	ZCW5	K43 + 573.000	10.992	435.875	0.004	0.040	10.996	435.915
	ZCW6	K43 + 573.000	11.102	436.875	0.004	0.040	11.106	436.915
	ZCW7	K43 + 573.000	11.212	437.875	0.004	0.040	11.216	437.915
	ZCW8	K43 + 573.000	11.322	438.875	0.004	0.040	11.326	438.915
	ZCW9	K43 + 573.000	11.432	439.875	0.004	0.040	11.436	439.915
1 号索塔	ZCW10	K43 + 573.000	11.541	440.875	0.004	0.040	11.545	440.915
	ZCW11	K43 + 573.000	11.651	441.875	0.004	0.040	11.655	441.915
	ZCW12	K43 + 573.000	11.761	442.875	0.004	0.040	11.765	442.915
	ZCW13	K43 + 573.000	11.871	443.875	0.004	0.040	11.875	443.915
	ZCW14	K43 + 573.000	11.981	444.875	0.004	0.040	11.985	444.915
	ZCW15	K43 + 573.000	12.091	445.875	0.004	0.040	12.095	445.915
	ZCW16	K43 + 573.000	12.201	446.875	0.004	0.040	12.205	446.915
	ZCN1	K43 + 573.000	− 10.553	431.875	− 0.004	0.040	− 10.557	431.915
	ZCN2	K43 + 573.000	− 10.662	432.875	− 0.004	0.040	− 10.666	432.915
	ZCN3	K43 + 573.000	− 10.772	433.875	− 0.004	0.040	− 10.776	433.915
	ZCN4	K43 + 573.000	− 10.882	434.875	− 0.004	0.040	− 10.886	434.915
	ZCN5	K43 + 573.000	− 10.992	435.875	− 0.004	0.040	− 10.996	435.915
	ZCN6	K43 + 573.000	− 11.102	436.875	− 0.004	0.040	− 11.106	436.915
	ZCN7	K43 + 573.000	− 11.212	437.875	− 0.004	0.040	− 11.216	437.915
	ZCN8	K43 + 573.000	− 11.322	438.875	− 0.004	0.040	− 11.326	438.915
	ZCN9	K43 + 573.000	− 11.432	439.875	− 0.004	0.040	− 11.436	439.915
	ZCN10	K43 + 573.000	− 11.541	440.875	− 0.004	0.040	− 11.545	440.915
	ZCN11	K43 + 573.000	− 11.651	441.875	− 0.004	0.040	− 11.655	441.915
	ZCN12	K43 + 573.000	− 11.761	442.875	− 0.004	0.040	− 11.765	442.915
	ZCN13	K43 + 573.000	− 11.871	443.875	− 0.004	0.040	− 11.875	443.915

索塔编号	拉索编号	索鞍IP点(理论交点)			预 偏 量		安 装 坐 标	
		XT(m)	YT(m)	ZT(m)	ΔY(m)	ΔZ(m)	Y(m)	Z(m)
1号索塔	ZCN14	K43+573.000	−11.981	444.875	−0.004	0.040	−11.985	444.915
	ZCN15	K43+573.000	−12.091	445.875	−0.004	0.040	−12.095	445.915
	ZCN16	K43+573.000	−12.201	446.875	−0.004	0.040	−12.205	446.915
2号索塔	ZCW1	K43+838.000	10.553	436.910	0.004	0.040	10.557	436.95
	ZCW2	K43+838.000	10.662	437.910	0.004	0.040	10.666	437.95
	ZCW3	K43+838.000	10.772	438.910	0.004	0.040	10.776	438.95
	ZCW4	K43+838.000	10.882	439.910	0.004	0.040	10.886	439.95
	ZCW5	K43+838.000	10.992	440.910	0.004	0.040	10.996	440.95
	ZCW6	K43+838.000	11.102	441.910	0.004	0.040	11.106	441.95
	ZCW7	K43+838.000	11.212	442.910	0.004	0.040	11.216	442.95
	ZCW8	K43+838.000	11.322	443.910	0.004	0.040	11.326	443.95
	ZCW9	K43+838.000	11.432	444.910	0.004	0.040	11.436	444.95
	ZCW10	K43+838.000	11.541	445.910	0.004	0.040	11.545	445.95
	ZCW11	K43+838.000	11.651	446.910	0.004	0.040	11.655	446.95
	ZCW12	K43+838.000	11.761	447.910	0.004	0.040	11.765	447.95
	ZCW13	K43+838.000	11.871	448.910	0.004	0.040	11.875	448.95
	ZCW14	K43+838.000	11.981	449.910	0.004	0.040	11.985	449.95
	ZCW15	K43+838.000	12.091	450.910	0.004	0.040	12.095	450.95
	ZCW16	K43+838.000	12.201	451.910	0.004	0.040	12.205	451.95
	ZCN1	K43+838.000	−10.553	436.910	−0.004	0.040	−10.557	436.95
	ZCN2	K43+838.000	−10.662	437.910	−0.004	0.040	−10.666	437.95
	ZCN3	K43+838.000	−10.772	438.910	−0.004	0.040	−10.776	438.95
	ZCN4	K43+838.000	−10.882	439.910	−0.004	0.040	−10.886	439.95
	ZCN5	K43+838.000	−10.992	440.910	−0.004	0.040	−10.996	440.95
	ZCN6	K43+838.000	−11.102	441.910	−0.004	0.040	−11.106	441.95
	ZCN7	K43+838.000	−11.212	442.910	−0.004	0.040	−11.216	442.95
	ZCN8	K43+838.000	−11.322	443.910	−0.004	0.040	−11.326	443.95
	ZCN9	K43+838.000	−11.432	444.910	−0.004	0.040	−11.436	444.95
	ZCN10	K43+838.000	−11.541	445.910	−0.004	0.040	−11.545	445.95
	ZCN11	K43+838.000	−11.651	446.910	−0.004	0.040	−11.655	446.95
	ZCN12	K43+838.000	−11.761	447.910	−0.004	0.040	−11.765	447.95
	ZCN13	K43+838.000	−11.871	448.910	−0.004	0.040	−11.875	448.95
	ZCN14	K43+838.000	−11.981	449.910	−0.004	0.040	−11.985	449.95
	ZCN15	K43+838.000	−12.091	450.910	−0.004	0.040	−12.095	450.95
	ZCN16	K43+838.000	−12.201	451.910	−0.004	0.040	−12.205	451.95
	BCW1	K43+838.000	10.553	436.910	0.004	0.040	10.557	436.95
	BCW2	K43+838.000	10.662	437.910	0.004	0.040	10.666	437.95
	BCW3	K43+838.000	10.772	438.910	0.004	0.040	10.776	438.95
	BCW4	K43+838.000	10.882	439.910	0.004	0.040	10.886	439.95

索塔编号	拉索编号	索鞍IP点(理论交点)			预 偏 量		安装坐标	
		XT(m)	YT(m)	ZT(m)	ΔY(m)	ΔZ(m)	Y(m)	Z(m)
2号索塔	BCW5	K43+838.000	10.992	440.910	0.004	0.040	10.996	440.95
	BCW6	K43+838.000	11.102	441.910	0.004	0.040	11.106	441.95
	BCW7	K43+838.000	11.212	442.910	0.004	0.040	11.216	442.95
	BCW8	K43+838.000	11.322	443.910	0.004	0.040	11.326	443.95
	BCW9	K43+838.000	11.432	444.910	0.004	0.040	11.436	444.95
	BCW10	K43+838.000	11.541	445.910	0.004	0.040	11.545	445.95
	BCW11	K43+838.000	11.651	446.910	0.004	0.040	11.655	446.95
	BCW12	K43+838.000	11.761	447.910	0.004	0.040	11.765	447.95
	BCW13	K43+838.000	11.871	448.910	0.004	0.040	11.875	448.95
	BCW14	K43+838.000	11.981	449.910	0.004	0.040	11.985	449.95
	BCW15	K43+838.000	12.091	450.910	0.004	0.040	12.095	450.95
	BCW16	K43+838.000	12.201	451.910	0.004	0.040	12.205	451.95
	BCN1	K43+838.000	−10.553	436.910	−0.004	0.040	−10.557	436.95
	BCN2	K43+838.000	−10.662	437.910	−0.004	0.040	−10.666	437.95
	BCN3	K43+838.000	−10.772	438.910	−0.004	0.040	−10.776	438.95
	BCN4	K43+838.000	−10.882	439.910	−0.004	0.040	−10.886	439.95
	BCN5	K43+838.000	−10.992	440.910	−0.004	0.040	−10.996	440.95
	BCN6	K43+838.000	−11.102	441.910	−0.004	0.040	−11.106	441.95
	BCN7	K43+838.000	−11.212	442.910	−0.004	0.040	−11.216	442.95
	BCN8	K43+838.000	−11.322	443.910	−0.004	0.040	−11.326	443.95
	BCN9	K43+838.000	−11.432	444.910	−0.004	0.040	−11.436	444.95
	BCN10	K43+838.000	−11.541	445.910	−0.004	0.040	−11.545	445.95
	BCN11	K43+838.000	−11.651	446.910	−0.004	0.040	−11.655	446.95
	BCN12	K43+838.000	−11.761	447.910	−0.004	0.040	−11.765	447.95
	BCN13	K43+838.000	−11.871	448.910	−0.004	0.040	−11.875	448.95
	BCN14	K43+838.000	−11.981	449.910	−0.004	0.040	−11.985	449.95
	BCN15	K43+838.000	−12.091	450.910	−0.004	0.040	−12.095	450.95
	BCN16	K43+838.000	−12.201	451.910	−0.004	0.040	−12.205	451.95

1.6.5.2 主梁线形计算结果

主梁在悬臂施工过程中,每个梁段的线形时刻发生变化。但是对于悬臂施工阶段,施工监控最关心的是悬臂端部的高程、端部的转角及上下游高差,因为这些因素直接影响下一个梁段的立模高程。图3.1.6-3给出关键施工阶段主梁的位移。

从以上关键施工阶段主梁位移可以看出,边跨合龙后竖向最大位移为−0.304m;中跨合龙后竖向最大位移为−0.281m;二期恒载施工完成后竖向最大位移为−0.246m;10年收缩徐变后竖向最大位移为−0.342m。

1.6.5.3 主梁应力计算结果

在悬臂施工过程中主梁应力在不断变化,图3.1.6-4给出关键施工阶段主梁上下缘应力。

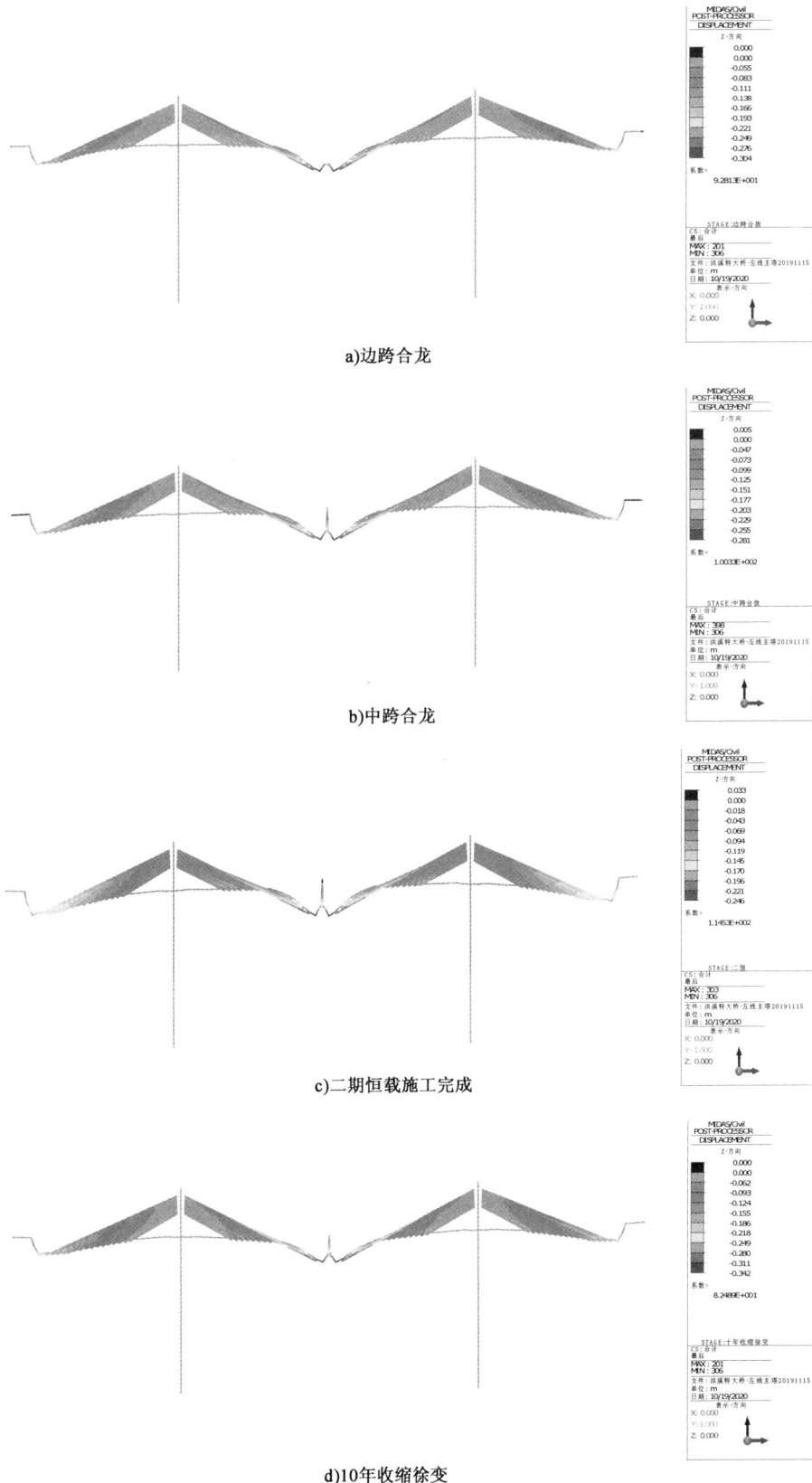

a)边跨合龙

b)中跨合龙

c)二期恒载施工完成

d)10年收缩徐变

图3.1.6-3 关键施工阶段主梁的位移(单位:m)

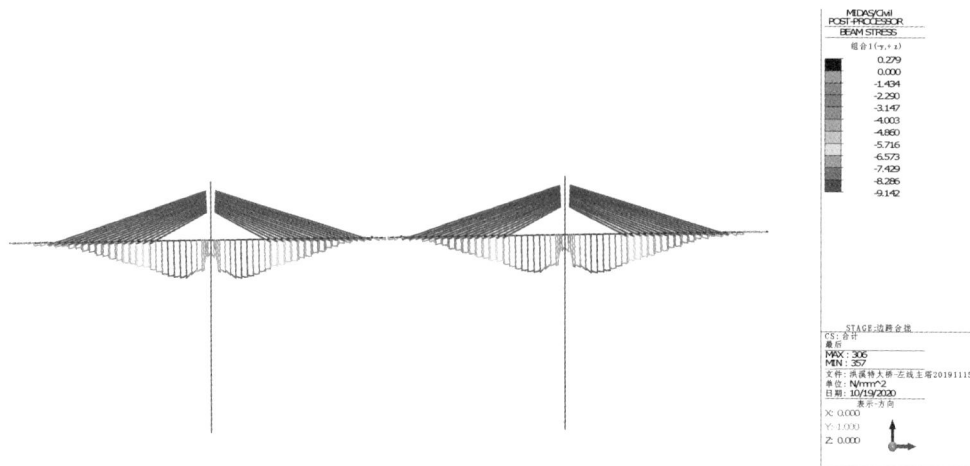

a)上缘应力(边跨合龙)

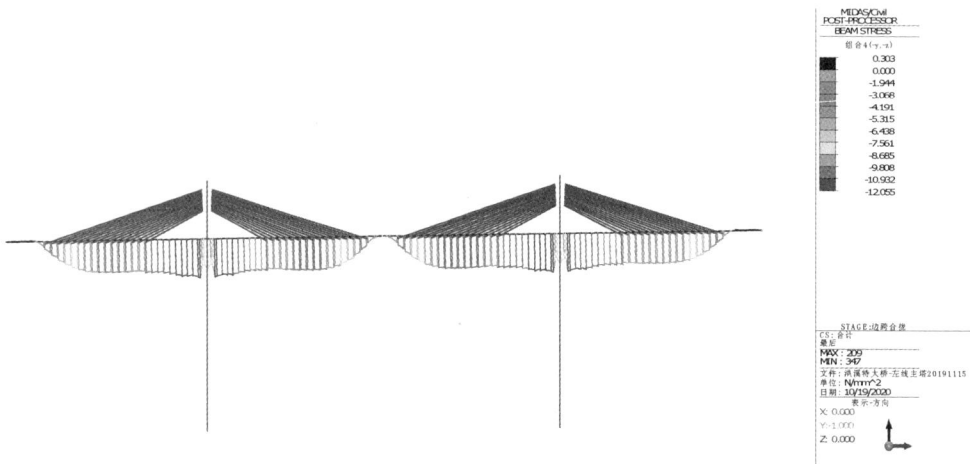

b)下缘应力(边跨合龙)

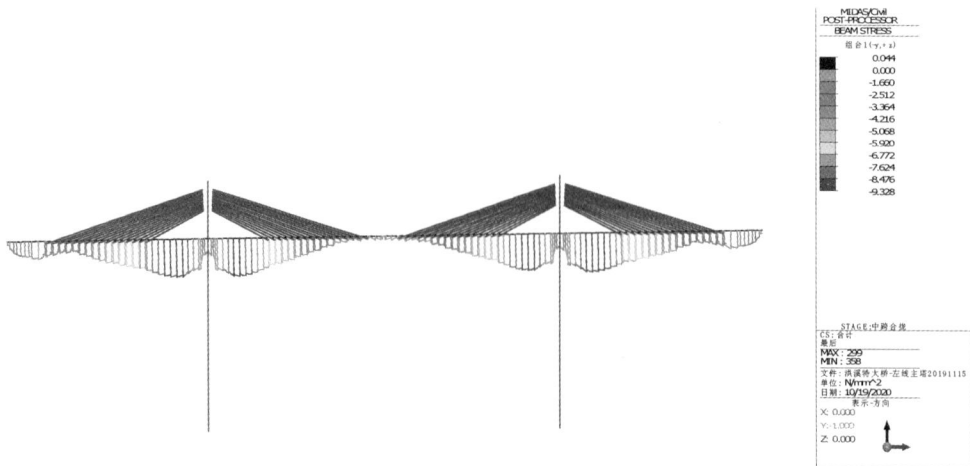

c)上缘应力(中跨合龙)

图 3.1.6-4

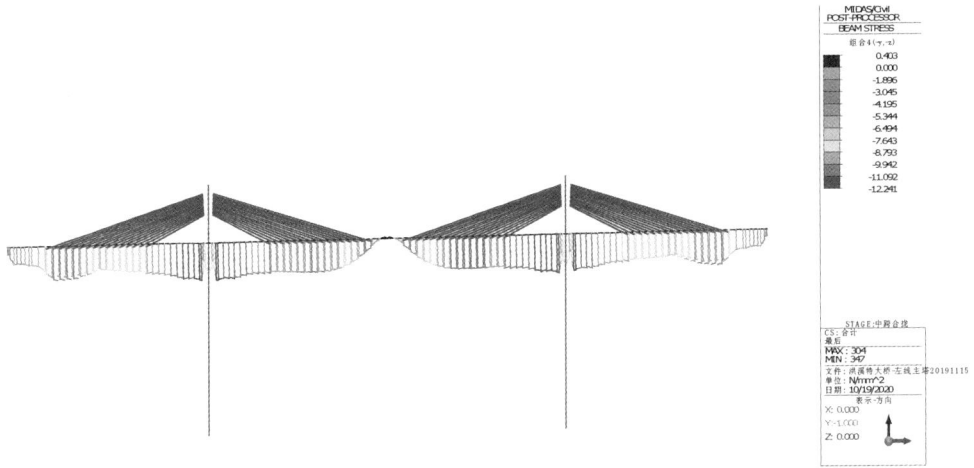

d)下缘应力(中跨合龙)

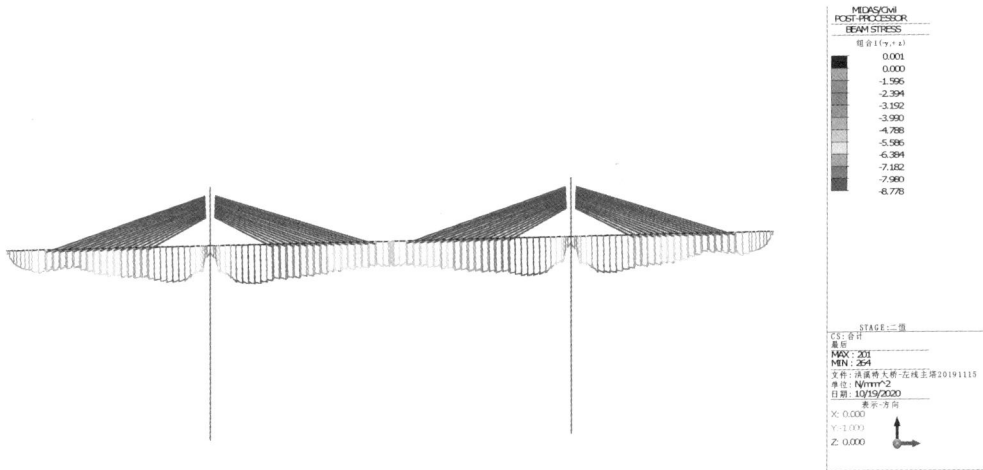

e)上缘应力(二期恒载)

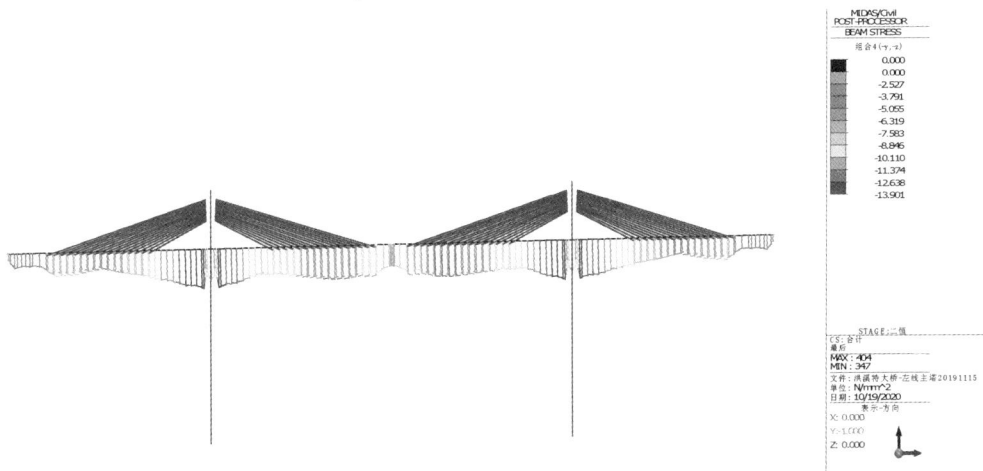

f)下缘应力(二期恒载)

图 3.1.6-4

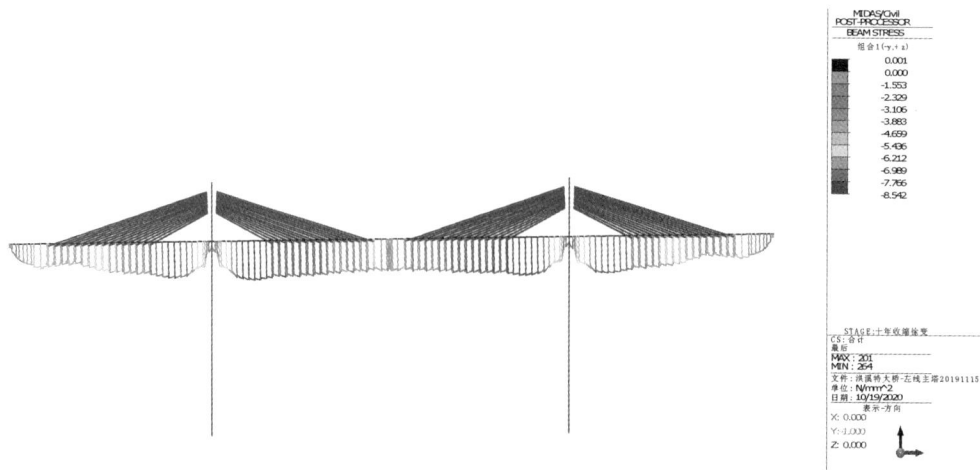

g)上缘应力(10年收缩徐变)

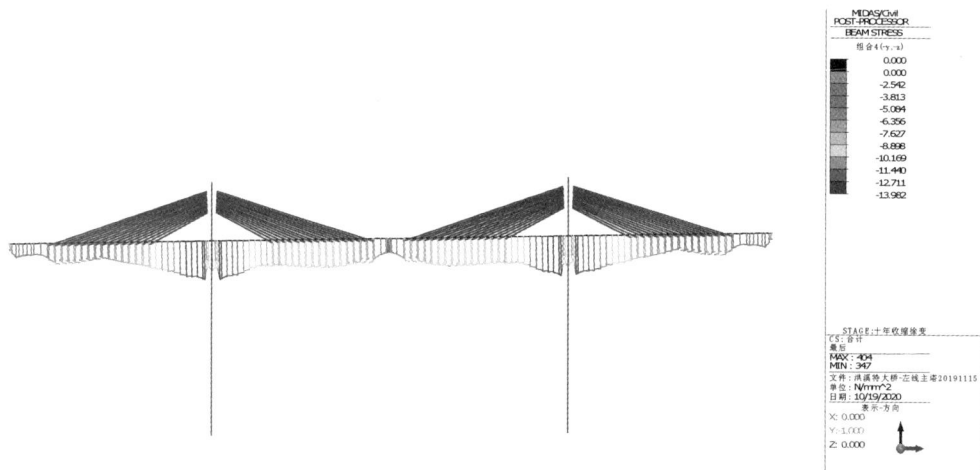

h)下缘应力(10年收缩徐变)

图3.1.6-4 关键施工阶段的主梁上下缘应力(单位:MPa)

从关键施工阶段主梁上下缘应力可以看出,二期恒载施工完成后主梁上下缘最大压应力分别为 –8.778MPa、–13.901MPa,满足《公路钢筋混凝土及预应力混凝土桥涵设计规范》(JTG 3362—2018)中关于正截面混凝土最大压应力的相应规定。

1.6.5.4 斜拉索索力

根据洪溪特大桥斜拉索滞后张拉施工方案,斜拉索施工工序为:①9 号、10 号节段施工时于顶板横隔板后端预埋 φ40 锚孔,每 4 根为一组,每个节段预埋 4 组;②等待龄期期间安装 φ32 精轧螺纹钢、锚块、钢绞线、波纹管;③10 号节段龄期达到后对称张拉体外预应力;④挂篮前移至 10 号节段,同步进行11 号节段钢筋绑扎及 2 号斜拉索挂索;⑤斜拉索挂索张拉完成后对称放张临时体外预应力,浇筑 11 号节段混凝土并预埋锚孔,循环施工至 22 号节段。按照此施工工序进行斜拉索索力的优化计算,每个梁段对应的斜拉索索力张拉值及成桥索力值见表3.1.6-2。

斜拉索索力张拉值及成桥索力值　　　　　　　　　　表 3.1.6-2

索塔编号	拉索编号	张拉索力(kN)	成桥索力(kN)	索塔编号	拉索编号	张拉索力(kN)	成桥索力(kN)
1号索塔-外侧	BCW1	3667.0	3664.9	2号索塔-外侧	ZCW1	3667.0	3653.5
	BCW2	3674.6	3670.9		ZCW2	3674.6	3652.5
	BCW3	3682.2	3694.9		ZCW3	3682.2	3670.2
	BCW4	4171.0	4191.6		ZCW4	4171.0	4156.6
	BCW5	4179.6	4235.0		ZCW5	4179.6	4195.0
	BCW6	4188.2	4247.2		ZCW6	4188.2	4204.3
	BCW7	4196.8	4283.3		ZCW7	4196.8	4238.9
	BCW8	4205.4	4288.3		ZCW8	4205.4	4244.3
	BCW9	4900.0	5071.9		ZCW9	4900.0	5025.2
	BCW10	4925.0	5135.6		ZCW10	4925.0	5100.1
	BCW11	4950.0	5236.9		ZCW11	4950.0	5214.6
	BCW12	4975.0	5303.7		ZCW12	4975.0	5295.4
	BCW13	4985.0	5379.2		ZCW13	4985.0	5395.7
	BCW14	5030.0	5455.2		ZCW14	5030.0	5498.4
	BCW15	4973.5	5450.5		ZCW15	4973.5	5519.6
	BCW16	4896.0	5429.7		ZCW16	4896.0	5511.3
	ZCW1	3667.0	3600.5		BCW1	3667.0	3613.3
	ZCW2	3674.6	3601.3		BCW2	3674.6	3621.6
	ZCW3	3682.2	3621.4		BCW3	3682.2	3648.3
	ZCW4	4171.0	4102.9		BCW4	4171.0	4140.9
	ZCW5	4179.6	4144.9		BCW5	4179.6	4188.2
	ZCW6	4188.2	4157.1		BCW6	4188.2	4203.9
	ZCW7	4196.8	4195.2		BCW7	4196.8	4243.7
	ZCW8	4205.4	4203.7		BCW8	4205.4	4252.1
	ZCW9	4900.0	4978.8		BCW9	4900.0	5031.5
	ZCW10	4925.0	5059.1		BCW10	4925.0	5100.8
	ZCW11	4950.0	5179.1		BCW11	4950.0	5207.9
	ZCW12	4975.0	5265.3		BCW12	4975.0	5280.3
	ZCW13	4985.0	5371.4		BCW13	4985.0	5361.7
	ZCW14	5030.0	5479.8		BCW14	5030.0	5443.5
	ZCW15	4973.5	5507.0		BCW15	4973.5	5444.9
	ZCW16	4896.0	5504.7		BCW16	4896.0	5430.3

续上表

索塔编号	拉索编号	张拉索力(kN)	成桥索力(kN)	索塔编号	拉索编号	张拉索力(kN)	成桥索力(kN)
1号索塔-内侧	BCN1	3667.0	3668.2	2号索塔-内侧	ZCN1	3667.0	3655.9
	BCN2	3674.6	3674.0		ZCN2	3674.6	3654.7
	BCN3	3682.2	3698.0		ZCN3	3682.2	3672.4
	BCN4	4171.0	4194.9		ZCN4	4171.0	4159.2
	BCN5	4179.6	4238.4		ZCN5	4179.6	4197.8
	BCN6	4188.2	4250.4		ZCN6	4188.2	4207.1
	BCN7	4196.8	4286.4		ZCN7	4196.8	4242.0
	BCN8	4205.4	4291.1		ZCN8	4205.4	4247.4
	BCN9	4900.0	5075.7		ZCN9	4900.0	5029.7
	BCN10	4925.0	5139.5		ZCN10	4925.0	5105.0
	BCN11	4950.0	5241.3		ZCN11	4950.0	5220.2
	BCN12	4975.0	5308.3		ZCN12	4975.0	5301.2
	BCN13	4985.0	5384.3		ZCN13	4985.0	5402.1
	BCN14	5030.0	5460.2		ZCN14	5030.0	5504.8
	BCN15	4973.5	5455.7		ZCN15	4973.5	5526.2
	BCN16	4896.0	5435.1		ZCN16	4896.0	5518.1
	ZCN1	3667.0	3602.8		BCN1	3667.0	3616.7
	ZCN2	3674.6	3603.4		BCN2	3674.6	3624.7
	ZCN3	3682.2	3623.5		BCN3	3682.2	3651.4
	ZCN4	4171.0	4105.4		BCN4	4171.0	4144.2
	ZCN5	4179.6	4147.6		BCN5	4179.6	4191.6
	ZCN6	4188.2	4159.9		BCN6	4188.2	4207.1
	ZCN7	4196.8	4198.2		BCN7	4196.8	4246.8
	ZCN8	4205.4	4206.6		BCN8	4205.4	4254.9
	ZCN9	4900.0	4983.3		BCN9	4900.0	5035.4
	ZCN10	4925.0	5063.9		BCN10	4925.0	5104.6
	ZCN11	4950.0	5184.6		BCN11	4950.0	5212.3
	ZCN12	4975.0	5271.1		BCN12	4975.0	5284.9
	ZCN13	4985.0	5377.7		BCN13	4985.0	5366.8
	ZCN14	5030.0	5486.1		BCN14	5030.0	5448.6
	ZCN15	4973.5	5513.6		BCN15	4973.5	5450.2
	ZCN16	4896.0	5511.6		BCN16	4896.0	5435.8

1.6.6 施工监测

1.6.6.1 几何监测

1)监测内容及测点布置

监测内容:几何测量在主墩、主塔施工阶段主要包括对主塔塔肢线形、塔顶高程及索导管偏位的测量等内容;在主梁悬臂浇筑阶段主要包括线形测量(主要为梁顶和梁底测点的高程);主梁浇筑阶段主要包含对主梁高程、主梁轴线偏位的测量等内容。

监测方法:高程测量采用精密水准仪对主梁、各基准控制点的高程进行测量,其他几何位置测量主要采用全站仪进行。

测试时间:尽量选择19:00—7:00温度相对恒定的时间段进行。

（1）主塔

①塔顶偏移测量和高墩垂直度

随着主梁悬臂长度的增加,边中跨的重量、二期铺装荷载、温度、混凝土收缩徐变及结构刚度的不对称性等因素,需要对主塔的偏位进行监测和控制。主塔变位测量包括顺桥向和横桥向两个方向变位值的测量。塔顶偏移采用全站仪测量。在主塔上设置两个观测点,初始值为塔封顶后在气温恒定自由状态下的多次测量值的统计平均值。

②拉索锚点位置的测量

中跨主梁在节段悬臂浇筑施工过程中,塔柱斜拉索锚点几何位置将随着重量的增加发生锚点位置的变化,锚点位置的变化是控制斜拉索安装长度、变形量及索力计算的重要数据,也是计算主梁线形误差的重要实测数据之一。

测点布置:在塔肢顶部布置棱镜,观测主梁在悬臂施工过程中塔柱偏位。

主塔偏位测点示意图如图3.1.6-5所示。

（2）主梁

主梁在悬臂浇筑过程中,主梁的挠度随着节段混凝土的浇筑、斜拉索的张拉、预应力的张拉等工况不停发生变化,控制每个工况的挠度和关键工况的高程对施工阶段结构的安全和成桥状态有着重要的影响。

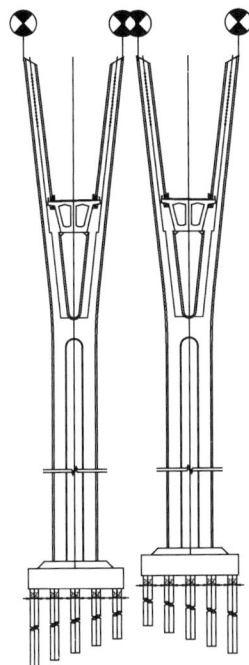

图3.1.6-5 主塔偏位测点示意图
注:◉表示主塔偏位测点

测点布置:

主梁高程测点布置在每个节段梁端部断面位置,如图3.1.6-6所示,且布置在顶板的顶面上。测点采用$\phi16 \sim \phi20$的短钢筋制作,钢筋底部焊接于顶板的构造钢筋上,并且要求竖直,其顶部磨平露出混凝土箱梁表面2cm,采用红油漆标记,每断面顶面设3个测点。

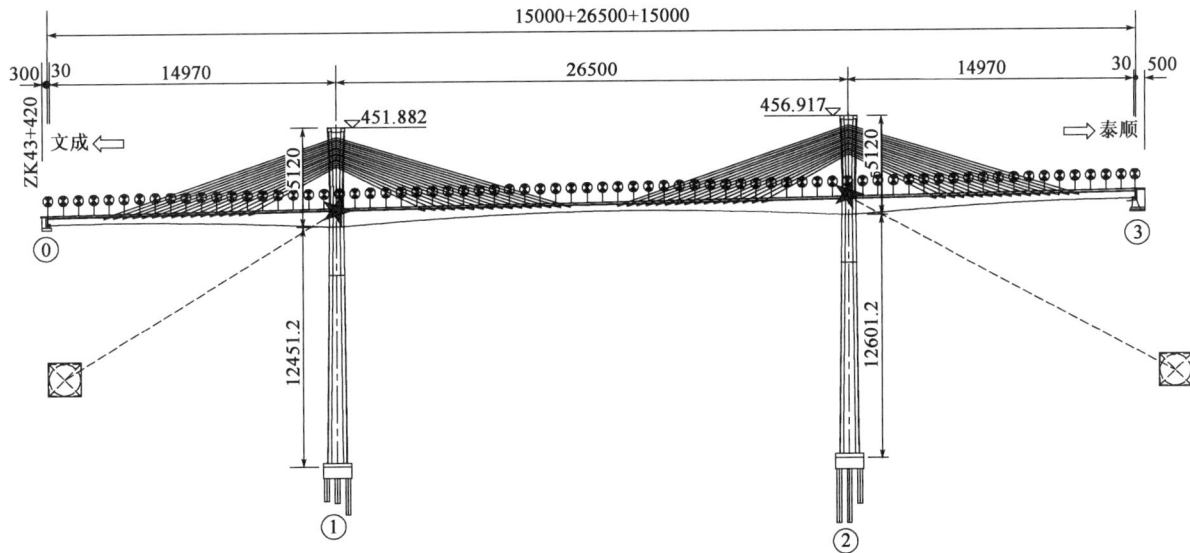

图3.1.6-6 主梁线形测点布置示意图(尺寸单位:cm;高程单位:m)
注:♀表示主梁高程测点布置;★表示基准点;⊠表示观测点

节段立模高程及线形测点断面布置如图3.1.6-7所示。

3）承台基础沉降观测

随着上部结构的安装完成,主塔承台承受的竖向力越来越大,主塔承台基础的稳定对斜拉桥的受力起到关键作用,因此需要对承台基础变位进行监测。待主塔完成后作为承台基础沉降观测数据的起点,随着上部结构的安装在每个月的固定时间(20号左右)进行承台基础沉降观测,承台基础沉降观测测点布置如图3.1.6-8所示。

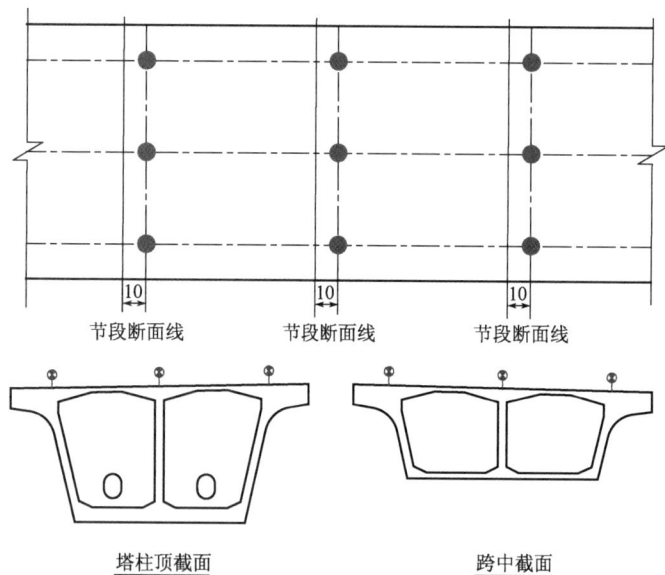

图3.1.6-7 节段立模高程及线形测点断面布置示意图(尺寸单位:cm)
注:⊗表示高程测点

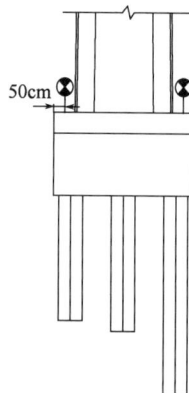

图3.1.6-8 承台基础沉降观测测点布置图
注:⊗承台基础沉降观测点

1.6.6.2 索力测试

对斜拉桥而言,斜拉索的索力是最关键的因素之一,它直接影响主梁和主塔的内力和线形。因此,不仅要在施工之前对斜拉桥的每一施工工况进行详尽分析和验算,从理论上保证结构在施工及运营阶段的安全,而且要在施工过程中,对结构的反应进行跟踪监测,并不断调整,以保证斜拉桥在施工过程中结构的受力及变形状态始终处于设计所要求的范围之内,实现顺利合龙,同时成桥后的主梁内力和线形达到设计期望值。所以在施工过程中,准确测量索力值并把它调整到设计要求的范围以内,是保证斜拉桥结构安全及施工的关键。

1)索力测试内容及方法

监测内容:节段浇筑施工及调索全过程。

测试方法:采用油压千斤顶和频谱分析法相结合的方式进行测试。

采用频谱分析法进行索力测试。频谱分析法是依据索力与索的振动频率之间存在对应关系的特点,在已知索长度、两端约束情况、分布质量等参数时,将高灵敏度的拾振器绑在斜拉索上,拾取拉索在环境振动激励下的振动信号,经过滤波、信号放大、模拟－数字(A/D)转换和频谱分析,即可测出斜拉索的自振频率,进而由索力与拉索自振频率之间的关系获得索力。这是一种间接方法。

2)索力测试工况

(1)每节段浇筑测试对应斜拉索,对已安装斜拉索及相邻1~2根斜拉索索力进行测量。

(2)边跨合龙前后进行全桥通测。

(3)中跨合龙前后进行全桥的索力测量。

(4)铺装后成桥索力测量。

1.6.6.3 应力监测

斜拉桥施工过程较复杂,实时、准确了解施工过程中主梁及主塔关键截面的应变(应力)状况,不仅可对主梁应力安全起到预警作用,而且还可对理论参数进行校核,为施工控制提供依据。由于设计计算时采用的各项物理力学或时间参数和实际工程中的相应参数值不可能完全一致,导致结构的实际应力未必能达到设计计算预期的结果。因此有必要在施工阶段对梁体控制截面进行施工应力监控测量,为设计、施工控制提供参考数据,以确保桥梁安全、优质建成。

施工监测过程中应力观测是整个控制工作的主要内容之一。观测记录应注明日期、时间、气温、桥面特殊施工荷载和其他突变因素等。

1)应力监测内容及方法

监测内容:主塔、主梁的应力监测。

监测方法:采用人工采集的方式进行。

2)测量元件及仪器

根据本桥的特点,应力测量方法是人工巡检,与振弦传感器间的应力信号传递均是以有线方式进行的。工程技术人员携带测试仪爬到待测点处,才能测得该点所受应力的大小。为了保证元件存活率,混凝土埋入式传感器均采用对称布置,并结合使用表贴式传感器。传感器现场布设及现场保护如图3.1.6-9所示。

图3.1.6-9 传感器现场布设及现场保护

3)测试断面及测点布置

主塔的应力测试断面及测点选择的依据是:能监控悬臂施工阶段最大计算应力断面的应力水平、能充分反映结构纵向应力的分布规律的要求、能充分且必要形成主塔应力监测预警系统。应力测试断面及测点布置均采用原则性布置方案,最终布置需根据计算结果适当优化。主梁的应力测试断面及测点选择的依据是主梁最大计算应力的断面、能充分反映主梁中不利受力状态下应力分布规律及特征的断面。

(1)主塔:主塔0号块连接处顶部布置1个测试断面,全桥总计1个测试断面,布置8个应力传感器。

(2)主梁:在边跨跨中、主跨跨中、1/4跨、1/8跨、主梁根部断面布置测试断面,总计9个测试断面,每个应力测试断面布置6个应力传感器。

主塔及主梁应力测试截面及测点布置如图3.1.6-10所示。

4)测试工况及频率

每个主梁节段进行2次测量,选择在主梁节段悬臂浇筑阶段进行。测量范围均为已施工的全部结构通测。测试工况如下:

(1)节段施工完成后。

(2)斜拉索张拉前后。

(3)合龙前后。

(4)二期恒载加载前后。

(5)根据控制需要的其他工况。

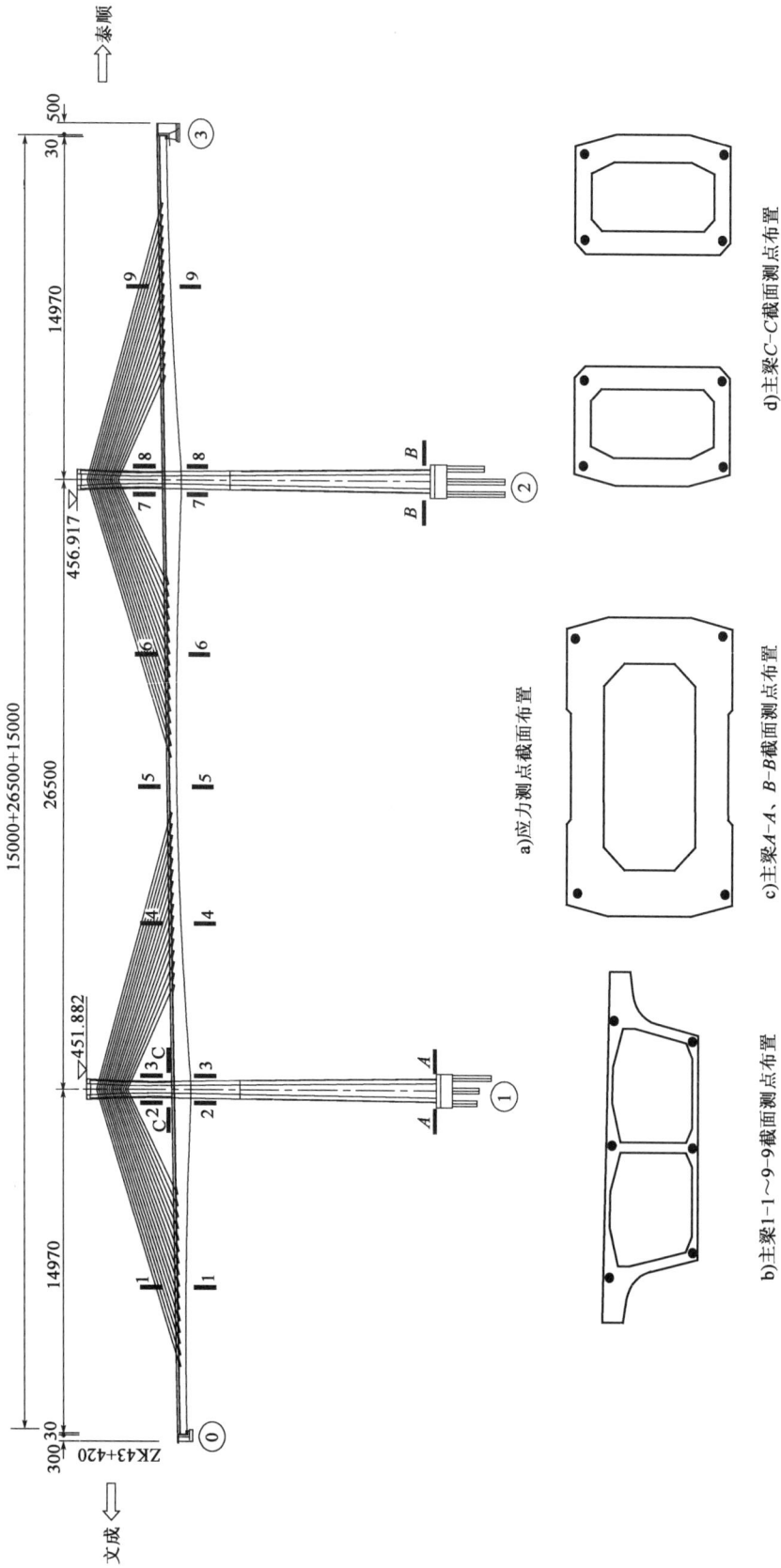

a)应力测点截面布置

b)主梁1-1~9-9截面测点布置

c)主梁A-A、B-B截面测点布置

d)主梁C-C截面测点布置

图3.1.6-10 主塔及主梁应力测试截面及测点布置图（尺寸单位：cm；高程单位：m）

注：● 表示应力测点

1.6.6.4 温度监测

主梁跨度大、主塔高,随着温度环境的不断变化,主梁和主塔将产生较大的变形和内力变化。同时桥梁结构由不同材料组成,其导热系数不一样,受到日照、风向等的影响,主梁、主塔和斜拉索之间存在温差,而且主梁内外、顶底板、主塔两侧也存在温差,因此桥梁结构处在一个相当复杂的温度场中。

环境温度的大小及日照温差会影响结构体系的线形及内力分布,结构的温度变形还影响施工中构件的架设精度及测量精度。因此,温度的监测为施工监控计算中的温度修正计算提供科学的特征数据,并为选择合龙时机提供参考。

1)温度监测内容及方法

监测内容为环境温度及主塔、主梁、斜拉索的温度。

结构温度监测采用温度传感器,辅以红外测温仪进行,要求测温精度达 ±0.5℃。

2)温度监测元件及仪器

自动采集系统:采用引进的美国的数字化温度传感器仪采集接收系统。通过多座大型桥梁建设项目的实践检验,该温度测试方法具有精度高、性能稳定、测试方便快捷等优点。该数字化温度传感器测量温度范围为 –5 ~ +125℃,单个传感器在 –10 ~ +85℃ 范围内绝对精度为 ±0.5℃,相对温差分辨率为 0.0625℃。温度传感器中封装感温元件和一个存储器。每个温度传感器都有一个唯一的 ID 码(即身份标识号码),测试时可直接读取 ID 码和温度数据。现场温度和 ID 码可以直接以"一线总线"的数字方式通过测控仪采集,以无线或有线传输至接收系统。该温度测试系统由于采用数字信号采集传输,数据不会失真,提高系统的稳定性和抗干扰性,同时大大减少了系统的电缆数,保证了温度测量的同步性,且感温元件的制作精度高,传感器也无须另外标定。该温度测试方法具有精度高、性能稳定、测试方便快捷等优点。

人工采集系统:人工采集系统采用 JMT-36B 半导体智能型温度传感器结合手持点温计进行。JMT-36B 半导体智能型温度传感器主要性能:精度 ±0.5℃,稳定性 ±0.5℃,测量范围 –40 ~150℃,线性误差 ±0.3℃。其测量结果可不受接长导线长度影响。

3)温度测试断面及测点布置

温度测试断面及测点布置包括主塔、主梁测试断面及测点布置。

环境温度测点:两岸主塔平台下方遮阴通风处各 1 个温度传感器。全桥共 2 个温度元件。

主塔:塔底和连接 0 号块的塔肢顶各设置一个温度测试断面,塔底断面设置 4 个温度传感器,塔肢顶断面设置 8 个温度传感器,全桥工共 2 个测试断面,共 12 个传感器。

主梁:主梁共设置 2 个温度测试断面,每个测试断面设置 14 个温度传感器,全桥共 28 个温度元件。

主塔及主梁温度测试截面及测点布置如图 3.1.6-11 所示。

1.6.6.5 施工荷载在桥上位置和重量调查

桥梁施工过程中,当结构进行前述各项测试工作时,必须同步对桥上各种施工临时荷载的位置和重力进行统计调查并做好记录。

1.6.6.6 建材力学指标检测

材料力学指标主要包括:

(1)混凝土弹性模量、重度、立方体抗压强度。

(2)索体的弹性模量和重度。

(3)预应力钢绞线的弹性模量。

1.6.6.7 大桥合龙监测

在中跨合龙前,对合龙口进行典型天气24h连续观测,以确定最佳合龙温度和对应的合龙顶推力。

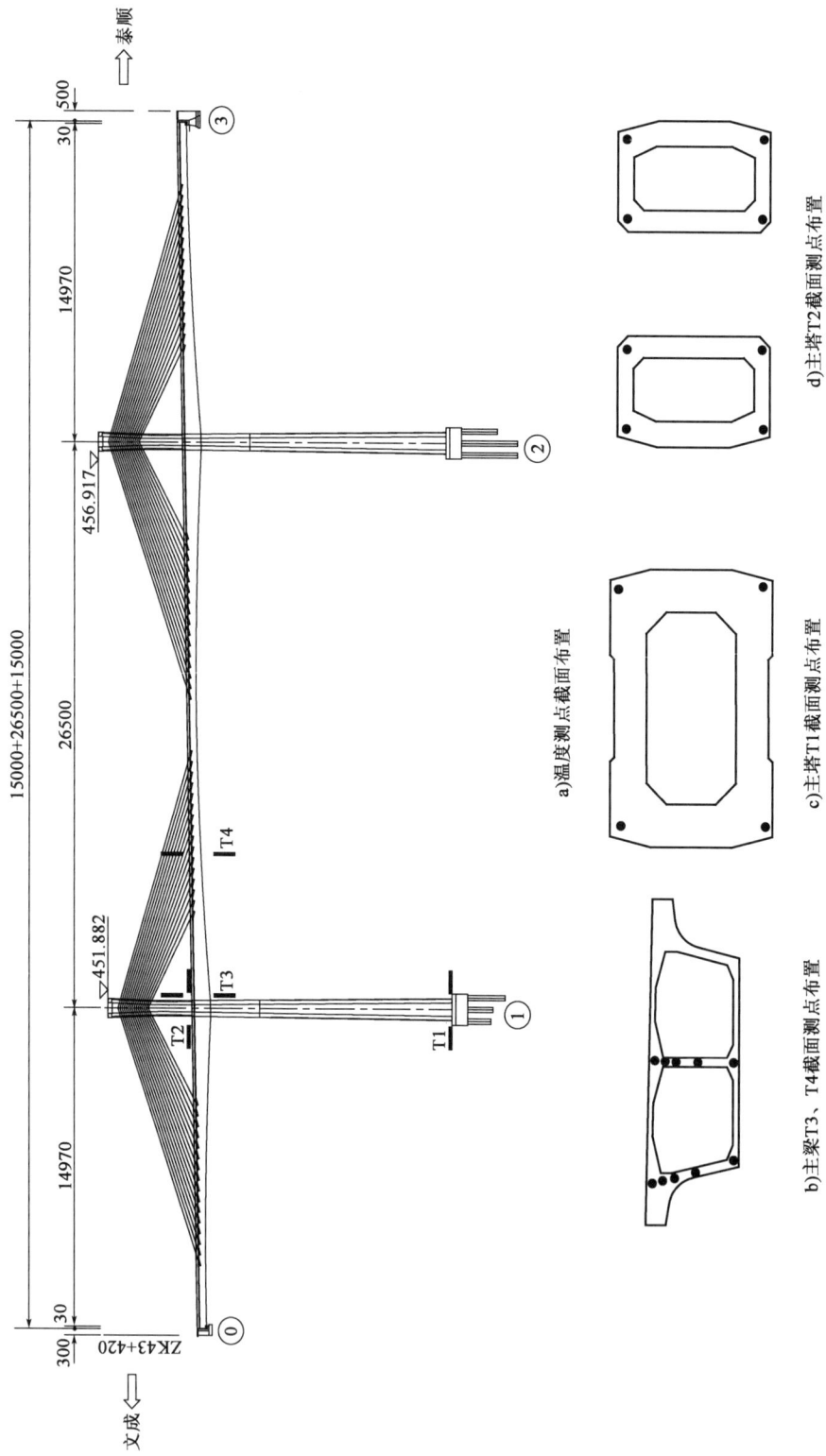

图3.1.6-11 主塔及主梁温度测试截面及测点布置图(尺寸单位:cm;高程单位:m)

a)温度测点截面布置

b)主梁T3、T4截面测点布置

c)主塔T1截面测点布置

d)主塔T2截面测点布置

注:●表示湿度测点

1.6.7　成桥状态监控成果

通过对主塔以及主梁埋设应力传感器(图3.1.6-10、图3.1.6-11),对施工过程中结构应力进行测量,主塔及主梁应力监测断面的实测应力值与理论应力值基本吻合,满足规范和设计要求。

从整个施工过程线形高程数据来看,主梁悬臂端高程实测值与理论值接近,处于控制允许偏差/限值范围内($L \leqslant 100$m 时,允许偏差/限值为 ± 20mm;$L > 100$m 时,允许偏差/限值为 $\pm L/5000$mm),表明主梁线形比较平顺,计算所采用的梁的刚度和重量与实际吻合较好;实测成桥线形总体与理论值吻合较好,桥面上下游线形一致、平顺,线形误差满足规范不大于 ± 20mm 的规定。

从施工过程中张拉索力和成桥索力的测试结果来看,施工过程张拉索力和成桥索力误差均处于3%控制范围内,满足设计图纸要求,且满足规范要求,张拉控制效果较好。

1.7　施工经验与体会

矮塔斜拉桥以梁体作为一期恒载的受力主体,再辅以斜拉索承受二期恒载及活载,是一种介于刚构桥与普通斜拉桥之间的一种半刚半柔的桥型,成为300m跨度以内的新型主力桥型。洪溪特大桥施工过程中结合其受力特性及特殊的地形地貌积累了相关的经验与体会。

1)测量方面

洪溪特大桥地处深V峡谷,两侧地形陡峭,索塔较高,随着索塔的升高,为避免仰角(俯角)过大影响测量精度,对控制网进行动态调整,同步提升,考虑两侧山势较陡,为此专门开辟了上山的通道及测量平台。深V峡谷内常年云雾缭绕导致每天测量的窗口期非常短暂,对施工进度、质量影响较大,通过在0号块顶部设置控制点,考虑桥塔沉降、温度等因素,每日对控制点进行校核修正,极大提高了测量效率。同时对一些测量精度要求较高且占用时间较长的工序进行优化,如索鞍安装借鉴刚锚梁的安装工艺进行优化,先以相对坐标整体刚体化预制再整体安装,整体安装时仅需控制高程,极大提高了测量有限窗口期的利用效率。

2)机制砂混凝土的应用

随着国家"节能环保"的深入推进,天然砂资源的限制开采,目前市场的天然砂资源不仅成本高,料源不稳定,河砂的品质越来越差,氯离子含量超标最为典型,而且供货不及时,很难获取,严重影响结构物质量和施工进度。山区高速公路建设充分利用隧道窨渣,既可减少弃渣对环境的破坏,又能加工合格的机制砂,易操作易管理易控制易获取。本线路隧道占比56.2%、桥梁占比16.04%,桥隧比高达72%。隧道以Ⅲ级围岩为主,岩质较好,抗压强度高,可用于机制砂生产母材。通过大量的正交试验,机制砂的生产工艺比选,围绕母料控制、粗细程度控制、石粉含量控制、颗粒集配控制、含水率控制、粒型控制等方面,结合运距等现场情况,最终实现机制砂的全面应用。应用的混凝土强度等级从C30,逐步向C40、C50提高,通过不断总结、调整,最终实现C55、C60等高强度等级混凝土的应用。应用的场景也逐步从30m、40m的墩高,最终实现177m高塔C60高强度等级混凝土的应用,并采用分级输送解决了70m陡壁深坑混凝土向下输送的难题。

3)塔式起重机等大型设备选型、选位

塔式起重机作为高塔施工的常规设备,在山区高速公路桥梁施工中应用时除结合施工工艺,更要注重与地形地貌的结合。洪溪特大桥设置有4台塔式起重机,结合工期考虑,除满足最大吊重外,更注重的是提升效率,所选塔式起重机为在两倍绳吊重下起重速度最快的设备。塔式起重机布置结合两个墩现场地形均布置在不同的位置。如1号墩,在承台开挖后边坡坡率等满足塔式起重机独立高度拼装要求,则布置在内侧;而2号墩边坡坡率等不满足拼装要求,则布置在外侧。基础的结构形式决定了4台塔式起重机布置形式均不相同,1号墩中部塔式起重机基础开挖后宽度较窄,采用基础加高的方式;为抵抗倾覆力矩辅以压重及锚杆,边部塔式起重机布置在V形峡谷陡坡上,采用型钢牛腿+桩基础的形式。2号中部塔式起重机布置在外侧(V形峡谷陡坡上),采用扩大基础+桩基础的形式;边部塔式起重机采用扩大基础的形式。

4)科技创新

结合桥梁结构特点、地形地貌特点、工艺特点等,在施工中大胆创新,克服地形地貌不利条件,大幅缩短工期,提高质量和安全水平。

液压爬模"半落地式"体系转换施工:施工简便,液压爬模架体完整性好。采用"半落地式"施工方法,只需将一面的液压爬模上架体拆除落地,下架体继续提升并固定,其余几个面以逐个提升后的下架体作为基础进行循环换拆及安装即可,施工既简便,又能有效保证爬模架体的完整性。施工效率高,对场地依赖性小。与常规液压爬模落地式体系转换相比较,功效可提高2~3倍,有效避免落地式体系转换对场地的依赖性,特别是山区更缺乏施工场地。可有效降低安全风险:常规液压爬模落地式体系转换第一面架体安装和最后一面架体拆除,由于缺乏人员作业空间和作业平台,安全风险特别高,采用"半落地式"体系转换施工方法,作业人员全过程均处在爬模平台上施工作业,有效保证安全。采用"半落地式"体系转换施工技术,缩短了节段之间施工间段时间,保证新老混凝土黏结力,有效提高施工质量。

索鞍刚体化整体安装定位施工:刚体化预制过程施工简便。常规施工中,索鞍在索塔上安装定位需辅以劲性骨架,受塔上场地狭隘限制,功效较低。采用该工艺后,索鞍采用劲性骨架刚体化预制的过程在塔下进行,场地宽敞、施工便利。刚体化预制过程对索塔施工主要设备无依赖。索塔施工主要采用塔式起重机进行,采用常规工艺完全依赖塔式起重机进行,耗时较长,严重制约索塔其他工序施工。采用该工艺预制,安装可在塔式起重机空闲时进行,或采用汽车起重机安装,刚体化预制与索塔施工平行施工,加快索塔施工。采用该工艺将索鞍在塔上定位安装分为两部分,即整体预制+整体安装,常规工艺则为逐个现场安装。整体刚体化预制过程在地下场地进行,与索塔其他工序平行施工,不占用索塔节段施工关键工序,测量功效、精度高,受天气情况制约小。索鞍的测量分为两个部分,即刚体化预制测量及塔上整体安装测量。刚体化预制测量采用相对坐标进行相对定位,全过程在地面上进行,受天气制约小,且受地球曲率影响也较小,无高空作业风险,安全性高,操作简便。塔上整体安装测量以绝对坐标控制,由于6道索鞍以相对坐标在地面已进行刚体化,塔上安装时只需要对6道中的任何一组进行测量定位,即完成所有的索鞍的测量放样工作,安全高效,缩短高空作业时间,有效降低安全风险。多道索鞍的刚体化均在地面进行,整体安装功效高,取消塔上高空焊接劲性骨架这道工序,有效缩短高空作业时长,提高安全性。预制、安装简便快速,有效缩短索塔施工工期。取消劲性骨架这道工序,缩短高空测量定位时长,规避不良天气的影响,缩短塔式起重机使用时长的同时保障了索塔其他工序的施工,使得原本占用索塔节段施工最长的一道工序变为不占时长(在养护期间进行)。

斜拉索滞后张拉施工:大幅度缩短工期,全桥缩短工期约45d,有效保证洪溪特大桥顺利通车。采用该工法与传统悬臂浇筑工艺最大的区别在于,工序上无任何缩减,但将斜拉索施工这道工序与其他工序从流水施工变为平行施工。常规工艺:n节段混凝土强度达到设计要求→n节段斜拉索挂索、张拉→挂篮行走至$n+1$节段→$n+1$节段施工。滞后张拉工法:n节段混凝土强度达到设计要求(养护期间安装体外预应力)→体外预应力张拉→挂篮行走至$n+1$节段→$n+1$节段施工(同步进行n节段斜拉索挂索、张拉,挂索完毕后解除体外预应力)。加快工期的同时,保持原设计预应力体系,确保结构安全。体外预应力为临时设置,用以临时抵消挂篮在斜拉索施工前移施工产生的荷载,在斜拉索施工时即解除。临时体外预应力结构简单、操作简便。临时体外预应力结构包含预留槽、反力架、精轧螺纹钢,操作非常简便。临时预应力施工质量可控,通过与体内应力元件配合实施,体外预应力值可调、可控,投入成本低。体外预应力整套体系均可周转,且利用率极高。

第2章

南浦溪特大桥施工

2.1 拱座施工

主桥拱座采用左右幅分离式台阶型扩大基础形式,全桥共4个,每岸左右幅拱座之间通过8m(长)×5m(宽)×3m(高)系梁连接。单个拱座尺寸为17.91m(长)×9m(宽)×15.8m(高),拱座均处于中风化晶屑溶解凝灰岩内。

2.1.1 拱座各级边坡及基坑开挖施工

2.1.1.1 总体施工方案

南浦溪特大桥拱座高边坡开挖根据各级边坡地质情况采用机械开挖和光面爆破。拱座基坑设计为明挖阶梯式基础,设计要求距拱座底及拱座后缘5m范围内禁止爆破,禁爆区采用潜孔钻+劈裂机破碎,挖掘机配合开挖方案;非禁爆区仍采用控制爆破破碎+挖掘机开挖方案。大小里程拱座各级边坡高度、岩性、开挖方法如表3.2.1-1所示。拱座边坡出渣,采取在开挖区域内布置出渣道路,在高边坡内以"Z"形进行展线,进而打通从坡顶至坡底的运输通道,便于各级边坡出渣。

拱座各级边坡及基坑高度、岩性、开挖方法 表3.2.1-1

序号	项目名称	边坡分级	边坡/基坑高(m)	岩层类型	开挖方法	备注
1	小里程拱座边坡	Ⅳ级	4.88	粉质黏土	挖掘机	
2		Ⅲ级	8	全风化凝灰岩	挖掘机+液压油炮	
3		Ⅱ级	10	强风化凝灰岩	控制爆破+挖掘机	
4		Ⅰ级	22	中风化凝灰岩层	控制爆破+挖掘机	
5		基坑	15.8	中风化凝灰岩层	控制爆破+挖掘机	接近拱座基底及后缘5m严禁爆破开挖
6	大里程拱座边坡	Ⅵ级	8.63	粉质黏土	挖掘机	
7		Ⅴ级	8	全风化凝灰岩	挖掘机+液压油炮	
8		Ⅳ级	8	强风化凝灰岩	控制爆破+挖掘机	
9		Ⅲ级	12	强风化凝灰岩	控制爆破+挖掘机	
10		Ⅱ级	10	中风化凝灰岩层	控制爆破+挖掘机	
11		Ⅰ级	15	中风化凝灰岩层	控制爆破+挖掘机	
12		基坑	15.8	中风化凝灰岩层	控制爆破+挖掘机	接近拱座基底及后缘5m严禁爆破开挖

2.1.1.2 施工工艺流程图

拱座开挖施工工艺流程如图3.2.1-1所示。

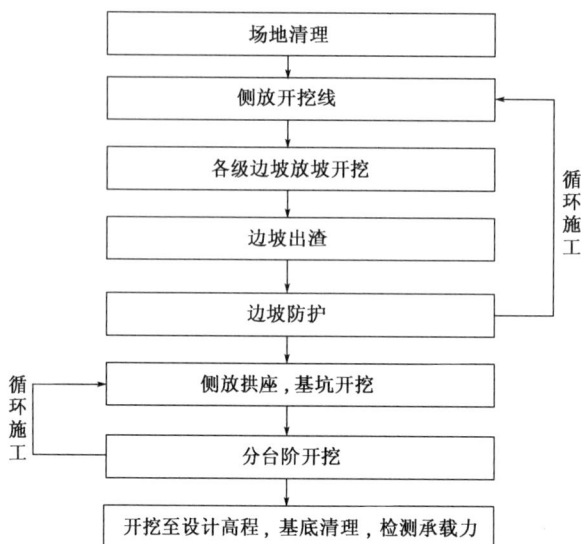

图3.2.1-1 拱座开挖工艺流程图

2.1.1.3 具体施工方法

1)场地清理及开挖线放样

清理边坡树木及杂草,测量组根据边坡设计边坡高度及范围放出各级边坡坡顶及坡脚开挖线,用石灰粉标记出开挖线,过程中复核边坡超欠挖情况,及时动态调整。

2)各级边坡及基础开挖

(1)土质边坡开挖

土质边坡开挖采用挖掘机直接开挖。根据测量确定边坡开挖边线,从上至下按2m一层,分层按设计坡比开挖。开挖时距坡面需要预留10cm左右保护层,通过人工进行修坡,全坡面严禁超挖。挖方出渣从开挖作业面横桥向引出临时通道至就近施工便道。

(2)全风化凝灰岩层开挖

全风化凝灰岩地层开挖采用挖掘机+液压油炮开挖。确定开挖线及边坡坡率,采用挖掘机按坡度清除表层覆盖土及破碎岩层,裸露出较坚硬的全风化岩层;然后采用液压油炮从上往下按50cm左右一层,分层破碎,同时一台挖掘机将破碎后的岩体挖除,通过渣土车出渣。

(3)强风化与中风化凝灰岩爆破开挖

强风化与中风化凝灰岩采用分层分台阶浅孔控制爆破的作业方式(除接近拱座基底及拱座后缘5m范围内),每层爆破的台阶高度取3m。对大粒径石块根据现场设备配置情况原则上采用机械法破碎,边坡采用常规爆破。对临近民房、道路等需要保护的爆破工点,采用爆破区覆盖防护与近区遮挡防护相结合的防护方案,合理选择爆破方向,适当加密炮孔,控制最大单响药量进行控制爆破,以控制爆破振动和爆破飞石在允许范围内。

(4)拱座基坑开挖

拱座基坑开挖分为爆破区和禁爆区,爆破区采取分层开挖,机械破碎,拱座基坑开挖示意图如图3.2.1-2所示。爆破区炮眼间距2m,深度超过各分层厚度10cm,分三层爆破开挖。在禁爆区顶面按50cm×50cm间距通过潜孔钻机进行钻孔,然后从自由面位置逐排通过液压劈裂机对岩体进行分层劈裂,采用长臂挖掘机将劈裂破碎的岩体进行清除,自卸汽车装运至弃渣场。接近基坑底采用手持机械破除人工配合清理,然后采用吊桶及垂直起吊设备将少量的岩石吊运至基坑顶再外运,直至设计基坑底面。基坑内人员上下通道,采用扣件式钢管架搭设,并设置安全防护护栏。

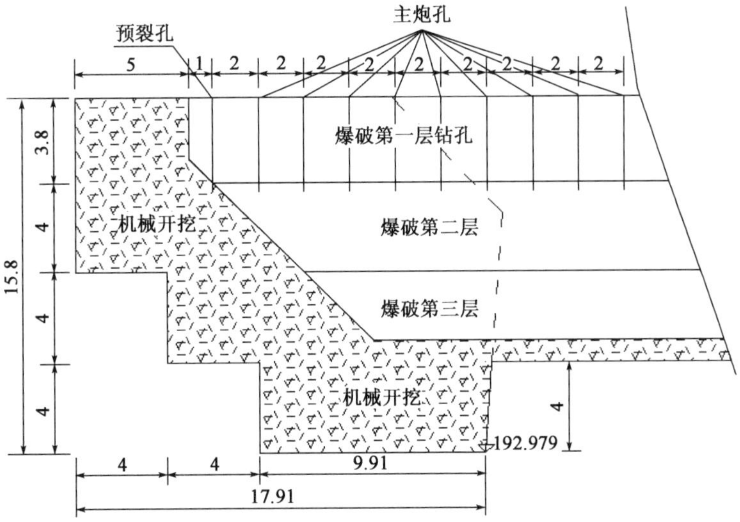

图 3.2.1-2 拱座基坑开挖示意图(尺寸单位:m;高程单位:m)

3)拱座边坡展线开挖出渣

南浦溪特大桥拱座高边坡开挖,采用在开挖区域内布置出渣道路,以规定纵坡在高边坡内以"Z"形进行展线,进而打通从坡顶至坡底的运输通道,便于各级边坡出渣。主便道总体布置情况如图 3.2.1-3 所示。

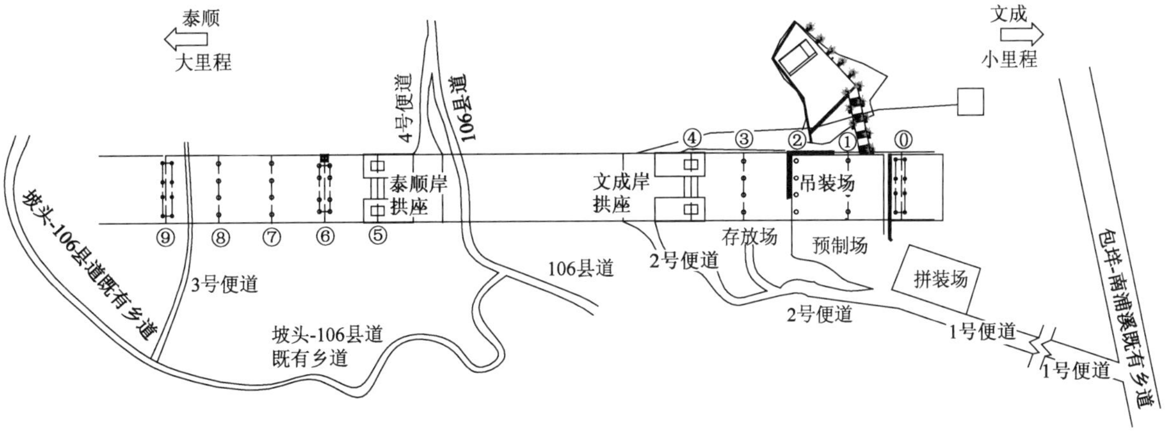

图 3.2.1-3 主便道总体布置图

(1)便道布置情况

①既有道路利用

桥址区可利用既有道路共有三条:a. 文成岸 K30+640 处存在与线路正交的南浦溪镇乡镇道路,距文成岸桥台约 135m、高差约为 30m,路面宽度 4.5m,结构层采用约 20cm 混凝土铺设;b. 泰顺岸 K31+104 处存在与线路正交的 601 县道,距泰顺岸拱座约 30m、高差约为 35m,路面宽度 7m,结构层采用 20cm 水泥碎石稳定层和 10cm 沥青混凝土层铺设;c. 泰顺岸 K31+360 处存在连接 601 县道到坡头村的既有农耕乡道,此乡道经过 K31+370 坡头隧道洞口,距泰顺岸桥台约 140m、高差约为 17m,路面宽度 4.5m,结构层采用 20cm 混凝土铺设。

②开挖区域内展线与开挖便道布置

根据桥址地区地层分布情况,表面覆盖的粉质黏土,厚度不大,在开挖至一定深度后,均为整体性较好岩层。除文成岸第 4 级边坡、泰顺岸第 6 级边坡处于粉质黏土层,其余边坡均处于全风化或中风化晶屑熔结凝灰岩地层内,凝灰岩地层内设置临时出渣便道,其承载能力强,在承受较大车辆荷载下能保证边坡稳定。开挖区域内采用沿边坡设计结构线以"Z"形布置便道,并根据每级边坡高度,按 12% 设置便道纵坡。考虑到运渣车辆在"Z"形转角处的转弯空间,在便道按 12% 纵坡展线至距边坡侧面 12m 则设置一处转弯平台。便道路面宽度为 4.5m,结构层以 20cm 泥结碎石层进行找平。文成岸和泰顺岸 1 级边坡高度分别为 22m、15m,宽度仅为 26m,展线难度大,故以 12% 纵坡设置一级便道与 2 号、4 号便道相交,利用通往拱座用以后期浇筑混凝土的 2 号、4 号便道作为出渣通道。展线形式如图 3.2.1-4 和图 3.2.1-5 所示。

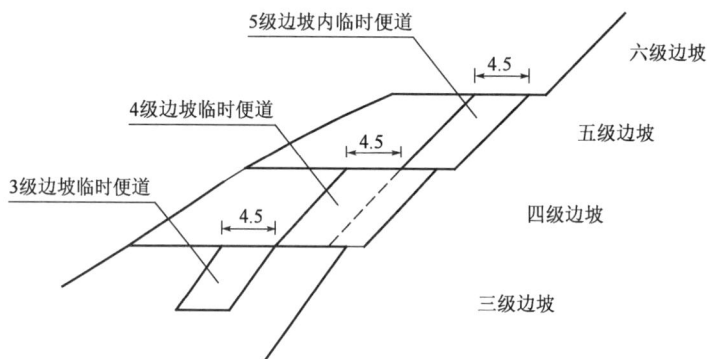

图 3.2.1-4 开挖区域内展线侧面示意图(尺寸单位:m)

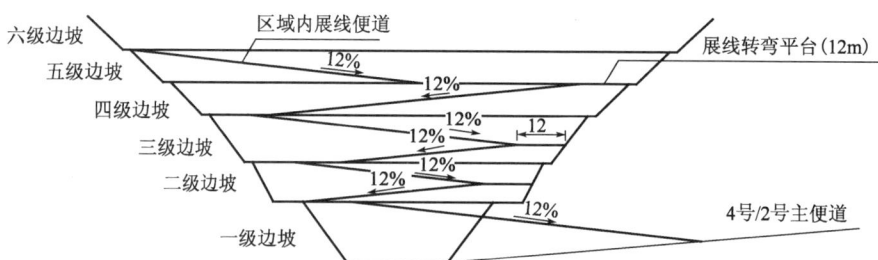

图 3.2.1-5 开挖区域内展线立面示意图(尺寸单位:m)

(2)区域内展线开挖

①泰顺岸第 4 级边坡和泰顺岸第 6 级边坡处于两岸缓坡段,按常规方法开挖。在缓坡段边坡开挖完成后,从既有 1 号、3 号便道布置一条连接文成岸 3 级边坡顶侧面、泰顺岸 5 级边坡顶侧面的便道。根据边坡地层岩性结合运输车辆荷载,从地层承载能力满足运渣车辆运输要求的边坡开始展线开挖施工,根据展现原则测量放线便道布置路线,顺边坡设计坡率进行开挖。

②在便道展线至坡底前,首先从坡顶开始按"Z"形展线逐级向下开挖,运渣车辆从坡顶进入开挖区域装载渣料。装渣时挖掘机位于底高程处,运渣车辆位于高高程处,运渣车辆从坡顶进入并于正在开挖边坡的高高程展线转弯平台处进行掉头,使装载渣料时运渣车辆尾部位于挖掘机方向,便于装渣。为了缩短前后两辆运渣车过渡时间,加快渣料装车频率,在前一辆运渣车装渣时,下一辆运渣车(待装渣车辆)运行至上一级已展现开挖边坡的转弯平台处,待前一辆运渣车辆装载完成按原路返回并驶过待装渣车辆后,待装渣车辆运行至挖掘机处进行下一轮装载。展线开挖过程示意图如图 3.2.1-6 所示。

③拱座最后一级边坡坡度较陡,且横向坡长不大,"Z"形展线困难,在开挖至坡底宽度不大的陡坡段时,将开挖区域内便道与拱座主便道相连。在泰顺岸开挖至二级边坡顶后,按 12% 纵坡向线路左侧开挖与通往拱座的 2 号主便道相连,提前打通从坡顶至拱座的道路,用于运渣车辆从拱座进入开挖区域,从而挖除展线便道部分的土石方。

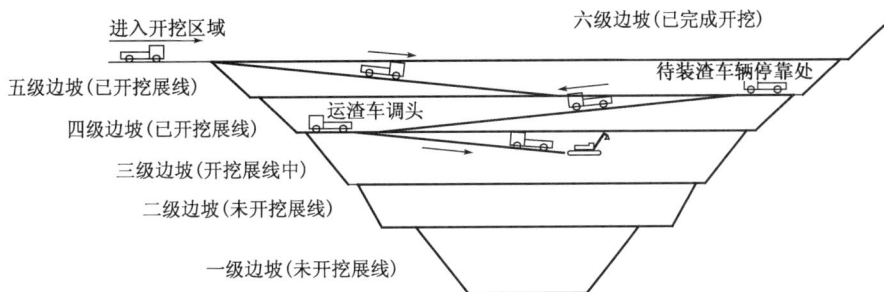

图 3.2.1-6 开挖至坡底前施工流程示意图

④在便道展线至坡底并打通坡顶通往拱座的便道后,将挖掘机调至坡顶,开始进行因便道展线所占据边坡剩余土石方的开挖,此时运渣车辆从拱座主便道进入开挖区域装载渣料。装渣时挖掘机位于高处,运渣车辆位于低处,运渣车辆从拱座进入并于正在开挖边坡的低高程展线转弯平台处进行掉头,使装载渣料时运渣车辆尾部位于挖掘机方向,便于装渣。在前一辆运渣车装渣时,待装渣车辆运行至下一级已展现开挖边坡的转弯平台处,待前一辆运渣车辆装载完成按原路返回并驶过待装渣车辆后,待装渣车辆运行至挖掘机处进行下一轮装载。展线开挖至坡底示意图如图 3.2.1-7 所示。

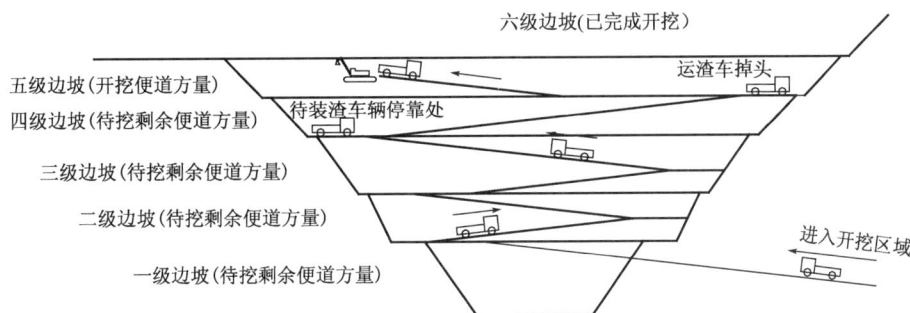

图 3.2.1-7 开挖至坡底后施工流程图

⑤开挖至文成岸和泰顺岸 1 级边坡时,开挖区域内便道直接与通往拱座的主便道相连,在开挖过程中同时修整此级边坡展线便道的高程,随一级边坡高程下降,使运渣车辆从主便道进入开挖区域内进行装渣。坡底高、窄边坡开挖施工示意图如图 3.2.1-8 所示。

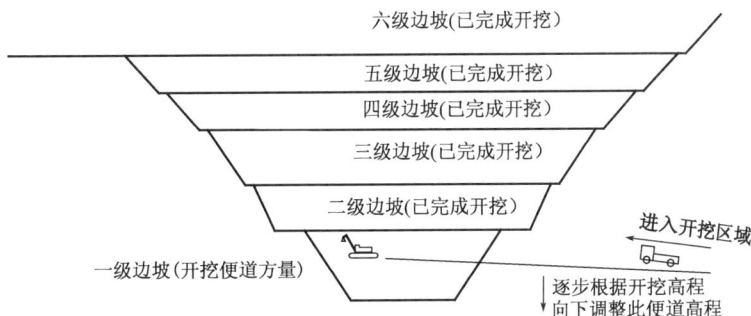

图 3.2.1-8 坡底高、窄边坡开挖施工示意图

4)拱座边坡防护

拱座边坡开挖高度大、边坡级数多,现场开挖一级防护一级,防止边坡失稳造成安全威胁。边坡防护种类多,针对不同地质、不同高度按设计防护方式进行防护。开挖完成后先施工挂网锚喷,再施工锚杆框格梁,框格梁施工完成后放置生态植生袋;最后施工柔性防护网和植物爬藤。各级边坡参数和防护类型见表 3.2.1-2。

各级边坡参数和防护类型统计表　　　　　　　　表 3.2.1-2

位置	坡级	坡度	坡高(m)	护道坡(m)	防 护 类 型
小里程	IV	1:1.25	4.88	2	挂网锚喷 + 厚层基材
	III	1:1.00	8	2	挂网锚喷 + 锚杆框格 + 生态植生带
	II	1:0.75	10	2	挂网锚喷 + 锚杆框格 + 生态植生带
	I	1:0.20	22		挂网锚喷 + 系统锚杆 + 柔性防护网 + 攀藤植物
大里程	VI	1:1.00	8.63	2	挂网锚喷 + 锚杆框格 + 生态植生带
	V	1:1.00	8	2	挂网锚喷 + 锚杆框格 + 生态植生带
	IV	1:1.00	8	2	挂网锚喷 + 锚杆框格 + 生态植生带
	III	1:0.75	12	2	挂网锚喷 + 锚杆框格 + 生态植生带
	II	1:0.50	10	6.5	挂网锚喷 + 系统锚杆 + 柔性防护网 + 攀藤植物
	I	1:0.75	15		挂网锚喷 + 系统锚杆 + 柔性防护网 + 攀藤植物

5)拱座基底检验

拱座基坑开挖至设计高程将基底虚渣清理干净,验收结构尺寸,承压板法荷载试验进行原位验证试验,各项数据符合设计及施工规范要求后进入下道工序施工。

2.1.2 拱座基础施工

2.1.2.1 总体施工方案

拱座基础混凝土施工采用分层分块浇筑,拱座分层浇筑示意图如图 3.2.1-9 所示。根据大体积水化热计算结果,各层设置温控措施。

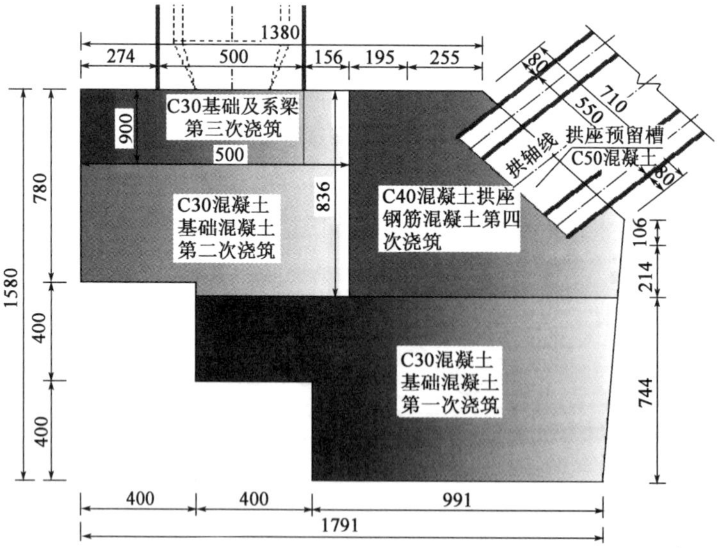

图 3.2.1-9 拱座分层浇筑示意图(尺寸单位:cm)

2.1.2.2 施工工艺流程

拱座基础施工工艺流程如图 3.2.1-10 所示。

2.1.2.3 具体施工方法

1)冷却水管布置

混凝土浇筑前,根据水化热计算布设冷却管,冷却水管分层设置,单根冷却水管长度控制在 300m

以内,因此第一次基础混凝土及第四次拱座钢筋混凝土筑设置 2 个进水口,2 个出水口,其余两次基础混凝土浇筑冷却水管设置 1 个进出水口。采用增压水泵向管内注入循环水,降低水化热,冷却管安装完毕后做水密试验检测。

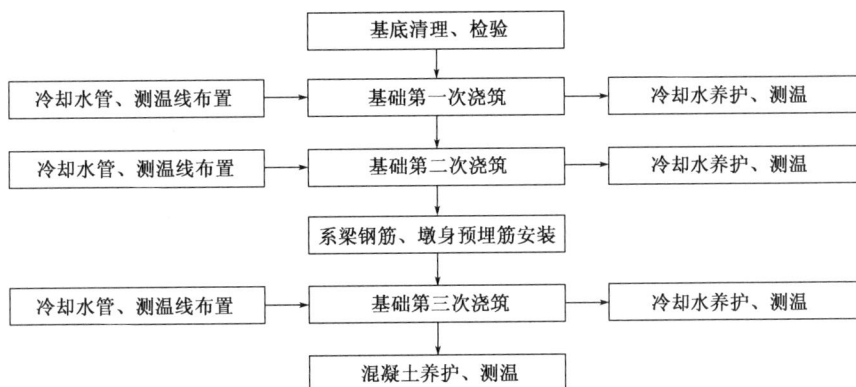

图 3.2.1-10 拱座基础施工工艺流程图

冷却水管采用 $\phi 42mm \times 2.5mm$ 薄壁钢管,水平间距 100cm、层间距 100cm、距离基底 100cm,混凝土顶面 100cm、混凝土侧面 50cm。在设置冷却水管的同时布设温度传感器,温度传感器采用 JDC-2 型,其测试精度为 0.1℃;根据混凝土体积及测温元件的测试范围进行布设,采用扎丝将温度传感器绑扎在既定位置,固定牢固,防止混凝土浇筑时脱落无法准确测试混凝土内部温度。

拱座基础部分无钢筋,因此安装冷却水管需单独设置架立支架,采用 $\phi 48mm$ 钢管作为竖向受力支架,冷却水管固定在支架上;拱座钢筋混凝土部分冷却水管直接固定在钢筋骨架上,钢管支架上搭设跳板同时作为混凝土浇筑操作平台。

拱座冷却水管、温度传感器的布置分别如图 3.2.1-11、图 3.2.1-12 所示。

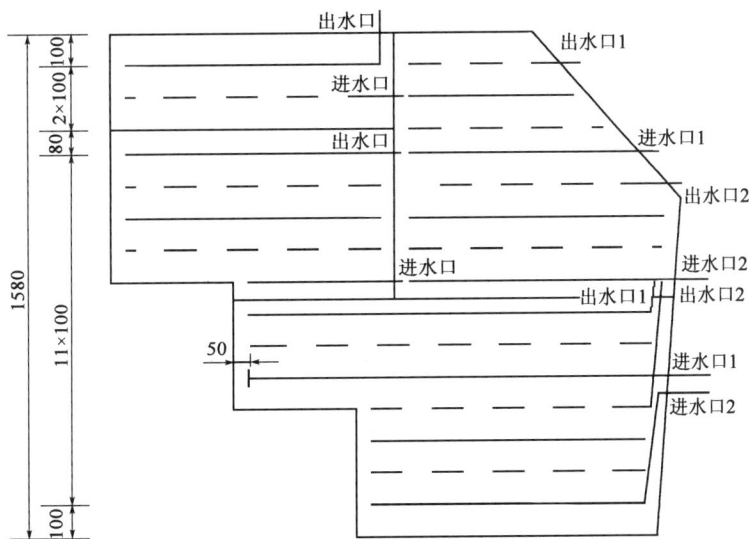

图 3.2.1-11 拱座冷却水管布置图(尺寸单位:cm)

2)拱座基础浇筑

(1)拱座基础分三层浇筑,每层温度控制措施布置完成后,安装模板进行加固。基础采用定型钢模板,钢板厚度 6mm,采取 $\phi 16mm$ 的 HRB400 钢筋作为内拉杆,与预埋钢筋焊接牢固。为保证钢模的稳定,防止安装及浇筑过程倾倒,在钢模内设置钢管支撑。各层基础模板加固示意图如图 3.2.1-13所示。

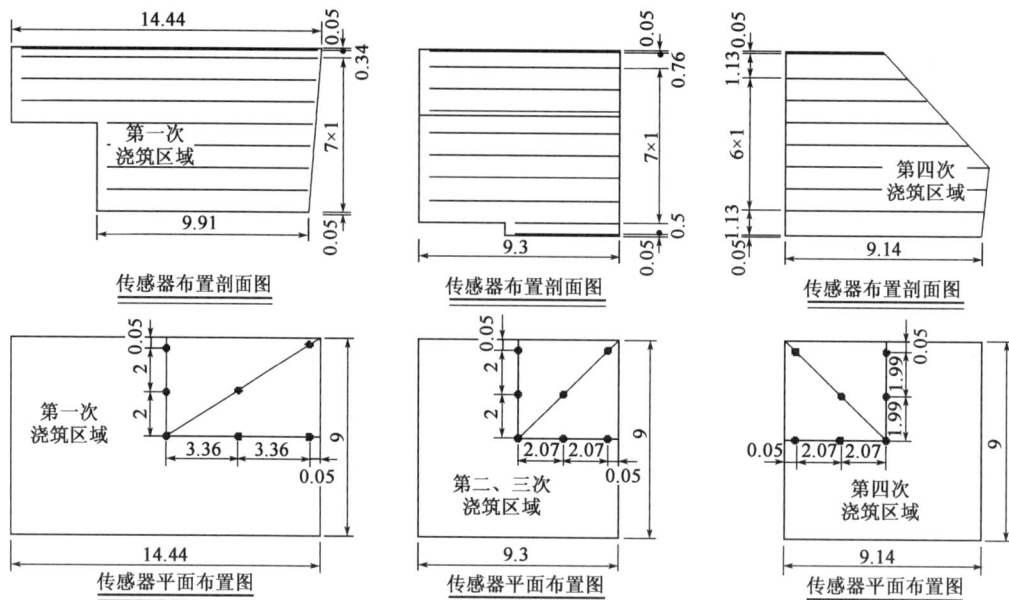

图 3.2.1-12 温度传感器布置图(尺寸单位:m)

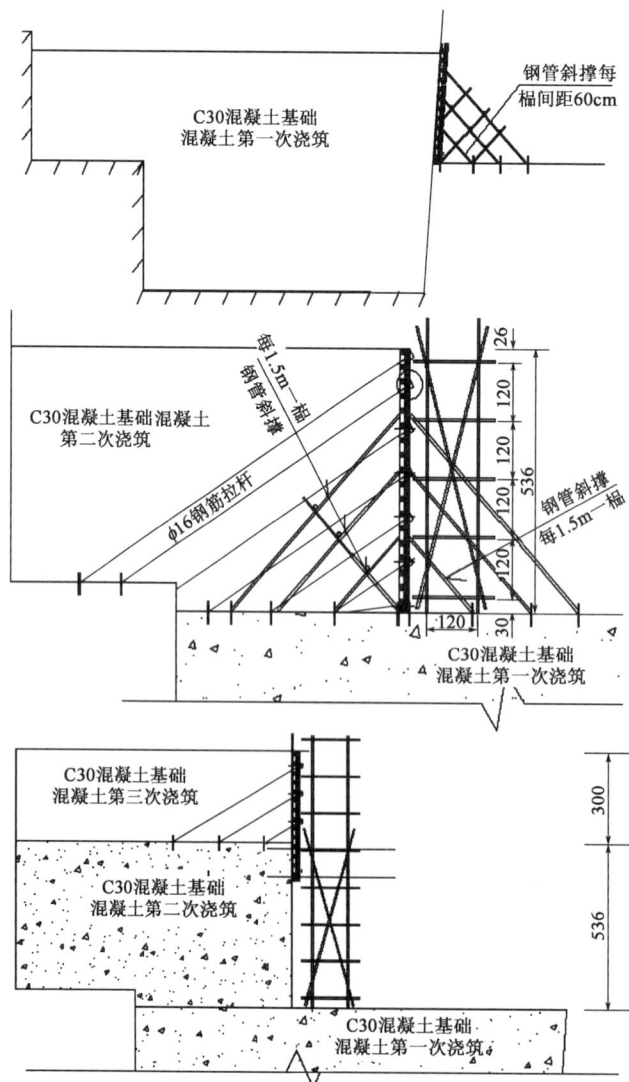

图 3.2.1-13 基础模板加固示意图(尺寸单位:cm;高程单位:m)

（2）安装泵管，分层浇筑混凝土。拱座基础施工时左右幅交替浇筑，即左侧第一层、右侧第一层、左侧第二层、右侧第二层，以此类推，完成拱座混凝土的浇筑。第一层与第二层混凝浇筑间隔时间控制在3d以内。混凝土采用插入式振捣棒进行捣固，捣固要求快插慢拔，振捣均匀防止漏振或过振，确保混凝土密实。混凝土浇筑至顶面分层线后，在混凝土顶面设置φ16的HRB400钢筋，埋入混凝土深度不小于30cm，外露长度不小于15cm，按间距150cm×150cm梅花形布置，预埋钢筋作为下次混凝土浇筑连接钢筋及上部混凝土浇筑模板安装拉杆加固预埋件，每层混凝土浇筑完成后对面层凿毛处理，凿毛要彻底并露出粗集料。

（3）混凝土温度控制：当混凝浇筑覆盖完第一层冷却管4h后开始向冷却管中通冷却水。混凝土浇筑初期冷却水采用冰块将冷却水温度调至10℃左右，后期根据温度监测结果，利用冷却水管的出水调控水温，使进水温度与混凝土内部高温度之差小于20℃。现场采用测温仪通过温度传感器对混凝土结构内部温度进行监测，各层混凝土温度指标均控制在规范允许范围内。每层拱座混凝土浇筑完后派专人对混凝土进行养护，拱座基础施工在8月，混凝土养护主要采用冷却管循环水进行保湿养护。混凝土侧面不拆除模板带模养护，混凝土顶面利用循环水淹没混凝土表面高度20cm左右保湿养护。

2.1.3 拱座施工

2.1.3.1 总体施工方案

钢筋混凝土拱座施工前，将拱座基础模板拆除并凿毛处理后，再安装钢筋、拱脚预埋段定位骨架、预埋钢筋、预埋钢管和临时铰，待模型加固完成、拱脚预埋钢管及临时铰安装固定牢固后浇筑混凝土。拱座混凝土浇筑前，按设计要求布设循环冷却水管，浇筑过程中采用循环水解决混凝土水化热造成的内外温差问题，进行实时温度检测，控制温度应力，防止拱座混凝土开裂。

拱座施工工艺流程如图3.2.1-14所示。

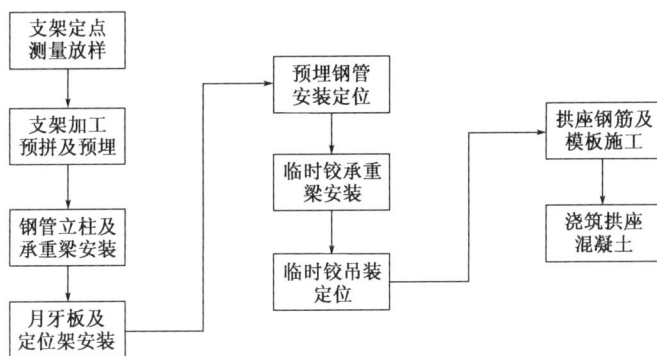

图3.2.1-14 拱座施工工艺流程

2.1.3.2 具体施工方法

1）支架加工、预拼及立柱底座钢板预埋

支架体系立柱采用φ325mm×8mm钢管，立柱用[10（宽×高×厚为100mm×48mm×5.3mm）槽钢剪刀撑连接加固，纵横向承重梁采用I25工字钢，用[10（宽×高×厚为100mm×48mm×5.3mm）槽钢作为拱脚预埋钢管底部定位支撑架，采用10mm厚钢板采用等离子切割机加工成月牙板，其直径1200mm与拱脚预埋钢管外径一致。支架构造如图3.2.1-15所示。

将加工好的支架体系在场内进行预拼，对预拼时存在的问题在场内进行修正，消除加工误差，确保加工精度及后期安装精度。

拱座基础混凝土分层浇筑，当基础混凝土浇至钢管立柱底座底面处，需提前预埋钢板作为支架钢管连接钢板，确保支架体系整体稳定。预埋前按照多点支撑定位组合支架图纸，将立柱底座钢板位置放样，然后将预埋钢板焊接定位牢固，再完成拱座基础混凝土浇筑。

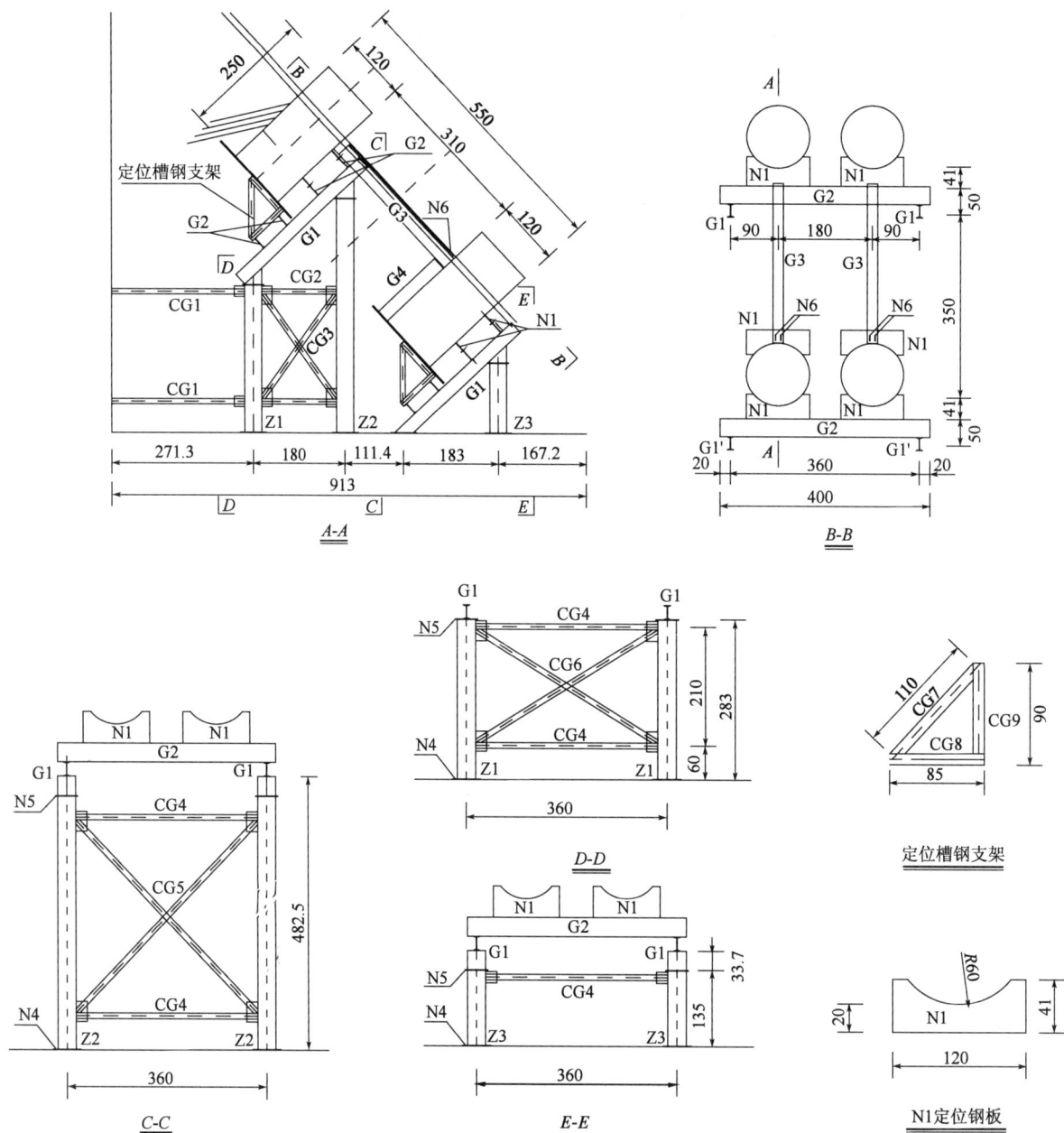

图 3.2.1-15　支架构造图(尺寸单位:cm)

2)钢管立柱及承重梁安装

拱座基础混凝土达到一定强度后,人工清理立柱底座预埋钢板,测量根据支架设计图,将支架位置准确放样,并在预埋钢板上做出明显标记。

将加工好的支架构件运至现场安装,钢管立柱与预埋底座钢板焊接,每个拱脚预埋支架设置6根 φ325mm×8mm 钢管立柱,并在钢管之间采用[10(宽×高×厚为100mm×48mm×5.3mm)槽钢设置剪刀撑,保证支架的整体性及稳定性。

立柱安装完成后,根据测量复核进行钢管顶部配切,按照设计参数修正钢管立柱顶部高程及坡度,确保纵向承重梁安装后满足拱脚预埋精度要求。

进行纵、横向 I25 工字钢承重梁安装,安装过程由测量人员监测安装精度,安装预埋误差按 ±5mm 的精度要求进行控制,确保支架安装每一步达到拱脚预埋精度控制要求。

3）月牙板及定位架安装

支架下部承重结构及加固件安装完成后，测量完成数据采集，根据测量反馈数据进行月牙钢板二次配切、修正及打磨，使上部支撑定位月牙板满足钢管预埋精度要求。

根据测量放样位置，安装月牙板与钢管底部定位支撑架。采用三角钢板对月牙板进行加固，防止加载后月牙板变形，导致预埋精度不达标。

4）拱脚预埋钢管安装定位

拱脚预埋钢管上下弦两组分开安装定位，上下弦均由两根 $\phi1200\text{mm} \times 22\text{mm}$ 钢管组成，钢管之间由钢板焊接组成，呈哑铃状，两个钢管预埋段底部焊接整块封底钢板，钢管四周焊接 $\phi32\text{mm}$ HRB400 钢筋，以增强与拱座混凝土黏结度。

拱脚预埋段钢管采用25t汽车起重机配合安装，设置4个吊点，均采用钢丝绳与手动链条葫芦组合作为起吊绳，起重机将预埋钢管起吊离地后，起重工利用手动链条葫芦，调节预埋钢管的角度至设计倾角，然后直接吊至对应位置进行对位安装。拱脚预埋钢管安装定位如图3.2.1-16所示。

预埋钢管吊装对位完成后，测量组根据设计预埋要求进行复核，及时反馈数据，若存在问题立即进行调整，直到满足设计及规范要求的预埋精度值，最后将预埋钢管进行焊接定位，保证钢管受混凝土冲击荷载与其他外力后不移位。

5）临时铰承重梁安装

哑铃形钢管预埋定位完成，根据测量放样安装临时铰承重梁。根据设计图临时铰承重梁采用两个 I25 工字钢作为主承重梁，下弦处顺钢管顶设置工字钢作为下支撑，上部直接放在上弦钢管承重梁上。

临时铰承重梁安装完成后，测量再次复核其高程、倾角及坐标位置，满足临时铰安装精度后进行限位装置焊接，确保安装临时铰不向下滑动。

6）临时铰吊装定位

临时铰在工厂加工成型，运至现场整体吊装，全桥共4个，单个临时铰质量约8t。临时铰工厂加工如图3.2.1-17所示。

图3.2.1-16　拱脚预埋钢管安装定位

图3.2.1-17　临时铰工厂加工

临时铰采用25t汽车起重机进行吊装，共设置4个吊点，利用钢丝绳与手动链条葫芦组合作为吊绳，汽车起重机将临时铰调离地面后，起重工用手动链条葫芦将其倾角调整与设计一致，然后吊装至桥位安装对位，通过测量观测，进行轴线、里程及高程复核，满足设计预埋精度要求后进行焊接定位，防止外力使临时铰移位。临时铰安装定位如图3.2.1-18所示。

7）拱座钢筋及模板施工

拱脚预埋体系安装定位完成后，进行拱座钢筋安装绑扎，拱座钢筋利用拱脚预埋支架作为支撑骨架，减少钢筋架立措施。

图 3.2.1-18　临时铰安装定位

拱座模型安装：模型采用木模板作为拱座模板，方木与钢管组合背杠，利用基础预埋钢筋作为模型拉杆进行加固，拱座斜面模型开口进行下料及混凝土捣固，确保混凝土浇筑质量。

8）拱座混凝土施工

拱座混凝土设计强度为 C40，采用天泵进行浇筑，采用插入式捣固器从入料口及顶面开孔进入捣固。混凝土达到一定强度后拆模并覆盖保湿养护，达到设计强度后进行第一节段拱肋吊装。

2.2　缆索系统设计与施工

临时架空索道主要由主索道体系、辅助工作索道体系、塔架体系、锚固体系、牵引与起重卷扬机运行的电器集中控制系统、施工监视系统等组成。

2.2.1　缆索系统设计

2.2.1.1　总体设计思路

根据南浦溪特大桥设计图，桥梁上部结构钢管拱肋、立柱、工形梁、桥面板采用无支架临时架空索道吊装施工。南浦溪特大桥临时架空索道吊装系统依据钢管拱肋、立柱和桥面板的节段重量、拱肋设计安装高度及线形，并结合桥梁结构形式、地形地势条件及设备等综合条件来确定起重机的额定起重量、塔架形式及高度、主缆直径、钢丝绳根数以及地锚结构形式等，采用适宜的吊装机具。各项机具设备和辅助结构的规格、型号、数量等均按有关规定经计算确定。故本方案以设计给出的钢管拱节段划分质量、单幅单跨吊装工型梁质量、桥面板单块质量以及立柱各节段质量中最大质量作为设计吊装质量依据。根据南浦溪特大桥设计图纸，钢管拱肋、工型梁、桥面板吊装节段质量汇总见表 3.2.2-1 ~ 表 3.2.2-3。

钢管拱肋质量、尺寸统计表　　表 3.2.2-1

节段编号	材质	缀板质量(t)	弦杆质量(t)	腹杆质量(t)	拱肋吊装接头质量(t)	节段长度(m)	合计质量(t)
1	Q345D	7	56	19	7	22.919	89
2	Q345D	6	47	17	7	18.576	77
3	Q345D	8	59	21	7	23.221	95
4	Q345D	7	56	20	7	21.867	90

续上表

节段编号	材质	缀板质量(t)	弦杆质量(t)	腹杆质量(t)	拱肋吊装接头质量(t)	节段长度(m)	合计质量(t)
5	Q345D	7	53	20	7	20.911	87
6	Q345D	9	65	25	7	25.332	105
7	Q345D	9	64	29	5	25.026	106
8	Q345D	9	65	25	7	25.332	105
9	Q345D	7	53	20	7	20.911	87
10	Q345D	7	56	20	7	21.867	90
11	Q345D	8	59	21	7	23.221	95
12	Q345D	6	47	17	7	18.576	77
13	Q345D	7	56	19	7	22.919	89

工字形组合梁质量、尺寸统计表　　　　表 3.2.2-2

部位	类型	长(m)	宽(m)	单幅单跨吊重(t)		
				纵梁	横梁	合计
0-1	伸缩缝左边跨	20	9.3	35.78	22.43	58.20
1-2	中间标准跨	20	9.3	36.81	10.24	47.05
2-3	中间标准跨	20	9.3	36.81	10.24	47.05
3-4	伸缩缝右边跨	20	9.3	37.08	22.43	59.51
4-Z1	伸缩缝左边跨	20	9.3	35.78	22.43	58.20
Z1-Z2	中间标准跨	20	9.3	36.81	10.24	47.05
Z2-Z3	中间标准跨	20	9.3	36.81	10.24	47.05
Z3-Z4	中间标准跨	20	9.3	36.81	10.24	47.05
Z4-Z5	伸缩缝右边跨	20	9.3	37.08	22.43	59.51
Z5-Z6	伸缩缝左边跨	20	9.3	35.78	22.43	58.20
Z6-Z7	中间标准跨	20	9.3	36.81	10.24	47.05
Z7-Z8	中间标准跨	20	9.3	36.81	10.24	47.05
Z8-Z9	伸缩缝右边跨	20	9.3	37.08	22.43	59.51
Z9-Z10	伸缩缝左边跨	20	9.3	35.78	22.43	58.20
Z10-Z11	中间标准跨	20	9.3	36.81	10.24	47.05
Z11-Z12	中间标准跨	20	9.3	36.81	10.24	47.05
Z12-Z13	中间标准跨	20	9.3	36.81	10.24	47.05
Z13-5	伸缩缝右边跨	20	9.3	37.08	22.43	59.51
5-6	伸缩缝左边跨	20	9.3	35.78	22.43	58.20
6-7	中间标准跨	20	9.3	36.81	10.24	47.05
7-8	中间标准跨	20	9.3	36.81	10.24	47.05
8-9	伸缩缝右边跨	20	9.3	37.08	22.43	59.51

桥面板质量、尺寸统计表　　　　表 3.2.2-3

单块预制板质量			预制板尺寸	
Q1(t)	Q2(t)	Q3(t)	长(m)	宽(m)
16.40	19.66	20.44	5	6.025

根据以上三个表可以得知,钢管拱肋最大吊装节段质量为106t,工字形组合梁最大吊装节段质量为59.51t,桥面板最大质量为Q3型20.44t,根据统计立柱最大标准节段吊重为42t。故本方案按照106t最大吊装质量为依据进行设计。

2.2.1.2 总体结构组成

临时架空索道主要由主索道体系、辅助工作索道体系、塔架体系、锚固体系、牵引与起重卷扬机运行的电器集中控制系统、施工监视系统等组成,具体组成结构如图3.2.2-1所示。

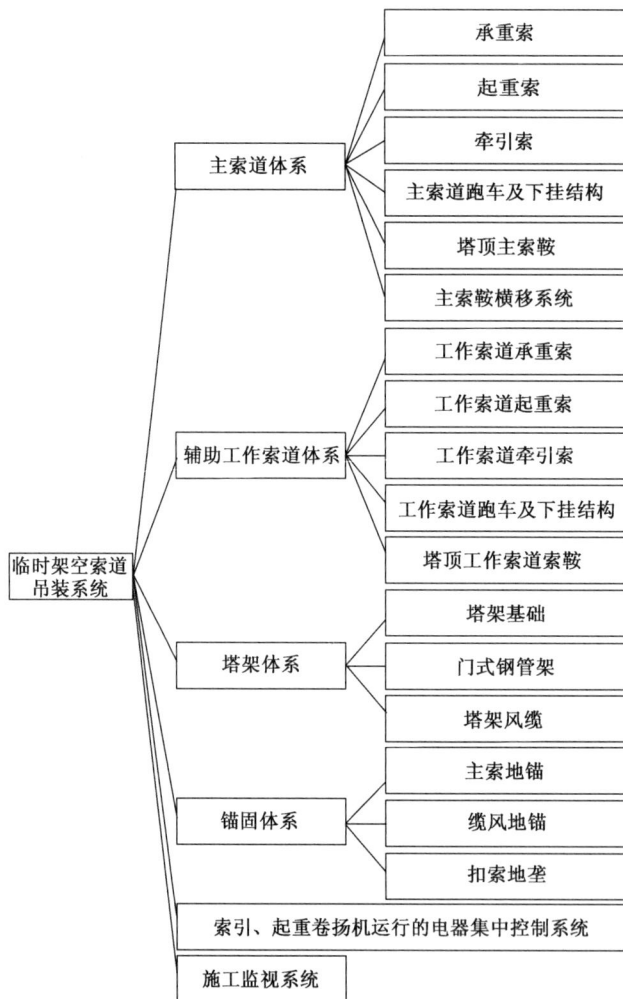

图 3.2.2-1 临时架空索道组成结构

2.2.1.3 临时架空索道布置

根据施工组织设计及拱肋最大吊重106t,两幅钢管拱中心线间距为17m。为了减少索道索鞍移动距离,改善塔架受力,设计净吊重106t的主索道2组,主索道初始位置布设在拱肋中心线处,完成钢管拱节段吊装,主索鞍横移后完成相应位置的立柱、工字形梁及桥面板吊装施工。另设计净吊重5t的工作索道2组,布设于两组主索道的外侧,用于吊装小型构件、材料、辅助机具设备等。

临时架空索道整体布置为135m(文成岸)+480m+120m(泰顺岸),文成岸主索水平夹角27.9°,泰顺岸主索水平夹角23.8°,两岸锚固系统均采用桩式地垒。主索道最大吊装垂度为42m,此时主承重索张力为5460kN;主承重索空索安装垂度29.6m,安装张力为1084kN。

本方案泰顺岸主地垒位置靠近坡头1号隧道口,在地垒承台最边缘距离洞口18.5m,隧道开挖方向为大里程往小里程开挖,开挖方式为爆破开挖。经协调在隧道出洞时,采用控制爆破开挖,且期

间临时架空索道,暂停施工,以保证作业安全。主地垄与坡头 1 号隧道口平面布置图如图 3.2.2-2
所示。

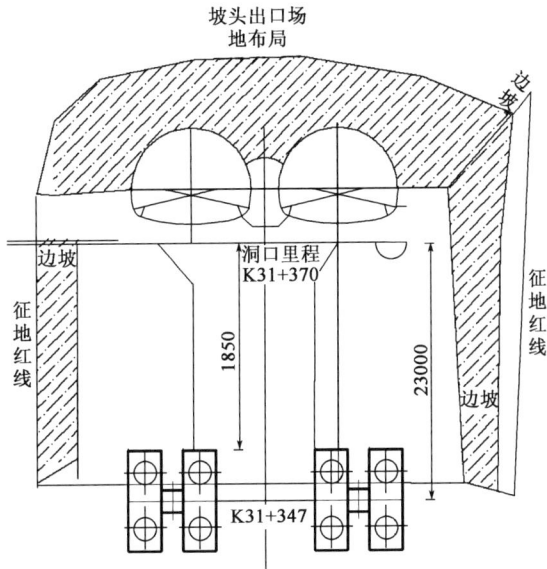

图 3.2.2-2　主地垄与坡头 1 号隧道口平面布置图(尺寸单位:cm)

在大里程索塔右侧,有民用电线杆,与侧缆风存在相交关系,电线杆与侧缆风绳位置关系如
图 3.2.2-3 所示。

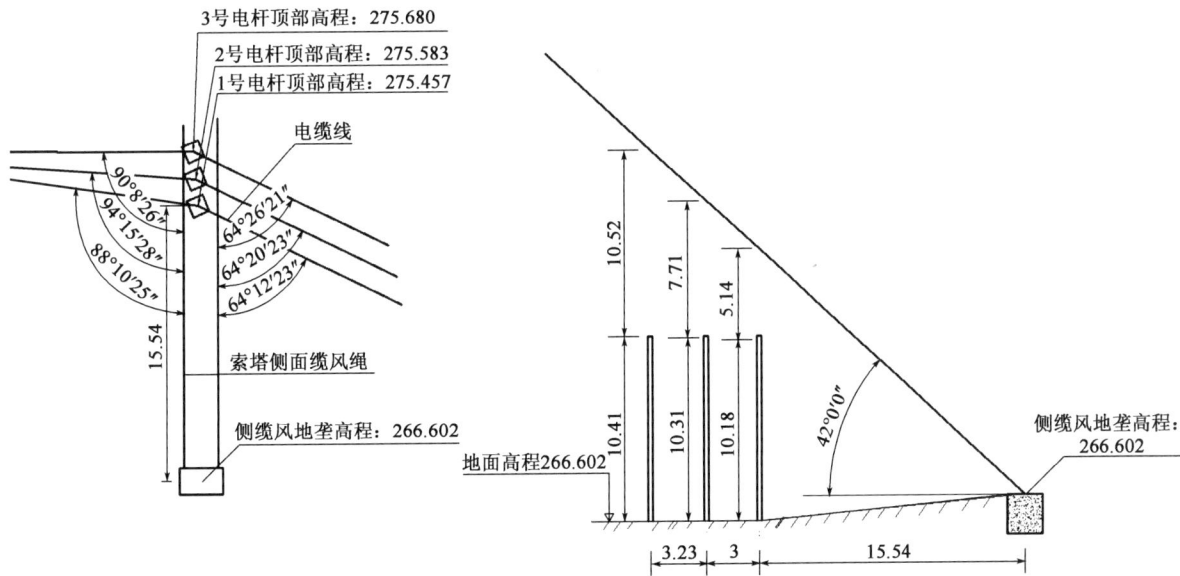

图 3.2.2-3　民用电线杆与侧缆风绳位置关系图(尺寸单位:m;高程单位:m)

2.2.1.4　临时架空索道钢丝绳规格

单组 106t 主索道承重索采用 6 根 ϕ56mm 密封式钢丝绳,起吊绳采用 2 根 ϕ26mm 普通钢丝绳,牵
引绳采用 2 根 ϕ30mm 普通钢丝绳。

单组 5t 工作索道承重索采用 1 根 ϕ47.5mm 普通钢丝绳,起吊绳采用 1 根 ϕ17.5mm 普通钢丝绳,
循环绳采用 1 根 ϕ19.5mm 普通钢丝绳。

主要钢丝绳规格(单组索道)见表 3.2.2-4。

表 3.2.2-4

主要钢丝绳规格统计表

名称项目	主 索 道			工 作 索		
	承重索	起重索	牵引索	承重索	起重索	牵引索
规格	6φ56 四层Z形密封钢丝绳	2φ26 (6×36)SW+FC 圆股钢丝绳	2φ30 (6×36)SW+FC 圆股钢丝绳	1φ47.5 圆股钢丝绳	1φ17.5 (6×36)SW+FC 圆股钢丝绳	1φ19.5 (6×36)SW+FC 圆股钢丝绳
外层钢丝直径(mm)	—	1.2	1.4	2.2	0.8	0.9
钢丝绳长度(m)	1300	2000	2000	1300	1500	1700
单位长度质量 g_i(kg/m)	18.03	2.359	3.211	7.929	1.048	1.327
钢丝断面积总和 F_k(mm²)	2068	250.95	341.57	843.47	111.53	141.16
钢丝绳公称抗拉强度 σ_b(MPa)	1470	1670	1670	1670	1670	1670
单根钢丝绳破断拉力 T_p(kN)	2740	343.6	467.7	1155	152.7	193.3
钢丝绳弹性模量 E_k(MPa)	117600	85000	85000	85000	61740	61740
钢索线膨胀系数 ε	$12×10^{-6}$	$12×10^{-6}$	$12×10^{-6}$	$12×10^{-6}$	$12×10^{-6}$	$12×10^{-6}$
钢丝绳拉力安全系数 k_1	3	5	4	3	5	4
钢丝绳应力安全系数 k_2	2	2	2	2	2	2

注:1. 塔架前通缆风索选用 φ47.5mm 钢丝绳,$K>3$。

2. 主索道承重索结索选用 φ9.2mm 钢丝绳(规格为 $6×19+1$,$\sigma_b=1400$MPa,$T_p=17$kN)。

2.2.1.5 起重、牵引、横移系统、卷扬机布置及电器集中控制系统

该临时架空索道起重机设 2 组主索道和 2 组工作索道,每组索道都有独立的起重、牵引系统及卷扬机设备。走行小车安装在承重索上,由牵引轮组、走行轮组、起重轮组及其连接件共同组成。

1)起重系统设计

(1)主索道起重系统设计

大桥共布置两组主缆索起重机用于大桥主要构件吊装,单组主索道采用两台起重小车分别支承在 6 根承重索上。

单组主索道两台起重小车之间的间距为 7～16m(与构件吊点间距等长),用两根 φ30mm 钢丝绳(拉索)串联在一起。起吊滑轮组由上挂架及 7 个定滑轮、下挂架及 6 个动滑轮组成。走行机构由走行滑轮和轮架组成,每台小车有 24 个走行滑轮,分别支承在 6 根 φ56mm 的钢丝绳(承重缆)上。所有滑轮均采用尼龙制造,大大减轻了起重小车的重量。单跑车设计净吊重为 53t。

单组主索道起重小车的吊重由起吊系统来完成,起吊系统由 2 根 φ26mm 的起吊绳和 4 台 JM10t 电动慢速卷扬机组成,两岸各布置 2 台。单根起吊索由一台卷扬机的滚筒引出,经过塔顶索鞍上的转向滑轮后,绕过单台小车上挂架上的定滑轮及下挂架上的动滑轮"走12"布置后,绕到对岸索鞍上的转向滑轮,最后将绳头导入该岸卷扬机中。滑车组采用滚动轴承。为使吊点在没有吊重时能够自由下降,每个吊点设置两块(单块重 20kN)的钢板作为配重块。

起重索走线布置如图 3.2.2-4 所示,主索道行走小车结构如图 3.2.2-5 所示。

(2)工作索道起重系统设计

南浦溪特大桥共布置两组 5t 工作索道用于大桥小型机具吊装,位于主索道外侧,单组工作主索道采用 1 台起重小车支承在 1 根承重索上。

工作索道起吊滑轮组由上挂架及 3 个定滑轮、下挂架及 2 个动滑轮组成。走行机构由走行滑轮和轮架组成,单台小车有 8 个走行滑轮,分别支承在 1 根 φ47.5mm 的钢丝绳(承重缆)上,单跑车设计净吊重为 5t。

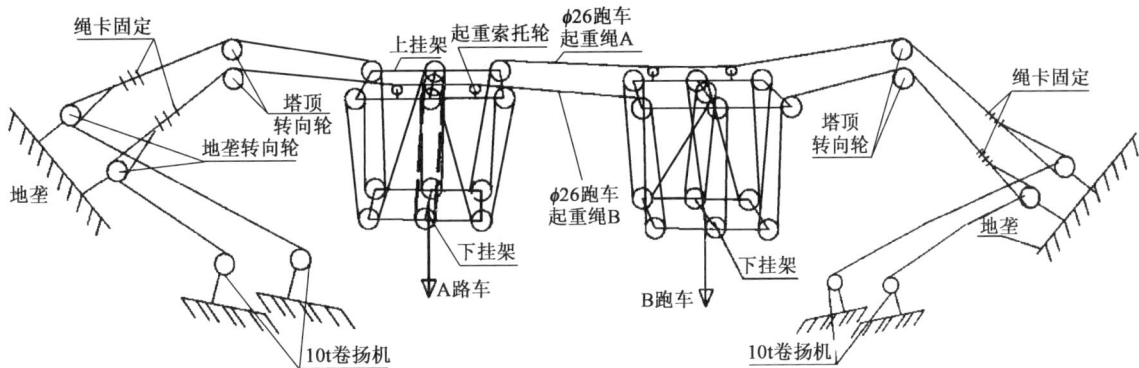

图3.2.2-4 起重索走线布置示意图

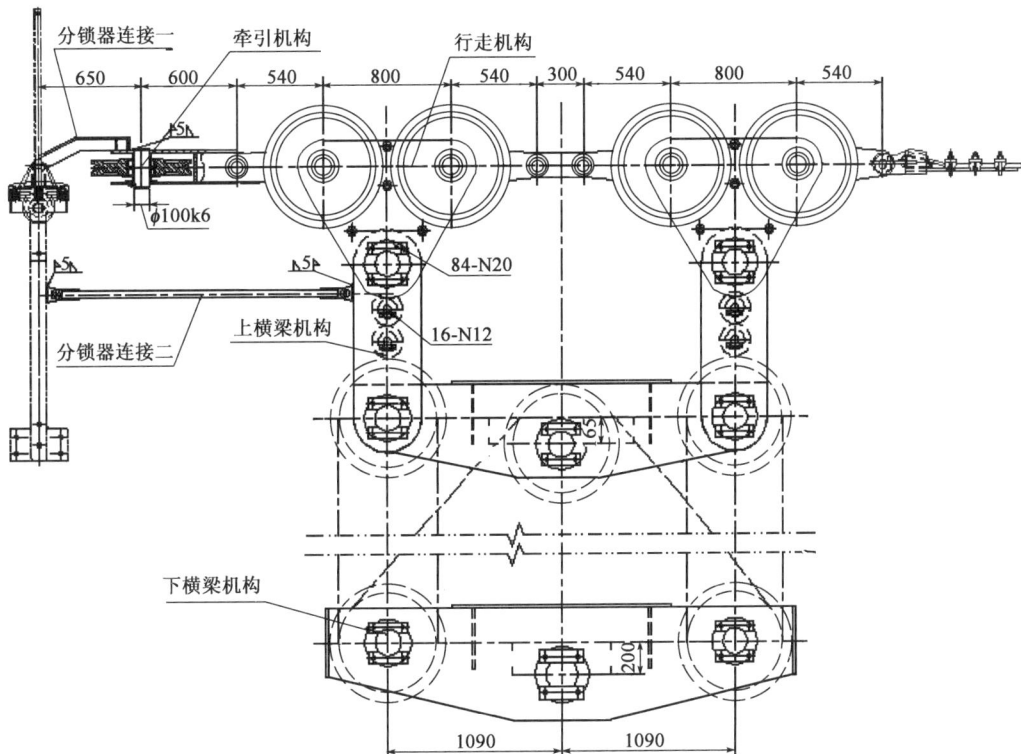

图3.2.2-5 主索道行走小车结构示意图(尺寸单位:mm)

单组工作索道起重小车的吊重由起吊系统来完成,起吊系统由1根φ17.5mm的起吊绳和1台2JK8t电动快速双筒卷扬机组成,设置在文成岸。起吊索由卷扬机的滚筒引出,经过塔顶索鞍上的转向滑轮后,绕过小车上挂架上的定滑轮及下挂架上的动滑轮"走4"布置后,绕到对岸索鞍上的转向滑轮,最后将绳头直接锚固于地锚位置。滑车组采用滚动轴承。为使吊点在没有吊重时能够自由下降,每个吊点设置两块(单块重10kN)的混凝土实体配重块。工作索道起重索走线布置如图3.2.2-6所示。

2)牵引系统设计

(1)主索道牵引系统设计

单组主索起重小车的走行由牵引系统来完成,牵引系统由2根φ30mm的牵引绳和4台JK12.5t电动慢速卷扬机组成,两岸各设2台,每台小车均布于同岸的2台12.5t卷扬机牵引。牵引索由一台卷扬机的滚筒引出,经过塔顶索鞍上的转向滑轮后,绕过小车的牵引动滑轮"走4"布置后绕回索鞍上的转向滑轮,之后钢丝绳绳头进入该岸另一台卷扬机。单组主索道两台小车走行时,通过各岸卷扬机同步松放和收紧来完成。主索牵引绳走线布置如图3.2.2-7所示。

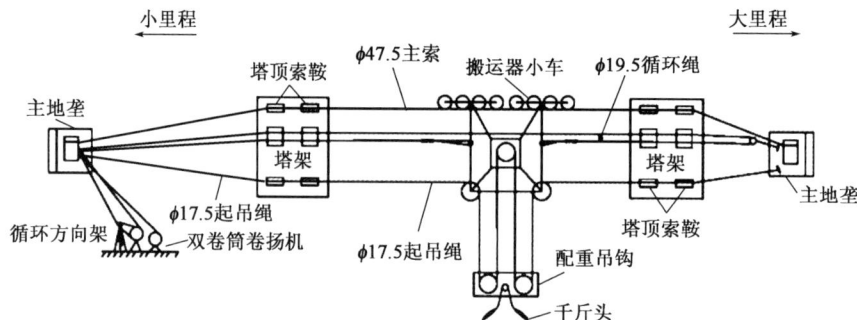

图 3.2.2-6 工作索道起重索走线布置图

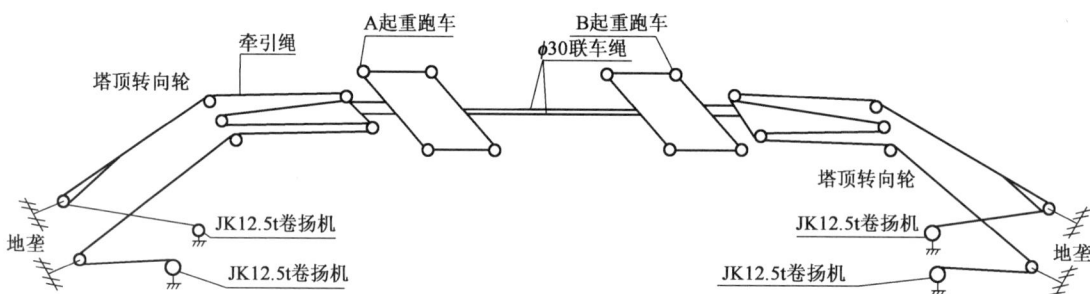

图 3.2.2-7 主索牵引绳走线布置示意图

经设计计算,在文成岸起吊位置处,实际牵引绳最大受力接近 12.5t 卷扬机 85% 荷载,现场操作过程中,为了避免索道因提升重物后牵引绳出现下滑现象,减少卷扬机出现安全隐患,现场可提前对牵引绳进行打捎临时锚固或者增加一台 12.5t 卷扬机,以减少牵引绳受力。

(2)工作索道牵引系统设计

单组 5t 工作索道牵引系统由 1 根 φ19.5mm 的循环绳和 1 台 JK8t 电动快速双筒卷扬机组成,设置在文成岸。牵引索一端绳头由文成岸卷扬机的滚筒引出,经过文成岸塔顶索鞍上的转向滑轮后,接着穿过泰顺岸塔顶索鞍,再经过泰顺岸地垄转向回泰顺岸塔顶迈过索鞍,后通过小车泰顺岸侧循环滑车上进行锚固,牵引绳另一端在文成岸经过卷扬机和转向支架穿绕 2 圈后,再拖拉至文成岸塔顶穿过索鞍,最后穿过小车文成岸侧循环滑车上进行锚固。单组工作索道小车走行时,通过文成岸卷扬机正反转进行控制。工作索道牵引索走线布置如图 3.2.2-8 所示。

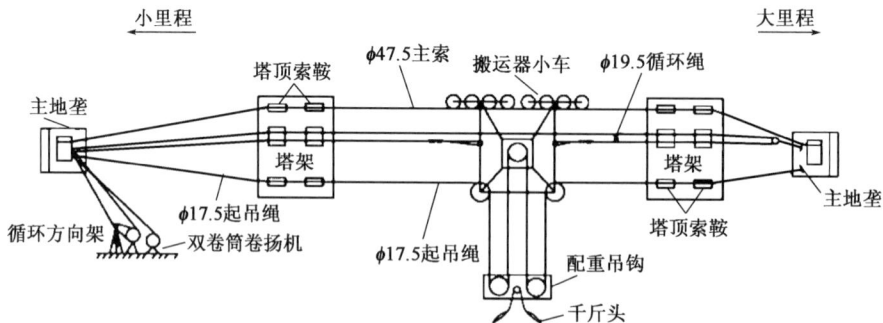

图 3.2.2-8 工作索道牵引索走线布置图

塔顶索鞍采用横向移动式,以满足拱肋、钢梁起吊及安装位置变化的需要。索鞍由牵引滑轮组、承重滑轮组、承重梁、分配梁、顶部横梁、连接梁及连接杆等组成。两岸共计设有四组索鞍,以满足两线起吊的要求。索鞍安装在塔架的顶部,对起重小车起牵引、承重及起吊重物的作用,塔顶索鞍结构如图 3.2.2-9 所示。

(3)塔顶横移系统

塔顶索鞍采用横向移动式,以满足钢管拱肋、钢梁吊点及安装位置变化的需要。索道在吊装下节段前,将索鞍与塔顶横梁连接的螺栓拆除,然后采用液压千斤顶顶推,索鞍移动到位后,用螺栓将索鞍底座横梁与塔顶横梁连接。

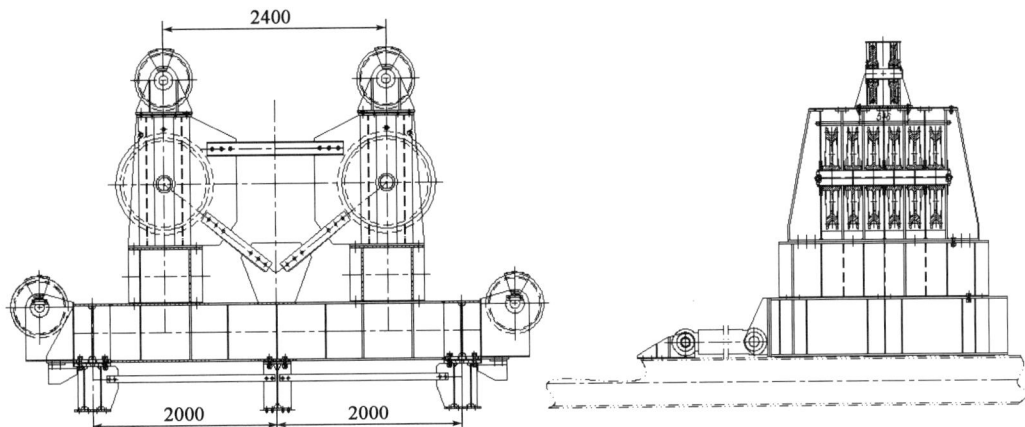

图3.2.2-9 塔顶索鞍结构示意图(尺寸单位:mm)

(4)分索器设计

分索器由分索器支架、滚轮等组成,通过滚轮放置于承重索上,其支架将每一根钢索分隔开。其作用是防止承重索、起重索、牵引索因为风的作用缠绕在一起,保证起重机正常工作。

沿桥跨每隔40m布置一个分索器,分索器间用结索相连,并与起重小车连为一体,沿桥向随起重小车一起移动。

(5)卷扬机及PLC集中控制系统布置

动力系统设备采取集中布置方式,根据缆索系统实施方案要求,两组主索道共选用8台JK12.5t和8台JK10t电动慢速卷扬机作为缆索系统牵引及起吊动力系统。每个起重小车均设独立的起吊系统,均可独立操作,起吊卷扬机两岸各布置4台,牵引卷扬机两岸各布置4台。单台JK12.5t牵引卷扬机的功率为30kW,容绳量约1000m,卷扬机重载速度为12.5m/min;单台JK10t起吊卷扬机的功率为22kW,容绳量约1000m,卷扬机重载速度为10m/min。

两组工作索道共选用2台2JK8t电动快速卷扬机作为缆索系统牵引及起吊动力系统。每组起重小车均设独立的起吊系统,均可独立操作,卷扬机均布置在文成岸。单台2JK8t牵引卷扬机的功率为55kW,容绳量约600m,卷扬机重载速度为31m/min。两岸卷扬机平面布置如图3.2.2-10所示。

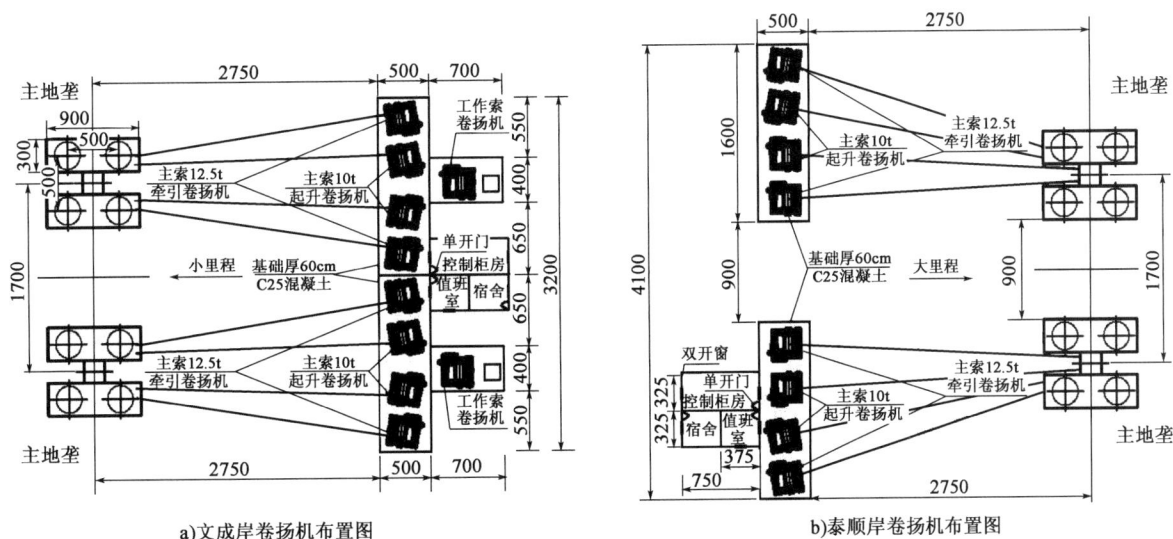

a)文成岸卷扬机布置图   b)泰顺岸卷扬机布置图

图3.2.2-10 两岸卷扬机布置示意图(尺寸单位:cm)

临时架空索道集中电气控制系统主要由电源、牵引机构、起吊机构、照明及其他电路、安全报警装置等组成,采用交流380V、50Hz三相五线制供电,根据施工现场情况,文成岸设供电变压器。

在两岸上游分别设置集中控制起重、牵引卷扬机的电气控制柜(就近卷扬机布置处设置),各柜均采用双回路供电方式,每一回路均由一台箱式变压器供电,以满足临时架空索道大负荷用电需要。

在文成岸上游设置控制室,以实现对卷扬机的集中控制。各控制柜采用西门子S7-200系列可编程序控制器(即PLC)及其扩展模块,结合继电接触式控制系统为控制核心,并在两岸架设2根稳定可靠的PROFIBUS通信电缆,把两岸控制系统连为一体。

文成岸操作室采用人机界面形式监控,操作人员通过人机界面触摸屏,实现对卷扬机的安全组合操作;电气控制柜主电路设计有欠压、过流及短路保护,并设计便于维修的主令开关;临时架空索道机工作时,两岸电气控制柜应由专人值守。

2.2.1.6 塔架体系

塔架体系由塔架基础、门式钢管架、塔顶万能杆件结构、塔架缆风等构成。

1)塔架基础

(1)地质情况

索道跨越飞云江,地势陡峭,沟谷切割较深,呈V形。地貌类型为侵蚀剥蚀丘陵区和溪流冲洪积平原亚区。两侧塔架位于丘陵坡顶,地形平缓,小里程岸坡整体坡度约为40°,坡向214°,与线位一致;大里程方向岸坡线位右侧有小型凹沟发育,坡向356°,与线位小角度斜交。两侧岸坡均有自然陡壁分布,大致位于斜坡中部。塔架区植被主要为松树,其中小里程塔架处树木稀疏,塔架至陡崖上方为蕨类植被,厚达1m,塔架区两侧丘陵海拔高度为280m、300m,江面高程约为130m。

(2)地下水情况

塔架地区地下水根据含水组地层岩性、地下水的赋存条件、地下水动力性质,可分为松散岩类孔隙水和基岩裂隙水。

松散岩类孔隙水主要赋存与丘陵坡表的残坡积碎石及沟底河床的卵砾石层中,颗粒较粗,含水性和透水性均较好,主要接受大气降水和地表径流的补给,季节性与时段性明显,飞云江底卵石层水量丰富,主要接受飞云江垂直补给。

基岩裂隙水主要赋存于基岩节理裂隙中,塔架区岩体节理裂隙发育程度一般,且多为闭合裂隙,岩体富水性弱,主要接受大气降水补给,无统一的排泄基准面,地形陡峭,利于地下水的排泄,水量贫乏。

塔架区地下水水质良好,水质类型为HCO_3^-(K^+Na)型,据水质分析一览表,水样对混凝土结构具有微腐蚀性。

(3)塔架基础

塔架基础为钢筋混凝土基础,采用桩基+承台形式,两岸塔基础位于桥台后侧,承台基础结构尺寸(长×宽×高)为10m×10m×2m,基础布置见图3.2.2-11、图3.2.2-12。

塔架桩基础采用直径1.2m混凝土灌注桩结构,根据塔架计算结果可知塔架钢管立柱单柱支反力最大为3210kN,故塔架桩基础轴向受压承载力容许值按3500kN考虑。根据现场地质情况,分全为$⑩_{31}^2$强风化凝灰岩地层与全为$⑩_{31}^3$中风化凝灰岩地层两种情况对桩基进行计算,由计算可知:强风化凝灰岩地层塔架桩基础深21.8m及以上满足受力要求,对中风化凝灰岩塔架桩基础深8.7m及以上满足受力要求。

2)塔架结构设计

塔架是临时架空索道吊装系统的支撑结构,承担缆吊系统全部荷载,结构受力复杂,是关系主桥上部结构施工安全、质量的关键结构。

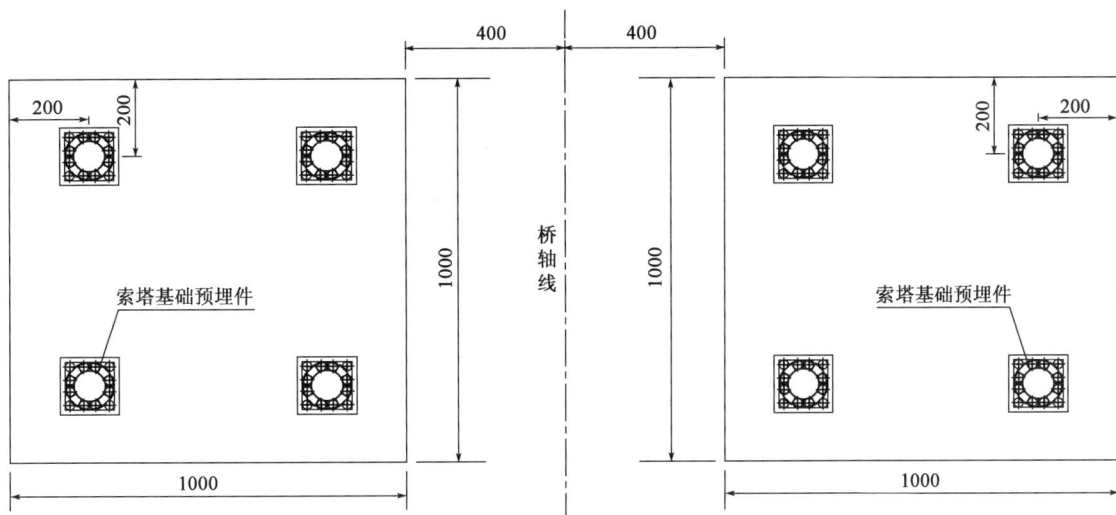

图 3.2.2-11　塔架基础平面布置图(尺寸单位:cm)

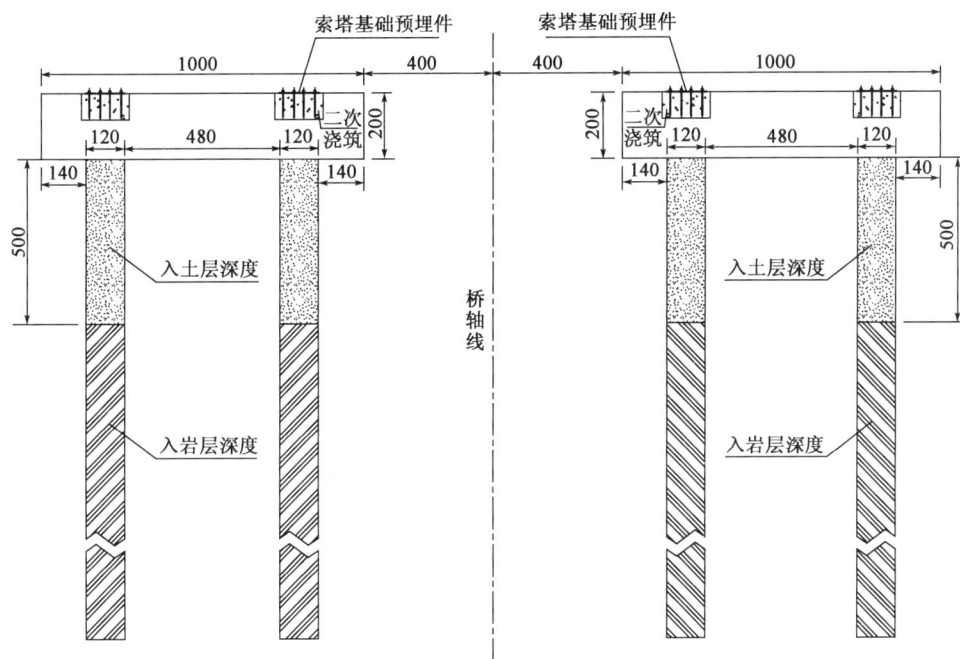

图 3.2.2-12　塔架基础立面布置图(尺寸单位:cm)

塔架结构设计在满足使用功能及结构安全前提条件下,综合考虑吊装系统需求,塔架安装拆除,塔架整体与局部构造连接,拼装材料重复使用等因素进行设计。塔架跨度、高度、宽度纵向要满足钢拱肋、拱上立柱及钢梁安装,横向要覆盖钢拱肋、拱上立柱及钢梁起吊安装,并有一定富余量。因钢桁拱左右幅中到中间距为17m,且左右幅之间横撑宽度13m,故临时架空索道索鞍需沿塔架进行横移。

塔架设计总体尺寸为:文成岸塔架总高66.054m,泰顺岸塔架总高56.754m,横桥向塔顶总宽30m,顺桥向塔架总宽6m。

塔架设计为门式结构,采用钢管及万能杆件的组合结构,塔顶纵梁及轨道采用H型钢。塔架钢管柱采用φ813mm×14mm螺旋钢管、钢管横联采用万能杆件、钢管顶纵梁采用2根HN600mm×200mm型钢、横梁采用2根HN600×200mm型钢,横梁间采用2[20b型钢连接。

(1)钢管柱

钢管柱采用φ813mm×14mm螺旋钢管,全桥共有7种:标准长度为6m的G0型、G1型、G2型、G3

型、G4-1 型、G4-2 型以及非标准长度为 2.7m 的 G0-1 型。其中,G2 型、G3 型、G4-1 型、G4-2 型用于横联段。文成岸共由 8 段钢管立柱组成,由下至上第一段为 G0 型、第二段为 G2 型、第三段为 G1 型、第四段为 G2 型、第五段为 G1 型、第六段为 G2 型和 G3 型、第七段为 G1 型、第八段为 G4-1 型和 G4-2 型。泰顺岸共由 7 段钢管立柱组成,由下至上第一段为 G0-1 型、第二段为 G1 型、第三段为 G2 型、第四段为 G1 型、第五段为 G2 型和 G3 型、第六段为 G1 型、第七段为 G4-1 型和 G4-2 型。

(2)钢管柱横联

钢管柱之间采用万能杆件组成的横联连接稳定。钢管横联共有 3 种:A 联结系、B 联结系、C 联结系。其中,C 联结系适用于单幅顶部段 4 根钢管立柱联结,A 联结系适用于单幅顶部段以下部位的 4 根钢管立柱联结,B 联结系适用于左右两幅内侧共 4 根钢管立柱的联结。文成岸共有四段钢管立柱设置横联,由下至上第二、四段为 A 联结系,第六段为 A 联结系和 B 联结系,第八段为 C 联结系。泰顺岸共有三段钢管立柱设置横联,由下至上第三段为 A 联结系,第五段为 A 联结系和 B 联结系,第七段为 C 联结系。

(3)钢管立柱顶部分配梁

单幅 4 根钢管立柱顶部分配梁由顺桥向两根纵梁和横桥向四根横梁组成,每根纵梁和横梁均由 2HN600mm×200mm 型钢组成。纵梁直接由钢管立柱支承,横梁由纵梁支承,四根横梁之间采用 2[20b 槽钢联结。

(4)索塔顶部万能杆件结构

结合缆索吊最大净空以及垂度等因素,根据受力计算,索塔顶部万能杆件总体高度 12.04m,总长 28m,总宽 6m。需要用到的杆件如表 3.2.2-5 所示。

塔架顶部万能杆件工程数量表 表 3.2.2-5

序号	杆件编号	规 格 型 号	材料	全桥数量	总质量(kg)
1	N1	∠120+120×10×3994	Q235	752	54963.68
			Q345	160	11694.4
2	N2	∠120+120×10×1994	Q235	256	9341.44
			Q345	64	2335.36
3	N3	∠100+100×10×2290	Q235	2456	84926.024
4	N4	∠75+75×8×1730	Q235	2556	39899.16
5	N5	∠75+75×8×2418	Q235	1008	21994.56
6	N6	∠100+100×10×780	Q235	976	11507.04
7	N6g	∠100+100×10×390	Q235	656	3867.12
8	N7	∠120+120×10×594	Q235	144	1565.28
9	N8	265×10×510	Q235	420	4456.2
10	N11	□590×10×870+2□330×10×200	Q235	32	1514.24
11	N14	□890×10×440	Q235	420	10920
12	N15	□80×10×680	Q235	148	631.96
13	N18	□325×10×325	Q235	1392	8198.88
14	N19	□180×10×220	Q235	624	1940.64
15	N20	□180×10×160	Q235	3466	7833.16
16	N22	□610×410×10	Q235	32	643.2
17	N26	□610×610×10	Q235	200	5842
18	N29	□930×10×870+4□330×10×200	Q235	296	22957.76
19	XJB	2□458×455×10+2□330×200×10+ □930×445×10+□950×600×20	Q235	64	10576

续上表

序号	杆件编号	规 格 型 号	材料	全桥数量	总质量(kg)
20	SJB2	$2\square458\times455\times10+2\square330\times200\times10+$ $\square930\times445\times10+\square750\times700\times20$	Q235	120	18981.6
21	N24	$\phi22\times65$、4.8级、6.8级	Q235	35080	15014.24
22	N25	$\phi27\times85$、4.8级、6.8级	Q235	37068	26726.028
合计					378329.97

(5)塔顶纵梁及轨道梁

塔顶纵梁采用2HN600mm×200mm型钢,两侧轨道采用2HN600mm×200mm型钢,中间轨道采用单根HN600×200mm型钢,纵梁及轨道间采用2[20b槽钢连接加强,如图3.2.2-13所示。

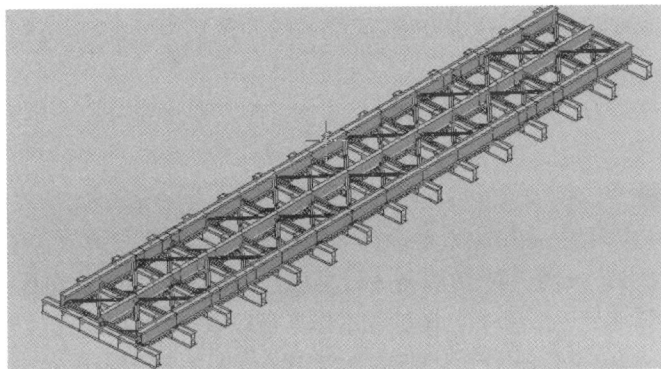

图3.2.2-13　索塔顶纵梁、轨道梁示意图

3)塔架缆风设计

为了保证塔架的稳定性和调整塔架垂直度需要,根据计算,必须在塔架前、后、左、右方向设置缆风索。缆风索地锚根据地形地质情况采用桩式地锚。为了减轻缆风受力,地锚的布设以缆风与拱肋的平面交角不大于45°为宜。

(1)前缆风索

塔架前缆风设置为通缆风索,共布设4组,分别布置在两组索道的外侧及内侧,单组选用1根$\phi47.5$mm钢丝绳通过走"3"进行布置,单组所需的水平安装张力1120kN,单组通缆风索安装垂度为6.094m,钢丝绳锚固在两岸塔顶通缆风梁上。

前缆风索根据张拉力算出应力结果为442.7MPa,$\phi47.5$mm钢丝绳破断拉力为1670MPa,即安全系数为3.8。

(2)后缆风索

单个塔架顶部后缆风索选用低松弛钢绞线,单个塔架布设4组,在塔顶的位置与通缆风索相对应,前端锚固在塔顶通缆风梁上,后端锚固在主地垄上。文成岸每组选用32ϕ^{j}15.24钢绞线,每根钢绞线水平安装张力35kN,泰顺岸每组选用32ϕ^{j}15.24钢绞线,每根钢绞线水平安装张力35kN。

后缆风索根据张拉力算出应力结果为287MPa,ϕ^{j}15.24mm钢绞线破断拉力为1860MPa,即安全系数为6.5。

(3)塔架侧缆风索

塔架侧缆风索主要用于平衡因索鞍横移、尾绳偏角产生的水平力。在塔架两侧各设置两组,每组采用12ϕ15.24mm钢绞线,单根钢绞线水平力张拉至35kN,侧缆风地垄采用桩式地垄。

侧缆风索根据张拉力算出应力结果为353.6MPa,ϕ15.24mm钢绞线破断拉力为1860MPa,即安全系数为5.3。

2.2.1.7　锚固体系

锚固体系主要由主地垄、缆风地垄、卷扬机基础组成。

1）主索地垄设计

（1）地质情况

主地垄区植被主要为松树，其中小里程主地垄处树木稀疏，塔架至陡崖上方为蕨类植被，厚达1m，索道区两侧丘陵海拔高度为280m、300m，江面高程约为130m。根据先主地垄段路基开挖情况，主地垄位于中风化凝灰岩上。

（2）地下水情况

索道地区地下水根据含水组地层岩性、地下水的赋存条件、地下水动力性质，可分为松散岩类孔隙水和基岩裂隙水。

松散岩类基岩裂隙水主要赋存于基岩节理裂隙中，主地垄区岩体节理裂隙发育程度一般，且多为闭合裂隙，岩体富水性弱，主要接受大气降水补给，无统一的排泄基准面，地形陡峭，利于地下水的排泄，水量贫乏。

主地垄区地下水水质良好，水质类型为HCO_3^-（K^+Na）型，据水质分析一览表，水样对混凝土结构具有微腐蚀性。

根据设计地质资料显示，两岸地垄设计位置地质条件为中风化凝灰岩，两岸主索地垄均布置在区间路基上，共设置2组106t主索道，单岸主索地垄设计采用2组桩式地垄。

主索地垄由4根直径2.5m灌注桩、2根截面尺寸（宽×高）3m×3m截面桩顶系梁、一根直径2m栓绳梁组成。单个主索地垄承受一岸单个主索道及工作索道荷载、两束后缆风荷载。

根据索道系统计算结果，主索地垄受力见表3.2.2-6、表3.2.2-7。

文成单个主索地垄承载力（单位：10^4N）　　表3.2.2-6

项　　目	主　　索　　道			工　作　索　道			后缆风	合计
	主索	牵引	起重	主索	牵引	起重		
水平力 F_x	494.9	15.0	22.5	31.7	7.5	7.5	325.0	904.0
竖向力 F_z	278.9	3.9	5.9	17.8	2.0	2.0	170.6	481.0

泰顺单个主索地垄承载力（单位：10^4N）　　表3.2.2-7

项　　目	主　　索　　道			工　作　索　道			后缆风	合计
	主索	牵引	起重	主索	牵引	起重		
水平力 F_x	511.9	15.2	22.8	32.7	7.6	7.6	283.0	880.8
竖向力 F_z	246.4	3.5	5.2	15.8	1.7	1.7	131.4	405.7

根据文成岸及泰顺岸主索地垄受力可知，文成岸主索地垄受力略大，故取文成岸主索地垄承载力对主索地垄进行检算。

考虑1.3倍荷载系数，单个主索地垄计算荷载为：顺桥水平力11750kN，竖向力6250kN，单组后缆风最大横桥向水平力约为65kN。主索地垄计算结果见表3.2.2-8。

主索地垄计算结果　　表3.2.2-8

项　　目		情况1-全土			情况2-全岩		
		桩基	纵梁	栓绳梁	桩基	纵梁	栓绳梁
轴力（kN）		4439	2620	262	1223	2404	398
M_y弯矩（kN·m）		7720	7720	5526	2843	2374	3754
剪力（kN）		2965	3903	3449	3172	1054	3427
位移（mm）	DX	16.8			0.6		
	DY	0.8			0.06		
	DZ	4.7			0.5		

桩基要求入岩长度不小于6m(设计位置为土时桩基入岩长度不小于12m)、桩基为直径2.5m圆桩,采用C30钢筋混凝土人工挖孔桩。单组索道单个地垄共设计4根桩,桩中心间距5m×5m(纵向×横向),地面部分设计纵向桩间联系梁,两根联系梁之间设置横向栓绳梁,联系梁设计为钢筋混凝土结构,尺寸(宽×高×长)为3m×3m×9m,栓绳梁设计为直径2m钢筋混凝土栓绳梁。根据现场地质情况,文成岸主地垄桩长定为10m,泰顺岸主地垄桩长定为12m。2组索道地垄结构形式完全相同,结构形式(仅桩长不一致)如图3.2.2-14、图3.2.2-15所示。

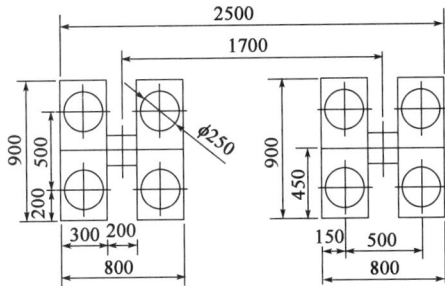

图3.2.2-14   主索地垄平面布置图(尺寸单位:cm)

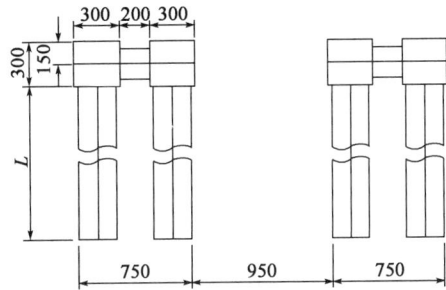

图3.2.2-15   主索地垄立面布置图(尺寸单位:cm)

2)缆风地垄设计

缆风地垄结构由单根直径2m混凝土灌注桩,与桩顶截面(宽×高×长为3m×3m×4m)的承台组成,缆风地垄桩基深度按嵌入土层8m考虑。缆风地垄承受索道系统主塔侧向缆风索荷载,由索道系统计算可知,单侧单组缆风地垄承受荷载为横桥向水平力520kN,竖向力为520kN,考虑1.3倍荷载系数则单侧单个缆风地垄计算荷载为:横桥向水平力676kN,竖向力为676kN。

对8m全土层地质缆风地垄进行计算,根据主索地垄结构布置情况对主索地垄进行midas Civil建模计算,荷载考虑系数后横桥向水平力676kN,竖向力676kN。

两岸缆风地垄均设置8m桩长。缆风地垄采用钢绞线固定,缆风地垄施工时应预留钢绞线锚固孔洞,缆风绳与塔架水平面夹角不大于45°,具体布置根据现场地质情况确定。

文成岸、泰顺岸缆风地垄布置分别如图3.2.2-16、图3.2.2-17所示。

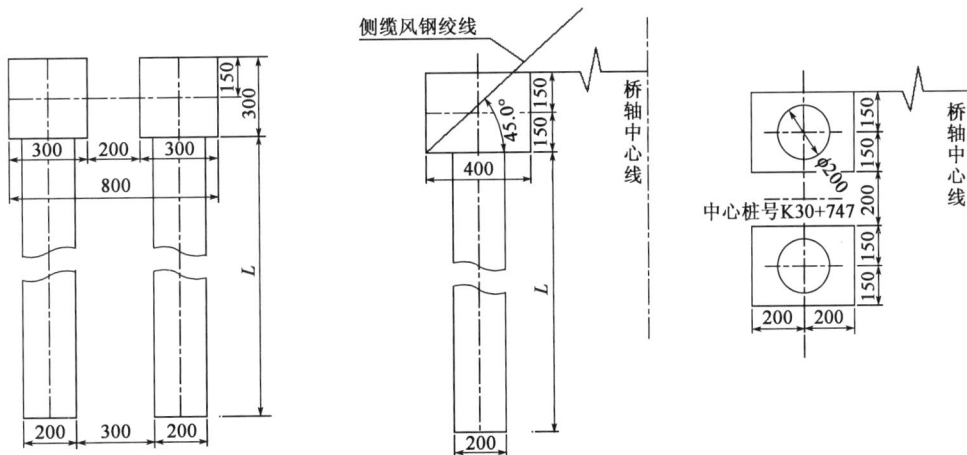

图3.2.2-16   文成岸缆风地垄布置图(尺寸单位:cm)

2.2.1.8 电气控制系统

南浦溪特大桥临时架空索道电气控制系统依据《起重机设计规范》(GB/T 3811—2008),以及《起重机电控设备》(JB/T 4315—1997)制定。两组106t临时架空主索道起重机的牵引与起重卷扬机共16台,其拖动采用变频电动机(即YZPF型),起重和牵引卷扬机每岸设置4台。电气控制系统主要由电源、牵引机构、起升机构、照明及其他电路、安全报警装置等组成。

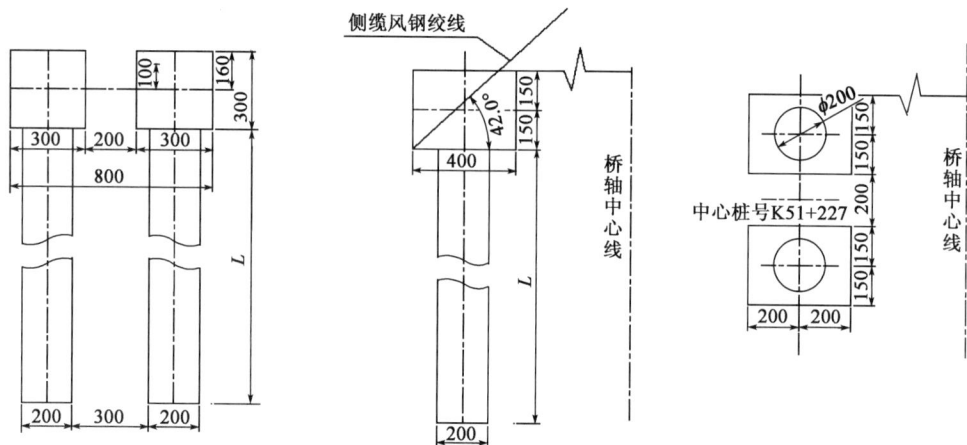

图 3.2.2-17　泰顺岸缆风地垄布置图(尺寸单位:cm)

1)供电方式

根据施工现场情况,两岸均设有供电变压器。主电源:AC 380V、50Hz、三相五线制。控制电源:AC 220V 和 DC 24V。

2)系统组成

根据临时架空索道控制要求,在文成岸 0 号桥台右侧设控制室,控制室内由人机界面、控制台、主站 PLC、从站 PLC 组成。文成岸及泰顺岸卷扬机位置分别设置集中控制卷扬机电机的变频控制柜及从站 PLC 控制柜(就近设置在卷扬机位附近),各柜就近接入电源。各柜均采用双回路供电方式,均由一台箱式变压器供电,以满足临时架空索道机大负荷用电需要。

驱动系统采用阿西布朗勃法瑞(ABB)公司 ACS800-01 系列变频装置,信号的采集和设备的控制均由远程 ET200M 从站来完成,主站 CPU 与从站通过稳定可靠的 PROFIBUS-DP 总线连接起来,两组索道能够单独起吊和共同起吊,互不影响,从站与从站之间单组隔离,整个控制系统采用西门子公司 S7-300 系列 CPU + 远程 ET200M 的控制形式,并采用可编程控制器(PLC)和 HMI❶ 触摸屏的信息管理系统。主要低压元器件采用施耐德电气公司产品。

3)主要电气设备及功能

以下列出文成岸电气设备及功能。

低压配电柜:由金属外壳、防尘、密封的立式柜子组成,内设照明灯。

(1)文成岸操作室 PLC 柜(主站 + 从站 1);内设断路器、控制变压器、主 CPU、远程 ET200M 和输入/输出(I/O)模块、光纤链路模块等,对整个系统进行控制。

(2)文成岸操作室操作台:是整个控制指令中心,操纵主令控制器实现有挡位调速,可实现各机构的单独或联动操作,并通过触摸屏显示各机构运行情况和各种故障内容(包括变频器内部故障)及故障部位等信息。

(3)文成岸上游 PLC 柜(从站 2):内设断路器、控制变压器,设置远程 ET200M 和 I/O 模块、光纤链路模块等,对南岸上游设备信号进行采集和控制。

(4)文成岸上游变频控制柜:柜内设置断路器、接触器、继电器、ABB 变频器、现场操作按钮及紧停按钮等,对南岸上游牵引和起重卷扬机进行控制和保护,具有欠压、过流及短路保护。

(5)文成岸上游电阻柜:保证变频器过载以及电机处于再生制动工况时的能量释放。

(6)文成岸下游 PLC 柜(从站 3):内设断路器、控制变压器,设置远程 ET200M 和 I/O 模块、光纤链路模块等,对南岸上游设备信号进行采集和控制。

---

❶ HMI 是 Human Machine Interface 的英文简称,其广义解释为"使用者与机器间沟通、传达及接收信息的一个接口。"

（7）文成岸下游变频控制柜：柜内设置断路器、接触器、继电器、ABB变频器、现场操作按钮及紧停按钮等，对南岸下游牵引和起重卷扬机进行控制和保护，具有欠压、过流及短路保护。

（8）文成岸下游电阻柜：保证变频器过载以及电机处于再生制动工况时的能量释放。

4）系统说明

本系统各配电柜内各种开关信号及设备状态信号均由远程ET200M进行采集，由主CPU进行处理、判断及控制，即当故障发生时，相关部位会自动进行保护，故障声光报警器响鸣，触摸屏显示故障内容。为了保证本机安全，现场控制柜上均设置紧急按钮。紧急按钮能可靠切断电源。

整个系统控制采用西门子公司S7-300(315-2DP)（主站）+ET200M（从站）来完成，各机构的操作指令信号、检测指令信号、变频器的各种运行状态指标及故障信息等通过远程ET200M进行采集，由Profibus-DP网传送给主CPU，并由主CPU统一处理，并进行联锁保护，各远程站之间通信均由Profibus光纤来完成。

通过人机界面触摸屏，可对所有卷扬机进行各种安全组合操作，如单岸单台操作、两岸单台组合操作、两岸两两组合操作；同时显示设备各种状态、参数设定、警报信息等。

临时架空索道起重机工作时，两岸电气控制柜必须均有操作人员值守。当出现紧急情况时，电气控制柜的操作人员可按下控制柜上"紧急停止"按钮，切断电气控制柜电源。同时成对的两电气控制柜的另一台也将停止，避免成对卷扬机一个紧急停止时，另一个仍然工作。在临时架空索道起重机的使用中，控制系统锁定牵引卷扬机和起重卷扬机同时作业。

在电气控制柜的主电路中设计欠压、过流及短路等保护。同岸同类型卷扬机中任何一台出现故障时，该塔同类型卷扬机将均不能动作，并且东西两岸操作室故障蜂鸣器都将响声，提示工作人员处理故障，此时，应及时查明该电气或机械故障原因，并作适当技术处理。禁止在未对故障进行处理的情况下，强行操作临时架空索道起重机。

本临时架空索道吊机的指挥人员和吊机操作人员须在完全熟悉本起重机工作原理和操作规程等后，方能进入现场施工。禁止在符合起重机操作要求的指挥和操作人员未到位的情况下强行使用起重机。起重机指挥人员与各位置起重机操作人员必须做好协同工作，并确保相互之间的通信联络畅通。

2.2.1.9 塔架辅助设施

塔架拼装过程中涉及作业人员上下，塔架通道由塔架钢管柱检修时的爬梯通道和平时作业电梯通道两部分组成。

1）爬梯通道

为便于拼装过程中塔架的检修、工人的上下行，在4根钢管柱中心设置爬梯，如图3.2.2-18所示。

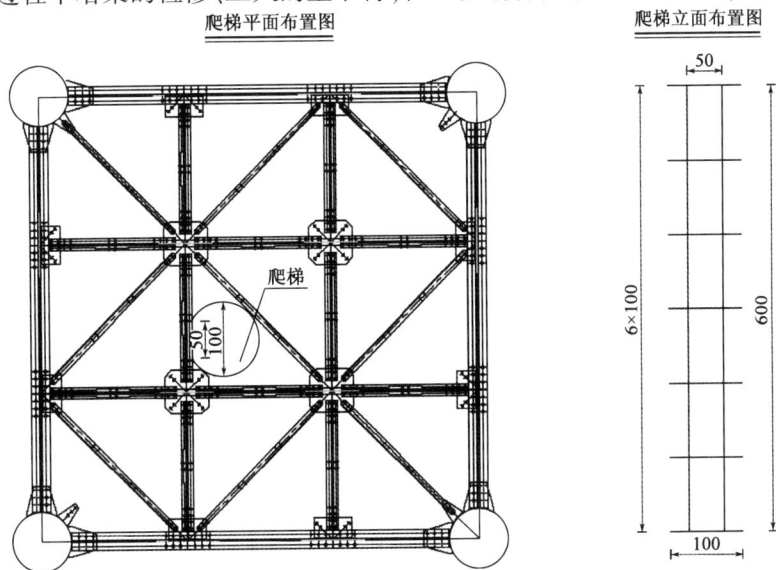

图3.2.2-18　爬梯布置图（尺寸单位：cm）

2)电梯通道

塔架拼装至第二段钢管柱后,为便于作业人员平时的上下行,在塔架旁设置电梯通道,电梯布置如图 3.2.2-19 所示。

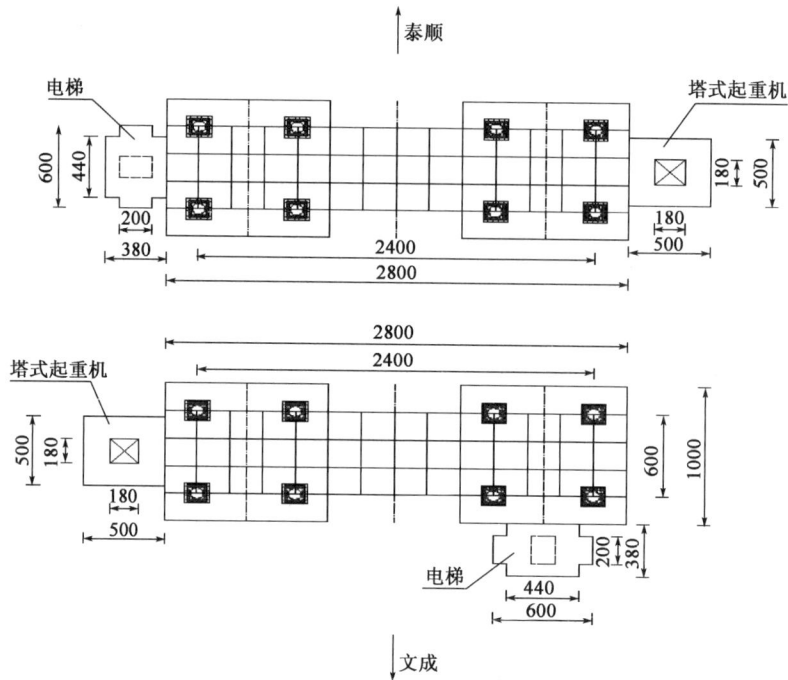

图 3.2.2-19　电梯布置图(尺寸单位:cm)

2.2.2　缆索系统施工

2.2.2.1　锚固系统施工

根据临时架空索道总体设计及受力计算,锚固系统中主地垄、缆风地垄、索塔基础均设置为桩式 + 承台结构形式,基础桩身长度结合现场实际及地质情况确定,桩式地垄采用人工挖孔,钢筋混凝土护壁,桩身设计为钢筋混凝土圆桩结构。

锚固系统中卷扬机基础根据受力大小、卷扬机外轮廓大小、现场地形情况设置为重力式地垄基础,地垄采用明挖扩大基础,地垄基础采用钢筋混凝土结构。

2.2.2.2　塔架系统施工

南浦溪特大桥缆索系统结构采用 $\phi813\mathrm{mm} \times 14\mathrm{mm}$ 钢管立柱,与万能杆件横向连接。使用塔式起重机吊运安装,随着塔架节段的升高,在塔柱上安装缆风索,保证主立柱的倾斜误差不超过 $L/2000$ (L-立柱长度)。

塔架拼装完成,用设置的前、后风缆收紧或放松调整垂直度,并由专业单位设计、安装防雷设施。

2.2.2.3　缆索系统安装架设

安装顺序:在卷扬机安装完后,安装先导绳,再利用先导索安装工作索道,后利用工作索道作牵引安装主索道。

5t 临时架空索道即工作索道安装时,先安装先导绳,利用先导绳再安装拖拉绳;然后利用拖拉绳进行承重索、循环绳、起重索的安装,跑车利用塔式起重机进行安装。

106t 临时架空索道即主索道安装,利用拖拉绳进行承重索、搬运器、循环绳、起吊绳的安装,然后利用塔式起重机进行跑车、分索器的安装。

在以上程序安装完成后,然后进行承重索的垂度调试。

2.2.2.4　电气集中控制系统安装

在两岸塔架后设置主索道牵引、起重卷扬机集中控制台;塔架上设监视系统,由专业单位设计并安装。

2.2.2.5　临时架空索道系统安装

1)锚固体系及基础施工

全桥共设置4个主地垄,地垄均设置为桩式结构,文成岸主地垄桩长10m,泰顺岸主地垄桩长12m。基础施工时,两岸主索地垄基础采用人工挖孔桩进行施工,地垄结构基础均采用C30钢筋混凝土浇筑。混凝土浇筑前应做好钢丝绳转向预埋件及排水设施设置。

2)塔架基础施工

临时架空索道两岸设计布置塔架支撑系统,塔架基础均设计为桩基+承台结构形式,两岸塔架桩基础与承台均采用C30钢筋混凝土。文成岸塔架基础设计桩径ϕ1.2m、桩进入中风化凝灰岩2m,设计承台结构尺寸(长×宽×高)为10m×10m×2m,桩基采用旋挖钻钻孔;泰顺岸塔架基础设计桩径ϕ1.2m、桩进入中风化凝灰岩2m,设计承台结构尺寸(长×宽×高)为10m×10m×2m,桩基采用人工挖孔,施工方法同锚固系统的桩基施工方法。

承台施工均采用机械开挖人工配合清底。钢筋在钢筋加工厂集中加工配送至工地,基础施工时应注意做好塔架地脚螺栓预埋孔埋设,塔架每个角均预留4个地脚螺栓孔,预留孔直径ϕ150mm、孔深100cm采用预埋PVC管的形式。基础施工完成后安装塔架时再安装地脚螺栓并注浆,地脚螺栓采用ϕ80mm的Q235钢。

3)卷扬机基础施工

临时架空索道主索道与工作索道卷扬机共18台,在文成岸布置10台,泰顺岸布置8台。卷扬机布置在主索地垄与后缆风之间。

两岸卷扬机基础均采用C25钢筋混凝土基础,基础钢筋为构造配筋形式,施工时应注意做好卷扬机地脚螺栓预埋孔设置。

2.2.2.6　临时架空索道塔架施工

1)塔架杆件制造与运输

塔架杆件由有资质的专业厂家生产制造,其结构尺寸要复合设计要求,焊接质量达到国家标准,在出厂前进行预拼装,检查各参数是否符合设计图纸要求。

经检验的杆件按塔架安装顺序,分批运往工地。运输中应采取措施,防止杆件变形。

杆件运到工地后,将杆件堆放在指定位置,堆放时在杆件下垫方木。若存在运输过程中变形的杆件,及时进行矫正,达到设计要求;若变形较大无法修复还原,做报废处理或另作他用。

2)塔式起重机及电梯选型

塔架安装采用逐节逐层拼装,在索道塔架侧安装塔式起重机用于杆件及材料吊装。塔式起重机选用TC6015型塔式起重机,根据缆索结构的布置,文成岸塔式起重机布置在塔架左侧,电梯布置在塔架右后侧,泰顺岸塔式起重机布置在塔架右侧,电梯布置在塔架左侧。两岸最大吊重均为G3钢管结构,质量约2.6t,最大作业幅度为30m,索鞍承重滑轮组质量约为4.43t,但应其作业半径较小,故以G3钢管为最大吊重和最大作业半径为依据进行塔式起重机选型。可由塔式起重机一侧拼装完成后顶推至另一侧,减小塔式起重机作业半径,因此均在选用塔式起重机范围内。塔式起重机附着点布置:文成岸第一道20m,第二道16m,第三道15.3m;泰顺岸第一道21.658m,第二道17.7m。

3)塔架拼装

在塔架拼装之前,组织技术交底以便顺利拼装,对进场构件进行全面检查,并做力学性能抽检试验。塔架拼装构件中除索鞍为利用旧构件外,其余构件均为新构件。故需对索鞍按照旧构件进行检查,钢管柱、万能杆件、纵横梁等需按照新构件进行检查。

（1）索鞍检查

①主要平面的平面度检查，不大于0.5(mm)/全平面；

②鞍槽轮廓圆弧半径偏差检查，允许偏差±2/1000(mm)；

③各槽深度、宽度，允许偏差±1(mm)/全长；

④各槽曲线立面角度，允许偏差0.2°；

⑤索鞍外观是否磨损。

（2）钢管柱

①直径D，允许偏差±D/500，且不大于±5mm；

②构件长度L，允许偏差不大于±3mm；

③管口圆度，允许偏差D/500且不大于5mm。

（3）万能杆件

万能杆件进场时应核对构件材质、型号、规格、数量，查看构件外观变形情况，同时查验产品合格证和设计文件并签证验收。

塔架拼装，采取单根钢管进行安装，再安装横向联结系。拼装是采用塔式起重机将钢管及万能杆件横向联结系吊至位置后，用螺栓连接并初紧，待测量精确定位后在进行终紧。塔架安装步骤如下：

①钢管立柱的垂直度调节

钢管立柱分节安装，在上、下节段钢管立柱对接位置加设法兰进行调整，并用M27普通螺栓进行连接。

②横向联结系安装

在文成岸塔架的第2、4、6、8节，泰顺岸塔架的第3、5、7节均需要安装横向连接系。横向联结系安装原则为间隔一节6m的钢管柱安装一道。对于A联结系，先安装好单组四根钢管柱后，再进行A联结系的安装。对于B联结系，在文成岸安装第六节、泰顺岸安装第5节钢管柱后，需进行B联结系的安装，此时需将左右两组共8根钢管柱，以及对应的单组钢管柱间A联结系安装好后，再进行B联结系的安装。对于C联结系，C联结系用于塔顶段单组钢管柱间的连接，安装步骤同A联结系。

③塔顶安装

塔顶为万能杆件结构，先拼装钢管顶万能杆件至顶部，然后悬拼塔架外侧牛腿状万能杆件，最后拼装塔架间横向连接万能杆件。

④塔顶索鞍安装

塔架拼装完毕并经检查合格后安装塔顶索鞍，索鞍安装后，其弧形表面及挡板光滑，无毛刺，无棱角刃口；穿索时在与绳索接触面涂黄油，以减少摩阻和保护绳索。

塔架每节段安装就位进行下节段施工时要进行测量检查并做调整。塔架拼装过程中及时拉缆风索，以确保塔架施工安全，塔架拼装完成后进行全面检查。

⑤塔架拼装注意事项

a. 各类构件的连接接头必须经过检查合格后，方可紧固与焊接。

b. 塔柱横杆、斜杆、扣锚梁、顶部横梁等的连接螺栓必须100%穿孔。

c. 塔柱法兰螺栓用螺母锁紧，螺栓穿入方向应一致且合理，拧紧后外露长度为不少于2丝扣，螺栓垫圈不得超过1片。法兰螺栓按圆周分布角度对称拧紧；节点螺栓按从中心到边缘的顺序对称拧紧。

d. 所有现场焊缝须按3级焊缝进行检查，焊材同工厂焊，焊接时注意防风、保温、除油污。检查合格后进行防锈处理。

e. 塔架安装完成后，建立位移观测点，测量塔架初始位置。

f. 塔架拼装过程中需设置临时缆风绳进行钢管柱的稳定，应设置临时缆风。为确保现场安全，拼装过程中可设置两层临时缆风，设置位置应根据钢管拼装高度不断变化进行相应转换，临时缆风采用钢丝绳。

临时缆风地垄可利用已施工主索地垄、侧缆风地垄、该岸位置桥台或墩柱基础进行锚固,根据设计文件,施工阶段现场按 20 年一遇设计风速 23.9m/s 考虑,单个塔架横桥向能够抵抗此风速影响,单个塔架仅设置临时前后缆风绳,前后共设置 8 组,当临时缆风转换至钢管顶位置后,此时临时缆风应设置在钢管顶位置,前后临时缆风绳单组水平力应张拉至 385kN,接着完成上部塔顶万能杆件拼装,顶部万能杆件完成后应及时完成正式缆风绳安装。

单组临时缆风采用 ϕ28mm 钢丝绳通过走"3"进行设置,钢管顶位置采用捆绑方式,另一端与地垄横梁或相应位置拱座及墩柱进行固定。

临时缆风绳平面布置如图 3.2.2-20 所示。

钢丝绳

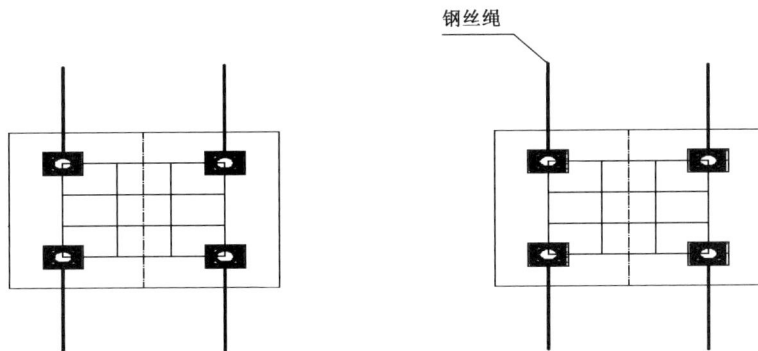

图 3.2.2-20　临时缆风绳平面布置图

4)塔架螺栓施工

(1)塔架及索鞍连接主要采用高强度普通螺栓连接,螺栓头和螺母下面应放置平垫圈,以增大承压面积。

(2)螺栓头下面放置的垫圈一般不应多于 2 个,螺母下的垫圈一般不应多于 1 个。

(3)对于设计有要求防松动的螺栓、锚固螺栓应采用防松动装置的螺母或弹簧垫圈,或用人工方法采取防松措施。

(4)对于承受动荷载或重要部位的螺栓连接,应按设计要求设置弹簧垫圈,并且必须设置在螺母一侧。

(5)塔架顶部索鞍位置,采用高强度普通螺栓进行连接,紧固时应从中间向四周或一侧至另一侧进行紧固。

(6)普通螺栓紧固程度可采用小铁锤进行敲击检查,外漏丝扣不小于 2 扣,高强度螺栓可采用扭矩扳手进行检查,且外露丝扣为 2~3 扣,单个节点位置外露 1 扣丝及 4 扣丝数量不大于 10%。

(7)螺栓孔禁止采用氧气及乙炔进行扩孔作业,应采用铰刀进行扩孔作业。

5)塔架缆风体系施工

塔架前、后、侧缆风索在塔架拼装完成、缆索体系架设、调试后进行调试安装就位。安装顺序为:先同时进行前后缆风的安装和张拉,将塔架在顺桥向调竖直后,再进行左右侧缆风同时的安装和张拉。

(1)塔架通缆风索布置 4 组,分别布置于距塔架中心线 2m、14m 位置,左右两侧各布置 2 组。通缆风采用 ϕ47.5mm 钢丝绳,走"3"布置,水平张力为 1120kN,安装垂度为 6.09m。

(2)单岸后缆风设置 4 组,文成岸单组后缆风采用 32 根 ϕ15.2mm 钢绞线,单根钢绞线初张水平力为 35kN,泰顺岸 32 根 ϕ15.2mm 钢绞线,单根钢绞线初张水平力为 35kN。塔架端与通缆风位置相同,固定端设置在缆风地锚上,张拉端设置在塔顶上。

(3)单塔设置 4 组侧缆风,上下侧各设置 2 组,每组由 12 根 ϕ15.2mm 钢绞线,单根钢绞线初张水平力为 35kN。侧缆风待前、后缆风同时张拉完成后再进行张拉。

因泰顺岸左侧缆风需横跨国家电网 10kV 新山线第 79 号电线杆,故泰顺岸左侧缆风钢绞线采用 PE 钢绞线,并且在安装时对附近电网线路进行临时停电,并用起重机将钢绞线吊过电网线,以防安装过程中钢绞线与电网线路碰撞。

（4）张拉施工工艺

①对张拉千斤顶和压力表、油泵进行配套校验。计算预应力筋的张拉伸长量，编制好张拉、压浆原始记录表。检查锚具、锚垫板、波纹管、压浆剂、排气孔等，将锚垫板表面清理干净。如果管道内进浆，应进行处理；将锚垫板喇叭管内的混凝土清理干净。

②根据混凝土梁预应力张拉力的需要，选用千斤顶。张拉时在张拉平台上对应张拉点上方位置搭设三角架，通过链条葫芦对千斤顶进行固定。

③本工程张拉过程在规范要求基础下将张拉分级进行，依次为：0、初应力10%、初应力20%、初应力100%，预应力钢绞线张拉到100%后持荷5min，量取伸长量。由于通缆风钢丝绳较长，为了消除初始受力不均的影响，在张拉力达到一定初始值之后，再进行伸长值的量测。预应力张拉按应力和伸长量进行双控，但以应力控制为主，以伸长值进行校核，若实测伸长量与理论伸长量不符，必须及时分析，查明原因，采取措施后方可进行下一步施工。

6）避雷设施安装

南浦溪特大桥临时架空索道塔架属于高层结构物，容易受到雷电的袭击，给施工人员造成人身安全威胁，严重时会造成人员伤亡。根据《建筑物防雷设计规范》（GB 50057—2010）规定做好防雷设计，以保证施工的防雷安全。

（1）防雷设计原则。从直击雷（侧击雷）防护、防雷击电磁脉冲（防雷电感应、防雷电波入侵）、接地系统、屏蔽、防地电位反击等方面着手，充分利用钢筋混凝土结构，形成法拉第笼的防雷网格的有利条件进行设计，做到安全可靠、经济合理。

（2）安装方式。因本方案塔式起重机高度高于塔架高度，故在两岸的塔式起重机上各安装2套DK6-100限流避雷针，在每岸塔式起重机顶各安装一座3m高的杆塔，用来安装避雷针。杆塔材料用φ100mm热镀锌钢管。利用杆塔本身作为引下线与塔式起重机顶进行可靠焊接。

（3）接地要求。防直击雷的接地装置冲击接地电阻不大于10Ω，防直击雷接地宜与建（筑）筑物接地、防感应雷接地电气接地等共用同一接地装置，塔架避雷针引下线直接接到塔架即可。

2.2.2.7 缆索体系架设

临时架空索道缆索体系安装包括主索道安装和工作索道安装，安装步骤：先安装先导绳，再利用先导索安装工作索道，然后利用工作索道作牵引安装主索道。

1）施工准备及注意事项

（1）临时架空索道缆索系统绳索安装前由总工程师组织牵头，方案设计人员对现场管理人员、技术员、班组长及各工种施工作业人员进行全面安全技术交底，务必使参加临时架空索道施工人员对缆索系统的布置、技术要点、绳索种类、功能与作用、型号规格、长度及技术标准与指标等全面了解，以便正确指导现场施工，及时解决现场施工中出现的问题。

（2）对所有进场材料进行检验，新购钢丝绳进场时附有出厂合格证和技术证明书，对钢丝绳的种类、规格、长度、数量及重量等进行全面检查；对已使用过的钢丝绳，应认真检查其磨损程度、断丝情况、腐蚀程度、润滑情况、变形情况、绳连接部位或末端紧固部分及其他异常现象等，同时对钢丝绳主要力学技术指标按照《重要用途钢丝绳》（GB/T 8918—2006）进行检查。

（3）绳索锚固设备进场时附有出厂合格证和技术证明书，使用前应抽取有代表性的结构做锚固试验，受拉值一般为设计值的1.3~1.5倍。

（4）成品跑车和吊钩在运输和装卸时注意不要被碰伤，运抵工地时应有出厂合格证和抽检技术证明书（含探伤合格证书）及产品使用说明书。跑车及吊钩进场后应对跑车及吊钩部件按照国家标准和订货合同进行全面检查，并做好记录，办理签证。

（5）新购卷扬机进场时附有出厂合格证和技术证明书，并依据购货合同与《建筑卷扬机安全规程》进行验收。对已使用过的卷扬机，应依据国家标准规定对卷扬机进行合格检验。

（6）临时架空索道拼装时随时注意结构稳定,拼装完毕并试吊合格后须制定详尽的安全使用规则,并悬挂于吊机醒目处。起吊重物时须严格遵守"十不吊"原则。

（7）临时架空索道绳索穿挂安装时,缆索的打梢、过缆、临时联结及锚固须稳妥可靠,严防绳索脱落摔伤人。

2）卷扬机安装

卷扬机根据《南浦溪特大桥临时架空索道卷扬机布置图》《建筑卷扬机安全规程》进行布置安装,卷扬机安装前应提前浇筑基础混凝土,并应根据卷扬机基座位置地脚螺栓留置单根螺栓为 $\phi100mm$ 深为 500mm 孔洞。

文成岸卷扬机直接采用汽车起重机进行对位安装,然后安装基座地脚螺栓,最后灌注地脚螺栓混凝土。

3）工作索道安装

南浦溪特大桥临时架空索道设计 2 组 5t 工作索道,分别布置在两组主索道外侧。每组工作索道采用 1 根 $\phi47.5mm$ 钢丝绳作承重索,每组采用 1 根 $\phi17.5mm$ 普通钢丝绳作起重绳,1 根 $\phi19.5mm$ 普通钢丝绳作为牵引索。

（1）安装顺序

工作索道安装时,左右两侧应同步安装,安装前先完成索鞍安装,再利用人工 + 机械 + 驳船拖拉组合方式完成 $\phi9.3mm$ 先导绳安装,再利用先导绳安装 $\phi26mm$ 拖拉绳,然后采用拖拉绳完成工作索道的承重索、循环绳、起吊绳等构件安装,运行小车等结构部件主要利用现场塔式起重机进行安装。

（2）承重绳安装

将工作索道的承重索索盘置于文成岸塔架后侧绳盘上,拖出承重绳的绳头,用绳卡把承重索的绳头与 $\phi26mm$ 拖拉绳进行固定;然后启动两岸牵引卷扬机拖拉承重索过河,拖拉至塔顶位置时再采用塔式起重机进行承重绳绳头吊移,再拖拉至泰顺岸经过塔架至地垄栓绳梁位置进行固定;最后完成承重绳垂度调整,承重绳安装前应搭设临时平台,做好防护措施。

（3）跑车安装

在文成岸塔架顶上进行跑车安装,利用塔式起重机将跑车吊放在塔顶再进行安装,跑车安装顺序为上挂、中挂、下挂,安装过程中应采取措施,防止跑车出现滑动和倾翻现象。

（4）起重、循环索安装

循环索:在文成岸安装一台 8t 双卷筒卷扬机,将 $\phi19.5mm$ 钢丝绳一端卷入卷扬机前卷筒上,另一端采用 $\phi26mm$ 导绳拖拉至文成岸迈过塔顶后通过地垄转向返回泰顺岸与搬运器泰顺侧固定;接着对文成岸卷扬机处 $\phi19.5mm$ 钢丝绳进行临时打梢,退出卷扬机中钢丝绳;再对卷扬机前卷筒和转向支架进行缠绕 2 圈;最后将绳头再次利用导绳拖拉至文成岸迈过塔顶与搬运器文成侧固定,从而完成循环绳安装。

起重索:在文成岸安装 1 台快速 8t 卷扬机,将起吊绳 $\phi17.5mm$ 钢丝绳一端卷入卷扬机卷筒上,另一端采用 $\phi26mm$ 导绳拖拉文成岸迈过塔顶临时固定,进行起吊绳穿索"走 4",然后再次临时固定在导绳上。启动两岸卷扬机,拖拉起吊绳绳头至泰顺岸地垄进行固定,从而完成起吊绳安装。

4）主索道安装

南浦溪特大桥临时架空索道设计 2 组 106t 主索道,分别布置在两组工作索道内侧。每组主索道采用 6 根 $\phi56mm$ 钢丝绳作承重索,每组采用 2 根 $\phi26mm$ 普通钢丝绳作起重绳,2 根 $\phi30mm$ 普通钢丝绳作为牵引索,分索器每 40m 安装一个,每组索道分索器安装 4 根 $\phi9.2mm$ 结绳。

（1）安装顺序

主索道安装时,左右两侧应同步安装,利用 $\phi26mm$ 拖拉绳进行安装承重索、搬运器、循环绳、起吊绳,同时利用塔式起重机安装跑车上下挂结构、配重、分索器等。

（2）索鞍就位

按照设计要求完成索鞍安装,然后将索鞍与塔顶过载梁用螺栓连接固定。索鞍移动范围如图3.2.2-21所示。

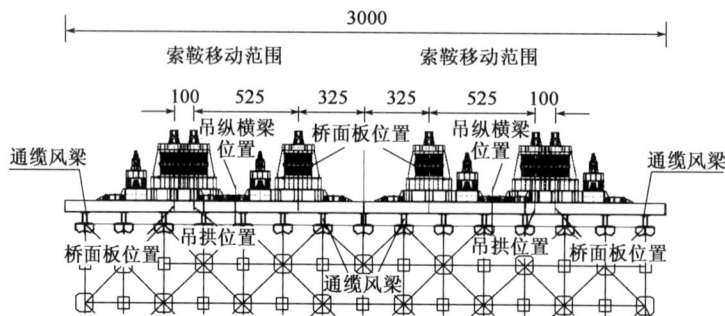

图3.2.2-21 索鞍移动范围图(尺寸单位:cm)

（3）承重索安装

单组承重索安装顺序:依次由一侧向另一侧逐根安装,将主索道的承重索索盘置于文成岸塔架后侧绳盘上,拖出承重绳的绳头,用绳卡把承重索的绳头与φ26mm拖拉绳连接固定;然后启动两岸牵引卷扬机拖拉承重索过河,拖拉至塔顶位置时再采用塔式起重机进行承重绳绳头吊移,再拖拉至泰顺岸地垄栓绳梁位置进行固定;最后完成承重绳垂度调整。具体操作工艺流程如下:

①承重索在索盘上引出一个绳头与导索用绳卡连接好。

②启动泰顺岸卷扬机对导索进行收索,拖拉承重索至文成岸塔架塔顶,同时文成岸导索卷扬机进行放索。施工时应注意卷扬机应采用"先放后松""多放少收"的原则,防止对拉造成安全事故。

③承重绳拖拉至文成岸塔顶位置时,然后采用塔式起重机对承重绳绳头位置进行吊转并放入相应索鞍轮槽内,然后继续拖拉承重绳向泰顺岸进行作业。

④当每根承重绳绳头迈过文成岸塔顶,并继续拖拉承重绳一定距离(原则上不超过两塔间距离1/3)后,接着对文成岸放绳绳盘处承重绳进行打梢,以防止中跨承重绳因自重加速沉入河中。

⑤接着继续启动两岸卷扬机,拖拉承重绳至泰顺岸塔顶,再次采用塔式起重机对承重绳绳头位置进行吊转并放入相应索鞍轮槽内,然后继续拖拉承重绳向泰顺岸地垄横梁位置,最后对泰顺岸承重绳绳头进行固定。

⑥在文成岸穿绕滑车组,将滑车组与文成岸承重绳绳头进行固定,起吊文成岸卷扬机收紧滑车组钢丝绳,完成承重绳反拖,调整承重绳垂度,最后完成该岸绳头的固定。

⑦按照同样的方法拖拉其余各根承重索。

（4）起重索安装

起重索牵引:将起重索索盘放在文成岸卷扬机附近放置,然后缠绕在10t起重卷扬机上,并将另一绳头用绳卡连接在导绳上。启动两岸卷扬机,将起重索拖拉到文成岸的塔架顶上,然后对起重索进行临时打梢固定。

牵引索牵引:将牵引索索盘分别在两岸卷扬机附近放置,然后缠绕在12.5t起重卷扬机上,并将另一绳头用绳卡连接在导绳上。启动导索卷扬机,分别将两岸的牵引索拖拉到文成岸的塔架顶上,然后对牵引索进行打梢固定。

（5）跑车安装

跑车又称为搬运小车,安装在承重索(承重索)上,在牵引索和起重索的作用下,沿承重索往返运行和起吊重物。待临时架空索道的2组承重索、起重索及牵引索全部安装到位后,进行跑车安装。每组临时架空索道有两个跑车,两个跑车间距15m(具体间距根据吊物长度进行合理调节)。

5）承重索垂度调试

（1）调试方法

利用文成岸缆索地垄附近卷扬机和滑轮组，φ19.5mm 钢丝绳通过"走10"穿绕滑轮组再进入 10t 或 12.5t 卷扬机。将滑车组一端用绳卡与承重索连接，滑车组另一端与地垄连接固定，启动卷扬机，缓慢将滑车组钢丝绳进行收紧，反拖承重绳，观察承重索垂度在与计算调整垂度大致相吻合时，停止卷扬机；然后将承重索端头锚固在地垄锚固梁上。同时因临时架空索道使用一段时间后，承重索需重新调整垂度，以消除承重索非弹性变形的影响，此项工作应定期进行。

（2）承重索垂度观察

①平行四边形法（图 3.2.2-22）

在两岸塔架上设观测点 a、b，使 $Aa = Bb = f_{max}$，然后在观测点处安装垂度观测板，通过 a、b 视线与承重索相切所测得的垂度即为所需的 f_{max} 值。当视线 a、b 不与承重索相切时，应收紧或放松承重索，使其达到与视线 a、b 相切为止。

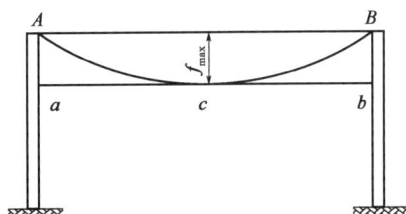

图 3.2.2-22　平行四边形法示意图

②标记法

在承重索初调调整完成后，在两岸塔顶索鞍处的承重索的同一位置做出标志（贴白胶布或划线），然后进行精确调整，如果各根承重索上做的标志始终在同一直线上，则表示各根承重索受力大致相等；否则位移大的表示受力大，位移小的受力小。

2.2.2.8　风向观测

在文成岸较高处安装风速、风向检测仪，在进行塔架的拼装和主拱吊装作业前进行观测。若观测风速大于 5 级大风风速，应暂停吊装作业。在塔架拼装过程中检测仪安装在索塔旁的塔式起重机顶部用于指导拼装作业，在吊装过程中将检测仪移至塔架顶部用于指导吊装作业。

2.3　主拱肋制造与安装

主拱肋钢管分节段顺序吊装，全桥设计为两组平行钢管拱肋，共划分为 13 个吊节段，包括 26 个拱肋吊装单元。采用 106t 临时架空索道吊装，1 个拱肋吊装单元采用一组 106t 索道吊装，两组索道可同时进行主拱节段吊装作业。拱肋最长吊装节段是第 6(8) 节段长度为 25.664m，最大吊重节段是第 6/8 节段吊重约 98.7t，主拱肋钢管分节段吊装参数统计情况见表 3.2.3-1。

主拱肋钢管分节段吊装参数统计表　　　　　　　　　　　　　表 3.2.3-1

序号	节段编号	节段长度（m）	节段吊装质量（t）	备注
1	第 1 节段	22.254	85.9	
2	第 2 节段	18.756	70.64	
3	第 3 节段	23.466	88.16	
4	第 4 节段	22.124	83.75	
5	第 5 节段	21.171	80.84	
6	第 6 节段	25.664	98.7	最大吊重段
7	第 7 节段	24.96	97.2	合龙段
8	第 8 节段	25.664	98.7	最大吊重段
9	第 9 节段	21.171	80.84	
10	第 10 节段	22.124	83.75	
11	第 11 节段	23.466	88.16	
12	第 12 节段	18.756	70.64	
13	第 13 节段	22.254	85.9	

钢管拱在制造厂制造成拱肋单元、腹杆单元、横撑单元运输至现场,在现场拼装场将各单元在胎架上焊接成拱肋吊装节段,按照"2+1"组拼模式进行节段之间试拼,试拼完成后采用运梁车运输至吊装场,采用临时架空索道同步对称吊装。拱肋起吊行走至桥位安装,通过吊钩对拱肋高程进行初调,安装高强度螺栓,通过张拉扣索调整至设计位置后锁定。

主拱吊装施工工艺流程如图3.2.3-1所示。

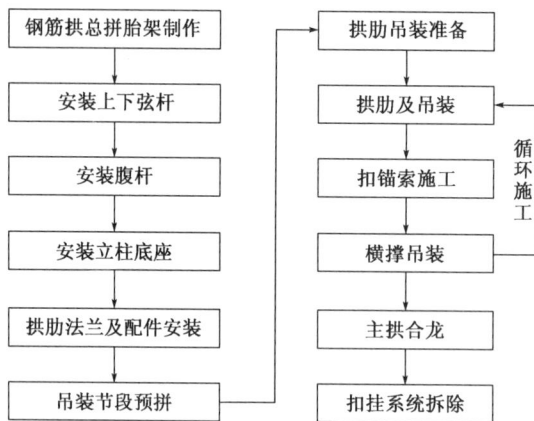

图3.2.3-1 主拱吊装施工工艺流程图

2.3.1 主拱肋制造

2.3.1.1 总拼胎架施工

在总拼场地,通过全站仪和水准仪将钢管拱上下弦的轮廓线、腹杆的中心线、立柱底座的中心线在地面上画出来,并测量地面的高程,计算出修正值。按照拱肋的上下弦轮廓线和拱肋对接缝的位置布置胎架的位置,胎架的制作必须按照施工图施工,地样线及胎架制作完成后经质检员验收合格后进入下道工序。

胎架的检测及控制要点:

(1)校核地样线与设计理论线形的偏差。

(2)用水准仪测量,确保胎架平台的水平。

(3)用经纬仪及铅锤测量靠档的垂直度。

钢管拱总拼胎架如图3.2.3-2所示。

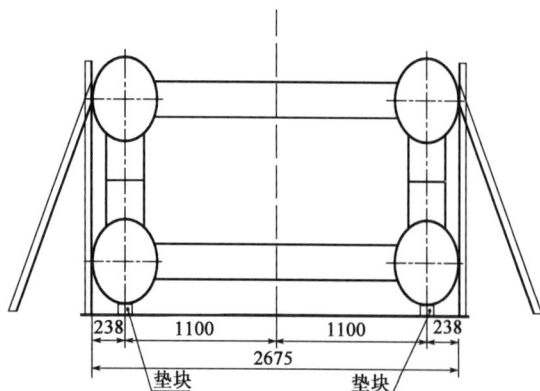

图3.2.3-2 钢管拱总拼胎架(尺寸单位:cm)

2.3.1.2 安装上下弦杆

安装上下弦杆至胎架上,通过吊铅垂线的方式,定位上下弦的相对位置,待与地样上的设计弧线重合时,通过与靠档的点焊和手拉葫芦临时固定上下弦,并校核对接缝的相对位置。

钢管拱组拼上下弦杆就位、钢管拱组拼线形检测分别如图3.2.3-3、图3.2.3-4所示。

图3.2.3-3 钢管拱组拼上下弦杆就位

图3.2.3-4 钢管拱组拼线形检测

2.3.1.3 腹杆安装就位

腹杆的安装就位,与上下弦杆类似,首先根据施工图,在上下弦杆上确定腹杆的相对位置,再根据地样线的位置,通过吊铅垂线来确定腹杆的安装,相对位置与相贯口检查无误后,通过临时码板进行临时固定。

腹杆安装就位、腹杆安装位置检测分别如图3.2.3-5、图3.2.3-6所示。

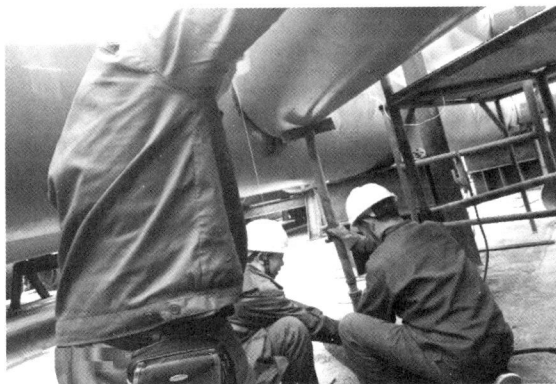

图3.2.3-5 腹杆安装就位

图3.2.3-6 腹杆安装位置检测

腹杆安装就位检测及控制要点:

(1)校核地样线与实际安装就位线形的偏差。

(2)用水准仪测量腹杆的相对高程。

(3)确保腹杆两端口与上下弦杆相贯匹配。

2.3.1.4 立柱底座安装就位

立柱底座的安装,首先根据施工图在上弦杆上确定立柱底座的大概位置,然后根据地样上立柱底座的中心线和两侧外边线,精确定位底座的相对位置,用千斤顶和临时码板进行临时固定。

立柱底座安装、检测分别如图3.2.3-7、图3.2.3-8所示。

立柱底座安装就位检测及控制要点:

(1)校核地样线与实际安装就位线形的偏差。

(2)确保底座端口与上弦杆的匹配。

（3）确保底座的箱口的平整度。

（4）对法兰盘进行保护,避免受到外界环境的损伤。

图 3.2.3-7　立柱底座安装

图 3.2.3-8　立柱底座检测

2.3.1.5　拱肋法兰及匹配件的安装

拱肋法兰盘及匹配件均为散件,在总拼厂进行组装。法兰的安装应注意螺栓孔的位置,确保阳头和阴头的螺栓孔精确对孔,并用工艺螺栓临时固定。由于法兰位置加劲板较多,高强度螺栓施拧操作空间受限,所以将阴阳头法兰在总拼厂全部安装在阳头上,吊装之前拧紧高强度螺栓达到设计扭矩,待桥位吊装完成就位后,将阴头加劲板和法兰焊接。匹配件包括拱肋加劲板、腹杆横联等,待拱肋焊接完成并检测合格后,进行安装。

拱肋法兰盘连接、拱肋匹配件安装分别如图 3.2.3-9、图 3.2.3-10 所示。

图 3.2.3-9　拱肋法兰盘连接

图 3.2.3-10　拱肋匹配件安装

2.3.1.6　拱肋吊装节段预拼

吊装节段组拼完成后,进行节段间预拼,采用"2 + 1"预拼装方法,即每 3 个节段进行预拼,将第 3 节段作为公共构件再与第 4、5 节段进行匹配预拼装,以此类推,保证管口与管口间进行匹配,达到控制管口连接精度、模拟桥位架设的目的。节段预拼装严格按照设计给定的预拱度进行放样拼接,确保拼接后的线形与设计一致,便于吊装过程顺利连接,保证成桥线形及设计高程。

2.3.2　主拱肋安装

2.3.2.1　斜拉扣挂系统设计

钢管拱节段采用"斜拉扣挂"施工,悬拼节段通过扣索锚固于扣塔上。吊装最大悬臂时每组拱肋设 6 对扣索,全桥共计 24 组扣索。斜拉扣索在钢管拱肋合龙前,需多次对斜拉索进行调整,以满足钢管拱肋合龙线形。

1)扣塔设计

扣塔设置在4号、5号过渡墩顶部,小里程两组扣塔高9.7m,大里程两组扣塔高9.5m。每个墩顶设置两个独立扣塔,中心间距17m与拱肋轴线位置重合。单个扣塔平面尺寸(长×宽)为4.6m×4m(立柱中心),采用截面尺寸(腹板宽度×翼板宽度×腹板厚度×翼板厚度)为700mm×500mm×24mm×30mm的H型钢作为立柱;横向连接采用[32c,截面尺寸(腹板宽度×翼板宽度×厚度)为320mm×90mm×12mm的双拼槽钢与立柱节点板栓接。

每个扣塔位置设计有6组扣锚梁,其中1、2组设置在过渡墩盖梁顶,其余4组均设置在扣塔上,扣锚梁下设置矩形承重梁,截面尺寸(长×宽)为700mm×400mm,与立柱节点板栓接,并在扣锚梁对应位置设置斜撑。拱肋扣塔具体结构见图3.2.3-11。

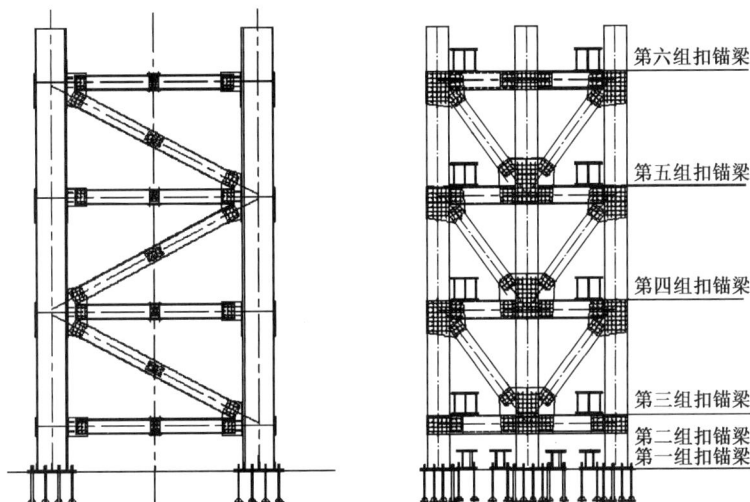

图3.2.3-11 拱肋扣塔结构图

2)扣锚索设计

扣挂系统中扣索、锚索采用钢绞线,在扣塔顶设置六层对称张拉锚固梁,扣索和锚索根据扣索索力进行张拉锚固,同时调整拱肋钢管线形。拱肋扣锚索设计参数见表3.2.3-2。

拱肋扣锚索设计参数 表3.2.3-2

部位	拱肋节段	每对扣索最大索力(kN)	单组扣索数量(束)	每对锚索最大索力(kN)	单组锚索数量(束)	锚具型号	备 注
文成岸	第1节段	640.707	5	215.938	3	OVM15-9	1.每对扣索钢绞线由两组钢绞线组成。 2.计算时每组扣锚索考虑2/3不平衡系数,同时单组钢绞线考虑2.5倍安全系数。 3.锚具锚固端钢绞线需考虑备有穿束孔道
	第2节段	694.755	5	418.966	3		
	第3节段	807.869	6	684.73	5		
	第4节段	1031.202	7	967.714	6		
	第5节段	1551.882	10	1506.489	10	OVM15-15	
	第6节段	2199.855	14	2165.75	14		
合龙段	第7节段						
泰顺岸	第8节段	1901.084	12	1888.86	12	OVM15-15	
	第9节段	1351.769	9	1332.996	9		
	第10节段	974.797	7	942.63	6		
	第11节段	835.856	6	753.487	5	OVM15-9	
	第12节段	678.347	5	455.22	3		
	第13节段	571.371	4	216	3		

注:现场具体扣锚索索力由监控单位验算提供。

文成岸、泰顺岸扣挂系统布置分别如图3.2.3-12、图3.2.3-13所示。

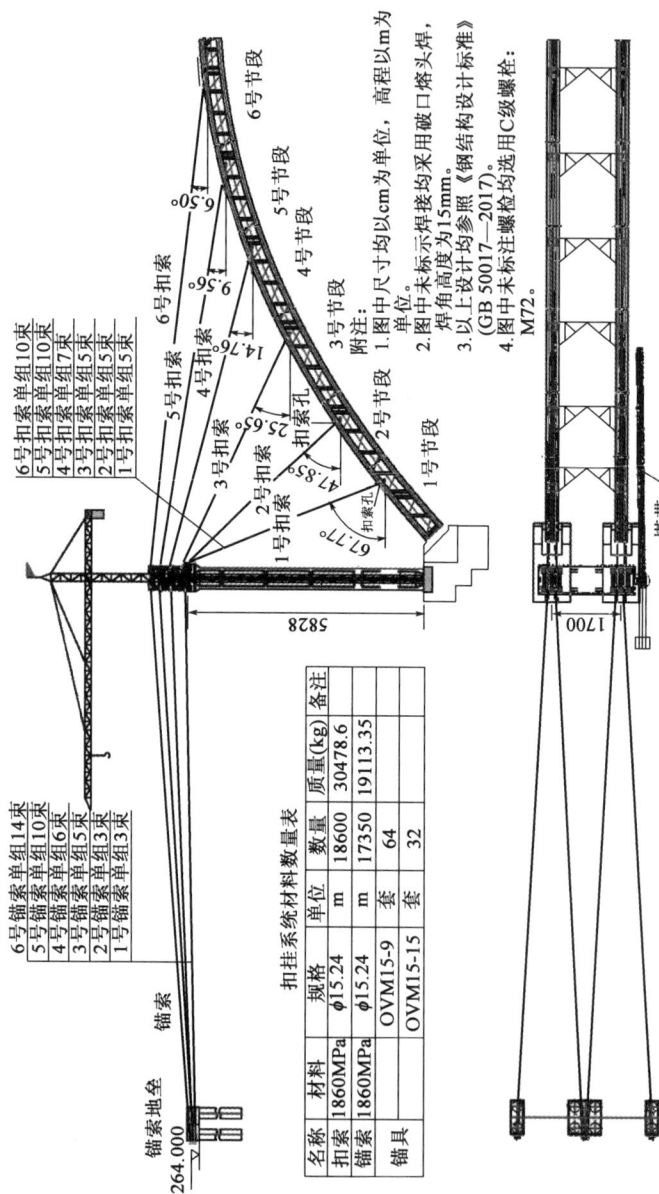

图3.2.3-12 文成岸扣挂系统布置图

附注：
1. 图中尺寸均以cm为单位，高程以m为单位。
2. 图中未标示焊接均采用坡口塔头焊，焊角高度为15mm。
3. 以上设计均参照《钢结构设计标准》（GB 50017—2017）。
4. 图中未标注螺栓均选用C级螺栓：M72。

扣挂系统材料数量表

名称	材料	规格	单位	数量	质量(kg)	备注
扣索	1860MPa	φ15.24	m	18600	30478.6	
锚索	1860MPa	φ15.24	m	17350	19113.35	
锚具		OVM15-9	套	64		
		OVM15-15	套	32		

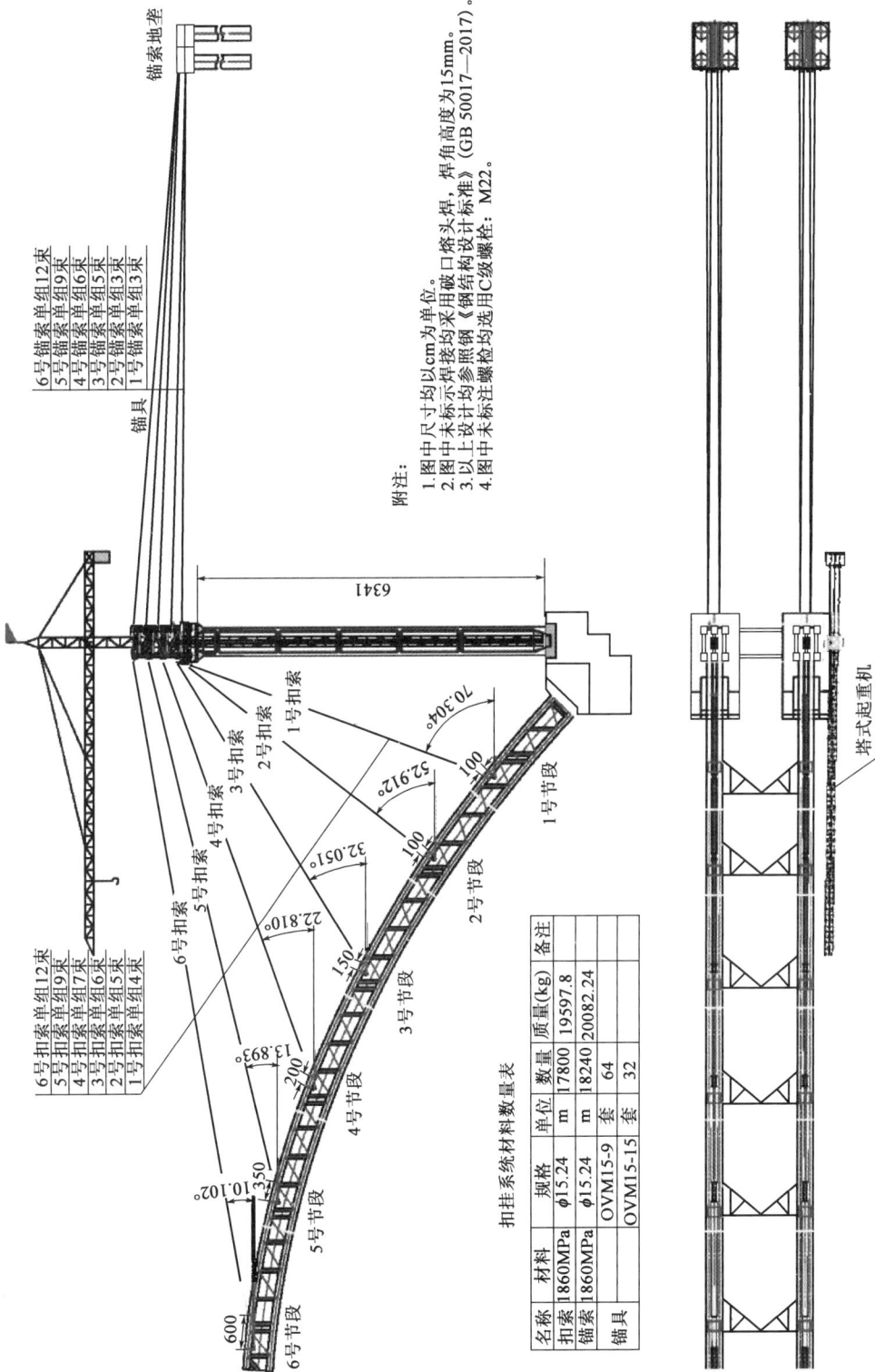

图3.2.3-13 秦顺岸扣挂系统布置图

附注:
1. 图中尺寸均以cm为单位。
2. 图中末标示焊接均采用坡口塔头焊,焊角高度为15mm。
3. 以上设计构造均参照构《钢结构设计标准》(GB 50017—2017)。
4. 图中末标注螺栓均选用C级螺栓: M22。

扣挂系统材料数量表

名称	材料	规格	单位	数量	质量(kg)	备注
扣索	1860MPa	φ15.24	m	17800	19597.8	
锚索	1860MPa	φ15.24	m	18240	20082.24	
锚具		OVM15-9	套	64		
		OVM15-15	套	32		

3）地垄设计

小里程设计三组扣索地垄均为桩基＋承台结构，设置在塔架后方路基顶面，距离塔架中心18m，其中左右侧两组地垄由2根ϕ2.5m桩基及8m×3m×3m（长×宽×高）承台组成，中间地垄由4根ϕ2.5m桩基及8m×8m×3m（长×宽×高）承台组成；大里程设计两组扣索地垄均为桩基＋承台结构，设置在塔架后方路基顶，距离塔架中心16m，两组地垄均有4根ϕ2.5m桩基及8m×8m×3m（长×宽×高）承台组成。扣索地垄桩基深度按嵌入岩层6m考虑，开挖时根据现场地质情况确定最终桩基长度。

小里程、大里程扣索地垄结构分别如图3.2.3-14、图3.2.3-15所示。

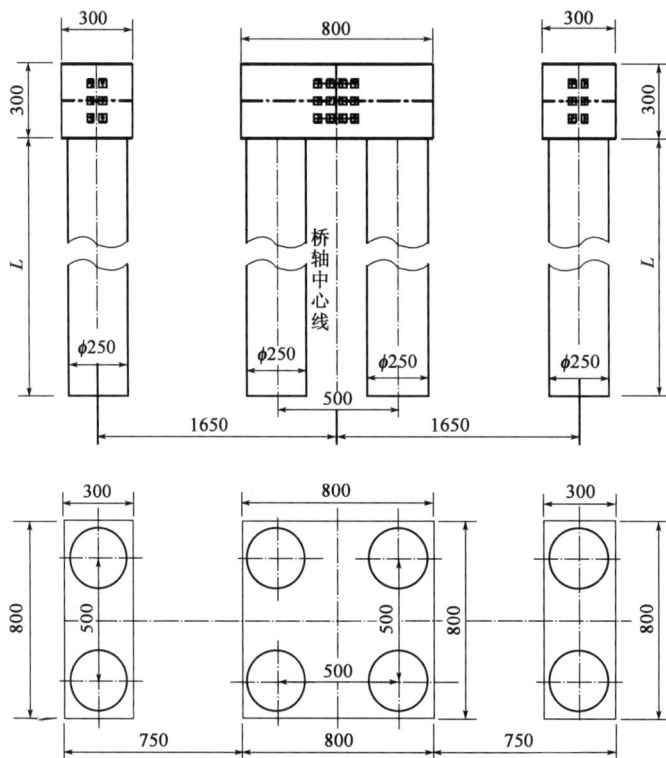

图3.2.3-14 小里程扣索地垄结构图（尺寸单位：cm）

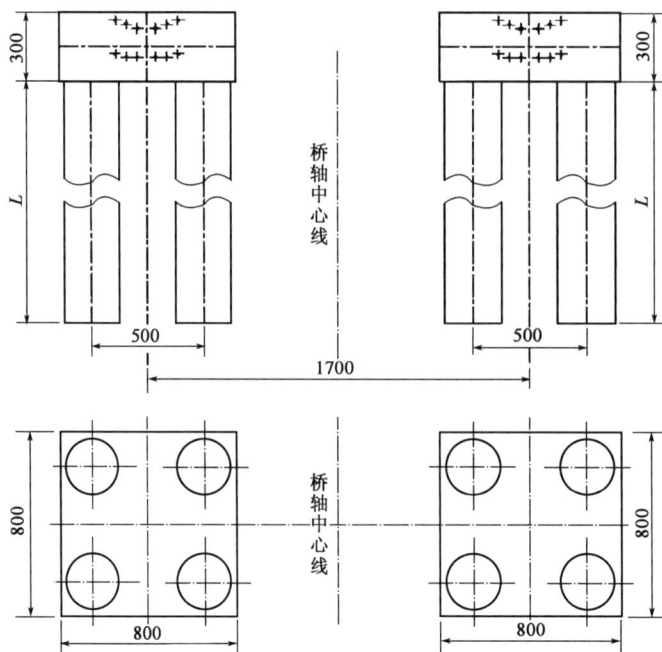

图3.2.3-15 大里程扣索地垄结构图（尺寸单位：cm）

4)扣点设计

根据受力情况,为了优化扣点结构种类,便于加工制造,全桥共设置两种扣点结构类型,1~4号扣点设置一种结构,5~6号扣点设置一种结构。扣点主要由上、下耳板和销轴构成。1~4号扣点结构加工32套,5~6号扣点结构加工16套,全桥共48套扣点结构。扣点设计见图3.2.3-16、图3.2.3-17。

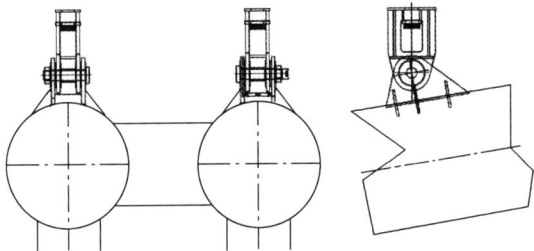

图3.2.3-16　1~4号扣点结构图

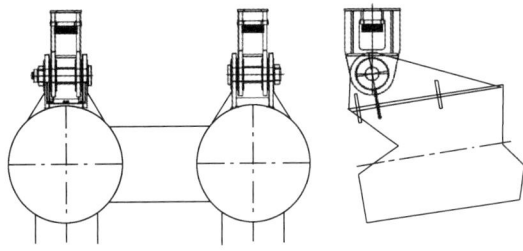

图3.2.3-17　5~6号扣点结构图

2.3.2.2　总体吊装施工

主桥钢管拱采用临时架空索道从两岸拱脚向跨中对称安装,形成受力体系。

钢管拱肋采用运输车将拱肋吊装单元运输至吊装平台,吊装平台设置在小里程1号、2号墩处,平台尺寸(长×宽)为30m×32m,场地内采用C20混凝土硬化。

吊装节段采用多模式转向运梁车从拼装场转运至吊装区域,每个拱肋吊装节段设置两个吊点在钢管拱肋两端腹杆之间,起重绳采用两根柔性吊带缠绕主钢管,起吊钢丝绳采用2ϕ26(6×36)SW+FC的钢丝绳。起吊前主拱肋节段端头横断面,采用[320mm×90mm×10mm槽钢与L125mm×80mm×10mm的角钢进行加固,防止吊装过程中端头发生变形无法正常连接。拱肋吊装区平面布置如图3.2.3-18所示。

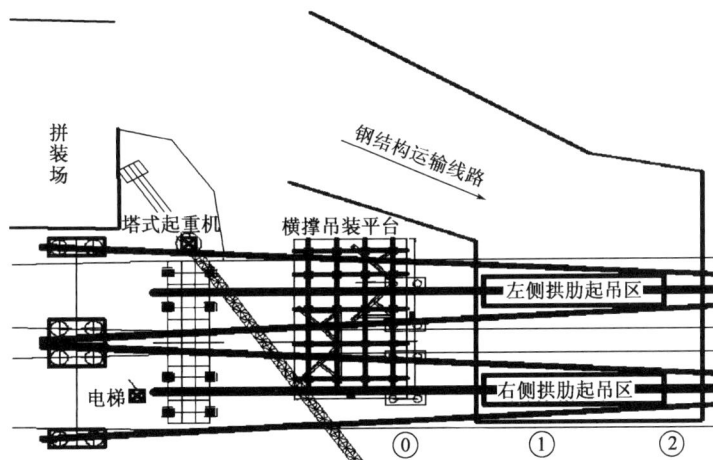

图3.2.3-18　拱肋吊装区平面布置图

吊装步骤如下:

①临时架空索道索鞍调整就位。

②钢管拱肋吊装节段或横撑运输至指定的起吊地点。

③吊装第1节段左侧拱肋(ZGL-1),安装左侧缆风(ZLF-1),安装左侧扣索(ZKS-1)。

④吊装第1节段右侧拱肋(YGL-1),安装右侧缆风(YLF-1),安装左侧扣索(YKS-1)。

⑤通过测量观测调整侧缆风与扣索,将拱肋调整到设计位置及线形,然后吊装横撑并焊接。

⑥进行下一节段拱肋吊装,安装侧缆风,安装扣索,测量观测调整拱肋线形,最后吊装横撑,直至第6(8)节段。

⑦观测调整拱肋线形高程,吊装左侧第7节段(ZGL-7),调整到位进行连接;吊装右侧第7节段

（YGL-7），调整到位进行连接，合龙完成，然后吊装 H 横撑。

⑧最后浇筑拱座预留槽 C50 混凝土，将拱脚临时铰固结，焊接拱肋各节段接头。

钢管拱肋吊装顺序平面布置如图 3.2.3-19 所示。

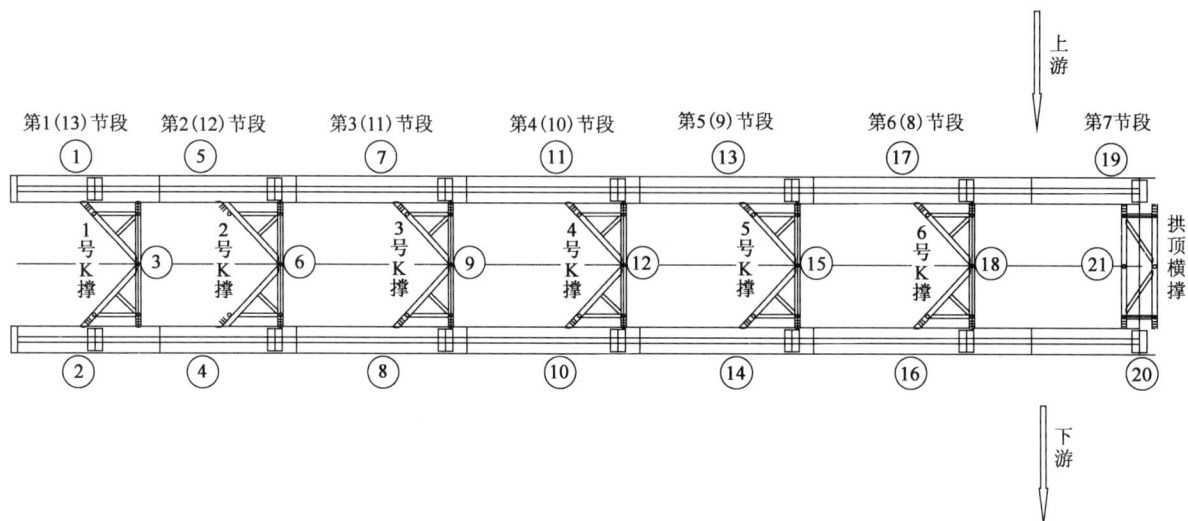

图 3.2.3-19　钢管拱肋吊装顺序平面布置图

主拱肋钢管分节段顺序吊装，全桥设计为两组平行钢管拱肋，共划分为 13 个吊节段，包括 26 个拱肋吊装单元。采用 106t 临时架空索道吊装，1 个拱肋吊装单元采用一组 106t 索道吊装，两组索道可同时进行主拱节段吊装作业。拱肋最长吊装节段是第 6(8) 节段长度为 25.664m，最大吊重节段是第 7 段（合龙段）吊重 106t，主拱肋钢管分节段吊装参数统计情况见表 3.2.3-3。拱肋吊装节段如图 3.2.3-20 所示。

主拱肋钢管分节段吊装参数统计　　　　　　　　　　　　　　表 3.2.3-3

序号	节段编号	节段长度（m）	节段吊装质量（t）	备　注
1	第 1 节段	22.254	96.27	
2	第 2 节段	18.756	70.64	
3	第 3 节段	23.466	88.16	
4	第 4 节段	22.124	83.75	
5	第 5 节段	21.171	80.84	
6	第 6 节段	25.664	98.34	
7	第 7 节段	24.96	106	合龙段
8	第 8 节段	25.664	98.34	
9	第 9 节段	21.171	80.84	
10	第 10 节段	22.124	83.75	
11	第 11 节段	23.466	88.16	
12	第 12 节段	18.756	70.64	
13	第 13 节段	22.254	96.27	

1）吊具选择、吊点设置及主索鞍定位

钢管拱肋吊装采用柔性吊带捆绑方式起吊，吊点设置在拱肋上弦钢管端头，竖腹杆或斜腹杆与拱肋钢管连接处。根据计算及统计南浦溪特大桥钢管拱肋最大吊重 106t，采用单组索道两个吊点捆绑起吊，单根吊带最大吊重 53t，考虑 1.5 倍的不稳定系数，最终吊带选取最大吊重 100t。其主要参数为：最大吊重 100t、吊带长度 12m、厚度 152mm、近视宽度 320mm、单位质量 27kg/m。

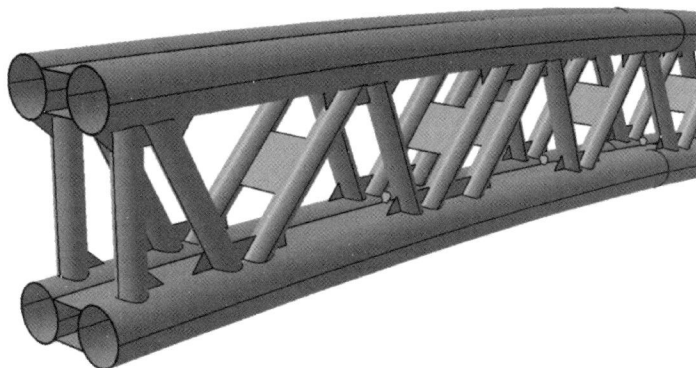

图 3.2.3-20 拱肋吊装节段示意图

柔性吊带相关参数与示意图如图 3.2.3-21 所示。

STR01 柔性吊带

STR04 柔性吊带

STR02 柔性吊带

载重 (t)	近似厚度(mm)		近似宽度(mm)		最小长度(m)	质量(kg/m)		
	STR01 STR04	STR02	STR01 STR04	STR02	*m*	STR01	STR04	STR02
1	6	15	40	50	0.5	0.4	0.50	0.47
2	7	16	60	60	0.5	0.61	0.71	0.60
3	8	18	70	70	0.5	0.75	0.86	0.82
4	9	20	75	75	0.5	0.80	0.91	1.20
5	11	25	80	80	0.5	0.84	0.98	1.47
6	12	27	90	90	1.0	0.98	1.16	1.70
8	13	28	100	100	1.0	1.10	2.97	2.20
10	15	29	110	110	2.0	2.20	4.75	3.00
12	16	30	125	125	2.0	3.20	5.62	3.40
15	18	31	150	150	2.0	3.80	6.80	1.00
20	20	32	180	180	2.5	5.20	7.70	5.60
25	24	34	200	200	2.5	6.50	8.50	6.80
30	32	68	220	220	2.5	7.80	11.4	8.20
40	40	75	250	250	2.5	10.4	15.4	10.9
50	45	86	270	270	2.5	13.0	19.0	13.8
60	65	126	280	280	4.0	15.6	22.6	16.6
80	70	138	300	300	4.0	20.8	28.0	22.0
100	80	152	320	320	4.0	25.0	32.5	27.0
200	120	230	460	460	5.0	64.0	53.0	66.00
300	160	310	535	535	5.0	79.0	76.0	82.0
400	200	380	680	680	5.0	95.5	110.5	98.0
500	220	410	760	760	8.0	113.4	133.0	116
600	240	460	830	830	8.0	136.0	157.0	139
700	260	498	880	880	8.0	152.0	187.0	155
800	280	520	940	940	9.0	175.0	205.0	178
900	300	580	1000	1000	9.0	199.0	230.0	202
1000	320	610	1050	1060	9.0	222.0	262.0	226

STR03柔性吊带技术参数

额定载重 (kg)	近似厚度 (mm)	近似宽度 (mm)	*L*(m)		质量(kg/m)
			最小长度	最大长度	
1000	11	50	1.0	50	0.29
2000	12	60	1.5	80	0.41

图 3.2.3-21 柔性吊带相关参数与示意图

钢管拱肋吊装时,需要的吊装空间由小车 + 动滑轮组 + 吊具 + 吊物 + 安全距离组成(3m + 5m + 2.9m + 5.5m + 2m = 18.4m)。拱肋吊装跨越过渡墩时净间距最小为 22.5m,满足最小净空 18.4m 的要求。拱肋起吊捆绑示意图如图 3.2.3-22 所示。

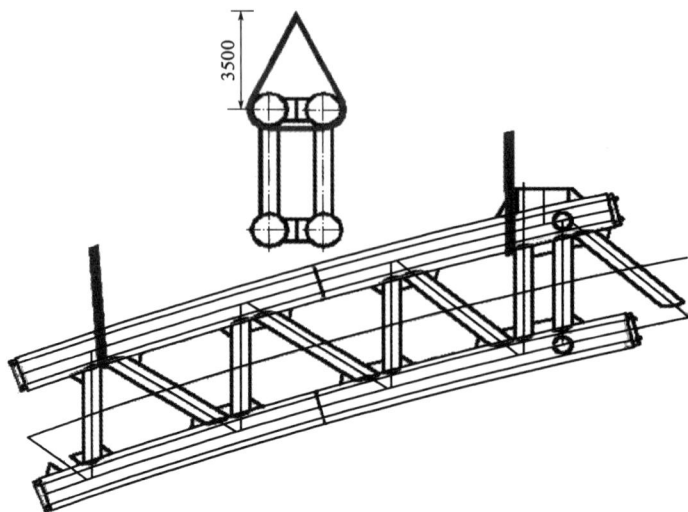

图 3.2.3-22　拱肋起吊捆绑示意图(尺寸单位:mm)

南浦溪特大桥设计两组吊重106t主索道,两组5t的工作索道,其中两组主索道各负责一侧钢管拱肋吊装,两组5t工作索道用于吊运零星材料等辅助施工。吊装拱肋钢管时,两组主索道的索鞍中心与拱肋中心重合,中心间距为17m,两侧索鞍距离线路中心均为8.5m。拱肋吊装时索鞍具体位置见图3.2.3-23。

2)第1节段吊装

吊装第1(13)节段时需与预埋好的临时铰底座对位,使拱肋为铰接悬臂结构,待拱肋吊装合龙后,再浇筑拱脚预留槽混凝土进行拱肋体系转换,由铰接变成固结。钢管拱临时铰如图3.2.3-24所示。

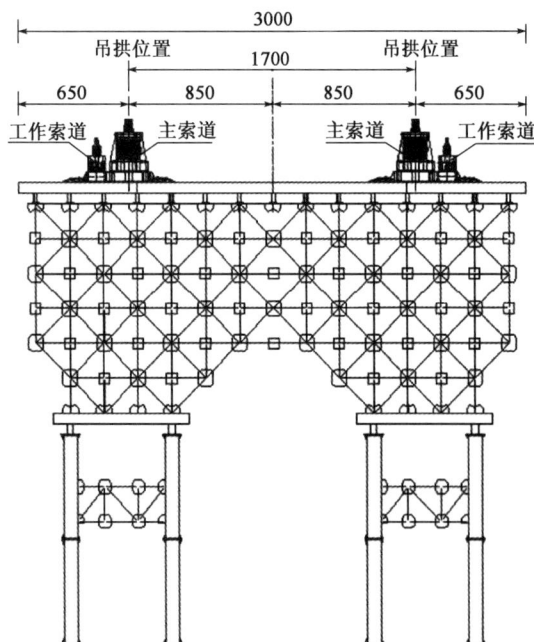

图 3.2.3-23　拱肋吊装时索鞍位置图(尺寸单位:cm)

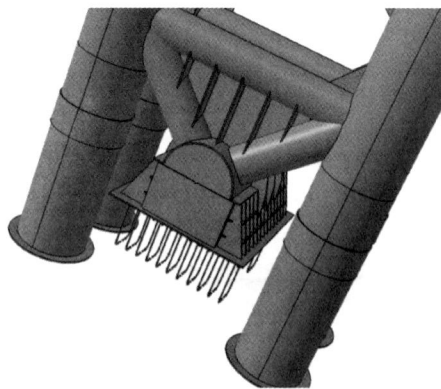

图 3.2.3-24　钢管拱临时铰示意图

临时铰分两部分,一部分为预埋,即拱座混凝土浇筑前,将临时铰底座准确定位预埋在混凝土内;另一部分与第1(13)主拱肋节段加工焊接成整体,吊装时将主拱肋钢管上的临时铰部分与预埋在拱座混凝土内的底座精确对位。

左右侧拱肋采用单组索道分开吊装,主拱钢管与拱脚预埋段钢管暂时不连接,拱脚第1(13)节段吊装时,需注意拱脚预埋段内的连接钢筋笼对位,节段下放对位时采用人工牵引将钢管与钢筋笼对准再缓慢下放。吊装就位后设置扣索,并将扣索张拉至设计张力,通过测量观测数据利用扣索调整拱肋至设计位置,然后进行 1 号或 13 号 K 撑吊装焊接。

3)第 2 节段吊装

将索鞍横移就位,进行第 2(12)节段吊装。拱肋节段吊装至安装点,采用链条葫芦人工引导钢管接头对位,连接对位销再进行高强度螺栓连接。每一组拱肋钢管节段吊装前,先调整好前一节段拱肋线形与高程,将钢管拱肋吊装到位后,设置扣索并张拉,调整拱肋线形,将相对应的横撑吊装连接完成,然后进行前段接头焊接;再吊装对岸同部拱肋节段,连接横撑,焊接上一节段接头。拱肋节段栓接接头大样如图 3.2.3-25 所示。

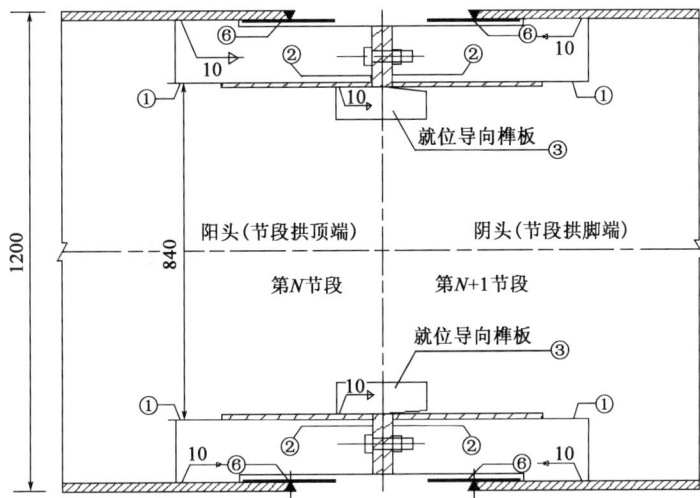

图 3.2.3-25 拱肋节段栓接接头大样图(尺寸单位:cm)

4)其他节段吊装

按照相同步骤进行其他节段吊装及扣挂系统安装张拉,然后进行横撑吊装焊接,同步进行上一节段接头焊接,直至第 7 节段合龙段安装。

2.3.2.3 拱脚临时铰固结

拱肋合龙后,通过测量观测数据,利用扣索与侧缆风调整拱肋线形。浇筑拱脚临时铰处预留槽内 C50 混凝土,将临时铰固结,转变拱肋受力体系。

2.3.3 横撑吊装

由于拱肋吊装平台受到扣塔后锚索的影响,左右侧空间受限,因此将拱肋横撑吊装平台单独设置在小里程塔架前方 0 号桥台处。根据横撑尺寸确定平台长 16m、宽 26m、高度 8.5m,平台采用 φ325mm 钢管立柱、双拼 I32a 工字钢作为主承重梁与横移轨道、[100mm ×48mm ×5.3mm 槽钢作为分配梁、顶面铺设 5mm 厚花纹钢板。平台工字钢梁底部超出最上一组锚索顶面高度,平台四周设置 1.2m 高围栏。拱肋横撑吊装平台平面布置如图 3.2.3-26 所示。

横撑采用多模式运梁车运至左侧主拱肋吊装区,通过左侧主索道将横撑顺桥位方向起吊,吊至横撑平台顶通过人工牵引空中转体成横桥位方向,下放至横撑钢平台小车上,平移至线路中线位置。

每节段主拱肋钢管吊装到位后,通过扣索调整本节段拱肋线形及高程,开始吊装横撑。横撑吊装采用两组临时架空索道抬吊,吊点位置设在横撑两端,起吊点采用吊带捆绑牢固。横撑吊装到位后,通过测量观测确保拱肋是否调整到位,若与设计有差别需再次调整扣索,使拱肋达到设计线形及高程,然后再将横撑与主拱肋上横撑接头焊接。按照同样的流程循环吊装其他节段横撑,直至拱顶合龙段 H 横撑吊装完成。

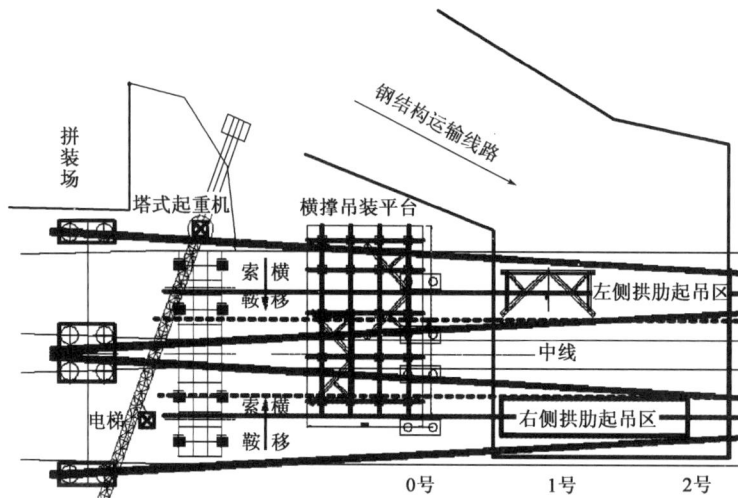

图 3.2.3-26　拱肋横撑吊装平台平面布置示意图

K 撑、H 撑起吊捆绑示意图分别如图 3.2.3-27、图 3.2.3-28 所示。

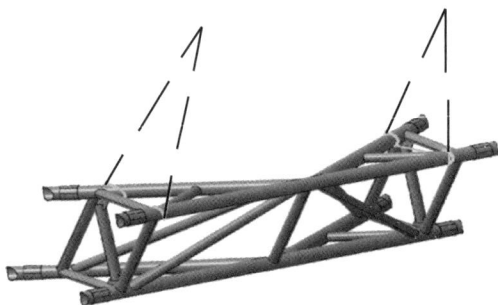

图 3.2.3-27　K 撑起吊捆绑示意图

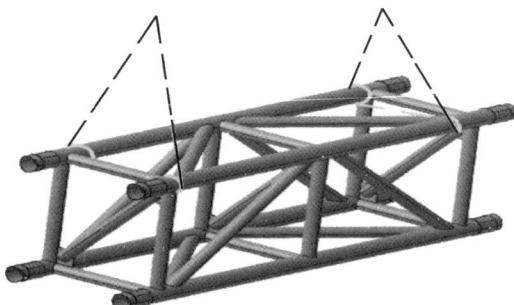

图 3.2.3-28　H 撑起吊捆绑示意图

2.3.4　主拱肋合龙施工

（1）合龙节段采用单组主索道 2 个吊点起吊方案。节段吊点位置是根据设计设置，可保证拱节段吊装过程中 2 吊点受力基本一致；安装前，根据不同节段设计安装位置，确定两个跑车连接索长度，并根据不同节段调节跑车联结索长度。

（2）拱节段吊点采用柔性吊带捆绑方式，吊索选用 2 根 12m 长的柔性吊带。拱肋节段对接前利用起重卷扬机完成节段空间姿态的准确调整，利用牵引卷扬机调整节段纵桥向位置。拱肋起吊捆绑示意图如图 3.2.3-29 所示。

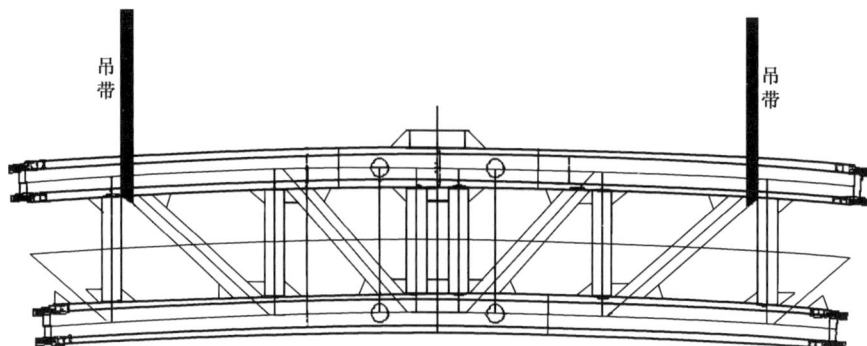

图 3.2.3-29　拱肋起吊捆绑示意图

（3）在钢管拱肋设置临时牵引，采用钢丝绳与多个手拉葫芦提供小位移调整，牵引吊装节段就位。

（4）缆索起重机吊运钢管拱节段顶面高于已安装钢管拱节段顶面约 20cm 高时，进入就位调节阶段。通过缓慢收放前后吊点的起重索来调整钢管拱前后端高差，吊钩下降时缓慢进行。缓慢牵引跑车，待安装节段靠近并对准已安装节段前端拼装接头后，在已安装节段上安装手动链条葫芦，用于收紧调整，使两相邻拱节段同一位置上、下钢管接口的缝隙宽度大致相等。就位以后先安装临时匹配件上的定位螺栓，定位螺栓不完全拧紧，以便于调整拱肋高程、轴线。线形调整好后，立即施拧连接板高强度螺栓，完成临时连接，然后安装、张拉扣索，解除吊索，最后焊接。由此完成一个节段吊装合龙，用同样的方式进行另一合龙段。合龙段拱肋钢管连接如图 3.2.3-30 所示。

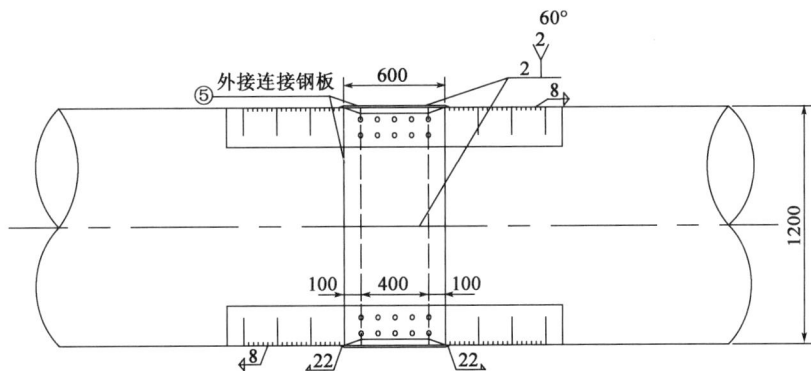

图 3.2.3-30　合龙段拱肋钢管连接示意图（尺寸单位：mm）

（5）合龙段钢管拱肋安装完成后进行 H 横撑吊装连接，H 横撑通过单组主索道从 1 号、2 号墩处吊装平台纵桥向吊至钢平台上方，在空中转向至与线路方向垂直，再下放到钢平台重新捆绑起吊。横撑起吊采用两组索道抬吊，先用两根钢丝绳捆绑，另外两根钢丝绳作为起吊绳。两组索道滑车通过卷扬机牵引向跨中移动，当接近安装位置时降低运行速度，采用钢丝绳配合链条葫芦手动牵引，将 H 横撑牵引至安装对准连接。横撑就位后进行精确调整后再焊接。H 横撑平面示意图如图 3.2.3-31 所示。

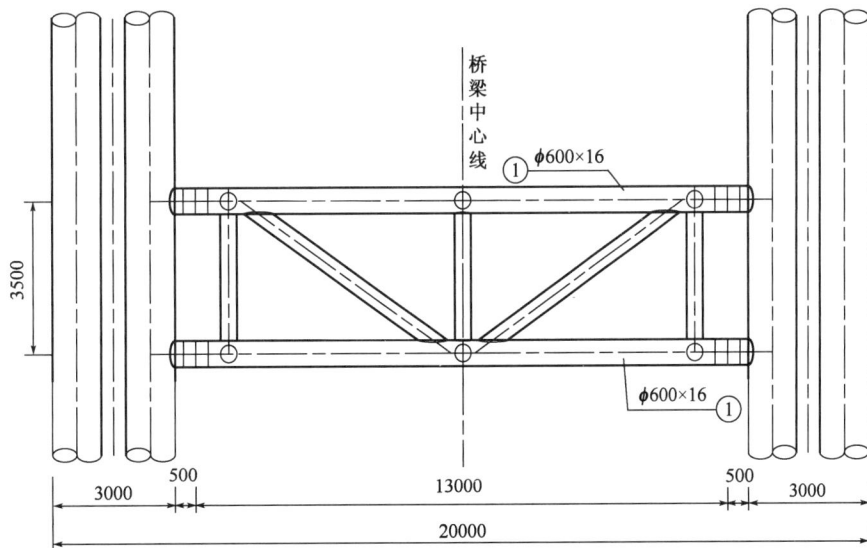

图 3.2.3-31　H 横撑平面示意图（尺寸单位：mm）

2.3.5　拱肋混凝土顶升

2.3.5.1　总体施工方案

钢管拱拱肋混凝土灌注按"两级准备，一级启用"、两岸对称上下游不对称方式进行组织。拱肋钢管混凝土施工按"先上弦、后下弦;先外侧、后内侧"原则进行,每次按先后顺序压注两根钢管,待混凝土达到设计强度的90%且龄期不低于5d后进行下一组两根钢管压注。顶升施工时,先从拱脚进料管进料两岸同步对称顶升,在1/2矢高位置增设进料口作为预备方案。若顶升过程中发生堵管等异常情况,则启用1/2矢高进料口继续进行顶升,直到混凝土从拱顶出浆管排出的混凝土无气泡为止,停止泵送,关闭截流阀。缀板浇筑从拱顶向拱脚方向进行,两岸对称上下游不对称方式浇筑;上游先浇筑下弦缀板然后将泵管拆除接至上弦下缀板进料口浇筑上弦缀板,上、下弦缀板依次交替进行浇筑至拱脚,下游缀板浇筑顺序同上游缀板。

2.3.5.2 施工工艺流程

钢管拱混凝土顶升施工工艺如图3.2.3-32所示。

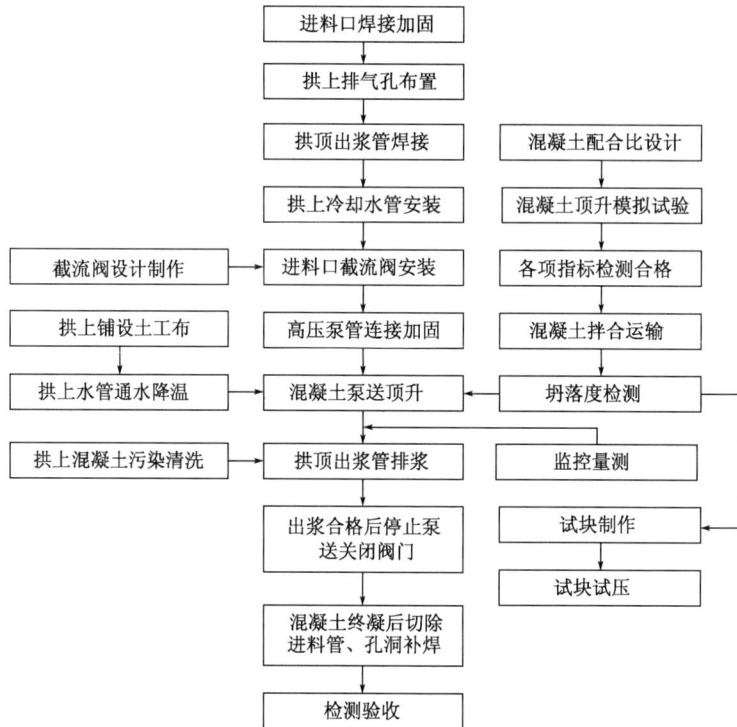

图3.2.3-32 钢管拱混凝土顶升施工工艺图

2.3.5.3 具体施工方法

1)混凝土配合比设计

拱肋钢管及缀板混凝土采用C50自密实微膨胀混凝土,钢管混凝土泵送顶升施工对混凝土的性能要求高,混凝土的配合比设计至关重要。C50自密实微膨胀混凝土配合比见表3.2.3-4。

C50自密实微膨胀混凝土配合比　　　　　　　　　　表3.2.3-4

确定试验配合比(kg/m³)							
水泥	砂	碎石	水	矿渣粉	外加剂	膨胀剂	水胶比
399	646	1101	165	80	6.384	53	0.31
粗集料掺配比例(%)	5~10mm		10~20mm	实测坍落度(mm)	实测表观密度(kg/m³)		
	20		80	250	2450		
V漏斗试验	T_{50}		U形箱试验	压力泌水率(%)			
20s	10s		37mm	18			

2）泵车选型

钢管拱自密实混凝土采用拖泵进行浇筑，拱肋矢高为56m，根据现场情况，泵送距离见表3.2.3-5。

泵送距离统计 表3.2.3-5

泵车位置	水平泵送距离（m）	竖直泵送距离（m）	倾斜直管（m）	弯头数量（个）	水平换算长度（m）
钢管浇筑4号拱座前方	35	12		12	35+5×12+12×12=239
钢管浇筑5号拱座前方	30	12		12	30+5×15+12×12=249
缀板浇筑4号拱座前方	35	12	144.86	12	35+5×12+12×12+654.4=893.4
缀板浇筑5号拱座前方	30	15	144.86	12	30+5×15+12×12+645.4=894.4

泵车最大输送距离不能小于893.4m×1.5=1340.1m（1.5为富余系数）。

按初凝时间15h计算泵车输送量，上弦管混凝土方量最大，根据组织安排一次需泵送两根钢管混凝土，考虑换泵及其他准备工作时间，实际泵送单根单端泵送时间考虑8h。单根上弦管单端泵送方量按照307.65m³进行计算：307.65/8×1.2=46.14（m³/h）（1.2为考虑的安全系数），即单台泵每小时泵送量最低不能小于23m³/h。

综上所述，要求泵车性能满足最大输送距离不小于1340.1m，输送量不小于23m³/h的要求。

为保证施工安全，要求泵车工作性能优良，零件磨损较小，使用年限较短，并且每岸多租赁一台作为备用泵车（合计租赁4台），浇筑过程中一旦发生泵车机械故障，要能在最短时间完成换泵作业，通过市场调查选定车载泵型号为三一重工HBT80-C1818D型托式混凝土输送泵，参数见表3.2.3-6。经计算泵车泵送压力能够满足要求。

车载泵选型参考表 表3.2.3-6

泵车名称	规格型号	理论输送压力（MPa）	理论输送量高压（m³/h）	输送管管径（mm）	发动机功率（kW）	备注
三一重工	HBT80C-1818D	18	80	150	181	最大集料粒径：卵石50mm、碎石40mm。理论泵送距离：垂直300m，水平1200m

3）浇筑顺序

根据设计图，钢管拱肋泵送混凝土加载要求，必须对称从两岸拱脚向拱顶推进，浇筑进度差不大于5m。以单根钢管为单元，每根钢管灌注后即可灌注另一拱肋相同编号的钢管内混凝土。缀板混凝土从拱顶纵向对称分仓灌注。

根据设计要求，结合现场条件两岸设置两台拖泵其中一台备用，实测拌和站供应能力96m³/h（120型拌和机），因此拱肋混凝土泵送施工按照单根钢管（缀板）两岸对称、上下游不对称同步顶升。

灌注顺序为：先灌注左侧上弦外侧拱肋（1-1）→右侧上弦外侧（1-2）→等强→右侧上弦内侧拱肋（2-1）→左侧上弦内侧拱肋（2-2）→等强→左侧下弦外侧拱肋（3-1）→右侧下弦外侧拱肋（3-2）→等强→右侧下弦内侧拱肋（4-1）→左侧下弦内侧拱肋（4-2）→等强→左侧下弦缀板（5-1）左侧上弦缀板（5-2）交替浇筑→右侧下弦缀板（6-1）右侧上弦缀板（6-2）交替浇筑→等强。拱肋泵送混凝土灌注顺序如图3.2.3-33所示。

4）进料口设置

（1）钢管拱肋进料口设置

南浦溪特大桥钢管拱肋混凝土从两岸拱脚向拱顶对称泵送灌注，混凝土进料口设置在拱脚以上1.95m处，在预备方案的拱肋1/2矢高处设置泵送进料口。单根拱肋钢管设置4个进料口，全桥8根钢管共设32个进料口。钢管拱泵送混凝土进料口，先在结构上开孔，然后将内径ϕ150mm、外径ϕ168mm的高压泵管焊接在开孔位置，并设置3道加劲板进行加固，进料口高压泵管与拱肋钢管在竖直方向呈

20°的夹角,水平方向均向拱肋轴线方向设20°左右的夹角,便于泵管连接。进料口设置如图3.2.3-34所示。

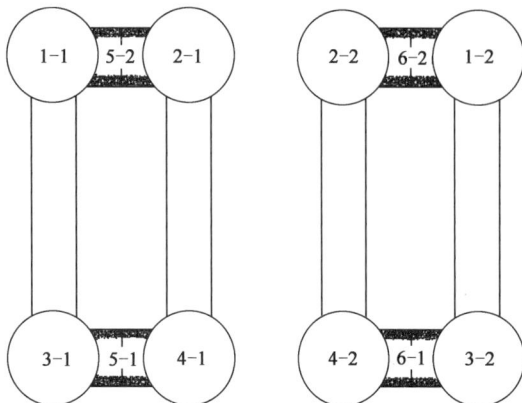

图3.2.3-33 拱肋泵送混凝土灌注顺序图

图3.2.3-34 进料口设置

（2）缀板进料口设置

下弦缀板共分8个仓,每个仓设置一个进料口,进料口设置在每个仓靠拱顶方向距离隔仓板20cm的位置,进料口采用长20cm的ϕ15cm的泵管焊接在下弦上缀板上。上弦缀板共分8个仓,每个仓设置一个进料口,进料口设置在上弦下缀板靠拱顶方向距离隔仓板20cm的位置,进料口采用长为20cm的ϕ15cm泵管焊接在缀板上。下弦缀板、上弦缀板进料口设置分别如图3.2.3-35、图3.2.3-36所示。

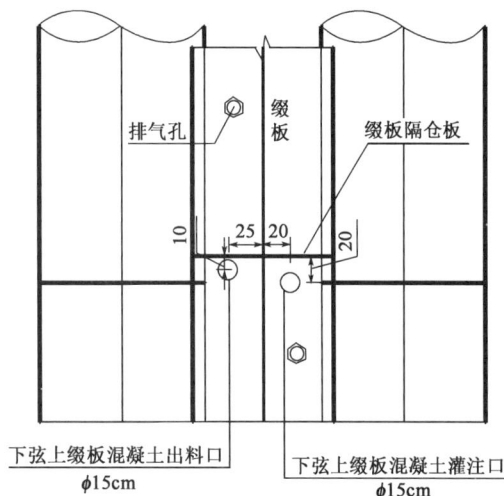

图3.2.3-35 下弦缀板进料口设置(尺寸单位:cm)

图3.2.3-36 上弦缀板进料口设置

5）排气孔设置

钢管拱混凝土泵送时在钢管拱肋及缀板顶面设置排气孔,排气孔沿拱轴间隔10m左右、拱顶前后5m内1m间距设置一排ϕ18mm孔,当混凝土泵送顶升超过该排气孔后,用M20×50mm螺栓拧紧堵塞,待混凝土强度达到后,再用砂轮机将此螺栓割除补焊修复涂装。钢管拱排气孔设置如图3.2.3-37所示。

6）出浆口布置

（1）拱肋出浆口布置

拱肋钢管混凝土泵送施工在拱顶设置出浆口,出浆口采用比泵送管管径稍大的钢管（外径ϕ200mm）焊接在开孔位置拱顶隔舱板两侧各设置一根,单根钢管设置2个出浆口,全桥8根拱肋钢管,共16根出浆管。出浆口设置高度大于或等于1.5m。为了防止泵送混凝土排浆污染钢管拱外表面,将出浆管设置一定角度,使出浆口伸出拱肋范围,焊接时与水平方向夹角成50°,竖直高度大于或等于1.5m。钢管拱出浆口布置图如图3.2.3-38所示。

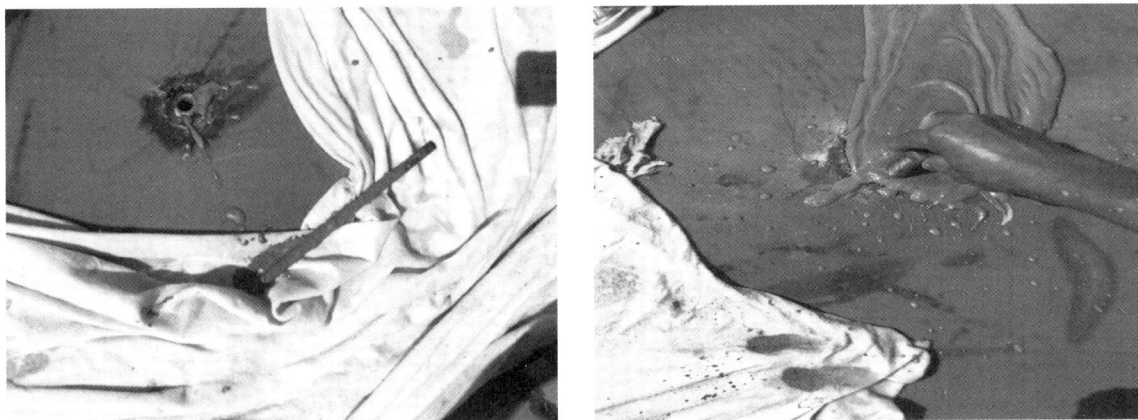

图 3.2.3-37　钢管拱排气孔设置

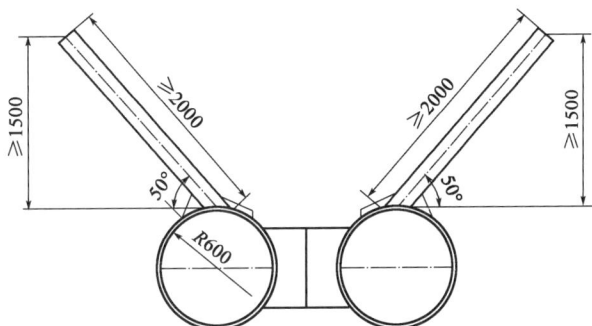

图 3.2.3-38　钢管拱出浆口布置图(尺寸单位:mm)

(2)缀板出浆孔布置

上、下弦缀板出浆孔均设置在每个仓的上缀板位置,出浆孔靠拱顶方向,中心距离隔仓板 10cm,出浆孔直径 15cm,出浆孔焊接长度 20cm、φ15cm 的出浆管。

7)泵管布置

钢管混凝土顶升施工采用的泵管、垫圈、卡扣均需满足高压要求,安装前需对管壁磨损情况进行全面检查,淘汰磨损泵管,防止浇筑过程发生爆管。管道布置时最大限度减少弯管数量,缩短长度,力求顺直,以减少泵送压力损失。对泵管管路采用可靠措施进行固定,减少泵管抖动,防止进料管焊缝发生疲劳破坏。管路安装完成后进行密闭性试验,检查泵送系统的密闭性和连接刚度。泵送管路严格按照一套使用、一套备用原则设置,确保一套管路发生堵管等问题后,能够及时更换备用管路。

根据钢管拱进料口布置位置、泵送设备摆放位置、同时根据设备相关参数计算及实地测量数据,选用内径 φ150mm、外径 φ168mm 的高压泵管。考虑浇筑过程堵管等不利因素,因此在每组拱背设置两组泵管,泵管设置长度从车载泵出料口算起,一直设置到拱肋 1/2 矢高进料口,进料口设置截流阀。

截流阀采用 20mm 厚 Q235 钢板加工,与内径 φ150mm 高压泵管焊接,两端高压泵管长度 25cm(即购买 50cm 长高压泵管割成两段),两端均留有泵管连接接头,闸阀连处采用栓接形式连接。截流阀构造如图 3.2.3-39 所示。

8)钢管拱混凝土顶升

(1)钢管拱肋混凝土顶升

主拱肋以单根钢管为单元纵向从拱脚向拱顶对称同步顶升法灌注,各管内混凝土长度差不大于5m。当顶升过程中发生堵管、钢管变形过大等异常情况时,采用备用方案,即从 1/2 矢高泵送。关闭拱脚截流阀,拆开泵管与 1/2 矢高位置泵管连通,打开 1/2 矢高位置截流阀,开始二级泵送。每根钢管内混凝土灌注完毕后即可灌注另一拱肋相同位置的钢管内混凝土,横向交叉灌注,当钢管内混凝土强度达到设计强度的 90% 后,方可灌注下一组编号钢管内混凝土。

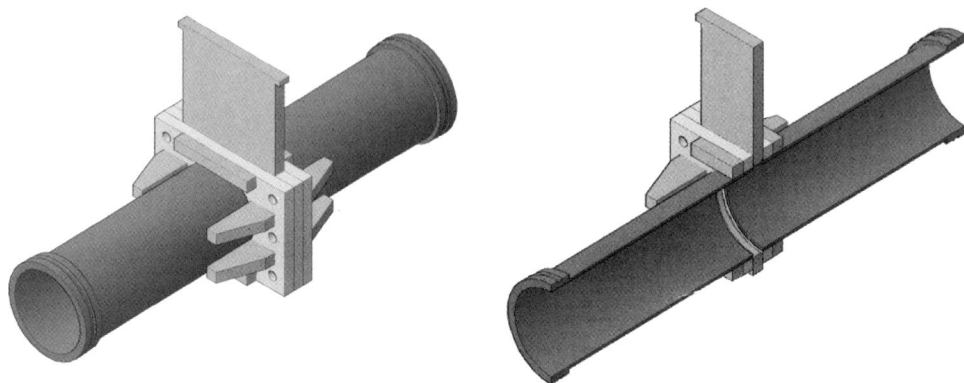

图 3.2.3-39　截流阀构造示意图

混凝土顶升过程中超过排气孔后采用 M20 的螺栓拧紧将排气孔堵住,同时利用拱背上的水管将拱肋清洗干净。混凝土顶升至拱顶、从出浆管排出混凝土合格后,停机 5min,然后调至高压泵送 2~3 个行程,完成管内混凝土顶升压注,关闭闸阀。出浆管排除的混凝土采用 2m³ 的料斗接住,料斗由临时货运加工索道进行提调,料斗内混凝土进行无污染处理。拱顶出浆管排浆如图 3.2.3-40 所示。

混凝土浇筑全部完成后立即采用清水将拱肋清理干净,拆除泵管、临时水管及照明设施等。混凝土终凝后,割除排气孔螺栓、进料管和出浆管,排气孔采用塞焊工艺修复,进料管和出浆管孔利用原割下的钢板原位补回,焊缝探伤需满足质量要求,修补完成并除锈后,按设计涂装体系进行补涂。

(2)缀板混凝土顶升

缀板钢板相比钢管拱钢板厚度较薄,为了防止压力过大导致缀板破裂,采取分仓灌注的方式,上、下弦缀板均设置 7 个缀板仓。缀板浇筑从拱顶向拱脚方向进行两岸对称、上下游不对称方式浇筑;上游先浇筑下弦缀板,然后将泵管拆除接至上弦下缀板进料口浇筑上弦缀板,上下弦缀板依次交替进行,浇筑至拱脚,下游缀板浇筑顺序同上游缀板。

混凝土顶升过程中超过排气孔后采用 M20 的螺栓拧紧将排气孔堵住,同时利用拱背上的水管将缀板清洗干净。混凝土顶升从缀板出浆管排出混凝土合格后,停机 5min,然后调至高压泵送 2~3 个行程,完成缀板内混凝土顶升压注,关闭闸阀。

混凝土浇筑全部完成后立即采用清水将缀板清理干净,拆除泵管、临时水管及照明设施等。混凝土终凝后,割除排气孔螺栓、进料管和出浆管,排气孔采用塞焊工艺修复,进料管和出浆管孔利用原割下的钢板原位补回,焊缝探伤需满足质量要求,修补完成并除锈后,按设计涂装体系进行补涂。

缀板混凝土灌注如图 3.2.3-41 所示。

图 3.2.3-40　拱顶出浆管排浆

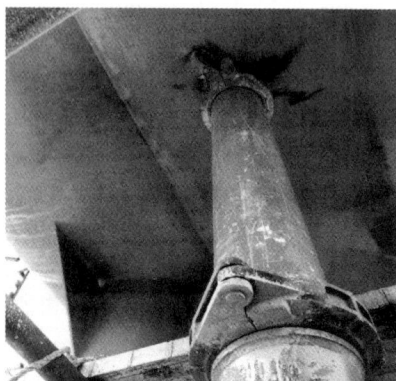

图 3.2.3-41　缀板混凝土灌注

9）拱肋降温及清洗

为了加快温度散发和对排气孔、进料管及出浆管等位置渗漏的混凝土浆液进行清洗,沿拱肋背部布设直径5cm的主水管,在大小里程各设置一台管道增压泵,由大小里程高压水池供水。间隔10m,设置三通管及开关,引出直径2cm的支水管长度15m,覆盖上下弦杆,在钢管拱上覆盖土工布隔热保湿,在混凝土顶升前及过程中浇水使土工布保持湿润,对拱肋进行降温,并对渗漏混凝土浆液进行冲洗。

拱上水管布置如图3.2.3-42所示。

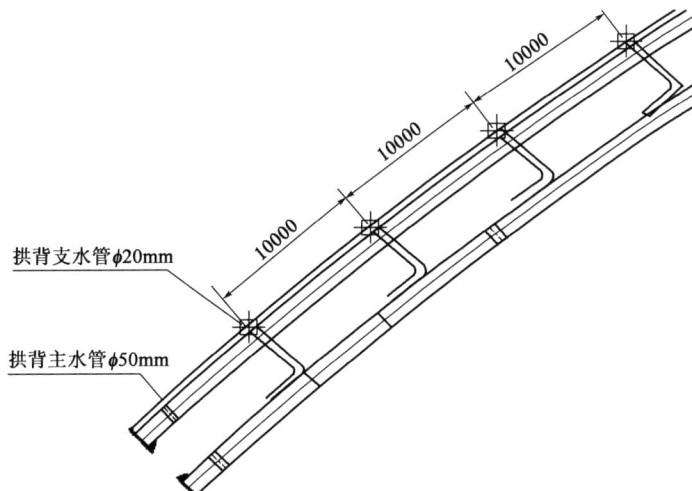

图3.2.3-42　拱上水管布置图(尺寸单位:mm)

10）监控量测

线形监控点选择在拱脚、1/2矢高和拱顶位置的吊装节段控制点上,每根钢管合计设置5个测量监控点,测量采用全站仪和小棱镜进行测量,测量频率按钢管混凝土每顶升30m、顶升完成、顶升完成后的4h、12h、24h和下一组拱肋钢管混凝土顶升前各测量一次。

2.4　立柱、工字形钢梁及桥面板施工

2.4.1　桥面板预制

2.4.1.1　总体施工方案

南浦溪特大桥共有352块桥面板,分Q1、Q2、Q3三类,均为钢筋混凝土,无预应力,最大结构尺寸为宽5.8m、长4.5m、厚度0.33m(图3.2.4-1),共设置16个预制台座。主筋采用焊接形式,直接在台座上散件安装钢筋,钢筋安装完成后,安装模板。侧模板采用自制的钢模板,预留槽采用木模板,在模板内侧安装止浆带,起到拉毛和防止漏浆作用。混凝土浇筑起重机提升料斗下料,自动喷淋养护。当混凝土达到设计强度时,将桥面板运至存梁场存放,存放时间不少于3个月。工字形梁安装完成一联后,在临时架空索道空余时间吊装桥面板。

2.4.1.2　施工工艺流程

桥面板预制及吊装工艺流程如图3.2.4-2所示。

2.4.1.3　具体施工方法

1）预制台座施工

预制场设置于原停车场,总面积约1236m²。预制区共设16个Q2、Q3板台座,台座尺寸(长×宽×

厚)为 $4.5m \times 5.8m \times 0.5m$,施工宽度为 $3.67m$ 的 Q1 板时利用 Q2、Q3 板的台座。台座顶部均设置 5mm 厚钢板作为底模。预制台座由顶面 5mm 厚底模钢板、49.5cm 厚混凝土结构、底模钢板锚固钢筋等部分组成。桥面预制板台座结构如图 3.2.4-3 所示。

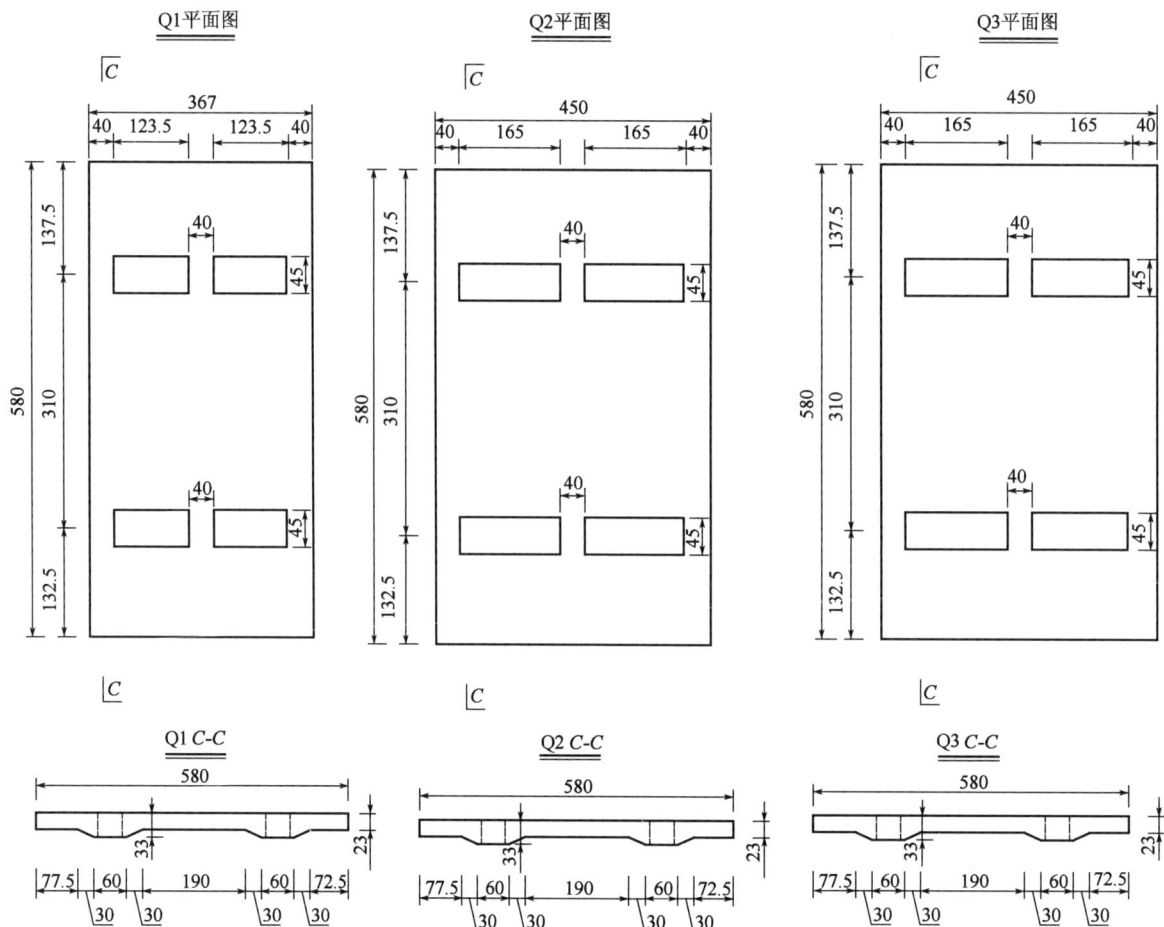

图 3.2.4-1　桥面板结构图(尺寸单位:cm)

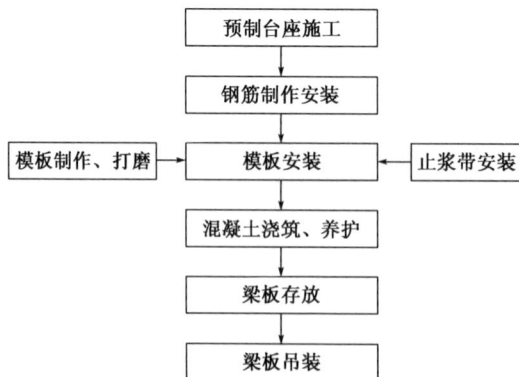

图 3.2.4-2　桥面板预制及吊装工艺流程图

2)钢筋制作安装

桥面板主筋 $\phi25mm$ 和 $\phi20mm$ 钢筋采用搭接焊,焊接端头应按规范要求设置预弯,$\phi25mm$ 钢筋预弯高度为 2.5cm,$\phi20mm$ 钢筋预弯高度为 2cm,起弯点距离钢筋端头水平距离 20cm,保证钢筋安装时轴线在一条直线。

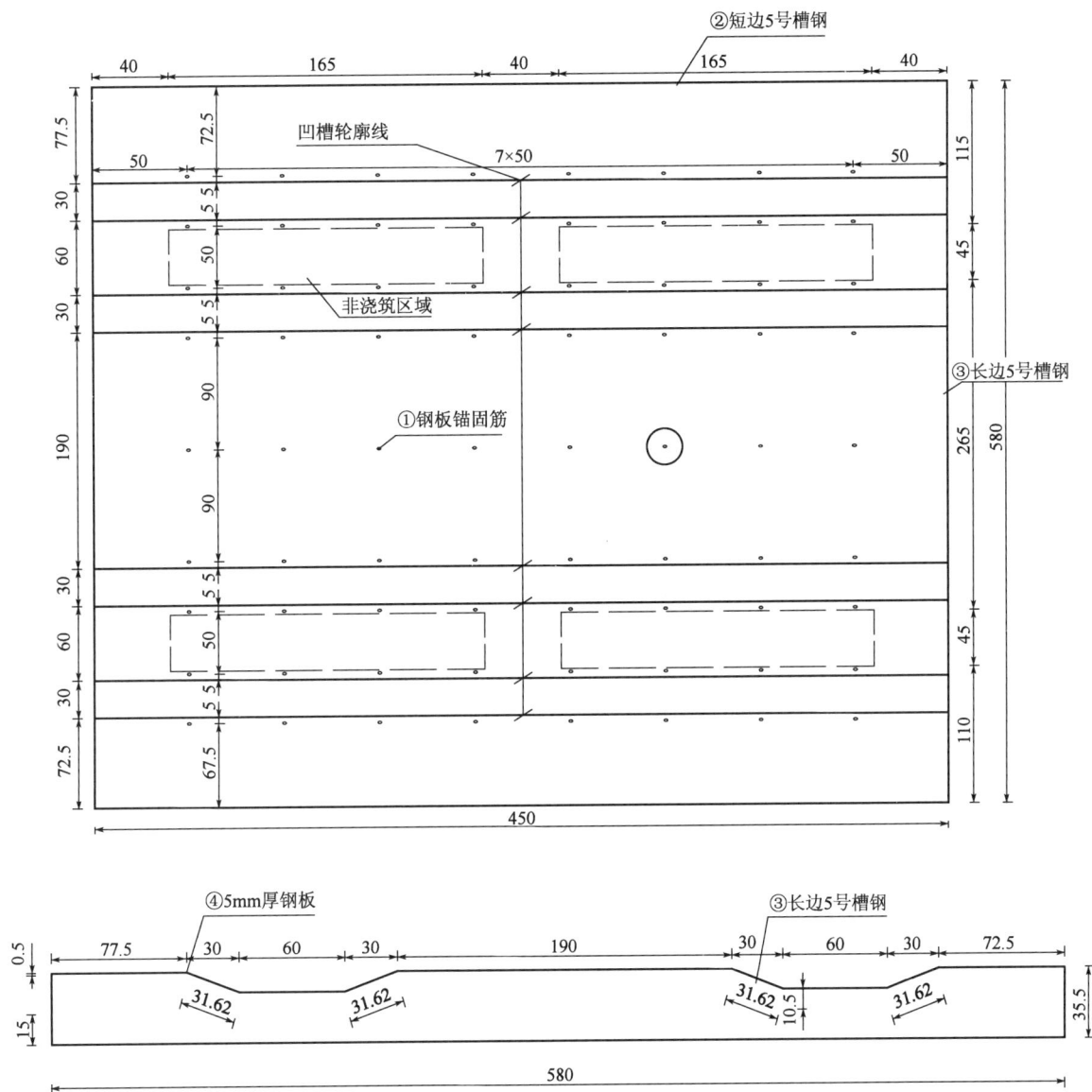

图 3.2.4-3　桥面预制板台座结构图(尺寸单位:cm)

　　钢筋安装前,应将台座顶面的杂物清理干净,并涂上脱模剂,严禁采用废机油作为脱模剂。脱模剂应涂刷均匀,避免过多或涂刷不到位。台座上将工字形梁剪力钉的布置点标记出,钢筋安装时与剪力钉位置有冲突是适当调整钢筋位置,避免桥面板安装时与剪力钉冲突,影响梁板下放。钢筋与模板之间设置垫块,垫块的强度和密实性要满足要求,其材料不应含有对混凝土产生不利影响的成分。垫块的制作厚度不应出现负误差,正误差允许 1mm。垫块应交错设置在钢筋与模板之间,不应横贯混凝土保护层的全部截面,布设的数量不小于 4 个/m²,重要部位适当加密。垫块应与钢筋绑扎牢固,扎丝不得伸入混凝土保护层中。钢筋安装完成后埋设桥面板吊环,吊环采用 ϕ28mm 的圆钢。

　　3)模板制作安装

　　(1)模板制作

　　模板采用钢模板,桥面板侧模分为上下两块,按剪力钉布置间距、钢筋间距和直径加工成梳齿状,每个梳齿宽度不得大于钢筋直径 2mm,关模时将上下两块梳齿板合即可。

　　桥面板与工字形梁通过剪力钉连接处,不浇筑混凝土,此区域采用木模板做成预留槽,待吊装至工字形梁再后浇。木模板根据钢筋间距做成梳齿形安装,采用小方木条进行加固支撑。

（2）模板的安装及拆除

①桥面板上下两块梳齿板安装完成后，在从钢筋之间塞入止浆带挡住齿口空隙，梳齿板其他缝隙采用土工布和泡沫胶进行封堵，避免漏浆。桥面板预留槽利用小方木和木楔进行加固。

②模板安装前应检查模板质量及平整度，模板有变形的不得使用。

③关模时模板面板应紧贴台座侧壁，避免混凝土浇筑过程中漏浆。模板与混凝土的接触面需刷脱模剂，但不能使用废机油，且不得污染成品。

④模板安装时，应在顶部及底部设置对拉杆，确保模板稳定、坚固，能抵抗施工过程中有可能发生的偶然冲击和振动，防止混凝土浇筑时的变形。

⑤固定在模板上的预埋件及预埋孔位置要准确，不得遗漏，安装要牢固。

⑥模板安装完毕后，检验模板尺寸及稳定性，自检合格后报请监理验收，符合规范后方可进行混凝土的浇筑。

⑦拆除模板过程中不得损伤混凝土结构。拆除的模板应及时进行清理、打磨，堆放到指定位置，严禁乱扔乱放。

4）混凝土浇筑及养护

混凝土采用罐车运至现场后，采用起重机配合料斗进行浇筑。混凝土浇筑从两边厚度33cm处浇筑，待这部分混凝土浇筑完成后在浇筑两侧翼缘板，混凝土振捣器型号采用直径50mm振捣棒，振动器的移动范围不应超过振动器作用范围的1.5倍，每一点的振捣持续时间为20～30s，以混凝土停止下沉、不再出现气泡、表面呈现浮浆为止。混凝土浇筑过程中应避免直接碰触预埋件，确保预埋件位置准确。混凝土浇筑过程中若因故中断，中断时间应不大于已浇混凝土初凝或重塑时间。混凝土的运输、浇筑及间歇时间不应超过混凝土的初凝时间，否则应按施工缝进行处理，并做好记录。

桥面板采用雾炮机进行保湿养护，混凝土的养护用水应符合规范规定，养护时间不应小于7d。当气温低于5℃时，采用覆盖土工布保温养护，不得向混凝土表面洒水。

5）桥面板存放

预制桥面板吊放前混凝土的强度应不低于设计规定；设计未规定时，应不低于设计强度的80%。桥面板预制完成后，利用起重机起吊装运，运输车运至存放区进行存放。吊放台座上第一层桥面板时，应对准对台座结构吊放，吊放偏差不得大于5cm，当吊放存放台座的第二层桥面板时，第二层桥面板的主梁应对准第一层桥面板的主梁放置，偏差不得大于3cm。桥面板重叠堆放时，下层桥面板顶面因设置有吊装时所用的吊耳钢筋，故需在下层桥面板和上层桥面板之间主梁位置处垫设15cm×15cm以上规格、长度为4.5m的木枋四根。

预制桥面板存放应符合以下规定：

（1）存放台座应坚固稳定，且宜高出地面200mm以上。存放场地应有相应的防排水措施，并应避免梁、板等构件在存放期间因沉陷而受到损坏。

（2）预制桥面板存放时混凝土养护期未满7d的，应继续养护。

（3）预制桥面板应按安装顺序编号（如Q1-1、Q2-3、Q3-2等）存放。存放采用多层叠放，层与层之间应以枋木隔开，各层支承位置应设在规定的支点处，上下层枋木应在同一条直线上，叠放最大高度宜为5层。

2.4.2　钢立柱及钢盖梁吊装

2.4.2.1　立柱节段单独吊装

单独吊装作业的立柱为Z1、Z2、Z3、Z11、Z12、Z13。根据4号墩、拱顶净空高度，对相应组合划分节段的吊装方式进行分类，其中Z1柱第2吊装节段采用在起吊点吊装场转体后竖直吊运至指定位置进行安装，其余节段均采用在起吊点吊装场平吊至指定安装位置后，再转为竖直状态的方式进行安装。

1) 吊具制作安装

立柱吊装过程中设置两种吊具,即立柱顶部设置具有转体功能的吊耳装置,立柱底部设置辅助转体普通吊耳。立柱吊具主要由吊索、扁担梁(槽钢)钢带、耳板、销轴、卸扣组成,现场共加工 4 套。平吊竖转时顶部安装扁担梁、钢带、销轴等作为主要转体装置,底部焊接吊耳作为辅助转体装置。

钢立柱在厂内加工时,在立柱顶部吊点位置钢立柱侧面板进行开孔,用以横穿直径 150mm 的转动钢轴。为了增大转动部位的钢箱立柱钢板壁的强度,避免在转动过程中钢箱立柱侧壁钢板产生较大的应力集中或较大变形,故在钢箱立柱内壁相应位置焊接加劲板。钢轴两端设置能够限制立柱吊装过程中横向位移的钢带,用以与扁担梁连接,并在钢轴上开孔安装销子限制钢带横向位移。在立柱底部第一道横隔板位置设置一个辅助转体吊耳,如图 3.2.4-4 ~ 图 3.2.4-6 所示。

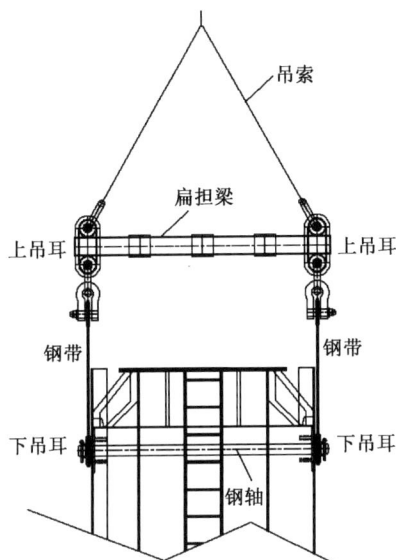

图 3.2.4-4 立柱顶部吊具设置示意图

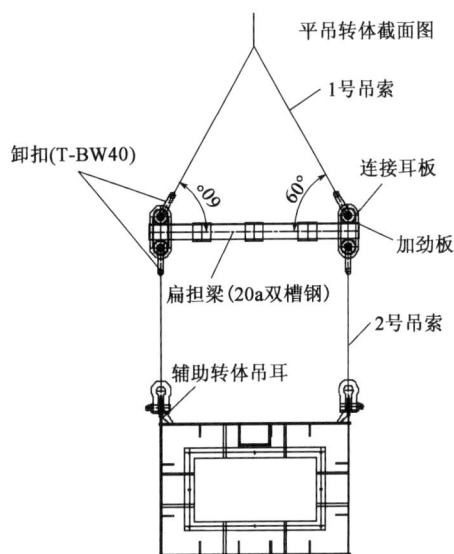

图 3.2.4-5 立柱底部吊具设置示意图

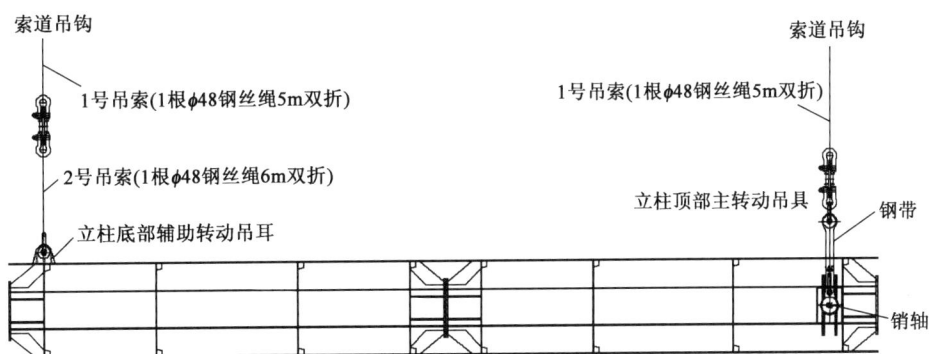

图 3.2.4-6 立柱平吊竖转吊具设置示意图

2) 立柱吊装

在索鞍移动至指定位置、吊钩连接绳调整到位并收到监控单位监控指令后,在吊装场进行立柱的摆放并应摆放至索道正下方,并垫设枕木。立柱的摆放应遵循转体空间足够、保证牵引力不得过大的原则,因此采用低点吊钩作为转体的中心点。在吊装 Z1、Z2、Z3 立柱时,立柱顶部应处于大里程端;在吊装 Z11、Z12、Z13 立柱时,立柱顶部应处于小里程端。在立柱摆放好后,安装立柱两端吊具,挂设起吊钢丝绳索。对于竖吊至安装位置的立柱在吊装场双钩抬吊至大于吊装节段长度的高度并转体至竖直状态,然后竖吊至安装位置。对于平吊至安装位置的立柱,直接在吊装场双钩抬吊起吊,走行至安装位置后转动至竖直状态进行安装。立柱转体作业:在转体过程中通过下放与底部辅助转体吊耳连接的吊钩,以立柱顶部具有转动功能的吊耳为轴,达到立柱转为竖直状态的目的。转体过程中,主转动装置对应吊钩的索道牵引绳保持不动,放辅助吊耳对应吊钩的索道牵引绳及起吊绳,使辅助吊耳对应的吊钩缓慢靠近主转动吊耳对应的吊钩,以保持水平分力在较小值状态。立柱底部应安装榫头进行就位导向,立柱底端接近预先焊接于下端立柱的内法兰5cm时,采取手动链条葫芦牵引立柱就位,然后连接定位螺栓,随即进行立柱安装测量定位,并根据误差大小及方向松动下端相应的初拧螺栓和牵引顶部吊钩进行调整。定位完成后焊接码板作为临时定位措施,然后再焊接立柱环焊缝。接缝间可垫预先备好的U形钢片达到安装精度,再拧紧其余螺栓,接着对立柱进行焊接固定,焊缝焊接1/2后松去吊具,立柱吊装连接完成后,接头处进行防腐涂装。然后继续下一个立柱吊装段施工。立柱转体示意图如图3.2.4-7所示。

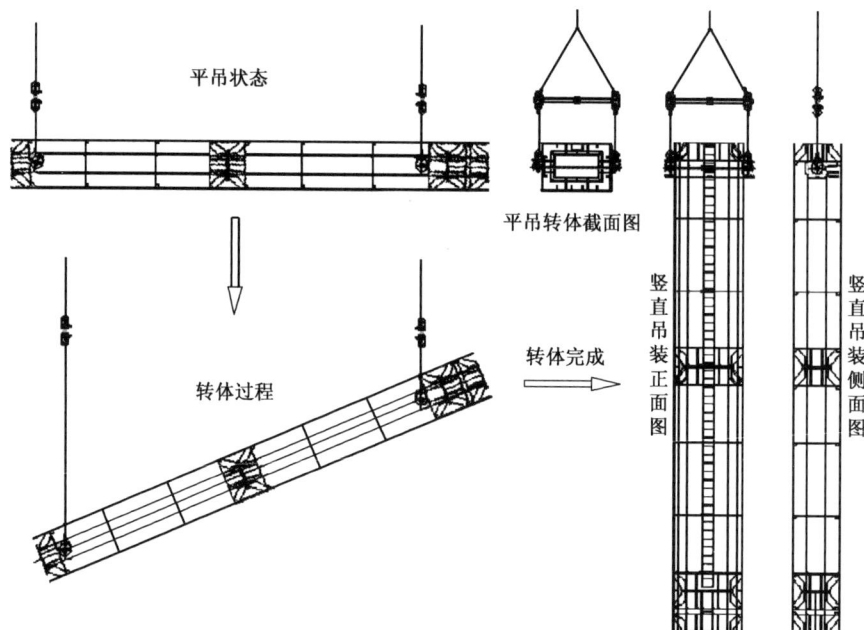

图 3.2.4-7 立柱转体示意图

2.4.2.2 盖梁单独吊装

涉及盖梁单独吊装作业的立柱为Z1、Z3、Z11、Z13,应盖梁单独吊装高度为0.65m立柱接头 + 3.016m,4号墩、拱顶净空均大于其竖直吊装空间,所以盖梁单独吊装方式采用在吊装场竖放后直接吊至指定安装位置。

1)吊具制作安装

盖梁采用两组主索抬吊,用钢板制作吊耳焊接在盖梁顶部,在盖梁顶部设置4个吊点,采用 ϕ47.5mm钢丝绳作为吊索,吊索与盖梁水平角度不大于60°。单个吊点设置一个吊耳,吊耳焊接于距盖梁中心线7.258m处横隔板所对应的盖梁顶板表面,角焊缝焊脚尺寸不小于15mm,各对接坡口焊采用全熔透焊接。吊耳与吊索采用40t卸扣进行连接,单个吊耳设计如图3.2.4-8所示。

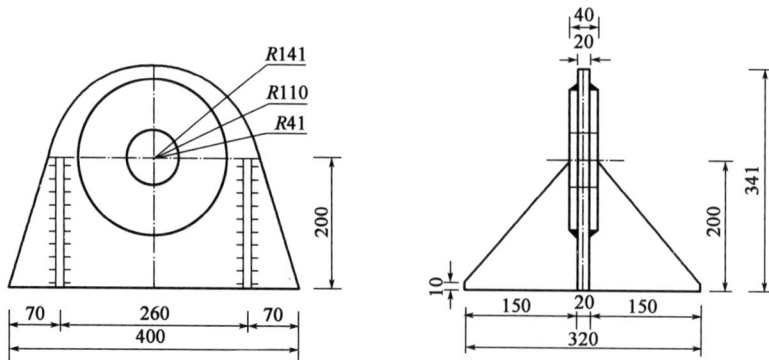

图 3.2.4-8 钢盖梁吊耳设计图(尺寸单位:mm)

2)钢盖梁吊装

在索鞍移动至指定位置、吊钩连接绳调整到位并收到监控单位监控指令后,盖梁运至吊装场摆放至索道正下方,并使盖梁中心线对准线路中心线。盖梁应竖直放置,不得直接放于地面,应放置在枕木上。安装好盖梁吊具,然后运行索道起吊绳开始起吊,两组索道小车通过牵引卷扬机同时移动,吊装至连接位置后,在立柱顶采用钢板设置导向榫头引导进行对位。盖梁对位好后在立柱接头侧壁焊接码板作为临时固定,人员通过人洞进入箱内,在连接法兰盘螺栓孔插入螺栓,然后解除吊钩进行接头环焊缝焊接作业,焊接完成后对焊缝作防腐处理。钢盖梁吊装施工如图3.2.4-9所示。

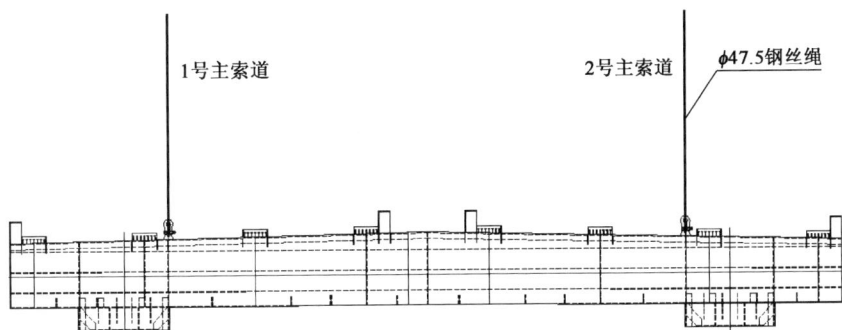

图3.2.4-9 钢盖梁吊装施工示意图

2.4.2.3 立柱节段与钢盖梁整体吊装

涉及立柱与盖梁组合吊装作业的立柱为Z2、Z4～Z10、Z12等9个立柱,根据4号墩、拱顶净空高度对相应组合划分节段的吊装方式进行分类。其中,Z10、Z12组合吊装在起吊点平吊至安装位置后,再转动为竖直状态进行安装,其余组合吊装均在吊装场转体后竖直吊运至指定位置进行安装。

1)吊具制作安装

组合吊装节段采用两组索道4个吊钩抬吊,组合吊装吊具分两种方式设置。考虑到组合吊装节段完成竖转后,其受力状态与盖梁单独吊装竖直受力状态相同,并考虑到简化吊耳加工工序,所以组合吊装节段盖梁顶部吊耳设计与盖梁单独吊装吊耳设计相同,但避免转动过程中钢丝绳与吊耳之间碰撞,所以单边两个吊耳之间错开20cm。因组合吊装转体主要以顶部盖梁作为转动中心,所以在盖梁吊点处设置相应的转动装置,采用80t滑车,左右幅各1个。组合吊装节段立柱底部设置辅助转体吊耳,考虑到简化吊耳加工工序及吊具的重复利用,所以组合吊装立柱底部辅助转体吊耳设置方式与立柱单独吊装辅助吊耳设置相同。组合吊装如图3.2.4-10、图3.2.4-11所示。

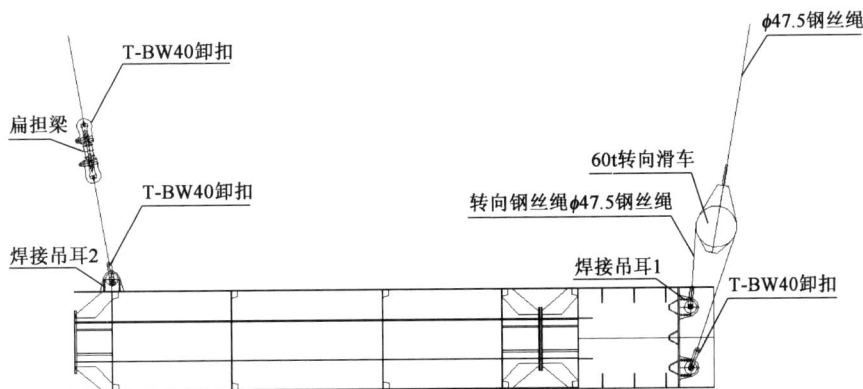

图3.2.4-10 组合吊装示意图

立柱、盖梁组合吊装共设置8个吊点,即盖梁顶部4个吊点,两根立柱各2个吊点,单个吊点设置一个吊耳,吊耳焊接于距盖梁中心线7.258m处横隔板所对应的盖梁顶板表面,角焊缝焊脚尺寸不小于15mm,各对接坡口焊采用全熔透焊接。吊耳与吊索采用40t卸扣进行连接。

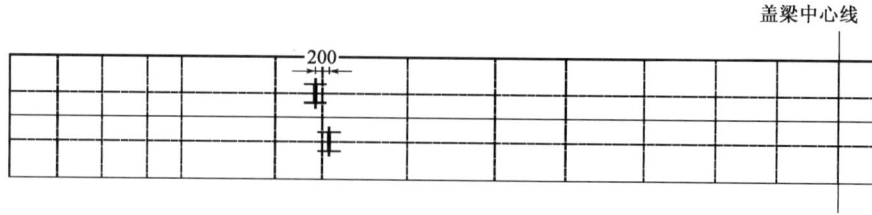

图 3.2.4-11　组合吊装盖梁吊耳平面布置示意图(尺寸单位:mm)

2)组合吊装

在索鞍移动至指定位置、吊钩连接绳调整到位并收到监控单位监控指令后,在吊装场进行立柱、盖梁吊装组合的摆放并应摆放至索道正下方,并垫设枕木。立柱的摆放应遵循转体空间足够、保证牵引力不得过大的原则,因此采用低点吊钩作为转体的中心点。在吊装 Z2、Z4、Z5、Z6 柱的组合吊装段时,盖梁应处于大里程端;在吊装 Z8、Z9、Z10、Z12 柱的组合吊装段时,盖梁应处于小里程端。在组合吊装段摆放好后,安装吊具,挂设起吊钢丝绳索。对于竖吊至安装位置的吊装组合,在吊装场双组索道四钩抬吊至大于吊装节段长度的高度并转体至竖直状态,然后吊至安装位置。对于平吊至安装位置的组合吊装段,直接在吊装场双组索道四钩抬吊起吊,走行至安装位置后转动至竖直状态进行安装。组合吊装段转体作业,在转体过程中通过下放与底部辅助转体吊耳连接的吊钩,以盖梁顶部具有转动功能的吊耳为轴,达到组合吊装段转为竖直状态的目的。转体过程主转动装置对应吊钩的索道牵引绳保持不动,放辅助吊耳对应吊钩的索道牵引绳及起吊绳,使辅助吊耳对应的吊钩缓慢靠近主转动吊耳对应的吊钩,以保持水平分力在较小值状态。立柱底部应安装榫头作为就位导向,立柱底端接近预先焊接于下端立柱的内法兰 5cm 时,采取手动链条葫芦牵引立柱就位,然后连接定位螺栓,随即进行立柱安装测量定位,并根据误差大小及方向松动下端相应的初拧螺栓和牵引顶部吊钩进行调整。定位完成后焊接码板作为临时定位措施,然后再焊接立柱环焊缝。接缝间可垫预先备好的 U 形钢片,达到安装精度再拧紧其余螺栓,接着对立柱进行焊接固定,松去吊具进行正式焊接,立柱吊装连接完成后,接头处进行防腐涂装。然后继续下一个组合吊装段施工。拱上立柱平吊与竖吊示意图如图 3.2.4-12 所示。

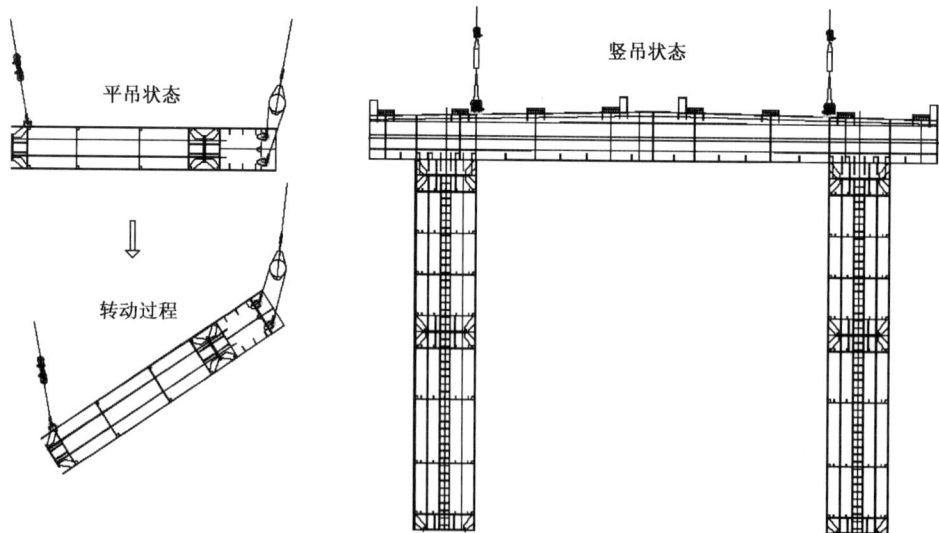

图 3.2.4-12　拱上立柱平吊与竖吊示意图

2.4.3　工字形钢梁拼装及吊装

总体施工方案在制造厂将工字形梁加工成纵梁单元、横梁单元及拼接板等匹配件运至总拼场参与整体组装。在总拼场胎架上,将工字形梁纵梁横梁组装成一整跨,组装完成后跨与跨之间进行试拼,采用"2+1"预拼装方法,即每3个节段进行预拼,将第3节段作为公共构件再与第4、5节段进行匹配预拼装,以此类推。试拼完成后将安装跨运输至吊装场起吊胎架上进行涂装,各项指标检测合格后,整体提升至桥位进行安装,工字形梁引桥每跨顺序吊装;主桥采取大小里程左幅与右幅斜向对称吊装。根据项目工期节点要求工字形梁前期在吊装采用双钩顺桥向吊装,后期因要施工吊装场处的引桥下部结构,场地限制,工字形梁吊装优化为单钩横桥向起吊,起吊至指定高度水平转体90°进行安装。

2.4.3.1 施工工艺流程

工字形梁拼装及吊装施工工艺流程如图3.2.4-13所示。

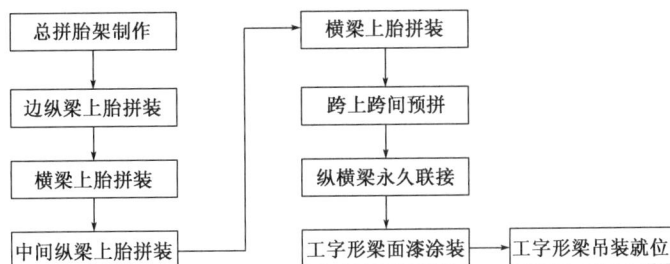

图3.2.4-13 工字形梁拼装及吊装施工工艺流程图

2.4.3.2 主要施工方法

1)总拼地样线绘制及胎架的制作

(1)在总拼场地,按照工字形梁施工图,通过经纬仪将纵横梁中心线及边线、支座中心线等特殊点线绘制在地面上,地样线需用黑色墨斗弹线,保证清晰明确并做好标记,经质检员验收合格后,方可作为工字形梁总拼参照线。

(2)按照地样线制作总拼胎架,胎架布置采用井字架,横向间距3m,纵向间距3.5m,胎架材料均采用30c工字钢,截面尺寸(腹板宽度×翼板宽度×厚度)为300mm×130mm×13mm。

(3)胎架基础必须有足够的承载力,确保在使用过程中不发生下沉。

(4)井字架胎架制作完成后采用牙板利用施工图给定的预拱度曲线进行调整,保证整体胎架的平面线形与施工图总拼线形一致,要求确保纵梁跨中设置预拱度,横梁按2%设置横坡。

(5)胎架布置方向应与运输通道方向相同,确保梁段后期的出胎及吊装。

胎架地样线绘制、胎架制作分别如图3.2.4-14、图3.2.4-15所示。

图3.2.4-14 胎架地样线绘制

图3.2.4-15 胎架制作

2)纵梁上胎拼装

安装边纵梁至胎架上,通过吊铅垂线的方式,定位边纵梁的相对位置,采用千斤顶及手拉葫芦进行调节,待与地面上的地样线重合时,通过与靠档的点焊固定边纵梁,并校核对接缝的相对位置。中间纵梁安装与边纵梁安装方法相同。

纵梁胎架上组拼、纵梁吊线定位分别如图 3.2.4-16、图 3.2.4-17 所示。

图 3.2.4-16　纵梁胎架上组拼

图 3.2.4-17　纵梁吊线定位

3）横梁上胎安装

安装横梁至胎架上,与纵梁上的横梁接头板匹配进行调整横梁位置,并与地样上横梁位置进行复核,测量调整横梁的横坡保证在 2% 时,临时固定横梁,采用工艺螺栓进行横梁与纵梁的临时固定,确保螺栓孔的精确对位。

横梁胎架上组拼、横梁吊线定位分别如图 3.2.4-18、图 3.2.4-19 所示。

图 3.2.4-18　横梁胎架上组拼图

图 3.2.4-19　横梁吊线定位

4）纵横梁永久连接

整体拼装完成后,进行调整修正,测量总拼完成后的几何结构尺寸、线形、横坡,满足要求后方可施焊。

整体结构尺寸测量、整体线形测量修整分别如图 3.2.4-20、图 3.2.4-21 所示。

图 3.2.4-20　整体结构尺寸测量

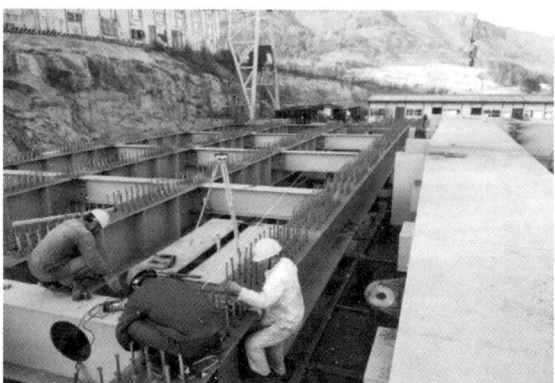

图 3.2.4-21　整体线形测量修整

待焊接作业完成后,进行焊缝的打磨除锈,24h 后进行无损检测,无损检测合格后进行纵横梁对接高强度螺栓的安装及施拧。

工字形梁纵梁焊接、工字形梁焊缝检测分别如图 3.2.4-22、图 3.2.4-23 所示。

图 3.2.4-22 工字形梁纵梁焊接

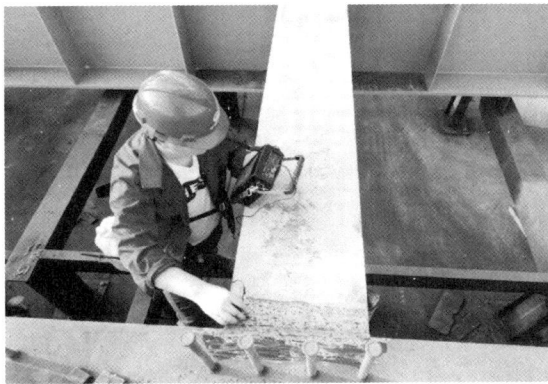

图 3.2.4-23 工字形梁焊缝检测

将前期总拼装时纵横梁采用的工艺螺栓全部去掉,并对栓接面进行清理。清理完后更换新拆包装的高强度螺栓,全部高强度螺栓安装完成后统一进行施拧。高强度螺栓施拧采用电动扭矩扳手,两台电动扭矩扳手分别用于初拧(扭矩为 415N · m)与终拧(扭矩为 830N · m)。初拧与终拧需做不同的标记,以便于识别。待整体高强度螺栓全部初拧完成后,再进行终拧作业。相关施工图片如图 3.2.4-24 ~ 图 3.2.4-27 所示。

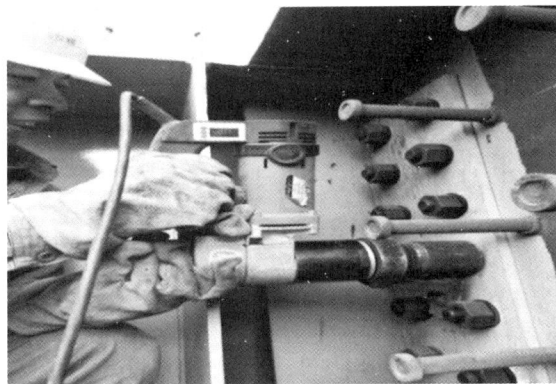

图 3.2.4-24 高强度螺栓初拧

图 3.2.4-25 高强度螺栓终拧

图 3.2.4-26 高强度螺栓初拧与终拧标示

图 3.2.4-27 高强度螺栓终拧完成

高强度螺栓施拧结束后,进行螺栓抽样检测,采用转角法进行检测,在螺尾端头和螺母相对位置画线,然后卸松螺母,再按照规定的初拧和终拧扭矩重新拧紧螺栓,观察与原画线是否重合,终拧转角偏差在 10°以内为合格。

高强度螺栓转角法画线、检测分别如图 3.2.4-28、图 3.2.4-29 所示。

图 3.2.4-28 高强度螺栓转角法画线

图 3.2.4-29 高强度螺栓检测

5)工字形梁涂装

工字形梁整跨拼装完成后运输至吊装场起吊胎架上,对工字形梁外表面进行第二道面漆涂装。由于第一道面漆在长时间放置后表面受水气、灰尘、油污等多方面污染,因此第二道面漆涂装前的重点工作是做好表面净化处理,即去除钢结构件外表面污物并进行拉毛和活化,以保证面漆结合力和外观美观。

6)工字形梁吊装就位

(1)工字形梁吊点设置、吊具选择

吊装采用 4 根 6m×φ47.5mm 钢丝绳作与 40t 卸扣作为吊具,采用 4 个 5t 链条葫芦挂在辅助吊耳上,通过链条葫芦微调工形梁的安装平整度,方便工字形梁准确落在支座垫石上。整跨工字形梁设置 4 个吊点和 4 个辅助吊点。工字形梁吊点布置如图 3.2.4-30 所示,吊具安装如图 3.2.4-31 所示。

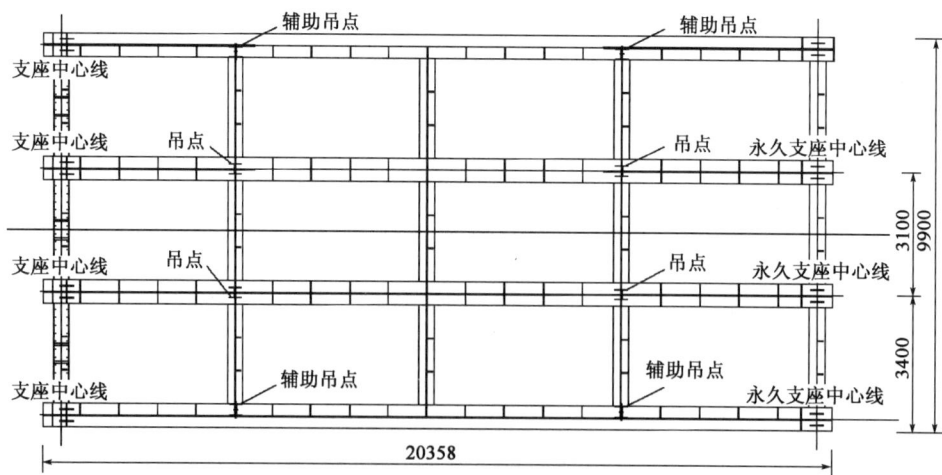

图 3.2.4-30 工字形梁吊点布置图(尺寸单位:mm)

(2)工字形梁吊装顺序

首先采用两组索道左右幅同步顺序吊装引桥第 19~22 跨工字形梁,然后吊装主桥第 18~5 跨工字形梁,主桥工字形梁吊装大里程的单幅与小里程单幅斜向对称吊装,然后顺序同步吊装引桥第 4~1 跨工字形梁。

(3)工字形梁吊装就位

工字形梁安装采取先简支后连续的形式安装,相邻两跨未连接时需要采用液压千斤顶作为临时支座,相邻两跨螺栓施拧到位,翼缘板焊接完成后,拆除临时支座完成体系转换。工字形梁前期在吊装采用双钩顺桥向吊装,后期因要施工吊装场处的引桥下部结构,场地限制,工字形梁吊装优化为单钩横桥向起吊,起吊至指定高度水平转体90°进行安装。工字形梁安装主要有以下几个关键步骤:

①将涂装完成后的工字形梁吊装节段通过运梁平车运至吊装厂桥轴线指定位置,并挂索起吊。

②待梁段吊至桥位指定位置,一端落在盖梁永久支座上,另一端落在盖梁上设置的临时支座上,采取千斤顶进行精确调整及临时支撑,待工字形梁支座垫板中心线与盖梁上支座中心重合时,调整就位、松钩。

③桥位两孔工字形梁吊装就位完成时,进行两孔工字形梁间螺栓孔的匹配,采用工艺拼接板及工艺螺栓进行临时固定。

④待工艺螺栓临时连接完成后,打磨对接缝焊缝部位,进行施焊。

⑤焊接完成后,打磨焊缝,待24h后进行焊缝无损检测。

⑥无损检测合格后,拆除工艺拼接板及螺栓,并更换拼接板及高强度螺栓,进行高强度螺栓的施拧,扭矩值达到830N·m。最后拆除临时支座至下一安装跨使用。

⑦进行桥位焊缝部位及高强度螺栓栓截面的涂装工作。

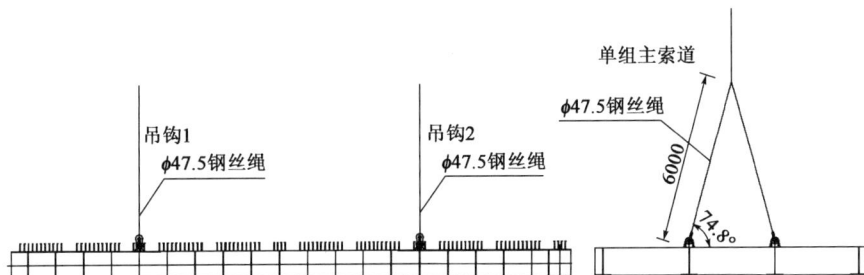

图3.2.4-31 工字形吊具安装示意图(尺寸单位:mm)

2.4.4 桥面板吊装

2.4.4.1 总体施工方案

南浦溪特大桥共有352块桥面板,分Q1、Q2、Q3三类,均为钢筋混凝土,无预应力,最大结构尺寸为宽5.8m,长4.5m,厚度0.33m,共设置16个预制台座。主筋采用焊接形式,直接在台座上散件安装钢筋,钢筋安装完成后,安装模板,侧模板采用自制的钢模板,预留槽采用木模板,在模板内侧安装止浆带起拉毛和防止漏浆作用。混凝土浇筑起重机提升料斗下料,自动喷淋养护。当混凝土达到设计强度时,将桥面板运至存梁场存放,存放时间不少于3个月。工字形梁安装完成一联后,在临时架空索道空余时间吊装桥面板。

2.4.4.2 施工工艺流程

桥面板预制及吊装施工工艺如图3.2.4-32所示。

2.4.4.3 桥面板吊装

1)桥面板吊装顺序

桥面板型号有3种类型Q1、Q2、Q3三种类型,桥面安装分为4跨1联和5跨1联的安装顺序,具体每跨桥面板安装类型根据桥面板安装顺序图进行安装。进行工字形梁组拼及运输。左幅左侧桥面板和右幅右侧桥面板均设置有泄水孔,在桥面板吊装前现场施工管理员督促结构班组根据需要吊装的孔位,提前将桥面板型号规格分类运输至吊装场或者桥位。

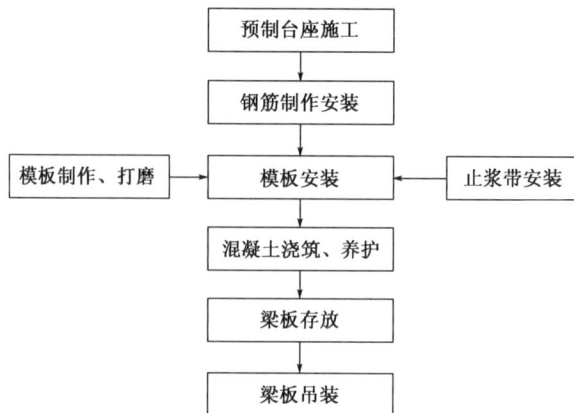

图 3.2.4-32　桥面板预制及吊装施工工艺图

2）桥面板吊装

（1）索鞍调整

工序准备,吊装中间桥面板时,两组主索道的两侧索鞍距离线路中心均为 3.275m;吊装两侧桥面板时,两组主索道的两侧索鞍距离线路中心均为 9.475m。桥面板吊装时索鞍具体位置见图 3.2.4-33。

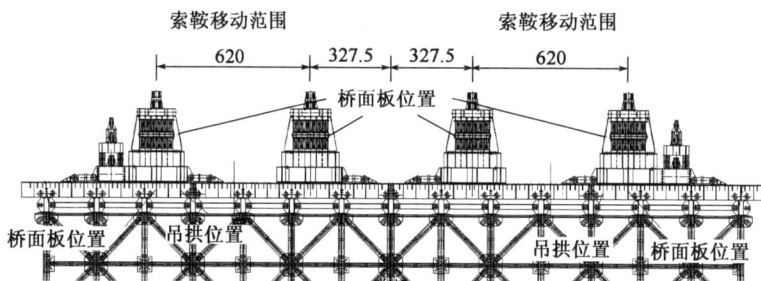

图 3.2.4-33　桥面板吊装时索鞍位置图(尺寸单位:cm)

（2）吊具选择和安装

桥面板吊装采用钢丝绳 4 组每组 4 根共计 16 根 5m × φ26mm 与 4 组每组 4 根共计 16 根 8m × φ26mm,卸扣 32 个 10t 与 4 个 80t。桥面板分为靠中心侧与靠外侧。吊具采用钢丝绳 4 组 5m × φ26mm 与 4 组 8m × φ26mm,卸扣 32 个 10t。靠外侧按照主索道每个钩吊装 2 片混凝土板,受力满足要求,吊装示意图如图 3.2.4-34 所示;靠中心侧因受力过大主索道计算通不过,只能使用主索道每钩吊装 1 片,吊装示意图如图 3.2.4-35 所示。

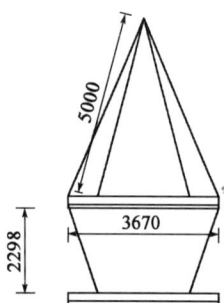

图 3.2.4-34　两片吊装示意图(尺寸单位:mm)

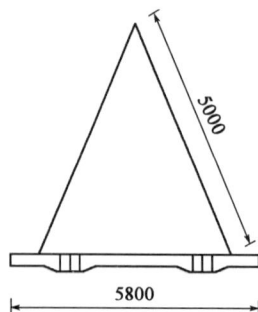

图 3.2.4-35　单片吊装示意图(尺寸单位:mm)

（3）桥面板起吊前检查

桥面板吊装前提前通知现场施工管理员和技术员再次确认吊装桥面板的型号规格,检查无误后通知相关人员签发吊装令后吊装。桥面板吊出后安装至指定的桥位,不得随意更换桥面板安放位置;如需要更换位置,必须重新确认桥面板的型号规格是否与安装位置相符合。

(4)桥面板安装定位

桥面板预留槽中心线安放至工字形梁中心线,预留槽钢筋与剪力钉有冲突时,可适当左右调整移动梁板,但工字形梁与梁板不得镂空,且需要确保纵向湿接缝宽度不小于45cm。Q2、Q3桥面板顺线路方向结构边线距离工字形梁中横梁中心线的距离为25cm,Q1顺线路方向距离工字形梁中横梁中心线25cm,距离工字形梁纵梁端头104cm。现场如工字形梁与桥面板接触不密实、有缝隙,缝隙较小采用水泥砂浆提前封闭;若缝隙较大采用小木条填塞后,用水泥砂浆封闭。

桥面板安装间距如图3.2.4-36所示。

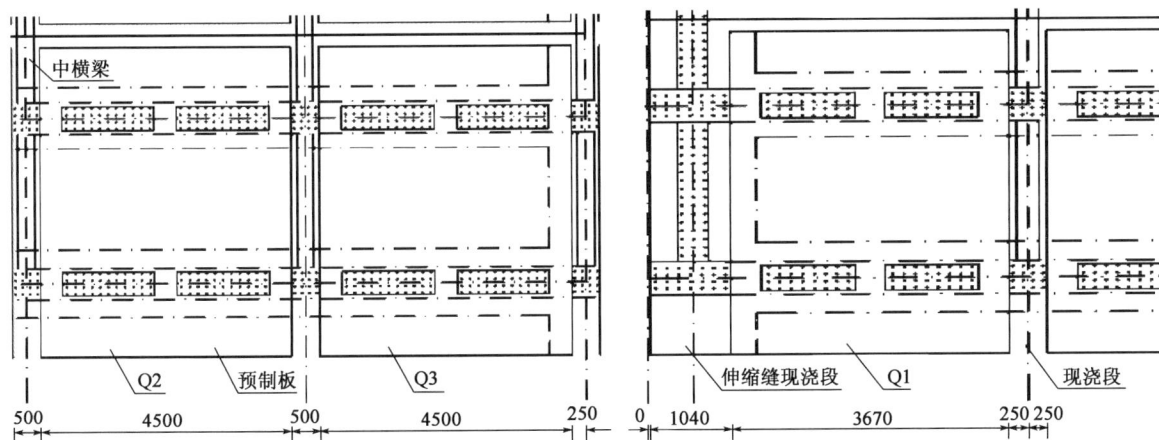

图3.2.4-36 桥面板安装间距(尺寸单位:mm)

2.5 施 工 测 量

根据设计情况,拱座及交界墩基础为分离式阶梯扩大基础,施工时拱座及交界墩基础分层同时施工,拱脚预埋段采取预留槽口的方法进行,即在拱座施工时将预埋段位置留出,考虑测量空间,待预埋段运至现场后进行安装;通过定位码板、支座和机械千斤顶微调各单根弦杆的精度,满足要求后将1号节段与预制段连接形成纵横框架结构,再次复核微调确认合格后进行加固锁定,最终进行混凝土浇筑。

悬拼节段控制测量按拱箱表面轴线上点进行实时监控,连接端节头对接后,再对自由端位置进行测量和调整,直到达到符合要求的状态。

2.5.1 施工测量控制

2.5.1.1 南浦溪特大桥测量控制网的建立

南浦溪特大桥为上承式钢管混凝土拱桥,对测量控制的精度要求较高,所以,建立一个能够满足施工控制精度要求的桥梁测量控制网尤为重要。

开工之初,精测队对南浦溪特大桥进行了平面及高程控制测量。

1)测量人员

测量人员共计6人,其中高级工程师1名,助理工程师2名,测量高级技师1名,测量技师2名。全部持证上岗,测量前对所有参加的测量人员进行统一的岗前技术培训,整个测量工作统一指挥协调。

2)测量内容

导线控制网复测加密按照四等导线进行复测。高程基准为1985国家高程基准,高程等级为四等,根据测量规范并结合设计要求进行测量。

平面测量采用四等导线测量,使用日本 SOKKIA SET 1X 全站仪,标称精度为 $\pm 1''$、$\pm(2mm + 2 \times 10^{-6}D)$,其中 D 为实测距离,单位为 km。观测前及观测过程中对仪器及配套基座进行各项检核。水平角观测两个测回,导线边往返观测两个测回,并加仪器加、乘常数和气象改正。

高程测量按四等精度,采用日本 SOKKIA SET 1X 全站仪及配套基座,采用三角高程测量方法施测,往返观测两个测回。导线测量的同时进行高程测量。

所有测量数据采用"铁路工程施工测量自动化处理系统 TCAS"自动进行平差处理及成果报表。

南浦溪特大桥平面控制网导线,测角中误差为 $1.77'' < \pm 2.5''$,满足四等平面控制测量的精度要求;高程测量控制网,每千米高程测量的中误差为 $1.405mm < \pm 5mm$,满足四等三角高程的精度要求。

2.5.1.2 桥梁轴线精确定向

为了提高测量精度,结合南浦溪特大桥特点(直线桥),对桥梁轴线进行精确定向;在文成、泰顺两岸选择视线和地面稳定均满足要求的两处,精确设定桥轴线控制点 W 号点和 T 号点,并经过换站测量平差后使用;同时,为不同阶段时期控制方便,再由 W 号、T 号两点用直线定向方法穿线压点,加密设置 W-1 号、T-1 号等各点。

2.5.1.3 引测水准点于拱座附近

对文成岸、泰顺岸的控制点高程进行严格复测,保证两个控制点的高程相互误差在规范容许范围内,以满足全桥吊装合龙精度的要求。

利用全站仪往返测量,将文成、泰顺两岸的标准水准点各自引测至两拱座旁导线控制桩(高程相近的稳固基岩上),方便施工测量时使用。

2.5.1.4 独立坐标系与三维坐标系的相互转换

因为南浦溪特大桥全桥平面位于直线上,拱肋线形是全桥对跨中或线路是对称的,根据"南浦溪特大桥钢拱梁施工图"的独立坐标,将独立坐标转换为导线点坐标。

由已知条件得知:拱轴独立坐标原点 $O(XOY)$ 在坐标系 (XYZ) 中的预拱度后坐标(3056135.647,491573.949,262.541),方位角 F 为 $202°48'54.7''$;为施工方便,将钢拱梁节段独立坐标转换成三维坐标,以便与导线控制点统一坐标系。

2.5.1.5 预埋段的控制步骤

根据全桥拱轴线曲线参数及拱轴线方程计算出文成岸与泰顺岸预埋管的三维坐标,经多方复核计算成果,签字确认后方可使用;对预埋件采取桥位地形图绝对坐标旋转对正方法,将预埋件平面位置图复制到绝对坐标图中,然后直接拾取坐标放样;为了防止出现错误,根据设计院提供的拱肋轴线多项式方程求得预拱度后的拱轴线方程,建立 CAD 线形模型提取数据,同时与计算坐标相互核对,确保测量放样准确无误。

常用的分析钢拱梁上、下表面的平面控制方法有:三点决定一个平面;两平行线决定一个平面;相交的任意两直线决定一个平面。根据本项目特点选择用两平行线确定一个平面的办法控制钢拱梁两端底面空间位置,进而控制钢拱梁端顶面与底面倾斜时的平面位置。

全站仪准确测定钢拱梁两端(两平行支承线)支座下的型钢支座位置,确保钢拱梁基本就位精度满足要求;实际操作为全站仪放样,确定出支架准确位置,为后面千斤顶精确调整箱梁位置提供比较准确的三维位置。

钢拱梁吊装基本就位;利用全站仪测定出当前实际位置,然后用千斤顶及链条葫芦反复调整确定箱梁精确位置,操作与测量同时配合进行。

待左右拱脚两节段各自均安装后,精确测量整个节段的相互平面、空间位置关系,然后对比理论位置分析误差情况,合格后再进行左右拱脚节段的横向联系拼装。

整个拱脚两节段(含联系杆件)拼装完成后,对全部特征点位再进行一次复核,然后将所有调整点位焊接固定牢固,防止浇筑混凝土过程中移位;全部固定后再次确认复核。

2.5.1.6 现场线形监控

线形监控包括:控制网和水准基点的复核;各阶段安装高程和拱轴的测量;交界墩顶的偏移测量;大气、温度及对拱轴变形影响测量。

根据实测收集的数据,提交给监控单位进行分析并确定预抬高量。

由于拱肋自重以及索塔受风力、日照等外界环境的影响而产生挠度变形、沉降,随着拱肋节段的增加,变形幅度也急剧增大,只有准确掌握拱肋的变形规律,才能有效指导施工和相应的施工测量工作,所以拱肋施工过程中将全程进行监控测量。

为了准确反映全桥拱肋在吊装各个阶段中各节点的变形情况,在已就位的拱肋观测点,按规定时间间隔观测,摸索规律,总结经验。

变形的观测方法:采用全站仪直接测出观测点的三维坐标,将测量结果与观测点前 N 次测量的坐标进行比较,得出拱肋在空中的沉降量。

并将所测得的数据提供给监控单位,由监控单位对下一段拱肋的高程和平面位置进行重新计算调整,消除累积误差,保证拱肋的线形达到设计和施工要求。

2.5.1.7 钢梁吊装施工测量控制

在钢箱拱吊装之前,首先将每个节段钢拱上下表面的轴线在加工场弹出,在轴线上贴反射片以及涂红油漆做好标记,并计算出其理论设计坐标。根据主拱肋线形观测的需要,南浦溪大桥制造阶段线形测点布置如图3.2.5-1所示。

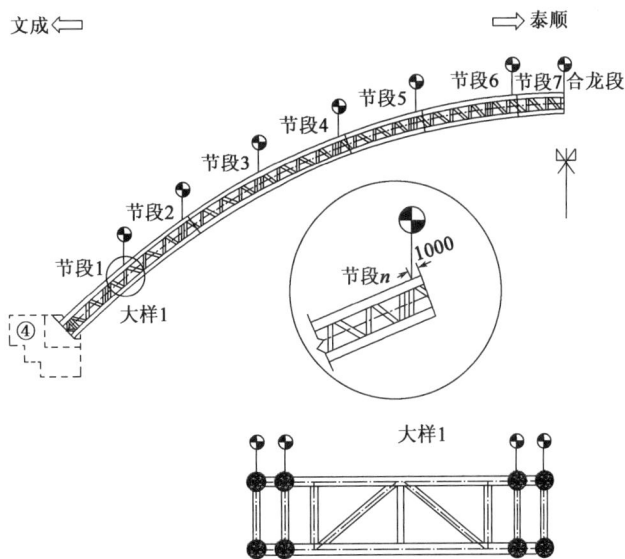

图 3.2.5-1 线形测量观测控制点布置示意图(尺寸单位:mm)

注:●表示线形测点布置

在钢拱梁吊装过程中,直接架设全站仪于导线控制点上观测点上,在钢拱梁上事先标记好的测量控制点上直接测量,与三维坐标进行比较,并经反复调整,直至实测三维坐标满足设计和规范要求。

2.5.1.8 主桥钢拱梁吊装施工测量

1)预埋段测量精度

拱座内预埋钢管及临时铰构件,位置应准确无误,以便于连接。

2)钢拱梁拱肋施工测量控制精度要求

主拱制作工艺要求:

(1)钢管、钢板及角钢等材料必须经检验符合要求后才可以下料,下料长度误差不能大于 ±1mm。

(2)构架轴线、节点坐标放样误差不能大于 3mm。

（3）节段拼装应在公路架上进行,拼装误差不能大于1mm。

拱肋安装精度要求见表3.2.5-1。

拱肋安装精度要求   表3.2.5-1

工 况	各测点高程	两肋对称点	单肋对称点	拱肋平面
	误差（cm）	高程偏差（cm）	高程偏差（cm）	偏位（m）
合龙前	$> -0.5, \leqslant +1.5$	$\leqslant -1.0$		$\leqslant 1.0$
合龙后	$+4.0, -4.0$		$+3.0, -3.0$	$+1.5, -1.5$

2.5.2 拱座施工测量

根据现场实际情况,拱脚预埋段采取预留槽口方法进行,即拱座施工时将预埋段位置留出,待预埋段及第一节段运至现场后进行安装,然后采用C50混凝土填充槽口,槽口尺寸比预埋段外轮廓尺寸大100cm,确保施工人员能够到达槽口任何位置及立尺空间,保证混凝土捣固质量及测量要求。拱座预埋段安装拟采用型钢支座进行基本定位,兼作安全防护装置;混凝土外第一节段采用支架支撑兼作调节托架;拱肋预埋段和混凝土外第一节段安装时,采用机械式千斤顶和链条葫芦配合测量组精确定位。浇筑混凝土前经项目部测量组严格复核确认后,对所有可能松动的定位装置进行焊接固定,然后浇筑混凝土。浇筑过程中严格监控各节段点位实际位置,保证其达到要求精确性。

2.5.3 主拱肋施工测量

2.5.3.1 拱轴线形设计

平面:全桥位于直线上。

纵断面:纵断面线路处于2.5%上坡。

主桥理论主拱线为悬链线,计算跨径 $L=258$m,计算矢高 $f=56.087$m,矢跨比 $f/L=1/4.6$;拱顶预拱度为26cm,1/4跨预拱度为13cm,计入预拱度的拱轴线按六次抛物线拟合。

2.5.3.2 拱肋轴线坐标计算

拱肋轴线中心点理论拱轴线拟合方程:

$$Y = 5.49570642978358^{-14}X^6 - 6.0756329028206^{-12}X^5 + 1.77085101537547^{-08}X^4 - 4.92989506101563^{-08}X^3 + 0.00307995941547964X^2 - 6.85125581167956^{-06}X$$

2.5.3.3 拱肋轴线上、下表面轴线坐标计算

考虑到钢拱为三维空间结构,计算比较复杂,为了分析方便,计算分三个阶段进行。

第一阶段:用悬链线公式计算梁节点独立坐标,计算出钢拱中轴线上的独立坐标。

第二阶段:因钢拱端上、下表面轴与线路(桥轴线)不平行时会出现水平倾角 ψ;为了方便计算引入参量 X_1 和 Y_1,轴线上的长度增量 X_1,钢拱端上、下表面轴点与箱梁中轴线的垂高为 Y_1,计算出钢拱端上、下表面轴线上任意点的独立坐标。

第三阶段:计算钢拱端上、下表面轴线上点的平面坐标转变为三维坐标。

2.5.3.4 钢拱中轴线独立坐标 Y 值计算

拱肋轴线中心点考虑预拱度后的拱轴线方程:

$$Y = 6.32554152209081^{-14}X^6 - 5.03801449412132^{-12}X^5 + 1.61140414756862^{-08}X^4 - 4.70421262694677^{-08}X^3 + 0.00311732722198174X^2 - 0.0000103045581384409X$$

X 轴以水平方向左为正方向,Y 轴以垂直方向下正方向。

2.5.3.5 钢拱端上、下表面轴线独立坐标计算

钢拱端上、下表面轴线独立坐标计算公式:

$$X_1 = \sin\psi \times H$$

$$Y_1 = \cos\psi \times H$$

$$X = X_0 + X_1$$

$$Y = Y_0 + Y_1$$

式中：X_1——钢拱端轴线上的长度增量；

$\quad Y_1$——钢拱端上、下表面轴线点与箱梁中轴线的垂高；

$\quad X_0$——梁节点中心点横坐标；

$\quad Y_0$——梁节点中心点纵坐标；

$\quad H$——拱肋轴线中心到钢拱端的距离。

2.5.3.6 钢拱表面轴线上任意点的三维坐标计算

全桥位于直线上，根据公路线路控制要素表，计算出桥跨中线处坐标原点（K30 + 998）的三维坐标：$X = 3056135.647$，$Y = 491573.949$，$Z = 262.281$。

根据原点的三维坐标，钢拱端拱肋轴线中心，上、下表面轴线上对应坐标系原点的独立坐标（X,Y），以及施工图纸上对应线路中线（里程偏距）的关系，计算拱肋轴线中心及上、下表面轴线的三维坐标。

2.6 施工控制技术

2.6.1 概述

南浦溪特大桥采用主跨258m上承式钢管混凝土拱桥，拱肋为等截面钢管混凝土桁架结构，立柱、盖梁采用钢箱结构，拱上桥面行车道板结构采用工字形钢-混凝土组合梁。该桥结构形式新颖，缆索吊装施工过程复杂，施工过程中主拱、扣锚索相互影响，同时温度因素、施工临时荷载等也会对大桥受力状态产生影响，因此有必要对桥梁进行全过程的施工控制，从而使得桥梁成桥状态满足设计要求。

2.6.2 施工监控的必要性、目的和方法

上承式钢管混凝土拱桥构成高次超静定的力学体系，一般采用缆索吊进行主拱的安装。在施工过程中缆索吊塔架、主拱、扣锚索索力与变形相互影响，同时又受到温度和众多施工随机因素影响，整个施工过程是个力学体系复杂的演变过程。在此过程中，温度、施工过程中的自重、计算的数学模型和结构的差异，以及线形、索力的测量误差等诸多因素，使得每个施工工序实际的线形和索力如不加以控制的话，有可能偏离成桥状态，严重时甚至超出规定的允许范围，造成质量或安全事故。只有通过施工监控，在上承式钢管混凝土拱桥的施工过程中通过对温度、应力、线形、索力、节段尺寸和重量等参数进行识别、计算和修正，才能消除或减少实际线形和索力与设计目标值的偏差，确保成桥线形和应力满足设计要求。因此实施监控是大跨度上承式钢管混凝土拱桥施工过程中非常重要也是必不可少的。

2.6.3 施工监控的重点和难点分析

2.6.3.1 拱肋节段预制拼装控制

桥梁拱肋采用缆索吊系统和扣索系统，该过程的控制是全桥施工控制的重点和难点。为保证成桥后拱桥的受力与设计状态一致，其拱肋拱轴线应符合设计合理拱轴线形。而拱肋的预制、安装定位线形从某种程度上决定拱肋的成桥线形，因此预制、安装线形的计算是本桥的重点控制内容。在确定线形

时,应综合考虑施工顺序、温度、临时荷载等各种因素影响,并采用多种手段进行精确分析,根据计算结果,提供预拼线形目标值。现场拼装完毕后,再对拱肋线形进行测量校核。

同时,钢结构拱肋制造线形是拱肋分节段悬拼过程控制的基础,任何节段在任意施工阶段的线形状态均是由其制造线形和考虑切线拼装累计变形叠加得到。

2.6.3.2 扣锚索索力确定

分阶段张拉的扣锚索索力的确定须考虑施工过程中的结构体系安全和成桥状态受力合理。

在拱肋节段拼装过程中,为了有效控制拱肋的受力状态和空间线形姿态,保证结构安全,需确定一套合适的扣锚索张力。由于拱肋拼装过程中,前扣索和拱肋的夹角不断变化,决定了扣索力是不断变化的,而前扣索力的大小直接影响拼装过程的安全性及拼装状态预测的准确性,并对后续工况产生影响,因此如何确定各工况下索力是保证整个拼装过程计算精度及顺利合龙的重要前提。拱肋拼装过程中,需要及时调整扣锚索索力,保证拱肋主体结构和扣塔结构安全性和稳定性。因此如何通过计算分析确定各工况下索力是施工监控的重难点。

2.6.3.3 主拱肋合龙

南浦溪特大桥为上承式钢管混凝土拱桥,合龙口拱肋截面尺寸大,合龙杆件多,存在扭转和畸变变形,拱肋对位难度大。合龙方案的确定是施工控制的关键,有以下几个方面需要考虑:

（1）合龙温度的确定:该温度的持续时间,应能满足安装就位以及合龙段锁定连接所需时间。

（2）合龙段拱肋配切长度的确定:需考虑温度变形量的影响。

（3）合龙段的安装:合龙段钢梁的安装是一个抢时间、抢速度的施工过程,必须在有限的时间里完成,因此,在合龙前必须做好一切准备工作和各种预案。

（4）合龙段空间线形纠偏措施:本桥为上承式钢管混凝土拱桥,结构截面尺寸大,在合龙段安装过程中,很可能出现横向和竖向错位及轴线扭转错位。因此在合龙前,需设置各个方向的平动偏位调整措施和扭转偏位调整措施。

上述几方面的因素使得拱肋合龙存在较大难度,是施工控制中的一个重难点。

2.6.3.4 大临设施的安全性控制

南浦溪特大桥为上承式钢管混凝土拱桥,拱肋拼装主要采用缆索吊系统和扣索系统的施工方法,施工过程中主要涉及的大临设施有扣锚系统(缆索吊塔架、扣锚索及锚固系统)。

一般采取的措施除了对重点部位经常进行人工检查,并对缆索吊塔架在关键截面位置布置应力测点进行应力监测外,更重要的是加强缆索吊塔架变位的测量,及时了解其缆索吊塔架的实际变位和受力情况,发现异常情况及时采取措施。

2.6.3.5 施工过程中临时荷载控制

严格控制施工临时荷载的分布,尽量减少施工临时荷载施加的不确定性导致的施工控制风险。事先按照施工组织设计与施工单位沟通,掌握临时荷载的大小和摆放位置及时间,再通过理论计算进行合理优化,减少因施工临时荷载引起的线形和内力及索力偏差,降低安全风险。

2.6.4 施工控制计算

采用 midas Civil2019 软件进行空间结构计算,计算模型中主塔及主梁均采用梁单元模拟,扣锚索采用考虑恩斯特公式修正的等效桁架单元模拟,不考虑普通钢筋参与结构受力,计算模型如图 3.2.6-1 所示。

2.6.4.1 线形计算结果

南浦溪特大桥成桥位移、车道荷载位移及 10 年收缩徐变位移计算结果如图 3.2.6-2 ~ 图 3.2.6-4 所示,据此可以计算出成桥预拱度值。

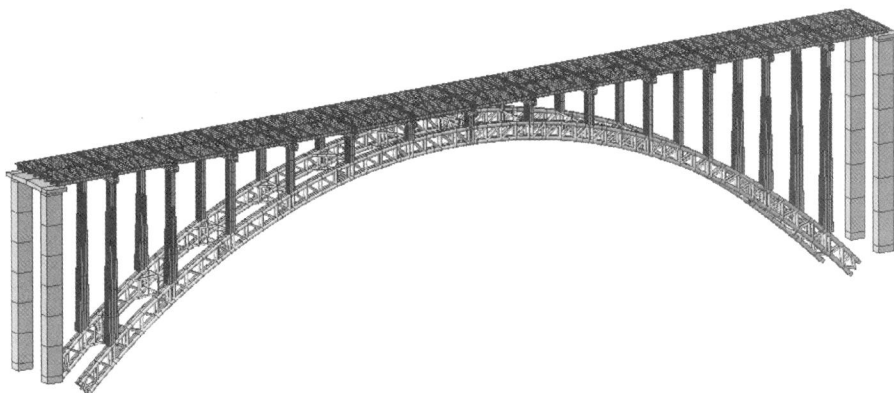

图3.2.6-1 南浦溪特大桥有限元模型

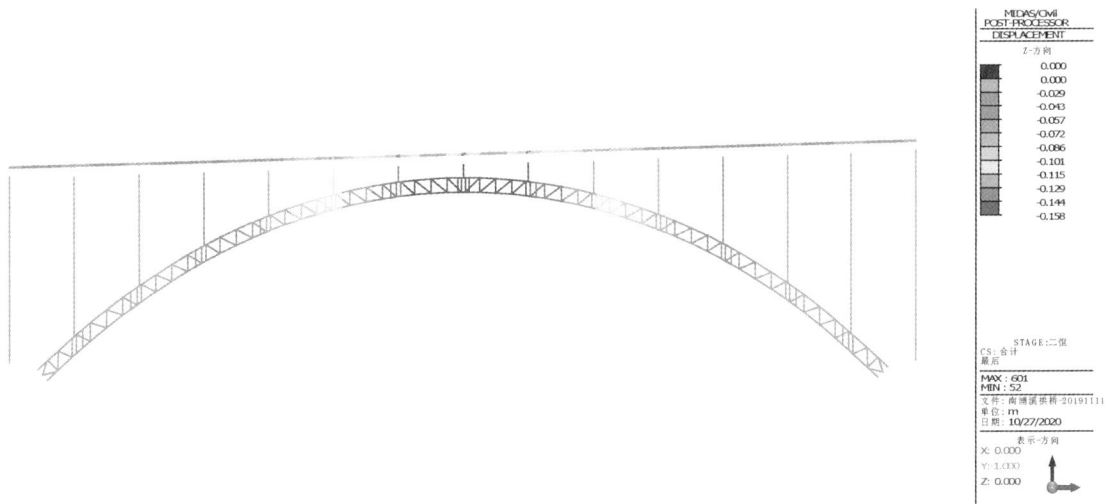

图3.2.6-2 南浦溪特大桥成桥位移(单位:m)

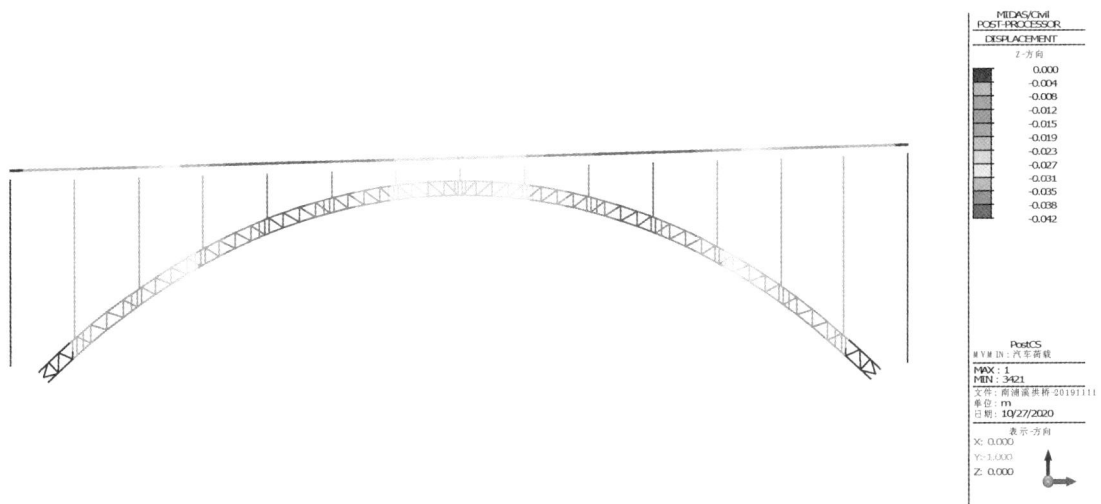

图3.2.6-3 南浦溪特大桥车道荷载位移(单位:m)

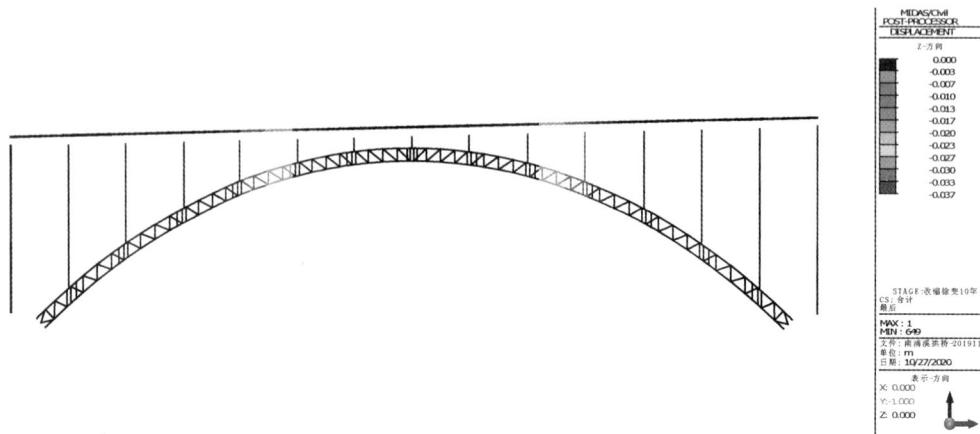

图 3.2.6-4　南浦溪特大桥 10 年收缩徐变位移(单位:m)

成桥预拱度考虑了成桥后钢管混凝土收缩徐变挠度、1/2 活载挠度及非线性的影响,计算结果见表 3.2.6-1。

南浦溪特大桥成桥预拱度(单位:m)　　　　　　　表 3.2.6-1

立 柱 编 号	桩　　号	成桥预拱度
Z1	30878	0.008
Z2	30898	0.024
Z3	30918	0.037
Z4	30938	0.047
Z5	30958	0.054
Z6	30978	0.058
Z7	30998	0.060
Z8	31018	0.058
Z9	31038	0.054
Z10	31058	0.047
Z11	31078	0.037
Z12	31098	0.024
Z13	31118	0.008

2.6.4.2　应力计算结果

自上部结构开始施工直至二期恒载铺装完成,并考虑 10 年收缩徐变,分部位列出主体结构整个施工阶段的应力变化历程,得到以下结果:

(1)钢桁架拱肋弦杆杆件施工过程中最大组合压应力为 -141.22MPa(下弦拱脚附近,出现工况:10 年收缩徐变),最大组合拉应力为 28.62MPa(下弦杆件拱顶附近);施工阶段拱肋弦杆应力满足规范限值要求。

(2)拱内灌注混凝土结构最大组合压应力为 -4.71MPa(下弦拱脚附近),最大拉应力为 2.24MPa(上弦拱肋与立柱连接处)。施工阶段拱肋结合部分混凝土结构拉压应力满足规范要求。

拱肋及拱内混凝土施工阶段应力具体计算包络结果如表 3.2.6-2 所示。

施工阶段应力计算包络结果　　　　　　　　表 3.2.6-2

材料	部位	杆件	上缘应力(MPa)		下缘应力(MPa)	
			最大值	最小值	最大值	最小值
钢结构	拱肋弦杆	上弦杆	17.04	-113.48	6.06	-104.8
		下弦杆	17.4	-135.88	28.62	-141.22
混凝土	拱肋灌注		2.24	-4.71	2.14	-4.58

拱肋钢管钢结构应力图如图3.2.6-5所示,拱内灌注混凝土应力如图3.2.6-5所示。

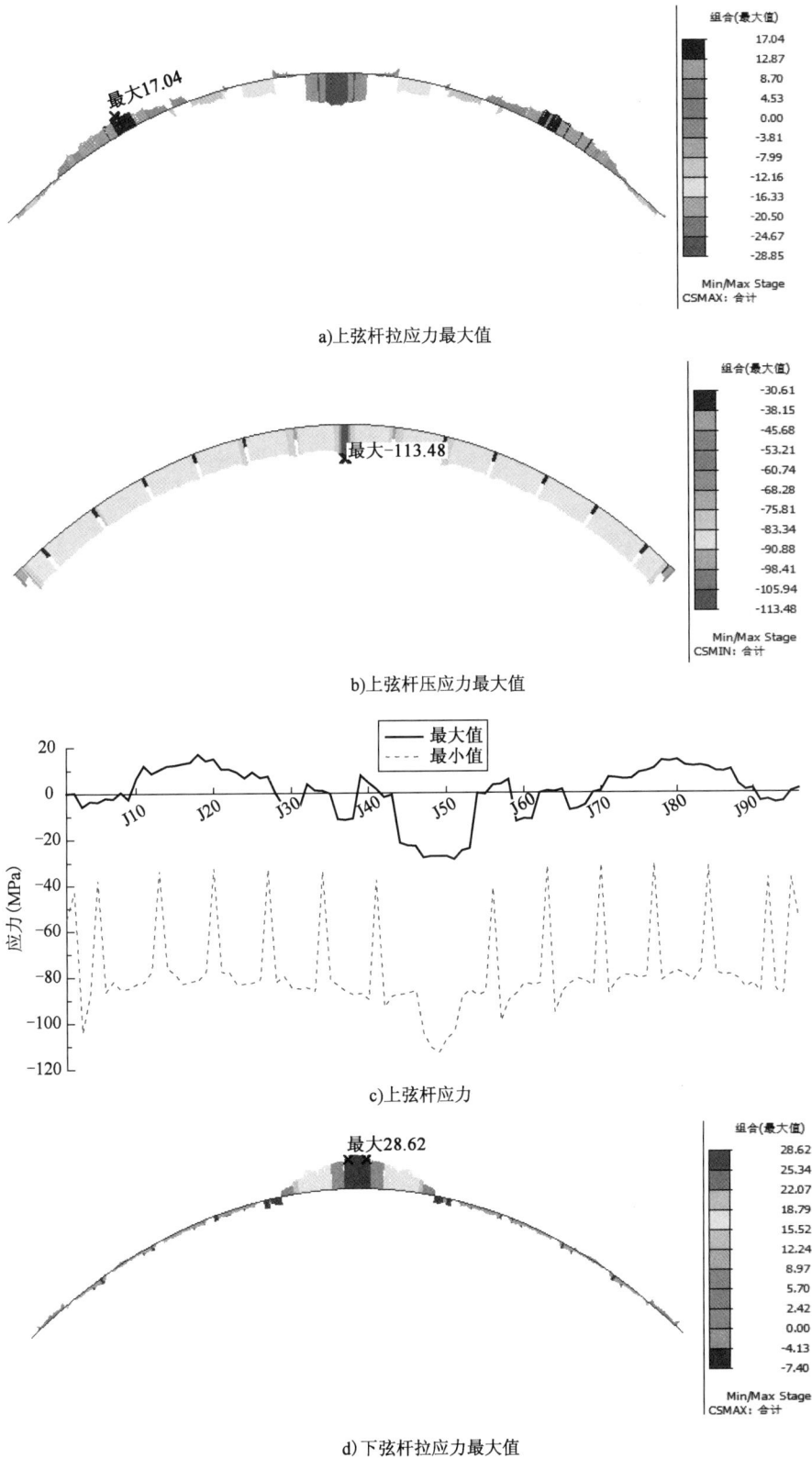

a)上弦杆拉应力最大值

b)上弦杆压应力最大值

c)上弦杆应力

d)下弦杆拉应力最大值

图　3.2.6-5

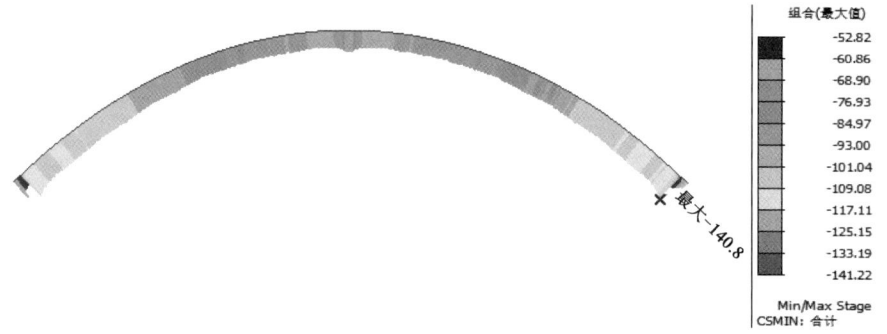

e)下弦杆压应力最大值

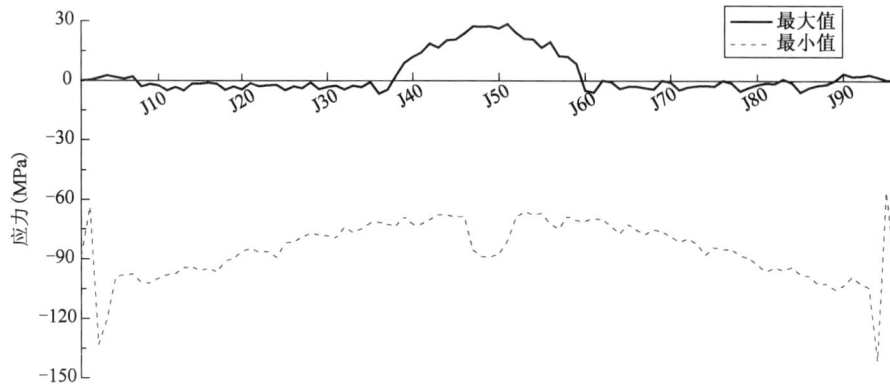

f)下弦杆应力

图 3.2.6-5　拱肋钢管钢结构应力图(单位:MPa)

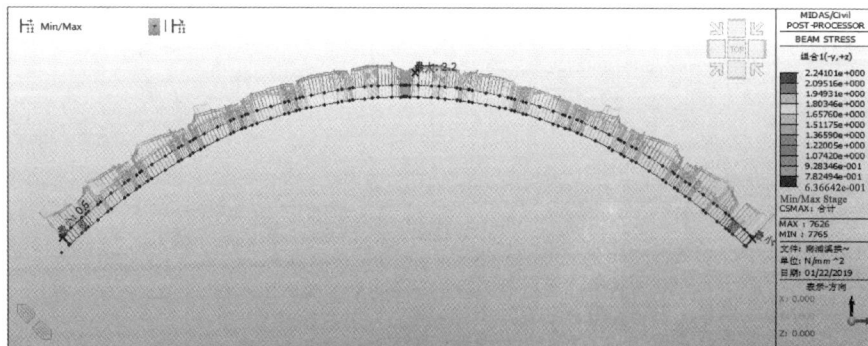

a)拱内灌注混凝土拉应力最大值

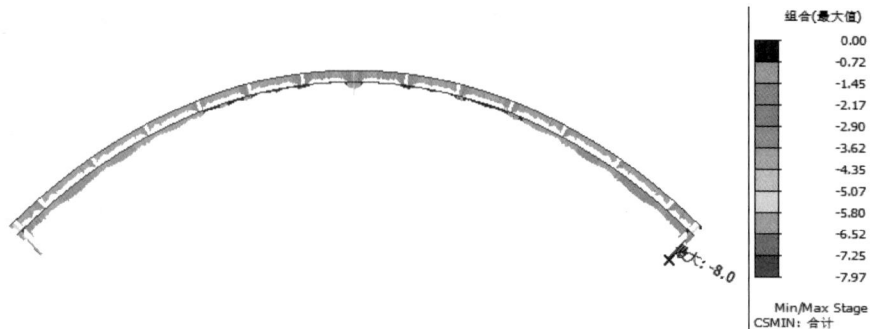

b)拱内灌注混凝土压应力最大值

图　3.2.6-6

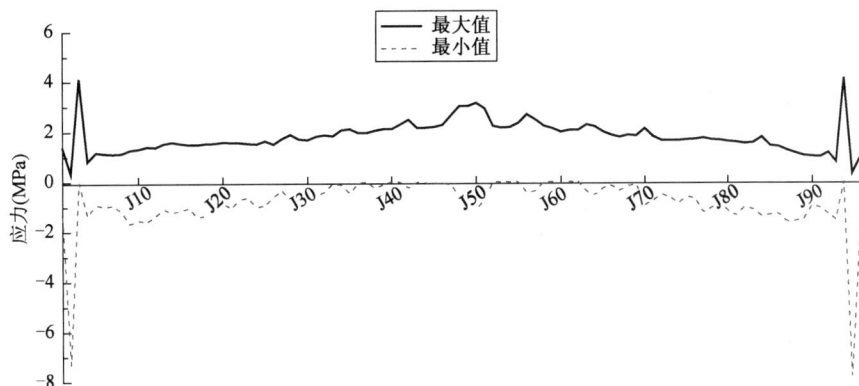

c)拱内灌注混凝土应力

图 3.2.6-6　拱内灌注混凝土应力图(单位:MPa)

2.6.5　施工监测

2.6.5.1　几何监测

南浦溪特大桥几何变形监测包括拱肋坐标、主梁高程、缆索吊塔架塔顶偏位、拱脚基础沉降测量。测试时间尽量选择 19:00—7:00 温度相对恒定的时间段进行。

1)拱肋变形监测

拱肋变位测量包括拱肋高程测量和平面坐标测量,拱肋线形测点布置如图 3.2.6-7 所示。

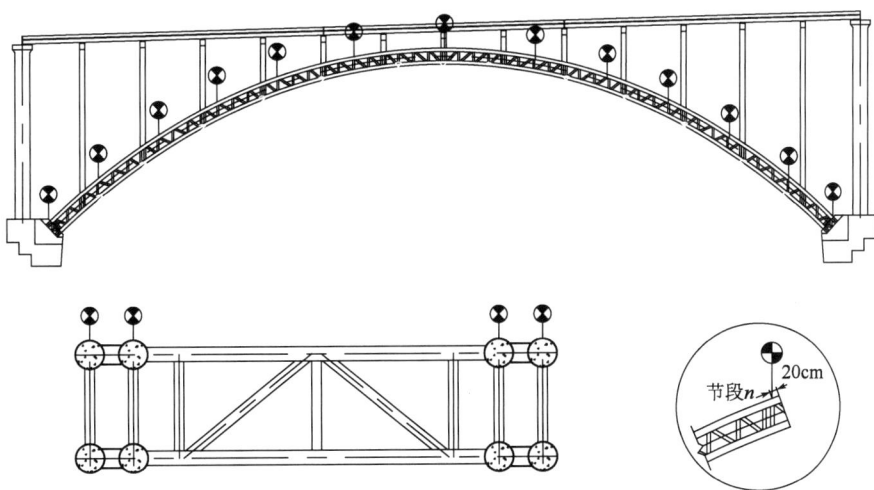

图 3.2.6-7　拱肋线形测点布置示意图

注: ◑表示拱肋线形测点

测量工况:

(1)拱肋节段吊装施工过程中,测试前三节段控制断面线形。

(2)扣索拆除前后,测试前三节段控制断面线形。

(3)主梁安装前后,测试全部控制断面线形。

(4)二期铺装前后,测试全部控制断面线形。

2)主梁变形监测

主梁线形监测包括高程测量和轴线测量。主梁高程测量的仪器为精密水准仪,主梁轴线测量仪器采用智能型全站仪。主梁线形测点布置如图 3.2.6-8 所示。

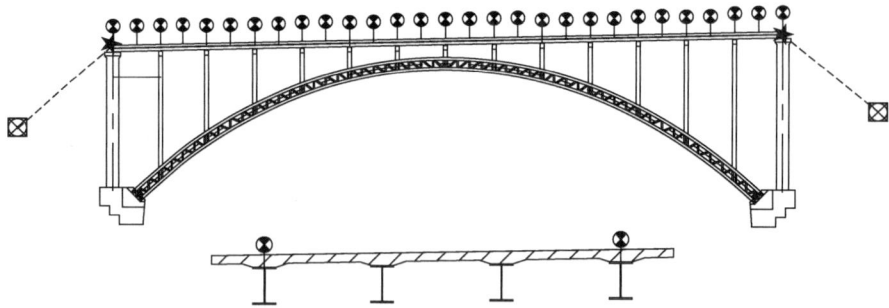

图 3.2.6-8　主梁线形测点布置示意图

注:⬤表示主梁线形测点;★表示基准点;⊠表示观测点

测试工况:

(1)钢结构安装完成后。

(2)桥面板安装完成后。

(3)二期铺装前后。

3)缆索吊塔架塔顶偏位监测

缆索吊塔架塔顶偏位监测主要采用布设三棱镜测点,在每个缆索吊塔架顶部上下游分别布置一个三棱镜,使用全站仪测量塔顶三维坐标进行数据测试,确保数据真实有效。

缆索吊塔架应力断面测点布置如图 3.2.6-9 所示。

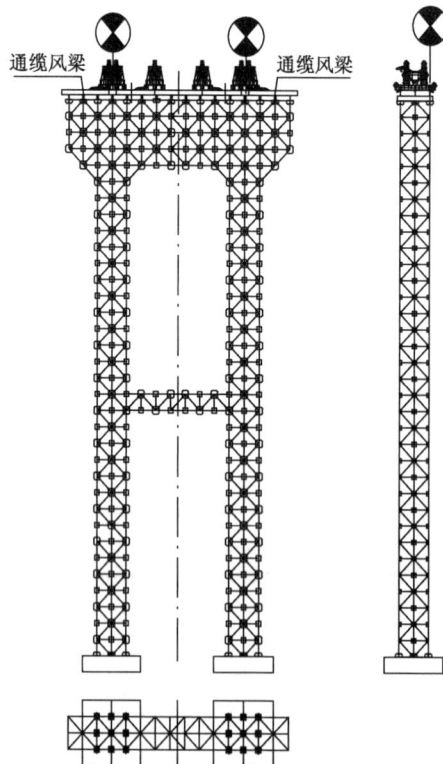

图 3.2.6-9　缆索吊塔架应力断面测点布置图

注:⬤表示扣塔塔顶位移测点

4)拱脚基础沉降观测-变位观测

随着上部结构的安装完成,拱脚基础承受的水平推力及竖向力越来越大,拱脚基础的稳定对拱桥的受力起到关键作用,因此需要对拱脚基础变位进行监测。待拱脚完成后所测得数据作为拱脚基础沉降观测数据的起点,随着上部结构的安装在每个月的固定时间(20号左右)进行拱脚基础沉降观测,拱脚基础沉降观测测点布置如图3.2.6-10所示。

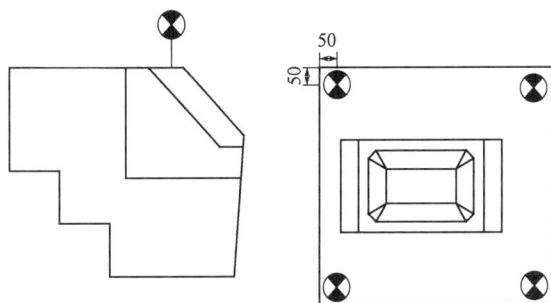

图3.2.6-10　拱座拱脚基础沉降观测测点布置图(尺寸单位:mm)
注:⊗表示拱脚沉降测点

2.6.5.2　扣索索力测试

扣索索力采用油压千斤顶和频谱分析法相结合的方式进行测试。频谱分析法通过振动传感器测量扣索的固有频率来间接计算扣索索力。索的固有频率处在低频区域(0.5~20Hz),因此选用压电式低频加速度传感器,扣索索力测试及分析如图3.2.6-11所示。

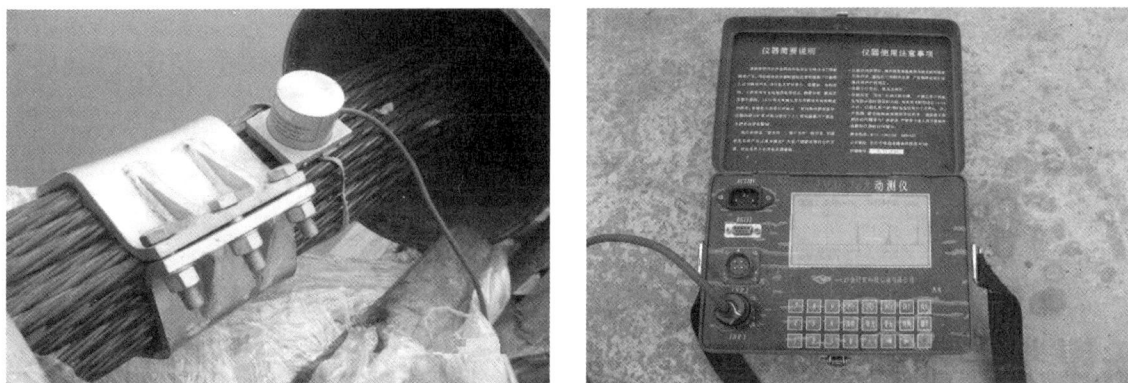

图3.2.6-11　扣索索力测试及分析

采用频谱分析法进行索力测试。频谱分析法是利用紧固在缆索上的高灵敏度传感器,拾取缆索在环境振动激励下的振动信号,经过滤波、放大、谱分析,得出缆索的自振频率,根据自振频率与索力的关系来确定索力,这是一种间接的测量方法。

施工过程中,扣索和锚索索力是控制拱肋线形及受力状态的关键。

测试工况:

(1)拱肋拼装施工过程中,每根扣索张拉到位后。

(2)扣索调整过程中。

(3)拱肋合龙。

2.6.5.3　应力测试

1)测量仪器及元件

结合以往测试经验和对国内元件及仪器综合分析比较,决定测试元件选用JMZX-215AT和JMZX-212AT型智能弦式应变传感器,其能够同时采集应变和温度数据,有效提高监控效率。通过应变-频率标定曲线,换算出结构的实际应变,再根据弹性模量推算应力。

为了在施工过程中实时监测结构的应力状态,最大限度降低由于传统方法测试时间长而造成环境等因素对应力测试的影响,同时当出现不利应力状态时能及时预警,本桥施工监测采用自动化综合测试系统。

自动化综合测试系统(图 3.2.6-12)是一种功能强大的分布式全自动综合静态数据采集系统,由上位机(计算机)、采集单元、系统软件等组成。系统采用移动通用分组无线服务技术(General Packet Radio Service,GPRS)无线手机数据通信模式,将手机模块、单片机控制电路、电源控制电路设计组成一个标准的无线数据终端,并将 GPRS 无线数据终端嵌入无线收发仪和现场采集单元的密封箱中,完成现场数据与监控室远程无线数据传送。由于使用移动无线网络,所以只要有移动 GPRS 信号覆盖的地区均能将各地(无论距离有多远)现场采集数据传送到控制室的数据测控中心。

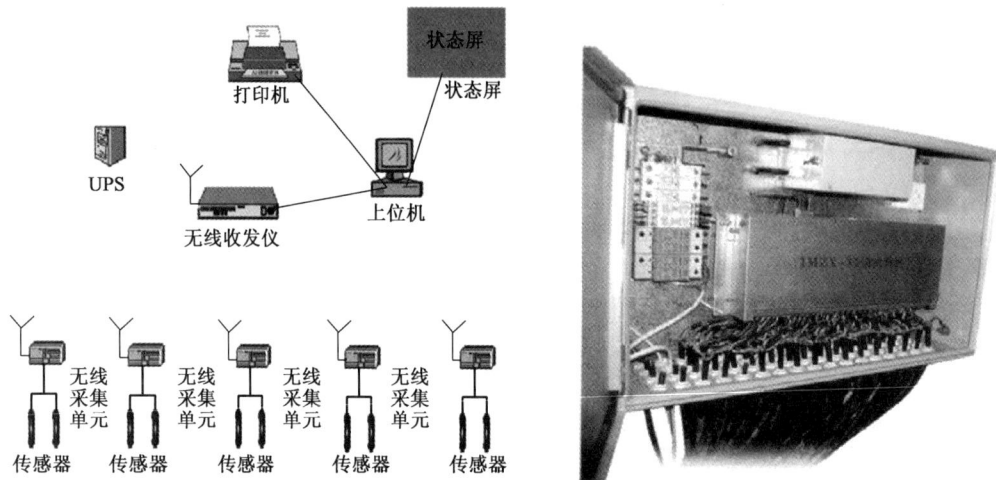

图 3.2.6-12　自动化综合测试系统

2)拱肋及主梁应力测量

拱肋测试截面:拱脚附近、拱肋 4 分点和跨中断面。

测量工况:

(1)拱肋拼装施工过程中。

(2)拱肋合龙前后。

(3)扣索拆除后。

(4)主梁现浇。

(5)二期铺装前后。

主梁及立柱测试截面:跨中截面及支点截面、立柱底截面。

测量工况:

(1)钢主梁安装后。

(2)桥面板安装完成后。

(3)主梁体系转换后。

(4)二期恒载铺装前后。

应力断面测点布置如图 3.2.6-13 所示。

3)缆索吊塔架应力测量

缆索吊塔架是拱肋吊装施工过程中重要受力结构,为了保证施工过程中的安全性,需对缆索吊塔架主要受力杆件进行应力测试。

缆索吊塔架应力测量时机需结合拱肋吊装施工进行,即在施工过程中监测的工作频率为每个节段进行 1 次;另外,在气象预报有大风天气,进行监测,及时采取相关安全措施。

缆索吊塔架应力断面测点布置如图 3.2.6-14 所示。

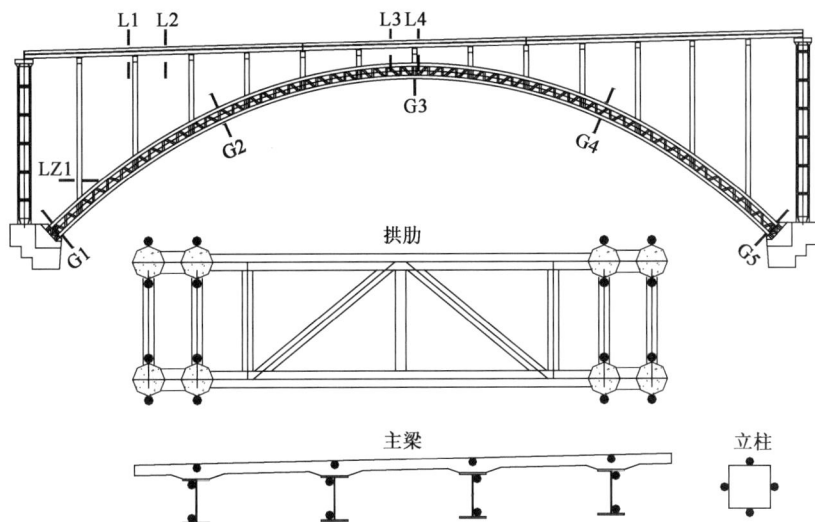

图3.2.6-13 应力断面测点布置图

注:●表示应力测点

2.6.5.4 温度测试

大跨度桥梁的内力和变形对温度变化十分敏感,应力测试、几何测试的同时都需要进行温度场测试,以对实测数据进行修正,便于分析。在桥梁施工过程中,环境温度的大小及日照温差会影响结构体系的线形及内力分布,并且结构的温度变形还影响施工中构件的架设精度及测量精度。温度的监测为施工监控计算中的温度修正计算提供科学的特征数据,并为合龙时机选择提供参考。

1)结构温度测试方法

南浦溪特大桥构件温度的测量采用数字式温度传感器进行。目前一般的温度测试元件均采用热敏电阻或点温计,通过温度和电阻的变化关系来换算温度值,属于模拟信号元件。其中热敏电阻需要进行严格标定,标定的精度越高测试精度越高,理论精度应该可以控制在0.5℃以内。

在充分调研后,在大型桥梁结构温度测试系统中引进美国Dallas半导体公司的数字化温度传感器及无线(有线)测控仪采集接收系统。温度传感器中封装感温元件和一个存储器。每个温度传感器都有一个唯一的ID码,测试时可直接读取ID码和温度数据。现场温度和ID码可以直接以"一线总线"的数字方式通过测控仪采集,以无线或有线方式传输至接收系统。该温度测试系统由于采用数字信号采集传输,数据不会失真,提高了系统的稳定性和抗干扰性,同时大大减少了系统所需的电缆数,更保证了温度测量的同步性,且感温元件的制作精度高,传感器也无须另外标定。通过大量的实践检验,该温度测试方法具有精度高、性能稳定、测试方便快捷等优点,温度测试数据采集及分析系统示意图如图3.2.6-15所示。

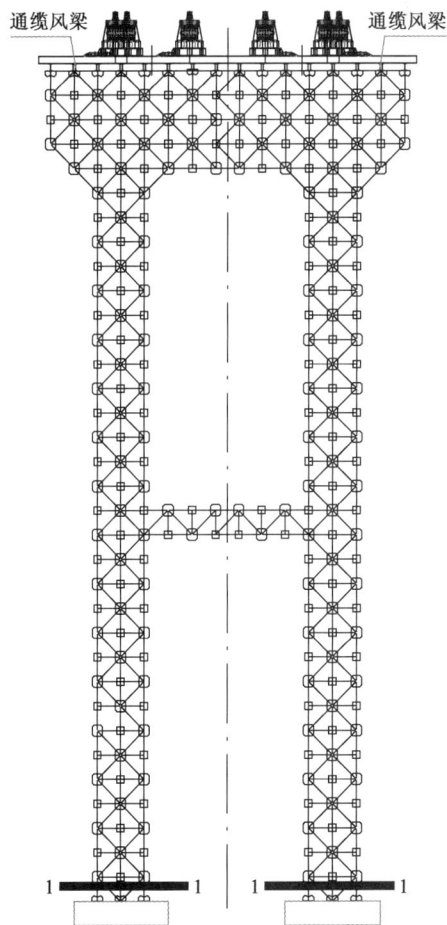

图3.2.6-14 缆索吊塔架应力断面测点布置图

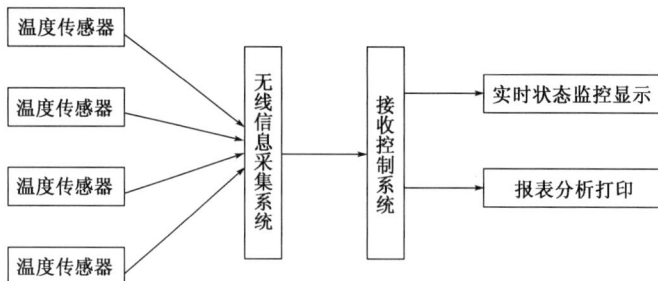

图 3.2.6-15　温度测试数据采集及分析系统示意图

2）拱肋、主梁温度测试

选取部分拱肋应力测试断面位置作为拱肋温度测试断面。在每次拱肋应力测试的同时进行拱肋温度测试。

拱肋、主梁温度断面测点布置如图 3.2.6-16 所示。

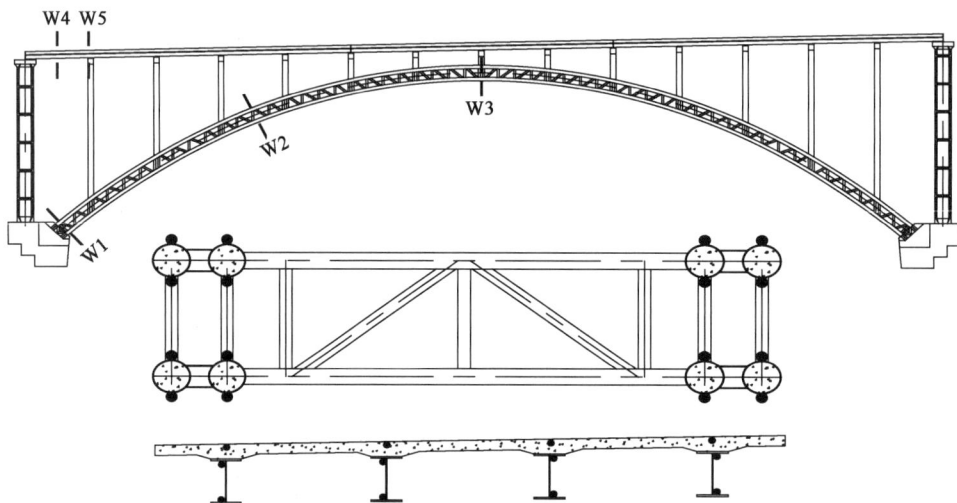

图 3.2.6-16　拱肋、主梁温度断面测点布置图

注：●表示温度测点

3）环境温度测试

环境测量主要是进行环境温度测量。采用数字式温度传感器，温度测试精度 ±0.5℃。环境温度测试位置布置在桥梁附近，以获得同全桥结构相同的环境温度测试结果。

2.6.5.5　拱肋合龙监测

在主拱合龙前，对合龙口进行典型天气 24h 连续观测，以确定合龙温度和准确拟定主拱合龙段长度。

根据主拱合龙方案以及观测结果，确定合龙时间，综合考虑主拱长、缝宽、温度修正和扣索张拉的影响，确定合龙段长度。

2.6.6　成桥状态监控成果

通过对主拱、立柱以及主梁埋设应力传感器，对施工过程中结构应力进行测量，主拱、立柱以及主梁监测断面的实测应力值与理论应力值基本吻合，满足规范和设计要求。

从整个施工过程来看，主拱线形实测与计算理论值吻合，满足施工监控控制要求[轴线偏位允许偏差/限值为 ≤$L/6000$mm（L 为跨径），且 ≤50mm；拱肋高程允许偏差/限值为 ±$L/3000$mm，且不超过

±50mm]，主梁高程实测值与理论值接近，处于控制允许偏差/限值范围内（L≤100m时，允许偏差/限值为±20mm；L>100m时，允许偏差/限值为±L/5000mm），表明计算所采用的主拱、立柱及主梁的刚度和重量与实际吻合较好；实测成桥线形总体与理论值吻合较好，桥面上下游线形一致、平顺，线形误差满足规范不大于±20mm的规定。

2.7　施工经验与体会

南浦溪特大桥于2018年1月正式开工，并成立"中铁二局文泰公路二分部"，设工程部、安全环保部、质量部、工经部、财务部、物机部、试验室、综合办公室，按照经理部、作业队两级管理。施工期间项目部认真履行职责，施工高峰期间组织250余名作业人员、45名管理人员，科学组织、精心统筹、攻坚克难，历时近3年完成主体工程施工。

南浦溪特大桥主桥跨越飞云江水库，大、小里程端的拱座均处于垂直陡峭的基岩中，局部基岩裸露且埋置较深，且陡岩下方为既有道路及水库保护区，拱座基坑开挖及陡坡刷坡土石方量大，大部分为石方，需进行控制爆破（设计要求拱座底以上5m范围须采用非爆破开挖），无论是修建便道，还是拱座基坑及刷坡施工均较困难，进度较慢。拱脚设计为临时铰接，合龙前采用扣挂悬臂施工，结构稳定性差；主拱及工字形组合梁均采用缆索吊装，吨位重，且该地区处于台风影响区，对钢结构吊装和高空作业影响大，施工难度大；主拱肋钢管内采用C50自密实混凝土，此工序混凝土数量大，技术要求高，困难因素多，是全桥施工重点环节。

针对项目工程施工技术难点，施工单位成立"大跨度上承式钢管混凝土桁架拱桥施工关键技术研究"课题小组，以项目需要解决的技术问题为导向，制定研究大纲，开展课题研究，通过技术攻关，成功解决了该桥建造技术难题，顺利完成南浦溪特大桥的修建，其关键技术创新包括：

（1）狭窄陡峭崖壁环境拱座施工技术

南浦溪特大桥文成岸设有4级拱座边坡，总高度44.88m；泰顺岸设有6级拱座边坡，总高度61.63m。因每级边坡高度大、坡度陡，且两岸边坡均位于山体陡崖处，从边坡外引道至每级边坡作为出渣道路，导致便道开挖方量大、施工时间长。同时由于拱座场地的狭窄，拱座结构尺寸大，需采用分层浇筑的方案且控制大体积混凝土水化热温度，浇筑时间长。如何合理布置高边坡开挖便道及设计拱座大体积混凝土施工方案，减少施工时间，从而安全、经济、有效进行开挖作业，是拱座高边坡施工的主要技术难点。

（2）南浦溪特大桥拱肋吊装技术

南浦溪特大桥拱肋采用计算跨径258m钢管混凝土桁架上承式拱桥，全桥由两榀桁架组成，两榀桁架中到中间距17m，采用分段吊装的方法进行拱肋桁架的施工，其主拱单幅分为13个节段，左右幅之间设有13道横撑，合计吊装节段达39段，最大节段吊装质量约98.7t。由于吊装节段多、重量大，结合桥梁紧凑的施工工期及地势条件复杂、跨越既有道路等施工环境，需要提出一种精确定位速度快、受地势条件影响小、对既有道路行车条件影响小的拱肋精确定位安装方法。

拱肋节段采用的斜拉扣挂悬臂拼装法，是将拱肋节段吊运至安装位置后，通过扣索、扣塔、锚索及锚索地垄对拱肋悬臂状态进行定位直至合龙，施工过程受力状态通常分为多个阶段，需要通过仿真模拟，对各阶段的受力及变形进行预测和控制。其中扣锚索索力的计算准确与否将直接影响拱肋安装的线形和变形是否满足规范要求。扣索索力的计算常用的方法有零弯矩法、零位移法、优化分析法和弹性-刚性支撑法。锚索索力的计算通常根据扣索的索力计算结果，以扣、锚索水平分力相等为依据进行计算。

为了保证南浦溪特大桥主拱斜拉扣挂悬臂拼装法施工安全、高效进行，需要解决现有索力计算方法中存在的问题：①节段接头模拟的状态与实际工况不符；②需结合施工阶段多次对索力进行调整；③计算结果可能出现负索力；④各类变量的计算精度要求较高，计算过程复杂，难以与施工现场实际相匹配。

将零位移法和弹性-刚性支承法进行总结优化,形成一种优化改进后的扣索索力计算方法,该方法的总体思路为:保证拱肋已安装节段的位移为零,计算当前安装节段的扣索索力,同时假定当前吊装节段的扣索张拉过程不影响前一节段的线形。

(3)大跨度钢管混凝土桁架拱钢管混凝土快速施工技术

南浦溪特大桥主拱钢管、缀板腔内均需灌注 C50 自密实微膨胀混凝土。拱肋矢高为 56.087m,矢跨比为 1/4.6,拱轴系数为 1.6,计入预拱度的拱轴线采用六次抛物线拟合,拱肋起拱坡度大。因拱肋起拱坡度、矢跨比等较大,在灌注拱肋钢管和缀板腔混凝土过程中结构受力复杂,特别是钢管灌注时泵管顶升压力大、缀板腔灌注时缀板与钢管焊接处易产生应力集中。拱圈混凝土灌注多采用主拱钢管分级泵送、缀板腔混凝土分段进行灌注等措施,但相应增加灌注过程中的倒管时间,影响施工工期。如何合理设置灌注方式、布置泵管管路,减少施工时间,是桥梁主拱混凝土施工的主要技术难点。

同时由于南浦溪特大桥拱座部位地势险峻,场地有限,拱肋混凝土施工无法采用一般情况下左右幅同步顶升工艺,只能采用左右幅分次顶升。顶升过程中需尽可能减少因左右幅非同步灌注拱肋偏载导致对拱肋结构产生的影响,进而快速、安全完成主拱钢管混凝土灌注。

(4)拱上立柱盖梁快速施工技术

南浦溪特大桥拱上立柱和盖梁均采用钢箱结构,共 13 排钢箱立柱和盖梁。设计吊装节段划分为80 个立柱吊装节段、13 个盖梁吊装节段,共计 93 个吊装节段。因上承式拱桥拱上立柱、盖梁多采用临时货运架空索道作为吊装设备,其吊装重量大,走行速度慢,吊装施工时间严重受吊装节段数量影响。同时吊装节段数量的增多,意味着拱上立柱安装、焊接等高空作业时间增多,安全风险加大。如何合理划分吊装节段、提出快速吊装方案,进而减少高空作业时间是本桥拱上立柱盖梁施工的主要技术难点。

(5)上承式钢管混凝土拱桥组合梁施工技术

南浦溪特大桥上部结构采用工字形钢-混凝土组合梁的形式,即纵、横梁均由钢板制作为工字形结构并拼装为一跨进行吊装,工字形梁上部承接预制桥面板。钢-混凝土组合梁通过预制桥面板的预留槽和工型梁上部的剪力键,实现预制桥面板与工型梁的组合。全桥共计 44 跨工字形钢梁和 352 块预制桥面板。工字形组合梁的吊装进度直接影响桥面系后序湿接缝、防撞护栏及调平层的施工,且桥面板与后浇混凝土之间凿毛面施工量巨大。如何优化钢-混凝土组合梁施工技术,及其与桥面系后序工序之间的衔接,进而减少桥面系施工时间,是本桥钢-混凝土组合梁施工的主要技术难点。

第3章

飞云江大桥施工

3.1 波形钢腹板制造拼装

3.1.1 梁场布置

根据现场实际情况,预制场范围(长×宽)为470m×37m,门式起重机轨道宽度24m,其中200m为波形钢腹板组合梁预制场地长度。预制组合梁以联为单位,4×40m采取长线法预制,2×40m+30m采取调整胎架位置来满足预制要求。预制场共设置预制台座16个,台座两侧预留钢结构中转存放区、模板支架存在区,具体布置图3.3.1-1所示。

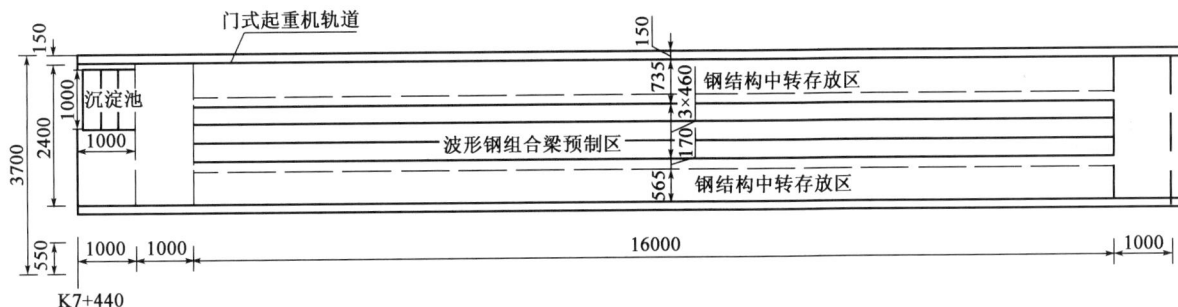

图 3.3.1-1 波形钢腹板组合梁预制场布置图(尺寸单位:cm)

依据设计图纸,在预制梁场地将预制台座位置按1:1放样,分左右线确定1联3孔或4孔所有钢梁位置。每孔4片波形钢腹板钢梁为同一拱度值,钢梁台座支点设置I36a工字钢。桥面横坡采用基础垫块调节,临时胎架搭设时,同时也应考虑横坡,通过调节钢梁台座支点I36a工字钢底部垫设钢板及上部钢板来调节横坡高度。

波形钢腹板组合梁预制场布置如图3.3.1-2所示。

3.1.2 波形钢腹板组合梁预制施工

波形钢腹板组合梁在预制场采用长线法预制。

预制时,一跨4片波形钢腹板主梁整体拼装,设置横向临时连接,形成整体受力。顶板预制混凝土整跨一次浇筑完成,混凝土保湿养护,同步进行第二跨波形钢腹板主梁的拼装。待第一联混凝土满足设计养护后,拆除临时连接,吊离台座。具体施工流程如下。

步骤一:铺设波形钢腹板梁胎架,分三节段进行单片波形钢腹板梁的焊接拼装(图3.3.1-3)。

| 1/2单孔节段1 | 1/2单孔节段1 | 1/2单孔节段2 | 1/2单孔节段2 | 1/2单孔节段3 | 1/2单孔节段3 |

3100

3100

3100

3100

| 单孔节段1 | 单孔节段2 | 单孔节段3 |

| 单孔节段1 | 单孔节段2 | 单孔节段3 |

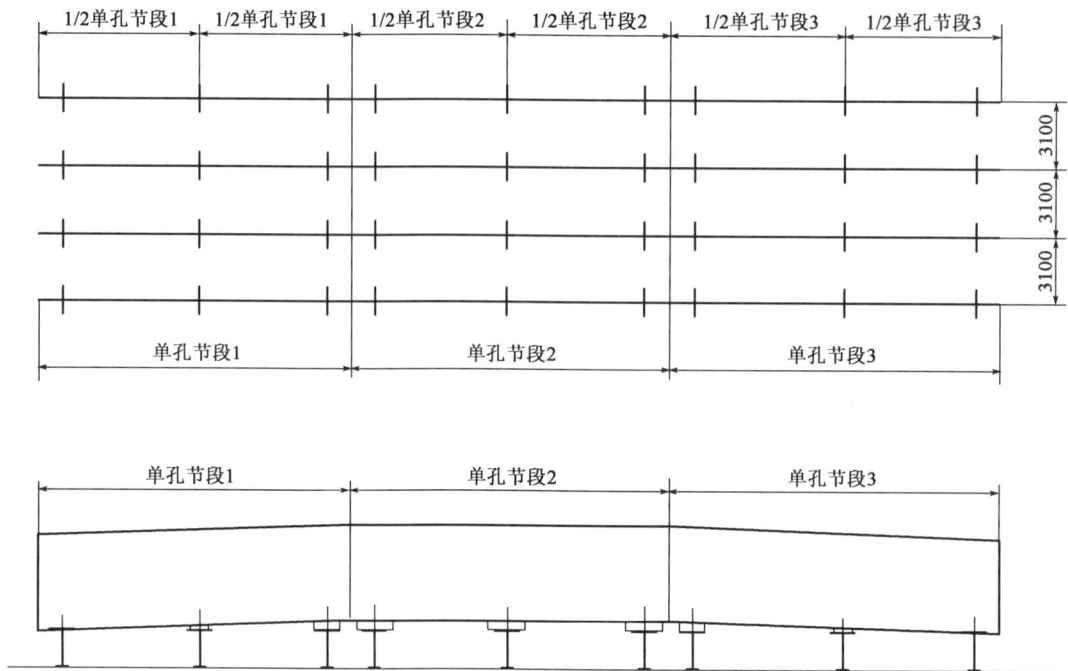

图3.3.1-2　波形钢腹板组合梁预制场布置图(尺寸单位:mm)

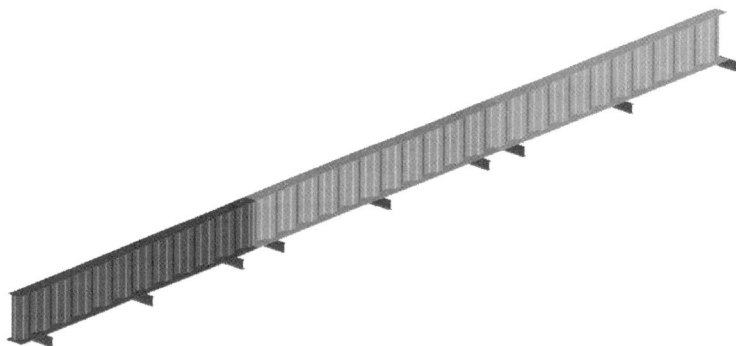

图3.3.1-3　长线法预制施工流程一

步骤二:完成一跨波形钢腹板梁的拼装,调整线形,安装临时横向连接,形成整体受力(图3.3.1-4、图3.3.1-5)。

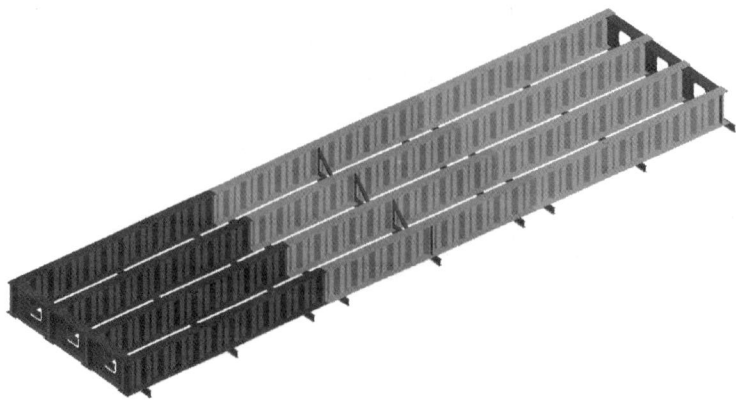

图3.3.1-4　长线法预制施工流程二

图 3.3.1-5 单跨钢梁组拼完成

步骤三:搭设模板系统,浇筑桥面板混凝土,保湿养护;同步进行第二跨钢梁拼装,第一跨与第二跨纵向连接,匹配设计线形(图 3.3.1-6、图 3.3.1-7)。

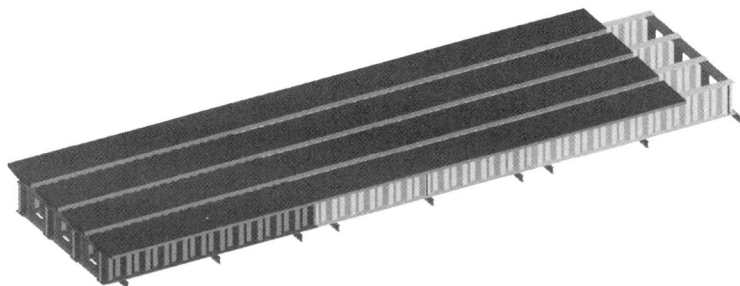

图 3.3.1-6 长线法预制施工流程三(1)

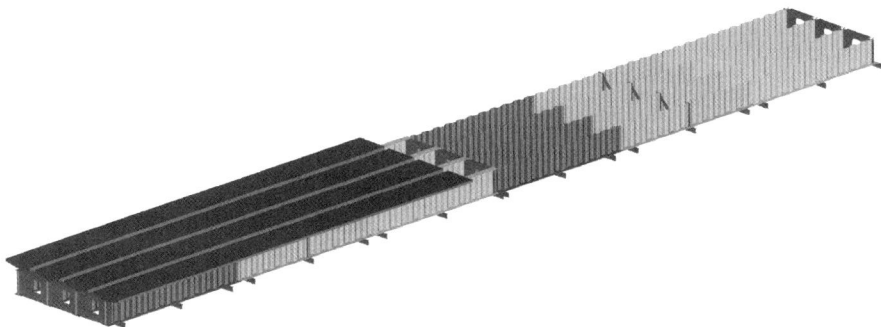

图 3.3.1-7 长线法预制施工流程三(2)

步骤四:第一跨预制板保湿养护满足设计要求,解除组合梁临时连接,采取单片组合梁进行架设工作;同步进行第三跨钢梁拼装,循环完成一联波形钢腹板组合梁拼装和预制,做到前后跨收尾有序衔接。

3.1.3 波形钢腹板预制组拼

单孔波形钢腹板梁由于受运输道路限制,钢梁计划分 3 段制作,每段长度 10～14.5m,通过公路运输至现场后在预制台座上拼装成设计预制节段。每个加工节段设置 3 道型钢支点,支点设置在钢梁加工节段两端 1m 位置,单段中间支点设置在加工节段跨中位置,单孔钢-混凝土预制梁共设置 9 个支点。支点材料使用 I36b 工字钢,钢梁竖向线形通过在硬化混凝土场地和 I36b 工字钢之间垫设钢板调整。台座支点设置、实物图分别如图 3.3.1-8、图 3.3.1-9 所示。

图 3.3.1-8　台座支点设置示意图　　　　　图 3.3.1-9　支点实物图

在波形钢腹板钢梁(单孔单片钢梁)拼装前,现场在钢梁台座支点 I36a 工字钢上设置 20mm 高度调节钢板,用于调节高度(制作临时胎架,图纸设计最大拱度值为 80mm),现场技术人员使用水准仪,严格复核钢梁台座支点 I36a 调节钢板的高度,以确保满足设计及规范要求钢梁拱度值。

临时胎架搭设以单孔 4 片钢梁拼接为例,具体步骤如下:

(1)依据设计图纸及施工详图,在预制梁场地将预制台座按 1:1 放样,确定单孔内单片梁分段后节段的实际长度以及相对位置,并做好画线标识。

(2)在地面大样节段分段线两边各 1m 位置,平行于节段分段线设置钢梁台座支点 I36a 工字钢。

(3)现场技术人员使用水准仪,测量各个钢梁台座支点 I36a 工字钢顶面高程。

(4)依据设计图纸及施工详图,确定钢梁台座支点拱度值。

(5)取钢梁台座支点 I36a 工字钢上顶面高程最低点为基准,分别计算出钢梁台座支点与设计拱度值的高差。

(6)依据计算高差,通过调节钢梁台座支点 I36a 上设置的调节钢板的高度,以达到设计拱度值要求。每孔 4 片波形钢腹板钢梁为同一拱度值。

(7)依据设计图纸及施工详图,确定单孔内 4 片钢梁的相对位置以及横坡方向,通过调节钢梁台座支点 I36a 工字钢底部垫设钢板及上部钢板高度来调节横坡高度,以达到设计横坡值要求。

3.2　桥面板预制

3.2.1　模板设计

设计图纸要求对梁体线形进行必要控制,左、右线桥平面位于直线段、缓和曲线段和 $R=1500m$ 右偏圆曲线上,右线纵坡为 1.4%,桥面横坡为 -2.0%,左线纵坡为 1.5%,桥面横坡从 -2% 超高渐变至 +2.0%。模板控制应与钢主梁线形一致,满足设计线形要求。预制板模板布置如图 3.3.2-1 所示。

预制板混凝土施工采用单独设计的可伸缩可移运式组合模板系统,考虑模板的整体刚度和梁体的线形控制,周转过程减少面板的变形,面板采用 5mm 厚钢板组成,边框和纵肋为角钢∟50mm×4mm,支架为立柱型钢支架,上下通过顶托和底托进行连接,使支架可竖向移动,以达到模板支拆作业和调整的目的。其模板节段之间的连接缝采用橡胶条,防止漏浆。

模板共制作 4 套,满足单跨组合梁预制要求,且按最大梁长设计,同时考虑伸缩端梁模板匹配。为满足曲线段内、外侧边梁的线形要求,内、外侧边梁翼缘板模板挡边设计为可调式,以调整此部位边梁悬臂长度。

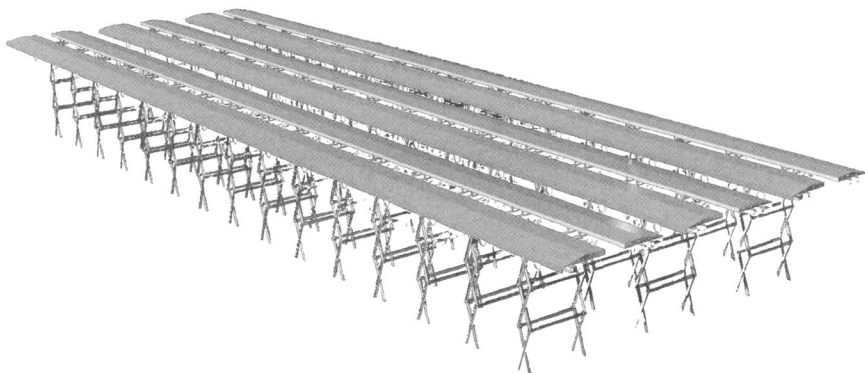

图 3.3.2-1　预制板模板布置图

3.2.1.1　模板制作与验收

模板制作材质必须符合模板设计图的具体要求。

选择综合实力强、模板加工经验丰富的厂家进行模板制作。模板制作过程中,必须使用专门的胎卡具,确保模板面板平整度、焊缝质量、结构尺寸、模板接缝错台等满足设计要求。分块模板制作完成后,要按模板设计图要求进行试拼。分块模板验收按照模板验收规范进行。

3.2.1.2　模板拼装

规格模板经验收合格后才能投入使用。为了保证模板在反复使用情况下不影响梁体外形尺寸的变化,要求钢模板有足够的强度、刚度和稳定性,模板拼缝及与钢梁间的接缝严密。

模板分块拼装时,首先测量放样轴线位置,先量出分块模板的轴线,并与支架、钢梁轴线保持一致,整体拼装完后,再进行整体调整。

模板钢板铺设过程中,测量组人员用精密水准仪对模板每3m一个断面进行线形检测,线形须达到设计及规范要求。由技术人员检查模板中心位置,并量出底模中心位置(三点位置分别为中点、两侧端点),由现场主管技术员检查合格后,通知测量组进行复核。模板支设完成后,检查模板,并报监理进行检查,合格后投入使用,进入下道工序施工。

3.2.1.3　涂刷脱模剂

在模板拼装检查合格后,进行脱模剂的涂刷,涂刷注意事项如下:

(1)在涂刷脱模剂的前一天下午,严格按水、剂的重量比例预先调兑好脱模液于干净的容器箱或大口桶中,调兑时搅拌均匀,以达到充分溶解;然后将容器箱或大口桶盖好,以免脱模液污染及防止雨水浸入。

(2)使用时,将预先调兑好的脱模剂加以适当搅拌,使未溶解的细小颗粒静置在水中得到自然充分溶解,使脱模剂的效果更佳。

(3)调兑脱模剂的水取洁净的自来水,并保持调兑使用的容器及用具的清洁,以免脱模剂受到污染。采用拖布或滚筒涂刷,应定期更换拖布或滚筒。

(4)涂刷脱模剂前,必须将模板彻底清除干净,然后均匀涂刷。

(5)涂刷好后,不能立即使用,亦不能上人踩踏,应用薄膜覆盖,防止风沙扬尘污染及雨水冲刷。

3.2.2　预制桥面板混凝土工程

3.2.2.1　混凝土配合比试验

所有预制梁混凝土原材料必须合格,做砂、石筛分试验,符合级配要求;水泥做强度、安定性试验。

混凝土配合比通过设计和试验配制确定,以保证混凝土配合比满足施工所需的和易性,混凝土强度达到设计强度等级和满足耐久性等技术要求。施工中严格控制水泥用量,防止因混凝土水化热过高引起梁片开裂。得出混凝土理论配合比后,在每次混凝土搅拌前检查砂、石的含水率,以确定最终混凝土搅拌的施工配合比。

3.2.2.2 混凝土浇筑、振捣

浇筑混凝土应考虑一跨整体浇筑,浇筑时应一次完成,不设施工缝。浇筑前应对钢筋、保护层厚度、模板、伸缩缝、护栏、泄水管预埋件等进行再次检查,并经批准后才能浇筑施工。混凝土运输到浇筑现场后检查其混凝土性能,严格控制混凝土坍落度及和易性,特别是水灰比,满足要求后开始浇筑施工。

浇筑时从一端至另一端连续均匀进行,振捣采用插入式振捣器,整平及收面采用专用收面工作台。

混凝土浇筑及收面如图 3.3.2-2 所示。

图 3.3.2-2 混凝土浇筑及收面

3.2.2.3 混凝土养护

混凝土浇筑完成后及时进行养护,根据天气情况在混凝土收浆后尽快进行覆盖和洒水养护。

养护的持续时间:根据施工图纸设计要求,桥面板混凝土保湿养护时间应不小于 30d。

采用喷淋养护:在预制梁场建设时沿门式起重机轨道线铺设两根塑料管,在每隔 5m 设置一水龙头阀门,用于施工过程中的梁片养护。采用喷淋式养护支架,支架上接养护水管,水管上接喷雾水龙头,利用门式起重机将养护支架吊装放于需要养护的梁片进行养护作业。

3.3 波形钢腹板组合梁架设

3.3.1 架桥机改制

纵向拼接位置距离中支点为 2.5m,梁片须跨过整个花瓶形墩柱。具体梁体节段划分构造如图 3.3.3-1、图 3.3.3-2 所示。

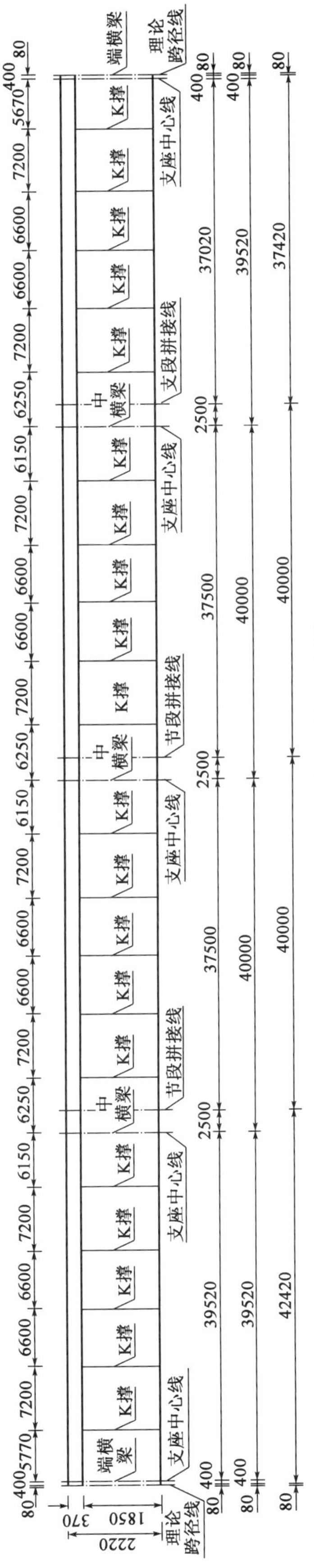

图3.3.3-1 4×40m节段划分构造图(尺寸单位：mm)

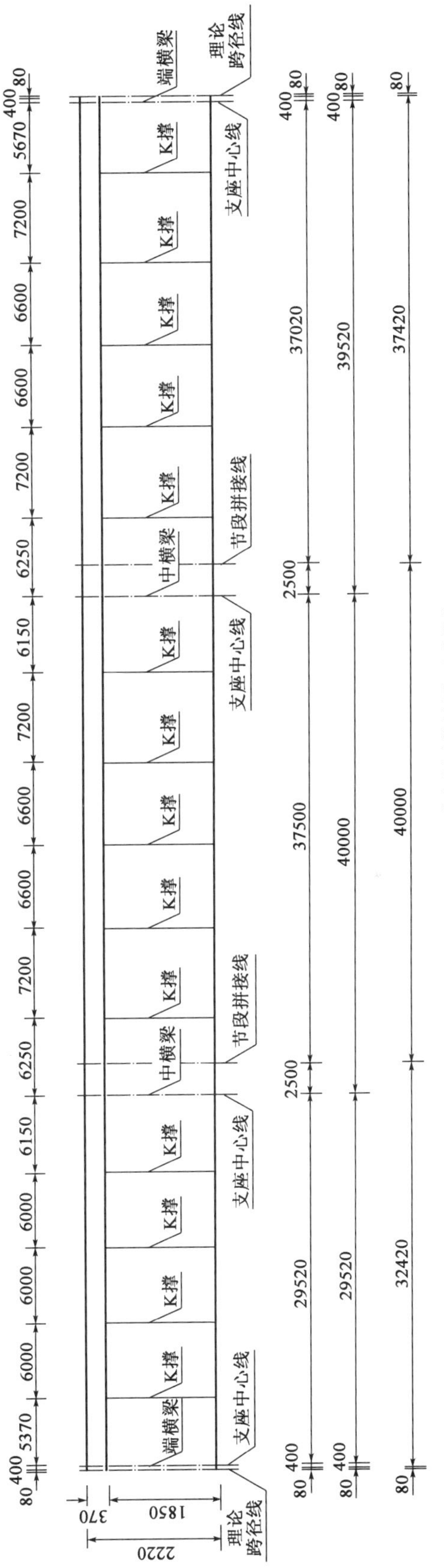

图3.3.3-2 2×40m+30m节段划分构造图(尺寸单位：mm)

普通架桥机前支腿由支腿、支腿横移系统、轨道及支撑梁等组成,具体布置如图3.3.3-3所示。

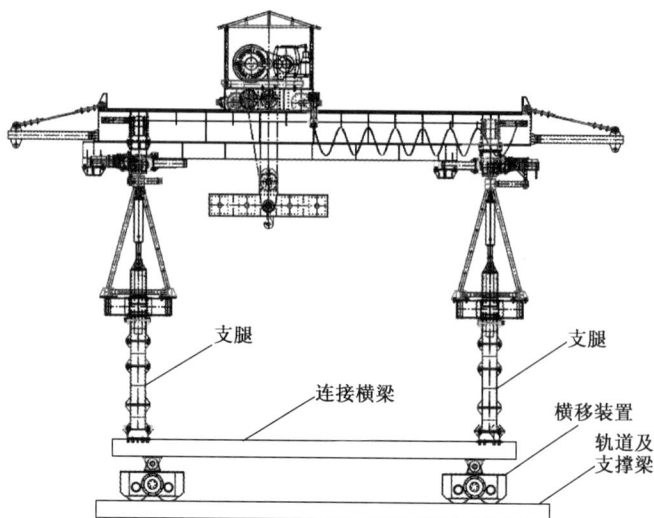

图3.3.3-3 普通架桥机前支腿构造图

组合梁片的架设支点外节段拼接,普通架桥机横移装置无法穿过梁片,为满足梁片架设需要,对架桥机进行改制,具体方案如下。

(1)取消架桥机前支腿横移装置及连接横梁,支腿只作为承重结构,不提供横移;

(2)一侧前支腿液压杆高度满足伸缩2.5m,超过梁片高度2.22m;

(3)后置横移装置,架桥机利用后、中支腿进行横移;

(4)中支点、后支点横移轨道下增设分配梁,将组合梁受力点由翼缘转移到腹板处。

架桥机前、后支腿改制构造分别如图3.3.3-4、图3.3.3-5所示。

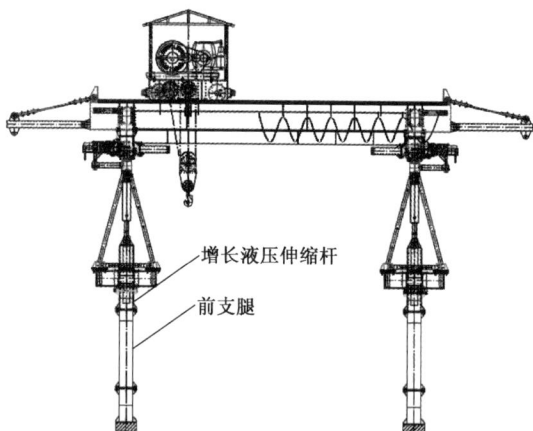

图3.3.3-4 架桥机前支腿改制构造图

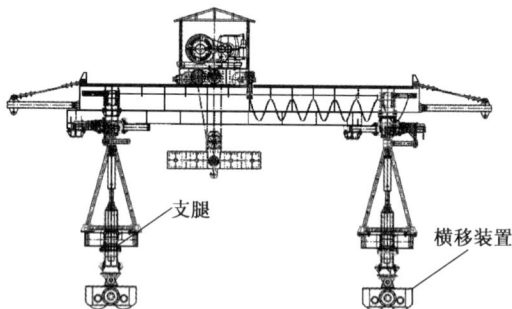

图3.3.3-5 架桥机后支腿改制构造图

3.3.2 组合梁架设

3.3.2.1 组合梁运输通道

组合梁运输通道分为两部分,分别为预制场内运输通道、预制场外上桥通道。

1)运输通道要求

梁板运输通道路面须平整,一般纵坡坡度不得大于3%,横坡坡度不得大于4%。本项目场内运输通道由大桩号向小桩号方向进行运输,运输路段线路位于半径2000m的缓和曲线上,最大纵坡为1.5%,最大横坡为2%,满足运输条件。

为了保证运输安全,在炮车上加斜撑,并用钢丝绳将梁板与运梁炮车连接为整体。梁板运输时控制炮车行走速度在 5km/h 内,特别是在缓和曲线上运输将速度控制在 3km/h 以内。

2)场内运输

组合梁片梁场内运输通道,直接采用两台 80t 门式起重机吊装至炮车上,炮车通过主线路基运至 11 号桥台处,然后运至相应的位置,喂梁给架桥机。

单片组合梁存在头重脚轻,重心高并偏心,整体稳定性较差,需在炮车上增设临时支撑杆,防止组合梁片倾覆。

炮车运输及支撑如图 3.3.3-6 所示。

3)炮车上桥通道

炮车通过的组合梁分为有混凝土预制桥面板和无混凝土预制桥面板,两种方式通过前均需要将已架设组合梁风撑及横隔板连接完成后,再进行炮车运输过梁。

第一种(有混凝土预制桥面板):

炮车车轮碾压靠近两片组合组合梁腹板位置,避免单片组合梁翼缘受力过大,导致开裂。炮车过梁混凝土段布置如图 3.3.3-7 所示。

图 3.3.3-6　炮车运输及支撑图

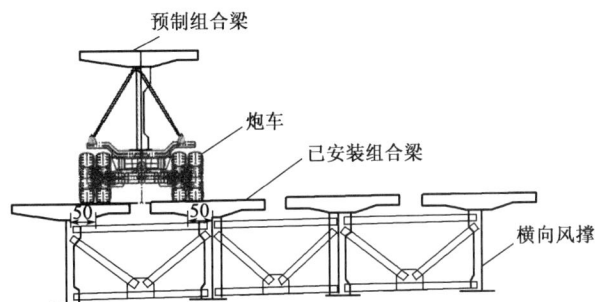

图 3.3.3-7　炮车过梁混凝土段布置图(尺寸单位:cm)

第二种(无混凝土预制桥面板):

无混凝土预制板梁主要位于连续梁中支点后浇段处,施工采用搭纵、横两层型钢分配梁,来满足炮车过梁运输工作。

在两片组合梁腹板处先铺设纵向 I18 工字钢作为主纵梁,再按照 30cm 间距布设 I20b 工字钢横向分配梁,顶面采用 1cm 厚的花纹钢板作为面板。

炮车过梁无混凝土预制桥面板段布置如图 3.3.3-8、图 3.3.3-9 所示。

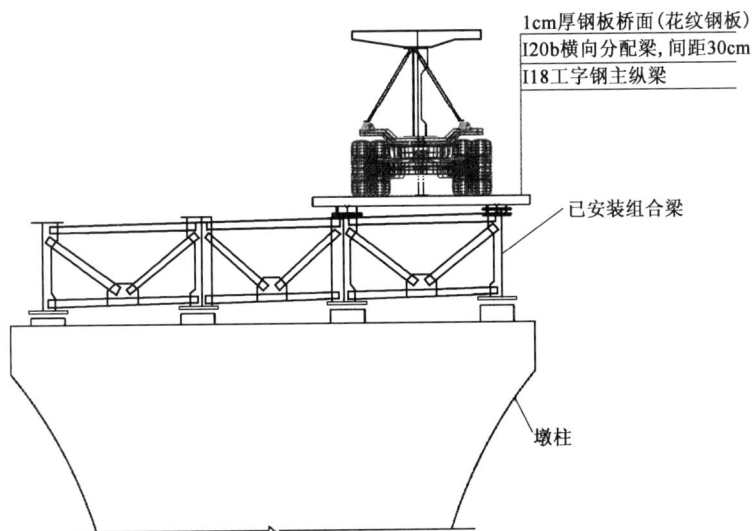

图 3.3.3-8　炮车过梁无混凝土预制桥面板段横断面布置图

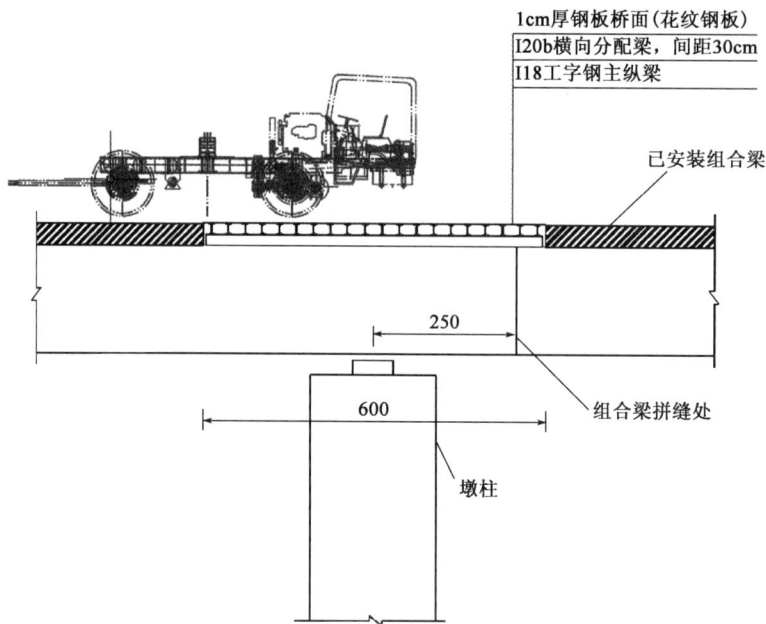

图 3.3.3-9　炮车过梁无混凝土预制桥面板段纵断面布置图(尺寸单位:cm)

3.3.2.2　组合梁架设准备

1)测量放样

根据设计要求,用全站仪在花瓶形墩顶放出各支座中心线,用墨线弹出,并测量各支座中心高程。

2)支座安装

在盖梁施工完支架拆除前,再一次复核各支承垫石的高程及坐标,在各垫石上找出各自的十字线,用铁钉钉四个孔,并灌上红油漆。架桥机就位后再次复核对应高程及坐标,通过红色的四个点找出支座的圆心,画一个比支座尺寸大5cm的圆,以便安放支座有对照依据。

3.3.2.3　组合梁架设

组合梁吊装采用施工预设吊孔穿束的吊装方案(桥面板预制时预留吊绳穿孔),为保证整体稳定性,采用双吊点形式进行安装,吊点位置距梁端混凝土距离为0.6m。组合梁吊装时采用ϕ47.5mm钢丝绳,钢丝绳破断拉应力为1860MPa,吊装滑轮采用12线形式,直径为21.5mm。为防止梁底板变形及应力集中,在底板吊点处加焊两道三角板,增加吊点处局部强度,钢绳经过混凝土尖锐处,外侧用角钢包裹,并把角钢外侧棱角打磨成圆弧状,防止角钢损伤钢丝绳。

组合梁吊点布置如图3.3.3-10所示。

图 3.3.3-10　组合梁吊点布置

组合梁安装过程详解:

步骤一(图3.3.3-11):

①安装塔顶分配梁,作为前支腿受力支点;
②横移架桥机,满足两片梁安装空间。

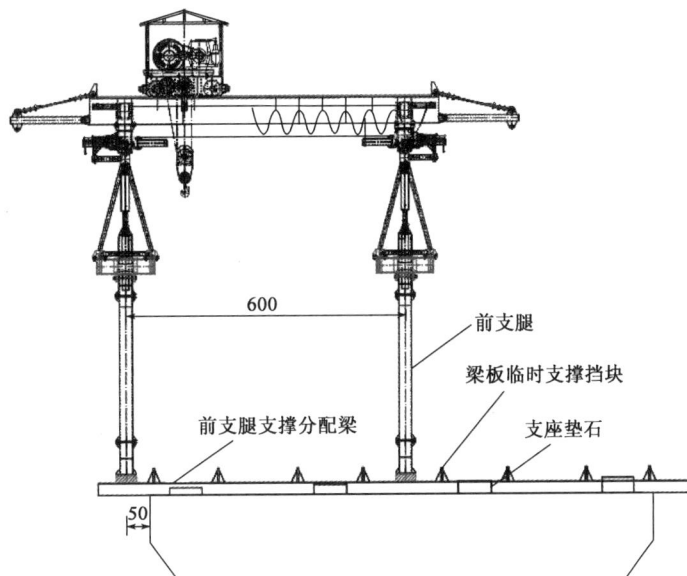

图 3.3.3-11　整跨梁安装布置图一(尺寸单位:cm)

步骤二(图 3.3.3-12):
①架桥机天车起吊边梁,梁体纵移至墩柱上方;
②停止运梁并锁定,前、后天车缓慢下落组合梁至墩柱上方,横移行车至边跨支座位置正上方;
③对中,缓慢落梁就位,安装临时支撑。

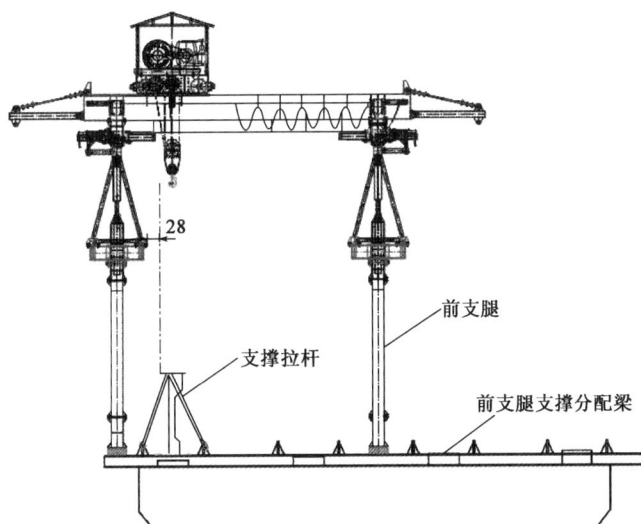

图 3.3.3-12　整跨梁安装布置图二(尺寸单位:cm)

步骤三(图 3.3.3-13):
①参照步骤二,完成第两片组合梁架设;
②安装风撑及横隔板;
③解除组合梁临时支撑。

步骤四(图 3.3.3-14):
①架桥机天车后移,利用天车起吊组合梁进行后端配重;
②前支腿脱空,架桥机通过中支点及后支点设置横移轨道整体横移,解除配重梁后,架桥机不倾覆。

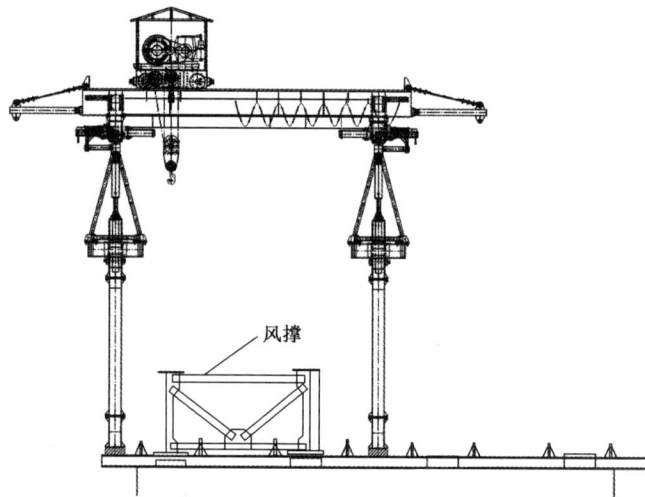

风撑

图 3.3.3-13　整跨梁安装布置图三

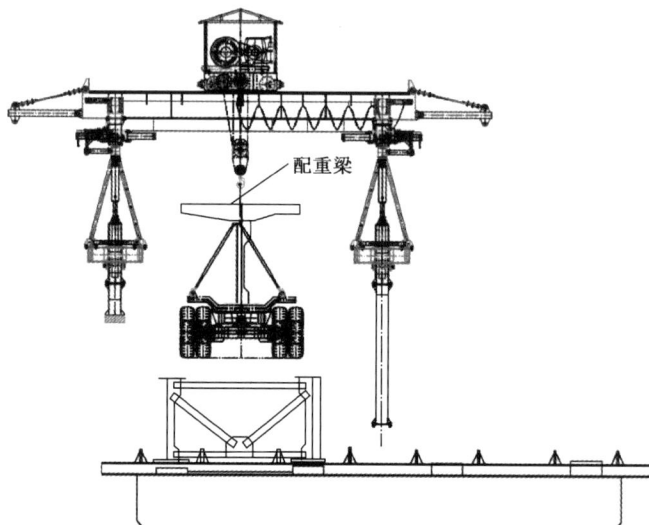

配重梁

图 3.3.3-14　整跨梁安装布置图四

步骤五(图 3.3.3-15)：

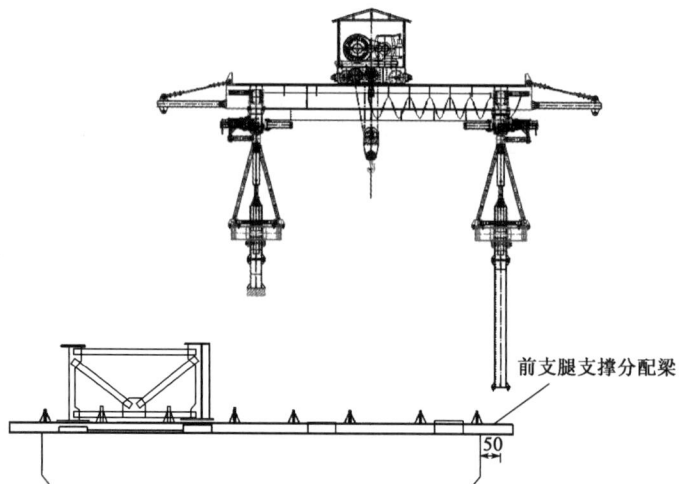

前支腿支撑分配梁

50

图 3.3.3-15　整跨梁安装布置图五(尺寸单位：cm)

①收起前支腿,高度超过组合梁高;
②横移架桥机,满足剩余两片梁安装。
步骤六(图3.3.3-16):
①架桥机后端配重,整体前移至墩顶;
②前支腿固定在墩顶分配梁上;
③解除架桥机后端配重,进行第三片组合梁安装。

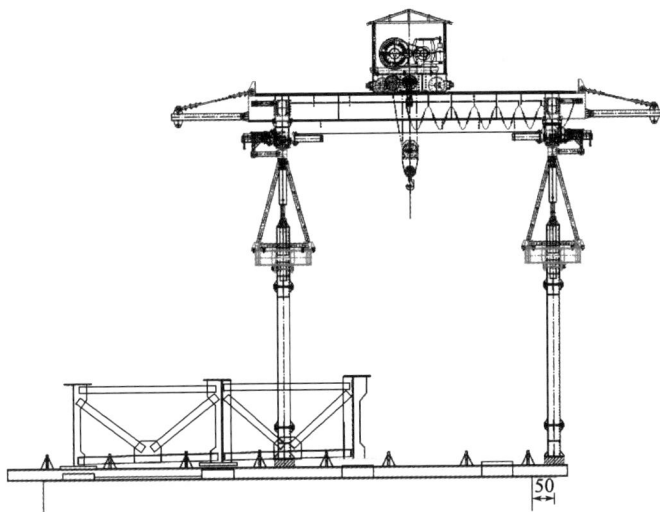

图3.3.3-16 整跨梁安装布置图六(尺寸单位:cm)

步骤七:
安装第四片组合梁,连接风撑及横隔板。

3.3.2.4 K撑安装

单孔2片主梁架设完后,开始安装横向连接K形支撑(简称K撑)。当钢跳板铺设完成后,使用桥面小型可移动龙门架将K撑通过预留洞口放入安装位置进行安装,施工人员由预制梁端部预留人孔位置进入K撑施工位置,沿钢梁行走时必须使用安全带,并挂在头顶上方的安全钢丝绳(生命线)上。K撑安装时使用点焊形式进行固定,单片K撑固定完成后进行焊接施工。安装采用简易龙门架来完成,K撑节段质量为80kg,整体较轻,龙门架下布置为轮式结构,便于移动。

当横向K撑安装、焊接且涂装完成后,将钢跳板从预留洞口吊出,并将预留孔洞处钢筋复原。

3.3.2.5 纵向栓接施工

纵向相邻两片波形钢腹板初步定位后,对孔时在螺栓孔重合的瞬间,利用小撬棍尖端插入孔内拨正及定位销初定位;然后对此时安装的波形钢腹板进行纵横向定位,对好孔后,立即在钉栓群中穿入4根定位冲钉,随即安装4~6根工装螺栓;待所有孔对位后全部换装高强度螺栓并在当日内进行紧固。

施工前高强度螺栓副连接应按出厂批号复验扭矩系数,修整、清除螺栓孔内的毛刺、污物等影响螺栓预拉力的因素。为保证高强度螺栓能顺利穿入孔内,扭矩扳手在作业前应进行校正,其扭矩误差不得大于使用扭矩的±5%。

螺栓连接:安装螺栓时应顺畅穿过螺孔,不得强行敲入,穿入方向全桥一致,螺栓轴线垂直于钢板表面。高强度螺栓连接施工时从跨中的连接缝开始,对称向两端进行。采用扭矩法拧紧高强度螺栓连接副,初拧、复拧和终拧应在同一日内完成。初拧应由试验确定,一般为终拧扭矩的50%。

3.3.2.6 现场补涂

现场补涂包含焊接及螺栓连接部位修复、运输安装损伤部位修复。待每跨4片主梁和横向K撑安装完后,立即进行防腐涂层补涂。

3.4 墩顶负弯矩区现浇

3.4.1 现浇段设计

飞云江大桥配跨为 $40m \times 4 + 40m \times 4 + 40m \times 2 + 30m$，单幅桥面共布设 4 片工字形波形钢腹板主梁，每联按连续结构设计，跨间连接于墩顶外 2.5m。

组合梁混凝土桥面板采用 C50 混凝土，工字梁顶板、底板、波纹腹板、空腹式 K 撑中横梁及实腹式端横隔梁均采用 Q345D 钢。钢主梁高 1850mm，间距 3.1m。桥面板单幅顶板宽 12.05m，桥面板采用普通钢筋混凝土板，与波形钢腹板纵梁利用剪力钉连接整体预制，纵向湿接缝宽 50cm。除了湿接缝和墩顶后浇段之外的混凝土顶板均和波形钢腹板工字形钢梁共同预制形成单片组合梁后，运至现场采用架桥机架设。为了减少一期荷载产生的负弯矩拉应力，支点处设置长 6m 的后浇带，后浇带采用 C50 微膨胀聚丙烯纤维混凝土。

标准段断面构造、墩顶连续段平面构造、安全操作平台如图 3.3.4-1 ~ 图 3.3.4-3 所示。

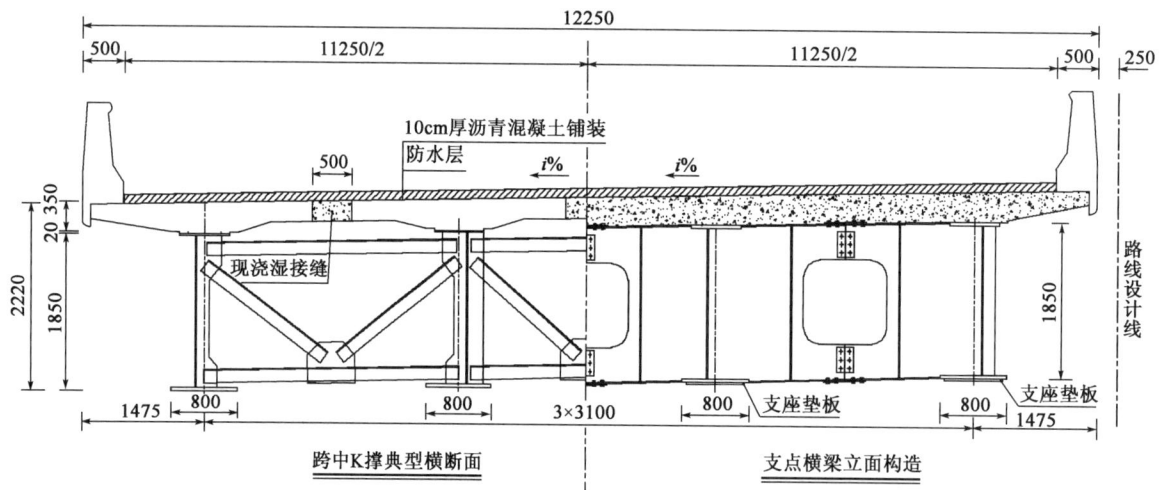

图 3.3.4-1 标准段断面构造(尺寸单位:mm)

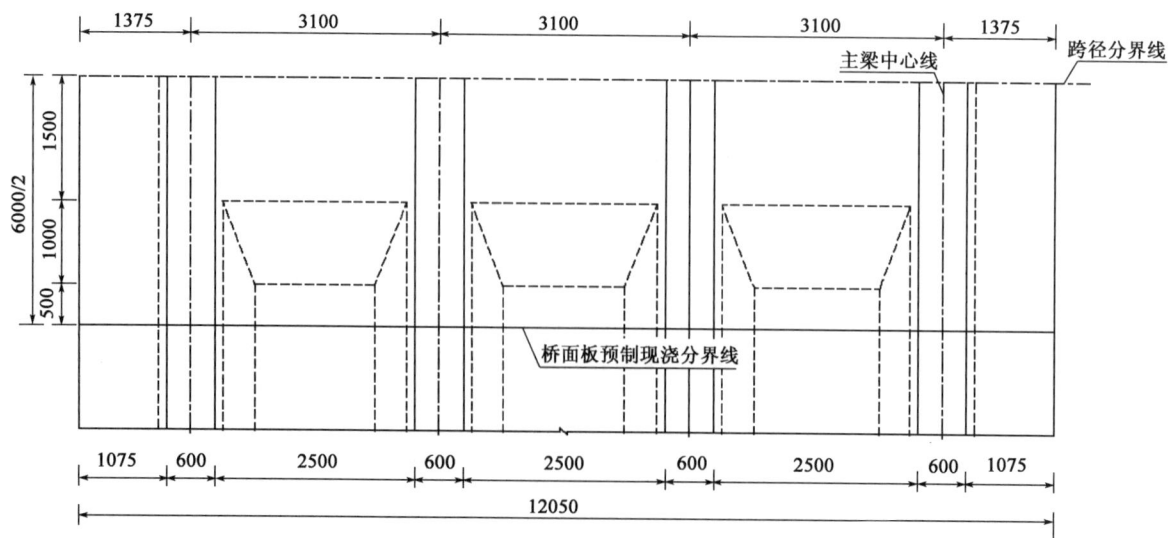

图 3.3.4-2 墩顶连续段平面构造(尺寸单位:mm)

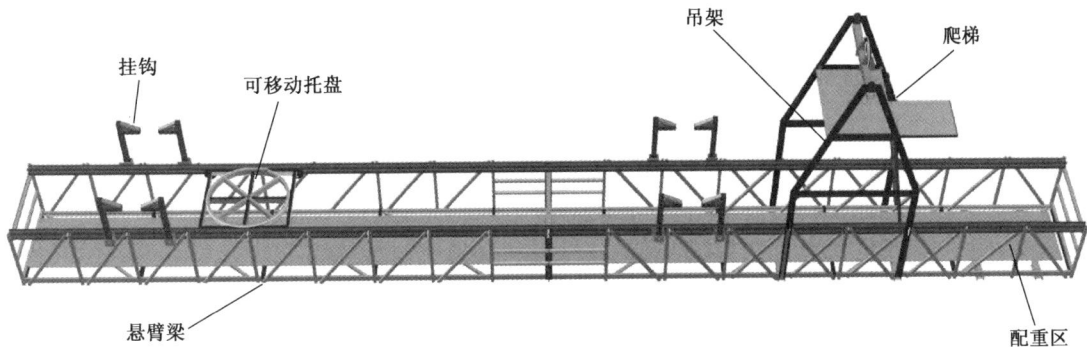

图 3.3.4-3 安全操作平台

3.4.2 现浇段施工

1）后浇段施工流程

后浇段施工流程如图 3.4.4-4 所示。

2）测量检查与准备

为保证钢-混凝土组合梁顶面高程符合设计要求,在后浇段、湿接缝施工之前,由测量人员复核梁顶面高程,如安装误差较大,对桥面铺装层厚度有影响时通过调整临时支撑、支座等来控制梁顶面高程,直至合格后方可继续施工。模板安装前,要对接头部分凿毛情况进行检查,保证接头处表面混凝土凿毛符合要求。

3）安装安全平台

施工用安全平台针对桥梁结构的实际情况专项设计,厂家定做,主要由吊架、悬臂梁、配重、可移动托盘、作业平台、爬梯、挂钩等组成,具有刚度大、不易变形、重复施工返修率小、可多次使用、利用价值高等特点。

施工安全平台利用天秤原理,设置配重并配置可移动托盘便于模板等构件的转运,同时利用托盘重量可调整安拆时平台自身的平衡,保证平台在安拆过程中不易侧翻,安全性较好。

安全施工平台安拆时,利用 25t 汽车起重机将平台吊起就位,平台上附有 8 个挂钩,挂钩位置与内外侧边梁对应,钩挂在钢梁底板上,用对拉杆锁紧挂钩。

平台起吊、下放及就位状态分别如图 3.3.4-5、图 3.3.4-6 所示,可旋转、移动托盘如图 3.3.4-7 所示。

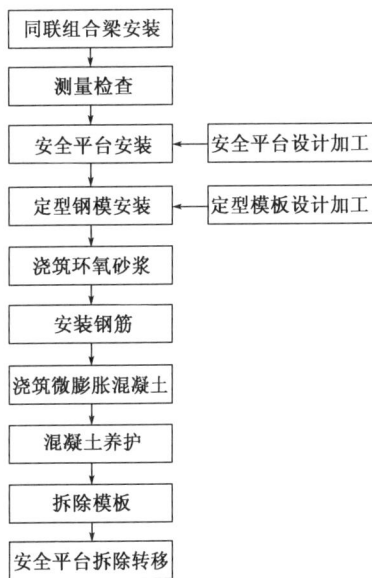

同联组合梁安装 → 测量检查 → 安全平台安装 → 安全平台设计加工
安全平台安装 → 定型钢模安装 → 定型模板设计加工
定型钢模安装 → 浇筑环氧砂浆 → 安装钢筋 → 浇筑微膨胀混凝土 → 混凝土养护 → 拆除模板 → 安全平台拆除转移

图 3.3.4-4 后浇段施工流程图

图 3.3.4-5 平台起吊、下放

图 3.3.4-6 平台就位状态

4)安装模板

后浇段采用定型钢模板。利用 25t 汽车起重机安装模板,相邻两跨间横桥向平行摆放 18 号工字钢,确保桥面横坡和平整度,必要时进行处理。双拼工字形钢纵桥向简支于 18 号工字钢上,双拼工字形钢间预留间隙用于模板和双拼工字形钢间的对拉螺杆安装,每块模板 6 根拉杆,外套直径 20mm PVC 管,便于拆卸。检查预留孔及模板四周拼缝用泡沫胶密封完整,确保浇筑时无浆液漏出,避免污染钢梁及二级水源保护区。

5)浇筑环氧树脂砂浆

环氧树脂按试验标准配比拌和,基面清洁干净,无锈渍和油污,砂浆表面平整,厚度符合设计要求,现场待环氧树脂砂浆凝固后方可进行下道工序施工。环氧树脂砂浆施工如图 3.3.4-8 所示。

图 3.3.4-7　可旋转、移动托盘

图 3.3.4-8　环氧树脂砂浆施工

6)绑扎钢筋

在钢筋加工厂内采用数控机械成型,运至现场安装,严格安装施工图纸及技术规范进行,焊接质量满足要求。钢筋的所有交叉点均应绑扎,必要时,亦可辅以点焊焊牢,以避免在浇筑混凝土时移位。为了保证保护层厚度,在钢筋与模板间设置高强度等级水泥砂浆垫块,垫块与钢筋扎紧,且呈梅花形布置。钢筋安装施工如图 3.3.4-9 所示。

7)浇筑后浇段

后浇段采用 C50 微膨胀聚丙烯纤维混凝土,水泥、中砂、碎石及外加剂严格按批准的混凝土配比配置。混凝土采用拌和楼拌和,搅拌运输车运送,用料斗通过起重机吊入模板内。

图 3.3.4-9　钢筋安装施工

8)养护

由于施工主要集中在夏季、秋季,初凝后可采用洒水养护,保持混凝土表面湿润,养护期不少于 7d。模板拆除后采用土工布覆盖并保持混凝土表面湿润,以防止日光暴晒后产生干缩裂缝。同时因钢 – 混凝土组合结构自重桥轻,车辆荷载等引起的震动幅度大于普通混凝土梁桥,在养护期间禁止大型车辆上桥,施工用工程机械控制车速。

9)拆除模板和安全施工平台

当混凝土强度大于设计强度的 90% 时,方可拆模,拆模时将模板与双拼工字钢之间的拉杆先预松,使模板与混凝土分离,用 25t 汽车起重机吊住模板吊点的钢丝绳缓慢下放,至施工安全平台的可移动托盘上,再将可移动托盘带模板推至平台端头,最后用起重机在后浇段侧面将模板吊回至桥面,装车转至下一作业面。

随着钢结构桥梁建设的不断推广,这种适用快速化、标准化、工厂化的中等跨径预制钢–混凝土组合结构愈发更有优势,然而对于连续结构普遍存在的负弯矩区裂纹的产生确实难以克服,本项目的实施不失为一次有力的实践和探索。该方法可为地形条件复杂、环保要求高、安全风险高的同类型施工提供经验参考。

3.5　施工经验与体会

1)长线法施工工艺

飞云江大桥组合梁在预制施工方案成形前,分析预制、安装组合梁各工况的受力及变形情况对桥梁施工质量的影响,同时针对本桥无混凝土铺装调平层的特点和钢梁安装的精度要求,充分咨询各业内专家,长线法组合梁预制应运而生。

长线法施工主要解决钢梁预制安装的高精度匹配性、斜坡弯道桥面板纵横坡度的一致性和桥面板环箍钢筋的充分协调性。

(1)钢梁预制安装的高精度匹配性

飞云江大桥钢梁纵向采用螺栓连接4跨为一联整体的连续梁,且连接处不在墩顶,而在墩顶前方2.5m,横向在墩顶采用钢横隔梁,每两片间同样采用螺栓连接,跨中K撑采用现场焊接。若每片梁单独预制(与常规T梁预制方法相同),这很难保证钢梁在安装时在毫米级的容许误差下能顺利拼装,对此采用长线法,先按照成桥状态完成整联钢梁的连接(除临时K撑外),再同跨一起浇筑桥面板,最后再解除所有连接,逐一安装完成。

(2)斜坡弯道桥面板纵横坡度的一致性

桥梁左幅位于半径1500m、长200m缓和曲线和半径1500m、长71.151m的圆曲线上,纵坡1.5%;右幅位于半径1500m、长200m缓和曲线和半径1500m、长148.672m的圆曲线上(其余部分位于直线上),纵坡1.4%。长线法预制方法在钢梁组拼和桥面板预制混凝土的浇筑过程中确保成桥的纵横坡精度。

(3)桥面板环箍钢筋的充分协调性

桥面板湿接缝50cm,单片的外伸钢筋为闭合环形,长度40cm,预制安装时环环相扣。在桥面板施工时,通过在整体钢筋安装过程中设置定位卡具,外伸部分钢筋一一对应,间距控制在5~10mm,既保证钢梁顺利安装,又能保障在湿接缝钢筋焊接的长度。

2)钢梁运输

针对山区桥梁施工特点,在项目总体施工组织设计时结合梁场布置场地条件规划好运输通道,运输车的爬坡能力和转弯半径须符合钢梁长节段运输的要求。

第4章

波形钢腹板连续刚构桥施工

4.1 波形钢腹板制造

4.1.1 波形钢腹板加工、运输

珊溪大桥、葛溪大桥、南山大桥的腹板均采用波形钢腹板。

主桥上部结构波形钢腹板波长 1.60m，波高 0.22m，水平面板宽 0.43m，水平折叠角度为 30.7°，弯曲半径为 15t（t 为波形钢腹板厚度）。1 号块、2 号块波形钢腹板设计图如图 3.4.1-1 ～ 图 3.4.1-4 所示。

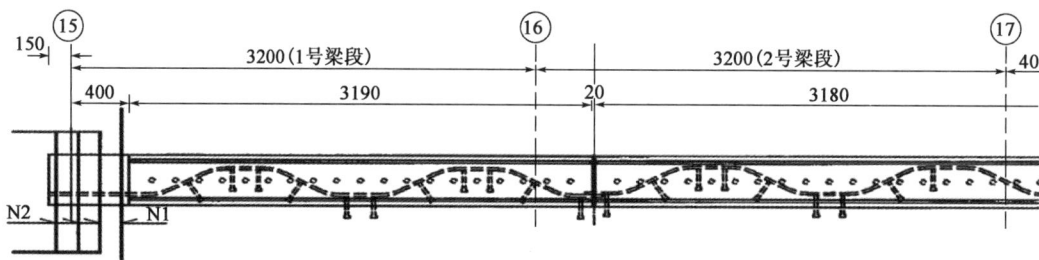

图 3.4.1-1　1 号块、2 号块波形钢腹板上翼缘平面图（尺寸单位：mm）

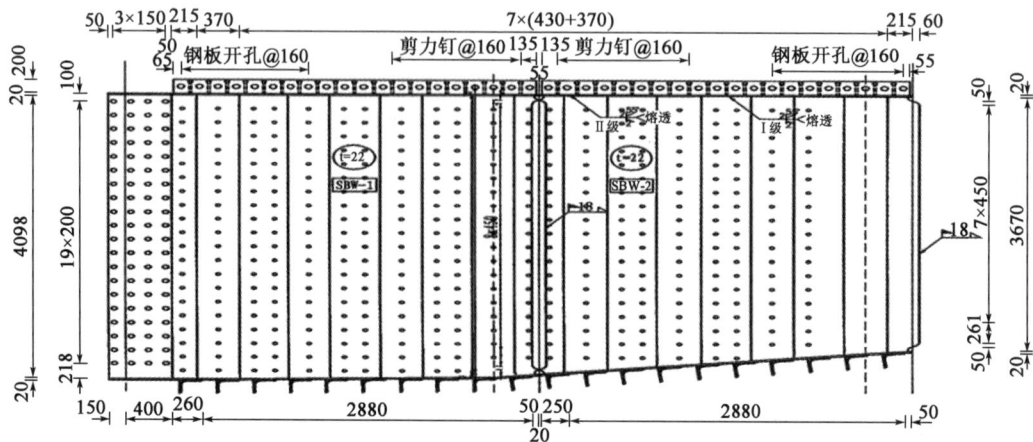

图 3.4.1-2　1 号块、2 号块波形钢腹板立面图（尺寸单位：mm）

注：@表示间距，余类同

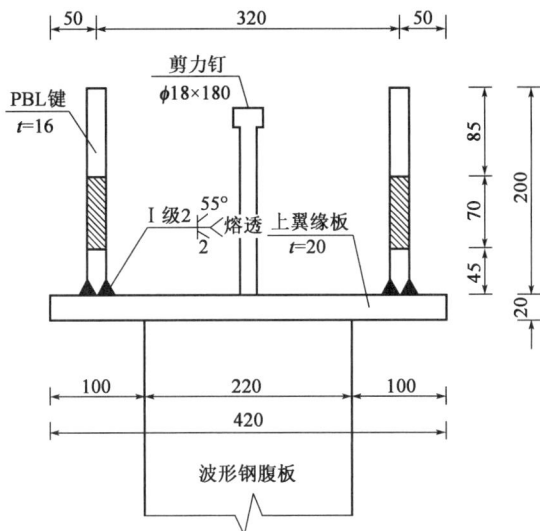

图3.4.1-3 波形钢腹板上翼缘横断面图(尺寸单位:mm)

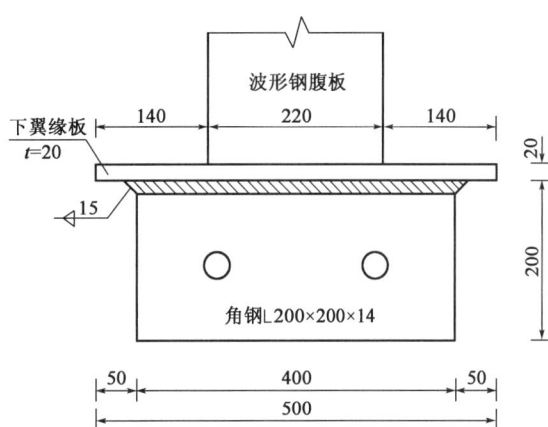

图3.4.1-4 波形钢腹板下翼缘横断面图(尺寸单位:mm)

波形钢腹板采用 Q345D 钢,由专业厂商加工,加工验收合格后采用汽车运输到施工现场。现场指定专门的场地存放波形钢腹板,存放场地采用 C30 混凝土硬化。钢腹板存放时采用上盖下垫的方式,防止钢腹板受到污染,现场堆放层数不超过 4 层,底层钢腹板采用与钢腹板形式相同的模板进行支垫,支垫高度不小于 30cm。

4.1.2 波形钢腹板翻样

根据设计图纸,绘制翻样图。因桥梁平面位于圆曲线上,翻样时应考虑制作修整余量。尤其是折弯部分因弯曲必须调整伸长率,同时直线与圆弧变化过程中的渐变,计算时需调整伸长率,同时还应考虑平曲线内外侧对波形钢腹板翻样的影响。

4.1.3 排版计料

为经济合理地使用材料,腹板高度超过 3000mm 以上的以波形板长度方向作为钢板宽度方向,两个斜边倒置组成一个矩形的排版方案,以节约材料,提高制作精度。腹板高度小于 3000mm 的以波形板高度方向作为钢板宽度方向,同时按最大宽度考虑一定的制作余量。

4.1.4 材料验收及要求

所有采购的原材料,由厂方出厂前检验并出具原材料材质报告及质检报告,进制作厂入库前按检验批次、频率再进行检验,并出具厂方复检报告,检验合格后投料生产。所有原材料检验及复检报告作为技术资料,成为所供产品不可分割的一部分。

1)钢材

波形钢腹板采用 Q345D,钢材技术指标应符合《低合金高强度结构钢》(GB/T 1591—2018)的有关要求。

钢材表面锈蚀等级应符合《涂覆涂料前钢材表面处理 表面清洁度的目视评定 第 1 部分:未涂覆过的钢材表面和全面清除原有涂层后的钢材表面的锈蚀等级和处理等级》(GB/T 8923.1—2011)规定的等级要求。当钢材表面有锈蚀、麻点或划痕等缺陷时,其深度不得大于该钢材厚度允许偏差值的 1/2。板厚度的偏差应符合如下规定:

板厚 5 ~ 8mm,允许偏差为 +0.8mm、−0.4mm。

板厚 8～16mm，允许偏差为 +1.2mm、-0.5mm。

钢材尺寸、外形、重量除应符合相应标准的规定外，还应符合下列规定：

（1）为保证波形钢腹板的加工、节段拼接的顺利进行，必须保证板端 2m 范围内，在板面横向和纵向不允许有 S 变形或折皱，钢板波浪度和瓢曲度偏差在 2～3mm/m 之内，螺栓连接面两端各 2m 范围内和顺平整，偏差2mm/m。也可以由制造加工单位按加工工艺技术要求与业主、监理、设计、钢厂各方协商决定。

（2）原则上长度公差为 -0～+70mm，平均为 +40mm；宽度公差为 -0～+25mm，平均为 +15mm。也可以由制造加工单位按加工工艺技术要求决定。

波形钢腹板材料验收如图 3.4.1-5 所示。

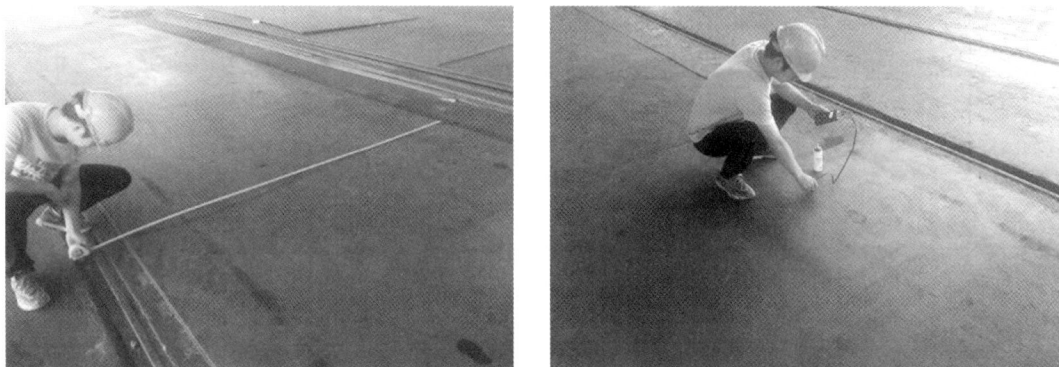

图 3.4.1-5　波形钢腹板材料验收示意图

2）焊钉

波形钢腹板使用焊钉均选用 ϕ18mm×180mm 焊钉，材料为 ML15 钢或 ML15AL 钢，其技术标准应符合《电弧螺柱焊用圆柱头焊钉》（GB/T 10433—2002）和《冷镦和冷挤压用钢》（GB/T 6478—2015）的规定。

3）焊材

焊接材料应结合焊接工艺，通过焊接工艺评定试验进行选择，保证焊缝性能不低于母材，工艺简单，焊接变形小。焊接材料采用与母材相匹配的焊丝、焊剂和手工焊条，焊接材料应符合《非合金钢及细晶粒钢焊条》（GB/T 5117—2012）、《热强钢焊条》（GB/T 5118—2012）、《气体保护电弧焊用碳钢、低合金钢焊丝》（GB/T 8110—2008）、《埋弧焊用非合金钢及细晶粒钢实心焊丝、药芯焊丝和焊丝-焊剂组合分类要求》（GB/T 5293—2018）、《埋弧焊用热强钢实心焊丝、药芯焊丝和焊丝-焊剂组合分类要求》（GB/T 12470—2018）的技术规定，CO_2 的气体纯度不小于 99.5%。

4.1.5　整平及号料[1]

对采购的钢板，平整度不合格的应进行整平处理，确保钢板的平面度、直线度达到结构的加工要求，具体工艺要求如表 3.4.1-1 所示。

钢板整平规格表　　　　表 3.4.1-1

零件	名称	简　图	说明	允许偏差（mm）	测量方法
钢板	平面度	1000mm	每米范围	$f\leq1.0$	钢板尺 塞尺

---

[1]　号料是指利用样板、样杆、号料草图放样得出的数据，在板料或型钢上画出零件真实的轮廓和孔口的真实形状，以及与之连接构件的位置线、加工线等，并注出加工符号。

续上表

零件	名称	简　图	说明	允许偏差(mm)	测 量 方 法
钢板	直线度		$L \leq 8m$	$f \leq 3.0$	钢板尺 粉线

(1)号料应根据施工图和工艺文件进行,考虑到焊接收缩及随后的边缘精加工等,应按工艺要求预留加工余量。

(2)钢板不平直、锈蚀、有油漆等污物影响号料或切割质量时,应矫正、清理后再号料,号料尺寸允许偏差为±1.0mm。

(3)号料前确认所用材料的材质、厚度表面状况应符合图样及工艺文件的要求。

(4)采用FastCAM软件对材料进行计算后放样,做到合理科学使用材料,保证下料精度。

(5)钢板起吊、搬移、堆放过程中,应注意保持其平整度。

4.1.6　切割下料

波形钢腹板采用数控精密等离子水下切割机或数控火焰切割机下料。

下料前核对钢板的牌号、规格、表面质量进行检查后再进行下料;下料时应除去大约10mm的轧制边缘。

由于该工程在制作加工中,焊接数量较多,造成焊接收缩增大,所以该工程在切割下料时必须考虑切割缝的宽度(表3.4.1-2)。

切割宽度及补偿　　　　　　　　　表3.4.1-2

切 割 方 式	板厚(mm)	切割补偿(mm)
自动等离子/火焰切割	4~10	1~3
	10~25	3~4

(1)腹板切割下料宽度=图示尺寸+焊接收缩量+切割补偿。

(2)长度方向不放收缩余量,零件下料允许+2mm,不允许负偏差;必须满足所有板材的几何尺寸。

(3)形状与尺寸允许偏差如下。

板边尺寸:+2.0mm。

板边垂直度:<5%板厚且≤2.0mm。

板切割线度:<$L/1000$(L见表3.4.1-1)。

端头垂直度:≤2.0mm。

火焰切割面硬度不超过HV350。

主要零件的外露边,应对火焰切割0.5~2.0mm半径倒角。

(4)切割表面质量要求。

在所有零件切割后均应对切割边缘进行清理打磨,切割边棱角成$R1.5$mm圆角,切割面不允许存在熔渣和裂纹,要求见表3.4.1-3。

钢板切割面质量要求　　　　　　　　表3.4.1-3

序号	项　　目	等级		备　　注
		1	2	
1	表面粗糙度	25μm	50μm	按《产品几何技术规范(GPS)表面结构 轮廓法 表面粗糙度参数及其数值》(GB/T 1031—2009)用样板检测
2	崩坑	不允许	1m长度内允许有一处1mm	超限应修补,按有关焊接规定

序号	项　目	等　级		备　注
		1	2	
3	塌角	圆角半径≤0.5mm		
4	切割面垂直度	≤0.5t 且不大于 2.0mm		t 为钢板厚度

火焰切割适用于过厚板材及切割后边缘不再加工的零件,应符合表 3.4.1-4 的规定。

火焰切割面质量要求　　　　表 3.4.1-4

序号	项　目	允 许 偏 差	备　注
1	切割面粗糙度	不大于 25μm	
2	崩坑	1m 内允许一处 1mm	超限修补,按焊接修补规定处理
3	塌角	圆角半径不大于 0.5mm	
4	切割面垂直度	不大于板厚的 5%,且不大于 2.0mm	

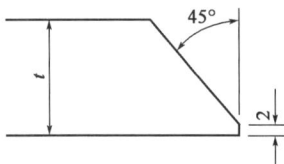

图 3.4.1-6　钢板坡口形式示意图
（尺寸单位:mm）

4.1.7　坡口

利用行车吊运钢板放至坡口平台,先利用半自动火焰切割机进行火焰倒割法切割坡口(按设计坡口增加 1mm 以上斜面),然后翻转钢板,再利用铣边机进行正割法铣边坡口,达到设计坡口断面。钢板坡口形式如图 3.4.1-6 所示。钢板坡口切割(打磨)如图 3.4.1-7 所示。

图 3.4.1-7　钢板坡口切割(打磨)示意图

质量要求:坡口角度 ±5°,钝边 ±1mm,坡口面光亮平滑,不允许存在熔渣、裂纹等缺陷,铣边时应避免油污污染钢板。

4.1.8　连接件组焊

主桥上部连接件采用双开孔钢板 + 单排栓钉连接件,下部连接件采用角钢连接件形式,制作时采用专用工装进行定位组装,以及反变形焊接。

(1)连接件组焊工艺要求。

①根据图纸要求,利用钢针和直尺,以翼缘板中心向两侧均分进行画线,画线尺寸偏差 ±2mm。

②将开孔板根据划线位置点焊在翼缘板上,点焊间距 500mm ± 100mm,两块开孔板上口间距均向外放大 3 ~ 5mm。

③将零件吊上埋弧焊工装,将指针与焊缝中心位置对齐,从起弧点到收弧点预演一次,同时调节电流、电压、速度等参数,然后开机施焊,开孔板两端各留 30 ~ 50mm,事后手工补焊。

④焊接完成后利用铲刀对焊渣进行清理,然后将编号标注在连接件中间位置,根据图纸尺寸对连接

件进行自检并记录。

(2)采用埋弧焊、CO_2气体保护焊及低氢型焊条手工焊方法焊接的接头,组装前必须彻底清除待焊区域的铁锈、氧化铁皮、油污、水分等有害物,使其表面露出金属光泽。

(3)应尽量减少临时定位连接码板,在焊接临时码板时,应避免母材产生咬边及弧坑。拆除夹具或码板时严禁锤击,而应距母材表面$1\sim3$mm处用火焰切除(不得伤及母材)并磨平。

上连接件半自动埋弧焊接如图3.4.1-8所示,下连接件角钢手工气体保护焊如图3.4.1-9所示,波形钢腹板连接件精度控制见表3.4.1-5。

图3.4.1-8 上连接件半自动埋弧焊接示意图

图3.4.1-9 下连接件角钢手工气体保护焊示意图

波形钢腹板连接件精度控制　　　　　　　　　表3.4.1-5

编号	项 目	精 度	测 定 位 置
1	翼缘板平整度 Δ	$\pm l/1000$	
2	翼缘板垂直度 k	$\pm b/200$	

4.1.9　压型

采用无牵制连续模压法,如图3.4.1-10所示,使用在同一横断面上设置不超过两个受压牵制区,并使钢板在压模区内可以自由伸缩的方法进行成型。

采用大型无牵制连续模压机进行波形钢板的连续模压冷弯加工(图3.4.1-11、图3.4.1-12)。

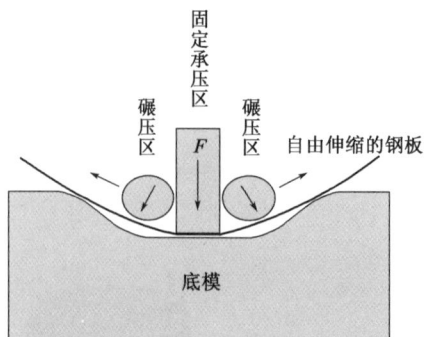

图 3.4.1-10　无牵制连续模压法示意图

图 3.4.1-11　4600t 大型无牵制连续模压机组示意图

图 3.4.1-12　波形钢腹板模压成型示意图

4.1.10　组装

组装前的准备工作如下：

（1）应熟读设计图纸，明确装配要求以及工艺文件、技术文件内容。

（2）根据图纸，核对所有待装零部件，符合要求后，方可进行装配；如不符合要求的产品，则应按惯例制度报质检部门处理，并退回上道工序。

（3）组装拼接钢板时，将坡口割渣清理干净，两侧边缘 30mm 范围内及坡口焊道内打磨至露出金属光泽。

（4）单元件的工艺要求。结合波形钢腹板桥梁结构特点和梁节段制作需要,波形钢腹板梁单元件划分为上下翼缘板单元件、腹板组合单元件、横向开孔隔板单元件等。其中,腹板节段单元件由腹板及上、下翼缘板部件组合成节段单元件。在单元件制造时将第一块下料板块视为首制单元加工开始,对下料,压形,装焊及矫正等工序必须进行严格要求,并进行三检,制定专用记录表格,记录各种几何尺寸及工艺参数。并对首制单元件进行议审,以完善后期制作,完善工艺文件。

（5）专用设备及工装复查。根据单元件制造前的生产实际需要,须制造专用工装设备及监视测量装置,在单元件制造前需要对这些工装设备和监控测量装置进行复查。波形钢腹板组专用工装如图3.4.1-13所示。

图3.4.1-13 波形钢腹板组专用工装示意图

4.1.11 焊接及焊接检验

1）焊接

所有类型的焊接在施焊前,均做焊接工艺评定试验,试验的指导原则是:要求所有焊缝的屈服强度、抗拉强度、低温冲韧性等不低于母材规定值,符合焊缝质量要求并使用符合现行国家标准的焊接材料;焊接工艺评定经监理工程师认可后,可根据评定报告编写焊接工艺指导书。

桥梁钢板除采用搭接焊接外,在焊接工艺指导书前提下,当采用埋弧自动焊时,焊接必须满足焊接工艺要求。

对波长1600mm的钢腹板进行试拼装。对节段3200mm、4800mm的钢腹板分2块或3块成型,每个单块板放在专用的胎模上进行拼装搭接,在夹紧状态进行焊接。波形钢腹板焊接如图3.4.1-14所示。

图3.4.1-14 波形钢腹板焊接示意图

2）焊缝外观检验

所有焊缝均须进行100%外观检查,不得有裂纹、夹渣、焊瘤、未熔合、未填满弧坑等缺陷,不允许有气孔、咬边等缺陷。

3）探伤检查

超声波检查在焊完 24h 后进行。检验等级符合《钢焊缝手工超声波探伤方法和探伤结果分级》（GB/T 11345—1989）规定的 B 级要求，一级焊缝评定等级需达到《钢焊缝手工超声波探伤方法和探伤结果分级》（GB/T 11345—1989）中的 Ⅱ 级。Ⅱ类焊缝进行 100% 超声波探伤。探伤范围为：Ⅱ类焊缝为全长范围的 50% 探伤，Ⅲ类焊缝不做超声波探伤要求。

波形钢腹板无损探伤检测如图 3.4.1-15 所示。

图 3.4.1-15　波形钢腹板无损探伤检测示意图

4.1.12　整形

成形后的腹板构件需采用专用的工装设备进行整形，以满足整体的拼装要求。构件矫正宜采用冷矫正，冷矫正时环境温度不宜低于 −12℃，矫正后的钢料表面不应有明显的凹痕和其他损伤。

主要受力构件冷弯曲时，环境温度不宜低于 −5℃，内侧弯曲半径不得小于板厚的 15 倍，小于者必须热煨，热煨温度宜控制在 900～1000℃ 之间。弯曲后的零件边缘不得产生裂纹。如超出冷矫正范围确需采用热矫正时，热矫正温度应控制在 600～800℃，严禁过烧。矫正后零件温度应缓慢冷却，降至室温以前，不得锤击钢材工件或用水急冷。

仅做定位焊或焊缝尚未完成的构件，不宜进行矫正。构件应在装焊完毕、松弛约束后进行矫正。矫正后的构件表面不得有凹痕和其他损伤。

构件矫正的允许偏差应符合表 3.4.1-6 的规定。波形钢腹板矫正如图 3.4.1-16 所示。

波形钢腹板制作精度要求　　　　　　　　　　　　　　　　　　　　　　表 3.4.1-6

编号	项　目	精　度	测定位置
1	翼缘板宽 b	±2mm	
2	腹板高 h	±2mm	

编号	项　　目	精　　度	测 定 位 置
3	节段长 L	$\pm 3\text{mm}$	
4	翼缘板的平整度 Δ	$\pm l/1000\text{mm}$	
5	腹板高方向平整度 e	$\pm h/750\text{mm}$	
6	波高 d	$\pm 3\text{mm}$	
7	波长 l	$\pm 5\text{mm}$	
8	平面挠曲量 a(带翼缘板的波形钢腹板)	$\pm 3\text{mm}$	
9	翼缘板的直角度 k	$\pm b/200\text{mm}$	

图 3.4.1-16　波形钢腹板矫正示意图

4.1.13　拼装钻孔

焊接后经检验合格,按相邻号段进行预拼装,确保总体尺寸符合设计和规范要求,再按照图组拼后双面叠加钻螺栓孔。

在专用平台上设置限位块,按照实际位置组装腹板,形成腹板间成对的搭接定位后,在螺栓的连接位置进行螺栓孔的配钻。制成的螺栓孔应成正圆柱形,孔壁表面粗糙度 Ra 不得大于 $25\mu m$,孔缘无损伤不平,无刺屑。螺栓孔距允许偏差应符合表3.4.1-7的规定。磁力钻打孔如图3.4.1-17所示。

螺栓孔距允许偏差　　　　表3.4.1-7

项　　目		允　许　偏　差		测　量　方　法
		节段(mm)	埋入工件(mm)	
两相邻孔距离		±0.4	±0.4	卡尺、钢板尺
多组孔群两相邻孔群中心距		±0.7	±1.5	
两端孔群中心距	$L\leqslant11m$	±0.7	±1.5	钢卷尺、测力计
	$L>11m$	±1.0	±2.0	
孔群中心线与构件中心线的横向偏移	腹板不拼接	2.0	2.0	卡尺、钢板尺
	腹板拼接	1.0	1.0	
构件两侧孔群纵向偏移		1.0	—	卡尺、钢板尺
螺栓孔径≥M20		0～0.7		

图 3.4.1-17　磁力钻打孔示意图

4.1.14 焊钉焊接

对设计焊制焊钉的部位画线标识,采用专用的焊钉机按照《电弧螺柱焊用圆柱头焊钉》(GB/T 10433—2002)进行作业(图3.4.1-18)。

4.1.15 涂装施工

1)涂装前处理

前处理作为涂装的基础工序,属于隐蔽工序,却是涂装防腐的重中之重,涂装前处理是防腐行业的"良心活"和"核心活",很多涂装防腐后期发生问题,基本上是前处理的问题。

本项目的钢腹板前处理采用抛丸和喷砂复式处理,达到的目的和工作关键是"四除",即除油、除锈、除灰、除水,同时达到 Sa3 级除锈等级、粗糙度 Rz 为 $40 \sim 100 \mu m$、15min 内即时涂装的要求。

除油处理:目测工件表面,如有油污利用分解剂或烤枪烘烤,烘烤温度为 $200 \sim 380℃$。

抛丸砂量:抛丸机砂量保持在 5t,抛丸机每工作 4h 进行一次回砂,根据抛丸效果每次增加 $100 \sim 150kg$ 砂。

抛丸速度控制:抛丸机速度控制在 $100 \sim 120cm/min$。

抛丸效果检测:钢材表面应无可见的油脂、污垢、氧化皮、铁锈和油漆涂层等附着物,该表面应显示均匀的金属光泽,进行粗糙度测试,测试粗糙度 Rz 为 $40 \sim 100\mu m$。

手工喷砂:对相应的连接件的位置进行手工补喷。

除灰处理:利用洁净高压空气对钢材表面进行除灰处理。

除水处理:利用烘枪对钢材表面进行除水处理,表面水分不应大于空气湿度,当空气湿度超标时应停止作业。

即时作业:前处理完成后,首道涂装应于 15min 内涂装,不得超时。

除锈抛丸设备如图 3.4.1-19 所示。

图 3.4.1-18 焊钉机作业示意图   图 3.4.1-19 除锈抛丸设备图

2)防腐涂装

(1)防腐涂装体系

波形钢腹板的防腐涂装方案见表 3.4.1-8。

桥梁涂装产品应严格遵守《建筑用钢结构防腐涂料》(JG/T 224—2007)的规定,确保涂装质量,保证桥梁耐久性。波形钢腹板防腐设计寿命不低于 25 年。

防 腐 涂 装 方 案   表 3.4.1-8

涂 装 部 位	除 锈 等 级	涂 装 用 料	厚　　度
钢梁外表面	Sa3.0 Rz = 60 ~ 100μm	电弧喷锌铝合金	120μm
		环氧封闭漆	不计厚度/2 道
		环氧云铁中间漆	120μm/道
		氟碳树脂面漆(工厂)	40μm/道
		氟碳树脂面漆(工地)	40μm/道
钢结构与非封闭空气接触的内表面(波形钢腹板内表面)	Sa2.5 Rz = 40 ~ 80μm	环氧富锌底漆	60μm/道
		环氧云铁中间漆	120μm/道
		环氧厚浆漆	80μm/道
钢结构与封闭空气接触的内表面	St3	环氧富锌底漆	60μm/道

　　波形钢腹板在制造工厂完成的防腐涂装,其施工的环境温度不得低于5℃,相对湿度不得高于85%,工作表面温度不得高于50℃,工作表面不可有油或其他污渍。波形钢腹板的涂装范围包括波形钢腹板的内、外表面,翼缘钢板外表面(顶板倒"Ⅱ"形开孔钢板接触空气部分)以及进入混凝土底板35mm的部分。图3.4.1-20所示为波形钢腹板工厂涂装示意图。

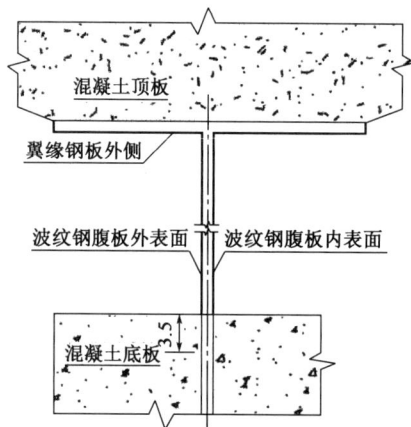

图 3.4.1-20　波形钢腹板工厂涂装示意图(尺寸单位:cm)

注:——表示工厂涂装区域

　　波形钢腹板嵌入底板部分、嵌入主墩墩顶横隔板部分、内衬混凝土部分、现场焊接接头部位等波形钢腹板未涂装区域应采取必要措施,确保在现场架设施工前不发生严重锈蚀。波形钢腹板与转向块横隔板接触的部分,其防腐涂装方案与波形钢腹板内表面相同。

　　(2)涂装技术要求

　　涂装中的主要工艺控制点见表3.4.1-9。

涂装中的主要工艺控制点   表 3.4.1-9

序号	工艺关键点	控 制 措 施
1	前处理	采用抛丸、喷砂双重前处理法,确保粗糙度、洁净度和焊接质量
2	除水、灰、油	加温法除水,灼烧法除油,钢丝轮和负压空气除灰,确保基板洁净和附着力
3	油漆均匀度	采用打浆机随打随用,密封储存
4	漆膜厚度	固定动作,操作规范,采用漆膜测厚仪、百格网法测定、控制
5	每层固化	采用150m超长涂装线,分段分时涂装,达到充分固化
6	分层厚度	采用多点累加测厚法,控制厚度累计误差
7	固化剂含量	根据温度、漆膜厚度变化,调整固化剂比率
8	附着力控制	采用黏拔法和百格网法,双重测定、控制
9	涂装环境	采用负压回收吸尘,确保作业环境和员工健康

4.2　异步挂篮设计

异步挂篮由主桁架、锚固系统、行走机构、悬吊系统、外模滑梁、内模滑梁、底模框架(底模横梁及纵梁)、走道(施工平台)组成。主桁架横梁采用双拼 HN450mm×200mm 型钢,主桁架前横梁长 10.4m,后横梁长 9m,主桁架的高度根据桥面坡度进行差异设计,确保挂篮安装后横梁水平、主桁架垂直符合要求;桁架立柱及平联采用型钢拼成 250mm×250mm 的方钢。底篮横梁采用 HN450mm×200mm 型钢,横梁长 11.3m,纵梁采用工 45a 工字钢,间距 1m,纵梁长 6.2m;外模滑梁及内模滑梁采用 HN400mm×200 型钢,滑梁长 11.7m。挂篮走道(施工平台)采用工 25a 工字钢作承重梁,$\phi42mm×3.5mm$ 钢管作防护栏杆,3mm 厚的花纹钢板作面板。

异步挂篮结构如图 3.4.2-1、图 3.4.2-2 所示。

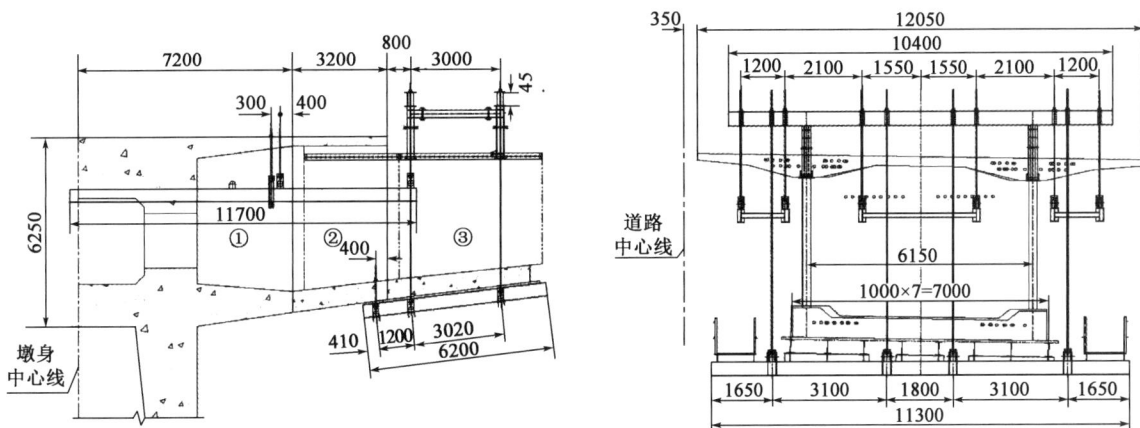

图 3.4.2-1　异步挂篮断面图(尺寸单位:mm)

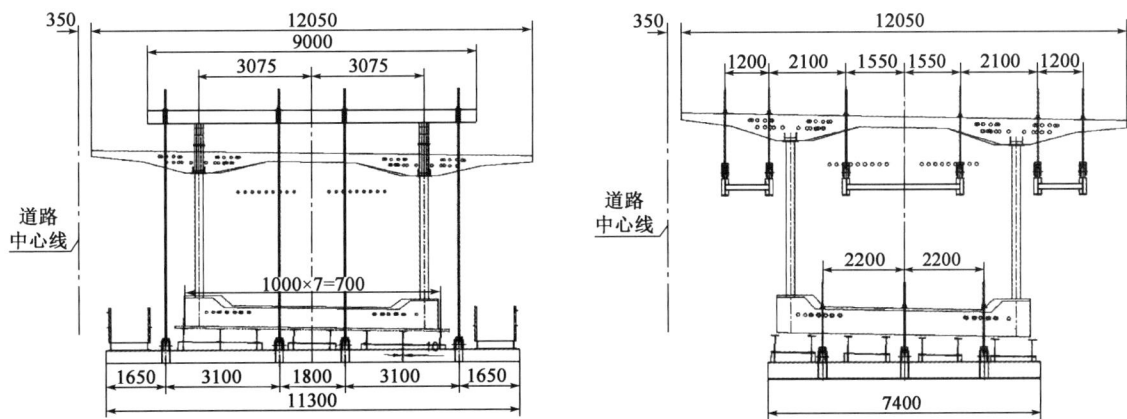

图 3.4.2-2　异步挂篮横断面图(尺寸单位:mm)

4.3 波形钢腹板组合梁悬浇施工

4.3.1 0号、1号块施工

4.3.1.1 结构设计

珊溪大桥0号、1号块长14.4m,顶板宽12.05m,0号块根部高度6.75m,底板宽6.9m,悬臂长度4.7m。南山大桥0号块结构尺寸为8m×6.9(12.25)m×7.5m(纵向×横向×竖向,括号中数字为顶板宽度),葛溪大桥0号块结构尺寸为8m×6.9(12.25)m×6.25m。箱梁1号节段长3.2m,考虑到波形钢腹板预埋及挂篮拼装,1号块和0号块同步一次性施工。

珊溪大桥0号、1号块结构如图3.4.3-1所示,葛溪大桥0号块、南山大桥0号块分别如图3.4.3-2~图3.4.3-5所示。

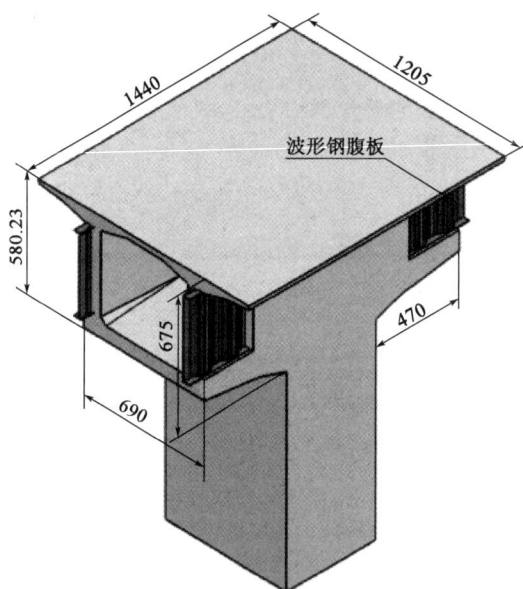

图3.4.3-1 珊溪大桥0号、1号块结构图(尺寸单位:cm)

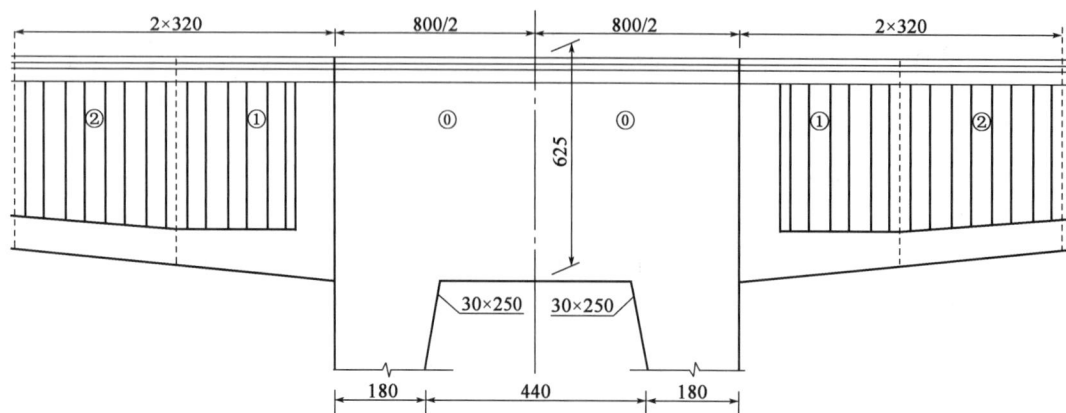

图3.4.3-2 葛溪大桥0号块立面图(尺寸单位:cm)

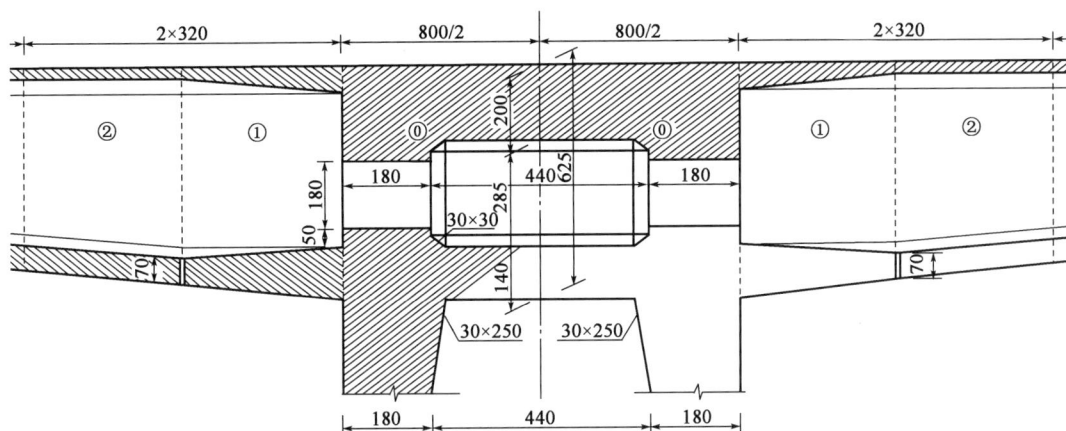

图 3.4.3-3　葛溪大桥 0 号块剖面图(尺寸单位:cm)

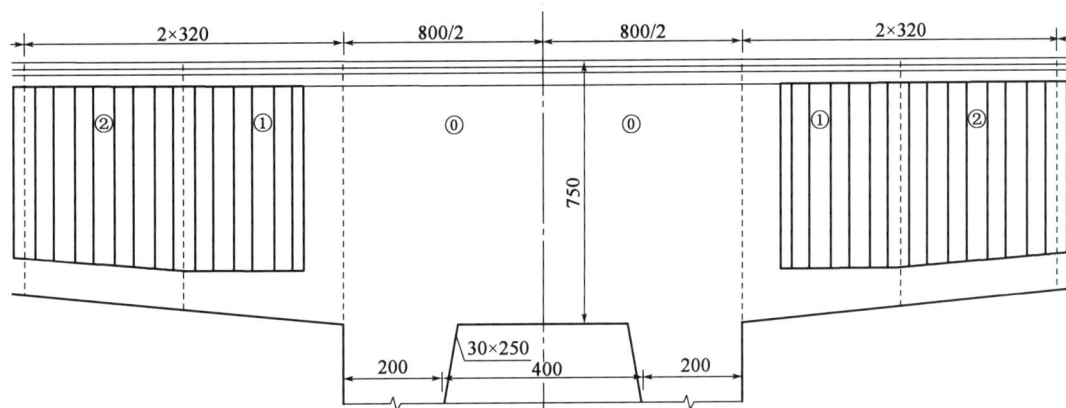

图 3.4.3-4　南山大桥 0 号块立面图(尺寸单位:cm)

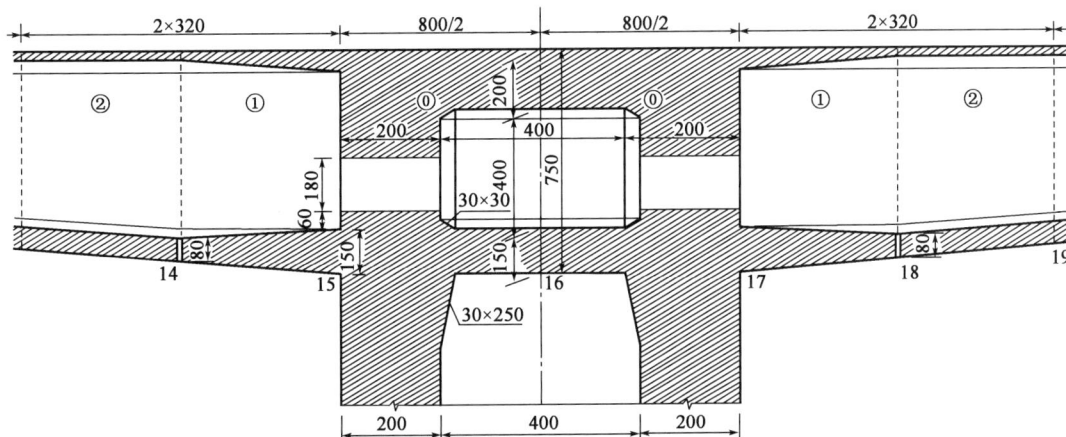

图 3.4.3-5　南山大桥 0 号块剖面图(尺寸单位:cm)

　　珊溪大桥、南山大桥和葛溪大桥 0 号节段采用托架施工。托架安装完毕后进行预压,预压合格后安装 0 号节段的底模、侧模,然后依次绑扎底、腹板钢筋,安装波形钢腹板,安装内模,绑扎顶板及翼缘板钢筋,安装预埋件,安装端模,浇筑混凝土,张拉及封锚。

4.3.1.2 施工工艺流程

0 号、1 号块施工工艺流程如图 3.4.3-6 所示。

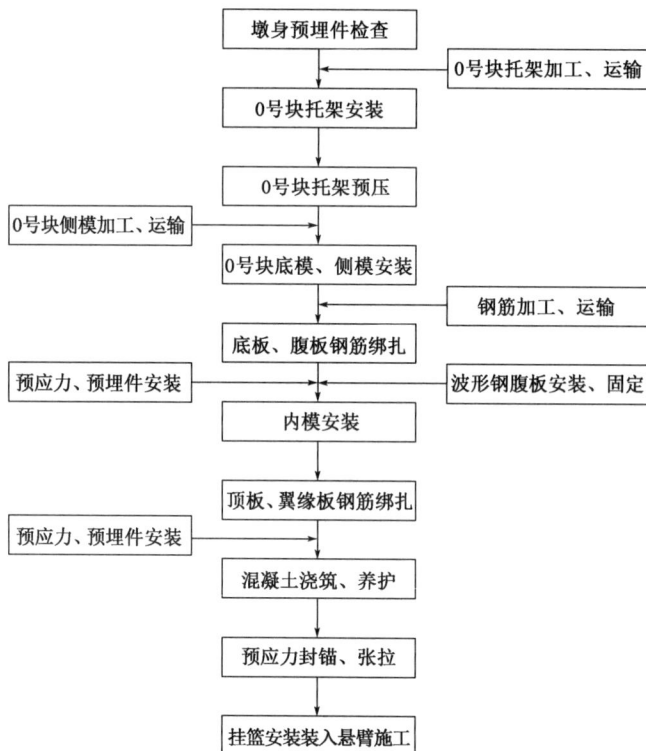

图 3.4.3-6　0 号、1 号块施工工艺流程图

4.3.1.3 支架施工

1) 支架设计

托架分为梁底段及悬臂段,梁底段支架从下而上为:剪力键、卸荷块、I40a 桁架片、I25 分配梁、10cm×10cm 方木、1.2cm 厚竹胶板。悬臂段支架从下而上为:双拼 I40a 三脚架、横向贝雷梁、I12 分配梁、满堂支架、挂篮底模系统。翼缘板支架在悬臂段支架横向贝雷梁上安装纵向贝雷梁,安装桁架、翼缘板模板。

剪力键采用 16mm 厚钢板拼装为两端封板的双腹箱形结构,底端焊制牛腿避免剪力键发生竖向旋转,使 φ32 精轧螺纹钢对拉受剪,每两个剪力键为一组。I40a 桁架片沿顺桥向布置,从顺桥向轴线往两侧分,间距 1.5m,I25 分配梁间距 0.5m,方木间距 0.1m。

0 号、1 号块托架如图 3.4.3-7 所示。

托架安装前首先安装操作平台,操作平台采用吊架,吊架长 6.8m,高 1.1m,宽 0.8m。操作平台主承重梁采用[10 槽钢,临边防护采用∠65mm×5mm 角钢焊接成桁架片。吊架采用两个 5t 的手拉葫芦调整高度,高度调整就位后采用直径为 16mm 的钢丝绳挂设在墩顶的预埋件上,钢丝绳采用专用钢丝绳卡箍固定,手拉葫芦作保险装置。施工人员采用背笼从墩顶到操作平台,背笼爬梯采用∠65mm×5mm 角钢焊接,爬梯踏步间距 200mm,背笼采用 HPB300 φ10mm 的钢筋焊接,背笼间距 400mm。

2) 支架预压

托架预压采用钢绞线预应力进行预压,支架预压步骤如下:

(1)预压前安全质量检查,沉降观测点的初始读数(沉降观测点原始数据测量)。

(2)张拉预压至预压设计值的 30%(第一级预压值),张拉完毕后 2h 内进行第一次沉降观测,并每隔 12h 进行一次沉降观测;当 12h 内托架的平均沉降值小于 2mm 时进入第二级预压。

（3）张拉预压至预压设计值的60%（第二级预压值），张拉完毕后2h内进行第一次沉降观测，并每隔12h进行一次沉降观测；当12h内托架的平均沉降值小于2mm时进入第三级预压。

（4）张拉预压至预压设计值的80%（第三级预压值），张拉完毕后2h内进行第一次沉降观测，并每隔12h进行一次沉降观测；当12h内托架的平均沉降值小于2mm时进入第四级预压。

（5）张拉预压至预压设计值的100%（第四级预压值），张拉完毕后2h内进行第一次沉降观测，并每隔24h进行一次沉降观测。

（6）加载至100%预压荷载后，当各监测点最初24h内的沉降量平均值小于1mm或者各监测点最初72h内的沉降量平均值小于2mm时，则支架预压合格，对支架预压进行卸载。支架预压卸载时采用6个千斤顶对称、均衡、同步卸载。

（7）托架预压卸载完毕6h后进行测量观测。

根据预压过程中的数据及结果计算支架非弹性变形（塑性变形）和弹性变形，编写托架预压成果报告，确定支架的预拱度。

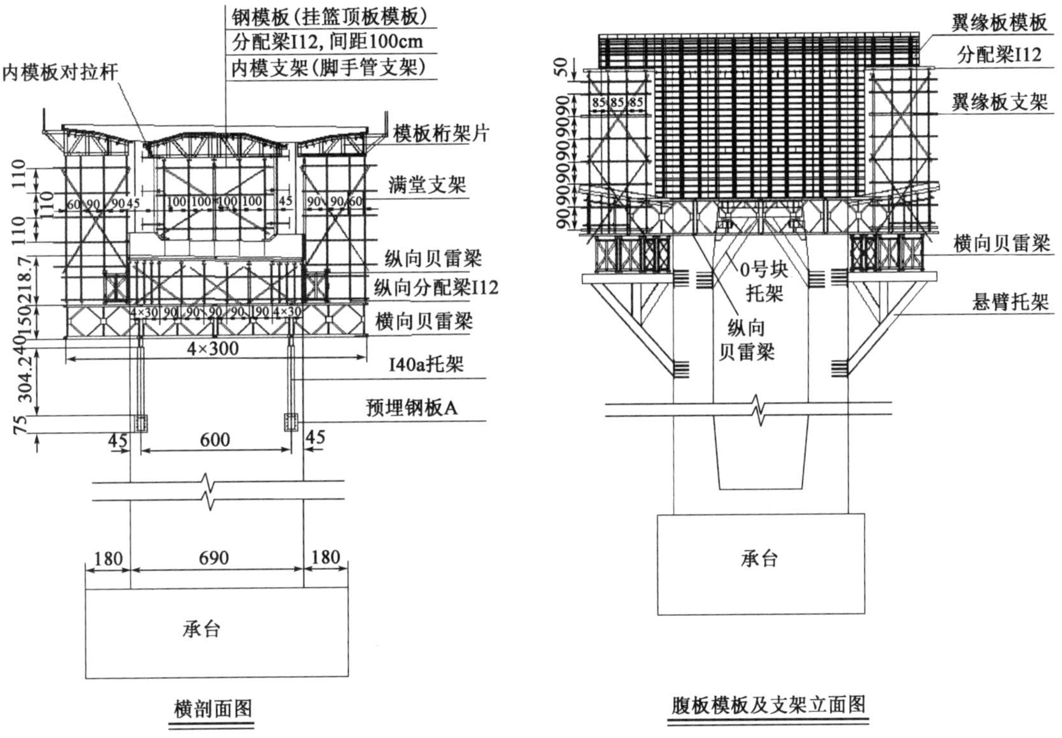

图3.4.3-7　0号、1号块托架剖面图（尺寸单位:cm）

4.3.1.4　波形钢腹板安装

0号、1号块箱梁底板模板就位后安装底板底层钢筋，底板底层钢筋安装完毕后安装SBW-1号波形钢腹板。波形钢腹板安装采用人工配合塔式起重机吊装精确就位，其安装精度控制尤为重要，需保证钢腹板高程及里程的准确性，安装需与测量班组及监控单位紧密配合。

1号块波形钢腹板尺寸及重量在整桥钢腹板中较大，安装定位工作难度较大，而且墩顶0号、1号块的钢筋密集，结构复杂，混凝土浇筑过程中也会对钢腹板产生扰动。因此1号块钢腹板采用横向刚性连接，横向连接系可采用大截面型钢，并在钢腹板两侧设置斜撑、剪刀撑等保障横向稳定。0号块墩顶横梁钢筋与1号块波形钢腹板存在贯穿钢筋，贯穿钢筋施工需放在0号块钢腹板安装后进行。

1）波形钢腹板安装步骤

（1）安装准备工作（钢方凳制作、临时横撑、斜撑、底板横梁制作等）

①钢腹板底部支撑钢方凳、临时横撑由生产厂家制作完成后，发到现场；

②工程用钢方凳采用 12 号槽钢制作,材质 Q235B;

③钢方凳底部垫板的斜度需根据底模板的斜度制作。

(2)钢方凳定位安装及靠山制作

①钢方凳定位需根据钢腹板中心轴线确定;

②每块钢腹板底部需要放置两张钢方凳,钢方凳横向水平距离为钢腹板中心距,纵向距离为两个轴线点的对齐距离;

③为保证钢方凳位置固定不滑移,可将两张钢方凳用槽钢焊接成一个整体,防止钢方凳偏位移动;

④利用已经绑扎好的中横梁钢筋制作钢腹板纵向连接山体,采用 $\phi25mm$ 钢筋,焊牢再加以斜撑固定(靠山支点处需事先加固);

⑤事先在底板上放置两个通长的 H200mm×200mm 的 H 型钢,用作钢腹板临时斜撑的底部横梁。

(3)钢腹板吊装就位、临时固定

①准备工作

a.钢腹板需从堆场转运至桥墩底,此过程中需关注钢腹板吊点位置,尽量保证钢腹板垂直起吊;

b.转运至墩底后,需在钢腹板底部两侧拴两根麻绳,便于钢腹板吊至平台后的左右调整;

c.钢腹板板底部,需标记落点的位置,应与固定好的钢方凳位置重合;

d.准备 $\phi16mm$ 钢丝绳(当缆风绳用)、手拉葫芦等用于钢腹板与支架临时连接固定;

e.准备[20 号槽钢,用于钢腹板两侧临时斜撑。

②吊装就位

a.钢腹板吊装时,需通知临边施工班组,撤离吊装范围;

b.钢腹板吊运至钢方凳时,利用撬棍、手拉麻绳等调整钢腹板中心轴位置,然后再缓慢降落至方凳上;

c.钢腹板就位后,在箱内一侧用斜撑杆顶住栓钉位置(顶点位置需高于钢腹板高度中心),撑杆底部用外力顶紧后,在底部焊接一根 20cm 的钢筋条,待钢腹板整体支撑固定后,再割除打磨干净;

d.钢腹板高程粗调,在钢方凳上利用千斤顶进行顶降工作,并且利用钢腹板上部手拉葫芦进行收放,将钢腹板高程调高 5~10mm(考虑整体安装后的下挠),然后将钢方凳与下部角钢点焊牢固;

e.钢腹板上部固定,利用 $\phi16$ 钢丝绳或者手拉葫芦,一头拴住 PBL 剪力键上的孔,另一头拴在底部纵梁上,用夹子夹紧。

(4)整体支撑安装固定

①在钢腹板之间搭设钢管架或专用爬梯,工人施工时需系好保险绳;

②安装临时横撑钢桁架,利用汽车起重机或塔式起重机将钢桁架吊至临时焊接耳板处,然后将钢桁架与耳板焊接牢固。

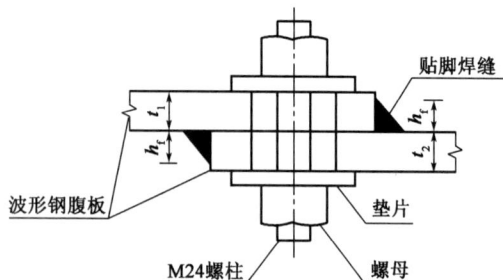

图 3.4.3-8 波形钢腹板纵向连接大样图

(2)波形钢腹板与顶底板连接

波形钢腹板与混凝土顶、底板的连接是关系波形钢腹板预应力混凝土箱梁整体性的关键构造。桥

2)波形钢腹板的连接

(1)波形钢腹板纵向连接

设计采用 1600 型波形钢腹板,悬拼节段长度均为 4.8m,节段内波形钢腹板的纵向连接可在工厂完成,节段与节段间波形钢腹板纵向连接在悬拼施工中完成,波形钢腹板纵向连接设计采用双面搭接贴角焊接。为节段施工中连接方便,设计采用 M24 高强度螺栓先进行临时固定后施焊的连接方法。波形钢腹板纵向连接如图 3.4.3-8 所示。

梁波形钢腹板与顶板连接采用翼缘型 Twin-PBL 剪力键连接方式,与底板连接采用翼缘型角钢剪力键连接方式,如图 3.4.3-9、图 3.4.3-10 所示。

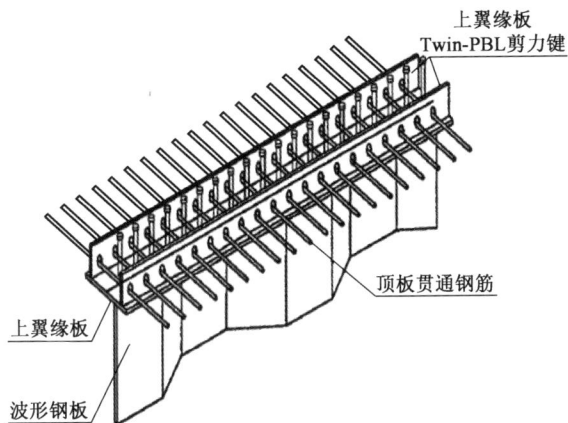

图 3.4.3-9 翼缘型 Twin-PBL 剪力键

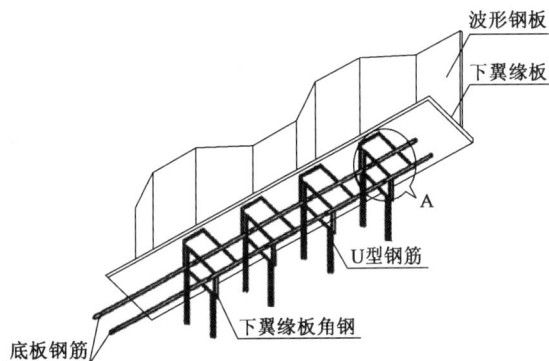

图 3.4.3-10 翼缘型角钢剪力键

4.3.1.5 预埋件施工

0 号块、1 号块的主要预埋件有后张预应力预埋管道、体外索预应力转向器、挂篮锚固系统预留孔、泄水管、防撞护栏预埋筋。

1）体外索预埋件

0 号块钢筋施工至顶板时埋设体外索转向器、锚垫板、螺旋筋。体外索转向器采用 $\phi194mm \times 6mm$ 的无缝钢管,无缝钢管内衬 HDPE 管,转向器采用专业厂商定做。0 号块墩顶部位共安装 18 个转向器,共两层。第一层转向器距离顶板顶 145cm,共 8 个,第二层转向器距离顶板顶 95cm,共 10 个,转向器水平间距为 19cm。0 号块体外索转向器横断面及纵断面分别如图 3.4.3-11、图 3.4.3-12 所示。

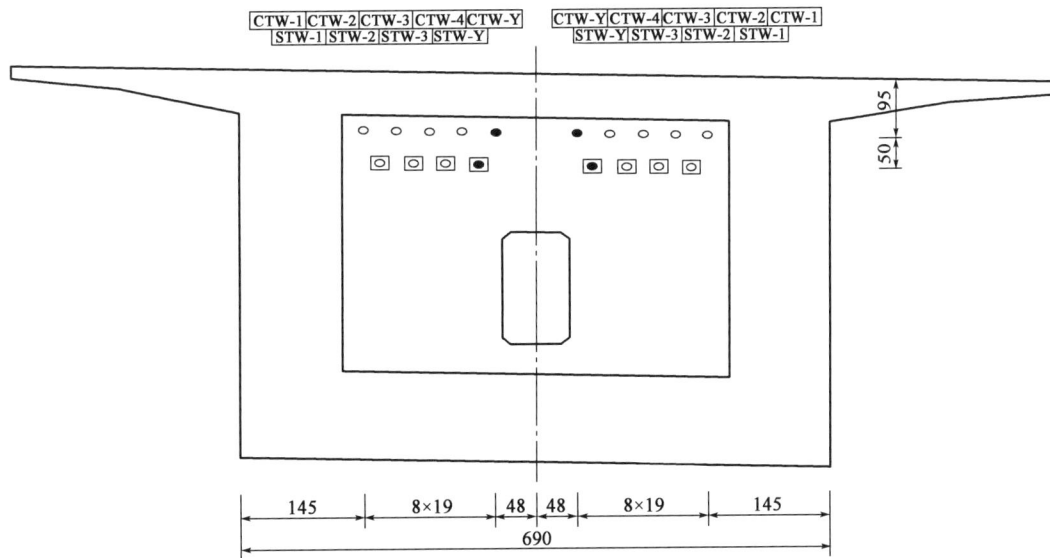

图 3.4.3-11 0 号块体外索转向器横断面布置图(尺寸单位:cm)

体外索转向器的钢管与体外索锚垫板、螺旋筋同时安装,0 号块体外索转向器构造如图 3.4.3-13 所示。

体外索转向器采用 HRB400 $\phi12mm$ 钢筋做成井字筋进行定位,井字筋与 0 号块钢筋进行焊接牢固,井字筋的纵向间距为 100cm。

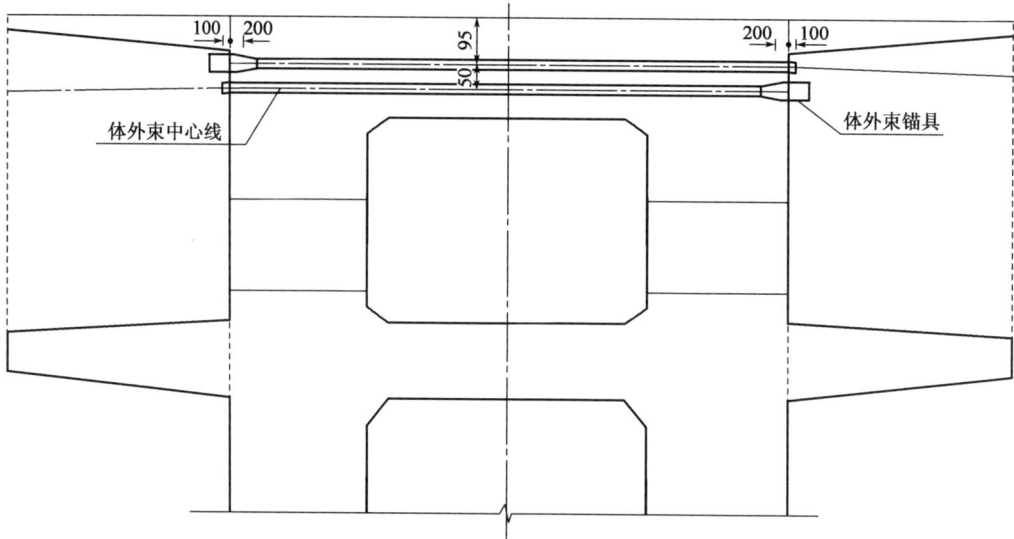

图 3.4.3-12 0 号块体外索转向器纵断面布置图(尺寸单位:cm)

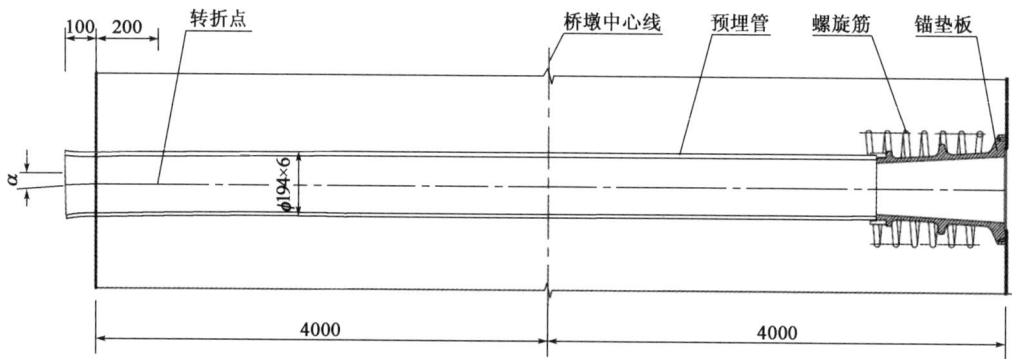

图 3.4.3-13 0 号块体外索转向器构造示意图(尺寸单位:cm)

2)挂篮施工预埋孔

0 号块和 1 号块施工时根据挂篮尺寸预埋挂篮施工时的后锚孔、内滑梁、外滑梁的吊架孔。0 号块顶板上预埋 φ32 精轧螺纹钢作挂篮安装时的后锚,精轧螺纹钢长 1.2m,埋设深度为 0.9m,底部设置锚垫板和螺母,精轧螺纹钢外露 0.2m,挂篮安装时采用连接器接长。1 号块采用 φ80mm 的 PVC 管作后锚及滑梁的预埋预留孔。0 号块及 1 号块的挂篮预埋孔如图 3.4.3-14、图 3.4.3-15 所示。

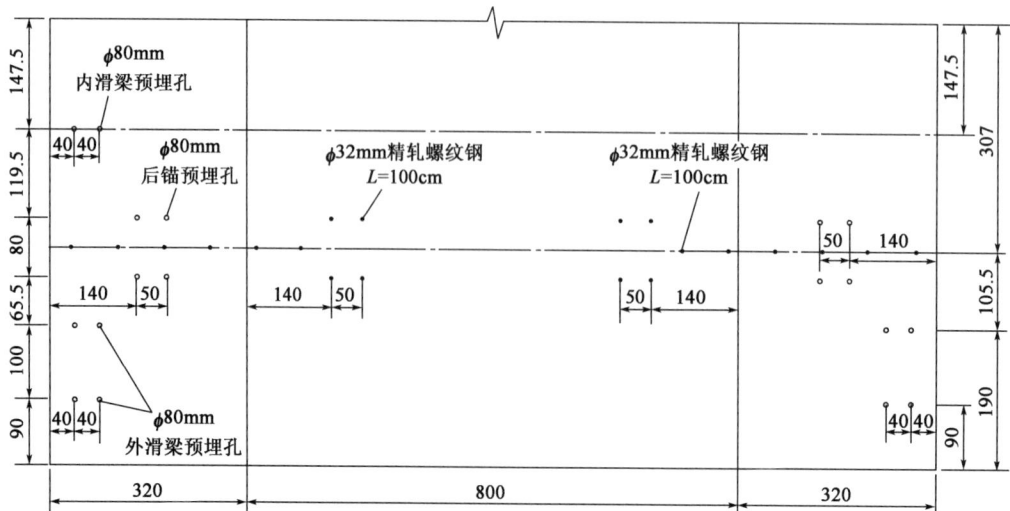

图 3.4.3-14 箱梁 0 号块、1 号块顶板预留预埋孔平面布置图(尺寸单位:cm)

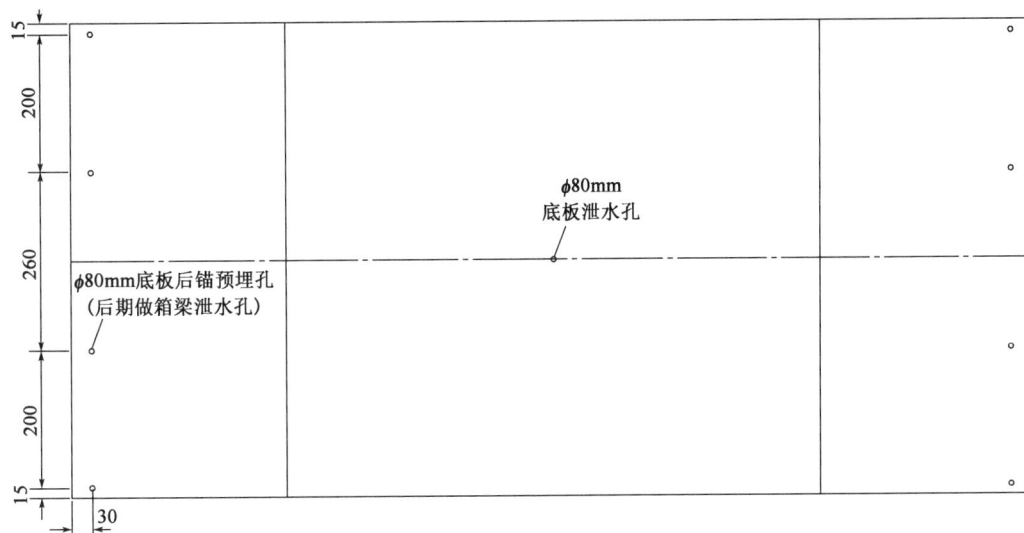

图3.4.3-15　箱梁0号块、1号块底板预留预埋孔平面布置图(尺寸单位:cm)

4.3.2　组合梁悬浇施工

4.3.2.1　菱形挂篮施工

1)连续箱梁挂篮悬臂施工工艺流程(图3.4.3-16)

2)挂篮行走、锚固

挂篮行走是悬臂施工重点控制环节,涉及主梁结构安全及施工安全。

纵向预应力钢筋张拉压浆后进行挂篮前移。挂篮前移前先松开外侧钢模板,解开所有底平台的后锚点,松动所有悬吊杆,使底平台与箱梁底板脱离100～200mm高,再将上桁架后锚换成走行锚固结构、安装走行结构(千斤顶)。一个悬臂浇筑箱梁的两套挂篮相对同步走行,一套挂篮左右支腿同步前行,推动速度应同步、缓慢、平稳,由专人统一指挥,保持箱梁始终处于平衡对称受力状态。挂篮前移到下一节段悬臂浇筑位置后先锚固上桁架后锚系统,调正挂篮位置,固定中支腿,松开反吊走行结构;再利用悬吊系统调正挂篮底平台至设计高程,固定(锚固)底平台。

具体步骤如下:

(1)拆除外模落于外模导梁(滑梁)上,将底模用吊杆吊挂在后上横梁和前上横梁上。

(2)脱开内模导梁锚固在混凝土顶板内的前吊杆,此时,内模导梁紧靠锚固于混凝土顶板内的后吊杆和前上横梁的吊点连接。

(3)下落底模,使底模平台仅由后上横梁和前上横梁悬挂。

(4)在梁段顶面找平并测量好滑道位置,滑行轨道前移至下一梁段,并由已浇筑梁段预埋精轧螺纹钢进行定位和锚固。

(5)将挂篮滑移轨道下用薄钢板塞垫密实并由预埋精轧螺纹钢锚固轨道,解除挂篮后锚,用千斤顶(或者10t手拉葫芦)移动桁架,"T"构两端同步匀速走行,使主梁连同外模、内模及底模系统前移到位。

(6)前移到位后,对挂篮后锚进行锚固,将后行走轨道梁锚固解除,前移到位,重新锚固。

(7)调整底模,调整底模平台前吊带高度,使前端高程符合设计要求。将外侧模导梁、内模导梁、前吊点锚固好后,调节侧模及内模高程。安装波形防腐板绑扎钢筋、安装预应力、浇筑节段混凝土、预应力张拉压浆。

(8)重复以上步骤,完成3～10号节段施工。

```
                          ┌──────────────┐
                          │   挂篮前移    │
                          └──────┬───────┘
                                 ↓
                          ┌──────────────┐
                          │挂篮锚固、底蓝提升│
                          └──────┬───────┘
                                 ↓
┌──────────────┐          ┌──────────────┐
│ 波形钢腹板加工 │          │  底板模板就位  │          ┌──────────────┐
└──────┬───────┘          └──────┬───────┘          │测量校核底板模板│
       ↓                         ↓                  └──────┬───────┘
┌──────────────┐          ┌──────────────┐                 │
│ 波形钢腹板运输 │─────────→│  波形钢腹板安装 │←────────────────┘
└──────────────┘          └──────┬───────┘
                                 ↓
                          ┌──────────────┐
                          │底板钢筋、预应力管道│
                          │     安装      │
                          └──────┬───────┘
                                 ↓
                          ┌──────────────┐
                          │顶板、翼缘板模板安装、│      ┌──────────────┐
                          │     就位      │──────│测量校核顶板、翼缘板│
                          └──────┬───────┘      │     模板      │
                                 ↓              └──────────────┘
                          ┌──────────────┐
                          │安装顶板钢筋、预应力│
┌──────────────┐          │ 管道、预埋件   │
│ 原材料进场检验 │          └──────┬───────┘
└──────┬───────┘                 ↓
       ↓                  ┌──────────────┐
┌──────────────┐          │混凝土浇筑前安全、│
│  配合比审批   │          │   质量检查    │
└──────┬───────┘          └──────┬───────┘
       ↓                         ↓                  ┌──────────────┐
┌──────────────┐          ┌──────────────┐          │  混凝土试件制作 │
│ 混凝土搅拌、运输│─────────→│  混凝土浇筑    │─────────→└──────────────┘
└──────────────┘          └──────┬───────┘
                                 ↓
                          ┌──────────────┐
                          │  混凝土养护    │
                          └──────┬───────┘
┌──────────────┐                 ↓
│混凝土强度达到 │          ┌──────────────┐          ┌──────────────┐
│  张拉要求     │─────────→│  预应力张拉    │←─────────│  张拉设备校核  │
└──────────────┘          └──────┬───────┘          └──────────────┘
                                 ↓
                          ┌──────────────┐
                          │   管道压浆    │
                          └──────┬───────┘
                                 ↓
                          ┌──────────────┐
                          │  进入下一个循环 │
                          └──────────────┘
```

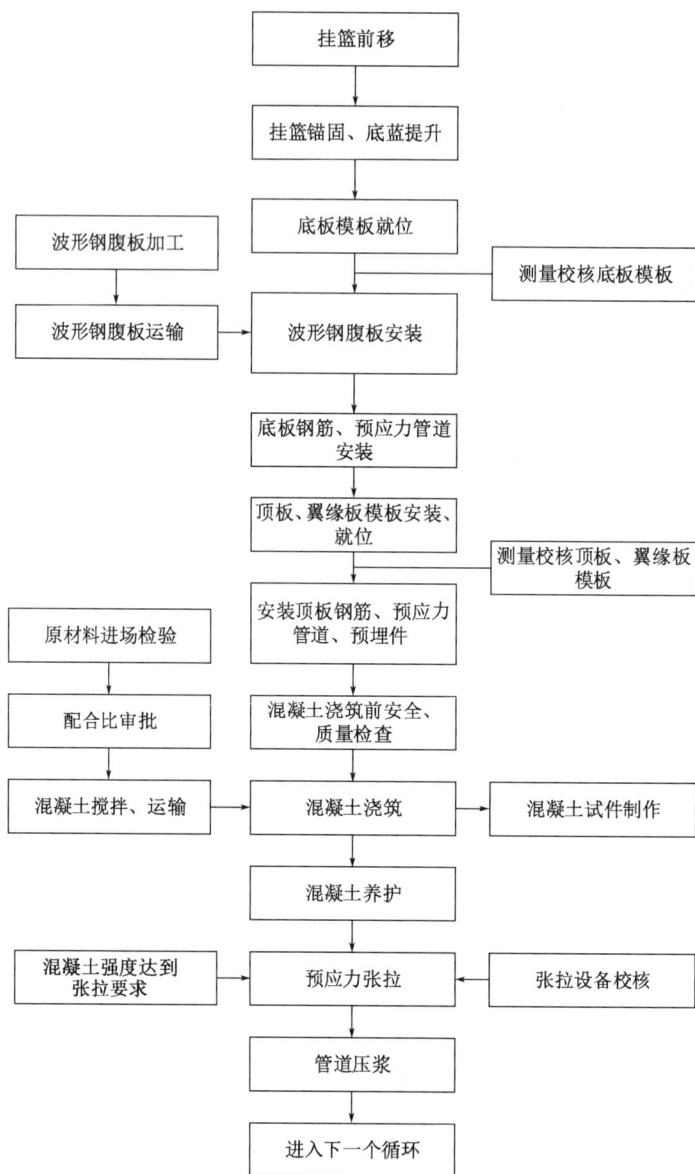

图 3.4.3-16　连续箱梁挂篮悬臂施工工艺流程图

4.3.2.2　异步挂篮施工

葛溪大桥左线 1 号桥 1 号、2 号墩采用异步挂篮进行悬臂施工。

1）初步施工节段

异步挂篮完成悬臂 2 号块的腹板和底板混凝土浇筑，混凝土强度达到设计强度后安装 3 号块波形钢腹板，波形钢腹板采用塔式起重机吊装就位。波形钢腹板安装完毕后进行挂篮前移。

挂篮行走前下放挂篮底板，使得底板模板完全脱离箱梁混凝土，且底板模板基本保持水平状态。底板后锚拆除后，采用吊杆将底板横梁吊挂与顶板后横梁上，完成受力体系转换，然后进行行走前的安全检查。完成安全检查后采用千斤顶对挂篮进行顶进，千斤顶的一端固定在波形钢腹板上，另一端顶紧挂篮主桁架的根部（主桁架滑动支座处）。采用四个千斤顶同步行走挂篮至 3 号块的波形钢腹板上，然后锁定挂篮主桁架，调整挂篮底板模板，安装挂篮滑梁及翼缘板模板、顶板滑梁及模板，完善操作平台及临边防护。

挂篮顶板、顶板滑梁、翼缘板、翼缘板滑梁安装就位后,绑扎3号块底板钢筋和2号块顶板钢筋及预应力管道,同时浇筑3号块底板及2号块顶板混凝土。

混凝土养护完毕后安装4号块波形钢腹板及张拉2号块顶板预应力。4号块波形钢腹板完成临时加固且2号块顶板预应力完成张拉压浆后,下放顶板吊杆及翼缘板吊杆,顶板混凝土及翼缘板混凝土模板脱离,模板与混凝土的脱离距离不宜小于10cm,调节滑梁滚动吊架吊杆,使得滑梁保持水平。模板脱离及滑梁完成受力体系转换后进行挂篮前移的安全检查,安全检查合格后进行挂篮前移。异步挂篮第一次行走施工流程如图3.4.3-17所示。

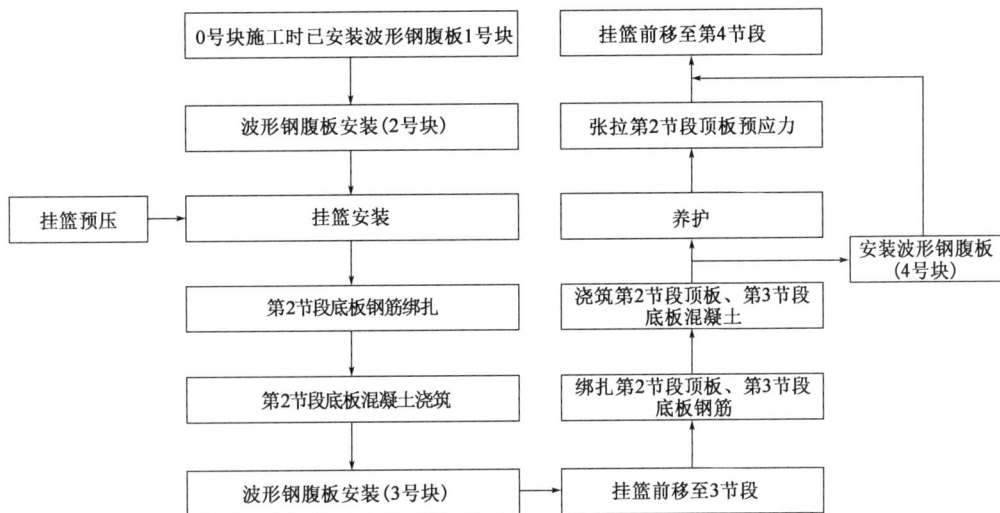

图3.4.3-17 异步挂篮第一次行走施工流程图

2)正常施工阶段

异步挂篮完成第一次顶板浇筑后进入正常行走施工流程。挂篮行走至 n 号块就位后进行底板后锚锚固(后横梁吊带安装),调节底板模板,安装底板钢筋及预应力管道;顶板后锚锚固(顶板及翼缘板滑梁后吊带安装),调节顶板模板及翼缘板模板,安装顶板钢筋及预应力管道。然后进行混凝土浇筑前的安全检查。安全检查合格后浇筑 n 号块底板混凝土及 $n-1$ 号块顶板混凝土。新浇筑混凝土养护合格后进行 $n+1$ 号块波形钢腹板安装及 $n-1$ 号块顶板预应力张拉及压浆。$n-1$ 号块顶板预应力完成张拉压浆后行走挂篮,进入下一循环施工。异步挂篮施工流程如图3.4.3-18所示。

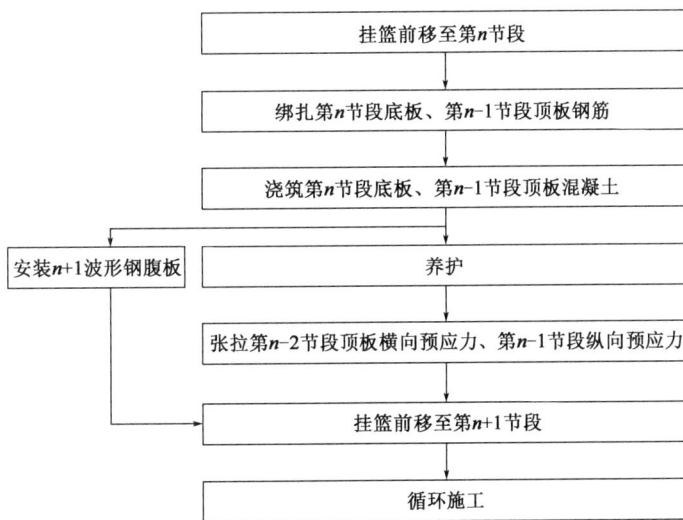

图3.4.3-18 异步挂篮施工流程图

3）结束施工阶段

异步挂篮按照正常施工流程施工至悬臂施工最后一个节段时，完成最后一个悬臂节段底板混凝土施工及倒数第二个节段的顶板施工后。挂篮主桁架不动，将滑梁前吊架换成滚动吊架，在倒数第二个节段端头设置锚固点，采用手拉葫芦前移挂篮滑梁、模板至最后一个节段，完成最后一个节段顶板施工。异步挂篮最后一个悬浇节段施工流程如图3.4.3-19所示。

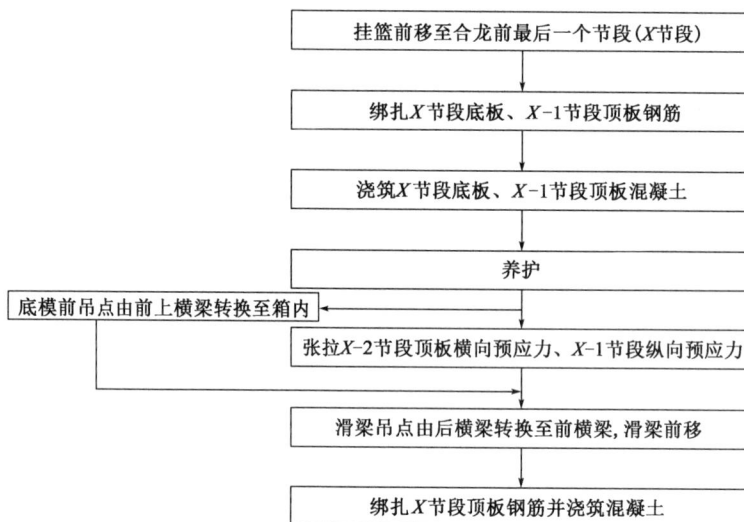

图3.4.3-19 异步挂篮最后悬浇节段施工流程图

悬浇节段施工完毕后，进行合龙段施工。

4.3.3 边跨现浇段施工

4.3.3.1 边跨现浇段施工流程

连续箱梁边跨现浇段长度为4.1m，混凝土方量为83.8m³，理论质量217.88t，采用支架浇筑。边跨现浇段施工流程如图3.4.3-20所示。

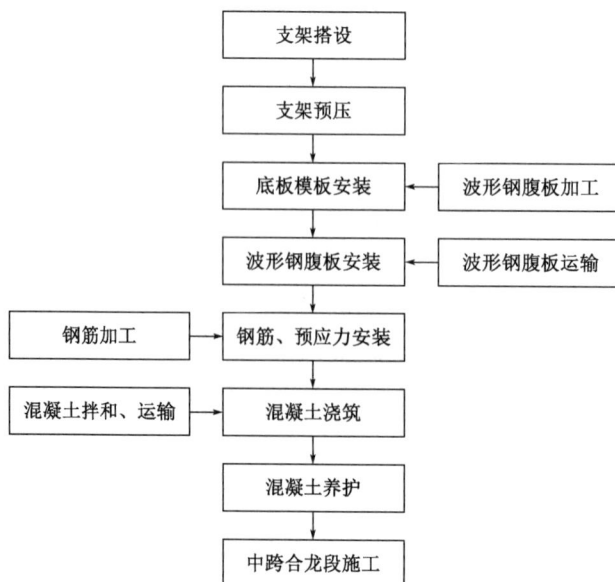

图3.4.3-20 边跨现浇段施工流程图

本工程地形条件复杂,墩台结构形式多,根据墩台形式和地形条件设计边跨现浇段的施工方案和支架。

4.3.3.2 边跨现浇段支架施工

1)少支架施工

葛溪大桥左线2号桥4号墩、右线桥9号墩为过渡墩,墩身基础为钢筋混凝土灌注桩加承台基础,承台结构尺寸为8.4m×6.9m(横桥向×纵桥向)。墩身结构形式为空心薄壁墩,墩身结构尺寸为6.9m×3.5m(横桥向×纵桥向),右线2号桥4号墩高14.382m,右线9号墩高10.639m。墩顶盖梁尺寸为10.15m×4m(横桥向×纵桥向)。边跨现浇段采用钢管桩少支架施工。

支架竖向承重结构采用三根φ800mm×7mm的螺旋钢管桩,螺旋钢管桩底部与承台上预埋钢板进行焊接。预埋钢板尺寸(长×宽×厚)为100cm×100cm×106cm,预埋钢板采用HRB400 φ25mm钢筋作锚筋,每块钢板上设置9根锚筋,锚筋长500mm。钢管竖向每8m设置一道平联,平联采用工25a工字钢。墩身每隔8m埋设三块(一排)尺寸(长×宽×厚)为40cm×40cm×1.6cm的预埋钢板,预埋钢板采用HRB400 φ25mm钢筋作锚筋,每块钢板设置4根锚筋,锚筋长度为500mm,预埋钢板与钢管桩之间采用工25a工字钢联结。钢管桩的桩顶采用尺寸(长×宽×厚)为60cm×60cm×2cm钢板作桩帽。钢管桩顶设置双拼工40a工字钢作承重梁(纵桥向),承重梁一端焊接在盖梁的预埋钢板上,另一端支撑在钢钢管桩顶,悬臂受力长度为1.45m(有箱梁混凝土荷载的长度),承重梁上布置工25a工字钢作分配梁。葛溪大桥过渡墩边跨现浇段支架断面如图3.4.3-21所示。

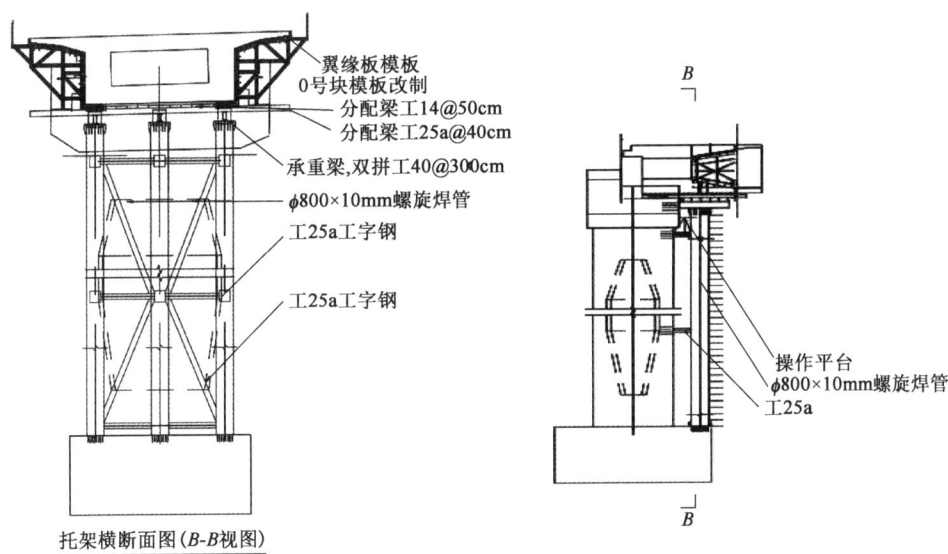

图3.4.3-21 葛溪大桥过渡墩边跨现浇段支架断面图

少支架钢管及型钢在钢筋棚加工完毕后采用平板车运送至施工场地,采用塔式起重机进行吊装。横梁及平联采用两点吊进行吊装,吊装钢丝绳的直径不小于15mm,钢丝绳与水平面的夹角宜为60°(不得小于45°),吊装作业时采用φ20mm的尼龙绳作缆风绳对横梁及平联进行位置调整。

翼缘板模板采用0号块翼缘板模板进行改装,模板桁架为双拼[20,纵桥向间距80cm,模板横肋为[8槽钢,间距25cm,模板面板为6mm厚的钢板。

箱梁顶板支架采用满堂支架立杆间距为100cm×100cm(横桥向×纵桥向),满堂支架顶部设置工12工字钢作承重梁,横桥向间距100cm,工字钢上铺设10cm×10cm的方木作分配梁,方木间距20cm,方木上铺设厚度为12mm的竹胶板作顶板模板面板。

支架临边防护采用φ42mm×3.5mm的钢管搭设,立杆间距160cm,立杆与纵桥向工12工字钢焊接,设置三道水平杆,水平杆间距50cm,最下一道水平杆距工字钢的距离为15cm,防护栏杆底部采用厚

图 3.4.3-22　钢管少支架现场施工图

度为 3mm 的钢板作踢脚线,防止平台物品掉落。防护栏杆水平杆与立杆之间采用扣件链接。

钢管少支架现场施工如图 3.4.3-22 所示。

2)满堂支架施工

葛溪大桥左线桥 1 号桥 0 号台、3 号台,左线 2 号桥 7 号台,南山大桥左线 3 号台、右线桥 0 号台,根据现场地形情况决定将桥台现浇段支架设计成满堂支架。现浇段底板满堂支架采用 φ48mm × 3.5mm 盘扣支架,底板底支架立杆间距 60cm × 60cm,翼缘板底支架立杆间距 60cm × 90cm,横杆步距 100cm。支架立杆顶设置顶托,顶托外露长度不超过 25cm。顶托上设置工 12 工字钢作承重梁,工字钢间距 60cm(翼缘板下间距 90cm)。工字钢上间距 10cm 布置 10cm × 10cm 的方木作分配梁。方木上设置 12mm 厚的竹胶板作底板模板面板。顶板支架采用满堂支架,立杆间距 80cm × 60cm(横桥向 × 纵桥向),水平杆最大步距 90cm,每三排立杆设置一道剪刀撑。桥台边跨现浇段满堂支架纵断面如图 3.4.3-23 所示。满堂支架现场施工如图 3.4.3-24 所示。

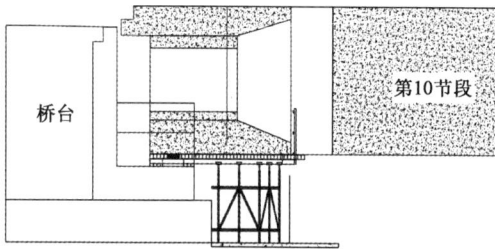

图 3.4.3-23　桥台边跨现浇段满堂支架纵断面图
(尺寸单位:mm)

图 3.4.3-24　满堂支架现场施工图

满堂支架的基础采用 C20 混凝土硬化,硬化厚度为 10cm。混凝土硬化时沿横桥向设置 2% 的坡度,以利于排水。满堂支架的杆件采用塔式起重机吊运至施工场地,塔式起重机吊运较短杆件时应采用吊笼吊运。

3)悬臂支架施工

葛溪大桥右线桥 0 号台,南山大桥右线 3 号台,南山大桥左线 0 号台原始地面陡峭,桥台高度高,满堂支架施工困难,因此桥台现浇段支架设计成悬臂结构。

桥台施工时,在桥台上埋设尺寸(长 × 宽 × 厚)为 100cm × 80cm × 2cm 的钢板预埋件,预埋件采用 HRB400φ28mm 钢筋作锚筋。悬臂支架承重梁采用双拼工 40 型钢,承重梁与预埋钢板之间采用角焊缝焊接,承重梁上布置工 25a 工字钢作分配梁。桥台现浇段悬臂支架设计图如图 3.4.3-25 所示,悬臂支架现场施工如图 3.4.3-26 所示。

4)平衡托架施工

葛溪大桥右线桥 3 号墩、6 号墩墩身高度大,采用平衡托架施工。平衡托架采用双拼工 40a 三角托架。双拼工 40a 工字钢焊接在墩身和盖梁的预埋钢板上。预埋钢板尺寸(长 × 宽 × 厚)为 500mm × 700mm × 20mm、500mm × 900mm × 20mm,预埋件锚筋采用 HRB400 φ28mm 钢筋,锚筋长 700mm,锚筋和预埋钢板的焊接采用塞孔焊,锚筋的端头帮焊长度为 150mm 的 HRB400 φ28mm 钢筋,增强锚筋的锚固性能。

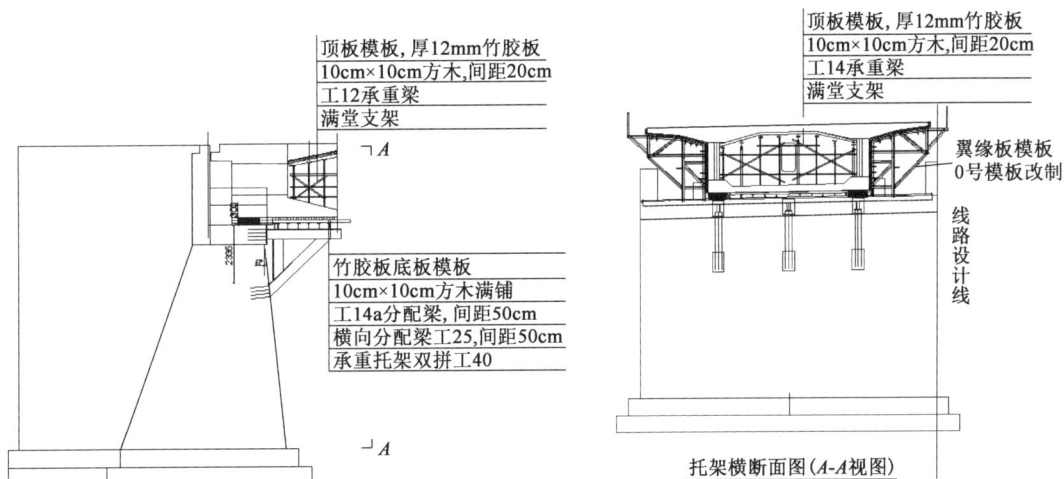

图 3.4.3-25　桥台现浇段悬臂支架断面图(尺寸单位:mm)

图 3.4.3-26　悬臂支架现场施工图

三角托架上采用工 25a 工字钢作横向承重梁,间距 50cm(横梁下 30cm);承重梁上采用 100mm×100mm 的方木作分配梁,方木满铺;方木上设置厚度为 12mm 的竹胶板作底板模板面板。

边跨现浇段顶板支架采用满堂支架(箱室内顶板支架),满堂支架采用 φ48mm×3.5mm 钢管,钢管材质为 Q235 钢材。满堂支架立杆间距 800mm×600mm(横桥向×纵桥向),横杆最大步距 1000mm,横桥向和纵桥向每两排立杆设置一道剪刀撑。满堂支架顶设置可调节顶托,顶托上采用工 12a 工字钢作承重梁(纵桥向),间距 800mm,承重梁上采用 100mm×100mm 的方木作分配梁(横桥向),分配梁间距 200mm;方木上铺设厚度为 12mm 的竹胶板作面板。

翼缘板模板采用 0 号块翼缘模板改装,模板支撑桁架为双拼[12 槽钢,间距 800mm,桁架直接支撑在横向承重梁上(工 25a 工字钢上),模板横肋为[8 槽钢,间距 250mm;模板面板采用 6mm 厚的钢板。

承台施工时预埋两束 5×φ15.2mm 的钢绞线,用于支架预压及平衡配重。平衡托架现场施工如图 3.4.3-27 所示。

图 3.4.3-27　平衡托架现场施工图

4.3.4 边跨合龙段施工

4.3.4.1 施工工艺流程

连续箱梁合龙段采用吊架施工,合龙段施工工艺流程如图3.4.3-28所示。

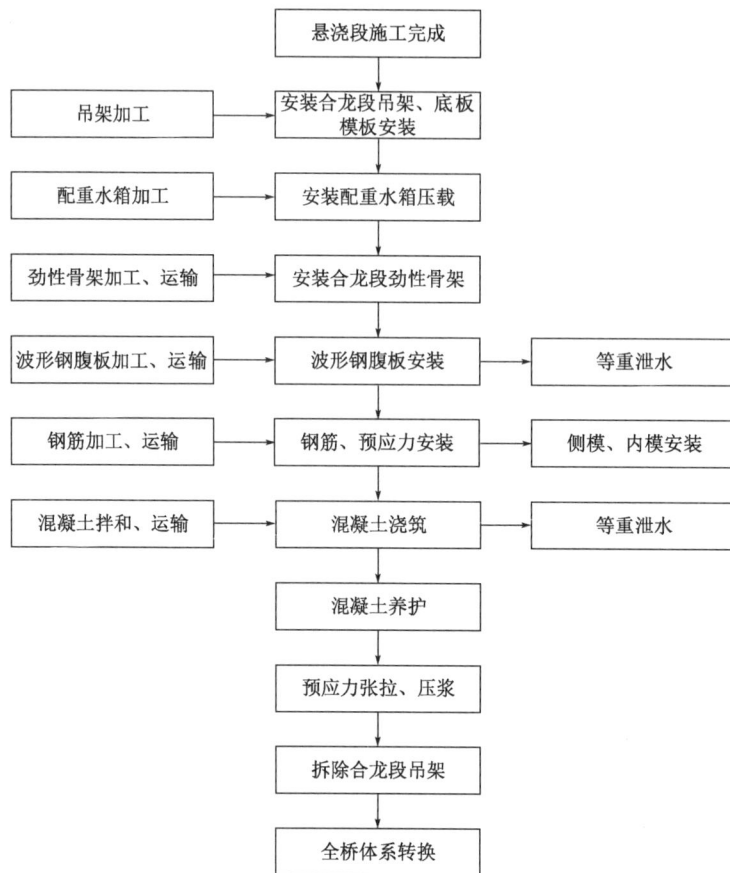

```
                    ┌─────────────────┐
                    │   悬浇段施工完成    │
                    └─────────────────┘
                              │
┌─────────────┐    ┌─────────────────────┐
│   吊架加工    │───▶│ 安装合龙段吊架、底板   │
└─────────────┘    │      模板安装          │
                    └─────────────────────┘
                              │
┌─────────────┐    ┌─────────────────────┐
│  配重水箱加工  │───▶│   安装配重水箱压载     │
└─────────────┘    └─────────────────────┘
                              │
┌─────────────┐    ┌─────────────────────┐
│ 劲性骨架加工、运输│───▶│   安装合龙段劲性骨架   │
└─────────────┘    └─────────────────────┘
                              │
┌───────────────┐  ┌─────────────────────┐  ┌──────────┐
│波形钢腹板加工、运输│─▶│    波形钢腹板安装      │─▶│  等重泄水  │
└───────────────┘  └─────────────────────┘  └──────────┘
                              │
┌─────────────┐    ┌─────────────────────┐  ┌────────────┐
│ 钢筋加工、运输  │───▶│   钢筋、预应力安装     │─▶│ 侧模、内模安装 │
└─────────────┘    └─────────────────────┘  └────────────┘
                              │
┌─────────────┐    ┌─────────────────────┐  ┌──────────┐
│ 混凝土拌和、运输 │──▶│     混凝土浇筑        │─▶│  等重泄水  │
└─────────────┘    └─────────────────────┘  └──────────┘
                              │
                    ┌─────────────────────┐
                    │     混凝土养护        │
                    └─────────────────────┘
                              │
                    ┌─────────────────────┐
                    │   预应力张拉、压浆     │
                    └─────────────────────┘
                              │
                    ┌─────────────────────┐
                    │   拆除合龙段吊架       │
                    └─────────────────────┘
                              │
                    ┌─────────────────────┐
                    │    全桥体系转换        │
                    └─────────────────────┘
```

图3.4.3-28 合龙段施工工艺流程图

4.3.4.2 箱梁线形调整

合龙段吊架安装前应对箱梁轴线进行联测,对箱梁高程进行联测。桥梁轴线偏差和高程偏差符合设计和规范要求,如施工合龙段前,箱梁高程联测偏差大于15mm,则通过压载高程较高端的方式对连续箱梁高程进行调整。通过压载方式调整箱梁高程时注意T构压载的平衡,T构两端压载在墩身中心产生的力矩应平衡。

4.3.4.3 合龙段吊架安装

合龙段吊架底横梁采用双拼工40a,横梁采用φ32精轧螺纹钢锚固在箱梁底板上,每根横梁设置两个吊点。底板纵梁采用工25a,间距50cm。吊架底板模板采用挂篮底板模板改制,箱梁翼缘板模板采用挂篮翼缘板模板改制,翼缘板模板安装在挂篮滑梁上,滑梁采用φ32精轧螺纹钢锚固在已浇筑的箱梁翼缘板上。箱梁内模板支架采用木模板,内模板支架采用满堂支架,支架杆件采用Q235钢材,钢管规格为φ42mm×3.5mm,立杆纵桥向间距0.75m,立杆横桥向间距0.7~0.8m,横杆步距1m,立杆顶部采用工12.6工字钢作纵向承重梁,承重梁上布置10cm×10cm的方木作分配梁,分配梁间距20cm,方木上铺设厚度为12mm的竹胶板作面板。

合龙段劲性骨架采用双拼[40a,双拼槽钢采用尺寸(长×宽×厚)为200mm×200mm×10mm的钢板焊接成口字钢,连接钢板间距500mm。劲性骨架与边跨现浇段和10号节段预埋件焊接。

合龙段吊架如图 3.4.3-29~图 3.4.3-31 所示。

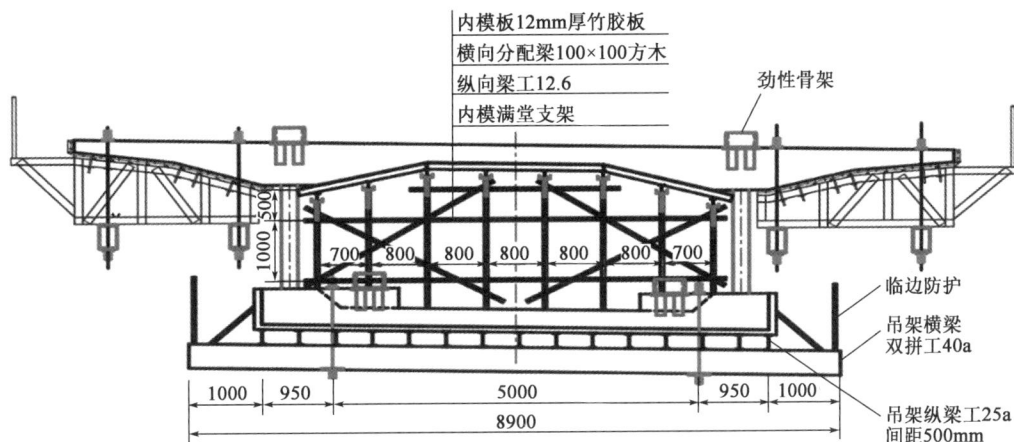

图 3.4.3-29　合龙段吊架横断面示意图(尺寸单位:mm)

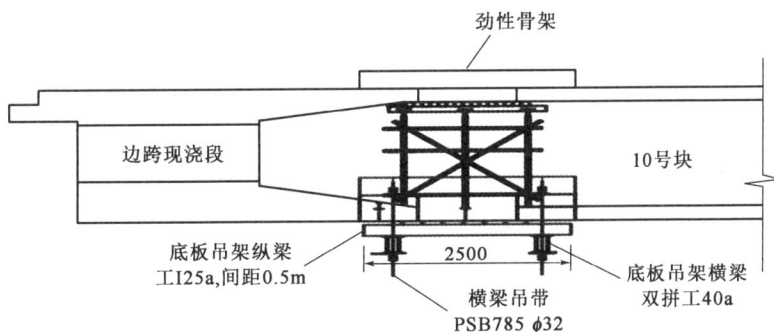

图 3.4.3-30　边跨合龙段吊架纵断面示意图(尺寸单位:mm)

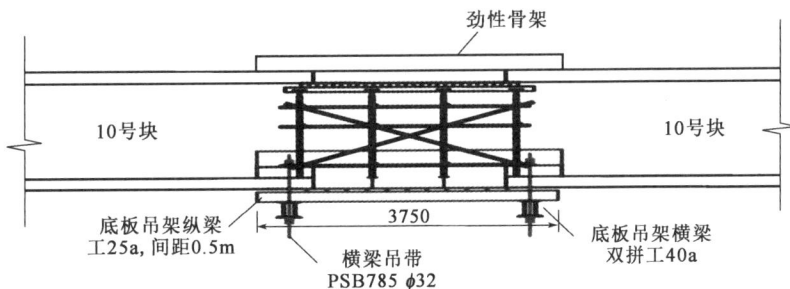

图 3.4.3-31　中跨合龙段吊架纵断面示意图(尺寸单位:mm)

计算出合龙段混凝土在两边梁段上分配的重量,根据分配的重量计算出两边梁体端部挠度,按挠度等效原则在合龙段两边梁体上设置水箱并注入计算出的加水量。

水箱压载完成后选择在当天最低气温时锁定劲性骨架,使劲性骨架只承受压力不承受拉力。劲性骨架锁定后安装底板模板、安装波形钢腹板和绑扎钢筋,再安装翼缘板模板、满堂支架、顶板模板,然后安装顶板钢筋及预应力管道,波形钢腹板应选择在当天温度最低所在时间段进行锁定。

合龙段采用双拼[40 槽钢作合龙段劲性骨架,箱梁最后一个悬臂节段和边跨现浇段施工时预埋劲性骨架连接钢板。顶板劲性骨架预埋钢板采用尺寸(长×宽×厚)为 700mm×50mm×20mm 钢板,锚板采用厚度为 20mm 的钢板。合龙段劲性骨架如图 3.4.3-32、图 3.4.3-33 所示。

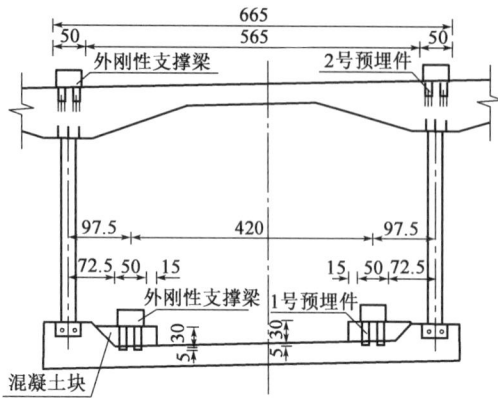

图 3.4.3-32 合龙段劲性骨架横断面图(尺寸单位:cm)

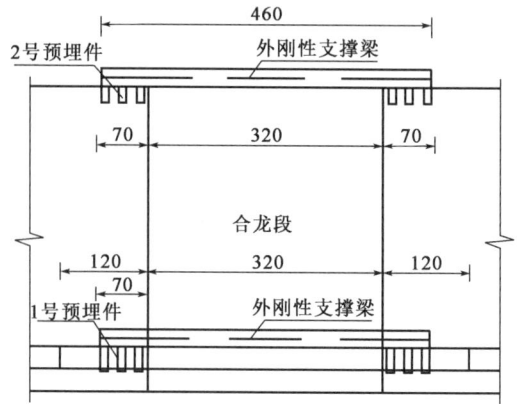

图 3.4.3-33 合龙段劲性骨架纵断面图(尺寸单位:cm)

4.3.5 中跨合龙段施工

4.3.5.1 中跨合龙

待边跨合龙段混凝土浇筑完成,混凝土龄期及强度达到设计要求,进行边跨体内预应力张拉施工,张拉压浆完成后进行中跨合龙施工,中跨合龙施工方法与边跨合龙基本相同。中跨合龙后进行体外预应力施工。

4.3.5.2 体外预应力施工

1)体外预应力设置

体外预应力采用 ZM-S9 填充型环氧成品索,热挤 HDPE 防护。填充型环氧钢绞线应符合《填充型环氧涂层钢绞线》(JT/T 737—2009)、《填充型环氧涂层钢绞线体外预应力束》(JT/T 876—2019)的要求,标准强度为 1860MPa,直径为 15.2mm,面积为 140.00mm², 弹性模量为 1.95×10^5 MPa,体外预应力体系应满足整束更换及整束调索的要求。体外预应力体系构造如图 3.4.3-34 所示。

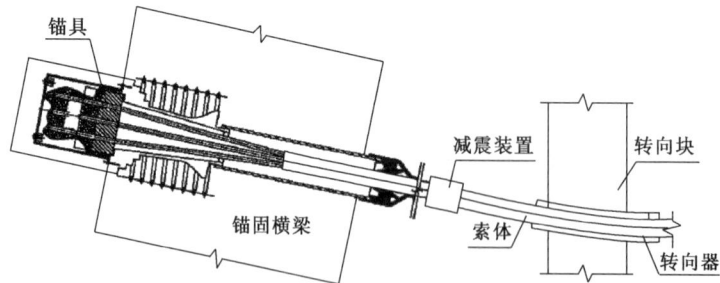

图 3.4.3-34 体外预应力体系构造示意图

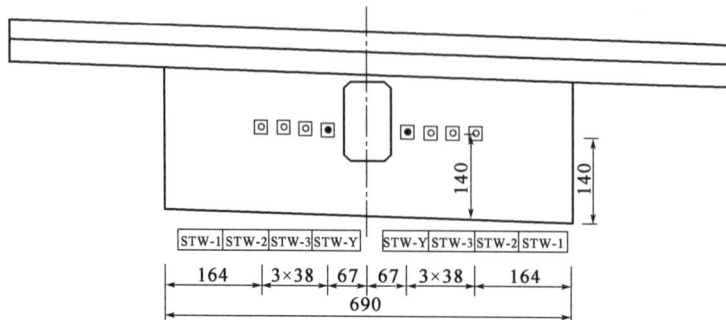

图 3.4.3-35 体外索布置图(尺寸单位:cm)

体外索采用两端张拉工艺,张拉时采取张拉力和伸长量双控制。体外索根据全桥施工要求进行张拉,相同索号的体外索应注意均衡对称张拉。体外索布置如图3.4.3-35所示。

锚固系统:体外预应力锚固系统采用15.2-19型夹片式锚具,在桥梁运营期间可实现索力调整和整体换索。转向装置:采用集束式转向器,由无缝钢管弯制而成,在钢束出口处需要做类似喇叭口处理。

2)施工工艺流程

体外索安装施工工艺流程如图3.4.3-36所示。

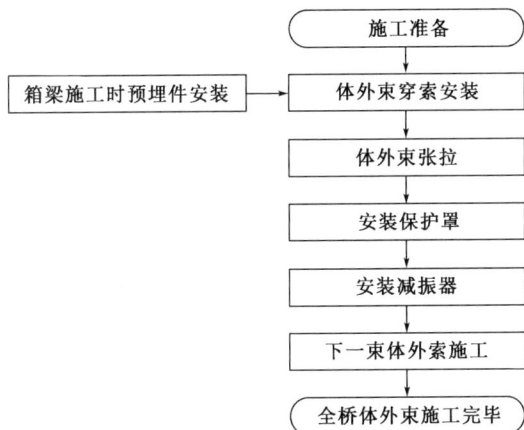

图3.4.3-36　体外索安装施工工艺流程图

3)体外索穿束安装

(1)穿束准备

孔道清理:因在浇筑转向块混凝土时,部分预埋转向器内有水泥浆或其他杂物进入,须先清理干净,确保每个孔道都能顺利通过。

体外索穿束:将在工厂内已下好料的成品索安放在放线架上,从中抽出体外索前端,牵引至体外索孔道处,从锚垫板穿入,经过横隔板处预埋转向器,最后进入另一端锚固区内预埋转向器,由该端锚垫板穿出,将穿入端钢绞线外露长度留够整体张拉时所需的工作长度。体外索穿束如图3.4.3-37所示。

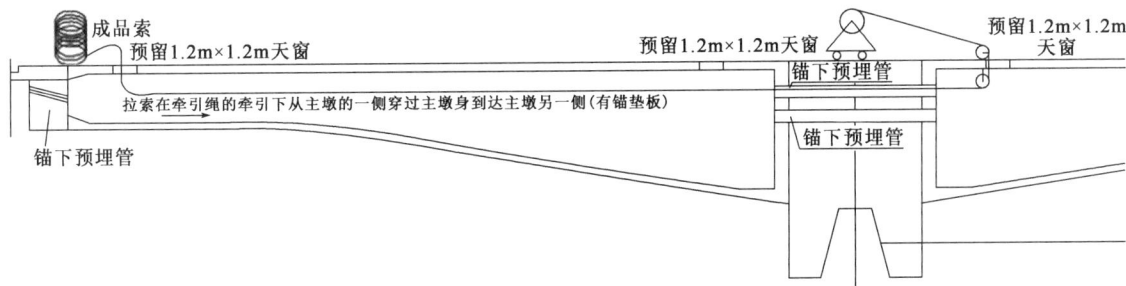

图3.4.3-37　体外索穿束及牵引系统示意图

剥皮:为了体外索张拉施工顺利进行,须将钢绞线两端PE护套按给定的长度剥除。剥皮时应注意刀具或锯片一定不能伤及钢绞线体。

(2)单根预紧

将单根张拉设备准备好并试机,确保运转正常,同时体外索两端工作锚具准备到位。穿出端安装好工作锚具、限位板,然后用YDC240Q千斤顶进行单根预紧,预紧力为10%σ_{con},重复以上工序,直至该束索钢绞线全部预紧完成。

(3)整体张拉

进场前,对千斤顶和压力表进行配套标定,确定压力表和张拉力之间的关系曲线。张拉机具设备与锚具配套使用。

体外索采用整体张拉千斤顶进行整体两端对称张拉,张拉程序为:$0\to10\%\,\sigma_{con}\to100\%\,\sigma_{con}$,持荷 5min 后锚固。因为体外索伸长量较长,一个行程不能张拉到位,需多次张拉。为了防止反复张拉损伤工作夹片,采用"悬浮"式张拉。在千斤顶上增加一套工具锚及撑脚,在千斤顶与工作锚板间设悬浮限位装置。在每次张拉时工作夹片处于放松状态,在完成一个行程回油时工具夹片锁紧钢绞线,多次倒顶,直至张拉到设计应力。由于限位装置的作用,在张拉过程中,工作夹片不至于退出锚孔,在回油倒顶时,工作夹片不会咬住钢绞线,工作夹片始终处于"悬浮"状态;在张拉到位后,旋紧限位装置的螺母,压紧工作夹片,随后千斤顶卸压回油,使工作夹片锚固钢绞线。体外索整体张拉如图 3.4.3-38 所示。

图 3.4.3-38　体外索整体张拉图

张拉应力控制:

①体外索采用应力-应变控制方法张拉时,以伸长值进行校核,实际伸长值与理论伸长值的差值必须符合设计要求,设计无规定时,实际伸长值与理论伸长值的差值控制在 ±6% 以内;否则暂停张拉,待查明原因并采取措施予以调整后,方可继续张拉。

②体外索张拉时,伸长值从初应力时开始量测。索的实际伸长值除了量测的伸长值外,必须加上初应力以下的推算伸长值。

(4)保护罩安装

①用手提砂轮机平整地切除锚头两端多余钢绞线,禁止采用电弧切割。

②用油脂对锚头进行防腐处理,然后安装保护罩(图 3.4.3-39),补注油脂。

图 3.4.3-39　保护罩安装图

（5）减振限位装置安装

按照设计要求安装减振限位装置（图3.4.3-40、图3.4.3-41），并与梁体预埋件连接，起到减振限位作用。减振限位装置安装时要注意对体外索PE的保护，螺栓要拧紧，焊接连接件时注意隔热处理，防止烧伤HDPE护套。

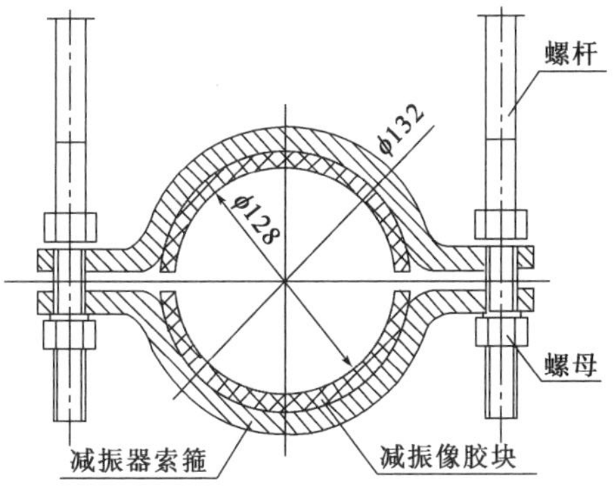

图3.4.3-40　减振器横断面图（尺寸单位：mm） 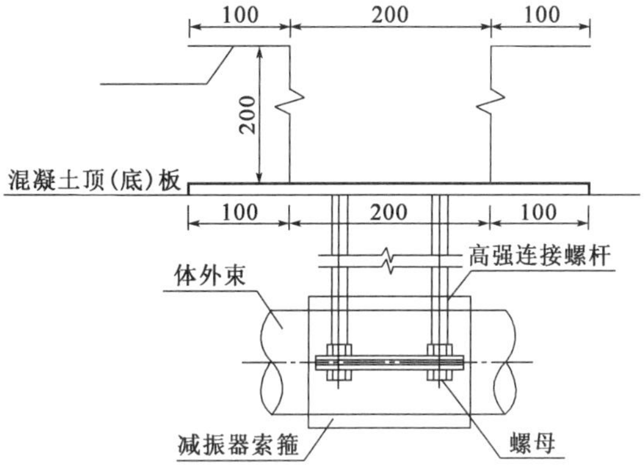　　　图3.4.3-41　减振器侧面图（尺寸单位：mm）

（6）体外束施工质量控制

①在下料、穿索以及张拉过程中均应按照相应的施工工艺严格进行操作。

②在施工过程中要认真记录各项技术参数，以求理论与实际相结合。

③严格按设计预埋体外预应力的预埋件。

④锚固处张拉前需将预应力体外束的HDPE护套剥除，应严格按张拉要求控制剥除长度，避免影响张拉效果。

⑤穿束时要保证体外束表面的HDPE护套不受机械损伤。

4.3.5.3　合龙段施工注意事项

（1）合龙段施工水箱配重量应根据监控单位提供的数据和现场实际情况共同确定。

（2）劲性骨架的焊接应在一天中最低气温时迅速完成（一般2h以内完成）。焊接时应在预埋件周边混凝土上浇水降温，避免烧伤混凝土。

（3）合龙段混凝土浇筑应在一天中气温最低时进行，并尽可能在最短时间内浇筑完成。

（4）合龙段波形钢腹板锁定时间应选择在当天温度最低所在时间段进行。

（5）在合龙段预应力未张拉压浆前不得在跨中范围内堆放重物或行走机械。

（6）合龙段混凝土养护时间及强度符合预应力张拉后解除劲性骨架，劲性骨架解除后立即张拉合龙段预应力。合龙段预应力先张拉长束再张拉较短束，预应力张拉应同步、对称、均匀进行。

（7）在合龙段施工过程中，与监控及设计单位共同加强过程控制。

4.4　施工控制技术

4.4.1　概述

珊溪大桥采用55m+4×100m+55m预应力混凝土波形钢腹板刚构－连续组合体系，引桥采用30m跨预应力混凝土（后张）T梁，先简支后连续。南山大桥采用65m+120m+65m预应力混凝土波形钢腹板连续刚构，无引桥。葛溪大桥采用55m+100m+55m预应力混凝土波形钢腹板连续刚构，引桥采用30m跨预应力混凝土（后张）T梁。波形钢腹板刚构桥受力复杂，施工过程中，温度因素、施工临时荷载等会对桥梁受力状态产生影响,因此有必要对桥梁进行全过程施工控制,从而使桥梁成桥状态满足设计要求。

4.4.2 施工监控的必要性、目的和方法

波形钢腹板桥梁结构复杂,技术难度大,桥位处建设条件复杂,波形钢腹板悬臂安装受到设计纵坡、横坡、加工偏差及混凝土悬浇过程中挂篮的变形影响,其线形和精度控制难度大,同时又受到温度和众多施工随机因素影响,整个施工过程是一个力学体系复杂的演变过程。波形钢腹板桥梁由顶底板混凝土和波形钢腹板组成,其徐变特性可能不同于传统混凝土腹板,徐变作用下跨中挠度、应力和波形钢腹板应力随时间的变化均是控制的难点。在此过程中,温度、施工过程中的自重、计算的数学模型和结构的差异以及线形的测量误差等诸多因素,使得每个施工工序实际的线形和结构能力如不加以控制的话,有可能偏离成桥状态,严重时甚至超出规定的允许范围,造成质量或安全事故。只有通过施工监控,对温度、应力、线形、节段尺寸和重量等参数进行识别、计算和修正,才能消除或减少实际线形、结构内力与设计目标值的偏差,确保成桥线形和结构内力满足设计要求。因此实施监控是大跨度波形钢腹板桥梁施工过程中非常重要也是必不可少的。

施工监控的目的,首先在于以施工图设计内容为基础,进行复核和对施工过程的细化;其次在于对施工过程中控制数据进行监测,对参数进行识别与修正并进行分析,适时掌握施工过程中结构的真实状态,消除或减少偏差量的积累,确保施工过程中结构安全;最后确保成桥后,主体结构的线形达到设计理想的线形,并且使结构的内力分布与设计理想的内力状态相一致。

4.4.3 施工监控的重点和难点分析

4.4.3.1 波形钢腹板桥梁应力与线形控制

设计计算中波形钢腹板符合如下假定:①波形钢腹板预应力混凝土桥梁设计计算时忽略波形钢腹板的纵向抗弯作用,认为波形钢腹板不承受轴向力,即近似认为波形钢腹板不抵抗轴向力与正弯矩,其断面抗拉压面积、抗弯惯矩计算可仅考虑混凝土顶、底板;②波形钢腹板在竖向荷载作用下符合平截面假定;③弯矩仅由顶底板构成的断面抵抗,而剪力则完全由钢腹板承担,且剪力在腹板上均匀分布。

为了验证设计理论,需要对波形钢腹板的应力分布情况进行详细测试,在荷载试验时对波形钢腹板应力测试采取高精度、稳定性好的系统,沿高度方向布置多个应变测点,通过实测结果来验证设计理论的正确性。

波形钢腹板悬臂安装受到设计纵坡、横坡、加工偏差及混凝土悬浇过程中施工桁车的变形影响,其线形和精度控制难度大。

4.4.3.2 波形钢腹板桥梁体外束有效索力监测

波形钢腹板 PC 连续梁及刚构桥是一种体内束与体外束结合的结构。由于腹板采用波形钢腹板,结构中没有腹板束,顶板束施加过多,可能引起底板出现拉应力。对体外束进行监测,可以获知体外束施加的有效性。文泰高速公路相关波形钢腹板桥梁采用油压表进行索力测试,用索力动测仪进行抽样复核。

4.4.3.3 波形钢腹板桥梁顶底板混凝土收缩徐变的影响

与混凝土腹板连续刚构桥相比,波形钢腹板连续刚构桥的优点突出。这种结构由顶底板混凝土和波形钢腹板组成,其徐变特性不同于传统混凝土腹板,徐变作用下跨中挠度、应力和波形钢腹板应力随时间的变化均是控制的难点。

4.4.4 施工控制计算

采用 midas Civil 2019 软件进行空间结构计算,计算模型中主墩、主梁均采用梁单元模拟,不考虑普通钢筋参与结构受力。由于南山大桥、葛溪大桥、珊溪大桥结构形式类似,限于篇幅,仅列出葛溪大桥的计算结果。葛溪大桥有限元模型、异步挂篮施工模拟分别如图 3.4.3-42、图 3.4.3-43 所示。

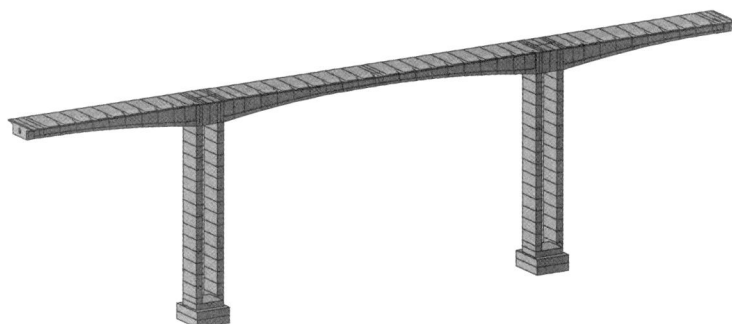

图 3.4.3-42 葛溪大桥有限元模型

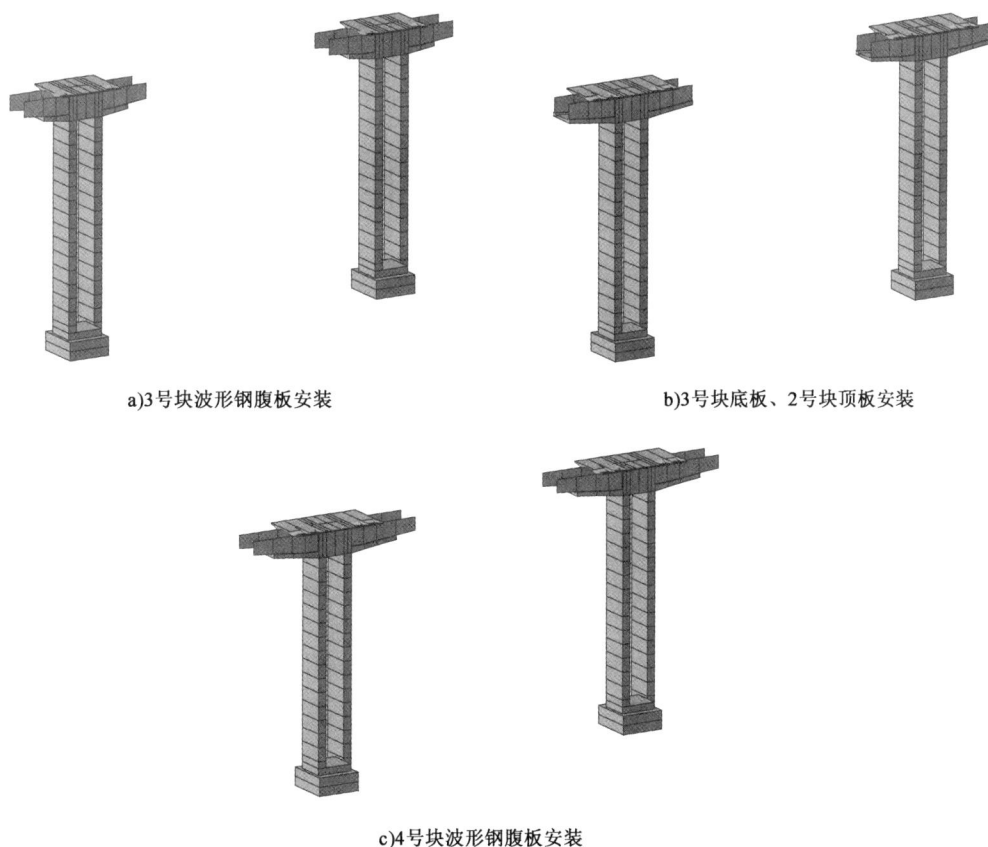

a)3号块波形钢腹板安装　　　　　　　　　b)3号块底板、2号块顶板安装

c)4号块波形钢腹板安装

图 3.4.3-43 葛溪大桥异步挂篮施工模拟

4.4.4.1 常规挂篮施工计算结果

1)线形计算结果

主梁在悬臂浇筑过程中,每个梁段的线形时刻发生变化,但是对于悬臂浇筑阶段,施工监控最关心

的是悬臂端部的高程、端部的转角及上下游高差,因为这些因素直接影响下一个梁段安装。图3.4.3-44给出关键施工阶段的主梁位移。

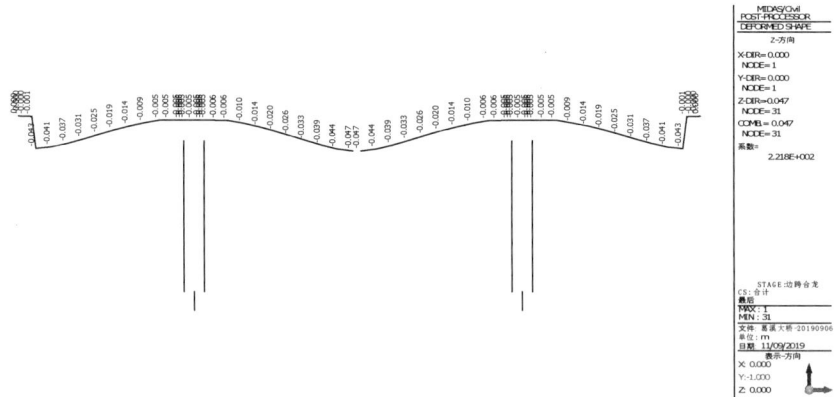

a) 边跨合龙

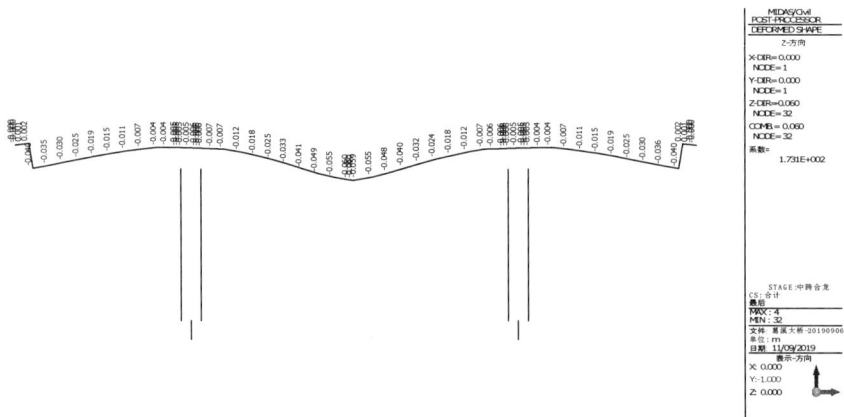

b) 中跨合龙

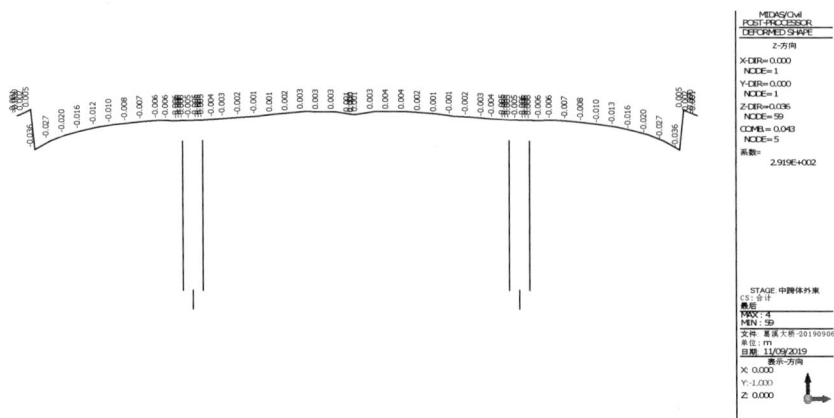

c) 中跨体外束

图　3.4.3-44

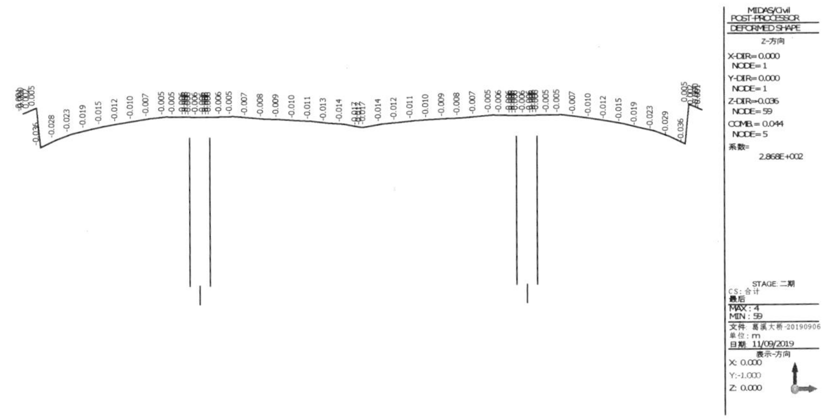

d) 二期施工完成

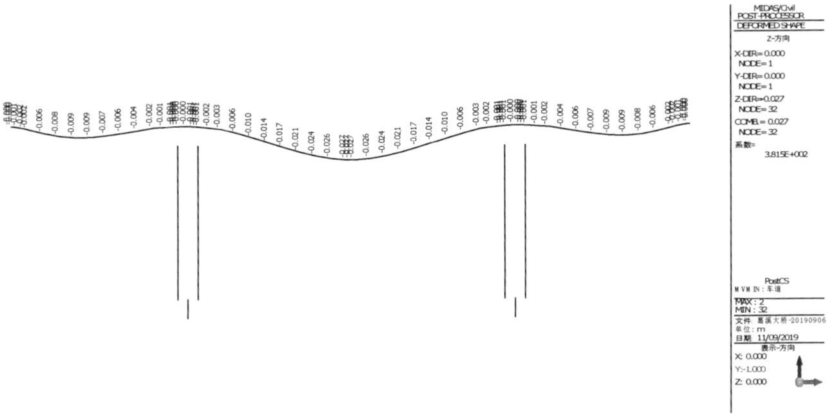

e) 汽车荷载最小值

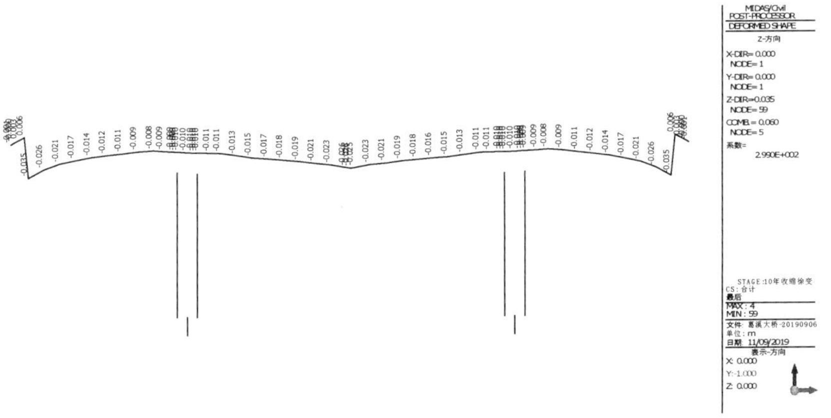

f) 10年收缩徐变

图 3.4.3-44 葛溪大桥关键施工阶段的主梁位移(单位:m)

从以上关键施工阶段的主梁位移可以看出,二期施工完成后,中跨竖向最大位移为 - 0.017m;汽车荷载作用下,中跨竖向最大位移为 - 0.027m;待通车 10 年后,中跨竖向最大位移为 - 0.026m。

2)应力计算结果

主梁在悬臂浇筑过程中应力在不断变化,图 3.4.3-45 给出关键施工阶段主梁上下缘应力。

从以上关键施工阶段的主梁上下缘应力可以看出,成桥后主梁全部处于受压状态,通车 10 年后与成桥初期相比,主梁应力变化不大。

3)预拱度计算结果

波形钢腹板制作预拱度考虑了混凝土后期收缩徐变及 1/2 汽车活载的影响。波形钢腹板制造线形为设计高程 + 制作预拱度,制作预拱度见表 3.4.3-1。

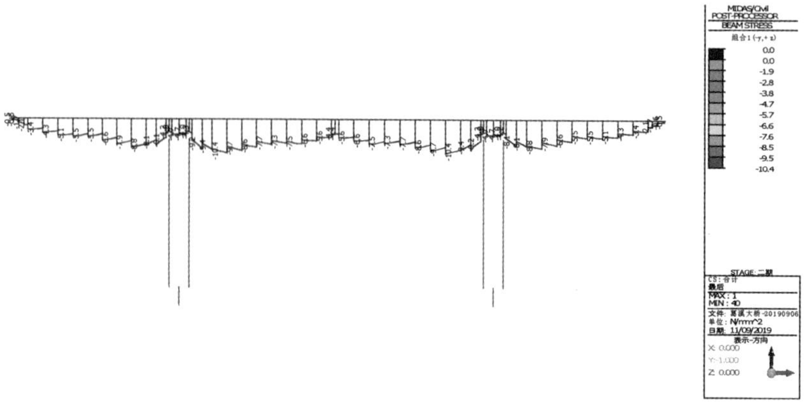

a) 上缘应力(二期施工)

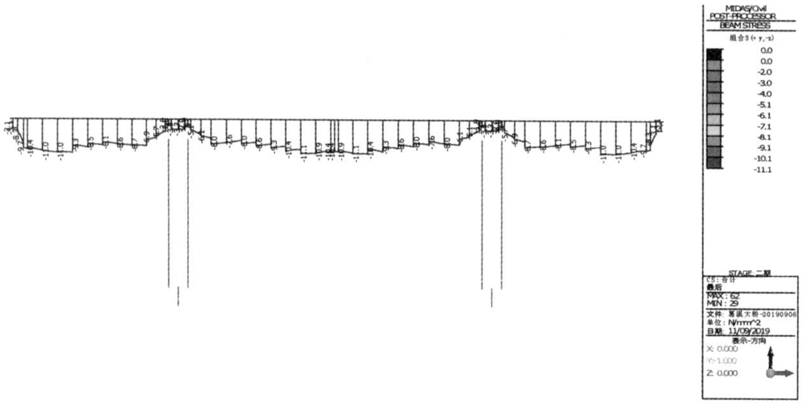

b) 下缘应力(二期施工)

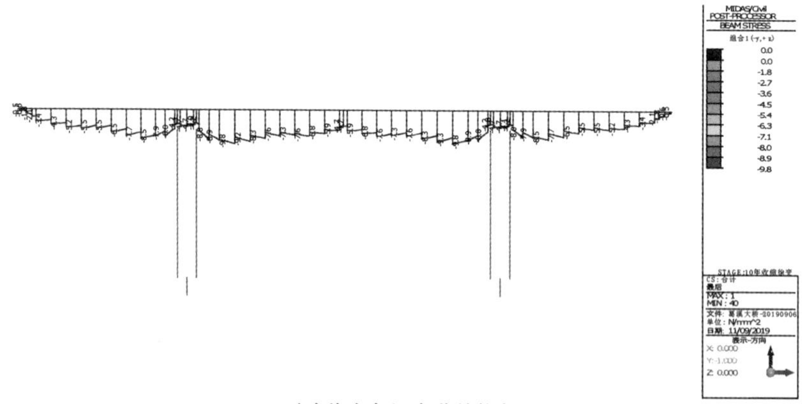

c) 上缘应力(10年收缩徐变)

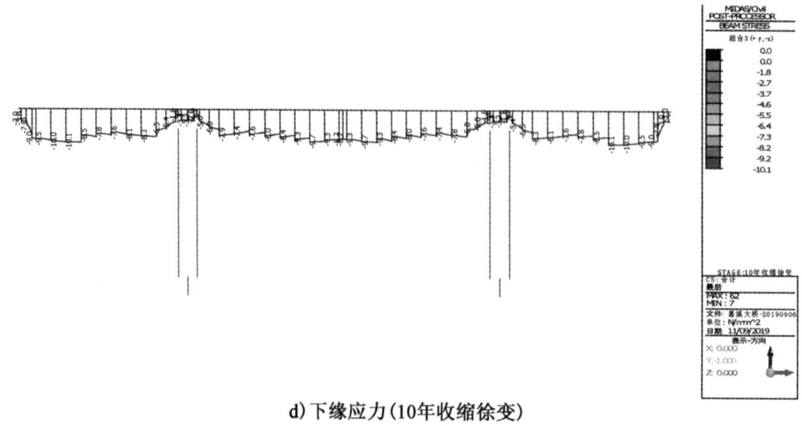

d) 下缘应力(10年收缩徐变)

图3.4.3-45 葛溪大桥关键施工阶段的主梁应力(单位:MPa)

葛溪大桥常规挂篮施工制作预拱度　　　　　　　　　表 3.4.3-1

节　点	x 坐标(m)	制作预拱度(mm)
1	0.900	1.1
2	1.560	0.0
3	3.100	−1.9
4	5.000	−4.2
5	6.200	26.5
6	11.000	22.5
7	15.800	20.5
8	20.600	19.8
9	25.400	18.5
10	30.200	17.2
11	35.000	15.5
12	39.800	13.4
13	44.600	11.5
14	47.800	12.2
15	51.000	12.8
16	51.900	13.0
17	52.800	13.2
18	55.000	13.6
19	57.200	14.3
20	58.100	14.7
21	59.000	15.0
22	62.200	16.3
23	65.400	17.5
24	70.200	22.6
25	75.000	27.9
26	79.800	32.2
27	84.600	36.4
28	89.400	40.3
29	94.200	44.1
30	99.000	46.5
31	103.800	49.1
32	105.000	49.4
33	106.200	49.1
34	111.000	46.5
35	115.800	44.2
36	120.600	40.3
37	125.400	36.4
38	130.200	32.2
39	135.000	27.9

节　　点	x 坐标(m)	制作预拱度(mm)
40	139.800	22.6
41	144.600	17.5
42	147.800	16.3
43	151.000	15.0
44	151.900	14.7
45	152.800	14.3
46	155.000	13.6
47	157.200	13.2
48	158.100	13.0
49	159.000	12.8
50	162.200	12.2
51	165.400	11.5
52	170.200	13.4
53	175.000	15.5
54	179.800	17.2
55	184.600	18.5
56	189.400	19.8
57	194.200	20.5
58	199.000	22.5
59	203.800	26.5
60	205.000	-4.2
61	206.900	-1.9
62	208.440	0.0
63	209.100	1.1

注:1. 预拱度按照单侧挂篮重58t考虑。

　　2. 节点2和节点62对应边支座位置,节点18和节点46对应主墩中心位置。

4.4.4.2　异步挂篮施工计算结果

1)线形计算结果

主梁在悬臂浇筑过程中,每个梁段的线形时刻发生变化,但是对于悬臂浇筑阶段,施工监控最关心的是悬臂端部的高程、端部的转角及上下游高差,因为这些因素直接影响下一个梁段安装,图3.4.3-46给出关键施工阶段主梁的位移。

从以上关键施工阶段的位移可以看出,二期施工完成后,中跨竖向最大位移为 -0.107m;待通车10年后,中跨竖向最大位移为 -0.111m。

2)应力计算结果

由于异步挂篮施工模型采用施工阶段联合截面的方式建模,只能通过结果表格的形式进行混凝土顶底板的应力,表3.4.3-2列出主梁根部(22-I端)、跨中截面(32-I端)施工过程中的最不利应力状态,并对常规挂篮和异步挂篮相应工法的应力结果进行对比。

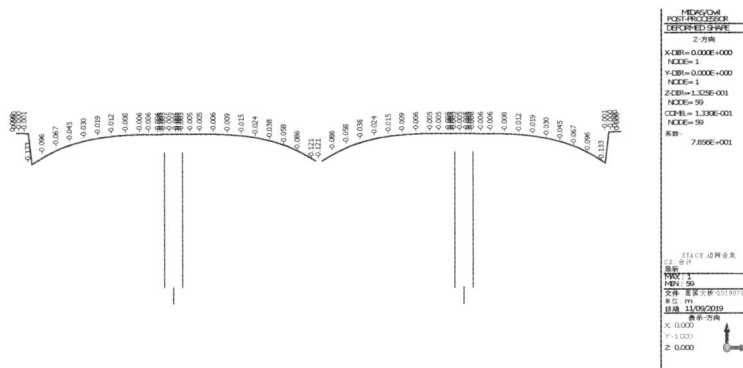

a) 边跨合龙

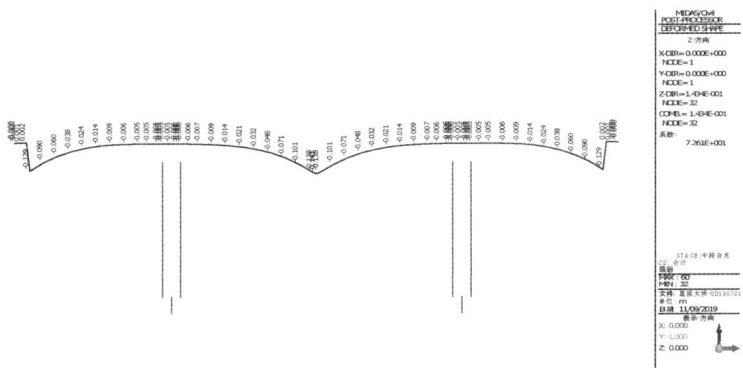

b) 中跨合龙

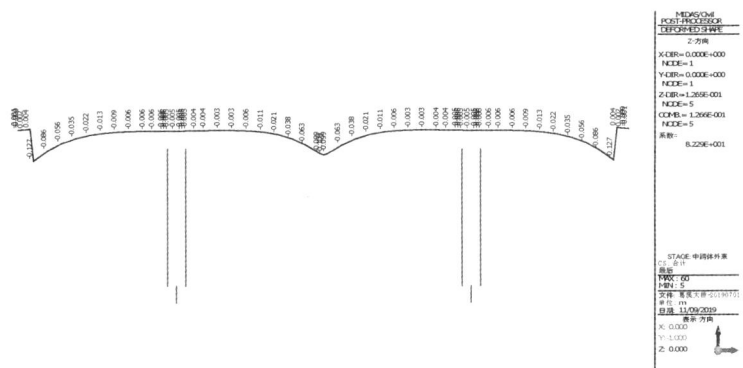

c) 中跨体外束

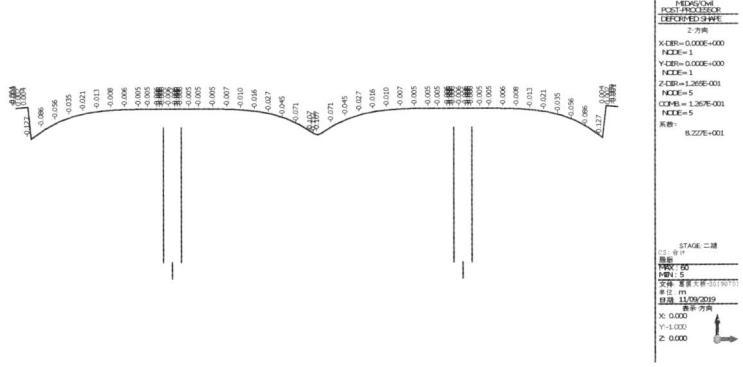

d) 二期施工完成

图 3.4.3-46

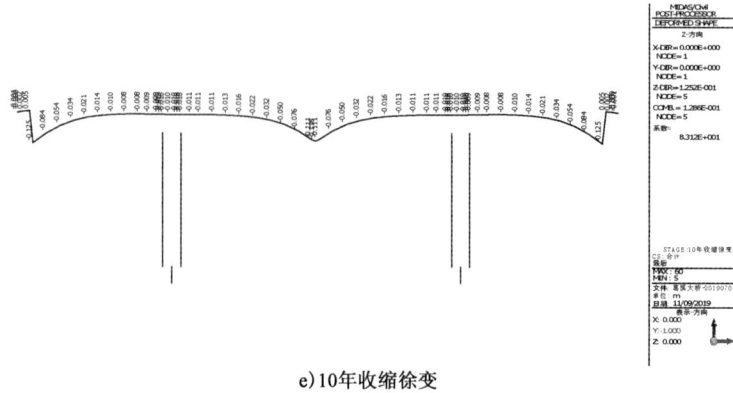

e)10年收缩徐变

图 3.4.3-46　葛溪大桥关键施工阶段的主梁位移(单位:m)

葛溪大桥异步挂篮施工主梁最不利应力状态(单位:MPa)　　　　　表 3.4.3-2

单　元　号	施 工 阶 段	位　置	异 步 应 力	常 规 应 力	应 力 差 值
22-Ⅰ端	中跨体外束	顶板上缘	-11.2	-8.75	-2.45
22-Ⅰ端	二期施工	顶板上缘	-9.84	-7.62	-2.22
32-Ⅰ端	中跨体外束	底板下缘	-13.1	-12.6	-0.5
32-Ⅰ端	二期施工	底板下缘	-10.9	-10.4	-0.5

从表 3.4.3-2 可以看出,异步挂篮施工时主梁上缘最大压应力为 -11.2MPa,主梁下缘最大压应力为 -13.1MPa。异步挂篮工法的顶、底板正应力均略大于常规挂篮工法。

3)预拱度计算结果

波形钢腹板制作预拱度考虑了混凝土后期收缩徐变及 1/2 汽车活载的影响。波形钢腹板制造线形为设计高程 + 制作预拱度,制作预拱度见表 3.4.3-3。

葛溪大桥异步挂篮施工制作预拱度　　　　　表 3.4.3-3

节　　点	x 坐标(m)	制作预拱度(mm)
1	0.900	0.9
2	1.560	0.0
3	3.100	-1.5
4	5.000	-3.3
5	6.200	127.7
6	11.000	89.8
7	15.800	61.6
8	20.600	42.4
9	25.400	29.7
10	30.200	21.6
11	35.000	16.7
12	39.800	13.9
13	44.600	12.6
14	47.800	12.8
15	51.000	13.1
16	51.900	13.2
17	52.800	13.3
18	55.000	13.5

节　　点	x 坐标（m）	制作预拱度（mm）
19	57.200	14.1
20	58.100	14.3
21	59.000	14.6
22	62.200	15.6
23	65.400	16.6
24	70.200	19.8
25	75.000	24.1
26	79.800	30.2
27	84.600	39.5
28	89.400	53.1
29	94.200	72.9
30	99.000	100.6
31	103.800	136.9
32	105.000	141.7
33	106.200	136.9
34	111.000	100.7
35	115.800	72.9
36	120.600	53.1
37	125.400	39.5
38	130.200	30.2
39	135.000	24.1
40	139.800	19.8
41	144.600	16.6
42	147.800	15.6
43	151.000	14.6
44	151.900	14.3
45	152.800	14.1
46	155.000	13.5
47	157.200	13.3
48	158.100	13.2
49	159.000	13.1
50	162.200	12.8
51	165.400	12.6
52	170.200	13.9
53	175.000	16.7
54	179.800	21.6
55	184.600	29.7
56	189.400	42.4
57	194.200	61.6
58	199.000	89.8

节　点	x 坐标（m）	制作预拱度（mm）
59	203.800	127.7
60	205.000	−3.3
61	206.900	−1.5
62	208.440	0.0
63	209.100	0.9

注：1. 预拱度按照单侧挂篮质量 23.511t、顶板模板质量 9.793t、底板模板质量 5.700t、人员及施工机具质量 1.000t 考虑。
　　2. 节点 2 和节点 62 对应边支座位置，节点 18 和节点 46 对应主墩中心位置。

4.4.5　施工监测

4.4.5.1　几何变形监测

1）主梁挠度监测

主梁线形测点：各节段布置 3 个挠度测点，分别位于各节段距悬臂端内侧 10cm 处，挠度测试断面、测点布置分别如图 3.4.3-47、图 3.4.3-48 所示。南山大桥、珊溪大桥、葛溪大桥三座大桥的结构形式相同、主梁类型一致，故三座大桥主梁线形测点布置类似。

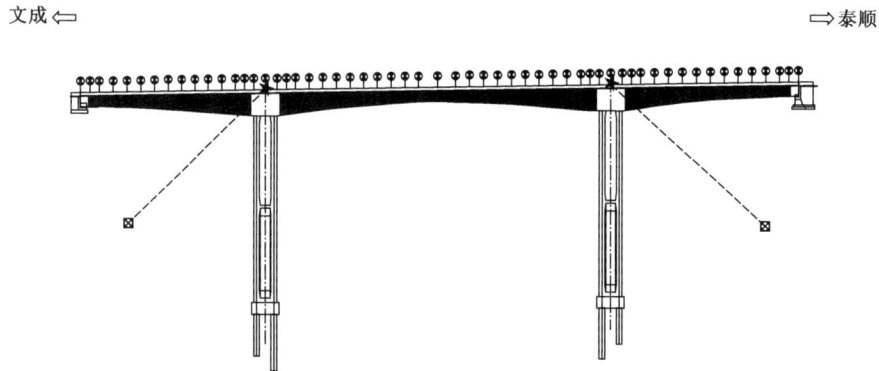

图 3.4.3-47　主梁挠度测试断面布置示意图

注：◉表示主梁线形测点；★表示基准点；⊠表示观测点

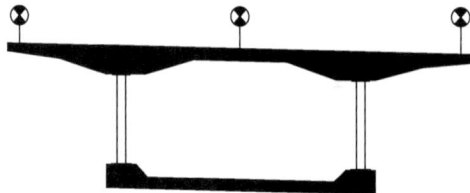

图 3.4.3-48　主梁截面挠度测试布置示意图

注：◉表示主梁线形测点

测试时间：尽量选择 19:00—7:00 温度相对恒定的时间段进行。

主梁线形测量工况及频率：

（1）混凝土浇筑完成、预应力张拉完成后，全桥通测；

（2）边跨合龙后，全桥通测；

（3）中跨合龙后，全桥通测；

（4）桥面铺装前后，全桥通测。

2）波形钢腹板空间坐标监测

（1）测试方法

波形钢腹板空间位置的测试一般通过全站仪，测出各控制节点的空间绝对坐标，测量应选择在温度变化小、气温稳定的时间段进行（每月20号左右19:00—7:00进行）。

（2）定位点布置

各节段内外侧波形钢腹板分别选择3个定位点（3点确定一个平面），以0号块波形钢腹板为例说明各定位点的布置，如图3.4.3-49所示。

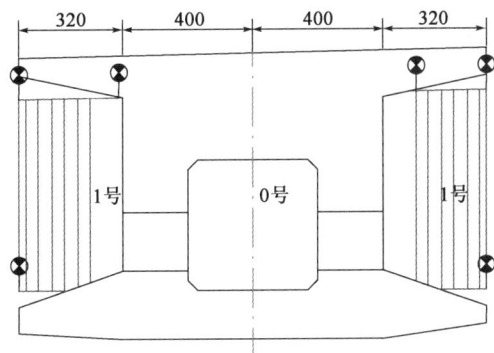

图3.4.3-49　波形钢腹板定位点立面布置图（尺寸单位:cm）

注:❌表示定位点

4.4.5.2　应力监测

1）测点布置

根据仿真计算结果，并综合考虑各项因素，主梁左右幅测点分别布置如下:主跨箱梁根部、1/4跨处、跨中处;边跨箱梁根部、跨中，每个测试断面顶底板布置4个混凝土埋入式应变测点，每个跨中箱梁根部断面布置6个钢腹板应变花测点。主梁应力断面、测点分别如图3.4.3-50、图3.4.3-51所示。

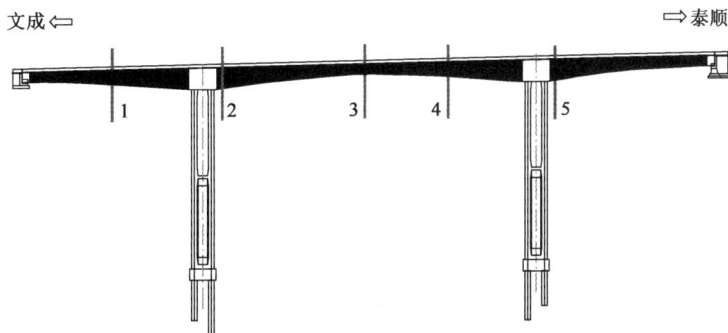

图3.4.3-50　主梁应力断面布置

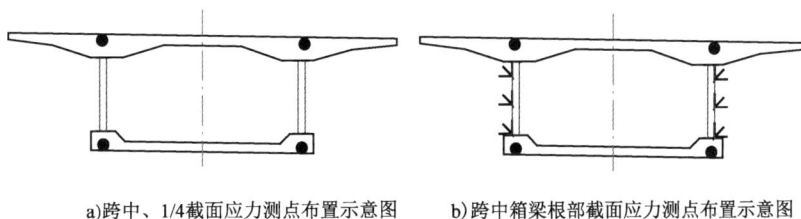

a)跨中、1/4截面应力测点布置示意图　　b)跨中箱梁根部截面应力测点布置示意图

图3.4.3-51　主梁应力测点示意图

注:●表示混凝土埋入式应变计;↙表示波形钢腹板应变花;●表示混凝土埋入式应变计

2)测试工况及频率

每个主梁节段进行 2 次测量,选择在主梁节段悬臂浇筑阶段进行。测量范围均为已施工的全部结构。测试工况如下:

(1)节段施工完成后;

(2)合龙前后;

(3)二期恒载加载前后;

(4)根据控制需要的其他工况。

4.4.5.3　温度监测

施工过程中对结构温度的变化也要进行实时监测,以了解结构由于整体温度变化及温度梯度的变化引起的变形和应力,其中梯度温度主要包括日照引起温差(箱内、箱外及腹板两侧温差的影响)以及主梁顶底板温度梯度(顶、底板温度梯度的影响)。

选取部分应力测试断面(主跨箱梁根部、1/4 跨处)位置作为主梁温度测试断面,断面设置 12 个温度传感器,每座桥 2 个测试断面。温度断面及断面上测点布置分别如图 3.4.3-52、图 3.4.3-53 所示。

温度的监测要求与应力监测同时完成。特殊情况下要及时进行持续性观测。

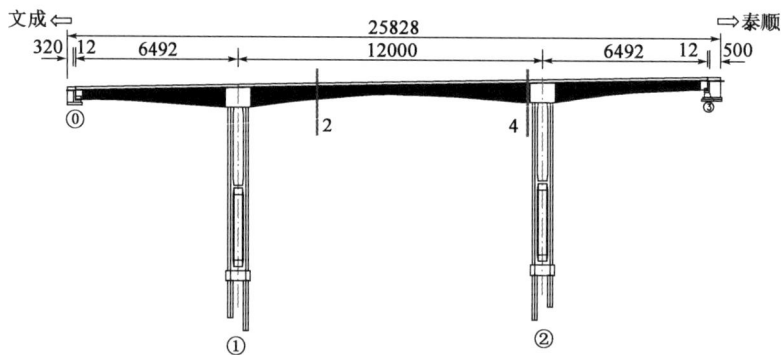

图 3.4.3-52　主梁温度断面布置(尺寸单位:cm)

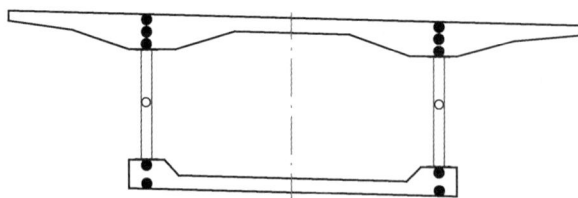

图 3.4.3-53　主梁截面温度测点布置示意图

注:● 表示温度感应器;○ 表示红外测温仪

4.4.6　成桥状态监控成果

通过对主梁埋设应力传感器,对施工过程中结构应力进行测量,主梁应力监测断面的实测应力值与理论应力值基本吻合,满足规范和设计要求。

从整个施工过程线形高程数据来看,主梁悬臂端高程实测值与理论值接近,处于控制允许偏差/限值范围内($L \leqslant 100$m 时,允许偏差/限值为 ±20mm;$L > 100$m 时,允许偏差/限值为 ±L/5000mm。L 表示跨径),表明主梁线形比较平顺,计算所采用的梁的刚度和重量与实际吻合较好;实测成桥线形总体与理论值吻合较好,桥面上下游线形一致、平顺,线形误差满足规范不大于 ±20mm 的规定。

采用异步挂篮工法时波形钢腹板的制造线形需要设置较大的预拱度;两种工法(常规挂篮施工与异步挂篮施工)施工过程中及成桥状态的箱梁顶底板正应力水平基本一致,采用异步挂篮工法时波形钢腹板的剪应力略大一些;异步挂篮工法有3个独立的工作面,可以节省波形钢腹板的安装时间,经济效益明显,具有较高的操作性和安全性,可在实际工程中推广应用。

4.5　施工经验与体会

1)BIM 的应用

0 号块的钢筋型号多,预应力纵向、竖向、横向交错复杂,在施工中提前通过引入 BIM,建立模型,通过各种钢筋和预应力筋的碰撞检查,发现钢筋和钢筋相冲突,钢筋与钢腹板相冲突,按照预应力筋与钢筋的处理原则,发现多种钢筋与预应力位置有冲突,提前优化钢筋下料长度和接头位置调整,优化各工序施工顺序,提高现场钢筋、预应力筋的安装速度和精度。

2)施工组织 GPS 应用

珊溪大桥位置地形起伏较大的山区,且桥位紧邻乡镇村庄,混凝土需求量较大,施工便道为单行车道,通过设置会车点进行避让,混凝土运输通过乡镇街道,高峰期时车辆通行困难。为了解决混凝土运输的问题,车辆引入了 GPS 车辆管理系统,控制中心通过实时掌握车辆位置信息,统一进行协调,同时车辆驾驶员也能够掌握会车点信息,提前避让会车点车辆,使混凝土运输畅通,同时最大限度减少通过乡镇街道对地方居民日常生活的影响。

3)塔式起重机作业安全管理系统

珊溪大桥主桥施工采用 5 台塔式起重机调运材料,材料吊装种类多,且吊装最高高度达到 70m,安全风险大。为了提高塔式起重机安全管理水平,项目部引入塔式起重机作业安全管理系统。

塔式起重机作业安全管理系统由安全监控系统 + 吊钩可视化系统组成。基于塔式起重机作业行业需求,根据实际工况,该系统能实时展现吊钩运行画面及实时运行数据,使司机能够快速准确做出正确判断和操作,解决施工现场塔式起重机司机的视觉死角、远距离视觉模糊、语音引导对讲易出差错等难题,能够有效避免事故的发生,是新形势下提高工地现场施工效率及塔式起重机安全信息化管理。

塔式起重机安全监控管理系统通过高精密传感器,监控塔式起重机的运行安全指标,包括吊重、起重力矩、小车变幅、起升高度、工作回转角度、风速,实现区域限制、防碰撞保护、在临近额定限值时发出声光预警和报警,实现塔式起重机危险作业自动语音报警提示。通过显示屏以图形数值方式实时显示当前实际工作数据和塔式起重机额定工作能力参数,使司机直观了解塔式起重机工作状态,正确操作。

采用塔式起重机吊钩可视化安全管理系统,360°无死角自动聚焦追踪吊钩运作画面,有效预防危险状况的发生。过去塔式起重机司机吊装材料,需要司索员、指挥员等通过对讲机反复协调、沟通才能作业。即使如此,由于塔式起重机吊距超高以及存在视线盲区,时常发生塔式起重机吊钩钩吊不准或吊钩脱落,导致材料散落,造成安全事故。吊钩可视化采用球状摄像机安装在大臂最前端,通过采集起升高度及幅度数据计算吊钩下降的距离,自动聚焦追踪吊钩实时运行画面,危险状况随时可见,杜绝盲吊,降低隔山吊装安全隐患。

4)激光辅助定位

在波形钢腹板安装定位作业中,由于高空作业,在钢腹板安装过程中,钢腹板前端需要设置棱镜进行观测,指导安装作业工人进行调整,测量定位安全风险大,定位困难。为降低安全风险,提高钢腹板安装定位精度与速度,参考矿山法隧道激光导向测量法的原理,在 0 号块施工完成后,在箱室内大小里程方向设置基站点,测量其三维坐标,再安装激光导向仪。通过整平对中,设置好激光导向仪,安装钢腹板时,发射一组激光束,通过计算每块钢腹板与激光线的相对坐标关系,得出数据,指导作业工人安装定位钢腹板,提高了安装速度和精度,在施工中得到的成功应用。

5）主桥施工组织

主桥边跨现浇段施工与 T 梁架设的施工组织优化。根据原施工计划安排，T 梁架设安排在最后架设，主要考虑主桥的预应力张拉空间位置，按照主桥体外索张拉完成后，封锚完成，再进行 T 梁架设。经过施工方案优化，在边跨现浇段模板安装和预留张拉槽的方案上进行调整，T 梁在边跨现浇段模板安装前完成架设，并快速施工桥面附属设施，为施工边跨现浇段提供作业场地，加快了施工的进度，保证了作业安全。

进行箱室内横隔与挂篮施工组织优化。主桥箱室内设置混凝土横隔板和钢横隔板，由于采用菱形挂篮施工，箱室内顶板设置导梁，导梁的位置与横隔板相冲突，采用混凝土横隔板和钢横隔板后置施工的方案，在导梁行走后施工横隔板，混凝土横隔板在顶板位置预埋钢筋连接套筒，按照一级接头的要求施工，解决了预埋钢筋接头伸出混凝土面影响导梁位置的问题。在钢横隔板位置的顶板位置预留吊装孔，为了解决钢横隔板安装问题，采用增加块段的方案，减轻单块横隔板的重量，箱室内采用卷扬机拖拉的方案就位，顶板预留吊装孔设置手拉葫芦吊装就位，满足施工要求。

第4篇

典型隧道设计

本项目为山区高速公路,所属区域地势起伏高差大,一般山体自然坡度较陡,山区河谷深切,河谷岸壁多陡立,水文地质条件复杂,勘察设计难度大,建设条件困难。

1)隧道特点

浙江省文成至泰顺(浙闽界)公路隧道的特点主要体现为"多、长、大、难、高"。"多"主要表现为主线设置 19 座隧道,长短不一,形式不同,隧道建设贯穿全线。"长"主要表现为隧道总长 31.455km,占路线全长近 55%。"大"主要表现为全线有特长隧道 4 座,总长 13.892km,长隧道 7 座,总长 13.068km,隧道规模大,长、特长隧道占一半以上。"难"主要表现在隧道形式多样,分离式隧道、小净距隧道、连体式隧道应有尽有,且高山深谷,地形起伏大,地质复杂多样,常见浅埋偏压、断层破碎带、地下水丰富等不良地质,隧道建设难度大;巨屿隧道洞口遭遇滑坡体,更是难上加难。"高"主要表现为项目贯穿"伯温故里、廊桥之乡",环保要求高、景观要求高,给设计和施工提出了更大的挑战。

2)隧道选线

在隧道选线上,除符合路线总体要求外,本项目综合考虑沿线地形、地貌、地质、气象、社会和人文环境等因素,对隧道各轴线方案的走向、平纵线形、洞口位置、洞外接线条件等进行多重比选,确定洞口最佳位置。

隧道展线及洞口位置应尽可能选择在稳定地层中,避免穿越工程地质和水文地质极为复杂及严重不良地质路段。因路线总体原因不得不通过时,本项目通过采用超前大管棚、注浆小导管等辅助施工措施,以及反压回填设计、偏压设计、地基处理等特殊设计,确保隧道掘进安全。

同时,隧道线形设计时充分考虑行车安全和舒适性要求。如在仰山隧道和朝头垟隧道两座特长隧道群中采用大 S 形的隧道平面布线方案,不仅规避了不良地质等影响因素,同时达到增强行车安全性、节约投资与运营成本的目的。

第 1 章

洞门设计

隧道洞口设置应遵循"早进洞、晚出洞"原则,根据隧道洞口地形及地质条件,最大限度降低边仰坡的开挖高度,以保证山体的稳定,同时减少对洞口地形和自然景观的破坏,确定相应的洞口位置和洞门形式。隧道洞门是隧道唯一外露部分,本项目隧道洞口地形地质条件复杂多变,应按照"整体协调性和自然性"原则合理选择洞门形式,同时考虑每座隧道的特点。本工程隧道洞门形式主要采用端墙式、半明洞式、削竹式、倒削竹式、鱼骨式等,使之与周边自然环境、协调。

1.1 金垟隧道洞门设计

1.1.1 进口端洞门设计

1.1.1.1 隧址区域自然条件

进洞口位于丘陵斜坡地貌,隧道右洞口横向地形变化大,表层分布残坡积含碎石粉质黏土,厚度 0.5~2m,陡坡处基岩出露,下伏基岩为凝灰岩,中厚层状,局部夹薄层凝灰质粉砂岩,层理 320°∠11°,强风化厚度 2~10m,中风化基岩岩质坚硬,岩体破碎,呈碎裂状。

该段水文地质条件较简单,地下水主要为基岩裂隙水,富水性一般,开挖时可能有淋雨滴水状出水。

1.1.1.2 洞门形式选择

该洞口纵向地形为丘陵斜坡地貌,横向地形变化大,基础地质稳定。根据本隧道洞口特点比选论证,左洞采用端墙式洞门,右洞采用偏压端墙式洞门。洞门墙身采用 C20 混凝土浇筑,墙面采用毛面花岗岩细料石砌块(长×宽×厚为 60cm×30cm×25cm)砌筑,现场实际效果如图 4.1.1-1 所示。

1.1.2 出口端洞门设计

1.1.2.1 隧址区域自然条件

出洞口位于丘陵斜坡处,自然坡度约为 30°,洞口轴线与坡面正交。坡体分布残坡积含黏性土碎石,厚度一般小于 1.5m,在坡表零星进洞口处局部可见基岩出露,岩性为白垩系西山组凝灰岩。强风化凝灰岩,浅灰色,风化较强,裂隙发育,岩芯呈短柱状。中风化凝灰岩,浅灰色、灰白色,块状构造,矿物成分以石英、长石及少量暗色矿物为主,岩质坚硬,洞口处节理较发育,完整性一般。

◀

图 4.1.1-1　金垟隧道进口端洞门图

该段水文地质条件较简单,地下水主要为基岩裂隙水,富水性一般,开挖时可能有淋雨滴水状出水。

1.1.2.2　洞门形式选择

该洞口纵向地形为丘陵缓坡,洞口轴线与坡面正交,横向地形变化较小,基础地质稳定。根据本隧道洞口特点比选论证,左右洞采用半明洞式洞门。洞门矮墙采用 MU60 干砌块石砌筑,墙高外露 1.9m,干砌块石缝隙利于自然绿化恢复,现场实际效果如图 4.1.1-2 所示。

图 4.1.1-2　金垟隧道出口端洞门图

1.2   仰山隧道洞门设计

1.2.1   进口端洞门设计

1.2.1.1   隧址区域自然条件

丘陵斜坡地貌,隧道进洞口强风化基岩直接出露,隧道进洞侧斜坡表分布黏性土含碎石,厚度2～5m,下伏基岩为晶屑凝灰岩,厚层状,受进洞口Fc6-1及线位右侧Fc7断层影响,岩体节理裂隙发育,强风化厚度大,完整性一般。

该段水文地质条件复杂,地下水主要为基岩裂隙水,水量较丰富,开挖时沿节理裂隙面有淋雨状现象,降雨时可能有涌流状出水。

1.2.1.2   洞门形式选择

该洞口纵向地形为丘陵斜坡地貌,横向地形变化较小,基础地质稳定。根据本隧道洞口特点比选论证,左右洞均采用端墙式洞门。洞门墙身采用C20混凝土浇筑,墙面采用毛面花岗岩细料石砌块(长×宽×厚为60cm×30cm×25cm)砌筑,现场实际效果如图4.1.2-1所示。

图4.1.2-1   仰山隧道进口端洞门图

1.2.2   出口端洞门设计

1.2.2.1   隧址区域自然条件

丘陵斜坡地貌,隧道出洞侧斜坡表部分布黏性土含碎石,厚度小于3.0m,下伏基岩为晶屑凝灰岩,厚层状,岩质坚硬,岩体较破碎。

该段水文地质条件简单,地下水主要为基岩裂隙水,水量一般,开挖时沿节理裂隙面有淋雨状现象,降雨时可能有涌流状出水。

1.2.2.2   洞门形式选择

该洞口纵向地形为丘陵斜坡地貌,横向地形变化较小,基础地质稳定。根据本隧道洞口特点比选论证,左右洞采用端墙式洞门。洞门墙身采用C20混凝土浇筑,墙面采用毛面花岗岩细料石砌块(长×宽×厚为60cm×30cm×25cm)砌筑,墙身周边采用塑石假山修饰,现场实际效果如图4.1.2-2所示。

图 4.1.2-2　仰山隧道出口端洞门图

1.3　朝头垟隧道洞门设计

1.3.1　进口端洞门设计

1.3.1.1　隧址区域自然条件

隧道进洞口位于丘陵斜坡,自然坡度35°~45°,植被较发育。表部为残坡积含角砾粉质黏土,浅灰黄色,可塑,角砾含量大于35%;下伏基岩为强~中风化凝灰岩,沟底中风化直接出露,斜坡上强风化厚度较大,岩性为九里坪组凝灰岩,中厚层状,灰色、灰绿色,岩质坚硬,完整性一般。

地下水主要为孔隙潜水和基岩裂隙水,基岩节理裂隙发育,易于储水,水量较丰富,降雨时,沿节理面有滴水或淋雨状出水现象。

1.3.1.2　洞门形式选择

该洞口纵向地形为丘陵斜坡,横向地形变化较大,基础地质稳定。根据本隧道洞口特点比选论证,左右洞均采用偏压端墙式洞门。洞门墙身采用 C20 混凝土浇筑,墙面采用毛面花岗岩细料石砌块(长×宽×厚为60cm×30cm×25cm)砌筑,现场实际效果如图4.1.3-1所示。

图4.1.3-1　朝头垟隧道进口端洞门图

1.3.2 出口端洞门设计

1.3.2.1 隧址区域自然条件

该段隧道地貌上为丘陵斜坡地貌,表部覆盖层较薄,陡坡处中风化直接出露。岩性为祝村组凝灰岩,岩质坚硬,完整性一般,厚层状。

该段隧道地下水主要为基岩裂隙水,水量较贫乏,隧道开挖可能出现点滴状或渗水状出水。

1.3.2.2 洞门形式选择

该洞口纵向地形为丘陵斜坡地貌,横向地形变化大,基础地质稳定。根据本隧道洞口特点比选论证,左洞采用端墙式洞门,左右洞采用偏压端墙式洞门。洞门墙身采用 C20 混凝土浇筑,墙面采用毛面花岗岩细料石砌块(长×宽×厚为 60cm×30cm×25cm)砌筑,现场实际效果如图 4.1.3-2 所示。

图 4.1.3-2　朝头垟隧道出口端洞门图

1.4　章后隧道洞门设计

1.4.1　进口端洞门设计

1.4.1.1　隧址区域自然条件

隧道进洞口,位于丘陵斜坡,自然坡度 40°~50°,植被茂密。表部为残坡积含黏性土碎石,褐黄色,厚度小于 1m,多见中风基岩直接出露地表,呈青灰色、灰绿色,岩质坚硬,节理较发育,部分岩体有松动迹象。

地下水主要为基岩裂隙水,基岩节理裂隙较发育,水力梯度大,汇水面积较小,降雨时,沿节理面有淋雨状出水。

1.4.1.2　洞门形式选择

该洞口纵向地形为丘陵斜坡,横向地形变化较大,基础地质稳定。根据本隧道洞口特点比选论证,左右洞均采用偏压端墙式洞门。洞门墙身采用 C20 混凝土浇筑,墙面采用毛面花岗岩细料石砌块(长×宽×厚为 60cm×30cm×25cm)砌筑,现场实际效果如图 4.1.4-1 所示。

图 4.1.4-1　章后隧道进口端洞门图

1.4.2　出口端洞门设计

1.4.2.1　隧址区域自然条件

隧道出洞口,自然坡度较陡,为45°~55°,植被发育。表部部分为残坡积碎石,厚1~2m,灰黄色,稍密状。洞口下方可见基岩出露,强风化厚3~4m,其下为中风化。岩性为灰色凝灰岩,厚层状,岩体完整性一般。

地下水主要为基岩裂隙水,水文地质条件较简单。总体水量较贫乏,受大气降水入渗补给,基岩节理裂隙发育一般,汇水面积较小,水力梯度大,开挖时沿节理裂隙面有滴水或渗水现象。

1.4.2.2　洞门形式选择

该洞口纵向地形为丘陵斜坡地貌,横向地形变化大,基础地质稳定。根据本隧道洞口特点比选论证,左右洞均采用偏压端墙式洞门。洞门墙身采用 C20 混凝土浇筑,墙面采用毛面花岗岩细料石砌块(长×宽×厚为60cm×30cm×25cm)砌筑,现场实际效果如图 4.1.4-2 所示。

图 4.1.4-2　章后隧道出口端洞门图

1.5 其余典型隧道洞门设计

1.5.1 徐岙隧道出口端洞门设计

隧道洞口光过渡设计对于改善行车舒适性和安全性具有重要作用,隧道洞门本着整体协调性原则,结合地形条件,考虑光过渡设计方案,采用鱼骨式洞门。鱼骨式洞门需设置较长明洞,适用于起伏变化较小地形,周边水文条件简单,对地质要求一般。

1.5.1.1 隧址区域自然条件

丘陵斜坡地貌,隧道出洞侧斜坡表层分布含碎石黏性土,厚度小于2m,下伏基岩为辉绿岩,岩质坚硬,岩体完整性一般,呈镶嵌碎裂状。

该段水文地质条件简单,地下水主要为基岩裂隙水,水量贫乏,开挖时沿节理面有滴水现象,降雨时可能有淋雨状出水。

1.5.1.2 洞门形式选择

该洞口纵横向地形变化较小,基础地质稳定,利于鱼骨式洞门设置,经比选论证,左右洞均采用鱼骨式洞门。在明洞尾端设置 MU60 干砌块石挡墙,墙高外露约10m,干砌块石缝隙有利于自然绿化恢复,明洞中段顶部采用鱼骨式镂空方案,达到减光效果,明洞前端采用结合削竹式洞门方案,现场实际效果如图4.1.5-1 所示。

图 4.1.5-1　徐岙隧道出口端洞门图

1.5.2 下山垟隧道出口端洞门设计

1.5.2.1 隧址区域自然条件

丘陵缓坡地貌,改造为水田,隧道出洞口位于小冲沟侧壁,整体斜坡表层分布含碎石黏性土,厚度8~15m,出洞口处陡坎可见强风化基岩出露,下伏基岩为凝灰岩,呈块状,紫灰色,强风化状,岩质较软,岩体完整较差。

该段水文地质条件简单,地下水主要为孔隙潜水及基岩裂隙水,水量较丰富,开挖时可能有淋雨状出水。

1.5.2.2 洞门形式选择

该洞口纵横向地形变化较小,基础地质条件一般,有利于鱼骨式洞门设置,经比选论证,左右洞均采用鱼骨式洞门。在明洞前端顶部采用鱼骨式镂空方案,达到减光效果,前端同时设置 MU60 干砌块石挡墙,墙高外露1.9m,干砌块石缝隙有利于自然绿化恢复,现场实际效果如图 4.1.5-2 所示。

图 4.1.5-2 下山垟隧道出口端洞门图

1.5.3 下朱坑进口端洞门设计

1.5.3.1 隧址区域自然条件

丘陵斜坡地貌,隧道进洞口改造为梯田,覆盖层厚度一般 3 ~ 4m,多为坡洪积、残坡积含黏性土碎石,冲沟及陡坎处可见强风化基岩直接出露。下伏基岩为晶屑凝灰岩,厚层状,岩质坚硬,岩体完整性一般。右线进洞口位于废弃水田上,进口处有小溪沟,可见常流水。

该段水文地质条件简单,地下水主要为基岩裂隙水,水量一般,开挖时沿节理裂隙面有淋雨状现象。

1.5.3.2 洞门形式选择

该洞口纵横向地形变化较小,基础地质稳定。根据本隧道洞口特点比选论证,采用削竹式洞门。在明洞前端顶部采用削竹式方案,同时设置 MU60 干砌块石挡墙,墙高外露1.9m,干砌块石缝隙利于自然绿化恢复,现场实际效果如图 4.1.5-3 所示。

图 4.1.5-3 下朱坑隧道进口端洞门图

第2章

支护衬砌设计

隧道支护衬砌按照施工方式和荷载的不同,分为明洞衬砌和暗洞衬砌,其中暗洞衬砌结构根据新奥法原理采用复合式衬砌结构形式,复合式衬砌结构包括初期支护和二次衬砌。初期支护与二次衬砌结构之间设防排水夹层。

2.1　明洞衬砌设计

明洞结构计算方法采用荷载结构法,根据作用在支护结构上的荷载按弹性地基上的拱形平面杆系结构计算结构内力,并据此进行截面设计和配筋设计,结构计算及强度校核按《公路隧道设计规范　第一册　土建工程》(JTG 3370.1—2018)规定进行。本项目隧道明洞结构为现浇65cm厚C30钢筋混凝土衬砌结构。隧道明洞衬砌结构如图4.2.1-1所示。

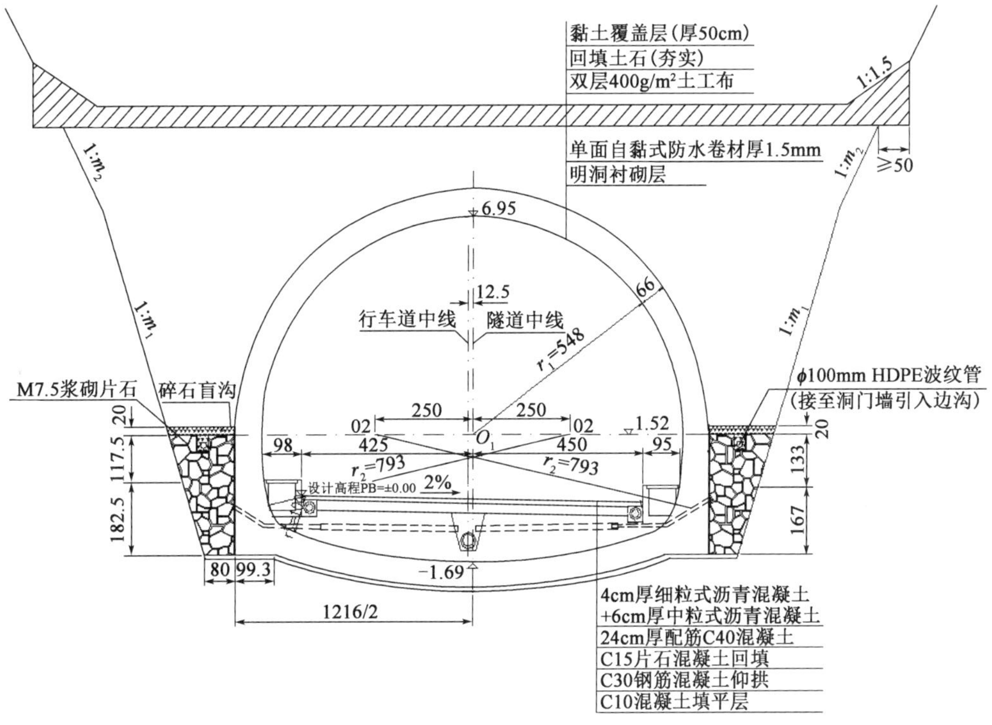

图4.2.1-1　隧道明洞衬砌结构图(尺寸单位:cm;高程单位:m)

2.2 暗洞衬砌设计

初期支护以锚杆、钢筋网及喷射混凝土组成联合支护体系,初期支护参数确定主要依据工程类比法确定。二次衬砌按部分承载结构计算,计算模型采用荷载结构体系,初期支护与二次衬砌之间防水层只传递径向力。计算按《公路隧道设计规范 第一册 土建工程》(JTG 3370.1—2018)、《公路隧道设计细则》(JTG/T D70—2010)规定进行。二次衬砌采用 C30 泵送自防水混凝土结构,混凝土抗渗等级达 P8。

2.2.1 V级围岩衬砌设计

隧道洞口段穿越地质条件以V级围岩为主,主要为松软、松散土层或埋深较浅破碎岩体,其岩体修整质量指标[BQ]≤250。根据地形、地层条件、地下水、不良地质分布、埋深等因素,V级围岩衬砌设计共有三种典型设计类型,见表4.2.2-1。

隧道暗洞衬砌结构设计参数 表4.2.2-1

围岩级别	衬砌类型	超前支护	初期支护			二次衬砌			备注
			锚杆	钢筋焊接网	喷混凝土	钢拱架	拱圈	仰拱	
V	SA5a	超前小导管	φ25 先锚后灌式注浆锚杆,0.5m×1.0m,长3.5m	φ^R6 间距 15cm×15cm	25cm C25 混凝土	18号工字钢拱架间距0.5m	45cm C30 模筑钢筋混凝土	45cm C30 模筑钢筋混凝土	适用于全风化岩层、土层段、富水软弱破碎带
	SA5b	超前小导管	φ25 先锚后灌式注浆锚杆,0.5m×1.0m,长3.5m	φ^R6 间距 15cm×15cm	25cm C25 混凝土	16号工字钢拱架间距0.5m	45cm C30 模筑钢筋混凝土	45cm C30 模筑钢筋混凝土	强风化或中风化岩层洞口段、洞身一般破碎带
	SA5c	超前小导管	φ25 先锚后灌式注浆锚杆,0.75m×1.0m,长3.5m	φ^R6 间距 15cm×15cm	25cm C25 混凝土	钢筋格栅拱架间距0.75m	45cm C30 模筑钢筋混凝土	45cm C30 模筑钢筋混凝土	V级围岩一般洞身段

注:φ^R6 表示直径6mm圆钢。

2.2.1.1 V级围岩衬砌(SA5a)设计

该设计方案适用于V级围岩全风化岩层、土层段、富水软弱破碎带等情况。首先超前预支护在隧道拱部采用超前小导管(φ42mm×4mm)+注浆形式,纵向设置间距3.0m,环向间距为40cm,每排39根,钢管长度为4.5m,搭接长度大于1m;在完成超前预支护后,再进行初期喷锚支护,设置 φ25mm×5mm 先锚后灌式中空注浆锚杆,长3.5m(环×纵=100cm×50cm)+25cm厚C25喷混凝土+φ6钢筋焊接网(15cm×15cm)+18号工字钢拱架(间距50cm)组合支护形式;在初期支护和二次衬砌之间设置防水层,采用土工布(400g/m²)+单面自黏式防水卷材(厚1.5mm)组合形式,最后二次衬砌采用45cm厚模筑钢筋混凝土结构。隧道暗洞衬砌(SA5a)结构如图4.2.2-1所示。

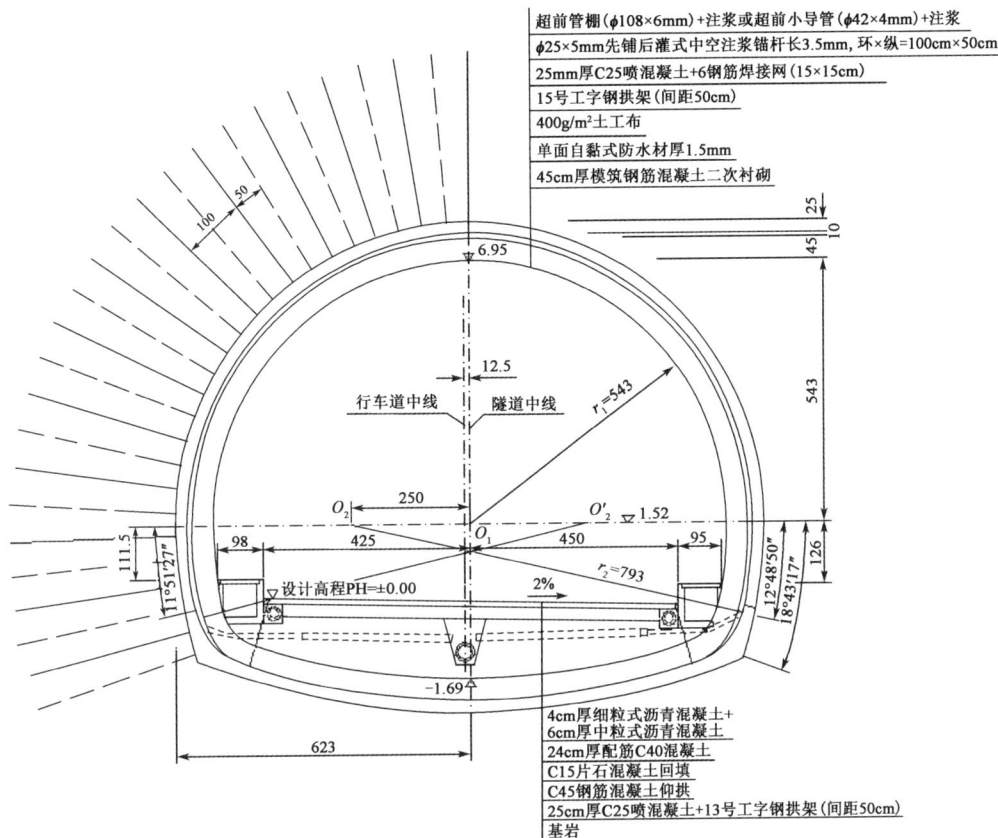

超前管棚(φ108×6mm)+注浆或超前小导管(φ42×4mm)+注浆
φ25×5mm先铺后灌式中空注浆锚杆长3.5mm,环×纵=100cm×50cm
25mm厚C25喷混凝土+φ6钢筋焊接网(15×15cm)
15号工字钢拱架(间距50cm)
400g/m²土工布
单面自黏式防水材厚1.5mm
45cm厚模筑钢筋混凝土二次衬砌

行车道中线　隧道中线

设计高程PH=±0.00

4cm厚细粒式沥青混凝土+
6cm厚中粒式沥青混凝土
24cm厚配筋C40混凝土
C15片石混凝土回填
C45钢筋混凝土仰拱
25cm厚C25喷混凝土+13号工字钢拱架(间距50cm)
基岩

图4.2.2-1　隧道暗洞衬砌(SA5a)结构图(尺寸单位:cm;高程单位:m)

2.2.1.2　V级围岩衬砌(SA5b)设计

该设计方案适用于V级围岩强风化或中风化岩层洞口段、洞身一般破碎带等情况。首先超前预支护在隧道拱部采用超前小导管(φ42mm×4mm)+注浆形式,纵向设置间距3.0m,环向间距为40cm,每排39根,钢管长度为4.5m,搭接长度大于1m;在完成超前预支护后,再进行初期喷锚支护,设置φ25mm×5mm先锚后灌式中空注浆锚杆,长3.5m(环×纵=100cm×50cm)+25cm厚C25喷混凝土+φ6钢筋焊接网(间距15cm×15cm)+16号工字钢拱架(间距50)组合支护形式;在初期支护和二次衬砌之间设置防水层,采用土工布(400g/m²)+单面自黏式防水卷材(厚1.5mm)组合形式,最后二次衬砌采用45cm厚模筑钢筋混凝土结构。隧道暗洞衬砌(SA5b)结构如图4.2.2-2所示。

2.2.1.3　V级围岩衬砌(SA5c)设计

该设计方案适用于V级围岩一般洞身段情况。首先超前预支护在隧道拱部采用超前小导管(φ42mm×4mm)+注浆形式,纵向设置间距3.0m,环向间距为40cm,每排39根,钢管长度为4.5m,搭接长度大于1m;在完成超前预支护后,再进行初期喷锚支护,设置φ25×5mm先锚后灌式中空注浆锚杆,长3.5m(环×纵=100cm×75cm)+25cm厚C25喷混凝土+φ6钢筋焊接网(间距15cm×15cm)+钢筋格栅拱架(间距75cm)组合支护形式;在初期支护和二次衬砌之间设置防水层,采用土工布(400g/m²)+单面自黏式防水卷材(厚1.5mm)组合形式,最后二次衬砌采用45cm厚模筑钢筋混凝土结构。仰拱处不设置初期支护。隧道暗洞衬砌(SA5c)结构如图4.2.2-3所示。

2.2.2　IV级围岩衬砌设计

本项目隧道IV级围岩主要为次坚硬岩、坚硬岩较浅破碎岩体,其岩体修整质量指标[BQ]为350~251。根据[BQ]值、地形、埋深等因素,本项目IV级围岩衬砌设计共有三种典型设计类型,见表4.2.2-2。

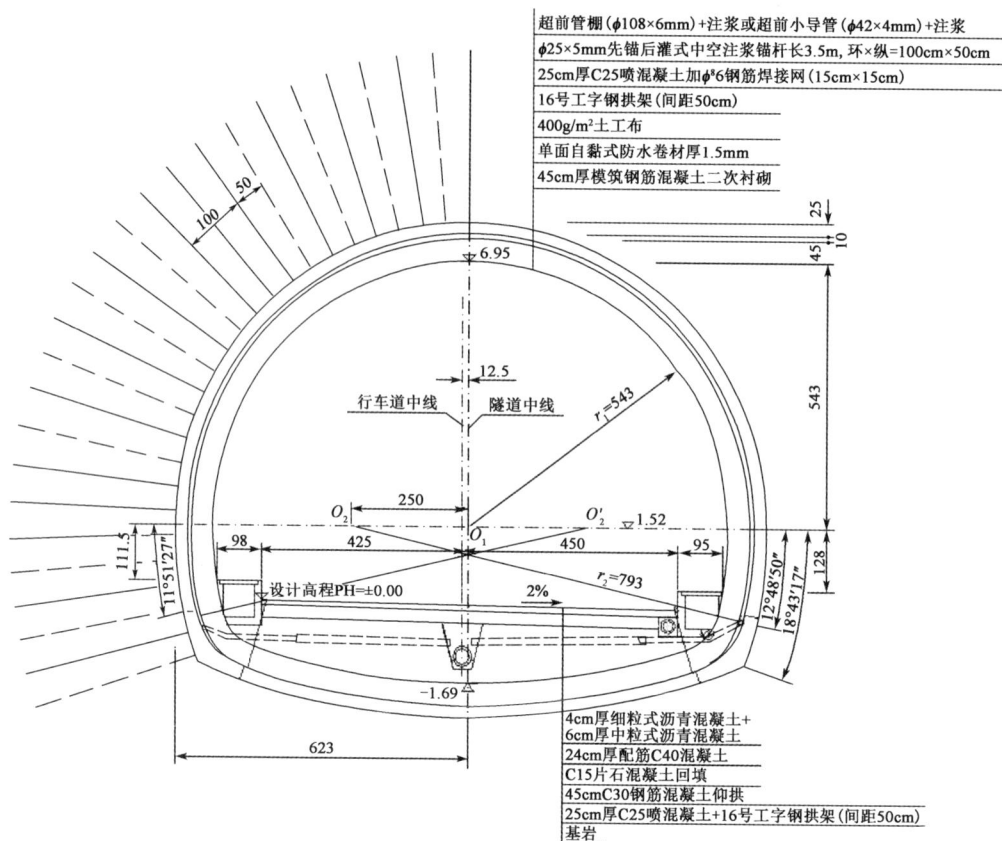

超前管棚(φ108×6mm)+注浆或超前小导管(φ42×4mm)+注浆
φ25×5mm先锚后灌式中空注浆锚杆长3.5m,环×纵=100cm×50cm
25cm厚C25喷混凝土加φ86钢筋焊接网(15cm×15cm)
16号工字钢拱架(间距50cm)
400g/m²土工布
单面自黏式防水卷材厚1.5mm
45cm厚模筑钢筋混凝土二次衬砌

4cm厚细粒式沥青混凝土+
6cm厚中粒式沥青混凝土
24cm厚配筋C40混凝土
C15片石混凝土回填
45cmC30钢筋混凝土仰拱
25cm厚C25喷混凝土+16号工字钢拱架(间距50cm)
基岩

图4.2.2-2 隧道暗洞衬砌(SA5b)结构图(尺寸单位:cm;高程单位:m)

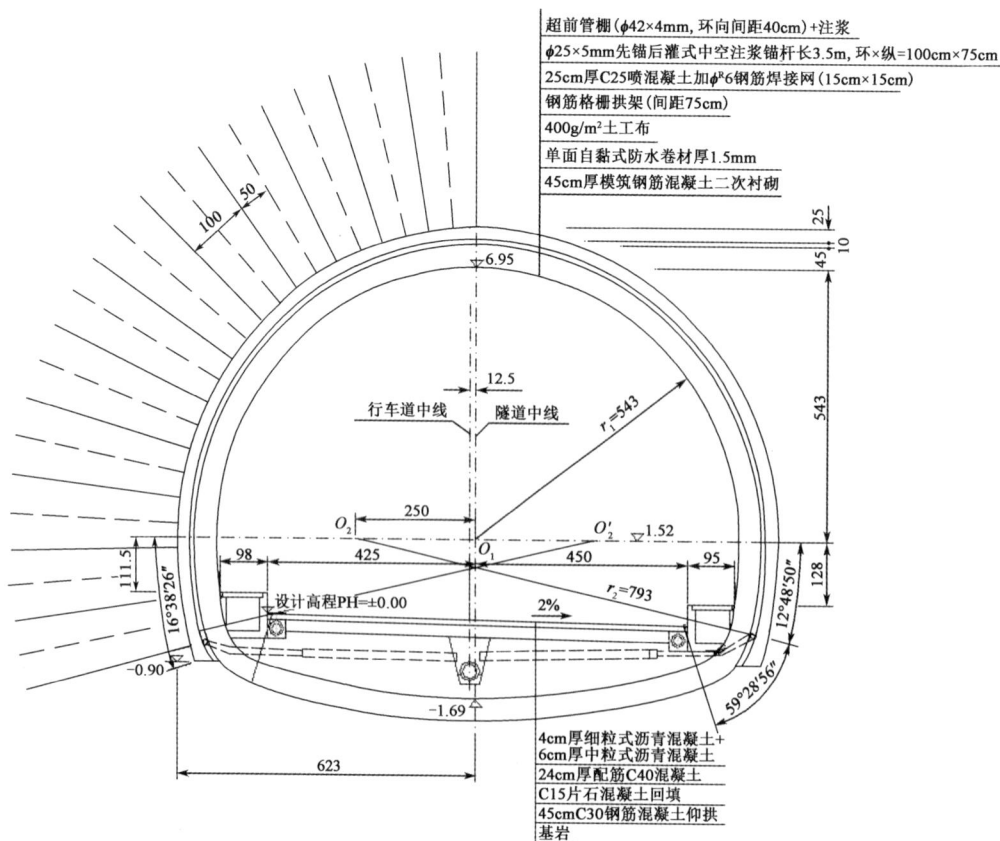

超前管棚(φ42×4mm,环向间距40cm)+注浆
φ25×5mm先锚后灌式中空注浆锚杆长3.5m,环×纵=100cm×75cm
25cm厚C25喷混凝土加φ86钢筋焊接网(15cm×15cm)
钢筋格栅拱架(间距75cm)
400g/m²土工布
单面自黏式防水卷材厚1.5mm
45cm厚模筑钢筋混凝土二次衬砌

4cm厚细粒式沥青混凝土+
6cm厚中粒式沥青混凝土
24cm厚配筋C40混凝土
C15片石混凝土回填
45cmC30钢筋混凝土仰拱
基岩

图4.2.2-3 隧道暗洞衬砌(SA5c)结构图(尺寸单位:cm;高程单位:m)

隧道暗洞衬砌结构设计参数　　　　　　　　　　表 4.2.2-2

围岩级别	衬砌类型	超前支护	初 期 支 护			二 次 衬 砌			备注
			锚杆	钢筋焊接网	喷混凝土	钢拱架	拱圈	仰拱	
Ⅳ	SA4a	超前锚杆	ϕ25 先锚后灌式注浆锚杆,0.75m×1.0m,长 3.0m	ϕ^R6 间距 15cm×15cm	20cm C25 混凝土	14 号工字钢拱架间距 0.75m	40cm C30 钢筋混凝土	40cm C30 模筑混凝土	Ⅳ级围岩 251≤[BQ]<290 或洞口浅埋、偏压
	SA4b	超前锚杆	ϕ25 先锚后灌式注浆锚杆,1.0m×1.2m,长 3.0m	ϕ^R6 间距 15cm×15cm	20cm C25 混凝土	格栅钢拱架间距 1.0m	35cm C30 模筑混凝土	35cm C30 模筑混凝土	Ⅳ级围岩 290≤[BQ]<330
	SA4c	—	ϕ25 先锚后灌式注浆锚杆,1.2m×1.2m,长 3.0m	ϕ^R6 间距 15cm×15cm	20cm C25 混凝土	格栅钢拱架间距 1.2m	35cm C30 模筑混凝土	—	Ⅳ级围岩 330≤[BQ]≤350

2.2.2.1　Ⅳ级围岩衬砌(SA4a)设计

该设计方案适用于Ⅳ级围岩 251≤[BQ]<290 或洞口浅埋、偏压情况。首先超前预支护在隧道拱部采用超前 ϕ22 螺纹钢筋砂浆锚杆形式,纵向设置间距75cm,环向间距为 40cm,每排 33 根,钢管长度为 4.0m,搭接长度大于 1m;在完成超前预支护后,再进行初期喷锚支护,设置 ϕ25mm×5mm 先锚后灌式中空注浆锚杆,长 3.0m(环×纵 = 100cm×75cm) + 20cm 厚 C25 喷混凝土 + ϕ6 钢筋焊接网(间距 15cm×15cm) + 14 号工字钢拱架(间距 75cm)组合支护形式;在初期支护和二次衬砌之间设置防水层,采用土工布(400g/m²) + 单面自黏式防水卷材(厚 1.5mm)组合形式,最后二次衬砌采用 40cm 厚模筑钢筋混凝土结构。仰拱处不设置初期支护。隧道暗洞衬砌(SA4a)结构如图 4.2.2-4 所示。

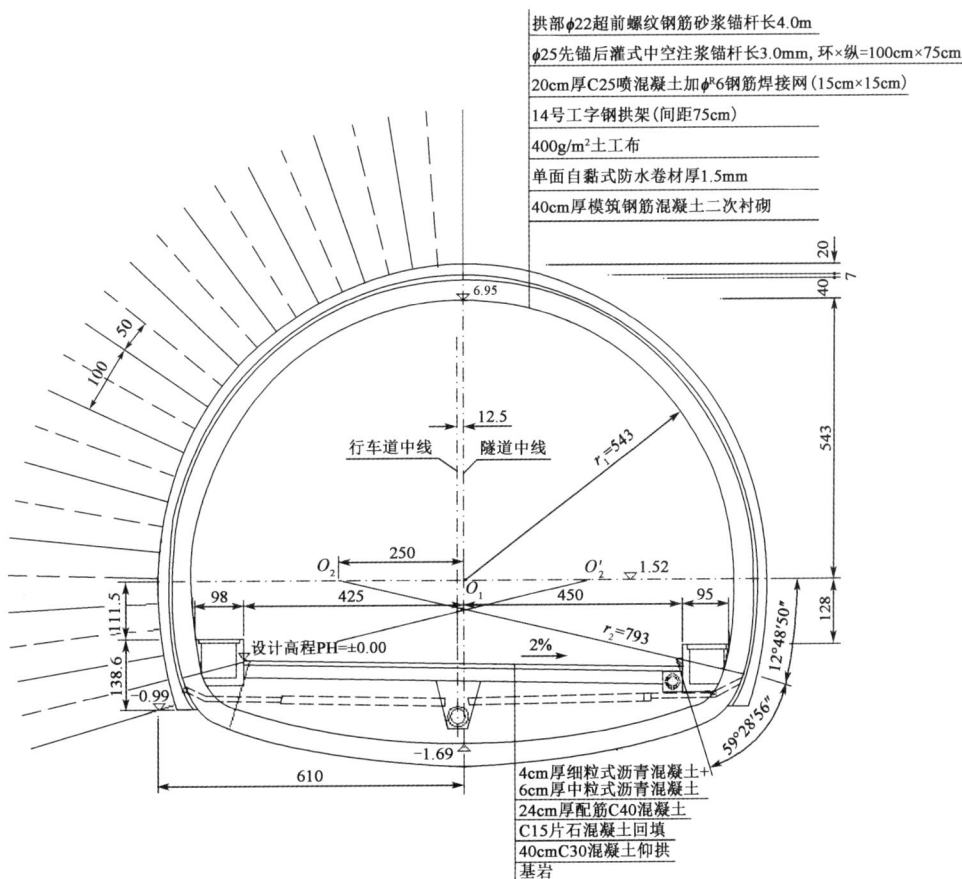

图 4.2.2-4　隧道暗洞衬砌(SA4a)结构图(尺寸单位:cm;高程单位:m)

2.2.2.2　Ⅳ级围岩衬砌(SA4b)设计

该设计方案适用于Ⅳ级围岩290≤[BQ]<330情况。首先超前预支护在隧道拱部采用超前φ22螺纹钢筋砂浆锚杆形式,纵向设置间距75cm,环向间距为40cm,每排33根,钢管长度为4.0m,搭接长度大于1m;在完成超前预支护后,再进行初期喷锚支护,设置φ25mm×5mm先锚后灌式中空注浆锚杆,长3.0m(环×纵=120cm×100cm)+20cm厚C25喷混凝土+φ6钢筋焊接网(间距15cm×15cm)+格栅钢拱架(间距120cm)组合支护形式;在初期支护和二次衬砌之间设置防水层,采用土工布(400g/m²)+单面自黏式防水卷材(厚1.5mm)组合形式,最后二次衬砌采用35cm厚模筑混凝土结构。仰拱处不设置初期支护。隧道暗洞衬砌(SA4b)结构如图4.2.2-5所示。

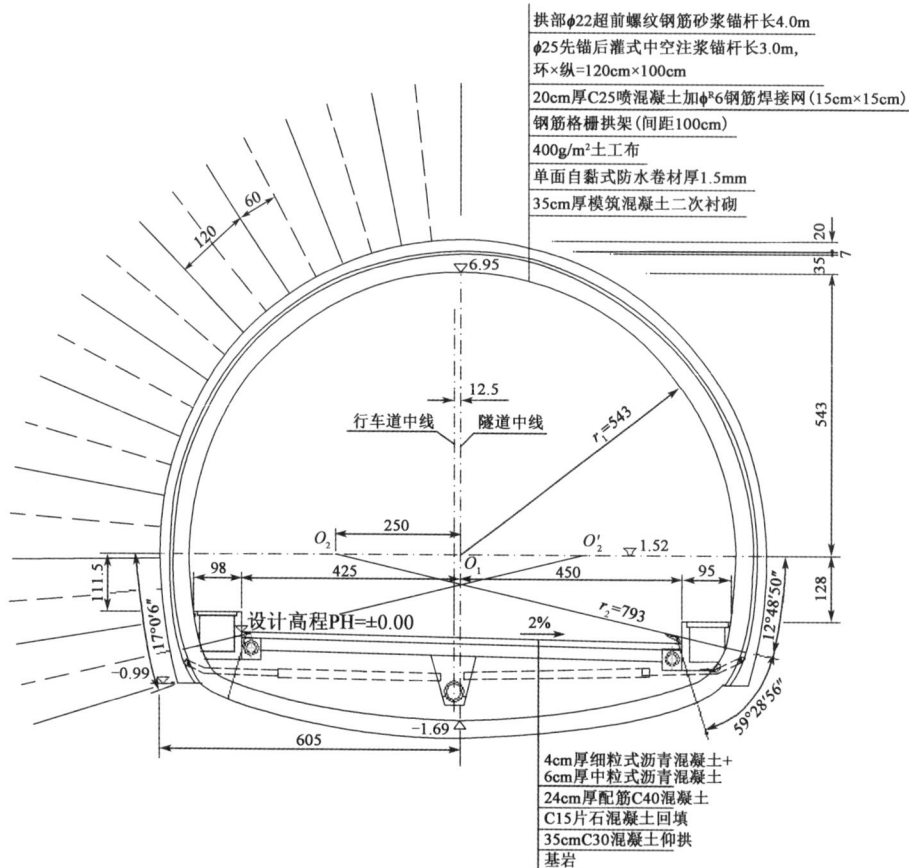

图4.2.2-5　隧道暗洞衬砌(SA4b)结构图(尺寸单位:cm;高程单位:m)

2.2.2.3　Ⅳ级围岩衬砌(SA4c)设计

该设计方案适用于Ⅳ级围岩330≤[BQ]≤350情况。首先超前预支护在隧道拱部采用超前φ22螺纹钢筋砂浆锚杆形式,纵向设置间距75cm,环向间距为40cm,每排33根,钢管长度为4.0m,搭接长度大于1m;在完成超前预支护后,再进行初期喷锚支护,设置φ25mm×5mm先锚后灌式中空注浆锚杆,长3.0m(环×纵=120cm×120cm)+20cm厚C25喷混凝土+φ6钢筋焊接网(间距15cm×15cm)+格栅钢拱架(间距120cm)组合支护形式;在初期支护和二次衬砌之间设置防水层,采用土工布(400g/m²)+单面自黏式防水卷材(厚1.5mm)组合形式,最后二次衬砌采用35cm厚模筑混凝土结构。该方案不设置仰拱。隧道暗洞衬砌(SA4c)结构如图4.2.2-6所示。

2.2.3　Ⅲ级围岩衬砌设计

本项目隧道Ⅲ级围岩主要为坚硬岩较浅破碎、次坚硬岩较完整岩体,其岩体修正质量指标[BQ]为450~351。根据[BQ]值、构造影响等因素,Ⅲ级围岩衬砌设计共有三种典型设计类型,见表4.2.2-3。

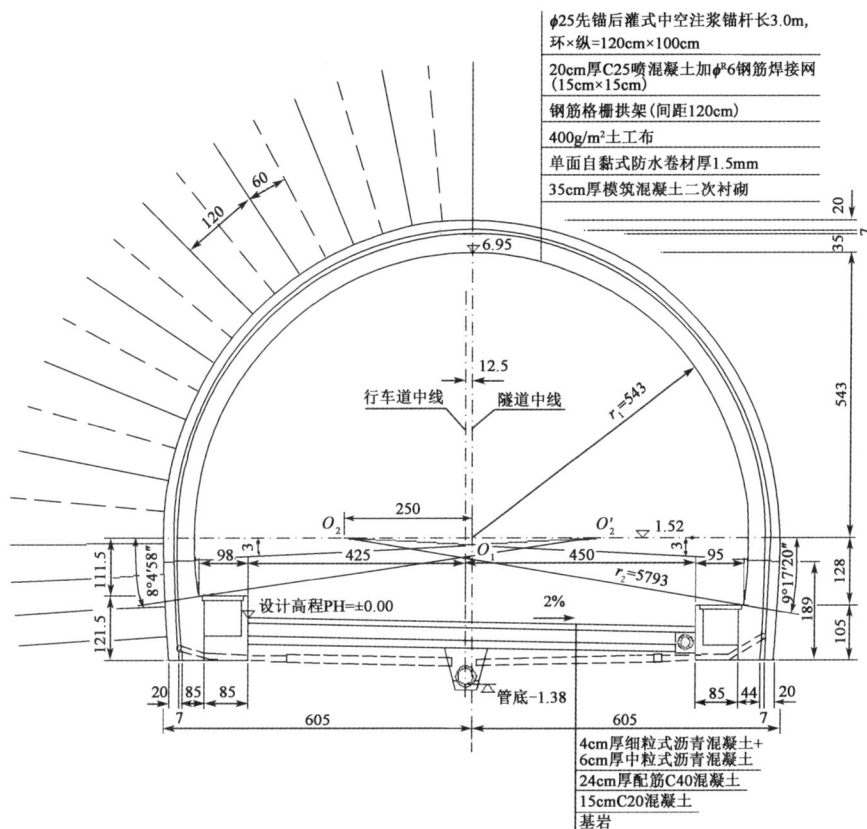

图 4.2.2-6 隧道暗洞衬砌(SA4c)结构图(尺寸单位:cm;高程单位:m)

隧道暗洞衬砌结构设计参数 表 4.2.2-3

围岩级别	衬砌类型	超前支护	初期支护			二次衬砌			备注
			锚杆	钢筋焊接网	喷混凝土	钢拱架	拱圈	仰拱	
Ⅲ	SA3a	—	φ25 先锚后灌式注浆锚杆,1.2m×1.5m,长 3.0m	φ^R6 间距 15cm×15cm	18cm C25 混凝土	格栅钢拱架间距 1.2m	35cm C30 模筑混凝土	—	Ⅲ 级围岩 [BQ]≤375 可能存在受岩性变化、构造影响的局部区段
	SA3b	—	φ25 先锚后灌式注浆锚杆,1.5m×1.5m,长 2.5m	φ^R6 间距 15cm×15cm	10cm C25 混凝土	—	35cm C30 模筑混凝土	—	Ⅲ 级围岩 375<[BQ]≤430 区段
	SA3c	—	φ25 先锚后灌式注浆锚杆,1.5m×1.5m,长 2.5m(拱部)	φ^R6 间距 15cm×15cm	10cm C25 混凝土	—	35cm C30 模筑混凝土	—	Ⅲ 级围岩 430<[BQ]≤450 区段

2.2.3.1 Ⅲ级围岩衬砌(SA3a)设计

该设计方案适用于Ⅲ级围岩[BQ]≤375 可能存在受岩性变化、构造影响的局部区段。初期支护设置 φ25mm×5mm 先锚后灌式中空注浆锚杆,长 3.0m(环×纵=150cm×120cm)+18cm 厚 C25 喷混凝土+φ6 钢筋焊接网(间距 15cm×15cm)+格栅钢拱架(间距 120cm)组合支护形式;在初期支护和二次衬砌之间设置防水层,采用土工布(400g/m²)+单面自黏式防水卷材(厚 1.5mm)组合形式,最后二次衬砌采用 35cm 厚模筑混凝土结构。该方案不设置仰拱。隧道暗洞衬砌(SA3a)结构如图 4.2.2-7 所示。

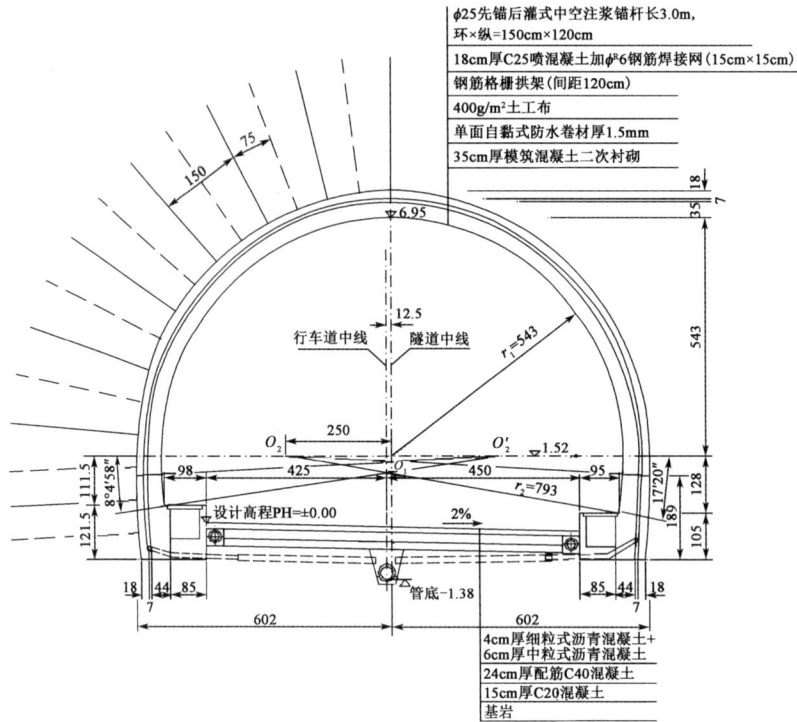

图 4.2.2-7　隧道暗洞衬砌(SA3a)结构图(尺寸单位:cm;高程单位:m)

2.2.3.2　Ⅲ级围岩衬砌(SA3b)设计

该设计方案适用于Ⅲ级围岩375＜[BQ]≤430区段。初期支护设置φ25mm×5mm先锚后灌式中空注浆锚杆,长2.5m(环×纵＝150cm×150cm)＋10cm厚C25喷混凝土＋φ6钢筋焊接网(间距15cm×15cm)组合支护形式;在初期支护和二次衬砌之间设置防水层,采用土工布(400g/m²)＋单面自黏式防水卷材(厚1.5mm)组合形式,最后二次衬砌采用35cm厚模筑混凝土结构。该方案不设置仰拱。隧道暗洞衬砌(SA3b)结构如图4.2.2-8所示。

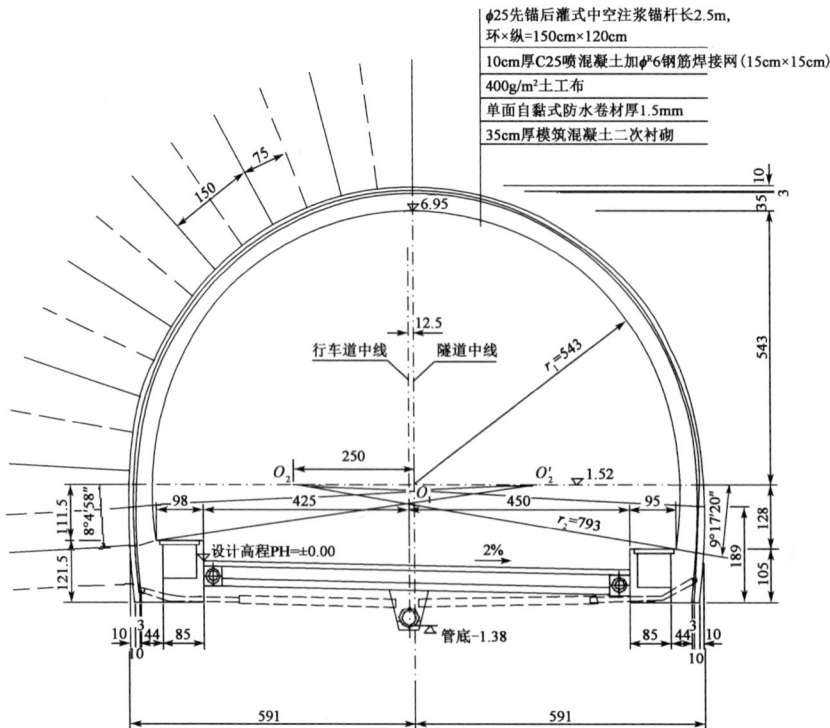

图 4.2.2-8　隧道暗洞衬砌(SA3b)结构图(尺寸单位:cm;高程单位:m)

2.2.3.3　Ⅲ级围岩衬砌(SA3c)设计

该设计方案适用于Ⅲ级围岩430<[BQ]≤450区段。初期支护在拱部设置ϕ25mm×5mm先锚后灌式中空注浆锚杆,长2.5m(环×纵=150cm×150cm)+10cm厚C25喷混凝土+ϕ6钢筋焊接网(间距15cm×15cm)组合支护形式;在初期支护和二次衬砌之间设置防水层,采用土工布(400g/m²)+单面自黏式防水卷材(厚1.5mm)组合形式,最后二次衬砌采用35cm厚模筑混凝土结构。该方案不设置仰拱。隧道暗洞衬砌(SA3c)结构如图4.2.2-9所示。

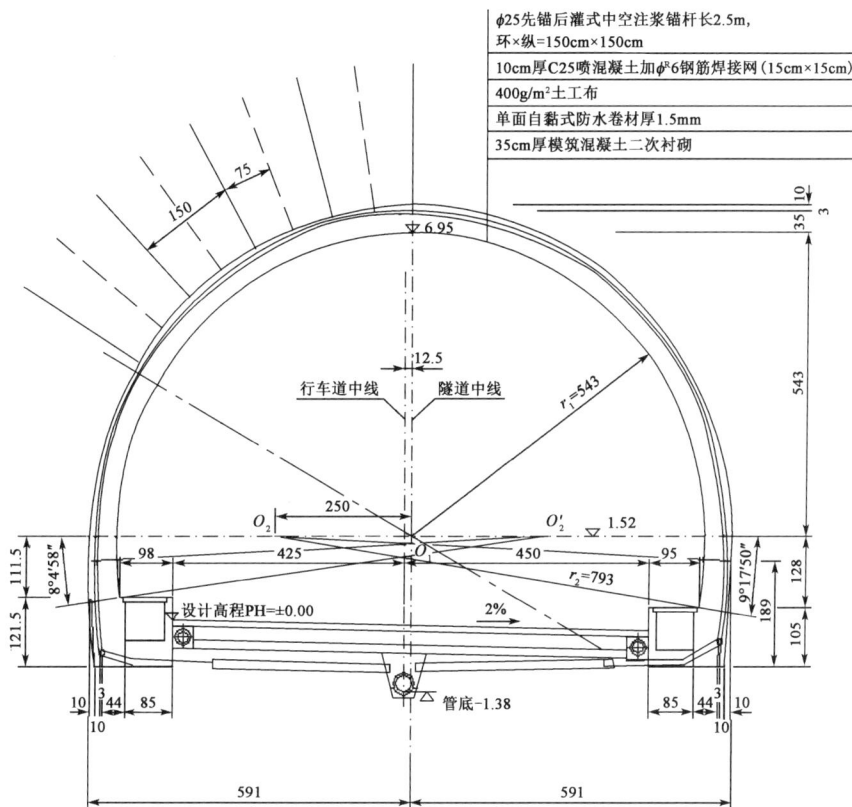

ϕ25先锚后灌式中空注浆锚杆长2.5m,
环×纵=150cm×150cm
10cm厚C25喷混凝土加ϕ6钢筋焊接网(15cm×15cm)
400g/m²土工布
单面自黏式防水卷材厚1.5mm
35cm厚模筑混凝土二次衬砌

图4.2.2-9　隧道暗洞衬砌(SA3c)结构图(尺寸单位:cm;高程单位:m)

2.2.4　Ⅱ级围岩衬砌设计

隧道Ⅱ级围岩主要为坚硬岩较完整、次坚硬岩完整岩体,其岩体修正质量指标[BQ]为550~451。根据[BQ]值、埋深等因素,Ⅱ级围岩衬砌设计参数见表4.2.2-4,仅仰山隧道Ⅱ级围岩按此设置。

隧道暗洞衬砌结构设计参数　　　　　　　　　　　　　　　　表4.2.2-4

围岩级别	衬砌类型	超前支护	初期支护			二次衬砌			备注
			锚杆	钢筋焊接网	喷混凝土	钢拱架	拱圈	仰拱	
Ⅱ	SA2	—	ϕ25先锚后灌式注浆锚杆,长2.0m(必要时采用)	—	6cm C25混凝土	—	30cm C30模筑混凝土	—	Ⅱ级围岩

该设计方案适用于Ⅱ级围岩451<[BQ]≤550区段。初期支护设置ϕ25mm×5mm先锚后灌式中空注浆锚杆,长2.0m(局部必要时)+6cm厚C25喷混凝土组合支护形式;在初期支护和二次衬砌之间设置防水层,采用土工布(400g/m²)+单面自黏式防水卷材(厚1.5mm)组合形式,最后二次衬砌采用30cm厚模筑混凝土结构。该方案不设置仰拱。隧道暗洞衬砌(SA2)结构如图4.2.2-10所示。

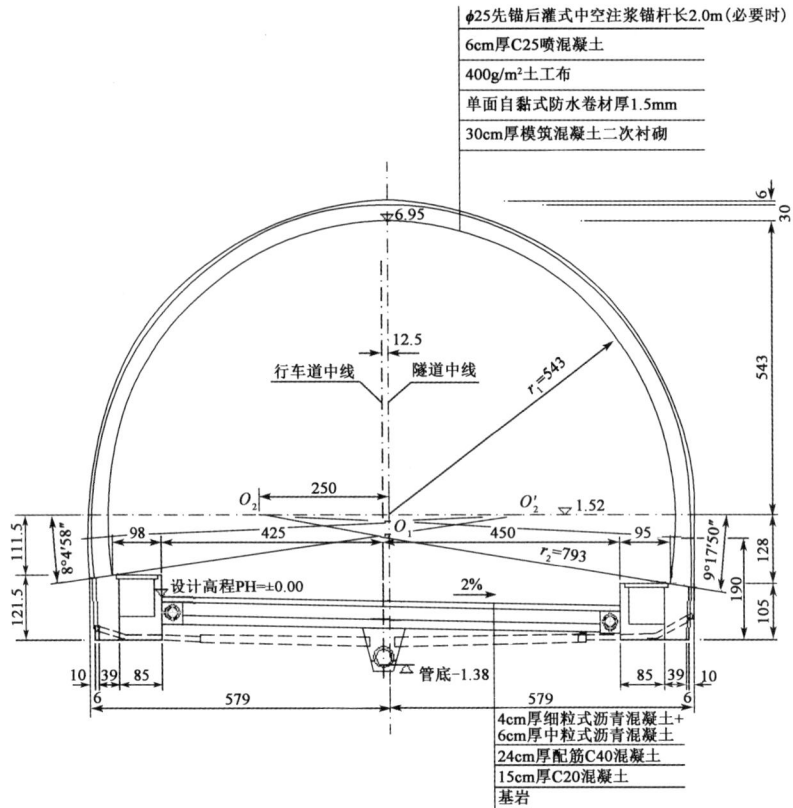

图 4.2.2-10　隧道暗洞衬砌(SA2)结构图(尺寸单位:cm;高程单位:m)

第3章

防排水设计

隧道防排水工程是一个复杂的有机联系的系统工程,本项目隧道防排水设计遵循"防排截堵相结合,因地制宜,综合治理"的原则,采用完善的防排水措施,做到防水可靠、排水顺畅,隧道建成后达到洞内基本干燥的要求,保证结构和设备的正常使用和行车安全,满足《地下工程防水技术规范》(GB 50108—2008)规定的二级防水标准。

3.1 洞外防排水设计

洞外防排水设计是指设计合理的隧道洞外地表水防排水措施,防止地表水下渗或向隧道洞口汇集。

本项目于隧道洞口边仰坡坡顶以外不应小于5m处设置截水沟,并与路基段截水沟相连接,最终将地表水引至附近沟谷或涵洞排泄。

3.2 明洞防排水设计

本项目隧道明洞背防水层采用双层土工布和单面自黏式防水板,并在护拱基础上设置碎石盲沟,盲沟内铺设 ϕ100mm HDPE 波纹管,再进行土石回填并夯实,在土石表面设置50cm 黏土隔水层,且应与边坡搭接良好,以防地表水渗入,隔水层表面种草防护,防雨水冲刷。

明洞顶地表水汇集于洞门墙顶排水沟内,在沟底最低处通过洞门墙内预埋 ϕ300mm HDPE 波纹管排入路基边沟,最终将地表水引至附近沟谷或涵洞排泄。

隧道明洞排水系统如图 4.3.2-1 所示。

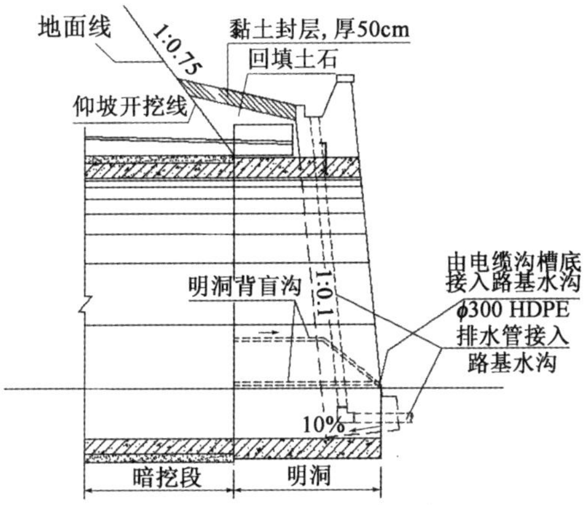

图 4.3.2-1 隧道明洞排水系统图

3.3 洞内防排水设计

本项目隧道洞内防排水设计可以分为洞内防水设计和洞内排水设计。隧道洞内防水措施主要包括初期支护防水、复合式防水层防水和二次衬砌混凝土防水;洞内排水措施主要在衬背设置环向软式透水管、纵向波纹管、横向排水管、路缘排水沟及路面下中央排水沟。

3.3.1 洞内防水设计

复合式防水层是复合式衬砌隧道防排水的核心内容。本项目的复合式防水层由防水板+土工布组成。防水板的作用是将地层渗水拒于二次衬砌之外,以免水与二次衬砌接触并通过二次衬砌中的薄弱环节渗入隧道。土工布的主要作用是保护防水板,使防水板免遭尖锐物的刺伤。

本项目考虑防水板与二次衬砌混凝土的有效结合,采用 HDPE+沥青黏结层+保护膜结构形式的自黏式防水板,厚1.5mm。

自黏式防水板铺设效果如图4.3.3-1所示。

图4.3.3-1 自黏式防水板铺设效果

3.3.2 洞内排水设计

洞内排水是一个系统工程,本项目洞内排水设计考虑是在衬砌拱背、防水层与初期支护之间设环向φ5cm软式透水管,在两侧拱脚处纵向安设φ10cm HDPE波纹管,将衬背地下水汇集,通过横向排水管排入中央排水沟,最后将中央排水沟内地下水引入两侧边沟排出洞外,如图4.3.3-2所示。

隧道洞内外排水系统如图 4.3.3-3 所示。

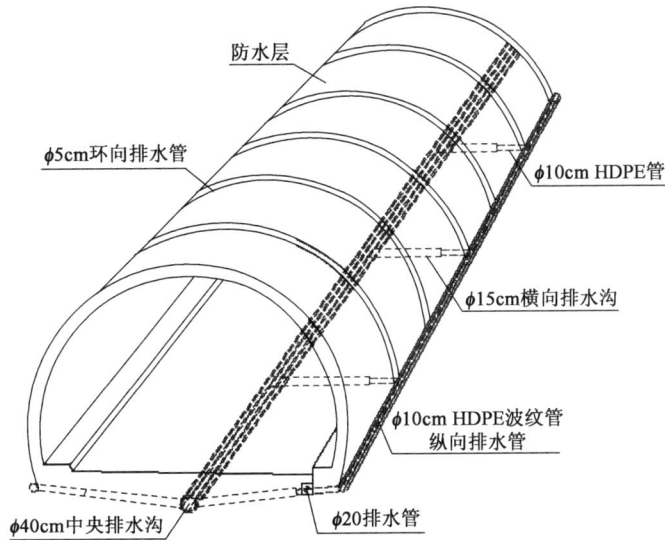

图 4.3.3-2　隧道洞内防排水系统示意图

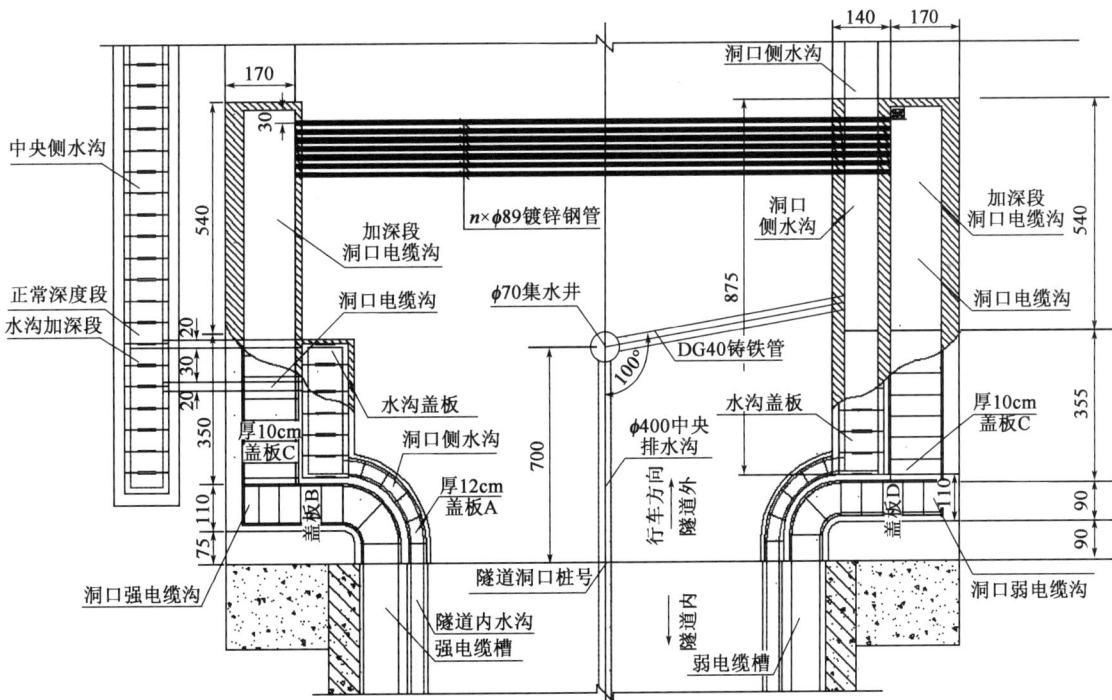

图 4.3.3-3　隧道洞内外排水系统示意图(尺寸单位:cm)

第4章

监控系统及通风系统设计

4.1 隧道监控系统设计

4.1.1 设计原则和标准

4.1.1.1 设计原则

公路隧道作为一种特殊结构物,对全线交通运行安全具有重大影响。为确保公路隧道运行安全,隧道监控系统需结合公路功能需要,遵循安全实用、经济合理的原则进行设计,监控系统必须满足以下原则:

安全性、可靠性:选择成熟可靠的设备、合理的冗余,提高系统的安全性,保证系统可靠运行。

先进性、实用性:综合考虑国内外交通监控发展趋势,采用先进的技术和设备,同时尽量节约投资,保证最优的性价比。

系统性:结合整个路网的情况,全面考虑监控系统的设计,使系统设计合理、协调统一,在布设上避免重复、矛盾,以最大限度地发挥系统的功能和整体效益。

可扩充性:选用开放性和兼容性好的设备,使系统易于扩充和修改。

协调性:与本路其他系统相互配合、协调,最大限度地发挥交通工程设施的整体作用;与相邻路段进行协调,保证路网的安全畅通。

易于操作、便于维护:系统应具有友好的人机界面,实现模块化,使系统易于操作,便于维护和管理。符合国家和各相关部委的政策,以及国家现行标准。

4.1.1.2 设计标准

按照《公路隧道设计规范 第二册 交通工程与附属设施》(JTG D70/2—2014)规范要求,根据交通量及隧道长度确定各隧道监控系统设置规模等级,如表4.4.1-1所示:

隧道监控系统设置规模等级一览表 表4.4.1-1

序号	隧道名称	隧道长度(m)	交通量(pcu/d)		监控等级(A ~ D)	
			近期	远期	近期	远期
1	金垟隧道	3418	16727	35500	A	A +
		3440				
2	花前隧道	1583	16727	35500	B	A +
		1553				

续上表

序号	隧道名称	隧道长度(m)	交通量(pcu/d)		监控等级(A~D)	
			近期	远期	近期	远期
3	巨屿隧道	970	16727	35500	B	A
		983				
4	孔龙隧道	398	16727	35500	C	B
		397				
5	徐岙隧道	759	16727	35500	B	B
		723				
6	珊溪隧道	1602	14048	32480	B	A
		1489				
7	下山垟隧道	772	14048	32480	B	B
		758				
8	下朱坑隧道	898	14048	32480	B	A
		955				
9	仰山隧道	3028	14048	32480	A	A+
		3033				
10	朝头垟隧道	3156	14048	32480	A	A+
		3188				
11	南浦溪1号隧道	305	14048	32480	D	B
		296				
12	南浦溪2号隧道	129	14048	32480	D	D
13	坡头1号隧道	260	13998	32394	D	C
14	坡头2号隧道	2060	13998	32394	A	A+
		2080				
15	筱村隧道	2633	13932	31197	A	A+
		2644				
16	大岭尖隧道	1082	13932	31197	B	A
		1085				
17	雁岭隧道	2280	13932	31197	A	A+
		2370				
18	章后隧道	4263	13932	31197	A+	A+
		4252				
19	早基山隧道	1846	13932	31197	B	A+
		1821				

本项目监控系统等级近期按照项目开通后5年的交通量计算,远期按照项目开通后20年的交通量计算。本次施工图设计仅按照近期监控等级进行设计。

根据上表,金垟隧道、仰山隧道、朝头垟隧道、坡头2号隧道、筱村隧道、雁岭隧道、章后隧道为A级以上,上述隧道内设置交通控制子系统、火灾报警子系统、紧急电话子系统、有线广播子系统、通风照明控制子系统、电力监控子系统及视频监控子系统。具体设施如下。

①交通控制设施:主要包括车道指示器、交通信号灯、车辆检测器、可变限速标志、可变情报板、交通控制器等,含隧道监控系统传输网络系统。

②火灾报警设施:主要包括火灾自动检测与声光报警设施、手动报警按钮等。

③紧急电话设施:主要包括洞内和洞外紧急电话等。

④有线广播设施:主要包括隧道洞外和洞内广播号角等。

⑤闭路电视设施:主要包括洞外遥控摄像机、洞内和变电所固定摄像机等。

⑥通风照明控制设施:主要包括照度检测仪、照明控制设施、能见度及一氧化碳检测器、风速风向检测器等、通风控制器、照明控制器等。

⑦中央控制管理设施:主要包括控制台、系统工作站、显示设施、机柜等。

花前隧道、巨屿隧道、徐岙隧道、珊溪隧道、下山垟隧道、下朱坑隧道、大岭尖隧道和早基山隧道近期监控等级为 B 级,隧道内设置交通控制子系统、火灾报警子系统、紧急电话子系统、有线广播子系统、通风照明控制子系统、电力监控子系统及视频监控子系统。具体设施如下。

①交通控制设施:主要包括车道指示器、交通信号灯、交通控制器等,含隧道监控系统传输网络系统。

②火灾报警设施:主要包括火灾自动检测与声光报警设施、手动报警按钮等。

③紧急电话设施:主要包括洞内和洞外紧急电话等。

④有线广播设施:主要包括隧道洞外和洞内广播号角等。

⑤闭路电视设施:主要包括洞外遥控摄像机、洞内和变电所固定摄像机等。

⑥照明控制设施:主要包括照度检测仪、照明控制设施等。

⑦通风控制设施(如有):主要包括风速风向检测器,一氧化碳、能见度检测器。

⑧中央控制管理设施:主要包括控制台、系统工作站、显示设施、机柜等设施。

孔龙隧道近期监控等级为 C 级,隧道内设置车道指示器及摄像机。

南浦溪 1 号隧道、南浦溪 2 号隧道和坡头 1 号隧道近期监控等级为 D 级,隧道内设置摄像机(南浦溪 2 号隧道不设)。

库村隧道为连接线隧道,总长 307m,不设监控设备。

4.1.2 监控系统设计方案

4.1.2.1 设计内容

本项目隧道监控系统设备主要分布在隧道现场及中央控制室内,具体设计内容如下:

(1)根据隧道长度和交通量确定各隧道监控系统等级和管理体制。

(2)隧道外场设备布设。

(3)中央控制室:主要包括硬件和软件两个部分。

(4)传输及供电。

(5)防雷接地等。

4.1.2.2 管理体制

本项目主线隧道监控系统采用四级管理体制:浙江省高速公路监控中心—龙丽温高速公路管理分中心—各隧道管理站/救援站—隧道现场。

龙丽温高速公路管理分中心,设置在文成收费站,负责所管辖范围内路段和隧道机电系统的运行、管理和维护,负责本项目路段和隧道交通控制诱导、应急抢险救援,路段和隧道发生事故需要扩大分流,负责协调路段和隧道内的交通。

本项目设置 3 处隧道管理站/救援站,均与收费站合址建设。隧道管理站/救援站负责隧道(群)现场的应急抢险救援,同时负责汇聚隧道监控系统数据和信息并上传路段监控分中心。其中,泰顺隧道管理作为有人值守管理站,其余珊溪隧道和筱村隧道救援站为无人值守站。

珊溪隧道救援站负责汇聚金垟隧道、花前隧道、巨屿隧道、孔龙隧道、徐岙隧道、珊溪隧道、下山垟隧道、下朱坑隧道、仰山隧道和朝头垟隧道的监控系统数据和信息,并上传至监控分中心。

筱村隧道救援站负责汇聚南浦溪 1 号隧道、坡头 1 号隧道、坡头 2 号隧道、筱村隧道、大岭尖隧道和雁岭隧道的监控系统数据和信息,并上传至监控分中心。

泰顺隧道管理站负责汇聚章后隧道和早基山隧道的监控系统数据和信息,并上传至监控分中心。

4.1.2.3 传输方式

本项目隧道监控系统传输方案如下。

数据传输:本项目隧道监控系统数据传输(包括交通监控子系统、通风照明控制子系统、电力监控子系统)采用工业以太网进行传输。在各隧道左右洞室内设置工业以太网设备,通过 4 芯单模光纤构成 100M 光纤冗余工业以太网环网,各隧道内的监控系统数据通过工业以太环网传输至隧道救援站/管理站,隧道救援站/管理站通过通信系统上传至监控分中心。

视频传输:本项目隧道内的摄像机采集的视频图像采用工业以太网方式传输,在各隧道左右洞室内设置视频工业以太网交换机,通过光纤构成环网传输至就近隧道管理站,隧道管理站/救援站通过工业以太网上传隧道视频至监控分中心。

监控系统联网:隧道管理站/救援站与监控分中心之间有监控数据和视频图像的传输,本项目隧道管理站/救援站与监控分中心之间数据和视频传输通道采用工业以太网进行传输。

所有联网监控数据和视频图像均应符合《高速公路联网运行收费、监控、通信系统技术要求》(DB33/T 747—2009)的技术要求。

4.1.2.4 供电方式

本项目隧道监控系统供电等级为一级特别重要负荷,现场设备所需电力从隧道变电所低压配电柜输出端引出,在各隧道设备间内设置 1 套 20kV·A/10kV·A 的不间断电源(UPS)为隧道内的监控系统设备提供不间断电源;隧道内隔一定距离设置监控配电箱并预留回路引出,以方便为现场设备供电。供电电压采用 380V/220V AC 供电,供电电缆采用 YJV22 电缆穿 80mm×80mm 的 PVC 管敷设,洞口设备采用穿镀锌钢管敷设。过桥采用在桥侧穿 DN89 镀锌钢管用抱箍固定的方式。

监控分中心、隧道救援站的中央控制室内供电负荷等级为 1 级特别重要负荷,在监控分中心、隧道救援站内设置 1 台 20 kV·A 的 UPS,为中央控制室内机柜、控制台、监视墙提供不间断电源。

4.2 隧道通风系统设计

4.2.1 设计原则和参数

4.2.1.1 设计原则

(1)贯彻国家的技术经济政策,积极而慎重地采用新理论、新技术、新材料、新设备、新工艺,使所选隧道通风系统达到安全实用、质量可靠、经济合理、技术先进的要求。

(2)正常行车和发生交通阻塞时,隧道通风系统应提供足够的新风量,稀释隧道内车辆行驶时排出的废气,为乘用人员、维修人员提供满足要求的新风量,为安全行车提供良好的空气清晰度和舒适性。

(3)隧道内发生火灾事故时,系统应具有排烟功能,控制烟雾和热量的扩散,为滞留在隧道内的乘用人员、消防人员提供一定的新风量,以利于人员和车辆的安全疏散。

(4)设计标准结合隧道的重要性、特殊性,隧道通风方式的选择主要考虑隧道长度、交通条件、气象、环境、通风效果及设备费用等诸多方面。

4.2.1.2 隧道通风设计参数

(1)道路等级:高速公路,单洞双车道。

(2)通风计算行车速度:正常运行 $v=80\text{km/h}$,阻塞运行 $v<30\text{km/h}$。

(3)交通量方向不均匀系数:0.55。

(4)设计年限:近期为 2030 年,远期为 2040 年。

(5)隧道摩阻系数:$\lambda=0.02$。

(6)自然风速:$V_n=2.5\text{m/s}$。

(7)隧道净空:62.79m^2。

(8)高峰小时交通量按照日交通量的 12.5% 计。

(9)隧道断面当量直径:$D=8.12\text{m}$。

4.2.1.3 隧道通道设计标准

(1)隧道内 CO 允许浓度 δ(表 4.4.2-1)

隧道内 CO 允许浓度   表 4.4.2-1

隧道长度 $L(\text{m})$	≤ 1000	>3000
$\delta_{co}(\text{cm}^3/\text{m}^3)$	150	100

注:隧道长度 $1000\text{m}<L\leq 3000\text{m}$ 时,可按线性内插法取值。交通阻滞时,隧道内各车道均以怠速行驶,平均车速 $v_t\leq 30\text{km/h}$,阻滞段长度不大于 1000m,阻滞时间不超过 20min,洞内 CO 的设计浓度 $\delta\leq 150\text{cm}^3/\text{m}^3$。

(2)隧道烟尘允许浓度 K(表 4.4.2-2)

隧道烟尘允许浓度   表 4.4.2-2

运营工况	交通阻滞	正常运营				交通管制	养护维修
计算车速(km/h)	$v_t\leq 30$	$30<v_t<50$	$50\leq v_t<60$	$60\leq v_t<90$	$v_t\geq 90$		
隧道烟尘允许浓度 $K(\text{m}^{-1})$	0.0120	0.0075	0.0070	0.0065	0.0050	0.0120	0.0030

(3)稀释空气中异味

根据本工程交通量和隧道规模,隧道空间不间断换气频率按每小时不低于 3 次取值,并保证隧道内换气风速 $v_r\geq 1.5\text{m/s}$。

(4)火灾工况

火灾时排烟风速按 $v_r=2.5\sim 3.0\text{m/s}$ 取值。

4.2.2 隧道通风方案

4.2.2.1 需风量计算

依据工程可行性研究报告中对近几年交通量和车型的预测,结合隧道的内空断面积、纵坡、海拔高度、车辆构成及行车速度,分别计算隧道在设计年限内各种运营工况下,稀释 CO 所需的新鲜空气和稀释烟雾达到允许浓度的新鲜空气,并考虑交通阻塞($v=30\text{km/h}$),隧道换气次数和火灾事故状态时的工况,确定隧道的通风需风量。

规范中采用的基准排放量是以 2000 年为起点,并按每年 2% 的递减率计算获得排放量作为设计年限的基准排放量,CO 的基准排放量按年递减率为 2.0% 取值,烟雾的基准排放量按年递减率为 2.0% 取值;阻滞长度为 1000m,其余长度平均按 40km/h 计算。

4.2.2.2 通风方案

从计算隧道需风量可知,各设计年限的洞内设计风速 v_r 不宜大于 10.0m/s 的规定,考虑隧道的工程规模,金垟隧道、花前隧道、巨屿隧道、徐岙隧道、珊溪隧道、下山垟隧道、下朱坑隧道、仰山隧道、朝头垟隧道、坡头 2 号隧道、筱村隧道、大岭尖隧道、雁岭隧道、章后隧道、早基山隧道采用纵向全射流通风方式。

采用公路隧道可逆转 $\phi1120$ 型射流风机。

$\phi1120$ 型射流风机技术参数要求如下：

（1）叶轮直径 $\phi1120$mm。

（2）额定推力≥1120N。

（3）流量≥30m^3/s。

（4）电机功率30kW（380V，50Hz）。

（5）风口风速≥31m/s。

（6）电机防护等级IP55。

（7）噪声≤77dBA。

（8）正常工作温度45℃（长期），高速工作250℃，1h。

（9）风机质量≤950kg。

（10）风机可逆转，效率不低于正转的95%。

隧道通风以车辆在隧道内行驶时排出的CO和烟雾为稀释对象，取其大者作为计算通风量。计算中分车型计算排污量，按行驶车速、火灾、换气工况计算隧道内稀释CO和烟雾的需风量，风机采用公路隧道可逆转 $\phi1120$ 型30kW射流风机，隧道风机数量如表4.4.2-3所示。

隧道风机数量表　　　　　　　　表4.4.2-3

隧道名称	位　置	风机类型	正常工况	交通阻塞（台）	火灾工况（台）	配置风机（台）
金埠隧道	左洞3440m	射流风机	8	14	12	16
	右洞3418m	射流风机	8	14	12	16
花前隧道	左洞1553m	射流风机	6	6	6	8
	右洞1583m	射流风机	6	6	6	8
巨屿隧道	左洞983m	射流风机	4	4	4	6
	右洞970m	射流风机	4	4	4	6
徐岙隧道	左洞723m	射流风机	4	4	4	6
	右洞759m	射流风机	4	4	4	6
珊溪隧道	左洞1489m	射流风机	6	6	6	8
	右洞1602m	射流风机	6	6	6	8
下山垟隧道	左洞758m	射流风机	4	4	4	6
	右洞772m	射流风机	4	4	4	6
下朱坑隧道	左洞955m	射流风机	4	4	4	6
	右洞898m	射流风机	4	4	4	6
仰山隧道	左洞3033m	射流风机	8	14	12	16
	右洞3028m	射流风机	8	14	12	16
朝头垟隧道	左洞3188m	射流风机	8	14	12	16
	右洞3156m	射流风机	8	14	12	16
坡头2号隧道	左洞2080m	射流风机	6	8	8	10
	右洞2060m	射流风机	6	8	8	10
筱村隧道	左洞2644m	射流风机	8	10	10	12
	右洞2633m	射流风机	8	10	10	12
大岭尖隧道	左洞1085m	射流风机	4	4	6	6
	右洞1082m	射流风机	4	4	6	6

续上表

隧道名称	位　　置	风机类型	正常工况	交通阻塞（台）	火灾工况（台）	配置风机（台）
雁岭隧道	左洞2370m	射流风机	8	10	10	12
	右洞2280m	射流风机	8	10	10	12
章后隧道	左洞4252m	射流风机	12	16	14	18
	右洞4263m	射流风机	12	16	14	18
早基山隧道	左洞1821m	射流风机	6	8	8	10
	右洞1846m	射流风机	6	8	8	10

风机配置时,已考虑15%风机可能正处于不能正常工作状态中。

4.2.2.3　风机控制

通过监控设在隧道内各点的CO/VI(能见度)传感器,直接检测行驶车辆排放的CO和烟雾浓度值、经监控中心控制室判断,给出控制信号。若VI和CO浓度小于规范要求,返回继续监测;若VI和CO浓度大于规范要求,计算需要需风量,输出信号控制运转风机,供给必要的新鲜风量,稀释CO和烟雾浓度,以达到规范要求的洞内卫生标准和照明水平。

隧道内风机控制设在隧道洞内风机配电箱上。隧道射流风机分三种控制方式:就地手动控制、远程手动控制及就地环境条件自动控制。其控制优先等级由高至低依次为就地手动控制、远程手动控制、就地环境条件自动控制。

(1)就地手动控制方式为安装、检修调试时采用,由风机控制箱上的转换开关KK切换。

(2)就地环境条件自动控制方式由隧道洞内通风控制器执行。隧道内安装有CO/VI探测器、风速仪及通风控制器。CO/VI探测器、风速仪检测隧道内环境状况并向通风控制器传送检测到的数据;通风控制器根据CO/VI探测器及风速仪的探测数据自动进行各风机的启停操作。射流风机通风控制器同时具备时序控制功能,可供选择使用。

(3)通风控制器起到中控室电力监控计算机与隧道内通风控制箱间的联络通信计算机作用;CO/VI探测器、风速仪的检测数据、风机控制箱的马达电气参数、控制设备状态信号及电力监控计算机的控制指令均通过通风控制器传送。通风控制器与CO/VI探测器、风速仪及风机控制箱间构成就地通风控制管理层,就地通风控制管理层间采用Modbus(是一种串行通信协议)或CANBus❶通信协议。

(4)远程手动控制方式由电力监控计算机和隧道通风控制器构成。中控室值班员根据通风控制器上传的隧道环境参数,在电力监控计算机上按照隧道通风控制预设方案进行控制操作。隧道通风计算机根据隧道环境参数进行计算,列出隧道通风控制方案,供值班员参考。

---

❶ CANBus作为ISO11898CAN标准的CANBus(Controller Area Net-work Bus),是制造厂中连接现场设备(传感器、执行器、控制器等)、面向广播的串行总线系统。

第5章

隧道工程变更

因地形地质、社会政策、业主需求等因素发生变化,在施工阶段设计单位根据实际情况,调整优化原设计方案,以满足项目整体进度和安排。

5.1 巨屿隧道洞口段滑塌处理方案

5.1.1 滑坡调查

巨屿隧道进洞口边仰坡原设计为1级坡,坡最高9m,坡率1:1,防护方式为超前注浆小导管加挂网锚喷,边坡于2018年8月6日开挖到位。2018年8月份以来的连续降雨,该边坡于2018年8月13日出现裂缝。经参建各方查看现场后,认为巨屿隧道边仰坡坡脚为界,上方坡体已经形成环向拉张裂缝。坡体存在大量与临空面平行的张裂缝,裂缝张开10~25cm不等,部分裂缝存在下错现象,下错高度最高可达25cm,初步判断形成滑坡。

5.1.2 滑塌区工程地质概况

滑塌发生后,结合原施工图设计详勘资料,采用地形地质调绘、补充钻孔、探槽、土工试验等勘察手段,对该滑塌体进行详细的补充勘察工作,补充勘察后地质情况与原勘察地质资料基本一致,补充勘察查明地质条件如下:

滑坡地处丘陵区北侧缓坡,山体南高北低,山坡自然坡度10°~15°,坡表植被为低矮灌木,丘陵表部未见基岩出露。

根据原有详细勘察资料及本次调查,该段坡体主要由残坡积(Q^{el+dl})含砾粉质黏土和馆头组(K1gt)全、风化凝灰质(砂)砾岩组成。残坡积层厚4~7m,全风化岩可塑状~硬塑状,厚4~6m,原岩结构可辨,局部砾石含量较多;强风化岩节理发育,岩体较破碎,厚6~8m;中风化岩体节理较发育,岩体完整性一般,局部破碎。岩体初期强度较高,遇水易软化,风化易破碎,强度逐渐衰减。

5.1.3 滑坡基本特征及稳定性评价

5.1.3.1 滑坡平面形态特征

滑坡地处缓坡丘陵区,塌滑体纵向长约58m,前缘宽约72m,大里程方向平面呈圆弧形,面积约3600m²,滑体厚在10~12m之间,滑坡体积约为4万m³,主滑方向约为17°。

滑坡的边界主要受控于地形地貌、地层岩性、地质构造及变形特征等。

滑坡前缘道路施工开挖形成 8～10m 人工边坡,降低了滑坡前缘的阻滑力,加之连续降水造成土体软化,坡体中部和上部形成大量张拉裂缝,雨水从裂缝渗入,沿残坡积含(砾)粉质黏土、全风化砂砾岩和基岩的界面下渗,形成滑面。

滑坡两侧边界主要受控于隧道边仰坡开挖边界;滑坡上缘以村道水泥路为界,滑坡体坡脚覆盖层较薄或基岩出露。

滑坡前缘未见明显剪出口,推测剪出口为基覆界面,隧道口边坡底部有明显基岩出露。

5.1.3.2 滑坡纵向剖面特征

依据滑坡体的空间形态,沿纵向可划分为滑坡后缘、滑坡体、滑坡前缘(剪出口)等。

1)滑坡后缘

滑坡后缘主要受控于村道水泥路处的张拉裂缝,张拉裂缝宽度 10～15cm,高程在 110m 左右,降雨后水沿裂缝下渗。

2)滑坡体

滑坡体纵向总体为一缓坡,坡度 10°～15°,前部由于高速公路隧道边仰坡施工呈 45°陡坡,地形在纵向剖面上表现为"前陡后缓"的特征。滑坡体主要由含粉(砾)质黏土和全风化砂砾岩组成,为覆盖层和基岩界面发生的滑坡,滑体厚度 10～12m,往大里程方向滑体厚度逐渐增大。滑面中前部坡度相对后部较小。

3)滑坡前缘

滑坡潜在剪出口位于隧道边仰坡施工边坡开挖的坡脚处位置,坡脚未见明显剪出口,局部有轻微隆起。

5.1.3.3 滑塌稳定性分析评价

2018 年 8 月以来,由于边仰坡开挖过程中形成较大临空面,宽度 50～60m,加上持续不断的强降雨,诱发坡体产生蠕滑变形,经现场踏勘,已形成明显、连贯的滑坡周界,裂缝清晰可见,后缘下错变形,前缘坡脚鼓出,可见滑动面已基本贯通,坡体裂缝正在逐步变宽下错,土体不断向临空面方向推移,分析认为目前滑坡处于极限平衡状态,变形已比较明显,处于欠稳定状态。滑坡所处地区降水丰富,若遭到强降雨袭击,有可能产生较大变形破坏,威胁隧道安全和进一步施工。

5.1.4 滑坡处理方案

本方案考虑在两侧采用钻孔灌注桩进行基坑维护后,明挖法施作明洞及暗洞进洞管棚护拱。一洞做完才能做另一洞,具体为:

(1)左洞 ZK8+415～ZK8+424 段两侧布置支护桩共计 8 根,采用 φ150cm 钻孔灌注桩,间距 3m,桩长 17.0m;右洞 YK8+404～YK8+413 段两侧布置支护桩共计 8 根,采用 φ150cm 钻孔灌注桩,间距 3m,桩长 19.4m,支护桩纵向采用尺寸(宽×高)为 150cm×100cm 的钢筋混凝土圈梁相连,桩顶设置尺寸(宽×高)为 100cm×100cm 的钢筋混凝土横撑,桩间土体采用 φ42 小导管注浆(长 4.5m,间距 1.5m×1.5m)+φ6 钢筋焊接网(间距 15cm×15cm)+15cm C25 喷混凝土进行支护,随挖随支。抗滑桩如图 4.5.1-1～图 4.5.1-3 所示。

(2)结合现场实际情况,暗洞进洞桩号不变,施作大管棚(内设钢筋笼)辅助进洞,护拱长度为 6m,桩间土体在护拱顶上方 1m,3m 处各打设两排管棚,长度 40m,横向间距 2m;两洞间土体打设两排管棚,长度 55m,横向间距 2m。为了防止塌孔,要求采用根管法。

(3)预留核心土,开挖到指定高程后施作护拱,打入管棚,在护拱顶及桩间范围回填一定高度的 C15 片石混凝土,以确保仰坡稳定。

(4)施作洞门,整体覆土回填反压并绿化(包括两洞中间土体)。

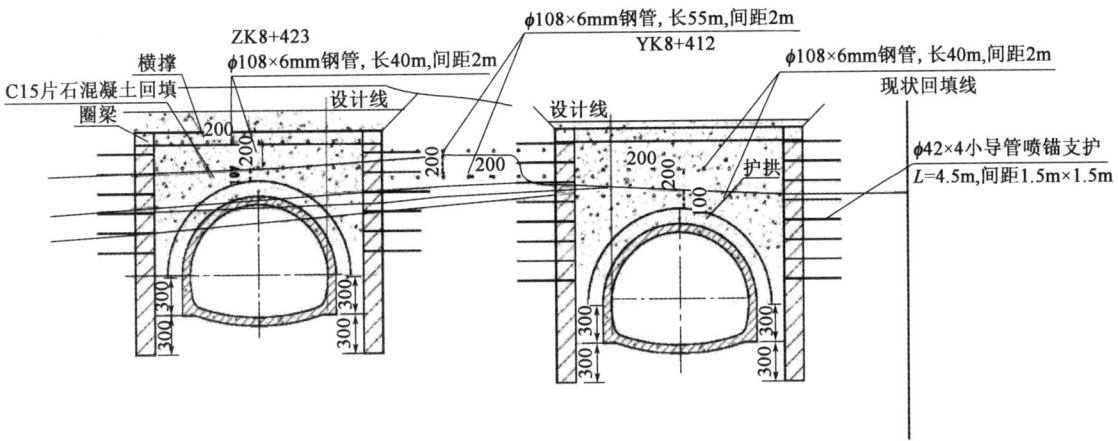

图 4.5.1-1　抗滑桩立面设计图(尺寸单位:cm)

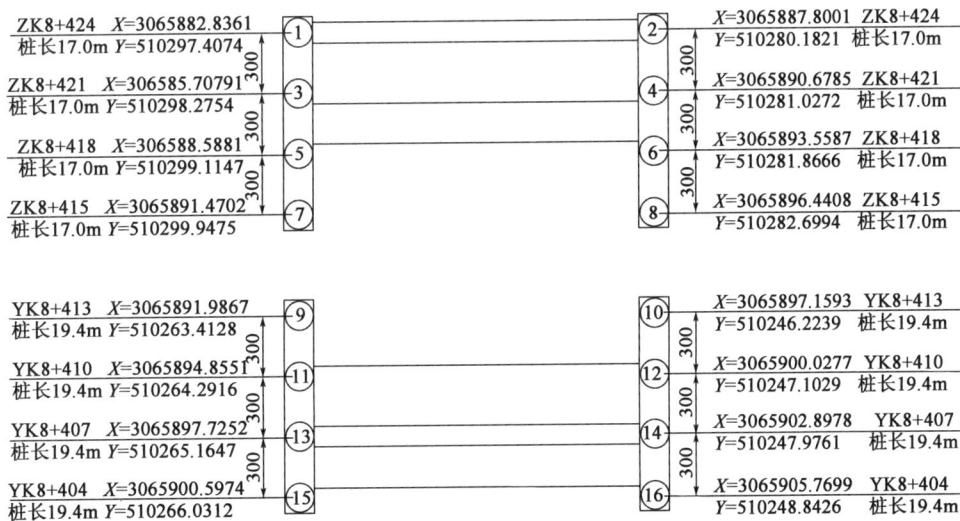

图 4.5.1-2　抗滑桩平面设计图(尺寸单位:cm)

(5)待洞口稳定后开挖暗洞,进口段 20m 暗洞衬砌 SA5a 加强为 SA5t,进口段 40m 拱顶打设超前小导管,施工方法采用三台阶七步法,注意量测,当发现位移速率过大时,应及时施作临时钢支撑,以稳定围岩。

施工工序如图 4.5.1-4 所示。

本方案总体施工工序为:钻孔灌注桩打设→护拱管棚打设→明洞开挖及浇注→明洞顶回填反压→暗洞进洞开挖及支护。

为了防止雨水对滑坡体的冲刷,在原来已设第一道截水沟的基础上,增设第二道截水沟;由于滑坡的形成,原乡村公路已有开裂、错台,已经不能继续使用,故需要进行道路恢复。

5.1.5　变更增加概算

本方案变更增加概算约 605.33 万元。

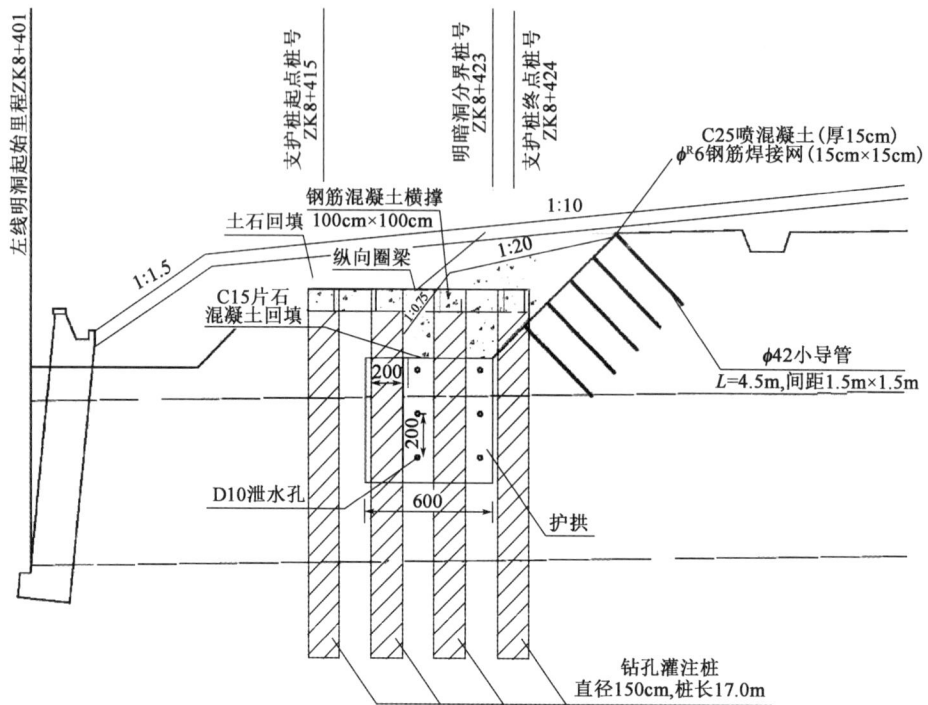

图 4.5.1-3　抗滑桩侧剖面设计图(尺寸单位:cm)

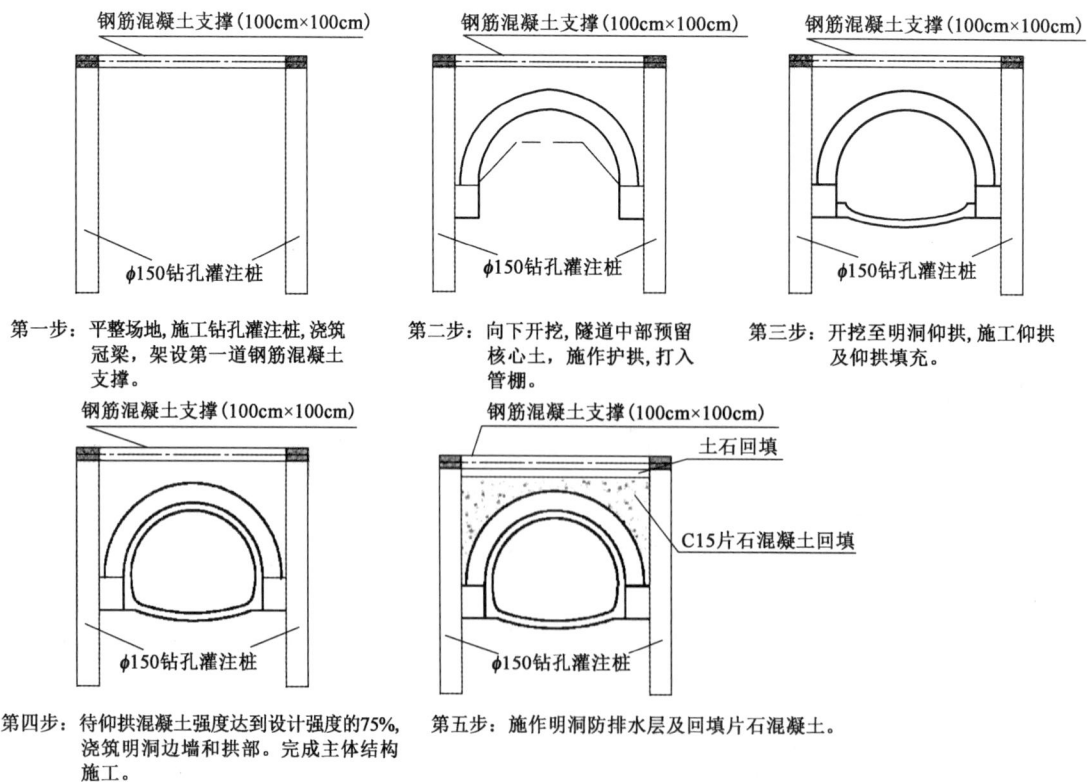

第一步:平整场地,施工钻孔灌注桩,浇筑冠梁,架设第一道钢筋混凝土支撑。

第二步:向下开挖,隧道中部预留核心土,施作护拱,打入管棚。

第三步:开挖至明洞仰拱,施工仰拱及仰拱填充。

第四步:待仰拱混凝土强度达到设计强度的75%,浇筑明洞边墙和拱部。完成主体结构施工。

第五步:施作明洞防排水层及回填片石混凝土。

图 4.5.1-4　施工工序图

5.2 下山垟隧道洞顶塌陷处理方案

5.2.1 工程概况

由于下山垟隧道左洞出口段埋深较浅、地质条件较差,施工过程中洞顶现有道路出现塌陷区,经参建各方共同现场查勘,按要求对地表现有道路塌陷区进行回填加固处理,并对隧道相应范围段落加强支护。

5.2.2 处理方案

(1)隧道桩号 ZK17 + 432 ~ ZK17 + 457 段范围内初期支护背后采用小导管注浆加固,参照支护局部注浆止水设计图,进一步填充渗水通道。

(2)及时施作 ZK17 + 432 ~ ZK17 + 457 段二次衬砌,该段洞内二次衬砌主筋纵向间距调整至 20cm。

(3)加密衬背环向排水盲管,间距按3m 设置。

(4)清除地表塌陷区范围破损道路面板,采用宕渣回填塌陷区空洞并夯实,并采用注浆小导管加固回填区域及周边松散土体。

(5)恢复现有道路路面面板。

(6)施工过程中加强洞内外监控量测。

地表注浆横断面如图 4.5.2-1 所示。

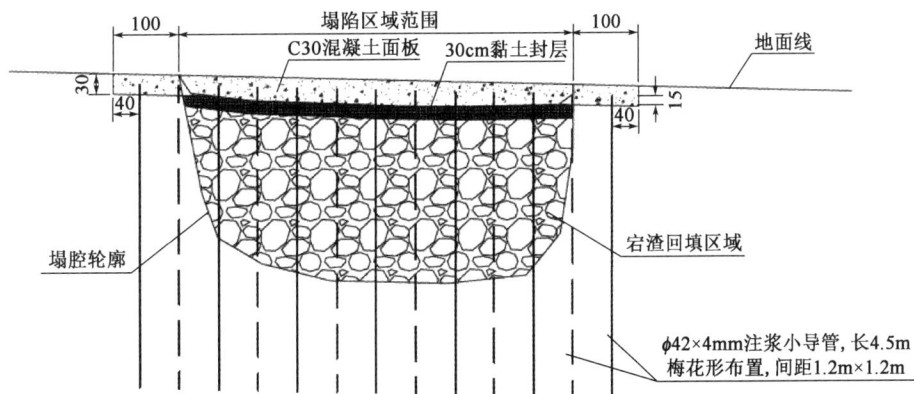

图 4.5.2-1 地表注浆横断面示意图(尺寸单位:cm)

5.3 其他主要变更

5.3.1 巨屿隧道右洞出口明暗交界位置调整

巨屿隧道出口右洞原设计明暗交界桩号为 YK9 + 359,仰坡开挖后发现此处覆盖层较薄,需要对明暗交界位置进行调整。经指挥部、设计单位、监理单位、施工单位现场勘查后,结合现场实际情况,提出以下措施:

(1)针对右洞部分覆盖层较薄,调整明暗交界桩号为 YK9 + 355;洞门桩号 YK9 + 374 不变,4m 暗洞改为明洞。

（2）仰坡开挖过程中严格控制坡面水的排出，保证坡面无积水，可采取坡面覆膜等辅助手段。

（3）施工过程中注意控制管棚的施工质量，严格控制小导管注浆的质量。

（4）尽快实施明洞仰拱及衬砌，及时封闭成环。

（5）左右洞错开施工，要求两洞掌子面间距不小于30m。

（6）加强监控量测，完善相关技术支撑资料。

5.3.2 巨屿隧道冒顶处理

文泰高速公路1标段巨屿隧道于2019年8月7日上午，在ZK8+523处出现冒顶，洞顶出现一纵向约10m、横向4～5m的塌坑，冒顶处埋深约为30m。本段隧道地表为斜坡地形，坡面植被发育，杨梅树为主。表层分布黏性土含碎石，厚度5～10m；其下基岩为辉绿岩；下部为凝灰质砂岩，局部夹凝灰质角砾岩，砖红色，中厚层。岩体完整性一般，岩质较硬。针对这一情况，进行了如下变更：

（1）洞内采用宕渣反压回填，反压回填数量根据现场实际测算，设置反压回填护脚（采用沙包堆砌），并在护脚设置临时排水管。

（2）对反压坡面及坍塌体采用喷射混凝土封闭。

（3）在塌孔处掌子面设置环向小导管固结、封闭。

（4）洞顶塌陷区采取覆膜防水覆盖，并在塌陷周边开沟引水，保证坍塌处不受雨水影响。

（5）洞内在坍塌处设置超前大管棚，采用 ϕ108mm×6mm 热轧钢花管，用3榀22工字钢作为临时支撑。

（6）后续采用超前小导管配合掘进，控制进尺在50cm内，采用三台七步法开挖。

（7）后期二次衬砌及仰拱及时跟进，尽快成环。

（8）二次衬砌完成后对塌陷处采用土石料回填，回填方量根据实际测算。在回填前这段时间一定要保证洞顶塌陷处不渗水，不积水。

（9）现场加强监控量测，对洞内、洞顶及村道进行监控，并及时提供数据。

相关施工图如图4.5.3-1～图4.5.3-6所示。

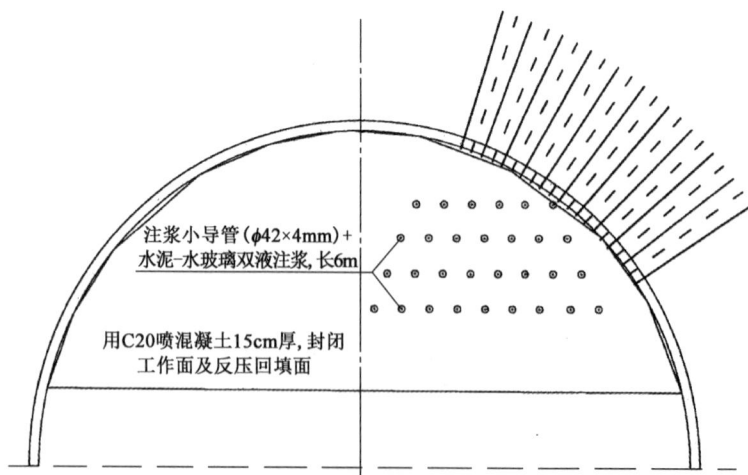

注浆小导管(ϕ42×4mm)+
水泥-水玻璃双液注浆，长6m

用C20喷混凝土15cm厚，封闭
工作面及反压回填面

图 4.5.3-1 横断面示意图

5.3.3 徐岙隧道左线出洞口进洞方案调整

徐岙隧道出口洞口开挖后发现地质情况复杂，表层黏性土下面为含砂黏性土碎石层，夹大小不一的漂石，透水性较好，局部渗水现象严重。左洞边仰坡施工完成后出现仰坡塌滑，需对原设计洞口工程及初期进洞方案进行调整。现场实际的情况为左洞还未进洞,核心土还保留着。右洞护拱已经施工2m,暗洞开挖了8m左右。处理方案如下:

(1)左洞仰坡坡率根据实际地貌调整为1:2～1:1之间,并在渗水区域采用$\phi108mm×6mm$钢管打入粉砂质土层排水。

(2)洞顶截水沟至仰坡开挖线区域全部按仰坡支护方式进行地表处理。

(3)左洞护拱加长至5m,左洞大管棚调整为45m。

(4)洞口明洞仰拱底部采用清岩渣换填1m。

(5)洞门墙背后调整为M7.5浆砌片石回填,与护拱顶齐平。

(6)左右洞暗洞SA5a衬砌时前10m增加超前小导管环距40cm,与大管棚交错布置,中空锚杆及锁脚锚杆均改为长4.5m $\phi42mm×4mm$注浆小导管,并在上台阶处设置临时仰拱。

(7)严格控制开挖进尺在50cm。

(8)严格按照设计做好边仰坡防护、锁脚锚杆等工作,后续洞内支护根据洞内围岩情况与监控量测数据及时跟进,动态设计。

(9)做好监测排水工作,并且尽快施工仰拱(仰拱可以先施工明洞段然后往暗洞推)。

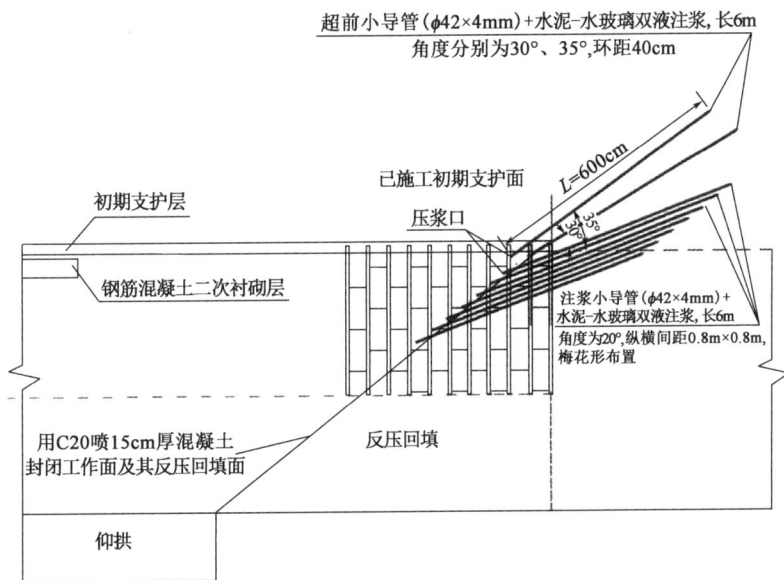

图4.5.3-2 纵断面示意图

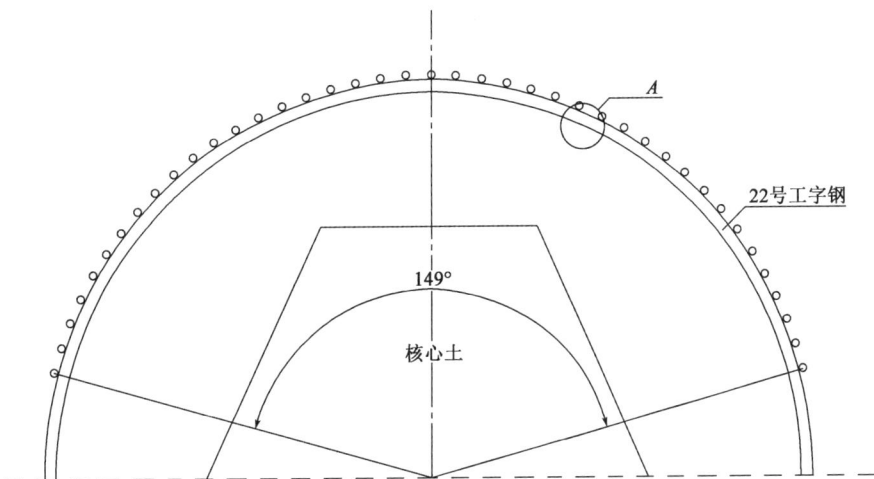

图4.5.3-3 管棚结构图

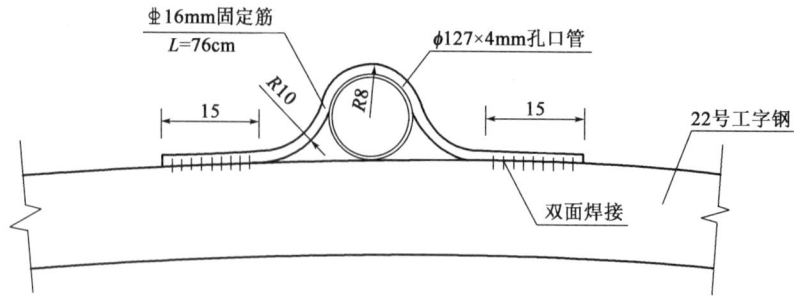

图 4.5.3-4 管棚 *A* 大样图(尺寸单位:cm)

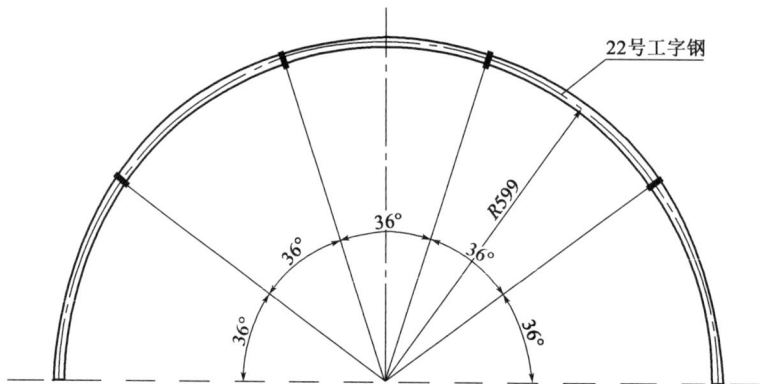

图 4.5.3-5 临时支撑钢拱架结构图(尺寸单位:cm)

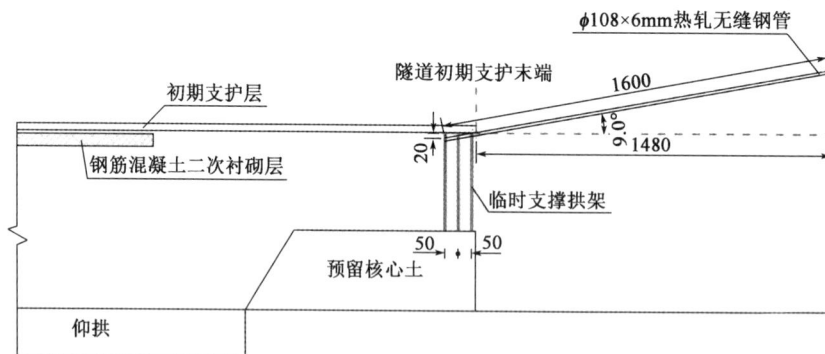

图 4.5.3-6 塌方段大管棚施工侧面示意图(尺寸单位:cm)

5.3.4 仰山隧道洞顶水塘护壁处理

仰山隧道右洞 YK21+405 处山顶地表为一水库,该水塘长约100m,宽约40m。为避免水塘的水大量下渗流至洞内,经现场踏勘后,考虑对洞顶水塘进行护壁隔水处理。水塘护壁处理措施如下:

(1)对隧道洞内出水点注浆堵水,范围根据实际情况确定。

(2)自然放水和机械排水结合,排干水塘蓄水。

(3)对水塘底部淤泥进行清理挖除。

相关施工图片如图 4.5.3-7~图4.5.3-9所示。

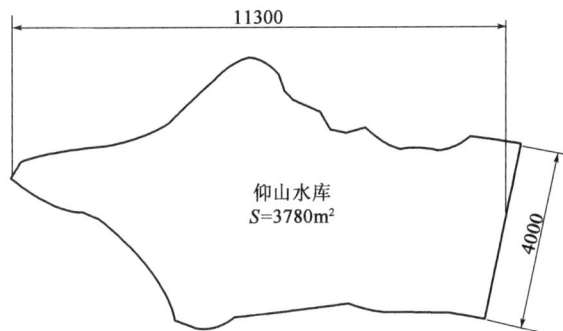

图 4.5.3-7　水库平面示意图(尺寸单位:cm)

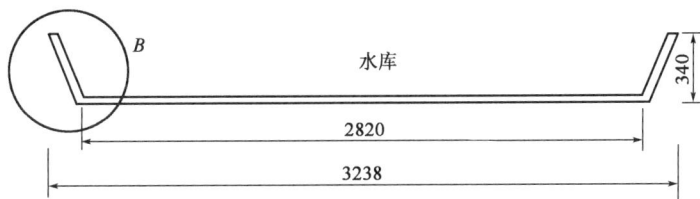

图 4.5.3-8　水库纵断面示意图(尺寸单位:cm)

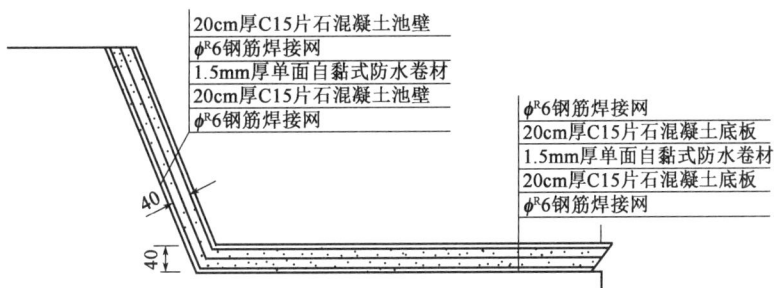

图 4.5.3-9　B 大样图(尺寸单位:cm)

5.3.5　南浦溪 2 号隧道洞身裂缝处理

南浦溪 2 号隧道在洞身段 YK28 +425 ~ YK28 +430 开挖时掌子面发现一处软弱夹层坍落带,该段围岩岩性为层状凝灰岩,呈褐黄色,岩体完整性一般,竖向节理发育,局部节理面受到差异风化影响形成泥质风化碎屑夹层。该坍落带位于掌子面右侧拱肩至拱脚位置,宽度约 50cm,长度约 5m,高度一直延伸至拱顶以上,由于竖向长大节理面存在差异风化碎屑,受到爆破扰动产生裂隙而张开错动,裂隙填充物已坍落。针对这一情况进行以下处理:

(1)用木模对坍落带进行封闭,及时采用 C30 混凝土对空洞进行注浆填充。

(2)填充完成后立即做好监控量测观察点,按时观测记录。

(3)填充完成后待围岩收敛稳定后再进行开挖。

5.3.6　章后隧道暗洞露拱反压回填

章后隧道出口由于施工便道的开挖,对章后隧道右洞 YK48 +205 ~ YK48 +217 段造成右侧埋深不足、局部露拱等。经现场勘查后,结合现场实际情况,根据实际地形测量数据对章后隧道出口右洞 YK48 +

205～YK48 + 217 段采取 C20 混凝土反压回填的方案：

（1）对此段桩号开挖至地基承载力大于 400kPa，清理松散孤石。

（2）使用 HRB400 直径 22mm 钢筋锚杆加强，钢筋锚杆长度为 5m，1.2m × 1.2m 梅花形布置，尾部埋入混凝土深度大于 150cm，入岩长度不小于 300cm。

（3）对 YK48 + 205～YK48 + 217 段设置 C20 混凝土反压回填。

第5篇

典型隧道施工

第1章

总体施工方案

1.1 典型隧道概述

文泰高速公路主线隧道有 19 座,其中特长隧道 4 座、长隧道 7 座、中短隧道 8 座。特长隧道包括金垟隧道(全长 3440m)、仰山隧道(全长 3033m)、朝头垟隧道(全长 3188m)、章后隧道(全长 4263m),均为分离式隧道。

以下对特长隧道施工技术进行介绍。

1.2 总 体 方 案

本项目隧道采用新奥法施工,软弱围岩地段施工始终坚持"管超前、弱爆破、短进尺、强支护、早封闭、勤测量、紧衬砌"的原则。在施工中积极推广应用国内外隧道施工新技术、新工艺,投入大型机械设备,形成挖、装、运、锚、衬等多条机械化流水作业线;洞内装渣运输采用无轨运输;喷混凝土采用湿喷机,以降低回弹量和粉尘;混凝土衬砌采用整体式液压钢模衬砌台车和泵送混凝土作业。施工中进行超前地质预报,采用先进的测量、探测技术取得围岩状态参数,通过数据分析和处理,及时反馈指导施工。总体施工方案如下:

(1)洞口工程施工采用挖掘机、破碎头从上至下分层开挖(必要时辅以弱爆破),人工配合逐层边刷坡边防护。

(2)洞口段 V 级全风化泥岩层及土层段开挖采用单侧壁导坑法开挖,其余地段采用留核心弧形开挖法。进洞口采用挖掘机、破碎头从上至下分层开挖为主,必要时辅以预裂、微振动爆破,并做到先超前预支护。仰山隧道左右线出洞口为小管棚支护,进洞口均为大管棚支护。洞口段(SA5a)大管棚采用"$\phi108$ 管棚 + 注浆",洞口段小管棚采用"$\phi42mm \times 4mm$ 小导管 + 注浆",洞身其他地段采用"小导管 + 注浆"或砂浆锚杆预支护。

(3)IV 级围岩地段采用上下断面正台阶法施工,台阶长度 L 为 10~15m,在暗洞与明洞相接段附近视实际情况选择正台阶或台阶分部开挖法(如中央导坑法),并配合超前锚杆等措施防止坍塌,超前支护采用砂浆锚杆支护。风动凿岩机钻孔,微振动光面爆破施工,II 级、III 级围岩采用全断面光面爆破开挖。

(4)人、车行横洞及紧急停车带根据其所处的围岩类别采用光面爆破开挖法施工。

(5)各种洞室根据图纸布置位置与洞身同时开挖,布设好钢筋及预埋件后与洞身衬砌混凝土一次成型。

（6）爆破施工采用塑料导爆管、毫秒雷管光电爆破技术。出渣为无轨运输,挖掘机扒渣,装载机装渣,自卸式汽车运输。施工通风采用压入式通风,初期支护施作及时可靠,衬砌混凝土采用机械化作业,二次衬砌采用混凝土输送车、输送泵和全断面液压衬砌台车相配合的方案;路面待衬砌施工完后施工,混凝土全部在混凝土拌和站集中生产,实行工厂化作业。开挖前做好超前地质预报、探测工作,根据围岩情况采取相应的施工方案。

隧道施工如图 5.1.2-1 所示。

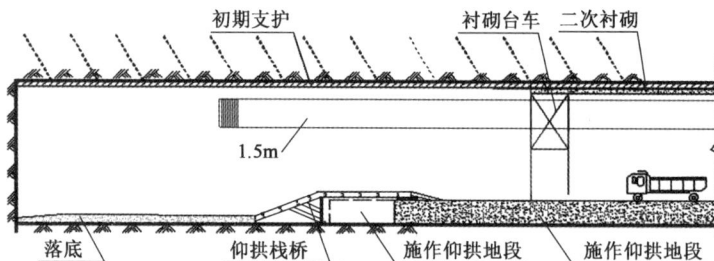

图 5.1.2-1　隧道施工示意图

隧道施工工艺流程如图 5.1.2-2 所示。

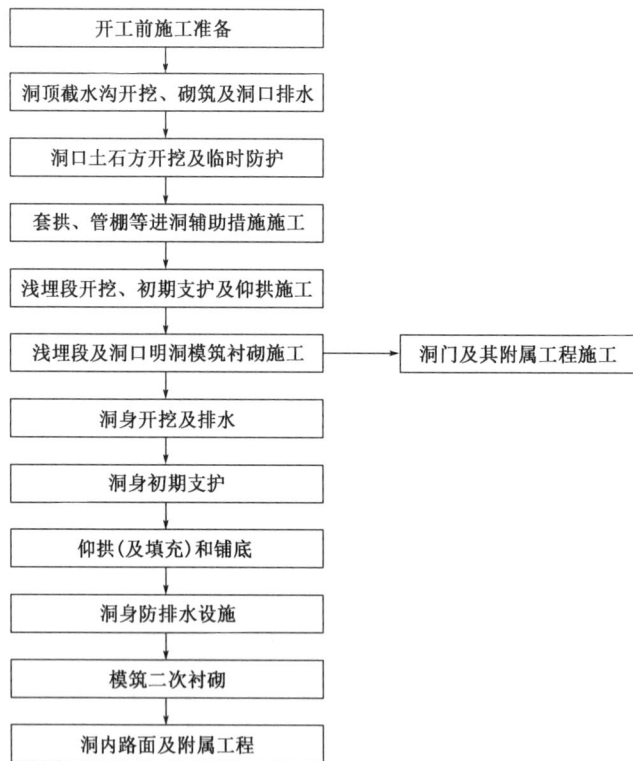

图 5.1.2-2　隧道施工工艺流程图

第2章

洞口施工

2.1　管棚护拱施工

洞口大管棚采用 $\phi108mm \times 6mm$ 钢管,环向间距 40cm,在拱顶范围内设置 37 根钢管,同一根钢管的不同节段之间采用套筒连接,管棚同一个断面的接头数量不超过钢管总数量的 50%。大管棚导向墙采用钢拱架加 C30 模筑混凝土,钢拱架采用工 18,拱架间距 0.8m,共 3 榀拱架。管棚导向墙长 2m,导向墙高(厚)1m,导向墙基础采用 C15 片石混凝土。管棚导向墙高于明洞衬砌 10cm,避免导向墙影响明洞施工。大管棚采用水灰比为 0.8∶1 的水泥浆进行注浆,注浆压力为 0.5～1.5MPa,终压为 2MPa。

2.1.1　大管棚施工工艺

洞口大管棚施工工艺流程如图 5.2.1-1 所示。

2.1.2　施工导向墙

隧道洞口仰坡施工至管棚位置后进行洞口大管棚施工。为了便于大管棚导向墙施工便利,洞口仰坡开挖至导向墙以下 1m 时,停止仰坡开挖,对仰坡进行防护。仰坡防护完毕后对管棚导向墙进行放样开挖。大管棚导向墙设计如图 5.2.1-2 所示。

导向墙开挖验收合格后进行导向墙钢拱架放样安装,导向墙钢拱架采用工 18 工字钢,工字钢间距 0.8m,工字钢之间采用 $\phi22$ 螺纹钢进行临时固定,螺纹钢长 1.8m,环向间距 2m,内外交错布置。导向墙拱架安装如图 5.2.1-3 所示。

拱架固定就位后安装导向管,导向管采用 $\phi140mm \times 4.5mm$ 钢管,钢管长 2m,导向管与隧道轴线呈 5°外插角,环向间距 0.4m,导向管采用 $\phi16$ 螺纹钢固定在钢拱架上,固定筋与钢拱架之间采用单面焊,焊缝长度 15cm。导向管固定如图 5.2.1-4 所示。

导向管安装验收合格后安装导向墙模板,导向墙模板采用木模板,模板厚 5cm,侧面模板采用两根冷弯 $\phi42mm \times 4mm$ 钢管作加强肋。底模板通过 $\phi42mm \times 4mm$ 的钢管支撑于预留的岩体上,钢管底部设置尺寸(长×宽×厚)为 20cm×20cm×1.5cm 的钢板上。侧面模板上设置 $\phi10$ 的对拉螺杆,对拉螺杆固定在加强肋上,对拉螺杆环向间距 1m。

导向墙模板验收合格后浇筑混凝土。混凝土设计强度为 C30,厚度为 1m。由导向墙两侧拱脚位置向拱顶对称浇筑混凝土。混凝土由汽车泵泵送入模,采用插入式振捣器振捣。

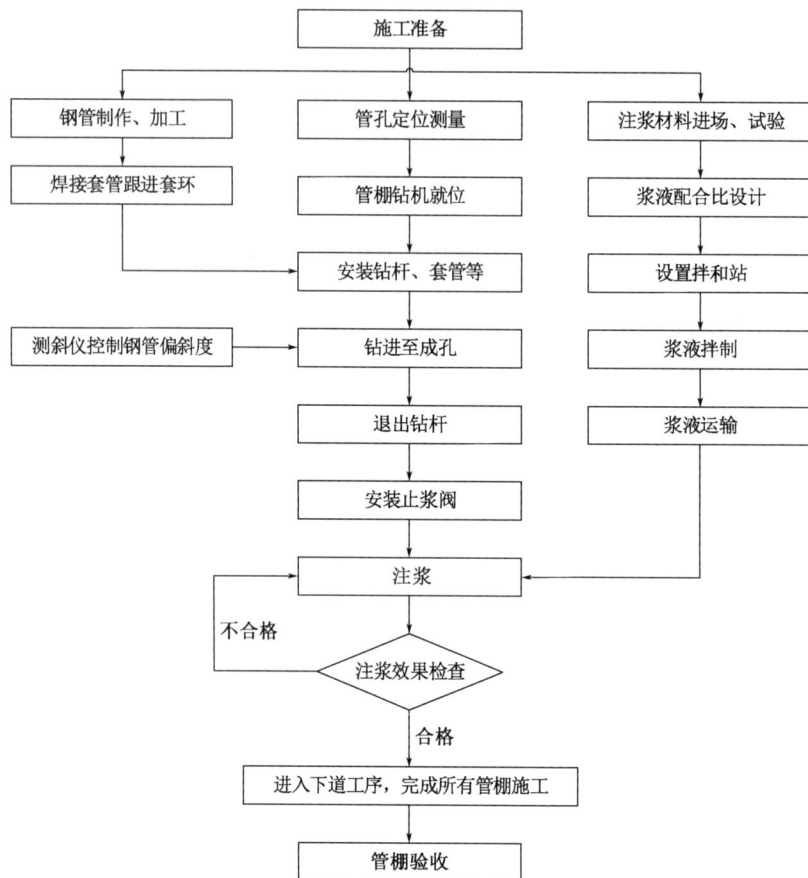

图 5.2.1-1 洞口大管棚施工工艺流程图

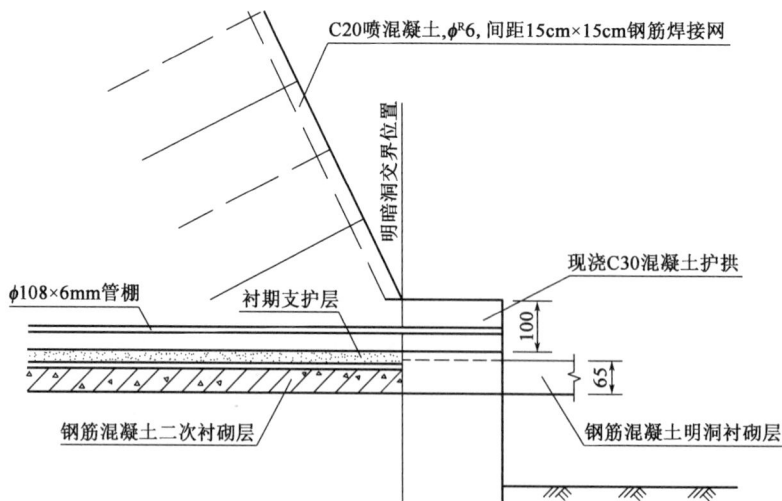

图 5.2.1-2 大管棚导向墙侧面示意图(尺寸单位:cm)

2.1.3 管棚钻孔

导向墙混凝土强度达到设计值后,采用跟管施工工艺进行大管棚施工。钻进至设计长度后退出钻杆安装止浆阀,进行下一根钢管安装直至全部安装完毕。管棚钢管采用丝扣连接,连接套筒长30cm,同一个断面内接头数量不超过钢管总数的50%。管棚钢管接头如图5.2.1-5所示,大管棚花钢管如图5.2.1-6所示。

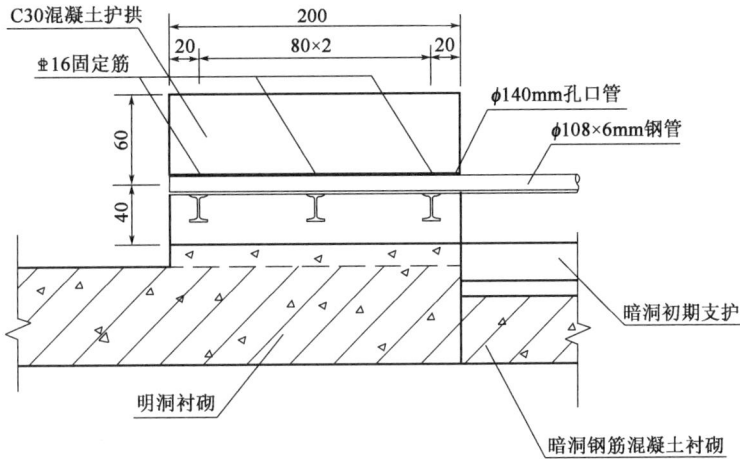

图 5.2.1-3　导向墙拱架安装示意图(尺寸单位:cm)

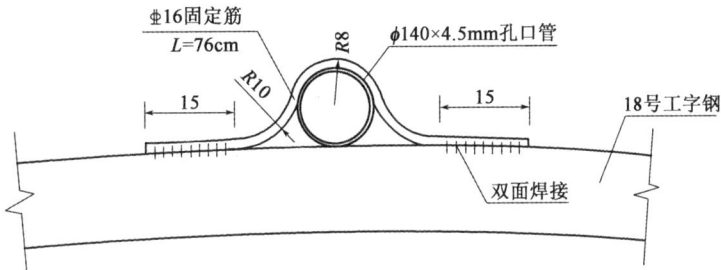

图 5.2.1-4　导向管固定示意图(尺寸单位:cm)

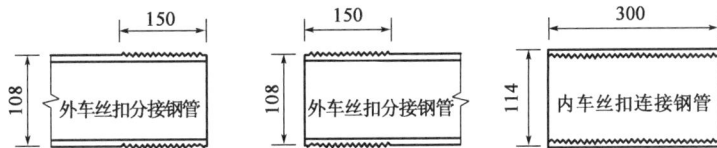

图 5.2.1-5　管棚钢管接头示意图(尺寸单位:mm)

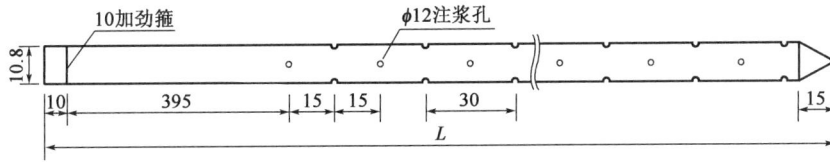

图 5.2.1-6　大管棚花钢管示意图(尺寸单位:cm)

2.1.4　管棚注浆

采用水泥浆搅拌机拌制水泥浆,水泥浆采用 P42.5 普通硅酸盐水泥,水灰比为 0.8:1。采用分段注浆施工工艺,初始注浆压力为 0.5~1.5MPa,终止注浆压力为 2MPa。每根钢管每延米注浆量不小于 0.095m³。浆液扩散半径不小于 0.5m。注浆完毕后向钢管内灌注 M20 砂浆,将钢管填充密实。

2.1.5　洞口段小管棚施工

仰山隧道出口端设计为小管棚进洞,左洞小导管长度为 20m,右洞小导管长度为 27m。

1）设计参数

（1）钢管规格：管棚采用 $\phi42$ 热轧无缝钢管，壁厚4mm，节长6m。

（2）管距：沿拱部环向布置，环向间距40cm。

（3）倾角：与路线纵坡向外插角5°。方向：平行于路线中线。

（4）每排37根，与超前小导管或超前锚杆搭接长度大于1.5m。

（5）注浆参数：水灰比0.8∶1，注浆压力0.5～1.0MPa，终压2.0MPa。

（6）护拱采用3榀18号工字钢拱架。

（7）护拱为C25喷射混凝土，长度1m，厚度28cm。

2）施工顺序

施工程序为：明开挖至明暗挖交界桩号→按设计坡率开挖边仰坡并防护→架立工字钢拱架→钻孔→安装小导管→注浆→护拱喷射混凝土施工。

3）施工方法

隧道洞内无长管棚支护的V级围岩地段设计有超前小导管。超前小导管注浆施工，采用风钻钻孔，沿孔打入注浆小导管，注浆前采用喷射混凝土封闭掌子面，拌和机拌制水泥浆，注浆泵小导管注浆。

（1）制作小导管：导管用外径42mm、壁厚4mm的热轧无缝钢管制作，每根长4.5m，钢管围壁钻压浆孔，孔径6mm，管后端0.95m不设压浆孔；为便于超前小导管插入围岩内，钢管前端加工成锥形并封焊密实，尾部焊接 $\phi6$ 加劲箍。超前小导管构造如图5.2.1-7所示。

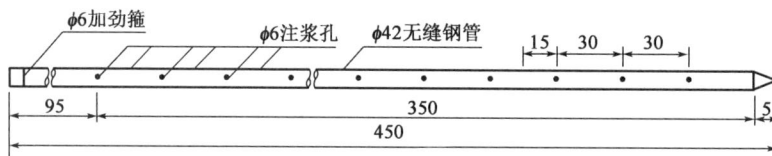

图5.2.1-7 超前小导管构造图（尺寸单位：cm）

（2）钻孔并安设小导管：小导管按拱顶外轮廓中心高程和支距进行布孔放样，并以插钎作为标记，控制小导管的间距。钻孔直径大于钢管直径20mm以上，超前小导管环向间距40cm，每排布置39根，外插角与隧道纵坡方向呈15°角（密排小导管为30°）。小导管插入钻孔后外露一定长度，以便连接注浆管，并用塑胶泥（40Be水玻璃拌525号水泥）将导管周围孔隙封堵密实。小导管的打设根据开挖循环进尺施作，搭接长度不小于1m。图5.2.1-8所示为普通小导管纵面示意图，图5.2.1-9所示为密布小导管纵面示意图。

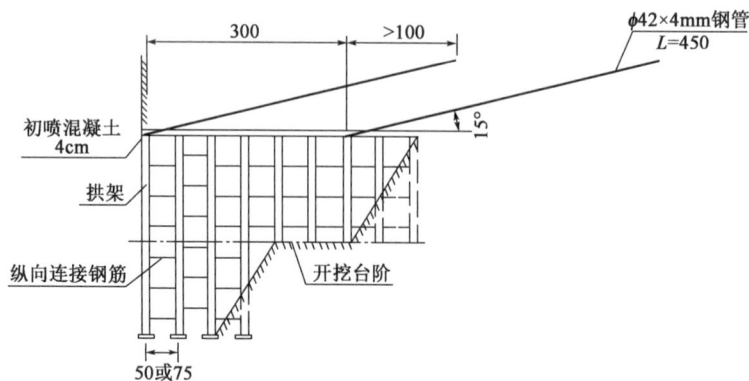

图5.2.1-8 普通小导管纵面示意图（尺寸单位：cm）

（3）注浆：注浆浆液选用水泥浆，水灰比为0.8∶1，必要时掺速凝剂，施工时实际配合比经现场试验按实际情况确定，水泥采用42.5号普通硅酸盐水泥，拌浆时掺入速凝剂。掺入注浆液按试验确定的注浆压力和注浆量施工。

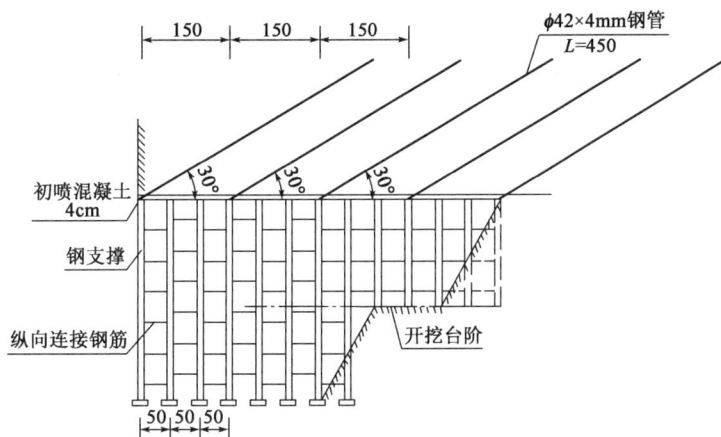

图 5.2.1-9 密布小导管纵面示意图(尺寸单位:cm)

注浆前先喷混凝土封闭掌子面以防漏浆,注浆顺序由下向上,浆液采用拌和机拌制。注浆时选取最佳注浆压力和注浆量,注浆压力为 0.5～1.0MPa,终压 2.0MPa,必要时可在孔口处设置止浆塞。止浆塞能承受规定的最大注浆压力。注完浆的钢管要立即堵塞孔口,防止浆液外流。小导管单液注浆示意图如图 5.2.1-10 所示。

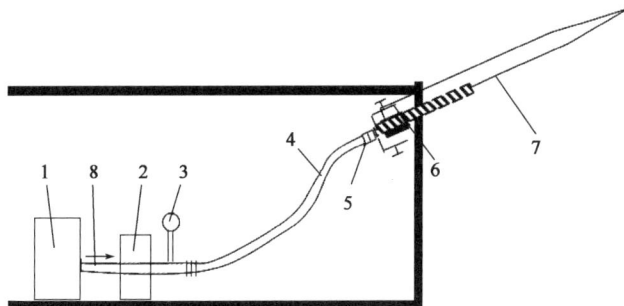

图 5.2.1-10 小导管单液注浆示意图
1-浆液桶;2-注浆泵;3-压力表;4-高压浆管;5-注浆嘴;6-堵塞嘴;7-小导管;8-进浆管

2.2 边仰坡施工

2.2.1 施工准备

首先做好边坡顶截水沟、天沟,开挖过程要自始至终保证排水畅通。

边坡顶为土质或含有软弱夹层时,天沟应及时铺砌或采取其他防渗措施,其排水口应引入自然沟或排水构筑物。

在边坡开挖施工期间注意检查维护,截排水设施要满足以下要求:

(1)沟基稳固,严禁将排水沟挖筑在未加处理的弃土上。

(2)边沟整齐,沟坡、沟底平顺,沟内无浮土、杂物。

(3)沟水排泄不得对路基产生危害。

(4)截水沟的弃土应于边坡顶与截水沟间筑成土台,并分层压实,台顶设 2% 倾向截水沟的横坡,土台边缘坡脚距边坡顶的距离不应小于 5m。

2.2.2 边坡开挖施工

挖方采用横向台阶分层开挖,深挖边坡采用"横向分层、纵向分段,阶梯掘进"的方式施工;合理安排运土通道与掘进工作面的位置及施工次序,做到运土、排水、挖掘、防护互不干扰,以确保开挖顺利进行。

开挖按设计边坡从上至下分层依次开挖,严禁自下而上挖"神仙土",开挖面保持不小于4%的排水坡,严禁积水,并且保持边坡平顺。

每层开挖高度不超过4m,每层先开挖挖方段中部,边坡预留1~5m厚度。挖方段中部开挖到位后,再开挖挖方段边坡进行刷坡。开挖挖方段边坡前先用坡度尺放样,按照设计坡度刷坡,确保挖方段边坡的稳定性和平顺。每段开挖工作完成后,对边坡进行及时防护,开挖一阶,防护一阶。当防护不能紧跟开挖进行,要暂时留20cm的保护层,待做护坡时再刷坡。

不论采取何种形式开挖都应随时做临时排水沟,并避免超挖和欠挖。

当挖方段开挖至底层设计高程时,核查地质是否与设计资料相符,如出现设计与现场不符等技术问题,及时与相关单位联系解决。

2.2.3 土质边坡开挖

采用人工配合机械开挖,要严格按照从上至下的开挖顺序逐级开挖,待上级边坡防护工程全部实施并产生加固作用后,方可进行下一级边坡的开挖,逐级开挖逐级加固,直至全部防护工程结束。

在开挖过程中,根据边桩的位置,预留0.2~0.3m厚的保护层,以利于人工修坡,施工时逐层控制,每开挖出10m长的边坡,就进行人工修坡。开挖过程中发现土层性质变化时,及时上报监理单位,及时调整施工方案。

开挖时沿线路方向开挖施工便道,便道纵坡应保证自卸车空车在正常情况下能顺利爬到坡顶。为施工安全,在线路左右幅各设置1条便道,上下汽车分道行驶。挖掘机从高至低分层分幅开挖,每层开挖深度控制在3~5m,每幅宽度控制在8~10m,配合自卸车运输。

2.2.4 石质边坡开挖

石质边坡开挖的基本程序和土质开挖程序相同。

(1)开挖过程中遇到石方,小方量的石方段采用机械打眼小炮开挖,大方量石方段采用浅孔松动控制爆破技术分层开挖,严禁放大炮开挖。靠近变坡区,平行于边坡打预裂孔,先起爆预裂孔,再一次从临空面向边坡方向爆破。靠近基床部位,预留30cm光爆层,施工时分段顺线路方向平行于路基面钻孔,进行光面爆破。要求爆破后,使基床、边坡和堑顶山地稳定,不受扰动,坡面平顺。

(2)爆破作业在施工前,进行爆破试验,通过试验进一步修正爆破参数,爆破时严格控制装药量。

(3)石方开挖后的边坡,做到顺直、圆滑、大面平整。边坡上无松石、危石。石质路堑边坡因超挖而影响上部边坡岩体稳定时,采用浆砌片石补砌。

(4)挖方边坡从开挖面往下分级清刷边坡。下挖2~3m时,对新开挖边坡进行刷新。软质岩石边坡用人工或机械清刷;坚石、次坚石边坡,采用人工配合机械切割、破碎方法,同时清除危石、松石。清刷后的石质路堑边坡不陡于设计规定值。

2.2.5 挖方弃土

挖方本着"高土高弃、低土低弃、劣土废弃、优土还田"的原则,合理规划弃土场,防止堆置不当影响边坡的稳定或造成水土流失等病害。

2.3 洞门墙施工

2.3.1 基础施工

基坑完成后,按基底纵轴线结合横断面放线复验,确认地基承载力满足设计要求,平面位置和高程正确无误后,方可进行基础施工。

1)立模

模板采用组合钢模板,立模时人工、机械配合工作。模板如有缝隙,应用海绵条或双面胶填塞严密,模板内应涂刷脱模剂(不得使用废机油等油料)。按图纸要求设置沉降缝。

2)浇筑混凝土

混凝土浇筑前,应对支架、模板、进行检查,并做好记录,符合设计及施工要求后方可浇筑。浇筑混凝土前模板内的杂物、积水应清理干净。混凝土浇筑时,采用插入式振捣器振捣,振捣不能漏振和过振。混凝土浇筑应按一定的厚度、顺序和方向分层浇筑,应在下层混凝土初凝或能重塑前浇筑完成上层混凝土。混凝土分层浇筑厚度不宜超过30cm。混凝土施工一层后,人工进行片石摆放,按规范要求摆放完成后,再进行下一层混凝土施工。混凝土从高处直接倾卸时,其自由倾落高度不宜超过2m,以不发生离析为度。当倾落高度超过2m时,应通过溜槽下落。片石掺加前应清除表面的杂物、泥土等。片石掺入量一般不超过总圬工体积的25%,施工控制在20%,掺入时不可乱投乱放,石块应分布均匀,净距不小于100mm,距结构侧面和顶面的净距不小于150mm。

2.3.2 墙身施工

若洞门墙墙身较高需要分段砌筑时,在交接处需设置石笋;在施工时要注意对墙身的倾斜度的控制,在砂浆强度达到70%以上时方可进行下一段墙身的砌筑,砌筑前均需要对交接面进行凿毛,清洗处理。

待砂浆强度达到70%以上时,方可回填墙背填料;在满足砂浆强度的前提下,明洞回填土应紧随洞门墙砌筑过程进行,不允许出现洞门墙施工完毕,而墙后尚未填土的情况。

墙身应根据渗水量在墙身适当高度布设泄水孔,泄水孔采用ϕ10PVC管,采用梅花形布置间距为300cm×300cm,最下一排泄水孔应高出地面0.3m。为了排水顺畅,在挡墙墙背底排泄水孔进水口处设置纵向碎石盲沟,在碎石盲沟底部纵向设置ϕ10PVC带孔排水管,排水管外包250g/m²无纺土工布,带孔排水管两端用两层250g/m²无纺土工布包封,带孔排水管与底排泄水孔采用三通接头连接,以保证盲沟通过泄水孔把墙背水排出路基。碎石盲沟底部应铺设0.3~0.5m厚的黏土隔水层并夯实,以防止台后水渗入基础。泄水孔在墙身断面方向应有3%~5%的向外坡度。

2.3.3 洞门墙施工要点

(1)洞门基础开挖应注意基坑的支护,基础必须置于稳固的地基上,地基承载力满足设计要求,应做好防水、排水工作,防止基底被水浸泡。基坑废渣、杂物等必须清除干净。

(2)洞门拱墙应与洞内相邻的拱墙衬砌同时施工,连成整体。洞门端墙应与隧道衬砌紧密相连接。

(3)洞门端墙的砌筑(或浇筑)与墙背回填,应两侧同时进行,防止对衬砌产生偏压。

(4)洞门建筑完成后,洞门以上仰坡坡脚如有损坏,应及时修补,并应检查,确保坡顶以上的截水沟和墙顶排水沟及路堑排水系统的完好与连通。

(5)隧道明洞回填、洞门施工完成后,应及时做好洞口边坡及仰坡的地表恢复,符合环境保护要求,做好水土保持。

（6）洞门砌筑要点：

①面层料石一丁一顺分层砌筑。石料宜选用颜色一致，不含锈迹，石料精雕细凿，方正，表面修凿的纹路整齐统一，色泽一致，条石和丁石的尺寸要一致，边线要直顺，棱角要分明，缺边掉角的料石不得使用。墙背浆砌片石部分与面层咬合砌筑，避免"两层皮"，砌缝砂浆插捣密实。

②砌筑砂浆按试验确定的配合比，机械拌制。

③勾凹缝后，可按要求在缝内喷涂，以增强视觉效果。

④砌体施工过程中应及时按设计布置泄水孔，对个别出水点及时将水引出，并做好墙背后反滤层、排水盲沟等。

⑤砌体的大面要平整，缝宽要一致。条石外露面的尺寸（长×宽）为60cm×30cm，丁石外露面的尺寸（长×宽）为30cm×30cm，缝宽为2cm。

⑥隧道洞门不允许粘贴石板材，尤其是抛光的石板材。

第3章

洞身开挖及支护

隧道施工严格按照"短进尺、弱爆破、强支护、早闭环、勤量测"的施工原则进行施工,施工中采取短进尺、强支护方式,及时封闭初期支护,使之成环,及早施作仰拱和填充,做到步步为营,稳扎稳打,尽量减少对围岩的扰动。

洞身开挖质量要求:开挖需要严格控制欠挖。当石质坚硬完整且岩石抗压强度大于30MPa,并确认不影响衬砌结构稳定和强度时,允许岩石个别凸出部分(每1m² 不大于0.1m²)凸入衬砌断面,锚喷支护时凸入不大于30mm,衬砌时不大于50mm,拱脚、墙角以上1m内严禁欠挖。洞身开挖的控制具体内容如表5.3.0-1所示。

洞身开挖实测项目及允许偏差   表5.3.0-1

项次	检 查 项 目		规定值或允许偏差
1	拱部超挖(mm)	破碎岩、土(Ⅰ、Ⅱ类围岩)	平均100,最大150
		中硬岩、软岩(Ⅲ、Ⅳ、Ⅴ类围岩)	平均150,最大250
		硬岩(Ⅵ类围岩)	平均100,最大200
2	边墙宽度(mm)	每侧	+100,-0
		全宽	+200,-0
3	边墙、仰坡、隧底超挖(mm)		平均100

暗洞开挖工艺流程:测量放样→台车就位→钻炮眼→装药→爆破→通风→洒水→排险→出渣→检验→下一道工序。

3.1 V级围岩、紧急停车带洞身开挖

3.1.1 施工方法

根据隧道V级围岩、紧急停车带特点,以及隧道断面的跨度,为了确保施工安全,采用拱部上弧形预留核心土施工。SA5a及SA5b衬砌开挖每循环进尺控制在0.5m,SA5c衬砌及紧急停车带控制在0.75m(与主洞拱架间距一致)。

V级围岩、紧急停车带开挖主要以人工钻孔作业为主(考虑施工空间的局限性,必须人工进行施工),配合小药量的松动爆破开挖。下半断面开挖必须在上半断面初期支护基本稳定后进行开挖;同时要认真加固拱脚、施作锁脚锚杆,若拱脚处围岩破碎时,需采取必要的注浆加固措施或者设置临时支撑,确保拱脚稳定。洞内软岩二次衬砌应尽早施作,其他段落二次衬砌的施作时间根据量测数据确定。初

期支护要及时落底封闭,以保护初期支护的承载能力。

3.1.2 施工工序

上弧形导坑开挖→拱部初期支护→预留核心土开挖→下部开挖→下部初期支护→仰拱施作→二次衬砌。

3.1.3 施工要点

环形开挖留核心土法,将开挖断面分为上、中、下及底部四个部分逐级掘进施工,核心土面积应不小于整个断面面积的50%。上部宜超前中部5m,中部超前下部5m,下部超前底部10m左右。为方便机械作业,上部开挖高度控制在4.5m左右,中部台阶高度也控制在4.5m左右,下台阶开挖高度控制在3.5m左右。

核心土与下台阶开挖应在上台阶支护完成后、喷射混凝土强度达到设计强度的70%后进行。为了防止上台阶初期支护下沉、变形,其底部宜加设槽钢托梁,托梁与钢架连为一体,钢架底部应按设计要求设置锁脚锚杆,并与纵向槽钢焊接,锚杆布设俯角宜为45°。

每一台阶开挖完成后,及时喷射4cm厚混凝土对围岩进行封闭,设立型钢钢架及锁脚锚杆,分层复喷混凝土到设计厚度,必要时各台阶设临时仰拱加强支护,完成一个开挖循环。

土质隧道应以核心土为基础,设立3根临时钢架竖撑以支撑拱顶和拱腰,核心土应根据围岩量测结果适当滞后开挖。

留核心土环形开挖法施工示意图如图5.3.1-1所示。

图 5.3.1-1 留核心土环形开挖法施工示意图

3.2 Ⅳ级围岩开挖方法

3.2.1 施工方法

Ⅳ级围岩采用上下台阶法开挖施工方法。上半断面施工:Ⅳ级围岩上断面开挖高度拟定4.5m,以利于大型施工机械作业及掌子面稳定,开挖主要以人工钻孔作业为主,配合爆破开挖,出渣采用正装侧卸式装载机配自卸汽车。下半断面施工:视围岩情况及时开挖下台阶施作仰拱,下半断面开挖采用左右侧槽交错开挖,并进行初期支护。开挖仰拱使用栈桥全幅施工。

严格控制每循环进尺,SA4a 衬砌宜控制在 2.0m,SA4b、SA4c 衬砌控制在 2.4m,尽量减少对围岩的扰动;开挖成形后应及时进行初期支护,确保工序衔接,当地层变差时,应随时喷射早强混凝土封闭工作面;施工过程中对围岩及支护结构进行量测,以便监控稳定状态。

3.2.2 施工工序

上台阶开挖→上台阶初期支护→下台阶开挖→下台阶初期支护→全断面二次衬砌。

3.2.3 施工要点

台阶不宜多分层,上、下台阶之间的距离尽可能满足机具正常作业,并减少翻渣工作量;当顶部围岩破碎,需支护紧跟时,可适当延长台阶长度。

施工亦应先护后挖,宜采用超前锚杆辅助施工措施。开挖采用微震光面爆破技术。

初期支护应紧跟开挖面,上台阶施工时,钢架底脚宜设锁脚锚杆和纵向槽钢托梁,以利于下台阶开挖安全。下台阶在上台阶喷射混凝土强度达到设计强度的 70% 后开挖。

台阶分界线不得超过起拱线,上台阶长度不得大于 30m,下台阶马口落底长度不大于 2 榀钢拱架的长度,应一次落底,并尽快封闭成环。

台阶长度不宜过长,应尽快安排仰拱封闭成环,改善初期支护受力条件。

上下台阶开挖施工如图 5.3.2-1 所示。

图 5.3.2-1 上下台阶开挖施工示意图

3.3 Ⅲ级围岩段开挖方法

3.3.1 施工方法

围岩岩体为中风化层,岩质较硬,完整性较好。地下水主要为基岩裂隙水,水量较贫乏,主要接受大气降水补给,水文地质条件较简单。围岩稳定性较好,隧道开挖可能出现点滴状出水。Ⅲ级围岩段采用全断面开挖方法。为施工安全,控制超欠挖,每循环进尺控制在 3.5m 为宜。

3.3.2 施工要点

采用光面爆破,尽量减少对围岩的扰动。开挖成形后及时进行初期支护,确保工序衔接;当地层变差时,应随时喷射混凝土封闭工作面。

车行、人行横通道和各洞室因其断面小,拟采用全断面法开挖,使用组合钢模板二次衬砌,先挖主线隧道后及时施作初期支护,待主线开挖超前一段距离支护稳定后。再开挖车行、人行横通道及并及时施作初期支护,最后施作主线隧道和车行、人行横通道二次衬砌。

双向开挖:隧道双向开挖接近贯通时,两端应加强联系,统一指挥。当两开挖面间距30m时,应改为单向开挖,并落实贯通面的安全措施,直至贯通。

3.3.3 钻爆及光面爆破施工

3.3.3.1 爆破施工工艺流程

爆破施工工艺流程如图5.3.3-1所示。

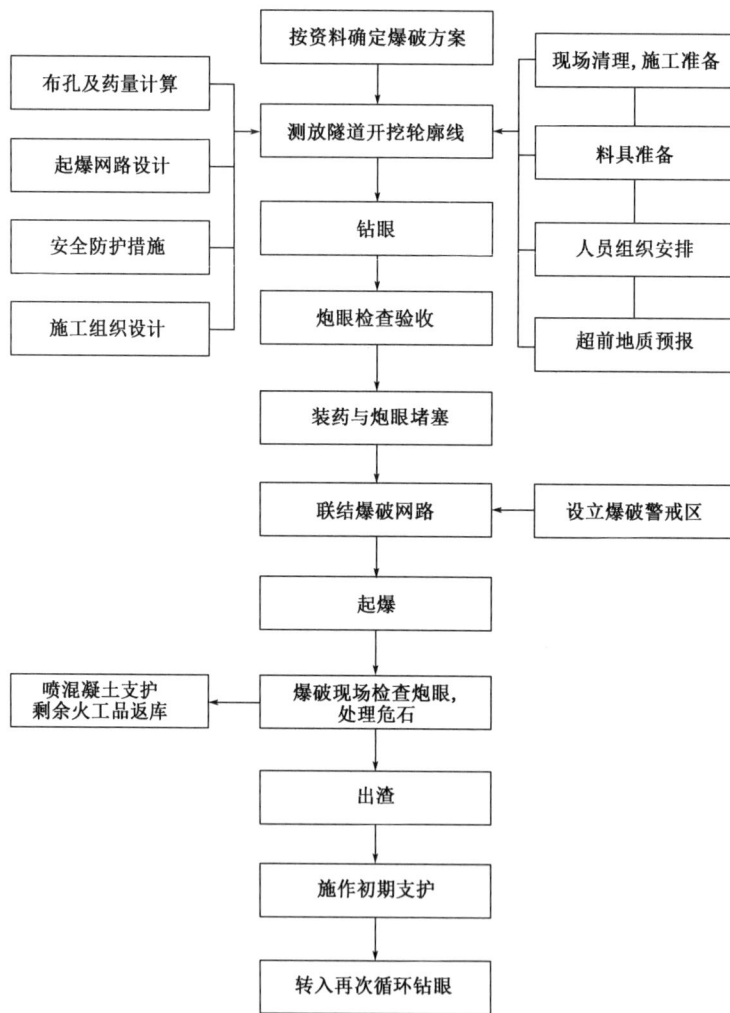

图5.3.3-1 爆破施工工艺流程图

3.3.3.2 技术参数

隧道采用钻爆法开挖。隧道围岩主要是Ⅲ、Ⅳ、Ⅴ级围岩。主断面Ⅴ级围岩采用台阶分部开挖(即环形开挖留核心土法),Ⅳ级围岩采用两台阶法开挖,Ⅲ级围岩采用全断面法开挖。Ⅳ级围岩紧急停车带采用三台阶法开挖,Ⅲ级围岩紧急停车带采用上下台阶法开挖。人行横通道和车行横通道采用全断面法开挖。

1)炮孔直径的确定

由于钻孔机具确定,炮孔直径 $\phi = 38 \sim 42\text{mm}$,在此取 $\phi = 40\text{mm}$。

2)炮孔深度

由于围岩破碎,炮孔深度取施工图设计建议的循环进尺长度。

3)周边眼(光爆眼)

(1)周边眼间距 E,它是直接控制开挖轮廓面平整度的主要因素。一般情况下 $E = (10 \sim 15)d$,其中炮眼直径 $d = 35 \sim 45\text{mm}$,取 40mm。对于节理较发育、层理明显以及开挖轮廓要求较高的地下工程,周边眼间距可适当减小,也可在两炮眼之间增加一个不装药的导向空眼。$E = 400 \sim 600\text{mm}$,根据断面跨度大小取 0.6m、0.5m 和 0.4m。

(2)最小抵抗线 W(光面层厚度),W 直接影响光面爆破效果和爆渣块度。其取值在 $(12 \sim 22)d$ 范围内,且 $W \geqslant E$。$W = 480 \sim 880\text{mm}$,取 0.7m、0.6m 和 0.5m。

(3)周边眼密集系数 K。一般情况,以 $K = E/W = 0.7 \sim 1.0$ 为宜,可取:$0.6/0.7 = 0.86$,$0.5/0.6 = 0.83$,$0.4/0.5 = 0.8$。

(4)装药集中度 q,采用 2 号岩石炸药进行光面爆破时,$q = 0.2 \sim 0.3\text{kg/m}$,取 $q = 0.3\text{kg/m}$,必要时要在岩层中试验,以求得更准确的爆破参数。

(5)装药结构,采用不耦合间隔装药,现场采用 20mm 直径药卷,如图 5.3.3-2 所示。

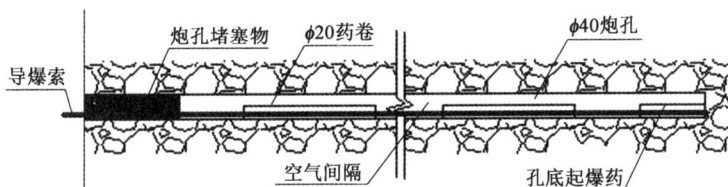

图 5.3.3-2 周边孔装药结构示意图

(6)单孔装药量,$Q_1 = \eta \cdot L \cdot r$。其中,$\eta$ 为炮孔装药系数,取 $\eta = 0.6$;L 为孔深;r 为每米长度炸药量,$r = 0.3\text{kg/m}$。

3.3.3.3 爆破设计

1)光面爆破设计

爆破设计遵守以下原则:炮孔布置便于提高机械钻孔效率;提高炸药能量利用率,以降低炸药用量;减少对围岩的扰动,采用光面爆破,控制好开挖轮廓,提高钻爆效果;在保证安全前提下,尽可能提高掘进速度。

2)参数选择(表 5.3.3-1)

参 数 选 择   表 5.3.3-1

围岩级别	硬 岩	中 硬 岩	软 岩
抗压强度(MPa)	> 60	30 ~ 60	≤30
装药不耦合系数	1.25 ~ 1.50	1.50 ~ 2.00	2.00 ~ 2.50
周边眼间距(cm)	55 ~ 70	45 ~ 60	30 ~ 50
光爆层厚度(cm)	70 ~ 85	60 ~ 75	40 ~ 60
相对距	0.8 ~ 1.0	0.8 ~ 1.0	0.5 ~ 0.8
周边眼装药集中度	0.3 ~ 0.35	0.2 ~ 0.3	0.07 ~ 0.15

3)爆破器材选用

采用塑料导爆管非毫秒雷管起爆,毫秒雷管采用 15 个段位的等差毫秒雷管,引爆采用起爆器引爆电雷管,周边眼采用导爆索起爆。

炸药采用 2 号岩石铵锑炸药和乳化炸药(有水地段使用),选用 $\phi 25$、$\phi 32$ 两种规格,其中 $\phi 25$ 为周边眼使用的光爆药卷。

4)掏槽形式

采用楔形掏槽或中空直眼掏槽。

5)炮孔设计

(1)V 级围岩环形开挖(留核心土法)炮孔设计

主断面 V 级围岩光面爆破参数如表 5.3.3-2 所示。

主断面 V 级围岩光面爆破参数   表 5.3.3-2

项目	炮孔	炮孔深度(m)	与工作面夹角	炮孔个数	单孔装药量(kg)	合计药量(kg)	装药方式(药卷直径)	炸药用量(kg)
第一部开挖	空孔	1.2	90°	2				37.6
	掏槽孔	1.2	90°	8	0.8	6.4	连续装药(32mm)	
	辅助孔	1.0	90°	43	0.6	25.8	连续装药(32mm)	
	周边孔	1.0	外插3°	27	0.2	5.4	间隔装药(20mm)	
第二部开挖	第一排	1.0	90°	7	0.4	2.8	连续装药(32mm)	8.8
	第二排	1.0	90°	8	0.4	3.2	连续装药(32mm)	
	第三排	1.0	90°	7	0.4	2.8	连续装药(32mm)	
第三部开挖	第一排	1.0	90°	13	0.4	5.2	连续装药(32mm)	12.8
	第二排	1.0	90°	15	0.4	6.0	连续装药(32mm)	
	周边眼	1.0	外插3°	8	0.2	1.6	间隔装药(20mm)	
第四部开挖	第一排	1.0	90°	11	0.4	4.4	连续装药(32mm)	8.2
	周边眼	1.0	外插3°	19	0.2	3.8	间隔装药(20mm)	

(2)上下台阶法开挖爆破设计

爆破参数见表 5.3.3-3。

主断面上下台阶法开挖爆破参数   表 5.3.3-3

项目	炮孔	炮孔深度(m)	与工作面夹角	炮孔个数	单孔装药量(kg)	合计药量(kg)	装药方式(药卷直径)	炸药用量(kg)
第一部开挖	掏槽孔	1.5	75°	12	1	12	连续装药(32mm)	81.9
	辅助孔	1.2	90°	91	0.7	63.7	连续装药(32mm)	
	周边孔	1.2	外插3°	31	0.2	6.2	间隔装药(20mm)	
第二部开挖	第一排	1.2	90°	13	0.5	6.5	连续装药(32mm)	20.7
	第二排	1.2	90°	13	0.5	6.5	连续装药(32mm)	
	第三排	1.2	90°	13	0.5	6.5	连续装药(32mm)	
	周边眼	1.2	90°	6	0.2	1.2	间隔装药(20mm)	

(3)紧急停车带三台阶法爆破设计

停车带爆破参数见表 5.3.3-4。

紧急停车带爆破参数　　　　　　表 5.3.3-4

项目	炮孔	炮孔深度（m）	与工作面夹角	炮孔个数	单孔装药量（kg）	合计药量（kg）	装药方式（药卷直径）	炸药用量（kg）
第一部开挖	掏槽孔	1.3	75°	12	0.8	9.6	连续装药(32mm)	50.2
	辅助孔	1.0	90°	68	0.6	40.8	连续装药(32mm)	
	周边孔	1.0	外插3°	33	0.2	6.6	间隔装药(20mm)	
第二部开挖	第一排	1.0	90°	17	0.4	6.8	连续装药(32mm)	28.8
	第二排	1.0	90°	17	0.4	6.8	连续装药(32mm)	
	第三排	1.0	90°	17	0.4	6.8	连续装药(32mm)	
	第四排	1.0	90°	15	0.4	6.0	连续装药(32mm)	
	周边眼	1.0	外插3°	12	0.2	2.4	间隔装药(20mm)	
第三部开挖	第一排	1.0	90°	13	0.4	5.2	连续装药(32mm)	10.6
	周边眼	1.0	外插3°	27	0.2	5.4	间隔装药(20mm)	

（4）人行横通道光面爆破设计

人行横通道光面爆破参数见表 5.3.3-5。

人行横通道光面爆破参数　　　　　　表 5.3.3-5

项目	炮孔	炮孔深度（m）	与工作面夹角	炮孔个数	单孔装药量（kg）	合计药量（kg）	装药方式（药卷直径）	炸药用量（kg）
全断面开挖	空孔	1.2	90°	1				18.1
	掏槽孔	1.2	90°	4	0.8	3.2	连续装药(32mm)	
	辅助孔	1.0	90°	17	0.5	8.5	连续装药(32mm)	
	周边孔	1.0	外插3°	32	0.2	6.4	间隔装药(20mm)	

（5）车行横通道光面爆破设计

车行横通道光面爆破参数见表 5.3.3-6。

车行横通道光面爆破参数　　　　　　表 5.3.3-6

项目	炮孔	炮孔深度（m）	与工作面夹角	炮孔个数	单孔装药量（kg）	合计药量（kg）	装药方式（药卷直径）	炸药用量（kg）
全断面开挖	掏槽孔	1.3	90°	6	0.8	4.8	连续装药(32mm)	49.8
	辅助孔	1.0	90°	70	0.5	35	连续装药(32mm)	
	周边孔	1.0	外插3°	50	0.2	10	间隔装药(20mm)	

6）光爆作业步骤

（1）放样布眼

隧道开挖每一个循环都要进行施工测量,控制开挖断面,在开挖面上用红油漆画出隧道开挖轮廓线,标出炮眼位置,误差不超过 5cm。

（2）定位钻孔

钻眼按设计指定的位置进行。钻眼时掘进眼保持与隧道轴线平行,除底眼外,其他炮眼口比眼底低 5cm,以便钻孔时的岩粉自然流出,周边眼外插角控制在 2°~3°。掏槽眼严禁互相打穿相交,眼底比其他炮眼深 20cm。

认真清理开挖面的虚渣和危石,按照炮眼布置图正确布孔钻眼。

掏槽眼深度按设计施工,眼口间距误差和眼底间距误差不大于5cm。

辅助眼深度按设计施工,眼口排距、行距误差均不大于10cm。

周边眼位置在设计断面轮廓线上,误差不大于5cm,眼底不超出开挖面轮廓线10cm,最大不超过15cm。

内圈炮眼至周边眼的排距误差不大于5cm,炮眼深度超过2.5m时内圈眼与周边眼以相同的斜率钻眼。

当开挖面凹凸较大时,按实际情况,调整炮眼深度,保证所有炮眼(除掏槽眼外)眼底在同一垂直面上。

钻眼完毕,按炮眼布置图进行检查,并做好记录,不符合要求的炮眼重钻,经检查合格后,才能装药起爆。

(3)清孔装药

装药前炮眼用高压风吹干净,检查炮眼数量。装药时派专人分好雷管段别,按爆破设计顺序装药;装药作业分组分片进行,定人定位,确保装药作业有序进行,防止雷管段混乱,影响爆破效果。每眼装好药后用炮泥堵塞。装药前先用高压风将孔中岩粉吹净,并用炮棍检查孔内是否有堵塞物;装药分片分组,严格按爆破参数表及炮孔布置图规定的单孔装药量,雷管段"对号入座"。周边眼孔口堵塞长度不小于25cm,爆破网路连接采用"一把抓"法,分片分束连接,每12根塑料导爆管为一束,每束安装两个即发雷管。

(4)网络连接

起爆网采用复式网络,连接时每组控制在12根以内;连接雷管使用相同的段别,且使用低段别的雷管。雷管连接好后有专人负责检查,检查雷管的连接质量即是否有漏连的雷管,检查无误后起爆。

(5)调整控制

开挖过程中经常观察石质的变化情况及爆破效果,及时调整钻爆设计。严格控制周边眼的装药量,减少对围岩的扰动,控制超欠挖。

(6)排水

控制隧底超欠挖,保证底面平整。保持临时排水系统畅通不积水,防止浸泡围岩。

3.4 洞内超前支护施工

3.4.1 超前小导管

隧道洞身为Ⅴ级围岩时,在开挖前施工超前小导管进行预支护和加固;洞口段Ⅴ级围岩设置密排超前小导管进行预支护和预加固。超前小导管采用 $\phi42mm \times 4mm$ 的钢管,小导管长4.5m。小导管在拱顶140°范围内布置,与隧道轴线呈15°外插角,环向间距0.4m,每环施工39根超前小导管。超前小导管横断面布置如图5.3.4-1所示,超前小导管纵断面布置如图5.3.4-2所示,当超前小导管不能满足施工要求时采用密排超前小导管进行预支护和预加固,密排超前小导管纵断面布置如图5.3.4-3所示。

1)超前小导管施工工艺流程

隧道超前小导管施工工艺流程如图5.3.4-4所示。

2)超前小导管钻孔

上台阶拱架支护完毕后,进行超前小导管钻孔施工。为确保超前小导管的外插角度准确可在支护的拱架上钻孔,钻孔直径为70mm。采用手持凿岩机或者多臂凿岩机进行钻孔,钻孔直径为70mm,钻孔深度为4.2~4.3m,钻孔完毕后采用高压风清孔。

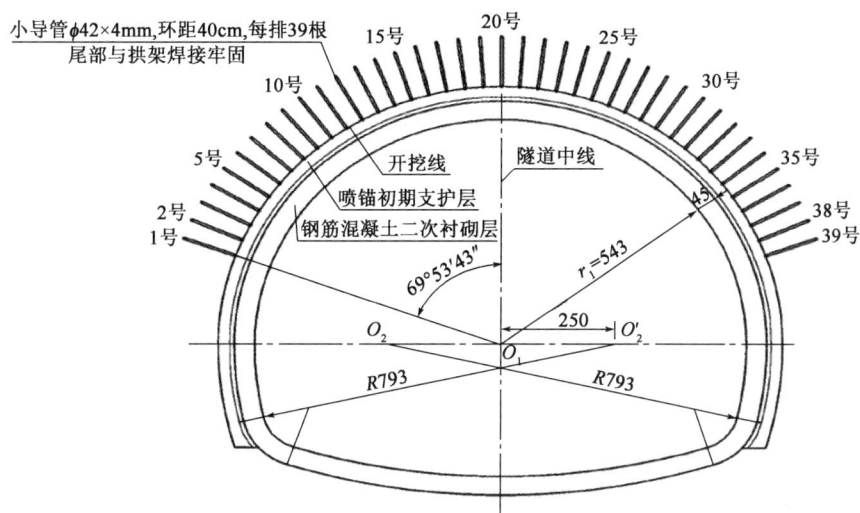

图 5.3.4-1 超前小导管横断面布置图(尺寸单位:cm)

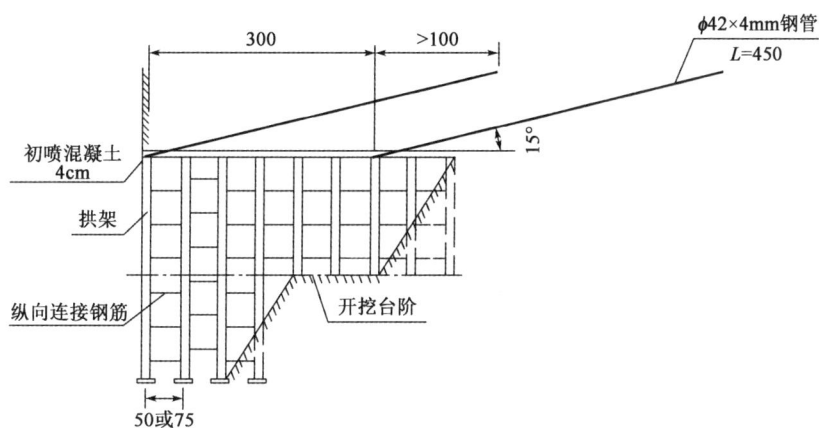

图 5.3.4-2 超前小导管纵断面布置图(尺寸单位:cm)

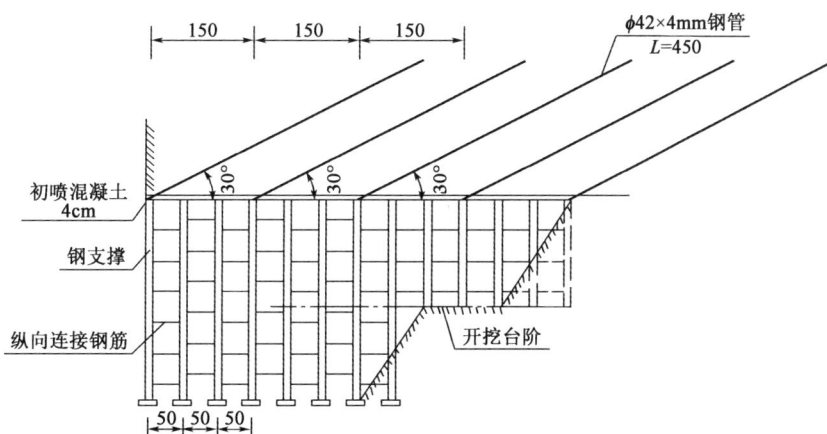

图 5.3.4-3 密排超前小导管纵断面布置图(尺寸单位:cm)

3)安装小导管

小导管钻孔清孔完毕后安装小导管。小导管可采用手持凿岩机或者多臂凿岩机推送入孔,小导管插入深度不小于设计值的95%,否则应拔出小导管进行二次清孔后重新安装小导管(也可重新钻孔安装小导管),小导管安装就位后安装止浆阀。超前小导管花钢管如图5.3.4-5所示。

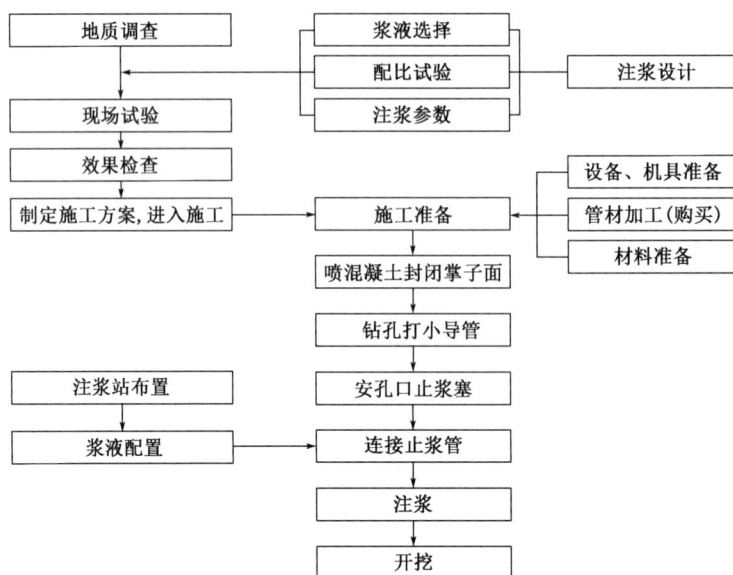

图 5.3.4-4 隧道超前小导管施工工艺流程图

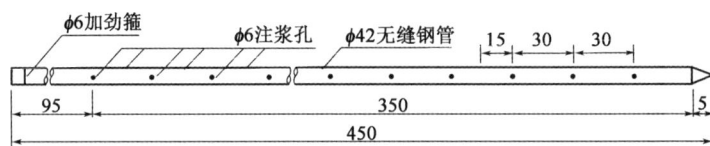

图 5.3.4-5 超前小导管花钢管示意图(尺寸单位:cm)

4)小导管注浆

小导管止浆阀安装完毕后采用 C25 喷射混凝土封闭掌子面,然后进行超前小导管注浆作业。超前小导管采用水灰比为 0.8:1 的水泥浆进行注浆,注浆压力为 0.5~1MPa,超前小导管每延米注浆量不小于 3.5m³。

3.4.2 超前锚杆

隧道洞身为Ⅳ级围岩时,采用超前锚杆进行预支护和预加固。超前锚杆在隧道拱顶 122°范围内设置,超前锚杆采用 φ22 砂浆锚杆,锚杆长 4.0m,环向间距 0.4m,每环 33 根砂浆锚杆,砂浆锚杆的搭接长度不小于 1m。超前锚杆的横断面布置如图 5.3.4-6 所示,超前锚杆纵断面布置如图 5.3.4-7 所示。

1)超前锚杆施工工艺流程

超前锚杆施工工艺流程如图 5.3.4-8 所示。

2)钻孔

拱架(钢架)安装完毕后在掌子面上测绘出超前锚杆的施工位置,并做标识。采用手持凿岩机(或者多臂凿岩机)进行钻孔,钻孔直径为 50mm,钻孔完毕后采用高压风进行清孔。清孔完毕后采用高压泵将砂浆泵送进锚杆孔,砂浆泵的软管插入深度不小于锚杆孔深的 90%,压入砂浆的过程中拔出软管,拔出软管的速度不宜过快,避免孔内砂浆不饱满。

3)安装锚杆

采用手持凿岩机(或者多臂凿岩机)将锚杆推送入孔,锚杆插入长度不小于设计长度的 95%,锚杆插入时孔口应有砂浆溢出,否则应拔出锚杆灌入砂浆重新安装锚杆。锚杆安装就位后将锚杆与拱架(钢架)采用焊接进行连接。

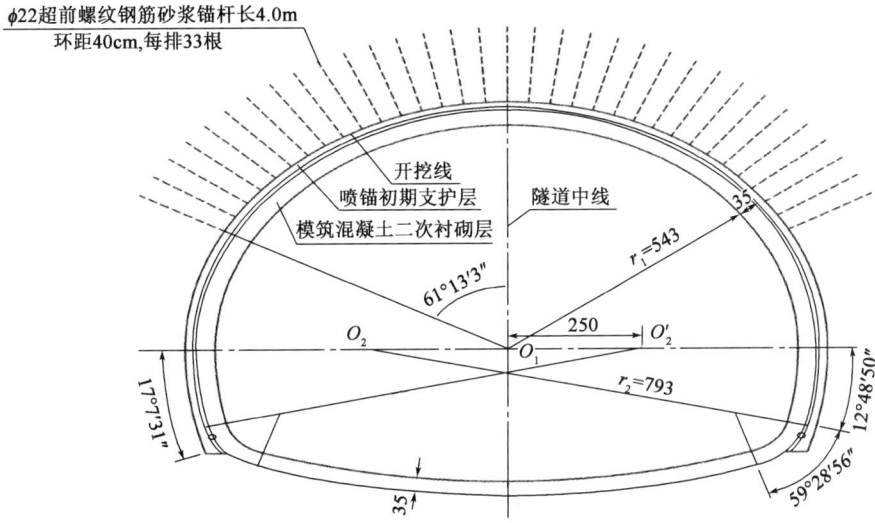

图 5.3.4-6 超前锚杆横断面布置图(尺寸单位:cm)

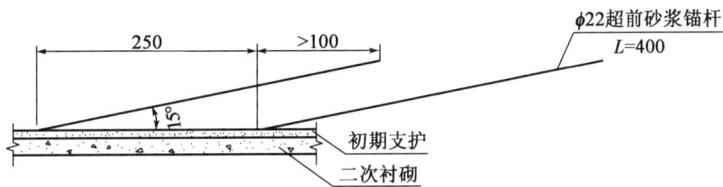

图 5.3.4-7 超前锚杆纵断面布置图(尺寸单位:cm)

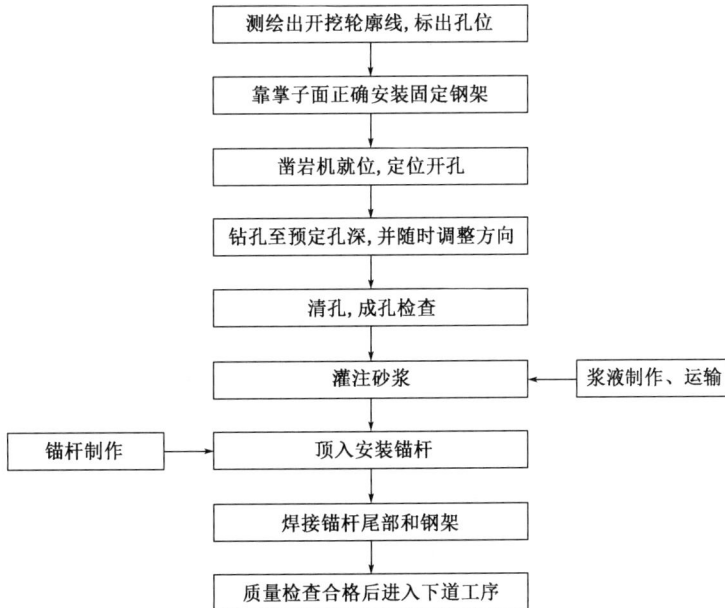

图 5.3.4-8 超前锚杆施工工艺流程图

4)开挖

超前锚杆的砂浆强度达到设计强度的80%后进行上台阶开挖。

3.5 隧道初期支护施工

3.5.1 钢拱架

钢拱架施工工艺流程如图 5.3.5-1 所示。

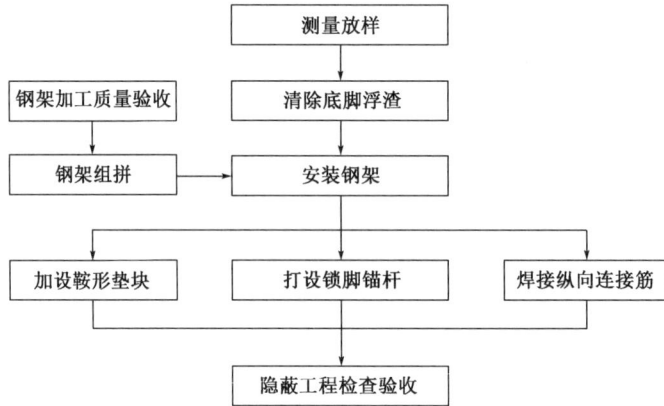

图 5.3.5-1 钢拱架施工工艺流程图

隧道洞身为 V 级围岩时,SA5a、SA5b 衬砌的初期支护钢拱架分别采用 18 号工字钢和 16 号工字钢,工字钢间距为 0.5m;SA4a 衬砌的初期支护钢拱架采用 14 号工字钢,间距 0.75m。工字钢采用机械冷弯成型,同一榀工字钢不同单元之间采用钢板和螺栓连接,钢板与工字钢之间采用焊接(腹板焊缝高度不小于 5mm,翼缘板焊缝高度不小于 9mm);不同工字钢之间采用 φ22 连接筋进行连接,连接筋的环向间距为 0.8m,沿工字钢内外交错布置。上台阶和中台阶的钢拱架采用 φ22 钢筋砂浆锚杆进行临时固定,砂浆锚杆长 3.5m,每处拱脚设置 2 根砂浆锚杆,三台阶施工时每榀拱架共设置 8 根砂浆锁脚锚杆,砂浆锚杆的下插角度为 30°~45°,砂浆锚杆与钢拱架之间采用"U"形钢筋连接,"U"形钢筋采用HPB300 φ20mm 钢筋,"U"形筋与钢拱架及锁脚锚杆之间采用焊接,双面焊的焊缝长度不得小于 10cm,单面焊的焊缝长度不得小于 20cm,焊缝宽度及高度应符合《钢筋焊接及验收规程》(JGJ 18—2012)的要求,焊缝质量应满足二级焊缝质量要求。SA5a 衬砌工字钢钢架单元组合如图 5.3.5-2 所示,SA5a 衬砌钢拱架连接如图 5.3.5-3、图 5.3.5-4 所示。

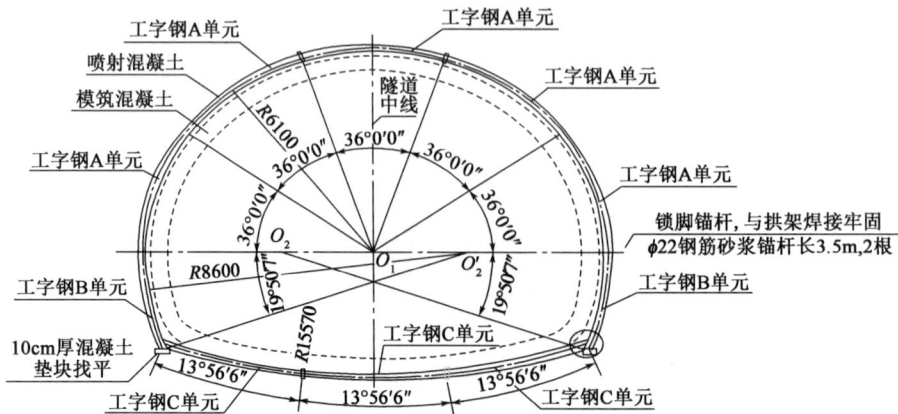

图 5.3.5-2 SA5a 衬砌工字钢钢架单元组合示意图(尺寸单位:cm)

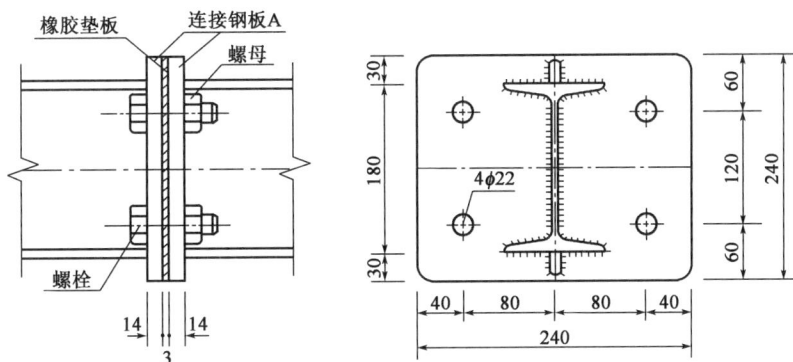

图5.3.5-3　SA5a衬砌钢拱架连接示意图一(尺寸单位:mm)

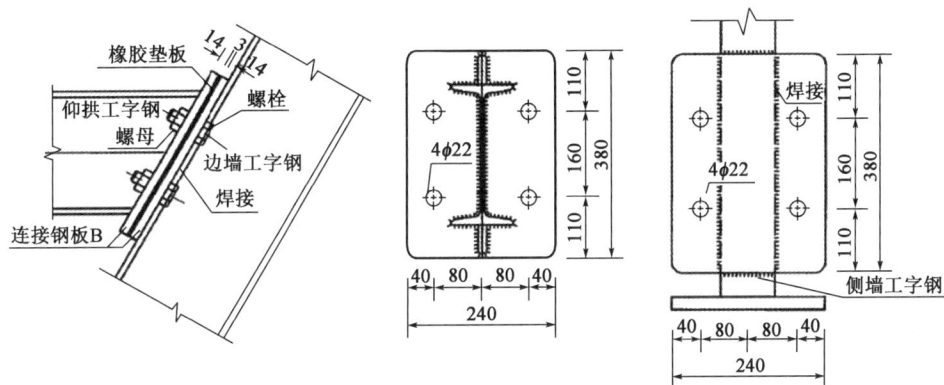

图5.3.5-4　SA5a衬砌钢拱架连接示意图二(尺寸单位:mm)

连接钢板之间采用 M20×60mm 螺栓连接。为确保施工中台阶和下台阶时,连接钢板能顺利使用螺栓连接,拱架支护完毕后采用砂回填 20~30cm,开挖中、下台阶时挖除回填砂采用螺栓连接拱架。拱架的拱脚应置于坚固的岩层上,当拱脚有超挖时,可采用 C20 混凝土垫块与槽钢进行支垫密实。

SA5c 衬砌初期支护钢拱架采用 16cm×16cm 格栅拱架,间距0.75m;SA4b 衬砌和 SA4c 初期支护钢拱架采用 11.6cm×11.6cm 格栅拱架,间距分别 1m 和 1.2m。格栅拱架支护完毕后采用 ϕ22 砂浆锚杆固定,设置数量及角度同工字钢钢拱架。格栅拱架主筋采用 HRB400 ϕ25mm 钢筋,"8"字筋采用 HRB400 ϕ16mm 钢筋,"8"字筋采用机械冷弯制作而成。"8"字筋与主筋之间采用双面焊连接,焊缝长度为 8cm。格栅拱架单元之间采用角钢和螺栓连接,角钢规格为∟100mm×80mm×10mm,角钢与格栅拱架之间采用焊接,焊缝长度为 10cm(双面焊)。格栅拱架之间采用 HRB400 ϕ25mm 钢筋连接,环向间距0.8m,沿格栅内外侧交错对布置。SA5c 衬砌格栅拱架单元组合如图 5.3.5-5 所示,格栅拱架单元连接如图 5.3.5-6 所示,格栅拱架"8"字筋如图 5.3.5-7 所示。格栅拱架连接如图 5.3.5-8 所示。

3.5.2　钢筋网片

钢拱架支护完毕后挂设钢筋网片。本标段所有隧道钢筋网片均采用 ϕ^R6 焊接钢筋网,网格尺寸为 15cm×15cm,搭接长度不小于 20cm。钢筋网片与围岩的距离不大于 3cm。钢筋网片与钢拱架及锚杆之间采用点焊焊接。

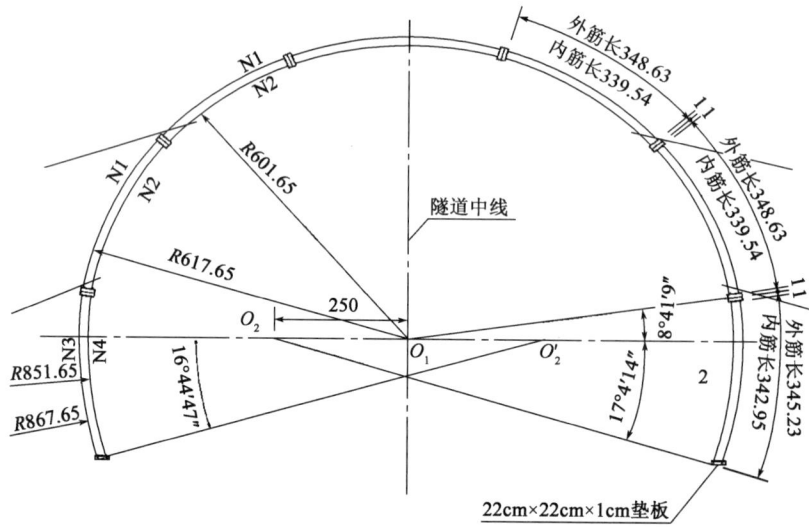

图5.3.5-5 SA5c衬砌格栅拱架单元组合示意图(尺寸单位:cm)

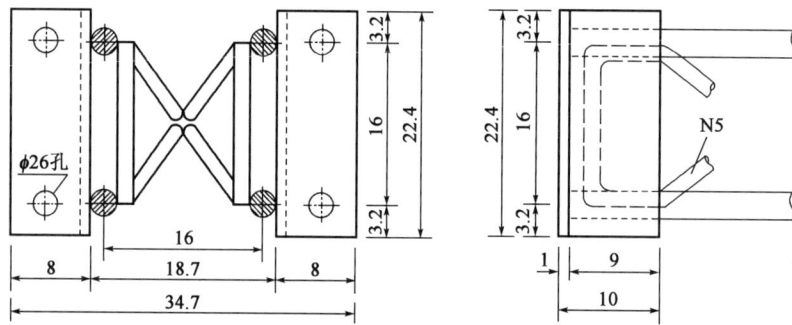

图5.3.5-6 SA5c衬砌格栅拱架单元连接示意图(尺寸单位:cm)

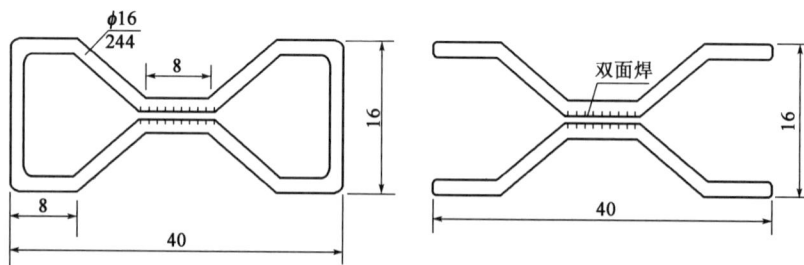

图5.3.5-7 SA5c衬砌格栅拱架"8"字筋大样图(尺寸单位:cm)

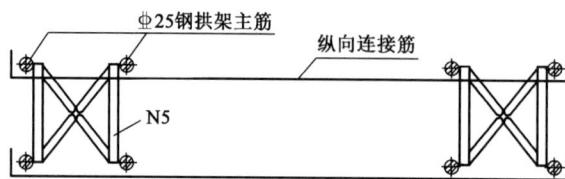

图5.3.5-8 格栅拱架连接示意图

3.5.3 锚管(锚杆)

本项目隧道初期支护的系统锚管(锚杆)均采用 $\phi25mm \times 5mm$ 中空注浆锚杆(先锚后灌式中空注浆锚管)。

1)中空注浆锚杆施工工艺流程

中空注浆锚杆施工工艺流程如图5.3.5-9所示。

2)锚杆钻孔

按照设计间距和位置进行测量放样,放样时在岩面上采用红色油漆做好标记。锚杆孔采用手持风动凿岩机或者多臂凿岩机进行钻孔,钻孔直径为5cm。钻孔完毕后采用高压风进行清孔。清孔后安装锚杆,锚杆的插入长度不小于设计长度的95%,否则应重新钻孔安装锚杆。

3)注浆

装入锚杆后采用喷射混凝土封闭锚杆孔口或者采用止浆塞封闭锚杆孔口位置后进行注浆作业。中空锚杆采用1:1的水泥浆进行注浆,注浆压力为0.5~1MPa,终止注浆压力为1.5MPa,中空锚管每延米注浆量不小于2L。

锚杆(锚管)安装时应预留足够的长度,确保喷射混凝土施工完毕后锚杆(锚管)头的外露长度不小于5cm,以方便锚杆施工质量检查。

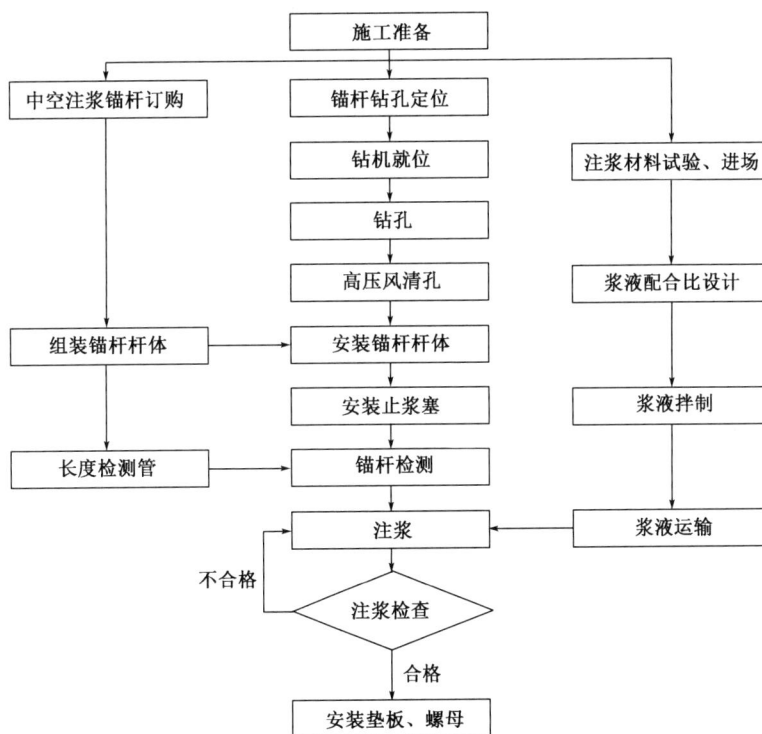

图5.3.5-9 中空注浆锚杆施工工艺流程图

3.5.4 喷射混凝土

喷射混凝土设计强度为C25。喷射混凝土在洞外拌和站集中拌和,由混凝土搅拌运输车运至洞内,采用湿喷机喷射作业。在隧道开挖完成后,先喷射4~6cm厚混凝土封闭岩面,防止围岩风化后掉块或者坍塌,然后打设锚杆、架立钢架、挂钢筋网,对初喷岩面进行清理后复喷至设计厚度。喷射混凝土应右下至上分段分层喷射,先喷射边墙后喷射拱部,分段长度宜为2~3m,分层厚度不大于10cm。喷射混凝土施工应采用湿喷工艺,宜采用机械手进行施工。喷射混凝土施工工艺流程如图 5.3.5-10 所示。

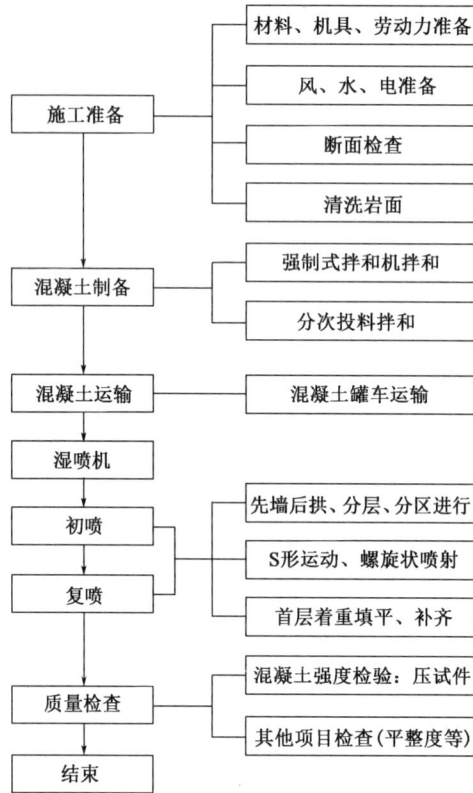

图 5.3.5-10　喷射混凝土施工工艺流程图

第4章

防排水施工

4.1 隧道防水

4.1.1 整体防水

隧道防水采用混凝土防水 + 防水板防水,二次衬砌混凝土抗渗等级为 P8,在二次衬砌混凝土背面设置涤纶长丝形土工布和单面自黏式防水板,防水板厚 1.5mm,土工布质量不小于 400g/m²。明洞背端防水层采用双层土工布和 EVA❶ 防水板。防水板背面设置 ϕ50mm 环向盲管(盲沟),环向盲管采用 ϕ50mm 透水软管;环向盲管的间距根据隧道富水情况确定,按涌水、淌水、淌水、渗水、渗水、滴水这三种形态而定,盲沟的纵向间距分别为 1.5m、3m、5m;Ⅲ、Ⅳ级围岩区段如仅有少量渗水、滴水地段,环向盲管视情况按纵向间距 5~10m 铺设。隧道防水横断面如图 5.4.1-1 所示,剖面如图 5.4.1-2 所示。

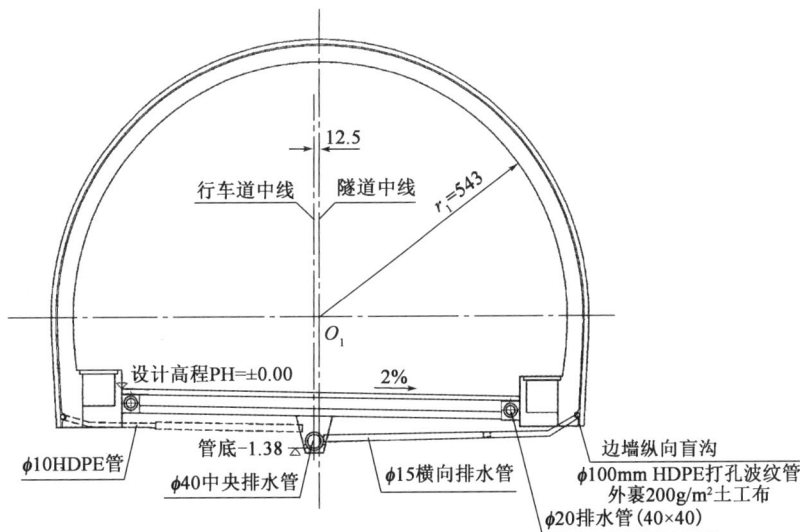

图 5.4.1-1 隧道防水横断面图(尺寸单位:cm;高程单位:m)

隧道防水板施工工艺流程如图 5.4.1-3 所示。

隧道二次衬砌背部两侧设置纵向盲管,纵向盲管采用 ϕ100mm HDPE 波纹管,HDPE 管外包裹土工布(土工布质量为 200g/m²)。环向盲管与纵向盲管采用三通头连接,纵向盲管布置如图 5.4.1-4 所示。

---

❶ EVA:乙烯-醋酸乙烯共聚物,英文名称为 ethylene-vinyl acetate copolymer。

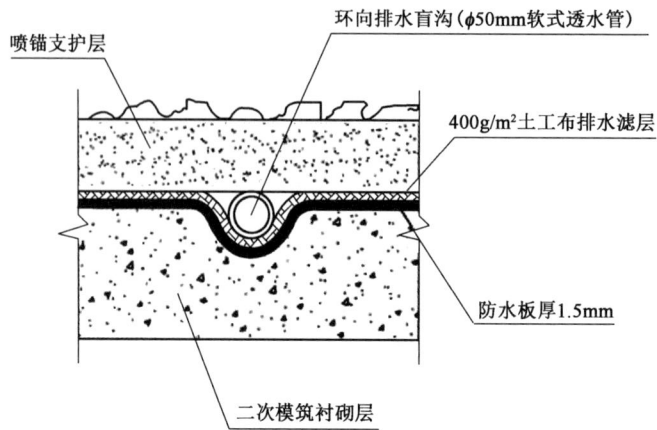

图 5.4.1-2　隧道防水剖面图

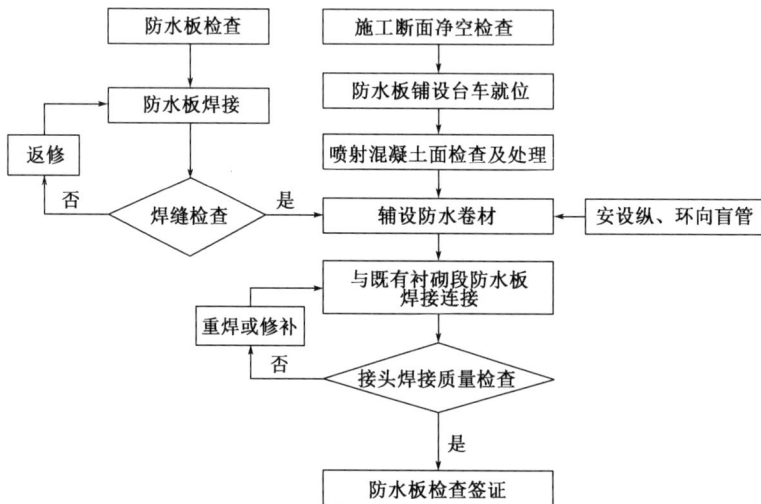

图 5.4.1-3　隧道防水板施工工艺流程图

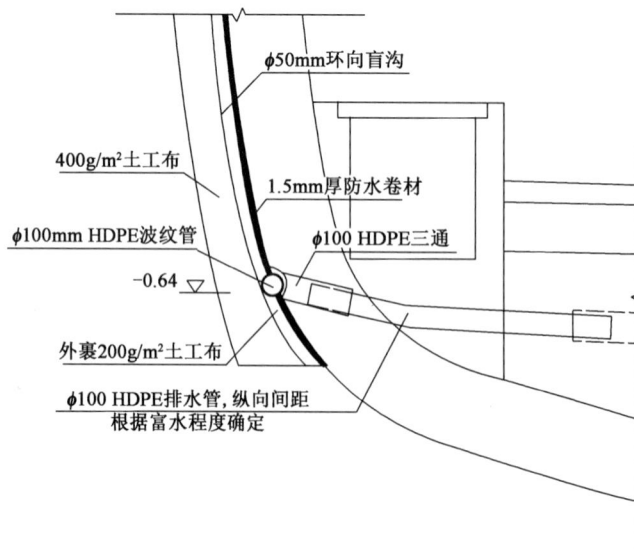

图 5.4.1-4　隧道纵向盲管布置示意图(高程单位:m)

土工布采用水泥钉加热塑性垫圈固定,隧道拱顶土工布固定点的纵向间距为0.65m,环向间距为0.7m(同一环),梅花形布置,边墙的固定点可以适当加大,土工布固定点布置如图5.4.1-5所示,土工布固定点大样如图5.4.1-6所示。

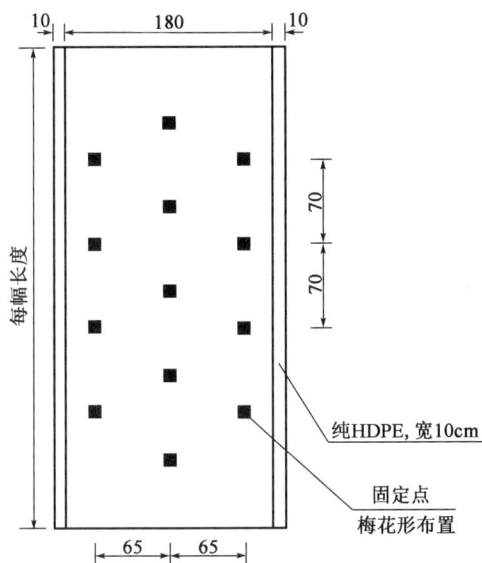

图5.4.1-5　土工布固定点布置示意图(尺寸单位:cm)

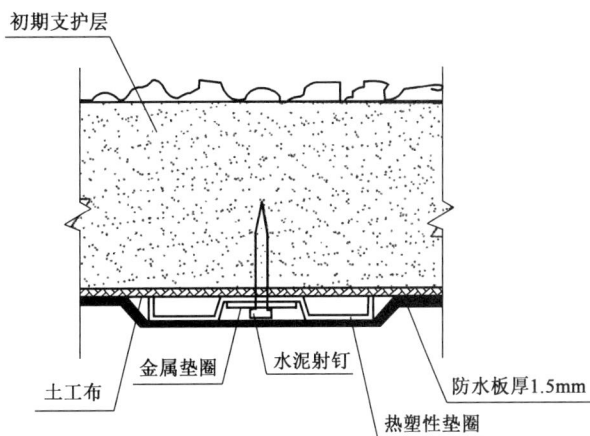

图5.4.1-6　土工布固定点大样图

防水板采用吊带铺挂,不得使用钉子固定,避免防水板遭破坏后漏水。防水板之间采用热熔焊接连接,在防水板的边缘设置10cm宽的高分子材料,采用爬焊机焊接,并在接头处设置不小于25cm宽的双面自黏卷材补强,如图5.4.1-7所示。

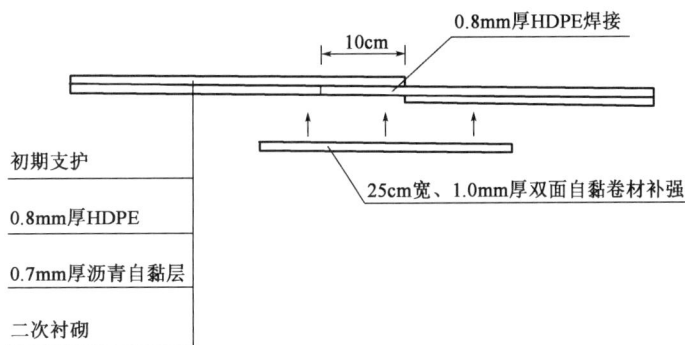

图5.4.1-7　防水板接头补强示意图

防水板焊接采用双焊缝,单个焊缝宽度不得小于1.5cm,焊缝应错开施工缝、沉降缝1m以上。防水板一般不设置纵向施工缝,纵横施工缝相交时不允许出现"十"字缝,防水板施工缝应错开30cm以上,如图5.4.1-8所示。

4.1.2　施工缝防水

隧道二次衬砌施工缝采用遇水膨胀止水条+背贴式止水带进行防水。安装模板时,在二次衬砌端头模板中间安装1cm×1.5cm的方木(或者橡胶条),使得混凝土浇筑完毕拆模后形成一个1cm×1.5cm的凹槽,下一模二次衬砌台车就位前将2cm×1.5cm遇水膨胀止水条嵌入预留凹槽内,止水条搭接长度不小于5cm。严禁采用钢钉固定止水条。下一节段混凝土浇筑前应防止止水条受潮、遇水。止水条安装如图5.4.1-9所示。

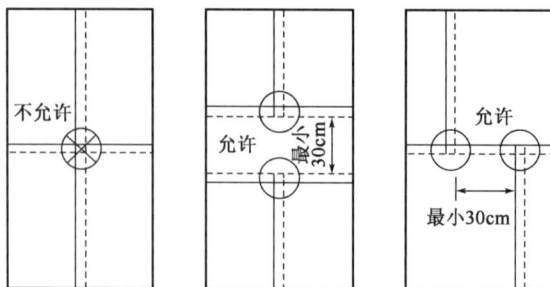

图 5.4.1-8　防水板相接示意图

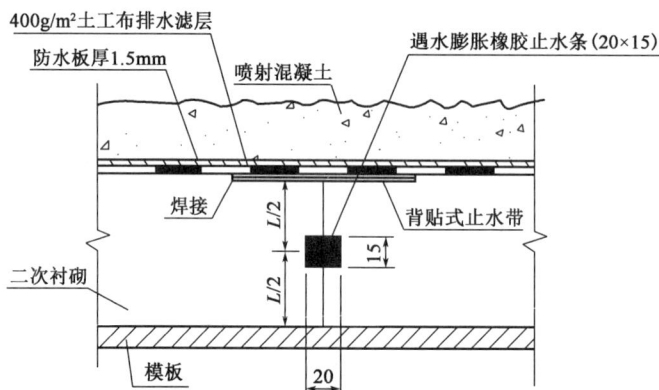

图 5.4.1-9　二次衬砌施工缝止水条安装示意图(尺寸单位:mm)

4.1.3　沉降缝(变形缝)防水

隧道沉降缝采用中埋式橡胶止水带+背贴式止水带防水,中埋式橡胶止水带规格(宽×厚×直径)为 $30cm×0.8cm×R2.5cm$,背贴式止水带规格(宽×厚×直径)为 $30cm×0.5cm×3cm$,沉降缝中间采用聚苯乙烯硬质泡沫板填充。中埋式止水带的埋设位置应居中,在施工上一环二次衬砌时采用 $\phi8$ 钢筋卡箍固定中埋式止水带和背贴式止水带。沉降缝止水带安装如图 5.4.1-10 所示。

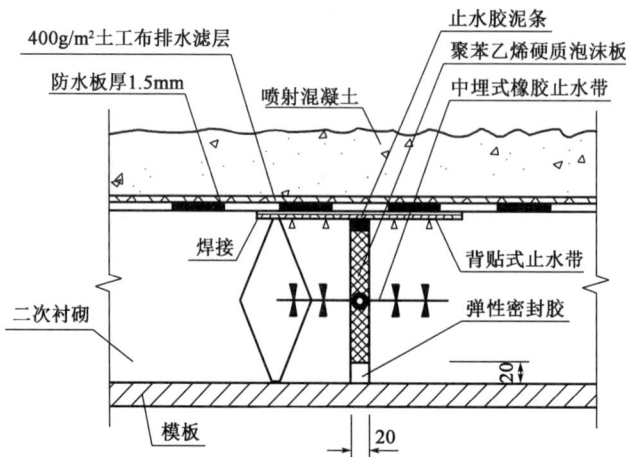

图 5.4.1-10　沉降缝止水带安装示意图(尺寸单位:cm)

明洞与暗洞的沉降缝采用中埋式止水带进行防水,明暗交界沉降缝止水带安装如图 5.4.1-11 所示。

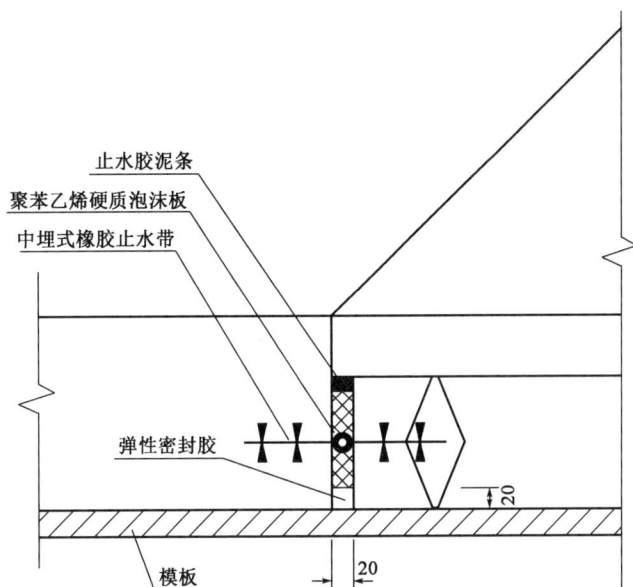

图 5.4.1-11 明暗交界沉降缝止水带安装示意图(尺寸单位:cm)

4.2 隧 道 排 水

隧道在路基中间设置内径为 40cm 的中央排水沟,道路两侧的电缆沟边设置内径为 20cm 的排水管,两侧排水管每隔 25m 并避开横向排水管设置沉沙井,路基下面设置内径为 15cm 的横向排水沟,中央排水管、两侧排水管和横向排水管均采用钢筋混凝土预制结构,均采用三通连接。隧道排水平面布置如图 5.4.2-1 所示。

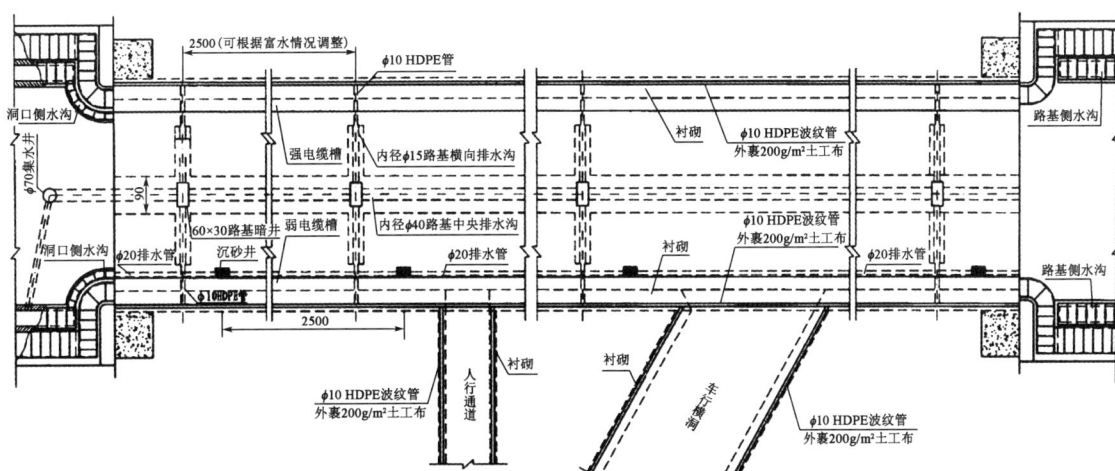

图 5.4.2-1 隧道排水平面布置图(尺寸单位:cm)

路基横向排水沟设置间距为 25m(根据隧道围岩的出水量适当缩短横向排水沟的距离),横向排水沟一端(较低端)与中央排水沟相连,另一端(较高端)与 φ10cm 纵向排水管相连,φ10cm 纵向排水管与隧道环向盲管(盲沟)向连接形成一个完整的排水系统。隧道排水系统如图 5.4.2-2 所示。

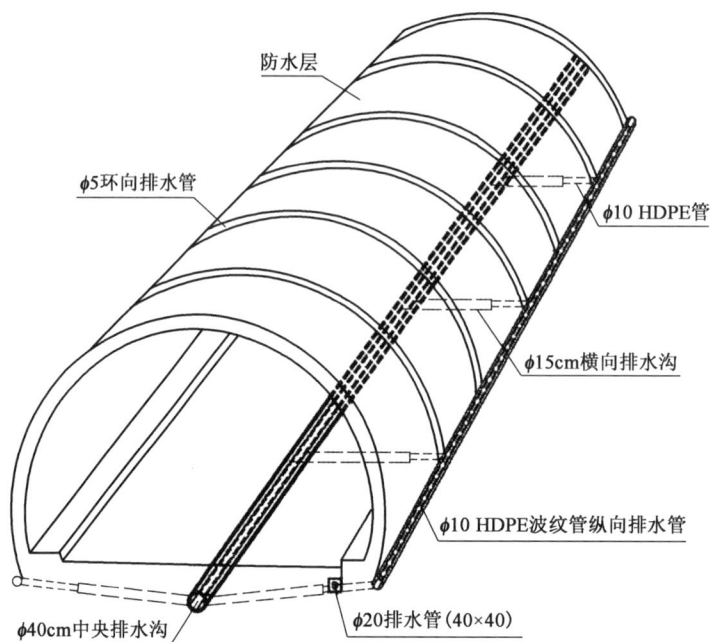

图5.4.2-2 隧道排水系统示意图(尺寸单位:cm)

路基中央排水沟设置在道路中央,低于线路设计高程1.38m,有仰拱的衬砌在仰拱施工后仰拱填充施工前安装中央排水沟,无仰拱的衬砌在底板浇筑混凝土前安装中央排水沟,中央排水沟采用钢筋混凝土预制管节,管节外径φ50cm,内径φ40cm,预制混凝土强度为C30,管节长0.75m。中央排水沟的基础为C15细石混凝土,基础上面的管身包裹200g/m²的土工布后采用级配碎石回填并夯实,有仰拱的衬砌在仰拱施工后仰拱填充施工前安装横向中央排水沟,无仰拱的衬砌在底板浇筑混凝土前安装横向水沟。中央排水沟安装横断面如图5.4.2-3所示。

横向排水沟采用钢筋混凝土预制管节,管节外径φ50cm,内径φ40cm,预制混凝土强度为C30,管节长0.75m。横向排水沟的基础为C15细石混凝土,基础上面的管身包裹200g/m²的土工布后采用级配碎石回填并夯实,如图5.4.2-4所示。

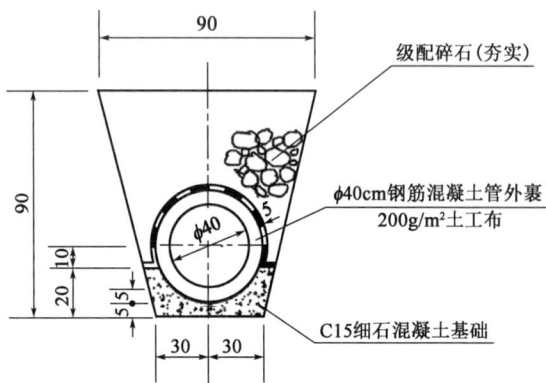

图5.4.2-3 中央排水沟安装横断面示意图(尺寸单位:cm)

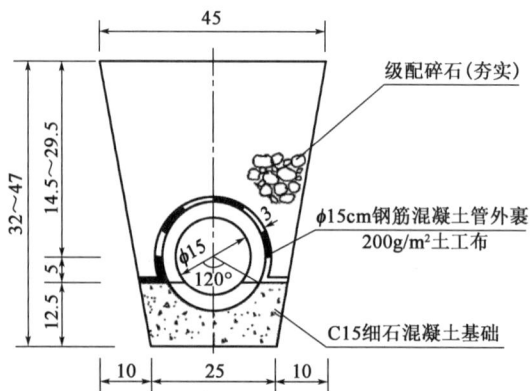

图5.4.2-4 横向排水沟安装横断面示意图(尺寸单位:cm)

在浇筑仰拱填充时预留电缆沟和排水边沟的位置,仰拱填充施工完毕后统一施工路基边沟和电缆沟。排水边沟采用钢筋混凝土预制管节,管节为40cm×40cm矩形,内径为φ20cm,预制混凝土强度为C30,管节长1m。

第 5 章

二次衬砌施工

5.1 衬砌施工流程

二次衬砌工艺流程：喷混凝土表面找平清理→设置纵、环向打孔波纹管→铺设防水层→接轨→钢模台车就位→测量放样→安设预埋件、调整台车丝杆、台车立模定位→模板涂脱模油→立堵头模板→泵送混凝土对称振捣浇筑→脱模→检验→混凝土养护→下一个循环。具体施工工艺流程见图5.5.1-1。

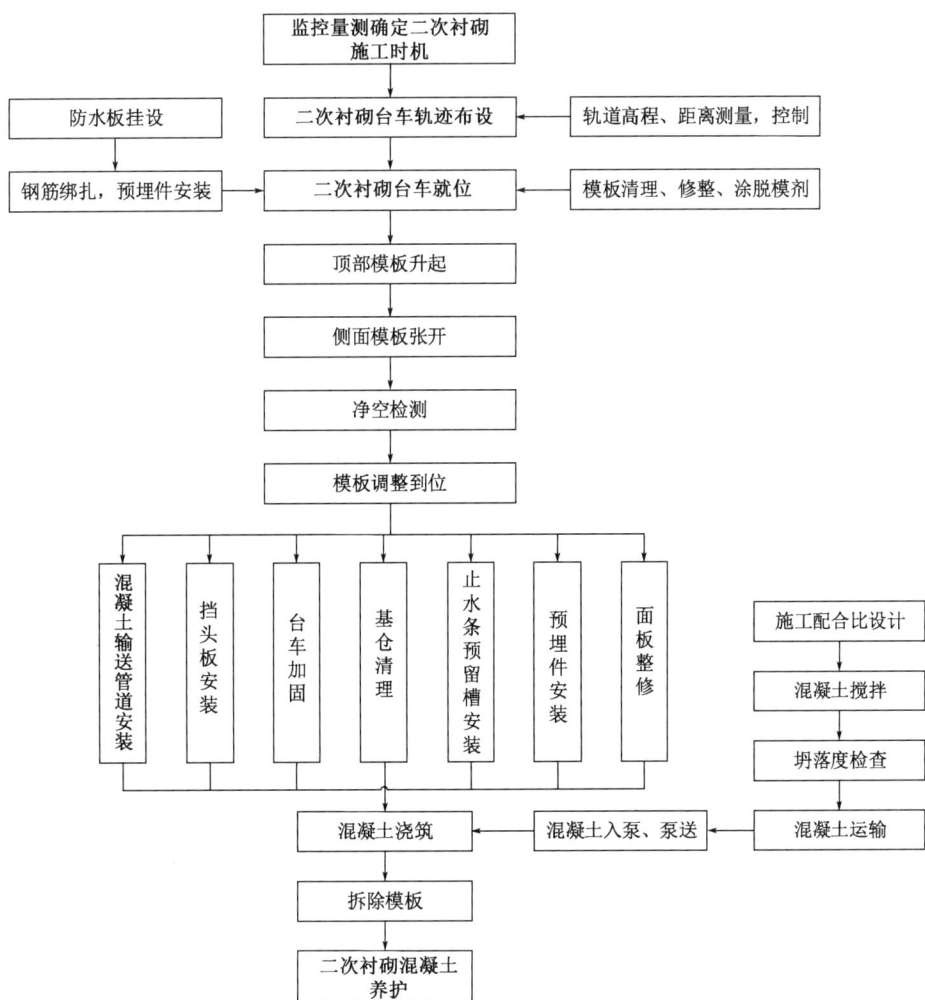

图5.5.1-1 隧道二次衬砌施工工艺流程图

模注衬砌用的模架用型钢制成,所有模板均为建筑钢模板。二次衬砌台车见图5.5.1-2。

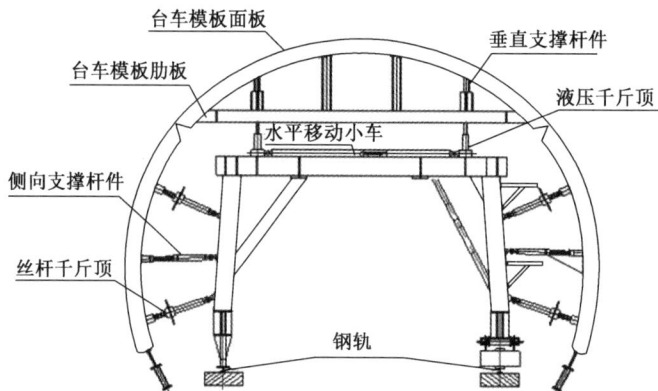

图5.5.1-2 液压自行式液压衬砌台车模板断面图

5.2 预留洞室和预埋件

预留洞室模板及预埋件在钢筋混凝土衬砌地段,宜固定在钢筋骨架上;在无筋衬砌地段采取在衬砌台车模板上钻孔,用螺栓固定。

预留洞室模板宜采用钢模,承托上部混凝土重量时应加强支撑,确保混凝土成形质量合格。对设计有二次衬砌钢筋的段落,预埋的接地扁铁应与钢筋焊接,无衬砌钢筋的也应尽量与锚杆头进行焊接,以确保接地电阻满足设计要求。

5.3 台车就位

台车模板就位前应仔细检查防水板、排水盲管、衬砌钢筋、预埋件等隐蔽工程并做好记录;台车就位后应检查其中线、高程及断面尺寸等并做好记录。

台车模板定位采用五点定位法,即以衬砌圆心为原点建立平面坐标系,通过控制顶模中心点、顶模与侧模的铰接点、侧模的底脚点来精确控制台车就位。曲线隧道应考虑内外弧长差引起的左右侧搭接长度的变化,以使弧线圆顺,减少接缝错台。

台车模板应与混凝土有适当的搭接长度(≥10cm,曲线地段指内侧),撑开就位后检查台车各节点连接是否牢固,有无错动移位情况,模板是否翘曲或扭动,位置是否准确,保证衬砌净空。为了避免在浇筑边墙混凝土时台车上浮,还须在台车顶部加设木撑或千斤顶,同时检查工作窗状况是否良好。

衬砌台车必须由经培训过的台车司机专人操作,对控制面板、油路、顶缸等重点部件要加强管理与维修。风、水、电管路通过衬砌台车时,应按规范办理,并布置整齐;照明应满足混凝土捣固等操作需要;管线台车施工区域内的临时改移时,要加强洞内外的联系,班组间密切配合;提高操作人员安全教育,设专人巡查,严防触电及管路伤人事故。台车作业地段进行吊装作业时,应有专人监护统一指挥,设置禁止通行标志。

5.4 安装挡头模板和止水带

台车端部的挡头模板应按衬砌断面制作以保证设计衬砌厚度,并可适当调整以适应其不规则性,其单片宽度不宜小于300mm,厚度不小于30mm。挡头模板结构应能保证衬砌环接缝榫接,以保证接头处质量,增强其止水功能。挡头板应定位准确、安装牢固,其与岩壁间隙应嵌堵紧密。挡头板顶部应留有观察小窗口,以观察封顶混凝土情况。二次衬砌施工如图5.5.4-1所示。

图5.5.4-1　二次衬砌施工

5.5　混凝土衬砌施工

5.5.1　混凝土拌和

隧道C30二次衬砌防水混凝土原材料由水泥、粉煤灰、细集料、粗集料(粒径5~10mm、10~20mm、16~31.5mm)、外加剂和水组成,坍落度控制在160~200mm之间。其中,粗集料参配比例从细到粗按30%、50%、20%控制,对粗集料的表现密度、堆积密度、空隙率、含泥量、压碎值及吸水率做检测,均为合格。二次衬砌浇筑前做的试验试块抗压强度均超过理论强度。

混凝土采用拌和楼集中拌和,用混凝土搅拌运输车运输。目前拌和楼采用2台搅拌机,一台HZD120,理论生产效率90m³/h,另一台HZD75,理论生产效率50m³/h,满足日常生产需要。混凝土所用的集料、水泥均需检验合格,并按设计配合比及水灰比根据实际情况调整施工配合比。砂、石料、水泥、外加剂均通过自动计量设备计量,保证配合比正确。

5.5.2　灌筑与振捣

混凝土采用先墙后拱法浇筑,从模板预留窗口灌注入模,左右对称浇筑,以防台车移位、模板变形,并连续完成一模混凝土浇筑。振捣方式采用插入式振捣器振捣。混凝土分层浇筑每层厚度300~400mm,相邻两层的间隔时间不超过2h。

混凝土分层浇筑时,做到在下层混凝土初凝前浇筑上层混凝土,以免在振捣上层混凝土时,破坏下层混凝土初步形成的内部结构,而降低混凝土强度。浇筑混凝土时,采取措施防止混凝土倾倒在模板外侧,如撒落或倒在模板外侧时,及时予以清除。混凝土每点振捣时间以20~30s为宜。振捣时,混凝土表面平整没有明显下沉、表面泛出水泥浆、不再有气泡冒出时,表明振捣恰到好处,停止振捣。灌筑混凝土要不间断进行,若必须终止则不超过混凝土初凝时间,否则做间歇灌筑处理。当混凝土面超过拱顶时,泵管出口应埋设在混凝土面以下,保证拱顶所有空间能填满、填实。二次衬砌施作前,将喷层或防水层表面的粉尘清除干净,并洒水润湿。浇筑混凝土应振捣密实,防止收缩开裂,振捣时不损坏防水层。

隧道拱墙背后空隙回填密实,边墙基底以上1m范围内的超挖用与边墙相同材料一次灌筑。其余部位,超挖在允许范围内,采用与衬砌相同材料灌筑;超挖大于规定时,用同强度等级混凝土或片石混凝土回填密实。

拱圈施工应符合下列要求:拱圈灌筑顺序应从两侧拱脚向拱顶对称进行,混凝土输送一定高度后向另一边输送,以防止台车单边倾斜,间隙及封顶的层面应呈辐射状。分段施工的拱圈合龙宜选在围岩较好处。拱圈封顶应随拱圈灌筑及时进行,以有利于结构稳定。

5.5.3　养护与拆模

隧道内混凝土的相对湿度大于90%时,不洒水养护;相对湿度在90%～60%,洒水保养7～14d;相对湿度小于60%时,洒水保养14～21d。

拆模时间:二次衬砌混凝土强度达到2.5MPa(常温下18h,5～10℃时24h)时可拆模。

5.6　施 工 要 点

二次衬砌施作时间,洞口Ⅴ围岩软弱段提前施作,其余段落应在各测试项目的位移速率明显收敛,围岩基本稳定,周边位移速率小于0.1～0.2mm/d,拱顶下沉速率小于0.1mm/d,施作二次衬砌前的位移值已达预计位移量的90%以上,及初期支护表面裂缝不再继续发展时,一般可认为围岩已基本稳定。

为了确保二次衬砌的密实度和外观质量,应在模板台车上加设附着式振动器,并按设计要求在拱顶布设纵向注浆管,紧贴初期支护混凝土面,孔位向上,在二次衬砌混凝土外留注浆孔。同时应加强对衬砌台车的支撑,为了防止模板台车整体上浮,可采用地锚,或在已完工的衬砌上预留钢筋,锚固模板。对台车各部位螺栓进行全面检查,变形较大应打磨,修正模板,同时对模板表面进行全面清理。

为了避免二次衬砌施工中产生收缩裂缝,除严格控制混凝土坍落度外,还需要对其拌和时间、振捣时间严格要求。为了防止混凝土离析,混凝土垂直落距不得大于1.2m,混凝土拌和站操作人员需配备秒表,做好拌和时间及用水量的精确控制。为了防止拆模时损坏二次衬砌混凝土,要求混凝土强度达到5MPa后方可进行拆模,具体时间根据同体试块试验得出。

二次衬砌混凝土浇筑时,两侧要对称施工,高差应控制在0.5～1.0m,预防由于浇筑混凝土高差过大引起台车偏压。二次衬砌厚度不小于设计值,墙面的平整度需不大于5mm,混凝土表面需要密实,每延米的隧道面积中,蜂窝麻面和气泡面积不超过0.5%,结构轮廓线条顺直美观,混凝土颜色均匀一致,施工缝平顺、无错台,养护后不产生裂缝。

第6章

附属工程施工

6.1 紧急停车带施工

紧急停车带的开挖与衬砌,以及与洞身衬砌相连接的一段,应制订专门的施工方法和程序。

紧急停车带应布置在同一级别围岩地层中;开挖过程中,若发现不在同一级别围岩时,应上报处理。

车行与人行横洞衬砌:对车行横洞、人行横洞等特殊洞室,采用移动式模架和拼装模板施工。

钢模衬砌台车施工如图5.6.1-1所示。

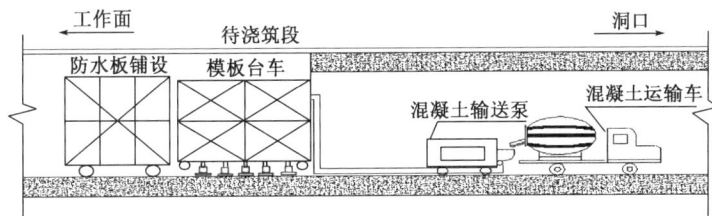

图5.6.1-1　钢模衬砌台车施工示意图

6.2 隧道 C40 面层施工

隧道C40面层混凝土原材料由水泥、粉煤灰、细集料、粗集料(粒径5～10mm、10～20mm、16～31.5mm)、外加剂和水组成,坍落度控制在160～200mm之间。其中粗集料参配比例从细到粗按30%、50%、20%控制,对粗集料的表现密度、堆积密度、空隙率、含泥量、压碎值及吸水率做检测,均为合格。路面浇筑前做的试验试块抗压强度均超过理论强度。

隧道C40混凝土面层施工分三幅施工的方式作业,先施工右幅,每工作班施工100m,浇筑300～500m后再施工中幅,最后施工左幅,浇筑好的混凝土面层必须进行洒水养护,养护时间不少于7d,在养护期内严禁开车到面层上。

隧道进、出洞口段:测量放样→基层面冲洗→支立钢模板→横向C16钢筋拉杆→第一层C40混凝土浇筑→铺设钢筋网片→胀缝钢筋及支架等→φ32传力杆布置安设→第二层C40混凝土浇筑→洒水保养→拆模→横向缩缝切缝施工→纵向施工缝切缝施工→进入下一个循环。

隧道其他地段:测量放样→基层面冲洗→支立钢模板→横向C16钢筋拉杆→第一层C40混凝土浇筑→铺设钢筋网片→第二层C40混凝土浇筑→洒水保养→拆模→横向缩缝切缝施工→纵向施工缝切缝施工→进入下一个循环。

在隧道的明洞口处按设计要求设置横向胀缝一条,传力杆钢筋为φ32mm,长度为60cm,间距为

30cm。左右幅交接处设置钢筋拉杆,拉杆采用C16螺纹钢筋,长度为70cm,纵向间距60cm,拉杆位置处于面层中部即顶面往下12cm处,预先装在打孔的钢模板上,C16拉杆一半在右幅,一半在左幅。

C40钢筋混凝土设计厚度24cm,分二次浇筑,第一次浇筑的厚度为16cm(设计厚度的2/3),纵向长度为5~10m,然后安放D8冷轧带肋钢筋焊网并进行绑扎连接后再浇筑第二层,直至设计厚度24cm。浇筑混凝土要不间断进行,若必须终止则不超过混凝土初凝时间,否则做间歇灌筑处理。每天摊铺结束或中断时间超过30min时,应设置横向施工缝。

混凝土采用三辊轴整平机振实:三辊轴整平机按作业单元分段整平,作业单元长度宜为20m,振捣机振实与三辊轴整平两道工序之间的时间间隔不宜超过15min;三辊轴滚压振实料位高差宜高于模板顶面5~20mm,过高时应铲除,过低应及时补料;三辊轴整平机在一个作业单元长度内,应采用前进振动、后退静滚方式作业,宜分别2~3遍,最佳滚压遍数应经过试铺确定;在三辊轴整平机作业时,应有专人处理轴前料位的高低情况,过高时,应辅以人工铲除,轴下有间隙时,应使用混凝土找补;滚压完成后,将振动辊轴抬离模板,用整平轴前后静滚整平,直到平整度符合要求、表面砂浆厚度均匀为止。

表面砂浆厚度宜控制在4mm±1mm,三辊轴整平机前方表面过厚、过稀的砂浆必须刮除丢弃。横向缩缝采用假缝形式,当混凝土达到设计强度的25%~30%需用时36h,应采用切割机进行切割,横向缩缝的间距为5m。纵向缝的拉杆长度的一半应固定于混凝土中,拉杆应与缝壁垂直,且与隧道中线垂直,并应与支承体一起安设。填缝前应清除砂石杂物,待养护期满后及时注入填缝材料,填缝注入深度为4cm,胀缝宽度为2cm,施工缝宽度为0.3~0.8cm,填缝料应选用黏结力强、弹性好的材料,冬季施工时填缝料高度宜稍低于水泥混凝土面板高度,填缝材料为沥青。

6.3　横通道施工

1)施工工艺流程

隧道横通道施工工艺流程如图5.6.3-1所示。

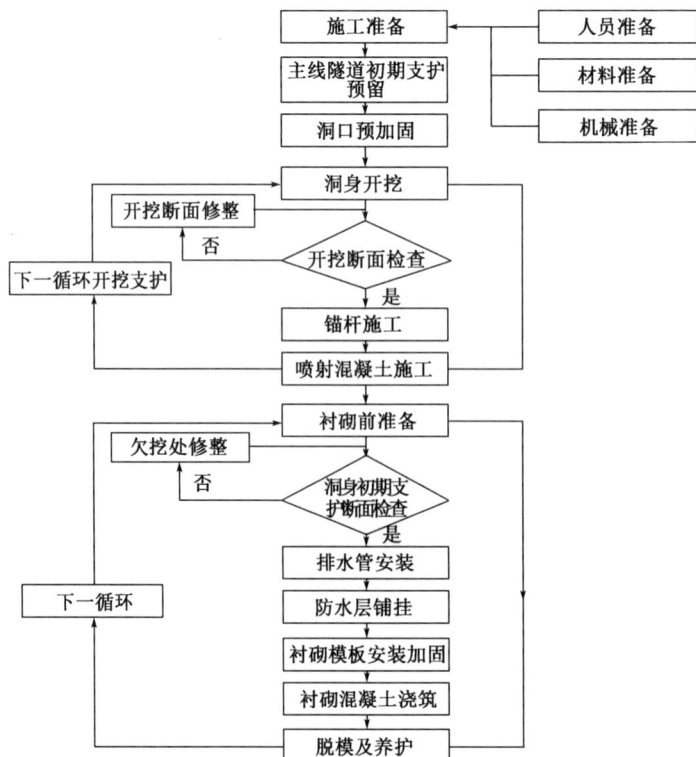

图5.6.3-1　隧道横通道施工工艺流程图

2)横通道施工工序

隧道横通道施工工序如表5.6.3-1所示。

隧道横通道施工工序 表5.6.3-1

序号	工序名称	图 示	工 作 内 容
1	开挖	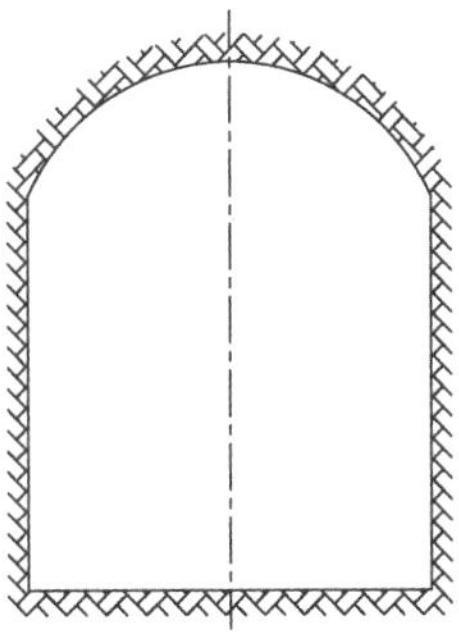	①测量放样； ②清孔、钻爆破眼； ③装药、示警、起爆； ④扒渣、出渣； ⑤人工修边； ⑥检查开挖断面
2	初期支护	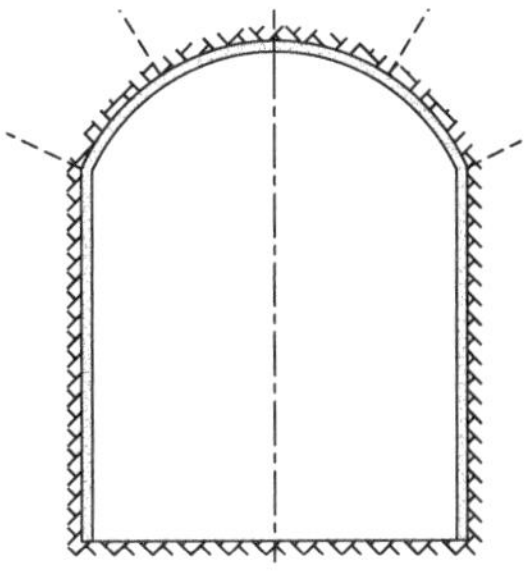	①测量放样； ②钻锚杆眼并清孔； ③注砂浆； ④装入锚杆并锁止尾端； ⑤清理基岩面； ⑥喷射混凝土
3	防排水施工	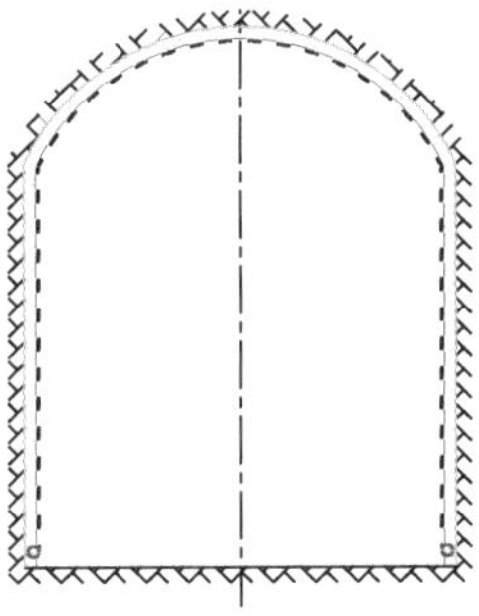	①安装排水管； ②初期支护表面清理； ③铺挂土工布； ④铺挂防水板； ⑤防水板焊接； ⑥防水板检查
4	二次衬砌模板安装		①测量放样； ②衬砌模板骨架安装； ③骨架精确定位并加固； ④组合模板挂装； ⑤刷涂脱模剂

序号	工序名称	图 示	工 作 内 容
5	二次衬砌混凝土浇筑		①混凝土拌制; ②混凝土运输; ③混凝土浇入; ④混凝土振捣
6	脱模并养护		①加固系统拆除; ②模板及其骨架拆除; ③后期养护
7	路面系施工		①测量放样; ②基层模板制作、安装; ③基层混凝土浇筑; ④面板模板制作、安装; ⑤面板混凝土浇筑; ⑥面板拉纹、切块

3)横通道范围内的主线施工

考虑到主线隧道开挖支护已扰动周边围岩,不宜同时进行人行、车行横通道开挖支护,故应现在人行、车行横通道与主线隧道相交处,在横通道断面范围内的主线隧道初期支护预留空间,钢拱架可正常架设,但钢筋网、锚杆以及喷射混凝土预留出来不施工,以免横通道进洞时再进行拆除,造成人工、材料、机械的消耗和对主线隧道初期支护的扰动。

在横通道开挖时,洞顶岩体为悬空状态,故在主线隧道施工时,主线隧道钢拱架须在横通道断面范围的拱部进行加固,在主线隧道钢拱架之间加设横向斜撑,多榀之间的斜撑总体呈拱形。

4)横通道开挖及支护

人行横通道采用拱顶为 $R_1=1.2m$ 半圆,边墙为直墙的衬砌断面,内轮廓净空宽度2.4m、净空高度3.15m。车行横通道采用拱顶 $R_1=2.35m$ 半圆,边墙为直墙的衬砌断面,内轮廓净空宽度4.7m、净空高度6.25m。

横通道开挖关键在于洞口段,主线隧道开挖已扰动周边围岩,洞口及洞身段开挖及支护施工方案如下:进洞前,依托主线钢拱架间呈拱形(横通道断面)的斜撑工字钢,打设一圈超前锚杆,施工工艺与主线隧道超前锚杆施工工艺相同。

(1)洞口段开挖

在超前支护的保护下,采用钻爆法辅助人工修边的开挖方式进行。施工时应本着"弱爆破,强支护"的原则,尽量减少对周边围岩的二次扰动和对主线隧道初期支护的扰动。

(2)洞身段开挖

横通道洞身开挖断面较小,采用钻爆法辅以人工修边的方式进行开挖,一次成形,注意控制炮眼间距,并严格控制装药量,减少对周边围岩的扰动。

(3)洞身段初期支护

开挖成形并排险后即可喷射厚混凝土封闭岩面,施工锚杆、钢架、钢筋网处及喷射混凝土。

5)横通道二次衬砌

由于横通道二次衬砌工程数量不大,若采用全液压自行走全断面衬砌模板台车,周转率低,费用较高,增加施工成本,故采用工18型钢骨架作支撑体系,外挂组合模板作衬砌模板。

基本施工工序:安装排水管→铺挂防水板→安装矮边墙模板→浇筑矮边墙混凝土→制作安装衬砌模板支撑型钢骨架→挂装组合模板→模板系统加固→浇筑混凝土→下一循环。

洞口段衬砌施工,须与正线隧道二次衬砌一同浇筑,以保证空间相交准确、圆顺。洞身段衬砌施工,计划一次浇筑4~6m。横通道二次衬砌施工工艺流程如图5.6.3-2所示。

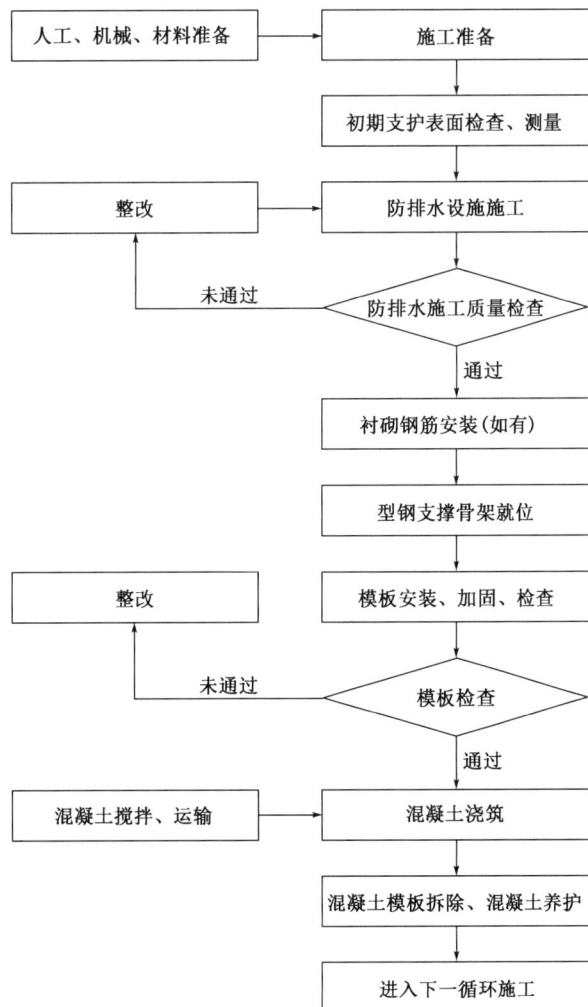

图 5.6.3-2 横通道二次衬砌施工工艺流程图

6.4 电缆槽、排水管施工

电缆槽采用整体钢模、人工入模,每个工作面共三组钢模。立模、灌注、等强三道工序流水作业。电缆槽施工采用单侧施工,每次分段长度控制在 40～50m,电缆槽盖板采用集中预制。隧道电缆槽结构尺寸(长×宽)为 70cm×68cm,电缆槽盖板为预制钢筋混凝土板,盖板尺寸(长×宽×厚)为 50cm×80cm×8cm,盖板纵向配筋为 φ8mm,间距 8cm,横向配筋为 φ6mm,间距为 12cm,混凝土设计强度为 C30。隧道电缆槽横断面布置如图 5.6.4-1 所示。

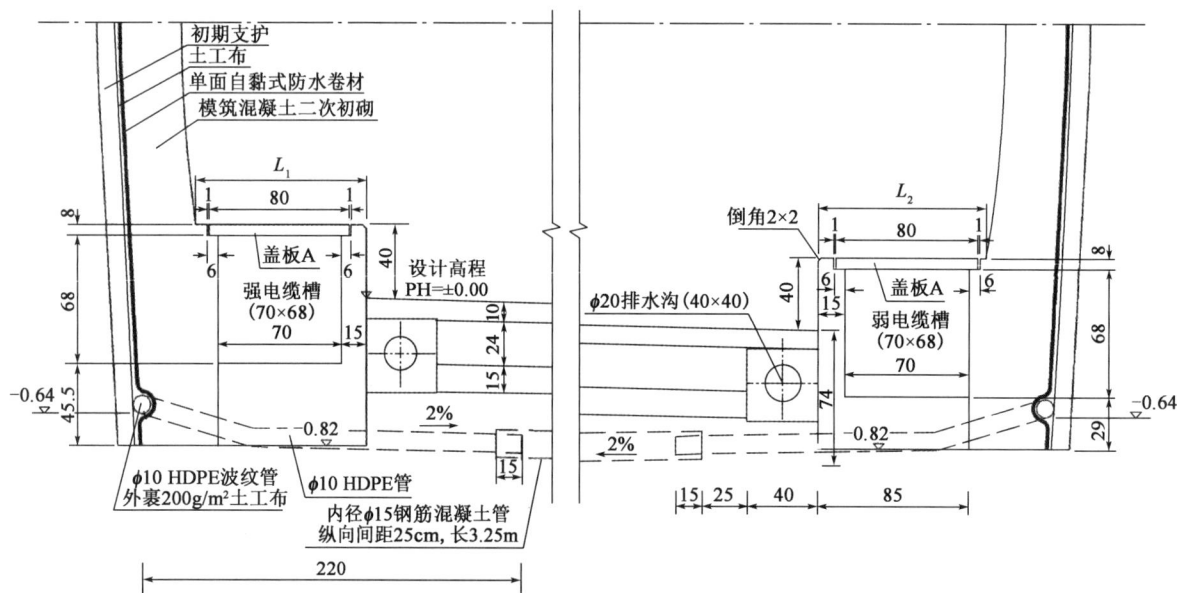

图 5.6.4-1 电缆槽横断面布置图(尺寸单位:cm;高程单位:m)

隧道两侧排水管采用内径为 20cm 的预制钢筋混凝土管,预制管节长 1m。在施工电缆槽的同时安装排水管。

6.5 隧道装饰装修

本标段隧道内部装饰墙面 2.62m 范围内(电缆沟盖板 2.62m 以内)贴隧道瓷砖装饰,2.62m 高范围以上采用深色乳胶涂料。装饰瓷砖颜色为乳白色,瓷砖规格(长×宽)为 43cm×22cm,厚度大于 8mm。为避免瓷砖反光刺眼,采用亚光釉面瓷砖,砌筑时横竖缝直通,用灰缝材料勾 20mm 宽的横缝和 10mm 宽的竖缝,瓷砖贴好后要求外观平整美观,不得出现凹凸。隧道内技术装饰剖面如图 5.6.5-1 所示,隧道装饰面砖贴面大样如图 5.6.5-2 所示。

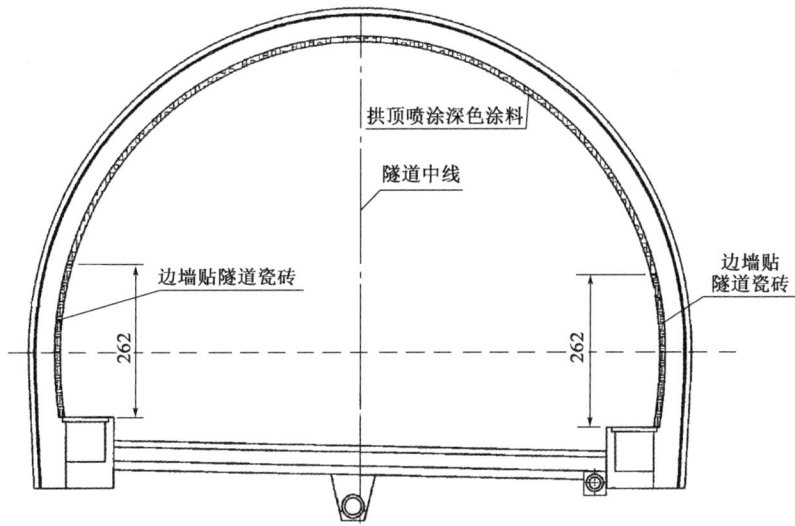

图 5.6.5-1 隧道内技术装饰剖面示意图(尺寸单位:cm)

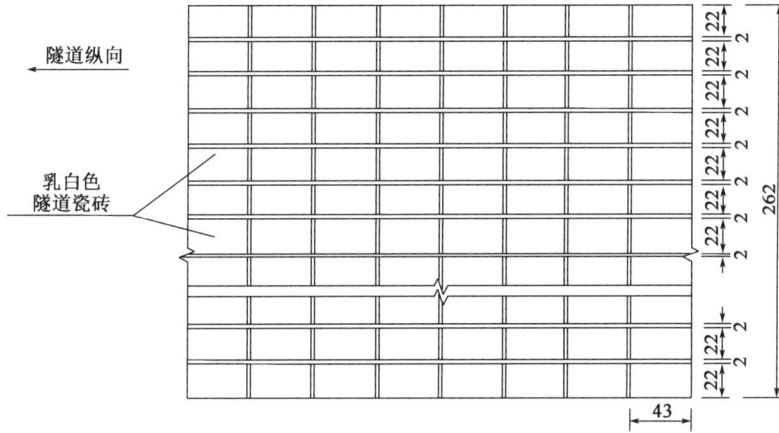

图 5.6.5-2 隧道装饰面砖贴面大样示意图(尺寸单位:cm)

第7章

隧道监控量测

7.1 监控量测的目的及任务

7.1.1 监控量测的目的

我国山岭隧道多采用新奥法设计施工,监控量测是新奥法设计施工的重要组成部分之一。新奥法是在"岩承理论"基础上提出来的一种隧道施工新法。该理论认为隧道围岩本身具有不同程度的自稳能力,隧道施工过程中应当最大限度地保护和利用围岩的这种自稳能力,达到这一目的的主要途径通过围岩的适度可控制的变形来实现,其主要手段就是施工过程中的监控量测。通过监控量测,可以及时掌握隧道实际揭露的地质情况,掌握隧道围岩、支护衬砌结构的受力特征和变形情况,据此可以尽早发现塌方、大变形等灾害征兆,及时采取措施,保障施工安全;可以分析围岩和支护衬砌结构的稳定状态,优化施工工艺和支护参数。此外,监控量测还是收集施工资料,为后期隧道运营维护和其他隧道建设提供参考。

开展公路隧道工程施工监控量测,应达到的目的为:通过各种有效的技术手段,快速取得可靠的监测数据,快速评价隧道施工的安全状态,及时指导施工;通过对围岩及隧道结构的受力、变形状况的全面分析,准确评定隧道施工工艺、支护衬砌结构参数的安全性和经济性,为施工优化提供指导,最终达到安全、优质、经济的目的。

具体目的为:

(1)通过每次爆破后洞内地质和支护状况观察,系统对掌子面进行地质素描,科学、全面记录隧道穿越地带的工程地质信息,为隧道安全施工提供评定依据,为隧道运营期间的检修提供可靠资料。

(2)掌握隧道围岩的变形规律,以及与施工工序和爆破振动的关系,用以调整施工方法和参数。

(3)通过日常观察和分析,及时发现安全隐患并予以排除。

7.1.2 监控量测的任务

(1)制定可靠的监控量测方案,为隧道的安全和优化施工及地下水的自然状态的保护提供技术支撑。

(2)指导并校核施工承包人的日常量测和掌子面观察工作。

(3)负责对典型断面的测点埋设、量测,对开挖后的围岩状态做出评价,对量测数据及时分析整理并及时向监理人、招标人通报。

(4)对支护结构形式、支护参数和二次衬砌支护时间提出书面意见,及时告知监理工程师,并报招标人备案。

表5.7.2-1

隧道主要监控量测内容及频率

序号	项目名称	方法及工具	断面布置	量测间隔时间				量测类别
				1~15d	6d~1个月	1~3个月	大于3个月	
1	地质超前预报	地质雷达	选取V、IV级围岩、断层、节理密集带、洞口浅埋或地质情况与勘察报告中所揭露情况发生较大变化处。地质超前预报覆盖长度不小于隧道全长的30%	按需进行				必测
2	洞内围岩观察及支护情况观测	地质罗盘、地质锤、钢卷尺、放大镜、手电筒、照相机或摄像机	开挖及初期支护后进行，V级围岩按3m一个断面记录；IV级围岩按5m一个断面记录；III级围岩按10m一个断面记录	开挖及初期支护后进行				必测
3	周边位移量测	收敛计	V级围岩按10m一个断面布置；IV级围岩10m一个断面布置；III级围岩20m一个断面布置	1~2次/d	1次/2d	1~2次/周	1~3次/月	
4	拱顶下沉量测	精密水准仪、钢钢尺、全站仪		1~2次/d	1次/2d	1~2次/周	1~3次/月	
5	洞口浅埋段沉降监测	精密水准仪、钢钢尺、全站仪	每个隧道左右线进出洞口浅埋段各2~3个断面，每个断面至少7个测点	开挖面距量测断面<2B时，1~2次/d；开挖面距量测断面<5B时，1次/2d；开挖面距量测断面>5B时，1次/周			1~3次/月	
6	支护、衬砌内应力	应变计	V、IV级围岩、断层、洞口浅埋、偏压等较差地段设置	1~2次/d	1次/2d	1~2次/周	1~3次/月	选测
7	钢架内力及外力监测	钢弦式应力计或应变计	V、IV级围岩、断层、洞口浅埋、偏压等较差地段必要时设置	1~2次/d	1次/2d	1~2次/周	1~3次/月	
8	锚杆轴力监测	钢筋计或锚杆轴力计	V、IV级围岩、断层、洞口浅埋、偏压等较差地段必要时设置	1~2次/d	1次/2d	1~2次/周	1~3次/月	
9	围岩体内位移	多点位移计	V、IV级围岩、断层、洞口浅埋、偏压等较差地段必要时设置	1~2次/d	1次/2d	1~2次/周	1~3次/月	
10	喷混凝土应力	压力盒	V、IV级围岩、断层、洞口浅埋、偏压等较差地段必要时设置	1~2次/d	1次/2d	1~2次/周	1~3次/月	
11	二次衬砌应力	应变计	V、IV级围岩、断层、洞口浅埋、偏压等较差地段必要时设置	1~2次/d	1次/2d	1~2次/周	1~3次/月	
12	隧底隆起	全站仪	V级围岩按10m一个断面布置；IV级围岩按10m一个断面布置	1~2次/d	1次/2d	1~2次/周	1~3次/月	

注：1. 施工的初期阶段位移及下沉量大或地质变化显著时，量测值变化显著或变化量较大时，量测间隔时间取较小值。

2. 当施工进度展到一定程度时，地质良好，且位移下沉量测断面，量测间距可取表中较大值，根据情况也可适当增设量测断面和测点。

3. 用台阶法开挖时，下半断面开挖接近上半量测断面，量测频率应适当增加，以便掌握位移（下沉）的变化。

4. 如果围岩量位移较大，出现位移速度加速等情况时，量测频率应适当加大。

5. 各项量测作业均应持续到应力应变基本稳定后15~20d结束。

6. B为隧道开挖宽度。

(5)参与由招标人、设计人、监理人及施工承包人参加的支护结构形式及参数、围岩级别变更及其他一些变更的讨论会议。

(6)对出现的异常情况迅速向监理人发出警报,对支护结构的合理性及安全性做出评价。

(7)每月提交监控量测报告。每季度在原计划基础上向监理人和招标人提交修正的下季度工作安排,工作完后向招标人提交系统、完整的监控报告,以及原始资料、报告的电子文本。

(8)根据施工需要向招标人提出召开监控工作会议的建议。

7.2 监控量测的内容及频率

本项目隧道监控量测内容总共分为 12 项,具体内容及频率如表 5.7.2-1 所示。

7.3 施工监控量测必测项目断面监测及数据采集

7.3.1 浅埋地表沉降监测

7.3.1.1 浅埋地表沉降监测内容及方法

1)量测内容

浅埋隧道和隧道的洞口段通常位于软弱、破碎、自稳时间较短的围岩中,施工方法不当极易发生冒顶塌方或地表有害沉降,当地表有建筑物时还会危及其安全。浅埋隧道开挖时还可能会引起地层沉陷而波及地表,因此,对浅埋隧道的施工进行地表下沉量测是十分重要的。洞口浅埋段地表下沉监测主要是量测洞口浅埋段隧道开挖后形成的地表岩土下沉量。

2)量测目的

地表下沉发生在隧道洞口段、围岩埋深较浅的地段。为掌握隧道施工对地表的影响程度和范围而开展位移量测;目的是通过地表下沉量的多少和下沉的快慢,判断隧道开挖对洞口边仰坡、浅埋地面是否产生显著影响,分析该影响的范围、程度及其与隧道施工的时空关系,进而判断隧道施工的安全性和隧道施工对地面边仰坡的稳定性、地表建筑物的影响,判断分析隧道洞口围岩是否稳定,为设计优化支护参数提供可靠的数据,保证施工安全。

3)量测方法

在施工过程中可能产生地表塌陷之处设置观察点,并在监测范围以外 3～4 倍洞径处设水准基点,作为各观测点高程测量的基准,从而计算出各观测点的下沉量。

4)测试仪器

精密水准仪、铟钢尺、塔尺、全站仪。

5)测点布置

测点布置如图 5.7.3-1 所示,量测范围如图 5.7.3-2 所示。以隧道开挖轮廓的两拱角为基点,以 45°角向地表延伸,该区域内为隧道施工影响区域,也是地表下沉观测的范围。在每个横断面上,布置 7 个或 9 个测点,测点中间密,两侧稀;隧道围岩条件特别差或者隧道上部有重要建筑物时,可根据情况进行测点加密。埋深小于 2B(B-隧道开挖宽度)应布置监测断面,断面的间距 5～10m,测点间距 2～5m。

6)量测频度

地表下沉量测应在开挖工作面前方 H + h(隧道埋置深度 + 隧道高度)处开始,直到衬砌结构封闭、下沉基本停止时为止。观测频率按表 5.7.2-1 要求执行。

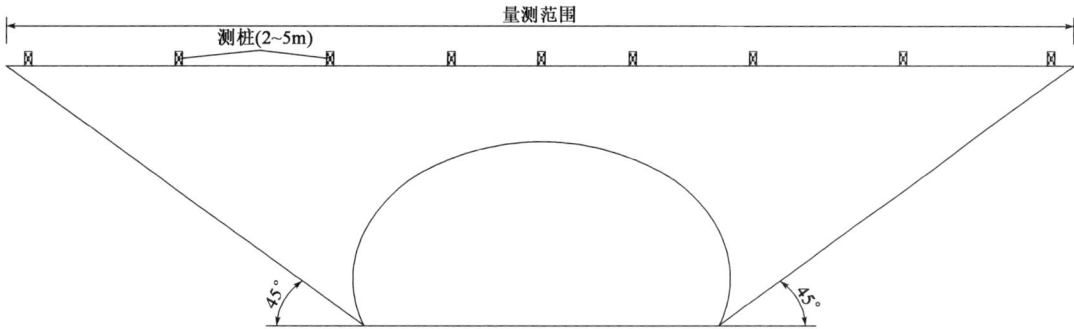

图 5.7.3-1 地表下沉测点横断面布置示意图

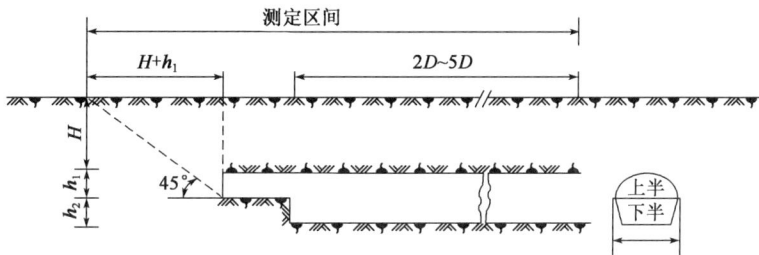

图 5.7.3-2 地表下沉量测范围示意图

7.3.1.2 浅埋地表沉降监测断面数据采集

以朝头垬隧道为例,浅埋地表沉降监测数据采集结果见表 5.7.3-1。

朝头垬隧道浅埋地表沉降监测数据   表 5.7.3-1

断 面 里 程	测点编号	累计沉降(mm)	围 岩 级 别	备　　注
YK23+488	D-1	3.8	V	稳定
	D-2	4.1		
	D-3	4		
	D-4	3.9		
	D-5	4.4		
	D-6	5.4		
	D-7	5.7		
YK23+493	D-1	5.7	V	稳定
	D-2	3.3		
	D-3	3		
	D-4	4.2		
	D-5	3.1		
	D-6	4		
	D-7	2.5		
YK23+498	D-1	2.1	V	稳定
	D-2	3.8		
	D-3	3.3		
	D-4	2		
	D-5	3.3		
	D-6	3.4		
	D-7	3.7		

续上表

断面里程	测点编号	累计沉降(mm)	围岩级别	备注
ZK23+538	D-1	3.6	V	稳定
	D-2	3.1		
	D-3	3.5		
	D-4	3		
	D-5	4.5		
	D-6	4.7		
	D-7	5.3		

7.3.1.3 地表沉降监测断面曲线图

朝头垟隧道断面累计变形–时间、速率–时间变化曲线如图5.7.3-3所示。

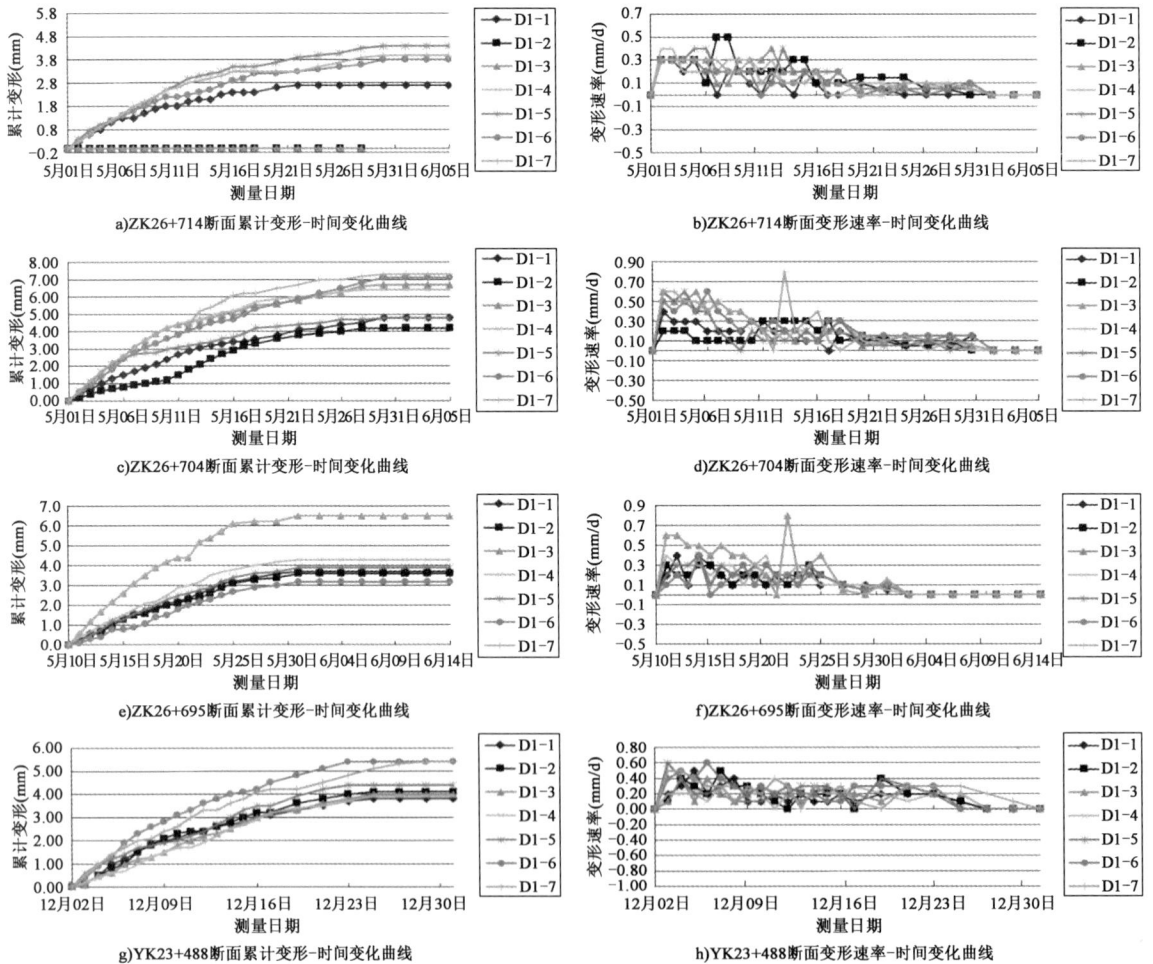

图5.7.3-3 朝头垟隧道断面累计变形-时间、速率-时间变化曲线图

7.3.2 周边位移及拱顶下沉量测

7.3.2.1 周边位移监测

1)量测内容

量测隧道内壁两点连线方向的相对位移。

2）量测目的

周边位移是隧道围岩应力状态变化的最直观反映,量测周边位移可为判断隧道空间的稳定性提供可靠的信息。根据变位速度,判断隧道围岩的稳定程度,为二次衬砌提供合理的支护时机;判断初期支护设计与施工方法选取的合理性,用于指导设计,以利于施工。

3）量测方法

根据不良地质、突水、洞口浅埋等及有特殊要求的停车、通道交叉地段或业主及监理认为有必要监控的地段,设置监控量测断面,每个断面分别在左右侧墙设置测点,利用收敛计或全站仪测量隧道周边某两点相对位置的变化。

测点应距开挖面 2m 的范围内尽快安设,并应保证爆破后 12h 内或下一次爆破前测读初次读数。

4）测试仪器

全站仪、钢尺收敛计,如图 5.7.3-4 所示。

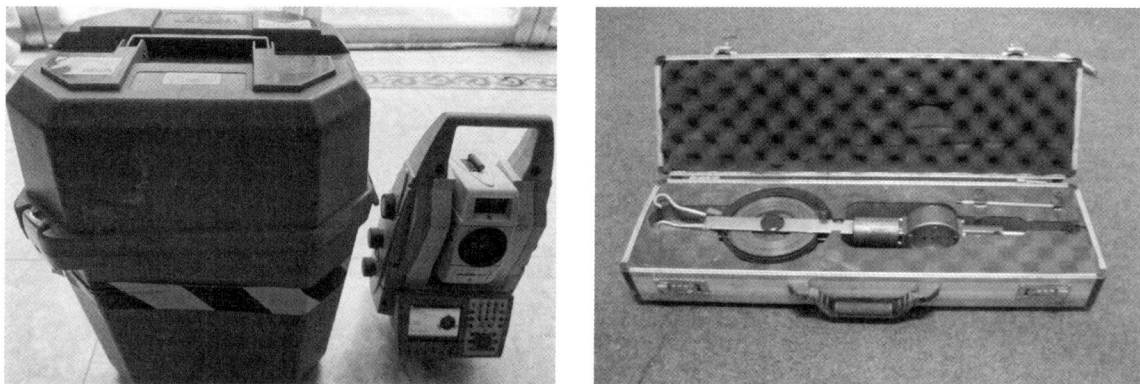

图 5.7.3-4　全站仪、钢尺收敛计

5）测点布置

全断面开挖隧道,每量测断面设置 1 对测点,测点分别布置在隧道左右两侧。台阶开挖隧道,应随开挖分次布置上下两对测点,其测点布置原则同全断面开挖,见图 5.7.3-5。

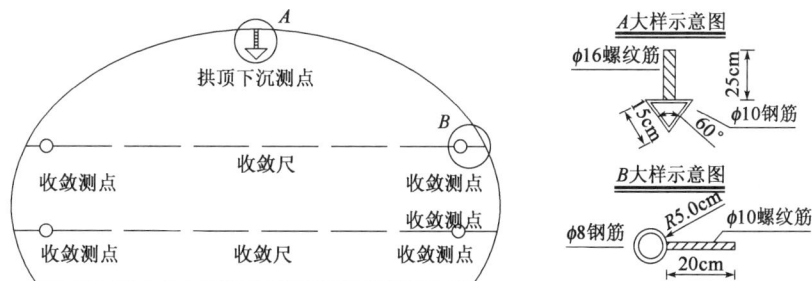

图 5.7.3-5　隧道周边位移与拱顶下沉测点、测线布置示意图

6）量测频率

宜根据位移速度和距开挖面距离选取,如表 5.7.3-2 所示。

7）最大允许位移值、报警值

隧道周边位移及拱顶下沉最大允许位移值、位移速率报警值见表 5.7.3-3。

隧道收敛位移和拱顶下沉量测频率 表5.7.3-2

位移速度(mm/d)	量测断面距开挖工作面的距离	量测频率
≥5	(0~1)B	2~3次/d
1~5	(1~2)B	1次/d
0.2~1	(2~5)B	1次/(2~3d)
<0.2	>5B	1次/(3~7d)

注:1.B表示隧道开挖宽度。
　　2.当位移速度>5mm/d时,应视为出现险情,及时发出警报。
　　3.从不同测设得到的位移速度不同,量测频率应按速度高的取值。
　　4.若根据位移速度和距工作面距离两项指标分别选取的频率不同,则从中取高值。
　　5.后期量测时,间隔时间可加大到几个月或半年量测一次。
　　6.应注意开挖面包括各种下台阶开挖面。

隧道周边位移及拱顶下沉最大允许位移值及位移速率报警值标准 表5.7.3-3

报警值围岩级别	最大允许位移值(cm)		最大允许位移速率(mm/d)	
	周边位移	拱顶下沉	周边位移	拱顶下沉
Ⅲ	3	3	5(10)	5(10)
Ⅳ	6	6	5(10)	5(10)
Ⅴ	10	10	5(10)	5(10)

注:1.当周边位移和拱顶下沉最大允许位移值达到或超过设计预留的最大沉降变形量80%时,及时采取报警(预警)措施,并提交正式报警(预警)报告。
　　2.当周边位移和拱顶下沉最大允许位移速率连续3d达到或超过5mm/d,或者单日达到或超过10mm/d时,及时采取报警措施,并提交正式报警报告。
　　3.以上报警值标准也可以由各方根据该项目特点,综合各种实际情况,提出更加科学合理的报警值,经认可后作为执行标准。

7.3.2.2 拱顶下沉监测

1)量测内容

拱顶下沉量测,是指对隧道拱顶的实际位移值进行量测,即量测相对于不动点的绝对位移。

2)量测目的

通过拱顶位移量测,了解断面的变形状态,判断隧道拱顶的稳定性;根据变位速度判断隧道围岩的稳定程度,为二次衬砌提供合理的支护时机;指导现场设计与施工;防止沉降侵入二次衬砌空间。

3)量测方法

根据不良地质、突水、洞口浅埋等及有特殊要求的停车、通道交叉地段或业主及监理认为有必要监控的地段,设置监控量测断面,在隧道拱顶设置测点,用全站仪或精密水准仪进行测量。测点应距开挖面2m的范围内尽快安设,并应保证爆破后12h内或下一次爆破前测读初次读数。

4)测试仪器

精密水准仪、铟钢尺、钢尺、全站仪。

5)测点布置

如图5.7.3.5所示。

6)量测频度

同周边位移量测频率,见表5.7.3-2。

7)最大允许位移值、报警值

同周边位移量测最大允许位移值及位移速率报警值,见表5.7.3-3。

7.3.2.3 周边位移及拱顶下沉量测断面数据采集

以朝头垟隧道为例,周边位移量测断面数据采集结果见表5.7.3-4。

朝头垟隧道周边位移量测断面数据采集 表 5.7.3-4

监 测 项 目	断 面 里 程	累计变形(mm)	围 岩 级 别	备 注
周边位移量测	YK23+490	3.2	V	稳定
	YK23+500	3.2	V	稳定
	YK23+510	2.7	V	稳定
	YK23+520	3.9	V	稳定
	YK23+530	4.1	V	稳定
	YK23+540	3.7	V	稳定
	YK23+550	3.2	V	稳定
	YK23+560	4.2	V	稳定
	YK23+570	4.1	V	稳定
	YK23+580	4.6	V	稳定
	YK23+590	4.4	V	稳定
	YK23+600	4.1	Ⅳ	稳定

7.3.2.4 周边位移量测断面曲线

朝头垟隧道净空收敛－时间曲线如图 5.7.3-6 所示。

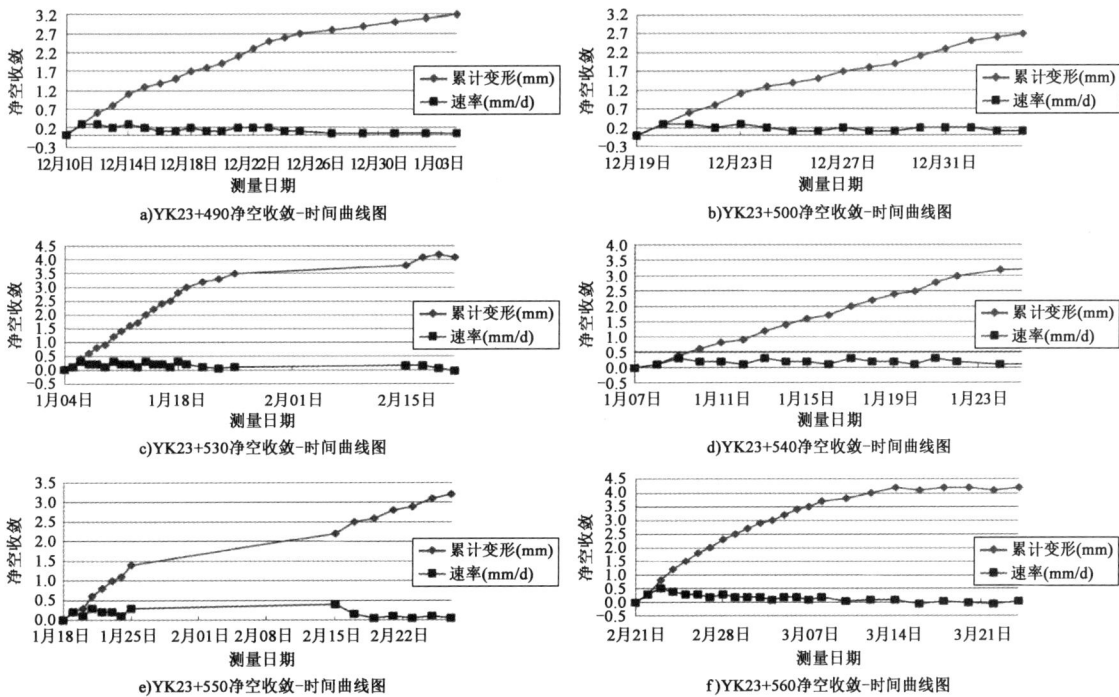

图 5.7.3-6 朝头垟隧道净空收敛－时间曲线图

7.4 施工监控量测选测项目断面布置及测设成果

7.4.1 钢拱架内力及外力量测

7.4.1.1 钢拱架内力及外力断面布置
钢拱架内力及外力量测断面布置如图 5.7.4-1 所示。

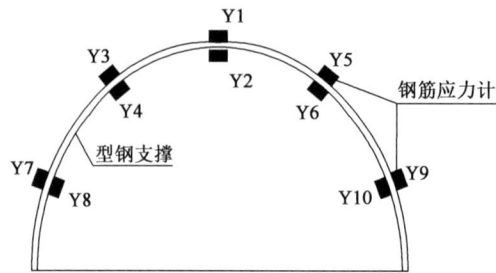

图 5.7.4-1 钢拱架内力及外力量测断面布置示意图

7.4.1.2 钢拱架内力及外力量测断面数据采集

钢拱架内力及外力量测断面数据采集见表 5.7.4-1。

钢拱架内力及外力量测断面数据采集   表 5.7.4-1

里 程 桩 号	布置位置测点编号	监 测 项 目	累计变形(kN)	围 岩 级 别	围 岩 状 况
YK23+490	拱顶测点一	内力	0.94	V	稳定
		外力	0.84		稳定
	左拱腰测点二	内力	1.15		稳定
		外力	1.03		稳定
	右拱腰测点三	内力	0.64		稳定
		外力	0.93		稳定
YK23+500	拱顶测点一	内力	0.85	V	稳定
		外力	0.96		稳定
	左拱腰测点二	内力	1.05		稳定
		外力	0.86		稳定

7.4.1.3 钢拱架内力及外力量测断面曲线图

朝头垟隧道钢拱架内力–时间、外力–时间曲线如图 5.7.4-2 所示。

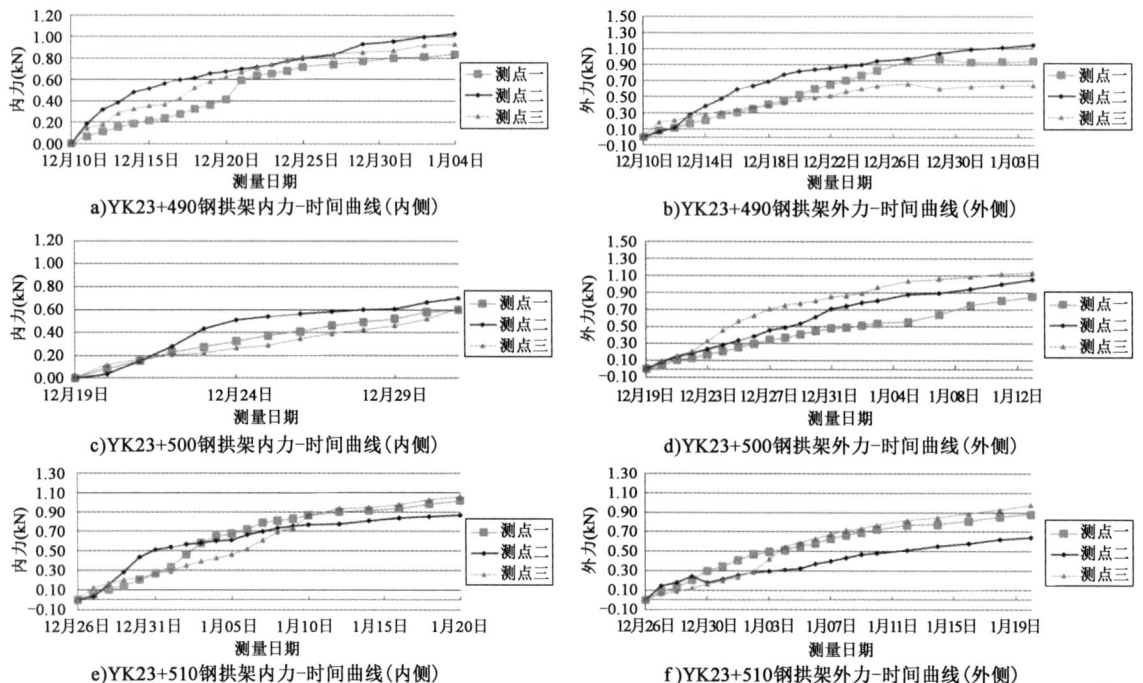

a)YK23+490钢拱架内力-时间曲线(内侧)

b)YK23+490钢拱架外力-时间曲线(外侧)

c)YK23+500钢拱架内力-时间曲线(内侧)

d)YK23+500钢拱架外力-时间曲线(外侧)

e)YK23+510钢拱架内力-时间曲线(内侧)

f)YK23+510钢拱架外力-时间曲线(外侧)

图 5.7.4-2

g)YK23+520钢拱架内力-时间曲线(内侧)

h)YK23+520钢拱架外力-时间曲线(外侧)

i)YK23+530钢拱架内力-时间曲线(内侧)

j)YK23+530钢拱架外力-时间曲线(外侧)

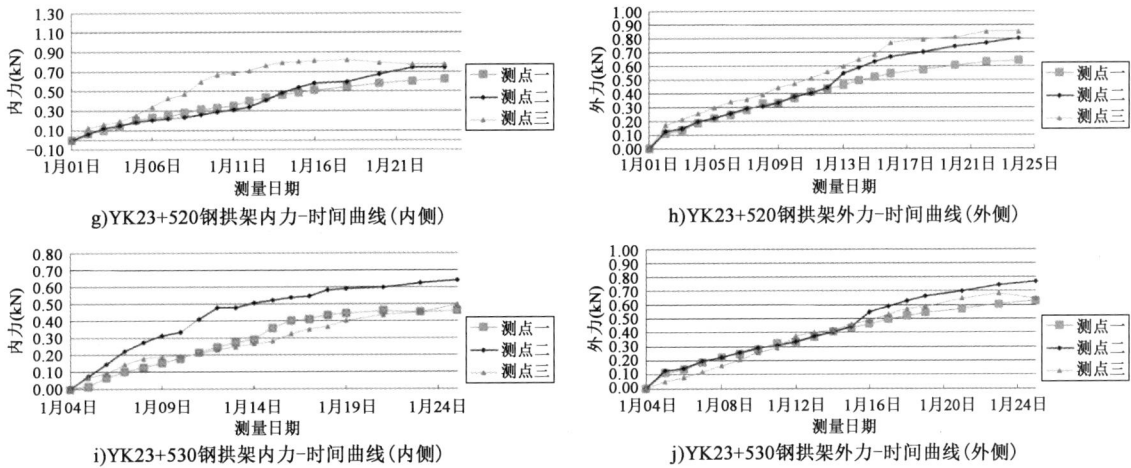

图 5.7.4-2　朝头垾隧道钢拱架内力 – 时间、外力 – 时间曲线图

7.4.2　喷混凝土应力量测

喷混凝土应力量测断面布置如图 5.7.4-3 所示。

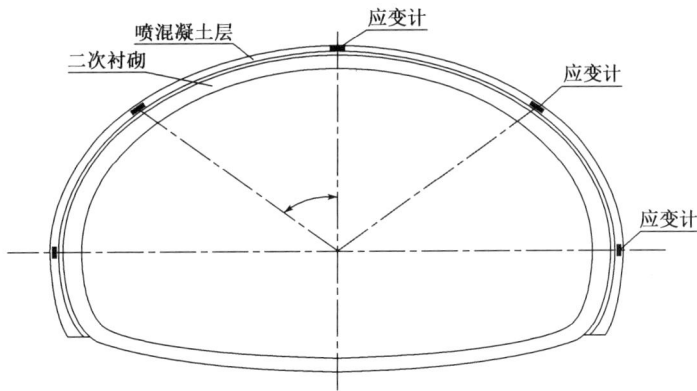

图 5.7.4-3　喷混凝土应力量测断面布置示意图

7.4.2.1　喷混凝土应力量测断面数据采集

朝头垾隧道喷混凝土应力量测断面数据采集见表 5.7.4-2。

朝头垾隧道喷混凝土应力量测断面数据采集　　　　　　表 5.7.4-2

里 程 桩 号	布 置 位 置	累计变形(MPa)	围 岩 级 别	围 岩 状 况
ZK24 + 660	拱顶	1.99	Ⅲ	稳定
	左拱腰	2.88		稳定
	右拱腰	1.63		稳定
	左拱脚	1.58		稳定
	右拱脚	1.50		稳定
ZK24 + 670	拱顶	2.22	Ⅲ	稳定
	左拱腰	2.93		稳定
	右拱腰	3.42		稳定
	左拱脚	3.21		稳定
	右拱脚	2.83		稳定

里 程 桩 号	布 置 位 置	累计变形（MPa）	围 岩 级 别	围 岩 状 况
	拱顶	1.99		稳定
	左拱腰	1.84		稳定
YK25 + 172	右拱腰	1.71	V	稳定
	左拱脚	1.79		稳定
	右拱脚	1.68		稳定

7.4.2.2 喷混凝土应力量测断面曲线图

韩头垟隧道喷混凝土应力 – 时间曲线如图 5.7.4-4 所示。

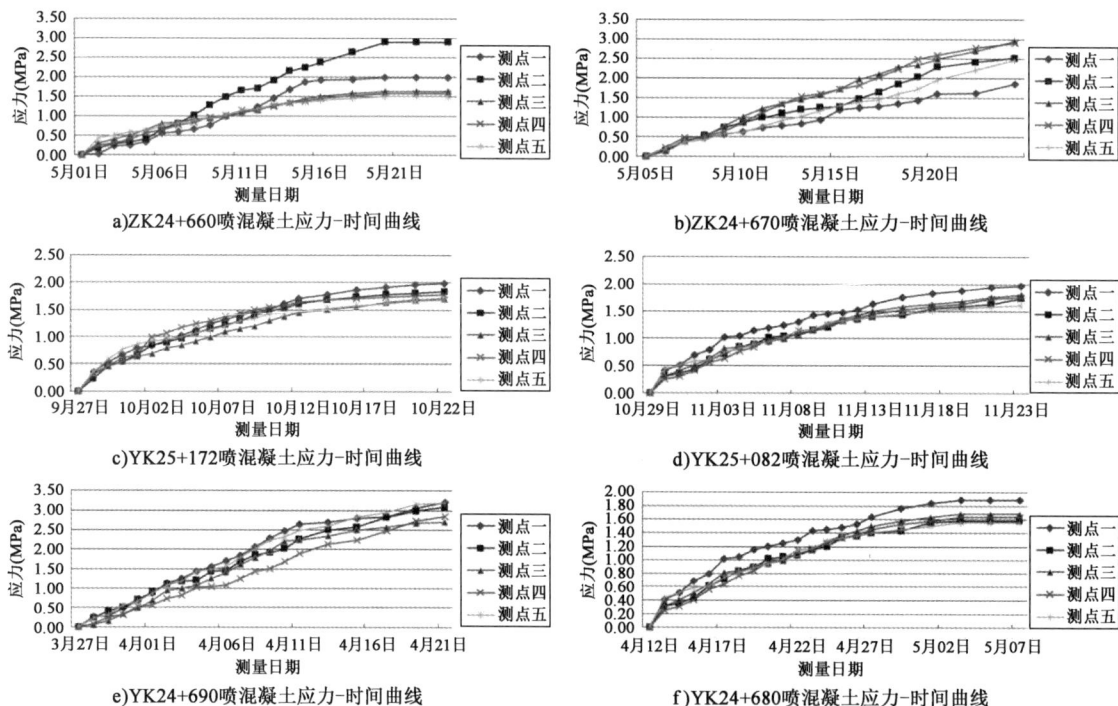

图 5.7.4-4 朝头垟隧道喷混凝土应力 – 时间曲线图

7.4.3 围岩体内位移量测

7.4.3.1 围岩体内位移断面布置

围岩体内位移量测断面布置如图 5.7.4-5 所示。

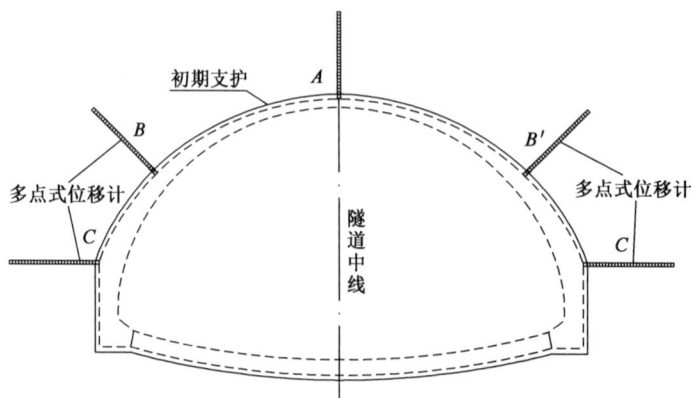

图 5.7.4-5 围岩体内位移量测断面布置示意图

7.4.3.2 围岩体内位移量测断面数据采集

朝头埣隧道围岩体内位移量测断面数据采集见表5.7.4-3。

朝头埣隧道围岩体内位移量测断面数据采集 表 5.7.4-3

里程桩号	布置位置		累计变形（mm）	围岩级别	围岩状况
YK26＋627	拱顶	测点一	1.16	V	稳定
		测点二	1.42		稳定
		测点三	1.08		稳定
	左拱腰	测点一	2.48		稳定
		测点二	3.55		稳定
		测点三	4.79		稳定
	右拱腰	测点一	2.44		稳定
		测点二	1.33		稳定
		测点三	0.72		稳定
YK25＋172	拱顶	测点一	2.04	V	稳定
		测点二	1.87		稳定
		测点三	1.66		稳定
	左拱腰	测点一	2.16		稳定
		测点二	1.92		稳定
		测点三	1.75		稳定
	右拱腰	测点一	2.28		稳定
		测点二	2.01		稳定
		测点三	1.93		稳定
YK25＋082	拱顶	测点一	1.94	V	稳定
		测点二	1.76		稳定
		测点三	1.63		稳定
	左拱腰	测点一	1.89		稳定
		测点二	1.72		稳定
		测点三	1.57		稳定
	右拱腰	测点一	1.96		稳定
		测点二	1.67		稳定
		测点三	1.51		稳定
		测点三	0.68		稳定

7.4.3.3 围岩体内位移量测断面曲线图

朝头埣隧道围岩位移－时间曲线如图5.7.4-6所示。

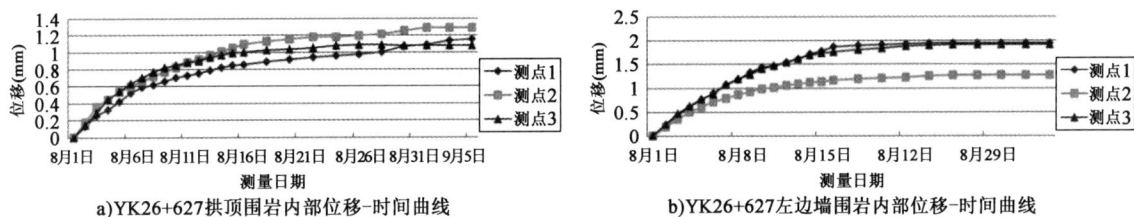

a)YK26+627拱顶围岩内部位移-时间曲线　　　b)YK26+627左边墙围岩内部位移-时间曲线

图　5.7.4-6

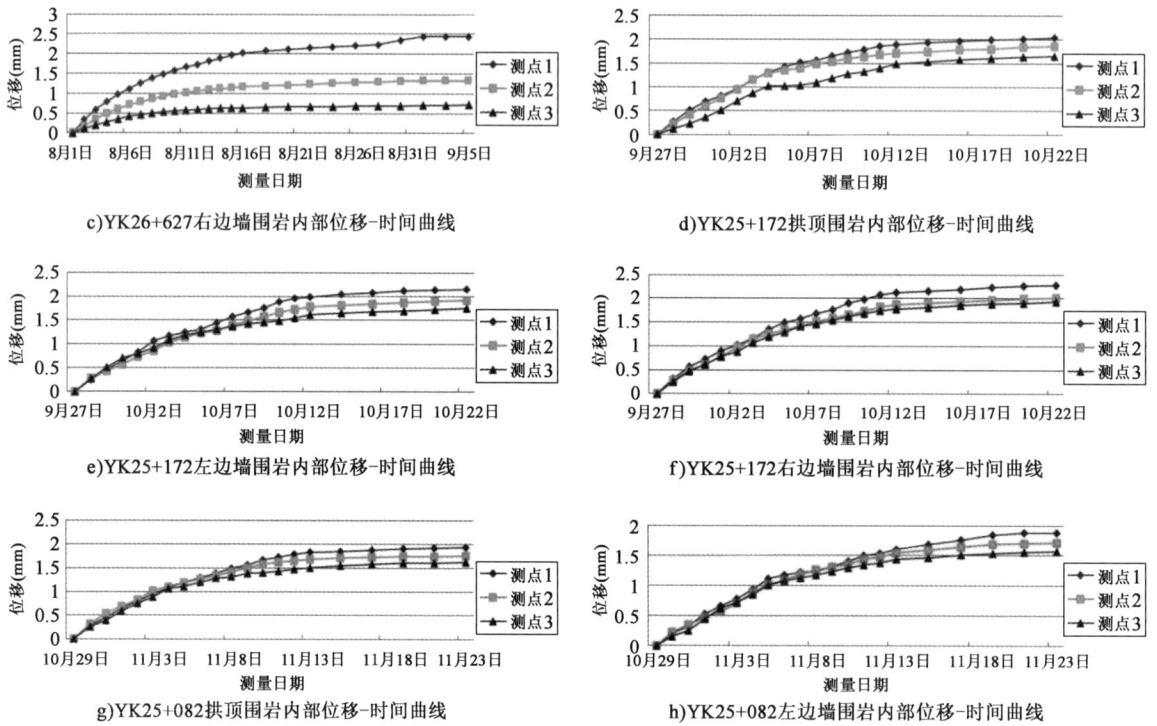

c)YK26+627右边墙围岩内部位移-时间曲线

d)YK25+172拱顶围岩内部位移-时间曲线

e)YK25+172左边墙围岩内部位移-时间曲线

f)YK25+172右边墙围岩内部位移-时间曲线

g)YK25+082拱顶围岩内部位移-时间曲线

h)YK25+082左边墙围岩内部位移-时间曲线

图 5.7.4-6　朝头垟隧道围岩位移－时间曲线

7.4.4　二次衬砌应力量测

7.4.4.1　量测断面布置

二次衬砌应力量测断面布置见图 5.7.4-7。

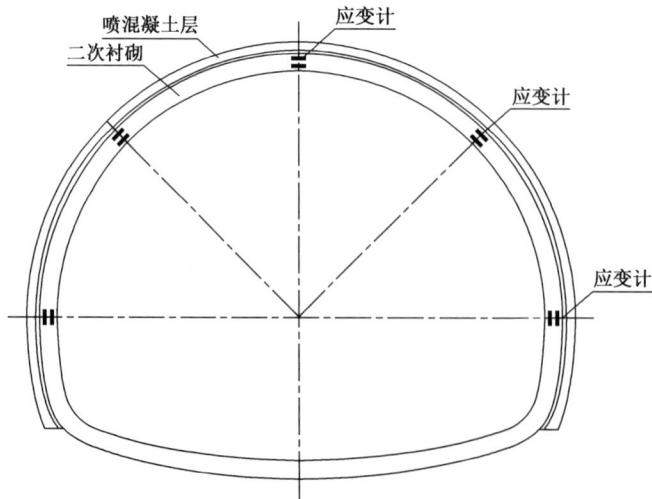

图 5.7.4-7　二次衬砌应力量测断面布置示意图

7.4.4.2　二次衬砌应力量测断面数据采集

二次衬砌应力量测断面数据采集见表 5.7.4-4。

二次衬砌应力量测断面数据采集　　　　　　　　　表 5.7.4-4

里 程 桩 号	布置位置测点编号	监 测 项 目	累计变形 (MPa)	围 岩 级 别	围 岩 状 况
ZK24 + 550	拱顶测点一	内力	2.75	Ⅲ	稳定
		外力	2.93		稳定
	左拱腰测点二	内力	2.52		稳定
		外力	3.11		稳定
	右拱腰测点三	内力	2.50		稳定
		外力	2.75		稳定
ZK24 + 560	拱顶测点一	内力	2.60	Ⅲ	稳定
		外力	2.73		稳定
	左拱腰测点二	内力	2.60		稳定
		外力	2.91		稳定
	右拱腰测点三	内力	3.03		稳定
		外力	2.65		稳定
ZK24 + 590	拱顶测点一	内力	2.27	Ⅲ	稳定
		外力	2.58		稳定
	左拱腰测点二	内力	2.68		稳定
		外力	2.22		稳定
	右拱腰测点三	内力	2.47		稳定
		外力	2.09		稳定

7.4.4.3　二次衬砌应力量测断面曲线图

朝头垟隧道二次衬砌应力 – 时间曲线如图 5.7.4-8 所示。

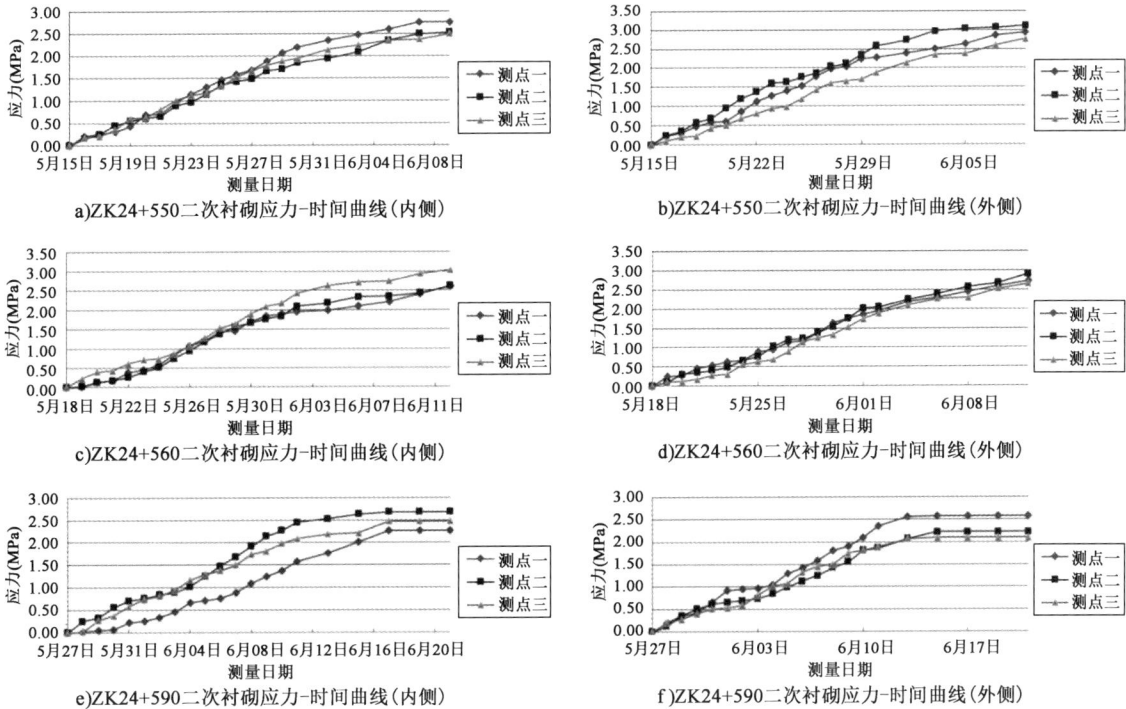

a)ZK24+550二次衬砌应力-时间曲线(内侧)

b)ZK24+550二次衬砌应力-时间曲线(外侧)

c)ZK24+560二次衬砌应力-时间曲线(内侧)

d)ZK24+560二次衬砌应力-时间曲线(外侧)

e)ZK24+590二次衬砌应力-时间曲线(内侧)

f)ZK24+590二次衬砌应力-时间曲线(外侧)

图　5.7.4-8

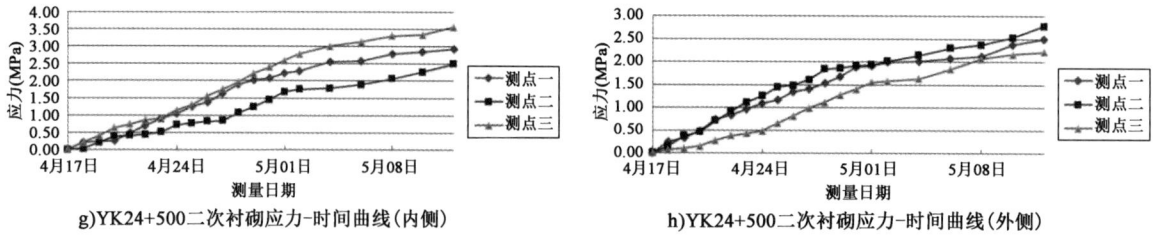

g)YK24+500二次衬砌应力-时间曲线(内侧)　　　　h)YK24+500二次衬砌应力-时间曲线(外侧)

图 5.7.4-8　朝头垟隧道二次衬砌应力 – 时间曲线图

7.4.5　锚杆轴力量测

7.4.5.1　锚杆轴力量测断面布置

锚杆轴力量测断面布置如图 5.7.4-9 所示。

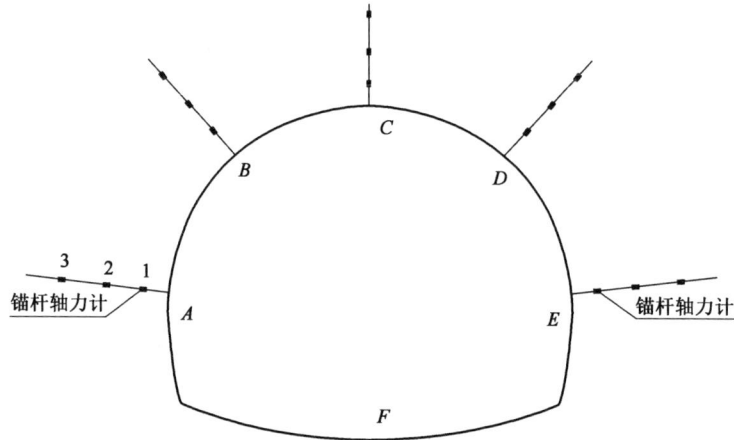

图 5.7.4-9　锚杆轴力量测断面布置示意图

7.4.5.2　锚杆轴力量测断面数据采集

锚杆轴力量测断面数据采集见表 5.7.4-5。

锚杆轴力量测断面数据采集　　　　　　　　　　　　　表 5.7.4-5

里 程 桩 号	布置位置测点编号	监测项目	累计变形(kN)	围 岩 级 别	围 岩 状 况
ZK26 + 706	拱顶	锚杆 1	3.26	V	稳定
		锚杆 2	3.52		稳定
		锚杆 3	2.93		稳定
	左拱腰	锚杆 1	6.32		稳定
		锚杆 2	5.09		稳定
		锚杆 3	4.45		稳定
	右拱腰	锚杆 1	7.08		稳定
		锚杆 2	6.23		稳定
		锚杆 3	5.55		稳定

续上表

里 程 桩 号	布置位置测点编号	监 测 项 目	累计变形（kN）	围 岩 级 别	围 岩 状 况
YK26 + 627	拱顶	锚杆 1	8.82	V	稳定
		锚杆 2	7.29		稳定
		锚杆 3	7.76		稳定
	左拱腰	锚杆 1	6.36		稳定
		锚杆 2	5.09		稳定
		锚杆 3	4.54		稳定
	右拱腰	锚杆 1	7.08		稳定
		锚杆 2	6.06		稳定
		锚杆 3	5.47		稳定
YK25 + 172	拱顶	锚杆 1	5.94	V	稳定
		锚杆 2	4.75		稳定
		锚杆 3	5.38		稳定
	左拱腰	锚杆 1	6.02		稳定
		锚杆 2	5.64		稳定
		锚杆 3	5.13		稳定
	右拱腰	锚杆 1	6.53		稳定
		锚杆 2	5.34		稳定
		锚杆 3	5.81		稳定
YK25 + 082	拱顶	锚杆 1	6.11	V	稳定
		锚杆 2	5.60		稳定
		锚杆 3	4.92		稳定
	左拱腰	锚杆 1	6.06		稳定
		锚杆 2	5.38		稳定
		锚杆 3	4.83		稳定
	右拱腰	锚杆 1	5.64		稳定
		锚杆 2	5.09		稳定
		锚杆 3	4.62		稳定

7.4.5.3　锚杆轴力量测断面曲线图

朝头垾隧道锚杆轴力-时间曲线如图 5.7.4-10 所示。

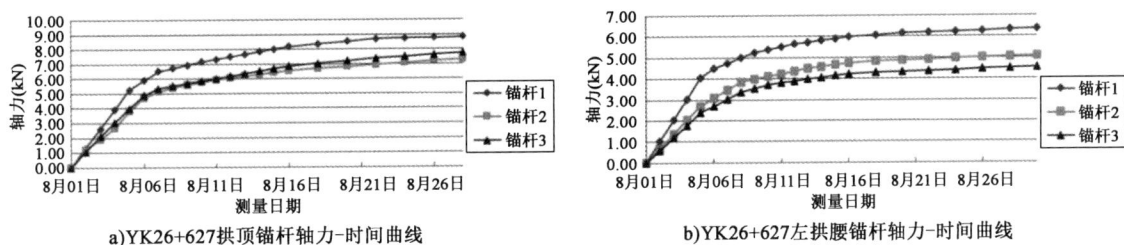

a)YK26+627拱顶锚杆轴力-时间曲线　　　b)YK26+627左拱腰锚杆轴力-时间曲线

图　5.7.4-10

461

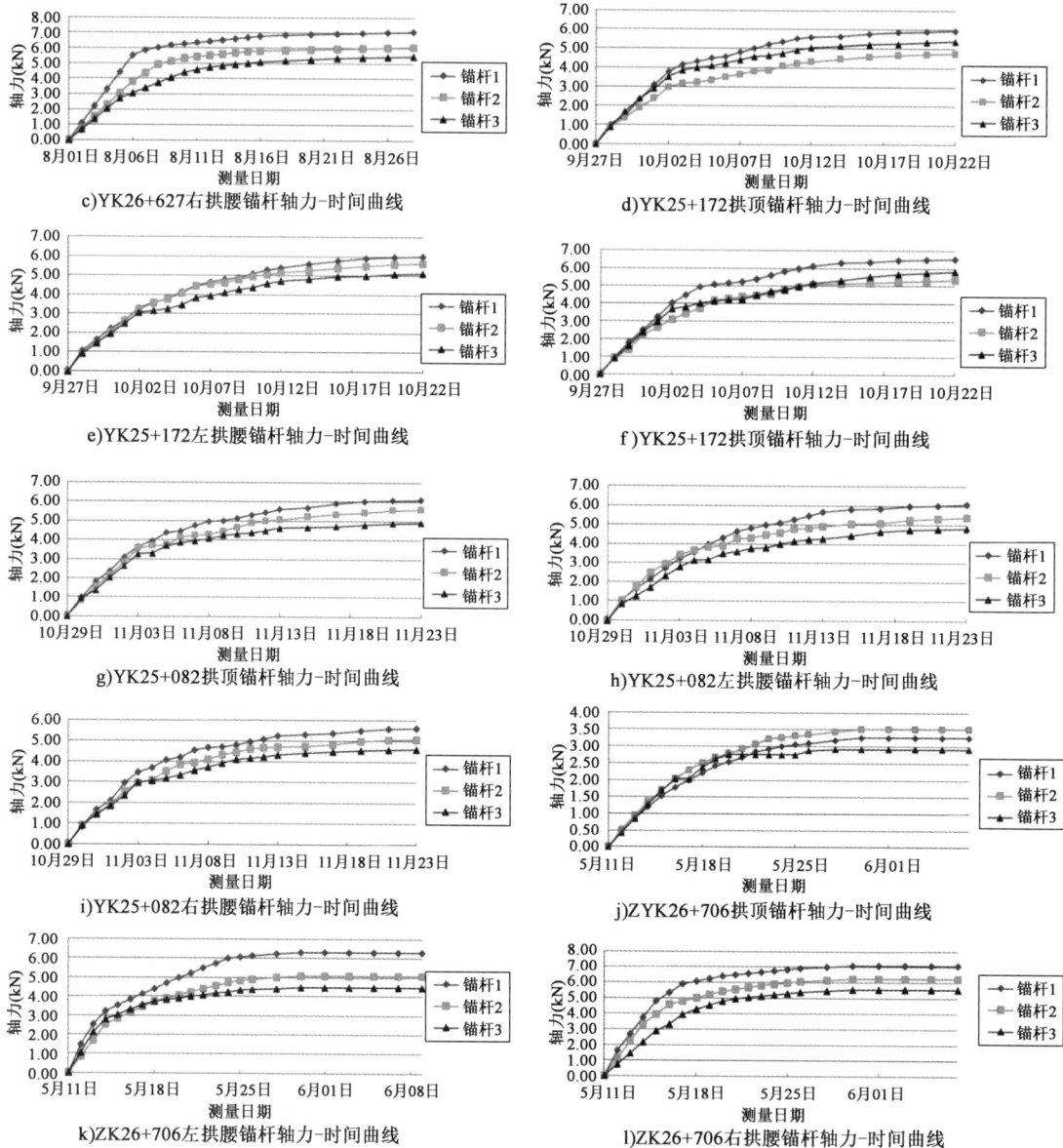

c)YK26+627右拱腰锚杆轴力-时间曲线

d)YK25+172拱顶锚杆轴力-时间曲线

e)YK25+172左拱腰锚杆轴力-时间曲线

f)YK25+172拱顶锚杆轴力-时间曲线

g)YK25+082拱顶锚杆轴力-时间曲线

h)YK25+082左拱腰锚杆轴力-时间曲线

i)YK25+082右拱腰锚杆轴力-时间曲线

j)ZYK26+706拱顶锚杆轴力-时间曲线

k)ZK26+706左拱腰锚杆轴力-时间曲线

l)ZK26+706右拱腰锚杆轴力-时间曲线

图 5.7.4-10 朝头垟隧道锚杆轴力 – 时间曲线图

7.4.6 两层支护间压力监测

7.4.6.1 两层支护间压力监测断面布置

围岩压力监测断面布置如图 5.7.4-11 所示。

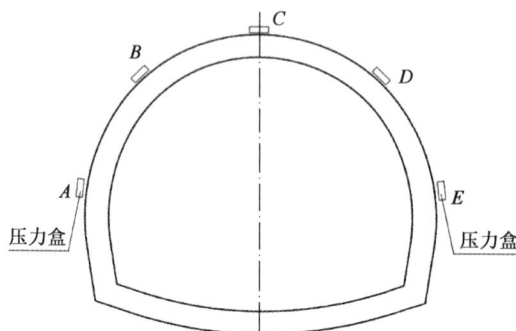

图 5.7.4-11 围岩压力监测断面布置示意图

7.4.6.2 两层支护间压力监测断面数据采集

两层支护间压力监测断面数据采集见表 5.7.4-6。

两层支护间压力监测断面数据采集　　　　表 5.7.4-6

里 程 桩 号	布置位置测点编号	监 测 项 目	应力值（MPa）	围 岩 级 别	围 岩 状 况
YK24+690	拱顶	测点一	1.285	Ⅲ	稳定
	左拱腰	测点二	1.034		稳定
	右拱腰	测点三	2.392		稳定
YK24+680	拱顶	测点一	2.398	Ⅲ	稳定
	左拱腰	测点二	1.498		稳定
	右拱腰	测点三	3.298		稳定
ZK26+410	拱顶	测点一	1.614	Ⅲ	稳定
	左拱腰	测点二	0.825		稳定
	右拱腰	测点三	2.365		稳定

7.4.6.3 两层支护间压力监测断面曲线图

朝头垟隧道两层间支护压力–时间曲线如图 5.7.4-12 所示。

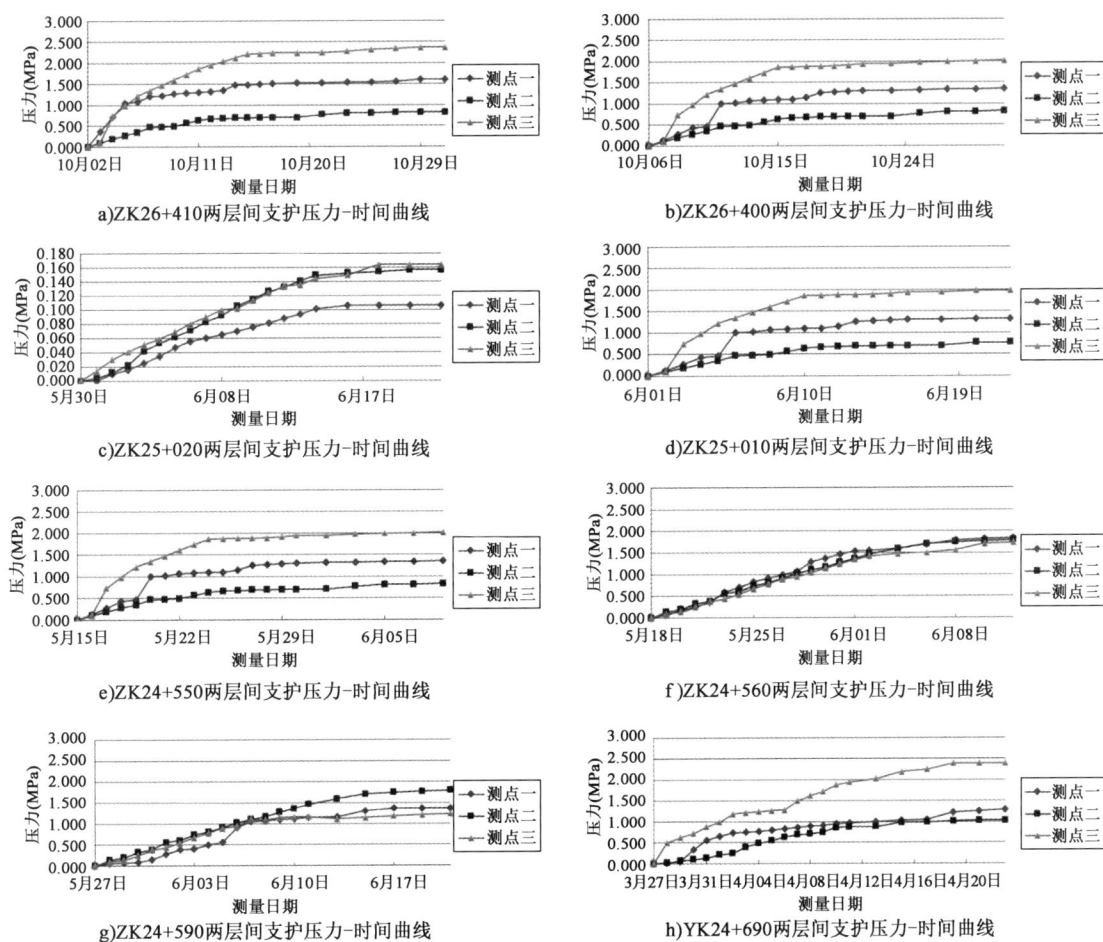

图 5.7.4-12　朝头垟隧道两层间支护压力–时间曲线图

7.4.7 隧底隆起监测

7.4.7.1 量测断面布置

隧底隆起量测断面布置如图 5.7.4-13 所示。

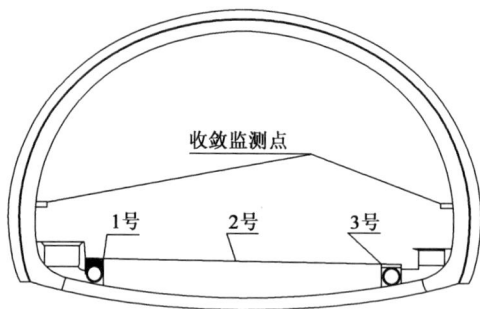

图 5.7.4-13 隧底隆起量测断面布置示意图

7.4.7.2 隧底隆起量测断面数据采集

隧底隆起均处于稳定状态,表 5.7.4-7 列出朝头垟隧道部分断面测点数据。

隧底隆起监测断面数据采集

表 5.7.4-7

监 测 项 目	断 面 里 程	累计变形量(mm)	围 岩 级 别	备　注
隧底隆起量测	YK23+495	3.3	V	稳定
	YK23+500	3.0	V	稳定
	YK23+505	2.3	V	稳定
	YK23+510	2.9	V	稳定
	YK23+520	3.3	V	稳定
	YK23+530	3.9	V	稳定
	YK23+540	4.3	V	稳定
	YK23+550	2.5	V	稳定
	YK23+555	3.8	V	稳定
	YK23+562	4.2	V	稳定
	YK23+567	4.2	V	稳定
	YK23+572	3.8	V	稳定
	YK23+582	4.0	V	稳定
	YK23+592	4.1	IV	稳定
	YK23+602	3.7	IV	稳定
	YK23+612	4.3	IV	稳定
	YK23+622	4.1	III	稳定
	YK23+632	3.9	III	稳定

7.4.7.3 隧底隆起－时间曲线图

朝头垟隧道隧底隆起－时间曲线如图 5.7.4-14 所示。

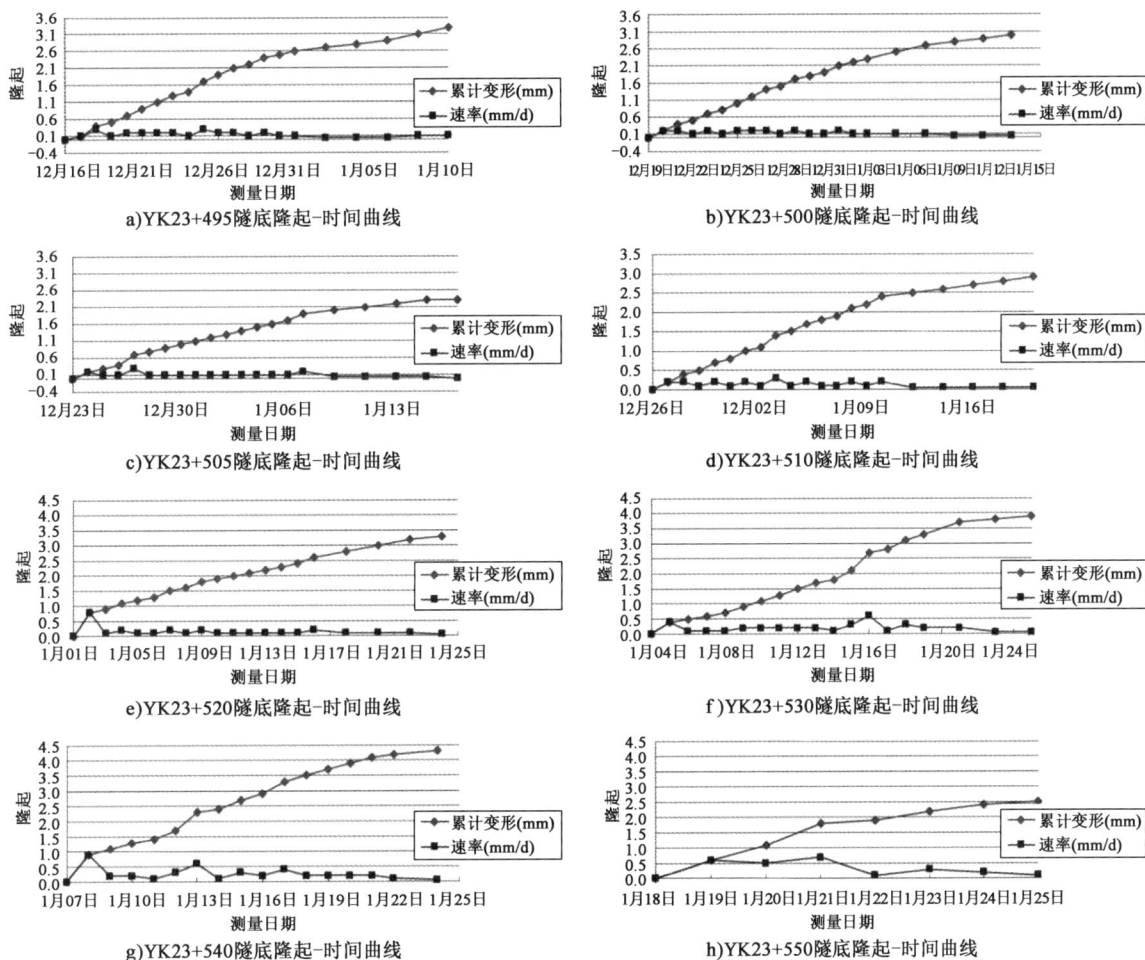

a)YK23+495隧底隆起-时间曲线

b)YK23+500隧底隆起-时间曲线

c)YK23+505隧底隆起-时间曲线

d)YK23+510隧底隆起-时间曲线

e)YK23+520隧底隆起-时间曲线

f)YK23+530隧底隆起-时间曲线

g)YK23+540隧底隆起-时间曲线

h)YK23+550隧底隆起-时间曲线

图 5.7.4-14　朝头垟隧道隧底隆起－时间曲线图

7.5　超前地质预报

7.5.1　超前地质预报流程

超前地质预报流程见图 5.7.5-1。

7.5.2　超前地质预报方法

超前地质预报以地质调查与推断法为主,以短距离预报(地质雷达)为辅。分离式及小净距隧道段超前地质预报主要采取以下方法:

(1)采用地质雷达进行近距离(20～40m)较微观近期预报。

(2)采用 TSP203 隧道地震探测仪(简称 TSP203)进行远距离(200m)较宏观长期预报。施工过程中,围岩破碎或地质情况复杂地段,每开挖 100m 预报一次,围岩较完整地段每开挖 150m 预报一次。

（3）根据 TSP203 预测结果确定是否需要打探孔以及探孔位置和数量。当 TSP203 预测有不良地质时，根据需要布设超前探孔，探孔数量 1～3 个为宜，探孔直径为 φ76mm，探孔深度 30m，前后两循环钻孔重叠 5m，25m 循环一次。

（4）TSP203 与超前地质钻探（1 孔）组合。

（5）在工程地质与水文地质较复杂地段，仅采用 TSP203 不能满足施工需要，这时应补充超前地质钻孔取芯，对 TSP203 预报成果加以核查与确认。

（6）TSP203 与超前地质钻探（3 孔）组合。

（7）在岩溶、地质构造强烈发育及初步判断前方有大型隐伏含水体或发育中大型岩溶管道地段、瓦斯地段采用 TSP203 与超前地质钻探取芯（3 孔）组合。

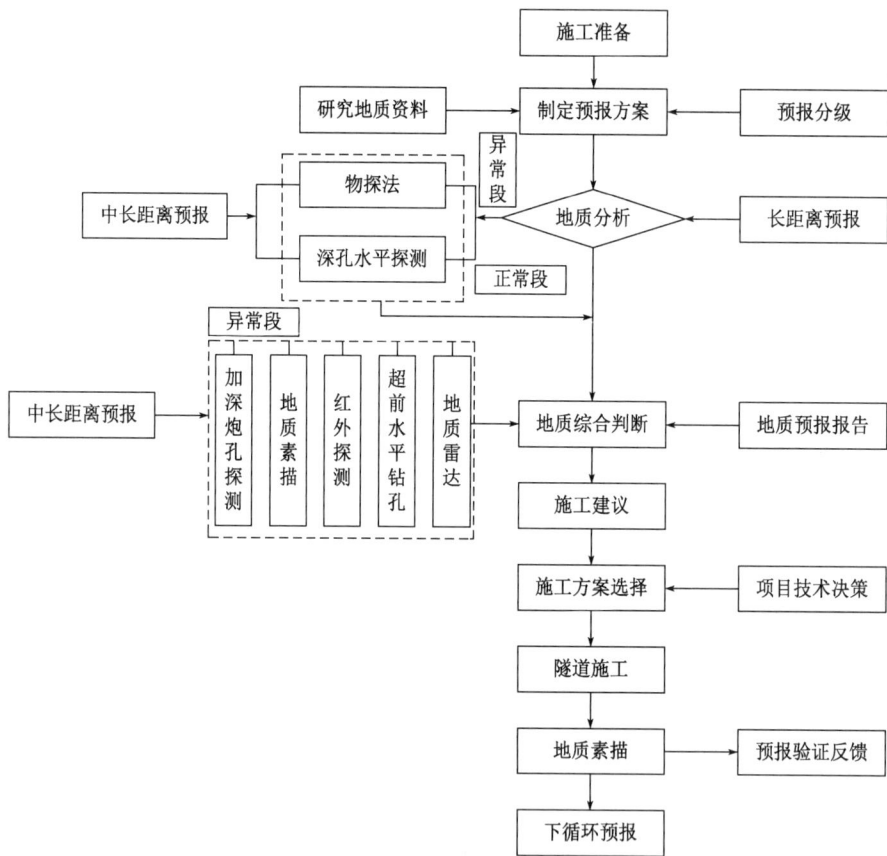

图 5.7.5-1　超前地质预报流程图

7.5.3　超前地质预报内容

隧道超前地质预报主要内容为：

（1）不良地质预报及灾害地质预报

预报施工掘进面前方一定范围内有无突水、突泥塌方、瓦斯及有害气体等灾害地质，并查明范围、规模、性质等，提出施工措施意见。

（2）水文地质预报

预报洞内含水构造的位置、规模及其性质，并评价施工开挖对环境水文地质的影响。

（3）断层及其破碎带的预报

预报内容包括断层及断层影响带的位置、规模及其性质，软弱夹层的位置、规模及其性质等，针对断层的位置、宽度、产状、性质等情况，提出相应施工措施。

(4)围岩稳定性及其类别的预报

预报开挖面前方的围岩稳定性,与设计比较,不同岩性、围岩级别变化的位置为修改设计、调整支护类型和二次衬砌时间提供依据。

7.5.4　超前地质预报实施

在整个施工段范围进行地质素描,在隧道开挖暴露后,按照统一标准和格式,详细、及时记录洞身范围的地质情况,最后汇总作为工程竣工文件的组成部分。

在勘察设计数据提供的隧道特殊复杂地段,(包括可能存在瓦斯段、接触关系复杂的岩带、断层破碎带、节理密集带、富水带等地段)除开展上述工作外,必须提前 50～100m 采用地质预报系统进行预报;临近可能存在的不良地质体时采用地质雷达进行超前加强探测预报,当遇到特殊情况时,可根据实际加密、加强预报;在地质条件特殊复杂,可能发生突泥、突水等地质灾害的段落,常规方法无法准确预测的情况下,必要时可进行水平超前钻探和红外探测法进行超前地质预报,或采用风钻或锚杆水平钻等无芯探测方法进行钻探预报。根据施工组织、复杂地质分布情况、掘进工作面与不良地质相对位置等,适时开展隧道施工地质预报工作,直到隧道施工任务完成。

(1)必须落实超前水文地质探测预报各项规定,监控量(探)测数据超标立即停工撤人,严禁冒险施工作业。

(2)对软弱围岩及不良地质隧道进行超前地质预报,及时收集分析预报资料,完善开挖支护等方案并指导现场施工。

(3)隧道超前地质预报采用地质雷达超前探测 Ⅴ 级、Ⅳ 级围岩,以及估计前方有断层破碎带或局部涌水等不良地质处,每 20m 探测前方地质情况。

(4)地质雷达探底要在隧道铺底之前完成,具体探测时间由工程部安排。掌子面前方探测数据采集前要求施工单位配合对掌子面进行平整处理,使雷达天线与掌子面能较好耦合,移走掌子面附近其他的金属物体。

(5)雷达记录应清晰,反射波形、同相轴明显。不合格的记录应重测;对合格的记录应根据记录的情况进行必要的处理,如编辑、滤波、增益、褶积、道分析、速度分析和消除背景干扰等,求得时间剖面。在时间剖面中应标出探测对象的反射波组,确定反射体的形态和规模。解释确定反射体的位置、形态,推断其充填情况。必要时应制作模型进行反演解析。提交以下资料:测线布置图、原始记录、时间剖面、解析参数和解析结果。

(6)地质预报单位负责及时分析和研究超前地质预报成果;发现地质情况与设计情况不符的,要按程序及时通知各参建单位。

(7)施工单位积极配合预报单位做好预报工作,并将预报工作纳入现场施工组织管理。要积极利用超前地质预报成果,当地质情况与设计不符时,应及时按变更设计程序提请进行变更设计,并不断完善隧道施工安全应急救援预案,做好隧道施工安全工作。

7.6　异　常　处　置

当拱顶下沉、周边位移速率或位移累计超出规定时,须暂停掘进,撤出人员,分析原因,采取措施。

围岩稳定性的综合判别应根据量测结果,按表 5.7.6-1 判定。实测位移值不应大于隧道的极限位移,并按表 5.7.6-1 位移管理等级施工。一般情况下,宜将隧道设计的预留变形量作为极限位移,而设计变形量应根据检测结果不断修正。

位 移 管 理 等 级 　　　　　　　　　　　　　　　表 5.7.6-1

管 理 等 级	管理位移(mm)	施 工 状 态
Ⅲ	$U < (U_0/3)$	可正常施工
Ⅱ	$(U_0/3) \leq U \leq (2U_0/3)$	应加强支护
Ⅰ	$U > (2U_0/3)$	应采取特殊措施

注:U-实测位移值;U_0-设计极限位移值。

根据位移速率判断:速率大于 1mm/d 时,围岩处于急剧变形状态,应加强初期支护;速率变化在 0.2～1.0mm/d 时,应加强观测,做好加固的准备;速率小于 0.2mm/d 时,围岩达到基本稳定。

根据位移速率变化趋势判断:当围岩位移速率不断下降时,围岩处于稳定状态;当围岩位移速率变化保持不变时,围岩尚不稳定,应加强支护;当围岩位移速率变化上升时,围岩处于危险状态,必须立即停止掘进,采取应急措施。

初期支护承受的应力、应变、压力实测值与允许值之比大于或等于 0.8 时,围岩不稳定,应加强初期支护;初期支护承受的应力、应变、压力实测值与允许值之比小于 0.8 时,围岩处于稳定状态。

当拱顶下沉、水平收敛速度达 5mm/d 或位移累计达到 100mm 时,应暂停掘进,并及时分析原因,采取处理措施。

7.7　监 测 结 论

7.7.1　朝头垟隧道

对朝头垟隧道必测项目(浅埋段地表沉降、周边位移、拱顶下沉)监测、洞内外观察、支护情况监测以及地质超前预报统计可知:洞内外观察及支护情况观测完成 922 个断面;浅埋地表沉降量测完成 10 个断面,沉降累计最大值 7.3mm(ZK26＋704 断面),沉降累计最小值 1.90mm(ZK23＋548 断面);周边位移量测完成 424 个断面,收敛累计最大值 6.5mm(ZK26＋36 断面),收敛累计最小值 0.7mm(ZK24＋476 断面);拱顶下沉量测完成 424 个断面,下沉累计最大值 7.3mm(ZK26＋696 断面),下沉累计最小值 0.9mm(ZK24＋476 断面)。三个监测项目的报警值设定标准为Ⅲ级围岩最大允许位移值为 30mm,Ⅳ级围岩最大允许位移值为 60mm,Ⅴ级围岩最大允许位移值为 100mm,说明朝头垟隧道所有监测断面的变形均在报警值安全范围内。

对选测项目钢拱架内外力、喷混凝土应力、锚杆轴力、围岩体内位移、二次衬砌应力、两层支护压力的监测汇总可知:钢拱架内外力量测完成 260 个断面,累计最大值 2.44kN(YK26＋632 断面右拱腰),累计最小值 0.13kN(ZK24＋476 断面左拱腰);喷混凝土应力量测完成 7 断面,累计最大值 3.42MPa(ZK24＋670 断面右拱腰),累计最小值 1.58MPa(YK24＋680 断面左拱腰);围岩体内位移量测完成 1 断面,累计变形最大值 4.79mm(LK1＋405 断面左拱腰测点三),累计变形最小值 2.48mm(LK1＋405 断面左拱腰测点一),二次衬砌应力量测完成 7 断面,累计最大值 3.57MPa(YK24＋500 断面右拱腰),累计最小值 0.38MPa(ZK25＋020 断面左拱腰);锚杆轴力量测完成 4 断面,累计最大值 8.82MPa(YK26＋627 断面右拱腰),累计最小值 2.93MPa(ZK26＋706 断面拱顶);两层支护间压力量测完成 9 断面,累计最大值 3.29MPa(YK24＋680 断面右拱腰),累计最小值 0.10MPa(ZK25＋020 断面拱顶);围岩体内位移量测完成 6 断面,累计变形最大值 4.79mm(YK26＋627 断面右拱腰),累计变形最小值 0.69mm(ZK26＋713 断面右拱腰),均满足初期支护承受的应力、应变、压力实测值与允许值之比小于 0.8 时,围岩处于稳定状态的情况。另外,107 次地质超前预报测试结果均符合勘探、设计的结果,爆破震动监测进行 18 次,均符合规范规定。

通过本次监控量测数据和超前地质预报结果分析,总体上该隧道地质情况与地质报告中所揭示的情况大致相符,局部存在一定的差距,围岩地质情况较差,特别是受到断层构造带影响较严重,围岩破碎,尤其是顶部围岩易产生掉块现象,裂隙水较发育,但对围岩及支护情况的稳定性影响较小。通过监控量测及超前地质预报等手段,及时掌握和分析围岩及支护体系的沉降变形、受力及地质变化情况及趋势,根据量测结果为设计提供参考,并指导施工,取得较好的经济效益,同时对预见事故和险情也起到积极作用,保证了隧道施工的安全与稳定。

7.7.2 章后隧道

对章后隧道必测项目浅埋段地表沉降、周边位移、拱顶下沉、洞内外观察及支护情况的监测以及地质超前预报统计可知:洞内外观察及支护情况观测完成 901 个断面;浅埋地表沉降量测完成 4 断面,沉降累计最大值 5.2mm(ZK48 +225 断面),沉降累计最小值 3.2mm(ZK48 +215 断面);周边位移量测完成 461 个断面,收敛累计最大值 5.2mm(YK45 +742 断面),收敛累计最小值 0.3mm(ZK44 +334 断面);拱顶下沉量测完成 461 个断面,下沉累计最大值 7.5mm(YK47 +972 断面),下沉累计最小值 1.2mm(ZK44 +353 断面)。监测项目的报警值设定标准为Ⅲ级围岩最大允许位移值为 30mm,Ⅳ级围岩最大允许位移值为 60mm,Ⅴ级围岩最大允许位移值为 100mm,说明章后隧道所有监测断面的变形均在报警值安全范围内。

对选测项目钢拱架内外力、喷混凝土应力、两层支护间压力、二次衬砌应力、隧底隆起的监测,钢拱架内外力量测完成 108 断面,累计最大值 2.49kN(ZK48 +205 断面),累计最小值 0.45kN(ZK47 +565 断面);喷混凝土应力完成 2 断面,累计最大值 2.22MPa(ZK48 +225 断面拱顶),累计最小值 1.48MPa(YK48 +090 断面左拱脚);围岩体内位移量测完成 4 断面,累计变形最大值 1.06mm(YK45 +702 断面拱顶测点一),累计变形最小值 0.68mm(ZK48 +225 断面右拱腰测点三);两层支护间压力完成 3 断面,累计最大值 4.070MPa(YK47 +885 断面右拱腰),累计最小值 2.340MPa(YK48 +120 断面左拱腰);二次衬砌应力量测完成 4 断面,累计最大值 0.789MPa(YK47 +885 断面外侧测点二),累计最小值 0.103MPa(YK48 +140 断面内侧测点二);隧底隆起量测完成 194 个断面,累计变形最大值 4.9mm(ZK45 +673 断面),累计变形最小值 1.7mm(ZK47 +555 断面)。另外,31 次地质超前预报测试结果均符合勘探、设计的结果。

通过本次监控量测数据和超前地质预报结果分析,总体上该隧道地质情况与地质报告中所揭示的情况大致相符,局部存在一定的差距,围岩地质情况较差,特别是受到断层构造带的影响较严重,围岩破碎,尤其是顶部围岩易产生掉块现象,裂隙水较发育,但对围岩及支护情况的稳定性影响较小。通过监控量测及超前地质预报等手段,及时掌握和分析围岩及支护体系的沉降变形、受力及地质情况变化及趋势,根据量测结果为设计提供参考,并指导施工,取得较好的经济效益,同时对预见事故和险情也起到积极作用,保证了隧道施工的安全与稳定。

7.7.3 金垟隧道

根据周边收敛数据统计得知:Ⅴ级围岩段变形速率在 0~2mm/d 之间,累计变形在 0~22mm 之间,均未超过报警控制值;Ⅳ级围岩段变形速率在 0~1.5mm/d 之间,累计变形在 0~15mm 之间,均未超过报警控制值;Ⅲ级围岩段变形速率在 0~1mm/d 之间,累计变形在 0~12mm 之间,均未超过报警控制值。临近掌子面监测断面收敛速率较大,距开挖掌子面较远的监测断面收敛速率稍小,收敛速率逐渐变小,趋于稳定,各断面收敛情况无异常。

根据拱顶下沉数据统计得知:Ⅴ级围岩段变形速率在 0~1.6mm/d 之间,累计变形在 0~28mm 之间,均未超过报警控制值;Ⅳ级围岩段变形速率在 0~1.7mm/d 之间,累计变形在 0~23mm 之间,均未超过报警控制值;Ⅲ级围岩段变形速率在 0~1.5mm/d 之间,累计变形在 0~19mm 之间,均未超过报警控制值。距开挖掌子面近的监测断面沉降速率较大,距开挖掌子面较远的监测断面沉降速率较小,各断面拱顶下沉情况均在正常范围内。

根据地表沉降数据统计得知:进口浅埋段变形速率在 0 ~ 2mm/d 之间,累计变形在 0 ~ 19mm 之间,均未超过报警控制值;出口浅埋段变形速率在 0 ~ 2.7mm/d 之间,累计变形在 0 ~ 21mm 之间,均未超过报警控制值。地表沉降速率随洞口浅埋段岩土体含水率变化较为显著,特别是降雨期间沉降速率相对较大,后逐渐减小,直至变形稳定。

根据隧底隆起数据统计得知:V 级围岩段变形速率在 0 ~ 1.2mm/d 之间,累计变形在 0 ~ 13mm 之间,均未超过报警控制值;IV 级围岩段变形速率在 0 ~ 1mm/d 之间,累计变形在 0 ~ 10mm 之间,均未超过报警控制值。距开挖掌子面近的监测断面隆起速率较大,距开挖掌子面较远的监测断面隆起速率较小,各断面隧底隆起情况无异常。

根据围岩内部位移曲线图得知:进口左线 ZK13 + 990 断面处围岩内部位移变形情况呈不均匀分布,总体上看两侧变形基本对称,其中左拱腰右拱腰围岩内部位移相对较大;左边墙和右边墙的围岩内部位移相对较小;拱顶围岩内部位移介于上述两者之间;围岩松弛范围总体呈"猫耳朵"状分布。从时态曲线图上看,围岩内部变形大约在 15d 后趋于稳定,说明超前锚杆在发挥支护作用控制围岩变形,锚杆长度能够确保施工及结构安全。

根据两层支护间压力曲线图得知:进口左线 ZK13 + 990 断面处初期支护与二次衬砌之间压力分布不均匀,左侧接触压力比右侧接触压力略大,边墙接触压力比拱腰、拱顶接触压力略大,这与喷混凝土应力分布基本一致,主要原因是破碎带处的围岩受力不均匀。从时态曲线上来看,初期支护与二次衬砌的接触压力总体变化比较平稳,振幅变化较小,起始压力有小幅度波动,直到 20d 后受力趋于稳定。

根据喷混凝土、二次衬砌应力曲线图得知:隧道不同位置测点处的混凝土应力差别较大,喷混凝土、二次衬砌以拉应力为主,隧道支护初始阶段呈现压应力后转为拉应力。整体左侧受力大于右侧受力,边墙应力大于拱腰、拱顶应力,这与二次衬砌与初期支护接触压力基本一致。从时态曲线可以看出,喷混凝土、二次衬砌中的混凝土应力增幅随时间增大逐渐减小,直到 15d 后受力趋于稳定。

根据锚杆轴力(左边墙锚杆计损坏)曲线图得知:进口左线 ZK13 + 990 断面不同位置测点处锚杆轴力差别不大,边墙锚杆轴力比拱腰、拱顶轴力略大,这与喷混凝土应力、两侧支护间压力分布基本一致。从时态曲线上来看,锚杆轴力总体变化比较平稳,振幅变化较小,起始压力有小幅度波动,直到 20d 后受力趋于稳定。

根据钢支撑内力曲线图得知:钢拱架应力随时间变化波动较大,大部分测点处的应力随时间逐渐增大,个别测点处应力随时间逐渐减小,直到施作二次衬砌后,钢拱架应力走势明显出现转折,之后均有不同程度的减小并逐步趋于稳定,说明二次衬砌分担初期支护的一部分应力,初期支护系统中钢拱架的支护效果比较明显。对于断层破碎带处隧道来说,施作钢拱架是很有必要的,钢拱架在整个初期支护系统中起到了很好的支护作用。

根据爆破振动监测数据统计得知:监测振速介于 0.01 ~ 0.35cm/s 之间,参照爆破安全规程(交通隧道)"一般砖房、非抗震的大型砌块建筑物"的安全允许振速在 2.3 ~ 3.0cm/s 之间,监测振速均低于安全允许值,爆破较为安全。

7.7.4 仰山隧道

根据周边收敛数据统计得知:V 级围岩段变形速率在 0 ~ 2mm/d 之间,累计变形在 0 ~ 22mm 之间,均未超过报警控制值;IV 级围岩段变形速率在 0 ~ 1.5mm/d 之间,累计变形在 0 ~ 15mm 之间,均未超过报警控制值;III 级围岩段变形速率在 0 ~ 1mm/d 之间,累计变形在 0 ~ 12mm 之间,均未超过报警控制值。临近掌子面监测断面收敛速率较大,距开挖掌子面较远的监测断面收敛速率稍小,收敛速率逐渐变小,趋于稳定,各断面收敛情况无异常。

根据拱顶下沉数据统计得知:V 级围岩段变形速率在 0 ~ 1.6mm/d 之间,累计变形在 0 ~ 28mm 之间,均未超过报警控制值;Ⅳ级围岩段变形速率在 0 ~ 1.7mm/d 之间,累计变形在 0 ~ 23mm 之间,均未超过报警控制值;Ⅲ级围岩段变形速率在 0 ~ 1.5mm/d 之间,累计变形在 0 ~ 19mm 之间,均未超过报警控制值。距开挖掌子面近的监测断面沉降速率较大,距开挖掌子面较远的监测断面沉降速率较小,各断面拱顶下沉情况均在正常范围内。

根据地表沉降数据统计得知:进口浅埋段变形速率在 0 ~ 2mm/d 之间,累计变形在 0 ~ 19mm 之间,均未超过报警控制值;出口浅埋段变形速率在 0 ~ 2.7mm/d 之间,累计变形在 0 ~ 21mm 之间,均未超过报警控制值。地表沉降速率随洞口浅埋段岩土体含水率变化较为显著,特别是降雨期间沉降速率相对较大,后逐渐减小直至变形稳定。

根据隧底隆起数据统计得知:Ⅴ级围岩段变形速率在 0 ~ 1.2mm/d 之间,累计变形在 0 ~ 13mm 之间,均未超过报警控制值;Ⅳ级围岩段变形速率在 0 ~ 1mm/d 之间,累计变形在 0 ~ 10mm 之间,均未超过报警控制值。距开挖掌子面近的监测断面隆起速率较大,距开挖掌子面较远的监测断面隆起速率较小,各断面隧底隆起情况无异常。

根据围岩内部位移曲线图得知:进口左线 ZK13 + 990 断面处围岩内部位移变形情况呈不均匀分布,总体上看两侧变形基本对称,其中左拱腰和右拱腰围岩内部位移相对较大;左边墙和右边墙的围岩内部位移相对较小;拱顶围岩内部位移介于上述两者之间;围岩松弛范围总体呈"猫耳朵"状分布。从时态曲线图上看,围岩内部变形大约在 15d 后趋于稳定,说明超前锚杆在发挥支护作用控制围岩变形,锚杆长度能够确保施工及结构安全。

根据两层支护间压力曲线图得知:进口左线 ZK13 + 990 断面处初期支护与二次衬砌之间压力分布不均匀,左侧接触压力比右侧接触压力略大,边墙接触压力比拱腰、拱顶接触压力略大,这与喷混凝土应力分布基本一致,主要原因是破碎带处的围岩受力不均匀。从时态曲线上来看,初期支护与二次衬砌的接触压力总体变化比较平稳,振幅变化较小,起始压力有小幅度波动,直到 20d 后受力趋于稳定。

根据喷混凝土、二次衬砌应力曲线图得知:隧道不同位置测点处的混凝土应力差别较大,喷混凝土、二次衬砌以拉应力为主,隧道支护初始阶段呈现压应力后转为拉应力。整体左侧受力大于右侧受力,边墙应力大于拱腰、拱顶应力,二次衬砌与初期支护接触压力基本一致。从时态曲线可以看出,喷混凝土、二次衬砌中的混凝土应力增幅随时间增大逐渐减小,直到 15d 后受力趋于稳定。

根据锚杆轴力(左边墙锚杆计损坏)曲线图得知:进口左线 ZK13 + 990 断面不同位置测点处锚杆轴力差别不大,边墙锚杆轴力比拱腰、拱顶轴力略大,这与喷混凝土应力、两侧支护间压力分布基本一致。从时态曲线上来看,锚杆轴力总体变化比较平稳,振幅变化较小,起始压力有小幅度波动,直到 20d 后受力趋于稳定。

根据钢支撑内力曲线图得知:钢拱架应力随时间变化波动较大,大部分测点处的应力随时间逐渐增大,个别测点处应力随时间逐渐减小,直到施作二次衬砌后,钢拱架应力走势明显出现转折,之后均有不同程度的减小并逐步趋于稳定,说明二次衬砌分担初期支护的一部分应力,初期支护系统中钢拱架的支护效果比较明显。对于断层破碎带处隧道来说,施作钢拱架是很有必要的,钢拱架在整个初期支护系统中起到很好的支护作用。

根据爆破震动监测数据统计得知:监测振速介于 0.01 ~ 0.35cm/s 之间,参照爆破安全规程(交通隧道)"一般砖房、非抗震的大型砌块建筑物"的安全允许振速在 2.3 ~ 3.0cm/s 之间,监测振速均低于安全允许值,爆破较为安全。

第8章

问题处理

8.1 巨屿隧道进口滑坡处置

8.1.1 工程概况

8.1.1.1 概况

巨屿隧道原设计左洞长 983m(ZK8+415~ZK9+398),右洞长 970m(YK8+412~ZK9+382)。隧道进洞口边仰坡原设计为 1 级坡,坡最高 9m(护拱顶以上),坡率 1:1,防护方式为超前注浆小导管+挂网锚喷。洞口边坡于 2018 年 8 月 6 日开挖到位,由于连日降雨导致边坡坡体产生蠕滑变形,形成长约 58m、宽约 72m、面积约 3600m² 、滑体厚 10~12m、总量约 4 万 m³ 的滑坡体。巨屿隧道进口洞门原设计平面图如图 5.8.1-1 所示。

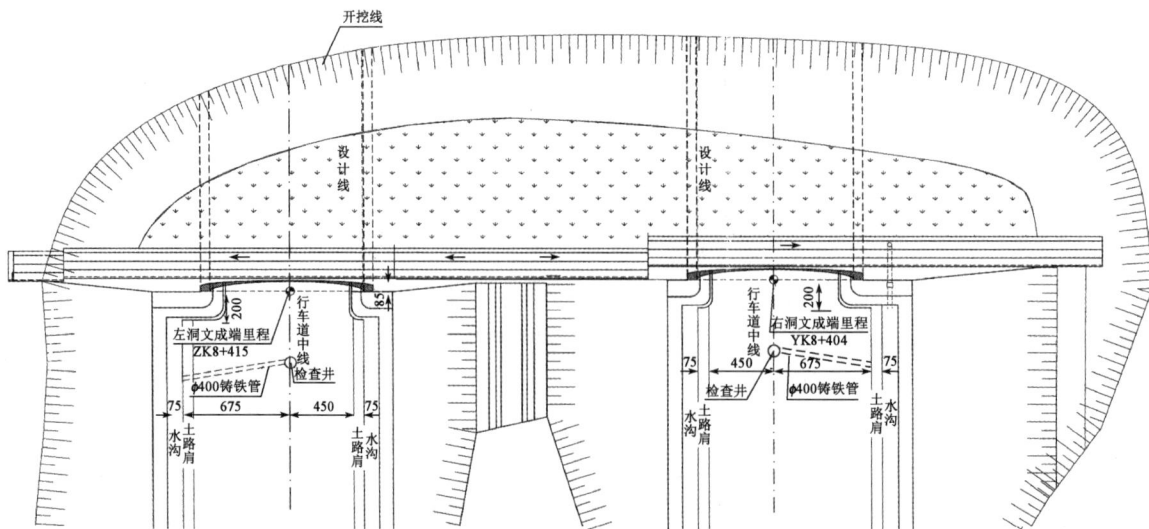

图 5.8.1-1 巨屿隧道进口洞门原设计平面图(尺寸单位:cm)

8.1.1.2 滑坡原因分析

洞顶上方土层较厚 8~9m(左低右高),土石分界面沿进洞方向向下略微倾斜,受降雨影响,土体增重且下渗至交界面无法顺利排出,导致土石分界处形成薄弱滑动层;仰坡开挖完成经正常防护仍不能自稳支挡仰坡土体,出现变形,加上恶劣天气综合影响,出现土体牵引滑塌。

滑坡全貌如图 5.8.1-2 所示,大量坡体裂缝如图 5.8.1-3 所示,明暗交界处、暗洞 5m 处分别如

图 5.8.1-4、图 5.8.1-5 所示。

图 5.8.1-2 滑坡全貌照片

图 5.8.1-3 大量坡体裂缝

图 5.8.1-4 明暗交界处照片(拱部土厚 90cm)

图 5.8.1-5 暗洞 5m 处照片(拱部土厚 150cm)

8.1.2 施工方案

8.1.2.1 临时处置措施

为了防止后续边坡产生较大变形破坏,威胁隧道的施工安全,暂停洞口施工作业,对滑坡四周设置警戒线,对洞顶已破坏村道两侧进行临时封闭处置,同时对滑坡区域布设监测点,进行日常监测。

经指挥部、设计院、监理单位及施工单位相关人员现场进行勘察、研究后认为:由于隧道进洞口为土质边坡,施工开挖边坡前缘产生临空面,加上最近连日降水导致坡体发生变形,形成滑坡,现状处于缓慢蠕动变形状态,立即对坡脚进行反压回填,以减缓滑坡变形,同时采取补充勘察,进一步查明滑坡体性质。

8.1.2.2 滑坡处理方案

根据滑坡体特征及理论分析成果,结合现场实际情况及相关工程经验,考虑到若采用大开挖清坡的方式进行处理,虽然施工较为简单,但会造成边仰坡高度高、坡体防护及土石方工程量大、环境破坏大、营运期高边坡存在一定安全隐患,且开挖后坡体易受雨水等不利外部条件的二次影响,极有可能引发上部陡坡山体新的二次滑塌;同时,开挖后坡脚较高临空面暴露时间会较长,从而危及右洞洞口段的整体稳定与安全。

因此,本次滑塌处理方案以稳固下部土体、不进一步开挖扰动滑塌体为原则进行。对现状滑坡体坡面裂缝处用水泥浆填筑并夯实;左右洞明洞各加长 14m,调整后的左右洞进口桩号为 ZK8 + 401,YK8 + 390;同时将洞门墙加高 1.5m,以利于对洞口段进行回填反压,确保洞口段整体长期稳定。

在洞身两侧采用钻孔灌注桩进行基坑维护后,明挖法施作明洞及暗洞进洞管棚护拱。一洞做完才能做另一洞,总体施工工序如图 5.8.1-6 所示。

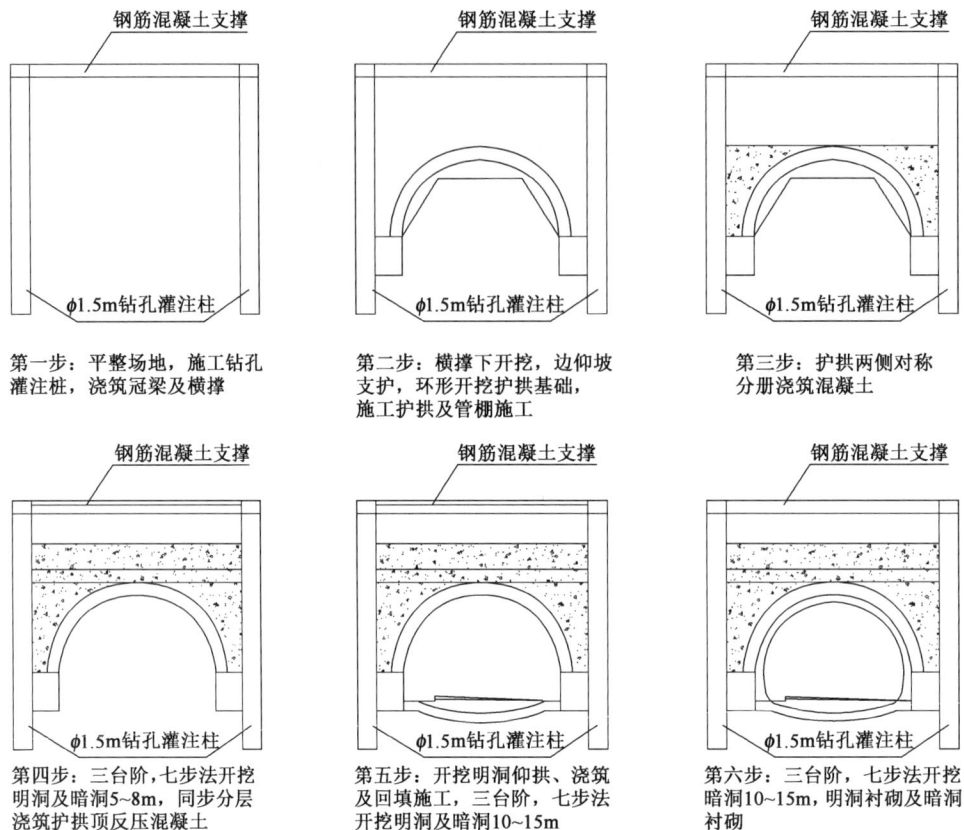

钢筋混凝土支撑	钢筋混凝土支撑	钢筋混凝土支撑
φ1.5m钻孔灌注桩	φ1.5m钻孔灌注桩	φ1.5m钻孔灌注桩
第一步：平整场地，施工钻孔灌注桩，浇筑冠梁及横撑	第二步：横撑下开挖，边仰坡支护，环形开挖护拱基础，施工护拱及管棚施工	第三步：护拱两侧对称分册浇筑混凝土

钢筋混凝土支撑	钢筋混凝土支撑	钢筋混凝土支撑
φ1.5m钻孔灌注桩	φ1.5m钻孔灌注桩	φ1.5m钻孔灌注桩
第四步：三台阶，七步法开挖明洞及暗洞5~8m，同步分层浇筑护拱顶反压混凝土	第五步：开挖明洞仰拱、浇筑及回填施工，三台阶，七步法开挖明洞及暗洞10~15m	第六步：三台阶，七步法开挖暗洞10~15m，明洞衬砌及暗洞衬砌

图 5.8.1-6 总体施工工序

1）地表截排水沟布设

为了防止雨水对滑坡体的冲刷，在反压回填后，在原来已设第一道截水沟的基础上，根据地形增设第二道截水沟，封闭裂缝，再次整理边仰坡，完善排水系统。

2）钻孔灌注桩打设

左洞 ZK8 +415 ~ ZK8 +424 段两侧布置支护桩共计 8 根，采用 φ150cm 钻孔灌注桩，间距 3m，桩长 17.0m；右洞 YK8 +404 ~ YK8 +413 段两侧布置支护桩共计 8 根，采用 φ150cm 钻孔灌注桩，间距 3m，桩长 19.4m，支护桩纵向采用尺寸（宽×高）为 150cm×100cm 的钢筋混凝土圈梁相连，桩顶设置尺寸（宽×高）为 100cm×100cm 的钢筋混凝土横撑，桩间土体采用 φ42mm 小导管注浆（长 4.5m，间距 1.5m×1.5m）+φ6 钢筋焊接网（间距 15cm×15cm）+15cm C25 喷混凝土进行支护，随挖随支。

抗滑桩如图 5.8.1-7、图 5.8.1-8 所示。

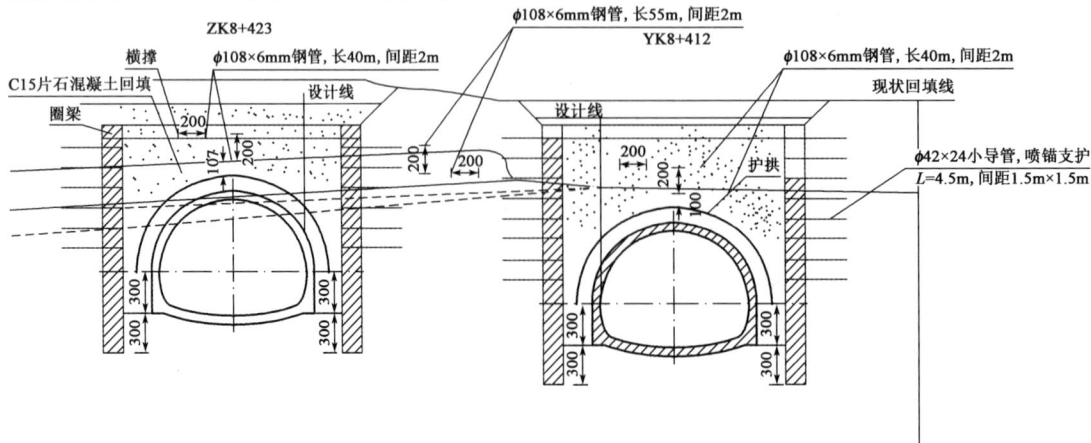

图 5.8.1-7 抗滑桩立面图（尺寸单位：cm）

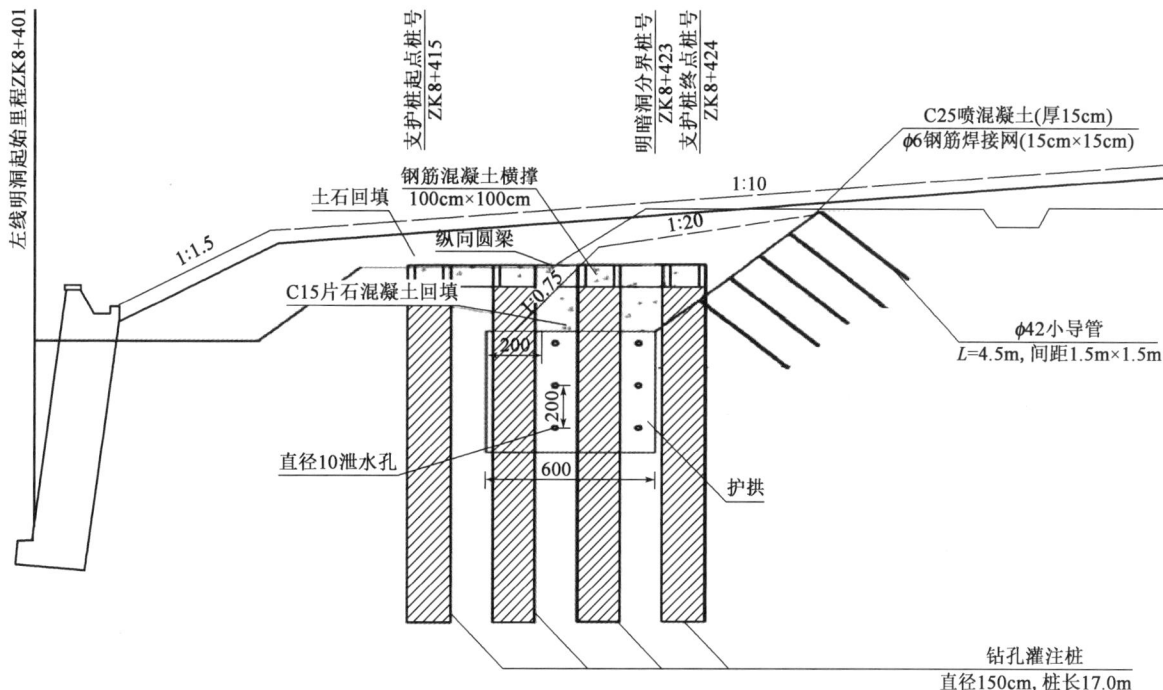

图 5.8.1-8 抗滑桩侧剖面图(尺寸单位:cm)

3)仰坡刷坡

在抗滑桩和横撑完成后,分层开挖并支护仰坡,同时对桩间土进行注浆和挂网喷混凝土。

4)护拱管棚打设

结合现场实际情况,暗洞进洞桩号不变,施作大管棚(内设钢筋笼)辅助进洞,护拱长度为6m,桩间土体在护拱顶上方1m、3m处各打设两排管棚,长度40m,横向间距2m;两洞间土体打设两排管棚,长度55m,横向间距2m。为防止塌孔,采用根管法施工。护拱及管棚布设如图5.8.1-9所示。

图 5.8.1-9 护拱及管棚布设图

5)护拱顶反压混凝土浇筑

护拱完成后,在管棚钻孔及安装施作期间分层浇筑完成护拱以上仰坡C15片石混凝土,构造成以抗滑桩和护拱为支撑的对仰坡土体整体支挡的体系。

6)明、暗洞开挖及支护

待洞口稳定后开挖暗洞,进口段20m暗洞衬砌SA5a加强为SA5t衬砌,进口段40m拱顶打设超前小导管,施工方法采用三台阶七步法(图5.8.1-10),在施工同时做好监控量测,当发现位移速率过大时,应及时施作临时钢支撑稳定围岩。

拱部环向开挖如图5.8.1-11所示。

图 5.8.1-10 三台七步法开挖图　　　　　　　　　图 5.8.1-11 拱部环向开挖图

7）明洞浇筑

二次衬砌施工采用在明暗交界处向外,浇筑明洞衬砌,分三板(8m+8m+6m)完成。明洞钢筋施工如图 5.8.1-12 所示。

图 5.8.1-12 明洞钢筋施工图

8）道路恢复

由于滑坡的影响,导致原乡村公路混凝土板出现开裂、错台,已经不能继续使用,故对该段道路重新进行恢复,以保障当地村民出行。

8.2　巨屿隧道不良地质段的冒顶与处置

8.2.1　冒顶情况简述

8.2.1.1　工程概况

巨屿隧道设计左洞长 983m(ZK8+415~ZK9+398)。洞口 ZK8+415~ZK8+515 为Ⅴ级围岩,ZK8+515~ZK8+615 为Ⅳ级围岩,其中 ZK8+463~ZK8+520 段支护类型为 SA5b,ZK8+520~ZK8+620 段支护类型为 SA4a,围岩主要为凝灰质泥岩和角砾岩,交错复杂。ZK8+520 处地面高程 121.432m,设计路面高程 87.964,设计内空净高 94.919m(路面高程+6.95m),结构层厚 60cm(初期支护 20cm+二次衬砌 40cm),实际覆盖层厚 25.918m。隧道纵断面如图 5.8.2-1 所示。

图中纵轴刻度：170 160 150 140 130 120 110 100 90 80 70 60 50 40

ZKS50 156.49

巨屿隧道(左幅)983m 起点 ZK8+415

TZKC34 111.17

AZKC27 93.50

0.60 3.60 4.70 11.10 11.50 19.50 26.60

75.50 凝灰质砾岩

Fc3-1:195 ∠73°

里程桩号　4　　　5　　　6

工程地质特征	丘陵斜坡地貌,隧道进洞缓坡表层分布残坡积黏性土,厚度3~5m,局部陡坎可见强风化基岩,下伏基岩为凝灰质砂岩、凝灰质角砾岩;上部为凝灰质粉砂岩,紫红色,中厚层状局部薄层状,层理产状270°∠4°,强风化层厚3~4m;下部为凝灰质角砾岩,灰白色-紫红色,中厚层状,岩体稍硬,岩体完整性一般,呈镶嵌碎裂状。　该段发育断层Fc3-1:195°∠73°,为压扭性断层,宽约18m,与线位大角度相交,断层带内岩体挤压呈砂土-角砾状。　主要节理:①190°∠87°,闭合,裂隙波状起伏,延伸0.5~1.0条/m,4~5条/m;②23°∠75°,平直闭合,延伸长,3条/m。　该段水文地质条件较复杂,地下水主要为基岩裂隙水,水量贫乏,开挖时沿节理面有滴水现象,降雨时可出现淋雨状出水。　该段隧道穿越覆盖层、强风化基岩,节理裂隙发育,围岩呈碎裂结构为主,[BQ]<250,综合评价为V级围岩。　隧道进洞口边、仰坡主要由残坡积层、强风化岩组成,岩石完整性差,建议边坡以缓坡率为主,建议坡率1:1.50~1:1.25,边坡开挖后及时做好坡面防护工作。	本段隧道地表为斜坡地形,坡面植被发育,杨梅树为主。表层分布黏性土含碎石,厚度5~10m;其下基岩为辉绿岩,侵入高程约97m以上;下部为凝灰质砾岩,局部夹凝灰质角砾岩,砖红色,中厚层,岩体完整性一般,岩质较硬。　该段水文地质条件简单,地下水主要为基岩裂隙水,水量一般,开挖时沿节理面有滴水现象,降雨时可能有淋状出水。　结合工程地质调绘,综合判断,该段隧道围岩裂隙发育一般,富水性一般,工程地质条件、水文地质条件简单,工程性质一般,围岩呈镶嵌碎裂结构,R_c=43MPa,K_v=0.35,k_1=0.2,k_2=0.3,[BQ]=261,综合评定为IV级围岩。

	ZK8+415	V(100m)		+515	IV(100m)	+615
衬砌类型	SAM	SA5a	SA5b		SA4a	
衬砌长度(m)	8	40	57		100	
超前支护	—	大管棚40m	超前小导管		超前锚杆	
施工方法	明挖	预留核心土法			上下台阶开挖法	

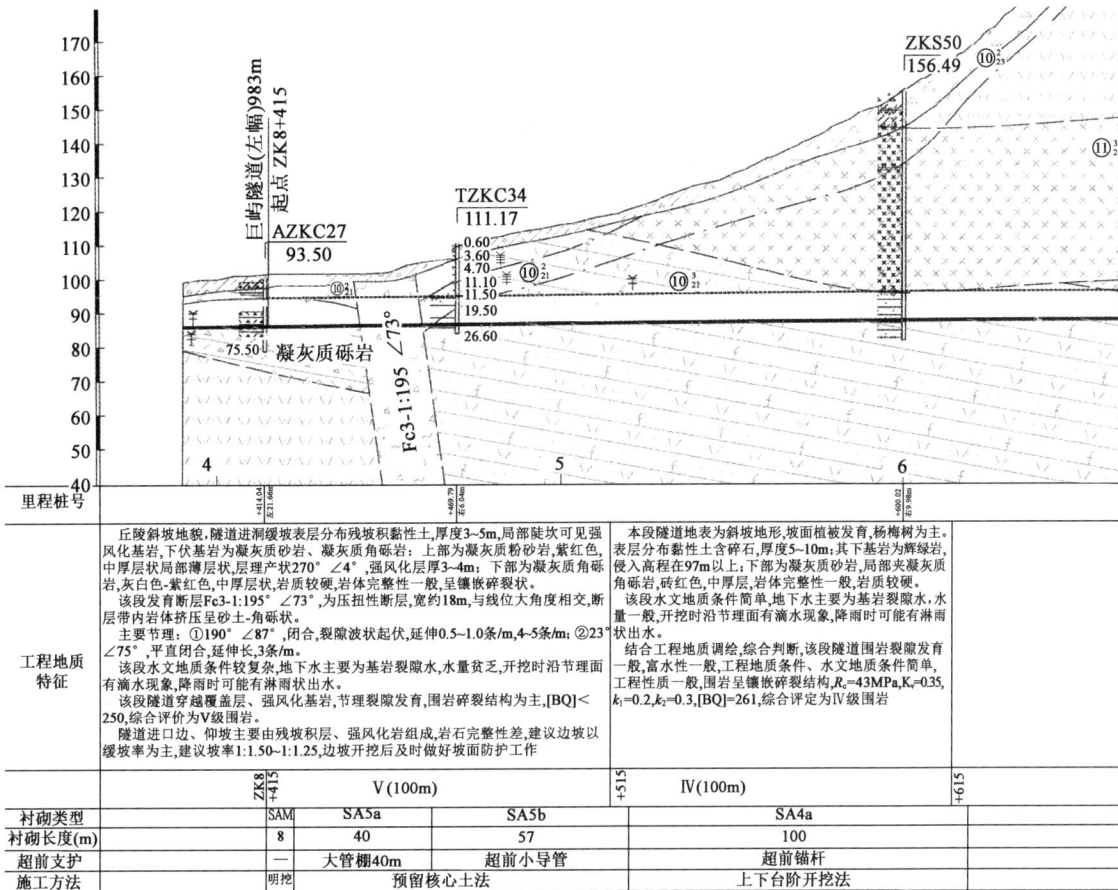

图 5.8.2-1　隧道纵断面图

8.2.1.2　冒顶发生及经过

8 月 6 日开挖至 ZK8+523 处上下台阶法进尺 1m,因为围岩地质及支护形式变化,且掌子面富水严重,围岩层状明显,上层为角砾岩、下层为凝灰质泥岩。项目部会同第三方监控量测单位再次对隧道掌子面进场超前地质预报,经探测发现前方拱顶上方围岩软弱(第三方监控量测地质预报结果于 8 月 6 日晚传至项目部),该作业班支护完成后(支护 0.75m,一榀拱架),因夜间不能爆破而未作业。

地质预报结果:当前掌子面(ZK8+522)围岩以中风化凝灰岩、角砾岩为主,岩体较破碎,上部为强风化凝灰岩,岩体破碎,与拱顶全风化砂性土层交接。

根据雷达图像并结合现场掌子面分析,推断该段中部及下部围岩主要以中风化角砾岩为主,节理裂隙较发育,岩体较破碎;上部及拱顶围岩主要以强风化凝灰岩为主,裂隙发育,岩体破碎。该段围岩遇水易松散、膨胀,应减少水对岩层的浸泡并采取超前支护措施;开挖掌子面围岩稳定性较差,拱顶易产生坍塌、边墙易掉块,富水性强,主要以地表裂隙水补给为主,应及时封闭支护。

洞内掌子面探测、洞内坍塌状况分别如图 5.8.2-2、图 5.8.2-3 所示。

综合判断预测 ZK8+522~ZK8+537 段围岩等级为 V 级;ZK8+537~ZK8+552 段围岩等级为 IV 级。原设计 ZK8+522~ZK8+524 段围岩等级为 IV 级。

2019 年 8 月 7 号上午,作业工人上班时发现掌子面 ZK8+523 处出现坍塌,坍落体已封堵掌子面,遂立即上报。值班人员立即查看洞顶地面情况,发现地表已破坏,出现长约 10m、宽约 5m 的凹坑,后设置专人警戒,确保安全。

经业主代表、设计代表、监理单位代表、施工单位代表及第三方监控量测人员现场查勘,初步原因分析为该处隧道顶板埋深 25m,上部含黏性土碎石,厚度 3~4m,孔隙率较高,下部为凝灰质砂岩和凝灰质角砾岩互层,强风化层厚度 12~15m,强风化岩体破碎,节理裂隙发育;下部中风化岩体呈水平层状完整性较好,由于岩质较脆,拱顶中风化岩体无法承受上部荷载导致顶板破坏,上部强风化岩体碎块混合黏性土进入洞内。五方代表于 2019 年 8 月 7 号下午在 1 标段项目部进行了现场临时处置会议,并形成临时处置会议纪要,以应对台风来袭(2019 年 9 号台风"利奇马")。

图 5.8.2-2　洞内掌子面探测图

图 5.8.2-3　洞内坍塌状况图

会议纪要主要内容:

(1)洞内采用宕渣反压回填,回填长度不小于 5m,坡比为 1∶1.5,回填高度起拱线以上 2m,回填护脚采用沙包并加设排水管(间距 1m)。

(2)起拱线以上布设超前小导管,施工要求参照Ⅴ级围岩衬砌并对纵向密排进行加密,加密间距为 1m。

(3)洞顶坍塌部位周围大于 5m 处设置截水沟,坍塌部位顶面进行防水覆盖,保证坍塌部位不受雨水影响。

(4)洞内、洞顶路面及坍塌体周边进行警戒,设置相应的安全警示标志。

(5)对坍塌土体采用喷射混凝土加固。

(6)加大监测频率。

8.2.2　冒顶处置施工方案

8.2.2.1　处置工艺流程

冒顶处置工艺流程如图 5.8.2-4 所示。

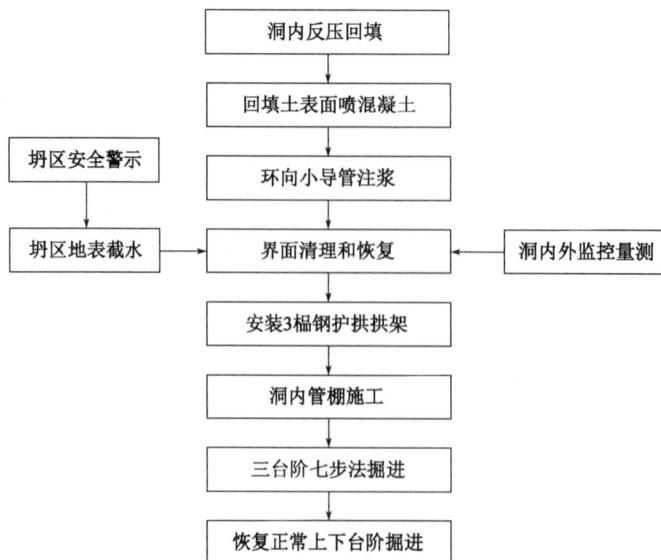

图 5.8.2-4　冒顶处置工艺流程图

8.2.2.2 处置施工方案

1）警示与监测

针对坍塌过程的持续,确保人员安全,于地面塌陷区周围5m设置警戒线,洞内安装专人值守,杜绝不明情况的人员误入危险区。

在地面塌陷区周边沿隧道轴线布设监控量测点,结合洞内现有监测点加强监测,频率不小于3次/d。

采用彩条布对塌陷区进行覆盖,并沿警戒线开挖环形截水沟,阻止雨水和坡面水流入坍坑中。

冒顶处现场及警戒如图5.8.2-5所示,冒顶处防雨措施如图5.8.2-6所示。

图5.8.2-5 冒顶处现场及警戒图

图5.8.2-6 冒顶处防雨措施图

2）洞内反压回填

在洞内滑塌基本稳定时,利用透水性较好的洞渣进行洞内反压回填,回填时结合回填渣土的稳定抗力和再恢复施工的作业条件,按照拱部核心部分回填长度5m,核心部分以下回填长度10m进行控制。

3）环向小导管注浆

在反压回填稳定后,掌子面采用喷射混凝土进行封面。喷混凝土,在坡面上中下埋设3排软式透水管,以利于塌方体内水顺利排出,并集中引导至洞内临时排水沟,以避免土压力增大,诱发进一步变形,甚至滑塌等。

通过持续监控量测显示拱架变形趋于收敛、回填土不再明显变形时进行环向小导管注浆,确保掌子面前方围岩及坍落堆积体固结成整体,初步具备一定的自稳能力,为后续施工创造必要的安全条件。

4）洞内管棚施工

洞内管棚布置如图5.8.2-7所示,管棚采用 ϕ108mm×6mm 热轧无缝钢管,节长3m、6m,管棚大样图如图5.8.2-8所示。环向共布设41根,环距40cm,外插角9.6°。管棚施工首先按照线形测量定位,并按照22号工字钢3组叠拼,以此作为管棚在洞内的基座(已侵入二次衬砌界限,在二次衬砌施工时拆除)。

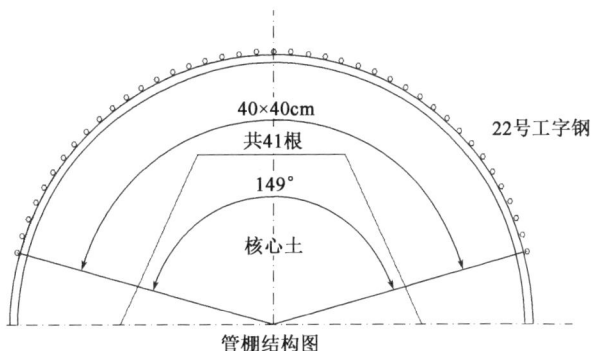

图5.8.2-7 洞内管棚布置图

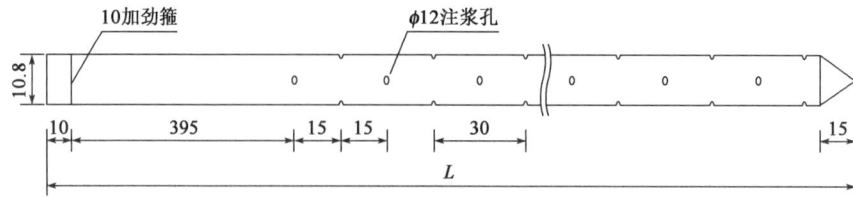

图 5.8.2-8　管棚大样图(尺寸单位:cm)

钻孔及顶进:管棚施工采用 420 型履带式钻机,用每节 3m 长的钻杆进行钻孔并顶进管棚钢管,每钻完一孔便顶进一根长钢管。管棚施工顺序为自下而上,钢管接头采用丝扣连接,丝扣为长 15cm 的 φ114mm×5mm 热轧无缝钢管。为使钢管接头错开,编号为奇数的第一节管采用 3m 钢管,为偶数的第一节钢管采用 6m 钢管,以后每节均采用 6m 长钢管。隧道纵向同一横断面内接头数量≤50% 钢筋总数,相邻钢管接头间距≥1m。

注浆:管棚注浆顺序先下后上,灌注浆液采用纯水泥浆液,水灰比为 0.8:1,注浆初压为 0.5 ~ 1.0MPa,终压为 2.0MPa。注浆前进行现场注浆试验,根据实际情况调整注浆参数,得到管棚注浆的最佳参数。

5)"三台七步法"施工

管棚施工完成后,清理掌子面堆积体,按照"三台七步法"进行开挖掘进施工,针对拱部以下围岩须爆破的特点和拱部以上为自然坍落堆积的具体情况,在管棚防护的基础上,利用密排小导管进行加强超前支护,以减少爆破振动和管棚注浆带来的掉块等不利的安全影响。

钢管环向间距为 40cm,纵向间距为 1m。纵向搭接长度不小于 2.0m。在钢管上沿钢管周边钻直径 6mm 压浆孔,尾部 95cm 范围内不设压浆孔。为便于超前小导管插入围岩内,钢管前端宜做成尖锥状;针对近拱腰部分小导管开钻困难的情况,采用普通钻杆先行引孔口后再打入。

密排小导管、拱部环向开挖分别如图 5.8.2-9、图 5.8.2-10 所示。

图 5.8.2-9　密排小导管图

图 5.8.2-10　拱部环向开挖图

8.3　筱村隧道涌水处理

8.3.1　工程概况

筱村隧道位于浙南侵蚀中低山区,设计为分离式双向四车道隧道,左幅总长 2644m,右幅总长 2633m。其中,筱村隧道进口段左幅起讫里程 ZK36 + 368 ~ ZK38 + 030,总长 1662m,包括 V 级围岩 47m,Ⅳ级围岩 135m,Ⅲ级围岩 1480m;右幅起讫里程 YK36 + 350 ~ YK38 + 000,总长 1650m,包括 V 级围岩35m,Ⅳ级围岩130m,Ⅲ级围岩1485m。筱村隧道进口段左右洞洞门为端墙式洞门,洞内人行通道共计4个,紧急停车带左右洞各2个,车行通道2个。

8.3.2 地质情况

筱村隧道左洞ZK37+140~ZK37+965段隧道地貌上为丘陵斜坡地貌,表部覆盖层较薄,下部岩体依次为白垩系馆头组、祝村组晶屑凝灰岩,呈厚层状,局部夹有中薄层状凝灰质粉砂岩,层理平缓,产状68°∠12°。该段隧道地下水主要为基岩裂隙水,岩体完整性好,水量贫乏,隧道施工时可能有点滴状或渗水现象。该段隧道穿越强中风化基岩,围岩以块状结构为主,地下水贫乏,岩石强度 $R_c=66$MPa,岩体完整性系数 $K_v=0.70$,合格判定系数 K_1、K_2 分别为0.2、0.4,[BQ]=403,综合评定为Ⅲ级。

8.3.3 施工情况

在隧道开挖至ZK37+810里程附近时,根据现场围岩观察,掌子面处为中风化基岩,呈灰绿色、紫红色,围岩以状块结构为主,局部夹有中薄层状凝灰质粉砂岩,呈厚层状;岩质较坚硬,局部破碎,可见铁锰质斑,存在基岩裂隙水渗水、涌水现象,且在掌子面墙角下开始形成水潭,因此对开挖支护过程中严格按照短进尺、勤支护施工,同时加大洞内相关监测项目监测频率。

2019年9月27日晚,筱村隧道左洞ZK37+810处掌子面突发涌水,施工单位立即将此情况上报指挥部、设计代表、监理及第三方咨询单位并协调现场安排排水事宜。9月28日上午,指挥部、设计地质代表、第三方咨询、监理等单位相关负责人到达现场踏勘,并根据实际情况确定初步处置方案,及时排积水,分析涌水原因;同时提高防水层、二次衬砌施工质量,防止该段里程后期出现隧道渗水。

8.3.4 现场处置方案

8.3.4.1 排积水

对于涌水采用"防排结合,以排为主"的原则进行处理。由于筱村隧道文成端向泰顺端单向设置下坡坡度,因此掌子面附近大量涌水聚集,经现场处置方案决定采用4台18kW的水泵+ϕ110mm PE管将水抽出洞外,排入洞外排水沟。

8.3.4.2 监控量测、超前地质预报

根据现场实际情况,项目部及时调整监测实施方法,加密设置沉降标、收敛标,加大监测频率,并及时做好数据整理工作,加强与施工现场管理人员沟通,以便对指导现场施工提供施工方案依据。

及时对掌子面前方一定范围内做超前地质预报。2019年10月4日,在现场条件允许的情况下,邀请第三方单位对掌子面前方做了地质雷达超前地质预报,根据预报结果发现在距掌子面前方1.5m范围内,即ZK37+810~ZK37+811.5段整体呈低速反射波组,推测该浅层信号为直达波与掌子面受开挖、爆破影响所导致的震动松弛区叠加形成。

距掌子面前方1.5~10m段,即ZK37+811.5~ZK37+820段同相轴波形整体相对规则,能量分布较均匀,同相轴连续,波形一致性较好,推测该段围岩局部节理裂隙较发育,围岩完整性及稳定性整体相对较好。

距掌子面前方10~22m段,即ZK37+820~ZK37+832段同相轴波形整体相对杂乱、不规则其中掌子面中~右半幅局部同相轴波幅出现明显增强,能量较集中且杂乱起伏并有错断,存在富水区,推测该段围岩局部节理裂隙发育、较破碎,围岩完整性及稳定性整体相对较差。

距掌子面前方22~30m段,即ZK37+832~ZK37+840段掌子面同相轴雷达波信号由于被水吸收衰减,波幅相对较弱,波形相对较规则且集中在右半幅,同相轴局部错断但尚可追踪,推断该段围岩局部

破碎、完整性及稳定性相对一般。

8.3.4.3 涌水原因分析

根据预报结果确定距掌子面前方 10~22m 段处存在一个富水区域,此次涌水原因为开挖爆破对掌子面前方围岩造成扰动,导致水体状态不再平衡,发生涌水。

8.3.4.4 水源处理

根据现场方案,首先安排作业人员抽除隧道内积水,积水抽完后用机械整平掌子面处地面,再使用钻孔机械对掌子面前方富水区进行钻孔,释放裂隙水,然后将水抽出洞外。

8.3.4.5 开挖支护

由于原设计 ZK37+810~ZK37+840 段为Ⅲ级围岩,初期支护衬砌采用 SA3b 型支护参数,即采用 ϕ25 中空注浆锚杆 +10cm 厚喷射混凝土 + ϕ^R6 钢筋网片进行初期支护,锚杆规格 2.5m/根,间距 150cm×150cm 梅花形布置,经现场办公小组踏勘并开会讨论,将此段围岩支护参数由 SA3b 型支护参数动态调整为 SA3a 型支护参数,即在 SA3b 型支护参数上增设钢筋格栅拱架,拱架间距 120cm,施工时严格按照相关规范及设计要求执行,且在每榀拱架拱脚或临时拱脚处分别设置锁脚锚杆,同时调整 ϕ25 中空注浆锚杆。锚杆规格调整为 3m/根,间距 150cm×120cm 梅花形布置,以增加初期支护强度,开挖方式由设计的全断面开挖动态调整为台阶法进行开挖,以保证掌子面稳定。

隧道施工严格按照"短进尺、弱爆破、强支护、早闭环、勤量测"的施工原则进行,施工中采取短进尺、强支护方式,及时封闭初期支护,使之成环,及早施作仰拱或调平层,做到步步为营,稳扎稳打,尽量减少对围岩的扰动。

8.3.4.6 防排水

防排水系统主要包括环、纵向排水管、施工缝处止水带、柔性防水层(400g/m² 土工布 + 防水板)、止水条等。

1)环、纵向排水管

环向排水管设置部位:环向设置在衬背土工布与初期支护面之间,采用 ϕ50mm 软式透水管,根据隧道现场富水情况确定宜为纵向每 1~1.5m 设置一道。

纵向排水管设置部位:纵向排水管采用 ϕ100mm HDPE 单壁打孔波纹管,管外包裹 200g/m² 土工布,排水管应设置在防水层外面,固定在喷混凝土面上。单面自黏式防水板能使渗漏水从衬砌背面通过排水滤层排至墙角,再由墙角处衬背纵向盲沟集水,通过横向排水管引出。环向盲管与纵向盲管采用三通头连接并用土工布包裹接头处。

2)防水层

为保证二次衬砌厚度,在防水层铺设前先对初期支护进行净空量测,对凸出部位采用凿除处理,凹陷严重部位采用喷射混凝土补喷平整。初期支护表面应平整,无漏喷、离鼓,无钢筋网和钢架外露,对锚杆头外露过长应切除后用水泥抹平处理。

铺设土工布时,采用热熔垫圈、金属垫圈、射钉结合固定,间距为环向×纵向=70cm×65cm,梅花形布置,土工布之间搭接宽度不小于 100mm。土工布与初期支护表面密帖,铺设应平顺,无隆起、褶皱。

防水板铺设不得使用钉子固定,避免防水板遭破坏后漏水。防水板应挂设,加固采用电热压焊器热熔热塑性垫圈,使防水板焊接在固定土工布的专用热塑性垫圈上。加固后的防水板用手上托或挤压不会产生紧绷或破损现象,以保证混凝土浇筑后与初期支护表面密贴。

防水板搭接处采用爬焊机焊接,并单独设置不小于 25cm 宽的双面自黏卷材补强。若防水板存在破损处应进行焊接修补。

8.4 金垟隧道进口弱爆破穿越影响区的施工

8.4.1 工程概况

金垟隧道位于温州市文成县金垟乡所属区域,属于浙江省文成至泰顺(浙闽界)公路第 WTTJ-1 合同段控制性工程,隧道全长 3450m,为分离式隧道,隧道沿线山峦起伏,沟谷狭窄,山势险要,谷坡陡峻。

8.4.2 爆破影响区基本情况

由于金垟隧道右洞进口 YK1＋297～YK1＋450 段下穿陆坑村,爆破区距民房最近垂直(埋深)距离约 28.3m(图 5.8.4-1)。村民房屋离爆破点(隧道开挖)太近,该处村民拒签安全协议,可能存在爆破过程人员不配合撤离情况,导致隧道施工无法正常开展。因此此处隧道施工极为敏感,如何在确保群众生命财产安全不受影响的前提下开展隧道爆破作业成为一大难题。

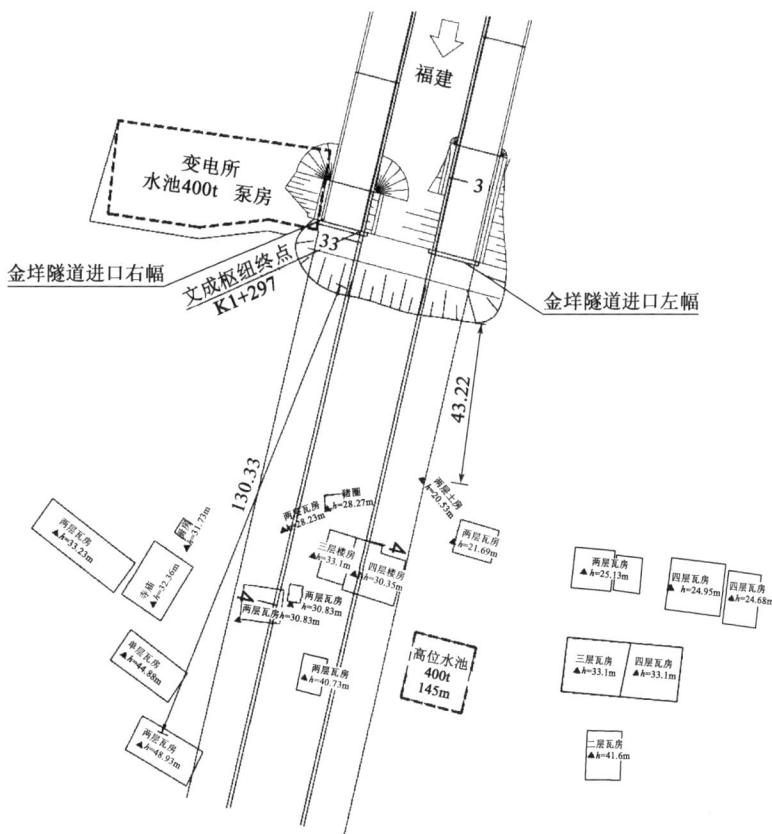

图 5.8.4-1　金垟隧道进口民房分布图

注:1. 本图以米为单位。

2. 金垟隧道进口开挖线距最近房屋水平距离为43.2m,最远水平距离为130.33m;路面高程距房屋最小垂直距离为28.3m,最大垂直距离为56.69m。

3. 洞顶高程距房屋高程覆盖层最小厚度为20.53m。

4. ▲h = 房屋高程－洞顶高程

8.4.3 应对措施

8.4.3.1 弱爆破控制措施

为了减少隧道爆破施工对民房扰动,对金垟隧道进口 ZK1 +320 ~ ZK1 +620/YK1 +297 ~ YK1 +597 段 300m 洞身施工爆破参数及施工方式进行调整,将该段原设计方案的开挖方式调整为三台阶法开挖,民房安全爆破振动速度由 2.0m/s 调整为 1.5m/s,保证爆破施工过程中群众人身、财产安全,具体实施方案如下:

1)开挖方式变更

金垟隧道 ZK1 +320 ~ ZK1 +620/YK1 +297 ~ YK1 +597 段开挖采用分台阶开挖施工方式。该方法将结构断面分三个台阶,分步开挖,先进行上台阶开挖,后进行下台阶开挖,最后进行仰拱开挖。根据岩石性质及周边环境,循环开挖进尺控制在 1.0m。

2)炮孔布设

爆破开挖拱部边墙采用光面爆破,核心采用控制爆破,掏槽采用抛掷爆破工艺。

3)掏槽孔布设

掏槽孔采用双楔形掏槽,每对掏槽孔间距为 0.2 ~ 0.4m,孔底间距为 0.1 ~ 0.2m。掏槽孔与工作面夹角为 55° ~ 75°,两排炮孔间距 0.3m。

4)辅助孔布设

辅助孔炮孔间距根据围岩种类即所处不同位置从 80 ~ 100cm 之间选取,本工程取 90cm,施工中可做适当调整。

5)周边孔布设

本隧道各类围岩均采用光面爆破,以减少对围岩的扰动,间距一般取炮孔直径的 8 ~ 15 倍,在节理裂隙发育的岩石中,应取小值;在整体性较好的岩石中,应取大值。周边孔间距一般为 30 ~ 60cm,本工程取 50cm,施工中可做适当调整。

周边孔钻孔时应提高钻孔精度,以确保隧道的减少超(欠)挖;为保证开挖轮廓面积,周边孔钻孔时需设外插量,一般不小于 10cm。

周边孔爆破时应同时起爆,确保爆破质量。

6)光面爆破参数

(1)不耦合系数:合理的不耦合系数应使炮孔压力低于岩壁动抗压强度,而高于动抗拉强度,通常不耦合系数取 1.5 ~ 2.5,本工程选用 1.6。

(2)光面爆破炮孔间距:一般取炮孔直径的 8 ~ 15 倍。在节理裂隙发育的岩石中,应取小值;在整体性较好的岩石中,应取大值。本工程光面爆破孔间距取 0.5m,施工中可做适当调整。

(3)最小低抗性 W:光面爆破层邻近辅助孔间的距离,是光面爆破起爆时的最小抵抗性,一般应大于或等于光面爆破炮孔的间距,本工程取 0.5 ~ 0.8m。

(4)线装药量:250 ~ 400g/m。

由于地下工程地质情况十分复杂,塌方段处理也无一定模式,具体要视现场情况研究决定,情况严重的位置可在原来的基础上增加辅助孔、周边孔数量,采用特殊装药结构、减少装药量等方法及时调整爆破施工工艺。

7)炮孔数

炮孔数目的多少直接影响每一循环凿岩工作量、爆破效果、掘进进度、隧道成形的好坏,设计时按《公路隧道施工技术规范》(JTG/T 3660—2020)中的表 7.4.4-1 计算炮孔数,在施工过程中根据实际情况可做适当调整,以达到最佳爆破效果。

8)装药结构

掏槽眼、辅助眼采用连续装药方式。周边孔参照光面爆破不耦合装药结构。本隧道开挖采用光面爆破技术,起爆使用非电毫秒雷管,结合实际开挖后地下水情况,炸药使用2号岩石乳化炸药。开挖时,严格控制周边眼的间距和钻眼角度;周边眼采用专用的光面爆破药卷或小药卷间隔装药结构;根据隧道埋深情况严格控制同段雷管的起爆药量,以减少对周围环境的影响。所有炮眼装药后需用炮泥堵塞密实,以确保爆破效果。

8.4.3.2　爆破振动监测

为了保障爆破方案切实可行,施工单位委托第三方单位对爆破振动进行实时监控。监测设备采用tc－4850爆破测振仪。根据监测数据分析,振速均控制在1.0cm/s以下,低于安全允许值,爆破安全。

8.4.3.3　协调措施

除改进爆破施工工艺外,另采取以下措施,确保施工安全稳定开展:

一是经业主、施工单位、县政府等相关部门协调,在该段隧道开挖施工时,采取村民临时过渡安置措施,待此段开挖过后再搬回原有房屋。

二是委托有资质的第三方鉴定机构对隧道上方25栋房屋进行房屋鉴定并出具鉴定报告,施工完成后将针对实际情况进行再次鉴定,如因爆破施工对房屋造成损坏,将根据鉴定结果进行赔偿。

8.4.4　问题总结

为解决金垟隧道进口穿越影响区这一难题,经当地政府、业主、施工等单位等多方研讨,采取改进爆破施工工艺、实时监控振动频率这两项科学有效的措施,将振动控制在安全范围内。并采用合理的协调手段,使影响区内村民避开该段爆破施工,及时委托有资质的第三方鉴定机构对村民财产进行鉴定,既避免群众产生不必要的恐慌和对立情绪,又体现了对村民人身安全和财产安全的重视。通过以上措施,实现爆破施工零损失、零纠纷,成功解决了金垟隧道穿越影响区这一施工难题,为金垟隧道这一控制性工程的成功贯通奠定了基础,同时体现了文泰高速公路建设的科学性、规范性、文明性,也为后续类似工程问题的解决提供了参考。

第 9 章

施工经验与体会

1)超欠挖原因分析及防治措施

(1)原因分析

①测量放样不精确。

②岩石隧道爆破施工不到位或围岩坍落。

③挖掘机开挖时直接开挖到设计预留的开挖轮廓边缘。

④地质情况较差(土体垂直节理发育,稳定性差),局部出现坍塌。

⑤掌子面开挖后架设拱架前不进行初喷,导致粉质黄土失水松散掉块。

(2)防治措施

①测量放样时要精确标出开挖轮廓线,在开挖过程中控制好开挖断面,做到测量精确。

②岩石隧道爆破开挖时要严格按照爆破施工技术交底进行提前准备,精确控制好炮眼间距,并严格按照技术参数装入药量,不能忽多忽少。

③在开挖过程中需根据实际情况确定预留变形量,应考虑施工中可能发生的围岩变化情况(掉块或坍落)。

④在施作超前小导管时要控制好外插角,防止因外插角过大造成超挖。

⑤预留开挖轮廓边缘线,在开挖过程中采用人机配合,避免机械开挖造成超(欠)挖现象。

⑥地质情况较差、局部出现坍塌时,根据实际情况尽快施作初期支护进行封闭处理。

⑦开挖到设计轮廓线位置后立即进行初喷封闭开挖面,再架设型钢拱架。

2)喷射混凝土拱顶部位出现空洞成因及防治措施

(1)主要成因

①超挖或开挖后未及时进行支护导致局部的坍落,而施作喷射混凝土前又未按要求用同强度等级混凝土进行回填密实。

②拱顶喷混凝土由于是垂直作业,在自重作用下喷混凝土混合料易与接触面出现较大空隙,造成空洞。

③架设的钢拱架及钢筋网阻挡喷射混凝土与围岩大面积接触,在其上形成混凝土壳体,因而造成空洞。

(2)防治措施

①首先要在开挖前加强超前小导管施工,开挖后尽快封闭掌子面,喷射混凝土前对超挖或坍落部位进行同强度等级混凝土回填,再进行喷混凝土施工。

②喷混凝土作业时要严格按照施工工艺施作。

③对在施工后产生的空洞,应采取打眼压浆处理,用水泥浆进行回填,以填补空洞,保证施工质量。

3）防水板铺设损坏原因分析及防治措施

（1）原因分析

①土工布挂设采用带射钉的热塑性圆垫圈进行固定，热塑性圆垫圈与防水板无法焊接，或焊接时烧坏。防水板和热塑性圆垫圈不是同一厂家，热塑性圆垫圈质量达不到设计的质量要求。

②拆除的中隔壁和临时仰拱工字钢接头没有抹平处理，容易造成防水板损坏。

③二次衬砌钢筋焊接前对钢筋头没有加保护，划破防水板；焊接时对防水板不进行防护，烧伤防水板。

（2）防治措施

①热塑性圆垫圈与防水板无法焊接，防水板与土工布之间挂设采用射钉进行固定，射钉处再用防水板采用手持焊枪进行补焊。

②拆除的中隔壁和临时仰拱工字钢接头处，要求采用喷射混凝土或砂浆抹平。

③挂设防水板前，仰拱预埋钢筋采用塑料管套在钢筋头上，防止钢筋头损坏防水板；焊接钢筋时在其周围用石棉水泥板进行遮挡，以免溅出火花烧坏防水板；灌注二次衬砌混凝土时输送泵管不得直接对着防水板，避免混凝土冲击防水板引起防水板下滑。

④二次衬砌钢筋绑扎完成后，要重新进行防水板复查，发现有损坏现象及时修复。

4）拱脚（拱架连接处）喷射混凝土疏松原因分析及防治措施

（1）原因分析

分部开挖、支护时，上面开挖分部拱脚处喷射混凝土流坍、回弹堆积较多，在对下面开挖分部进行拱架连接、喷射混凝土施工前没有对堆积物进行彻底清理，直接进行下部喷射混凝土施工。

（2）预防措施

①上面开挖分部拱脚处喷射混凝土施工时，采取小风压、多层喷射，尽量减少喷射混凝土流坍、回弹。

②在对下面开挖分部进行拱架连接、喷射混凝土施工前，严格对以前堆积的喷射混凝土进行凿除清理，确保新旧喷射混凝土衔接密实，表面平顺。

5）仰拱混凝土与仰拱支护之间有夹层、不密贴原因分析及预防措施

（1）原因分析

仰拱支护喷射混凝土施工时，风压过大，回弹较多，且在仰拱混凝土施工前没有对支护面疏松的回弹喷射混凝土进行认真清理。

（2）预防措施

①仰拱支护喷射混凝土施工时，采用小风压以减少回弹，在仰拱混凝土施工前对支护面疏松的回弹喷射混凝土进行彻底清理。

②施工单位加强工序质量自检，监理单位在同意仰拱钢筋安装施工前，严格检查仰拱支护喷射混凝土表面。

第6篇

科研及技术创新

第1章

斜拉索滞后张拉技术研究

1.1 研 究 背 景

矮塔斜拉桥体系是介于斜拉桥和梁式桥之间的一种新颖的组合体系,在受力特点上,矮塔斜拉桥在竖向荷载的承担方式上有别于连续梁桥和传统斜拉桥。矮塔斜拉桥通过主梁的受弯以及斜拉索受拉承担荷载,但斜拉索只起辅助作用,承担外荷载比例较小,大约为30%,结构的整体刚度主要由主梁提供。它同时具有斜拉桥与梁式桥的优点,造型美观,施工相对简单,造价经济,在国内外发展迅速。

矮塔斜拉桥在我国起步较晚,2001年国内才有第一座混凝土梁矮塔斜拉桥,但在国内发展迅猛,尤其是近些年,矮塔斜拉桥备受青睐,成为主跨跨径200m左右极具竞争力的桥型。矮塔斜拉桥受力状态、施工工艺、施工控制不同于传统梁式桥,也不同于传统斜拉桥,查阅及收集国内矮塔斜拉桥上部结构施工工艺、施工控制方面的文献资料,发现矮塔斜拉桥施工工艺以及施工监控基本是沿用传统混凝土箱梁斜拉桥或连续刚构桥。本章结合洪溪特大桥以及其他同类项桥梁,根据矮塔斜拉桥同时具备传统斜拉桥和连续刚构桥的受力特点,从矮塔斜拉桥施工阶段及成桥后的受力状态出发,提出“矮塔斜拉桥斜拉索滞后张拉”施工工艺,以大幅度缩短上部结构施工工期,节约成本,为矮塔斜拉桥的施工控制以及施工技术发展提供重要参考。

1.2 项目主要研究内容

(1)提出“矮塔斜拉桥斜拉索滞后张拉”施工工艺概念,制定完整可行的施工流程,形成完整可行的施工工法。

(2)根据“矮塔斜拉桥斜拉索滞后张拉”施工工艺及流程进行施工过程及成桥的仿真模拟计算,并与传统施工工艺的计算结果进行对比,从理论上保证“矮塔斜拉桥斜拉索滞后张拉”施工工艺的可行性。

(3)编制“矮塔斜拉桥斜拉索滞后张拉”专项施工方案,并组织专家进行研究评审,研究该施工工艺的可行性,并提出意见建议。

(4)完善“矮塔斜拉桥斜拉索滞后张拉”专项施工方案,制定针对性施工监控方案。根据完善后的方案组织现场施工和现场施工监测与控制,在施工过程中收集相关施工过程数据、施工监控数据。

(5)结合理论研究、现场施工数据形成完整的“矮塔斜拉桥滞后张拉”施工工法。

(6)结合国内的类似大跨径矮塔斜拉桥研究项目及成果,对大跨径矮塔斜拉桥的施工及施工控制关键技术进行总结、分析,形成成果。

1.3 工程调研及分析

1.3.1 工程调研

本章主要研究预应力混凝土矮塔斜拉桥上部结构施工,矮塔斜拉桥上部结构包括主梁和斜拉索。

查阅已建成矮塔斜拉桥相关施工资料,矮塔斜拉桥主梁的刚度较大,结构受力介于斜拉桥与连续梁之间,斜拉索类似于连续梁的体外索,施工既具有斜拉桥的特征,又具有连续梁的特征。矮塔斜拉桥主梁一般采用挂篮悬臂浇筑,与连续梁桥基本相同,待节段混凝土强度达到设计要求后进行预应力张拉,然后进行斜拉索张拉,施工中一般不进行斜拉索二次索力调整。矮塔斜拉桥上部结构传统施工方案概述如下:

(1)主墩墩身施工完成后,进行0号、1号段施工(大部分矮塔斜拉桥0号、1号段同时施工),浇筑箱梁0号、1号混凝土,张拉箱梁0号、1号段顶板纵向预应力钢束,张拉箱梁0号、1号段横梁内横向预应力钢束,张拉箱梁0号、1号段横、竖向预应力束(筋),安装用于悬臂浇筑梁段的施工挂篮。

(2)无索区梁段施工:挂篮移动到位,进行模板安装、绑扎本节段钢筋、悬臂浇筑箱梁节段混凝土、张拉箱梁纵向预应力钢束,然后挂篮前移至下一节段施工。无索区梁段施工的同时可进行索塔施工。

(3)有索区梁段施工:移动挂篮到位,进行模板安装、绑扎本节段钢筋、悬臂浇筑箱梁梁段混凝土。张拉箱梁纵向预应力钢束,对称安装并张拉斜拉索,然后挂篮前移到下一节段施工。

(4)有索区梁段施工、斜拉索张拉循环施工。

(5)中跨合龙、边跨合龙。

洪溪特大桥上部结构也采用上述施工步骤。预应力混凝土矮塔斜拉桥上部结构施工工艺基本上沿用传统预应力混凝土斜拉桥施工工艺:采用挂篮悬浇施工,待悬浇节段混凝土强度达到设计要求后张拉纵向预应力,然后斜拉索挂索、张拉,待斜拉索张拉完毕后挂篮行走到下一个节段,进行下一个节段悬浇施工。

1.3.2 传统施工方法优缺点分析

1)优点分析

矮塔斜拉桥上部结构施工过程中,主要是以主梁来承受施工荷载,而已经张拉完成的斜拉索也会承担一部分荷载。矮塔斜拉桥主梁的高度比普通斜拉桥大,一般介于斜拉桥与连续梁或刚构桥之间,因此抗弯刚度也比普通斜拉桥大得多。

矮塔斜拉桥主梁设计时一般会有足够大的刚度,纵向预应力也会留有部分安全储备,不考虑斜拉索承载作用,主梁本身依靠自身的刚度和纵向预应力依旧能承受自身的荷载以及一部分活载。

按照传统的施工方法和流程,待新浇筑梁段纵向预应力张拉完毕后开始进行斜拉索施工,在纵向预应力的作用下新浇筑梁段混凝土整体处于受压状态,此时进行斜拉索的穿索和张拉,梁段混凝土结构在自身抗弯刚度和纵向预应力的作用下依旧处于整体受压,而且会有较大的压应力储备,不用考虑施工过程中混凝土受拉开裂的问题。

2)缺点分析

按照矮塔斜拉桥上部结构传统施工方法和工艺流程,预应力混凝土矮塔斜拉桥上部结构每一节段施工工期为12d左右:挂篮悬臂浇筑过程与连续梁桥相同,正常工期为7d,纵向预应力张拉工期为1d,平行钢绞线斜拉索穿索正常工期为2d,平行钢绞线斜拉索等值张拉正常工期需要2d。工期较长,将长时间占用人力资源、设备等,导致矮塔斜拉桥往往成为整条线路上的控制性工程,影响全线通车时间。

矮塔斜拉桥上部结构传统施工过程中主梁结构受力虽然安全可靠,但并未充分利用主梁抗弯刚度大、压应力储备足的特点,导致施工工期较长。

1.4　施　工　工　艺

矮塔斜拉桥上部结构施工一直沿用传统预应力混凝土斜拉桥的施工方法,在上部结构施工过程中梁段混凝土结构在自身抗弯刚度和纵向预应力的作用下依旧处于整体受压状态,而且会有较大的压应力储备,施工过程中混凝土不会出现受拉开裂的问题。

但按照矮塔斜拉桥上部结构传统施工方法和工艺流程,以及现场施工经验,上部结构每一节段施工工期为12~15d,施工工期较长,将长时间占用人力资源、设备等,这导致矮塔斜拉桥往往成为整条线路上的控制性工程,影响全线通车时间。

根据矮塔斜拉桥结构特点,提出上部结构施工步骤和工艺流程的不同方案,对不同的施工步骤和工艺流程进行模拟计算,并对对应的关键技术进行分析研究,从理论分析和结构受力上保证"斜拉索滞后张拉"施工方法的可行性和可靠性,最终制定合理可靠、技术先进的矮塔斜拉桥"斜拉索滞后张拉"工艺流程(图6.1.4-1)。

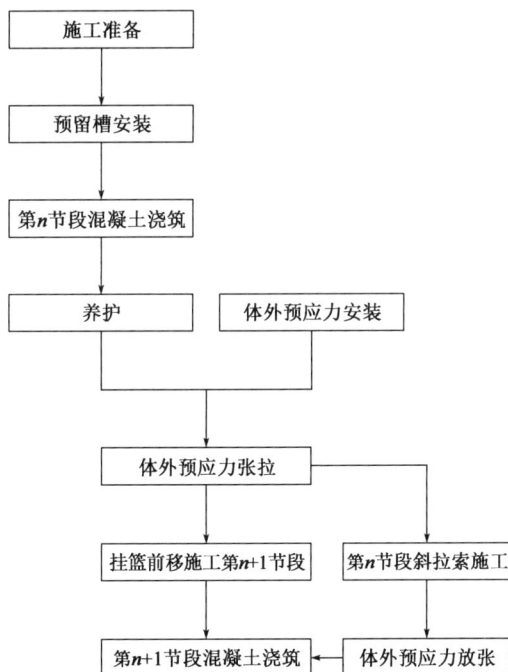

图6.1.4-1　斜拉索滞后张拉工艺流程

拟定关键工序调整:在第 $n-1$ 号节段纵向预应力张拉完成后,挂篮前移至第 n 号节段,同步进行第 $n-1$ 号节段的斜拉索安装施工,挂篮前移到位后即进行第 n 号节段模板安转、钢筋绑扎,第 $n-1$ 号节段斜拉索在第 n 号节段混凝土浇筑前张拉完成,后续块段依次类推,以达到节省工期的目的。

以洪溪特大桥为例,说明矮塔斜拉桥"斜拉索滞后张拉"施工工艺流程,主桥上部结构主要施工方案如下。

(1)在托架上施工第0节段(图6.1.4-2):立模、绑扎钢筋,并安装预应力管道,浇筑箱梁第0节段混凝土,待混凝土强度达到设计强度90%,弹性模量达到混凝土28d弹性模量的80%,且龄期不小于7d后,依次张拉箱梁第0节段纵向预应力钢束、横梁预应力钢束,拆除中塔柱横向支撑和拉杆。

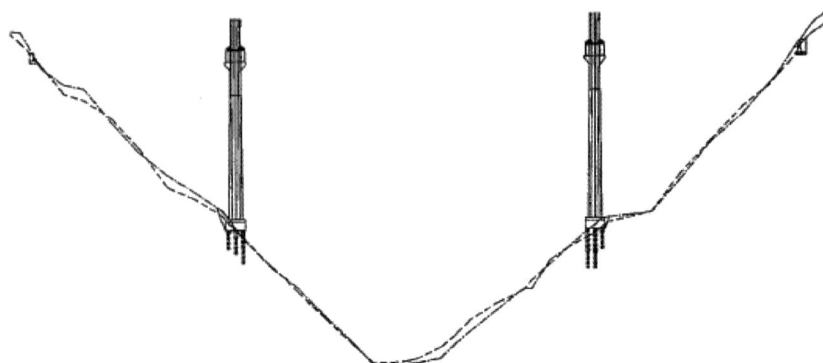

图 6.1.4-2　0 号节段

(2)1 号块悬臂浇筑施工(图 6.1.4-3):在 0 号块上对称拼装悬臂施工挂篮,立模、绑扎钢筋,并安装预应力管道,浇筑 1 号块混凝土,待混凝土强度达到设计强度 90%,弹性模量达到混凝土 28d 弹性模量的 80%,且龄期不小于 7d 后,依次张拉箱梁 1 号段纵向预应力钢束,挂篮前移一个节段,准备浇筑第 2 节段混凝土,持续施工未完成塔柱。

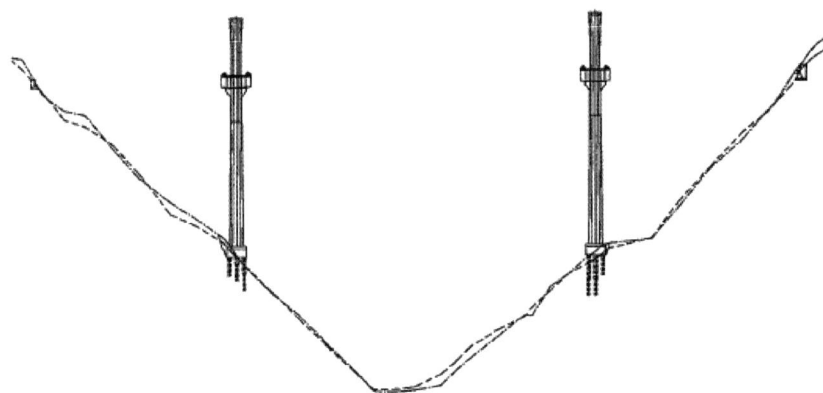

图 6.1.4-3　1 号节段悬臂浇筑

(3)对称悬臂浇筑第 2/2′节段(图 6.1.4-4):立模、绑扎钢筋,并安装预应力管道,浇筑 2/2′号块混凝土,待混凝土强度达到设计强度 90%,弹性模量达到混凝土 28d 弹性模量的 80%,且龄期不小于 7d 后,依次张拉箱梁第 2/2′节段纵向预应力钢束,张拉第 0 节段竖向预应力束,挂篮前移一个节段,准备浇筑第 3/3′节段混凝土。重复上述步骤施工第 3/3′~8/8′节段混凝土。

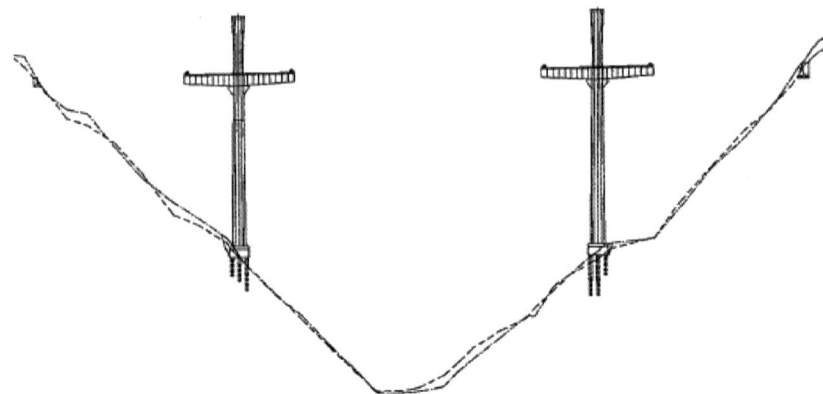

图 6.1.4-4　对称悬臂浇筑 2/2′号节段

（4）对称悬臂浇筑第9/9′节段(图6.1.4-5)：第9/9′节段立模、绑扎钢筋，并安装预应力管道，浇筑9/9′号块混凝土，待混凝土强度达到设计强度90%，弹性模量达到混凝土28d弹性模量的80%，且龄期不小于7d后，依次张拉箱梁第9/9′节段纵向预应力钢束。挂篮前移至第10/10′节段，同步进行第9/9′节段的斜拉索安装施工，挂篮前移到位后即进行第10/10′节段模板安装、钢筋绑扎，第9/9′节段斜拉索在第10/10′节段混凝土浇筑前张拉完成。

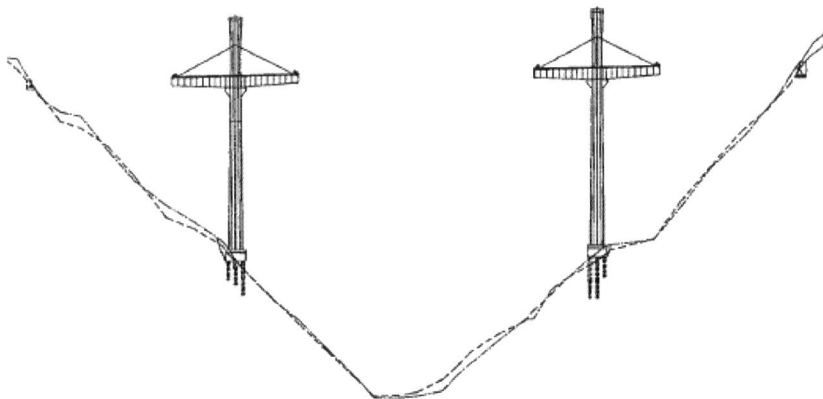

图6.1.4-5　对称悬臂浇筑第9/9′号节段

（5）对称悬臂浇筑第10/10′节段(图6.1.4-6)：浇筑10/10′号块混凝土，待混凝土强度达到设计强度90%，弹性模量达到混凝土28d弹性模量的80%，且龄期不小于7d后，依次张拉箱梁第10/10′节段纵向预应力钢束。挂篮前移至11/11′节段，同步进行第10/10′节段的斜拉索安装施工，挂篮前移到位后即进行第11/11′节段模板安装、钢筋绑扎，第10/10′节段斜拉索在11/11′号节段混凝土浇筑前张拉完成。

（6）重复上述施工步骤，施工第11/11′~24/24′节段混凝土，张拉第11/11′~24/24′节段对应斜拉索，挂篮迁移至第25/25′节段。

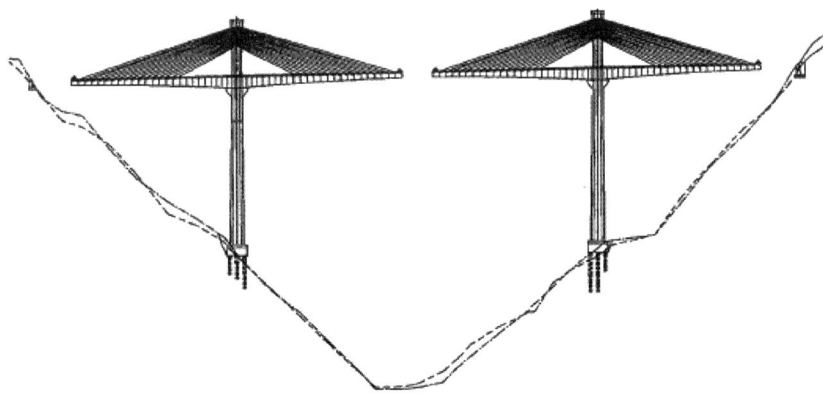

图6.1.4-6　对称悬臂浇筑第10/10′号节段

（7）依次分别对称悬臂浇筑第25/25′~26/26′节段(图6.1.4-7)：立模、绑扎钢筋，并安装预应力管道，浇筑梁段混凝土，待混凝土强度达到设计强度90%，弹性模量达到混凝土28d弹性模量的80%，且龄期不小于7d后，张拉箱梁纵向预应力钢束。安装边跨现浇段支架，施工边跨现浇段混凝土。

（8）拆除边、中跨挂篮，安装边跨合龙段吊架(图6.1.4-8)，并在中跨两悬臂端各施加边跨合龙段起重机重量一半的配重，在边、中跨合龙段两侧安装相当于合龙段重量一半的配重水箱。安装临时劲性骨架，对称张拉2束D1、Tb1，张拉力为总张拉力的50%。浇筑边跨合龙段混凝土，同时卸载浇筑混凝土同等重量的水，边跨合龙段浇筑完毕，边跨水箱卸载完毕。

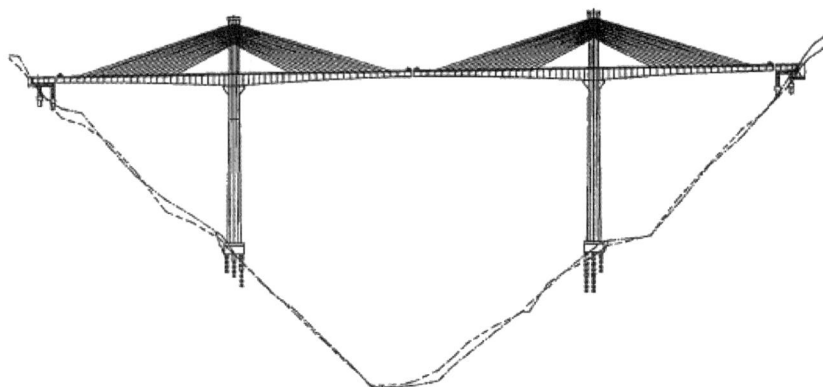

图 6.1.4-7　对称悬臂浇筑第 25/25′~26/26′号节段

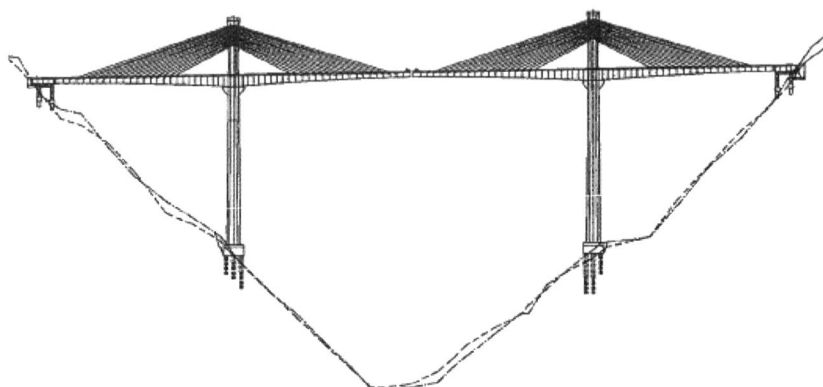

图 6.1.4-8　拆除边、中跨挂篮,安装边跨合龙段吊架

（9）待混凝土强度达到设计强度 90%,弹性模量达到混凝土 28d 弹性模量的 80%,且龄期不小于 7d 后,补张前 2 束 D1、Tb1,使其张拉力达到设计强度,张拉其他边跨合龙束,张拉时先长束后短束对称张拉。

拆除边跨现浇支架,边跨合龙段吊架(图 6.1.4-9),并拆除中跨悬臂端相应的边跨吊架配重,中跨合龙段梁端施加一对 2000kN 的顶推力(分别指向各自边跨方向)进行顶推。

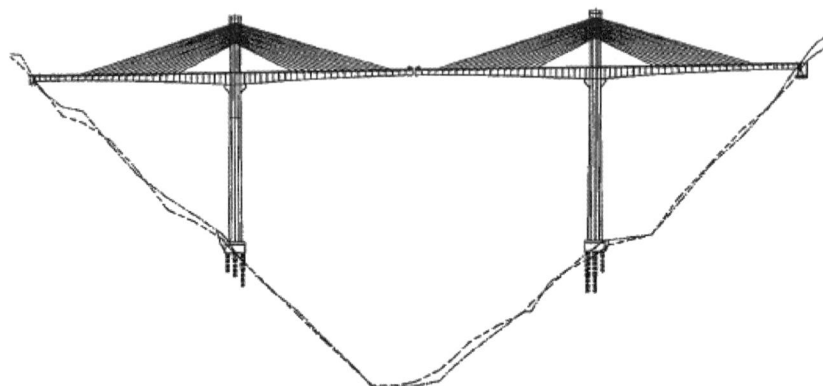

图 6.1.4-9　拆除边跨现浇支架、边跨合龙段吊架

（10）安装中跨合龙段吊架(图 6.1.4-10),中跨两悬臂端施加配重,单个悬臂端的配重为 1/2 合龙段重,安装临时劲性骨架,对称张拉 2 束 C1,张拉力为总张拉力的 50%,浇筑中跨合龙段混凝土,浇筑过

程中同时卸载浇筑混凝土同等重量的水,浇筑完毕中跨配重水箱卸载完毕。待混凝土强度达到设计强度90%,弹性模量达到混凝土28d弹性模量的80%,且龄期不小于7d后,补张前2束C1,使其张拉力达到设计强度,张拉其他边跨合龙束,张拉时先长束后短束对称张拉。拆除中跨合龙吊架及配重,再依次张拉25号、26号节段、边跨现浇段及合龙段的竖向预应力束,合龙完成。

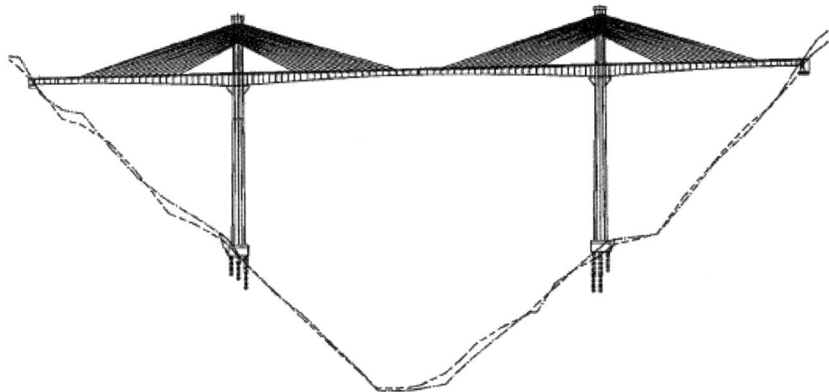

图6.1.4-10 安装中跨合龙段吊架

(11)继续桥梁结构后续施工。

1.5 计算结论和建议

1)计算结论

(1)从采用传统施工方法与"斜拉索滞后张拉"施工方法四种情况(分别对应连接器+损失30%、隔段张拉、每段滞后、体外索)下主塔在施工过程中关键工况位移状态和应力状态对比结果可以看出:传统施工方法与"斜拉索滞后张拉"施工方法四种情况下,主塔塔顶位移变化基本一致;主塔最大压应力基本一致,均满足《公路钢筋混凝土及预应力混凝土桥涵设计规范》(JTG 3362—2018)第7.2.8条的规定。

(2)从采用传统施工方法与"斜拉索滞后张拉"施工方法四种情况下主梁在施工过程中关键工况位移状态和应力状态对比结果可以看出:主梁竖向位移变化趋势一致,成桥后主梁挠度最大为172mm,最大相差7mm;主梁应力状态基本一致,全桥合龙后,洪溪特大桥上部结构采用传统施工方法与"斜拉索滞后张拉"施工方法四种情况时主梁的受力状态基本一致。

(3)从"斜拉索滞后张拉"施工四种情况下"挂篮前移+下一节段钢筋绑扎"工序下主梁应力状态计算结果可以看出:四种情况下主梁最大拉压应力均出现在情况三,此时主梁拉应力最大为0.52MPa、压应力最大为-10.87MPa,均小于拉/压应力极限值1.37/-18.6MPa,满足《公路钢筋混凝土及预应力混凝土桥涵设计规范》(JTG 3362—2018)第7.2.8条的规定。

(4)对采用传统施工方法与"斜拉索滞后张拉"施工方法四种情况下斜拉索的成桥索力进行对比分析,从对比结果可以看出:传统施工法成桥索力与设计成桥索力的偏差基本上在5%以内,"斜拉索滞后张拉"成桥索力与设计成桥索力的偏差基本上在8%以内,短索计算成桥索力与设计成桥索力偏差百分比较大,长索计算成桥索力与设计成桥索力偏差百分比较小。

(5)采用"斜拉索滞后张拉"施工方法,斜拉索的成桥索力安全系数为2.47~2.77,满足《公路斜拉桥设计细则》(JTG/T D65-01-2007)第3.4.2条:施工状态斜拉索的安全系数不应小于2.0。

(6)斜拉索滞后张拉产生的拉应力对桥梁结构产生的影响是暂时的,除采用预应力连接器存在预应力损失的情况,"斜拉索滞后张拉"施工的其他三种情况,在主梁合龙后桥梁结构受力状态与采用传统施工方法时一致。

2）可行性研究结论

通过对采用传统施工方法与"斜拉索滞后张拉"施工方法四种情况下主塔、主梁的变形和应力的计算分析和对比，矮塔斜拉桥"斜拉索滞后张拉"施工方法四种情况理论上均可行：

（1）采用"斜拉索滞后张拉"施工方法情况一时（连接器+损失30%）：采用预应力连接器接长顶板束T10~T16，后接长的预应力束有效应力可能损失30%。

（2）采用"斜拉索滞后张拉"施工方法情况二时（隔段张拉）：即9号、11号、13号、15号、17号、19号、21号、23号、24号段采用斜拉索滞后张拉工艺，从节省工期的角度考虑，节省的总工期比采用每段滞后的工期减少一半。

（3）采用"斜拉索滞后张拉"施工方法情况三时（每段滞后），主梁顶板会出现0.52MPa的拉应力。

（4）采用"斜拉索滞后张拉"施工方法情况四时（体外索），既不造成顶板束预应力损失，也可以达到每段滞后节省工期的目标。

综合考虑，采用体外索的"斜拉索滞后张拉"为最优方案。

1.6　研究成果应用

洪溪特大桥为文泰高速公路全线最重要的关键节点，合同工期36个月，整体工期较为紧张。

洪溪特大桥为双塔双索面预应力混凝土矮塔斜拉桥，为分离式桥梁，桥梁配跨为（150+265+150）m，索塔为Y形塔，塔高177.212m，斜拉索按体外成品索设计，采用钢绞线斜拉索，斜拉索为双索面、扇形布置，每个塔上设有32根斜拉索，全桥（双幅）共128根。主梁共26个节段，其中无索节段共计10个，有索节段共计16个。

洪溪特大桥1号墩与洪溪特大桥2号墩均采用临时体外预应力实行斜拉索滞后张拉工艺，以较小的成本，在确保质量、安全的前提下大幅度提高了主梁的施工进度，共节约工期约45d。

1.7　创　新　点

（1）可大幅度缩短工期。采用滞后张拉工法与传统悬臂浇筑工艺最大的区别在于：工序上无任何缩减，但将斜拉索施工这道工序与其他工序从流水施工变为了平行施工。常规工艺：第n节段混凝土强度达到设计要求→第n节段斜拉索挂索、张拉→挂篮行走至第$n+1$节段→第$n+1$节段施工。滞后张拉工法：第n节段混凝土强度达到设计要求（养护期间安装体外预应力）→体外预应力张拉→挂篮行走至第$n+1$节段→第$n+1$节段施工（同步进行第n节段斜拉索挂索、张拉，挂索完毕后解除体外预应力）。

（2）加快工期的同时，保持了原设计预应力体系，确保结构安全。体外预应力为临时设置，用以临时抵消挂篮在斜拉索前移施工产生的荷载，在斜拉索施工时即解除。

（3）临时体外预应力结构简单，操作简便。临时体外预应力结构包含预留槽、反力架、精轧螺纹钢等，安装简便。

（4）临时预应力施工质量可控。通过与体内应力元件配合实施，使得体外预应力力值可调、可控。

（5）投入成本低。体外预应力整套体系均可周转，且利用率极高。

第2章

平行钢绞线斜拉索等值张拉技术研究

2.1 研 究 背 景

洪溪特大桥为 $(150+265+150)$ m 双塔双索面预应力混凝土矮塔斜拉桥,采用平行钢绞线斜拉索,单股钢绞线直径 $\phi^s 15.2$ mm,抗拉强度标准值 $f_{pk}=1860$ MPa,斜拉索技术性能满足《斜拉桥钢绞线拉索技术条件》(GB/T 30826—2014)、《无黏结钢绞线斜拉索技术条件》(JT/T 771—2009)的相关技术要求。斜拉索抗疲劳性能满足应力上限 $\sigma_{max}=0.45f_{ptk}$,应力幅值250MPa,经过 2×10^6 次循环载入后断丝率≤5%。无黏结钢绞线可采用环氧涂层钢绞线或镀锌钢绞线,其中环氧涂层钢绞线应符合《填充型环氧涂层钢绞线》(JT/T 737—2009)或《单丝涂覆环氧涂层预应力钢绞线》(GB/T 25823—2010)的规定,镀锌钢绞线应满足《高强度低松弛预应力热镀锌钢绞线》(YB/T 152—1999)的规定。

斜拉索外套管应满足《桥梁缆索用高密度聚乙烯护套料》(CJ/T 297—2016)的要求。斜拉索锚具应满足《预应力筋用锚具、夹具和连接器》(GB/T 14370—2015)的要求。要求斜拉索具备有效的防水、防腐措施,能够进行索力监测,能够方便进行单根钢绞线换索,并能够对钢索进行多次张拉、重新张拉等操作。

平行钢绞线斜拉索常用的张拉方式有两种:一种是传统的整体张拉,另一种是单根张拉。单根张拉普遍采用"等值张拉法"进行控制,也称为等值张拉。国内2003年兰州小西湖黄河大桥平行钢绞线斜拉索首次采用等值张拉工艺,随着平行钢绞线斜拉索的广泛运用,等值张拉工艺的运用越趋广泛,因此优化完善平行钢绞线斜拉索钢绞线张拉力计算公式和张拉力控制方法具有实际应用价值。

2.2 项目主要研究内容

平行钢绞线斜拉索体系在斜拉桥上的运用日趋广泛,为了提高平行钢绞线斜拉索成桥索力的精度和每股钢绞线所持索力的均匀性,从平行钢绞线斜拉索等值张拉法的基本理论出发,对现有的张拉力计算公式进行修正完善,提出更精确的张拉力计算公式,对单根钢绞线张拉力控制方法进行修正完善,提出更精确的张拉力控制公式和控制方法。

2.3 工程调研及分析

平行钢绞线斜拉索采用等值张拉时,随着每股钢绞线的张拉,桥梁结构均产生变形,主梁产生上挠,索塔产生压缩,斜拉索梁端锚点与塔端锚点的相对距离不断缩短,已张拉钢绞线的工作长度缩短,导致已张拉钢绞线所持索力不断变小。

假若一根斜拉索由 n 股钢绞线组成,第 i 股 $(1 < i < n-1)$ 钢绞线张拉时已张拉完成的 $i-1$ 股钢绞线所持索力将不同程度减小,等值张拉法的理想状态是第 n 股钢绞线张拉完成时,已张拉的 $n-1$ 股钢绞线所持索力均减小到单根钢绞线设计索力,即每股钢绞线所持索力相等,且斜拉索总索力值等于总索力设计值。因此应根据每根斜拉索不同钢绞线的张拉顺序,对每股钢绞线的张拉力进行不同程度的超张拉。平行钢绞线斜拉索等值张拉工艺是基于这一基本理论进行操作的,要保证斜拉索每股钢绞线所持索力的均匀性,以及张拉完成后总索力满足要求,钢绞线张拉力计算和监测是关键。

2.4 研究内容及结论

2.4.1 张拉力计算

根据等值张拉基本理论,单根钢绞线张拉力由两部分组成:①单根钢绞线设计索力;②超张拉索力。因此影响钢绞线最终张拉力的是超张拉索力值,确定超张拉索力值是张拉力计算的关键。

2.4.1.1 影响因素

钢绞线超张拉索力值的影响因素都将影响钢绞线索力值的确定,梁端锚点和塔端锚点间已张拉钢绞线的工作长度变化引起钢绞线所持索力值的变化,从这一点进行分析研究,主要的影响因素包括桥梁结构特性、夹片回缩量、斜拉索垂度、桥梁结构收缩徐变。

1)桥梁结构特性

随着每股钢绞线的张拉,主梁产生上挠,索塔产生压缩,斜拉索梁端锚点与塔端锚点的相对距离不断缩短,造成已张拉钢绞线的工作长度缩短,缩短量 δ 由桥梁结构特性(主梁抗弯刚度、主塔截面特性、主塔材料抗压强度等)决定。

2)夹片回缩量

夹片回缩引起钢绞线张拉力损失,因此在计算斜拉索钢绞线张拉力时必须考虑这一因素。研究资料表明,钢绞线张拉时,夹片回缩量在两个部位出现:①张拉千斤顶使用的"工具夹片";②将钢绞线锚固在混凝土中的"工作夹片"。用于张拉斜拉索钢绞线的千斤顶具有自锚功能,在计算钢绞线超张拉力时只需考虑"工作夹片"产生的回缩量,一般根据类似桥梁的经验值采用。

3)斜拉索垂度

斜拉索是柔性结构,在重力作用下会产生垂度,随着斜拉桥跨径的增加索结构的几何非线性的影响越明显,在斜拉索的张拉过程中应该考虑索结构几何非线性的影响。

采用有限元模型计算斜拉索索力时,通常将斜拉索简化为抗弯刚度为零的弹性杆系单元,弹性杆系单元考虑自重垂度对拉索轴向刚度的影响,而不考虑自重垂度带来的几何非线性影响,计算得到的索力值不能直接作为斜拉索张拉力控制值,而应该进行采用几何非线性修正。

4)收缩徐变

收缩徐变使斜拉桥成桥后斜拉索索力减小、主梁下挠。为了减小收缩徐变的不良影响,斜拉桥悬臂施工时,要考虑成桥后收缩徐变的效应,采取相应的预防措施,如主梁预拱度考虑收缩徐变产生的下挠。斜拉索张拉时同样应该考虑收缩徐变效应,即钢绞线张拉过程中,以成桥索力作为张拉目标值时,应对收缩徐变效应进行修正。

2.4.1.2 初张拉力计算公式分析

根据近年来有关平行钢绞线斜拉索等值张拉法资料和论文,初张拉力均采用如下计算法则和公式确定。

第 1 ~ m 股张拉力:第 1 ~ m 根钢绞线承受 HDPE 外管的自重,张拉力由 HDPE 管的垂度确定,一般为 1~4 根,视 HDPE 外套管尺寸和长度而定,一般单根钢绞线的预张拉力取设计索力的 0.15 ~ 0.2 倍。

第 m + 1 股张拉力:根据整束拉索力平均之后由主梁及索塔的变形量进行修正,使安装完成后单根索力累计值与设计值接近,避免单根挂索后索力大调整。索力大小按下式确定:

$$T_{m+1} = \frac{N - N_{1m}}{n - m} + \frac{E_c \times A \times \delta}{l} = \frac{K(N - N_{1m})}{n - m} \tag{6.2-1}$$

$$K = \frac{T_{m+1}}{\frac{N - N_{1m}}{n - m}} = 1 + \frac{E_c \times A \times \delta}{l} \times \frac{n - m}{N - N_{1m}} \tag{6.2-2}$$

式中:N——斜拉索设计索力(未考虑收缩徐变);

N_{1m}——第 1 ~ m 股钢绞线张拉力之和;

n——斜拉索钢绞线股数;

δ——斜拉索张拉完成后梁端锚点与塔端锚点间斜拉索索长理论变形值;

l——斜拉索索长;

E_c——钢绞线弹性模量,取 1.95×10^5 MPa;

A——单股钢绞线截面面积,取 0.000014m^2;

T_{m+1}——第 m + 1 股钢绞线张拉力;

K——钢绞线张拉力超张拉系数。

从式(6.2-1)可以看出,钢绞线初张拉力只对因斜拉索张拉完成后梁端锚点与塔端锚点间斜拉索索长变短的影响进行修正,斜拉索索长缩短值由桥梁结构特性确定,而没有对其他的影响因素进行修正,如果采用式(6.2-1)计算得到的钢绞线张拉力进行张拉控制,斜拉索最终索力将偏小。

2.4.1.3　完善后初张拉力计算公式

根据等值张拉基本理论和钢绞线初张拉力影响因素分析研究,对钢绞线初张拉力公式进行修正完善。

第 1 ~ m 股张拉力:

$$T_1 \sim T_m = \frac{N}{n} \tag{6.2-3}$$

即第 1 ~ m 股张拉力钢绞线的预张拉力取设计索力值。现有计算公式的取值为 $(0.15 \sim 0.2)\frac{N}{n}$,在实际的运用中,随着其余各股钢绞线的张拉,第 1 ~ m 股钢绞线将不受力而产生下垂,造成后续钢绞线穿索时交叉打结。而采用式(6.2-3)时,第 1 ~ m 股钢绞线始终处于受力状态,不会影响后续钢绞线穿索。

第 m + 1 股张拉力:

$$T_{m+1} = \frac{E_c \times A \times \delta_1}{l} + \frac{E_c \times A \times \delta_2}{l} + \frac{N}{n} \times \sqrt{1 + \frac{G}{N} \times \sin\alpha + \frac{G^2}{4N^2}} + \frac{\Delta N_s}{n} \tag{6.2-4}$$

$$K = \frac{T_{m+1}}{\frac{N}{n}} \tag{6.2-5}$$

式中:δ_1——斜拉索张拉完成后梁端锚点与塔端锚点间斜拉索索长理论变形值;

δ_2——工作夹片回缩量;

ΔN_s——收缩徐变引起的斜拉索索力减小值,$\Delta N_s = N - N_s$;

N_s——考虑收缩徐变后的斜拉索索力设计值;

G——锚点间斜拉索重力;

α——斜拉索设计仰角。

2.4.1.4 计算值对比

采用上述钢绞线初张拉力计算式(6.2-1)和式(6.2-4),抽取某斜拉桥4根由短到长的平行钢绞线斜拉索进行钢绞线初张拉力计算,斜拉索参数见表6.2.4-1,计算结果见表6.2.4-2。

某桥斜拉索参数　　　　　　　　　　　　　　　　　表6.2.4-1

索编号	l(m)	N(kN)	n	δ_1(m)	δ_2(m)	α(°)	ΔN_s(kN)	G(kN)
1号	38.4	3600	35	0.0026	0.005	21.98	92.7	2.73
2号	54.7	3700	37	0.0055	0.004	19.54	87.8	3.89
3号	83.4	3950	37	0.014	0.003	17.48	77.7	5.92
4号	108.1	4500	41	0.026	0.003	16.57	113.5	9.18

某桥斜拉索钢绞线张拉力计算值对比　　　　　　　　表6.2.4-2

索编号	m	$T_1 \sim T_m$(kN)	T_{m+1}(kN)				K	
			式(6.2-1)	式(6.2-4)	差值	差值百分比(%)	式(6.2-1)	式(6.2-4)
1号	2	102.9	104.71	110.93	6.22	5.77	1.018	1.078
2号	2	100.0	102.73	107.12	4.39	4.18	1.027	1.071
3号	2	106.8	111.36	114.79	3.43	3.03	1.043	1.075
4号	2	109.8	116.38	119.94	3.56	3.01	1.060	1.092

为使式(6.2-1)和式(6.2-4)具有可比性,第$1 \sim m$股钢绞线的初张拉力$T_1 \sim T_m$取相同值N/n,从表6.2.4-2的计算结果可以看出:钢绞线初张拉力差值百分比为3.01%~5.77%,工作夹片回缩、斜拉索垂度、收缩徐变对钢绞线初张拉力有明显影响,且对短索的影响比长索更为明显,因此在计算中必须考虑,完善后的钢绞线初张拉力计算式(6.2-4)考虑了以上影响因素,成桥索力比式(6.2-1)更接近斜拉索实际受力。

2.4.2 钢绞线张拉力控制

单根钢绞线张拉力控制的普遍做法:将压力传感器安装在张拉端正式张拉的第1根钢绞线上(即第$m+1$根),当后续钢绞线张拉时,传感器读数下降,当油压表读数与传感器示值相同时,停止张拉并持荷锚固。

2.4.2.1 钢绞线张拉力控制关键点分析

钢绞线等值张拉过程中以压力传感器示值来控制钢绞线张拉力,压力传感器示值是否能准确反映钢绞线实际张拉力是钢绞线张拉控制的关键。

压力传感器安装在工具锚和工作锚之间,其示值为钢绞线的最终锚固力,张拉千斤顶配套油泵的油压表示值为钢绞线的张拉力,在钢绞线锚固时工作夹片回缩产生应力损失,必然造成锚固力与张拉力之间存在偏差,即压力传感器示值比钢绞线实际张拉力小,因此以传感器示值直接控制钢绞线实际张拉力的方法存在不足。

2.4.2.2 钢绞线张拉力控制方法改进

如果能避免或者抵消压力传感器示值与钢绞线实际张拉力之间偏差的影响,钢绞线等值张拉控制精度将得到提高,从这一点出发对钢绞线张拉力控制方法进行改进。

第$m+i$根钢绞线张拉力为T_{m+i},压力传感器示值为T''_{m+i},差值为ΔT_{m+i},第$m+i+1$根钢绞线张拉力为T_{m+i+1},压力传感器示值为T''_{m+i+1},差值为ΔT_{m+i+1}。

$$T^y_{m+i} = T_{m+i} - \Delta T_{m+i} \tag{6.2-6}$$

$$T^y_{m+i+1} = T_{m+i+1} - \Delta T_{m+i+1} \tag{6.2-7}$$

第 $m+i$ 根钢绞线与第 $m+i+1$ 根钢绞线长度相同,张拉伸长量相同,因此由工作夹片回缩引起的应力损失近似相等,即 $\Delta T_{m+i} \approx \Delta T_{m+i+1}$,因此:

$$T^y_{m+i} - T^y_{m+i+1} = T_{m+i} - T_{m+i+1} - (\Delta T_{m+i} - \Delta T_{m+i+1}) \tag{6.2-8}$$

$$\Delta T_i = T^y_{m+i} - T^y_{m+i+1} \approx T_{m+i} - T_{m+i+1} = \Delta T_i \tag{6.2-9}$$

从式(6.2-9)可知,相邻两根钢绞线实际张拉力差值 ΔT_i 与压力传感器示值差值 ΔT^y_i 近似相等,不受压力传感器示值与钢绞线实际张拉力之间偏差影响,以此为基础推导钢绞线张拉力控制式(6.2-10)和式(6.2-11):

$$T_{m+i} = T_{m+i-1} - \Delta T^y_{i-2} \tag{6.2-10}$$

$$\Delta T^y_{i-2} = T^y_{m+i-2} - T^y_{m+i-1} \tag{6.2-11}$$

按照以上公式,平行钢绞线斜拉索等值张拉工艺如下(张拉力以油压表控制):

(1)预张拉第 $1 \sim m$ 根钢绞线,张拉力为 N/n;

(2)在第 $m+1$ 根钢绞线安装压力传感器,张拉力为 T_{m+1},压力传感器示值为 T^y_{m+1};

(3)第 $m+2$ 根钢绞线,张拉力为 $T_{m+2} = T_{m+1}$,压力传感器示值记为 T^y_{m+2},传感器下降值 $\Delta T^y_1 = T^y_{m+1} - T^y_{m+2}$;

(4)第 $m+3$ 根钢绞线,张拉力为 $T_{m+3} = T_{m+2} - \Delta T^y_1$,压力传感器示值记为 T^y_{m+3},传感器下降值 $\Delta T^y_2 = T^y_{m+2} - T^y_{m+3}$;

(5)第 $m+4$ 根钢绞线,张拉力为 $T_{m+4} = T_{m+3} - \Delta T^y_2$,压力传感器示值记为 T^y_{m+4},传感器下降值 $\Delta T^y_3 = T^y_{m+3} - T^y_{m+4}$;

(6)依此类推,第 $m+i$ 根钢绞线,张拉力为 $T_{m+i} = T_{m+i-1} - \Delta T^y_{i-2}$,压力传感器示值记为 T^y_{m+i},传感器下降值 $\Delta T^y_{i-1} = T^y_{m+i-1} - T^y_{m+i}$,直到张拉完最后一根;

(7)对第 $1 \sim m$ 根进行补张拉,张拉力同样按上述公式确定,拆除第 $m+1$ 根钢绞线上传感器,并按当时下降值进行补张锚固。

2.5　研究成果应用

洪溪特大桥 1 号墩与洪溪特大桥 2 号墩均采用斜拉索等值张拉技术,保证了斜拉索每股钢绞线所持索力的均匀性,张拉完成后总索力满足规范要求。

2.6　创　新　点

等值张拉法是平行钢绞线单根张拉普遍采用的控制方法,单根钢绞线张拉力的计算和钢绞线张拉力的控制是等值张拉法的关键。在分析现有的张拉力计算公式和张拉力控制方法后,从平行钢绞线斜拉索等值张拉法的基本理论出发,提出更精确的钢绞线张拉力计算公式和控制公式。

第3章

索鞍刚体化整体安装定位技术研究

3.1 研 究 背 景

矮塔斜拉桥发端于日本,随着 2000 年国内第一座矮塔斜拉桥的建成,该桥型在国内得到长足的发展,已建成桥梁达上百座。为减小主塔上应力集中的现象,提高拉索的耐久性,且为了便于后期换索,鞍座的形式也进一步由双套管索鞍优化为分丝管索鞍。

索鞍位于索塔的上塔柱,层距较小,数量与桥梁跨度成正比。因层距较小,索鞍往往集中于上塔柱的几个节段,且索鞍定位精度要求高,高空定位耗时较长,索鞍往往成为制约索塔施工进度、关键质量的关键点。且当桥梁位于山区时,雨水丰富、云雾较大,为减小大气折射、不良天气对安装进度的影响,索鞍安装定位宜在午后进行,这导致每日测量窗口期较短,进一步制约索塔施工的进度。

为了提高索鞍安装速度及精度,文泰高速公路项目提出索鞍刚体化整体安装定位施工技术,解决了这一难题,并成功应用于洪溪特大桥上塔柱施工中,取得良好效果。

3.2 定 位 技 术

索鞍刚体化预制需要一个平台,保证预制过程底部的水平、竖向的垂直度及施工的便利。平台的选址要考虑车辆通行、刚体化后整体重量、塔式起重机的吊重,以便于刚体化施工,避免索鞍刚体化后多次转运导致的形变。

塔上进行对应架体根部的预埋,保证预埋件位置的准确。钢板尺寸以大于架体根部(即立杆)20cm控制,以避免出现预埋平面位置偏差时架体无法与预埋件对接焊接固定。高程控制以降低 2cm 为准,以避免高程过高对架体进行修正,不足则可以塞垫钢板。

索鞍刚体化预制在地面的平台上进行,首先焊制架体,再利用相对高程将索鞍逐组安装在架体上,逐组校核,然后用钢筋将索鞍与架体固结。保证架体的刚度,避免在整体吊装时发生形变;保证固结质量,避免索鞍移位,固结时限位钢筋以焊接为主,不得焊接索鞍分丝管,避免焊缝熔穿管壁造成漏浆堵塞。

索鞍整体吊装前进行预埋件高程的复核,按理论高程进行塞垫,塞垫采用薄钢板,并在预埋件上放样出架体角点。利用塔式起重机将刚体化的索鞍架体整体吊装至塔上,对准角点放置并与索塔钢筋临时连接。采用绝对坐标对索鞍进行复核,复核无误后将架体根部与预埋件焊接固定,最后解除与索塔钢筋的临时连接。

3.3 施工工艺流程

整体安装施工工艺流程,见图6.3.3-1。

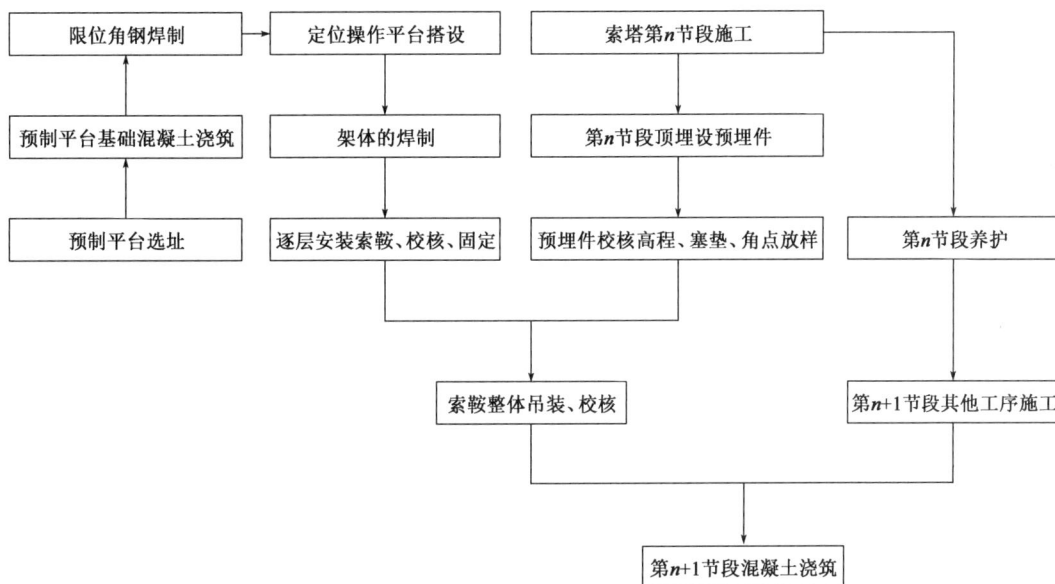

图6.3.3-1 整体安装施工工艺流程图

3.3.1 预制平台建设

1) 预制平台选址

预制平台选址有两个原则:①便于施工,便于平台建设所需材料混凝土、型材及索鞍的转运,靠近便道;②结合索鞍刚体化后重量考虑塔式起重机的吊装能力,宜靠近索塔。

2) 预制平台施工

结合索鞍及架体尺寸,基础尺寸(宽×长)为3m×8m。基础采用C30混凝土,顶面埋设6个2排、3列共计6个预埋件用于限位角钢的焊制,预埋件尺寸(宽×长)为40cm×40cm,横向间距2.9m,竖向间距1.6m。基础混凝土的顶面高程、平整度不作为重点管控点,重点管控预埋件的平整度,以保证限位角钢的竖直度。

3.3.2 塔端预埋件施工

结合索鞍及架体尺寸进行塔端的预埋件施工。第n节段混凝土浇筑前进行预埋件埋设,设置有4个预埋件,横桥向间距1.6m,顺桥向间距5.8m。钢板尺寸以大于架体根部(即立杆)20cm控制,以避免出现预埋平面位置偏差时架体无法与预埋件对接焊接固定。高程控制以降低2cm为准,以避免高程过高对架体进行修正,不足则可以塞垫钢板。

3.3.3 索鞍刚体化施工

(1)坐标换算。索鞍定位采用的左中右三点定位,定位框架为角钢制作的定型框架,尺寸(宽×长)为1.6m×5.8m,定位工作开展前将大小里程左右侧的每道索鞍高程及平面位置进行换算。

(2)定位时采用尺量的方式确定索鞍3点定位位置,先测量定位点高度位置,在对应高度处焊接平杆角钢,在平杆上测量水平横向位置确定定位点。量出 3 个定位点后进行索鞍吊装固定,形成初定位。

(3)在索鞍管口中心贴反光贴,用全站仪以相对坐标对索鞍进行精调,完成桥下索鞍预定位。精调完后固定索鞍并吊装到平整地带进行存放。

(4)精调后焊制限位钢筋将索鞍与架体固结,完全索鞍刚体化施工。

3.3.4 塔上整体安装定位

(1)索鞍整体吊装前进行预埋件高程的复核,按理论高程进行塞垫,塞垫采用薄钢板,并在预埋件上放样出架体角点。

(2)利用塔式起重机将刚体化的索鞍架体整体吊装至塔上,对准角点放置并与索塔钢筋临时连接,采用绝对坐标对索鞍进行复核,复核无误后将架体根部与预埋件焊接固定,最后解除与索塔钢筋的临时连接。

(3)吊装到位后用全站仪复核索鞍有无偏位,并进行整体精调,精调完成后焊接固定,塔式起重机松钩完成索鞍整体定位安装。

3.4 创 新 点

(1)刚体化预制过程施工简便。常规施工中,索鞍在索塔上安装定位需辅以劲性骨架,受塔上场地狭隘限制,功效较低。采用该工艺后,索鞍采用劲性骨架刚体化预制的过程在塔下进行,场地宽敞施工便利。

(2)刚体化预制过程对索塔施工主要设备无依赖。索塔施工主要采用塔式起重机进行,采用常规工艺完全依赖塔式起重机进行,耗时较长,严重制约索塔其他工序施工。采用该工艺预制,第一可在塔式起重机空闲时进行,第二可采用汽车起重机进行,变相加快了索塔施工。

(3)刚体化预制与索塔平行施工。采用该工艺将索鞍在塔上定位安装分为两部分,即整体预制 + 整体安装,常规工艺为逐个现场安装。整体刚体化预制过程在地面场地进行,与索塔其他工序平行施工,不占用索塔节段施工关键工序。

(4)测量功效及精度高,受天气情况制约小。索鞍的测量定位分为两个部分,即刚体化预制测量及塔上整体安装测量。刚体化预制测量采用相对坐标进行相对定位,全过程在地面上进行,受天气制约小,且受地球曲率影响也较小,无高空作业风险,安全性高,操作简便。塔上整体安装测量以绝对坐标控制,由于 6 道索鞍以相对坐标在地面已进行刚体化,塔上安装时只需要对 6 道中的任何一组进行测量定位,即完成所有索鞍的测量放样工作,安全高效。

(5)缩短高空作业时间,有效降低安全风险。多道索鞍的刚体化均在地面进行,整体安装功效高,取消塔上高空焊接劲性骨架这道工序,有效缩短高空作业时长,提高安全性。

(6)预制、安装简便快速,有效缩短索塔施工工期。取消劲性骨架这道工序,缩短高空测量定位时长,规避不良天气的影响,在缩短塔式起重机使用时长的同时保障了索塔其他工序施工,使得原本占用索塔节段施工时间最长的一道工序变为不占用时长(在养护期间进行)。

第4章

液压爬模高空半落地式体系转换技术研究

4.1　研　究　背　景

液压爬模是斜拉桥索塔施工中采取的一种常规施工工艺,索塔的形式主要有 A 形、H 形、Y 形等,根据工艺的不同又分为塔梁"同步""异步"施工。随着"造景""融景"等观念的深入,索塔造型也趋于多样化,索塔造型、工艺的不同都导致液压爬模在索塔高空施工中需转换。

根据计算工期、现场施工经验,液压爬模转换一次需要 10d 左右,基本等同于重新拼装,且对施工场地要求较高,因爬模架体多采用柔性杆件拼装,往往在落地转换过程中出现变形,架体构件较多需要较大的场地。

文泰高速公路项目主塔施工提出液压爬模高空半落地式体系转换施工工法,可将液压爬模的单次转换缩短至 3d 左右,降低人员高空作业风险;可完全解决对场地的依赖,避免爬模重新拼装人工参与太多的潜在风险。该工法应用于洪溪特大桥工程实践中,取得了良好效果。

4.2　工　艺　原　理

利用液压爬模上、下架体的通用性,进行上、下架体的循环换拆;上架体与横梁间层间连接采用销接,便于上、下架体连接拆除(图 6.4.2-1);横梁与下架体间层间连接采用销接,使横梁、两组承重三角架构成的长方形面可随塔肢角度变化而变化为平行四边形,无需解体进行承重三角架角度调整(图 6.4.2-2、图 6.4.2-3)。

图 6.4.2-1　上架体与横梁层间连接

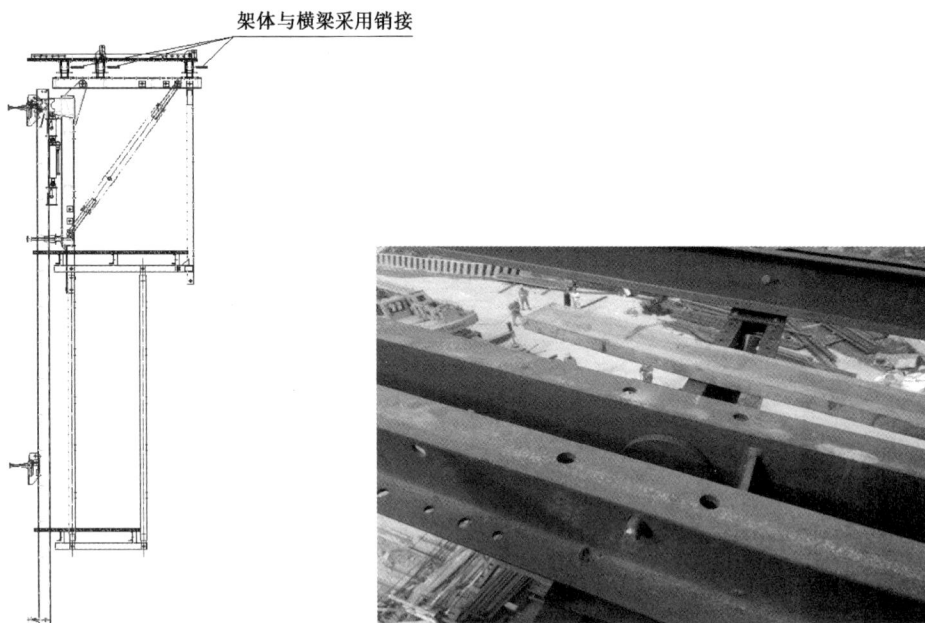

图 6.4.2-2　下架体与横梁层间连接

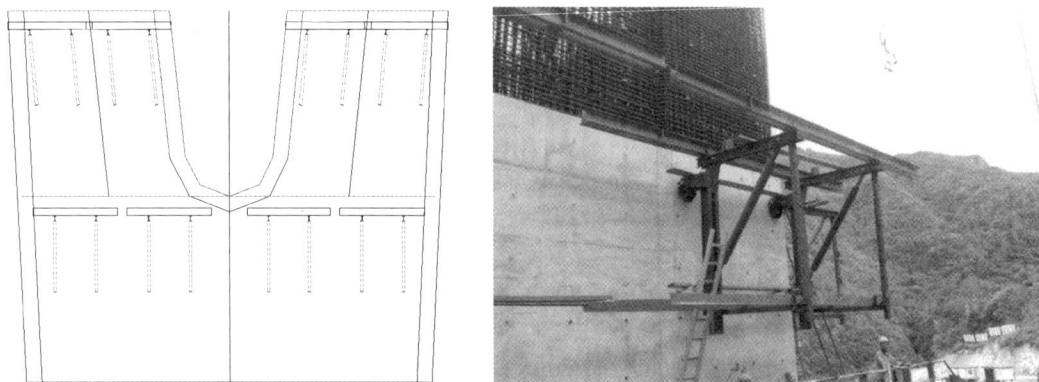

图 6.4.2-3　下架体角度的自适应性

4.3　施工工艺流程

施工工艺流程见图 6.4.3-1。

洪溪特大桥为分离式桥梁,桥型为双塔双索面预应力矮塔斜拉桥,索塔为 Y 形塔,采取塔梁同步施工工艺,现场施工照片如图 6.4.3-2 所示。根据索塔结构形式及工艺特点,在下塔柱转中塔柱及塔梁固结处均需进行液压爬模的高空转换(图 6.4.3-3)。

对索塔液压爬模的四个面进行编号(图 6.4.3-4、图 6.4.3-5),横桥向液压爬模面为 $A_1 \sim A_4$、$B_1 \sim B_4$,顺桥向液压爬模因索塔角度不大且爬模的自适应性无需换拆。

4.3.1　施工准备

1)锚锥预埋

下塔柱垂直向上,同排锚锥预埋保持水平。中塔柱为倾斜 84°,同排锚锥对应倾斜角度进行预埋,不再保持水平。

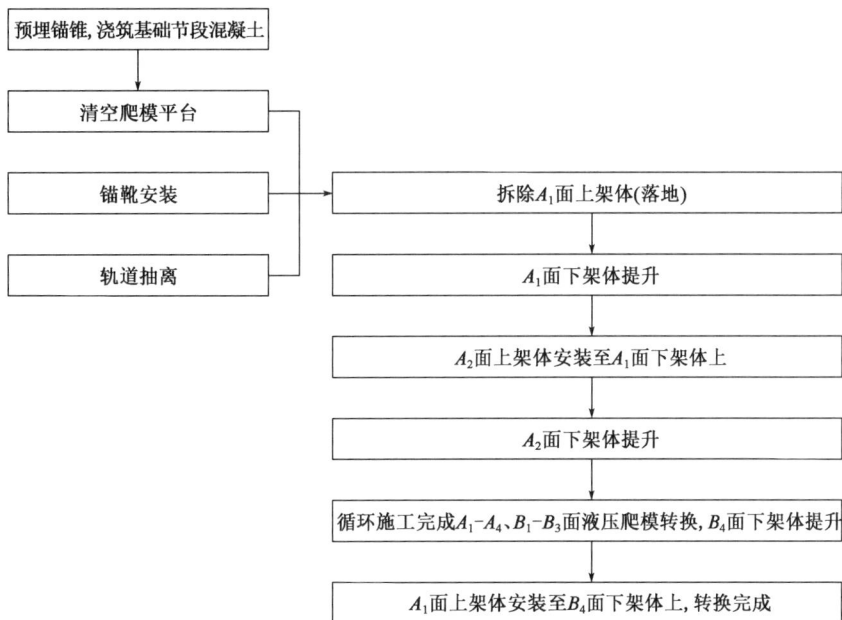

图 6.4.3-1　施工工艺流程

图 6.4.3-2　现场施工照片

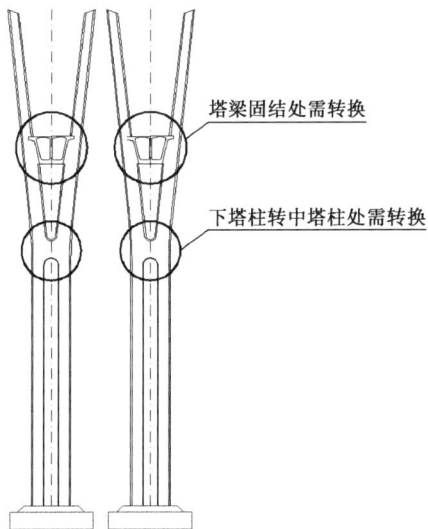

图 6.4.3-3　液压爬模需转换处示意图　　　　图 6.4.3-4　液压爬模所在面编号示意图

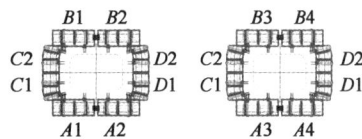

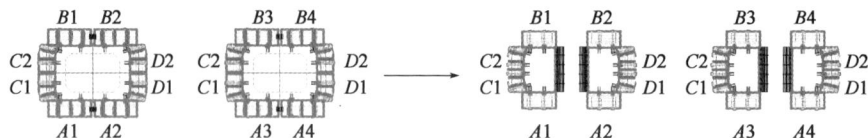

图 6.4.3-5　下塔柱转中塔柱爬模转换示意图

2）转换前天气情况观测

与当地气象部门建立联系,并在爬模上安装风速计进行实时风速检测,在风速不大于 6 级风的情况下进行液压爬模的转换。

3）爬模平台清理

将液压爬模平台上所有材料、设备及液压系统清除,并将爬模模板背肋上杂物清理掉,以避免转换时坠物。

4）锚靴安装

利用锚锥安装挂板及锚靴,并将轨道抽离。

4.3.2　A1 上架体拆除落地

上架体拆除前需确保平台已清理干净,塔式起重机四点吊装,在塔式起重机略微受力后,将上、下架体层间连接销拆掉,直接吊装落地(图 6.4.3-6)。

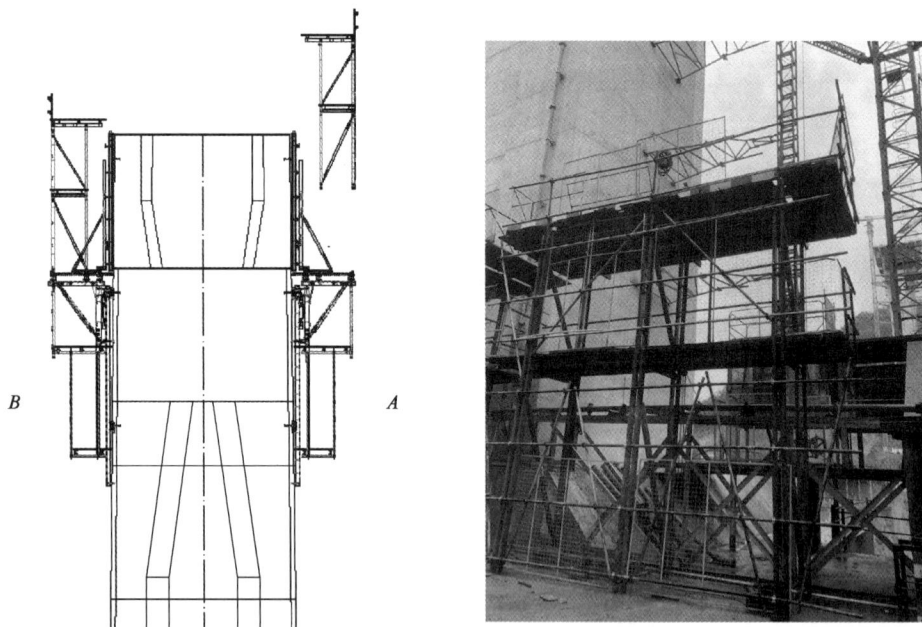

图 6.4.3-6　上架体拆除落地示意图

4.3.3　下架体提升

利用塔式起重机将 A_1 面下架体整体提升,下架体与横梁采用销接,整个下架体在平面上可以错动,在自重的作用下下架体顺着中塔柱线形将由矩形变为平行四边形。

下架体提升前需确保平台已清理干净,塔式起重机四点吊装承重三角架慢慢提升,使三角架慢慢脱离锚靴,再慢慢上挂至中塔柱已安装的锚靴上,上挂时确保两组三角架的四个挂钩均已对应锚靴的承重销后慢慢下放,下架体在自重的作用下慢慢自行调整角度,下架体安装完毕后立即安装保险销。下架体提升如图 6.4.3-7 所示。

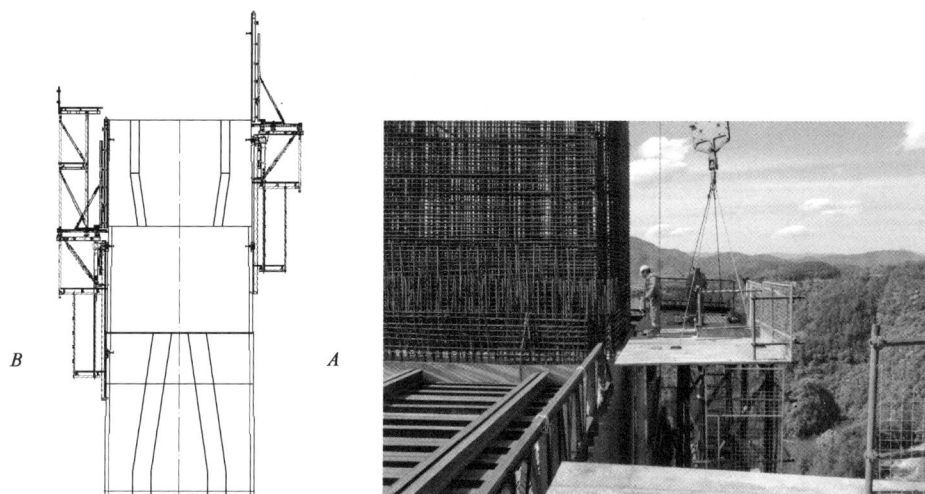

图 6.4.3-7　下架体提升示意图

4.3.4　上架体安装

利用塔式起重机将 A_2 面上架体安装至 A_1 面下架体上。

上架体在换装的过程中,特别是 A、B 面、左右幅之间换装时,注意起吊高度一定要足够,架体要完整超过外露的钢筋、其他的架体,在塔式起重机附墙规划时应充分考虑。整个吊装过程中塔式起重机应保持低速旋转,在上架体稳定不再晃动后再缓慢下放,下放过程中保持平稳,4 根吊杆应保持水平,在 4 根吊杆销孔与下架体销孔一一对应并安装连接销后,塔式起重机脱钩。上架体换拆如图 6.4.3-8 所示。

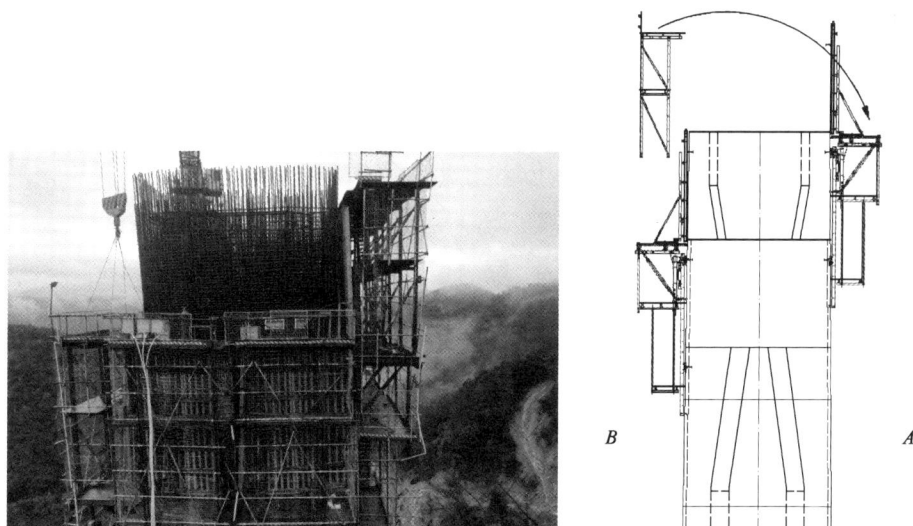

图 6.4.3-8　上架体换拆示意图

4.3.5　循环施工

利用塔式起重机将 A_2 面下架体提升,将 B_1 面上架体安装至 A_2 面下架体上。

如此循环转换完成 A_1、A_2、A_3、A_4、B_1、B_2、B_3 正面及 B_4 面下架体液压爬模的转换,最后将 A_1 面落地的上架体安装至 B_4 面下架体上,完成液压爬模转换。落地上架体安装如图 6.4.3-9 所示。

图 6.4.3-9　落地上架体安装示意图

4.4　创　新　点

（1）液压爬模架体完整性好。常规体系转换需将主塔液压爬模所有架体拆除至桥下再进行角度的调整，而架体均采用柔性杆件极易变形。该工法特点是：换拆采用"半落地式"，只需将一面的液压爬模上架体拆除落地，下架体提升，其余几个面以提升后的下架体作为基础在高空进行循环换拆。两种工法相比，后者工期短，能有效保证爬模架体的完整性。

（2）功效高、安全性高，对场地依赖性极小。相对于常规液压爬模体系转换，采用该工法减少了架体的落地次数，无需将所有架体均拆除落地，功效可达到传统工法的 2～3 倍；常规液压爬模体系转换最后一面架体拆除及第一面架体安装，由于缺乏人员作业空间，安全风险极高，采用该工法使整个体系转换全过程作业人员均处在爬模平台上，安全性高；相对于常规液压爬模体系转换，采用该工法有效解决对场地依赖性，特别适合山区施工。

第5章

异步挂篮通用性设计、专用性改装技术研究

5.1 研 究 背 景

波形钢腹板桥梁作为一种新桥型现已在世界范围内全面推广,近几年得到了长足的发展。混凝土梁桥的结构承载大部分用于抵抗桥梁自重,而二期活载只是很小的一部分,所以减小桥梁自重有助于增加桥梁跨径及减少工程造价。波形钢腹板桥是用波形钢腹板替代混凝土腹板参与桥梁结构受力,能够有效减轻梁体自重,并在结构受力方面有优良的表现。

随着波形钢腹板桥梁在国内的发展,配套悬臂施工的挂篮主要以常规的菱形挂篮为主,并进一步发展衍生出了波形钢腹板桥梁专用的新型波形钢腹板 SCC 异步挂篮。SCC 异步挂篮与传统的菱形挂篮相比有以下优势:自重轻;n 节段顶板、$n+1$ 节段底板平行施工,平行作业点面多,功效高。SCC 异步挂篮通常需配合与桥跨匹配臂长的塔式起重机进行施工,但当桥梁处于特殊的地形地貌下,如山区、市区跨线、管线影响等,塔式起重机旋转半径受限无法覆盖整座桥梁,进而无法进行波形钢腹板的吊装。

常规 SCC 异步挂篮配合吊装性能较大的塔式起重机进行施工,存在以下问题:吊装性能较大的塔式起重机租赁成本较高;在特殊地形下,大塔式起重机大臂长受限无法施工;由塔式起重机逐块进行波形钢腹板的安装功效较低。为解决这些问题,浙江交工金筑交通建设有限公司和浙江交工集团股份有限公司共同研发了"SCC 异步挂篮简易改装用于波形钢腹板梁桥施工工法",降低了设备的租赁成本,解决了特殊地形下塔式起重机臂长受限无法施工的问题,并同时提高了波形钢腹板的安装功效。成功应用于浙江省文成至泰顺(浙闽界)高速公路葛溪大桥左右幅工程实践中,取得了良好效果,现已总结编制成工法。

5.2 工 艺 原 理

SCC 异步挂篮改装用于波形钢腹板梁桥施工的原理:利用挂篮作为承重构件进行局部改装,使其具备两大特点:①随挂篮同步移动,无需配备单独动力;②能将到达挂篮后端的波形钢腹板起吊、运送至挂篮前端,然后下放、安装、就位。

5.3 施工工艺流程

施工工艺流程见图 6.5.3-1。

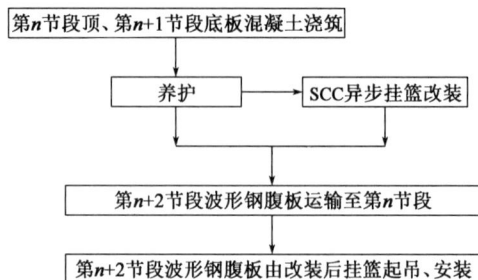

图 6.5.3-1　施工工艺流程

5.3.1　异步挂篮改装节段选择

异步挂篮改装节段的选择主要有两个原则：

(1)必须选择在塔式起重机覆盖范围内。因异步挂篮改装全部采用型钢,且改装以异步挂篮作为承重机构,加装构件位于 SCC 挂篮顶部,人力无法直接进行,必须采用吊装设备;另外 SCC 异步挂篮改装后是配合小型塔式起重机使用的,要结合塔式起重机起吊性能及旋转半径选择改装节段。

(2)不得占用主梁节段施工关键线路。改装选择在养护期间进行,改装的时长在 2d 左右。

5.3.2　异步挂篮改装施工

SCC 异步挂篮改装(图 6.5.3-2)以挂篮作为承重基础,在挂篮上方加装型钢架体及手拉葫芦,使其具备安装波形钢腹板的功能。加装部分包含(从下至上)门架、斜撑、纵向轨道梁、平联桁架片、平杆、手拉葫芦。

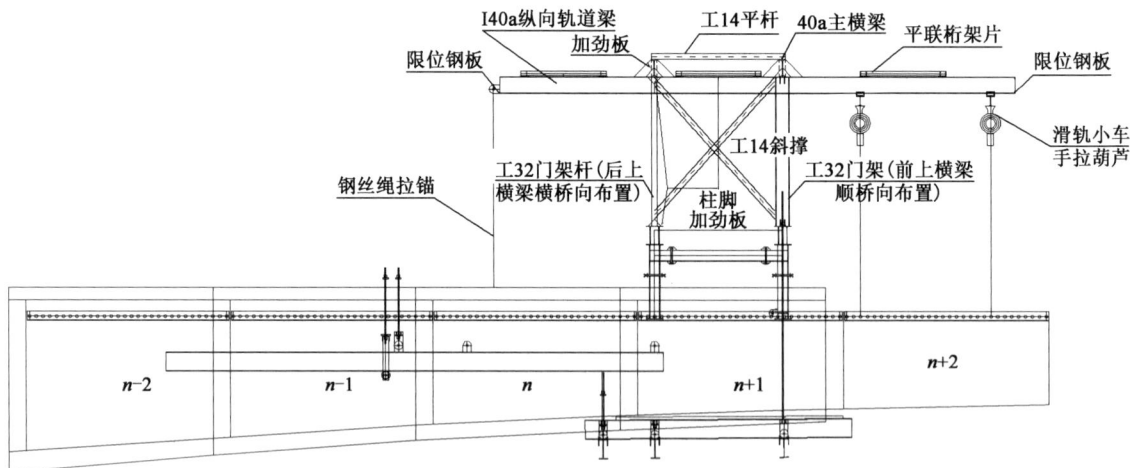

图 6.5.3-2　SCC 异步挂篮改装示意图

(1)各构件按图下料,并进行局部加劲板的组拼焊接。注意下料尺寸的准确性,加劲板组拼位置的准确性及焊接质量。构件下料及加劲板组拼如图 6.5.3-3 所示。

(2)门架组拼、焊接。提前对横杆、立杆组拼位置画线确保组拼精度,组拼时确保立杆垂直度及焊接质量。为了确保加装部分横、纵桥向刚度,立杆选择双向布置,即前立杆顺桥向布置,后立杆横桥向布置。门架组拼如图 6.5.3-4 所示。

(3)门架吊装、组拼。测量时在 SCC 异步挂篮上横梁顶部放样出门架柱脚位置,利用塔式起重机将门架安装至对应位置(图 6.5.3-5),确保平面位置及垂直度后与 SCC 异步挂篮固结为一体。门架安装时注意立杆的双向布置,门架安装后及时安装斜撑,确保门架在立面上形成框架,增加其稳定性。

图 6.5.3-3 构件下料及加劲板组拼示意图

图 6.5.3-4 门架组拼示意图

图 6.5.3-5 门架安装示意图

(4)纵梁安装(图6.5.3-6)。纵向安装在门架横梁下方,安装注意平面位置,确保纵梁安装在波形钢腹板投影线上方,以便钢腹板安装时直接就位。纵梁与门架满焊,确保架体在平面上形成框架,增加其稳定性。由于纵梁安装在门架横梁下方,波形钢腹板在安装时结合部焊缝主要受力,且在频繁安装后容易脱焊,在该处加装加劲板。

图6.5.3-6 纵梁安装示意图

(5)平联桁架片安装(图6.5.3-7)。纵梁安装完毕后,在其顶板安装三组平联桁架片,增加架体整体横向钢腹板及纵梁悬臂端横向刚度,确保架体的整体稳定性,减小钢腹板安装时纵梁的挠度。

图6.5.3-7 平联桁架片安装示意图

(6)平联安装(图6.5.3-8)。在横梁顶部安装平联,进一步增加架体顺桥向刚度。

图6.5.3-8 平联安装示意图

(7)起吊、前移装置安装(图6.5.3-9)。起吊、前移装置包括滑轨小车及手拉葫芦,滑轨小车确保纵向移动,手拉葫芦确保竖向移动。起吊、前移装置安装完成后在纵梁两端焊接端头限位板,避免波形钢腹板安装时出现脱轨的情况。

图 6.5.3-9 起吊、前移装置安装示意图

（8）SCC 异步挂篮改装完成（图 6.5.3-10），组织验收。

图 6.5.3-10 SCC 异步挂篮改装完成示意图

5.3.3 异步挂篮起吊装置安装波形钢腹板施工

波形钢腹板安装流程：波形钢腹板利用桥面小车运送至第 n 节段（纵梁后端、下方）→手拉葫芦起吊波形钢腹板→前移至第 $n+2$ 节段→下放、测量定位→焊接。

（1）波形钢腹板利用桥面小车运送至第 n 节段（图 6.5.3-11）。

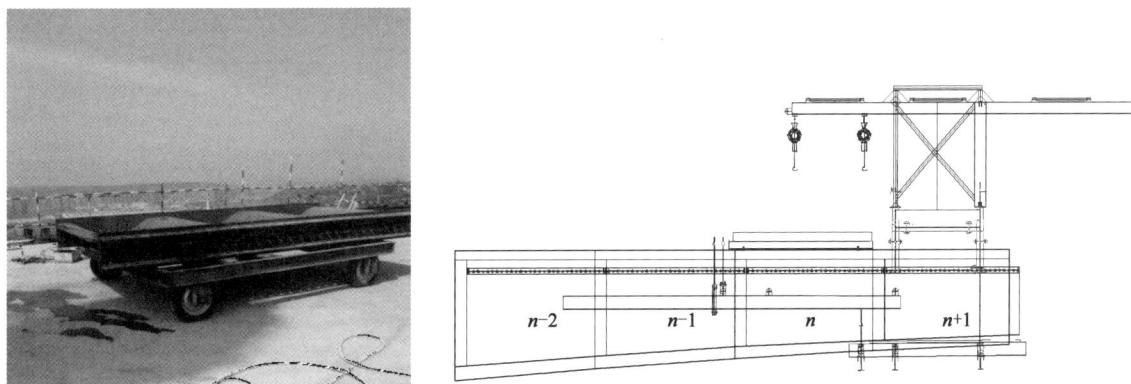

图 6.5.3-11 小车运输示意图

（2）手拉葫芦起吊波形钢腹板（图 6.5.3-12）。

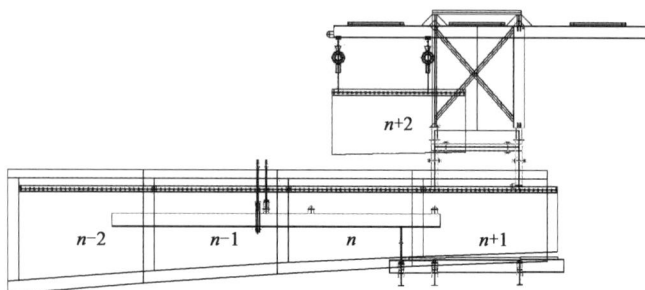

图 6.5.3-12　波形钢腹板起吊示意图

（3）波形钢腹板纵向滑移（图 6.5.3-13）。为了增加架体的稳定性，在波形钢腹板前移至架体附近，在纵梁后端进行拉锚，锚点设置在护栏钢筋上。

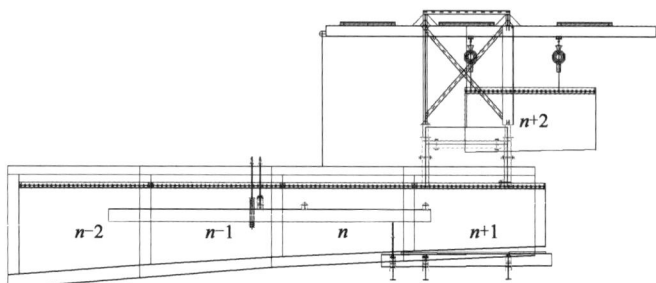

图 6.5.3-13　波形钢腹板纵向滑移示意图一

（4）波形钢腹板滑移至安装节段位置上方（图 6.5.3-14）。

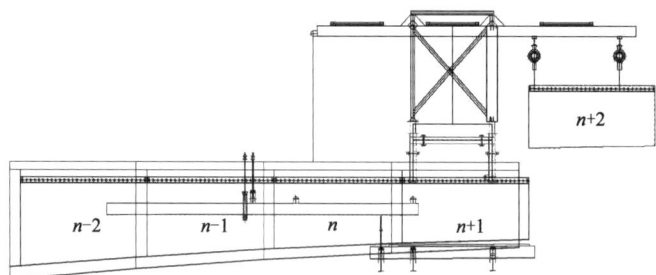

图 6.5.3-14　波形钢腹板纵向滑移示意图二

（5）手拉葫芦配合下放波形钢腹板（图 6.5.3-15）。

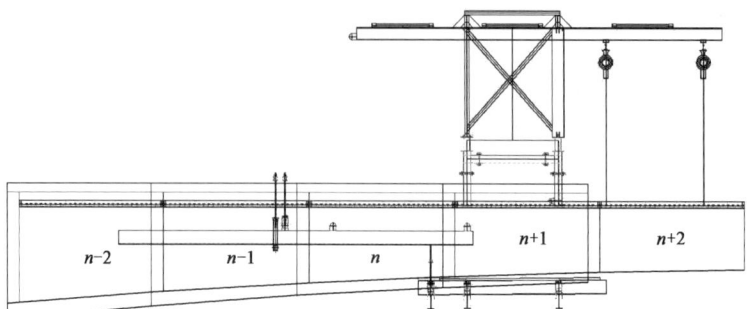

图 6.5.3-15　手拉葫芦下放波形钢腹板施工图

（6）波形钢腹板下放就位，安装 10.9S 高强度螺栓。

（7）测量精调、焊接。第 $N+2$ 节段波形钢腹板安装完毕。

5.4 创 新 点

（1）不受各类特殊环境的限制。采用该工法，对塔式起重机的工作幅度要求极低，将波形钢腹板的安装由塔式起重机直接吊装就位变为由挂篮吊装就位，塔式起重机的作用为将波形钢腹板由桥下转至桥上。

（2）降低设备的租赁费用。选择塔式起重机起重能力最重要的一个参数——起重力矩，起重力矩 = 起重量 × 工作幅度。该工法减少了对工作幅度的需求，即减少了对塔式起重机起重力矩的需求，使得可选用小型塔式起重机进行波形钢腹板桥梁的施工，进而降低施工成本。

（3）提高波形钢腹板的安装功效。采用塔式起重机直接进行波形钢腹板安装时为顺序安装，即大里程、小里程、左右一块一块安装。该工法由挂篮安装波形钢腹板安装顺序为大小里程对称同时安装，即大、小里程同步安装，左右顺序安装，将波形钢腹板的安装效率提高一倍。

（4）改装简易。本工法所述的挂篮改装起吊装置，采用型钢框架与挂篮桁架结构焊接连接，改装过程简单方便。改装全过程可在节段养护等强期间完成，不占用主体施工工期。

（5）改装成本低。直接利用挂篮主体结构作为承重基础、前移动力，仅需采用施工现场常用的型钢进行改装，改装成本极低。

第6章

波形钢腹板组合桥梁施工方法研究

6.1 研 究 背 景

波形钢腹板桥梁结构形式新颖,国内学者对其抗弯、抗剪、疲劳、连接等性能开展了大量研究,但针对该桥的施工方法研究相对较少,一般仍然采用和传统预应力混凝土箱梁桥相同的施工工艺。近年来,随着桥梁施工工艺的不断创新,出现适用于波形钢腹板组合梁桥的新型工法,如利用波形钢腹板承担挂篮荷载的波形钢腹板自承重悬臂施工工法。这些新型工法提高了桥梁施工效率、经济性及安全性,但尚未成熟,有待进一步研究。

本章拟在现有波形钢腹板组合梁桥施工方法调研基础上,开展波形钢腹板桥新型自承重悬臂施工方法的研究,基于不同横桥向波形钢腹板间距提出一种波形钢腹板自承重可伸缩式挂篮,并编制相应施工工法和指南,配套设计相应的横撑体系和降低局部应力的措施,并在依托工程中进行应用,为该新型施工方法在后续波形钢腹板组合梁桥中的应用和推广提供基础和依据。与此同时,本章研究内容将有利于施工企业控制施工过程质量,提高施工效率,节省工期,重复利用挂篮和横撑,从而带来巨大的经济和社会效益,贯彻生态环保的可持续发展理念,推动浙江省桥梁建设水平迈上新的台阶。

6.2 项目研究内容

本项目通过资料收集、现场调研、理论分析、工程验证相结合等多种研究方法,对波形钢腹板组合桥施工中的可伸缩性挂篮、横撑体系、受力机理等进行研究分析。主要研究内容如下:

1)波形钢腹板组合桥梁施工方法调研分析

搜集资料,调研国内外组合桥梁施工方法研究现状,汇总当前已建波形钢腹板组合桥梁常用的施工方法。分析各种施工方法在实施过程中存在的优势与弊端。总结各种施工工法的适用条件,综合考虑工程条件,明确各种工法的适用场景。提出本项目拟研究的新型波形钢腹板自承重悬臂施工方法研究的必要性。

2)开发波形钢腹板自承重悬臂施工工法及配套挂篮形式

(1)波形钢腹板自承重悬臂施工工法研发

随着波形钢腹板组合箱梁桥在我国建设规模逐渐扩大,其施工方法也逐渐丰富。结合已建和在建的波形钢腹板组合桥梁可以看出,传统混凝土桥梁的施工方法,如挂篮悬浇法、支架现浇法、顶推法和预制装配法,均适用于该类型桥梁。但上述工法也存在各自的问题和局限性。

在传统悬臂浇筑工法的基础上,开发适用于大跨径波形钢腹板组合梁桥的新型波形钢腹板自承重悬臂施工工法。与传统的悬臂施工方法相比,波形钢腹板自承重悬臂施工的主要特点在于:由原来的单一工作面扩展到三个,即第 $n-1$ 节段顶板混凝土、第 n 节段底板混凝土和第 $n+1$ 节段波形钢腹板同时施工,可大幅度缩短工期,提高经济效益;利用波形钢腹板作为主要承重结构,可以充分发挥波形钢腹板构件在施工时的抗弯承载力;挂篮自重大幅减轻,节省钢材,提高施工安全性。此外,该工法可以推进大跨径波形钢腹板组合梁桥施工技术的创新和进步,有效拓展组合结构桥梁在国内外的应用与推广。

(2)波形钢腹板自承重可伸缩式挂篮设计

异步施工挂篮是钢腹板桥施工的常见形式之一,以其结构简单和使用方便被用于钢腹板桥异步施工中。但是,现有异步施工挂篮承重主桁架为定型产品,其桁架间的间距固定,无法适应不同横桥向波形钢腹板间距和悬臂节段长度施工的需要,重复利用率低。本项目研发设计了一种可伸缩式挂篮,即支撑桁架可沿主横梁的延伸方向在主横梁上移动,主纵梁可伸缩适应不同悬臂节段长度施工,以解决相关技术中现有挂篮重复利用率低,且施工不便的问题。

3)波形钢腹板自承重悬臂施工全过程有限元模拟

拟采用通用有限元软件 ANSYS 建立最大悬臂状态有限元模型,进行施工过程仿真分析。顶底板、内衬混凝土、横梁均采用 SOLID65 单元,波形钢腹板采用 SHELL63 单元,体内预应力钢束采用 LINK8 单元,采用约束方程耦合预应力筋节点与其附近混凝土单元节点的所有自由度;开孔板和焊钉连接件采用 COMBIN14 三向弹簧单元模拟;内衬混凝土与波形钢腹板、顶板、上翼缘板,以及内衬混凝土与上翼缘板间建立接触。悬臂浇筑阶段有限元模型如图 6.6.2-1 所示。

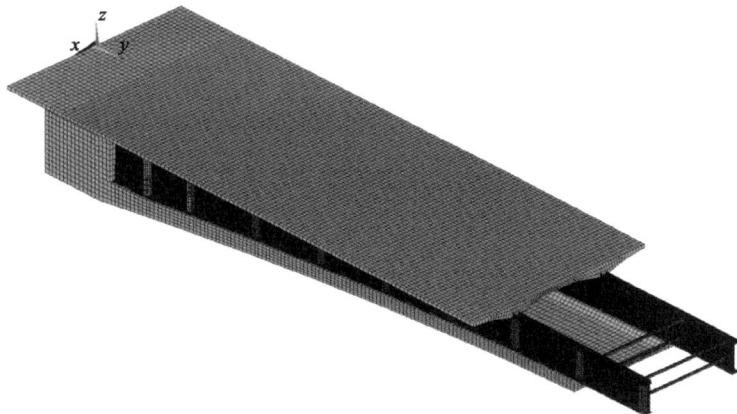

图 6.6.2-1 悬臂浇筑阶段有限元模型

通过仿真分析可知,施工过程中各个节段顶底板、波形钢腹板的受力状态以及腹板的稳定性,进而验证结构的强度及稳定性,也可知腹板和顶底板关键部位的变形量,有利于指导施工时的线形控制,并给出施工过程中的合理优化措施。

4)波形钢腹板自承重悬臂施工关键部位精细化局部模型分析

根据全过程仿真分析结果,针对施工过程中悬臂端部应力集中的问题,采用大型有限元软件 ABAQUS 建立局部精细化有限元模型,进行弹塑性有限元分析。重点关注混凝土顶板悬臂前端、上下翼缘钢板纵向接缝位置、挂篮支点局部位置及腹板的稳定性等。针对波形钢腹板自承重悬臂浇筑过程中,顶板混凝土前端局部应力集中的问题,为防止在施工过程中出现混凝土裂缝,提出增设缓刚型结合键及防裂钢筋的施工优化措施,并通过有限元验证这两种方案的有效性。

5)缓刚型结合键抗剪性能研究

针对缓刚型结合键进行深入研究,进行开孔板孔中设置橡胶圈的缓刚型结合键抗剪推出试验,探讨破坏模态、荷载 – 滑移曲线、钢板与孔中钢筋的剪力-应变关系;然后建立插入式推出试验的实体非线性有限元模型。通过与试验结果的对比验证有限元模拟方法的可靠性,揭示各个构件的抗剪机理和橡胶圈厚度等参数对抗剪性能的影响规律。进一步提出一种可以使开孔板连接件抗剪刚度可控的新型橡胶圈,基于参数分析结果,为新型橡胶圈的几何尺寸给出合理建议。最终提出普通开孔板连接件和缓刚型结合键的屈服和极限抗剪承载力计算公式,以及刚度可控型结合键的抗剪刚度计算公式。

6)依托工程应用研究

针对项目依托桥梁进行施工过程监控,在关键部位布置应变传感器,监测主梁关键部位的局部应力,包括悬臂前端混凝土顶底板局部应力、上下翼缘板拉应力、腹板剪应力等,并对主梁线形进行监测。

同时将有限元分析得到的最不利节段关键部位应力与实测结果进行对比,调整有限元模型参数取值,从而进一步得到更为合理的施工控制参数,用于指导波形钢腹板自承重悬臂施工。

7)编写组合箱梁桥波形钢腹板自承重悬臂施工指南

综合波形钢腹板组合桥梁施工方法相关调研成果,针对传统悬臂浇筑施工方法中存在的诸多问题,提出波形钢腹板自承重悬臂施工方法并研发适用于该种工法的轻型挂篮结构形式;通过依托项目的施工全过程有限元模拟,分析施工过程中混凝土和钢构件的受力状况,提出合理优化措施;采集实桥的测试数据,验证该工法的可行性与安全性,最终形成一套完整的利用波形钢腹板自承重的悬臂施工工法,并编写组合箱梁桥波形钢腹板自承重悬臂施工指南。

6.3 波形钢腹板自承重悬臂施工工法及挂篮形式

随着波形钢腹板组合箱梁桥在我国建设规模逐渐扩大,其施工方法也逐渐丰富。结合已建和在建的波形钢腹板组合桥梁可以看出,传统混凝土桥梁的所有施工方法如挂篮悬浇法、支架现浇法、顶推法和预制装配法,均适用于该类型桥梁。但上述工法也存在各自的问题和局限性。因此,本节拟在传统悬臂浇筑工法的基础上,研发适用于大跨径波形钢腹板组合梁桥的新型波形钢腹板自承重悬臂浇筑施工工法。

由于现有异步施工挂篮承重主桁架为定型产品,其桁架间的间距固定,无法适应不同横桥向波形钢腹板间距和悬臂节段长度施工的需要,重复利用率低。因此本书作者研发一种可伸缩式挂篮,即支撑桁架可沿主横梁的延伸方向在主横梁上移动,主纵梁可伸缩适应不同悬臂节段长度施工,以解决相关技术中现有挂篮重复利用率低,且施工不便的问题。

此外,波形钢腹板自承重悬臂施工工法所采用的悬臂波形钢腹板构件承担大部分施工荷载,波形钢腹板的最不利失稳模式为侧向倾覆,因此必须保证腹板在施工中的侧向稳定性。针对该问题,提出和设计一种易拆卸和可循环利用的带焊接耳板的节段腹板桁架式横撑结构体系。

6.3.1 波形钢腹板自承重悬臂施工工法研发

与传统的悬臂施工方法相比,波形钢腹板自承重悬臂施工的主要特点在于:由原来的单一工作面扩展到三个,即第 $n-1$ 节段顶板混凝土、n 节段底板混凝土和第 $n+1$ 节段波形钢腹板同时施工,可大幅度缩短工期,提高经济效益;利用波形钢腹板作为主要承重结构,可以充分发挥波形钢腹板构件在施工时的抗弯承载力;挂篮自重大幅减轻,节省钢材,提高施工安全性。此外,该工法可以推进大跨径波形钢腹板组合梁桥施工技术的创新和进步,有效拓展组合结构桥梁在国内外的应用与推广。

波形钢腹板自承重悬臂施工典型断面总体步骤如下:

(1)挂篮移动到第 n 节段,同时底模板就位;

(2)安装第 n 节段底板和第 $n-1$ 节段顶板普通钢筋;

(3)先浇筑第 n 节段底板混凝土,再浇筑第 $n-1$ 节段顶板混凝土;

(4)混凝土养护,吊装第 $n+1$ 节段波形钢腹板;

(5)混凝土强度达到要求后,张拉第 $n-1$ 节段纵向预应力束和第 $n-2$ 节段顶板横向预应力束;

(6)挂篮前移,浇筑下一节段。

施工工艺流程如图 6.6.3-1 所示。

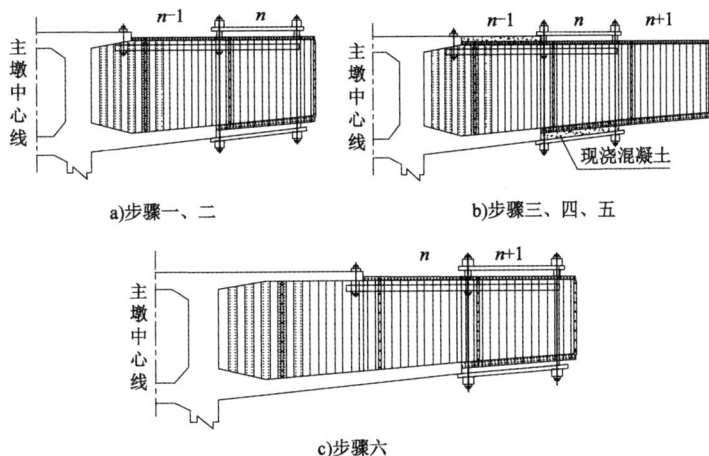

a)步骤一、二   b)步骤三、四、五

c)步骤六

图 6.6.3-1　波形钢腹板自承重悬臂施工工艺流程示意图

6.3.2 波形钢腹板自承重可伸缩式挂篮设计

6.3.2.1 波形钢腹板自承重挂篮

对于传统悬臂浇筑施工工法,配套挂篮主要以常规的菱形挂篮为主。波形钢腹板自承重悬臂施工工法需要将挂篮支撑于悬臂波形钢腹板上,其挂篮一般设计成两片横梁和两片纵梁组成的钢架吊篮形式。波形钢腹板自承重挂篮与传统的菱形挂篮相比有以下优势:波形钢腹板自承重挂篮变悬臂体系为简支体系,且挂篮高度降低,挂篮用钢量小,其自重仅为节段重量的18.5%,可有效提高施工安全性;挂篮简支于波形钢腹板构件的上翼缘板上,借助其作为轨道进行滑动,无需设置复杂的后锚固体系;第 $n-1$ 节段顶板、第 n 节段底板平行施工,作业面多,节省了现场工期,提高了施工效率。腹板吊装通常采用塔式起重机进行操作,当桥梁处于特殊的地形地貌下,如山区、市区跨线、管线影响等,塔式起重机旋转半径受限无法覆盖整座桥梁时,波形钢腹板的吊装受限。此时,可采用专门设计的桥面起重机或挂篮上设置门式起重机吊装波形钢腹板。

如图 6.6.3-2 ~图 6.6.3-5 所示,波形钢腹板自承重挂篮结构由主桁架、锚固系统、行走机构、悬吊系统、外模滑梁、内模滑梁、底模框架(底模横梁及纵梁)、走道(施工平台)组成。

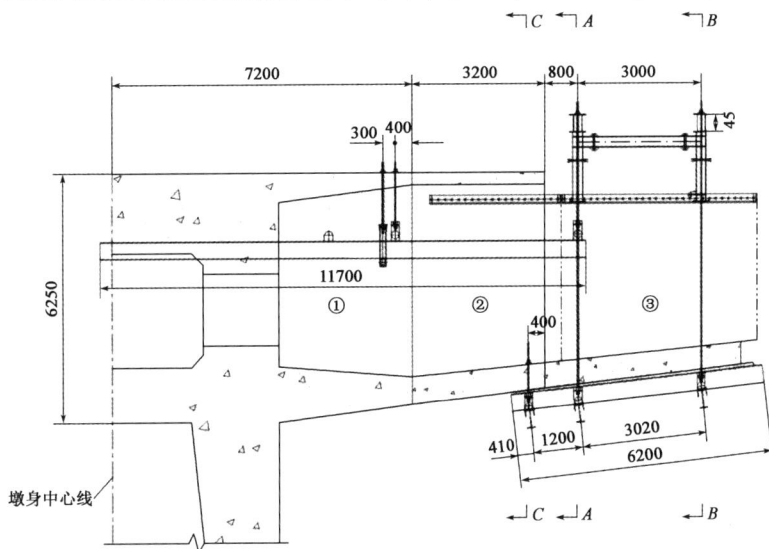

图 6.6.3-2　波形钢腹板自承重挂篮纵断面图(尺寸单位:mm)
注:①、②、③指梁段

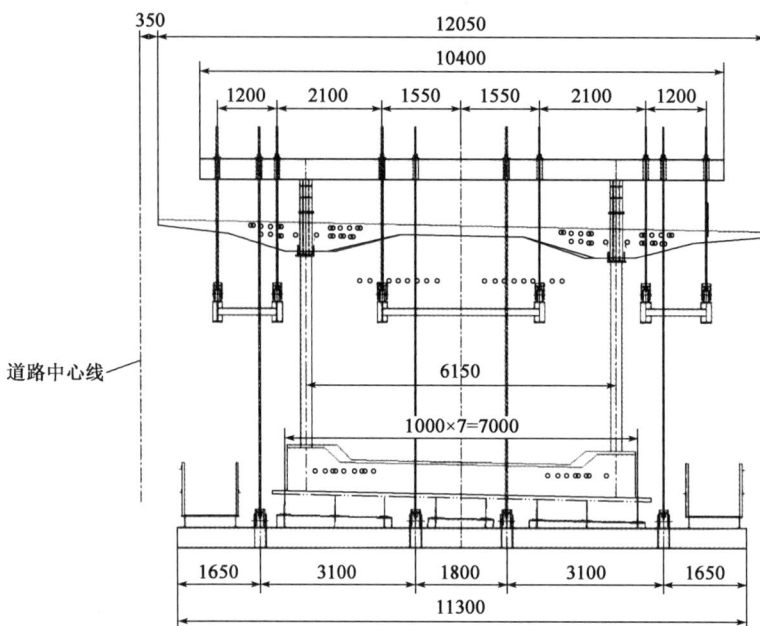

图 6.6.3-3　波形钢腹板自承重挂篮横断面图(*A-A* 视图)(尺寸单位:mm)

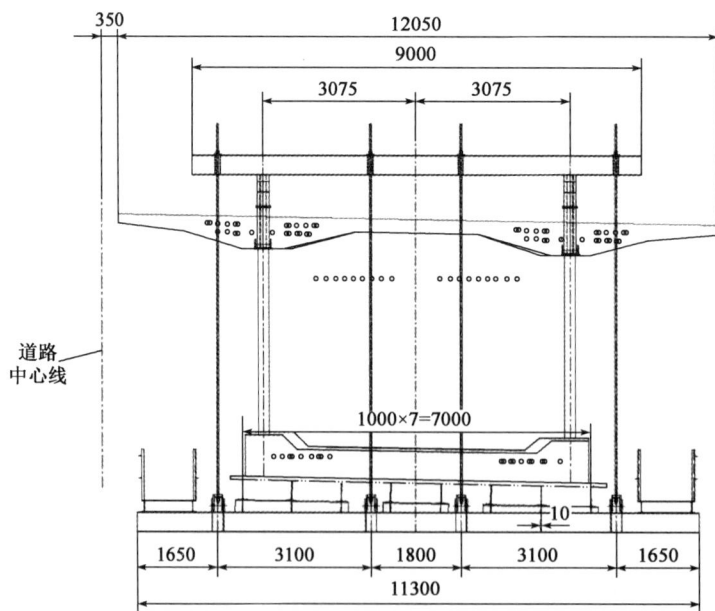

图 6.6.3-4　波形钢腹板自承重挂篮横断面图(*B-B* 视图)(尺寸单位:mm)

对于依托工程桥梁,自承重挂篮主桁架横梁采用双拼 HN450mm × 200mm 型钢,主桁架前横梁长 10.4m,后横梁长 9m;桁架立柱及平联采用型钢拼成 250mm × 250mm 方钢。底篮横梁采用 HN450mm × 200mm 型钢,横梁长 11.3m,纵梁采用工 45a 工字钢,间距 1m,纵梁长 6.2m;外模滑梁及内模滑梁采用 HN400mm × 200mm 型钢,滑梁长 11.7m。挂篮走道(施工平台)采用工 25a 工字钢作承重梁,ϕ42mm × 3.5mm 钢管作防护栏杆,3mm 厚的花纹钢板作面板。

波形钢腹板自承重挂篮结构清单如表 6.6.3-1 所示。

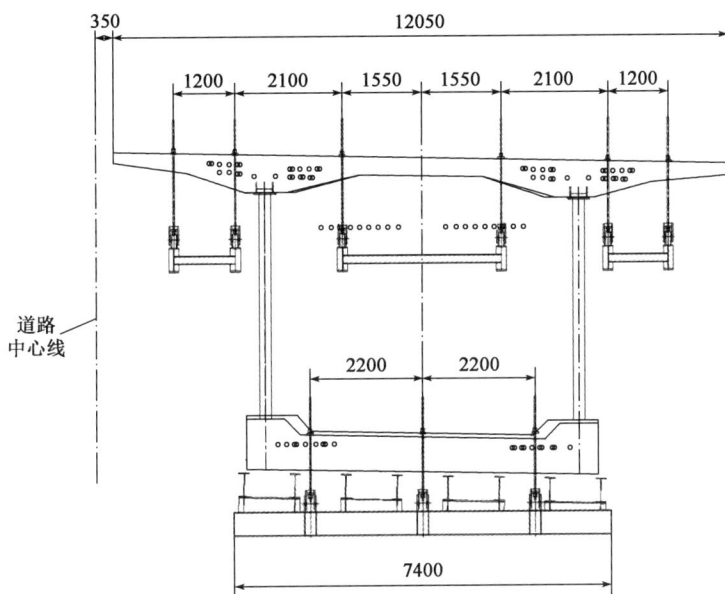

图 6.6.3-5　波形钢腹板自承重挂篮横断面图（*C-C* 视图）（尺寸单位：mm）

波形钢腹板自承重挂篮结构清单　　　　　　　　表 6.6.3-1

序号	名称、规格	材质	数量	单重（kg）	总质量（kg）	备　注
1	主桁架	组件	1	4600	4600	GFQGL-01-00
2	锚固系统	组件	1	350	350	GFQGL-02-00
3	行走机构	组件	1	800	800	GFQGL-03-00
4	悬吊系统	组件	1	900	900	GFQGL-04-00
5	外模滑梁	组件	2	2400	4800	GFQGL-05-00
6	内模滑梁	组件	1	2500	2500	GFQGL-06-00
7	底模框架	组件	1	5250	5250	GFQGL-07-00
8	走道	组件	1	3300	3300	GFQGL-08-00
9	预留孔	组件	1	0	0	GFQGL-09-00
合计					22500	

利用新型挂篮形式配套的波形钢腹板自承重悬臂施工工法具有如下特点：

（1）不受各类特殊环境的限制。采用该工法，对塔式起重机的工作幅度要求极低，将波形钢腹板的安装由塔式起重机直接吊装就位变为由挂篮吊装就位，塔式起重机的作用为将波形钢腹板由桥下吊至桥上。

（2）降低设备的租赁费用。选择塔式起重机起重能力最重要的一个参数——起重力矩，起重力矩＝起重量×工作幅度。该工法减少对工作幅度的需求，即减少对塔式起重机起重力矩的需求，使得可选用小型塔式起重机进行波形钢腹板桥梁的施工，进而降低施工成本。

（3）提高波形钢腹板的安装功效。采用塔式起重机直接进行波形钢腹板安装时为顺序安装，即大里程、小里程、左右一块一块安装；该工法由挂篮安装波形钢腹板安装顺序为大小里程对称同时安装，即大、小里程同步安装，左右顺序安装，将波形钢腹板的安装效率提高一倍。

（4）改装简易。本工法所述的挂篮改装起吊装置，采用型钢框架与挂篮桁架结构焊接连接，改装过程简单方便。改装全过程可在节段养护等强期间完成，不占用主体施工工期。

（5）改装成本低。直接利用挂篮主体结构作为承重基础、前移动力，仅需采用施工现场常用的型钢进行改装，改装成本极低。

6.3.2.2 可伸缩式挂篮结构

异步施工挂篮是钢腹板桥施工的常见形式之一，以其结构简单和使用方便被用于钢腹板桥异步施工中。但是，现有异步施工挂篮承重主桁架为定型产品，其桁架间的间距固定，无法适应不同横桥向波形钢腹板间距和悬臂节段长度施工需要，重复利用率低。研发设计一种可伸缩式挂篮，即支撑桁架可沿主横梁的延伸方向在主横梁上移动，主纵梁可伸缩适应不同悬臂节段长度施工，以解决相关技术中现有挂篮重复利用率低，且施工不便的问题。

1）横向移动

主横梁与支撑桁架的连接如图6.6.3-6所示，支撑桁架与主横梁通过U形螺栓和高强度螺母连接。当两座钢腹板桥的桥面宽度不同，或同一座桥的桥面宽度不同时，即相邻两个钢腹板间的间距不同时，可解除支撑桁架与主横梁之间连接，待每排支撑桁架中相邻支撑桁架之间的宽度等于相邻钢腹板的间距后，将支撑桁架固定在钢腹板上，此时再通过U形螺栓和高强度螺母将临时搭放在支撑桁架8上的主横梁6固定，即可完成支撑桁架和主横梁的连接，并适应变化后的桥面宽度。每排支撑桁架中设有两个支撑桁架，相应的，主横梁和主纵梁均设有两个，且两个主横梁相互平行设置，两个主纵梁相互平行设置。

a)正面图

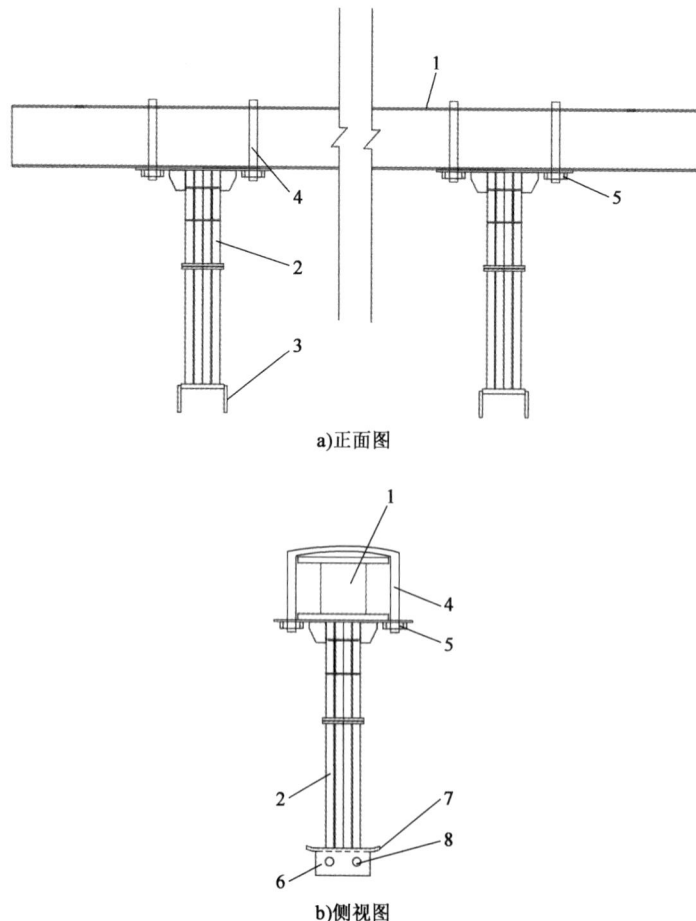

b)侧视图

图6.6.3-6 主横梁与支撑桁架的连接示意图

1-主横梁；2-支撑桁架；3-第二U形件；4-U形螺栓；5-高强度螺母；6-第二臂；7-滑移板；8-第二连接孔

2)纵向伸缩

(1)第一种主纵梁结构(图6.6.3-7)

如图6.6.3-7所示,第一种主纵梁结构包括大回字形钢、小回字形钢以及连接大回字形钢和小回字形钢的紧固件。大回字形钢相对的两个侧壁对应开设有多组第一定位孔组,多组第一定位孔组之间间隔设置。基于钢腹板的制造尺寸,相邻第一定位孔组的间距为1.5~2.0m。小回字形钢套设在大回字形钢内,小回字形钢对应第一定位孔组的两个侧壁对应开设有多组第二定位孔组,多组第二定位孔组之间间隔设置。第二定位孔组与其相对的第一定位孔组之间通过紧固件固定连接。基于主纵梁的抗弯要求,大回字形钢和小回字形钢的间隙控制在0.5mm左右,在该

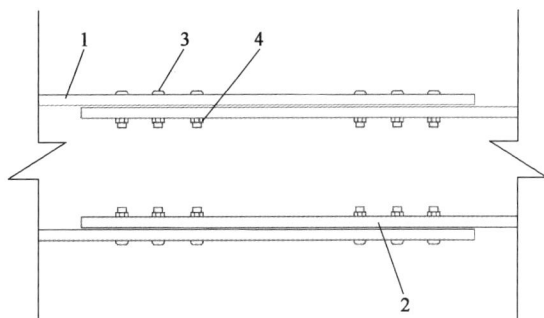

图6.6.3-7　第一种主纵梁结构示意图
1-大回字形钢;2-小回字形钢;3-紧固件;4-螺纹加强件

间隙之间添加润滑油,有利于大回字形钢和小回字形钢间的相对移动。其中,第一定位孔组包括多个第一定位孔,第二定位孔组包括多个第二定位孔,每组第一定位孔的数量与每组第二定位孔的数量相同。紧固件为纵梁螺栓,纵梁螺栓的数量与第二定位孔的数量相同,且每个第二定位孔均为与纵梁螺栓相适配的内螺纹孔,而每个第一定位孔均为圆孔。为了加强大回字形钢与小回字形钢之间的紧固,每个第二定位孔远离大回字形钢一侧的外缘设有柱状的螺纹加强件,螺纹加强件沿其轴向开设有与纵梁螺栓相适配的内螺纹,以便于纵梁螺栓穿过第一定位孔后旋入第二定位孔和螺纹加强件的内螺纹孔,以加强连接。

在小回字形钢制造过程中,可在小回字形钢内壁位于第二定位孔处增加厚度,车螺纹后,形成第二定位孔和螺纹加强件。当钢腹板桥的悬臂节段长度发生变化时,可先解除第一U形件和第二U形件之间连接,以及拆除大回字形钢和小回字形钢之间的纵梁螺栓,通过调整大回字形钢和小回字形钢之间的相对位移,进而改变该主纵梁连接的两个支撑桁架之间的距离。最后,重新将第一U形件和第二U形件进行固定连接,即可满足不同悬臂节段长度的施工。

(2)第二种主纵梁结构(图6.6.3-8)

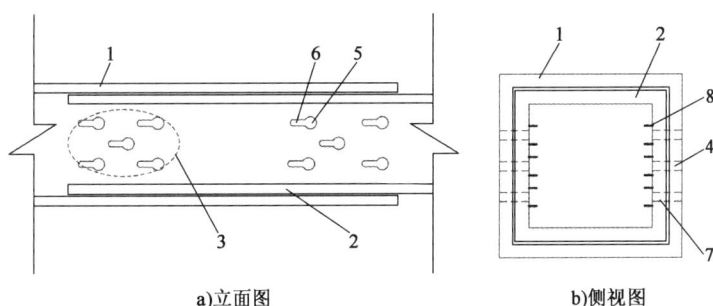

a)立面图　　　　　　b)侧视图

图6.6.3-8　第二种主纵梁结构示意图
1-大回字形钢;2-小回字形钢;3-紧固件;4-第一定位孔;5-第一紧固件进孔;6-第一滑道孔;7-第二定位孔;8-限位件

如图6.6.3-8所示,第二种主纵梁结构与第一种主纵梁结构第一定位孔和第二定位孔的结构相同。其中,第一定位孔包括第一紧固件进孔以及与第一紧固件进孔连通的第一滑道孔。第二定位孔包括第二紧固件进孔以及与第二紧固件进孔连通的第二滑道孔,第二滑道孔远离大回字形钢一侧的外缘还设有用于限制紧固件转动的限位件。紧固件即纵梁螺栓为六角螺栓,限位件设置在第二滑道孔远离第二紧固件进孔的一端。限位件为一U形限位件,U形限位件的两个臂分别位于第二滑道孔的两侧,且均与第二滑道孔平行设置。U形限位件的开口朝向第二紧固件进孔,且两个臂的间距与螺母尺寸相当,当螺母位于限位件内时,可限制六角螺栓的转动。为了便于六角螺栓的螺母的插入,第一紧固件进孔的尺

寸略大于该螺母尺寸。另外,为了便于六角螺栓可在滑道孔上移动,该滑道孔的宽度略大于六角螺栓的螺杆外径。大回字形钢与小回字形钢进行连接时,可通过将六角螺栓的螺母端依次穿过第一紧固件进孔和第二紧固件进孔,并沿第一滑道孔和第二滑道孔移动至限位件处,通过限位件可限制六角螺栓的螺母转动,由六角螺栓的螺杆端拧紧螺母,即完成固定。

钢腹板结构如图6.6.3-9所示,第一U形件包括相对设置的两个第一臂以及连接两个第一臂的连接板,两个第一臂对应开设有第一连接孔,连接板两端向外延伸有延伸部。第二U形件包括相对设置的两个第二臂以及连接两个第二臂的滑移板,两个第二臂对应开设有第二连接孔,第二连接孔与其相对的第一连接孔通过锁定构件固定连接。

锁定构件有两种可选构造,如图6.6.3-10所示。第一种锁定构件通过锁紧螺栓穿过第一连接孔和其对应的第二连接孔,贯穿连接第一U形件和第二U形件,即可使主桁架固定在钢腹板上。当需要移动挂篮时,拆除该锁紧螺栓,即可使主桁架通过滑移板在第一U形件上移动,且滑移板可减小主桁架在钢腹板上的移动时的摩擦阻力。为了使主桁架与钢腹板之间的连接更加可靠,第二种锁定构件在每个第二连接孔与其相邻的第一连接孔之间均通过一个锁紧螺栓紧固连接,即单个锁紧螺栓并不贯穿第一U形件和第二U形件。

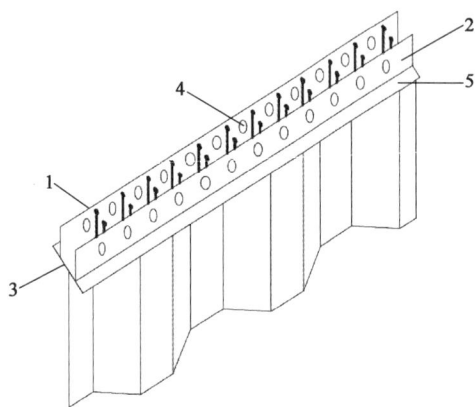

图6.6.3-9　钢腹板结构示意图
1-第一U形件;2-第一臂;3-连接板;4-第一连接孔;5-延伸部

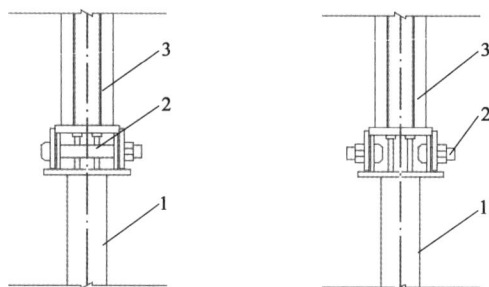

图6.6.3-10　锁定构件安装示意图
1-钢腹板;2-锁紧螺栓;3-主桁架

可伸缩式挂篮结构设计不仅可避免剪力钉重复拆除和焊接,提高顶板与钢腹板连接的质量,还可适应不同横桥向波形钢腹板间距和悬臂节段长度的施工需求。

6.4　主要研究结论

本章针对现有施工方法无法充分发挥波形钢腹板桥梁优势的问题,在开展波形钢腹板组合桥梁施工方法调研的基础上,结合工程实际提出了新型的波形钢腹板自承重悬臂施工工法以及配套挂篮结构形式,通过对波形钢腹板自承重悬臂施工过程整体和局部受力进行数值模拟,分析施工过程中混凝土和钢构件的受力状况,提出合理优化措施;其次对缓刚型结合键抗剪性能进一步深入研究,并在依托工程项目实桥上进一步应用、测试、验证与完善,最终形成一套完整的波形钢腹板自承重悬臂施工方法。本章的研究结论主要有以下几个方面:

(1)施工工法研发:针对现有施工方法无法充分发挥波形钢腹板桥梁优势的问题,在开展波形钢腹板组合桥梁施工方法调研的基础上,结合工程实际提出了新型的波形钢腹板自承重悬臂施工工法,与传统的悬臂施工方法相比,该工法利用波形钢腹板作为主要承重结构,可以充分发挥钢腹板的承载能力,并大幅减轻挂篮自重,提高施工安全性。这样的施工工法可以创新性地推进大跨径波形钢腹板组合梁桥施工技术进步,有效拓展组合结构桥梁在国内外的应用与推广。

(2)挂篮设计与构造:设计了一种与施工工法相适应的波形钢腹板自承重可伸缩式挂篮,其特点是变悬臂体系为简支体系且挂篮高度低,施工安全性较高,借助波形钢腹板构件上翼缘板作为滑动轨道,无需设置复杂的后锚固体系,可多节段、多作业面平行施工,提高了施工效率,可适应不同横桥向波形钢腹板间距和悬臂节段长度的施工需求,提高了挂篮重复利用率。

(3)施工侧向稳定性与施工工法流程:基于悬臂波形钢腹板构件的施工侧向稳定性,提出并设计了一种易拆卸和可循环利用的带焊接耳板的节段腹板桁架式横撑结构体系,形成了波形钢腹板自承重悬臂施工全过程的施工工法流程。

(4)施工过程模拟:采用通用有限元程序 ANSYS 对依托工程建立空间有限元分析模型,分析最不利施工节段在施工过程中各部分的受力性能,验证结构的强度及稳定性。针对顶底板悬臂前端等局部应力较大的区域,利用有限元软件 ABAQUS 建立局部模型进行精细化分析,探究关键部位的应力水平及传递机理。结合有限元分析结果,提出了在顶板悬臂前端增设缓刚型结合键和在顶板与腹板连接的梗腋位置布置防裂钢筋网的优化方案,并对优化方案进行了计算验证,结果表明方案具有较强的可行性。

(5)缓刚型结合键研究:针对增设缓刚型结合键的施工优化方案,开展了插入式推出试验来进一步研究缓刚型结合键的抗剪性能,分析了试件的破坏模态、荷载‐滑移曲线、开孔钢板和孔中钢筋的荷载-应变曲线,建立了实体非线性有限元模型,讨论了各个构件的抗剪机理和橡胶圈厚度对抗剪性能的影响。同时,提出一种抗剪刚度可控的新型橡胶圈,并提出缓刚型结合键屈服荷载、抗剪承载力以及抗剪刚度的计算公式。

(6)实桥施工过程测试:依托"葛溪大桥左线1号桥"项目,针对浇筑最不利施工节段的关键部位进行各种工况下的测试分析,进一步探究波形钢腹板自承重悬臂施工工法的合理性和适用性。同时,针对提出的优化方案进行验证,结果表明设置缓刚型结合键可有效降低悬臂前端的局部应力。

第7章

机制砂高性能混凝土应用

7.1 应 用 背 景

随着国家"节能环保"的深入推进,天然砂资源的限制开采,目前市场的天然砂资源不仅成本高、料源不稳定,河砂的品质越来越差,氯离子含量超标最为典型,而且供货不及时,很难获取,严重影响结构物质量和施工进度。为适应浙江省机制砂发展与应用的需要,贯彻"因地制宜,就地取材,节约资源,保护环境"的原则,山区公路建设,充分利用隧道宕渣,既可减少弃渣对环境的破坏,又能加工合格的机制砂,易操作、易管理、易控制、易获取。因此,机制砂作为高性能混凝的主要地材已迫在眉睫,势在必行。总之,机制砂既可以进一步降低成本,又可以保护环境,进行机制砂在高性能混凝土中的应用研究,有着积极的社会和经济效益。

机制砂的生产工艺、特性、技术指标及机制砂高性能混凝土配制技术已趋于成熟,可对混凝土技术发展提供理论支撑与技术指导,对提高混凝土结构工程的长期耐久性与使用寿命具有重要的指导意义。

面对这种情况,温州市文泰高速公路有限公司积极组织各项目部进行了以机制砂代替河砂的高性能混凝土应用研究工作,通过试验研究,对机制砂的颗粒级配、石粉含量、细度模数、有害杂质含量等因素进行优化设计,并于2018年12月12日在杭州召开了机制砂在本项目结构物应用的专家咨询会,会议一致通过赞同机制砂在文泰高速公路结构工程中的应用,并成功应用在文泰4标段桥梁、隧道、洪溪特大桥主塔及30m预应力T梁上。

机制砂使用专门的制砂设备生产,其颜色主要由母岩决定,大多数情况下呈灰白色或黑色,机制砂中一般含有10%以上的粒径小于75μm的岩石颗粒即石粉,级配中一般位于中间2.36mm、0.15mm两个筛网处的颗粒较多,即所谓的"两头多,中减少",颗粒级配一般不良。与天然砂相比,机制砂具有石粉含量较高、表面粗糙、细度模数偏大、级配不合理等特点,机制砂的这些特点使配制出来的混凝土用水量大、和易性较差、易产生离析泌水。

采用机制砂相对河砂具有以下优势:

本项目利用隧道废弃洞渣制备砂石料,使得隧道弃渣二次利用,节约了施工成本,解决了当地砂石料资源匮乏的问题,节约弃渣场地,构筑绿色工程。通过对机械设备参数的调整,制备出符合规范要求以及实际使用需求的砂石料。由于砂石料及时用于施工过程,一方面保证了既有土地、植被不被破坏,另一方面又帮助隧道出渣口附近环境恢复治理。

(1)资源及地域优势

资源再利用。由于生产工艺的可控性和可创新性,机制砂可以通过利用多种废弃资源制砂,如隧道宕渣、矿山尾矿或工业废渣等。在当今资源短缺的环境下,机制砂的发展,使得多种工业废料得到一定程度的再利用,为我国的节约型和循环型经济做出重要贡献。目前,不少地区河砂资源日趋枯竭,河砂的品质越来越差,而机制砂生产资源充足,且取材方便。浙江地区河砂严重紧缺,文泰高速公路隧道岩渣以凝灰岩为主,是很好的机制砂生产母材。

（2）环保优势

天然砂开采会破坏河道和田地,尤其是随着基础建设发展需要,给河道防洪及环境污染带来了很大的压力;而机制砂反而可以合理废物利用,减少尾矿对环境的污染。

（3）经济优势

文泰高速公路目前采购河沙价格在260元/t左右,而采用章后隧道和旱基山隧道岩渣制作机制砂成本在80元/t左右,经济优势明显。

（4）质量优势

易于管控。机制砂生产线有固定的生产场所,其运行必须经过相关机构的认证许可。这一过程使得机制砂的生产易于管控,对保证机制砂的生产和经营有重要作用。

质量稳定。机械化的机制砂生产线,可以保证机制砂的质量稳定性、可控性。这主要体现在对生产工艺的过程控制;虽然人工砂有天生不足（粒型多样、比表面积大、需水量大）,但质量稳定（产源固定、机械化生产）,颗粒级配合理、可调。不像河沙随地段、汛期而变化,河沙若不合格很难调整。

产品多样化。通过调整工艺参数,机械化的机制砂生产线可以生产出不同粒形和不同级配的机制砂。多样化的机制砂产品有助于其应用于多种建筑工程项目中。

为应对混凝土技术发展、自然资源短缺与环境保护的需求等,采用机制砂全面替代河砂已成为混凝土行业可持续发展的一种趋势。

7.2　机制砂生产及检测

7.2.1　机制砂生产工艺

机制砂生产主要有3种形式,一是开矿产石的同时专门生产机制砂,生产质量较好;二是在河道里用卵石生产机制砂,或配以少量天然砂生产混合砂,质量有好有差,差别较大;三是利用各种尾矿生产的机制砂,其中主要是各地生产石灰石碎石后的石屑或石粉,经过简单再加工和筛分,或直接利用,质量有好有差,差别很大。

目前,机制砂的制备方式有三类:干法制砂、湿法制砂和半干法制砂。干法制砂生产线是由多个破碎设备组合而成的,包括给料机、粗细碎机、制砂机、圆振动筛、洗砂机等,设备与设备间的物流传送由输送带来完成。湿法制砂工艺是由破碎设备和制砂机生产出的成品砂经螺旋分级机和旋流器分成机制砂和废污泥水,废污泥水最后送至旋转式分级机或沉淀池以回收流失的细砂。机制砂生产宜选用干法工艺。当前生产的机制砂通常存在级配不合理现象,尤其是小粒径含量偏少,如果采用湿法生产,一方面会洗去石粉,还会对机制砂的级配造成进一步破坏,使得配制的混凝土和易性不良,易离析;另一方面,湿法生产过程中的污水排放易造成环境污染。

本项目因地处山区,为减少对环境的污染,因地制宜,就地取材,所以机制砂采用干法。在章后特长隧道出口附近建成章后机制砂碎石加工场（图6.7.2-1）,占地面积8000m²,投入约2000余万元,投入破碎加工设备分别为:颚式破碎机1台,反击式破碎机1台,圆锥破碎机1台,整形机1台,振筛机2台,吸尘器2台,加湿器1台,装载机2台,挖掘机1台,自卸式汽车3台。机制砂碎石规格分别为:粒径20~30mm碎石1档1仓,粒径10~20mm碎石1档1仓,粒径5~10mm碎石1档1仓,机制砂1档2仓,粉料1档1密闭仓。

投入生产管理人员15人,生产规模240t/h,其中机制砂70t/h,碎石规格生产按大中小比例为2:6:2,产量可以满足施工生产需求。

生产工艺采用干式制砂工艺,其生产工艺流程(图 6.7.2-2)如下:

颚式破碎(颚式破碎机,粗碎)→反击破碎(反击式破碎机,中碎)→圆锥机破碎(圆锥破碎机,细碎)→振筛(超径碎石回反击破碎)→吸尘(扬尘控制)→整形(制砂机,细碎)→振筛→吸粉→(机制砂)加湿→归仓。

主要生产设备见表 6.7.2-1。

图 6.7.2-1 章后隧道机制砂碎石加工图

章后隧道机制砂碎石加工如图 6.7.2-2 所示,主要生产设备见表 6.7.2-1。

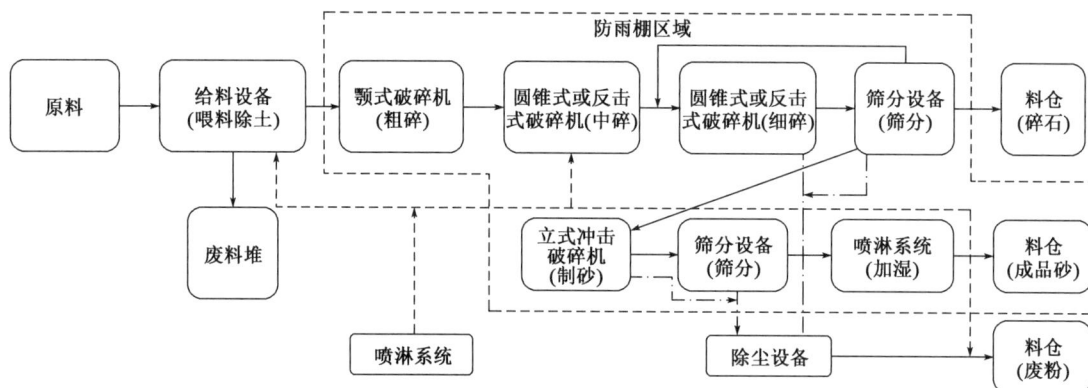

图 6.7.2-2 生产工艺流程图

注: ——→表示皮带式输送机; – –→表示除尘系统管道;······→表示输水管道

主 要 生 产 设 备　　　　　　表 6.7.2-1

序号	生产环节	设备名称	设备及材料技术参数
1	给料	振动喂料机	条形筛长度不小于2m,筛条间距不小于30mm
2	粗碎	颚式破碎机	进料粒径 350～1000mm,出料粒径 100～300mm
3	中碎	圆锥式破碎机或反击式破碎机	进料粒径 100～300mm,出料粒径 50～100mm
4	细碎	圆锥式破碎机或反击式破碎	进料粒径 50～100mm,出料粒径 16～50mm
5	制砂	制砂机	70t/h,进料粒径 0～15mm,出料粒径 0～5mm
6	筛分	振动筛	不少于3层,筛网直径≤5mm
7	除尘	布袋式除尘器	控制扬尘及机制砂石粉含量在合格范围
8	除尘	喷淋系统	喷嘴能调整方向及喷水量大小,能达到保湿降尘的目的
9	运输	皮带运输机	皮带宽度 500～1500mm,密封运输廊道

环境保护措施：

（1）粉尘治理

生产区应对破碎系统进行封闭，破碎过程中采用定向集尘和收尘装置，在破碎机进出料口和筛分机械上安装集尘装置，并利用风机以负压方式将含尘气体输送到除尘装置中进行除尘；在破碎机下料口增加喷淋设备进行降尘。成品石料堆放采用半封闭料仓。生产区成品石料装卸和运输应采取措施，避免粉尘排放。生产区主要运输道路应进行硬化处理，配备洒水车辆洒水抑尘，保持路面湿润、清洁，道路两旁绿化。成品石料装车后采取加盖篷布密闭措施，驶离生产区时采取减少扬尘及防遗撒措施。生产区成品石料运输方式选用封闭的皮带运输系统。

除尘设备如图6.7.2-3所示。

图6.7.2-3 除尘设备

（2）减振降噪

生产区环境噪声排放符合《工业企业厂界环境噪声排放标准》（GB 12348—2008）的相关要求。生产区采用缓冲装置对破碎设备进行减振处理，降低矿山机械设备的振动和噪声。生产区和生活区之间采用降噪和绿化措施。

7.2.2 机制砂生产质量控制

机制砂采用平面干法立式冲击破碎砂石同出的加工工艺。质量指标包括抗压强度、压碎值、吸水率、碱活性、化学成分及有害物质含量等。岩石性能是机制砂加工质量的根本，主要以隧道的岩石硬度和坚固性来评价，对隧道原石抗压强度规定不低于90MPa且要求粗集料岩石抗压强度不低于混凝土设计强度的1.5倍。压碎指标不大于20%。

进行机制砂生产工艺性试验验证，对机制砂亚甲蓝值、细度模数、颗粒级配、堆积密度、石粉含量、压碎值等指标进行检验，使生产出的机制砂工艺参数满足混凝土的性能要求，不同的岩石生产的机制砂不宜混用。加强监控除尘设备的运行状态，保持粉尘含量的稳定性。加强设备的维护，及时更换易磨损配件，稳定机制砂质量。机制砂成品设有独立的料仓，良好的排水设施，堆料高度不超过3.5m。机制砂生产工艺以设备自动控制为主，人工为辅，突出设备生产线的先进性和自动化。

确定生产碎石、机制砂联产大致比例、供应时间，碎石的规格分类，以及各档料的质量指标。机制砂的加工工艺水平，已能达到对颗粒级配、石粉含量、细度模数进行订单加工。

（1）粗细程度控制

①采用组合筛网：振动筛底层筛网采用不同孔径规格筛网组合，来控制机制砂的粗细程度。

②加装石粉分析机进行细料回收：除尘设备在吸尘过程中，容易把粒径0.3mm以下的细小颗粒吸走，造成砂细集料缺失，因此要用回收设备把除尘设备系统里粒径0.075～0.3mm颗粒进行回收。

③调整风量:通过调节砂石分离机翻板开度及除尘风量,控制机制砂中石粉含量,改变机制砂细度模数。细碎石循环返回制砂:把粒径4~7mm的部分细石料返回进制砂机生产线,二次制砂。

(2)石含粉量控制

①袋式在线脉冲除尘:除尘设备有很多种,对于加工状况,袋式在线脉冲除尘效果好,能很好地把粒径0.075mm以下的颗粒分离出来且含粉量调节方便。

②原材料初选筛分:原材料含粉量高或者较湿时,要在生产线"一破"到"二破"时采取措施,进行初选筛分后出料,避免石粉难吸收情况的发生。

③原料含水率控制:干法加工破碎过程尽量不加水降尘,尤其是"二破"以后。

(3)颗粒级配控制

①调制砂机转速:制砂机转速高,机制砂粒径0.6mm以下的颗粒所占比例会增大,同时通过组合筛网能很好控制级配。

②调整制砂机进料方式:调整制砂机中心孔开度,配合使用四周溢料孔,调整砂的级配。

③细碎石循环回笼制砂:用0~35mm组合筛网整形制砂的同时,把规格粒径4~7mm的部分料返回制砂。

④组合筛网的使用:调节振动筛底层筛网组成来改变级配。

(4)含水率控制

①加装湿拌机:机制砂出料皮带前端加装湿拌机,机制砂进入搅拌机加水喷湿且均匀搅拌后才出料,防止离析。最佳湿度控制在3.5%~5.5%。

②成品料仓搭棚:防止天晴机制砂含水率过小,防止雨天雨水进入,小颗粒流失。

③调整含水率:加工输送下料时,以砂堆表面无粗颗粒向下滚动为原则。

④控制下料带高度:铲车装车出料时,注意不要把下料处料铲干净,留适当高度料堆。

(5)粒形控制

调制砂机转速:一般制砂机转子出来的料线速越高,砂料形状越圆润。尽量采用"石打石"加工模式,合理调节中间及边上四周进料量。

7.2.3 机制砂性能检测

岩石性能是控制自制砂石材料加工质量的根本,主要以隧道的岩石硬度和坚固性来评价。隧道原石抗压强度按规定不低于90MPa,且要求粗集料岩石抗压强度不低于混凝土设计强度的1.5倍,压碎指标不大于20%。本项目原石均来自章后隧道出口段及旱基山隧道进口段。其中,章后隧道Ⅲ级围岩长度达3800m,基岩岩性主要为凝灰岩(图6.7.2-4)。

图6.7.2-4 母材材质(凝灰岩)

章后隧道岩石抗压强度大于120MPa,满足规范要求。

章后隧道宕渣制作机制砂的主要指标汇总见表6.7.2-2。

机制砂主要指标结果 表6.7.2-2

名　　称	检测结果	技术指标	结果判定
母材强度(MPa)	>120	≥60	合格
压碎指标值(%)	9.7	≤20	合格
细度模数	3.14	2.2~3.7	粗砂
表观密度(kg/m³)	2640	≥2500	合格
堆积密度(kg/m³)	1498	≥1400	合格
空隙率(%)	42.3	≤44	合格
吸水率(%)	1.98	Ⅱ类≤2.5	合格
石粉含量(%)	6.4	Ⅱ类≤7.0	合格
MB值(g/kg)	0.9	≤1.4	合格
氯离子含量(%)	0.000336	≤0.02	合格
出仓含水率(%)	4.6	—	—

母材单轴抗压强度大于120MPa。以上主要物理指标,满足《建设用砂》(GB/T 14684—2011)、《公路桥涵施工技术规范》(JTG/T F50—2011)、《浙江省交通建设工程机制砂生产(干法)及机制砂混凝土技术指南》和设计要求。

7.3　机制砂 C50、C60 混凝土配合比设计

7.3.1　原材料情况

水泥:江山南方 P.O52.5 普通硅酸盐水泥,检测合格。其 3d 抗压强度 29.8MPa,28d 抗压强度 56.3MPa。

矿粉:张家港恒星 S95 级,检测合格。其 28d 活性指数 98%,比表面积 427m²/kg。

粉煤灰:三门天达环保建材 F 类 Ⅱ 级,检测合格。其中需水量比 94%,烧失量 1.40%。

外加剂:江苏博思通缓凝型聚羧酸高性能减水剂,检测合格。

机制砂:文泰 4 标段碎石加工场生产的粒径 0~4.75mm 机制砂。

河砂:检测合格。其中细度模数 2.67,含泥量 1.6%。

碎石:文泰 4 标段碎石加工场生产的 5~10mm、10~20mm、20~30mm 碎石,检测合格。

7.3.2　主塔 C50 高性能混凝土配合比设计

C50 混凝土配合比设计用于浙江省文成至泰顺(浙闽界)公路第 WTTJ-4 标段洪溪特大桥主塔及 T 梁施工,混凝土采用耐久性混凝土,在混凝土中掺入Ⅱ级粉煤灰、S95 矿粉及高性能减水剂,以提高混凝土耐久性能,采取集中拌和、自卸式混凝土罐车运输,设计坍落度 160~200mm。洪溪特大桥 2 号墩运输距离约 8km,运输时间约 50min,水平泵送距离约 90m,垂直泵送最大高度约 177m。T 梁为预制场施工。

主塔 C50 机制砂高性能混凝土配合比结果见表 6.7.3-1。

C50 机制砂高性能混凝土配合比结果　　　　　　　　　　　　　　表 6.7.3-1

配合比编号	水（kg/m³）	水泥（kg/m³）	矿粉（kg/m³）	粉煤灰（kg/m³）	机制砂（kg/m³）	碎石（kg/m³）	外加剂（kg/m³）	外加剂掺量（kg/m³）	砂率（%）	水胶比
B1	160	282	94	94	752	1038	7.52	1.6	42	0.34
B2	160	235	94	141	752	1038	7.99	1.7	42	0.34
B3	160	188	141	141	752	1038	7.99	1.7	42	0.34
B4	160	188	94	188	752	1038	7.52	1.6	42	0.34

试配结果见表 6.7.3-2。

C50 机制砂高性能混凝土试配结果　　　　　　　　　　　　　　表 6.7.3-2

配合比编号	坍落度（mm）	黏聚性	保水性	7d 抗压强度（MPa）	14d 抗压强度（MPa）	28d 抗压强度（MPa）	60d 抗压强度（MPa）
B1	200	良好	良好	51.8	—	66.4	—
B2	200	良好	良好	42.0	—	64.2	—
B3	190	良好	良好	41.7	—	59.9	—
B4	190	良好	良好	37.6	—	53.2	—

试配混凝土的初始坍落度都满足 160~200mm 的要求。混凝土试块的 28d 抗压强度要求大于或等于 59.9MPa，B1、B2、B3 满足混凝土配制强度的要求。确定配合比 B1 为推荐设计配合比。

主塔 C50 天然砂高性能混凝土配合比结果见表 6.7.3-3。

C50 天然砂高性能混凝土配合比结果　　　　　　　　　　　　　　表 6.7.3-3

配合比编号	水（kg/m³）	水泥（kg/m³）	矿粉（kg/m³）	粉煤灰（kg/m³）	河砂（kg/m³）	碎石（kg/m³）	外加剂（kg/m³）	外加剂掺量（kg/m³）	砂率（%）	水胶比
D1	155	282	94	94	700	1096	4.7	1.0	39	0.33
D2	155	235	94	141	700	1096	5.17	1.1	39	0.33
D3	155	188	141	141	700	1096	5.17	1.1	39	0.33

试配结果见表 6.7.3-4。

C50 天然砂高性能混凝土试配结果　　　　　　　　　　　　　　表 6.7.3-4

配合比编号	坍落度(mm)	黏聚性	保水性	7d 抗压强度（MPa）	14d 抗压强度（MPa）	28d 抗压强度（MPa）	60d 抗压强度（MPa）
D1	200	良好	良好	45.1	—	62.9	—
D2	200	良好	良好	40.7	—	60.6	—
D3	190	良好	良好	36.0	—	53.9	—

试配混凝土的初始坍落度都满足 160~200mm 的要求。混凝土试块的 28d 抗压强度要求大于 59.9MPa，因此 D1、D2 满足混凝土配制强度的要求。确定配合比 D1 为推荐设计配合比。

7.3.3　主梁 C60 机制砂高性能混凝土配合比设计

C60 机制砂高性能混凝土主要用于特大桥的挂篮施工。试验性施工内容包括：洪溪特大桥 1 号墩运输距离约 8km，运输时间约 50min，底下水平泵送距离约 90m，垂直泵送高度约 126m，桥面水平泵送距离约 134m。

C60 机制砂高性能混凝土配合比结果见表 6.7.3-5。

C60 机制砂高性能混凝土配合比结果 　　　　　　　　　　　　　　　　表 6.7.3-5

配合比编号	水 (kg/m³)	水泥 (kg/m³)	矿粉 (kg/m³)	粉煤灰 (kg/m³)	机制砂 (kg/m³)	碎石 (kg/m³)	外加剂 (kg/m³)	外加剂掺量 (kg/m³)	砂率 (%)	水胶比
D1	147	406	—	101	706	1060	6.6	1.3	40	0.29
D2	147	355	—	152	706	1060	6.6	1.3	40	0.29
D3	147	304	—	203	706	1060	6.6	1.3	40	0.29
D4	147	343	—	147	706	1060	6.4	1.3	40	0.30
D5	147	406	51	51	706	1060	6.6	1.3	40	0.29
D6	147	355	51	100	706	1060	6.6	1.3	40	0.29
D7	147	304	101	101	706	1060	6.6	1.3	40	0.29
D8	147	343	98	49	706	1060	6.4	1.3	40	0.30

试配结果见表 6.7.3-6。

C60 机制砂高性能混凝土试配结果 　　　　　　　　　　　　　　　　表 6.7.3-6

配合比编号	坍落度(mm)	黏聚性	保水性	7d 抗压强度 (MPa)	14d 抗压强度 (MPa)	28d 抗压强度 (MPa)	60d 抗压强度 (MPa)
D1	210	良好	良好	57.9	65.2	71.3	—
D2	210	良好	良好	53.2	62.4	69.7	—
D3	220	良好	良好	50.5	60.1	67.4	—
D4	200	良好	良好	58.4	68.4	72.3	—
D5	210	良好	良好	52.2	59.1	65.4	—
D6	210	良好	良好	50.5	60.2	67.4	—
D7	200	良好	良好	47.2	54.2	61.8	—
D8	220	良好	良好	54.4	62.0	70.2	—

试配混凝土的初始坍落度均满足 180~220mm 的要求。混凝土试块的 28d 抗压强度要求大于 69MPa,因此 D1、D2、D4 满足混凝土配制强度的要求。确定配合比 D1 为推荐设计配合比。

C60 天然砂高性能混凝土配合比结果见表 6.7.3-7。

C60 天然砂高性能混凝土配合比结果 　　　　　　　　　　　　　　　　表 6.7.3-7

配合比编号	水 (kg/m³)	水泥 (kg/m³)	矿粉 (kg/m³)	粉煤灰 (kg/m³)	机制砂 (kg/m³)	碎石 (kg/m³)	外加剂 (kg/m³)	外加剂掺量 (kg/m³)	砂率 (%)	水胶比
D1	147	406	—	101	706	1060	5.07	1.0	37	0.29
D2	147	355	—	152	706	1060	5.07	1.0	37	0.29
D3	147	304	—	203	706	1060	5.07	1.0	37	0.29
D4	147	343	—	147	706	1060	5.07	1.0	37	0.29
D5	147	406	51	51	706	1060	5.07	1.0	37	0.29
D6	147	355	51	100	706	1060	5.07	1.0	37	0.29
D7	147	304	101	101	706	1060	5.07	1.0	37	0.29
D8	147	343	98	49	706	1060	4.9	1.0	37	0.29

试配结果见表6.7.3-8。

C60天然砂高性能混凝土试配结果　　　　　　　　　　　　　　　　表6.7.3-8

配合比编号	坍落度(mm)	黏聚性	保水性	7d抗压强度(MPa)	14d抗压强度(MPa)	28d抗压强度(MPa)	60d抗压强度(MPa)
D1	200	良好	良好	55.9	63.2	70.2	—
D2	210	良好	良好	51.2	60.4	69.1	—
D3	220	良好	良好	48.7	58.4	65.2	—
D4	220	良好	良好	56.8	66.4	70.2	—
D5	210	良好	良好	50.8	58.4	64.3	—
D6	220	良好	良好	48.7	57.9	66.8	—
D7	210	良好	良好	45.6	54.2	60.3	—
D8	220	良好	良好	52.4	62.2	65.4	—

试配混凝土的初始坍落度均满足180~220mm。混凝土试块28d抗压强度大于69MPa,因此D1、D2、D4满足混凝土配制强度要求。确定配合比D1为推荐设计配合比。

试验室于2018年9月初开始对高强度等级混凝土试验,2018年12月12日机制砂的使用通过专家会评审,通过咨询有关专家,会同外加剂厂家进行大量试验验证(C60混凝土配合比试验共完成60个,混凝土试件约240组)。混凝土试验充分考虑施工现场运输时间、天气的影响,以及高强度、高泵送施工工艺,历时约6个月,并于2019年3月27日将试验结果运用于洪溪特大桥1号墩索塔的试验性施工,施工过程顺利。

相关施工现场图片如图6.7.3-1~图6.7.3-4所示。

图6.7.3-1　C60机制砂混凝土扩展试验

图6.7.3-2　C60机制砂混凝土坍落度试验

图6.7.3-3　主塔C60机制砂混凝土试验性施工

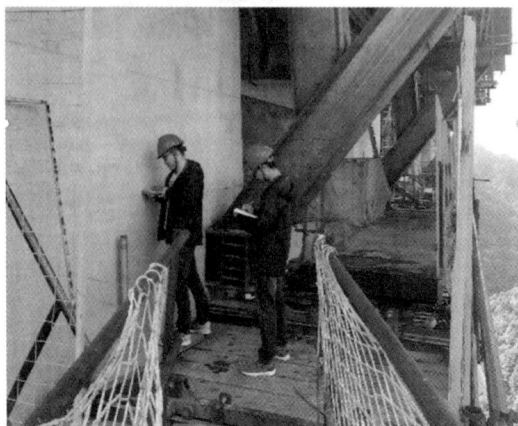
图6.7.3-4　1号墩索塔C60回弹强度检测

7.4　机制砂混凝土性能试验

7.4.1　力学性能

1）抗压强度

在水泥、碎石、粉煤灰水和外加剂用量相同的情况下,机制砂混凝土的抗压强度大于天然砂混凝土的抗压强度。这主要是由于机制砂改善了机制砂胶与集料界面的结构,增强了机制砂混凝土集料间的黏结力:一是,机制砂表面结构优于天然砂,机制砂面没有风化层,表面都是新鲜的岩面且棱角丰富;机制砂的空隙率小,使混凝土更密实。二是,机制砂基本不含泥,机制砂中低强度的轻物质含量比天然砂低。三是,机制砂中含有石粉,有效填充集料间的空隙,使混凝土的毛细孔得到细化,并使混凝土更加密实;石粉在水泥水化过程中起到一定的晶核作用,能够使水泥颗粒更加分散,从而使水泥水化更加充分,加速水泥水化反应并参与水化物的形成。

2）弹性模量

在水泥、碎石、粉煤灰、水和外加剂用量相同的情况下,机制砂混凝土的弹性模量大于天然砂混凝土的弹性模量。机制砂颗粒表面粗糙、棱角多,增加了砂粒的比表面积和集料间自相嵌固作用;机制砂中的石粉改善混凝土中孔隙的孔径及分布,使混凝土更加密实,从而使弹性模量增大。

混凝土抗压强度、弹性模量试验结果见表6.7.4-1。

混凝土抗压强度、弹性模量试验结果

表6.7.4-1

试 件 类 别	28d 抗压强度（MPa）	28d 弹性模量 E_c（MPa）
C50 机制砂	61.5	40150
C50 天然砂	59.1	39560
C60 机制砂	68.4	41230

7.4.2　耐久性

耐久性:是指混凝土在所处的相应工作环境下,能够长期抵抗内外部劣化因素,维持其应有相关的结构性能的能力。耐久性主要指标有三个:首先是抗渗性,是指混凝土在外界水环境的影响下,抵抗压力水渗透到混凝土内部,进而腐蚀钢筋的性能,抗渗性是评价混凝土耐久性的最基本因素。如果混凝土的密实性越好,则混凝土内部孔隙率就会越小,进而连通外界的孔就会越少,混凝土的抗渗性就越好。其次是抗冻性,是指混凝土在冰冻寒冷的环境下,抵抗多次"冻融循环",虽然混凝土产生变形,但是依然能够保持较高的强度,且结构物的外部不被破坏,保持完整的性质。普通混凝土抗冻性是非常差的。如果混凝土的外部环境气温低于冰点,则混凝土结构物的内部膨胀应力就会变大,从而使混凝土受到破坏,强度受到影响,随即产生裂缝。最后是耐腐蚀性,是指混凝土抵抗周围物质腐蚀和破坏作用的能力。在上述的这些特殊环境中,混凝土保护层易受到碳化,乃至侵入到达钢筋表面,从而使其周围的混凝土碱度降低,进而削弱混凝土耐久性。

（1）长期强度

取相同的水胶比但掺入不同石粉含量配制混凝土,与同条件下的天然砂混凝土 7～180d 的抗压强度变化,进行对比,结果见图6.7.4-1。

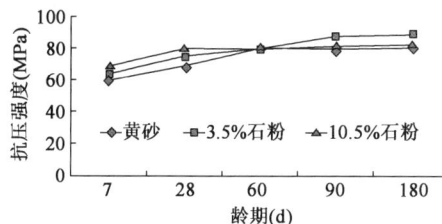

图6.7.4-1　C60 混凝土长期强度变化规律

由图 6.7.4-1 可见：

①机制砂混凝土各龄期强度均高于河砂混凝土,60d 龄期之前,强度值随石粉含量的增大而增大,60d 龄期之后,低石粉含量的混凝土强度增速超过高石粉含量的混凝土。

②不同石粉含量混凝土强度结果出现差异,主要是由于前期(小于 60d)石粉的增强效果明显,高石粉含量的混凝土在强度方面占优势,而混凝土的后期强度发展主要来自粉煤灰的二次水化,石粉的增强效应越来越弱,此强度增长趋势要稍低于低石粉含量的混凝土。

③高石粉含量对混凝土强度的长期稳定发展无明显影响,且各龄期的强度值均高于同条件下的河砂混凝土。但当石粉含量 >10% 时,混凝土 60d 龄期之后的强度增长速率减缓。

（2）抗渗性试验

采用氯离子扩散系数法,分析掺粉煤灰和矿粉、石粉含量对 C50 机制砂高性能混凝土抗渗透性能的影响。①所有试样的氯离子扩散系数均小于 $3 \times 10^{-8} cm^2/s$,符合高性能混凝土设计指标要求。②氯离子扩散系数随石粉含量增加而逐步增大;石粉含量同等情况下,掺入粉煤灰或矿粉可降低氯离子扩散系数。③掺矿粉的混凝土氯离子扩散系数比掺粉煤灰混凝土更小。

（3）抗冻融性能试验

混凝土的抗冻融性能是混凝土耐久性能的一个重要测量指标。机制砂混凝土与河砂混凝土在经过 200 次冻融循环后,质量损失都不大,小于 5%,符合国家标准。随着机制砂掺量的增加,200 次冻融循环后的质量损失却随之降低。配制的机制砂掺量比为 0.6 混凝土 200 次冻融循环后质量损失值与河砂混凝土相近。机制砂混凝土与河砂混凝土在经过 200 次冻融循环后,抗压强度损失趋势相差不多;100 个循环后,强度损失在 5% 左右;200 个循环后,强度损失在 22% 左右。这说明机制砂混凝土在抗冻融性能上与天然河砂相接近,没有太大的冻融损失。

（4）抗碳化性能试验

混凝土在使用过程中暴露在大气中,空气中促使混凝土碳化,使混凝土性能发生一系列变化,降低混凝土的碱度,破坏钢筋表层钝化膜,使钢筋在表面产生锈蚀产物。当腐蚀产物在混凝土孔隙中积累到一定程度时,造成过大内应力,使混凝土保护层顺筋开裂最终剥落,并引起混凝土结构的破坏。

抗碳化性能试验测试结果见表 6.7.4-2。

抗碳化性能试验测试结果 表 6.7.4-2

序　　号	配合比特点	碳化深度(mm)				
		3d	7d	14d	28d	60d
1	3.5% 石粉	0	0	0	0	0.8
2	7.0% 石粉	0	0	0	0	1.7
3	10.5% 石粉	0	0	0	0	1.4
4	河砂	0	0	0	0	2.1

由表 6.7.4-2 可知,混凝土试件 3d、7d、14d、28d 混凝土碳化深度都等于零,60d 时各组试件均出现了轻微的碳化现象。本次试验各组混凝土试件的强度普遍较高,且水胶比较小,掺配了部分掺和料粉煤灰,混凝土的密实性比较好,阻碍了水分的进入,未给碳化反应提供应有的条件,使得混凝土的抗碳化能力得到加强。总体来说,本次试验的混凝土试件,其抗碳化性能很好,满足现行规范要求。

7.4.3　收缩性

分析研究机制砂配制的高性能混凝土(C60)的收缩随石粉含量与掺和料掺量的变化趋势,并与同条件下的河砂(黄砂)混凝土进行对比,试验结果见表 6.7.4-3。0% FA(粉煤灰)掺量下不同石粉含量混凝土干缩曲线如图 6.7.4-2 所示。

机制砂高性能混凝土收缩试验结果 表 6.7.4-3

序号	配合比特点	不同步龄期(d)的干缩率(×10⁻⁶)							
		1	3	7	14	28	60	90	180
1	石粉 3.5%	68	102	215	282	333	426	485	498
2	石粉 3.5%,FA11.3%	63	85	203	271	319	409	468	496
3	石粉 3.5%,FA17%	64	93	137	221	311	386	408	432
4	石粉 3.5%,GBFS17%	74	118	229	299	347	436	491	516
5	石粉 7%	82	113	223	297	354	448	501	522
6	石粉 7%,FA11.3%	64	89	207	282	341	433	488	518
7	石粉 7%,FA17%	79	108	170	258	359	447	463	477
8	石粉 7%,GBFS17%	61	95	203	252	293	381	447	475
9	石粉 10.5%	95	125	203	273	337	417	480	490
10	石粉 14%	95	121	187	270	335	412	458	471
11	黄砂	78	118	177	272	346	458	486	500
12	黄砂,FA11.3%	72	101	170	235	317	407	445	475

注:FA-粉煤灰;GBFS-矿粉。下同。

由图 6.7.4-2 可看出:混凝土干缩随龄期及石粉含量的不同出现不同的规律。龄期小于 14d 阶段干缩随石粉含量的增加而增大。龄期大于 14d 阶段的干缩以 7% 石粉含量为界,小于 7% 时,各龄期的干缩随石粉含量增加而增大;大于 7% 时,各龄期的干缩随石粉含量增加而降低。

3.5%、7% 石粉含量时掺和料及掺量对混凝土干缩的影响分别如图 6.7.4-3、图 6.7.4-4 所示。

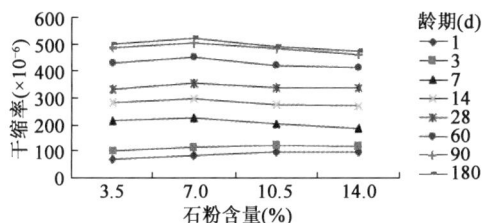

图 6.7.4-2　0%FA 掺量下不同石粉
含量混凝土干缩曲线

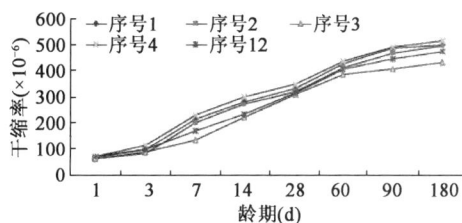

图 6.7.4-3　3.5% 石粉含量时掺和料及掺量
对混凝土干缩的影响

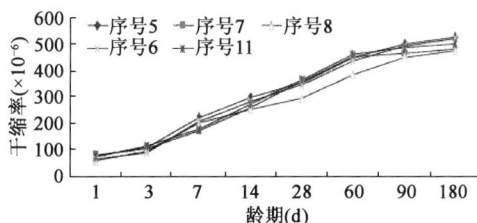

图 6.7.4-4　7% 石粉含量时掺和料及掺量对混凝土干缩的影响

试验结果:在石粉含量小于或等于 7% 时,机制砂混凝土各龄期干缩值随粉煤灰掺量增加而减小;石粉含量 3.5% 时,机制砂混凝土各龄期干缩值因掺入矿粉而增大,当石粉含量增至 7% 时,各龄期的干缩值最低。

对比机制砂混凝土与河砂混凝土干缩曲线可见,石粉含量大于或等于 7% 的机制砂混凝土前 14d 龄期的干缩值比河砂混凝土大,之后龄期的干缩值相差不大,即只要注意早期的保湿养护,石粉对机制砂混凝土最终的干缩值影响并不是很大。

适量的石粉可以填补混凝土集料之间的空隙,在一定程度上提高混凝土保水性和黏聚性,改善离析泌水现象及混凝土工作性。这些作用在低强度等级混凝土中特别明显,可以很好地解决配制低强度混凝土时强度富余过大与工作性差之间的矛盾。

但是随着石粉含量的增加,混凝土坍落度先是增加,而后又减小,说明掺入适量的石粉可以增加浆体的量,从而对混凝土的工作性能有利;但继续掺加石粉,由于石粉的吸水作用使混凝土变得干稠,从而降低混凝土的坍落度及流动性。

在不考虑外加剂的作用下,石粉含量过少,往往使混凝土拌合物的黏聚性较差;若石粉含量过多,会使混凝土用水量增大并影响混凝土的强度及耐久性。所以石粉含量一般控制在5% ~8%之间。

7.5 机制砂C50混凝土在主塔上的应用

主塔混凝土配合比见表6.7.5-1。

主塔混凝土配合比 表6.7.5-1

水泥 (kg/m³)	矿粉 (kg/m³)	粉煤灰 (kg/m³)	机制砂 (kg/m³)	5~10mm碎石 (kg/m³)	10~20mm碎石 (kg/m³)	水 (kg/m³)	减水剂 (kg/m³)	砂率 (%)	水胶比	坍落度 (mm)
282	94	94	752	311	727	160	7.52	42	0.34	200

试配结果见表6.7.5-2。

混凝土抗压强度试配结果 表6.7.5-2

序号	龄期(d)	标准养护(MPa)	同条件养护(MPa)	回弹强度(MPa)
1	3	29.1	33.8	—
2	7	39.6	38.3	44.2
3	14	43.1	46.5	49.3
4	28	57.2	59.8	59.3

配合比设计如下。

设计坍落度:160~200mm。

配合比参数:C(水泥):K(矿粉):F(粉煤灰):S(砂):G(碎石):W(水):Ad(外加剂)=188:141:141:752:1038:160:7.52。

水胶比为0.34,砂率为42%,粉煤灰掺量20%。

试拌后,混凝土黏聚性良好,该配合比试件7d抗压强度为38.3MPa,达到设计强度76.6%;28d抗压强度为59.8MPa,达到设计强度119.6%。

坍落度为200mm,无泌水现象。

外观质量:无砂线,无裂缝,表面光洁。

实体强度检测结果:57.2MPa。

斜拉桥主塔混凝土回弹强度推定值为59.3MPa,满足混凝土设计强度C50的要求。

7.6 机制砂C60混凝土在主梁上的应用

主梁混凝土配合比见表6.7.6-1。

主梁混凝土配比 表6.7.6-1

水泥 (kg/m³)	粉煤灰 (kg/m³)	机制砂 (kg/m³)	5~10mm碎石 (kg/m³)	10~20碎石 (kg/m³)	水 (kg/m³)	减水剂 (kg/m³)	砂率 (%)	水胶比	坍落度 (mm)
406	101	706	424	636	147	6.6	40	0.29	200

试配结果见表6.7.6-2。

混凝土抗压强度试配结果

表 6.7.6-2

序　　号	龄期(d)	标准养护抗压强度 （MPa）	同条件养护抗压强度 （MPa）	回弹强度（MPa）
1	3	42.1	40.2	40.7
2	7	55.8	52.5	48.2
3	14	60.2	58.6	58.8
4	28	69.3	68.2	>60

配合比设计：

设计坍落度：200~220mm。

配合比参数：C(水泥)：F(粉煤灰)：S(砂)：G(碎石)：W(水)：Ad(外加剂)=404：101：706：1060：147：6.6。

水胶比为0.29,砂率为40%,粉煤灰掺量20%。

试拌后,混凝土黏聚性良好,该配合比试件7d抗压强度为55.8MPa,达到设计强度93%;28d抗压强度为69.3MPa,达到设计强度115.5%。

坍落度为200mm,无泌水现象。

外观质量：无砂线,无裂缝,表面光洁。

实体强度检测结果：69.3MPa。

机制砂混凝土回弹强度推定值大于60MPa,满足设计强度C60要求。

第8章

钢管混凝土拱桥施工方法推广应用

8.1 狭窄崖壁拱座开挖施工工法推广应用

南浦溪特大桥桥两岸地势陡峭,两侧岸坡均有自然陡壁分布,大致位于斜坡中部,两岸拱座边坡按文成岸 4 级 44.88m,泰顺岸 6 级 61.63m 进行设置。因项目总体施工工期紧张,受复杂地形地势等条件影响,且飞云江为国家二级水资源保护区,开挖过程不得有溜渣下江,提出一套在陡峭崖壁拱座边坡开挖区域内便道展线的边坡开挖出渣便道布置技术。其主要创新点在于针对开挖区域外出渣便道布置困难、需要耗费大量成本修筑出渣便道的边坡开挖施工,通过在边坡区域内按照适合运渣车辆运输的纵坡进行"Z"形展线布置出渣便道,从坡顶至坡底分为两个开挖循环完成高边坡开挖施工。

该工法应用于南浦溪特大桥两岸边坡开挖,相比开挖区外布置出渣便道减少开挖方量约 15 万 m^3,比原施工组织设计工期提前 3 个月完成节点任务,为南浦溪特大桥拱座及主拱施工提供了工期保障。

边坡开挖区域内展线开挖如图 6.8.1-1 所示。

图 6.8.1-1 边坡开挖区域内展线开挖

8.2 超大跨度盖梁钢筋笼整体吊装施工方法推广应用

南浦溪特大桥过渡墩盖梁钢筋笼长度 23.32m,宽度 6.55m,钢筋总质量 29.3t。针对现有超宽大跨度盖梁施工中存在的盖梁钢筋分片和分段拼装速度慢,无法保证宽度超过一定范围的盖梁钢筋笼整体吊装时产生的面域性弯曲变形而导致的钢筋笼安装质量差等问题,提出超宽大跨度盖梁钢筋笼整体吊装技术。通过在地面制作大型胎架精确将盖梁钢筋笼拼装为整体,解决大型钢筋笼制作完成后结构尺寸偏差过大的问题。严格控制墩顶预埋钢筋安装精度,并根据墩顶预埋钢筋情况,待盖梁钢筋笼安装完成后在墩顶安装与墩顶预留钢筋相结合的箍筋。设计一种能够减少超宽大跨度盖梁钢筋笼整体吊装过程中面域性弯曲变形的吊架,使吊装过程钢筋笼形变满足不影响其安装的要求。过渡墩盖梁钢筋笼整体吊装如图6.8.2-1所示。

图 6.8.2-1　过渡墩盖梁钢筋笼整体吊装

通过将本技术应用于南浦溪特大桥盖梁钢筋施工中,有效提高了盖梁施工进度,与采用单片吊装墩顶组拼的方法单个盖梁钢筋笼安装施工需要20d相比,本工法仅需要8d即可完成施工,全桥合计节省工期24d。本技术的成功实践,系统解决了超宽大跨度盖梁钢筋笼整体吊装施工中存在的问题,为同类型超宽大跨度盖梁钢筋笼整体吊装提供了借鉴方案。

8.3　拱脚预埋段精确定位施工工法推广应用

本项目共有4个拱脚预埋段,拱脚预埋体系由4根主钢管及一个临时铰组成,预埋段重量大,支架的稳定性及刚度要求高,预埋精度控制难以保证,对后期拱肋安装精度影响极大;安装定位反复调整施工周期长、速度慢,影响整个拱肋施工进度。针对以上问题提出"多点支撑定位组合支架法,精准、快速定位拱脚预埋体系"的施工方法。本工法运用钢立柱作为预埋体系整体承重支架,刚度大,受混凝土冲击影响小,其混凝土浇筑造成的变形和位移可以忽略不计;钢立柱顶部采用型钢组合,多点位支撑定位,预埋钢管及临时铰安装对位简单、精准,可有效保障拱脚预埋精度。本工法的应用保证了南浦溪特大桥拱脚预埋段精度,降低了安全风险,提高了安装速度,节约了成本。

拱脚预埋段定位胎架安装、拱脚预埋定位安装分别如图6.8.3-1、图6.8.3-2所示。

图 6.8.3-1　拱脚预埋段定位胎架安装图　　　　　图 6.8.3-2　拱脚预埋定位安装

8.4　钢管拱混凝土左右幅非对称灌注法推广应用

南浦溪特大桥因拱座场地条件受限,无法满足左右幅拱肋混凝土同步对称灌注,项目研究并总结了左右幅非对称灌注施工方法,灌注顺序遵循"先上弦、后下弦;先外侧、后内侧、大小里程两岸同步"的原则,灌注方式采用泵送顶升工艺,分别在大小里程拱脚设置进料管,拱顶隔仓板两侧设置排浆管,每根钢管混凝土一次性从拱脚连续顶升到顶。项目通过本方法的应用提高了钢管拱混凝土灌注质量,降低了高空作业安全风险,提高了混凝土灌注速度,取得了良好的经济效益。钢管拱混凝土提升如图6.8.4-1所示。

图6.8.4-1　钢管拱混凝土顶升

8.5　拱上立柱转体、立柱盖梁组合转体施工方法推广应用

南浦溪特大桥共设计有26根拱上钢箱立柱、13个钢盖梁,设计吊装节段共93个,对应需要在桥位高空进行长度在8.4～11.6m的106道对接环焊缝。传统的拱上立柱吊装工艺均采用竖直吊运至桥位进行安装,不仅增大了临时货运架空索道的净空压力,同时施工周期长,存在大量的高空作业,大大增加了工期压力、安全风险和索道建设成本;传统的吊装方法立柱与盖梁均分别进行吊装,若将立柱与盖梁进行组合,则将原有两段立柱一个钢梁共3次吊装减少为1次吊装,将大大加快吊装施工进度。为加快南浦溪特大桥拱上立柱吊装进度,提出立柱长节段空中转体、盖梁与立柱组合节段空中转体(图6.8.5-1、图6.8.5-2)的吊装施工方法。

图6.8.5-1　立柱长节段吊装空中转体

本施工方法对南浦溪特大桥临时货运架空索道净空、单组索道前后行走小车间距、索鞍横移距离等各项参数进行计算,合理划分立柱、盖梁吊装节段,以减少吊装次数,提高吊装效率。将吊装工况分为立柱单独吊装、盖梁单独吊装及立柱盖梁组合吊装等三种工况。本方法在南浦溪特大桥拱上钢箱立柱、盖梁的吊装施工推广应用,成功将原有的93个吊装节段缩减至29个吊装节段,106道桥位空中焊缝缩减至42道,工期由原计划的105d缩减至实际的65d。此项施工关键技术目前已申请国家发明专利。

图 6.8.5-2 盖梁与立柱组合节段空中转体

8.6 工字形组合梁单钩横向起吊水平转体吊装施工方法推广应用

南浦溪特大桥工字形梁吊装工期受春节后新冠肺炎疫情影响,工期压力大,需要提前施工处于吊装场的1号墩身,吊装场设置于小里程1号、2号墩之间,1号、2号墩施工完成后,吊装场顺桥向有效吊装长度将由原25m,减少至18.3m,无法满足长度为20m的工字形梁顺桥向摆放进行吊装的要求。针对上述问题,将工字形梁吊装由原方案的"双钩顺桥向吊装"优化为"单钩横桥向吊运,到指定高度后水平转体90°进行安装"。此施工方法的应用解决了吊装场空间限制问题,也可同步施工1号墩身,节省工期23d。工字形组合梁整跨横向起吊水平转体安装如图6.8.6-1所示。

图 6.8.6-1 工字形组合梁整跨横向起吊水平转体安装

第9章

桥梁静动载试验

9.1 试验概述

全线桥梁结构荷载试验范围包括南浦溪特大桥、洪溪特大桥、南山大桥、葛溪大桥、珊溪大桥、飞云江大桥共6座桥梁。试验桥跨选择见表6.9.1-1。

文泰高速公路工程荷载试验桥梁抽样   表6.9.1-1

桥梁名称	桥梁分类	孔数	抽取联型	抽取桥跨	选跨理由
洪溪特大桥(左线)	特大桥	3	(150+265+150)m 矮塔斜拉桥	第1跨、第2跨、第3跨	矮塔斜拉桥结构,为特大桥,结构形式和桥跨布置具有代表性
南浦溪特大桥主桥	特大桥	1	258m 钢管混凝土拱桥	第5跨	钢管混凝土拱桥结构,为特大桥,结构形式和桥跨布置具有代表性
珊溪大桥主桥(左线)	大桥	6	(55+4×100+55)m 波纹钢腹板刚构桥	第3跨、第4跨、第5跨	变截面连续箱梁结构,且跨径在整个项目较大,结构形式和桥跨布置具有代表性
葛溪大桥主桥(左线1号桥)	大桥	3	(55+100+55)m 波纹钢腹板刚构桥	第1跨、第2跨	变截面连续箱梁结构,且跨径在整个项目较大,结构形式和桥跨布置具有代表性
南山大桥(左线)	大桥	3	(65+120+65)m 波形钢腹板刚构桥	第1跨、第2跨	变截面连续箱梁结构,且跨径在整个项目较大,结构形式和桥跨布置具有代表性
飞云江大桥(左线)	大桥	11	(4×40)m 钢－混凝土组合梁桥	第1跨、第2跨	钢－混凝土组合梁,结构形式和桥跨布置具有代表性

9.1.1 静载试验基本原则

按照《公路桥梁荷载试验规程》(JTG/T J21-01—2015)第5.4.2条规定:交(竣)工验收静载试验荷载效率为0.85～1.05。静载试验采用350kN载重汽车加载,各试验工况所需加载车辆的数量,将根据设计标准活荷载产生的某工况下最不利效应值按下式所定原则等效换算而得:

$$0.85 \leqslant \eta = \frac{S_t}{S_d(1+\mu)} \leqslant 1.05$$

式中:η——静力试验荷载效率;

S_t——试验荷载作用下,某工况计算效应值;

S_d——设计标准活荷载不计冲击作用时产生的某试验工况的最不利计算效应值;

$1 + \mu$——设计计算取用的动力系数。

试验荷载采用内力等效的原则计算,使试验荷载效率满足上述规定,计算出各控制截面的内力影响线,并进行静力加载计算,给出合适的加载轮位布置图。

9.1.2　试验荷载

试验荷载采用三轴载重汽车(质量350kN)加载。试验加载使用的汽车在轮距、轴重、轮压方面模拟设计标准荷载,使之不致对桥梁结构产生超出设计范围的局部荷载。试验前对每辆加载车进行配重,并对每辆车编号、称重,同时对加载车辆的轴距校核(若有差别,将重新进行计算)。

9.2　试验前桥梁结构实际状况调查

9.2.1　洪溪特大桥状况调查

9.2.1.1　外观检查结果

在试验前,根据洪溪特大桥结构特点,以及《公路工程质量检验评定标准　第一册　土建工程》(JTG F80/1—2017)和《公路养护技术规范》(JTG H10—2009)有关规定,对斜拉索系统、支承系统、桥塔主要受力部位、主梁及附属结构进行了外观检查,洪溪特大桥整体外观状况较好。

9.2.1.2　成桥索力测试结果

洪溪特大桥左线成桥索力测试结果如表6.9.2-1、表6.9.2-2和图6.9.2-1～图6.9.2-4所示,测试结果表明,二期恒载铺装后实测索力与和理论索力吻合较好,成桥索力值与理论差值均在5%以内,满足设计及相关规范要求。

二期恒载铺装后1号塔成桥索力　　　　表6.9.2-1

索 体 编 号	实测值 (kN)	理论值 (kN)	偏差 (%)	索 体 编 号	实测值 (kN)	理论值 (kN)	偏差 (%)
BCW16	5484.0	5429.7	1.0	BCN16	5440.3	5435.1	0.1
BCW15	5509.7	5450.5	1.1	BCN15	5492.9	5455.7	0.7
BCW14	5460.4	5455.2	0.1	BCN14	5383.6	5460.2	−1.4
BCW13	5350.1	5379.2	−0.5	BCN13	5396.8	5384.3	0.2
BCW12	5289.3	5303.7	−0.3	BCN12	5346.0	5308.3	0.7
BCW11	5298.6	5236.9	1.2	BCN11	5336.8	5241.3	1.8
BCW10	5178.4	5135.6	0.8	BCN10	5192.6	5139.5	1.0
BCW9	5150.5	5071.9	1.6	BCN9	5046.0	5075.7	−0.6
BCW8	4267.0	4288.3	−0.5	BCN8	4296.4	4291.1	0.1
BCW7	4263.9	4283.3	−0.5	BCN7	4317.7	4286.4	0.7
BCW6	4278.9	4247.2	0.7	BCN6	4297.7	4250.4	1.1
BCW5	4291.7	4235.0	1.3	BCN5	4267.4	4238.4	0.7
BCW4	4163.4	4191.6	−0.7	BCN4	4147.4	4194.9	−1.1
BCW3	3682.2	3694.9	−0.3	BCN3	3658.3	3698.0	−1.1

索 体 编 号	实测值 （kN）	理论值 （kN）	偏差 （%）	索 体 编 号	实测值 （kN）	理论值 （kN）	偏差 （%）
BCW2	3697.3	3670.9	0.7	BCN2	3702.9	3674.0	0.8
BCW1	3583.0	3664.9	−2.2	BCN1	3648.8	3668.2	−0.5
ZCW1	3582.3	3600.5	−0.5	ZCN1	3650.9	3602.8	1.3
ZCW2	3615.3	3601.3	0.4	ZCN2	3681.6	3603.4	2.2
ZCW3	3640.1	3621.4	0.5	ZCN3	3656.5	3623.5	0.9
ZCW4	4088.6	4102.9	−0.3	ZCN4	4050.8	4105.4	−1.3
ZCW5	4195.2	4144.9	1.2	ZCN5	4118.6	4147.6	−0.7
ZCW6	4120.7	4157.1	−0.9	ZCN6	4151.0	4159.9	−0.2
ZCW7	4130.5	4195.2	−1.5	ZCN7	4248.5	4198.2	1.2
ZCW8	4266.5	4203.7	1.5	ZCN8	4172.2	4206.6	−0.8
ZCW9	4908.6	4978.8	−1.4	ZCN9	5005.5	4983.3	0.4
ZCW10	5056.0	5059.1	−0.1	ZCN10	5050.1	5063.9	−0.3
ZCW11	5141.9	5179.1	−0.7	ZCN11	5190.7	5184.6	0.1
ZCW12	5271.6	5265.3	0.1	ZCN12	5292.2	5271.1	0.4
ZCW13	5314.7	5371.4	−1.1	ZCN13	5357.7	5377.7	−0.4
ZCW14	5499.7	5479.8	0.4	ZCN14	5549.9	5486.1	1.2
ZCW15	5536.3	5507.0	0.5	ZCN15	5564.0	5513.6	0.9
ZCW16	5584.4	5504.7	1.4	ZCN16	5503.3	5511.6	−0.2

二期恒载铺装后 2 塔成桥索力　　表 6.9.2-2

索 体 编 号	实测值 （kN）	理论值 （kN）	偏差 （%）	索 体 编 号	实测值 （kN）	理论值 （kN）	偏差 （%）
BCW16	5459.9	5430.3	0.5	BCN16	5470.0	5435.8	0.6
BCW15	5416.8	5444.9	−0.5	BCN15	5456.0	5450.2	0.1
BCW14	5405.4	5443.5	−0.7	BCN14	5489.0	5448.6	0.7
BCW13	5388.2	5361.7	0.5	BCN13	5323.1	5366.8	−0.8
BCW12	5220.4	5280.3	−1.1	BCN12	5294.9	5284.9	0.2
BCW11	5196.6	5207.9	−0.2	BCN11	5314.0	5212.3	2.0
BCW10	5140.4	5100.8	0.8	BCN10	5076.3	5104.6	−0.6
BCW9	5043.0	5031.5	0.2	BCN9	5060.4	5035.4	0.5
BCW8	4270.0	4252.1	0.4	BCN8	4236.0	4254.9	−0.4
BCW7	4216.1	4243.7	−0.7	BCN7	4287.4	4246.8	1.0
BCW6	4263.7	4203.9	1.4	BCN6	4267.4	4207.1	1.4
BCW5	4149.2	4188.2	−0.9	BCN5	4140.5	4191.6	−1.2
BCW4	4184.3	4140.9	1.0	BCN4	4216.1	4144.2	1.7
BCW3	3602.9	3648.3	−1.2	BCN3	3634.0	3651.4	−0.5
BCW2	3652.4	3621.6	0.9	BCN2	3636.9	3624.7	0.3
BCW1	3638.0	3613.3	0.7	BCN1	3643.3	3616.7	0.7
ZCW1	3652.8	3653.5	0.0	ZCN1	3692.6	3655.9	1.0
ZCW2	3646.3	3652.5	−0.2	ZCN2	3702.9	3654.7	1.3
ZCW3	3711.3	3670.2	1.1	ZCN3	3711.8	3672.4	1.1
ZCW4	4150.4	4156.6	−0.2	ZCN4	4172.9	4159.2	0.3

续上表

索体编号	实测值 （kN）	理论值 （kN）	偏差 （%）	索体编号	实测值 （kN）	理论值 （kN）	偏差 （%）
ZCW5	4258.5	4195.0	1.5	ZCN5	4166.0	4197.8	−0.8
ZCW6	4245.9	4204.3	1.0	ZCN6	4230.9	4207.1	0.6
ZCW7	4226.0	4238.9	−0.3	ZCN7	4298.1	4242.0	1.3
ZCW8	4190.4	4244.3	−1.3	ZCN8	4292.4	4247.4	1.1
ZCW9	4936.8	5025.2	−1.8	ZCN9	4955.6	5029.7	−1.5
ZCW10	5201.3	5100.1	2.0	ZCN10	5082.3	5105.0	−0.4
ZCW11	5208.3	5214.6	−0.1	ZCN11	5246.6	5220.2	0.5
ZCW12	5304.0	5295.4	0.2	ZCN12	5366.6	5301.2	1.2
ZCW13	5355.0	5395.7	−0.8	ZCN13	5436.3	5402.1	0.6
ZCW14	5471.1	5498.4	−0.5	ZCN14	5483.0	5504.8	−0.4
ZCW15	5562.6	5519.6	0.8	ZCN15	5541.7	5526.2	0.3
ZCW16	5610.7	5511.3	1.8	ZCN16	5509.9	5518.1	−0.1

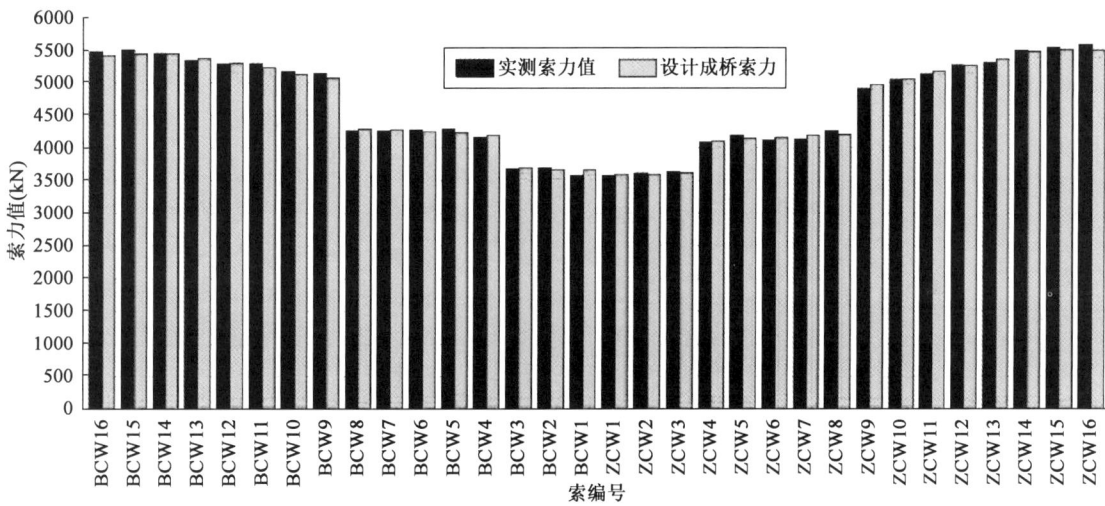

图 6.9.2-1 二期恒载铺装后 1 号塔外侧成桥索力柱状图

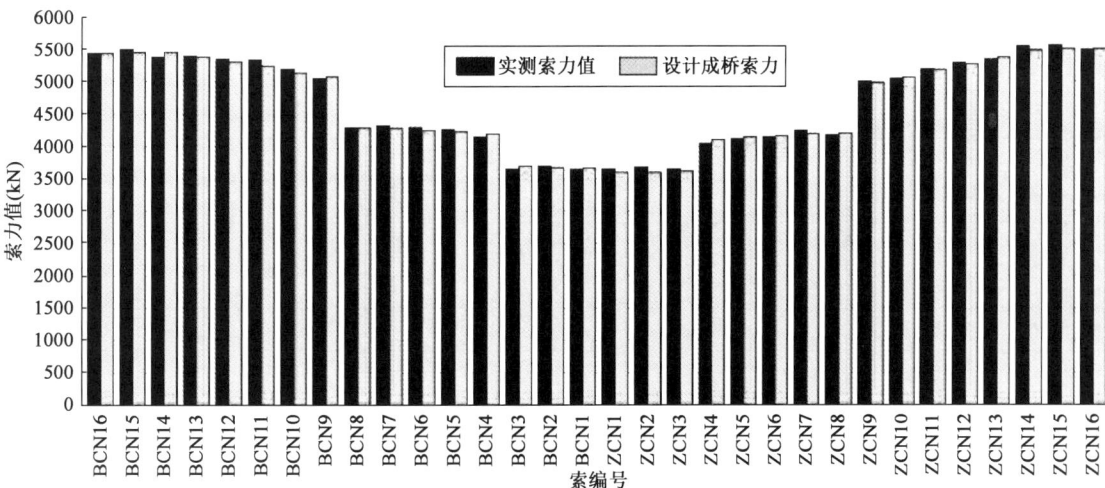

图 6.9.2-2 二期恒载铺装后 1 号塔内侧成桥索力柱状图

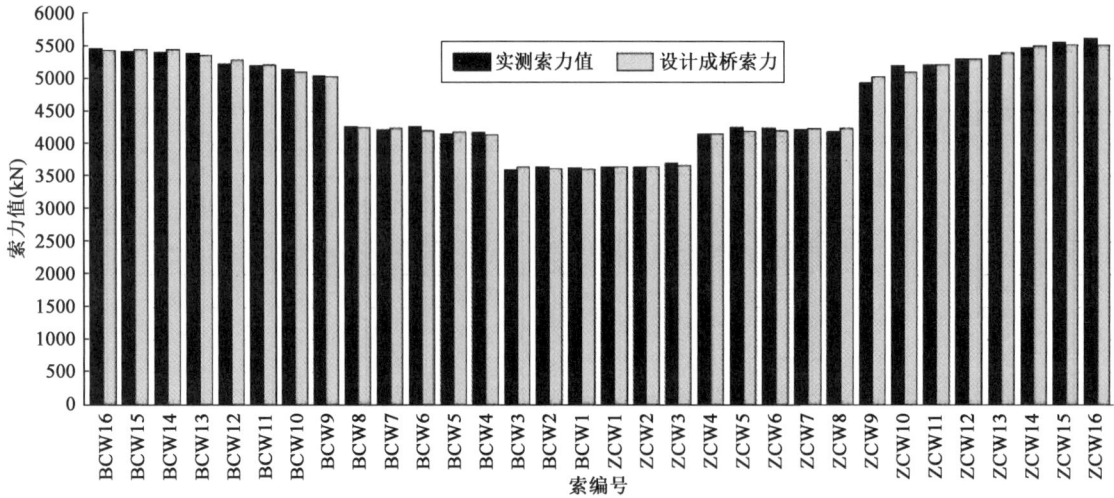

图 6.9.2-3　二期恒载铺装后 2 号塔外侧成桥索力柱状图

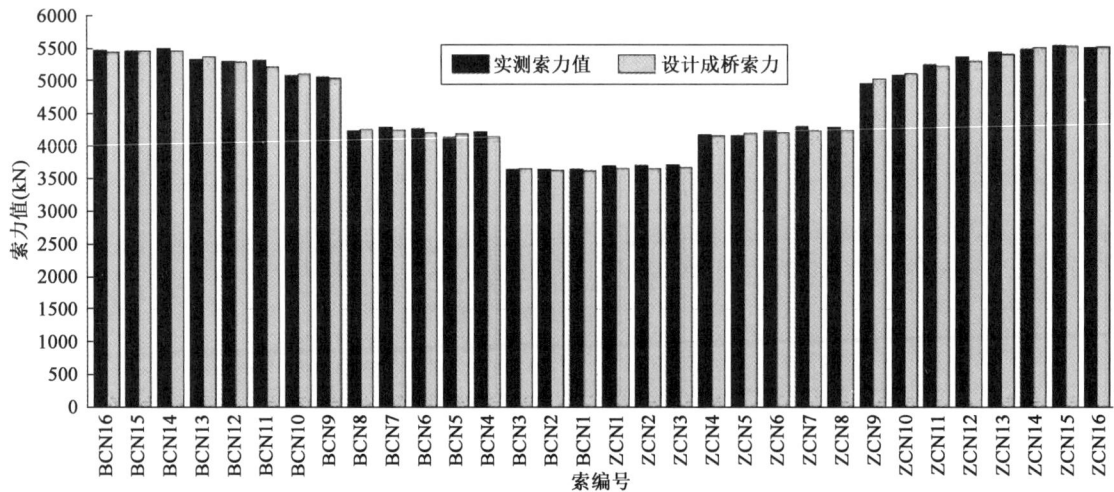

图 6.9.2-4　二期恒载铺装后 2 号塔内侧成桥索力柱状图

9.2.1.3　恒载桥面线形

桥面测点布置在护栏内侧分别为 ZW(左线外侧)、ZN(左线内侧)。以 0 号台桥面为起始测点,边跨 18.8m 一个测点、中跨 16.6m 一个测点进行测量,线形测试记录及结果分别见表 6.9.2-3 和图 6.9.2-5。内外侧线形基本一致,整体线形比较平顺。

桥面线形测试记录　　　　　　　　　　　　　　　　　　表 6.9.2-3

相对里程(m)	主梁节点竣工阶段相对高程(m)	
	ZW	ZN
0.0	0.000	0.238
18.8	0.368	0.598
37.5	0.783	1.023
56.3	1.185	1.406
75.0	1.514	1.757
93.8	1.846	2.096
112.5	2.169	2.411
131.3	2.499	2.753

续上表

相对里程(m)	主梁节点竣工阶段相对高程(m)	
	ZW	ZN
150.0	2.856	3.068
166.6	3.199	3.432
183.1	3.545	3.788
199.7	3.919	4.142
216.3	4.275	4.502
232.8	4.634	4.861
249.4	4.969	5.197
265.9	5.260	5.483
282.5	5.561	5.774
299.1	5.877	6.090
315.6	6.184	6.392
332.2	6.498	6.706
348.8	6.802	7.011
365.3	7.078	7.257
381.9	7.305	7.542
398.4	7.590	7.802
415.0	7.910	8.113
433.8	8.282	8.498
452.5	8.658	8.897
471.3	9.037	9.264
490.0	9.443	9.697
508.8	9.837	10.056
527.5	10.157	10.383
546.3	10.437	10.664
565.0	10.758	10.949

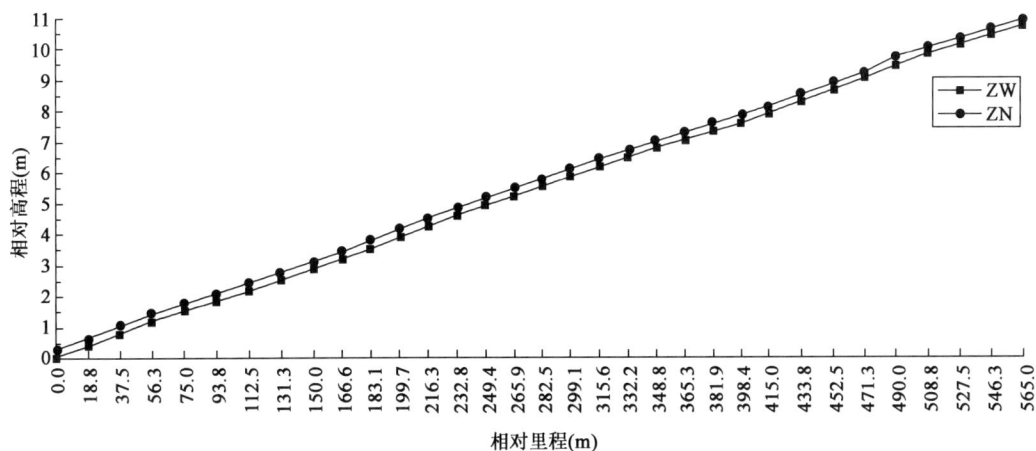

图 6.9.2-5　桥面线形测试结果

9.2.2 南浦溪特大桥状况调查

9.2.2.1 拱肋线形测试

主拱测点布置在拱上缘边侧,相对里程从小里程拱脚到大里程拱脚,X 代表里程坐标,Y 代表横向坐标,H 代表高程坐标。主拱拱肋线形测量结果见表 6.9.2-4,主拱拱肋线形测试结果见图 6.9.2-6,测试结果表明左右侧拱肋线形对称,整体线形较平顺。

主拱拱肋线形测量结果(单位:m)   表 6.9.2-4

相对里程	左 侧 拱 肋			右 侧 拱 肋		
	X	Y	H	X	Y	H
0.0	0.000	−9.998	0.000	0.000	10.002	0.000
13.6	13.558	−9.996	11.948	13.558	9.995	11.955
33.3	33.334	−10.001	26.640	33.334	10.005	26.644
52.8	52.818	−9.998	38.049	52.818	10.002	38.047
72.9	72.911	−9.997	46.913	72.911	10.005	46.907
92.9	92.918	−9.996	53.022	92.918	10.001	53.030
113.0	112.951	−9.995	56.569	112.951	9.998	56.560
133.1	133.061	−10.003	57.626	133.061	10.005	57.635
150.1	150.061	−10.007	56.562	150.061	9.997	56.559
170.1	170.097	−9.999	53.053	170.097	10.004	53.048
190.1	190.104	−9.995	46.96	190.104	10.003	46.961
210.2	210.206	−10.001	38.079	210.206	10.005	38.073
229.7	229.688	−10.003	26.696	229.688	10.003	26.704
249.5	249.483	−10.005	11.993	249.483	9.996	11.996
263.0	263.015	−9.999	0.000	263.015	10.001	0.000

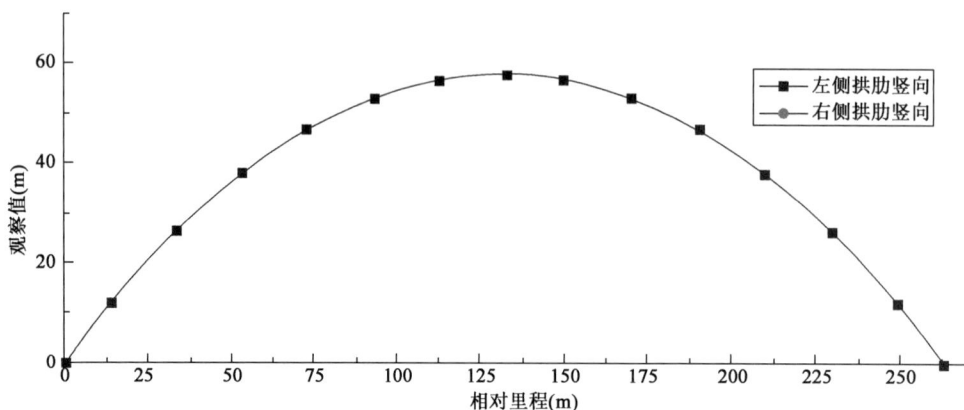

图 6.9.2-6　拱肋线形测试结果

9.2.2.2 桥面线形测试

桥面测点布置在护栏内侧分别为 ZW(左线外侧)、ZN(左线内侧)、YN(右线内侧)和 YW(右线外侧),以4号墩桥面为起始测点,10m一个测点进行测量,线形测试记录及结果分别见表6.9.2-5和图6.9.2-7,测试结果表明内侧间和外侧间线形高程基本一致,整体线形较平顺。

桥面线形测试记录   表6.9.2-5

相对里程(m)	主梁节点竣工阶段相对高程(m)			
	ZW	ZN	YN	YW
0	0.000	0.218	0.250	0.013
10	0.258	0.462	0.476	0.239
20	0.503	0.709	0.719	0.497
30	0.752	0.960	0.962	0.743
40	1.011	1.228	1.227	1.021
50	1.267	1.487	1.479	1.273
60	1.523	1.748	1.743	1.526
70	1.789	2.009	2.018	1.778
80	2.046	2.278	2.281	2.047
90	2.294	2.520	2.526	2.292
100	2.546	2.787	2.817	2.580
110	2.815	3.055	3.041	2.826
120	3.071	3.310	3.298	3.080
130	3.317	3.553	3.551	3.333
140	3.570	3.805	3.805	3.565
150	3.825	4.043	4.039	3.834
160	4.074	4.306	4.296	4.070
170	4.310	4.546	4.540	4.314
180	4.550	4.778	4.814	4.583
190	4.800	5.024	5.026	4.823
200	5.045	5.278	5.277	5.065
210	5.281	5.510	5.523	5.311
220	5.531	5.760	5.789	5.556
230	5.764	6.009	6.019	5.799
240	6.008	6.256	6.260	6.042
250	6.241	6.486	6.501	6.283
260	6.490	6.738	6.753	6.527
270	6.735	6.974	6.984	6.774
280	7.003	7.213	7.233	7.019

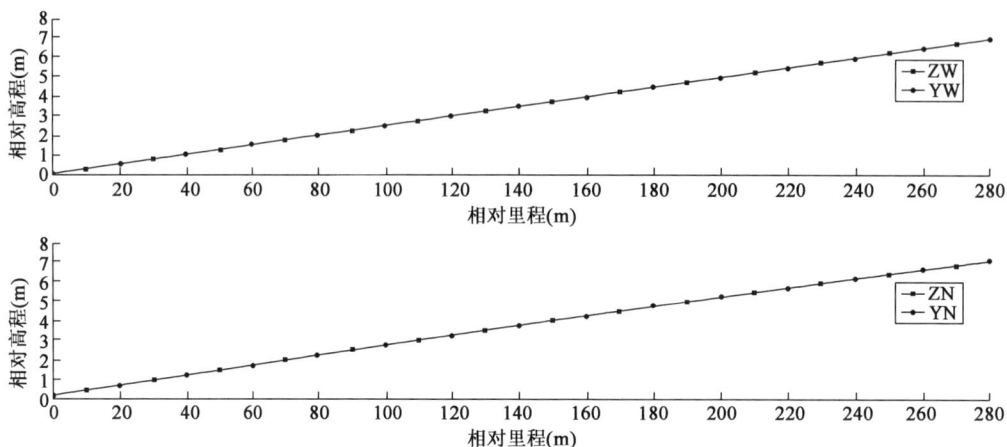

图 6.9.2-7　桥面线形测试结果

9.2.3　波形钢腹板刚构桥状况调查

以珊溪大桥主桥(左线)为例,桥面测点布置在护栏内侧分别为 ZW(左线外侧)、ZN(左线内侧)。以 3 号墩桥面为起始测点、边跨 27.5m 一个测点、中跨 25m 一个测点进行测量,线形测试记录及结果分别见表 6.9.2-6 和图 6.9.2-8。

桥面线形测试记录(单位:m)　　　　　　　　　　　　表 6.9.2-6

相 对 里 程	相 对 高 程	
	左线外侧	左线内侧
0.0	0.217	0.000
27.5	0.770	0.575
55.0	1.295	1.074
80.0	1.859	1.608
105.0	2.364	2.115
130.0	2.859	2.614
155.0	3.343	3.119
180.0	3.859	3.649
205.0	4.274	4.164
230.0	4.646	4.674
255.0	5.007	5.156
280.0	5.441	5.649
305.0	5.947	6.134
330.0	6.477	6.684
355.0	6.897	7.126
380.0	7.450	7.639
405.0	7.949	8.130
430.0	8.450	8.635
455.0	8.910	9.129
482.5	9.477	9.686
510.0	9.981	10.187

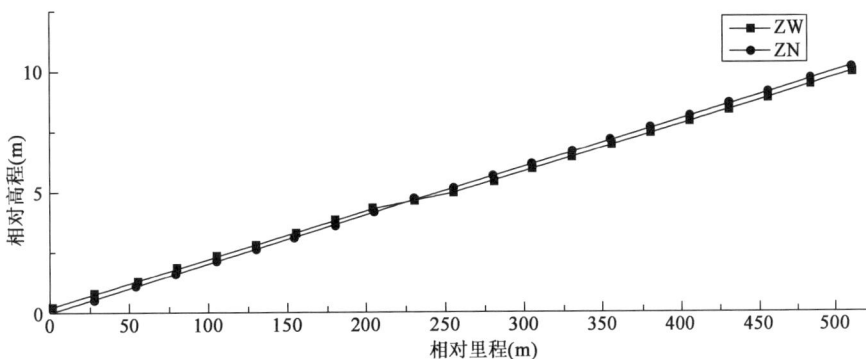

图 6.9.2-8　桥面线形测试结果

9.3　静载试验

9.3.1　洪溪特大桥静载试验

9.3.1.1　主要测试内容

洪溪特大桥静载试验工况如下：

(1)主梁边孔和中孔最大正弯矩和挠度。

(2)主梁墩顶最大负弯矩。

(3)主塔塔顶纵向最大水平位移和塔角截面最大弯矩。

(4)中孔跨中附近拉索最大拉力。

测试内容主要包括以下几个方面内容：

(1)主梁边跨和中跨最大正弯矩截面应力(应变)及挠度。

(2)主梁墩顶支点应力(应变)。

(3)主塔塔顶纵桥向水平位移与塔角截面应力(应变)。

(4)塔柱底截面应力(应变)。

(5)典型斜拉索索力。

(6)对桥梁结构重点部位(包括伸缩缝、支座体系、主塔、主梁等构件)进行观测。

(7)大气温度及结构温度场。

9.3.1.2　有限元计算

在静载试验前运用桥梁专用有限元程序 midas Civil 对桥梁空间构建模型,计算各桥在活载和恒载、活载共同作用下的轴力、弯矩、剪力、应力及位移的包络图;根据包络图确定桥梁最不利控制截面;同时考虑选取受力复杂的截面和部位,将这些截面(或部位)作为测试控制截面;计算出各控制截面的内力影响线,并进行静力加载计算,给出合适的加载轮位布置。

试验结束后,综合分析实测数量,去伪存真,将实测结果与理论计算结果进行比较,再结合成桥状态恒载应力来全面判定结构的施工质量、运营安全度。

洪溪特大桥整体计算模型如图 6.9.3-1 所示。

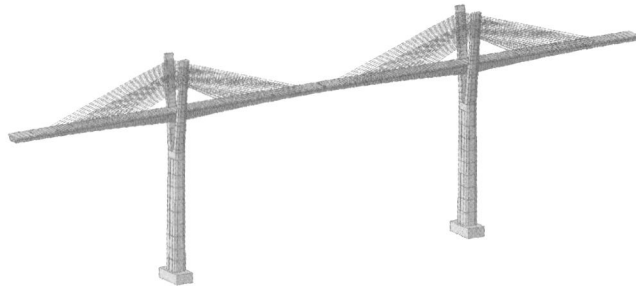

图 6.9.3-1 洪溪特大桥整体计算模型

1) 主要计算参数

（1）混凝土

洪溪特大桥各构件所用混凝土材料见表 6.9.3-1。

洪溪特大桥各构件所用混凝土材料　　　　　　表 6.9.3-1

混凝土箱梁	C60 混凝土
伸缩缝	C50 钢纤维混凝土
桥面铺装混凝土调平层	C50 防水混凝土
索塔	C50 混凝土
塔座及承台	C45 混凝土
防撞护栏底座	C40 混凝土
桩基	C35 混凝土

混凝土力学性能指标见表 6.9.3-2。

混凝土力学性能指标　　　　　　表 6.9.3-2

力学性能指标	C60 混凝土	C50 混凝土	C45 混凝土	C40 混凝土	C35 混凝土
弹性模量 E（MPa）	36000	34500	33500	32500	31500
轴心抗压强度设计值 f_{cd}（MPa）	26.5	22.4	20.5	18.4	16.7
轴心抗拉强度设计值 f_{td}（MPa）	1.96	1.83	1.74	1.65	1.57
重度（kN/m³）	26	26	26	26	26
热膨胀系数（1/℃）	0.00001	0.00001	0.00001	0.00001	0.00001

（2）预应力钢绞线

本桥采用钢绞线斜拉索，单股钢绞线直径 $\phi_s = 15.20\text{mm}$，钢绞线截面面积 140mm²，钢绞线标准强度 $f_{pk} = 1860\text{MPa}$，弹性模量 $1.95 \times 10^5 \text{MPa}$。

（3）边界条件

主塔基础固结，主塔横梁与主梁固结，辅助墩临时铰接，过渡墩单向支撑。

2) 主要计算荷载

（1）设计荷载

①一期恒载：钢材重度为 78.5kN/m³，钢筋混凝土重度为 26kN/m³，沥青混凝土重度为 24kN/m³。

②二期恒载：桥面铺装按 10cm 沥青混凝土 +6cm 混凝土调平层厚度计算重量。

③防撞护栏及检修道栏杆按实际重量计算。

汽车活载：公路—Ⅰ级荷载。

（2）汽车荷载系数

按单向 3 车道计算。

（3）纵横向折减系数

按照《公路桥涵设计通用规范》（JTG D60—2015）第 4.3 条规定：3 车道横向折减系数为 0.78；计算跨径大于 150m 小于 400m 时纵向折减系数取 0.97。

（4）车道荷载系数

考虑纵向折减系数0.97，车道数实际取值3×0.78×0.97＝2.2698，设计活载效应还考虑冲击系数1.05。

9.3.1.3　应力控制截面选定及测点布置

洪溪特大桥为矮塔斜拉桥，根据《公路桥梁荷载试验规程》（JTG/T J21-01—2015）第5.2.2条，其主要测试工况和测试断面见表6.9.3-3，其中主要工况为必做工况，附加工况可视具体情况确定是否进行。

规范规定斜拉桥主要测试工况和测试断面　　　　表6.9.3-3

桥型		试验工况	测试截面
斜拉桥	主要工况	①主梁中孔跨中最大正弯矩及挠度工况； ②主梁墩顶最大负弯矩工况； ③主塔塔顶纵桥向最大水平位移与塔脚截面最大弯矩工况	①中跨最大正弯矩截面； ②墩顶截面； ③塔顶位移截面及塔脚最大弯矩截面
	附加工况	①中孔跨中附近拉索最大拉力工况； ②主梁最大纵向漂移工况	①典型拉索； ②加劲梁两端（水平位移）

同时结合洪溪特大桥的结构特点和受力特性，根据有限元计算结果，选取结构应力水平较高和较不利截面，通过这些测点的应力水平反映结构的受力状况。主梁布置5个应力测试断面，主塔布置2个应力测试断面，7个断面共计布置混凝土测点122个，如表6.9.3-4及图6.9.3-2所示。

洪溪特大桥应力测试断面布设　　　　表6.9.3-4

序号	断面	部位	断面位置	测点数
1	1-1	主梁	文成侧边跨最大正弯矩断面（距0号台51m）	22
2	2-2	主梁	1号墩支点附近最大负弯矩断面（距1号墩4m）	22
3	3-3	主梁	中跨$L/4$附近断面（距1号主塔墩68m）	22
4	4-4	主梁	中跨$L/2$附近断面（距1号主塔墩132.5m）	22
5	5-5	主梁	泰顺侧边跨最大正弯矩断面（距3号台51m）	22
6	6-6	主塔	主塔根部断面（距桥面高2m）	8
7	7-7	主塔	主塔根部断面（距承台高2m）	4
测点总数				122

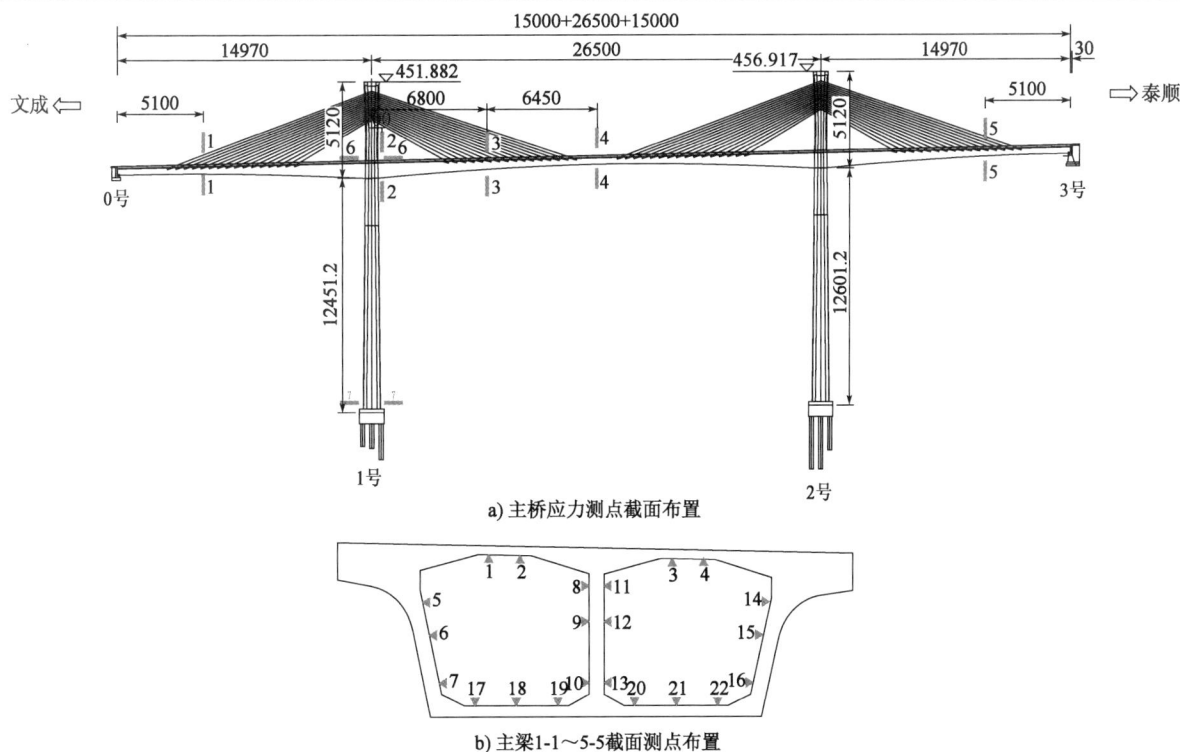

a) 主桥应力测点截面布置

b) 主梁1-1~5-5截面测点布置

图　6.9.3-2

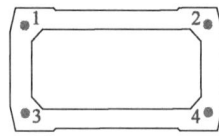

c) 主塔7-7截面测点布置
（利用原有监控测点测试）

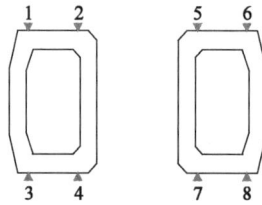

d) 主塔6-6截面测点布置

图6.9.3-2 应力测试断面布置示意图(尺寸单位:cm;高程单位:m)

注:▲表示新增单向应力测点;●表示利用原有监控测点

9.3.1.4 位移测点布置及测试

位移测点布置如图6.9.3-3所示。

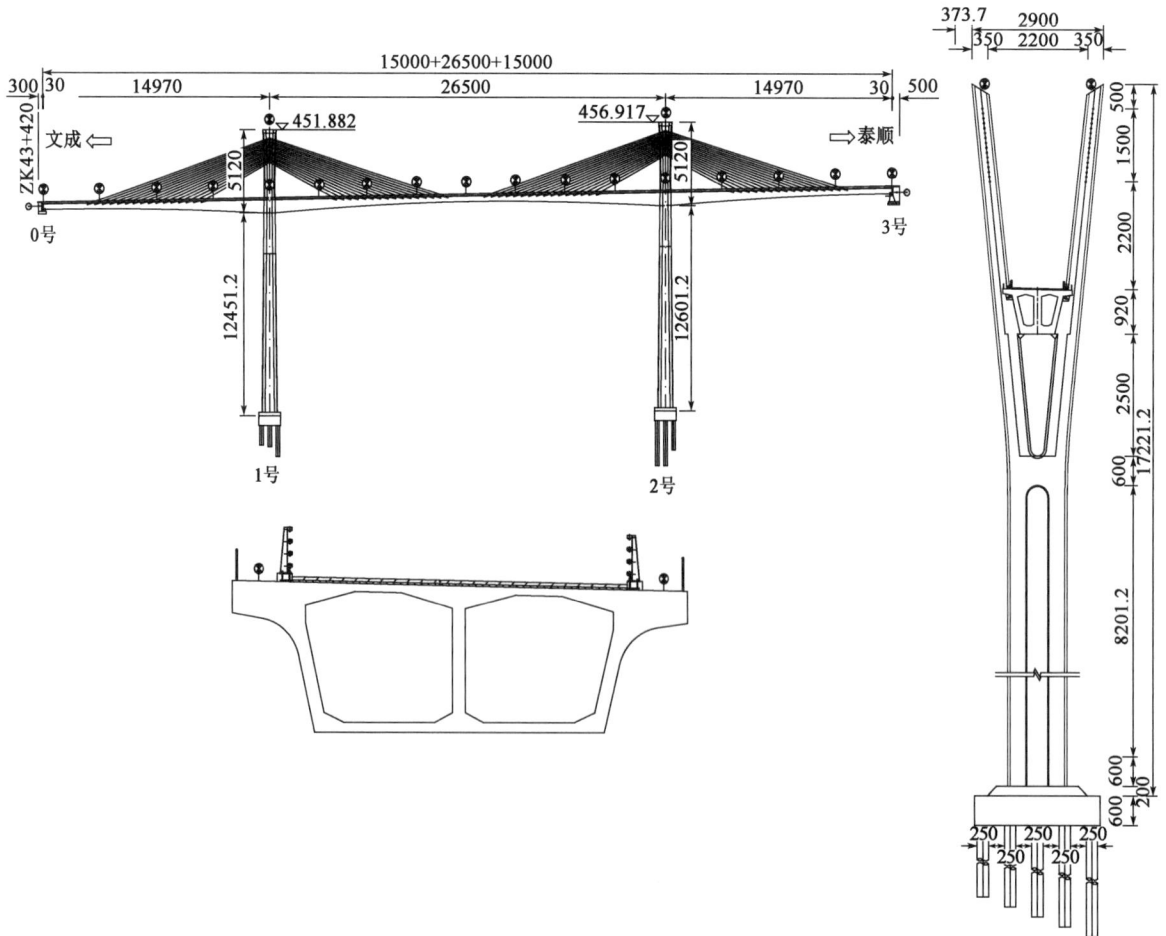

图6.9.3-3 位移测点布置示意图(尺寸单位:cm;高程单位:m)

注:🕴表示主梁高程测点;🔵表示主塔位移测点;🔶表示支座位移测点

洪溪特大桥位移测试包括主梁竖向挠度测试、主塔塔顶纵向水平偏位测试、支座和伸缩缝位移测试。

1）主梁竖向挠度

在边跨4分点处和中跨8分点处桥跨内外侧布置桥面挠度测点,测试各试验工况下的变形值。

2）主塔塔顶纵向水平偏位

在主塔塔顶布置主塔塔顶纵向水平偏位测点,测试各试验工况下的变形值。

3）支座和伸缩缝位移

通过在支座处布置百分表,伸缩缝处用游标卡尺,直接测量在试验荷载作用下支座及伸缩缝的纵向位移。

9.3.1.5　加载工况及效率

为了满足检定斜拉桥承载能力和各结构部位测试内容的要求,试验荷载工况的选择应该反映斜拉桥结构的最不利受力状态。针对以上检测内容,本次成桥试验加载工况设计见表6.9.3-5,各工况加载效率见表6.9.3-6。

静载试验加载工况及测试内容　　　　　　　　　　　　　表6.9.3-5

工况	工况名称	测试内容
1	文成侧边跨1-1断面最大弯矩对称加载	主梁挠度、塔顶偏位、1-1截面应变、支座伸缩缝位移
2	文成侧边跨1-1断面最大弯矩偏心加载	主梁挠度、塔顶偏位、1-1截面应变、支座伸缩缝位移
3	主塔附近2-2断面最大负弯矩对称加载	主梁挠度、塔顶偏位、2-2截面应变、支座伸缩缝位移
4	中跨3-3断面最大弯矩对称加载	主梁挠度、塔顶偏位、3-3截面应变、支座伸缩缝位移
5	中跨4-4断面最大弯矩对称加载	主梁挠度、塔顶偏位、4-4截面应变、支座伸缩缝位移
6	中跨4-4断面最大弯矩偏心加载	主梁挠度、塔顶偏位、4-4截面应变、支座伸缩缝位移
7	泰顺侧边跨5-5断面最大弯矩对称加载	主梁挠度、塔顶偏位、5-5截面应变、支座伸缩缝位移
8	泰顺侧边跨5-5断面最大弯矩偏心加载	主梁挠度、塔顶偏位、5-5截面应变、支座伸缩缝位移
9	主塔根部(塔梁处)6-6断面最大弯矩对称加载	主梁挠度、塔顶偏位、6-6截面应变、支座伸缩缝位移
10	主塔根部(塔底处)7-7断面最大弯矩对称加载	主梁挠度、塔顶偏位、7-7截面应变、支座伸缩缝位移
11	主塔塔顶最大偏位对称加载	主梁挠度、支座位移、塔顶偏位、支座伸缩缝位移
12	斜拉索索力最大增量对称加载	主梁挠度、塔顶偏位、加载处ZCN14~16/ZCW14~16斜拉索索力、支座伸缩缝位移

静载试验加载效率　　　　　　　　　　　　　　　　表6.9.3-6

工况	工况名称	设计活载效应	试验加载效应	加载效率	车辆
1	文成侧边跨1-1断面最大弯矩对称加载	50640kN·m	51805kN·m	102%	3×3=9
2	文成侧边跨1-1断面最大弯矩偏心加载	50640kN·m	51805kN·m	102%	3×3=9
3	1号墩附近2-2断面最大负弯矩对称加载	−128714kN·m	−116063kN·m	90%	4×3=12
4	中跨3-3断面最大弯矩对称加载	33429kN·m	31853kN·m	95%	4×3=12
5	中跨4-4断面最大弯矩对称加载	47453kN·m	45653kN·m	95%	4×3=12
6	中跨4-4断面最大弯矩偏心加载	47453kN·m	45653kN·m	95%	4×3=12
7	泰顺侧边跨5-5断面最大弯矩对称加载	50563kN·m	51550kN·m	102%	3×3=9
8	泰顺侧边跨5-5断面最大弯矩偏心加载	50563kN·m	51550kN·m	102%	3×3=9
9	主塔根部(塔梁处)6-6断面最大弯矩对称加载	18340kN·m	16243kN·m	89%	4×3=12
10	主塔根部(塔底处)7-7断面最大弯矩对称加载	−102368kN·m	−94523kN·m	92%	4×3=12
11	主塔塔顶最大偏位对称加载	22.7mm	21.6mm	95%	4×3=12
12	斜拉索索力最大增量对称加载	150kN	129kN	86%	4×3=12

9.3.1.6　静载试验结果分析

静载试验的测试结果表格中,应变单位为10^{-6},应力单位为MPa,受拉为正,受压为负,校验系数为无量纲量。挠度的单位为mm,挠度以向下为负,向上为正。斜拉索索力单位为kN,受拉为正,受压为负。伸缩量等长度单位为 m。温度单位为℃。

在以下各工况测试结果中：

(1)结构校验系数 = 实测应力/计算应力(或实测弹性变位/计算变位)。

(2)混凝土应变以受拉为正,受压为负。应变单位为 10^{-6}。实测应变计算时取主梁混凝土的弹性模量 $E = 3.60 \times 10^4 \text{MPa}$,主塔混凝土的弹性模量 $E = 3.45 \times 10^4 \text{MPa}$。

(3)偏载系数 = 实测偏载侧最大应力/实测平均应力(或实测偏载侧最大弹性变位/实测平均弹性变位)。

(4)表中的"—"表示数值很小,无需进行比较。

1)主梁竖向挠度

本次测试对各工况下主梁的挠度变化情况均进行测试,各主要工况下混凝土箱梁挠度变化情况见表 6.9.3-7 ~ 表 6.9.3-13 及图 6.9.3-4 ~ 图 6.9.3-7。

工况 1 对称荷载作用下主梁挠度

表 6.9.3-7

位　置	相对里程(m)	实测挠度(mm)			计算值(mm)	校验系数
		外侧	内侧	平均值		
0 号台	0.000	0.0	0.0	0.0	0.6	—
$L/4$	37.500	−24.3	−23.8	−24.1	−28.3	0.85
$L/2$	75.000	−23.6	−25.2	−24.4	−27.5	0.89
$3L/4$	112.500	−8.4	−8.3	−8.4	−11.8	0.70
1 号墩	150.000	0.0	0.0	0.0	−0.1	—
$L/8$	183.125	5.6	6.2	5.9	7.0	0.84
$L/4$	216.250	9.7	10.1	9.9	12.8	0.77
$3L/8$	249.375	12.5	12.7	12.6	15.1	0.83
$L/2$	282.500	10.4	10.7	10.6	12.1	0.87
$5L/8$	315.625	5.4	5.3	5.4	6.7	0.80
$3L/4$	348.750	1.7	1.9	1.8	2.4	0.75
$7L/8$	381.875	0.2	0.4	0.3	0.0	—
2 号墩	415.000	0.0	0.0	0.0	0.0	—
$L/4$	452.500	0.0	−0.1	−0.1	−0.1	—
$L/2$	490.000	−0.1	−0.3	−0.2	−0.4	—
$3L/4$	527.500	−0.2	−0.3	−0.2	−0.4	—
3 号台	565.000	0.0	0.0	0.0	0.0	—

注:L 表示跨径。

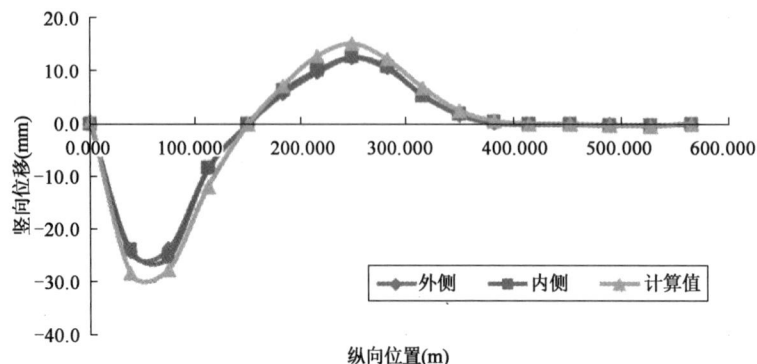

图 6.9.3-4　工况 1 对称荷载作用下主梁挠度测试结果图

工况 3、4、11 对称荷载作用下主梁挠度

表 6.9.3-8

位　　置	相对里程（m）	实测挠度（mm）			计算值（mm）	校 验 系 数
		外侧	内侧	平均值		
0 号台	0.000	−0.1	−0.2	−0.1	−0.3	—
L/4	37.500	12.3	13.2	12.8	16.4	0.78
L/2	75.000	15.4	14.6	15.0	19.8	0.76
3L/4	112.500	9.8	9.4	9.6	12.1	0.80
1 号墩	150.000	−0.1	−0.1	−0.1	−0.3	—
L/8	183.125	−11.2	−11.4	−11.3	−16.1	0.70
L/4	216.250	−30.1	−30.5	−30.3	−38.1	0.79
3L/8	249.375	−46.6	−42.7	−44.7	−52.4	0.85
L/2	282.500	−36.5	−37.3	−36.9	−45.2	0.82
5L/8	315.625	−24.2	−25.4	−24.8	−28.1	0.88
3L/4	348.750	−10.7	−10.3	−10.5	−12.6	0.83
7L/8	381.875	−2.8	−3.4	−3.1	−4.2	0.74
2 号墩	415.000	0.0	0.0	0.0	−0.1	—
L/4	452.500	2.2	2.4	2.3	3.1	0.75
L/2	490.000	3.8	4.1	4.0	5.5	0.72
3L/4	527.500	3.5	3.7	3.6	4.7	0.76
3 号台	565.000	0.0	−0.1	−0.1	−0.1	—

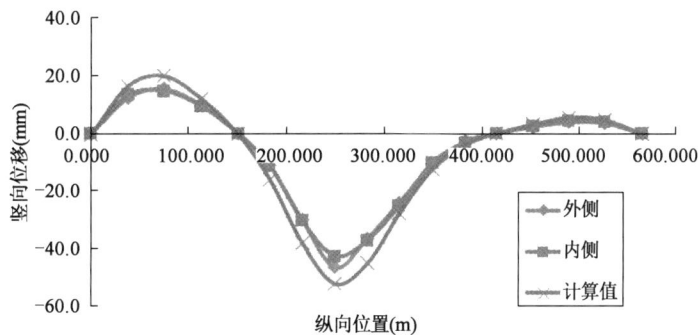

图 6.9.3-5　工况 3、4、11 对称荷载作用下主梁挠度测试结果图

工况 5、9、10、12 对称荷载作用下主梁挠度

表 6.9.3-9

位　　置	相对里程（m）	实测挠度（mm）			计算值（mm）	校 验 系 数
		外侧	内侧	平均值		
0 号台	0.000	0.0	−0.1	−0.1	−0.2	—
L/4	37.500	7.6	8.1	7.9	10.0	0.79
L/2	75.000	9.8	10.3	10.1	11.7	0.86
3L/4	112.500	5.0	5.5	5.3	6.8	0.77
1 号墩	150.000	0.0	0.0	0.0	−0.1	—
L/8	183.125	−6.4	−6.2	−6.3	−8.7	0.72
L/4	216.250	−20.8	−20.1	−20.5	−23.9	0.86
3L/8	249.375	−39.8	−38.5	−39.2	−48.4	0.81
L/2	282.500	−55.9	−56.9	−56.4	−69.4	0.81

位　　置	相对里程（m）	实测挠度（mm）			计算值（mm）	校 验 系 数
		外侧	内侧	平均值		
5L/8	315.625	−51.3	−50.9	−51.1	−66.1	0.77
3L/4	348.750	−31.4	−32.1	−31.8	−39.2	0.81
7L/8	381.875	−11.4	−11.8	−11.6	−15.4	0.75
2 号墩	415.000	−0.1	−0.1	−0.1	−0.2	—
L/4	452.500	9.2	10.4	9.8	12.0	0.82
L/2	490.000	14.3	14.6	14.5	20.0	0.72
3L/4	527.500	12.4	11.9	12.2	16.8	0.72
3 号台	565.000	−0.1	−0.2	−0.1	−0.4	—

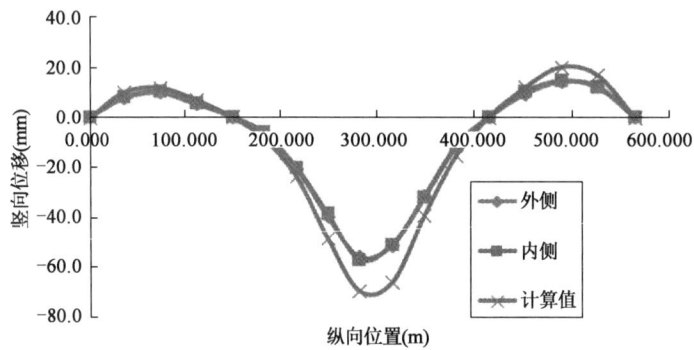

图 6.9.3-6　工况 5、9、10、12 对称荷载作用下主梁挠度测试结果图

工况 7 对称荷载作用下主梁挠度　　　　　　　　表 6.9.3-10

位　　置	相对里程（m）	实测挠度（mm）			计算值（mm）	校 验 系 数
		外侧	内侧	平均值		
0 号台	0.000	0.0	0.0	0.0	0.0	—
L/4	37.500	−0.1	−0.2	−0.2	−0.4	—
L/2	75.000	−0.1	−0.2	−0.2	−0.4	—
3L/4	112.500	0.0	−0.1	−0.1	−0.1	—
1 号墩	150.000	0.0	0.0	0.0	0.0	—
L/8	183.125	0.1	0.2	0.2	0.5	—
L/4	216.250	1.3	1.5	1.4	2.3	—
3L/8	249.375	4.9	5.2	5.1	6.5	0.77
L/2	282.500	9.4	9.5	9.5	11.9	0.80
5L/8	315.625	11.2	11.4	11.3	14.8	0.76
3L/4	348.750	8.5	8.9	8.7	12.6	0.69
7L/8	381.875	4.9	5.4	5.2	6.9	0.74
2 号墩	415.000	−0.1	−0.1	−0.1	−0.1	—
L/4	452.500	−9.2	−9.3	−9.3	−11.6	0.80
L/2	490.000	−23.1	−23.4	−23.3	−27.1	0.86
3L/4	527.500	−24.3	−24.6	−24.5	−28.2	0.87
3 号台	565.000	0.2	0.4	0.3	0.6	—

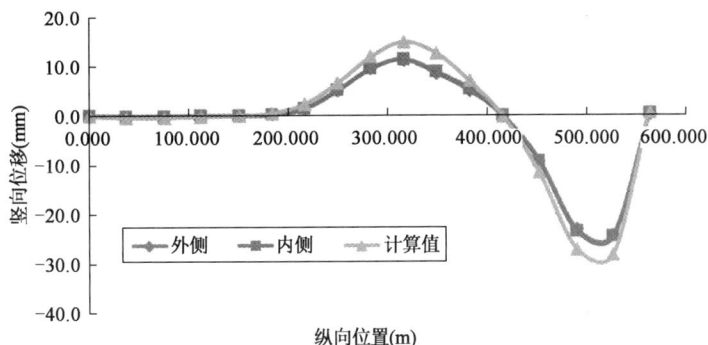

图 6.9.3-7 工况 7 对称荷载作用下主梁挠度测试结果图

工况 2 偏心荷载作用下主梁挠度　　　　　　　表 6.9.3-11

位　置	相对里程（m）	实测挠度（mm）			偏载系数
		外侧	内侧	平均值	
0 号台	0.000	− 0.1	0.0	− 0.1	—
L/4	37.500	− 34.7	− 26.2	− 30.5	1.14
L/2	75.000	− 30.5	− 22.3	− 26.4	1.16
3L/4	112.500	− 10.2	− 7.4	− 8.8	1.16
1 号墩	150.000	− 0.1	0.0	− 0.1	—

工况 6 偏心荷载作用下主梁挠度　　　　　　　表 6.9.3-12

位　置	相对里程（m）	实测挠度（mm）			偏载系数
		上游侧	下游侧	平均值	
1 号墩	150.000	− 0.1	0.0	0.0	—
L/8	183.125	− 15.2	− 10.9	− 13.1	1.16
L/4	216.250	− 36.8	− 26.3	− 31.6	1.17
3L/8	249.375	− 51.4	− 35.6	− 43.5	1.18
L/2	282.500	− 43.6	− 29.4	− 36.5	1.19
5L/8	315.625	− 27.5	− 19.6	− 23.6	1.17
3L/4	348.750	− 11.8	− 8.6	− 10.2	1.16
7L/8	381.875	− 3.9	− 2.7	− 3.3	1.18
2 号墩	415.000	− 0.1	0.0	0.0	—

工况 8 偏心荷载作用下主梁挠度　　　　　　　表 6.9.3-13

位　置	相对里程（m）	实测挠度（mm）			偏载系数
		外侧	内侧	平均值	
2 号墩	0.000	− 0.1	0.0	− 0.1	—
L/4	37.500	− 11.6	− 8.2	− 9.9	1.17
L/2	75.000	− 27.0	− 21.3	− 24.2	1.12
3L/4	112.500	− 27.8	− 20.7	− 24.3	1.15
3 号台	150.000	− 0.1	0.0	− 0.1	—

由图表可见,实测混凝土箱梁挠度与理论计算值吻合较好,校验系数在0.69~0.89之间,在对称荷载作用下,混凝土箱梁上下游挠度相近,具有良好的对称性。实测混凝土主梁最大挠度发生在中跨 $L/2$ 处,外侧实测值为 -55.9mm,内侧实测值为 -56.9mm,平均值为 -56.4mm,计算值为 -69.4mm,实测值均小于计算值,校验系数为0.81,该工况荷载效率95%,将该测试挠度值换算为设计荷载时的挠度值为 -59.4mm,挠跨比 f/L 为1/4463,满足《公路斜拉桥设计细则》(JTG/T D65-01—2007)规定的主梁应不大于 $L/500$ 的要求,表明主梁刚度满足设计规范要求。

本次偏心加载主要对边跨最大正弯矩和中跨跨中最大弯矩工况进行偏载,测试结果表明,主要挠度测点的偏载系数在1.12~1.19之间。

在各试验加载工况中测得的残余变形较小,表明试验荷载作用下主梁处于弹性工作状态。

2)塔顶纵向水平偏位

对主要工况下主塔塔顶的水平偏位变化情况均进行了测量,具体测量结果见表6.9.3-14。

由表6.9.3-14可见,主要工况试验荷载作用下,实测文成侧主塔最大偏位为 -17.1mm,计算值为 -22.1mm;实测泰顺侧主塔最大偏位为 -14.0mm,计算值为 -20.1mm,实测塔顶偏位均小于理论计算值(两者绝对值进行比较,余类同),并与计算值吻合较好,校验系数在0.61~0.77之间,试验中测得的残余变形较小,试验结果表明,试验荷载作用下桥塔处于弹性工作状态,刚度满足设计要求。

塔顶纵向水平偏位测量结果　　　　　　表6.9.3-14

工　况	位　置	塔顶纵向位移(mm)		校　验　系　数
		实测值	计算值	
工况1	文成侧主塔	-9.3	-15.3	0.61
工况3、4、11	文成侧主塔	-17.1	-22.1	0.77
工况5、9、10、12	泰顺侧主塔	-14.0	-20.1	0.70
工况7	泰顺侧主塔	-9.6	-15.1	0.64

注:塔顶水平位移向主跨偏为正,向边跨侧偏为负。

3)斜拉索索力增量

对各工况下主要受力斜拉索的索力均进行了测量,其中工况12(斜拉索对称加载)对应斜拉索索力增量较大,该工况下主要受力的斜拉索索力测量结果见表6.9.3-15,由表可见,在试验荷载作用下,各斜拉索实测斜拉索索力增量校验系数在0.68~0.82之间,实测值均小于理论计算值,表明斜拉索受力满足要求。

工况12斜拉索索力测量结果　　　　　　表6.9.3-15

斜拉索编号	位　置	实测增量值(kN)	理论计算增量值(kN)	校　验　系　数
2号塔Z16号索	外侧	106	129	0.82
	内侧	100	129	0.78
2号塔Z15号索	外侧	94	126	0.75
	内侧	92	126	0.73
2号塔Z14号索	外侧	86	123	0.70
	内侧	84	123	0.68

4)主梁应力

部分主要工况下混凝土箱梁应力变化情况见表6.9.3-16~表6.9.3-20,由表可知,在试验荷载作用下,实测混凝土箱梁顶底板应力与理论计算值吻合较好,对称荷载作用下实测主梁最大拉应力增量为

0.74MPa,最大压应力增量为 −0.43MPa,主要应力测点应力校验系数在 0.66~0.90 之间,说明混凝土箱梁抗弯强度满足要求。在偏心荷载作用下,箱梁偏载系数在 1.08~1.16 之间。

工况 1 作用下 1-1 截面混凝土箱梁应力、应变测试结果 表 6.9.3-16

测 试 工 况	测 试 位 置	测点编号	实测应变 (10⁻⁶)	实测应力 (MPa)	计算应力 (MPa)	校 验 系 数
文成侧边跨 1-1 断面最大弯矩对称加载	主梁	1-1	−12	−0.43	−0.51	0.85
		1-2	−11	−0.40	−0.51	0.78
		1-3	−10	−0.36	−0.51	0.71
		1-4	−12	−0.43	−0.51	0.85
		1-5	−5	−0.18	−0.22	—
		1-6	−3	−0.11	−0.14	—
		1-7	16	0.58	0.69	0.83
		1-8	−8	−0.29	−0.38	0.76
		1-9	−6	−0.22	−0.30	0.72
		1-10	15	0.54	0.69	0.78
		1-11	−7	−0.25	−0.38	—
		1-12	−7	−0.25	−0.30	—
		1-13	15	0.54	0.69	0.78
		1-14	−4	−0.14	−0.22	—
		1-15	−3	−0.11	−0.14	—
		1-16	13	0.47	0.69	0.68
		1-17	19	0.68	0.81	0.84
		1-18	17	0.61	0.81	0.76
		1-19	16	0.58	0.81	0.71
		1-20	18	0.65	0.81	0.80
		1-21	16	0.58	0.81	0.71
		1-22	20	0.72	0.81	0.89

工况 5 作用下 4-4 截面混凝土箱梁应力、应变测试结果 表 6.9.3-17

测 试 工 况	测 试 位 置	测点编号	实测应变 (10⁻⁶)	实测应力 (MPa)	计算应力 (MPa)	校 验 系 数
中跨 4-4 断面最大弯矩对称加载	主梁	4-1	−12	−0.43	−0.51	0.84
		4-2	−10	−0.37	−0.51	0.73
		4-3	−9	−0.34	−0.51	0.66
		4-4	−12	−0.43	−0.51	0.84
		4-5	−2	−0.07	−0.10	—
		4-6	−2	−0.07	−0.08	—
		4-7	17	0.61	0.71	—
		4-8	−8	−0.29	−0.31	—
		4-9	−6	−0.20	−0.21	—
		4-10	15	0.54	0.71	—
		4-11	−7	−0.24	−0.31	—
		4-12	−4	−0.14	−0.21	—

测 试 工 况	测 试 位 置	测 点 编 号	实测应变 （10^{-6}）	实测应力 （MPa）	计算应力 （MPa）	校 验 系 数
中跨4-4断面最大 弯矩对称加载	主梁	4-13	15	0.55	0.71	—
		4-14	−2	−0.07	−0.10	—
		4-15	−2	−0.07	−0.08	—
		4-16	15	0.54	0.71	—
		4-17	20	0.71	0.84	0.84
		4-18	17	0.62	0.84	0.74
		4-19	17	0.61	0.84	0.73
		4-20	18	0.66	0.84	0.78
		4-21	17	0.61	0.84	0.73
		4-22	21	0.74	0.84	0.89

工况7作用下5-5截面混凝土箱梁应力、应变测试结果　　　　　　　　表6.9.3-18

测 试 工 况	测 试 位 置	测 点 编 号	实测应变 （10^{-6}）	实测应力 （MPa）	计算应力 （MPa）	校 验 系 数
泰顺侧边跨5-5断面 最大弯矩对称加载	主梁	5-1	−11	−0.41	−0.51	0.81
		5-2	−11	−0.39	−0.51	0.77
		5-3	−9	−0.33	−0.51	0.66
		5-4	−12	−0.42	−0.51	0.82
		5-5	−4	−0.15	−0.22	—
		5-6	−3	−0.10	−0.14	—
		5-7	16	0.59	0.69	—
		5-8	−7	−0.25	−0.37	—
		5-9	−6	−0.21	−0.30	—
		5-10	15	0.54	0.69	—
		5-11	−7	−0.25	−0.37	—
		5-12	−6	−0.23	−0.30	—
		5-13	16	0.58	0.69	—
		5-14	−3	−0.11	−0.22	—
		5-15	−2	−0.09	−0.14	—
		5-16	13	0.47	0.69	—
		5-17	19	0.69	0.80	0.86
		5-18	18	0.65	0.80	0.81
		5-19	16	0.58	0.80	0.72
		5-20	19	0.68	0.80	0.85
		5-21	17	0.61	0.80	0.76
		5-22	20	0.72	0.80	0.90

工况 2 作用下 1-1 截面混凝土箱梁应力、应变测试结果 表 6.9.3-19

测 试 工 况	测 试 位 置	测 点 编 号	实测应变（10^{-6}）	平均应变（10^{-6}）	偏 载 系 数
文成侧边跨 1-1 断面最大弯矩偏心加载	主梁	1-1	−13	−12	1.08
		1-2	−12		
		1-3	−11		
		1-4	−12		
		1-17	20	20	1.15
		1-18	23		
		1-19	22		
		1-20	20		
		1-21	18		
		1-22	19		

工况 6 作用下 4-4 截面混凝土箱梁应力、应变测试结果 表 6.9.3-20

测 试 工 况	测 试 位 置	测 点 编 号	实测应变（10^{-6}）	平均应变（10^{-6}）	偏 载 系 数
中跨 4-4 断面最大弯矩偏心加载	主梁	4-1	−12	−11	1.16
		4-2	−10		
		4-3	−11		
		4-4	−12		
		4-17	23	21	1.11
		4-18	22		
		4-19	22		
		4-20	20		
		4-21	18		
		4-22	19		

5）索塔应力

在试验荷载作用下，主塔应力增量很小，各测点实测值均小于计算值，表明主塔强度满足设计要求。各试验工况卸载时，主塔各应力测点的实测残余应变较小，说明主塔在试验荷载下处于弹性受力状态。

6）伸缩缝位移

在试验荷载作用下，实测梁端伸缩缝最大纵向位移为 2mm，计算值 3mm，校验系数为 0.67，表明伸缩缝工作状况正常。

7）结构重点部位观测

在试验加载过程中，对桥梁结构重点部位（混凝土箱梁、主塔、伸缩缝、支座垫石及支座等构件）进行了观测，未发现异常情况。

9.3.2 南浦溪特大桥静载试验

9.3.2.1 主要测试内容

南浦溪大桥主桥静载试验工况如下：

（1）拱顶、拱脚和 $L/4$ 拱肋控制截面的最大正弯矩和最大负弯矩。

（2）立柱控制截面最大轴力。

（3）主梁控制截面的最大正弯矩和最大负弯矩。

测试内容主要包括以下几个方面：

（1）桥梁结构的整体变形：桥面和拱肋竖向挠度。

（2）荷载作用下立柱轴力变化。

（3）拱肋控制截面应力及其分布。

（4）支座位移、伸缩缝位移。

（5）桥梁结构重点部位（包括伸缩缝、支座体系、拱肋、主梁等构件）进行观测。

（6）大气温度及结构温度场。

9.3.2.2 有限元计算

南浦溪大桥主桥整体计算模型如图6.9.3-8所示。

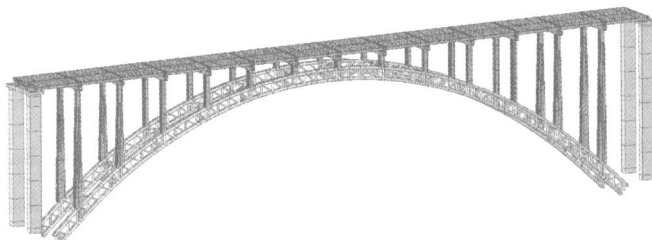

图6.9.3-8 南浦溪大桥主桥整体计算模型

1）主要计算参数

（1）混凝土

钢管混凝土拱桥主拱圈内灌注C50自密实微膨胀混凝土；上部工字形梁预制桥面板、混凝土桥面铺装采用C50混凝土；桥面板湿接缝采用C50补偿收缩混凝土；拱座、工字形梁桥面板、过渡墩墩身、盖梁采用C40混凝土；引桥桥墩立柱墩身采用C35混凝土，拱座基础采用C30号混凝土，桩基采用C30水下混凝土。

（2）钢材

主拱肋、拱上立柱、钢箱盖梁、上部工字形梁均采用Q345D钢。

（3）边界条件

拱脚、墩底固结，立柱与拱肋固结。

2）主要计算荷载

（1）设计荷载

一期恒载：混凝土重度为26kN/m³，钢材重度为78.5kN/m³。

二期恒载：桥面铺装按10cm沥青混凝土（24kN/m³）+10cm C50混凝土（25kN/m³）计算，护栏重量根据设计图纸计算。

汽车活载：公路—Ⅰ级荷载。

（2）汽车荷载系数

拱桥：按双向 6 车道计算。

（3）纵横向折减系数

按照《公路桥涵设计通用规范》（JTG D60—2015）第4.3条规定：6车道横向折减系数为0.55；主桥计算跨径大于150m小于400m时，纵向折减系数取0.97。

（4）设计车道荷载系数

考虑纵向折减系数，车道数实际取值 $6 \times 0.55 \times 0.97 = 3.201$，设计活载效应还考虑冲击系数1.05。

9.3.2.3 应力控制截面选定及测点布置

南浦溪大桥主桥为无铰拱桥，根据《公路桥梁荷载试验规程》（JTG/T J21-01—2015）第5.2.2条，其主要测试工况和测试断面见表6.9.3-21，其中主要工况为必做工况，附加工况可视具体情况确定是否进行。

规范规定无铰拱桥主要测试工况和测试断面   表6.9.3-21

桥　型	试　验　工　况		测　试　截　面
无铰拱桥	主要工况	①拱顶最大正弯矩及挠度工况； ②拱脚最大负弯矩工况； ③系杆拱桥跨中附近吊杆(索)最大拉力工况	①拱顶截面； ②拱脚截面； ③典型吊杆(索)
	附加工况	①拱脚最大水平推力工况； ②$L/4$截面最大正弯矩和最大负弯矩工况； ③$L/4$截面正负挠度绝对值之和最大工况	①拱脚截面； ②主拱$L/4$截面； ③主拱$L/4$截面及$3L/4$截面

同时结合南浦溪大桥主桥的结构特点和受力特性，根据有限元计算结果，选取结构应力水平较高和较不利截面，通过这些测点的应力水平反映结构的受力状况，所选截面具体为：拱肋布置4个应力测试断面，立柱布置1个应力测试断面，主梁布置2个应力测试断面，7个断面共计布置钢结构测点176个，混凝土测点12个，见表6.9.3-22及图6.9.3-9。

南浦溪大桥主桥应力测试断面布设   表6.9.3-22

序号	断面	部位	断　面　位　置	测　点　数
1	1-1	拱肋	文成侧拱脚断面（距4号拱座顶面1m）	钢结构测点40个
2	2-2	拱肋	拱肋$L/4$断面（距Z3号立柱中心10m）	钢结构测点40个
3	3-3	拱肋	拱顶断面	钢结构测点40个
4	4-4	拱肋	泰顺侧拱脚断面（距5号拱座顶面1m）	钢结构测点40个
5	5-5	立柱	Z3号立柱断面（距拱肋顶面1m）	钢结构测点8个
6	6-6	主梁	边跨最大正弯矩断面（距4号墩中心9m）	钢结构测点4个，混凝土测点6个
7	7-7	主梁	支点最大负弯矩断面（距Z1号立柱中心1m）	钢结构测点4个，混凝土测点6个
测点总数				钢结构测点176个，混凝土测点12个

9.3.2.4 位移测点布置

根据《公路桥梁荷载试验规程》（JTG/T J21-01—2015）第5.5.2条：位移测点的测值应能反映结构的最大变位及其变化规律；主梁竖向位移的纵桥向测点宜布置在各工况荷载作用下挠度曲线的峰值位置。

南浦溪大桥位移测点布置如图6.9.3-10所示。

南浦溪大桥主桥位移测试包括主梁竖向挠度测试、立柱顶面水平位移测试、拱肋位移测试和支座与伸缩缝位移测试，具体布置如下：

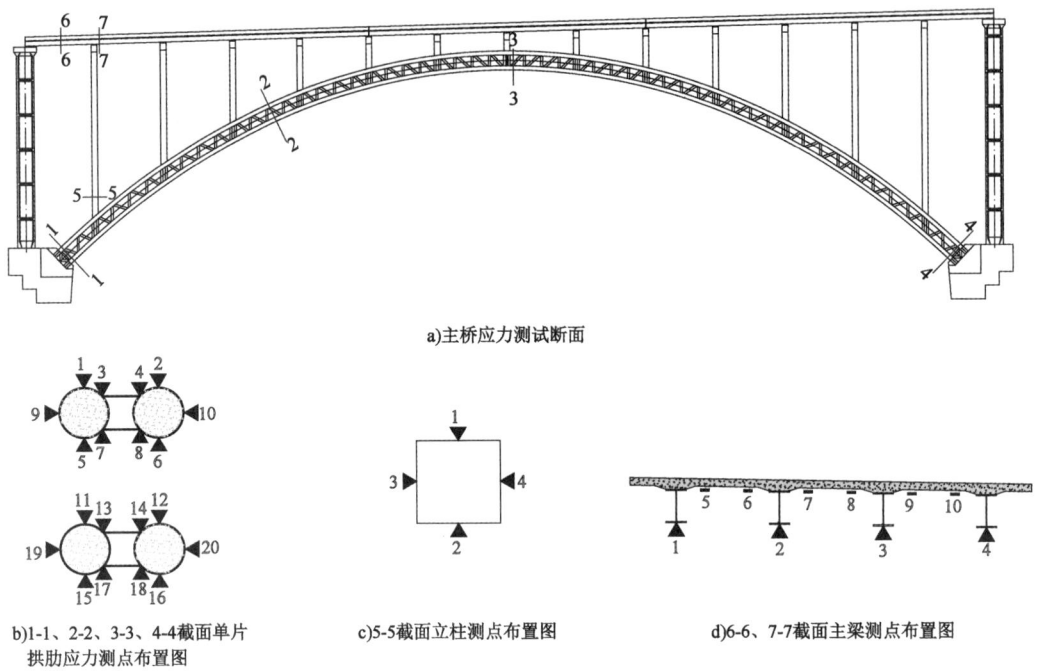

a)主桥应力测试断面

b)1-1、2-2、3-3、4-4截面单片
拱肋应力测点布置图

c)5-5截面立柱测点布置图

d)6-6、7-7截面主梁测点布置图

图6.9.3-9　应力测试断面布置示意图

注:▲ 表示钢结构应变片;▬ 表示混凝土应变片

纵向布置图

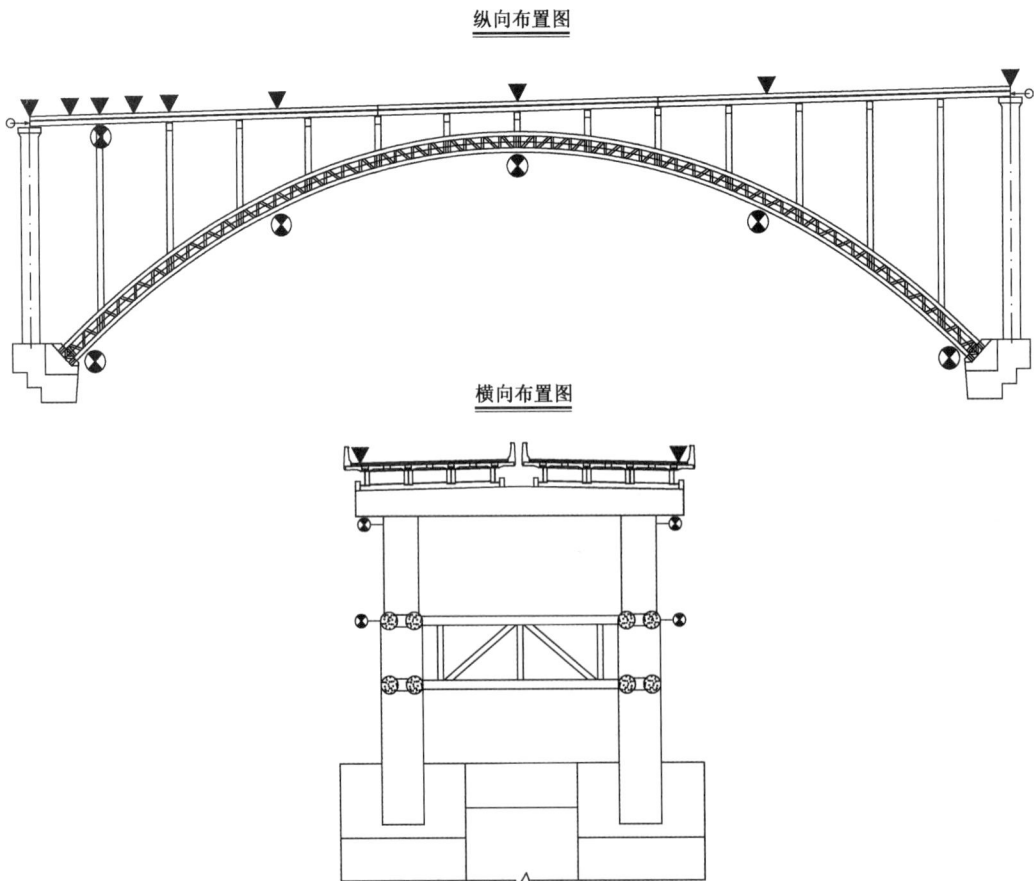

横向布置图

图6.9.3-10　南浦溪大桥位移测点布置示意图

注:▼ 表示主梁位移测点;✪ 表示拱肋和立柱位移测点;⊶ 表示梁端支座和伸缩缝位移

1）主梁竖向挠度

在主梁跨中、墩顶和立柱位置布置桥面挠度测点，测试各试验工况下的变形值。

2）立柱顶面水平位移

在1号立柱顶面布置位移测点，测试试验工况下立柱顶面的位移。

3）拱肋位移

在拱肋左右侧布置竖向位移测点，测试各试验工况下的变形值。

4）支座与伸缩缝位移

通过在支座处布置百分表，伸缩缝处用游标卡尺，直接测量在试验荷载作用下支座及伸缩缝的纵向位移。

9.3.2.5　主桥加载工况及效率

为了满足检定拱桥承载能力和各结构部位测试内容的要求，试验荷载工况的选择应反映拱桥结构的最不利受力状态，针对以上检测内容，本次成桥静载试验工况设计见表6.9.3-23，各工况加载效率见表6.9.3-24。

静载试验工况及测试内容　　　　　　　　　　　　　　　　　　表6.9.3-23

工况	工 况 名 称	测 试 内 容
1	主拱拱脚1-1断面最大负弯矩对称加载	桥面、拱肋位移、1-1截面应变、支座伸缩缝位移
2	主拱拱脚1-1断面最大负弯矩偏心加载	桥面、拱肋位移、1-1截面应变、支座伸缩缝位移
3	主拱$L/4$处2-2截面最大正弯矩对称加载	桥面、拱肋位移、2-2截面应变、支座伸缩缝位移
4	主拱拱顶处3-3截面最大正弯矩对称加载	桥面、拱肋位移、3-3截面应变、支座伸缩缝位移
5	主拱拱顶处3-3截面最大正弯矩偏心加载	桥面、拱肋位移、3-3截面应变、支座伸缩缝位移
6	主拱拱脚4-4断面最大负弯矩对称加载	桥面、拱肋位移、4-4截面应变、支座伸缩缝位移
7	Z1号立柱5-5截面最大轴力对称加载	5-5截面应变、支座伸缩缝位移
8	主梁6-6断面最大正弯矩偏心加载	主梁桥面挠度、6-6截面应变、支座伸缩缝位移
9	主梁7-7断面最大负弯矩偏心加载	主梁桥面挠度、7-7截面应变、支座伸缩缝位移

主桥静载试验加载效率　　　　　　　　　　　　　　　　　　表6.9.3-24

工况	工 况 名 称	设计活载效应（kN·m）	试验加载效应（kN·m）	加载效率	车　　辆
1	文成侧主拱拱脚1-1断面最大负弯矩对称加载	−577	−553	0.96	3×4＝12
2	主拱拱脚1-1断面最大负弯矩偏心加载	−542	−489	0.90	3×2＝6
3	主拱$L/4$处2-2截面最大正弯矩对称加载	136	138	1.02	3×4＝12
4	主拱拱顶处3-3截面最大正弯矩对称加载	272	277	1.02	3×4＝12
5	主拱拱顶处3-3截面最大正弯矩偏心加载	272	268	0.99	3×2＝6
6	泰顺侧主拱拱脚4-4断面最大负弯矩对称加载	−563	−510	0.91	3×4＝12
7	Z1号立柱5-5截面最大轴力对称加载	−1212	−1224	1.01	3×4＝12
8	主梁6-6断面最大正弯矩偏心加载	1531	1465	0.96	3×3＝9
9	主梁7-7断面最大负弯矩偏心加载	−1096	−938	0.86	3×3＝9

9.3.2.6　静载试验结果分析

静载试验的测试结果表格中，应变单位为10^{-6}，应力单位为MPa，受拉为正，受压为负，校验系数为无量纲量。挠度的单位为mm，挠度以向下为负，向上为正。伸缩量等长度单位为mm。温度单位为℃。

在以下各工况测试结果中：

（1）结构校验系数＝实测应力/计算应力（或实测弹性变位/计算变位）。

（2）混凝土和钢结构应变以受拉为正，受压为负。应变单位为10^{-6}。实测应变计算时取混凝土的弹性模量$E=3.45×10^4$MPa，钢结构的弹性模量$E=2.06×10^5$MPa。

（3）偏载系数＝实测偏载侧最大应力/实测平均应力（或实测偏载侧最大弹性变位/实测平均弹性

变位)。

(4)表中的"—"表示数值很小,无需进行比较。

1)主梁竖向挠度

部分主要工况下主梁挠度变化情况见表6.9.3-25～表6.9.3-31及图6.9.3-11～图6.9.3-17。

工况1 对称荷载作用下主梁挠度   表6.9.3-25

相对里程 (m)	桥 面 位 移					
	左侧(mm)			右侧(mm)		
	实测值	计算值	校验系数	实测值	计算值	校验系数
0	0.0	-0.1	—	0.0	-0.1	—
70	-3.2	-3.7	0.87	-3.3	-3.7	0.90
140	1.6	2.0	0.81	1.7	2.0	0.86
210	2.1	2.6	0.82	2.0	2.6	0.78
280	0.0	0.0	—	0.0	0.0	—

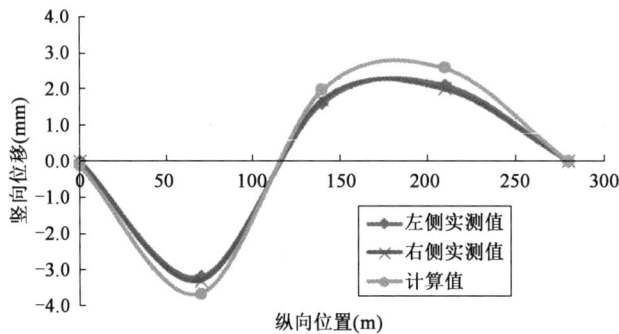

图6.9.3-11 工况1 对称荷载作用下主梁挠度测试结果

工况2 偏心荷载作用下主梁挠度   表6.9.3-26

相对里程 (m)	桥 面 位 移					
	左侧(mm)			右侧(mm)		
	实测值	计算值	校验系数	实测值	计算值	校验系数
0	0.0	-0.2	—	0.0	0.0	—
70	-1.1	-1.4	0.79	-1.9	-2.3	0.83
140	0.3	0.4	0.69	1.2	1.6	0.75
210	0.9	1.2	0.78	1.1	1.4	0.75
280	0.0	0.0	—	0.0	0.0	—

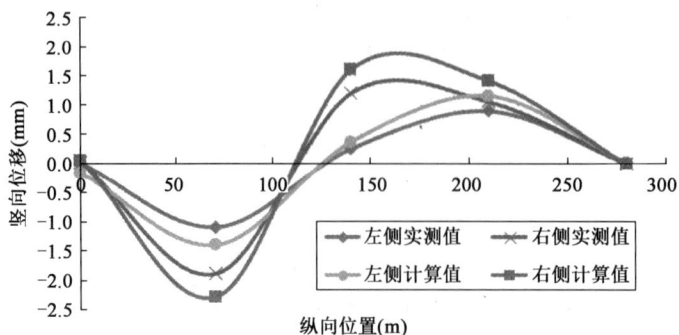

图6.9.3-12 工况2 偏心荷载作用下主梁挠度测试结果

工况 3 对称荷载作用下主梁挠度　　　　　　　　表 6.9.3-27

相对里程（m）	桥 面 位 移					
	左侧（mm）			右侧（mm）		
	实测值	计算值	校验系数	实测值	计算值	校验系数
0	0.0	0.0	—	0.0	0.0	—
70	−23.8	−27.4	0.87	−24.2	−27.4	0.88
140	3.1	3.5	0.89	3.2	3.5	0.92
210	12.3	15.1	0.82	11.7	15.1	0.78
280	0.0	0.0	—	0.0	0.0	—

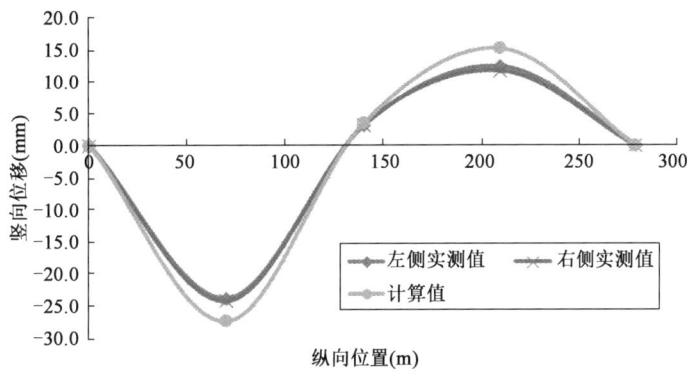

图 6.9.3-13　工况 3 对称荷载作用下主梁挠度测试结果

工况 4 对称荷载作用下主梁挠度　　　　　　　　表 6.9.3-28

相对里程（m）	桥 面 位 移					
	左侧（mm）			右侧（mm）		
	实测值	计算值	校验系数	实测值	计算值	校验系数
0	0.0	0.0	—	0.0	0.0	—
70	6.2	7.6	0.81	5.8	7.6	0.76
140	−14.5	−17.3	0.84	−13.9	−17.3	0.80
210	0.0	−0.1	—	−0.1	−0.1	—
280	0.0	0.0	—	0.0	0.0	—

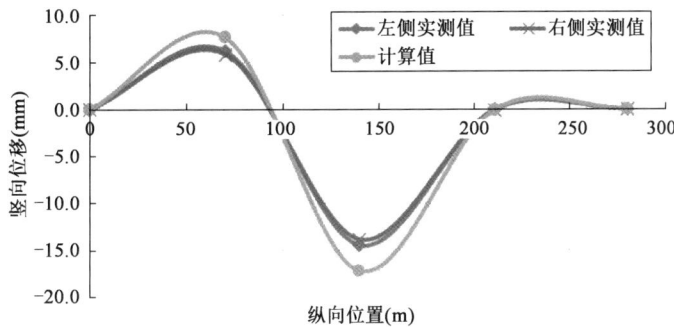

图 6.9.3-14　工况 4 对称荷载作用下主梁挠度测试结果

工况 5 偏心荷载作用下主梁挠度表　　　　表 6.9.3-29

相对里程 （m）	桥面位移					
	左侧（mm）			右侧（mm）		
	实测值	计算值	校验系数	实测值	计算值	校验系数
0	0.0	0.0	—	0.0	0.0	—
70	2.2	2.3	0.97	4.8	5.4	0.89
140	−0.8	−1.1	0.74	−14.8	−16.2	0.91
210	−0.5	−0.6	0.81	0.1	0.5	—
280	0.0	0.0	—	0.0	0.0	—

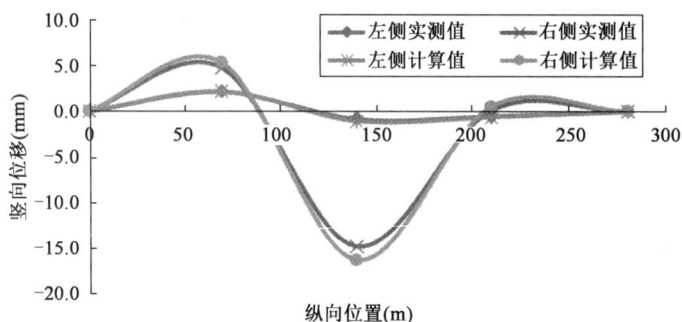

图 6.9.3-15　工况 5 偏心荷载作用下主梁挠度测试结果

工况 6 对称荷载作用下主梁挠度　　　　表 6.9.3-30

相对里程 （m）	桥面位移					
	左侧（mm）			右侧（mm）		
	实测值	计算值	校验系数	实测值	计算值	校验系数
0	0.0	0.0	—	0.0	0.0	—
70	2.2	2.5	0.87	2.1	2.5	0.83
140	1.6	2.0	0.82	1.5	2.0	0.77
210	−3.1	−3.6	0.86	−3.0	−3.6	0.83
280	−0.1	−0.1	—	−0.1	−0.1	—

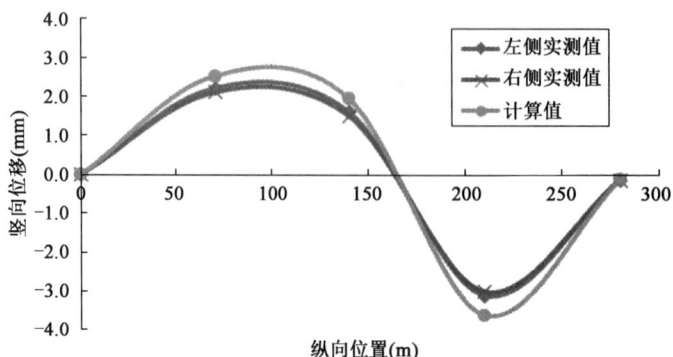

图 6.9.3-16　工况 6 对称荷载作用下主梁挠度测试结果

工况 8、9 荷载作用下主梁挠度   表 6.9.3-31

相对里程 （m）	桥面位移左侧（mm）		
	实测值	计算值	校验系数
0	0.0	0.0	—
20	− 10.6	− 13.0	0.82
40	0.0	0.0	—

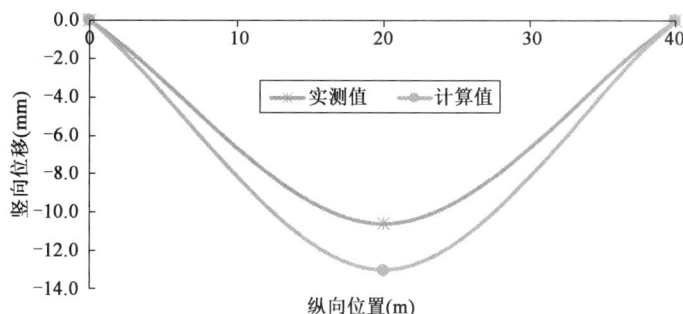

图 6.9.3-17 工况 8、9 荷载作用下主梁挠度测试结果

由图表可见,实测主梁挠度与理论计算值吻合较好,校验系数在 0.75 ~ 0.92 之间,实测值小于理论计算值,表明主梁刚度满足设计要求。实测主梁最大挠度发生在拱肋 $L/4$ 处,最大值为 − 24.2mm,实测值均小于计算值,将该测试挠度值换算为设计荷载时的挠度为 − 23.7mm,挠跨比 f/L 为 1/11801,满足《公路钢管混凝土拱桥设计规范》(JTG/T D65-06—2015)规定的桥面板在车道荷载作用下的最大竖向挠度不应大于 $L/800$ 的要求,表明主梁刚度满足设计规范要求。

在各试验加载工况中测得的残余变形较小,表明试验荷载作用下主梁处于弹性工作状态。

2)拱肋竖向挠度

部分主要工况下拱肋挠度变化情况如表 6.9.3-32 ~ 表 6.9.3-34 及图 6.9.3-18 ~ 图 6.9.3-20 所示,其他加载工况由于挠度的加载效率比较低,实测值较小,不作为评价拱肋抗弯刚度的依据。

工况 3 对称荷载作用下拱肋挠度   表 6.9.3-32

相对里程 （m）	拱 肋 位 移					
	左侧（mm）			右侧（mm）		
	实测值	计算值	校验系数	实测值	计算值	校验系数
11	0.0	0.0	—	0.0	0.0	—
70	− 15.7	− 22.6	0.69	− 16.3	− 22.6	0.72
140	2.9	3.5	0.84	3.0	3.5	0.86
210	13.3	15.0	0.88	12.7	15.0	0.84
269	0.0	0.0	—	0.0	0.0	—

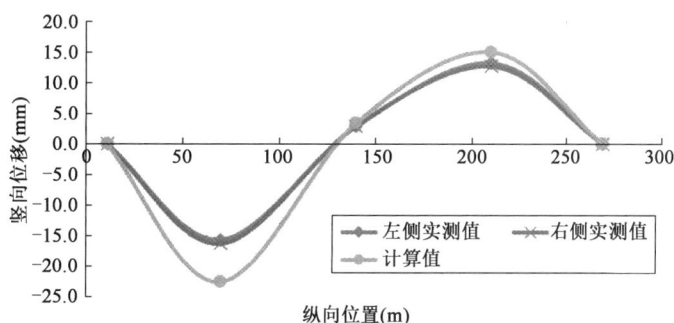

图 6.9.3-18 工况 3 对称荷载作用下拱肋挠度测试结果

工况 4 对称荷载作用下拱肋挠度   表 6.9.3-33

相对里程 (m)	拱肋位移					
	左侧(mm)			右侧(mm)		
	实测值	计算值	校验系数	实测值	计算值	校验系数
11	0.0	0.0	—	0.0	0.0	—
70	6.1	7.6	0.80	5.8	7.6	0.76
140	-13.4	-16.9	0.79	-13.5	-16.9	0.80
210	0.0	-0.1	—	0.0	-0.1	—
269	0.0	0.0	—	0.0	0.0	—

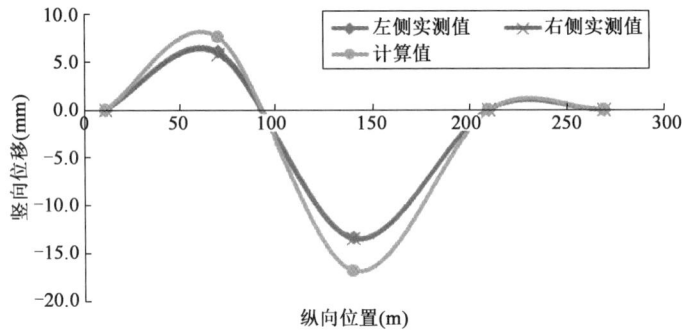

图 6.9.3-19   工况 4 对称荷载作用下拱肋挠度测试结果

工况 5 偏心荷载作用下拱肋挠度   表 6.9.3-34

相对里程 (m)	拱肋位移					
	左侧(mm)			右侧(mm)		
	实测值	计算值	校验系数	实测值	计算值	校验系数
11	0.0	0.0	—	0.0	0.0	—
70	2.0	2.6	0.77	4.3	5.0	0.86
140	-1.6	-2.1	0.77	-13.9	-14.8	0.94
210	-0.2	-0.4	—	0.1	0.3	—
269	0.0	0.0	—	0.0	0.0	—

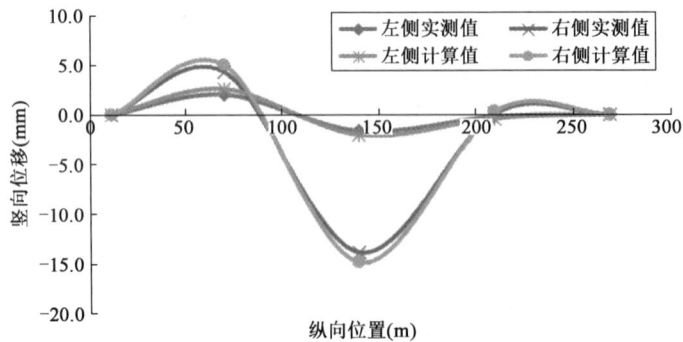

图 6.9.3-20   工况 5 偏心荷载作用下主梁挠度测试结果

由图表可见,实测拱肋挠度与理论计算值吻合较好,校验系数在 0.72 ~ 0.94,在对称荷载作用下,拱肋上下游挠度相近,具有良好的对称性。实测拱肋最大挠度发生在拱肋 $L/4$ 处,最大负值为 -16.3mm,最大正值为 12.7mm,实测值均小于计算值,将该测试挠度值换算为设计荷载时的正负挠度绝对值之和为 28.4mm,挠跨比 f/L 为 1/9074,满足《公路钢管混凝土拱桥设计规范》(JTG/T D65-06—2015)规定的主拱在车道荷载作用下的最大竖向挠度(正负挠度绝对值之和)不应大于 $L/1000$ 的要求,表明拱肋刚度满足设计规范要求。

在各试验加载工况中测得的残余变形较小,表明试验荷载作用下拱肋处于弹性工作状态。

3)拱肋应力

部分主要工况下拱肋应力变化情况见表6.9.3-35～表6.9.3-37。

工况 1 作用下 1-1 截面拱肋应力、应变增量测试结果　　　　　　　　表 6.9.3-35

测试工况	测试位置	测点编号	实测应变 （10^{-6}）	实测应力 （MPa）	计算应力 （MPa）	校验系数
主拱拱脚 1-1 断面最大负弯矩对称加载	左侧拱肋	1-1	67	13.80	15.14	0.91
		1-2	65	13.39	15.14	0.88
		1-3	54	11.12	13.23	0.84
		1-4	52	10.71	13.23	0.81
		1-5	17	3.50	3.70	0.95
		1-6	15	3.09	3.70	0.84
		1-7	23	4.74	5.61	0.84
		1-8	24	4.94	5.61	0.88
		1-9	42	8.65	9.42	0.92
		1-10	41	8.45	9.42	0.90
		1-11	36	7.42	8.69	0.85
		1-12	34	7.00	8.69	0.81
		1-13	25	5.15	6.31	0.82
		1-14	23	4.74	6.31	0.75
		1-15	−25	−5.15	−5.62	0.92
		1-16	−24	−4.94	−5.62	0.88
		1-17	−13	−2.68	−3.24	0.83
		1-18	−12	−2.47	−3.24	0.76
		1-19	6	1.24	1.54	—
		1-20	5	1.03	1.54	—
	右侧拱肋	1-1	68	13.99	15.14	0.92
		1-2	66	13.54	15.14	0.89
		1-3	55	11.32	13.23	0.86
		1-4	52	10.76	13.23	0.81
		1-5	18	3.66	3.70	0.99
		1-6	16	3.24	3.70	0.88
		1-7	24	4.87	5.61	0.87
		1-8	24	4.97	5.61	0.89
		1-9	42	8.73	9.42	0.93
		1-10	41	8.54	9.42	0.91
		1-11	36	7.50	8.69	0.86
		1-12	34	7.09	8.69	0.82
		1-13	25	5.23	6.31	0.83
		1-14	24	4.89	6.31	0.77

测试工况	测试位置	测点编号	实测应变 (10^{-6})	实测应力 (MPa)	计算应力 (MPa)	校验系数
主拱拱脚1-1断面最大负弯矩对称加载	右侧拱肋	1-15	−25	−5.13	−5.62	0.91
		1-16	−24	−4.90	−5.62	0.87
		1-17	−13	−2.59	−3.24	0.80
		1-18	−12	−2.42	−3.24	0.75
		1-19	7	1.41	1.54	—
		1-20	6	1.14	1.54	—

工况4作用下3-3截面拱肋应力、应变增量测试结果　　　　表6.9.3-36

测试工况	测试位置	测点编号	实测应变 (10^{-6})	实测应力 (MPa)	计算应力 (MPa)	校验系数
主拱拱顶处3-3截面最大正弯矩对称加载	左侧拱肋	3-1	−73	−15.04	−17.95	0.84
		3-2	−70	−14.42	−17.95	0.80
		3-3	−66	−13.60	−16.18	0.84
		3-4	−63	−12.98	−16.18	0.80
		3-5	−32	−6.59	−7.34	0.90
		3-6	−28	−5.77	−7.34	0.79
		3-7	−36	−7.42	−9.11	0.81
		3-8	−38	−7.83	−9.11	0.86
		3-9	49	10.09	12.65	0.80
		3-10	51	10.51	12.65	0.83
		3-11	−5	−1.03	−1.40	—
		3-12	−4	−0.82	−1.40	—
		3-13	−3	−0.62	−0.44	—
		3-14	−3	−0.62	−0.44	—
		3-15	16	3.30	4.39	0.75
		3-16	18	3.71	4.39	0.84
		3-17	14	2.88	3.43	0.84
		3-18	15	3.09	3.43	0.90
		3-19	6	1.24	1.50	—
		3-20	7	1.44	1.50	—
	右侧拱肋	3-1	−73	−14.97	−17.95	0.83
		3-2	−69	−14.18	−17.95	0.79
		3-3	−66	−13.50	−16.18	0.83
		3-4	−62	−12.76	−16.18	0.79
		3-5	−32	−6.51	−7.34	0.89
		3-6	−28	−5.74	−7.34	0.78
		3-7	−35	−7.16	−9.11	0.79
		3-8	−37	−7.62	−9.11	0.84
		3-9	50	10.28	12.65	0.81
		3-10	52	10.71	12.65	0.85

测试工况	测试位置	测点编号	实测应变 (10^{-6})	实测应力 （MPa）	计算应力 （MPa）	校验系数
主拱拱顶处3-3截面 最大正弯矩对称加载	右侧拱肋	3-11	−3	−0.63	−1.40	—
		3-12	−3	−0.66	−1.40	—
		3-13	−2	−0.46	−0.44	—
		3-14	−2	−0.41	−0.44	—
		3-15	18	3.66	4.39	0.83
		3-16	19	3.87	4.39	0.88
		3-17	14	2.97	3.43	0.87
		3-18	15	3.09	3.43	0.90
		3-19	7	1.46	1.50	—
		3-20	6	1.24	1.50	—

工况6作用下4-4截面拱肋应力、应变增量测试结果　　　　　表6.9.3-37

测试工况	测试位置	测点编号	实测应变 (10^{-6})	实测应力 （MPa）	计算应力 （MPa）	校验系数
主拱拱脚4-4断面最大 负弯矩对称加载	左侧拱肋	4-1	51	10.51	12.06	0.87
		4-2	49	10.09	12.06	0.84
		4-3	43	8.86	10.49	0.84
		4-4	42	8.65	10.49	0.82
		4-5	10	2.06	2.63	0.78
		4-6	11	2.27	2.63	0.86
		4-7	15	3.09	4.20	0.74
		4-8	17	3.50	4.20	0.83
		4-9	26	5.36	7.35	0.73
		4-10	28	5.77	7.35	0.78
		4-11	30	6.18	7.21	0.86
		4-12	29	5.97	7.21	0.83
		4-13	23	4.74	5.35	0.89
		4-14	21	4.33	5.35	0.81
		4-15	−17	−3.50	−3.96	0.88
		4-16	−15	−3.09	−3.96	0.78
		4-17	−8	−1.65	−2.10	—
		4-18	−7	−1.44	−2.10	—
		4-19	6	1.24	1.63	—
		4-20	5	1.03	1.63	—
	右侧拱肋	4-1	52	10.66	12.06	0.88
		4-2	49	10.12	12.06	0.84
		4-3	43	8.89	10.49	0.85
		4-4	45	9.26	10.49	0.88
		4-5	11	2.27	2.63	0.86
		4-6	10	2.06	2.63	0.78

测 试 工 况	测 试 位 置	测点编号	实测应变 （10^{-6}）	实测应力 （MPa）	计算应力 （MPa）	校 验 系 数
主拱拱脚 4-4 断面最大 负弯矩对称加载	右侧拱肋	4-7	18	3.63	4.20	0.86
		4-8	18	3.68	4.20	0.88
		4-9	28	5.78	7.35	0.79
		4-10	30	6.16	7.35	0.84
		4-11	31	6.36	7.21	0.88
		4-12	31	6.42	7.21	0.89
		4-13	24	4.87	5.35	0.91
		4-14	23	4.68	5.35	0.88
		4-15	−15	−3.11	−3.96	0.79
		4-16	−14	−2.84	−3.96	0.72
		4-17	−7	−1.54	−2.10	—
		4-18	−5	−1.05	−2.10	—
		4-19	8	1.73	1.63	—
		4-20	5	1.03	1.63	—

由表中可知，在试验荷载作用下，实测拱肋应力与理论计算值吻合较好，实测拱肋最大拉应力增量为 13.99MPa，最大压应力增量为 −15.04MPa，主要应力测点应力校验系数在 0.72~0.99 之间，说明拱肋抗弯强度满足要求。

4）主梁应力

部分主要工况下组合梁应力变化情况见表 6.9.3-38、表 6.9.3-39。

工况 8 作用下 6-6 截面组合梁应力、应变增量测试结果　　表 6.9.3-38

测 试 工 况	测 试 位 置	测点编号	实测应变 （10^{-6}）	实测应力 （MPa）	计算应力 （MPa）	校 验 系 数
主梁 6-6 断面最大 正弯矩偏心加载	左侧主梁	6-1	183	37.70	50.60	0.75
		6-2	176	36.26	45.90	0.79
		6-3	113	23.28	34.10	0.68
		6-4	64	13.18	16.10	0.82
		6-5	14	0.48	0.72	0.67
		6-6	13	0.45	0.58	0.78
		6-7	13	0.45	0.58	0.78
		6-8	10	0.35	0.42	0.82
		6-9	10	0.35	0.42	0.82
		6-10	6	0.21	0.19	—

工况 9 作用下 7-7 截面组合梁应力、应变增量测试结果　　表 6.9.3-39

测 试 工 况	测 试 位 置	测点编号	实测应变 （10^{-6}）	实测应力 （MPa）	计算应力 （MPa）	校 验 系 数
主梁 7-7 断面最大 负弯矩偏心加载	左侧主梁	7-1	−118	−24.31	−31.30	0.78
		7-2	−109	−22.45	−32.60	0.69
		7-3	−89	−18.33	−25.30	0.72

续上表

测 试 工 况	测 试 位 置	测点编号	实测应变 （10^{-6}）	实测应力 （MPa）	计算应力 （MPa）	校 验 系 数
主梁7-7断面最大 负弯矩偏心加载	左侧主梁	7-4	−45	−9.27	−11.47	0.81
		7-5	−12	−0.41	−0.45	0.92
		7-6	−10	−0.35	−0.41	0.84
		7-7	−8	−0.28	−0.41	—
		7-8	−9	−0.31	−0.32	—
		7-9	−7	−0.24	−0.32	—
		7-10	−2	−0.07	0.01	—

由表中可知,在试验荷载作用下,实测组合梁顶底板应力与理论计算值吻合较好,实测钢主梁最大拉应力增量为37.70MPa。最大压应力增量为−24.31MPa。桥面板最大拉应力增量为0.48MPa,最大压应力增量为−0.41MPa,主要应力测点应力校验系数在0.67~0.92之间,说明组合梁抗弯强度满足要求。

各试验工况卸载时,组合梁各应力测点的实测残余应变较小,说明组合梁在试验荷载下处于弹性受力状态。

5）立柱应力

对工况7立柱应力进行了测试,立柱应力变化情况见表6.9.3-40。

工况7作用下5-5截面立柱应力、应变增量测试结果　　表6.9.3-40

测 试 工 况	测 试 位 置	测点编号	实测应变 （10^{-6}）	实测应力 （MPa）	计算应力 （MPa）	校 验 系 数
Z1号立柱5-5截面 最大轴力对称加载	左侧立柱	5-1	−37	−7.62	−9.08	0.84
		5-2	−32	−6.59	−8.58	0.77
		5-3	−3	−0.62	−0.50	—
		5-4	−2	−0.41	−0.50	—
	右侧立柱	5-1	−35	−7.21	−9.08	0.79
		5-2	−36	−7.42	−8.58	0.86
		5-3	−2	−0.41	−0.50	—
		5-4	−1	−0.21	−0.50	—

由表中可知,在试验荷载作用下,实测立柱应力与理论计算值吻合较好,实测立柱最大压应力增量为−7.62MPa,主要应力测点应力校验系数在0.77~0.86之间,说明立柱抗弯强度满足要求。

各试验工况卸载时,立柱各应力测点的实测残余应变较小,说明立柱在试验荷载下处于弹性受力状态。

6）伸缩缝位移

在试验荷载作用下,实测梁端伸缩缝最大纵向位移为6mm,计算值7mm,校验系数为0.86,表明伸缩缝工作状况正常。

7）结构重点部位观测

在试验加载过程中,对桥梁结构重点部位（包括伸缩缝、支座体系、拱肋、主梁等构件）进行了观测,未发现异常情况。

9.3.3　波形钢腹板刚构桥静载试验

以珊溪大桥为例,进行波形钢腹板刚构桥静载试验。

9.3.3.1 静载试验主要测试内容

文泰高速公路波形钢腹板刚构桥主要试验工况如下：

（1）边跨主梁最大正弯矩及挠度工况。

（2）中跨主梁最大正弯矩及挠度工况。

（3）主跨墩顶附近截面主梁最大负弯矩工况。

主要测试内容包括以下几个方面：

（1）边跨主梁最大正弯矩截面应力（应变）及挠度。

（2）主跨主梁最大正弯矩截面应力（应变）及挠度。

（3）主跨墩顶附近截面主梁应力（应变）。

（4）墩顶水平位移。

（5）混凝土梁体裂缝。

（6）桥梁结构重点部位（包括伸缩缝、支座体系、主梁等构件）观测。

9.3.3.2 有限元计算

珊溪大桥整体计算模型如图6.9.3-21所示。

图6.9.3-21 珊溪大桥整体计算模型

1）主要计算参数

（1）混凝土

主箱梁采用C55混凝土；主桥箱形墩、薄壁墩墩身采用C40混凝土，承台采用C35海工耐久性混凝土。混凝土力学性能指标见表6.9.3-41。

混凝土力学性能指标 表6.9.3-41

力学性能指标	C55 混凝土	C40 混凝土	C35 混凝土
弹性模量 E（MPa）	35500	32500	31500
轴心抗压强度设计值 f_{cd}（MPa）	24.4	18.4	16.7
轴心抗拉强度设计值 f_{td}（MPa）	1.89	1.65	1.57
重度（kN/m³）	26	26	26
热膨胀系数（1/℃）	0.00001	0.00001	0.00001

（2）钢材

预应力钢绞线：采用高强度低松弛预应力钢绞线。钢腹板采用Q345D钢材。普通钢筋：设计采用HPB300级和HRB400级钢筋。

预应力钢筋力学性能指标见表6.9.3-42。

预应力钢筋力学性能指标 表6.9.3-42

力学性能指标	钢 绞 线	预应力粗钢筋
弹性模量 E（MPa）	195000	200000
抗拉标准强度（MPa）	1860	785

（3）边界条件

基础固结、桥墩与主梁固结；过渡墩单向支撑。

2）主要计算荷载

（1）设计荷载

一期恒载：混凝土重度为 $26kN/m^3$，钢材重度为 $78.5kN/m^3$。

二期恒载：桥面铺装按 10cm 厚度的沥青混凝土（$24kN/m^3$）计算，护栏重量根据设计图纸计算。

汽车活载：公路—Ⅰ级荷载。

（2）汽车荷载系数

连续刚构桥：按单向三车道计算。

（3）纵横向折减系数

整体式梁按单向三车道计算，按照《公路桥涵设计通用规范》（JTG D60—2015）第4.3 条规定：整体式梁 3 车道横向折减系数为 0.78。

9.3.3.3　应力控制截面选定及测点布置

根据《公路桥梁荷载试验规程》（JTG/T J21-01—2015）第5.2.2 条，其主要测试工况和测试断面见表6.9.3-43，其中主要工况为必做工况，附加工况可视具体情况确定是否进行。

规范规定连续刚构桥主要测试工况和测试断面　　　　　　　　　　　　　表 6.9.3-43

桥　型		试　验　工　况	测　试　截　面
连续刚构桥	主要工况	①主跨墩顶截面主梁最大负弯矩工况； ②主跨跨中截面主梁最大正弯矩及挠度工况； ③边跨主梁最大正弯矩及挠度工况	①主跨墩顶截面； ②主跨最大正弯矩截面； ③边跨最大正弯矩截面
	附加工况	①墩顶截面最大剪力工况； ②墩顶纵桥向最大水平位移工况	①计算确定具体截面位置； ②墩顶截面

结合连续刚构桥的结构特点和受力特性，根据有限元计算结果，选取结构应力水平较高和较不利截面，同时也选择常规试验截面，通过这些测点的应力水平反映结构的受力状况，各桥具体测点布置如下。

主梁布置 7 个应力测试断面，共计布置混凝土单向测点 42 个，应变花测点 12 个，见表6.9.3-44 及图6.9.3-22。

珊溪大桥应力测试断面布设　　　　　　　　　　　　　　　　表 6.9.3-44

序号	断面	部位	断 面 位 置	测点数（个）
1	1-1	主梁	边跨最大正弯矩断面（距 2 号墩 24.5m）	混凝土单向测点 6 个
2	2-2	主梁	3 号墩支点最大负弯矩断面（距 3 号墩 5m）	混凝土单向测点 6 个，应变花测点 6 个
3	3-3	主梁	次中跨 $L/4$ 断面（距 3 号墩 25m）	混凝土单向测点 6 个
4	4-4	主梁	次中跨 $L/2$ 断面（距 3 号墩 50m）	混凝土单向测点 6 个
5	5-5	主梁	4 号墩支点最大负弯矩断面（距 4 号墩 5m）	混凝土单向测点 6 个，应变花测点 6 个
6	6-6	主梁	中跨 $L/4$ 断面（距 4 号墩 25m）	混凝土单向测点 6 个
7	7-7	主梁	中跨 $L/2$ 断面（距 4 号墩 50m）	混凝土单向测点 6 个
测点总数				混凝土单向测点 42 个，应变花测点 12 个

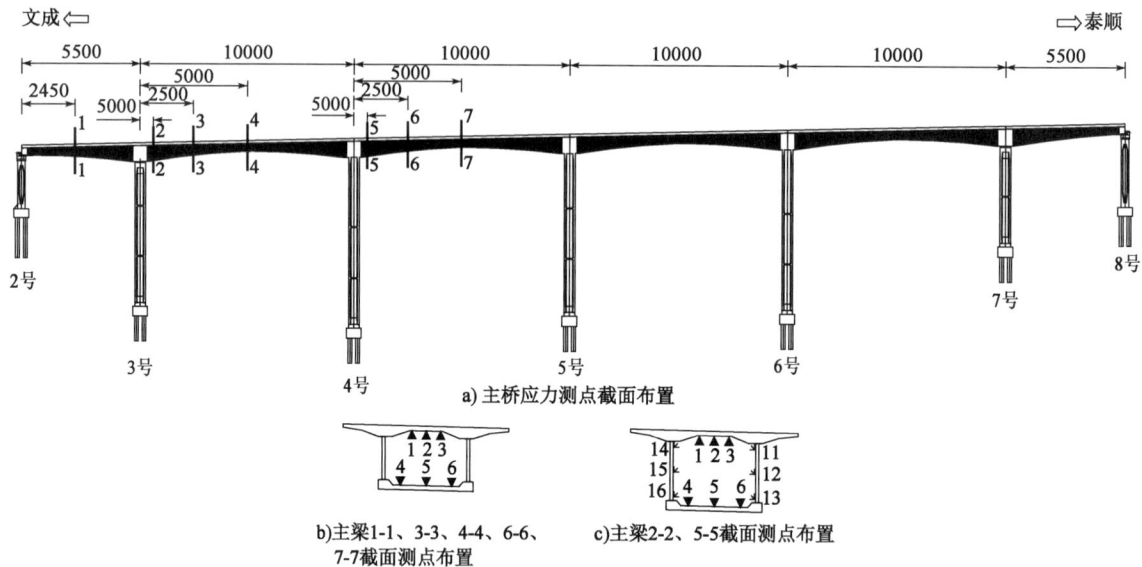

图 6.9.3-22 珊溪大桥应力测试断面布置示意图(尺寸单位:cm)
注:▲ 表示单向应力测点;↘ 表示应变花测点

9.3.3.4 位移测点布置

波形钢腹板刚构桥位移测点布置(图 6.9.3-23)如下:连续刚构桥桥面竖向挠度测点布置在主梁边跨最大挠度位置、中跨和次中跨跨中、墩顶等位置内外侧,同时在墩顶布置水平位移测点,测试各试验工况下的桥面竖向位移值和墩顶水平位移值。

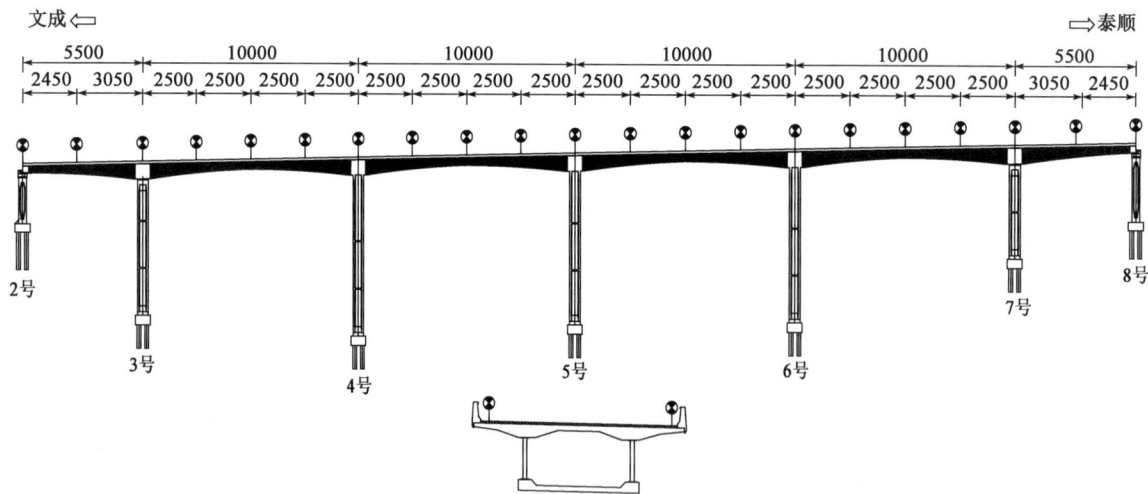

图 6.9.3-23 珊溪大桥位移测点布置示意图(尺寸单位:cm)
注:❂ 表示位移测点

9.3.3.5 加载工况及效率

珊溪大桥加载工况设计(表 6.9.3-45)如下:
(1)对 1-1 断面最大正弯矩进行对称加载,加载效率 97%
测试内容:箱梁应力、桥面挠度、墩顶位移、裂缝监测。
(2)对 2-2 断面最大负弯矩进行对称加载,加载效率 104%
测试内容:箱梁应力、桥面挠度、墩顶位移、裂缝监测。
(3)对 3-3 断面最大正弯矩进行对称加载,加载效率 87%

测试内容:箱梁应力、桥面挠度、墩顶位移、裂缝监测。

(4)对 4-4 断面最大正弯矩进行对称加载,加载效率 91%

测试内容:箱梁应力、桥面挠度、墩顶位移、裂缝监测。

(5)对 4-4 断面最大正弯矩进行偏心加载,加载效率 91%

测试内容:箱梁应力、桥面挠度、墩顶位移、裂缝监测。

(6)对 5-5 断面最大负弯矩进行对称加载,加载效率 97%

测试内容:箱梁应力、桥面挠度、墩顶位移、裂缝监测。

(7)对 6-6 断面最大正弯矩进行对称加载,加载效率 85%

测试内容:箱梁应力、桥面挠度、墩顶位移、裂缝监测。

(8)对 7-7 断面最大正弯矩进行对称加载,加载效率 103%

测试内容:箱梁应力、桥面挠度、墩顶位移、裂缝监测。

(9)对 7-7 断面最大正弯矩进行偏心加载,加载效率 103%

测试内容:箱梁应力、桥面挠度、墩顶位移、裂缝监测。

珊溪大桥成桥荷载试验加载工况设计　　　　　　　　　　　　表 6.9.3-45

工况	工 况 名 称	设计活载效应 (kN·m)	试验加载效应 (kN·m)	加载效率 (%)	试验车数量
工况 1	边跨最大正弯矩断面对称加载	17997	17466	97	2×3
工况 2	3 号墩墩顶附近断面最大负弯矩加载	-30087	-31175	104	3×3
工况 3	次中跨 $L/4$ 最大正弯矩断面对称加载	11636	10140	87	3×3
工况 4	次中跨 $L/2$ 最大正弯矩断面对称加载	18785	17332	91	3×3
工况 5	次中跨 $L/2$ 最大正弯矩断面偏心加载	18785	17332	91	3×3
工况 6	4 号墩墩顶附近断面最大负弯矩加载	-40504	-39243	97	3×3
工况 7	中跨 $L/4$ 最大正弯矩断面对称加载	10818	9151	85	2×3
工况 8	中跨 $L/2$ 最大正弯矩断面对称加载	16064	14928	103	3×3
工况 9	中跨 $L/2$ 最大正弯矩断面偏心加载	16064	14928	103	3×3

9.3.3.6　静载试验结果分析

静载试验的测试结果表格中,应变单位为 10^{-6},应力单位为 MPa,受拉为正,受压为负,校验系数为无量纲量。挠度的单位为 mm,挠度以向下为负,向上为正。伸缩量等长度单位为 mm。温度单位为℃。在以下各工况测试结果中:

①结构校验系数 = 实测应力/计算应力(或实测弹性变位/计算变位)。

②实测应变计算时取混凝土的弹性模量 $E = 3.45 \times 10^4$ MPa,实测应变计算时取钢材的弹性模量 $E = 2.1 \times 10^5$ MPa。

③偏载系数 = 实测偏载侧最大弹性变位/实测平均弹性变位。

④表中实测值中"—"表示测点损坏,或因实测值较小,无需进行比较。

1)工况 1 测试结果

(1)应力测试结果及分析

在工况 1(边跨最大正弯矩 1-1 断面对称加载)试验荷载作用下 1-1 断面应力增量的测试结果见表 6.9.3-46。测试结果表明,在工况 1 试验荷载作用下,箱梁顶面实测最大压应力为 -0.76MPa,理论计算值为 -1.00MPa,校验系数在 0.64 ~ 0.76 之间;箱梁底板实测最大拉应力为 1.27MPa,理论计算值为 1.63MPa，校验系数在 0.64～0.78 之间。卸载后 1-1 断面的实测残余应变较小，表明桥梁结构处于弹性工作状态。

工况 1 应力测试结果
表 6.9.3-46

测点位置		测点号	实测应变 (10^{-6})	实测应力 (MPa)	计算值 (MPa)	校验系数
波形钢腹板箱梁	箱梁顶板	1-1	−22	−0.74	−1.00	0.73
		1-2	−22	−0.76	−1.00	0.76
		1-3	−20	−0.64	−1.00	0.64
	箱梁底板	1-4	34	1.15	1.63	0.71
		1-5	37	1.27	1.63	0.78
		1-6	32	1.04	1.63	0.64

（2）挠度测试结果及分析

在工况 1 试验荷载作用下桥面测试结果见表 6.9.3-47。测试结果表明，在工况 1 试验荷载作用下，边跨 1-1 断面处实测最大挠度为 −6.6mm，理论计算值为 −10.1mm，校验系数在 0.62～0.65 之间。卸载后边跨最大位置残余变形较小，表明桥梁结构处于弹性工作状态。

工况 1 桥面挠度测试结果
表 6.9.3-47

测试位置	位置	实测挠度（mm）	计算挠度（mm）	校验系数
边跨最大弯矩断面	左侧	−6.3	−10.1	0.62
	右侧	−6.6	−10.1	0.65

（3）裂缝观测结果及分析

试验过程中，对加载截面进行重点检查，未发现肉眼可见裂缝且应力未有异常变化，表明工况 1 荷载作用下桥梁结构总体受力较好。

2）工况 2、3、4 测试结果及分析

（1）应力测试结果及分析

在工况 2、3、4 试验荷载作用下 2-2 断面、3-3 断面、4-4 断面应力增量的测试结果见表 6.9.3-48。测试结果表明，在本工况试验荷载作用下，2-2 断面箱梁顶板实测最大拉应力增量为 0.52MPa，理论计算值为 0.71MPa，校验系数在 0.67～0.73 之间；箱梁底板实测最大压应力增量为 −0.41MPa，理论计算值为 −0.48MPa，校验系数在 0.58～0.86 之间。3-3 断面箱梁顶板实测最大压应力增量为 −0.42MPa，理论计算值为 −0.53MPa，校验系数在 0.55～0.80 之间；箱梁底板最大拉应力 0.58MPa，理论计算值 0.76MPa，校验系数在 0.55～0.76 之间。4-4 断面箱梁顶板实测最大压应力增量为 −0.94MPa，理论计算值为 −1.18MPa，校验系数在 0.68～0.79 之间；箱梁底板最大拉应力 1.90MPa，理论计算值 2.44MPa，校验系数在 0.66～0.78 之间。卸载后各断面的实测残余应变较小，表明桥梁结构处于弹性工作状态。

工况 2、3、4 应力、应变增量测试结果
表 6.9.3-48

测点位置		测点号	实测应变 (10^{-6})	实测应力 (MPa)	计算值 (MPa)	校验系数
3 号墩附近断面	箱梁顶板	2-1	15	0.48	0.71	0.68
		2-2	14	0.48	0.71	0.67
		2-3	16	0.52	0.71	0.73
	箱梁底板	2-4	−10	−0.34	−0.48	0.71
		2-5	−11	−0.41	−0.48	0.86
		2-6	−9	−0.28	−0.48	0.58

测点位置		测点号	实测应变 (10^{-6})	实测应力 (MPa)	计算值 (MPa)	校验系数
次边跨 $L/4$ 断面	箱梁顶板	3-1	-12	-0.41	-0.53	0.78
		3-2	-10	-0.35	-0.53	0.65
		3-3	-12	-0.42	-0.53	0.80
	箱梁底板	3-4	13	0.42	0.76	0.55
		3-5	17	0.58	0.76	0.76
		3-6	15	0.47	0.76	0.62
次边跨 $L/2$ 断面	箱梁顶板	4-1	-22	-0.80	-1.18	0.68
		4-2	-26	-0.94	-1.18	0.79
		4-3	-23	-0.81	-1.18	0.68
	箱梁底板	4-4	51	1.76	2.44	0.72
		4-5	48	1.62	2.44	0.66
		4-6	55	1.90	2.44	0.78

（2）挠度测试结果及分析

在工况 2、3、4 试验荷载作用下桥面挠度测试结果见表 6.9.3-49。测试结果表明,在本工况试验荷载作用下,次边跨跨中断面处实测最大挠度为 -20.5mm,理论计算值为 -31.3mm,校验系数在 0.57～0.65 之间。卸载后桥面各测点实测残余变形较小,表明桥梁结构处于弹性工作状态。

工况 2、3、4 桥面挠度测试结果   表 6.9.3-49

测试位置	位置	实测挠度(mm)	计算挠度(mm)	校验系数
次边跨 $L/4$ 断面	左侧	-13.5	-22.7	0.59
	右侧	-12.9	-22.7	0.57
次边跨 $L/2$ 断面	左侧	-20.0	-31.3	0.64
	右侧	-20.5	-31.3	0.65
次边跨 $3L/4$ 断面	左侧	-8.0	-12.6	0.63
	右侧	-7.6	-12.6	0.60

（3）墩顶位移测量结果

试验过程中,利用全站仪对墩顶位移进行测量,变形值 <1mm,理论值 1.2mm,表明本工况试验荷载作用下桥梁结构总体受力较好。

（4）裂缝观测结果及分析

试验过程中,对加载截面进行重点检查,未发现肉眼可见裂缝且应力未有异常变化,表明本工况试验荷载作用下桥梁结构总体受力较好。

3）工况 5 测试结果

（1）应力测试结果及分析

在工况 5（次中跨 $L/2$ 最大正弯矩断面偏心加载）试验荷载作用下 4-4 断面应力增量的测试结果见表 6.9.3-50。测试结果表明,在工况 5 试验荷载作用下,箱梁顶板实测最大压应变增量为 -28×10^{-6},平均值为 -25×10^{-6};箱梁底板实测最大压应变增量为 55×10^{-6},平均值为 52×10^{-6},偏载系数在 1.05～1.12 之间。

（2）挠度测试结果及分析

在工况 5 试验荷载作用下主梁挠度测试结果见表 6.9.3-51。测试结果表明,在工况 5 试验荷载作用下,跨中位置实测最大挠度为 -21.5mm,平均挠度为 -20.3mm,偏载系数为 1.06。

工况 5 应力、应变增量测试结果　　　　　　表 6.9.3-50

测点位置		测点号	实测应变(10⁻⁶)	平均应变(10⁻⁶)	偏载系数
波形钢腹板箱梁	箱梁顶板	4-1	−28	−25	1.12
		4-2	−25		
		4-3	−22		
	箱梁底板	4-4	55	52	1.05
		4-5	51		
		4-6	50		

工况 5 主梁挠度测试结果　　　　　　表 6.9.3-51

测试位置	位置	实测挠度(mm)	平均挠度(mm)	偏载系数
跨中	左侧	−21.5	−20.3	1.06
	右侧	−19.1		

（3）裂缝观测结果及分析

试验过程中，对加载截面进行重点检查，未发现肉眼可见裂缝且应力未有异常变化，表明工况 5 荷载作用下桥梁结构总体受力较好。

4）工况 6、8 测试结果及分析

（1）应力测试结果及分析

在工况 6、8 试验荷载作用下 5-5 断面、7-7 断面应力增量的测试结果见表 6.9.3-52。测试结果表明，在本工况试验荷载作用下，5-5 断面箱梁顶板实测最大拉应力增量为 0.69MPa，理论计算值为 0.89MPa，校验系数在 0.70～0.78 之间；箱梁底板实测最大压应力增量为 −0.52MPa，理论计算值为 −0.63MPa，校验系数在 0.71～0.82 之间。7-7 断面箱梁顶板实测最大压应力增量为 −0.83MPa，理论计算值为 −1.06MPa，校验系数在 0.65～0.78 之间；箱梁底板最大拉应力 1.31MPa，理论计算值 2.05MPa，校验系数在 0.62～0.64 之间。卸载后各断面的实测残余应变较小，表明桥梁结构处于弹性工作状态。

工况 6、8 应力增量测试结果　　　　　　表 6.9.3-52

测点位置		测点号	实测应变(10⁻⁶)	实测应力(MPa)	计算值(MPa)	校验系数
4 号墩附近断面	箱梁顶板	5-1	20	0.69	0.89	0.78
		5-2	19	0.62	0.89	0.70
		5-3	20	0.62	0.89	0.70
	箱梁底板	5-4	−13	−0.45	−0.63	0.71
		5-5	−15	−0.52	−0.63	0.82
		5-6	−14	−0.48	−0.63	0.77
中跨 L/2 断面	箱梁顶板	7-1	−20	−0.69	−1.06	0.65
		7-2	−23	−0.83	−1.06	0.78
		7-3	−22	−0.76	−1.06	0.72
	箱梁底板	7-4	37	1.28	2.05	0.62
		7-5	39	1.31	2.05	0.64
		7-6	38	1.31	2.05	0.64

（2）挠度测试结果及分析

在工况 6、8 试验荷载作用下桥面测试结果见表 6.9.3-53。测试结果表明，在本工况试验荷载作用下，次边跨跨中断面处实测最大挠度为 −18.2mm，理论计算值为 −29.2mm，校验系数在 0.62～0.74 之间。卸载后桥面各测点实测残余变形较小，表明桥梁结构处于弹性工作状态。

工况 6、8 桥面挠度测试结果 表 6.9.3-53

测试位置	位　置	实测挠度(mm)	计算挠度(mm)	校验系数
中跨 L/4 断面	左侧	−12.4	−16.7	0.74
	右侧	−11.8	−16.7	0.71
中跨 L/2 断面	左侧	−18.0	−29.2	0.62
	右侧	−18.2	−29.2	0.62
中跨 3L/4 断面	左侧	−8.2	−11.9	0.69
	右侧	−7.9	−11.9	0.66

(3)墩顶位移测量结果

试验过程中,利用全站仪对墩顶位移进行测量,变形值 <1mm,理论值 1.1mm,表明本工况试验荷载作用下桥梁结构总体受力较好。

(4)裂缝观测结果及分析

试验过程中,对加载截面进行重点检查,未发现肉眼可见裂缝且应力未有异常变化,表明本工况试验荷载作用下桥梁结构总体受力较好。

9.4　动力荷载试验

动力荷载试验(简称"动载试验")内容包括有限元计算、自振特性测试(脉动试验)、无障碍行车试验(跑车试验)、跳车试验(包括行进跳车试验和原地跳车试验)。

(1)有限元计算:分析桥梁结构动力特性计算,建立动力试验的理论依据。

(2)脉动试验:测试桥梁结构的整体自振特性,如自振频率、振型和阻尼特性等,评定桥梁结构的动力性能。

(3)跑车试验。采用 1 辆试验载重汽车以 20km/h、30km/h、40km/h、50km/h、60km/h 的速度在桥面上行驶,测量桥梁结构在行车状态下的振幅、动应变及冲击系数。

(4)跳车试验。

①行进跳车试验:采用 1 辆试验载重汽车以 20km/h 速度行驶至主跨跨中处越过障碍物后停车,测量梁体各测点振幅和梁体在竖桥向冲击荷载下的强迫振动频率。

②原地跳车试验:采用 1 辆试验载重汽车停在主跨跨中处,后轮越过障碍物后停车,测量梁体各测点振幅和梁体在竖桥向冲击荷载下的强迫振动频率。

9.4.1　洪溪特大桥动载试验

9.4.1.1　有限元计算

根据《公路桥梁荷载试验规程》(JTG/T J21-01—2015)第 6.3.1 条规定:桥梁自振特性试验应包括竖平面内弯曲、横向弯曲自振特性以及扭转自振特性的测试。对于斜拉桥,测试阶次应不少于 9 阶。为了方便后期实测结果与理论计算值对比,列出文泰高速公路洪溪特大桥前 10 阶振型及计算频率,见表 6.9.4-1。

洪溪特大桥前 10 阶振型及计算频率计算结果 表 6.9.4-1

阶　　数	计算频率(Hz)	振　　型
1	0.201	主梁一阶横向弯曲振动
2	0.258	主塔一阶纵向漂浮振动
3	0.337	主梁二阶横向弯曲振动
4	0.424	主梁一阶竖向弯曲振动

续上表

阶　数	计算频率(Hz)	振　型
5	0.690	主梁三阶横向弯曲振动
6	0.709	主梁二阶竖向弯曲振动
7	0.868	主梁三阶竖向弯曲振动
8	1.079	主塔一阶横向弯曲振动
9	1.099	主塔二阶横向弯曲振动
10	1.127	主梁四阶竖向弯曲振动

9.4.1.2　脉动试验

脉动试验主要测量的自振频率、振型和阻尼比。脉动试验是通过在桥上布置高灵敏度的传感器,长时间记录桥梁结构在环境激励下,如风、水流、地脉动等引起的桥梁振动,然后对记录下来的桥梁振动时程信号进行处理,并进行时域和频域分析,求取桥梁结构自振特性的一种方法。

脉动试验假设环境激励为平稳的各态历经,在中低频段,环境振动的激励谱比较均匀,在环境激励的频率与桥梁的自振频率一致或接近时,桥梁容易吸收环境激励的能量,使振幅增大;而在环境激励的频率与桥梁自振频率相差较大时,由于相位差较大,有相当一部分能量相互抵消,振幅较小。

对环境激励下桥梁的响应信号进行多次功率谱的平均分析,可得到桥梁的各阶自振频率,再利用各测点的振幅和相位关系,可求得桥梁各阶模态相应的振型;利用幅频图上各峰值处的半功率带宽或时域上的自相关确定文泰高速公路洪溪特大桥各阶模态阻尼比。

洪溪特大桥脉动试验中,主梁边跨2分点,主跨4分点和8分点处布置竖向、横向、纵向拾振器共19个测点,主塔布置横向、顺向共4个测点,脉动试验测点布置如图6.9.4-1所示。

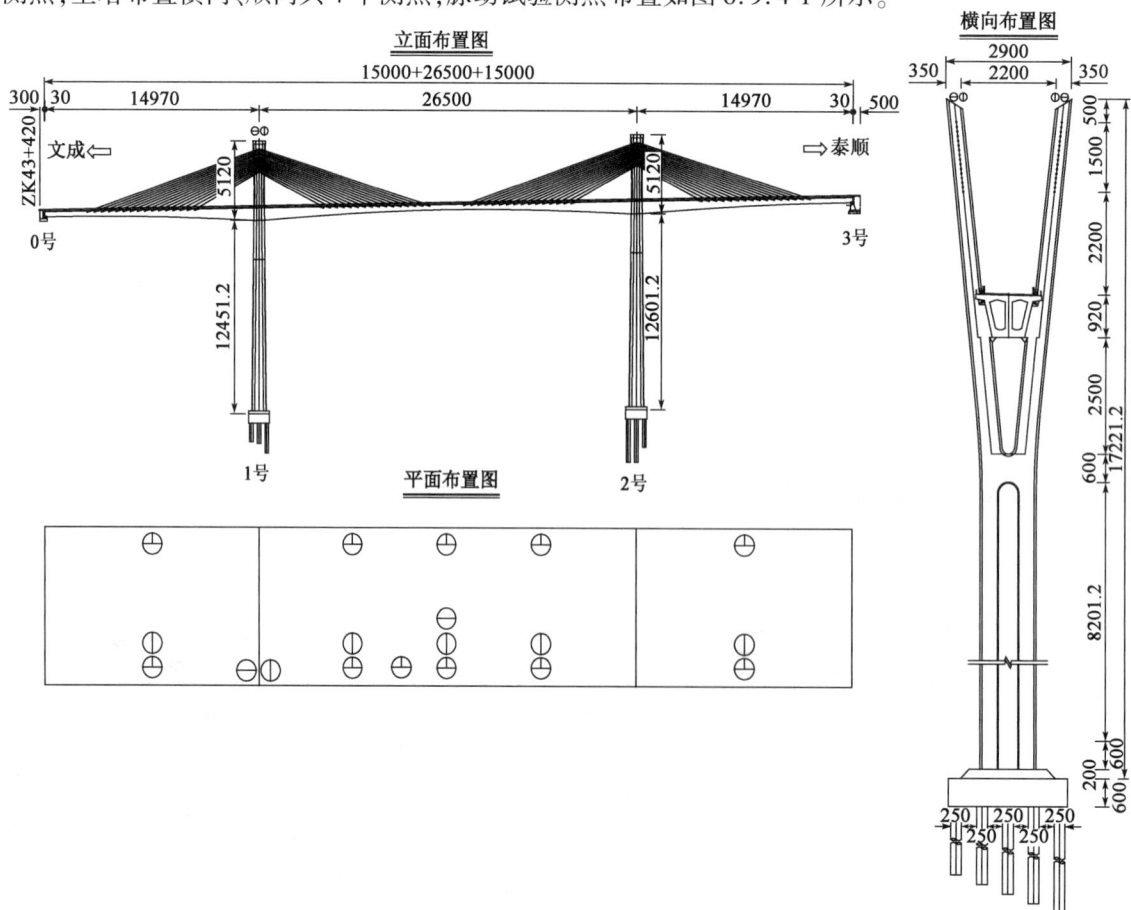

图6.9.4-1　脉动试验测点布置示意图(尺寸单位:cm)
注:⊕ 表示竖向动力测点;⊖ 表示横向动力测点;⊖ 表示顺桥向动力测点

9.4.1.3 强迫振动试验

强迫振动试验是利用试验车辆对桥梁施以动力荷载,测量桥梁动力响应,即桥梁的振幅、动应力及冲击系数等,并对测得的桥梁动力响应值进行分析,获得桥梁的动力响应特性。

强迫振动试验分为跑车试验和跳车试验等2种工况,强迫振动试验测点布置如图6.9.4-2所示,在主梁边跨2分点,中跨4分点、8分点和墩顶处布置动力传感器,同时为了测量动应力曲线和冲击系数,在中跨 $L/2$ 主梁底板上布置2个动应变测点。

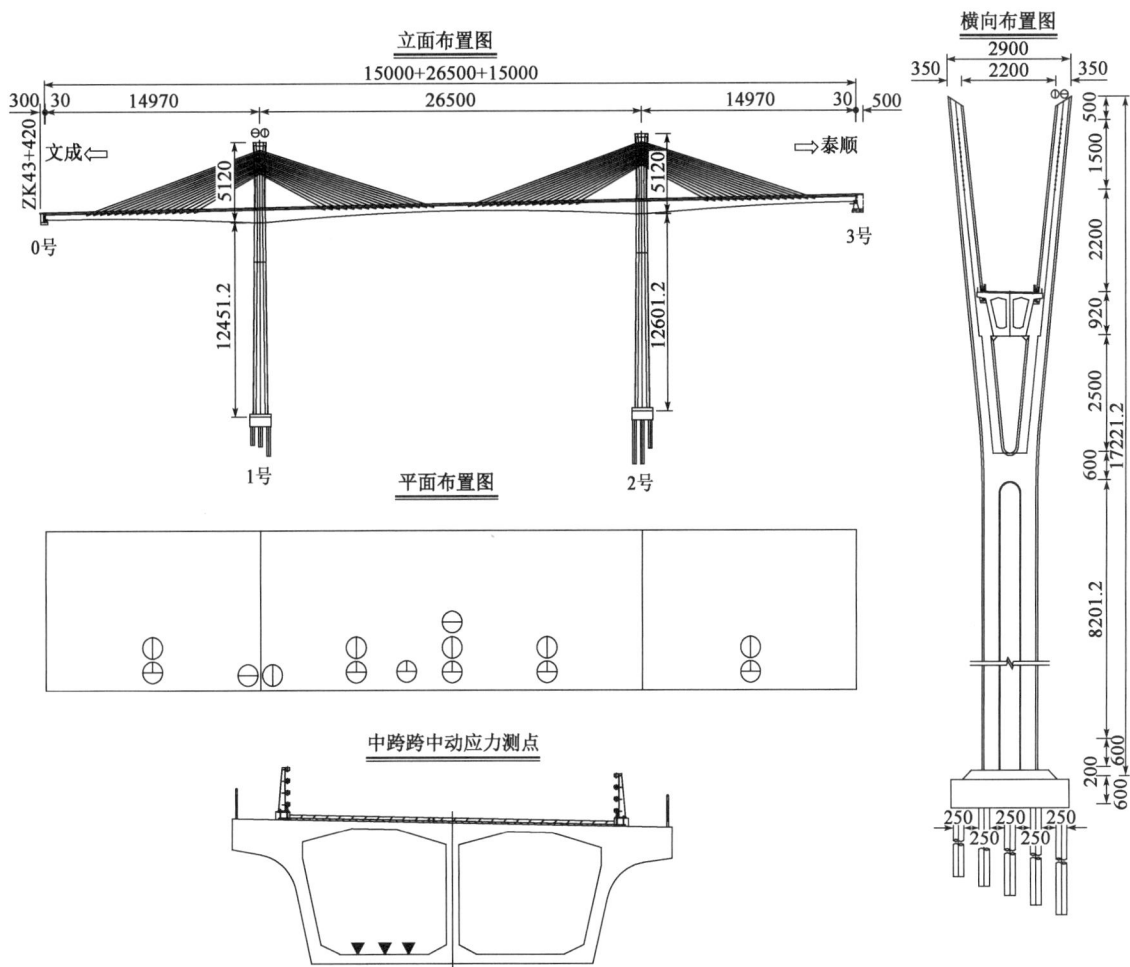

图6.9.4-2 强迫振动试验测点布置示意图(尺寸单位:cm)

注:⊖ 表示竖向动力测点;⊕ 表示横向动力测点;⊝ 表示顺桥向动力测点;▼ 表示动应变测点

9.4.1.4 动载试验工况

洪溪特大桥动载试验包括脉动试验、跑车试验和跳车试验,动载试验工况见表6.9.4-2。

洪溪特大桥动载试验工况

表6.9.4-2

项 目		工况	测试内容及车速
脉动试验		1	结构自振频率、振型、阻尼比
无障碍行车试验	跑车试验	1	振幅、动应力、冲击系数,车速20km/h
		2	振幅、动应力、冲击系数,车速30km/h

项　目	工况	测试内容及车速
无障碍行车试验	跑车试验 3	振幅、动应力、冲击系数,车速40km/h
	4	振幅、动应力、冲击系数,车速50km/h
	5	振幅、动应力、冲击系数,车速60km/h
	跳车试验 (中跨跨中) 1	振幅,障碍5cm,车速20km/h
	2	振幅,障碍5cm,原地跳车

9.4.1.5　动载试验结果分析

1) 脉动试验

洪溪特大桥脉动试验测试结果见表6.9.4-3。

洪溪特大桥脉动试验测试结果　　　　　　　　　　　　　　表6.9.4-3

阶数	计算频率(Hz)	实测值(Hz)	阻尼比(%)	振　型
1	0.201	0.244	3.354	主梁一阶横向弯曲振动
2	0.258	—	—	主塔一阶纵向漂浮振动
3	0.337	0.352	1.673	主梁二阶横向弯曲振动
4	0.424	0.488	1.032	主梁一阶竖向弯曲振动
5	0.690	0.693	1.072	主梁三阶横向弯曲振动
6	0.709	0.791	1.295	主梁二阶竖向弯曲振动
7	0.868	1.035	2.086	主梁三阶竖向弯曲振动
8	1.079	—	—	主塔一阶横向弯曲振动
9	1.099	—	—	主塔二阶横向弯曲振动
10	1.127	1.225	4.006	主梁四阶竖向弯曲振动

实测主梁一阶竖向弯曲振动频率为0.488Hz,计算值为0.424Hz,实测值大于计算值,说明实桥的竖向动力刚度满足要求。

实测主梁一阶横向弯曲振动频率为0.244Hz,计算值为0.201Hz,实测值大于计算值,说明实桥的横向动力刚度满足要求。

桥梁实测阻尼比在1.032%～4.006%之间。

2) 强迫振动试验

图6.9.4-3～图6.9.4-6所示为试验车跑车和跳车试验时典型测点的振动时程曲线。表6.9.4-4为跑车试验时主要测点实测振幅值,表6.9.4-5为跳车试验时主要测点实测振幅值。

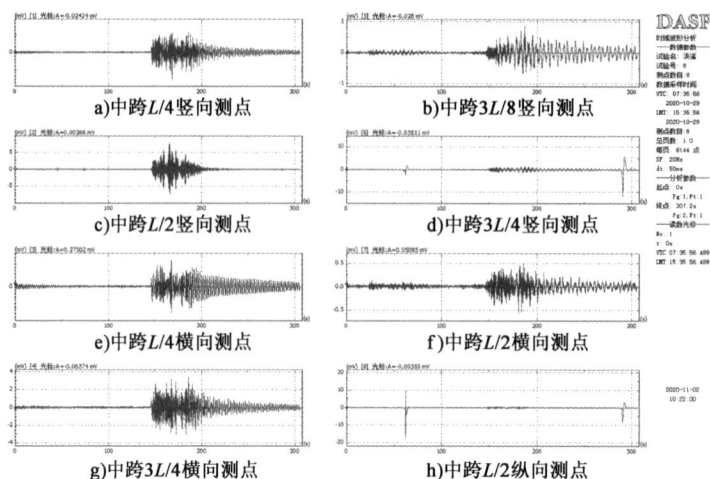

a)中跨L/4竖向测点　　　　b)中跨3L/8竖向测点

c)中跨L/2竖向测点　　　　d)中跨3L/4竖向测点

e)中跨L/4横向测点　　　　f)中跨L/2横向测点

g)中跨3L/4横向测点　　　　h)中跨L/2纵向测点

图6.9.4-3　60km/h跑车试验时典型测点的振动时程曲线1

注:振动时程曲线图为DASP软件出图,横坐标表示时间,单位s,纵坐标表示电压,单位mV。余图类同。

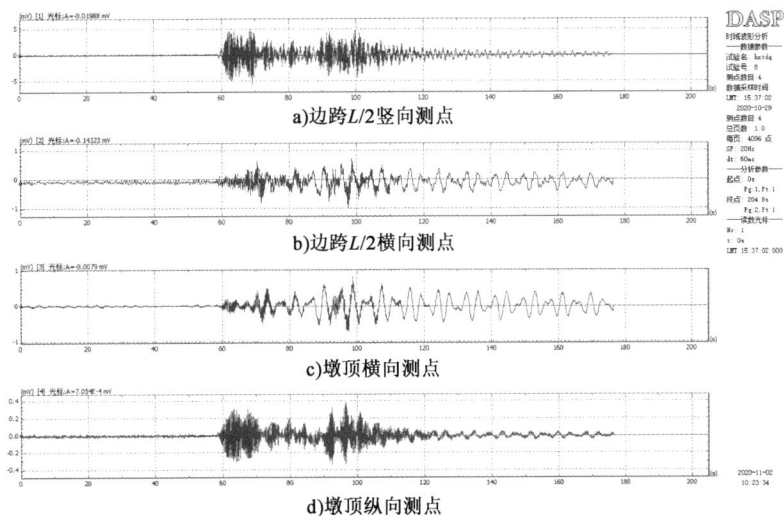

图 6.9.4-4　60km/h 跑车试验时典型测点的振动时程曲线 2

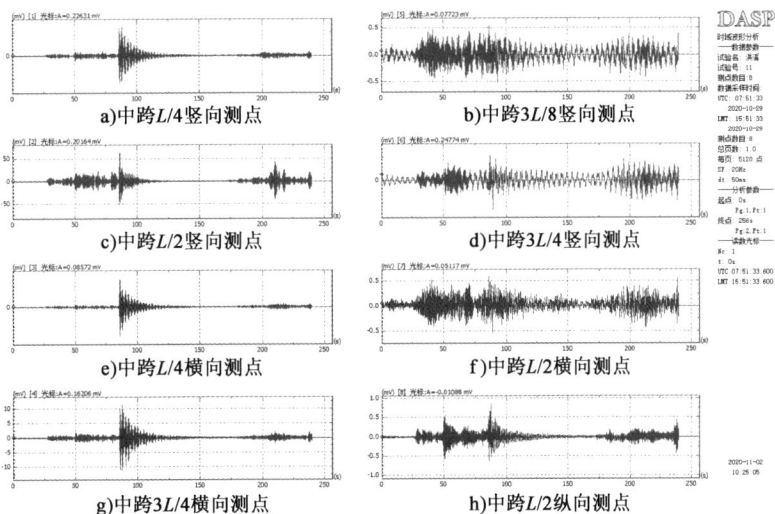

图 6.9.4-5　20km/h 跳车试验时典型测点的振动时程曲线 1

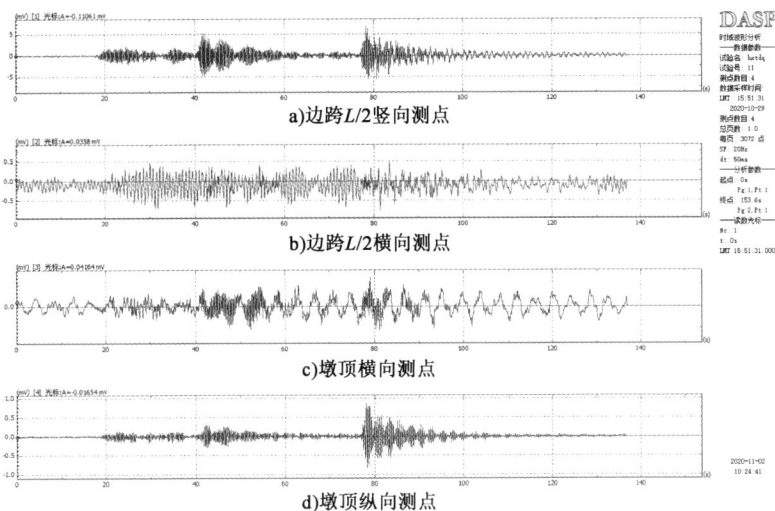

图 6.9.4-6　20km/h 跳车试验时典型测点的振动时程曲线 2

跑车试验时主要测点实测振幅值(单位:mm) 表 6.9.4-4

测 点 位 置	车　　速					
	10km/h	20km/h	30km/h	40km/h	50km/h	60km/h
中跨 $L/4$ 竖向	0.06	0.08	0.12	0.15	0.21	0.21
中跨 $3L/8$ 竖向	0.10	0.06	0.18	0.11	0.27	0.20
中跨 $L/2$ 竖向	0.05	0.07	0.18	0.19	0.34	0.21
中跨 $3L/4$ 竖向	0.06	0.07	0.15	0.15	0.25	0.21
中跨 $L/4$ 横向	0.03	0.03	0.04	0.08	0.08	0.12
中跨 $L/2$ 横向	0.07	0.05	0.10	0.15	0.19	0.19
中跨 $3L/4$ 横向	0.02	0.02	0.03	0.03	0.04	0.05
中跨 $L/2$ 纵向	0.05	0.08	0.11	0.11	0.11	0.12
边跨 $L/2$ 竖向	0.12	0.15	0.12	0.25	0.22	0.34
边跨 $L/2$ 横向	0.05	0.05	0.07	0.06	0.08	0.11
塔梁处横向	0.03	0.02	0.05	0.08	0.07	0.12
塔梁处纵向	0.02	0.02	0.03	0.03	0.03	0.05

跳车试验时主要测点实测振幅值(单位:mm) 表 6.9.4-5

测 点 位 置	中跨 $L/2$	
	20km/h 跳车	原地跳车
中跨 $L/4$ 竖向	0.33	0.18
中跨 $3L/8$ 竖向	0.41	0.18
中跨 $L/2$ 竖向	0.34	0.14
中跨 $3L/4$ 竖向	0.31	0.17
中跨 $L/4$ 横向	0.06	0.14
中跨 $L/2$ 横向	0.11	0.11
中跨 $3L/4$ 横向	0.04	0.08
中跨 $L/2$ 纵向	0.08	0.04
边跨 $L/2$ 竖向	0.20	0.18
边跨 $L/2$ 横向	0.09	0.12
塔梁处横向	0.04	0.10
塔梁处纵向	0.02	0.02

由表6.9.4-4可以看出,跑车试验时主梁竖向最大振幅实测值为0.34mm,横向最大振幅实测值为0.19mm;由表6.9.4-5可以看出,跳车试验时主梁竖向最大振幅实测值为0.41mm,横向最大振幅实测值为0.14mm。

3)冲击系数

洪溪特大桥的竖向一阶计算频率为0.488Hz,参照《公路桥涵设计通用规范》(JTG D60—2015),冲击系数的取值为:

当 $f < 1.5$ Hz 时　　　　$\mu = 0.05$

当 1.5 Hz $\leq f \leq 14$ Hz 时　　$\mu = 0.1767 \ln f - 0.0157$

当 $f > 14$ Hz 时　　　　$\mu = 0.45$

可以得到冲击系数取值为:$\mu = 0.05$。

表6.9.4-6为根据动应变曲线得到的冲击系数。

动应变测试冲击系数实测值　　　　　表6.9.4-6

测点位置	10km/h	20km/h	30km/h	40km/h	50km/h	60km/h
中跨 $L/2$ 截面	0.02	0.03	0.03	0.02	0.03	0.03

由表6.9.4-6可以看出,实测冲击系数最大值为0.03,小于根据规范得到冲击系数取值0.05,满足规范要求。

9.4.2　南浦溪特大桥动载试验

9.4.2.1　有限元计算

根据《公路桥梁荷载试验规程》(JTG/T J21-01—2015)第6.3.1条规定:桥梁自振特性试验应包括竖平面内弯曲、横向弯曲自振特性以及扭转自振特性的测试,对于非简支梁桥和拱桥,测试阶次应不少于3阶。为了方便后期实测结果与理论计算值对比,列出南浦溪大桥主桥前7阶振型及计算频率结果,见表6.9.4-7。

南浦溪大桥主桥前7阶振型及计算频率　　　　　表6.9.4-7

阶数	计算频率(Hz)	振型
1	0.269	主拱一阶横向弯曲振动
2	0.406	主拱二阶横向弯曲振动
3	0.553	主拱一阶竖向弯曲振动
4	0.573	主拱三阶横向弯曲振动
5	0.771	主拱四阶横向弯曲振动
6	0.960	主拱五阶横向弯曲振动
7	1.007	主拱二阶竖向弯曲振动

9.4.2.2　脉动试验

南浦溪大桥主桥脉动试验中,在主梁4分点和墩顶处、拱肋4分点处布置竖向、横向拾振器共23个测点,脉动试验测点布置如图6.9.4-7所示。

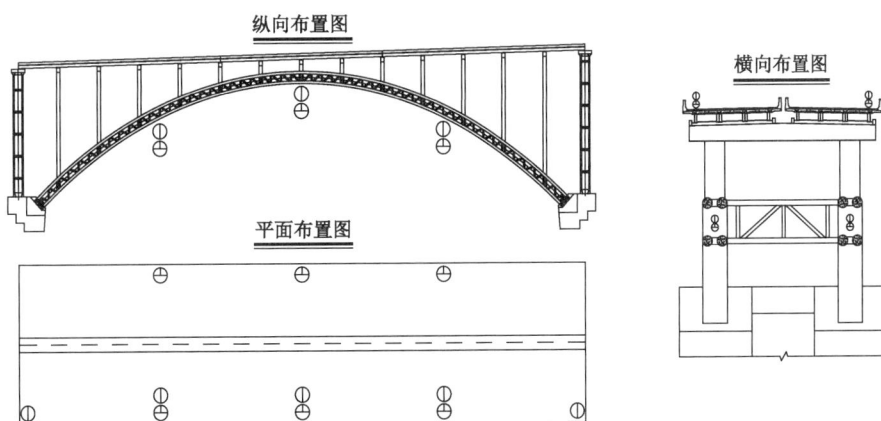

图6.9.4-7　脉动试验测点布置示意图

注: ⊕ 表示竖向动力测点; ⊙ 表示横向动力测点

9.4.2.3　强迫振动试验

强迫振动试验是利用试验车辆对桥梁施以动力荷载,测量桥梁动力响应,即桥梁的振幅及冲击系数等,并对测得的桥梁动力响应值进行分析,获得桥梁的动力响应特性。

强迫振动试验分为跑车试验和跳车试验等2种工况,强迫振动试验测点布置如图6.9.4-8所示,在主梁4分点和墩顶处、拱肋4分点处布置动力传感器,同时为了测量动应力曲线和冲击系数,在拱桥中

跨 $L/2$ 钢主梁和拱顶上弦杆上各布置 2 个动应变测点。

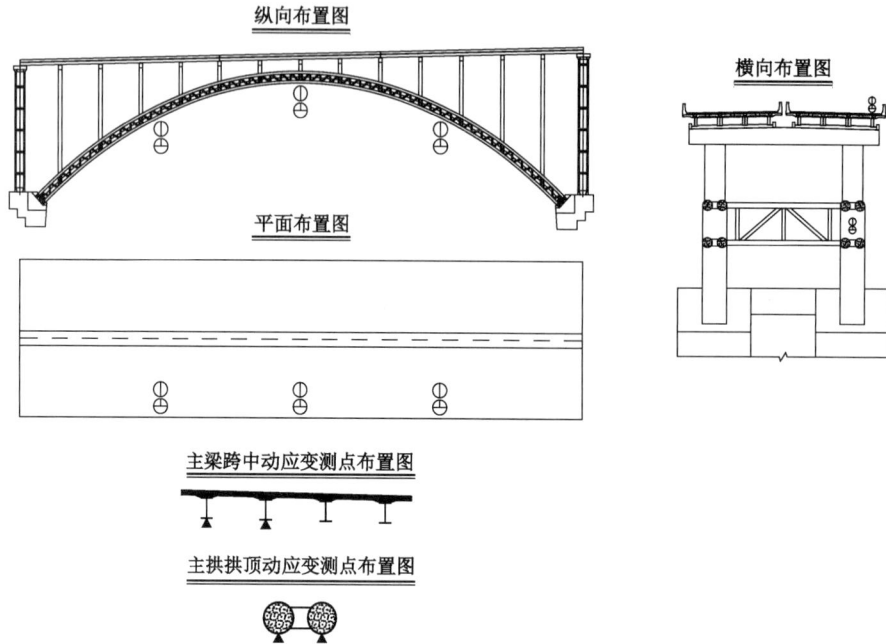

纵向布置图

横向布置图

平面布置图

主梁跨中动应变测点布置图

主拱拱顶动应变测点布置图

图 6.9.4-8　强迫振动试验测点布置示意图

注：⊕ 表示竖向动力测点；⊕ 表示横向动力测点；▲ 表示动应力测点

9.4.2.4　动载试验工况

南浦溪大桥主桥动载试验包括脉动试验、跑车试验和跳车试验。动载试验工况见表6.9.4-8。

南浦溪大桥主桥动载试验工况　　　　　　　表6.9.4-8

项　目		工况	测试内容及车速
脉动试验		1	结构自振频率、振型、阻尼比
无障碍行车试验	跑车试验	1	振幅、动应力、冲击系数，车速20km/h
		2	振幅、动应力、冲击系数，车速30km/h
		3	振幅、动应力、冲击系数，车速40km/h
		4	振幅、动应力、冲击系数，车速50km/h
		5	振幅、动应力、冲击系数，车速60km/h
	跳车试验 （中跨 $L/4$）	1	振幅，障碍5cm，车速20km/h
		2	振幅，障碍5cm，原地跳车

9.4.2.5　动载试验结果分析

1）脉动试验

脉动试验测试结果见表6.9.4-9。

南浦溪大桥主桥脉动试验测试结果　　　　　　表6.9.4-9

阶数	计算频率（Hz）	实测值（Hz）	阻尼比（%）	振　型
1	0.269	0.273	3.759	主拱一阶横向弯曲振动
2	0.406	0.508	5.083	主拱二阶横向弯曲振动
3	0.553	0.703	2.015	主拱一阶竖向弯曲振动
4	0.573	0.879	3.770	主拱三阶横向弯曲振动
5	0.771	1.230	2.974	主拱四阶横向弯曲振动
6	0.960	1.347	1.346	主拱五阶横向弯曲振动
7	1.007	1.074	2.164	主拱二阶竖向弯曲振动

实测主拱一阶竖向弯曲振动频率为 0.703Hz,计算值为 0.553Hz,实测值大于计算值,说明实桥的竖向动力刚度满足要求。

实测主拱一阶横向弯曲振动频率为 0.273Hz,计算值为 0.269Hz,实测值大于计算值,说明实桥的横向动力刚度满足要求。

大桥实测阻尼比在 1.346% ~5.083% 之间。

2)强迫振动试验

图 6.9.4-9、图 6.9.4-10 分别是试验车跑车试验和跳车试验时典型测点的振动时程曲线。表 6.9.4-10为跑车试验时主要测点实测振幅值,表6.9.4-11 为跳车试验时主要测点实测振幅值。

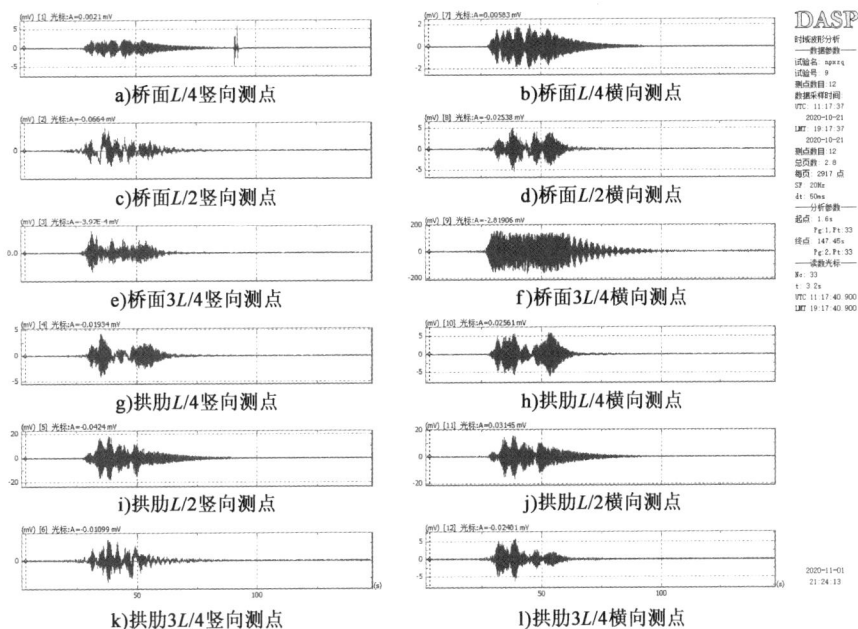

图 6.9.4-9　60km/h 跑车试验时典型测点的振动时程曲线

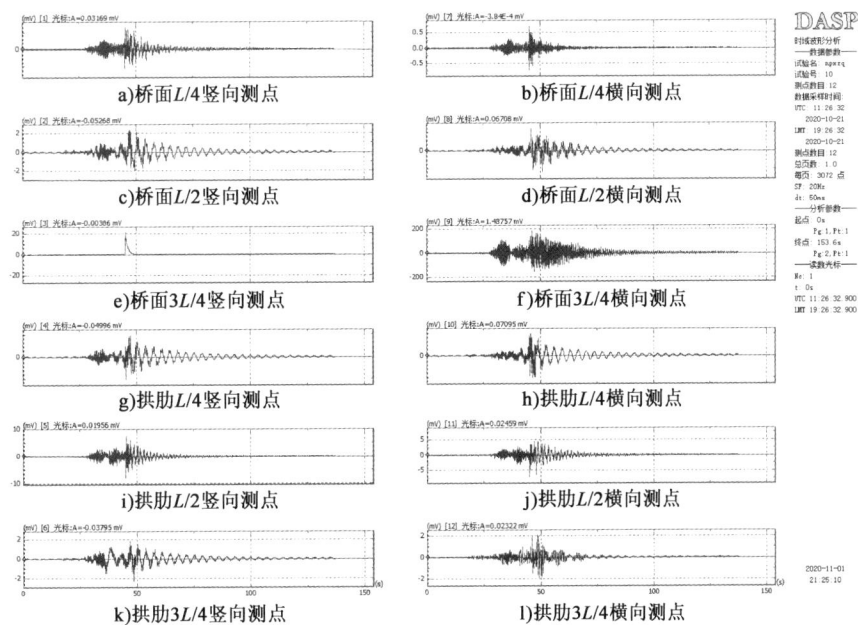

图 6.9.4-10　20km/h 跳车试验时典型测点的振动时程曲线

跑车试验时主要测点实测振幅值（单位:mm）　　　表 6.9.4-10

测点位置	车速					
	10km/h	20km/h	30km/h	40km/h	50km/h	60km/h
桥面 $L/4$ 竖向	0.03	0.04	0.08	0.10	0.06	0.17
桥面 $L/4$ 横向	0.65	0.79	0.65	0.68	0.59	0.67
桥面 $L/2$ 竖向	1.78	2.88	3.86	2.72	3.17	3.96
桥面 $L/2$ 横向	0.12	0.17	0.17	0.22	0.26	0.22
桥面 $3L/4$ 竖向	0.14	0.19	0.37	0.47	0.33	0.62
桥面 $3L/4$ 横向	0.25	0.32	0.35	0.29	0.48	0.40
拱肋 $L/4$ 竖向	0.01	0.03	0.02	0.02	0.01	0.04
拱肋 $L/4$ 横向	0.23	0.23	0.25	0.14	0.28	0.22
拱肋 $L/2$ 竖向	2.95	4.79	6.41	4.53	5.27	6.59
拱肋 $L/2$ 横向	0.07	0.08	0.09	0.12	0.25	0.19
拱肋 $3L/4$ 竖向	0.14	0.18	0.30	0.45	0.28	0.51
拱肋 $3L/4$ 横向	0.04	0.07	0.05	0.08	0.10	0.13

跳车试验时主要测点实测振幅值（单位:mm）　　　表 6.9.4-11

测点位置	中跨 $L/2$	
	20km/h 跳车	原地跳车
桥面 $L/4$ 竖向	0.07	0.07
桥面 $L/4$ 横向	0.28	0.09
桥面 $L/2$ 竖向	3.50	2.66
桥面 $L/2$ 横向	0.30	0.11
桥面 $3L/4$ 竖向	0.36	0.31
桥面 $3L/4$ 横向	0.33	0.11
拱肋 $L/4$ 竖向	0.01	0.01
拱肋 $L/4$ 横向	0.29	0.17
拱肋 $L/2$ 竖向	5.82	4.42
拱肋 $L/2$ 横向	0.27	0.09
拱肋 $3L/4$ 竖向	0.38	0.38
拱肋 $3L/4$ 横向	0.13	0.13

由表 6.9.4-10 可以看出,跑车试验时主梁竖向最大振幅实测值为 3.96mm,横向最大振幅实测值为 0.79mm;主拱竖向最大振幅实测值为 6.59mm,横向最大振幅实测值为 0.28mm。

由表 6.9.4-11 可以看出,跳车试验时主梁竖向最大振幅实测值为 3.50mm,横向最大振幅实测值为 0.33mm;主拱竖向最大振幅实测值为 5.82mm,横向最大振幅实测值为 0.29mm。

3)冲击系数

南浦溪大桥主桥的竖向一阶计算频率为 0.273Hz,参照《公路桥涵设计通用规范》（JTG D60—2015）,冲击系数的取值为:

当 $f < 1.5$Hz 时　　　　　$\mu = 0.05$

当 1.5 Hz $\leqslant f \leqslant 14$Hz 时　　$\mu = 0.1767\ln f - 0.0157$

当 $f > 14$Hz 时　　　　　$\mu = 0.45$

可以得到的冲击系数取值为: $\mu = 0.05$

表 6.9.4-12 为根据动应变曲线得到的冲击系数。

动应变测试冲击系数实测值　　　　　　　表6.9.4-12

测点位置	车　速					
	10km/h	20km/h	30km/h	40km/h	50km/h	60km/h
中跨 $L/2$ 截面	0.02	0.02	0.02	0.03	0.03	0.03

由表6.9.4-12可以看出,实测冲击系数最大值为0.03,小于根据规范得到冲击系数取值0.05,满足规范要求。

9.4.3　波形钢腹板刚构桥动载试验

以珊溪大桥为例,进行波形钢腹板刚构桥动载试验,具体如下。

9.4.3.1　有限元计算

珊溪大桥前5阶振型及计算频率计算结果见表6.9.4-13。

珊溪大桥前5阶振型及计算频率计算结果　　　　　　　表6.9.4-13

阶　数	计算频率(Hz)	振　型
1	0.377	主梁一阶纵向漂浮振动
2	0.408	主梁一阶横向弯曲振动
3	0.533	主梁二阶横向弯曲振动
4	0.805	主梁三阶横向弯曲振动
5	1.186	主梁一阶竖向弯曲振动

9.4.3.2　脉动试验

珊溪大桥在各跨2分点和高墩墩顶处布置测点,如图6.9.4-11所示。

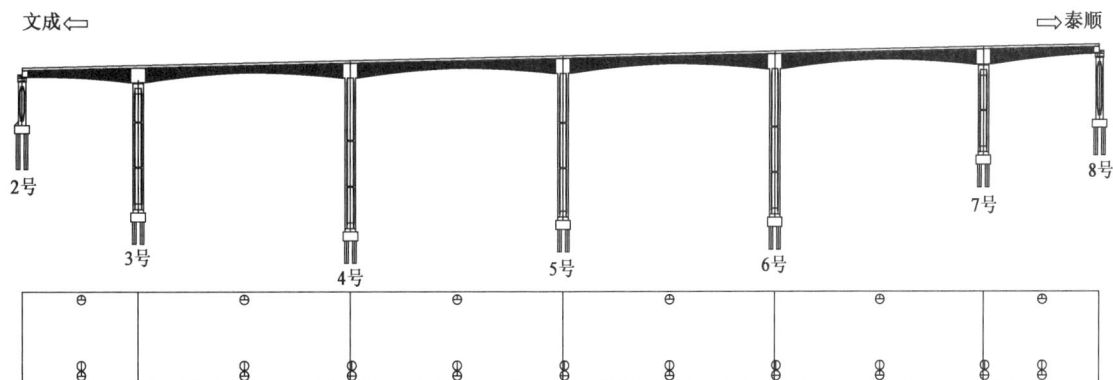

图6.9.4-11　珊溪大桥脉动试验测点布置示意图

注:⊕表示竖向动力测点;⊕表示横向动力测点;⊖表示顺桥向动力测点

9.4.3.3　强迫振动试验

珊溪大桥强迫振动试验测点布置如图6.9.4-12所示,同时为了测量动应力曲线和冲击系数,在中跨 $L/2$ 处布置动应变测点。

9.4.3.4　动载试验工况

珊溪大桥动载试验工况见表6.9.4-14。

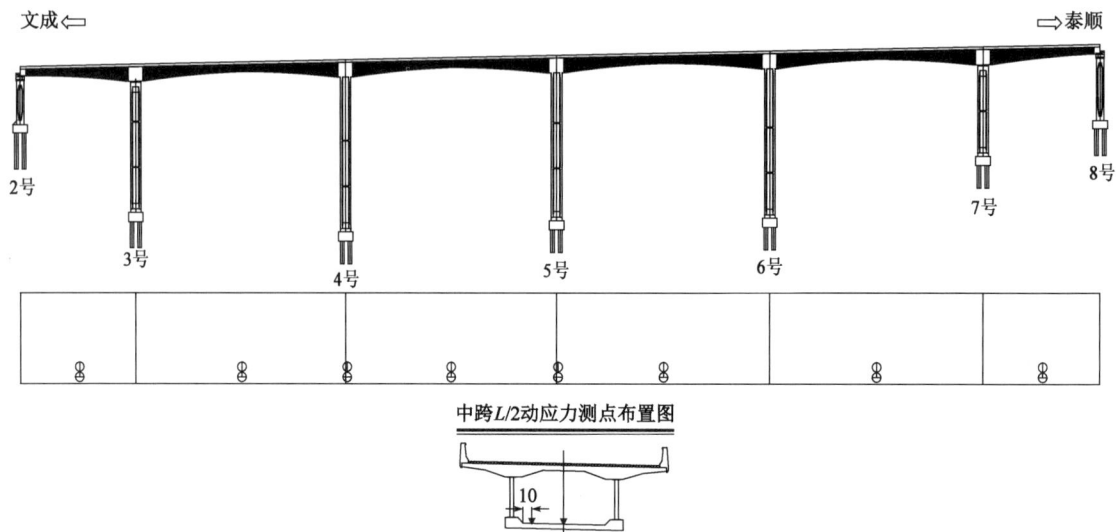

中跨L/2动应力测点布置图

图 6.9.4-12 珊溪大桥强迫振动试验测点布置示意图(尺寸单位:cm)

注:⊕ 表示竖向动力测点;⊕ 表示横向动力测点;⊖ 表示顺桥向动力测点;▼ 表示动应力测点

珊溪大桥动载试验工况   表 6.9.4-14

项　　　目		工况	测试内容及车速
脉动试验		1	结构自振频率、振型、阻尼比
无障碍行车试验	跑车试验	1	振幅、动应力、冲击系数,车速20km/h
		2	振幅、动应力、冲击系数,车速30km/h
		3	振幅、动应力、冲击系数,车速40km/h
		4	振幅、动应力、冲击系数,车速50km/h
		5	振幅、动应力、冲击系数,车速60km/h
	跳车试验 (中跨跨中)	1	振幅,障碍5cm,车速20km/h
		2	振幅,障碍5cm、原地跳车

9.4.3.5 动载试验结果分析

1)脉动试验结果

脉动试验结果见表6.9.4-15。

珊溪大桥脉动试验结果   表 6.9.4-15

序号	频率计算值(Hz)	频率实测值(Hz)	阻尼比	振型
1	0.377	0.595	1.486	主梁一阶纵向漂浮振动
2	0.408	0.488	0.793	主梁一阶横向弯曲振动
3	0.533	0.595	1.032	主梁二阶横向弯曲振动
4	0.805	0.834	1.131	主梁三阶横向弯曲振动
5	1.186	1.367	0.808	主梁一阶竖向弯曲振动

实测一阶纵向漂浮振动振动频率为0.595Hz,计算值为0.377Hz,实测值大于计算值,说明实桥的

纵向动力刚度满足要求;一阶横向弯曲振动频率实测值为 0.488Hz,计算值为 0.408Hz,实测值大于计算值,说明实桥的横向动力刚度满足要求;一阶竖向弯曲振动频率为 1.367Hz,计算值为 1.186Hz,实测值大于计算值,说明实桥的竖向动力刚度满足要求。

实测阻尼比在 0.793% ~ 1.486% 之间。

2)强迫振动试验结果

(1)振幅

图 6.9.4-13 ~ 图 6.9.4-16 所示为试验车进行跑车试验和跳车试验时典型测点的振动时程曲线。跑车试验、跳车试验,主要测点实测振幅值分别见表 6.9.4-16、表 6.9.4-17。测试结果表明,跑车试验时测点竖向最大振幅实测值为 0.51mm,横向最大振幅为 0.25mm;跳车试验测点竖向最大振幅实测值为 0.48mm,横向最大振幅为 0.29mm,所有测点实测振幅值均不大,在合理范围之内。

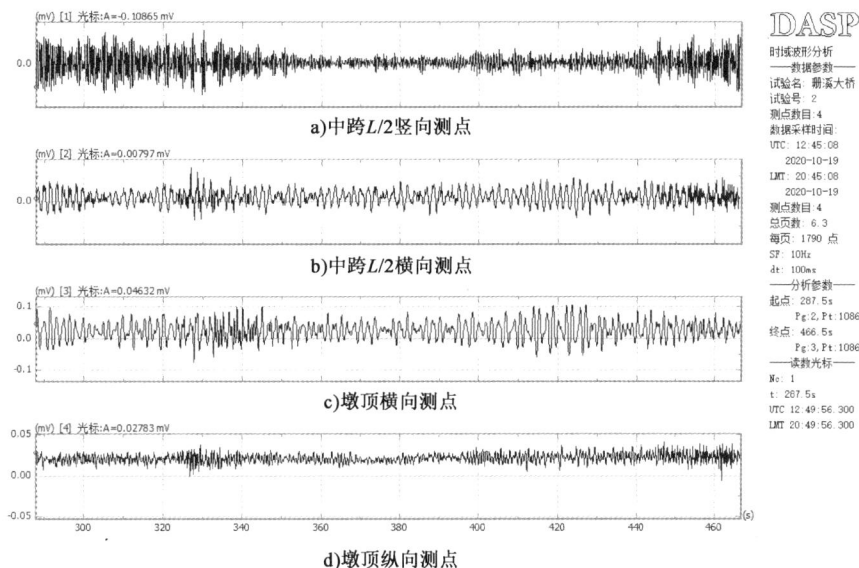

图 6.9.4-13 珊溪大桥 60km/h 跑车试验典型测点振动时程曲线(桥面测站 1)

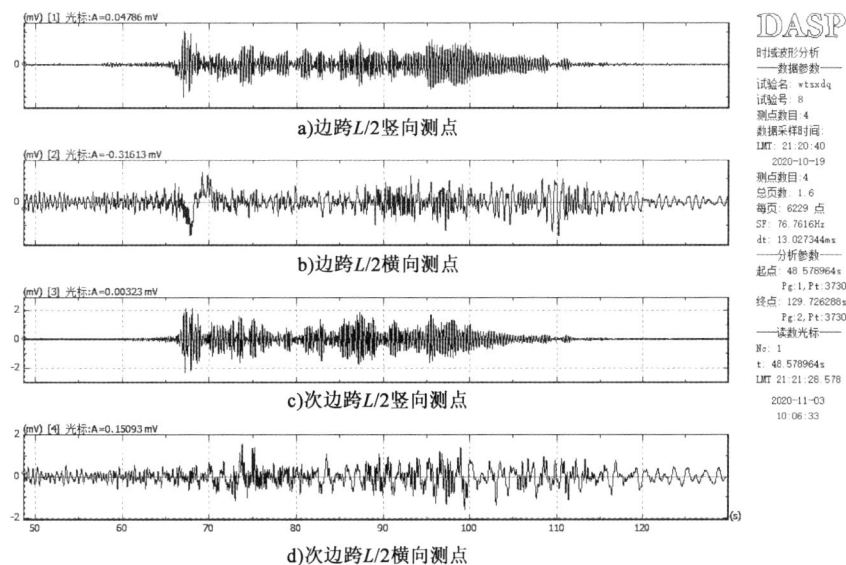

图 6.9.4-14 珊溪大桥 60km/h 跑车试验典型测点振动时程曲线(桥面测站 2)

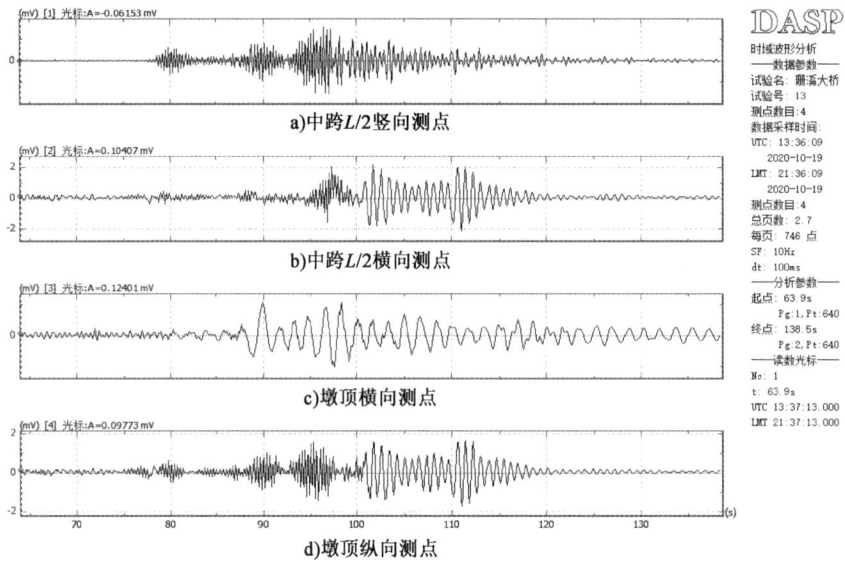

图 6.9.4-15 珊溪大桥 20km/h 跳车试验典型测点振动时程曲线（桥面测站 1）

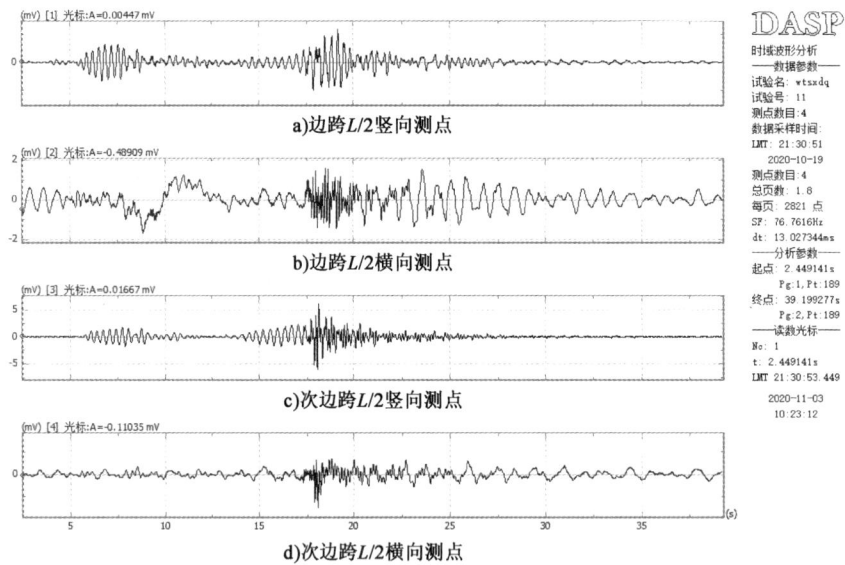

图 6.9.4-16 珊溪大桥 20km/h 跳车试验典型测点振动时程曲线（桥面测站 2）

跑车试验主要测点实测振幅值（单位：mm）　　　　表 6.9.4-16

测点位置	车速					
	10km/h	20km/h	30km/h	40km/h	50km/h	60km/h
中跨 L/2 竖向	0.08	0.13	0.17	0.23	0.38	0.51
中跨 L/2 横向	0.17	0.14	0.19	0.21	0.25	0.21
墩顶横桥向	0.09	0.07	0.09	0.13	0.10	0.23
墩顶纵桥向	0.10	0.09	0.11	0.11	0.12	0.10
次边跨 L/2 竖向	0.01	0.05	0.05	0.06	0.09	0.11
次边跨 L/2 横向	0.12	0.16	0.13	0.14	0.09	0.10
边跨 L/2 竖向	0.10	0.06	0.02	0.06	0.04	0.04
边跨 L/4 横向	0.06	0.07	0.06	0.09	0.10	0.18

跳车试验主要测点实测振幅值(单位:mm)　　　表 6.9.4-17

测点位置	次边跨跨中		中跨跨中	
	20km/h 跳车	原地跳车	20km/h 跳车	原地跳车
中跨 L/2 竖向	0.15	0.16	0.48	0.27
中跨 L/2 横向	0.11	0.11	0.20	0.10
墩顶横桥向	0.08	0.21	0.30	0.09
墩顶纵桥向	0.09	0.10	0.10	0.09
次边跨 L/2 竖向	0.05	0.04	0.07	0.04
次边跨 L/2 横向	0.16	0.29	0.15	0.04
边跨 L/2 竖向	0.12	0.03	0.05	0.02
边跨 L/4 横向	0.08	0.29	0.29	0.07

(2)冲击系数

桥梁竖向一阶计算频率为 1.800Hz,参照《公路桥涵设计通用规范》(JTG D60—2015),冲击系数的取值为:

当 $f < 1.5$ Hz 时　　　　　$\mu = 0.05$

当 1.5 Hz $\leqslant f \leqslant 14$ Hz 时　　　$\mu = 0.1767\ln f - 0.0157$

当 $f > 14$ Hz 时　　　　　$\mu = 0.45$

可以得到冲击系数取值为:$\mu = 0.09$,表 6.9.4-18 为根据动应变曲线得到的冲击系数。

动应变测试冲击系数实测值　　　表 6.9.4-18

测点位置	车　　速					
	10km/h	20km/h	30km/h	40km/h	50km/h	60km/h
中跨 L/2 截面	0.03	0.04	0.02	0.02	0.04	0.04

由表 6.9.4-18 可以看出,实测冲击系数最大值为 0.04,小于根据规范冲击系数值 0.09,满足规范要求。

9.5　结　　论

桥梁荷载试验结果表明,结构变形、应力、动力特性等实测结果与计算值吻合较好,桥梁结构工作状况处于弹性范围,桥梁实际强度、刚度和承载能力满足设计及相关规范要求,建议可以按照设计荷载投入运营。

第 10 章

桥梁及隧道健康监测系统

10.1 系 统 构 建

对于国家交通干线控制性工程的山区典型桥梁隧道群而言,将其纳入本次新一代国家交通控制网和智慧公路体系,形成高速公路桥隧群智慧监管数字平台,数据资源互联互通、共享共用,势在必行! 而公路桥隧结构安全监测系统平台作为智慧桥隧数据存储和管理的重要载体,实时感知桥梁及隧道的运营自然环境、运载车辆,以及结构静、动力关键参数响应,为交通基础设施、运载工具、区域综合交通数据互联互通提供专业化、信息化、数字化的技术保障,构建车 – 路(桥)协同关系,服务应急管理,确保交通安全,提升公路运营养护工作的数据化、信息化的科学技术水平,满足现代基础设施的全寿命周期"专业化、标准化、规范化、信息化"监管、综合评估和公路资产数字化管理的最新行业要求。

10.1.1 系统功能

桥隧结构安全监测系统对桥梁、隧道运营环境和结构响应进行实时监测,获取风温场及结构内力、线形、边界条件等数据信息,设置阈值予以安全预警,并形成全寿命期环境及结构响应电子化数据档案,为桥隧结构实现内力状态分析、耐久性评估、适用性评价及演变趋势分析提供数据保障。

桥隧结构安全监测系统的主要功能如下:

(1)全寿命周期,数字化档案

坚持以"全寿命周期内的监管养护"为目标,通过结构构件的精细离散化,关联监测数据,建立本项目中各桥隧的全寿命期的数字化、信息化档案,实现桥隧结构的精细化养护与管理。

(2)综合评估,辅助管养

对桥隧运营环境及关键部位结构响应进行监测并实现安全预警,结合自动化监测与检测结果,对桥隧的技术状况、宏观受力、耐久性、承载力等进行专项分析,综合评估评价运营期桥隧结构的使用状态、工作性能及发展趋势,为桥隧运营安全以及管养决策提供科学依据和建议,对桥隧损伤、病害及时有针对性地开展主动性、预防性或纠正性的养护维修,实现从被动接受到主动管养质的转变,从而尽可能维持桥隧良好使用状况,延长桥隧安全使用寿命。

(3)实时感知,及时预警

实时"感知结构",对运营环境、结构响应及车船通行异常状况进行预警,对相应特殊事件进行事前指导、事中分析、事后评估,实现数据支撑、科学决策、有效监管。

(4)数据支撑,验证反哺

积累桥隧实时监测获得的环境荷载、结构响应等大数据,开展深层次、专业性的数据挖掘分析以及理论研究,验证原结构设计和加固效果,寻求规律,解决问题,发挥数据要素的重要价值,反哺提升同类型桥隧的理论分析方法、工程设计建设、运营管理养护的科学技术水平,为国家及行业桥隧安全监测规范或标准的制定提供技术支撑和参考依据。

10.1.2 系统构建范围

全线结构安全监测范围为项目线路中的南浦溪特大桥、洪溪特大桥、南山大桥、飞云江大桥、葛溪大桥、珊溪大桥共 6 座大型桥梁工程和巨屿隧道、章后隧道 2 条隧道工程,各桥梁隧道构造形式见表 6.10.1-1。

文泰高速公路监测桥梁隧道信息　　　　　　　　　表 6.10.1-1

监测桥梁/隧道名称		桩号范围	构造形式
南浦溪特大桥		K30+775.52 ~ K31+220.48	(4×20+258+4×20)m 上承式钢管混凝土拱桥 + 连续梁
洪溪特大桥	左线	ZK43+420 ~ ZK43+991	(150+265+150)m 预应力矮塔斜拉桥
	右线	YK43+393 ~ YK43+964	
南山大桥	左线	ZK48+250.76 ~ ZK48+507.24	(65+120+65)m 波纹钢腹板连续刚构
	右线	YK48+232.76 ~ YK48+491.04	
飞云江大桥	左线第一联	ZK6+895 ~ ZK7+063	4×40m+4×40m+(2×40+30)m 波纹钢腹板工字形钢 – 混凝土组合梁
	右线第一联	YK6+896 ~ YK7+064	
葛溪大桥	左线 1 号桥	ZK40+405 ~ ZK40+615	(55+100+55)m 波纹钢腹板连续刚构组合梁
	右线桥第一联	YK40+372 ~ YK40+582	
珊溪大桥	左线第二联	ZK15+958 ~ ZK16+468	(55+4×100+55)m 六跨波纹钢腹板刚构 – 连续组合体系
	右线第二联	YK15+907 ~ YK16+417	
巨屿隧道	左线	ZK8+415 ~ ZK9+398	分体式隧道,总基本宽度 10.25m, 左隧道长 983m,右隧道长 970m
	右线	YK8+404 ~ YK9+374	
章后隧道	左线	ZK43+993 ~ ZK48+245	分体式隧道,总基本宽度 10.25m, 左隧道长 4252m,右隧道长 4233m

10.2　系　统　设　计

10.2.1 系统设计原则

结合实际工程特点,系统设计时所遵循的基本原则如下:

(1)根据各监测桥隧结构形式及运营环境特点,有针对性地设计结构安全监测系统,要求系统能自动、连续、稳定、可靠地工作。

(2)系统设计尽可能采用统一传感技术、简单的拓扑结构、集中监控的管理方式,方便后期维护和升级。

(3)硬件设计应采用先进成熟的技术和产品,以保证系统的先进性和可靠性。

(4)软件设计应考虑其开放性、人性化,人机界面友好,方便操作。

(5)系统设计应充分考虑工程交叉施工环境下硬件设备的损坏及保护问题,有行之有效的防雷接地方案,传感器及设备安装应避免损伤桥隧主体结构。

(6)系统设计应充分考虑系统的长期稳定工作特点,提出稳定性的量化指标。

(7)系统设计应考虑其长期使用过程中设备损坏的实际问题,要提出系统设备工作状态在线监测以及设备更换的软硬件应急处置方案。

(8)系统设计应考虑其长期使用中硬软件的维护、更换要求,兼顾未来升级、换代等需求。

（9）各子系统功能定位明确、界面划分清晰、相互有序融合、资源分配合理、操作维护方便。

（10）系统设计应基于三维（3D）可视化技术继承并应用三维数字模型，实现桥隧监测的可视化管理。利用3D可视化技术，实现桥隧工程基本信息数据、实时监测数据、预警评估数据的综合管理。

10.2.2 系统设计依据

（1）全线桥梁及隧道的设计文件及专题研究报告等。

（2）《公路工程技术标准》（JTG B01—2014）。

（3）《公路工程名词术语》（JTJ 002—1987）。

（4）《公路桥梁结构安全监测系统技术规程》（JT/T 1037—2016）。

（5）《建筑与桥梁结构监测技术规范》（GB 50982—2014）。

（6）《公路桥涵设计通用规范》（JTG D60—2015）。

（7）《公路桥涵养护规范》（JTG H11—2004）。

（8）《公路隧道养护技术规范》（JTG H12—2015）。

（9）《公路桥梁技术状况评定标准》（JTG/T H21—2011）。

（10）《公路钢筋混凝土及预应力混凝土桥涵设计规范》（JTG 3362—2018）。

（11）《公路工程竣（交）工验收办法》（交通部令2004年第3号）。

（12）《公路工程竣（交）工验收办法实施细则》（交公路发〔2010〕65号）。

（13）《公路钢结构桥梁设计规范》（JTG D64—2015）。

（14）《公路工程质量检验评定标准 第一册 土建工程》（JTG F80/1—2017）。

（15）《公路工程质量检验评定标准 第二册 机电工程》（JTG 2182—2020）。

（16）《建筑物电子信息系统防雷技术规范》（GB 50343—2012）。

10.2.3 总体架构

桥隧结构安全监测系统平台，其总体架构包括结构安全监测子系统、电子化人工巡检管理子系统、综合评估子系统、综合管理子系统、系统管理子系统以及辅助的数据管理子系统和用户界面子系统。系统架构组成如图6.10.2-1所示。

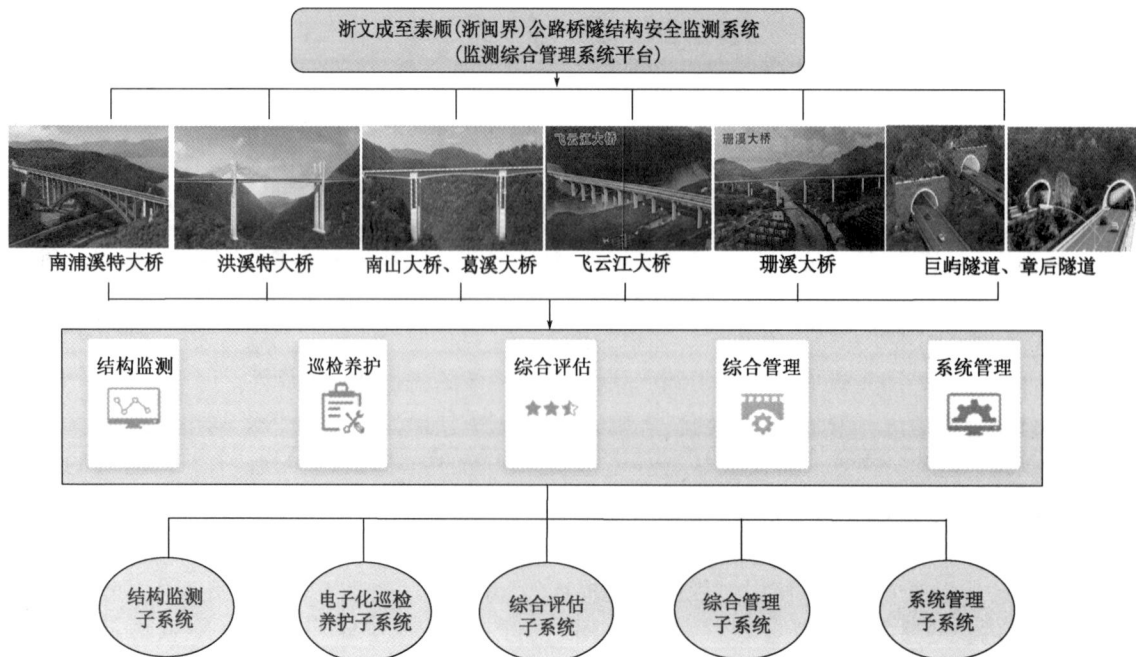

图6.10.2-1 系统架构组成

主要有以下特点:

(1)为公路桥隧群监测巡检管理平台,高度自定义化。

(2)引用 RPC❶ 技术,整合各类型数据,运行更稳定快捷。

(3)引用 Unity 3D❷,实现三维可视化。

(4)巡检软件模块基于国家行业标准规范进行构件划分和编码,满足技术和管理要求,简捷实用。

该系统包含主体的结构监测子系统、电子化巡检养护子系统、综合评估子系统、综合管理子系统、系统管理子系统以及辅助的数据管理子系统和用户界面子系统。

结构监测子系统:主要负责将部署于外场(现场)的各类传感器实时采集的各类信号,转换、处理、传输到内场(监控中心)后,进行数据存储、转发、展示和统计分析。从数据流转过程来看,可分为传感器、数据采集和传输、数据处理和控制、数据展示和应用以及结构监测预警五个模块。

电子化巡检养护子系统:巡检各结构的养护管理内容。开发巡检软件,管养单位的机构或部门根据设定的结构巡检任务及内容,安排人员、设备进行有计划、定时、定量、程序化、制度化的结构安全巡检。

综合评估子系统:结合运营期安全监测数据与巡检养护结果,对桥隧技术状况、宏观受力、耐久性、易损性、适用性等进行综合评估录入。据此确定下一年度桥隧的管理养护计划,辅助管养人员科学决策,实现全寿命、数字化、档案化评估体系。

综合管理子系统是整个系统的基础支撑系统,其目的是将桥隧安全监测、巡检养护、基础知识库等基础数据、流程进行系统化、规范化、统一化的管理和维护,是系统有序运行的基础。

系统管理子系统是实现针对系统软件平台自身的后台管理、运维工作,核心功能是软件平台的后台管理,主要面向系统管理员和系统维护人员。

数据管理子系统也叫作数据库子系统,是各子系统数据的支撑系统,完成所有监(检)测静态、动态的资料、信息、数据的归档、查询、存储、管理和调用等工作。

用户界面子系统将桥隧各种监(检)测静态、动态的资料、信息、数据按用户要求分类分级按授权向不同用户展示,并且按授权接受不同用户对系统的控制与输入。系统安全的信息来源有两个主要途径,一是利用自动传感测试系统获得力学指标的监测结果,二是利用人工巡检获得损伤的直接检测结果。对于损伤信息,系统可以直接进行记录与简单的分析;对于力学监测指标,则通过状态识别及无模型预警获得结构状态、损伤等结构安全直接相关的信息。

通过对结构进行三维模型构建和拆分,实现三维模型可视化。同时将结构监测子系统所安装部署的传感器三维模型按照真实的安装位置,部署在桥梁隧道的三维模型场景中,并将实时监测处理后的数据上传到三维模型,实时展示监测数据结果、预警等级,辅助用户直观清晰地查看桥隧的安全态势和预警情况。

10.2.4　结构监测子系统

根据子系统的工作特点,将结构监测子系统分为以下五个模块:传感器模块、数据采集与传输模块、数据处理与控制模块、数据展示和应用模块及结构安全预警模块。传感器模块主要监测元器件及其附属及保护设施,属于整个系统的最底层的一个子模块。在桥梁、隧道代表性、控制性、关键截面和部位上安装各种类型适宜的传感测试设备,其受控监控中心发出的指令拾取结构荷载源参数和结构响应参数。传感器"感知"这些参数幅值,并通过内置感应电路将这些参数值转换为电压、电流、电荷、电极、频率或数字等模拟和数字电量或物理量,然后通过适宜的采集传输方式送给外场的数据采集和传输模块中的调理器进行模数转换,完成信号数据采集。

---

❶ RPC(Remote Procedure Call Protocol),即远程过程调用协议。它是一种通过网络从远程计算机程序上请求服务,而不需要了解底层网络技术的协议。

❷ Unity 3D 是由 Unity Technologies 公司开发的一个让用户轻松创建建筑可视化等互动内容的多平台综合性开发工具。

1) 监测项目

监测项目可划分为重要环境荷载监测和结构静动力响应监测两大部分。

(1) 重要环境荷载监测:包括环境风荷载、环境温湿度、结构温度、车辆荷载等。环境荷载监测技术要求如图 6.10.2-2 所示。

(2) 结构静动力响应监测:包括主梁,索塔空间变位,主梁挠度,索塔、高墩倾斜,伸缩缝/梁端支座位移,结构局部应力,洞室净空收敛,结构动力特性,斜拉索、体外索振动等。结构静动力响应监测技术要求如图 6.10.2-3 所示。

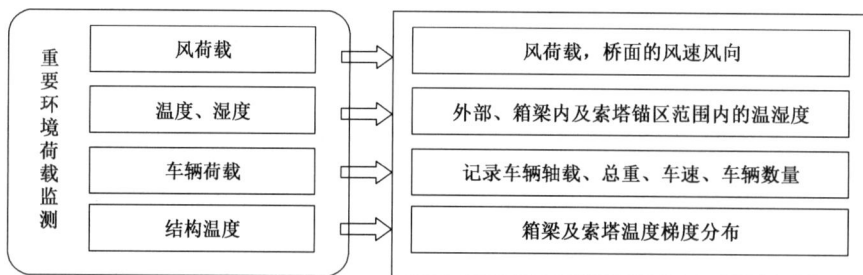

图 6.10.2-2　环境荷载监测技术要求

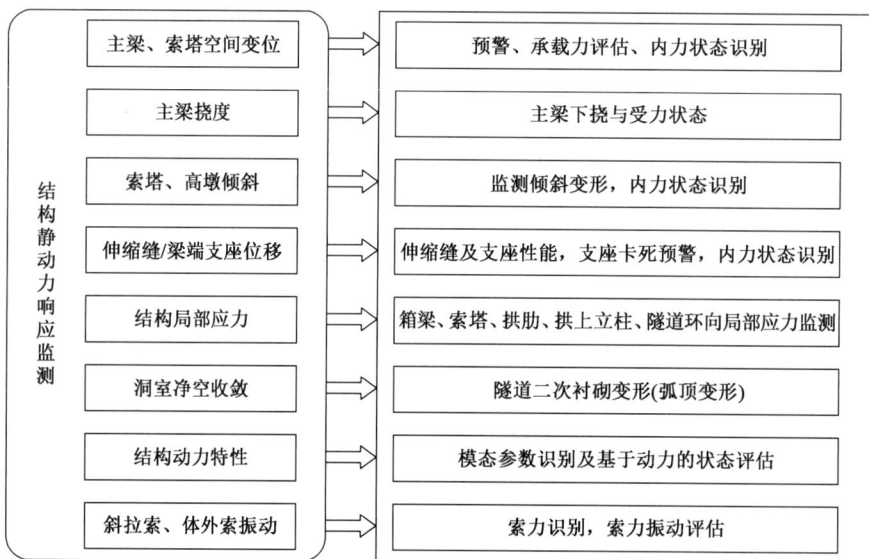

图 6.10.2-3　结构静动力响应监测技术要求

2) 监测点布置

根据全线桥梁结构和隧道地质特点,选定跨度较大、结构形式新颖、重要性较高的桥梁,以及地质情况复杂、长度较长的重要隧道进行监测。监测布点范围为项目线路中的南浦溪特大桥、洪溪特大桥、南山大桥、飞云江大桥、葛溪大桥、珊溪大桥共 6 座大型桥梁,以及巨屿隧道、章后隧道 2 条隧道工程,共布设监测点总数为 608 个(表 6.10.2-1)。

文泰高速公路桥隧监测布点总体信息　　　　表 6.10.2-1

监测桥隧名称		监测点数量	上部构造形式
南浦溪特大桥		87	$4 \times 20m + 260m + 4 \times 20m$ 上承式钢管混凝土拱桥 + 连续梁
洪溪特大桥	左线	159	$150m + 265m + 150m$ 预应力矮塔斜拉桥
	右线		
南山大桥	左线	79	$65m + 120m + 65m$ 波形钢腹板连续刚构
	右线		

续上表

监测桥隧名称		监测点数量	上部构造形式
飞云江大桥	左线第一联	51	4×40m 波形钢腹板工字形钢－混凝土组合梁
	右线第一联		
葛溪大桥	左线1号桥	71	55m+100m+55m 波纹钢腹板连续刚构组合梁
	右线桥第一联		
珊溪大桥	左线第二联	73	55m+4×100m+55m 六跨波形钢腹板刚构－连续组合体系
	右线第二联		
巨屿隧道	左线	36	分体式隧道,总基本宽度10.25m 左线隧道长983m,右线隧道长970m
	右线		
章后隧道	左线	52	分体式隧道,总基本宽度10.25m 左线隧道长4252m,右线隧道长4233m
	右线		
合计		608	

1)南浦溪大桥

南浦溪特大桥监测项目及传感器见表6.10.2-2,主桥监测点总体布置如图6.10.2-4所示。

南浦溪特大桥监测项目及传感器一览表   表6.10.2-2

序 号	监 测 项 目		传感器类型	单 位	监 测 点 数
1	运营环境	环境温湿度	温湿度仪	台	1
2		结构温度 主拱	温度计	个	6
3	静力响应	空间变位 主拱(含基站)	全球导航卫星系统(GNSS)	套	2
4		主拱倾斜 主拱	倾斜仪	台	1
5		主梁挠度 主梁	压力变送器	台	16
6		伸缩缝位移 伸缩缝	位移计	台	4
7		结构局部应力 立柱	应变计	支	26
8		主拱		支	20
9	动力响应	结构振动 主拱	单向加速度计	台	11
10	合计				87

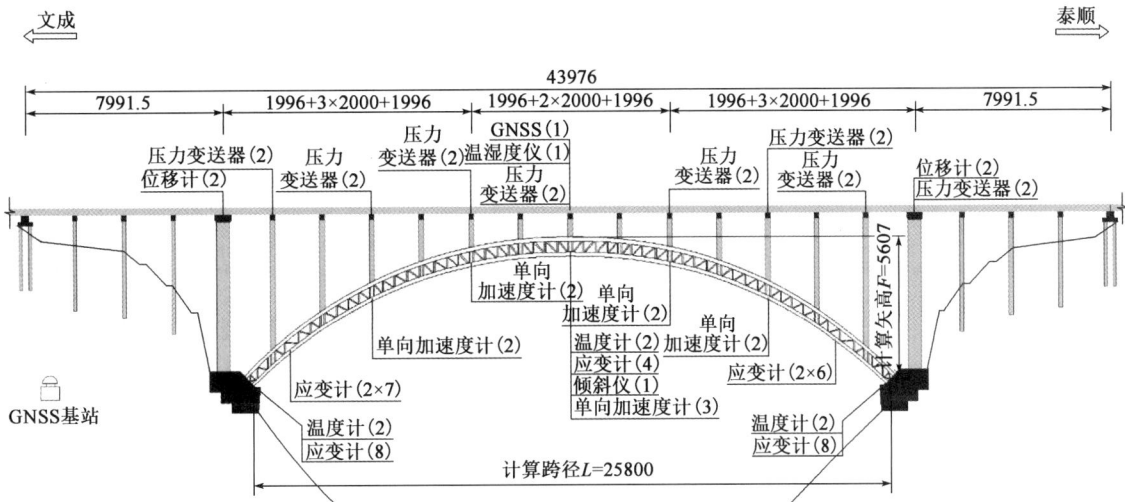

图6.10.2-4 南浦溪特大桥主桥监测点总体布置(尺寸单位:cm)

2）洪溪特大桥

洪溪特大桥监测项目及传感器见表6.10.2-3,主桥监测点总体布置如图6.10.2-5所示。

洪溪特大桥监测项目及传感器一览表

表6.10.2-3

序 号	监 测 项 目			传感器类型	单 位	监测点数
1	运营环境	风速风向	桥面	三向超声风速仪	台	1
2		环境温湿度	桥面	温湿度仪	台	1
3			索塔		台	8
4		车辆荷载	桥面	动态称重系统	套(4车道)	1
5		结构温度	索塔	温度计	个	4
6			主梁		个	4
7	静力响应	索塔倾斜	索塔	倾斜仪	台	8
8		主梁挠度	主梁	压力变送器	台	12
9		梁端位移	伸缩缝	位移计	台	4
10		结构局部应力	索塔	振弦应变计	支	32
11	动力响应	结构振动	主梁	单向加速度计	台	12
12			索塔		台	8
13		斜拉索索力及振动	斜拉索	索力加速度计	台	64
14	合计					159

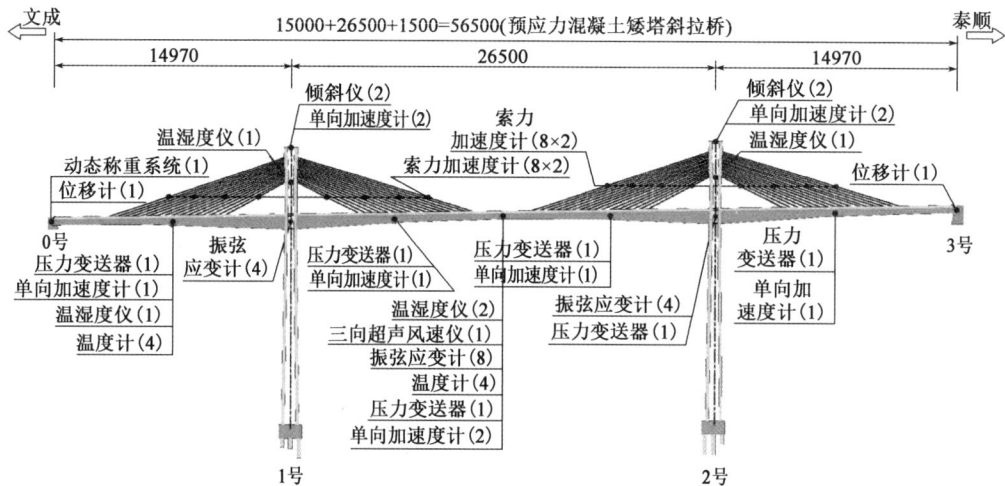

图6.10.2-5 洪溪特大桥主桥监测点总体布置(尺寸单位:cm)

3）南山大桥

南山大桥监测项目及传感器见表6.10.2-4,监测点总体布置见图6.10.2-6。

南山大桥监测项目及传感器一览表

表6.10.2-4

序 号	监 测 项 目			传感器类型	单 位	监测点数
1	运营环境	环境温湿度	主梁	温湿度仪	台	3
2		结构温度	主梁	温度计	个	8
3	静力响应	主梁挠度	主梁	压力变送器	台	8
4		结构局部应力	主梁	应变计	支	20
5		墩顶倾斜	墩顶	倾斜仪	台	4
6		钢-混凝土滑移	钢-混凝土结合面	振弦应变计	支	8
7		梁端位移	伸缩缝	位移计	台	4
8	动力响应	结构振动	主梁	单向加速度计	台	12
9		体外索索力及振动	体外索	索力加速度计	台	12
10	合计					79

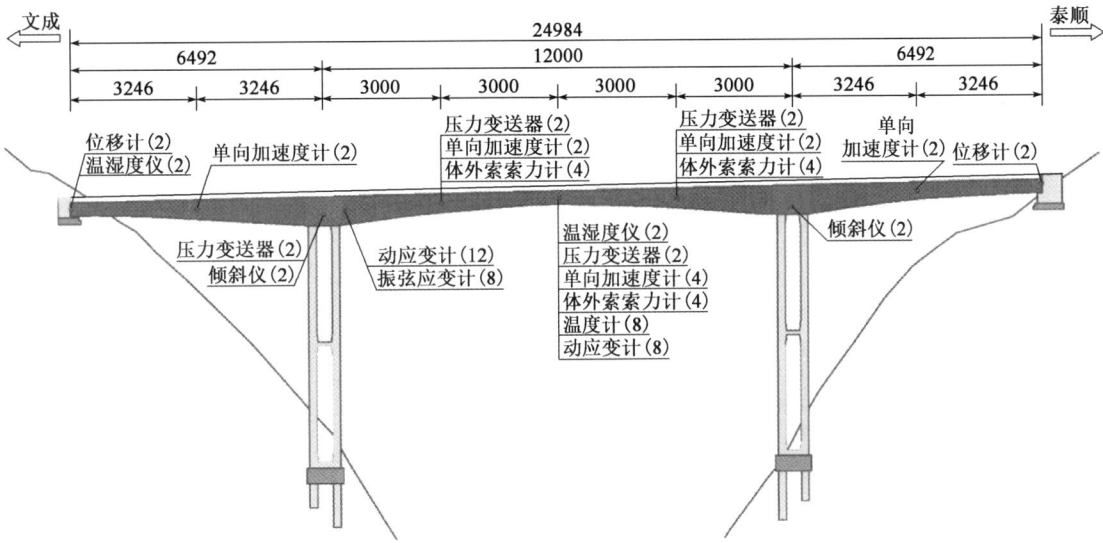

图6.10.2-6　南山大桥监测点总体布置(尺寸单位:cm)

4)飞云江大桥

飞云江大桥监测项目及传感器见表6.10.2-5,监测点总体布置如图6.10.2-7。

飞云江大桥监测项目及传感器一览表　　　　　　　　　表6.10.2-5

序　号	监 测 项 目		传感器类型	单　位	监测点数
1	运营环境	环境温湿度　主梁	温湿度仪	台	1
2		结构温度　主梁	温度计	个	8
3	静力响应	主梁挠度　主梁	压力变送器	台	6
4		结构局部应力　主梁	应变计	支	24
5		梁端位移　伸缩缝	位移计	台	4
6	动力响应	结构振动　主梁	单向加速度计	台	8
7	合计				51

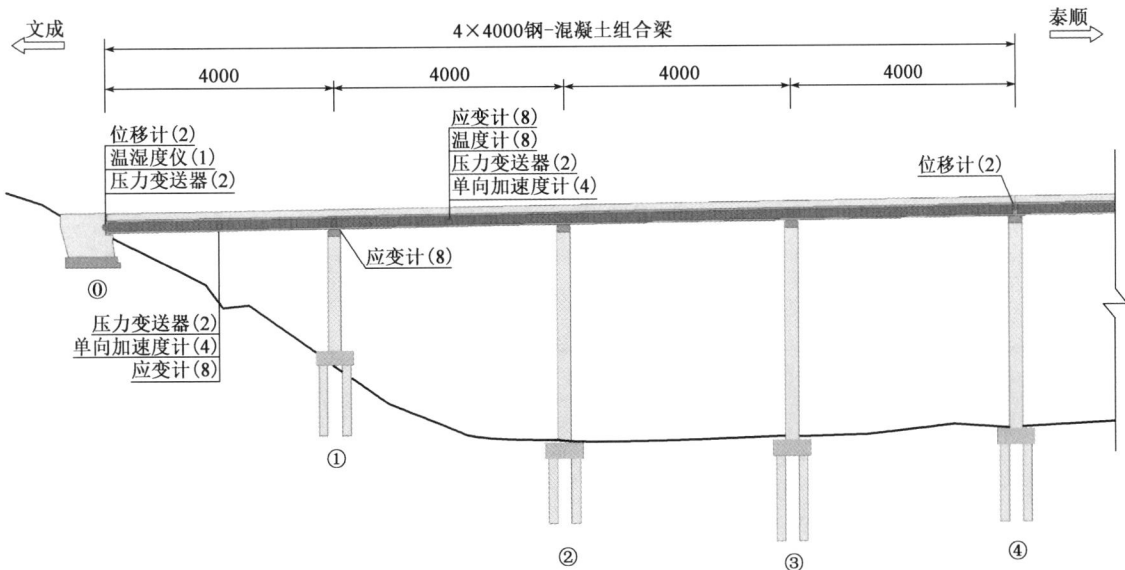

图6.10.2-7　飞云江大桥监测点总体布置(尺寸单位:cm)

5）葛溪大桥

葛溪大桥监测项目及传感器见表6.10.2-6、表6.10.2-7，监测点总体布置见图6.10.2-8、图6.10.2-9。

葛溪大桥左线1号桥监测项目及传感器汇总表　　　　表6.10.2-6

序　号	监测项目			传感器类型	单　位	监测点数
1	运营环境	环境温湿度	主梁	温湿度仪	台	2
2		结构温度	主梁	温度计	个	4
3	静力响应	主梁挠度	主梁	压力变送器	台	4
4		梁端位移	伸缩缝	位移计	台	2
5		钢–混凝土滑移	钢–混凝土结合面	振弦应变计	支	4
6		结构局部应力	主梁	应变计	支	10
7	动力响应	结构振动	主梁	单向加速度计	台	4
8		体外索索力及振动	体外索	体外索索力计	台	6
9	合计					36

葛溪大桥右线桥第一联监测项目及传感器汇总表　　　　表6.10.2-7

序　号	监测项目			传感器类型	单　位	监测点数
1	运营环境	环境温湿度	主梁	温湿度仪	台	1
2		结构温度	主梁	温度计	个	4
3	静力响应	主梁挠度	主梁	压力变送器	台	4
4		梁端位移	伸缩缝	位移计	台	2
5		钢–混凝土滑移	钢–混凝土结合面	振弦应变计	支	4
6		结构局部应力	主梁	应变计	支	10
7	动力响应	结构振动	主梁	单向加速度计	台	4
8		体外索索力及振动	体外索	体外索索力计	台	6
9	合计					35

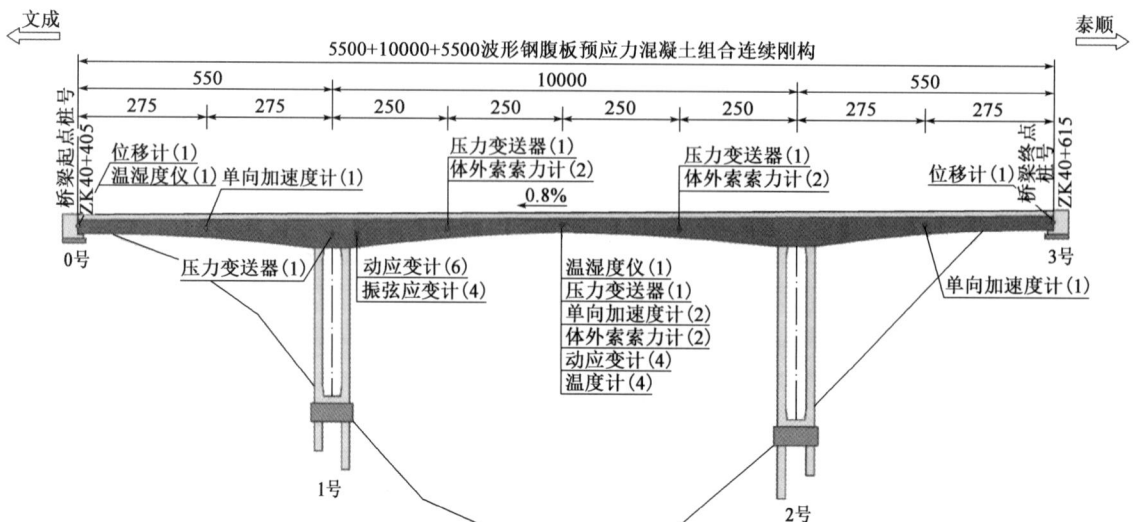

图6.10.2-8　葛溪大桥左线1号桥监测点总体布置（尺寸单位:cm）

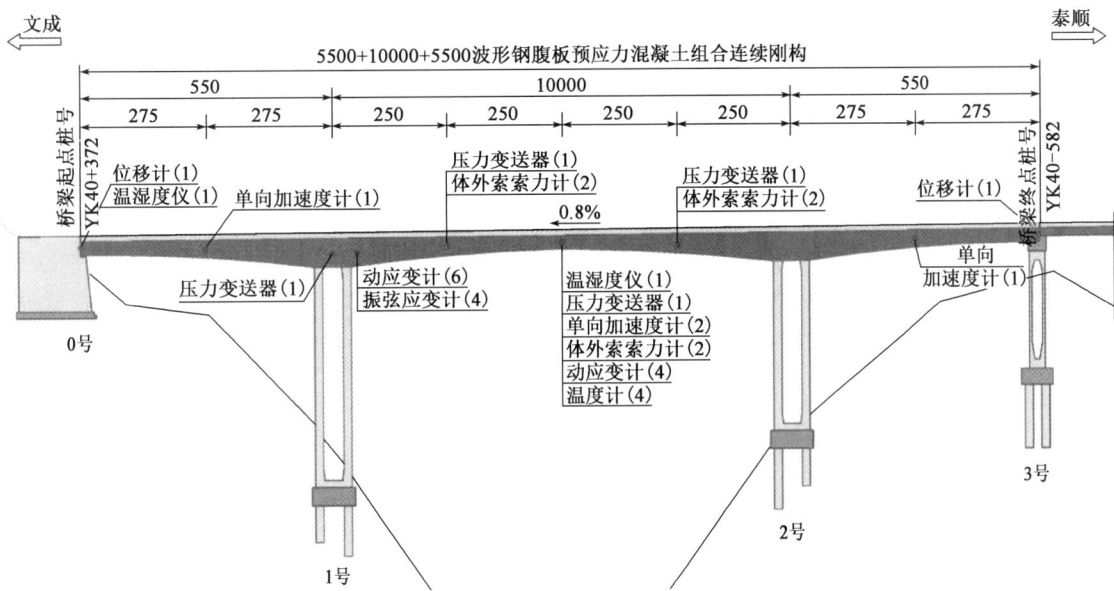

图6.10.2-9 葛溪大桥右线桥第一联监测点总体布置(尺寸单位:cm)

6)珊溪大桥

珊溪大桥监测项目及传感器见表6.10.2-8,监测点总体布置见图6.10.2-10。

珊溪大桥监测项目及传感器汇总表　　　　　　　　　　　表6.10.2-8

序　号	监　测　项　目		传感器类型	单　位	监测点数
1	运营环境	环境温湿度　主梁	温湿度仪	台	3
2		结构温度　主梁	温度计	个	4
3	静力响应	主梁挠度　主梁	压力变送器	台	10
4		梁端位移　伸缩缝	位移计	台	4
5		钢-混凝土滑移　钢-混凝土结合面	振弦应变计	支	8
6		结构局部应力　主梁	应变计	支	10
7	动力响应	结构振动　主梁	单向加速度计	台	14
8		体外索索力及振动　体外索	体外索索力计	台	20
9	合计				73

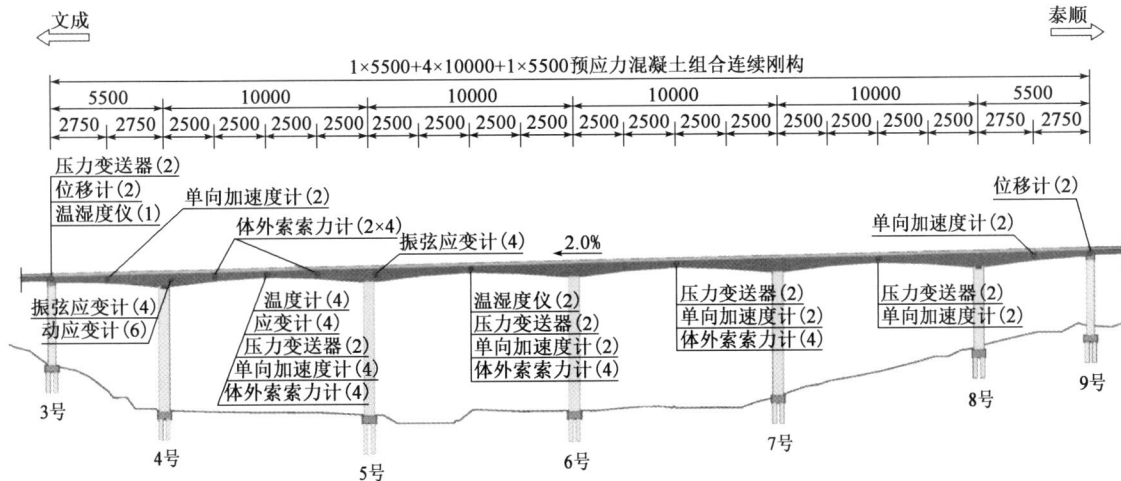

图6.10.2-10 珊溪大桥监测点总体布置(尺寸单位:cm)

7)巨屿隧道

巨屿隧道监测项目及传感器见表6.10.2-9,监测点总体布置见图6.10.2-11。

表6.10.2-9

巨屿隧道监测项目及传感器汇总表 表6.10.2-9

序　号	监测项目		传感器类型	单　位	监测点数
1	运营环境	环境温湿度	洞口、洞内	温湿度仪	台	4
2	结构静力响应	洞室净空收敛	衬砌变形	激光位移计	台	4
3		衬砌应力	衬砌环向	振弦应变计	支	20
4		裂缝监测	衬砌纵向		支	8
5	合计					36

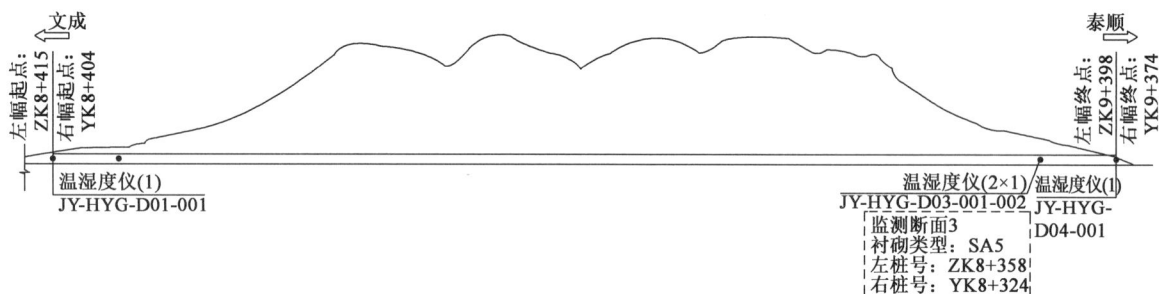

图6.10.2-11　巨屿隧道监测点总体布置图

8)章后隧道

章后隧道监测项目及传感器见表6.10.2-10,监测点纵断面布置见图6.10.2-12。

章后隧道监测项目及传感器汇总表 表6.10.2-10

序　号	监测项目		传感器类型	单　位	监测点数
1	运营环境	环境温湿度	洞口、洞内	温湿度仪	台	4
2	结构静力响应	洞室净空收敛	衬砌变形	激光位移计	台	6
3		衬砌应力	衬砌环向	振弦应变计	支	30
4		裂缝监测	衬砌纵向		支	12
5	合计					52

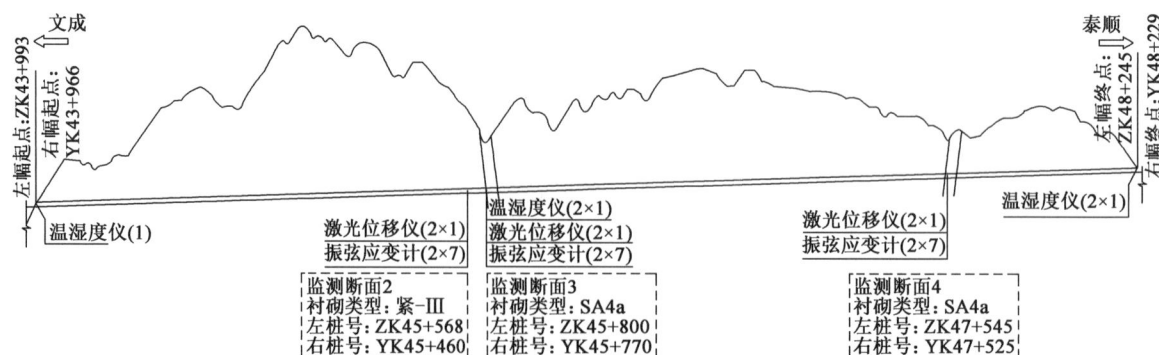

图6.10.2-12　章后隧道监测点纵断面布置图

10.2.4.1　数据采集与传输模块

由分布在桥梁、隧道的数据采集站、光纤信号传输网络组成。数据采集站采用行业内先进的专业产品,以确保系统的稳定性、可靠性、耐久性和高精度。光纤信号传输网络采用光纤冗余环网拓扑结构,以保证信号传输的高度可靠性。该模块同时拥有电子采集传输硬件设备和采集传输控制软件。主要功能是通过该子系统的采集设备将传感器模块传过来的模拟量信号进行模拟－数字转换(A/D),将采集到的电信号转换成计算机可识别的数字信号并通过有线网络输送到监控中心的数据处理和控制子模块。

10.2.4.2　数据处理与控制模块

主要实现的功能有：①由计算机系统完成信号数据的预处理、后处理、转发和存储等数据管理；②通过网络设置和控制桥梁、隧道现场的各个数据采集站、调理器设备和传感测试设备的工作；③数据展示和应用，即通过多种形式生动展示实时数据、变化趋势、历史数据查询和导出、监测报表；④第三方监测数据接口，即通过统一的接口和规范，可实现第三方监测数据接入。

10.2.4.3　数据展示和应用模块

其核心功能是将经过数据处理的实时数据进行展示和统计分析。经过预处理、二次处理的数据，将原始的电信号转换为最终具有实际物理意义的测量结果，如温湿度值、风速风向值、应变值、GNSS位移变化值、挠度值、位移值、索力值等。

10.2.4.4　结构安全预警模块

主要作用是在结构实时监测过程中对可能威胁到桥梁、隧道结构运营安全的可变荷载以及结构响应指标(主梁变形等)进行预警，提供桥梁、隧道在特殊气候、交通条件下或桥隧营运状况异常时所触发的预警信号，提醒桥隧管理养护人员关注结构的运营与安全状况，及时启动相关应急预案。

10.2.5　电子化人工巡检养护管理子系统

为实现桥隧寿命的最大化与经济性的最优化，需在桥隧寿命期内进行周期性巡检，通过借鉴国外先进巡检养护系统开发理念，根据国家规范、行业管理制度，并引入当前先进的信息技术，对电子化人工巡检养护管理子系统进行开发，促进养护行为的标准化、规范化、信息化，并形成全寿命期检查养护的标准执行体系。

电子化巡检养护子系统具有如下功能：

(1)能够根据中长期养护规划、年度计划制定检查、养护的任务。

(2)具有任务审批、执行流转功能。

(3)提供便捷的巡检、养护信息数据录入手段和接口。

(4)实现巡检、养护项目电子化，提供自定义检查录入表格，并实现电子化报告报表。

(5)提供完善的巡检、养护数据的查询与统计分析。

(6)提供准确的结构病害记录、结构单元评分、结构整体状况评分。

(7)能够提供便携式智能手持终端应用程序(App)，方便现场查询数据与病害数据录入，智能手持终端应具备二维码扫描定位获取信息的功能和现场拍照录像的功能。

(8)使用智能终端，巡检数据能够暂存在设备上，可通过在线或无线上传至平台服务器。

(9)能够按照角色对用户进行权限管理。

本子系统具体内容如图6.10.2-13所示。

10.2.6　综合评估子系统

综合评估子系统：综合运营期安全监测数据与桥隧巡检养护结果，对桥隧技术状况、宏观受力、耐久性、易损性、适用性等进行综合评估，并据此确定下一年度桥隧的管理养护计划与安排，辅助桥隧管养人员科学决策，实现全寿命、数字化、档案化评估体系。该子系统具有以下功能：

(1)技术状况评估

技术状况评估是桥隧综合评估的重要组成部分。技术状况评估的数据基础是已有的检测结果或结构病害复查的结果,根据规范进行评分,获得当前桥梁隧道的技术状况。

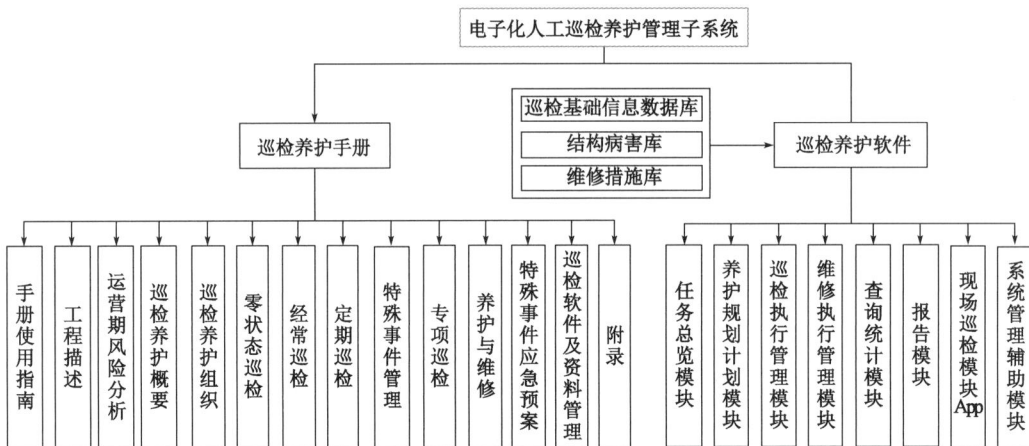

图6.10.2-13 电子化人工巡检养护管理子系统构成

(2)专项评估

专项评估时针对结构特点、易损性和风险点,要求从宏观受力、耐久性、易损性、使用性能四个方面展开相应的人工计算、分析、评估工作,并纳入系统中。

宏观受力主要关注结构的整体静力和动力特性,耐久性主要关注结构的材料劣化和性能退化,易损性主要针对结构自身存在的容易损伤的特点,使用性能主要关注影响桥隧服务水平的交安、机电、铺装等方面的性能。

综合评估子系统研发技术路线如图6.10.2-14所示。

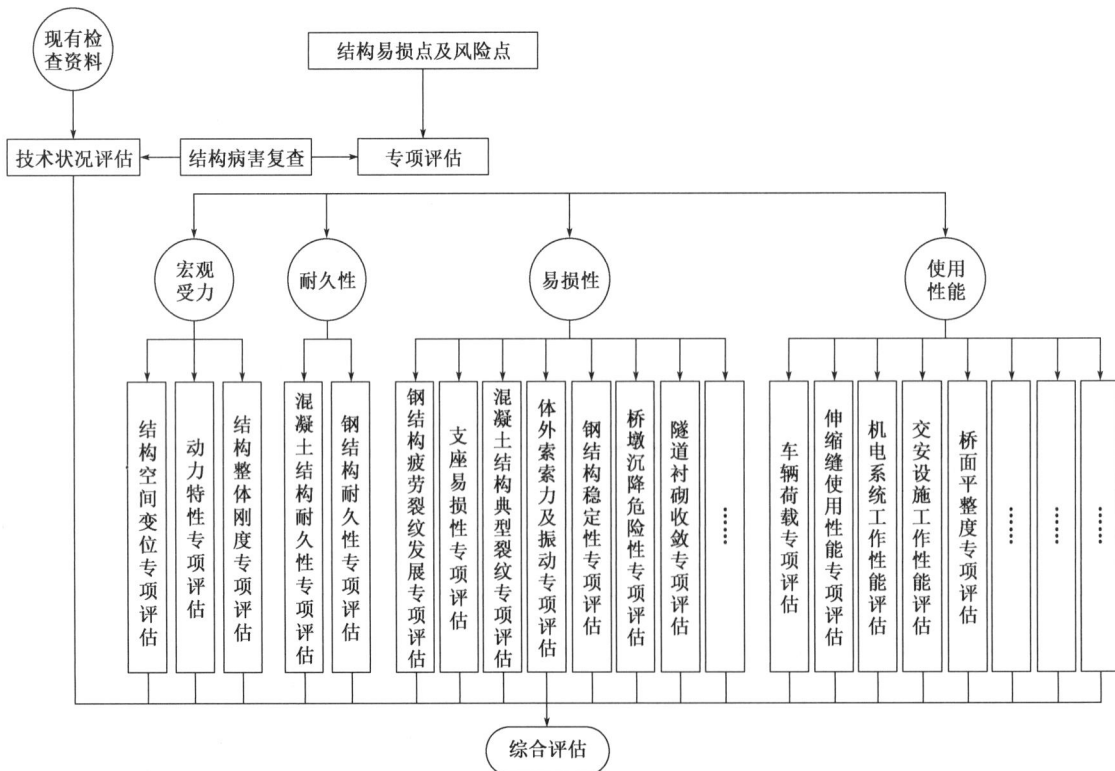

图6.10.2-14 综合评估子系统研发技术路线

根据图6.10.2-14可知,综合评估工作内容主要分为四大部分:①结构病害检查(测);②技术状况评定;③专项评估;④管养工作建议。其中,重点工作为技术状况评定和专项评估。技术状况评定:利用结构病害检查(测)结果,依据规范确定桥隧的状况等级。专项评估分为结构宏观受力专项评估、结构耐久性专项评估、结构易损性专项评估和使用性能专项评估。结构宏观受力专项评估包含结构空间变位、动力特性和整体刚度专项评估,需要利用桥隧结构安全监测系统的数据信息;结构耐久性专项评估依据材料分为钢、混凝土耐久性(腐蚀)专项评估;结构易损性专项评估包括支座摩擦副、桥墩沉降、索力变化、衬砌收敛及裂缝等;使用性能专项评估涉及伸缩缝、桥面平整度、交安、机电系统等内容,均需利用相关的监(检)测数据。

由此可见,上述的两项重点工作均须依赖各桥梁隧道的监测、检测结果,获取结构相关参数,从而实现桥隧结构的总体状况评估。

10.2.7　综合管理子系统

综合管理子系统是整个系统的基础支撑系统,其目的是将桥梁、隧道安全监测、巡检养护、基础知识库等基础数据、流程进行系统化、规范化、统一化的管理和维护,是系统有序运行的基础。同时,该子系统是第三方数据接入以及新增拟监管桥梁、隧道的数据配置入口,通过该子系统实现整个系统的基础支撑数据信息的管理工作。该子系统具有以下功能:

(1)实现桥隧所在区域归属管理。

(2)实现桥隧管理,包括桥隧增加、删减、查询、3D 三维模型等管理。

(3)实现监测项管理:增加或删除结构监测子系统监测项。

(4)实现传感器管理:传感器增加、删除、查看、归属所属的监测项、编号编辑等。

(5)实现各类文档的管理:增加、删除、查找等。

(6)基础信息库,包括构件库、标签库、病害库、措施库等。

(7)实现桥梁、隧道、监测项、传感器、各类基础库的自定义配置化。

根据以上功能,将综合管理子系统化划分为如图 6.10.2-15 所示模块。

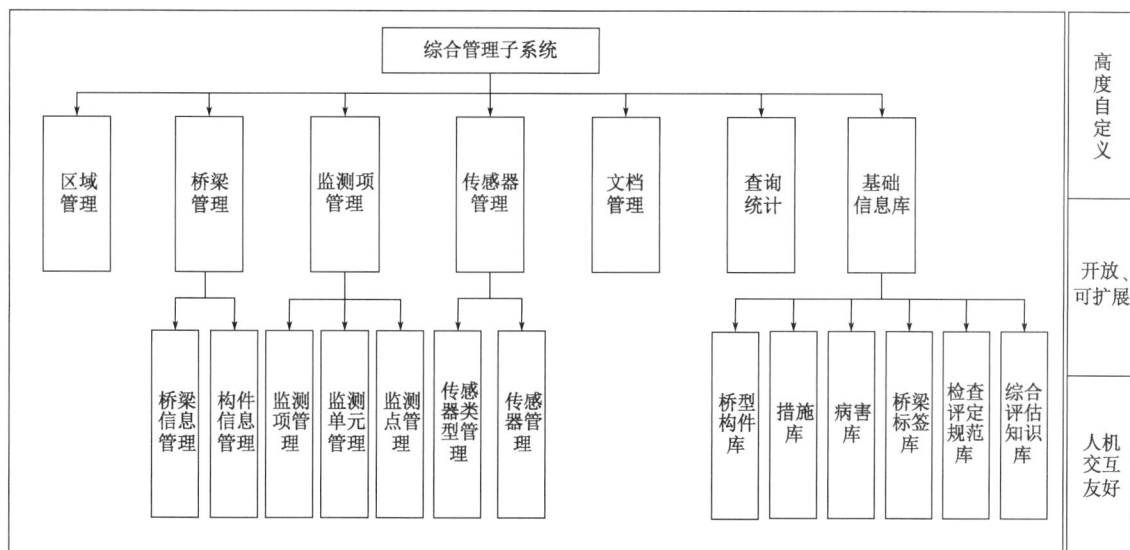

图 6.10.2-15　综合管理子系统模块划分

10.2.8　系统管理子系统

该子系统实现系统的软件自身后台管理运维工作,核心功能是软件平台的后台管理,主要面向系统管理员和系统维护人员,包括用户管理、权限管理、基础配置、App 管理、自定义配置、软件平台自诊断等。该子系统具有以下功能：

（1）访问控制管理，实现用户管理、角色管理、菜单管理、权限管理等。

（2）界面配置管理，实现界面不同风格、元素的显示。

（3）系统参数设置管理，实现后台软件相应参数的设置。

（4）App 管理，主要实现对巡检 App 的程序进行管理，具有下载和上传等功能。

系统管理子系统模块划分如图 6.10.2-16 所示。

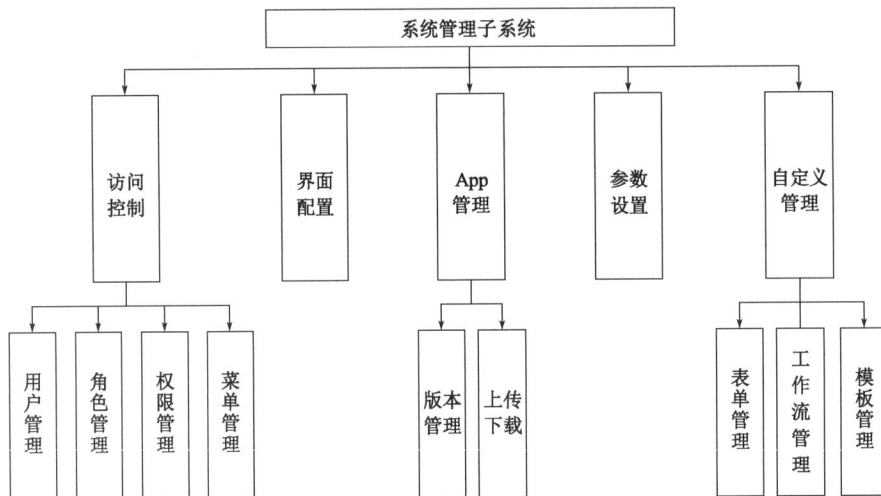

图 6.10.2-16　系统管理子系统模块划分

10.3　系统实施成果

系统外场施工作业主要包括设备测试、现场安装集成调试、软件开发调试、系统联调、试运行及验收、缺陷责任期与保修期维护。其中现场安装集成调试分为两个阶段，第一阶段为现场安装分项测试阶段，第二阶段为系统集成联调阶段。系统施工工序如图 6.10.3-1 所示。

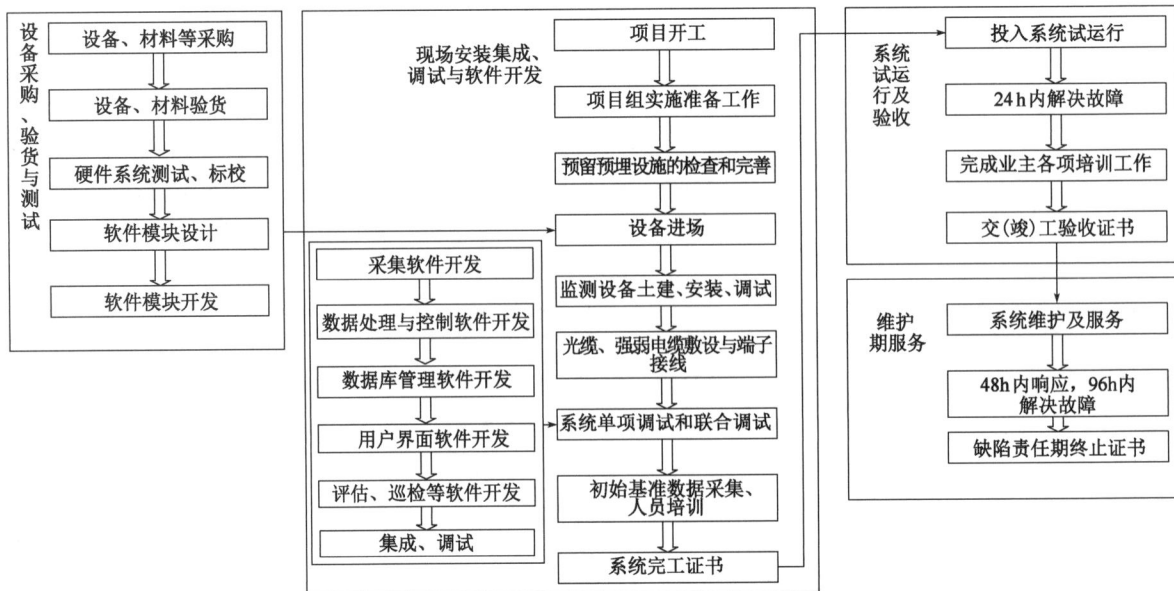

图 6.10.3-1　系统施工工序图

10.3.1　监测设备安装及调试

项目线路中的南浦溪特大桥、洪溪特大桥、南山大桥、飞云江大桥、葛溪大桥、珊溪大桥共6座大型桥梁以及巨屿隧道、章后隧道2条隧道工程,共布设监测点总数为608个。项目于2020年11月18日正式进场施工,至2021年3月24日完成所有设备的安装调试工作。现截取部分现场硬件安装成果如下。

10.3.1.1　传感器设备

传感器设备相关图片如图6.10.3-2~图6.10.3-13所示。

图6.10.3-2　GNSS及室外温湿度仪

图6.10.3-3　三向超声风速仪及室外温湿度仪

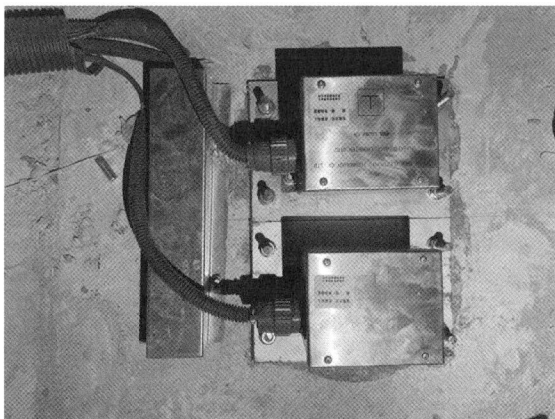

图6.10.3-4　单向加速度计

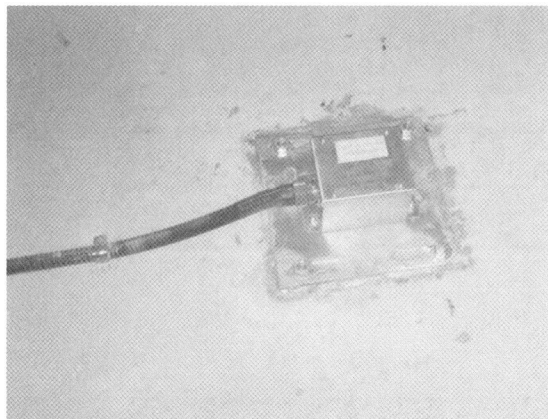

图6.10.3-5　压力变送器及储液罐

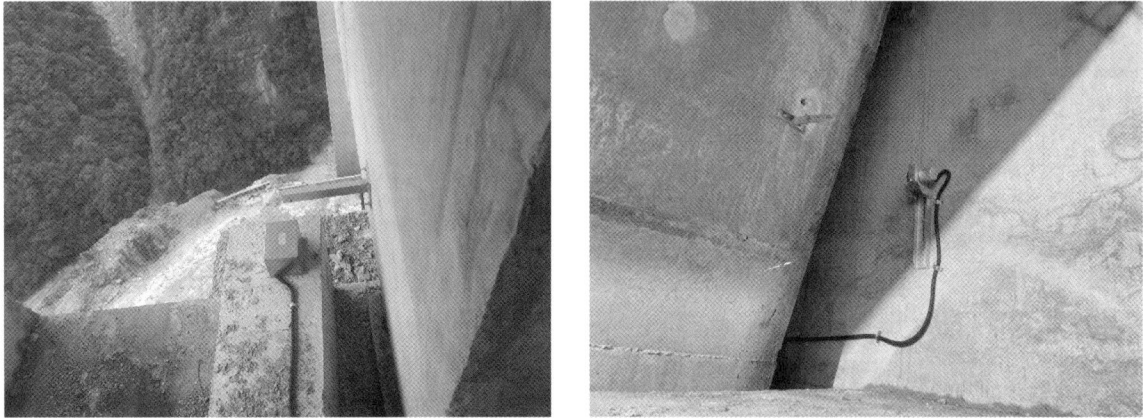

图 6.10.3-6　拉绳式位移计安装

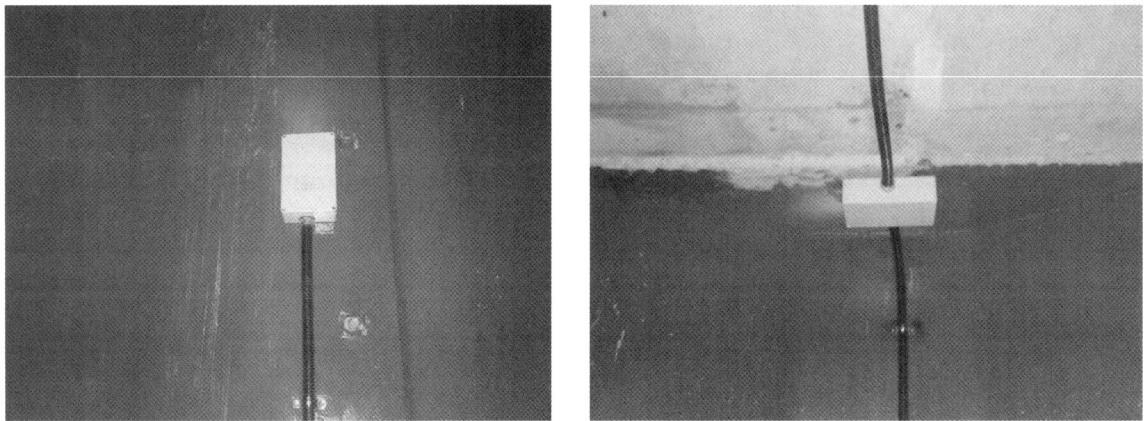

图 6.10.3-7　动应变计安装

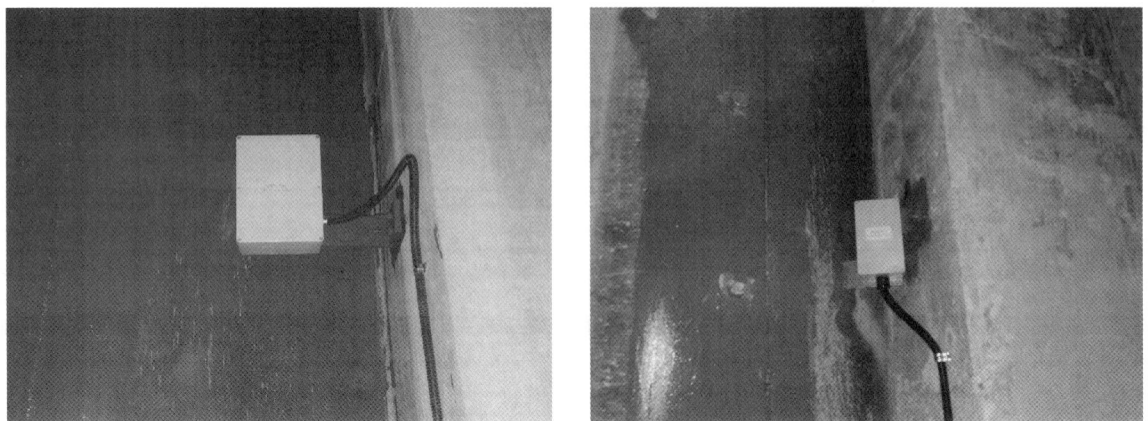

图 6.10.3-8　钢－混凝土结合处振弦应变计安装

图6.10.3-9　体外索力计安装

图6.10.3-10　温湿度仪安装

图6.10.3-11　隧道内激光位移计

图6.10.3-12　索塔顶设备安装

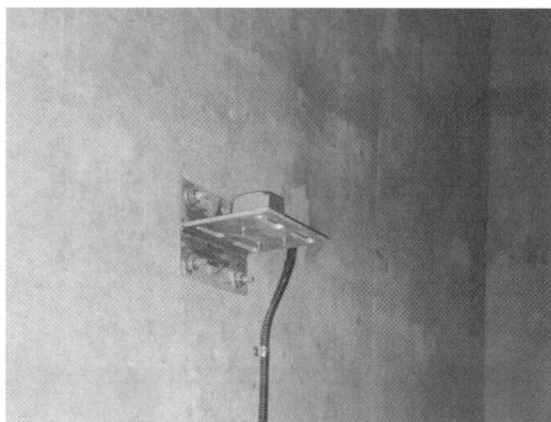

图6.10.3-13　倾斜仪安装

10.3.1.2　采集传输设备

采集传输设备相关图片如图6.10.3-14～图6.10.3-18所示。

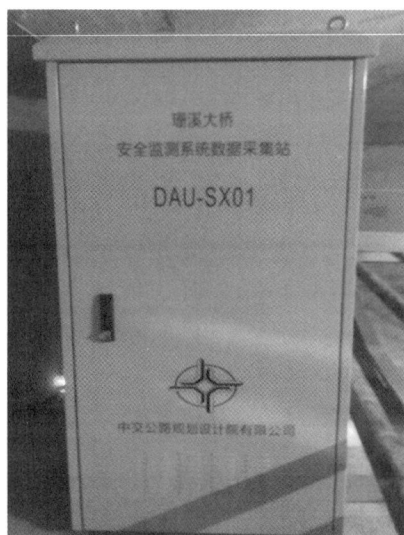

图6.10.3-14　数据采集一体化机柜

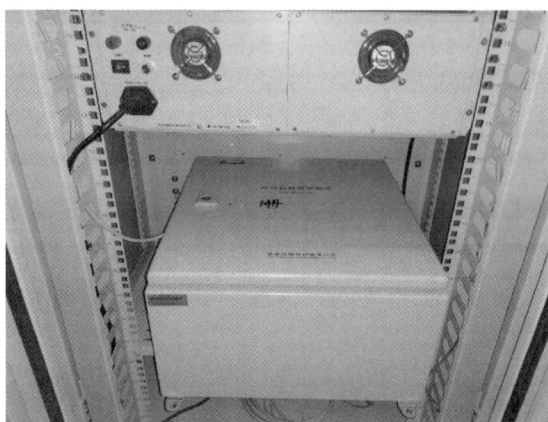

图6.10.3-15　振弦采集仪

图6.10.3-16　通用及加速度调理器

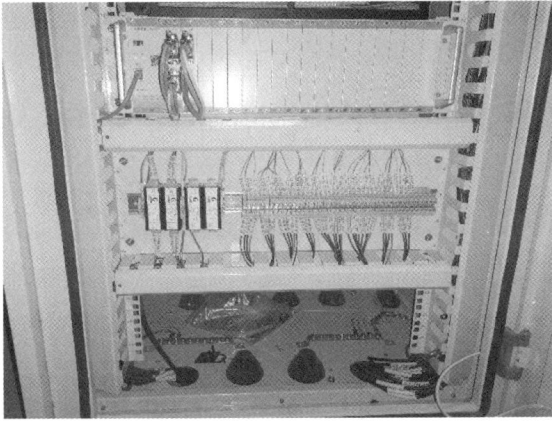

图6.10.3-17 动应变采集仪

图6.10.3-18 交换机

10.3.1.3 监控中心设备

监控中心设备如图6.10.3-19、图6.10.3-20所示。

图6.10.3-19 监控中心网络机柜及服务器

图6.10.3-20 监控中心工作站及声光报警系统

10.3.2　系统软件成果

10.3.2.1　数据处理与控制模块

所有数据采集和数据预处理均由数据采集系统完成,而所有数据的二次处理则由数据处理与控制服务器和视频图像采集与管理服务器完成。数据处理与控制服务器管理一个用于存储原始数据及其预处理结果的动态数据库;接收和解析数据采集程序转发的实时数据,并将处理后的实时数据,转发给Web应用服务器。

数据处理与控制模块功能流程、主控界面分别如图6.10.3-21、图6.10.3-22所示。

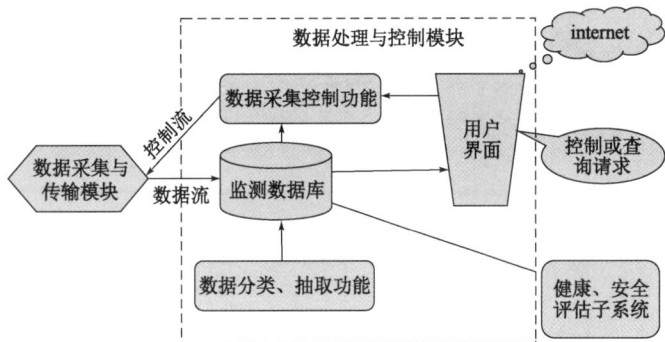

图6.10.3-21　数据处理与控制模块功能流程图

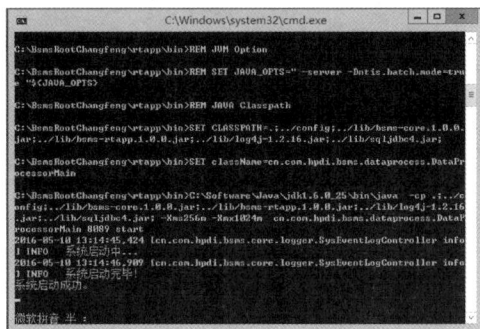

图6.10.3-22　数据处理与控制模块主控界面

10.3.2.2　数据库模块

按照功能划分,数据库模块分为实时数据库、统计数据库和界面数据库,分别实现监测数据的实时显示、历史数据统计查询以及监测界面的显示等主要功能。

实时数据库主要实现海量数据的高速存储,确保实时系统能够 $7 \times 24h$ 不间断安全稳定运行。实时数据库以 OLTP[❶] 为主,采用 RAID 5[❷] 阵列、数据库条带化、高效应用程序等一系列技术来确保现场实时数据库的高吞吐量和性能。考虑到稳定性和经济性,现场实时数据库的保留最长3个月的数据。实时数据库界面如图6.10.3-23所示。

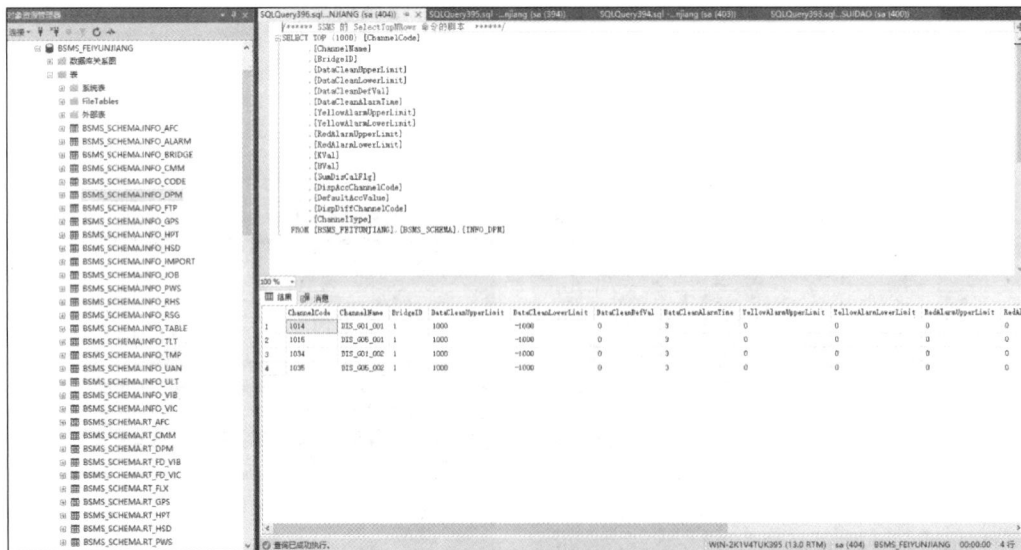

图6.10.3-23　实时数据库界面

---

❶ OLTP,英文全称 On-Line Transaction Processing,即联机事务处理过程。
❷ RAID 5,是一种存储性能、数据安全和存储成本兼顾的存储解决方案。

监测系统的后期数据量巨大,呈几何形式增长,考虑到全部数据都存储到阵列中,存储性价比较低,系统采用云存储方式,将时间较久、使用频率低的数据转移到廉价的存储集群中,降低存储成本,并考虑数据的删减、整理策略,来降低无效存储的开销。

在数据处理与控制模块除设置实时数据库外,还定时启动统计程序,将桥隧结构实时数据库中的实时数据以 10min 为一个统计单位,将 10min 内的数据按照特征值(最大值、最小值、平均值、方差值、均方根值)统计为一组数据,保存在统计数据库中长期留存,统计数据库为后续的数据分析统计报表提供数据支持(图 6.10.3-24)。

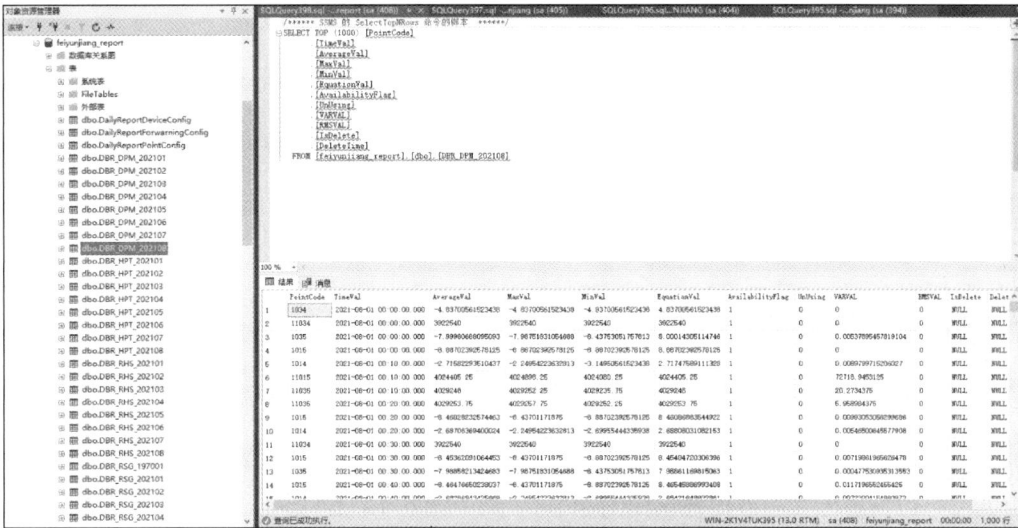

图 6.10.3-24　统计数据库界面

界面数据库用于监测界面的配置,传感器对应关系、预警阈值等信息的配置显示,以实现监测界面的数据刷新,数据查询等功能(图 6.10.3-25)。

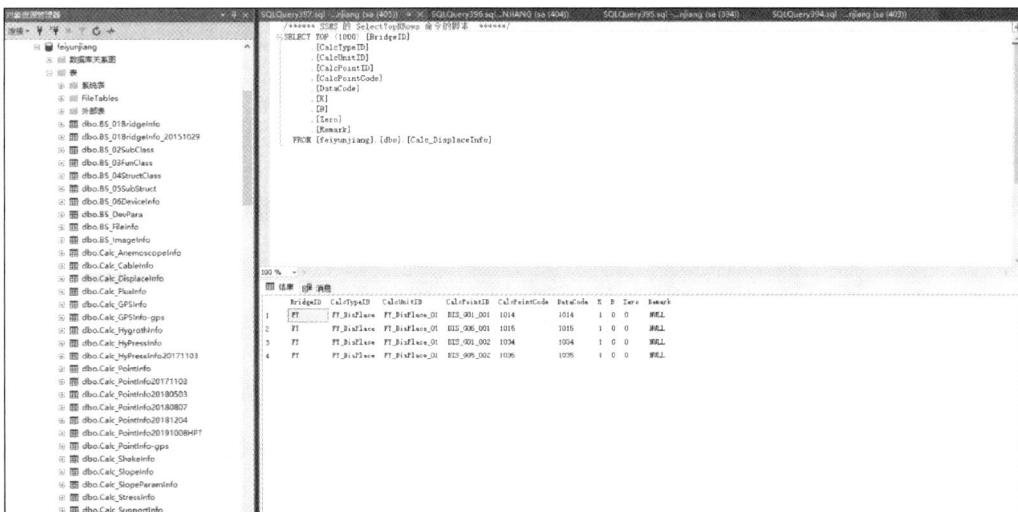

图 6.10.3-25　界面数据库

10.3.2.3　用户界面模块

用户界面模块主要实现 Web 端实时监测数据的显示,主要分为监测信息总览界面、实时监测界面

（包含各类监测项）、监测报表界面及视频管理界面。

监测信息总览界面展示不同桥隧的全部监测点的实时预警状态,分别通过绿色圆点、黄色圆点、红色圆点表示监测点的实时预警状态,通过圆点下方的数字表示处于当前预警状态的监测点的数量。通过查看监测总览界面,能够方便准确地了解整个桥隧监测状态,及时发现可能存在的安全问题。

实时监测界面通过监测项分组,将各类监测项进行划分和整合。根据监测项目的不同特点划分为风荷载监测项、温湿度监测项、结构应变和温度监测项、结构空间位置及变化监测项、结构动力及振动监测项、斜拉索索力监测项等。实时监测界面通过实时监测数据服务接口获取实时数据,通过预设的数据刷新频率,实时更新。

监测报表界面主要通过对指定时间段的桥梁监测历史数据、特征数据进行查询和统计,了解一段时间监测项的数据变化趋势,通过预设的报表模板,将统计的数据通过图形化方式导出为报告文档,辅助进行数据分析和报告。

视频管理界面主要将系统外场部署的监控摄像设备,接入监测系统平台,进行统一查看和管理。

（1）系统登录页及地理信息系统（GIS）首页（图 6.10.3-26、图 6.10.3-27）

（2）实时数据展示和三维可视化

实时数据展示模块的核心功能是将实时采集的数据进行实时更新和图形化展示,具体包括实时数据列表、基于 Unity3D 的监测数据三维可视化、时程曲线和监测图表。同时,监测图表主要根据监测项内容的不同,来形象生动展示实时数据的结果,如温湿度图表、风玫瑰图、结构振动频谱、斜拉索索力对比等。相关实时数据展示和三维可视化如图 6.10.3-28 ~ 图 6.10.3-34 所示。

图 6.10.3-26　系统登录页

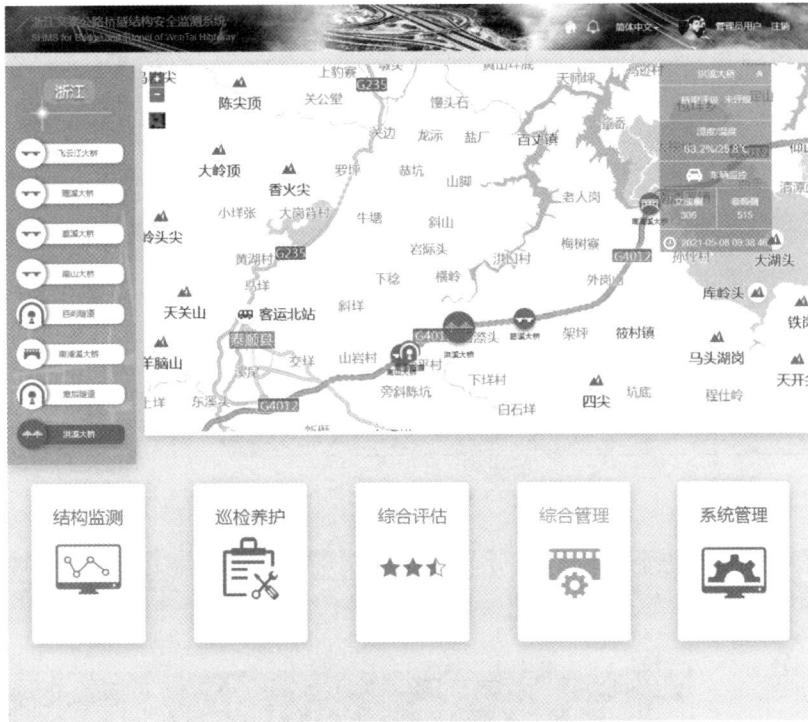

图 6.10.3-27　GIS 首页

图 6.10.3-28　监测数据列表

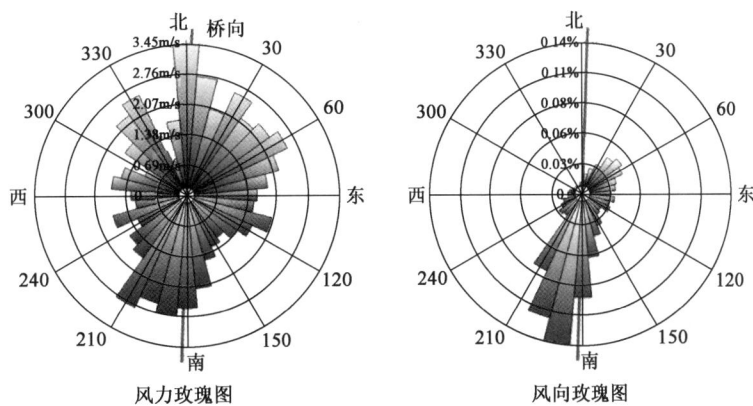

风力玫瑰图　　　　　　风向玫瑰图

图 6.10.3-29　风玫瑰图

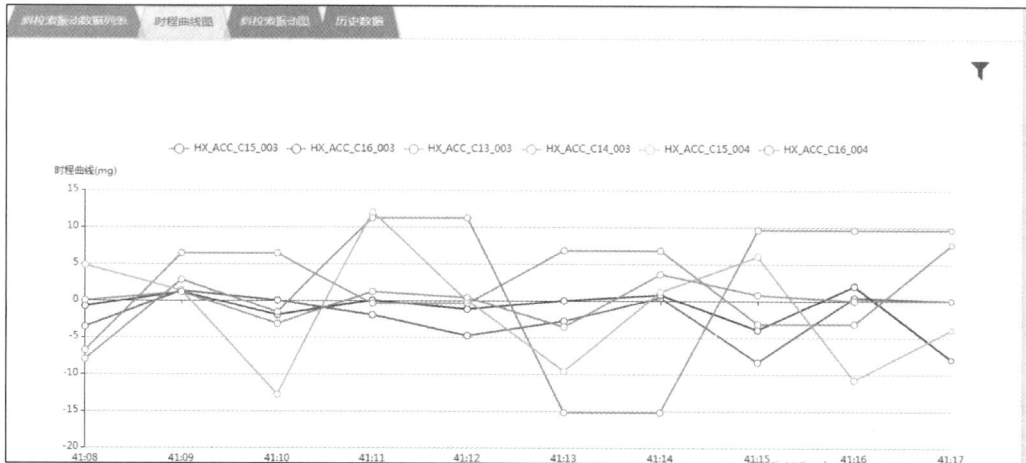

图 6.10.3-30　斜拉索振动时程曲线

图 6.10.3-31　车流量监测项页面

图 6.10.3-32　索力加速度计数据展示

图6.10.3-33　压力变送器主梁变形三维可视化

图6.10.3-34　体外索索力三维可视化

（3）历史数据查询和导出

历史数据查询和导出功能,主要用于对所关注的监测点进行历史数据回溯,查看其在一段时间内的变化趋势,了解桥隧结构安全状态。所查询的历史数据包括最大值、最小值、平均值、均方根及方差。查询完成后,可通过导出按钮将所查询结果进行数据导出,导出文件格式为.xlsx,供用户进行进一步的数据分析。相关图片如图6.10.3-35～图6.10.3-37所示。

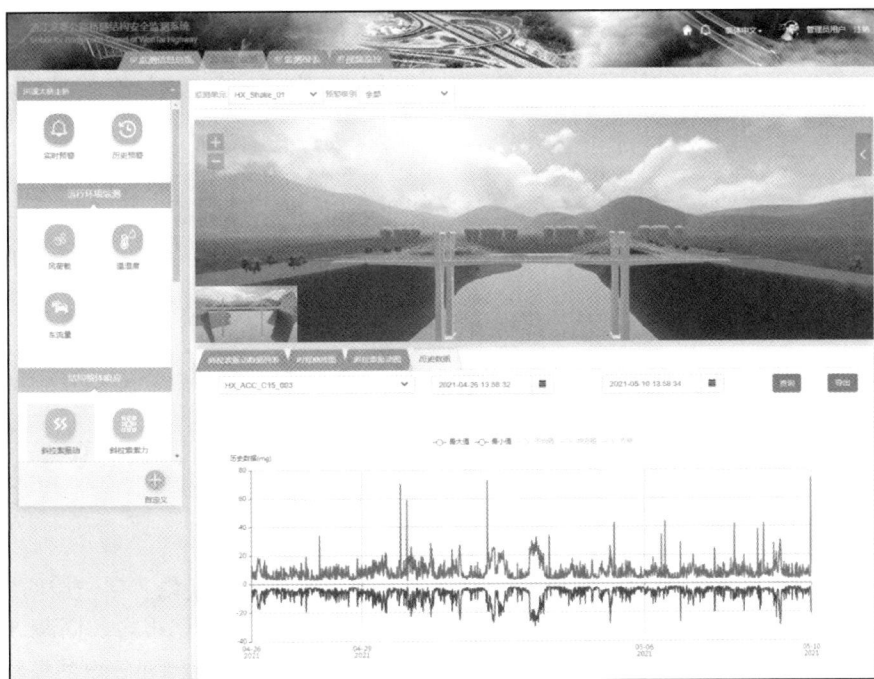

图6.10.3-35　斜拉索振动历史数据查询

图 6.10.3-36　斜拉索索力对比分析图

图 6.10.3-37　风荷载历史数据

（4）监测数据报表

监测数据报表主要通过查询历史监测数据,通过图形化方式,展现监测数据一段时间内的变化趋势,同时使用预先设计好的文档模板,将监测数据和图表导出生成监测数据报告。同时,通过该页面的数据过滤功能,进行异常数据剔除,同时报表显示图形将自动更新,最后选择要导出的模板,进行监测报表数据导出。监测报表查询统计、预览分别如图 6.10.3-38、图 6.10.3-39 所示。

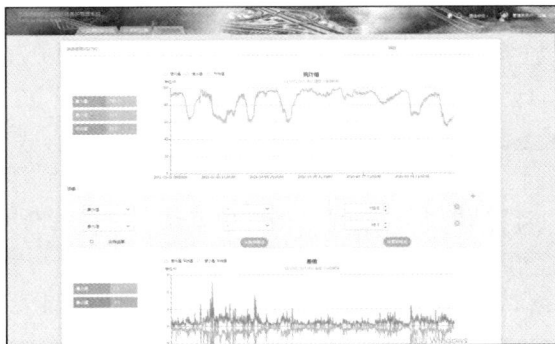

图 6.10.3-38　监测报表查询统计

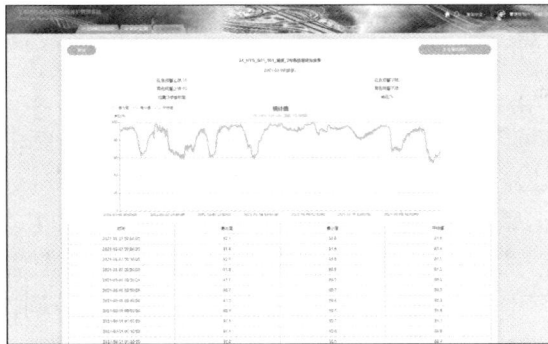

图 6.10.3-39　监测报表预览

（5）结构安全监测预警模块

预警体系主要作用是在结构实时监测过程中对可能威胁到桥隧结构运营安全的可变荷载以及结构响应指标（主梁变形等）进行预警，提供桥隧在特殊气候、交通条件下或桥隧营运状况异常时所触发的预警信号，提醒桥隧管理养护人员关注结构的运营与安全状况，及时启动相关应急预案。

在计算机终端软件界面上以醒目的图形方式表示预警状态报警方式，按照从整体到局部，从当前到历史进行划分，共有六种，即监测信息总览、实时预警卡片、历史预警信息查询、监测项数据列表、声光报警、报警信息推送。

监测信息总览、历史预警信息查询分别如图 6.10.3-40、图 6.10.3-41 所示。实时预警信息，展示如图 6.10.3-42 所示。

图 6.10.3-40　监测信息总览

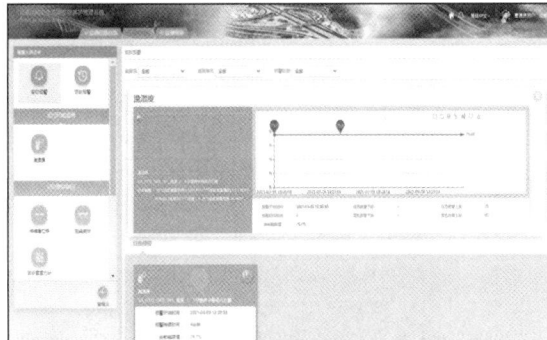

图 6.10.3-41　历史预警信息查询

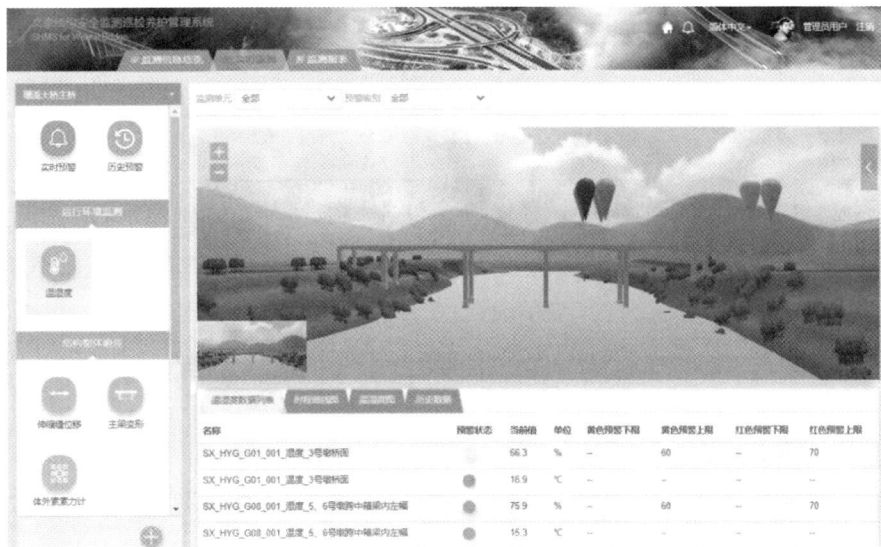

图 6.10.3-42　实时预警信息展示

10.3.2.4　电子化人工巡检养护管理子系统

电子化人工巡检养护管理子系统是服务于管养单位的一套电子化系统,辅助管养单位的机构或部门根据设定的结构巡检任务及内容,安排人员、设备进行有计划、定时、定量、程序化、制度化结构安全巡检。

巡查人员只需携带巡查终端上桥,对检查结果进行标准化电子化录入,对需要拍照记录的信息,直接使用移动终端拍照,自动保存到本地,等待联网成功时,点击上传即可将巡查的全部结果上传到中心数据库存储。巡查 App 成功上传的数据,可以在整个桥隧结构安全监测综合管理系统共享,同时服务于养护维修、综合评估模块,真正实现桥梁隧道监测、巡检、养护维修一体化。

巡检 App 显示构件、巡检病害录入完成分别如图 6.10.3-43、图 6.10.3-44 所示。

图 6.10.3-43　巡检 App 显示构件　　　　图 6.10.3-44　巡检病害录入完成

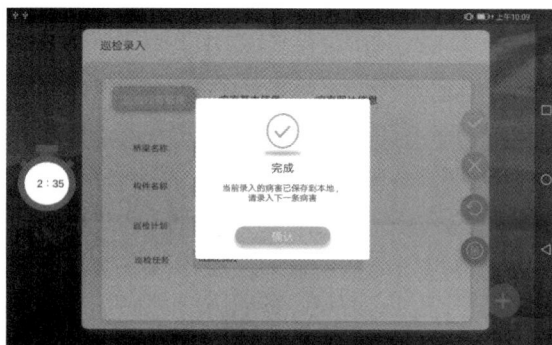

10.3.2.5　综合评估子系统

综合评估子系统:综合运营期安全监测数据与巡检养护结果,对桥隧技术状况、宏观受力、耐久性、易损性、适用性等进行综合评估录入。据此确定下一年度桥隧的管理养护计划,辅助管养人员科学决策,实现全寿命、数字化、档案化评估体系。

桥梁技术状况评定打分功能、添加评估要素文档分别如图 6.10.3-45、图 6.10.3-46 所示。

图 6.10.3-45　桥梁技术状况评定打分功能

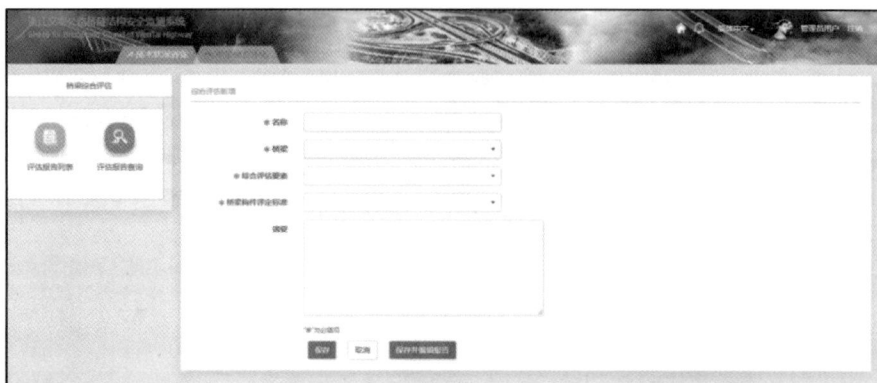

图 6.10.3-46　添加评估要素文档

10.3.3　手册成果

与本系统配套使用的还有"巡检养护手册""软件用户手册""硬件用户手册"。"巡检养护手册"是结合本项目桥梁在运营期间的养护管理模式来定义桥梁巡检体制,进而编制其巡检养护手册。结构风险分析是巡检养护手册的关键,在完成资料收集分析的基础上,在充分理解设计意图和管理处管理思路后,通过分析来确定结构各构件在各种风险事态下的危险水平;然后针对每个构件分析可能出现的损伤和可能的部位,制定巡检养护策略。软件用户手册、硬件用户手册用以介绍系统构成、功能、使用和维护方法等相关内容,配合监测系统以使用。

10.4　关键技术成果总结

10.4.1　平台系统集成关键技术

10.4.1.1　公路桥隧群多源异构数据交换关键技术

桥隧结构安全监测平台集成多座桥隧荷载试验、施工监控、运营期实时监测、超限预警、视频监控及基础静态信息等各类数据。这些数据存在格式不同、产生时间不同、采集原理不同、管理主体不同等差异,通常情况下只能通过特定方式进行查看和处理,各类数据之间缺乏有效协同应用,迫切需要采用一定的技术手段对这些异构数据进行整合打通,以达到协同分析、综合应用的目的。

数据整合交换平台的主要功能是从其他子系统中提取共享数据,并对多个来源渠道、相互不一致的数据进行数据融合处理;基于数据字典对实时数据和历史数据进行组织,以保证数据间关系的正确性、可理解性并避免数据冗余;以各种形式提供数据服务,采用分层次的方法对各类用户设置权限,使不同用户既能获得各自所需要的数据,又能确保数据传输过程的安全性,以及共享数据的互操作性和互用性;维护基础信息、动态业务数据以及系统管理配置参数;支撑系统的网络构架、信息安全、网络管理、流程管理、数据库维护和备份等运维能力。

数据整合交换平台根据功能可分为两个部分:

第一部分,基础数据和共享数据的交换服务和路由流程管理,该部分是交换平台的基础,包括静态交换数据、动态交换数据、图形数据及表格、统计资料等属性数据。

第二部分,各子系统之间的接口实现,根据制定的规范、标准,实现各子系统之间的数据共享和传输操作。在接入中心平台时,应按系统集成要求集成系统结构,各类数据接口遵循系统集成规范。

数据整合交换平台总体架构如图6.10.4-1所示。

本项目的数据整合交换平台提供一整套规范、高效、安全的数据交换机制,平台由部署在数据中心和各业务部门的数据交换服务器、数据接口系统共同组成,解决数据采集、更新、汇总、分发、一致性等数据交换问题,解决按需查询、公共数据存取控制等问题。

视频监控、在线监测、巡查养护等各业务子系统都要统一使用数据整合协同平台进行数据交换。数据中心统一管理和制定数据交换标准,各业务部门通过数据级整合或者应用级整合向数据中心提供并共享访问数据。

平台架构功能说明如下:

(1)数据交换层

本层级为数据供方和数据需方的数据交换接口层,为了满足应用层交换和数据层交换,具有数据交换代理以适配应用层和数据层的连接和接口适配的功能。

(2)数据传输层

为了保证数据的正确传输和传输性能,平台具有数据传输管理功能,包括传输协议管理和控制、传输过程控制、数据传输加密、压缩、网络故障检测和连接共享等功能。

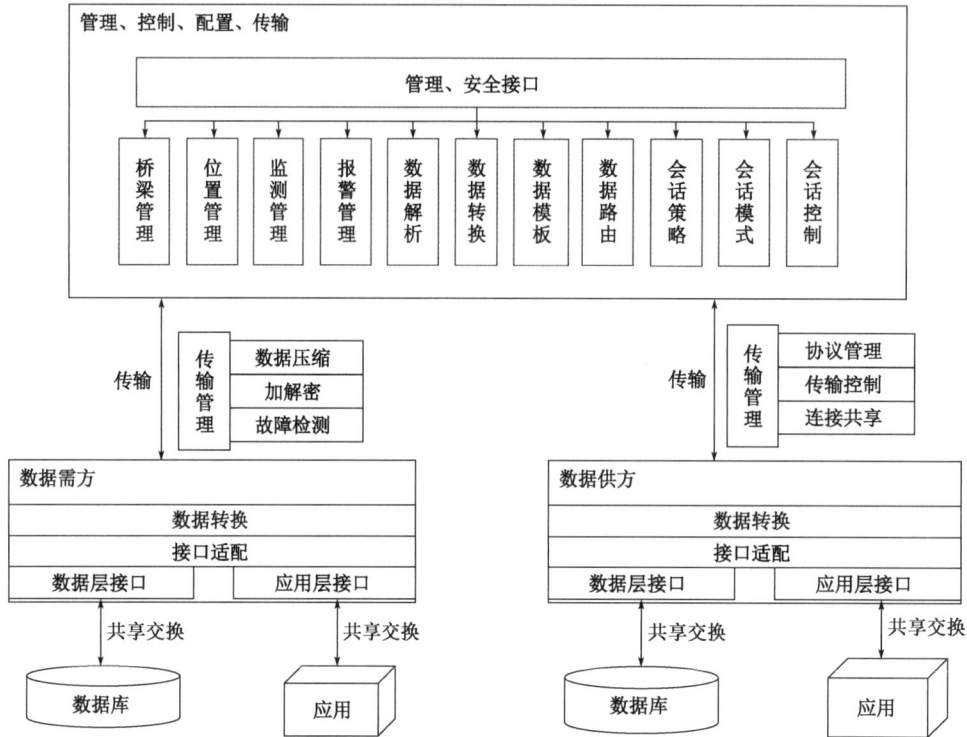

图 6.10.4-1　数据整合交换平台总体架构

（3）数据整合层

数据整合层主要包含会话管理、数据管理和系统管理三部分。

会话管理：能提供数据的交换方式；支持定时和实时策略，支持超时控制管理等功能；数据交换平台具有完善的会话策略、会话控制和管理功能。

数据管理：为了数据能按标准及部署的路由规则进行交换，平台具有数据路由、数据模板管理、数据解析、数据转换等功能。

系统管理：数据交换平台还应有服务管理功能，包括运行管理，部署管理，服务管理，系统日志等功能。

10.4.1.2　基于 RTMP 协议的桥梁视频监控信号远程传输关键技术

视频监控因具有技术成熟、监测方式直观可靠等优点已成为桥隧结构安全监测系统的标配，但是视频信号相较数字类监测信号对网络带宽要求较高，常出现卡顿掉帧等问题。同时考虑到桥梁现场恶劣的工况及数据安全性要求，导致目前只能采用高速光纤专网实现视频信号的局域网传输，大大限制了传输距离和应用范畴。

本项目提出一种基于 RTMP 协议的桥梁视频监控信号远程传输方法，在不改变桥梁监测系统网络架构的基础上，实现视频监控信号的远程传输和多平台展示应用。

RTMP（Real Time Messaging Protocol）协议是一种用来进行实时数据通信的网络协议，主要用来支持在 Flash/AIR❶ 平台和支持 RTMP 协议的流媒体服务器之间进行音视频数据通信。

RTMP 协议是建立在 TCP 协议❷之上的应用层协议，其数据包由一个固定长度的包头和最大长度为 128Byte 的包体两部分组成，如图 6.10.4-2 所示。

---

❶　Flash 是由 Macromedia 公司推出的交互式矢量图和 Web 动画的标准，后由 Adobe 公司收购。AIR 允许把已经存在的 Web 程序构建并部署成富互联网应用程序（RIA），以提高用户体验。

❷　TCP 协议一般用 TCP 表示，即传输控制协议，英文全称 Transmission Control Protocol，是一种面向连接的、可靠的、基于字节流的传输层通信协议。

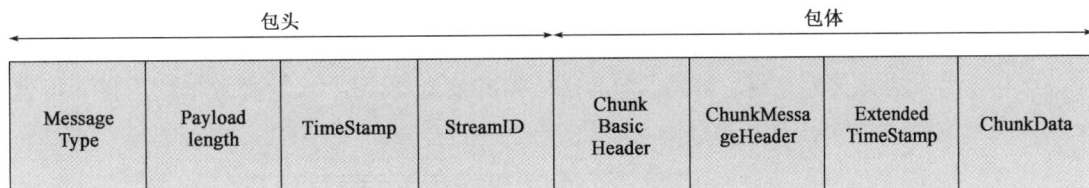

| Message Type | Payload length | TimeStamp | StreamID | Chunk Basic Header | ChunkMessa geHeader | Extended TimeStamp | ChunkData |

图 6.10.4-2　RTMP 协议数据包格式

协议包头中 MessageType 为消息类型,PayLoadlength 为报文长度,TimeStamp 为消息时间戳,Stream-ID 为视频流 ID。协议包体主要由基本消息头(ChunkBasicHeader)、负载消息头(ChunkMessageHeader)、扩展时间戳(ExtendedTimeStamp)和消息块数据(ChunkData)四部分组成。

为了保证在低网络带宽下视频流的传输,在 RTMP 协议下视频消息块被拆分为若干个小的数据块,各数据块通过 ChunkMessageHeader 可重新组装成完整的消息块。数据采集端将视频流分割成较小的数据块后以 TCP 协议发送服务器端,客户端获取服务器端数据块后重新组装成完整的视频消息块,实现视频流的流畅播放,从而解决低带宽情况下的视频延迟和卡顿问题。

本项目提出基于 RTMP 协议的视频监控信号的远程传输方法,总体技术路线如下:

(1)桥梁现场视频摄像机将采集的原始视频流数据通过光纤内网传输到监控中心的视频处理服务器。

(2)自主开发 RTMP 码流转换软件并部署在视频处理服务器上,将桥梁现场传输的原始视频信号转换为 RTMP 码流,并通过加密公网将 RTMP 信号推送至具有公网 IP❶ 的云服务器端。

(3)在云服务器端部署并配置 Nginx❷ 流媒体服务器 Server 端,实现 RTMP 视频数据的中继转换功能。

(4)在客户端开发基于 Web 端和安卓移动端的视频播放软件,从 Nginx 流媒体服务器拉流获取并展示视频信号,实现桥梁视频监控信息实时展示。

RTMP 视频监控网络架构如图 6.10.4-3 所示。

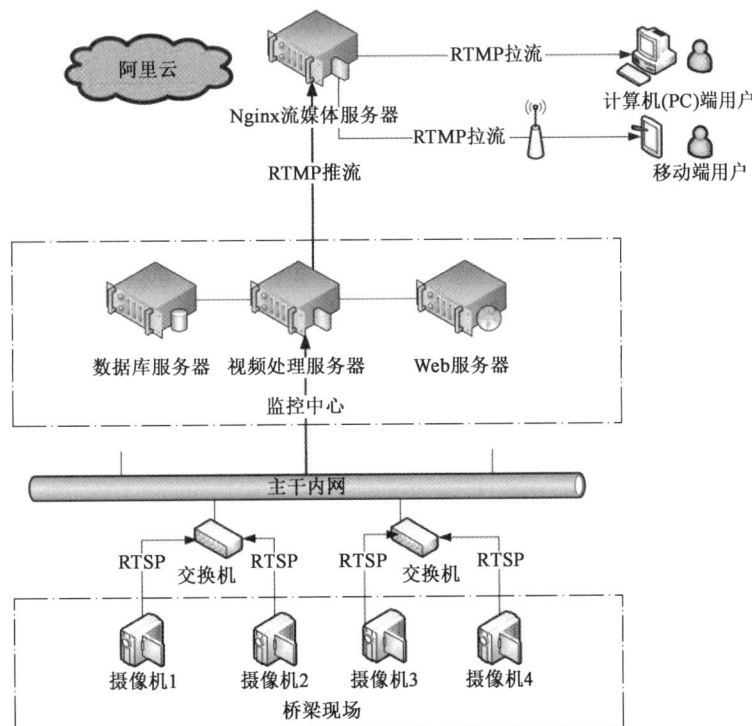

图 6.10.4-3　RTMP 视频监控网络架构图

❶ 公网 IP:云主机用来和外部网络通信的外网 IP 地址。
❷ Nginx:是一个高性能的 HTTP 和反向代理 Web 服务器。

目前主流的网络视频播放器架构包含 UI 界面、多媒体引擎和解码器三个部分。UI 界面主要实现播放界面的风格、UI 组件及业务逻辑模块控制。多媒体引擎包含媒体源管理引擎和网络管理引擎,主要实现网络传输及多媒体传输控制。解码器包含解码器和渲染器两部分,为播放器的内核。视频播放组件结构如图 6.10.4-4 所示。

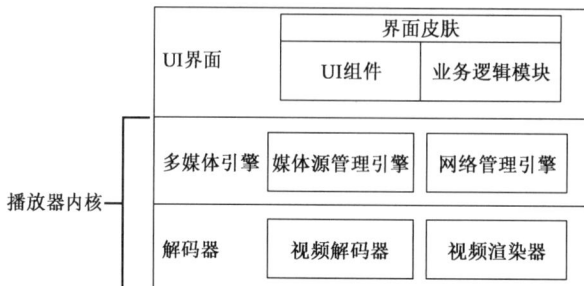

图 6.10.4-4　视频播放组件结构图

为实现 Web 端视频播放器的去插件化,需要借助 HTML5❶ 技术,通过采用媒体源扩展(Media Source Extension)API 接口❷,实现基于 Web 端的无插件式流媒体播放功能。Web 端视频播放界面如图 6.10.4-5所示。

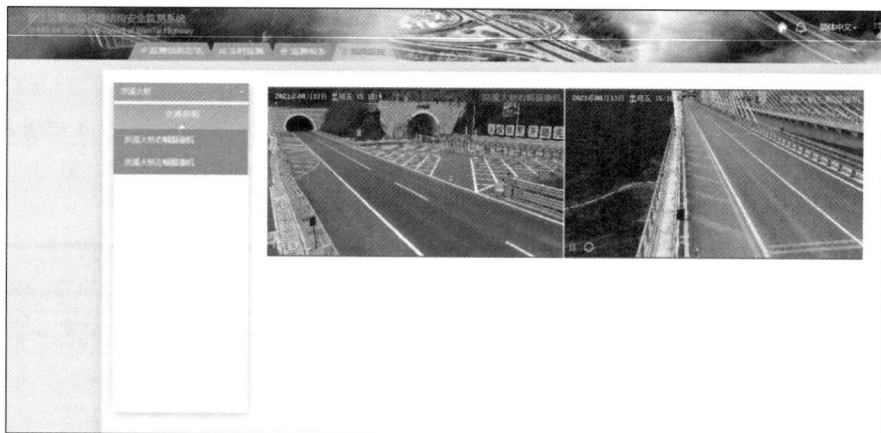

图 6.10.4-5　Web 端视频播放界面

实际开发中,Web 平台前端视频播放页面选择开源类库 video. js,它能够自动检测浏览器对 HTML5 的支持情况,满足多种浏览器的兼容性需求。

10.4.1.3　基于空间数据库的桥隧三维可视化关键技术

本项目创新性地实现了基于三维可视化桥隧结构安全监测。要实现桥隧三维可视化管理,首要任务是进行三维场景建模。场景建模是将所要仿真的场景与对象通过数学方法表达成存储在计算机内的三维图形对象的集合。利用三维建模技术,将采集到的数据在系统中建立地形、建筑物等地理实体数据模型。

1)三维地形建模

数字高程模型(DEM)是一种最常用的数字地面模型,可以用来描述地形特征,包括格网模型(GRID)、不规则三角网模型(TIN)和两者的混合模型。DEM 大多是通过数字摄影测量的方法,进行影像匹配获得;没有影像时利用地形图扫描矢量化获得等高线,内插成 DEM。

---

❶　HTML5 是构建 Web 内容的一种语言描述方式。

❷　API 接口:操作系统留给应用程序的一个调用接口,应用程序通过调用操作系统的 API 而使操作系统去执行应用程序的命令。

2）桥隧三维建模

根据设计图纸的桥隧三维尺寸数据,按实际的功能和形状建立精细化三维模型。三维模型的好坏直接影响三维场景仿真的效果和逼真度。三维模型建立以后,从纹理库中选择对应的纹理贴到表面,达到逼真的场景仿真效果。实现三维建模大致有以下两种方法:

（1）对于规则物体表面,平面图形数据和高程数据可以很容易实现三维建模,直接利用传统 GIS 中的二维线划数据及其相应高度属性进行三维建模,采用这种方法局限于简单建筑物的三维重建。

（2）对于复杂物体,可以采用分割建模方法,把复杂建筑物分割成若干规则建筑,然后分别建模,再进行无缝拼接;也可以导入第三方建模文件,如 AutoCAD、3D Max,用它们可以直接做出比较逼真的三维模型。

创建三维可视化场景,采用 AutoCAD 软件对桥梁进行精细化三维建模,桥梁部件尺寸严格按照设计图纸要求,实现无误差模型绘制。

最后,将三维模型导入 3D Max 软件进行格式转换、纹理贴图及三维场景渲染,完成三维场景搭建。

本项目三维索引构建基于空间数据库技术,空间数据库(场景数据库)不仅要存储空间要素的空间地理要素,而且要存储大量的属性数据及纹理数据。将场景中一定空间范围内具有相同属性要素的同类地理实体组成一个图层,将空间要素进行归类组织,并利用图层的可见性、叠加性和一定的符号特征来显示空间要素。空间数据库组织结构如图 6.10.4-6 所示。

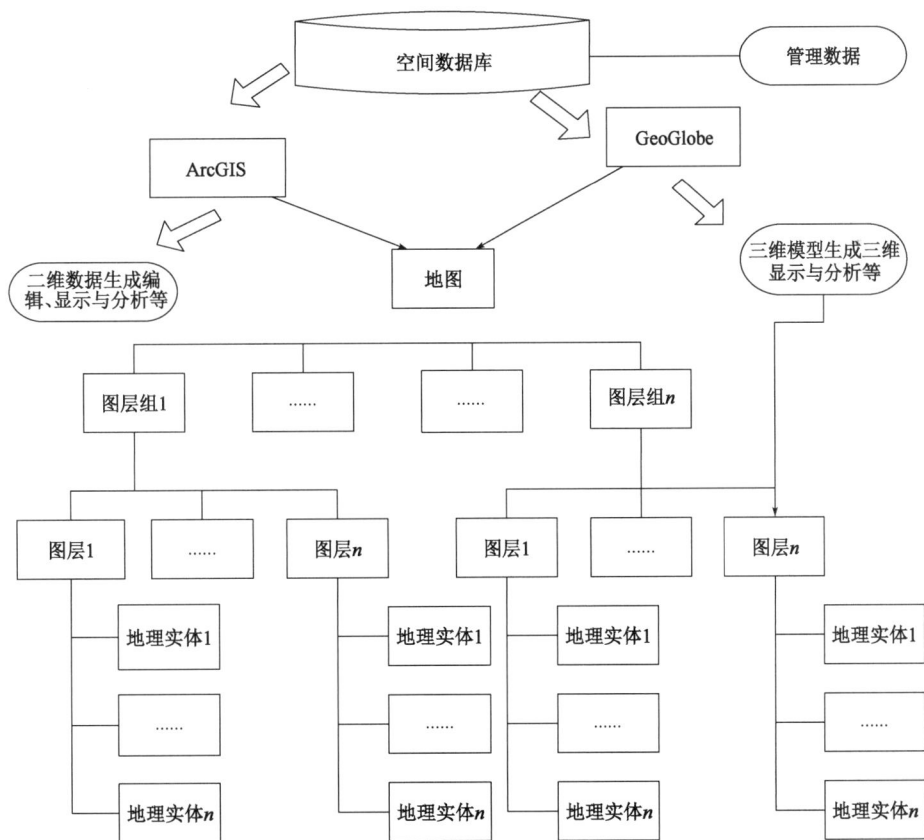

图 6.10.4-6　空间数据库组织结构图

三维数据库的建立是通过空间数据库和属性数据库的连接完成的。在相关数据的属性表中添加一个关键字字段,该字段内容为连接数据的识别符,通过识别该字段来完成数据连接。

Geodatabase 是全新的空间数据模型,是建立在数据库管理系统(DBMS)之上的统一、智能化的空间数据库。

建立 Geodatabase,其基本工作步骤主要是:数据预处理、数据录入、数据编辑(主要是在 ArcMap 中对录入的数据进行编辑,最大可能地改正录入中的错误,编辑过程中有效使用了 Snapping、Merge、Split 等方法,大幅度提高编辑的精度与速度),以及建立拓扑关系[对编辑完毕的数据进行 Build(建立)或 Clean(清除)操作,若无错误则完成拓扑的建立,否则返回上部进行编辑修改,重新进行拓扑操作,直至无错误为止]。

系统原型中的三维场景数据库.mdb 采用 Access 作为数据库平台,与二维数据 shapefile 的数据库文件.dbf 按照地理目标名称 ObjectID 进行一一对应,再加上三维场景与二维 GIS 环境的坐标系映射关系,通过消息传送机制实现二、三维联动交互浏览与查询,从而实现交互响应功能。为了加快三维图像的浏览速度,应用 LOD❶ 技术,可以在三维场景窗口漫游到三维模型所在位置时,开始自动加载视窗范围内的三维模型,降低大型三维场景渲染所需要的硬件开销。

为了实现三维场景漫游效果,本项目在 LOD 技术基础上,采用 Stream 模式(即处理流数据的计算模式)进行三维场景渲染优化,Stream 的实时漫游是根据视点位置,观察方向及视角大小计算出可视范围,然后根据可视范围分别去建模,将数据库中提取需要显示的数据分块或分幅。三维场景漫游数据调度算法如图 6.10.4-7 所示。

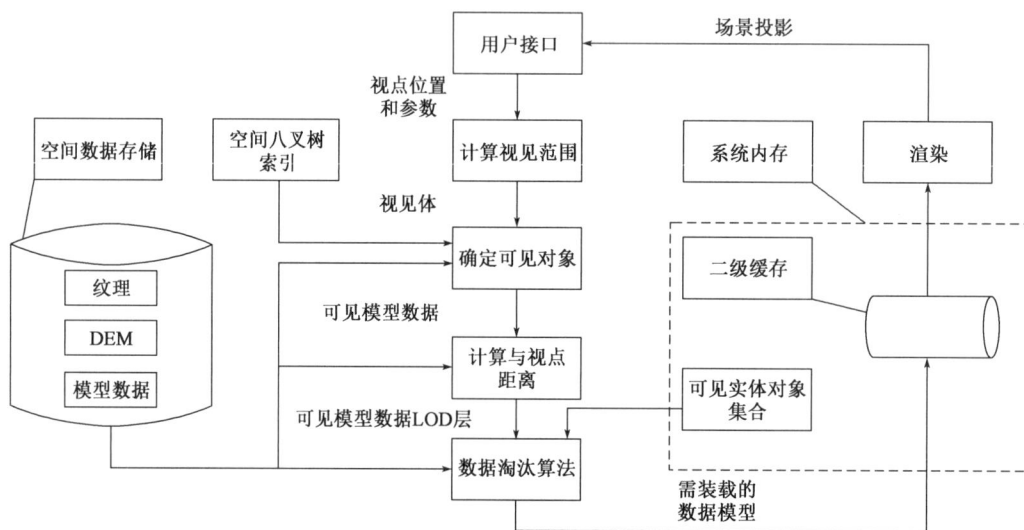

图 6.10.4-7　三维场景漫游数据调度算法

本项目对于公路桥群三维实景的构建以 ArcGIS、AutoCAD、3DMax 等作为模型生产工具,建立桥梁三维场景模型,以 JS 作为前端展示语言,通过服务接口调用三维空间数据库,首次实现文泰高速公路重点桥隧的三维可视化查看及管理,通过监测预警数据的调用,实现传感器监测及预警数据的可视化显示,满足对重点桥梁 3D 可视化监管的需要。

10.4.2　桥隧结构安全评估关键技术

10.4.2.1　拉索异常振动数据诊断算法

由于拉索柔性大、阻尼小且质量轻等特点,导致承重大跨径桥梁的拉索构件很容易在各种外界环境(风、雨、交通荷载等)激励下,产生振动。持续的拉索振动可能是在非常短的时间内造成索股疲劳和腐蚀的原因,也会引起行人对桥梁的安全性产生怀疑,甚至使拉索产生疲劳断裂而影响整座桥梁的安全。拉索的致振机理十分复杂,根据激励源的不同,主要振动类型可分为两类:一类为风或风雨共同作用引起的索振动,另一类为拉索支承端在梁塔位移作用下发生的振动。拉索可能发生振动的类型如下:

---

❶　LOD:1976 年 Clark 提出了细节层次(Levels of Detail,简称 LOD)模型的概念,认为当物体覆盖屏幕较小区域时,可以使用该物体描述较粗的模型,并给出一个用于可见面判定算法的几何层次模型,以便对复杂场景进行快速绘制。

$$
第一类
\begin{cases}
①涡激振动（即涡振）\\
②尾流驰振\\
③结冰索驰振\\
④抖振\\
⑤风雨激振
\end{cases}
$$

$$
第二类
\begin{cases}
⑥参数振动\\
⑦索内共振
\end{cases}
$$

本项目使用深度学习算法,基于过去积累的拉索异常振动数据(风雨激振、涡激振动等)实时判别拉索异常振动。通过对积累的异常振动数据样本的机器学习算法,实现对不同振动类型的判别,并通过与风场参数、主梁振动数据的联动分析,分析振动产生的机理,有效填补了在拉索的评估理论,完善了拉索的预警机制和维养策略,助力保障大跨径桥梁群缆索体系的安全。

10.4.2.2　基于斜拉索索力监测数据的车辆荷载时空分布识别

车辆荷载是大跨径桥梁最为重要的荷载之一。因此,项目组研究人员研究了基于有限元方法和影响线方法的车辆荷载与斜拉桥斜拉索索力关系数学模型;利用重车在斜拉桥空间分布上的稀疏性特征,研究基于斜拉索索力监测信息和压缩感知理论的斜拉桥上重车时空分布识别方程和稀疏优化识别方法;研究斜拉索索力测点布置的随机性和数量对识别算法精度的影响,研究识别方法的纵向(桥梁跨度方向)和横向空间分辨率,给出识别车辆数量上限与斜拉索索力监测数量之间的关系;研究环境不确定性以及其他荷载影响下识别方法的鲁棒性。研究基于斜拉索索力监测信息的车辆荷载时空分布自动识别软件。

以大跨径斜拉桥为研究对象,根据有限元方法和影响线方法建立车辆荷载与斜拉桥斜拉索索力间的线性关系方程,考虑实际重车在斜拉桥上的分布具有空间稀疏性的特征,并考虑实际索力测点有限,根据压缩感知理论,随机选择索力测点,然后通过线性优化的方法,引入稀疏约束,求解车辆荷载的时空分布。根据压缩感知理论,分析不同索力测点布置随机性对方法的影响,计算斜拉索索力传感器测点不同数目情况下的识别结果,考虑测点数目对方法识别结果的影响,给出识别车辆数量上限与斜拉索索力监测数量之间的关系。对多车道的车辆分布情况以及实际中有重车车队的情况进行计算,分析方法的识别效果。通过数值模拟,分析方法在桥面横向与纵向能识别的车辆最小间隔距离即分辨率。考虑环境不确定性因素以及其他荷载影响,分析方法的鲁棒性。最后建立斜拉桥的试验模型,制作车辆荷载加载装置,采用传感器测量由车辆荷载引起的索力变化,模拟多种工况,验证方法的有效性。对实际大跨径桥梁现场原型监测数据进行验证。最后采用 VB 和 MATLAB 语言编写基于斜拉索索力监测信息的车辆荷载时空分布自动识别软件。

10.4.2.3　基于大数据的桥梁结构关键构件异常诊断评估

以伸缩缝损伤成因分析和改造指导为例,对基于大数据的桥梁结构关键构件异常诊断评估加以介绍。伸缩缝是大跨径桥梁中易损构件,国内出现多座大跨桥梁伸缩缝过早出现损坏、影响桥梁正常使用的情况。通过梁端加装纵向位移计的方式对伸缩缝位移进行监测,通过对梁端位移数据的分析,可以发现其变形规律,从而发现构件损伤的成因。通过对不同地区大跨径桥梁梁端位移规律的观测总结,发现伸缩缝运动形态与设计单位及伸缩缝厂家的假想有很大差异。基于本项目多座桥梁实测数据,采用时频域结合的方式进行深入分析,均发现由于风和车辆冲击产生的短周期运动幅值不大,但累积量惊人,比温度所带来的纵向累积位移高了两个数量级,按厂家所给定的伸缩缝滑块材料数据,其大约两年就将磨平滑块,从而造成运动不畅,带来损坏。同时,这一短周期运动还会带来很大的冲击加速度,从而进一步加剧伸缩缝的损坏。这些是采用传统的人工检查方式无法发现的,因为不可能用这么高的频率来进行检查和记录。找到病因后,就可以采取有针对性的措施,如采用安装纵向阻尼器、更换高耐磨滑块等方式。通过采用上述方法提升了监测思路,对伸缩缝的监测更加精细化。对伸缩缝进行的专项监测,包括纵向位移监测、缝宽不均匀性监测、振动加速度监测等,以全面掌握伸缩缝的变形和振动状况。

10.4.2.4 基于监测与检测数据融合的桥梁性能综合评估

在过去,类似于世界上大多数国家,我国各级桥梁管养单位主要以人工巡检的方式来发现桥梁出现的损伤。这种方法对于那些小跨径的钢筋混凝土梁桥非常有效,但对于大跨径、复杂结构桥梁却明显显得不够。

这主要体现在以下几个方面:

(1)大跨径桥梁结构复杂,许多区域人工难以检查。例如索塔外表面、深水基础、峡谷区域的主梁梁底等。

(2)许多重要的结构数据需要长期连续的积累。例如对于车辆荷载、风速风压的统计。

(3)在突发情况下,巡检人员无法及时对结构进行检查。例如台风期间或遭遇船撞、地震、车辆拥堵的情况下。

(4)许多重要的信息缺乏人工测量的手段。例如结构应变的测量、索振动的测量等。

桥梁结构安全监测及养护管理系统具有监测位置固定、数据连续、数据同步性强、可测量人工巡检无法获得的整体或局部关键参数等优势,用于填补人工巡检的不足,在国内桥梁养护领域得到了广泛的认可和行业应用。传统的人工巡检数据相对自动监测数据又具有定期、覆盖范围大、成本低、相对稳定可靠等特点,两者相互补充依存。因此,在桥梁建设期考虑构建实现监测数据与检测数据相融合的管理平台是十分必要和迫切的。

自动监测数据主要应用于实时预警和关键信息存储、应急管理以及结构安全局部及整体的趋势分析;人工巡检数据主要用于定期的技术状况评估。

此外,近年来,随着桥梁风险评估技术在我国桥梁设计和养护领域的开展,工程师们逐渐意识到在桥梁设计阶段开展的许多专题研究并没有完全杜绝安全事故的发生。这是因为,任何一个结构物都存在作用、结构性能及本构关系三个方面的不确定性。这些不确定性并不能通过设计阶段的研究完全解决。要想预防这些不确定性带来的风险,就必须利用在运营阶段获取的数据来把握桥梁性能。这些数据有的需要通过人工巡检来获取,有些则需要通过自动化监测系统来获取。

第 11 章

技 术 创 新

(1)申报专利汇总见表6.11-1。

申报专利汇总表   表6.11-1

序号	名　　称	类　　型	申　报　单　位
1	一种波形钢腹板PC组合箱梁桥施工用支撑装置	实用新型	中交第三公路工程局有限公司
2	波形钢腹板PC组合箱梁桥施工用定位固定装置	实用新型	中交第三公路工程局有限公司
3	一种桥梁施工检测平台用方便延伸的位置扩展机构	实用新型	中交第三公路工程局有限公司
4	一种桥梁检测车伸缩平台	实用新型	中交第三公路工程局有限公司
5	一种桥梁施工可旋转的检测平台	实用新型	中交第三公路工程局有限公司
6	一种桥梁施工用简易桥检车	实用新型	中交第三公路工程局有限公司
7	一种桥梁施工检测平台用行走桁架	实用新型	中交第三公路工程局有限公司
8	一种用于吊装的万向旋转装置	实用新型	中铁二局集团有限公司
9	一种桥梁钢立柱吊装转体装置及施工方法	发明专利	中铁二局集团有限公司
10	一种新旧混凝土结合面糙化施工方法	发明专利/国际发明专利	中铁二局集团有限公司
11	一种大跨度盖梁钢筋笼整体吊装的方法	实用新型	中铁二局集团有限公司
12	一种钢管拱扣挂装置	实用新型	中铁二局集团有限公司
13	一种拱上立柱垂直度精确调控方法	发明专利	中铁二局集团有限公司
14	一种狭窄陡峭崖壁环境拱座施工便道迂回展线方法	发明专利	中铁二局集团有限公司
15	一种拱桥钢管混凝土密实度检测配套夹持工具	发明专利	中铁二局集团有限公司
16	一种斜拉桥索导管定位装置	实用新型	浙江交工集团股份有限公司
17	一种桥梁施工方法及体外束装置	实用新型/发明专利	浙江交工集团股份有限公司
18	一种索鞍定位方法及复核装置	实用新型/发明专利	浙江交工集团股份有限公司
19	一种波形钢腹板桥异步施工挂篮改装及施工方法	实用新型/发明专利	浙江交工集团股份有限公司
20	一种索鞍刚体化整体定位安装方法	发明专利	浙江交工集团股份有限公司
21	一种无支撑钢管桩围堰的带水施工方法	实用新型/发明专利	浙江交工集团股份有限公司
22	一种大断面墩身钢筋的快速施工方法及装置	实用新型/发明专利	浙江交工集团股份有限公司
23	一种墩身无劲性骨架的施工方法及装置	实用新型/发明专利	浙江交工集团股份有限公司
24	一种减小斜拉桥钢箱梁精匹配附加应力的装置和方法	发明专利	中铁大桥科学研究院有限公司

续上表

序号	名 称	类 型	申 报 单 位
25	一种减小斜拉桥钢箱梁精匹配附加应力的装置	实用新型	中铁大桥科学研究院有限公司
26	一种钢管拱肋斜拉扣挂悬拼过程中拱脚约束的方法和装置	发明专利	中铁大桥科学研究院有限公司
27	一种钢管拱肋斜拉扣挂悬拼过程中拱脚约束的装置	实用新型	中铁大桥科学研究院有限公司
28	一种用于波形钢腹板刚构桥的可变幅异步挂篮	实用新型	中铁大桥科学研究院有限公司
29	一种桥梁施工方法及体外束装置	发明专利	中铁大桥科学研究院有限公司、浙江交工集团股份有限公司
30	桥梁悬臂异步施工中顶板与波形钢腹板之间的连接构造	发明专利	浙江交通运输科学研究院
31	桥梁悬臂异步施工中顶板与波形钢腹板之间的连接构造	实用新型	浙江交通运输科学研究院
32	一种利用波形钢腹板承担部分底板重量的悬臂施工工法	发明专利	浙江交通运输科学研究院

（2）申报工法汇总见表6.11-2。

申报工法汇总表 表6.11-2

序号	名 称	单 位	申报情况	备 注
1	波形钢腹板工字形钢–混凝土组合梁架设施工工法	四川路桥建设集团股份有限公司	已申报	批准文号:四川省住房和城乡建设厅第143号
2	波形钢腹板工字形钢–混凝土组合梁长线法预制施工工法	四川路桥建设集团股份有限公司	已申报	批准文号:四川省住房和城乡建设厅第143号
3	锁扣钢管桩围堰施工工法	四川路桥建设集团股份有限公司	已申报	批准文号:四川省住房和城乡建设厅第143号
4	龙门吊整体安装快速施工工法	四川路桥建设集团股份有限公司	已申报	企业级工法
5	波形钢腹板工字形钢–混凝土组合梁桥后浇段施工工法	四川路桥建设集团股份有限公司	已申报	企业级工法
6	曲线大跨度波形钢腹板PC箱梁精确安装与快速悬浇施工工法	中交第三公路工程局有限公司	已申报	GGG（中企）C3347-2020
7	上承式钢管混凝土桁架拱桥拱脚预埋段精确定位施工工法	中铁二局集团有限公司	已申报	中铁二局工法
8	基于缆索吊的拱上钢立柱及盖梁平吊竖转施工工法	中铁二局集团有限公司	已申报	中铁二局工法
9	工艺螺栓配合千斤顶式拱肋精确定位安装施工工法	中铁二局集团有限公司	已申报	中铁二局工法
10	陡峭崖壁拱座边坡区域内布置出渣便道开挖施工工法	中铁二局集团有限公司	已申报	中铁二局工法
11	预制T梁顶板钢筋绑扎施工工法	中铁二局集团有限公司	已申报	中铁二局工法
12	液压爬模高空体系转换施工工法	浙江交工集团股份有限公司	已申报	GGG（浙）C2-2019
13	矮塔斜拉桥斜拉索滞后张拉施工工法	浙江交工集团股份有限公司	已申报	GGG（浙）C3369-2020

续上表

序号	名　　称	单　位	申报情况	备　　注
14	索鞍刚体化整体安装定位施工工法	浙江交工集团股份有限公司	已申报	
15	波形钢腹板异步挂篮改装施工工法	浙江交工集团股份有限公司	已申报	GGG（浙）C3366-2020

（3）申报 QC 汇总见表6.11-3。

申 报 QC 汇 总 表 表6.11-3

序号	名　　称	单　位	申报情况
1	提高波形钢腹板钢－混凝土组合T梁预制桥面板高程一次安装合格率	四川路桥建设集团股份有限公司	2020年四川省工程建设系统优秀QC小组活动交流会成果三等奖
2	钢腹板组合悬浇箱梁顶面高程及平整度控制	中交第三公路工程局有限公司	已过审
3	提高钢管混凝土桁架拱缀板腔混凝土施工工效	中交第三公路工程局有限公司	已过审
4	提高拱座预埋段预埋精度	中交第三公路工程局有限公司	已过审
5	提高大跨度盖梁钢筋制安速度	中交第三公路工程局有限公司	2019年中铁二局五公司二等奖
6	提高拱上立柱垂直度控制一次合格率	中交第三公路工程局有限公司	已过审
7	降低钢－混凝土结合梁预留槽混凝土漏浆率	中交第三公路工程局有限公司	已过审
8	提高上承式钢拱桥拱上立柱盖梁安装效率	中交第三公路工程局有限公司	已过审
9	提高桥面铺装混凝土平整度一次合格率	中交第三公路工程局有限公司	已过审
10	矮塔斜拉桥索鞍整体安装定位关键技术研究	浙江交工集团股份有限公司	中国公路建设行业协会科技进步奖三等奖
11	创新索鞍定位安装新方法	浙江交工集团股份有限公司	2020浙江省工程建设优秀质量管理小组 2020中国施工企业管理协会工程建设优秀质量管理小组一等奖
12	创新液压爬模高空"半落地式"体系转换施工方法	浙江交工集团股份有限公司	已过审
13	创新矮塔斜拉桥上部结构施工方法	浙江交工集团股份有限公司	已过审
14	创新波形钢腹板连续钢构桥梁异步挂篮改装方法	浙江交工集团股份有限公司	已过审

（4）申报课题汇总见表6.11-4。

申报课题汇总表 表6.11-4

序号	名　　称	类型	单　位	申报情况	后续计划
1	复杂环境特长隧道施工关键技术研究	课题	四川路桥建设集团股份有限公司	已申报	已开题评审
2	波形钢腹板工字型钢－混凝土组合梁施工关键技术研究	课题	四川路桥建设集团股份有限公司	已申报	已开题评审
3	曲线大跨度波纹钢腹板PC组合箱梁桥扭转畸变性能及施工技术优化研究	课题	中交第三公路工程局有限公司	已申报	鉴定结题
4	大跨度上承式钢管混凝土桁架拱桥施工关键技术研究报告	课题	中铁二局集团有限公司	已申报	待评审

序号	名　　称	类型	单　　位	申报情况	后续计划
5	机制砂在中高强度等级混凝土中的应用研究	课题	浙江交工集团股份有限公司	已申报	待评审
6	机制砂高性能混凝土在桥梁结构中的应用研究	课题	浙江交工集团股份有限公司	中期评审	鉴定结题
7	山区高墩矮塔斜拉桥绿色施工关键技术研究与应用	课题	浙江交工集团股份有限公司	中期评审	鉴定结题

（5）发表论文汇总见表 6.11-5。

发表论文汇总表　　　　　　　　　　　　　　　　　表 6.11-5

序号	论文题目	单　　位	作　　者	备　　注
1	南浦溪特大桥钢管拱混凝土泵送顶升施工关键技术	中铁二局集团有限公司	杨忠波	《城市建筑》
2	南浦溪特大桥拱脚预埋段施工关键技术	温州市文泰高速公路有限公司	张芳	《科学技术创新》
3	南浦溪钢管混凝土上承式拱桥拱肋施工技术	浙江交通运输科学研究院、温州市文泰高速公路有限公司	魏俊,曹景伟,等	《科技创新与应用》
4	南浦溪特大桥钢管拱肋悬拼阶段拱脚约束方式研究	中铁大桥科学研究院有限公司、浙江交投高速公路运营管理有限公司	金晓东,邹力,等	《世界桥梁》
5	温州洪溪特大桥总体设计	浙江数智交院科技股份有限公司	戴显荣,叶雨清	《桥梁建设》
6	洪溪特大桥"斜拉索滞后张拉"施工技术	浙江金丽温高速公路有限公司、中铁大桥科学研究院有限公司	吴小军,邹力	《世界桥梁》
7	PC 矮塔斜拉桥运营阶段参数敏感性分析	浙江交工集团股份有限公司	鲍英基,蒋斌松,等	《公路》
8	承台大体积混凝土温度裂缝控制应用研究	浙江交工集团股份有限公司	姚正权,喻洪恩	《交通科技与管理》
9	机制砂高强度等级混凝土在山区高墩大跨矮塔斜拉桥的应用研究	浙江交工集团股份有限公司	翁杨,范远林,等	《建筑建材装饰》
10	葛溪大桥悬臂错位浇筑施工关键技术	浙江交通运输科学研究院、温州市文泰高速公路有限公司	魏俊,孙明明,等	《施工技术》
11	文泰高速公路葛溪大桥主梁悬臂施工分析	中铁大桥科学研究院有限公司、温州市文泰高速公路有限公司	任虹昌,陈乐平,等	《桥梁建设》

参 考 文 献

［1］ 交通运输部.公路桥涵设计通用规范：JTG D60—2015［S］.北京：人民交通出版社股份有限公司,2015.

［2］ 交通运输部.公路钢筋混凝土及预应力混凝土桥涵设计规范：JTG 3362—2018［S］.北京：人民交通出版社股份有限公司,2018.

［3］ 交通运输部.公路桥涵施工技术规范：JTG/T F50—2011［S］.北京：人民交通出版社,2011.

［4］ 交通运输部. 公路斜拉桥设计规范：JTG/T 3365-01—2020［S］.北京：人民交通出版社股份有限公司,2020.

［5］ 交通运输部. 公路桥梁抗风设计规范：JTG/T 3360-01—2018［S］.北京：人民交通出版社股份有限公司,2018.

［6］ 交通运输部. 公路隧道设计规范 第一册 土建工程：JTG 3370.1—2018［S］. 北京：人民交通出版社股份有限公司,2018.

［7］ 交通运输部.公路隧道设计细则：JTG/T D70—2010［S］. 北京：人民交通出版社,2010.

［8］ 交通运输部.公路隧道施工技术规范：JTG/T 3660—2020［S］. 北京：人民交通出版社股份有限公司,2020.

［9］ 交通运输部. 公路钢管混凝土拱桥设计规范：JTG/T D65-06—2015［S］. 北京：人民交通出版社股份有限公司,2015.

［10］ 洪溪特大桥施工监控总报告［R］.武汉：中铁大桥科学研究院有限公司,2020.

［11］ 南浦溪特大桥施工监控总报告［R］.武汉：中铁大桥科学研究院有限公司,2020.

［12］ 波形钢腹板桥梁施工监控总报告［R］.武汉：中铁大桥科学研究院有限公司,2020.

［13］ 文泰高速公路成桥荷载试验报告［R］.武汉：中铁大桥科学研究院有限公司,2020.

［14］ 波形钢腹板组合桥梁施工方法研究［R］.杭州：浙江省交通运输科学研究院,同济大学,2020.

［15］ 吴小军,邹力.洪溪特大桥"斜拉索滞后张拉"施工技术［J］.世界桥梁,2020,48(5):37-41.

［16］ 金晓东,邹力,云俊,等.南浦溪特大桥钢管拱肋悬拼阶段拱脚约束方式研究［J］.世界桥梁,2021,49(1):33-38.

［17］ 魏俊,孙明明,顾俊波,等.葛溪大桥悬臂错位浇筑施工关键技术［J］.施工技术,2021,50(12):43-46.

［18］ 任虹昌,陈乐平,骆钦东,等.文泰高速公路葛溪大桥主梁悬臂施工分析［J］.桥梁建设,2021,51(5):138-143.

［19］ 戴显荣,叶雨清.温州洪溪特大桥总体设计［J］.桥梁建设,2021,51(2):99-104.